滹沱河畔

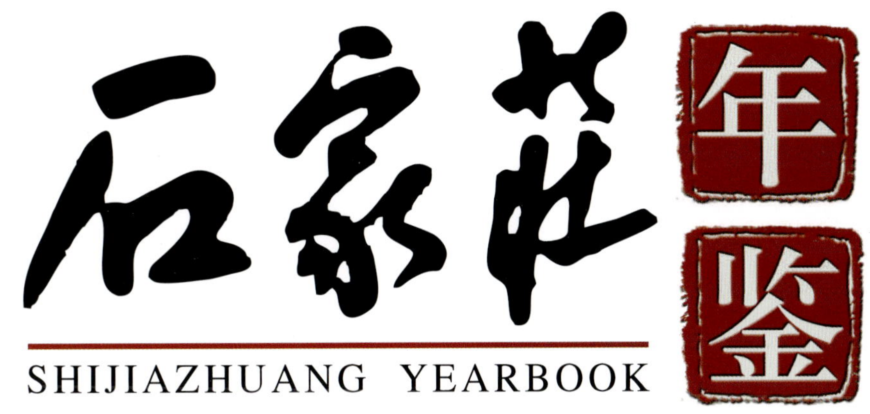

2020 石家庄市地方志编纂委员会 编

河北出版传媒集团
河北人民出版社
·石家庄·

图书在版编目（CIP）数据

石家庄年鉴. 2020 / 石家庄市地方志编纂委员会编
. -- 石家庄 : 河北人民出版社, 2020.9
ISBN 978-7-202-14964-5

Ⅰ. ①石… Ⅱ. ①石… Ⅲ. ①石家庄－2020－年鉴
Ⅳ. ①Z522.21

中国版本图书馆CIP数据核字(2020)第173842号

书　　名 石家庄年鉴 2020
SHIJIAZHUANG NIANJIAN 2020
编　　者 石家庄市地方志编纂委员会

责任编辑　郭　忠
责任校对　付敬华
美术编辑　于艳红
策划总监　薛鹏飞
版式设计　如是文化
封面设计　李亚威
彩页设计　李文新
翻　　译　杨永林

出版发行　河北出版传媒集团　河北人民出版社
（石家庄市友谊北大街 330 号）
印　　刷　石家庄众旺彩印有限公司
开　　本　889 毫米 × 1194 毫米　1/16
印　　张　36
字　　数　1 041 000
版　　次　2020 年 9 月第 1 版　2020 年 9 月第 1 次印刷
书　　号　ISBN 978-7-202-14964-5
定　　价　500.00 元

石家庄市地方志编纂委员会

名誉主任：邢国辉　省委常委、市委书记

主　　任：邓沛然　市委副书记、市长

常务副主任：李雪荣　市委常委、常务副市长

副 主 任：（空缺）　市委常委、市委秘书长

楚行宇　市人大常委会副主任

葛瑞芳　市政协副主席

李　清　市委原副书记

郭广生　市政府原副市长

梁立柱　市委常务副秘书长、市委办公室主任

郎金国　市政府秘书长、市政府办公室主任

委　　员：高际永　市委副秘书长、研究室主任、改革办主任

郭纯阳　市委宣传部常务副部长、市新闻出版局局长

刘　力　市委组织部副部长

祁军英　市档案馆馆长

李　霞　市委党史研究室主任

于燕红　市社会科学院院长

王东华　市财政局局长

苏志超　市发展和改革委员会主任

赵立芬　市教育局局长

王雁南　市科学技术局局长

刘生彦　市工业和信息化局局长

左力鸥　市民政局局长

王德庆　市人力资源和社会保障局局长

赵路新　市自然资源和规划局党组书记
马立宁　市生态环境局局长
赵建林　市住房和城乡建设局局长
王溪波　市农业农村局党组书记、局长
常志卷　市商务局局长
马千里　市投资促进局局长
赵俊芳　市委宣传部副部长
　　　　市文化广电和旅游局党组书记
王华平　市卫生健康委员会主任
暴胜贤　市应急管理局党组书记
张军卫　市国有资产监督管理委员会主任
宋国宏　市市场监督管理局党组书记
金福中　市统计局局长
赵　勇　市体育局局长
赵　东　市地方金融监督管理局局长
周树仁　市行政审批局局长
李　渊　市税务局局长

《石家庄年鉴》特邀编委

刘月霞（新乐市）　王春乔（晋州市）　米志科（藁城区）
赵荣德（鹿泉区）　段广平（栾城区）　李蕙萍（行唐县）
马军山（井陉县）　袁剑军（深泽县）　屈海平（赵　县）
冯建林（赞皇县）　刘　庆（灵寿县）
杨永林（河北人民出版社）　王　颖（河北人民出版社）
赵　蕊（河北人民出版社）　郭　忠（河北人民出版社）

《石家庄年鉴》编纂

主　编：祁军英

副主编：曹立波　薛鹏飞

《石家庄年鉴》编辑部

主　　任：薛鹏飞

副 主 任：肖海军

责任编辑：（以承编顺序为序）

薛鹏飞：图照、特载、大事记、索引

肖海军：市情概览、党政机关、工业、
城乡建设、生态环境、交通运输·邮政、
信息产业

崔海萍：农业农村、商业·旅游、金融、
综合经济管理

王建峰：开发区·园区·保税区、群众团体、
法治、军事·外事·台港澳侨事务、
卫生·体育

郝　楠：科学技术、教育、文化、社会生活、
区县（市）、人物、附录

数字石家庄

土地面积13504平方千米

常住人口1039.42万人

户籍人口988.84万人

地区生产总值5392.95亿元，同比增长6.7%

第一产业增加值397.7亿元

第二产业增加值1561.8亿元

第三产业增加值3433.4亿元

财政收入1115.22亿元，同比增长7.2%

公共财政预算收入545.11亿元

财政支出986.31亿元

社会消费品零售总额3173.61亿元

实际利用外资16.18亿美元

农林牧渔业总产值637.49亿元，同比增长1.6%

粮食播种面积66.36万公顷，总产量419.85万吨

小麦总产量197.01万吨，平均亩产450.3千克

玉米总产量207.18万吨，平均亩产439.9千克

规模以上工业企业1800家

规模以上工业企业总产值4219.59亿元

规模以上工业企业营业收入4449.50亿元

规模以上工业企业利润298.92亿元

石家庄机场通航城市85个

石家庄机场旅客吞吐量1192.28万人次

石家庄机场货邮吞吐量5.30万吨

普通铁路营业里程328.72千米

高速铁路营业里程468.36千米

铁路客运量5083.0万人次

铁路货运量6338.93万吨

地铁营运里程40.7千米

地铁客运量8760.0万人次

公路通车总里程19594.91千米

公路客运量5.03亿人次

公路货运量5.24亿吨

公交车辆3886辆

公交营运总里程1.92亿千米

公交客运总量3.72亿人次

商品住房上市面积563.0万平方米

商品住房成交面积468.7万平方米

商品住房成交均价11336元/平方米

存量住房成交面积243.5万平方米

存量住房成交均价14458元/平方米

住房公积金年度归集111.12亿元

住房公积金年度提取57.46亿元

建筑业总产值1297.16亿元

建筑业利润总额28.01亿元
建筑业施工企业2215家

接待海内外游客1.23亿人次
旅游业总收入1478.98亿元

对外贸易进出口总值1126.3亿元
出口总值622.8亿元
进口总值503.5亿元

金融机构年末本外币存款余额15051.7亿元
金融机构年末本外币贷款余额11406.7亿元

森林覆盖率41.5%
建成区绿地面积9899.36公顷
建成区绿化覆盖率42.92%
市区一级优良天数17天，二级良好天数157天

专利申请量23429件，专利授权量13850件
发明专利申请量5489件，发明专利授权量1326件
学校（含幼儿园）3607所，在校生1930918人
幼儿园1688所，在园幼儿302636人
小学1371所，在校学生894858人
初中189所，在校学生342761人
高级中学59所，在校学生174010人

市属高校5所，在校学生6.05万人
卫生医疗机构7545个，卫生医疗床位63227张
执业（助理）医师39508人，注册护士34467人

城镇居民年人均可支配收入38550元
城镇居民年人均消费支出23349元
农村居民年人均可支配收入15853元
农村居民年人均消费支出9908元

城乡居民养老保险参保人数375.4万人
城镇职工养老保险参保人数258.2万人
城乡居民医疗保险参保人数894.15万人
城镇职工失业保险参保人数93.98万人
城镇职工工伤保险参保人数173.3万人
享受居民最低生活保障14.7万人
城镇新增就业13.42万人
城镇登记失业率3.23%
农村劳动力转移就业5.67万人

户籍登记家庭2894258户
户籍登记出生人口101576人
户籍登记死亡人口29155人
户籍登记男性4965652人、女性4922730人
户籍登记60岁以上老人1916621人
结婚登记59199对，离婚登记26926对

编辑说明

一、《石家庄年鉴》是全面记述石家庄市情的权威性地方综合年鉴。1993 年开始编纂，1993 ～ 1994 年、1995 ～ 1996 年为两年合刊，1997 年起逐年出版，面向国内外公开发行。2019 年起，《石家庄年鉴》由石家庄市档案馆负责编纂。

二、本年鉴以马克思列宁主义、毛泽东思想、邓小平理论、“三个代表”重要思想、科学发展观、习近平新时代中国特色社会主义思想为指导，如实记录上一年度石家庄市的自然、政治、经济、军事、文化、科技、教育等方面情况，充分反映各行各业取得的成就，客观记述改革和建设中的经验与教训，是各级领导和机构实施决策的重要依据，也是国内外了解石家庄市最准确、最权威的资料性文献。

三、《石家庄年鉴2020》是《石家庄年鉴》总第25卷，主要记述2019年度石家庄市经济社会等发展情况。本卷采用分类编纂法，由类目、分目、条目三个部分组成，共设特载、大事记、市情概览、开发区·园区·保税区、党政机关、群众团体、法治、军事·外事·台港澳侨事务、农业农村、工业、城乡建设、生态环境、交通运输·邮政、信息产业、商业·旅游、金融、综合经济管理、科学技术、教育、文化、卫生·体育、社会生活、区县（市）、人物、附录25个类目。条目统一用黑体字加【】表示。记述时间“月”“日”未标注年份均为2019年。货币单位“元”无专门标注均指人民币。为帮助读者理解内文，部分条目下设立“链接”注释。记述土地用地、占地、耕地面积有的使用“亩”，其余均采用国家规定的法定计量单位。

四、年鉴组稿采取部门供稿与国家工作人员采编相结合的方式。市直各部门，各县（市、区）及有关单位均指定专人撰写，并经主管领导审核。

五、本年鉴数据一般截至 2019 年 12 月 31 日，个别事情记述上限适当追溯，下限稍有延长，以供读者了解发展脉络。全局性数据以石家庄市统计局提供的数据为准。统计资料由石家庄市统计局和政府部门提供。2013 年 6 月原石家庄辛集市划归河北省直接管辖，如无标注说明，本年鉴数据一般不包括辛集市。“特载”全文引用，数据未作改动，其他内文数据均为准确数据。因统计口径等原因，有关部门提供的个别数据与统计数据不尽一致，采用时请予注意。

◆ 2019年4月2日，省委常委、市委书记邢国辉（前排右二）视察指导滹沱河修复工程

◆ 2019年4月30日，省委常委、市委书记邢国辉出席石家庄市庆祝“五一”国际劳动节大会并接见获授表彰的全市劳动模范、先进个人和先进集体

◆ 4月26日，市委副书记、市长邓沛然出席2019第十二届中国·石家庄（正定）国际小商品博览会开幕式并致辞

◆ 2019年5月23日，市人大常委会主任司存喜（前排左一）视察指导市轨道交通建设与管理

◆ 2019年7月18日，市政协主席刘明轩（左二）到晋州市调研和视察农业产业化经营发展

全面从严治党

2019年全市纪委监委部门坚持以习近平新时代中国特色社会主义思想为指导，忠实履行党章和宪法赋予的职责，持之以恒正风肃纪，坚定不移惩贪治腐，深化推进侵害群众利益问题专项治理，为全市各项社会事业发展提供坚强的政治保证。

严明政治纪律和政治规矩，切实加强政治监督。2019年市纪委监委召开市级政治性警示教育大会2次，查处违反政治纪律问题20件，党纪政务处分27人。紧盯贯彻党中央和省委、市委重要部署要求，问责领导干部562人，其中，县处级37人，乡科级294人；给予党纪政务处分420人，其中，县处级29人，乡科级205人。

查处违反中央八项规定精神和“四风”问题。2019年市纪委监委查处违反中央八项规定精神和“四风”问题262件，处分414人；处置反映问题线索8495件，立案审查调查各类违纪违法案件2713件；党纪政务处分2976人，其中，立案审查调查县处级干部67人次、乡科级干部419人次，党纪政务处分2976人，移送检察机关41人。

◆ 2019年1月11日，市纪委监委领导班子召开民主生活会

◆ 2019年1月28日，中国共产党石家庄市第十届纪律检查委员会第三次全体会议在亚太大酒店国际会议中心举行

1	2
3	4

1.2019年4月20日，十届市委第六轮巡察暨县级统筹巡察工作动员部署会议举行

2.2019年9月11日，市纪委监委机关举行“不忘初心、牢记使命”主题教育动员部署会

3.2019年12月19日，全面从严治党暨全市领导干部政治性警示教育大会举行

4.10月29～31日，2019年度市直机关纪检干部培训班举办

庆祝中华人民共和国成立70周年

◆ 2019年7月22日，举办市直机关"我和我的祖国"——365百姓故事汇群众宣讲活动选拔赛，参赛选手以身边的小故事讲述中国发展和改革取得的辉煌成就

◆ 2019年7月26日，举办市直机关"我和我的祖国——庆祝中华人民共和国成立70周年"知识竞赛决赛活动

◆ 2019年8月22～23日，举办市直机关"歌唱祖国"群众性歌咏活动暨第十七届省会合唱艺术节选拔赛

1. 2019年9月25日，省委常委、市委书记邢国辉（三排左八），市长邓沛然（三排右八），市人大常委会主任司存喜（三排左七），市政协主席刘明轩（三排右七）等市四大班子领导集体参加“我和我的祖国”——石家庄市庆祝中华人民共和国成立70周年群众歌咏活动

2. 2019年9月22日，“我和我的祖国”——石家庄市职工庆祝新中国成立70周年合唱汇演在市人民会堂举行

3. 2019年9月27日，石家庄市庆祝中华人民共和国成立70周年文艺晚会在市人民会堂举行

1

2

3

城市文明

2019年石家庄市1人获评第七届全国见义勇为道德模范，2人获评第七届河北省道德模范，19人获评第六届石家庄市道德模范；6人获评“中国好人”，23人获评“河北好人”，88人获授“石家庄市文明公民标兵”称号。至2019年底，全市注册志愿者76.21万人，同比增加2.76万人。2019年3月20日，全国文明城市测评成绩和排名在中国文明网公布，石家庄市以89.39分的成绩在28个省会（首府）、副省级全国文明城市中排名第5位。

◆ 4月20日，2019城市文明大行动——“公益社区行”大型主题公益活动在建南社区启动

◆ 举办”公益社区行“义诊活动

◆ 2019年4月27日，“2019城市文明大行动——市民公益日”大型公益志愿服务活动启动

1. 南绕城高速石太枢纽互通
2. 平赞高速槐河特大桥
3. 平赞高速石家庄支线通车
4. 平赞高速赞皇西互通
5. 平赞高速渚龙河大桥
6. 西阜高速标语墙
7. 西阜高速路、桥、隧紧密相连
8. 西阜高速五岳寨收费站
9. 西阜高速寨北互通

税收服务

2019年全市累计完成各项税费收入1515.48亿元，首次突破1500亿元大关，同比增收412.38亿元，增长37.4%，占全省税费收入21%。税收收入971.08亿元，同比增收50.92亿元，增长5.5%。其中，中央级税收488.3亿元，同比增收24.34亿元，增长5.2%；省级税收113.1亿元，同比增收5.21亿元，增长4.8%；市、县级税收369.67亿元，同比增收21.37亿元，增长6.1%。出口退税50.03亿元，同比增收4788万元，增长1%。社保费收入473.65亿元，同比增收321.65亿元，增长211.6%。非税收入67.45亿元，同比增收40.2亿元，增长147.5%。2019年全市税务部门减税降费151.2亿元（减税118.6亿元，降费32.6亿元），占全省比重18.9%，全市享受政策红利纳税人和缴费人268.6万户次。

◆ 2019年4月1日，市税务局承办“开讲啦”——河北省减税降费万人大讲堂暨第28个全国税收宣传月启动

◆ 2019年4月3日，市税务局举办“减税降费　税企同行”减税降费知识竞赛

◆ 2019 年 4 月 26 日，市税务局召开全市税务系统增值税发票风险分析通报会

◆ 2019 年 9 月 30 日，市税务局与中国农业银行石家庄分行签署纳税信用体系建设框架合作协议

体育集锦

2019年全市运动员参加省级比赛42项次，获得金牌348枚、银牌295枚、铜牌273枚；选派212名运动员参加第二届全国青年运动会，获得金牌7枚、银牌12枚、铜牌11枚。注册河北省和全国运动员7171人，审批注册二级裁判员353人、二级运动员601人。培养二级社会体育指导员总数达到21270人。拥有体育协会273个，其中，市级体育协会44个，县级体育协会229个。建成基层健身站点4396个。2019年石家庄籍女子铅球运动员巩立姣参加国际比赛13次，获得金牌12枚、银牌1枚，成功卫冕世界田径锦标赛和钻石联赛总决赛冠军；女子乒乓球运动员孙颖莎获得全国乒乓球锦标赛、亚洲乒乓球锦标赛、世界乒乓球锦标赛、T2联赛、乒乓球世界杯赛冠军，这是河北女乒乓球选手时隔32年后再获世界乒乓球锦标赛冠军、时隔19年后再获全国乒乓球锦标赛冠军；女子划艇运动员张璐琦获得皮划艇世界锦标赛女子双人200米冠军，实现河北省皮划艇世界锦标赛金牌零的突破。

1.2019年3月31日，举办石家庄（正定）女子半程马拉松比赛活动

2.2019年8月31日，石家庄第十六届国际自行车环城赛举行

3.10月27日，2019石家庄马拉松比赛举行并首次穿行主城区中山路

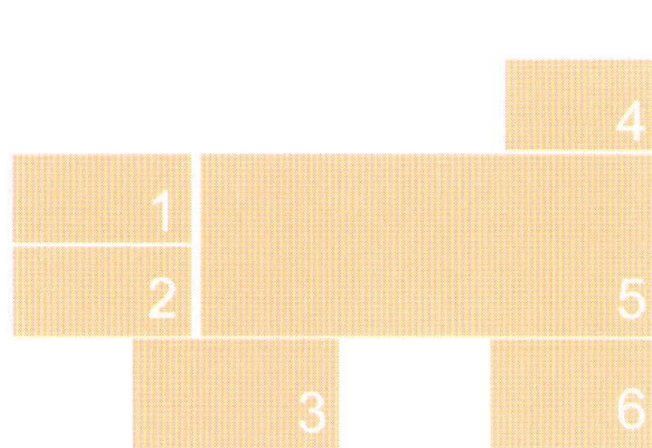

4.11月17日，2019鹿泉第二届国际公路自行车赛在鹿泉区海山公园举行

5.2019年12月22日，省委常委、市委书记邢国辉（左六），市长邓沛然（左五）出席石家庄市第一届冰雪运动会暨2019～2020大众冰雪季开幕式

6.2019年12月22日，省委常委、市委书记邢国辉（二排左二）为石家庄市第一届冰雪运动会比赛开球

井陉“天路”

石家庄市区图

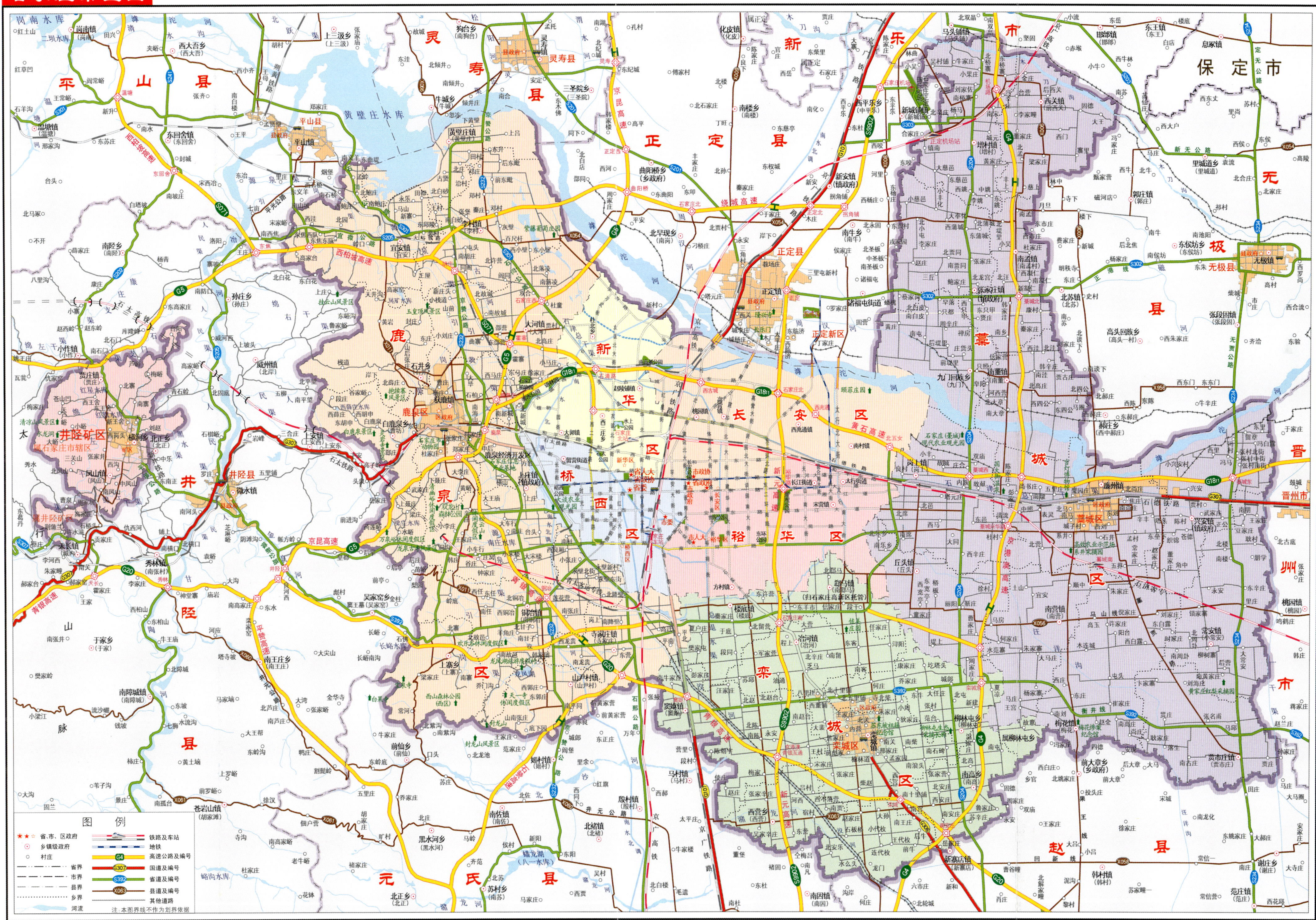

石家庄市勘察测绘设计研究院 编制

审图号：冀S(2020)002号

石家庄市域图

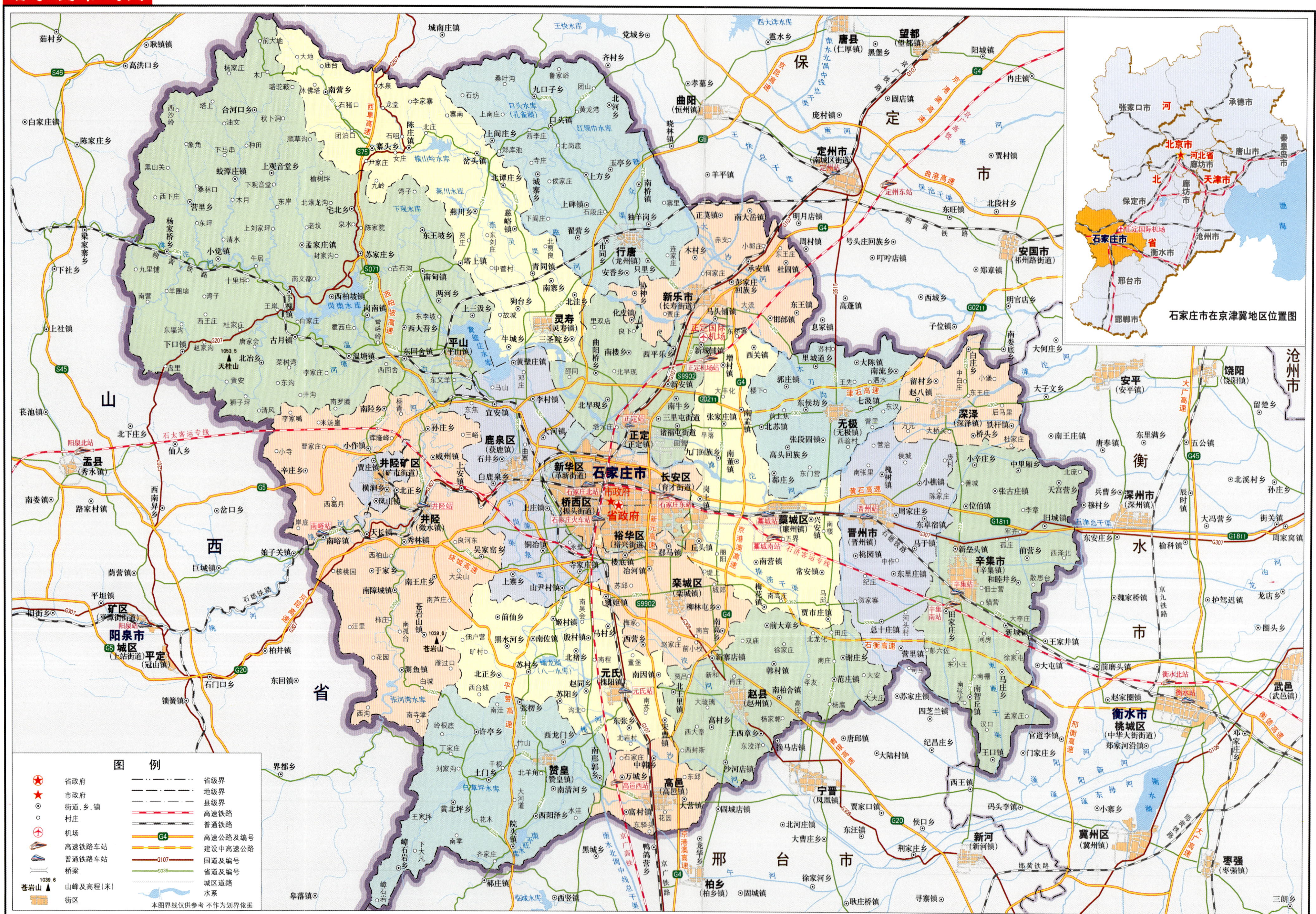

石家庄市勘察测绘设计研究院　编制

审图号：冀S(2020)002号

目　录

CONTENTS

特　载

Special Reports

大　事　记

Chronicles of Events

市情概览

City Overview

开发区・园区・保税区

Development Zone & Bonded Zone

党政机关

Party and Government Organs

军事·外事·台港澳侨事务

Military Affairs & Foreign Affairs and Taiwan and Hong Kong and Macao and Overseas Chinese Affairs

农业农村
Agricultural and Rural Areas

工 业
Industry

城乡建设

Urban and Rural Construction

信息产业

Information Industry

商业·旅游

Business & Tourism

金　融

Finance

综合经济管理

Comprehensive Economic Management

科学技术

Science & Technology

教 育
Education

文 化

Culture

卫生·体育

Public Health & Sports

社会生活

Social Life

区县(市)

Districts and Counties (Cities)

人 物

Figures

附 录
Appendix

特　载

Special Reports

市委全会报告

夯实发展基础　释放发展活力
集聚发展势能　提高发展质量

——2019年1月2日在市委十届六次全会第一次全体会议上

中共河北省委常委、市委书记　邢国辉

刚刚过去的2018年，我们经历了抢抓机遇、迎接挑战的不平凡历程，也收获了推进高质量发展的丰硕成果。2019年，是新中国成立70周年，也是决胜全面建成小康社会的关键之年，能否保持良好发展势头、做好今年及今后一个时期工作，考验着我们的政治素养、检验着我们的责任担当。我们召开市委全会，总结2018年工作、部署2019年任务，就是要动员全市党员干部以更加高昂的激情、充足的干劲、过硬的作风，推动各项工作实现新突破、迈上新台阶，不断开创新时代建设现代省会、经济强市新局面。

刚才，雪荣同志传达了中央经济工作会议和省委九届八次全会精神，这是我们做好今后工作的基本遵循，一定要认真学习、抓好落实；玉祥同志通报了关于对市委常委会及其成员进行党内监督情况，德进同志通报了《石家庄市党政机关容错纠错办法（试行）》执行情况，这是市委落实全面从严治党战略部署取得的重要制度成果，一定要总结完善、深化拓展。关于经济工作，沛然同志还要重点部署。下面，我围绕今年工作中需要把握的重大问题，讲几点意见。

一、深入总结一年来改革发展历程，坚定新时代推动省会高质量发展的信心

2018年，我们认真贯彻落实党中央和省委重大决策，扎实苦干、奋发作为，全市各项事业和改革发展取得显著成效。

一年来，我们把准时代脉搏、积极探索实践，深化了对发展思路举措的思考，推进高质量发展的思想基础更加稳固。通过深入学习习近平新时代中国特色社会主义思想，认真领会新发展理念的核心要义，市委在明确发展路径、提出奋斗目标的基础上，进一步作出了构建“4+4”现代产业发展格局的战略决策。我们对石家庄发展的规律性认识不断深化，发展思路也日益清晰，凝聚起了推动全市高质量发展的广泛共识。

一年来，我们共同砥砺奋进、迎接矛盾挑战，经历了重点领域攻坚突破的艰辛，推进高质量发展的经济基础更加巩固。抢抓“一带一路”建设、京津冀协同发展、雄安新区规划建设等重大机遇，狠抓招商引资和项目建设，经济发展的动力明显增强；深入实施“放管服”改革，企业开办时间全国最短，经济发展的活力明显提升；大力推进地铁、中央商务区、会展中心等重点工程建设，城市形象品位和载体功能明显改观。在宏观形势复杂多变的情况下，我市地区生产总值预计增长7.5%，财政收入实现了“跨五越千”，规模以上高新技术产业增加值、固定资产投资等主要指标增速都超过了全省平均水平，实现了新常态下稳定增长。

一年来，我们恪守为民初心、倾力服务民生，收获了人民群众“点赞”的喜悦，推进高质量发展的群众基础更加牢固。始终贯彻以人民为中心的发展思想，把人民群众的幸福作为我们不变的坚守，扎实推进20项民心工程和10件利民惠民实事，就业、住房、医疗、教育、养老等有了较大改善，城乡居民人均可支配收入稳步提升，5.7万人口实现稳定脱贫，圆满完成PM2.5年度考核任务，人民群众获得感幸福感安全感不断攀升。

一年来，我们坚持固本强基、转变工作作风，实现了干事创业激情的升华，推进高质量发展的组织基础更加坚固。着力加强领导班子和干部队伍建设，实施了深化党政机构改革，完成了农村（社区）“两委”班子换届，以“双创双服”“双问计”活动为载体，推进干部作风持续转变，各级党组织和党员干部的能力素质全面增强，为省会建设发展提供了坚强保障。

成绩来之不易，未来更加可期。只要我们在党中央和省委坚强领导下，按照市委决策部署奋发作为、善作善成，就一定能够创造更加辉煌的业绩！

二、深刻认识面临的形势和任务，以拼搏奋进的姿态担当历史使命

与时代同行，担当历史使命，是我们谋发展、抓工作的基本原则。新时代的石家庄已经站在了新的起点，我们必须以强烈的战略思维、系统思维和辩证思维，深刻审视当前和今后一个时期面临的形势和任务。

环视历史方位，我们正处在一个大有可为的战略机遇期。党中央发出了新时代改革开放再出发的动员令，为我们拓展改革空间、深挖开放潜力提供了根本遵循；京津冀协同发展的深入推进，雄安新区规划建设的全面启动，以及创新驱动发展战略的深入实施，为我们加快新旧动能转换提供了重要契机；省委、省政府对省会发展十分关注和支持，省委书记王东峰多次到我市调研指导、暗访检查，提出重要指示要求。这些都为我们加快建设现代省会、经济强市，注入了强劲动力。

直面任务挑战，我们正处在一个乘势跃升的攻坚突破期。经过多年的不懈努力，全市各项事业发展取得了显著成效，但我们决不能盲目乐观。当前，世界正面临百年未有之大变局，外部环境复杂严峻，贸易保护主义势力抬头、中美贸易摩擦复杂多变等等，给我们发展增添了许多不确定因素。在这样一个大背景下，我市经济结构还不够优、产业层次还不够高、发展质量还不够好的问题更加突出，城市品位不高、承载力不强、管理不精细等问题日益凸显，营商环境不佳、干部作风不严不实等问题亟待解决。可以说，危和机同生并存。我们只有积极应对挑战，有效补齐短板弱项，才能化危为机，变压力为动力，实现省会建设发展质的飞跃。

聚焦“赶考”接力，我们正处在一个担当使命的接续奋斗期。如何把习近平总书记在正定工作期间留下的宝贵思想财富、精神财富和实践成果传承好、发扬好，如何以走在前列的标准把石家庄建设好、发展好，如何把人民群众对美好生活的新需求满足好、实现好，是新时代赋予我们的考题。我们必须答好时代考卷、考出优异成绩，不辜负习近平总书记知之深、爱之切的殷切期望，不辜负省委的重托和全市人民的期待。

认清形势任务，再创辉煌佳绩，需要我们进一步推进供给侧结构性改革，补短板、强弱项，使发展的后劲有效增强；需要我们进一步深化改革开放，充分释放发展潜能，让发展活力更加充沛；需要我们进一步强化担当、攻坚克难，坚决破除制约发展的壁垒障碍，确保各项任务更加畅通有效地推进；需要我们进一步加快经济转型升级，培育壮大现代产业，奏响高质量发展的时代强音。归结起来，就是要“夯实发展基础、释放发展活力、集聚发展势能、提高发展质量”。这是我们贯彻中央“巩固、增强、提升、畅通”八字方针，落实省委全会精神的“路线图”，是基本前提、战略举措、现实要求、目标追求的有机统一，必须作为鲜明主题，贯穿于今年工作的各领域、全过程。

三、准确把握今年工作总体要求和目标任务，推动全市经济社会发展始终沿着正确方向前进

根据中央经济工作会议和省委九届八次全会精神，结合我市实际，做好今年工作的总体要求是：坚持以习近平新时代中国特色社会主义思想为指导，全面贯彻党的十九大和十九届二中、三中全会精神，认真落实省委九届八次全会精神，坚持稳中求进工作总基调，坚持新发展理念，坚持推动高质量发展，坚持以供给侧结构性改革为主线，坚持深化市场化改革、扩大高水平开放，加快构建“4+4”现代产业发展格局，继续打好三

大攻坚战，全面实施城市建设攻坚提质，大力推进乡村振兴战略，加强保障和改善民生，坚定不移推动全面从严治党向纵深发展，加快建设现代省会、经济强市，为全面建成小康社会收官打下决定性基础，以优异成绩庆祝中华人民共和国成立70周年。

主要经济指标安排：地区生产总值增长6.8%左右，一般公共预算收入增长7.5%左右，规模以上工业增加值增长4%以上，服务业增加值增长11%左右，固定资产投资增长6%左右，城镇化率提高1.3个百分点，社会消费品零售总额增长9.5%，城乡居民人均可支配收入增长7.5%。作出这样的安排，充分考虑了我市发展的支撑条件和外部环境，既坚持了"稳"，又体现了"进"，是必要的、也是可行的。我们一定要坚定信心，同向发力，确保圆满完成各项目标任务。

落实好总体要求，实现目标任务，最核心的就是要深入学习贯彻习近平新时代中国特色社会主义思想，以知促行、知行合一，从中汲取开拓奋进的精神力量，寻求攻坚突破的智慧勇气。在实际工作中要着力增强"四力"。一要增强党的全面领导力，以实施机构改革为契机，不断完善领导方式和执政方式，全面提升各级党委（党组）把方向、谋大局、定政策、促改革的能力和水平。二要增强经济发展竞争力，聚焦高质量发展要求，加快"4+4"现代产业发展步伐，大力提升项目和园区建设水平，发展更多优质企业，打造特色优势产业集群。三要增强生产要素吸引力，紧紧围绕提升城市品位、改善大气质量、优化营商环境等重点工作，持续用劲、强力攻坚，吸引更多优质资本、人才和科技成果落地石家庄。四要增强干部队伍执行力，善于抓主要矛盾、抓矛盾的主要方面，既全面推进、又重点突破；深化干部队伍作风教育整顿，坚决向慵懒散等顽疾开刀，为高质量发展提供强大动力。

四、坚定不移加快"4+4"现代产业发展，为经济高质量发展汇聚更多高端资源要素

产业是立市之本、强市之基。今年，在"4+4"现代产业发展上要做到"五个强化"，以此提升产业发展层次和规模效益。

一要强化重大项目突破。把今年作为"项目落地年"，以重大项目的落地投产，推动"4+4"现代产业发展迈上新台阶。要在精准上出实招，以"4+4"现代产业为目标，围绕北上广、长三角、粤港澳大湾区及"一带一路"沿线国家等重点区域，开展定向招商，瞄准世界500强、民企100强、央企和上市公司，开展精准招商，形成高端产业的集聚效应。要在落地上下实功，继续实行领导干部包联重点项目制度，建立项目电子督办系统，对签约项目实行全程跟踪、限时办结、超时预警、办结销号制度，推动签约项目早开工、早投产、早达效。要在考核上求实效，持续抓好市直部门与县（市、区）联合招商、捆绑考核，继续鼓励党政"一把手"外出招商，市政府及有关部门要进一步完善考核办法，强化对到位投资额、任务完成率等重要指标的考核，切实以真考实评提升实际成效。

二要强化科技创新引领。发展"4+4"现代产业，必须把战略基点放在创新上。要培育创新平台。抓好重点实验室、技术创新中心、技术成果展示交易中心等建设，利用国际、京津雄的创新资源优势，深度推进产学研合作，组建一批"4+4"现代产业技术创新战略联盟，培育打造好鹿北军民融合产业新区等，促进"4+4"现代产业发展。要用活创新资金。充分发挥财政资金的撬动作用，引导更多的社会资本参与科技创新，特别是在资金的投向上，要从"撒芝麻盐"式的分散支持，逐步向重大高新技术产业项目集中使用，有效放大创新资金的引导效应。要集聚创新人才。进一步健全完善人才绿卡等保障政策，积极引进一批院士、专家、科技领军人才、高技能人才和高层次科研团队，继续实施"名校英才入石计划"，加大对本地领军人才的优选和培养力度，切实为"4+4"现代产业发展提供人才支撑。

三要强化重点企业带动。推动"4+4"现代产业发展，企业是基石。要壮大一批国有重点企业，持续深化国有企业混合所有制改革，积极推进建立现代企业制度和完善的法人治理结构，推动国有资本形态转换和结构调整，支持国有企业做大做强。要打造一批龙头骨干企业，精心筛选一批实力雄厚、示范带动强的企业，予以重点扶持，实施一企一策，为加快企业转型提供示范引领。要培育一批中小企业，筛选一大批行业领先、发展前景好的企业，建立高新技术企业、独角兽企业、瞪羚企业、科技型中小微企业培育库，予以重点扶持发展。力争年内新增高新技术企业200家、科技型中小企业1300家。

四要强化民营经济支撑。深入贯

彻习近平总书记关于发展民营经济的重要指示精神，分类指导、精准施策，助力“4+4”现代产业发展。要大力帮难解困，深入开展“千人帮千企”活动，认真落实领导干部包联制度，健全完善问题交办机制，着力破解“准入难”“融资难”“用地难”等制约民营经济发展的瓶颈。充分发挥工商联桥梁作用，为民营企业发展“排忧解难”。要推动转型升级，鼓励民营企业参与国有企业混合所有制改革，加快推进创新链、产业链等方面的深度融合，促进创新资源和先进要素向优质民营企业集中，引导民营企业向“专精特新”方向发展。要优化营商环境，推动更大规模的减税、更明显的降费，降低各类营商成本；以量化方式开展营商环境评价，实施阳光工程，依法保护企业家财产安全；积极探索建立企业绿卡制度，为企业生产经营提供便利，让民营企业真正在我市扎下根、发展好。

五要强化政策服务保障。良好的政策是产业快速健康发展的重要因素。要研究政策，紧跟中央、省有关产业政策和导向，在财税、金融、环保、用地等政策方面，加强研究、及时跟进，让“4+4”现代产业发展享受到更多的政策红利。要完善政策，进一步调整优化“4+4”现代产业发展的政策体系和考核评价体系，抓好政策的协调配套，提高政策的系统性、整体性和连续性。特别是对投资规模大、影响深远、贡献高的重大产业项目，要“一事一议”“一事一策”，真正让企业感受到实惠。要落实政策，各有关部门要加强统筹、相互配合，既要注重面上协调，抓好整体推进，也要注重具体指导，抓好跟踪问效。要及时掌握政策落实进度，随时发现和帮助解决落实中的突出问题，切实让政策发挥作用、助推发展。

五、全面深化改革开放，让经济社会发展的动力更强、活力更足

改革开放是决定前途命运的关键一招。我们要把改革的大旗举得更高，把开放的步子迈得更大，让改革开放成为全市发展最壮丽的气象。

一要以思想再解放引领改革开放再出发。思想解放的程度，决定着发展的质量和速度。要大力弘扬开拓创新精神，坚决克服“坐井观天”的狭隘思想，对标先进城市，拓宽思路视野，决不能在“小格局”中自我满足、故步自封，切实以创新谋发展、谋未来。要大力弘扬拼搏进取精神，坚决摒弃“坐而论道”的浮夸空谈，切实增强工作积极性，敢闯敢干，盯住问题不松手，不达目的不罢休。要大力弘扬担当实干精神，坚决破除“坐观其变”的惰性思维，对看准的事情、定下的任务，不畏难、不避险，千方百计抓好推进。今年，各级各部门要围绕机构改革后的职能定位，深入组织开展解放思想大讨论，以思想上的突围引领事业上的突破。

二要以改革再深入破解瓶颈难题。坚持问题导向和目标需求导向相结合，在全面推进基础上，今年突出抓好八项重点改革任务。一是深入推进石保廊全面创新改革试验区建设，作为今年全面深化改革的首要任务，加大自选动作的谋划和实施力度，推动一批具有前瞻性、针对性的改革举措。二是大力推进“最多跑一次”改革，全面梳理和精简优化审批事项和公共服务事项办事流程。三是深入推进行政审批制度改革，今年6月底前，工程建设项目审批时间压减至70个工作日以内。年底前，市县两级政务服务事项网上可办率要达到全省领先水平。四是深化财税金融和投融资体制改革，落实好国家减税政策，帮助支持企业扩大直接融资。五是深化科技体制改革，积极构建共性技术研发平台，完善产学研一体化创新机制。六是完善支持民营经济发展的政策体系，着力解决融资难等问题，引导民营企业转型发展、创新发展、绿色发展。七是深化农村土地制度改革，搭建市级平台，推进确权登记颁证成果在土地流转、抵押担保、惠农政策落实等方面有效应用。八是深化综合行政执法改革，抓好市场监管、生态环境保护、文化市场、交通运输、农业等5个领域综合行政执法；大力推动执法力量下沉，有效解决“看得见的管不了，管得了的看不见”问题。

三要以开放再发力促进高质量发展。用足用好国际国内两个市场，推动形成全方位、多层次、宽领域的全面开放新格局。要把协同发展作为扩大开放的重要着力点。进一步加强与京津雄的对接，落实好常态化的沟通机制，以正定新区为重点承接平台，吸引京津雄优质项目和科技成果到我市落地转化，着力打造协同发展的示范区。各县（市、区）和高新区也要主动作为，搞好谋划对接，切实增强“抢”的意识，拿出具体可行的年度计划，特别是要在服务京津雄需求上下更大功夫，做到有目标、有任务、有抓手。要把开发区作为扩大开放的重要载体。持续深化开发区改革和考

核评价，坚持“亩均论英雄”的鲜明导向，支持鹿泉经济开发区等条件成熟的开发区向国家级升格，对发展落后的进行有序托管整合，推动全市开发区整体提档升级。今年，全市省级以上开发区主营业务收入要继续保持20%以上的增长。要把交流合作作为扩大开放的主攻方向。积极“引进来”，着力抓好数字经济博览会、通用航空博览会、省第四届文化和旅游发展大会、市文化和旅游发展大会、石洽会等品牌会展，吸引高端产业和新兴产业到我市发展。支持企业“走出去”，深度融入“一带一路”建设，鼓励钢铁、化工、水泥、纺织等优势企业，在国际产能合作中拓展发展空间。充分依托正定海关、鹿泉海关、机场海关口岸优势，学习借鉴自贸区经验，巩固提升中欧（石家庄）班列作用，加快建设全国现代商贸物流中心城市。

六、树立更高标准，强力推进城市规划建设管理实现新突破

省委、省政府对省会工作高度关注，特别是在城市建设上给我们提出了很高的要求。我们一定要以强烈的使命感抓好攻坚突破，重点在“五提”上下功夫。

一是规划设计要“提标”。规划设计是一个城市未来发展的纲，纲举才能目张。要高标准完善规划，按照“现代化省会，京津冀世界级城市群区域性中心城市”的发展定位，以及“依山拥河、组团布局”的空间发展策略，广泛征求意见建议，集聚民心民智，精心做好城市总规修编。要加强城市建筑风貌管控，对城市公共空间、建筑群组关系、建筑景观等要素，进行全过程精细化管理。重点加强滹沱河沿线、解放大街沿线、工业遗址等重点区域的城市设计，真正体现出石家庄特色。要严要求实施规划，建立“城市体检”制度，定期对规划落实情况进行检查评估，严肃查处违反城市规划的现象，切实把城市建设蓝图不折不扣落地落实。

二是城乡发展要“提档”。坚持以主城区为牵引、以县城为支撑、以特色小镇和美丽乡村为节点，构建全域发展格局，实现城乡一体高质量发展。要实施中心城区优化升级。中心城区要继续实施水、电、暖、气、路“五网同治”，有序实施断头路打通，加快推进联盟路-石纺路-丰收路贯通工程、解放大街东半幅工程等城区路网建设，不断提升承载力和美誉度。坚定不移推动北跨发展，用足用好市场机制建设正定新区，加快完善酒店、医院、学校等配套设施，统筹推进功能性场馆、职教园区二期和市属高校园区建设，依托会展中心大力引入知名展览品牌和关联企业落户办展，实现人口、商业、产业向正定新区集聚，打造全市发展新的增长极。要推动县城建设争先进位。切实巩固和放大拆“两违”成效，深入开展园林城、卫生城、洁净城、文明城“四城同创”活动，大手笔、高标准建设各具特色的美丽县城，今年，力争正定、晋州创建成国家园林城市，元氏、平山、赞皇、赵县创建成省级洁净城市，所有县在全省排名中名次前移，更多县进入全省前30名。要抓好特色小镇和美丽乡村建设。以深入实施乡村振兴战略为契机，推进农村新型社区、产业园区、生态园区“三区同建”。要持续实施农村人居环境整治，突出抓好垃圾处理、污水治理、厕所革命、容貌提升等重点工作，加强农村基础设施和公共服务设施建设，打造具有乡愁记忆的特色小镇和美丽乡村。要依托元氏槐阳镇乡村振兴示范区建设，探索总结更多可复制、易推广的经验做法。

三是重点工程要“提速”。重点工程是城市建设的关键和支撑。要在保证质量的前提下，加快推进，力争早日出成果、见实效。要加快中央商务区建设，坚持作为全市“1号工程”，市政府常务会一月一调度，市委常委会两月一研究，帮助解决存在的矛盾问题，确保3月底开工建设，年内有明显进展。有关区和市直部门要积极借鉴先进地区经验做法，大胆创新探索，强力推进手续审批、土地征迁等各方面工作，切实做到高标准、高质量、高效率，在建设中形成石家庄的好经验、跑出石家庄的“加速度”。要加快轨道交通建设，确保1号线二期工程6月26日通车试运营，2号线一期和3号线一期两边段要按照时间节点加快推进，同时要积极跑办后续规划报批工作。要加快功能性场馆建设，确保市城市馆5月1日前开馆，市图书馆、市档案馆也要按期竣工投用。要加快对外大通道建设，完成西阜、平赞高速建设工程，大力推进石衡、津石高速和雄石城际铁路等建设，不断增强我市的辐射带动能力。

四是城市风貌要“提质”。坚持“内外兼修”，提升城市品位。要着力改善人居环境。深入开展老旧小区整治和棚户区改造三年攻坚行动，稳妥实施城中村改造，加快停车场建设，推进地下管廊试点和海绵城市建

设，配套完善社区服务设施，让人民群众生活更加舒心安心。要大力提升城市景观。加强城市绿化、美化、亮化、净化，高标准推进南二环东西延、和平路西延、中华大街南延等道路绿化，加大开花植物、彩叶植物和冬绿植物种植力度，推动城市绿化多彩化、艺术化。特别是新修通的道路，在绿化美化上要加强统筹、突出特色，打造成为一条条城市的景观大道。西环公园力争5月1日前完工，西兆通公园、铁路文化公园力争年底前高水平开放，不断提高园林景观效果。大力实施裕华路等街道外立面整治、夜景亮化完善提升，使城市更加靓丽多彩。

五是城市管理要“提效”。坚持以国家卫生城市创建为抓手，保持和放大全国文明城市成果，让城市更加整洁有序。要强化精细治理，加快城市管理和执法体制改革，把力量和权力下沉到一线，加强小街小巷环境整治，清理违法占道经营，推广垃圾分类投放，提高水洗机扫率，提升城市管理水平。特别是要强化房地产市场监管，巩固整治成果，构建长效机制，确保房地产市场健康发展。要打造智慧城市，紧紧抓住国家加快5G商用步伐和加强人工智能、物联网等新型基础设施建设的有利契机，学习杭州经验，加快城市综合管理信息平台建设，强化交通运行、供水供气供电等数据的综合采集和管理分析，实现感知、分析、服务“三位一体”城市管理。有关方案要以市委全面深化改革委员会的名义报市委常委会研究、尽快实施。要加强土地管控，坚持政府主导、市场化运作，加大对造地工作的支持和奖励力度，抓好土地收储、出让等重点环节，节约集约用地，提升管理水平，为城市建设发展提供有力支撑。

以上“五提”，是当前和今后一个时期加强城市建设管理的目标要求，市政府要研究制定具体实施方案，谋划开展系列专项行动，细化举措、明确抓手，确保取得扎实成效。

七、以铁肩担当的精神抓好污染治理，强力推进生态环境建设不断取得新成效

生态环境是关系民生的重大社会问题。我们要坚决扛起历史责任，推动我市生态环境持续好转。

一要坚定不移推进大气污染防治，让蓝天白云常在。坚持以“大气质量退倒十”为目标，扎实推进大气污染防治工作落实见效。要推进能源结构调整，以燃煤治理为重点，狠抓“电厂围城”问题整治，稳步推进农村地区冬季清洁取暖，力争完成剩余“双代”任务。要推进产业结构调整，加快实施“千企转型”，持续抓好“散乱污”企业整治，加快华荣制药、光华药业等主城区污染企业退城搬迁。市政府要成立专班，加快推进石钢新厂址建设，确保2020年底前旧址停产。要推进交通结构调整，推广使用新能源汽车，大力发展公共交通，减少机动车尾气污染，强化道路扬尘治理。

二要持续发力抓好水土污染防治，让青山绿水常留。一方水土养一方人，水好才能人好，土好才能居安。要让水源更清洁，研究制定水资源涵养利用规划，严格饮用水水源地保护，对地下水超采实施综合治理，对污水处理厂进行提标改造，切实提升水环境质量。要让河湖更清澈，严格落实河湖长制，改造提升环城水系，加快滹沱河生态修复工程建设，今年9月底一期工程全部完成。要让土壤更安全，全面实施土壤污染防治行动计划，认真组织好土壤污染状况详查，有效管控农用地和建设用地土壤环境风险。

三要坚持不懈抓好综合施治，让最美生态常驻。坚持山水林田湖草整体保护、系统修复。要狠抓生态环境修复治理，大规模开展国土绿化行动，加大自然保护区整治力度，全面推进露天矿山综合整治和生态复绿，今年完成61处矿山复绿任务。要推进环保督察问题整改，严格落实整改责任，建立清单管理和销号制度，深入抓好中央、省环保督察“回头看”反馈意见整改落实。要构建生态保护长效机制，严格遵守生态保护红线，严格落实督查和领导干部分包等制度，整合组建生态环境保护综合执法队伍，严厉打击各类违法排污行为，确保生态环境持续改善。

八、认真践行以人民为中心的发展思想，让改革发展成果更多更公平惠及全市人民

增进民生福祉是发展的根本目的。我们必须多谋民生之利、多解民生之忧，不断满足人民对美好生活的向往。

一要提升社会保障水平，不断增强人民群众的获得感。要坚持把脱贫作为重大政治任务，紧紧围绕“七个一批”和“七大工程”，继续巩固贫困县脱贫成效，加大对非贫困县贫困村和贫困人口支持力度，全力迎接国家和省扶贫考核验收。确保国定贫困

县全部摘帽，非贫困县贫困村和贫困人口稳定脱贫，减少和防止贫困人口返贫。要坚持把解决民生热点作为重中之重，持续抓好20项民心工程，坚决兑现对人民群众的承诺。抓牢就业这个最大民生，不断拓宽就业渠道，落实各项优惠政策，重点做好高校毕业生、建档立卡贫困户、去产能职工、退役军人等就业工作。要坚持把完善公共服务作为有力保障，大力提升教育发展水平，促进学前教育普惠发展、义务教育均衡发展、高中教育特色发展，解决幼儿园“小学化”、义务教育“择校热”等突出问题；扎实推进石家庄市儿童医院等重点医疗卫生设施建设，探索建立现代医院管理制度，深入推进国家中医药综合改革试验市建设，深化医保制度和养老保险制度改革，积极推进医养结合，大力发展养老产业，不断加强退役军人管理服务，统筹做好社会救助、慈善捐助以及留守儿童、困境儿童关爱保障等工作。

二要提升文化建设水平，不断增强人民群众的幸福感。要唱响主旋律，大力弘扬社会主义核心价值观，抓好核心价值观示范村（社区）创建，深入实施时代新人培育工程，持续弘扬正能量。要提升软实力，大力弘扬中山古国、正定古城传统文化和西柏坡红色文化，办好吴桥国际杂技艺术节和全国梆子声腔展演，做好电视剧白毛女、故国中山传奇等文艺创作，擦亮石家庄文化品牌。要完善服务体系，大力推进农村公共文化基础设施建设，加快市博物馆等重点文化设施建设，做好公共文化服务示范区、宣传文化村创建工作；深入实施文化惠民工程，不断丰富群众文化“菜谱”。

三要提升社会治理水平，不断增强人民群众的安全感。要坚决防范化解重大风险，严厉打击非法集资、网络传销等涉众型经济犯罪行为，抓好金融、民生、拆迁安置、房地产领域等涉众问题的处理。要扎实做好信访维稳工作，严格落实领导干部接访下访包联化解机制，和市县乡三级干部集中大接访制度，积极推广“枫桥经验”，完善基层社会治理网格体系，进一步健全社会治安防治体系，做好重点时段、重点区域安全保卫工作，构建起维护社会和谐稳定的坚强防线。要深入开展扫黑除恶专项斗争，紧盯涉黑涉恶问题的重点地区、行业和领域，深化“一案三查”，深挖“关系网”、彻查“保护伞”，让黑恶势力无所遁形。要牢牢把好安全生产和食品药品安全关，深入开展安全隐患排查和“打非治违”行动，继续实施“食药安全、诚信省会”三年行动计划，确保人民生命财产安全。各级各部门一定要始终绷紧维护社会安全稳定这根弦，坚决当好首都政治“护城河”。

九、加强党的全面领导，坚定不移推进全面从严治党向纵深发展

全市各级党组织要认真贯彻新时代党的建设总要求，坚持把抓好党建作为最大的政绩，坚决扛起管党治党的重大政治责任。

一要坚持把党的政治建设摆在首位。严明党的政治纪律和政治规矩，自觉践行“四个意识”、落实“两个维护”，确保中央重大决策和省委部署要求在石家庄落地落实。要精心谋划开展“不忘初心、牢记使命”主题教育，强化理论武装，认真执行民主集中制，严肃党内政治生活，经常开展积极健康的批评与自我批评。要严格落实意识形态责任制，进一步加强阵地和队伍管理，牢牢把握意识形态工作领导权。

二要打造坚强有力的干部队伍。严格落实好干部标准，认真贯彻省委“三坚持三重用”和市委“四观四看四用”选人用人办法，坚持识人察人看担当、选人用人重作为，鲜明亮出“上”与“下”的准绳，真正把政治过硬、担当担责、善于作为、实绩突出的干部选用起来。要充分发挥吕建江等先进典型的引领作用，教育引导广大干部提振精神、奋发作为，大力营造学先进、赶先进、当先进的浓厚氛围。要不断深化容错纠错机制，严格落实“三个区分开来”，既要宽容干部在改革创新中的失误，也要帮助干部改正错误，让他们打消顾虑、轻装上阵。要健全完善综合考核和绩效考核评价体系，加强年轻干部选拔培养使用，从严加强日常教育管理监督，着力打造一支对党忠诚、堪当重任、作风优良的高素质干部队伍。

三要建设全面过硬的基层组织。坚持以提升组织力为重点，突出政治功能，组织开展“党支部规范提升年”活动。要深入实施农村“两委”干部轮训，探索建立组织生活定期巡察机制，抓好高质量发展党员、农村综合服务站建设等工作，实现农村组织基本队伍、基本阵地、基本活动、基本制度、基本保障“五个基本”规范化。要持续深化“1+3”区域化党建工作机制，加大互联网行业、商务楼宇、各类园区党建工作力度，统筹推进机关、国企、高校、医院等领域

党建工作，夯实党的执政根基。

四要营造担当实干的浓厚氛围。坚持以提高行政效能为核心，持续深化“双创双服”“双问计”活动，“双创双服”省委要召开会议，紧接着我们也要在全市机关开展一场“效能革命”，突出解决业务不精、平庸无为，精神不振、纪律散漫，不敢担当、推诿扯皮，行动迟缓、办事拖沓，选择变通、弄虚作假等问题，促进干部作风实现大的转变。春节假期后上班第一天，我们将召开全市干部大会进行动员部署。

五要保持清正廉洁的政治生态。认真落实全面从严治党“两个责任”，严格执行中央八项规定精神，紧盯不敬畏、不在乎、喊口号、装样子等问题，坚决破除形式主义、官僚主义。要精准惩治腐败，有力削减存量、有效遏制增量，持续整治群众身边腐败和作风问题，一体推进不敢腐、不能腐、不想腐，巩固发展反腐败斗争压倒性胜利。要综合运用“四种形态”特别是第一种形态，充分发挥派驻监督探头作用，深化政治巡察，扎实推进“扎捆滚动”监督检查，健全完善纪委对同级党委监督、市县巡察上下联动等机制，不断提升党内监督实效。

同志们，时代呼唤奋发作为，事业要求砥砺奋进。让我们更加紧密地团结在以习近平同志为核心的党中央周围，坚持以习近平新时代中国特色社会主义思想为指导，在省委的坚强领导下，不忘初心、牢记使命，担当担责、接续奋斗，加快建设现代省会、经济强市，以优异成绩庆祝中华人民共和国成立70周年！

发挥制度优势　提升治理效能
加快建设现代省会经济强市

——2019年11月10日在市委十届七次全会第一次全体会议上

中共河北省委常委、市委书记　邢国辉

这次市委十届七次全会的主要任务是，坚持以习近平新时代中国特色社会主义思想为指导，深入学习贯彻党的十九届四中全会精神，全面落实省委九届九次全会决策部署以及省委、省政府对石家庄的重要指示要求，围绕坚持和完善中国特色社会主义制度、推进治理体系和治理能力现代化，研究部署当前和今后一个时期工作，动员全市党员干部群众不忘初心、牢记使命，攻坚克难、奋发进取，不断开创新时代建设现代省会、经济强市新局面。

刚才，我们书面传达学习了党的十九届四中全会、省委九届九次全会精神，市委常委会向全会书面报告了市委十届六次全会以来的工作，我就《实施意见（讨论稿）》进行了说明；陈玉祥同志通报了市纪委对市委常委会及其成员进行党内监督情况、市委关于《石家庄市强化正向激励容错纠错实施办法》贯彻执行情况，这是市委落实全面从严治党要求取得的重要制度成果，我们一定要深入总结、深化拓展。下面，围绕“发挥制度优势、提升治理效能，加快建设现代省会、经济强市”，我讲4点意见。

一、坚持政治站位，紧扣形势任务，切实增强学习贯彻党的十九届四中全会精神和省委九届九次全会精神的政治自觉、思想自觉、行动自觉

党的十九届四中全会是在新中国成立70周年之际、在“两个一百年”奋斗目标历史交汇点上，召开的一次具有开创性、里程碑意义的重要会议。中央全会专门研究国家制度和国家治理问题并作出决定，这在我们党的历史上还是第一次，充分体现了以习近平同志为核心的党中央高瞻远瞩的战略眼光和强烈的历史担当。习近平总书记的重要讲话，全面总结了党和国家事业取得的新的巨大成就，系统描绘了中国特色社会主义的制度图谱，是闪耀着马克思主义真理光芒的纲领性文献，也是立足中华民族千秋伟业的政治宣言书，为推进国家治理体系和治理能力现代化指明了前进方向。省委九届九次全会认真学习贯彻习近平总书记重要讲话和党的十九届四中全会精神，就全省推进治理体系和治理能力现代化、做好当前和今后一个时期工作，进行了全面部署，为我们提供了重要遵循。全市各级党组织和广大党员干部要坚持把学习贯彻习近平总书记重要讲话和党的十九届四中全会精神作为一项重大政治任务，领会精神实质、把握核心要义，进一步增强“四个意识”、坚定“四个自信”、做到“两个维护”，坚决把思想和行动高度统一到中央重大决策和省委部署要求上来。

一要从政治的高度增强贯彻自觉。习近平总书记深刻指出，中国特色社会主义制度是当代中国发展进步的根本保证。推进国家治理体系和治理能力现代化，是一项关乎全局、着眼长远、纲举目张的重大战略部署。石家庄是革命的土地、英雄的土地，是新中国从这里走来的土地，作为我们党解放的第一座大城市，为推进国家治理做出了有益探索和重要贡献。特别是习近平总书记在正定工作时，着眼提升治理效能，大胆改革创新，积极探索实践，给我们留下了宝贵的思想财富、精神财富和实践成果。作为石家庄的党员干部，我们有使命、有责任传承优良传统，大力推进市域治理体系和治理能力现代化，拿出走在前列的实践成果，为坚持和完善中国特色社会主义制度、推进国家治理体系和治理能力现代化作出石家庄探索、石家庄贡献。

二要从实践的维度坚定贯彻自信。中央《决定》鲜明指出，新中国成立70年来，我们党领导人民创造了世所罕见的经济快速发展奇迹和社会长期稳定奇迹。我市的发展是全国的一个缩影。从建国之初满目疮痍的战场废墟上，建立起了一座宜居宜业的现代化大都市，地区生产总值由1949年的2.4亿元，增长到了2018年的6082.6亿元，增长2533.4倍；全市财政收入由1949年的280万元，增长到2018年的1076.3亿元，增长3.8万多倍。党的十八大以来，我们深入贯彻落实习近平新时代中国特色社会主义思想，大力推进经济高质量发展，研究确立并强力推动“4+4”现代产业发展，经济发展的质量和效益不断提高；大力实施城市建设攻坚提质，进入“地铁时代”，成功创建全国文明城市、国家森林城市，滹沱河生态修复工程成效显著、受到社会广泛赞誉，尤其是通过成功举办中国国际数字经济博览会、省市旅发大会等系列重大活动，城市形象品位和知名度、美誉度显著提升；大气污染治理成效明显，4个国家级贫困县实现脱贫摘帽，社会大局安全稳定，人民群众的幸福感、获得感、安全感不断提升。今年以来，面对持续加大的经济下行压力，全市各级党组织和广大党员干部群众团结奋斗、攻坚克难，有效应对各种严峻挑战，积极防范化解重大风险，前三季度地区生产总值增长7.1%、一般公共预算收入增长15.3%，各项事业迈上了新台阶。这些成绩的取得，是习近平新时代中国特色社会主义思想科学指引的结果，是省委、省政府坚强领导的结果，是全市广大党员干部群众不懈奋斗的结果，也有力证明了中国特色社会主义制度的巨大优越性。我们必须倍加珍惜、保持定力，毫不动摇地沿着正确的道路阔步前行，加快推进市域治理体系和治理能力现代化。

三要从战略的角度强化推进落实。习近平总书记指出，坚持和完善中国特色社会主义制度、推进国家治理体系和治理能力现代化，是应对风险挑战、赢得主动的有力保证。当前，我们面临着复杂多变的宏观形势和严峻的风险挑战，肩负的任务艰巨而繁重。放眼未来，我们要不断开创全市发展新局面，前进道路上还有许多艰难险阻需要攻克，工作推进中还有许多问题矛盾需要解决。比如，全市经济发展的质量效益还不高、产业结构还不优、投资拉动还不强，城乡基础设施和公共服务供给还不平衡，污染防治任务还很艰巨，党员干部作风能力还不够强、担当尽责精神还有欠缺等。解决好这些问题，最根本的就是要坚持和完善中国特色社会主义制度，加快推进治理体系和治理能力现代化，建立健全一整套完备衔接的制度性举措，切实把制度优势转化为治理效能。

二、聚焦目标任务，把握关键环节，以走在前列的标准大力提升市域治理效能

推进治理体系和治理能力现代化，是具体的、实在的，必须牢牢把握坚定不移走中国特色社会主义道路的根本方向和“三步走”的总体目标，科学谋划、精心组织，远近结合、整体推进，不折不扣贯彻落实党的十九届四中全会精神和省委九届九次全会精神。

一要充分发挥党的领导核心作用。习近平总书记反复强调，中国特色社会主义制度的最大优势，是中国共产党领导。推进治理体系和治理能力现代化，关键在于严格执行党的领导制度体系。要坚决落实不忘初心、牢记使命制度，把不忘初心、牢记使命作为加强党的建设的永恒课题和党员干部的终身课题，坚持学习贯彻习近平新时代中国特色社会主义思想这条主线，与学习习近平总书记对河北工作重要指示批示精神结合起来，与学习党章党规和党史、新中国史、改革开放史结合起来，着力打造“西柏坡精神”“同呼吸、心相印——习近平同志在正定的日子”等党性教育品牌，以党的创新理论凝聚思想共识、夯实思想根基。要坚决落实“两个维护”各项制度，作为最重要的政治纪律和政治规矩，始终在思想上、政治上、行动上同以习近平同志为核心的党中央保持高度一致，做到党中央提倡的坚决响应、党中央决定的坚决照办、党中央禁止的坚决杜绝，严格执行请示报告制度，确保政令畅通、令行禁止。要坚决落实党总揽全局、协调各方的制度，把党的领导落实到各级各部门履职尽责的全过程，定期听取人大、政府、政协、法院、检察院党组工作汇报，及时协调解决重大问题，从体制机制上保障党的全面领导落实到各领域、各方面、各环节。

二要筑牢执政能力这个重要基础。中央《决定》明确要求，要健全提高党的执政能力和领导水平制度。把党的领导这一最大优势转化为治理的强大效能，必须在提高党的执政能力上下功夫，做到科学执政、民主执

政、依法执政。要在提升决策力上下功夫，聚焦全市重点任务和群众关心的利益问题，健全完善决策机制，用好调查研究这个“传家宝”，深化拓展“双问计”活动，广泛听取专家、群众等各方面的意见，加强科学论证、风险评估和评价纠偏；要认真执行民主集中制，严格落实集体领导与个人分工负责的工作机制，既要充分吸收集体智慧，又要敢于拍板决策、防止议而不决。要在提升执行力上下功夫，建立定期就各项决策部署落实情况“回头看”和报告、通报制度，切实解决推进工作中的困难和问题，一级对一级负责，一级帮助一级，化解部门分歧、消除条块梗阻，力戒形式主义、官僚主义；要建立健全新官理旧账的责任机制，围绕涉众、涉房、涉军、信访积案等焦点难点问题，制定责任清单、完善包联机制，构建全链条解决遗留问题的工作体系；要强化制度意识，增强斗争精神，坚决杜绝做选择、搞变通、打折扣现象，特别是要注重从经验教训中举一反三、建章立制，大力提高制度执行力，真正管住长远。要在提升创新力上下功夫，主动适应信息时代的新特点、新要求，对标学习先进城市经验做法，大力解放思想、更新观念，积极探索提升治理效能的新路径、新方法，加快“智慧城市”建设步伐，用好用足大数据、互联网等现代信息技术手段，不断提高治理的精准性和实效性。

三要用好深化改革这个关键一招。习近平总书记深刻指出，全面深化改革的总目标，就是完善和发展中国特色社会主义制度、推进国家治理体系和治理能力现代化。我们要坚持破立结合，既有效突破阻碍发展的利益藩篱、政策弊端、体制障碍，又不断建立适应时代和实践要求的新规范新机制。要强化协调联动，以拆掉围墙、八面来风的开阔视野，精准精细、务实高效的工作举措，进一步深化与雄安新区的沟通对接，实现融合发展、错位发展。特别是要按照省委部署要求，扎实推进石保廊全面创新改革试验，加强三地联动，大胆先行先试，积极谋划提出创新改革举措，力争取得更多标志性的改革成果，为全省创新发展提供示范借鉴。要强化整体协同，对照中央《决定》和省委《实施意见》，从市级层面统筹谋划推动，确保落地落实。同时，鼓励各级各部门结合实际大胆探索实践，推动各地各领域改革相得益彰，发挥出强大的聚合效应。对实践中探索出来的创建“红色物业”、破解老旧小区物业管理难题，实施综合执法改革、推动执法力量下沉等经验做法，要认真总结梳理，固化为长效机制。要强化系统推进，既要注重围绕产业转型升级、城市建设攻坚提质、大气污染治理、创建国家卫生城市等重点工作，探索建立符合我市实际的制度体系，出台一些首创的制度举措；也要注重从人民群众身边事着手，推动就业养老、教育医疗、文化惠民等领域体制机制创新，不断满足人民群众的美好生活需要。要强化改革落地，注重把改革成果转化为制度优势、治理效能，加大对改革事项落实情况的考核评价力度，明确时间表、路线图、责任人，一项一项落实到位；严格按照“三个区分开来”要求，用好用足容错纠错办法，该容的大胆容，容纠并举，切实激励广大党员干部担当作为、敢想敢干。

四要加强法治建设这个根本保障。中央《决定》指出，建设中国特色社会主义法治体系、建设社会主义法治国家，是坚持和发展中国特色社会主义的内在要求。我们要提升市域治理效能，必须加快推进依法治市步伐。要聚焦重点领域立法，坚持立法工作与全市建设发展大局相衔接，围绕建设“四高四强”现代省会、经济强市的奋斗目标，着力在高质量发展、保障改善民生、社会治理创新等重点领域立法立规，按照“务实管用、急用先立”原则，多出小切口、大视角、有特色、接地气的精品良法，切实增强地方立法的及时性、系统性、针对性、有效性。要树牢执法为民理念，加快法治政府建设，推进政府机构、职能、权限、程序和责任法定化，厘清权力边界，特别是要注重以政务公开促进执法公正，深化行政效能评议，深入推进“电视问政”“广播问政”“网络问政”等活动，主动回应人民群众关切，不断提升人民群众的满意度。要加强法律实施监督，健全公安机关、检察机关、审判机关、司法行政机关各司其职、协调配合、相互制约的体制机制，坚决排除对各种执法司法活动的非法干预，杜绝关系案、人情案、金钱案，让人民群众在每一个案件中都感受到公平正义。要提高全民法治意识，多形式、多渠道开展法治宣传，将法治触角延伸至社会各个角落，树牢群众办事依法、遇事找法、解决问题用法、化解矛盾靠法的思想意识，健全完善公共法律服务体系，筑牢依法治市的群众基础。

五要构建社会参与这个有力支

撑。中央《决定》强调，要建设人人有责、人人尽责、人人享有的社会治理共同体。企业、群团组织、社会组织是全市建设发展的重要力量，是群众参与治理的重要途径。要积极引导全民参与，充分调动群众的积极性、主动性、创造性，完善群众参与社会治理的制度化渠道，建强服务管理平台、创新互动交流方式，使人民群众有地方、有方式参与社会治理，推动形成共建共治共享的生动局面。要完善沟通联系制度，畅通党委、政府与企业、社会组织的沟通交流渠道，充分发挥“两代表一委员”职能作用，搭建联系党委、政府和人民群众的“连心桥”；同时，加强对社会组织的工作指导，建立完善规范社会组织发展的相关制度，切实发挥好社会组织的价值作用。要创新基层治理方式，进一步完善党组织领导的自治、法治、德治相结合的城乡治理体系，把更多资源下沉到基层，实行网格化管理和服务，特别是要大力推广新时代“枫桥经验”，扎实做好信访维稳工作，切实把矛盾化解在基层，把隐患消灭在萌芽状态。

三、贯彻新发展理念，着力提质增效，以高质量发展成果检验市域治理效能

推动高质量发展，是市域治理体系和治理能力现代化的重要内容，也是检验市域治理体系和治理能力现代化水平的重要考量。我们要坚持稳中求进工作总基调，贯彻新发展理念，以供给侧结构性改革为主线，统筹抓好稳增长、促改革、调结构、惠民生、防风险、保稳定各项工作，推动全市高质量发展再上新台阶。

第一，要在现代产业发展上求深化。实践证明，“4+4”现代产业符合我市发展实际，必须坚定不移、持之以恒地坚持下去。要抢占技术创新制高点。发挥好京津冀产学研联盟、产业技术联盟等作用，着力攻克一批“杀手锏”技术。抓住承办国际数字经济博览会、入选国家首批5G试点城市的机遇，加快大数据、区块链、物联网、人工智能等新兴技术产业化，建好数字经济产业园，市政府要抓紧研究支持数字经济发展的意见。要狠抓龙头企业招引。以重大会展活动为契机，紧盯国际国内500强、行业100强等重点企业，力争引进一批带动性强、影响力大、具有方向性和关键性的重大产业化项目，用好项目电子督办系统，推动签约项目早开工、早投产、早达效。要大力培育中小企业。以推进县域特色产业集群发展为抓手，滚动实施100项以上重点技改项目，推广无极县经验做法，着力促进“小升规”；持续开展“专精特新”中小企业培育活动，促进中小企业产业集群发展，推动形成中小企业铺天盖地的良好发展态势。要着力做强载体平台。继续推进开发区管理体制改革，深入实施开发区托管制度，定期听取情况汇报，真正以务实有效的托管助推落后开发区提档升级，不断激发快速发展的活力动力；加大对高新区的支持力度，进一步发挥高新区的示范引领作用。创新支持方式，通过设立基金平台、知识产权质押融资风险补偿资金，将我市高端产品列入政府采购目录等方式予以大力支持。要切实强化支持保障。深化“人才绿卡”制度，深入实施“名校英才入石计划”，突出“高精尖缺”导向，围绕“4+4”现代产业制定高层次人才岗位需求目录，面向国内外广泛招引一流人才。强化资金、土地保障，产业资金拨付、新增建设用地优先向“4+4”现代产业项目倾斜。

第二，要在城市功能品质上求提升。以编制国土空间规划为契机，以旧城改造提升“十大工程”为抓手，勇于探索、先行先试，不断提升建设管理水平。要聚焦重点工程发力。坚持政府主导、市场化运作，创新资金筹集方式，加强日常管理维护，做好群众工作，确保中央商务区建设2020年初见形象，滹沱河生态修复工程2020年8月底完成二期、启动三期，轨道交通各区段按时通车运营。要聚焦精细化管理发力。全力创建国家卫生城市，积极推动国家暗访问题整改，开展达标攻坚行动，补齐短板弱项。统筹做好棚户区、城中村改造，抓好公园建设提升、特色街道绿化工作，继续实施北方花城建设工程，切实提升省会颜值水平。尽快建立市容管理长效机制，坚持“以克论净”，推动水洗机扫向小街小巷拓展，做好垃圾分类试点工作，坚决根治占道经营、渣土乱运等“顽疾”。要聚焦县城建设发力。扎实开展“四城同创”，深入抓好清理规范违法违规圈占土地等专项整治，补齐公共设施短板，打造一批“净、绿、亮、美”生态新县城。大力实施乡村振兴战略，积极推进元氏县槐阳镇、栾城东南片区省级乡村振兴示范区建设，持续抓好农村人居环境整治、“厕所革命”，推动全市特色小镇和美丽乡村建设取得新成效。

第三，要在全面改革开放上求突

破。改革开放是实现高质量发展的动力之本、活力之源。要深化重点改革。围绕全市发展大局和关键领域，谋划明年全市改革工作要点，推出一批管用的改革举措。坚决落实《优化营商环境条例》，持续深化“放管服”改革，进一步优化审批流程、压缩审批时间，积极推进企业全程电子化登记，推广“拿地即开工”审批模式，完善市场准入负面清单制度体系，推动“非禁即入”落地落实，着力打造“无障碍”发展环境。要扩大对外开放。认真贯彻落实习近平总书记在第二届进博会上提出的“五个继续”重大举措，加快自贸区正定片区建设，探索建立更加灵活的政策体系、监管模式以及协同开放机制，打造区域开放新高地。积极融入“一带一路”，推动中欧班列实现常态化运营，完善口岸功能布局，鼓励我市企业参与国际产能合作。

第四，要在生态环境改善上求实效。良好的生态环境是最普惠的民生，是实现高质量发展的题中之义。要狠抓大气污染防治。完善落实应急响应差异化管理办法和大气污染防治工作提示函等制度，统筹做好“双代”、型煤配送、炉具上门和散煤治理等工作，加快石钢等企业退城搬迁，强化工地、道路等扬尘管理，创新执法检查方式、完善违法惩治机制，确保完成年度目标任务、早日“退倒十”。要统筹抓好水土治理。严格落实河长制，健全完善河流应急报警监测机制，全面开展入河排污口排查和整改，持续做好水生态修复和地下水超采治理各项工作，着力解决东南退水问题，用足用好南水北调引江水，发展节水农业，确保全市河流水质达标，尽快实现地下水采补平衡。继续实施土壤污染防治行动计划，做好栾城区国家级土壤治理与修复试点工作，实施化肥农药减量增效行动，切实减少农业面源污染。

第五，要在保障改善民生上求作为。党的十九届四中全会指出，增进人民福祉、促进人的全面发展是我们党坚持立党为公、执政为民的本质要求。要做好精准扶贫“后半篇文章”。围绕“两不愁、三保障”，严格落实“四不摘”政策要求，建立返贫监测预警机制，健全稳定脱贫长效机制，强化产业扶贫，促进转移就业，加强扶志扶智工作，筑牢防返贫的隔离带、防火墙。要办好民生实事。围绕落实省20项民心工程和市利民惠民10件实事，积极开展“回头看”，主要领导要亲自上手，确保兑现向群众的承诺。要按照省委、省政府的治理措施和时限要求，突出抓好房地产等重点领域遗留问题的解决，以实际工作成效取信于民。同时，要提前谋划明年民生实事，着力解决群众的操心事、烦心事、揪心事。要提升公共服务水平。把稳就业摆在突出位置，统筹抓好退役军人、去产能职工等就业工作，大力推行终身职业技能培训。深化医药卫生体制和“四医联动”改革，加快推进国家中医药发展综合改革试验区建设，推动医疗资源向基层下沉。大力解决幼儿园、小学教育择校热、择校贵等问题，完善职教园区管理运行保障机制，加快高校园区建设步伐。繁荣发展文化事业和文化产业，实施公民道德建设工程，弘扬和践行社会主义核心价值观。注重加强普惠性、基础性、兜底性民生建设，完善基本医疗保险、低保、养老等制度，特别是抓好冬季取暖的要素保障，确保达标供热，让人民群众温暖过冬。

第六，要在社会综合治理上求创新。作为距离首都北京最近的省会城市，创新社会治理制度、提升社会治理能力，是当好首都政治“护城河”的必然要求。要做好矛盾纠纷排查化解。健全预警机制，加强分析研判，提高从源头上预防和化解矛盾纠纷的能力，做到发现得早、化解得了、控制得住、处理得好，严格落实领导干部接访下访包联化解机制和市县乡三级干部集中大接访制度，实现小事不出村、大事不出乡、矛盾不上交。要深化扫黑除恶专项斗争。着眼“长效常治”，以彻底铲除滋生黑恶势力的土壤为目标，深化“一案三查”，深挖“关系网”“保护伞”，确保打深打透，不留死角、不留祸根，建设“无黑”省会、平安石家庄。要抓好公共安全工作。积极探索“人力+科技”风险监测预警，着力推进政法信息化三维实战平台和“雪亮工程”建设，严格落实安全生产责任制，持续推进重点行业领域专项整治，确保人民生命财产安全。要防范化解各类风险。建立完善各类风险隐患排查、防控、化解工作机制，重点做好房地产、非法集资、网络信贷等领域的风险隐患排查化解，突出抓好卓达等重点案件处置工作，坚决守住不发生系统性风险的底线。

四、坚持和加强党的全面领导，推动党中央重大决策和省委工作部署在石家庄落地生根、开花结果

党政军民学、东西南北中，党是

领导一切的。做好石家庄发展改革稳定各项工作，必须毫不动摇坚持和加强党的全面领导，以党的建设扎实成效确保各项任务落到实处。

一要突出思想政治引领，强化创新理论武装。政治上的坚定源于理论上的清醒。要深刻领悟党的创新理论，认真学习贯彻习近平新时代中国特色社会主义思想，大力传承习近平总书记在正定工作时留下的宝贵思想财富、精神财富和实践成果，坚持读原著、学原文、悟原理，准确把握丰富内涵、核心要义和实践要求，更好地用党的创新理论指导实践、推动工作。要对党绝对忠诚，时时处处事事对标对表，以实际行动践行“四个意识”、坚定“四个自信”、做到“两个维护”。要把习近平总书记对石家庄的知之深爱之切，转化为担当实干的具体行动，面对制约省会建设发展的矛盾和难题，敢于斗争亮剑、敢于啃“硬骨头”，为经济社会高质量发展作出更大贡献。

二要突出统筹协调推进，扎实开展主题教育。第二批主题教育已经进入关键时期。要持续推动主题教育深入开展。按照“四个对照”“四个找一找”要求，对问题进行再梳理、再排查、再深化，注重透过现象看本质、通过局部看整体，切实找准问题根源，进一步完善问题清单、细化整改措施，市委各巡回指导组要加大“回头看”力度，推动主题教育不断往深里走、往实里走。要高质量开好专题民主生活会。市委常委和市级干部要带头，把谈心谈话、检视剖析、批评和自我批评等各个步骤走扎实，确保有辣味、效果好。同时，要联系指导包联单位开好专题民主生活会。要扎实推进“十项专项整治”。强化上下联动，实施清单式管理、项目化推进，形成市县乡村顺畅衔接的工作合力，真刀真枪解决问题，整治整改情况要及时公布，接受群众监督，做到问题不解决不松劲、解决不彻底不放手、群众不认可不罢休。

三要突出严管厚爱并重，加强干部队伍建设。要坚持好干部标准。严格落实干部选拔任用条例，坚持把政治标准放在第一位，全方位、多角度、近距离考察识别干部，真正把信念过硬、政治过硬、责任过硬、能力过硬和作风过硬的优秀干部选用起来。要加强干部日常管理。把干部日常管理的触角从“八小时内”延伸至“八小时外”，督促干部自觉净化工作圈、社交圈、生活圈，突出对领导班子特别是党政一把手监督管理。要着力培养优秀年轻干部。有计划有步骤地选派优秀年轻干部到基层一线、贫困地区、急难险重岗位进行历练，确保党和人民的事业后继有人。

四要突出全面从严治党，营造良好政治生态。要加强作风建设。扎实开展“效能深化年”活动，与落实“三深化、三提升”“双问计”活动等紧密结合起来，深入推进基层减负工作，为基层腾出更多时间和精力抓好工作落实。要突出政治巡察。扎实开展好市委第七轮巡察，同步推进县级统筹巡察，指导各县（市、区）深入开展对村（社区）巡察，发现和解决基层突出问题，打通全面从严治党“最后一公里”。要加强监督执纪。保持反腐败斗争高压态势，坚持靶向治疗、精确惩治，紧盯重大工程、重点领域、关键岗位，加强权力监督和运行制约，深入开展政治性警示教育，引导党员干部筑牢思想防线，巩固反腐败斗争压倒性胜利。

五要突出从严督导考核，确保工作落地见效。要压实工作责任。各级领导干部要担当实干、作出表率，结合分管工作，进一步细化目标任务、时间进度和质量要求，层层传导压力，层层分解任务，把党中央部署和省委安排的各项任务向深处、向细处、向实处推进。要增强督查实效。善于创新思维谋划督查工作，灵活多样地开展督查活动，摸准问题要害，弄清问题实质，找到解决方法，不断提升督查效能。要科学考核问责。完善综合考核和绩效管理考核评价体系，真正把考核结果与干部的选拔任用、评先评奖等挂起钩来，更好地激励先进、鞭策后进，促使干部作风严起来、工作实起来、高效干起来。

初心薪火相传，使命永担在肩。让我们更加紧密地团结在以习近平同志为核心的党中央周围，坚持以习近平新时代中国特色社会主义思想为指导，深入学习贯彻党的十九届四中全会精神，全面落实省委九届九次全会部署，锐意进取、永不懈怠，脚踏实地、苦干实干，奋力谱写新时代加快建设现代省会、经济强市新篇章，为全面建成小康社会努力奋斗！

增强省会意识 抢抓发展机遇
奋力推动高质量发展 决胜全面建成小康社会

——2019年12月18日在市委十届八次全会第一次全体会议上

中共河北省委常委、市委书记 邢国辉

进入年终岁尾，在盘点一年收获、开启崭新征程的时间节点，市委召开这次全会，就是要深入学习贯彻党的十九届四中全会和中央经济工作会议精神，全面落实习近平总书记对河北工作重要指示批示和党中央重大决策，按照省委九届九次、十次全会工作部署，特别是王东峰书记对石家庄的一系列指示要求，动员全市各级党组织和广大党员，增强省会意识，坚定信心决心，以走在前列的标准和决战决胜的姿态，奋力开创建设现代省会、经济强市新局面。

12月10日到12日，中央召开经济工作会议，习近平总书记发表重要讲话，系统总结了今年以来的经济工作，深刻分析了当前国内国外经济形势，明确提出了明年经济工作的总体要求、政策取向和重点任务，进一步深化了我们党对中国特色社会主义经济发展规律的认识，具有极强的战略指导性和现实针对性，为我们做好明年工作指明了前进方向、提供了根本遵循。省委九届十次全会精神特别是王东峰书记的讲话，对明年工作进行了全面系统安排，是中央经济工作会议各项决策在河北的具体化。全市各级党组织一定要把学习贯彻习近平总书记重要讲话和中央经济工作会议精神作为重要政治任务，按照省委的安排部署，从政治上考量，在大局下行动，确保党中央决策和省委要求在石家庄不折不扣落实。下面，我讲5点意见。

一、关于明年经济工作总体把握

2019年是极不平凡的一年。在习近平新时代中国特色社会主义思想的光辉指引下，我们以省委、省政府的关心支持为动力，以开展“不忘初心、牢记使命”主题教育为契机，落实新发展理念，奋勇攻坚突破、主动担当作为，全市经济呈现出稳中有进、稳中提质的良好态势。一是高质量发展迈出了新的步伐，扎实推进“六稳”工作，主要经济指标稳步增长，“4+4”现代产业发展迸发出强劲势头。二是发展潜力得到了新的释放，深入落实“三件大事”，自贸区正定片区挂牌成立，成功举办首届中国国际数字经济博览会等一系列重大活动，规模以上高新技术产业不断壮大，科技型中小企业、高新技术企业数量均居全省第一。三是发展成果更多地惠及了人民群众，“三大攻坚战”深入实施，结束了现行标准下我市绝对贫困长期存在的历史，利民惠民10件实事全部完成，就业、医疗、教育等公共服务日益完善。这些成绩，是在我国经济结构性、体制性、周期性问题相互交织，“三期叠加”影响持续深化，中美经贸斗争严峻复杂的大形势下取得的，实属不易。发展实践让我们更加深刻地感受到，在党中央的集中统一领导下，在中国特色社会主义制度显著优势的充分发挥下，在习近平新时代中国特色社会主义思想的领航定向下，在省委、省政府的坚强领导下，就一定能够变压力为动力，战胜各类风险挑战。

2020年是至关重要的一年，我们正处在决战决胜全面建成小康社会的紧要关头，也处在“十三五”规划圆满收官、“十四五”规划谋篇布局的重要节点。前进的道路从来都不是一帆风顺的，总会有艰难险阻不期而遇。但我们一定要看到，石家庄有“4+4”现代产业体系的带动引领，有自贸区正定片区、综合保税区等平台的开放效应，有石保廊全面创新改革试验区的改革活力，有21个省级以上开发区的有力承载，有众多优质项目的强大支撑，有中央商务区、滹沱河生态修复、轨道交通等重点工程的有效拉动，有全市优秀干部队伍的坚强保障，只要我们保持战略定力，同心同德奋斗，完全有条件、有能力完成明年的重大任务，推动经济发展在全省走在前、作表率。

总结成绩是为了坚定信心，深化认识是为了谋定而动。根据中央和省委精神，结合我市实际，做好明年经济工作的总体要求是：坚持以习近平新时代中国特色社会主义思想为指导，全面贯彻党的十九大和十九届二中、三中、四中全会精神，坚决贯彻党的基本理论、基本路线、基本方略，全面落实习近平总书记对河北工作重要指示批示和党中央决策部署，增强“四个意识”、坚定“四个自信”、做到“两个维护”，紧扣全面建成小康社会目标任务，坚持稳中求进工作总基调，坚持新发展理念，坚持以供给侧结构性改革为主线，坚持以改革开放为动力，深入落实全省“三件大事”，大力发展“4+4”现代产业，以“四种类型经济”为抓手，加快推动高质量发展，坚决打赢三大攻坚战，全面做好“六稳”工作，统筹推进稳增长、促改革、调结构、惠民生、防风险、保稳定，保持经济运行在合理区间，深化拓展“双创双服”和“三深化三提升”活动，深入开展“三创四建”活动，确保全面建成小康社会，确保“十三五”规划圆满收官，推动建设现代省会、经济强市取得新成效。

思路已清晰，要求已明确。做好明年经济工作，我们一定要切实强化党的领导，进一步改进领导方式，全面提升各级党委（党组）把方向、谋大局、定政策、促改革的能力和水平。我们一定要自觉贯彻新发展理念，作为增强“四个意识”、坚定“四个自信”、做到“两个维护”的重要尺度，作为重要的政治责任、领导责任、工作责任，一以贯之推进，不动摇、不懈怠。我们一定要牢固树立系统全面的辩证思维，增强统筹兼顾、驾驭全局的大视野和大境界，善于“弹钢琴”，克服单打一，不搞“急就章”“一刀切”，协调推进各项部署，以一域之光为全局添彩。

二、关于发展四种类型经济

围绕推进经济高质量发展，市委十届四次全会提出了构建“4+4”现代产业格局，实践有力证明，“4+4”现代产业已经成为引领我市经济高质量发展的重要力量。随着实践的逐步深入，市委对石家庄未来发展的思考也在深入，按照中央建设现代化经济体系要求，在充分调研论证的基础上，提出下一步着力发展城市、区域、园区、生态“四种类型经济”。“4+4”现代产业明确了石家庄产业发展的“四梁八柱”，而“四种类型经济”则搭建了石家庄经济发展的空间架构，有利于形成要素合理配置、特色优势互补、高质量发展的区域经济布局，提升经济发展的整体性、协调性。

提出“四种类型经济”，基于以下几点考虑：第一，作为省会，石家庄的城市聚集着众多的先进要素和资源，基础设施和配套设施完善，区位优势明显，承载能力较强，市场需求旺盛，依托这些优势，发展城市经济，有利于进一步提升城市化水平，有利于进一步提高城市的首位度，有利于进一步增强省会辐射带动能力。第二，我市的县域尽管大部分都有自己的特色支柱产业，但总体来看，体量较小、实力较弱，也存在产业雷同的问题，仅靠“单打独斗”难以实现较大突破，必须打破“一亩三分地”观念，优化区域经济布局，以产业发展的协同协作，打破行政区划的限制障碍，走抱团发展、协作发展的路子，形成区域经济比较优势，打造几个能带动全市高质量发展的新动力源。第三，我们有21个省级以上开发区，汇聚着全市的优质资源、高端要素、项目人才、优惠政策，是最具发展潜力的地方，也是县域经济重要的增长极。只要我们加以扶持，进一步把园区做优做强，就能有力支撑全市经济高质量发展。第四，目前我们面临着一个很重要的现实课题，就是如何处理保护生态环境与保持经济平稳增长的关系，怎样实现双赢？通过深入学习领会习近平生态文明思想，市委认为，必须认真践行绿水青山就是金山银山的理念，积极发展生态经济，加快推动产业生态化、生态产业化，坚定不移走好生态优先、绿色发展之路。

发展“四种类型经济”，要把握其内涵实质，突出工作重点，采取有力措施，实施攻坚突破。

（一）大力发展城市经济，提高中心城区繁荣度。以“八区一县”为重点，以服务业和战略性新兴产业为重要抓手，全面提升城市经济实力，增强省会辐射带动能力。要着力推动总部、数字、楼宇、会展、夜经济等业态发展，做大做强商贸物流业，促进各类优质要素和资源合理配置。“八区一县”要结合各自实际，因地制宜、突出特色，进一步丰富城市经济发展业态，着力打造高质量发展高地。

（二）大力发展区域经济，提高经济发展协调性。充分发挥各县（市、区）比较优势，在加快发展县域经济的同时，按照集成、集合、集聚的思路，打造高层次、升级版的区域特色产业集群，实现集约发展。依托栾城、元氏、赵县等县区，着力打造装备制造产业聚集区；依托行唐、新乐、无极、深泽等平原县（市），着力打造传统产业转型升级聚集区；依托灵寿、平山、鹿泉、井陉、井陉矿区、赞皇等山区县（区）着力打造康养休闲产业聚集区；依托正定、藁城、晋州等沿河县（市、区），着力打造文化旅游产业聚集区。

（三）大力发展园区经济，提高现代产业贡献率。发展园区经济，关键是要提高整体水平，集聚产业、加快发展。各县（市、区）要参照市里做法，出台支持园区发展的实施办法。要提升承载能力，加快推进开发区新“九通一平”，完善配套设施建设，为项目提供好的载体平台；要提高服务能力，深入推进开发区管理体制改革，创新管理运营机制，提高主动服务意识和服务水平；要扩大对外开放，充分利用高邑“冀中南智能港”等平台，积极融入“一带一路”等国家战略，特别是自贸区正定片区，要加强制度和政策创新，招引国际国内的高端项目，努力打造创新发展高地、开放发展先行区。

（四）大力发展生态经济，提高绿色发展新活力。着眼于建设人与自然和谐共生的美丽石家庄，实现“绿”与“利”的双赢。一方面要推动产业生态化，按照坚决去、主动调、加快转的要求，对食品、纺织、建材、钢铁、石化等传统产业，既不能搞环保“一刀切”，又不能放任不管，而是要结合实施“千企转型”行动，鼓励引导企业进行技术改造、装备提升，研发一批具与自主知识产权的主导产品和核心技术，使传统产业焕发出勃勃生机；对处于产业链、价值链末端的落后产业，要通过消化一批、转移一批、整合一批、淘汰一批，改进生产工艺，降低生产能耗，减少污染排放，提高产品质量，促进绿色生产；对新上产业要实行最严格的环保准入政策，大力发展新一代信息技术、科技服务与文化创意等战略性新兴产业和现代服务业，推动形成低碳、循环、绿色的产业发展体系。另一方面要推动生态产业化，着力向生态要效益，调整农业产业种植结构，扩大蔬菜、水果、花卉、中药材等高附加值农产品种植规模，在省会周边大力发展都市农业和现代农业示范区，推广设施农业、节水农业、绿色农业和品牌农业；在有条件的平原和半山区发展经济林和林下经济，鼓励支持农产品精深加工，特别是依托滹沱河等优质生态资源，大力发展生态旅游，真正把良好的生态资源转化为优质的生态产品和生态服务，切实让“绿水青山”变为群众看得见、摸得着的“金山银山”。

大力发展“四种类型经济”，必须强化各项保障举措。一要强化组织推动。由市政府党组牵头，要集思广益，多听听群众的意见和呼声，认真研究、反复论证，抓紧制定出台关于大力发展“四种类型经济”的指导意见和各个类型经济的实施意见，科学提出发展目标，进一步明确标准、责任、时限。同时，统计部门和考核部门要充分发挥激励导向作用，制定“四种类型经济”综合评价指标，开展高质量发展绩效评价和考核。二要强化项目带动。聚焦“四种类型经济”，加大精准招商力度，切实抓好以商招商、专业招商等，引进一批好项目、大企业。要严把项目关口，按照“四种类型经济”发展规划，合理进行布局，不能“捡到篮子就是菜”，更不能留下“后遗症”。三要强化改革联动。坚持问题导向、目标导向、结果导向，大力深化经济体制改革，着力破解“四种类型经济”发展的体制机制障碍，特别是要打破制约区域经济协同发展的行政壁垒、制度阻碍、利益障碍。同时，要深化“放管服”改革，对标国际国内最好水平，充分利用大数据和区块链技术，以数字化为路径，打造公开透明、便捷高效的营商环境。四要强化创新驱动。深入推进石保廊全面创新改革试验，为“四种类型经济”发展提供更多的创新改革成果，对接京津和雄安新区，引进转化一批科技成果，建设一批技术创新平台，支持发展一批创新型企业，同时大力推动企业管理创新、制度创新，提升企业核心竞争力，助推“四种类型经济”高质量发展。

三、关于增强人民群众福祉

增进民生福祉是发展的根本目的，也是全面小康的具体体现。我们必须认真践行以人民为中心的发展思想，聚焦幼有所育、学有所教、劳有所得、病有所医、老有所养、住有所居、弱有所扶，明年突出抓好以下4项工作，让改革发展成果更多惠及人民群众。

（一）加速新型城镇化建设。推进新型城镇化是保障改善民生的重要举措。要坚持以重大项目为抓手，扎实推动旧城改造提升“十大工程”，大力推进中央商务区、滹沱河生态修复、轨道交通、道路等民生建设、基础设施领域重点项目，各县（市、区）也要积极谋划推进一批惠民生、补短板的重点建设项目。要坚持房子是用来住的、不是用来炒的，全面落实稳地价、稳房价、稳预期的长效管理调控机制，深度解决遗留问题，支持部队开展清退违规公寓住房工作，努力让群众更好地安居。要坚持以城乡一体为路径，对城乡基础设施进行统一规划建设，加快南绕城、津石高速及胜利大街南延、中华大街北延等项目建设，打通仓丰路等 10 条城市道路，加大农村基础设施投入力度，进一步促进城市与农村的融合，持续开展农村人居环境整治，改善城乡居住环境。要坚持以美丽宜居为标准，以创建国家卫生城市为契机，坚持以克论净，提高水洗机扫率，深化综合行政执法改革，抓好公园游园建设工作，明年底力争建成 14.8 万个停车位，并向社会公布，不断提升城市承载能力，方便人民群众出行；深入实施乡村振兴战略，积极开展特色小镇高质量发展工程，明年底力争创建 2 个乡村振兴示范县、10 个示范片区，成功挂牌 2 个省级特色小镇、培育 6 个市级特色小镇，不断提升群众获得感和幸福感。

（二）强力推进生态环境治理。生态环境是最普惠的民生福祉。要把解决好大气污染这个“心肺之患”作为重中之重，聚焦早日“退倒十”目标，进一步分析问题、制定举措，早打算、早动手，确保大气质量尽快改善。要大力调整产业、能源、运输、用地四大结构，精细落实应急响应差异化管理办法、工作提示函、通报排名、考核奖惩，以及日分析、周会商、月调度等制度机制，充分依托“五组一队”，加强对重点区域、重点企业、重点时段的执法监管。特别是要把解决“电厂围城”、石钢退城搬迁、焦化企业关停退出等工作摆在更加突出位置，一企一策、压实责任，力争超额完成省下达指标任务。要着力在水土污染治理上科学用力，从严监督排查入河排污口，深入实施农村生活污水治理、土壤污染防治行动计划，确保城市水环境质量保持稳定，受污染耕地安全利用率达到 89.6% 以上。需要强调的是，“西美金山湖”问题，给我们以深刻警醒，各级各部门一定要提高政治站位，强化责任担当，坚持自力更生，加大力度采取措施，确保“1+5”专项整治剩余问题、6 项重点领域清理规范尽快整改到位。

（三）用心用情保障改善民生。民心是最大的政治。要坚决筑牢返贫防线，严格落实“四个不摘”要求，扎实做好返贫人口和新发生贫困人口的动态监测，全面推行返贫保险，着力构建长效机制，确保全面小康路上一个不少、一个不落。要不断提升社会保障水平，扎实做好高校毕业生、退役军人、去产能职工等重点群体就业工作，确保零就业家庭动态清零；要进一步提高城乡最低生活保障标准，持续加大困难群体救助力度，切实兜住基本民生底线。要加快补齐民生短板，扎实推进普惠性幼儿园建设，全力保障进城务工经商人员子女就学，特别是针对未移交的城镇小区配套幼儿园，市政府党组特别是主管领导要全面调度、加快推进，坚决完成省定任务，让更多孩子享受公平优质教育；要深化“四医联动”改革，扎实推进医养结合，加快实施市第一医院（赵卜口院区）、市儿童医院建设搬迁，让群众享受更好的医疗养老服务。要着力办好“暖心窝”的实事好事，结合省委、省政府确定的 20 项民心工程，抓紧研究确定我市明年利民惠民实事；要紧盯老旧小区、棚户区改造三年行动任务，提升改造标准，加大扶持力度，不断扩大物业特别是“红色物业”覆盖面。尤其是棉五社区改造，涉及的单位和部门要深刻吸取教训，夙兴夜寐、担当作为，确保 2020 年年后开工，高质高效加快推进。

（四）大力提高社会治理能力。社会大局稳定，人民才能安全幸福。要着力防范化解重大风险，进一步完善对各类风险点的梳理分析、动态研判、排查化解、防范管控机制，严防各类风险互相传导、联动升级。特别是我市金融领域风险较为突出，各级各有关部门要“新官理旧账”，不等不靠、稳妥有序做好卓达、轻易贷等案件后续处置工作。要着力抓好信访稳定，严格落实领导干部接访下访包联化解机制，深入推进信访积案和矛盾隐患排查化解，做好信访积案终结工作，确保群众合理诉求得到及时有效解决，同时，严厉打击非访闹访等违法活动，维护好正常信访秩序。要着力深化扫黑除恶专项斗争，进一步完善社会治安防控体系，持续深化“一案三查”长效机制，不断巩固扩大专项斗争成果，大力创建“无黑省会”。要着力加强应急管理，健全完善应急救助指挥体系，强化先进科技手段应用和专业救援队伍建设，严格落实安全生产责任制，持续抓好对危化品、矿山、道路交通、消防等重点行业领域的安全风险排查，不断提高监测预警和应急处置能力，确保人民群众生命财产安全。

四、关于干部作风

作风实则工作实。今年以来，在广大党员干部的共同努力下，我市的经济社会发展取得了明显进步。但是，发展不充分、不平衡、不可持续的问题还没有从根本上得以解决。特别是在小康指标中，14 项预期性指标6项完成难度较大，15 项约束性指标1项难以完成。认真反思我们工作中存在的短板，深刻剖析一年来我市发生的一系列问题，虽然表现在发展上，但根子是发挥主观能动性还不足。体现在思想上，一是对新发展理念理解不深不透，有的地方和部门对新常态下经济发展规律把握不准，仍然沿用旧有的惯性思维和工作方式，口头上喊着新发展理念，行动上却干着原来的事，抱着低端过剩产能、房地产开发等粗放发展方式不放，创新的办法不多，统筹协调的能力不强，开放的招数不够有力，共享的成效不够明显，甚至把生态治理当包袱。二是对“发展是第一要务”抓得不紧、盯得不死，有的地方对经济工作的组织领导不够有力有效，对中央和省、市委的部署要求囫囵吞枣、一知半解、照抄照转，推动落实也是大打折扣，甚至截留延误、造成损失，一年盘点下来，存量没有扩大，增量没有多少，全靠自然增长。体现在工作上，一是省会意识还不强，有的党员干部争先创优的劲头不足，增比进位的闯劲不够，抓工作、干事情没有达到省会干部该有的标准，不求上进、不思进取，只求过得去、不求过得硬。二是尊商亲商、爱商护商意识还不强，既有“叶公好龙”的心态，对帮扶企业说起来很重视，做起来有顾虑，只注重了“清”，而回避了“亲”，对企业的扶持政策落实不到位，对企业的合理诉求推诿扯皮；又有把企业家当“唐僧肉”的问题，乱摊派、乱集资，严重干扰企业正常经营，企业家敢怒不敢言。体现在作风上，一是本位思想严重，有的单位政绩观有偏差，把着手中权力，部门化、个人化，不公开、不规范；一些地方表面上建立了行政审批局，但只有物理聚集，没有化学反应，流程没优化，程序没简化，效率没提高，成了“收发室”，一年到头办不了几个手续，甚至成为制约群众和企业办事的“中梗阻”。二是形式主义、官僚主义严重，有的党员干部“新官不愿理旧账”，喊得多、做得少，虚得多、实得少，表态多、深入少，开会多、拍板少，有的领导不交代就不办，甚至领导督着办也找理由推脱。特别是“被老板”“50 天办一个无犯罪证明”等问题，伤害了群众感情，损害了省会形象。三是乱作为问题严重，一些部门涉及项目投资等方面的事，吃拿卡要、滥用权力，甚至要好处，搞不正之风；有的地方执法不严、司法不公现象依然存在，滥用自由裁量权。对此，各级党委（党组）决不能视而不见，该处理的，要坚决处理，给全市人民一个交代。全市党员干部一定要结合主题教育问题整改，以刀刃向内的勇气和魄力，以永远在路上的执着和韧劲，持续抓作风、转作风、强作风，为做好经济工作提供坚强保障。

（一）强化省会意识，奋勇争先创优。毛主席讲，人是要有点精神的。省会的干部，就该有点省会干部的样子。一定要牢固树立标杆意识、率先意识，不论什么工作都瞄准全国全省先进行列找坐标，特别是在“三创四建”活动中，要创新载体、高标准推进，不干则已，干就干成精品，坚决克服差不多、搞应付的惰性思想，真正留下经得起实践、群众和历史检验的新业绩。

（二）提高工作效能，雷厉风行实干。发展机遇稍纵即逝。广大党员干部一定要聚精会神、心无旁骛，始终保持立说立行、夙兴夜寐的工作劲头，把心思扑在工作上，把精力用在干事上，真正做到说了就算、定了就干，不拖不推、不等不靠。对于党中央重大决策和省委部署、市委要求，必须尽快推进、按期见效；对于企业的诉求、群众的难处，必须主动靠前、积极解决，决不允许再出现因工作拖沓，贻误发展时机、造成工作被动的情况。

（三）敢于攻坚克难，大胆改革创新。直面问题并积极解决问题，是发展的重要推动力。面对发展中的瓶颈制约，面对工作中的矛盾困难，要不回避、不绕行，尽好自己该尽的责、干好自己该干的事。既要牢固树立客观问题靠主观努力去解决的精神和干劲，迎难而上、知难而进，不获全胜不收兵；更要大胆解放思想、创新招法，勇于打破思维定式和路径依赖，以改革创新的手段推进问题解决，达到事半功倍的效果。

（四）弘扬斗争精神，主动担当担责。当前，宏观环境严峻复杂，我们面临的任务很重、困难也很多。但是同在一片蓝天下，要难大家都难，关键看谁能铁肩担当、主动担责。每名党员干部特别是领导干部，一定要在其位、谋其政，对工作中发现的问题，要及时拉下脸皮、严厉批评，旗帜鲜明地指出来，决不能熟视无睹，甚至包庇纵容，耽误事业发展。

五、关于加强党的全面领导

各级党组织要牢牢把握新时代党的建设总要求，深入贯彻落实党的十九届四中全会精神，不断健全完善总揽全局、协调各方的党的领导制度体系，切实把党的领导政治优势转化为发展优势、治理效能。

（一）要着力提升政治能力。坚持把政治建设摆在首位，不断增强“四个意识”、坚定“四个自信”、做到“两个维护”，确保政令畅通。特别是各级领导干部要大力提高政治敏感性和政治鉴别力，对于上级交办的各项工作任务，首先要从政治上考量分析、在大局下部署推动，坚决杜绝有令不行、有禁不止等情况发生，坚决杜绝不推不动、推推动动等问题出现，坚决杜绝标准不高、应付了事等现象滋长，以强烈的政治担当确保各项决策落地见效。要把严守政治纪律和政治规矩作为提升政治能力的重要标尺，时刻绷紧严守政治纪律和政治规矩这根弦，严肃党内政治生活，严格执行民主集中制，用好民主生活会这个平台，经常性开展批评和自我批评，充分发扬党内民主、增进党内和谐，实行正确集中、维护领导班子的团结统一。我市今年出现了一些负面舆情，反映出有的干部政治站位不高，大局意识不强，发现苗头性问题不及时沟通、解决和整改，造成被动局面，教训极其深刻。要严格执行请示报告制度，对工作中的困难和问题，决不能既不解决又不报告，防止小事拖大、大事拖炸，贻误工作和发展。

（二）要着力提升学习能力。坚持把学习作为提高领导能力和执政水平的重要抓手，大兴学习之风。要强化理论武装，推动学习贯彻习近平新时代中国特色社会主义思想往深里走、往心里走、往实里走，自觉从中明方向、强定力、寻思路、找方法。要大力培养专业能力、专业精神，认真研读国家和省政策规定、专业知识，不断适应新形势发展要求，切实成为领导一方工作的行家里手。要把研究和解决重大现实问题作为学习的出发点和落脚点，既要把学到的知识用于实践，又要在实践中增长能力，做到学用相长，不断提高工作的系统性、预见性和创造性。

（三）要着力提升管党治党能力。坚持正向激励与警示约束相结合，狠抓干部队伍作风建设。要持续深入推进“三深化三提升”活动和机关效能革命，用好“电视问政”“广播问政”等载体平台，紧盯不作为慢作为、不担当混日子的人，严肃查办、顶格处理，推动干部作风大转变、工作效能大提升。要健全完善并严格落实担当作为激励机制和容错纠错机制，切实为担当者担当、为担责者担责，让想干事、能干事、干成事的干部有舞台，在全市进一步浓厚以实绩论英雄的政治氛围。

做好明年经济工作，任务艰巨，使命光荣。我们要始终坚持以习近平新时代中国特色社会主义思想为指导，深入贯彻中央经济工作会议精神，全面落实省委九届十次全会部署，团结奋斗、勇于担当，加快建设现代省会、经济强市，为决胜全面建成小康社会，实现“两个一百年”奋斗目标、实现中华民族伟大复兴中国梦作出新的更大贡献。

政府工作报告

——2020年1月15日在石家庄市第十四届人民代表大会第五次会议上

石家庄市人民政府市长　邓沛然

各位代表：

现在，我代表石家庄市人民政府，向大会作政府工作报告，请予审议，并请各位市政协委员和列席人员提出意见。

一、2019年工作回顾

2019年是新中国成立70周年，是全市人民知重负重、攻坚克难、砥砺奋进、埋头苦干的一年。我们坚持以习近平新时代中国特色社会主义思想为指导，坚决贯彻党中央、国务院重大决策部署，全面落实省委、省政府各项工作要求，在市委的坚强领导下，以新发展理念引领高质量发展，统筹推进稳增长、促改革、调结构、惠民生、防风险、保稳定，较好地完成了市十四届人大四次会议确定的目标任务，为全面建成小康社会打下了坚实基础。

——经济质量稳步提升。经初步核算，全市地区生产总值增长6.7%；服务业增加值增长9.8%，占生产总值比重达到60.7%；高新技术产业增加值增长8.8%；固定资产投资增长6.1%；实际利用外资增长8.9%；一般公共预算收入完成569.1亿元，增长9.5%，规模和增速稳居全省第一。

——企业实力明显提升。以岭药业吴以岭院士团队的中医微血管病变防治项目、中电科13所河北立德公司的半导体照明产业化项目，夺得国家科技进步一等奖。君乐宝入选中国十大新锐品牌，荣获世界乳品创新两项大奖，奶粉销量全国第一，标志着石家庄乳业辉煌依旧、独领风骚。敬业集团收购英国钢铁公司，标志着石家庄传统优势产业实力与世界强者竞争共舞。石药“玄宁”领航中国药出海，中国制造成为世界标准，实现历史性零的突破，标志着石家庄生物医药创新能力达到国际新高度。

——发展动能持续提升。中国（河北）自由贸易试验区正定片区正式挂牌，获批国家跨境电商综合试验区，荣获全国首批5G试点城市、中国省会城市创新能力第9名，7个县（区）达到全省县域科技创新能力A类标准。全年新增高新技术企业478家、科技型中小企业1832家，净增市场主体14.81万户，总量达到108.18万户，四项指标均居全省第一。

——生态环境优化提升。全市PM2.5平均浓度从72微克/立方米下降到63微克/立方米，优良天数174天，超额完成省定任务，一微克一微克抠出“石家庄蓝”；10个国省考出境断面水质均达到省控目标要求。滹沱河生态修复一期工程建成使用，被评为全省“十大秀美河湖”，二期全面开工建设。

——城市形象显著提升。荣获中国十大夜经济影响力城市、城市信用监测排名进步前十城市，获批国家节水型城市。成功举办2019中国国际数字经济博览会，习近平总书记亲致贺信。国际物流发展大会、世界华文传媒论坛、国际通用航空博览会、中国城市创新发展论坛等182场会展活动亮点纷呈。省五星级公园达到10座，中央商务区建设全面铺开，创建国家卫生城市取得重大阶段性成果。

——民生福祉不断提升。行唐、灵寿、赞皇3个县正式退出贫困县序列，全市建档立卡贫困人口实现历史性“清零”，提前一年完成脱贫攻坚任务。城镇新增就业13.42万人，城镇基本养老保险参保人数达到633.8万人，城乡居民人均可支配收入分别增长8%、9%。省20项民心工程任务和市10件惠民利民实事顺利完成。528个老旧小区引入“红色物业”管理服务。

一年来，困难大于预判，结果好于预期。我们牢牢把握稳中求进工作总基调，坚持以供给侧结构性改革为主线，扎实做好“六稳”工作，在战胜风险挑战中，抢抓机遇促发展；在应对转型阵痛中，转变方式调结构；在践行初心使命中，奋勇担当惠民生。

（一）坚持产业强市，“4+4”现代产业格局进一步巩固。突出存量优化、增量优质，提升产业基础能力和产业链现代化水平。产业布局优化，强力实施系列三年行动计划，实施强链、补链、延链工程，引进中国医药、北大资源、超高场磁共振、干细胞免疫治疗等国内外领先的企业和项目，集中力量打造市域9大主导产业和36个县域特色产业集群。工业提质增效，新增规模以上工业企业404家，战略性新兴产业增加值增长7.9%，石药等5家企业入围中国医药工业百强榜，敬业、诚信等企业跻身全国民营企业500强。金融业活力迸发，增加值增速8%左右，全年纳税126.8亿元，占全部税收的13.1%，成为服务业第一大主导产业；金融生态优良，世界500强全外资友邦保险落户我市，30家企业挂牌上市。旅游业发展迅速，积极承办第四届省旅发大会，成功举办两届市旅发大会，精心打造“井陉天路”风景长廊和106千米滹沱河生态走廊，全年旅游业总收入1456亿元，增长21%。项目建设进展顺利，340个省市重点项目完成投资1279亿元，占年度计划的148.4%，省级以上开发区实现主营业务收入1.4万亿元，增长21.8%。加快发展现代农业，新认定国家级休闲农业星级企业26家，粮食总产达到419.8万吨。

（二）坚持创新引领，科技支撑能力进一步增强。深入实施创新驱动战略，推动科技创新与经济社会发展深度融合，综合创新生态体系不断完善。强化协同创新，石保廊全面创新改革试验区联动机制成效明显，与京津合作开展科技创新项目47项；支持重大科技项目10项、重点研发计划183项；2个项目夺得国家科技进步二等奖，1个项目获得国家自然科学二等奖，1个项目获得国家技术发明二等奖。完善创新体系，新增省级以上各类创新平台59家、科技孵化器11家、众创空间26家，院士工作站9家；高新区成功获批国家级双创升级示范区，鹿泉、长安被认定为省级双创示范基地。做优创新环境，举办高层次人才洽谈会，深化“人才绿卡”制度，发放A卡752张、B卡5199张，柔性引进诺贝尔奖获得者7名。中国驰名商标累计达到57件，万人发明专利拥有量达到7.07件，成功获批国家知识产权运营服务体系建设重点城市。

（三）坚持改革开放，经济发展活力进一步释放。强化顶层设计、整体谋划，着力破解体制机制障碍，196项改革任务基本完成。全面深化重点领域改革，压茬推进土地储备新政，实现了土地一二级开发分离，实行了“整案制”、大片区土地收储，推动土地集约高效利用；稳步推进国企国资改革，国资监管全覆盖的管理体制初步建立，市文化旅游投资集团挂牌成立；持续深化财政改革，率先出台全面落实预算绩效管理的实施意见，扎实开展财政事权和支出责任划分改革；深化综合行政执法改革，环境保护、文化市场等领域执法力量充分整合，市内四区建成综合执法指挥平台；深入推进开发区体制机制改革，实施能级提升计划。积极扩大双向开放，深度融入国家“一带一路”建设，推动中欧班列常态化运营；加快推进自贸试验区正定片区建设，制定出台40条支持政策，完善“一次性告知”等99项制度，“证照分离”改革试点落地；对外交往范围进一步扩大，与吉尔吉斯斯坦的奥什市、埃塞俄比亚的德雷达瓦市缔结为国际友城。

（四）坚持现代标准，省会功能品质进一步提升。突出建管并重，城市建设“五提”行动、旧城改造“十大工程”进展顺利。完善交通体系，“国家公交都市建设示范城市”通过国家验收；南绕城西段、平赞高速建成通车，解放大街东半幅、“联石丰”实现贯通，打通汇华路等13条断头路；地铁1号线二期开通运营，3号线一期北段开通在即，通车里程将达到46千米。加强设施建设，综合整治老旧小区568个，棚户区改造建成安置住房1.42万套，排名全省第一；推广被动式、装配式建筑，总建筑面积达到594万平方米；改造完成市政老旧管网765千米，新建地下综合管廊16.7千米，试点工作顺利通过国家验收；市区新建提升公园游园26座，确定了长安公园等9个永久绿地，西环、西兆通、铁路文化公园全部开园。强化精细管理，主城区主街主路水洗机扫率达到100%，新增停车位15.3万个，利用信息化手段推动车位资源共享，停车难问题得到缓解。推进县城建设，实施基础设施和公共设施重大项目490个，正定、晋州通过国家园林县城验收，县城建设成绩斐然，全省现场会在我市召开。正定古城保护有力推进，24项重点工程全部完成。深入推进农村人居环境整治，完成农村厕所改造26.1万座，改厕经验在全国推广。

（五）坚持标本兼治，生态环境质量进一步改善。坚决贯彻落实习近平生态文明思想，科学治污、精准治污、铁腕治污。深化减排治理，完成1368台燃气锅炉低氮燃烧改造，关停燃煤自备电厂6家，超额完成省下达减煤任务；完成农村气代煤、电代煤32.7万户，型煤配送实现全覆盖；整治“散乱污”企业288家；推进“车、油、路”治理，强化建筑工地和露天矿山扬尘综合管控。加快退城搬迁，石钢退城搬迁项目进展顺利，兴康化工、华荣制药等8家企业完成退城搬迁。坚定不移去产能，压减钢铁产能48万吨、水泥产能260万吨、焦化产能50万吨。持续推进生态修复，严格落实河长制，加强饮用水水源地保护，关停自备井617眼；栾城区国家级土壤修复试点项目完成验收，赵县重点区域项目进入第二周期；违法采矿、采砂整改到位率达到100%；全年完成造林绿化111万亩，林木覆盖率达到41.5%。

（六）坚持简政放权，整体营商环境进一步优化。最大限度减少政府对市场活动的直接干预，坚决破除制约经济发展的体制机制障碍。深化“放管服”改革，推出了31类“一件事”服务套餐，取消各类证明事项108项，543个事项实现“最多跑一次”；推行“不见面”审批，工程项目审批监督管理系统正式上线，公共资源交易实现全流程电子化；企业开办全流程压缩到2.5个工作日以内，工程建设项目审批时限压缩到70个工作日以内，达到全国领先水平。全力支持民营经济发展，坚决落实支持民营经济发展的各项政策措施，投放纾困发展基金12.36亿元，不折不扣落实减税降费政策，为企业减负155.4亿元；创新服务企业方式，全市108个公共服务窗口推行延时错时工作制度，首创的“四双四一”信用监管联合抽查法在全国推广，营商环境便利度指数全省排名第一。

（七）坚持人民至上，民生保障水平进一步提高。牢固树立以人民为中心的发展思想，持续加大财政支持力度，尽心竭力解决群众的操心事、烦心事、揪心事，全市民生支出占一般公共预算支出的77.9%。社会保障力度加大，农村转移劳动力5.67万人，城镇登记失业率3.23%；城乡低保标准分别提高到每人每年8052元、4842元；培育星级养老机构54家，市内新增床位3972张；建成公租房1709套，全省首家上线运营住房租赁服务平台。教育事业均衡发展，城镇小区配套幼儿园移交251所，建设普惠性民办幼儿园97所、义务教育标准化学校348所，主城区市属职业学校经整合后全部入驻职教园区，高校园区开工建设，石外教育集团教育扶贫经验全国推广。医疗服务能力提升，深化“四医”联动改革，市级8所医院和31所县级医院率先实现诊疗信息互通共享，主城区实现城市医疗集团全覆盖，市第一医院（赵卜口院区）基本完工，市儿童医院主体封顶，平山、元氏、行唐通过“河北中医药强县”验收。文体事业繁荣发展，市图书馆新馆主体完工，市青少年活动中心竣工投用；文化惠民活动丰富多彩，组织送戏下乡950场、彩色周末1289场；成功举办石家庄马拉松比赛、冰雪运动会，组织全民赛事活动3732场，安装健身路径779条。社会治理不断加强，实施“两站两中心”优化提升工程，退役军人服务保障体系更加健全；大力推进“1+5”重点领域专项治理，完成省下达的目标任务；有力有效化解金融风险点585个，依法查办各类非吸案件183起；扫黑除恶专项斗争在“深挖根治”上取得明显成效，重点领域安全生产形势持续改善，全市社会大局和谐稳定。

（八）坚持高效履职，政府自身建设进一步加强。扎实开展“不忘初心、牢记使命”主题教育，始终做到在学思践悟中坚定理想信念，在力学笃行中践行初心使命，在奋发作为中体现忠诚担当。坚决落实全面从严治党战略部署，持之以恒纠正“四风”，坚持系统思维、统筹兼顾，科学决策、依法行政，政府治理效能实现新提升。自觉接受人大法律监督工作监督、政协民主监督和社会监督，450件人大代表议案和建议、587件政协提案全部如期办复。深入开展“三深化三提升”“双问计”和机关效能革命，解决影响企业发展的问题2614个。国防动员和双拥共建深入开展，审计统计、气象地震、人民防空、民族宗教、妇女儿童、社会救助、老龄、残疾人等事业都有了新的发展和进步。

过去的一年，我们负重前行、担当担责，以滚石上山、克难攻坚、闯关夺隘的干劲，在难中解难题，在难中求突破，在难中求奋进，有力解决了西美金山湖、河心岛、国际商贸城土地、房地产遗留问题、土地一二级市场乱象等一批多年想解决而未能解决的历史遗留问题，整治清理了违建别墅、违法用地、违规建设等一批多年禁而未止、治而未绝的违法违规问题，处置处理卓达、轻易贷、金手指等一批长期积累的风险隐患问题，保护了广大群众的切身利益，维护了社会大局和谐稳定。

成绩来之不易。这是以习近平同志为核心的党中央坚强领导的结果，是省委、省政府高度重视、大力支持的结果，是市委团结带领全市人民攻坚克难、共同奋斗的结果，是市人大、市政协和社会各界帮助支持的结果，凝聚了各位代表、各位委员的智慧和力量，饱含了广大干部群众的艰辛劳动和热血汗水。在此，我代表市人民政府，向全市人民，向人大代表、政协委员，向各民主党派、工商联、无党派人士和人民团体，向驻石人民解放军、武警官兵和政法干警，向中直、省直驻石单位，向所有关心支持石家庄改革发展的港澳台同胞、海外侨胞和国际友人，致以崇高的敬意和衷心的感谢！

历经天华成此景，人间万事出艰辛。70年辉煌成就，开启复兴新征程。站在新的历史起点，有习近平新时代中国特色社会主义思想的引航定向，有中国特色社会主义制度的巨大优势作坚强保障，有改革开放以来雄厚的物质技术积累，有 1000 多万人民群众战胜一切风险挑战的意志决心，只要我们继续筚路蓝缕，乘势而上，不畏艰辛，尽锐出战，就一定能够开拓充满希望、更加光明的美好前景，就一定能够谱写现代省会、经济强市的华美篇章！

各位代表，看到问题才有理性研判，找准差距才有努力方向。在肯定成绩的同时，我们更加清醒地认识到，前进道路上还存在不少困难和挑战。主要是：受宏观经济下行压力加大影响，工业持续低位运行，投资力度仍需加强，消费热点不足；产业层次偏低，新经济新产业支撑带动能力仍需提升，科技创新能力不够强；大气污染防治压力巨大，各类风险挑战严峻，民生领域还存在短板；市域治理体系有待完善，治理能力水平还需提高。对此，我们将直面矛盾，正视问题，用更大决心和有力措施，切实加以解决，努力把政府工作做得更好。

二、2020 年目标任务和重点工作

今年是全面建成小康社会和“十三五”规划收官之年，也是开启“十四五”高质量发展的谋篇布局之年，既是决胜期，又是攻坚期，做好全年经济社会发展工作意义重大。

2020 年政府工作的总体要求是：坚持以习近平新时代中国特色社会主义思想为指导，全面贯彻党的十九大和十九届二中、三中、四中全会精神，坚决贯彻党的基本理论、基本路线、基本方略，全面落实习近平总书记对河北工作重要指示批示和党中央决策部署，增强“四个意识”、坚定“四个自信”、做到“两个维护”，紧扣全面建成小康社会目标任务，坚持稳中求进工作总基调，坚持新发展理念，坚持以供给侧结构性改革为主线，坚持以改革开放为动力，深入落实全省“三件大事”，大力发展“4+4”现代产业，以“四种类型经济”为抓手，加快推动高质量发展，坚决打赢三大攻坚战，全面做好“六稳”工作，统筹推进稳增长、促改革、调结构、惠民生、防风险、保稳定，保持经济运行在合理区间，深化拓展“双创双服”和“三深化三提升”活动，深入开展“三创四建”活动，确保全面建成小康社会，确保“十三五”规划圆满收官，推动建设现代省会、经济强市取得新成效。

2020 年主要预期目标：地区生产总值增长 6.5% 左右，一般公共预算收入增长 6.5% 左右，规模以上工业增加值增长 4% 左右，服务业增加值增长 9% 以上，固定资产投资增长 5% 左右，社会消费品零售总额增长 9% 左右，进出口总值增长 5.5% 左右，城乡居民人均可支配收入增长 7.5% 左右。确定上述目标，主要是基于对全市发展趋势的分析判断，紧扣全面建成小康社会的目标任务，充分考虑了发展基础和成长优势，体现了“稳”的要求和“进”的信心。

集中力量做好九个方面工作：

（一）一以贯之抓布局、促升级不动摇，大力发展“四种类型经济”。市委提出大力发展“四种类型经济”，是落实新发展理念，提升经济治理效能，加快产业转型升级，推动高质量发展的重大举措。

大力发展城市经济。以“八区一县”为重点，以现代服务业为抓手，以中央商务区、标志性商圈和特色商业街区为载体，培优壮大总部、金融、楼宇、数字、会展、夜经济、现代商贸物流、科技服务与文化创意等城市经济业态，构建“一核一环多节点”的城市经济发展布局。“一核”依托新华、桥西、长安、裕华和高新区，进一步完善城市载体功能，打造地标引领、核心带动、特色鲜明的城

市经济发展主引擎。“一环”依托鹿泉、栾城、藁城和正定，重点完善城市功能和提高城市品质，打造现代产业和产城融合示范区，实现向城市经济转型。“多节点”依托其他县（市、区），加强县城与中心城区的协同对接，加快发展与县域特色产业相适应的城市经济业态。城市经济总量年均增长8%以上，到2025年“八区一县”生产总值和税收占全市比重分别达到70%、80%。

大力发展区域经济。打破行政区划，优化经济布局，促进各类要素合理配置和高效集聚。着力打造开放发展先行区，依托自贸试验区正定片区及有关平台资源，重点发展临空产业、生物医药、高端装备制造和国际物流等产业，积极融入“一带一路”国家战略，提升中欧班列运营质量，构建国际贸易物流大通道。着力打造战略性新兴产业聚集区，依托高新区、藁城、栾城、鹿泉、正定、赵县、元氏等县（区），重点发展生物医药、新一代信息技术和先进装备制造业。着力打造传统产业转型升级聚集区，依托行唐、新乐、无极、深泽、晋州、平山、高邑、赞皇等县（市），推动食品、纺织、服装、化工、钢铁、建材、皮革、日化等县域特色产业集约集聚、提质增效。着力打造康养休闲产业聚集区，依托灵寿、平山、鹿泉、井陉、矿区、赞皇等县（区），大力培育健康、养老、休闲、度假等产业融合发展的新业态、新模式。着力打造文化旅游产业聚集区，依托正定、平山、赵县、灵寿、井陉、鹿泉等县（区），统筹历史、红色、山水等资源，大力发展体现资源优势、彰显文化底蕴、突出地域特色的文旅产业。

大力发展园区经济。全面统筹园区发展资源，科学确定园区发展方向，明确产业定位。提升园区能级，打造要素资源集聚、服务功能齐全、人才技术汇聚、产城有机融合的产业新城，不断扩大开发区经济规模，到2025年，高新区进入全国第一梯队，经开区进入全国百强。推动园区专业化发展，立足资源禀赋和产业基础，引导特色优势产业向园区聚集，加速形成一区多园、一园一主业的发展模式，不断提升园区聚合效应。创新体制机制，提升服务水平，加强要素保障，不断增强园区承载能力。园区营业收入年均增长10%以上，到2025年，营业收入超500亿元的园区达到12个以上。

大力发展生态经济。围绕“绿”“利”双赢，提升生态环境与经济发展的契合度。推进产业生态化，重点实施工业改造升级、服务业提质增效、农业集约化改造、资源循环利用四大行动，推动单位GDP能耗逐年下降，污染排放总量逐年减少，投入产出水平逐年提升，加速调整能源结构、产业结构、运输结构，形成节能低碳、绿色环保、集约高效的产业体系。推进生态产业化，依托全市山、水、林、田、湖、草生态资源优势，创新经营生态方式，提升经营生态效益，坚持立体化、叠加化、链条化发展模式，着力发展都市农业、林下经济等生态产业，真正把良好的生态资源转化为优质的生态产品和服务，让绿水青山变成金山银山。

（二）一以贯之抓规划、谋长远不动摇，精心绘就高质量发展蓝图。善其谋而后动，举一纲而目张，规划事关全局、事关未来。

高水平编制“十四五”规划。“十四五”时期是我国实现第二个百年奋斗目标的开局起步期，编制好“十四五”规划意义重大而深远。坚持把石家庄放到全国乃至全球经济的大格局中审视，放到现代化建设的历史进程中考量，围绕推动经济发展、增强内生动力、激发市场活力、改善生态环境、增进人民福祉等，全面贯彻新发展理念，以改革的精神、创新的理念、科学的方法，凝聚各方智慧，谋划一批重大政策、重大工程、重大项目，高质量编制符合我市实际、体现人民意愿、引领未来的“十四五”规划。

高水平编制国土空间总体规划。国土空间总体规划是对全市未来15年国土空间作出的全局安排，是各类开发保护建设活动的基本依据。牢牢把握省会功能定位，抓住京津冀区域协同发展重大战略机遇，坚持“多规合一”，科学评估评价，构建结构合理、层级完备的国土空间总体规划框架，建立“四级三类”国土空间规划体系。优化国土空间布局，统筹生态保护、农业生产、城镇化三大格局，科学划定生态保护、永久基本农田和城镇开发边界“三条红线”。优化市区结构布局，科学确定指标体系，推动城市发展由外延式扩张向内涵式提升转变，实现经济效益、社会效益、生态效益相统一。按照自上而下、上下联动、压茬推进的组织模式，加快编制进度，力争年底前按程序报审。

高水平编制数字经济发展规划。紧紧抓住新一轮技术革命和产业变革的重大机遇，放大用好数博会平台，加速推进数字产业化、产业数字化、数字化治理，打造高质量发展新引擎。立足石家庄产业基础和创新优势，科学把握数字产业化发展方向，加快发展5G通信、大数据、云计算、物联网、人工智能、软件服务、区块链等产业，快速壮大数字产业化规模和层次，创造产业新物种，引领数字产业加速崛起。以赋能产业转型升级为核心，促进数字技术与传统产业融合发展，推动制造业、服务业、农业数字化、网络化、智能化改造，建设一批示范项目，加快提升产业层次和企业竞争力。加快建设数字经济产业园，引进国内外最先进的信息技术和行业头部企业，打造数字经济发展新高地。围绕新型智慧城市建设，推进数字技术与政务服务、社会管理、教育医疗、民生保障、信用体系深度融合，提升政府治理和民生服务数字化水平，实现治理体系和治理能力现代化。

各位代表，凡事预则立，不预则废。我们必须保持历史耐心和战略定力，以“功成不必在我、功成必定有我”的精神境界，在科学规划中寻求最大效益，在系统优化中实现高质量发展！

(三)一以贯之抓重点、强弱项不动摇，全力打好“三大攻坚战”。紧扣全面建成小康社会目标，以必胜的信心、决战的姿态，坚决打赢打好，奋力跨越高质量发展的重大关口。

坚决打好脱贫攻坚战。严格落实“四不摘”政策要求，以“两不愁、三保障”为底线，积极开展脱贫攻坚工作成效普查和“回头看”，全面审视和检查脱贫攻坚责任落实、政策落实和工作落实情况，夯实脱贫基础，提升脱贫质量，确保顺利通过国家脱贫成效普查。全面梳理总结脱贫攻坚工作的成功经验，注重普惠性、基础性、兜底性民生建设，建立健全脱贫防贫长效机制。聚焦解决相对贫困问题这一目标，坚持社会保障政策与扶贫政策相衔接，探索建立健全防贫体系。

坚决打好污染防治攻坚战。坚持方向不变、力度不减，下更大的决心，用更强的措施，一天一天地努力，一个难点一个难点地突破，推动生态环境质量持续向好。打赢蓝天保卫战，聚焦空气质量“退倒十”总目标，严格落实各项精细化举措，确保空气质量明显改善。强化散煤治理和燃煤锅炉整治，实现“禁燃区”燃煤清零。完成4家重污染企业搬迁改造，9月底石钢搬迁项目建成投产、市区主厂区停产。强化重型柴油车和非道路移动机械管控，持续开展道路、建筑施工、露天矿山等扬尘治理，推进工业炉窑、涉VOCs企业整治。进一步完善应急响应差异化管理办法、大气污染防治工作提示函等制度，落实好排名通报与考核奖惩机制。打好碧水保卫战，认真落实河长制要求，完善河流应急报警监测机制，全力开展入河排污口排查和整改，加强水源地保护和黑臭水体、河流、工业污水治理，年内全部关停集中供水范围内的自备井，压减地下水超采量0.7亿立方米。打好净土保卫战，完成栾城、赵县土壤治理与修复试点工作，受污染耕地安全利用率达到89.6%。严守生态保护红线，推进各类自然保护地管理规范化建设，继续实施“三沿三旁”绿化工程，全年完成造林60万亩，森林抚育50万亩，矿山复绿79处。强化生态环境监管，运用卫星遥感、无人机、物联网等科技手段，实现全方位无缝隙监管，严厉打击环境违法行为，抓好源头防控。

坚决打好防范化解重大风险攻坚战。坚持市场化、法治化原则，持续完善各类风险梳理分析、动态研判、排查化解、防范管控机制。大力化解存量，着力遏制增量，及时有效化解处置国企国资、政府债务、安全生产、食药安全等领域风险隐患，齐头并进开展土地、矿产、自然资源、违法违规项目等专项整治。深入开展金融领域风险整治，全力做好卓达、轻易贷等重大案件处置工作，重拳打击校园贷、套路贷等涉众型经济犯罪，坚决守住不发生系统性风险的底线。

(四)一以贯之抓发展、稳增长不动摇，着力推动经济稳中有进、进中趋优。稳是基础，发展是第一要务。落实“六稳”工作要求，抓重点协同推进，聚合力同频共振，实现经济量的合理增长和质的稳步提升。

积极发挥金融支撑作用。金融是经济发展的催化剂、加速器。金融强则经济强，坚定不移推进金融改革创新，激发金融活力，畅通金融血脉，着力完善金融机构体系、市场体系和产品体系，加快建设以中央商务区、自贸试验区正定片区、数字经济园区为依托的金融集聚区，打造京津冀区域性金融中心、全国一流金融强市。金融兴则产业兴，强化金融服务功能，服务实体经济、服务民生百业，支持发展资管、理财和金融科技等金融新业态，鼓励金融机构创新产品服务，发展普惠金融、绿色金融、跨境金融，促进金融与现代产业、民生建设、科技创新、城市发展和乡村振兴深度融合，实现产融共赢。金融活则企业活，优化社会融资结构，积极推动企业上市，利用多层次资本市场扩大直接融资；充分运用信贷、股权、债券、新型债务融资、票据、贸易、供应链等多元化融资工具，增强双创主体、民营企业、中小微企业和涉农领域融资可获得性和满意度。政策优则环境优，加大政策供给力度，优化金融业加快发展的生态环境，建立贷款风险补偿机制和政银企信用数据共享平台，设立企业上市辅导扶持专项资金，制定金融人才奖励政策、开通引才引智绿色通道；用足用好自贸试验区正定片区金融开放政策，发挥制度创新优势，推动金融改革创新和服务开放，促进跨境投融资和贸易便利化，放宽金融业外资准入，鼓励内外资金融机构在风险可控条件下，开展人民币和外汇贷款、衍生品等跨境金融业务，创新与货物贸易、服务贸易等相适应的离岸金融产品。

积极扩大有效投资。实施招商引资攻坚行动，开展重大项目招商、产业链招商、科技招商、特色园区招商，重点引进一批生产制造终端产品的高新技术企业，力争签约项目达到800项以上。严把项目入门关，建立以技术含量、亩均效益、亩均税收等为导向的项目筛选机制，确保新上项目节能环保、技术先进、高端高质。深入开展重点项目建设落地年活动，实施签约项目落地行动，以完善产业链为重点，年内确保100个重点项目开工建设、50个项目竣工。用足用好国家扩大地方专项债券政策，实施交通、水利、能源等重点领域工程，加快一批基础设施、公共服务等重大项目建设。开展扩大民间投资行动，大力推广 PPP 等多种融资模式，健全向民间资本推介项目长效机制，吸引民间资本参与重点领域工程建设。

积极推动消费提质扩容。顺应消费需求新变化，深度挖掘传统消费潜力，积极拓展新兴消费领域，进一步扩大商品消费和服务消费，推动消费市场向高品质和多样化升级。不断丰富消费品供给，大力发展“首店”经济，加快布局港货精品店、河北特色产品店、进口商品营销中心，引进国内外知名商业品牌，提升消费层级；开展重点领域、重点行业“增品种、提品质、创品牌”活动，增加地方名优商品供给。积极培育新兴消费，扩大文化旅游、休闲体育、健康养老等服务消费，打造定制消费、体验消费、智能消费、时尚消费等新热点，支持发展综合性和专业性网络消费平台，促进线上线下消费融合发展。大力优化消费环境，创造条件、提供支持、营造氛围，开展形式多样的节假日消费促进活动；加强商品质量、食品药品安全、市场秩序综合监管，健全商品追溯制度和消费者维权机制，营造安全放心的消费市场环境。

（五）一以贯之抓创新、建体系不动摇，切实提高经济综合竞争力。创新是经济发展的核心动力。紧紧把握科技创新大趋势和未来竞争新特点，加快建立以企业为主体、市场为导向、产学研深度融合的综合创新体系。

培育壮大创新主体。落实省科技倍增计划，大力实施高新技术企业、科技型中小企业培育工程，支持在关键技术、核心领域具有自主知识产权的创新型企业做大做强，全年新增高新技术企业350家，培育认定科技型中小企业1000家，科技进步贡献率达到60%以上。坚持人才强市战略，深化“人才绿卡”制度，继续实施“名校英才入石计划”，突出“高精尖缺”导向，培养引进一批高层次人才，合力攻坚“卡脖子”技术瓶颈，鼓励支持企业家开拓创新，培养壮大技术经纪人队伍，加快建设国家级人力资源服务产业园。

加强创新能力建设。鼓励支持企业、高校、科研院所建设重点实验室、技术创新中心、产业创新综合体等科技创新载体，引领带动相关学科、技术领域进步。重点加快石家庄市产业创新中心、河北省先进环保产业创新中心建设，全年认定各类创新平台35家。加强科技企业孵化器、众创空间管理，提升服务能力和运营水平，新增市级科技企业孵化器5家。发挥工业设计创新中心作用，打造“设计+”产业。持续推进省、市“双创”示范基地建设，以创新链优化产业链，以产业链提升价值链。

持续优化创新生态。深入推进石保廊全面创新改革试验，推出一批在全国具有推广价值的样板案例。深化京津冀协同创新，加强创新共同体建设，促进实验室、科学装置、科技基础设施等资源共享，扩大科技创新券与京津互认互通范围，拓展合作领域、深化合作机制、实现协作共赢。积极参与中俄科技创新年、中日韩科技创新合作年活动，形成一批国际科技合作成果。发挥国家知识产权运营服务体系建设重点城市政策优势，培育知识产权运营服务业态。大力推进开放创新，支持创新产品推广应用，建立科技创新容错机制，打造充满活力、更具竞争力的创新创业生态系统。

（六）一以贯之抓开放、促改革不动摇，充分激发高质量发展活力。进一步解放思想，更新观念，以市场化改革破解难题，以高水平开放汇聚资源，持续增创经济发展新优势。

着力推进更高层次的开放。充分发挥自贸试验区正定片区政策优势，坚持以制度创新为引领，抓好顶层设计和系统集成，在投资、贸易、金融、政府职能转变以及产业开放等方面创出新经验，培育增长极，打造“种苗圃”。实施“大通关”战略，充分利用第五国际航权、A 类低空服务站、钻石口岸建设等政策机遇，加快口岸、交通等基础设施建设，简化单证、优化流程，加强口岸信息化建设，降低口岸收费，提高通关便利化程度，大力发展陆港经济、通道经济。发展跨境电子商务，充分发挥国家跨境电商综合试验区政策优势，培育外贸新业态、新模式，加快打造一批特色跨境电子商务平台，扩大地方特色商品海外市场占有率。加快“走出去”“引进来”，制定更优惠的政策措施，支持鼓励本地优势企业，积极开展对外投资与经济合作，开展跨境并购，发展服务贸易；以引进世界 500 强和跨国公司为目标，加大对外招商力度，扩大利用外资规模，年内实际利用外资增长 5% 以上。

着力推进更深层次的改革。坚持把全面深化改革作为推动省会高质量发展的“关键一招”，千方百计向改革要出路、要方法。深化行政体制改革，完善财政管理体制，合理划分财政事权和支出责任，优化财政支出结构；加快综合执法体制改革，推动执法力量、权限向基层下沉，构建层级权责配置合理、财权事权协调均衡、行政执法简约高效的管理体制。深化国资国企改革，完善各类国有资产管理体制，加快推进市级经营性国有资产集中统一监管，推进混合所有制改革，形成以管资本为主的国有资产监管体制，确保国有资产保值增值。深化科技体制改革，加快科技计划管理改革，进一步改革完善科技成果和人才评价办法，探索科研管理绿色通道和项目经费使用“包干制”，健全科技成果转移转化体制机制，激发科技人才创新热情，释放创新创造潜能。

着力推进营商环境优化。持续推行“市长直通车”制度和“政策服务包”，切实提供优质高效服务。深化“放管服”改革，推行“一网通办”、“不见面”审批，推动市县两级行政审批跨层级“一件事”办理，探索实行企业开办“即来即办”模式，鼓励有条件的地区将企业开办时间压缩至 1 个工作日，民营备案类投资项目审批时间压缩至 65 个工作日以内。全面启动国家社会信用体系建设示范城市创建工作，打造“诚信石家庄”城市品牌。毫不动摇发展民营经济，严格落实减税降费政策，巩固涉企行政事业性收费清零成果，鼓励民间资本参与国有企业混合所有制改革和基础性公共项目，在市场准入、审批许可、招投标等方面一视同仁、公平竞争，为民营企业营造良好发展环境，让各类市场主体受到尊重、感到公平、成就事业。

（七）一以贯之抓建设、提品质不动摇，持续增强省会综合承载能力。兴业必先兴城，兴城必重品质。树精品意识，下绣花功夫，不断完善城市功能，提升城市形象品位。

高标准推进城市建设。遵循城市发展规律，顺应群众期盼需求，加强城市空间立体性、平面协调性、风貌整体性、文脉延续性的统筹管控，彰显古邑新城望山见水的历史人文特色和地域环境特点。塑造城市新地标，规划建设城市客厅，确保中央商务区年底初见形象；加大文化街区和正定古城保护、修复、提升力度，倾力保留城市历史记忆。展现改造新成果，加快推进棉五生活区整体改造，全部完成剩余 332 个老旧小区整治任务，基本建成棚户区改造安置住房 1.2 万套，新改建 30 家便民市场，改造提升主城区 5 条老旧供水管网，加快推进城市退水排涝、雨污分流基础设施建设；建成 10 万平方米公园、游园，确保滹沱河生态修复二期工程 8 月底完工。构建住房新保障，坚持房子是用来住的不是用来炒的定位，加强公共租赁住房、安居型商品房建设力度，推广被动式、装配式建筑；统筹规范规划设计、土地出让、配套建设、施工验收各环节、全链条，加大建设监管力度，提高新建住宅品质和配套水平，促进房地产市场平稳健康发展。打造出行新环境，加快推进地铁2号线、3 号线年度建设工程，确保 2 号线一期 6 月开通；推进中华大街北延、胜利大街南段改造等工程，打通仓丰路等 10 条城区道路。推进石雄城际铁路前期工作，加快津石、石衡等高速公路建设，确保 2020 年取得实质性进展，巩固提升省会交通枢纽地位。

高标准抓好城市管理。巩固提升国家文明城市、国家森林城市创建成果，力争成功创建国家卫生城市。服务管理信息化，加大信息通信设施建设力度，逐步扩大5G网络覆盖范围，综合运用信息技术手段，着力提高公共安全、教育医疗、社区服务、交通出行、商贸物流等领域的管理能力和保障水平，加快新型智慧城市建设。市容整治精细化，持续开展城市管理攻坚提质三年行动，深化“以克论净”，提高水洗机扫率；高标准抓好城市街道美化亮化净化，加强城市街道外立面整治，坚决根治占道经营、渣土运输等问题。公共停车人性化，利用公共绿地地下空间和人防设施开发地下停车场，加快取消主干路占道停车位，坚决治理乱停车、乱收费，年底新增停车位14.8万个。垃圾处理无害化，深入开展垃圾强制分类，8个垃圾焚烧发电项目全部投用，提高垃圾处置能力。大力推进“红色物业”创建活动，实现居民小区物业管理全覆盖。

高标准推动县城攻坚。以创建“园林城、卫生城、洁净城、文明城”为抓手，大力实施县城建设品质提升三年行动，进一步提升县城生活品质、环境品质、人文品质，全面打造“独具特色、靓丽多彩、山清水秀、宜居宜业”的美丽县城。实施城乡基础设施现代化、农业转移人口市民化等7大工程，建设一批城乡融合发展示范区。支持元氏、赞皇办好市旅发大会。做好赞皇、新乐国家级园林县城和行唐、赞皇、赵县省级卫生县城申报工作，力争正定、高邑、新乐创建成国家级卫生县城（城市）。全市常住人口城镇化率达到66.4%。

（八）一以贯之抓基础、补短板不动摇，全面促进乡村振兴。持续推进农业供给侧结构性改革，完善农村基础设施，多渠道促进农民增收，推动“三农”工作全面进步。

深入推进农业现代化建设。加快调整农业结构，推动农业由增产导向转向提质导向。稳定优质农产品供给，抓好“一减四增”，打造农业结构调整示范片92个；新建高标准农田24万亩，粮食总产稳定在400万吨以上，瓜菜、水果总产稳定在500万吨、150万吨；加强非洲猪瘟防控，抓好生猪稳产保供。推广农业标准化生产，加大农村一二三产融合力度，省级示范联合体达到15家以上，发展设施农业、园区农业，农业标准化覆盖率达到70%；培树一批特色鲜明的“石”字号农业品牌。打造奶业强市，实施优质奶源基地建设、乳制品加工领军企业培育、乳品质量提升和品牌创建“四大工程”。推进智慧农业延伸应用，培育形成20个较大规模的农业物联网应用典型。

深入推进农村现代化建设。大力开展农村人居环境整治，实施村庄清洁、绿化、亮化、美化等专项行动。持续推动农村厕所革命，完成厕所改造提升20万座。巩固农村生活垃圾处理成效，提高污水治理水平，加快城镇污水管网向周边村庄延伸。推进美丽宜居乡村建设，重点打造10个市级乡村振兴示范片区，继续抓好正定滹沱河沿岸村庄和栾城东南片区、元氏槐阳片区省级乡村振兴示范区建设。

深入推进农村综合改革。持续深化农村集体产权制度改革，加速集体经济股份制改造进程，探索发展壮大集体经济新模式。深化农村土地改革，推进承包地确权登记颁证成果应用，开展股权、土地承包经营权抵押担保，年底完成“房地一体”宅基地使用权确权登记颁证工作。规范提升农民合作社管理方式和经营水平，培育壮大家庭农场等新型经营主体。加快“空心村”治理，年底前完成18个空置率50%以上村庄的治理任务。

（九）一以贯之抓民生、办实事不动摇，不断提高人民群众获得感幸福感安全感。用心用情用力，办好民生实事，让发展惠及民众，让人民乐享成果。

继续办好民生实事。为进一步发扬民主、反映民意、凝聚合力，今年首次实行由人大代表票决民生实事项目。我们将按照大会票决意见，逐项分解落实，层层明确责任，确保如期完成。同时，继续深入实施省20项民心工程，惠及更多人民群众。

就业是最大的民生。加大力度稳定就业总量，统筹做好退役军人、高校毕业生、去产能职工、农民工等重点群体就业工作，确保零就业家庭动态清零。加大就业帮扶和技能培训力度，开展职业技能提升行动，鼓励创业带动就业，全年新增城镇就业12万人以上。

社会保障彰显民生温度。大力实施全民参保计划，提高退休人员基本养老金。落实社保转移接续制度，完善异地就医结算制度。提高城乡最低生活保障标准，确保兜住基本民生底线。加大养老机构建设力度，培育星级养老机构15家，全年新增养老床位4200张。继续提高社会救助标准，增长幅度不低于10%。

教育承载殷切期望。加快推进城镇小区配套幼儿园移交，新建普惠性幼儿园30所，全力保障进城务工经商人员子女就学。加快城乡教育一体化进程，着力化解义务教育大班额和城镇挤、乡村弱的问题。着力提升教师队伍专业素质，实施“百千万”名师培养工程。加快市属高校园区建设，信息工程学院9月投入使用。推动职教园区创新发展，打造全省职教品牌。

没有全民健康就没有全面小康。继续深化医药卫生体制和“四医联动”改革，全面推行乡村卫生健康服务一体化，落实国家药品集中带量采购政策，缓解群众看病难、看病贵问题。扩大优质医疗资源供给，3月底市第一医院（赵卜口院区）正式启用，6月1日市儿童医院建成使用，年内实现养老机构、社区居家服务中心医疗服务全覆盖。实施健康中国行动，健全疾病防控体系，大力普及健康知识，为省会人民提供全方位、全周期的健康服务。

文化涵养城市精神。提升公共文化服务功能，推进公共文化重点领域改革，实施文化惠民工程，下基层演出不少于800场，彩色周末演出不少于1000场，加快推出一批文艺精品，推广发行文化惠民卡，持续拉动文化消费。继续做好行唐故郡遗址考古发掘工作，推进中山古城国家考古遗址公园建设。加大公共体育场馆设施建设力度，新建全民健身路径100条，推动全民健身活动和冰雪运动向纵深发展，办好马拉松、环城自行车赛和第16届全民运动会，打造体育活力之城。

社会和谐稳定是人民幸福之基。大力推广“枫桥经验”，源头化解社会矛盾纠纷，打好扫黑除恶专项斗争决战决胜战役，争创社会治安标准化城市。加强应急管理体系建设，提高灾情监测、预报预警和应急救援能力。严格落实安全生产和食品药品安全责任制，持续加强重点领域风险分级管控和隐患排查治理，确保人民群众生命财产安全。标本兼治、综合施策，全面提升社会治理现代化水平。

加强全民国防教育、国防动员和后备力量建设，强化退役军人服务保障，维护军人军属合法权益。充分发挥工会、共青团、妇联等人民团体桥梁纽带作用。继续做好审计统计、民族宗教、外事侨务、气象地震、减灾救灾、史志档案、电力能源等方面工作，扎实开展全国第七次人口普查，促进各项事业全面进步。

各位代表，面对新形势、新任务，只要我们咬定青山不放松，只争朝夕加油干，就一定能够迎来全面建成小康社会的伟大胜利！

三、积极推进政府治理体系和治理能力现代化

民之所望，政之所向。我们要始终增强“四个意识”，坚定“四个自信”，做到“两个维护”，坚持以人民为中心的发展思想，深入贯彻国家总体安全观，构建职责明确、依法行政的政府治理体系，提升治理效能，加快建设人民满意的服务型政府。

（一）健全政府治理制度。优化行政决策、行政监督体制，推进各级机构职能优化协同高效。强化制度意识，严格按照制度履行职责、行使权力、开展工作，做制度执行的表率，确保制度时时生威、处处有效，切实把制度优势转化为治理效能。

（二）完善责任落实机制。实行权责清单制度，最大限度减少政府对市场活动的直接干预。严格落实属地主体责任，实行网格化责任制，落实部门监管监督责任，实行清单式台账式管理，厘清责任边界，对上级交办的工作第一时间分解交办，层层传递压力，常态长效抓好推进落实。

（三）全面推进依法行政。自觉尊法学法守法用法，提高运用法治思维和法治方式的能力，推动政府决策民主化、法治化、科学化，完成法治政府建设各项任务。自觉接受人大法律监督、工作监督和政协民主监督，自觉接受人民群众监督和社会舆论监督，深入开展“电视问政”“广播问政”“网络问政”，让权力在阳光下运行。

（四）切实转变工作作风。巩固深化“不忘初心、牢记使命”主题教育成果，持续推进“三深化三提升”和机关效能革命，大力开展“三创四建”活动。全面推行“首问不否决制度”，健全完善担当作为激励机制和容错纠错机制。持续不断在务实和创新上做文章，在坚持和巩固上下功夫，在完善和提升上花力气，以动真碰硬的作风破解难题。

（五）加强党风廉政建设。坚决落实全面从严治党战略部署，认真履行“一岗双责”，严格执行中央八项规定精神及其实施细则，持续开展纠正“四风”和作风纪律专项整治，坚决杜绝形形色色的形式主义、官僚主义，深入整治发生在群众身边的腐败问题和不正之风，打造清正、清廉、清朗、阳光的政务环境。

各位代表，初心永相传，使命担在肩。让我们更加紧密地团结在以习近平同志为核心的党中央周围，在省委、省政府和市委的坚强领导下，

开拓创新，锐意进取，奋力建设新时代现代省会、经济强市，为决胜全面建成小康社会，实现“两个一百年”奋斗目标作出新的更大贡献！

链接

千项技改项目：2019 年河北省工业企业重点技术改造项目计划，在装备制造、电子信息等领域实施重点技术改造项目 1031 项。

科技支行：为解决科技型中小企业融资难，银行机构面向科技企业设立的区域支行，主要业务包括为高科技企业发行中短期票据、融资租赁、资产重组和收购兼并及在境内外上市提供金融服务。

科技保险支公司：保险机构面向科技企业设立的分支机构，主要业务包括针对高新技术企业发展规律以及保险需求，研发适合高新技术企业的新险种，提供针对高新技术企业发展的保险服务方案，为处于各发展期的科技企业提供相应的风险咨询、风险转移以及风险管理的综合服务，帮助企业降低和分散风险。

中小企业奖补贷：与市政府签订合作协议的商业银行，向已获得省、市政府（部门）政策奖励补助资格，但尚未获得奖励补助资金的企业，发放信用贷款的奖补贷业务。

国省考断面：国家地表水考核断面和省地表水考核断面，是环保部门对地表水环境监测的形式。

两不愁三保障：贫困人口不愁吃、不愁穿，义务教育、基本医疗、住房安全有保障。

“四医联动”改革：医药、医疗、医保、医价改革联动。

八区一县：新华区、桥西区、长安区、裕华区、鹿泉区、栾城区、藁城区、高新区和正定县。

一核一环多节点：“一核”包括新华区、桥西区、长安区、裕华区，“一环”包括鹿泉区、栾城区、藁城区、高新区和正定县，“多节点”指市域内除“一核、一环”外的其他县（市）。

两化融合：信息化和工业化的高层次深度结合，以信息化带动工业化，以工业化促进信息化，走新型工业化道路。

专精特新：指具有“专业化、精细化、特色化、新颖化”特征的工业中小企业。

三区一县：藁城区、鹿泉区、栾城区和正定县。

两高一场一河：高铁、高速公路，飞机场和滹沱河。

四城同创：创建省级园林城、卫生城、文明城、洁净城。

退倒十：大气质量退出全国重点城市排名“倒十”。

四不摘：摘帽不摘责任、摘帽不摘帮扶、摘帽不摘政策、摘帽不摘监管。

大 事 记

Chronicles of Events

1月

1日，全市城乡居民最低生活保障标准调整。调整后，城市低保标准由每人每月610元提高到每人每月671元，农村低保标准由每人每年4400元提高到每人每年4842元。

2日，省委书记、省人大常委会主任王东峰到石家庄以岭药业股份有限公司、河北中医学院（杏苑校区）调研，了解中医药理论创新、科技研发、产业发展、人才培养等情况，听取石家庄市、省中医药管理局工作汇报，与吴以岭院士和国医大师、全国名中医代表座谈交流。

11日，市水上运动协会成立。

12日，市长邓沛然在石家庄市会见以色列Soli（索丽）公司总裁艾萨克·李伯奇夫妇一行。

19日，市宽城商会成立。

21~24日，市第十四届人民代表大会第四次会议在市人民会堂举行。陈玉祥当选市监察委员会主任，白峰当选市中级人民法院院长。

23日，市室内环境净化行业协会成立。

27日，省委书记、省人大常委会主任王东峰到石家庄市救助管理站、劳动监察局、第一医院分院建设现场，看望慰问基层干部群众和农民工代表。

29日，省委书记、省人大常委会主任王东峰到中部战区陆军机关、国防大学联合作战学院、石家庄飞行学院、武警河北省总队、河北省军区等驻石军级以上部队走访慰问。

2月

3日，省委书记、省人大常委会主任王东峰到石家庄市走访慰问一线干部职工和科技工作者，并召开院士座谈会，听取意见和建议。

4日（农历大年三十），省委书记、省人大常委会主任王东峰和省长许勤到石家庄市公共交通总公司、棉三小区、乐城苑东区、地铁控制中心、丽都综合警务站看望慰问一线在岗职工及社区群众，向大家致以春节祝福。

6日，省委书记、省人大常委会主任王东峰到正定县调研、检查和听取正定古城保护情况汇报，研究解决实际问题。王东峰还到正定南城门实地检查古城保护和节日旅游工作，听取游客意见和建议。

11日，全市召开落实“三深化、三提升”机关效能革命动员大会。省委常委、市委书记邢国辉，市长邓沛然，市委副书记李德进，市人大常委会主任司存喜，市政协主席刘明轩出席会议。李德进宣读《关于落实省“三深化、三提升”活动要求，在全市开展机关“效能革命”的实施意见》，市委常委、市纪委书记、市监委主任陈玉祥通报2018年以来“不作为、不担当”等典型问题案例。

3月

11日，中国田径协会授予石家庄（正定）国际马拉松“银牌赛事”称号。

15日，全市停止新办“独生子女父母光荣证”。

20日，2018年度全国文明城市测评成绩和排名在中国文明网公布，石家庄市以89.39分的成绩在28个省会(首府)、副省级全国文明城市中排名第5位。

20日，石家庄地铁全线25座车站自助售票机全部实现扫码购票。

25日，由市第二医院、新华区社区卫生服务机构联合组建的新华医疗集团成立。

26日，市区中央商务区北区地下公共空间工程奠基仪式在中车石家庄车辆有限公司旧址举行，标志中央商务区进入具体建设阶段。

26日，市第一张电子社保卡发放。

26~28日，第十六届中国国际太阳能热利用产品品牌博览会暨清洁能源供暖、供热制冷产品及配套部件采购节在石家庄国际会展中心1号馆举行。主题为“太阳能供暖、工农业应用”。

28日，中共中央宣传部在平山县西柏坡举行“壮丽70年·奋斗新时代”大型主题采访活动启动仪式，全面启动庆祝新中国成立70周年新闻宣传。中共中央政治局委员、中央宣传部部长黄坤明出席活动并讲话。

29日，省委书记、省人大常委会主任王东峰到石家庄市水源街小学、第42中学和河北经贸大学，调研检查大中小学思想政治理论课教育。

31日，石家庄地铁App正式上线，乘客可用手机支付功能通过闸机。

4月

1日，全市统一暂停发放住房公积金异地贷款。

3日，省长许勤到井陉县辛庄乡栾庄防火检查站、椴树沟林场检查森林防火，并到井陉矿区考察杏花沟采煤沉陷区生态修复项目。

6日，省委书记、省人大常委会主任王东峰，省长许勤到石家庄市规划馆、滹沱河北岸河湖景观工程施工现场和正定县（正定新区）调研检查，了解石家庄市和正定县规划修编、生态环境治理、旅游产业发展等情况。王东峰提出，石家庄市主城区建设要聚焦突出问题，推进实施“十大工程”，即棚户区改造搬迁和老旧小区、老旧管网改造提升工程，城中村改造工程，滹沱河改造提升工程，环城林带建设工程，城市公园绿地扩建工程，地下空间和停车场建设工程，道路改造提升工程，钢铁和“散乱污”企业搬迁治理工程，商业街区和综合配套设施提升工程，产业功能调整优化工程；正定县要做好规划修编，推进实施正定古城保护利用工程，完善提升正定县城功能，实现旅游产业提档升级。

11～12日，省委常委、市委书记邢国辉，市长邓沛然率领石家庄市党政代表团赴唐山市学习考察。市党政代表团考察了唐山市站西片区拆迁规划、主城区城市建设、南湖世园会会址、文化中心建设、城市规划展览馆、南湖灯光秀、花海规划建设、秦黄下片区拆迁现场和迁安市规划展馆、南部新市区建设、滦河综合开发工程、三里河生态走廊等。

12日，市剑道协会成立。

17～19日，退役军人事务部部长孙绍骋到平山县调研考察退役军人服务保障机构建设。

18日，中欧班列（石家庄—明斯克）返程班列抵达石家庄市，并首次通过石家庄综合保税区完成进口货物的清关、保税及加工再出口。这是中欧班列（石家庄—明斯克）首次返程常态化运营，也是京津冀双向常态化开行的首列国际货运班列。

22日，中国移动通信集团河北有限公司采用华为智能手机成功实现石家庄与雄安新区5G通话，这也是河北省首个5G电话。

25日，市柔道协会成立。

5月

1日，省委书记、省人大常委会主任王东峰到深泽县秀水公园、深科建筑材料有限公司、龙泽制药公司、农哈哈集团和无极县世联汽车内饰（河北）有限公司、中信·无极绿色生态皮革后整产业园项目、石家庄嘉盛新能源有限公司生物质焚烧发电项目调研考察。

1日，北国超市第31家门店在建华城市广场开业。

3～5日，2019年世界体育舞蹈公开赛暨河北省体育舞蹈锦标赛在河北体育馆举行。比赛包含2019年WDSF世界锦标体育舞蹈公开赛、WDSF摇滚舞世界杯、WDSF亚太体育舞蹈锦标赛、第五届中国京津冀体育舞蹈公开赛、2019河北省体育舞蹈锦标赛5项赛事，来自全球35个国家和地区4900余名体育舞蹈运动员参赛。

5日，经河北省政府批准，赞皇县、灵寿县、行唐县3个国家扶贫开发工作重点县退出贫困县序列。

7日，高邑冀中南智能港至天津新港北站首趟海铁联运班列开行。

11日，由河北省第24届冬奥会工作领导小组办公室、省体育局、省教育厅共同主办的北京2022年冬奥会倒计时1000天“冬奥就在我身边”相约冬奥河北省主题系列活动在石家庄市举行。国家体育总局局长、北京冬奥组委执行主席苟仲文，省长、北京冬奥组委执行主席许勤出席活动，并为北京2022年冬奥会倒计时1000天揭牌。

14日，市政府公布第一批历史建筑保护名录11处。

16日，2019石家庄（北京）“4+4”现代产业投资合作洽谈会在北京举行。82个重点合作项目签约，总投资624.2亿元，拟引资592.1亿元。

19日，是第29个全国助残日。省委书记、省人大常委会主任王东峰到行唐县昊腾残疾人双创园、霍村巧手坊调研检查扶残助残工作，勉励残疾人保持坚韧不拔的意志和乐观向上的精神，鼓励残疾人用双手创造美好生活、实现人生价值。

6月

9~10日，全市推进高质量发展全面建成小康社会专题研讨班举行。

11~15日，应吉尔吉斯斯坦奥什市政府邀请，石家庄市友好经济代表团访问吉尔吉斯斯坦，并签署两市友好城市协议书。

16~18日，第五届“中华健康节”在石家庄举行。

24日，纳米比亚首批输华牛肉开箱仪式在石家庄双鸽冷链物流园举行。

26日，石家庄地铁1号线二期工程通车。至此，地铁1号线线路通车长度由23.9千米增至34.3千米，石家庄地铁开通营运里程达到40.7千米。

26~30日，2019中国·石家庄第十四届国际动漫博览交易会举行。主题为“中山雅韵·国风动漫”。参会总人数100万余人，参展企业近80家，现场零售交易额近1000万元。

27~28日，第四届石家庄市旅游产业发展大会在灵寿县举行。主题为：大美灵寿 康养福地。旅游产业发展大会期间，现场签约项目30个，签约金额403.5亿元。

28日，石家庄国际人力资源服务产业园开园运营。

28日，长安万达广场开业。

6月，中共中央、国务院正式批准，从2019年起每年在石家庄市举办中国国际数字经济博览会，主办单位为工业和信息化部、河北省人民政府。

7月

1日，《石家庄市城市管理综合执法条例》施行。

1日，全市正式实施国家第六阶段轻型汽车大气污染物排放标准。

2日，石家庄市桥西区在环球时报社和中华全国工商联中国民营经济国际合作商会联合主办的2019中国国际化营商环境高峰论坛上，获得“2019中国营商环境质量十佳县（市、区）”称号。

18日，市退役军人就业创业促进会成立。

18日，石（石家庄）保（保定）廊（廊坊）全面创新改革试验工作三市联动会议在保定市举行，会议审议通过《石保廊全面创新改革试验三市联动工作方案》《石保廊三市拟共同推动及自主探索的全面创新改革试验重点工作》。

19日，井陉县、平山县、正定县入选“2019(首届)中国文化百强县”。

20日，赵县韩村镇、晋州市马于镇入选农业农村部、财政部公布的2019年农业产业强镇建设名单。

26日，石家庄市吕保民、姬建辉、王殿明3人在全国退役军人工作会议上获评为“全国模范退役军人”。

28日，平山县岗南镇李家庄村、正定县正定镇塔元庄村入选文化和旅游部公布的第一批全国乡村旅游重点村名单。

30日，世界500强企业友邦保险进驻石家庄市，这也是外资独资保险公司在河北省设立的第一家分支机构。

31日，黄石高速藁城至石家庄段改造工程建成通车。

8月

8日，由国务院台湾事务办公室、省政府主办，省政府台湾事务办公室、石家庄市政府承办的第十七届冀台（石家庄）经济合作洽谈会在石家庄市举行。主题为“共享机遇、融合发展”。

10日，全国首款新一代活性蛋白牛奶——君乐宝“悦鲜活”牛乳在石家庄首发上市。

12日，邯郸市委书记高宏志、市长张维亮率领邯郸市党政代表团到石家庄市考察。邯郸市党政代表团考察了石家庄市中央商务区建设、滹沱河综合治理和正定县县城管理、古城夜景亮化工程等。

16~25日，由市政府主办，鹿泉区政府、西部长青休闲度假区承办的第二届石家庄国际啤酒节在鹿泉区西部长青南游客中心广场举行。主题为“盛夏石家庄、醉美在长青”。签约项目12个，总投资123.6亿元。

25日~9月1日，石家庄市运动员参加在天津市举行的全国第十届残疾人运动会暨第七届特殊奥林匹克运动会，获得金牌16枚、银牌24枚、铜牌7枚，超世界纪录2项。

31日，中国（河北）自由贸易试验区正定片区挂牌。

9月

6~7日，由中国药学会、石家庄

市政府主办，河北省药学会、河北医科大学承办，石药控股集团有限公司协办的2019年中国药学大会在石家庄市举行。主题为：推进药学科学发展，服务健康中国战略。来自全国药学相关领域专家学者1700余人参会。会议宣布成立中国药学会战略发展专家委员会，发布“中国药学会第五批过度重复药品提示信息公告”和2个“中国药学会团体标准”，颁发中国药学会科技奖等奖项。

11~15日，由河北省商务厅、石家庄市政府、河北广播电视台主办，鹿泉区委、区政府等承办的2019年京津冀（石家庄）美食文化节在鹿泉区北国奥特莱斯举行。主题为“邀西山明月 品京畿美食”。共有全国百家知名餐饮名店、200多种传统小吃参加美食节活动，接待游客和市民近10万人次，营业额260余万元。

15日，市区联盟路—石纺路—丰收路拓宽打通工程全线通车。

16日起，市内长安区、桥西区、新华区、裕华区范围实行非机动车免费停放。

21日，由井陉县于家乡乡镇干部王彤、县税务局张婉鑫、威州中学教师王乙峰、苍岩山镇乡镇干部赵志康、小作镇乡镇干部张琪、秀林中心学区南张村学校教师高森6位宣讲团成员组成的井陉太行“天路”精神先进事迹巡讲报告会在市委党校举行。

22日，省委常委、市委书记邢国辉随河北省党政代表团赴新疆学习考察期间，到库尔勒市听取石家庄市对口援疆工作汇报，看望援疆干部和专业技术人才并举行座谈交流。

24日，经中共中央宣传部批准，西柏坡纪念馆局部改陈展览向观众开放。

25日，由市委宣传部、市文联等单位共同主办的“我和我的祖国”石家庄市庆祝中华人民共和国成立70周年群众歌咏活动暨第十七届省会合唱艺术节汇报演出在河北体育馆举行。

27日，由市委宣传部、市文化广电和旅游局主办的石家庄市庆祝新中国成立70周年文艺晚会在市人民会堂举行。

10月

1日，《石家庄市正定古城保护条例》施行。

2日，省委书记、省人大常委会主任王东峰主持召开专题会，研究石家庄市国土空间总体规划编制、滹沱河流域规划和治理、正定古城改造提升等工作。

8日，市旅游智库成立。

10日，海军石家庄舰先进事迹报告会在市人民会堂举行。

12日，“智游石家庄”智慧旅游应用系统上线运行。

12~13日，由国务院侨务办公室、河北省政府、中国新闻社主办的第十届世界华文传媒论坛在石家庄市举行。主题为“牵手世界，见证时代——华文媒体的中国故事”。来自61个国家和地区400多家华文媒体参会。

13日，2019石家庄首届龙舟文化节在太平河水域举行。来自省内外32支龙舟代表队512名运动员参赛。

14~16日，由河北省委、河北省政府主办，石家庄市委、石家庄市政府、河北省文化和旅游厅承办的第四届河北省旅游产业发展大会在石家庄国际会展中心举行。主题为“传承红色基因，创新绿色发展”。签约文化和旅游重点项目32个，总投资400余亿元。旅游产业发展大会期间，同期举办第二十四届中国北方旅游交易会，参展企业350余家，参观公众5.1万余人，达成意向合作金额3600余万元。

15日，桥西医疗集团成立。

17~19日，由中国交通运输协会、国际物流与运输学会和石家庄市政府共同主办的第六届中国国际物流发展大会暨中国国际物流与交通运输产业博览会在石家庄国际会展中心举行。主题为“互联互融·协同发展”。60多个国家和地区物流行业组织负责人、专家学者、企业代表等1100余人参会。签约合作协议24个，协议利用外资0.4亿美元、省外资金116.51亿元；石家庄市签约合作项目7个，总金额33亿余元；达成合作协议110个，协议利用资金407.76亿元。

17~20日，由石家庄市委、石家庄市政府、中国国际贸易促进委员会河北省委员会、通用国际展览有限公司、中航通用飞机有限责任公司、中国宏泰产业市镇发展有限公司联合主办的2019中国国际通用航空博览会在石家庄市栾城区举行。主题为“发挥通用航空品牌城市优势，打造通用航空领域综合平台”。签约重点项目15个，总金额107亿元。

18日，裕华医疗集团成立。

31日，中国移动5G网络在石家庄市正式商用，标志石家庄市正式进入5G时代。

11月

3~5日，由中国城市发展研究会主办，石家庄市政府承办的2019中国城市创新发展论坛暨中国城市发展研究会第36次年会在石家庄举行。主题为：提高城市创新发展能力，推动城市高质量发展。省委书记、省人大常委会主任王东峰，省长许勤，中国城市发展研究会名誉理事长程安东，中国城市发展研究会理事长洪峰及城市市长、专家学者、特邀理事等360余人参会。

14~17日，2019第七届中国国际（河北）茶文化博览交易会在石家庄解放广场举行。主题为茶香燕赵·茗和万家。展览面积1.3万平方米。

25日，“石家庄智慧健康网”“健康石家庄”微信公众号上线运行。

25日起，国家市场监督管理局授予正定县、井陉县、藁城区3个县（区）市场监督管理局行使外商投资企业登记管理权。

28~30日，石家庄市第一届校园冰雪运动会在市职教园区和市学前教育中等专业学校举行。来自全市中小学校20支代表队888名运动员参赛。

29日，长安医疗集团成立。

12月

1日起，石家庄市区和正定县65~69周岁的老年人持敬老卡可免费乘坐城市公交车。

4日，高新医疗集团成立。

6日，石家庄市在山东省青岛市举行的“中国十大夜经济影响力城市颁奖典礼”上获评“中国十大夜经济影响力城市”第10名。

8~10日，2019中国·石家庄金融博览会展会在石家庄国际会展中心举行。

9日，石保廊全面创新改革试验工作第二次三市联动会议在石家庄举行。审议通过《关于深入推进石保廊全面创新改革试验工作的实施意见》。

15日，全国文化科技卫生“三下乡”集中示范活动在灵寿县举行。

16日，市见义勇为工作协会成立。

18日，中共石家庄市委十届八次全会召开，首次提出发展城市、区域、园区、生态“四种类型经济”。

19日，市妇产医院谈固院区正式运行。

20日，石药集团生产的高血压专利药“玄宁”(马来酸左旋氨氯地平)获批美国上市。

23日，石家庄城市馆开馆。

24日，国务院批复同意石家庄市为跨境电子商务综合试验区，名称为“中国(石家庄)跨境电子商务综合试验区”。

27日，市消防救援支队挂牌。

28~30日，2019河北省首届冰雪运动会在石家庄市河北奥林匹克体育中心举行。主题口号为“欢乐冰雪激情相约”，会歌为《激情相约》。来自全省74个代表团1600名运动员参赛，比赛设越野滑雪、滑冰、冰球、陆地冰壶、速度轮滑、滑轮6个大项101个小项。石家庄代表队获得金牌17枚、银牌12枚、铜牌16枚，奖牌数位列全省地市第三名。

31日，石家庄市南绕城高速西段试通车。

市情概览

City Overview

行政区划

【概况】 石家庄，简称“石”，曾称石门，是河北省省会，全省政治、经济、科技、金融、文化和信息中心，是国务院批准实行沿海开放政策、金融对外开放及批复确定的中国京津冀地区重要中心城市，也是全国重要的商品集散地和北方重要的大商埠、全国性商贸会展中心城市、中国国际数字经济博览会永久举办地及中国（河北）自由贸易试验区。地处中国华北地区、河北省中南部、环渤海湾经济区，跨华北平原和太行山地两大地貌，是全国粮、菜、肉、蛋、果主产区之一，被国家确定为优质小麦生产基地，素有“北方粮仓”之称。境内京广、石太、石德、石太客运专线、京广高铁、石济高铁 6 条铁路干线交会，是中国铁路运输主枢纽城市，被誉为“南北通衢，燕晋咽喉”。石家庄市科技发达，旅游资源丰富，获批国家首批科技创新示范城市、国家半导体照明产业化基地、国家卫星导航产业基地、国家动漫产业发展基地、国家生物医药产业基地，获授全国文明城市、国家森林城市、中国优秀旅游城市，拥有全国重点文物保护单位 40 处、国家历史文化名城 1 处（正定）、国家级森林公园 3 处（仙台山、五岳寨、驼梁）。至 2019 年底，全市管辖 8 个区、11 个县、2 个县级市、2 个国家级开发区，总面积 13504 平方千米，常住人口 1039.42 万人，户籍人口 988.84 万人，城镇人口 469.55 万人，居住民族 50 个，常住人口城镇化率 65.05%。2019 年全市完成地区生产总值 5392.95 亿元，同比增长 6.7%；全部财政收入 1115.22 亿元，同比增长 7.2%，其中，公共财政预算收入 545.11 亿元，同比增长 8.8%，财政收入继续保持稳步增长；实际利用外资 16.18 亿美元，同比增长 8.8%；进出口总值 1178.76 亿元，同比增长 28.4%，其中，出口总值 655.13 亿元，同比增长 14.6%。

（市档案馆）

【地理位置】 石家庄市地处中国华北地区、河北省中南部、环渤海湾经济区，跨华北平原和太行山地两大地貌，地理坐标为北纬 37°27′～38°47′(误差 ±1′)，东经 113°30′～115°20′(误差 ±1′)之间，南北最长处 148.02 千米，东西最宽处 175.38 千米。东与衡水市接壤，南与邢台市毗连，西与山西省为邻，北与保定市交界，位于首都北京西南方向，距离北京市主城区 283 千米。地理位置优越，境内京广、石太、石德、石太客运专线、京广高铁、石济高铁 6 条铁路干线交会，市区建有石家庄站、石家庄北站、石家庄东站 3 个铁路客运站。区域交通发达，拥有高速公路9条、国道 9 条、省道 33 条，主城区至正定国际机场 40 千米。2019 年石家庄市行政区域总面积 13504 平方千米（不包括河北省直管辛集市面积 960 平方千米），其中，8 个建置区面积 2220 平方千米，13 个县（市）面积 11284 平方千米。

【区划设置】 石家庄市辖 8 区 13 县(市)，即长安区、桥西区、新华区、裕华区、井陉矿区、藁城区、鹿泉区、栾城区、井陉县、正定县、行唐县、灵寿县、高邑县、深泽县、赞皇县、无极县、平山县、元氏县、赵县、晋州市、新乐市。拥有2个国家级开发区，即石家庄国家高新技术产业开发区(1991 年 3 月国务院批准设立)、石家庄经济技术开发区（1992 年 7 月河北省批准设立，2012 年 10 月国务院批准升级为国家级开发区，由藁城区管辖，曾称良村经济技术开发区、藁城经济开发区）。2013 年 6 月 1 日，原石家庄辛集市调整区划设置，划归河北省直接管辖。另有3个派出机构（石家庄国家高新技术产业开发区、河北石家庄循环化工园区、石家庄综合保税区）行使所在地域行政管辖权。2014年9月9日，国务院批复河北省政府关于石家庄市部分行政区划调整的请示（国函〔2014〕122号），同意撤销石家庄市桥东区、藁城市、鹿泉市、栾城县，同时设立石家庄市藁城区、鹿泉区、栾城区。2019年末全市共有镇119个、乡82个，省级以上开发区21个，街道办事处60个，居委会731个、村委会3943个。

（王静）

建置沿革

石家庄市域有着悠久的历史。据《禹贡》记载，夏禹时期为冀州地。春秋时期域内先后建有鲜虞国（都城在今正定新城铺一带）、鼓国（都城在今晋州城西）、肥国（都城在今藁城区城西南城子村一带）。战国时期鲜虞人建立中山国（都城在今平山县城北下三汲一带）。秦始皇统一中国后，全面推行郡县制，属巨鹿郡（郡治今巨鹿县）。西汉高祖三年(前204)，始置恒山郡（郡治今元氏县西北）。汉文帝初，因文帝名恒，讳改恒山郡为常山郡。汉高祖十年(前197)，改秦时东垣县(县治今石家庄市东古城)为真定县，并于汉武帝元鼎四年(前113)置真定国(都城在今东古城)。三国时期，为魏地，分别属常山郡、安平郡、赵国、巨鹿郡、中山国。西晋统一后，分别属冀州常山郡（西晋郡治由今元氏县西北移至东古城，东晋郡治由东古城移至今正定镇）、中山国、巨鹿郡、赵国、博陵国。隋代，分别属恒山郡(后改恒州，郡治真定，今正定镇)、赵郡(郡治平棘，今赵州镇)、信都郡(郡治今冀州市)、高阳郡(郡治今定州市)。五代时期，属河北成德军节度使，域内有镇州(州治今正定镇)、赵州(州治今赵州镇)、定州(州治今定州市)、祁州(州治今无极镇)。宋代，属河北西路(路治今正定镇)。元代，属中书省真定路(路治今正定镇)、保定路(路治今保定市)、广平路(路治今永年县)等。明代，属京师正定府(府治今正定镇)、保定府(府治今清苑县)。清代，属直隶省真定府(府治今正定镇，清雍正元年改正定府)、保定府(府治今清苑县)、赵州(州治今赵州镇)、定州(州治初属祁州，雍正十二年改今定州市)。1912年，中华民国成立，仍沿清制。1914年，裁府设道。1925年6月24日，中华民国临时执政命令直隶省建立“石家市”，实行市自治制；8月29日中华民国临时执政又以1273号指令批准将石(家)庄、休门合并，取首尾各一字，更名为石门市，组建石门市政公所，筹建市制。1928年，南京国民政府通令全国，取消所有市政公所，废除原来的“市自治”。至此，建市工作遂告搁浅。1938年1月15日，组建伪石门市政公署筹备处。1939年10月7日，伪中华民国临时政府行政委员会以秘字第1027号指令，正式批准设立石门市。1947年11月12日石门市解放，12月26日石门市更名为石家庄市。1948年9月26日，石家庄市改属华北人民政府领导。1949年1月24日阳泉市划归石家庄市，同年8月又划归山西省；8月1日石家庄市归河北省人民政府领导，为省辖市。1949年石家庄专区初设，辖14县1镇。1958年4月28日，石家庄市由省辖市改为专辖市。1960年5月3日，国务院批准撤销石家庄专区，改为石家庄市。1961年5月，国务院批准恢复石家庄专区建制。石家庄专区辖石家庄市和25个县。1962年6月，国务院批准设立衡水专区，石家庄专区所辖衡水等8县划归衡水专区，此后石家庄专区辖石家庄市和17个县。1967年11月21日，石家庄地区革命委员会成立，专区改称地区。1967年12月20日，石家庄市革命委员会成立。1968年1月29日，河北省会迁至石家庄市。1978年3月11日，石家庄市划为河北省直辖市。1978年7月，石家庄地区革命委员会撤销，成立河北省石家庄地区行政公署。1982年8月12日，撤销石家庄市革命委员会，恢复石家庄市人民政府。1993年6月30日，石家庄地区行政公署与石家庄市人民政府合并，成立新的石家庄市人民政府。

（市档案馆）

市　标

【概况】 1997年7月根据市人大代表提出的议案以及市政府领导的批示，由市园林局开始着手准备市花市树评选工作，1997年8月正式启动。通过民意测评和专家评审，1997年9月16日初步确定月季和槐树为市花市树。1997年11月，市政府研究同意。1997年12月，市第九届人大常委会第30次会议审议批准，正式确定月季为石家庄市市花，槐树为石家庄市市树。

【市花】 月季　属蔷薇科、蔷薇属，系木本落叶灌木，原产中国，已有2000多年的栽培历史，被誉为“花中皇后”。花色艳丽，千姿百态，香味馥郁，品种繁多，露地栽培从春到秋处处可见其绰约丰姿，是美好、友谊、和平的象征。月季适应性强，耐寒抗旱，对土壤要求不高，栽培繁殖容易，管理技术易掌握，易于推广普及。石家庄市月季栽培有悠久的历史，通过引种、繁殖、培育，广泛用于街道、公园、庭院、广场的绿化、美化，同时也是插花、切花、盆景制作的理想植物材料，深受广大市民喜爱。月季具有极高的观赏价值和经济价值，月季的花、花蕾、叶、根皆可入药，可制作高级香精、香料。月季还代表着石家庄人顽强不屈、坚韧不拔的品格，展示石家庄人奋发图强、不断进取的精神风貌。

【市树】 国槐　属豆科槐属，系落叶乔木。国槐原产于中国，栽培历史悠久，抗逆性强，寿命长。石家庄市有百年以上古槐多达71株，其中500年以上古槐达58株，且枝繁叶茂，生机勃勃。国槐树干端直，树冠宽广，展叶早落叶晚，是优良的庭荫树和街道树，其花芳香，又是优良的蜜源植物。国槐性强健，具有很强的萌芽力，耐强修剪，更新能力强，耐寒、耐旱、耐瘠薄，并对二氧化硫、氯气、氯化氢等有毒气体抗性较强，是良好的抗污、滞尘、耐烟毒树种。石家庄市主城区以国槐作行道树的街道达120多条，是街道的骨干树种之一。国槐经济价值高，木材坚硬，耐湿，材质优良，可供建筑、家具、造船、雕刻等用，全株可入药，花蕾可作黄色染料，种子可榨油、制皂。国槐在民间是吉祥、幸福、美好的象征，中国人自古以来把它作为吉祥树、幸福树，它也能代表石家庄人顽强不屈、坚韧不拔的品格，展示石家庄人奋发图强、不断进取的精神风貌。

（市园林局）

自然资源

【矿产资源】 石家庄市东部为华北平原，西部太行山区。西部山区地质结构复杂，成矿条件良好，拥有比较丰富的矿产资源。至2019年底，石家庄市查明资源储量固体矿产56种，开发利用矿种28种，优势矿产有金、水泥用灰岩、建筑石料用灰岩、冶金用白云岩、电石用灰岩、熔剂用灰岩、玻璃用砂岩、饰面用石材、碎云母9种。已查明资源储量矿产中，保有资源储量总计30.20亿吨。黑色金属矿产有铁矿、钒矿等，主要分布在平山县、赞皇县、灵寿县，保有资源储量为铁矿5163.47万吨，钒矿物量3.57万吨。有色金属矿产有铜矿、铅矿、锌矿、铝土矿等，主要分布在灵寿县、平山县、井陉县等，保有资源储量为铜金属量2259.86吨，铅金属量5604.52吨，锌金属量8466.57吨，铝土矿1509.67万吨。贵重金属矿产主要有金矿、银矿，主要分布在灵寿县、平山县等，保有资源储量为金矿金属量22.9吨，银矿金属量124.13吨。化工原料非金属矿产主要分布在井陉县、平山县等，保有资源储量为硫铁矿494.71万吨，电石用灰岩3.02亿吨，制碱用灰岩1794.11万吨，磷矿249.73万吨。冶金辅助原料非金属矿产主要分布在井陉县、鹿泉区等，保有资源储量为熔剂用灰岩1554.7万吨，冶金用白云岩1.11亿吨，耐火黏土6172.6万吨。建材和其他非金属矿产主要分布在井陉县、鹿泉区、行唐县、灵寿县、赞皇县等，保有资源储量为水泥用灰岩17.64亿吨，制灰用灰岩268.43万吨，玻璃用砂岩4880.8万吨，水泥配料用砂岩8152.3万吨，陶粒页岩5286.95万吨，饰面建筑类石材4933.42万吨，碎云母矿物量373.53万吨，砖瓦用页岩4617.9万吨，矽线石矿物量158.08万吨，滑石101.55万吨，石棉矿物量0.6万吨，长石257.7万吨。

【能源资源】 石家庄市能源资源主要有煤炭、石油、天然气等。煤炭资源主要分布在井陉矿区、元氏县，煤种有肥煤、焦煤、无烟煤、气煤等；石油、天然气资源主要分布在晋州市，已探明油田或构造有河庄油田、河庄西油田、台家庄油气田、南小陈油田、晋40断块、赵兰庄构造。2019年全市煤炭保有资源储量3.6亿吨，油气田地质储量5.1亿吨，含油面积3.04万平方米，天然气储量19.2亿立方米。石家庄市地处太阳能资源较为丰富地带，2019年全市年日照时数为2004.2~2420.4小时，年平均日照时数2235.4小时，正定县年日照时数最多，赵县年日照时数最少；太阳能利用主要有光伏发电、太阳能热水器等，2019年全市光伏发电126.0万千瓦，光伏发电并网村达到124个。全年利用水资源发电110.33万千瓦。

（刘清振）

【生物资源】 石家庄市生物资源比较丰富。动物现知陆栖（包括两栖）脊椎动物223种，以鸟类最多，其次是兽类，两栖类及爬行类较少。野生动物种类有金钱豹、野猪、狍子、狐狸、狼、松鼠、獾、黑眉锦蛇、豺、黄羊、刺猬、雀鹰、天鹅、灰鹤、啄木鸟、麻雀、猫头鹰、石鸡、家燕、草兔、黑斑蛙、环颈雉、灰喜鹊、斑鸠。其中，国家珍贵稀有动物有金钱豹、斑羚、褐马鸡、天鹅等；褐马鸡为中国特有珍稀动物，仅见于山西省、河北省。畜禽动物十几个品种，地方畜禽品种有深州猪、大马身猪、大尾寒羊、小尾寒羊、河北奶山羊、太行山羊、冀南黄牛、太行牛、太行驴、柴鸡、河北鹅、虎皮黄兔。引进的畜禽品种有牛类：河北西门塔尔牛、南阳牛、荷兰黑白花奶牛、蒙古牛、短角牛、西门塔尔牛、夏洛来牛、海福特牛、利木赞牛、安格斯牛、爱沙尼亚牛、蒙贝利亚牛；马类：蒙古马、伊犁马、苏高血马；驴类：关中驴、渤海驴、泌阳驴；猪类：迪卡猪、冀合白猪、大约克夏猪、长白猪、杜洛克猪、汉普夏猪、北京黑猪、施格猪、PIC猪、皮特兰猪；羊类：美利奴羊、波尔华斯羊、考力代羊、茨盖羊、新疆细毛羊、萨能奶山羊、边区莱斯特羊、罗莫尼玛须羊、波尔山羊；鸡类：尼克鸡、白洛克鸡、宝万斯鸡、京红鸡、海赛克斯鸡、伊莎鸡、艾维茵鸡、罗曼鸡、爱拨益加鸡、雅康鸡、雅发鸡、海兰系列、京白系列；兔类：青紫兰兔、比利时兔、加利福尼亚兔、黑优兔、安哥拉兔、法国巨型兔、獭兔、丹麦兔、新西兰兔、日本大耳白兔、塞北兔；鸭类：康贝尔鸭、麻鸭、北京鸭；鹅类：石头鹅、朗德鹅。特养品种：梅花鹿、马鹿、蓝狐、银狐、苏乌里貉、白玉蜗牛、散大蜗牛、落地王鸽、白羽鸽、美国牛蛙、七彩山鸡、乌骨鸡、鹌鹑、貂、小香猪、海狸鼠、蝎子、鹧鸪、麝鼠。鱼类资源有50多个品种。主要经济鱼类有：鲤、鲢、鳙、草、鲫、鲂、鳊、鲶、泥鳅、黄颡、乌鳢、黄鳝、鲴等。小杂鱼类主要有：白条、棒花、马口、麦穗、鳑鲏、虾虎鱼、翘嘴鲌等，另外还有中华鳖、青虾、蚌、螺、莲藕等。引进发展的鱼类品种主要有：罗非、牛蛙、中华绒螯蟹、淡水白鲳、池沼公鱼、大银鱼、太湖新银鱼、日本白鲫、高背鲫、彭泽鲫、鳜鱼、革胡子鲶、大口鲶、罗氏沼虾、彩虹鲷、虹鳟鱼、金鳟鱼、香鱼、欧洲丁鱼岁、大口胭脂鱼、中国胭脂鱼、加州鲈、鲟鱼、白斑狗鱼、银大麻哈鱼、斑点叉尾鮰鱼、雅鱼等。

石家庄植被属暖温带针阔混交林，植被类型由自然植被和人工植被组成。植被结构复杂，种类繁多，植物资源合计2500余种，其中草本植物占80%以上。木本植物有44科74属144种，乔木有26科35属75种，灌木有23科34属43种。主要树木分类，阔叶树：杨树、柳树、国槐、刺槐、臭椿、香椿、红椿、合欢、苦楝(井陉县)、漆树、黄连木、白榆、青檀(井陉县)、梧桐、泡桐、杜仲、银杏、椋子木（井陉县）、五角枫、栾树、黄金树、楸树、枫杨、悬铃木。灌木：柽柳、胡枝子、葛藤、紫穗槐、黄栌、锦鸡儿、枸杞、珍珠梅、绣线梅、鼠李、酸枣、沙枣、沙棘、女贞、六道木、丁香、夹竹桃、照山白、荆条、野杜鹃。针叶树：油松、华山松、雪松、云杉、桧柏、圆柏、侧柏、柞树、落叶松、水杉。经济木：苹果、梨、桃、杏、山楂、板栗、李、葡萄、石榴、柿子、核桃、大枣、花椒、桑、猕猴桃。草场分四类：山地草甸类草场，地处深山，处于原始状态，资源很少被利用；山地灌木类草场，草高 40～70 厘米，盖度 60% ～80%；丘陵草丛类草场和低温草甸草场。药用植物资源丰富，有 1039 种，野生药材上百种，人工种植药材 230 多种，另外还有水生芦苇、莲藕等。人工种植牧草：紫花苜蓿、粒粒苋、串叶松香草、冬牧 70 黑麦草、聚合草、沙打旺、苦荬菜、草木栖、鲁梅克斯、克孜连科。天然野生牧草共有121 个科 1116 种，其中菊科牧草占 135 种，禾本科占 109 种，豆科占 98 种，蔷薇科占 58 种，百合科占 46 种。代表性野生牧草主要有野豌豆、直立黄芪、达乌里黄芪、野苜蓿、无芒雀麦、隐子草、冰草、披碱草、老芒麦、鹅冠草、早熟禾、胡枝子、山葱、白羊草、青木栖状黄芪、野古草、大油芒、白茅、铁杆蒿、野青茅、狗哇花、棘豆等。

（市林业局）

【水资源】 2018 年石家庄市地表水资源量 7.38 亿立方米，地下水资源量 14.82 亿立方米，扣除地表水和地下水资源的重复计算量，全市水资源总量 16.08 亿立方米，比 2017 年增加 1.39 亿立方米，比多年均值 20.35 亿立方米减少 4.27 亿立方米。

供水量 全市供水量29.47 亿立方米，其中地表水供水 12.64 亿立方米（含引江水），占 42.9%；地下水供水量 15.53 亿立方米，占 52.7%；其他供水量 1.30 亿立方米，占 4.4%。

用水量 全市用水量29.47 亿立方米，其中农田灌溉用水量 15.17 亿立方米，占 51.5%；工业用水量 2.57 亿立方米，占 8.7%；居民生活用水量 3.27 亿立方米，占 11.1%；林牧渔畜用水量 1.50 亿立方米，占 5.1%；城镇公共用水量 1.22 亿立方米，占 4.1%；生态与环境用水量 5.74 亿立方米，占 19.5%。

地下水动态 2018 年底全市平原区地下水平均埋深 39.88 米，较 2017 年同期地下水位下降 0.31 米。监测点最大埋深高邑城关69.60 米，最小埋深鹿泉区山尹村 3.56 米。*（水资源数据一般滞后一年时间公布，为帮助读者了解水资源情况，《石家庄年鉴 2020》采用 2018 年数据，也是石家庄市水资源的最新数据）。*

（王潇潇）

【土地资源】 石家庄市土地资源类型多样，适宜性广，土地资源比较丰富。光、热、水、土条件适宜，土地利用率和生产率高，但地域差异明显，土地后备资源不足。根据全国统一规定和石家庄市实际，全市土地源类型按土地利用现状划分，采用二级分类系统，共分 8 个一级地类，36 个二级地类。石家庄市东部、西部自然和社会经济条件差异明显，按地貌类型和土地利用主导方向，分为西部山区林木地、中部山麓、平原建设用地区和东部平原农业用地区 3 个分区。石家庄市土壤类型主要有山地草甸土、棕壤、褐土、潮土、盐土、风沙土、新积土、粗骨土、石质土、沼泽土、水稻土 11 个土类，22 个亚类，81 个土属，270 个土种。至2019 年底，石家庄市行政区土地总面积 131.10 万公顷。其中，农用地83.03 万公顷，占土地总面积63.33%；建设用地 22.81 万公顷，占土地总面积17.4%；未利用地 25.26 万公顷，占土地总面积 19. 26%；现有耕地面积 52.66 万公顷，占农用地 63.42%，占全市土地总面积 40.17%。

（刘清振）

人　口

【概况】 至 2019 年底，全市共有常住人口 1039.42 万人，同比增加 7.93 万人，增长 0.77%；常住人口出生 10.98 万人，出生率为 10.6‰，同比下降 0.57 个千分点；常住人口死亡 5.38万人，死亡率为 5.2‰，同比下降 0.78 个千分点；常住人口自然增长率为 5.4‰，同比提高 0.21 个千分点；常住人口城镇化率为 65.05%，同比提高 1.22 个百分点。2019 年长安区、桥西区、新华区、裕华区、高新区 5 个区常住人口 326.24 万人，长安区、桥西区、新华区、裕华区、井陉矿区、藁城区、鹿泉区、栾城区、高新区、循环化工园区 10 个区常住人口 506.56 万人；市辖 13 县（市）常住人口 532.87 万人。至2019 年底，全市共有户籍人口 2894258 户、9888382 人。其中，城镇人口4695490 人，占户籍总人口 47.48%；乡村人口 5192892 人，占户籍总人口

52. 52%。市内4区(长安区、桥西区、新华区、裕华区)户籍总人口2503986人，全部为城镇人口。市属8区户籍总人口4268992人，其中，城镇人口3200183人，乡村人口1068809人。市辖13县（市）户籍人口1659326户、5619390人，其中，城镇人口1495307人，农村人口4124083人。2019年全市户籍人口出生101576人，出生率为10.31‰；死亡29155人，死亡率为2.96‰；户籍人口增加72376人，增长率为0. 73%；城镇户籍人口增加164444人，增长率为6.92‰；户籍人口城镇化率为47.5%，同比提高1.4个百分点。

【人口性别】 2019年全市户籍总人口中，男性4965652人，占50.22%；女性4922730人，占49.78%。市属8区人口中，男性2101131人，占8区总人口49.22%；女性2167861人，占8区总人口50.78%。13县（市）人口中，男性2864521人，占13县（市）总人口50.98%；女性2754869人，占13县（市）总人口49.02%。

【人口分布】 2019年全市21个县（市、区）中，户籍人口最多的是藁城区，人口总数866342人，占全市总人口8.76%；其次是桥西区、裕华区，人口总数分别为675874人、650388人，占全市总人口分别为6. 83%和6.57%。人口最少的是井陉矿区，人口总数87950人，占全市总人口0.89%。

表1 2019年石家庄市户籍人口分布情况一览表

县(市、区)	户数	总人口(人)	城镇人口(人)
长安区	207749	668262	全部为城镇人口
桥西区	198651	675874	全部为城镇人口
新华区	155813	509462	全部为城镇人口
裕华区	188677	650388	全部为城镇人口
井陉矿区	26569	87950	63894
藁城区	235540	866342	311717
鹿泉区	124314	447120	174926
栾城区	97619	363594	145660
井陉县	107773	332299	99779
正定县	127668	516905	222483
行唐县	160046	463326	92205
灵寿县	110465	352903	91943
高邑县	57202	204319	69942
深泽县	97041	258761	61933
赞皇县	97592	281343	46729
无极县	158065	538966	102431

续表

县(市、区)	户数	总人口(人)	城镇人口(人)
平山县	167137	505084	114066
元氏县	106776	446568	118260
赵　县	176413	622990	145441
晋州市	157181	577302	151064
新乐市	135967	518624	179031

【民族构成】 至2019年底，石家庄市共有民族成分50个，其中少数民族49个（没有门巴族、塔吉克族、塔塔尔族、德昂族、保安族、乌孜别克族）。汉族人口9771725人，占全市总人口98.82%；少数民族人口116657人，占全市总人口1.18%。少数民族人口中，回族58826人，占全市少数民族总人口50.43%；满族38411人，占全市少数民族总人口32.93%；蒙古族7303人，占全市少数民族总人口6.26%（少数民族数据参见《石家庄年鉴2020》“市情概览”下“民族·宗教”）。

【年龄构成】 全市户籍人口中，17岁以下2236622人，占总人口22.62%；18岁至34岁2320045人，占总人口23.46%；35岁至59岁3415094人，占总人口34.54%；60岁以上1916621人，占总人口19.38%（民族数据由民宗局提供，“概况”后各条目人口数据均为户籍人口、由市公安局户政部门提供）。

（赵光）

民族·宗教

【民族】 石家庄市是一个少数民族散居城市。至2019年末，全市共有少数民族49个（无门巴族、塔吉克族、塔塔尔族、德昂族、保安族、乌孜别克族），少数民族人口116657人，占全市总人口1.18%；少数民族人口较2018年增加2190人，同比增长1.91%。少数民族人口中，农村人口45817人，占比39.27%；城镇人口70840人，占比60.73%。少数民族人口超万人县（市、区）有6个，分别是：桥西区17926人，无极县16540人，长安区15455人，裕华区13948人，新华区13569人，藁城区12241人。少数民族人口超过千人不足万人县（市、区）有6个，分别是：新乐市9835人，正定县5356人，鹿泉区3104人，栾城区1737人，平山县1097人，行唐县1086人。全市有3个民族乡，分别是：藁城区九门回族乡、无极县高头回族乡、新乐市彭家庄回族乡；总人口106477人，其中，少数民族人口27094人，占民族乡总人口25.45%，占全市少数民族人口23.23%。全市有17个民族村，分布在无极县（6个）、藁城区（3个）、新乐市（3个）、正定县（5个）；17个民族村总人口47443人，其中少数民族33344人，占民族村总人口70.28%，占全市少数民族人口28.58%。全市少数民族中，回族人口最多，共计58826人，占全市少数民族总人口50.43%；其次是满族，共计38411人，占全市少数民族总人口32.93%；第三为蒙古族，共计7303人，占全市少数民族总人口6.26%。全市千人以上少数民族还有：土家族2041人，占全市少数民族人口1.75%；壮族1957人，占全市少数民族人口1.68%；苗族1619人，占全市少数民族人口1.39%；朝鲜族1073人，占全市少数民族人口0.92%。其他少数民族共计5427人，占全市少数民族人口4.65%。10个信仰伊斯兰教少数民族中，石家庄市有

6个（没有塔吉克族、塔塔尔族、保安族、乌孜别克族），分别为：回族、维吾尔族、哈萨克族、东乡族、撒拉族、柯尔克孜族，人口共计59007人，占全市少数民族总人口50.58%。

【宗教】 石家庄市有佛教、道教、伊斯兰教、天主教、基督教5种宗教。至2019年底，全市有宗教活动场所529处、宗教教职人员744人（含基督教传道员）、信教群众43.76万人。

佛教 全市信仰佛教公民15.6万人，主要分布在赵县、正定县、藁城区、井陉县、赞皇县、鹿泉区。教职人员255人，佛教活动场所92处。较著名的寺院有赵县柏林禅寺、正定县临济寺、新华区虚云禅林、鹿泉区龙泉寺等。市级宗教团体1个（石家庄市佛教协会）。

道教 全市信仰道教公民1.9万余人，主要分布在14个县（市、区）。教职人员50名，宗教活动场所21处。较著名道观有桥西区的关帝庙、鹿泉区的十方院和抱犊寨金阙宫、平山县天桂山的青龙观等。市级宗教团体1个（石家庄市道教协会）。

伊斯兰教 全市信仰伊斯兰教公民5.7万人。主要分布在市内8区和无极县、新乐市、正定县等县（市、区）。清真寺13座，教职人员21名。市级宗教团体1个（石家庄市伊斯兰教协会）。

天主教 全市信仰天主教公民10.8万人，分布在20个县（市、区），开放活动场所185处。教职人员72名（不含辛集市）。市级宗教团体1个（石家庄市天主教爱国会）。

基督教 全市信仰基督教公民9.6万人，分布在21个县（市、区）和高新区。宗教活动场所212处，教职人员322名。市级宗教团体2个（石家庄市基督教三自爱国运动委员会、石家庄市基督教协会）。

（赵琳）

风景名胜

【概况】 石家庄市旅游资源丰富，名胜古迹众多，有文化名城、故国遗址、古寺名桥、革命圣地等珍贵历史遗存，也有丰富多彩的社会旅游资源，包括商贸会展、民俗民艺、都市风情等旅游景观。拥有全国重点文物保护单位40处，省级文物保护单位107处，市县级文物保护单位213处；国家级历史文化名城1座（正定），国家级森林公园3处（仙台山、五岳寨、驼梁），省级森林公园9处（南寺掌、西柏坡、棋盘山、藏龙山、沕沕水、海山岭、封龙山、洞阳坡、高山寨），野生动植物自然保护区4处（平山县驼梁自然保护区、灵寿县漫山自然保护区、赞皇县嶂石岩自然保护区、井陉县南寺掌自然保护区）。至2019年末，石家庄市共有A级景区34处，其中，5A级景区1处，4A级景区25处，3A级景区5处，2A级景区3处。

【纪念馆、陵园】 **革命圣地西柏坡** 位于平山县境内，是国家爱国主义教育基地、国家5A级景区，距离省会石家庄市主城区80千米。1948年5月至1949年3月中共中央在西柏坡驻扎10个月，召开全国土地会议、中共七届二中全会，指挥三大战役，赢得解放战争决定性胜利。西柏坡依托红色旅游资源优势，开发和培育红色旅游市场，形成中共中央旧址，包括陈列馆、纪念碑、石刻园、五大书记铜像等10多个旅游景点，成为资源丰厚，感染力和震撼力强的独特景区。

华北军区烈士陵园 位于石家庄市主城区，是新中国兴建较早、规模较大、造型艺术水平较高的烈士陵园之一，国家4A级景区。陵园内长眠着抗日战争时期、解放战争时期无数革命先烈，伟大的国际主义战士白求恩、柯棣华也在其中。陵园自建成以来，受到老一辈无产阶级革命家的关怀和重视，毛泽东、刘少奇、朱德等中央领导曾亲临陵园，凭吊先烈。

【风景区】 **驼梁** 位于平山县境内西北部，国家4A级景区，距离石家庄市主城区150千米，距离山西省五台山45千米，景区面积22平方千米，主峰海拔2281米，是河北省五大高峰之一。驼梁集森林风光、草原风光、山岳风光为一体，自然生态呈现原始状态，以凉、静、野、幽、翠而闻名，是太行山中段生物多样性最丰富、最具代表性的典型区域。森林生态系统发育良好，从山谷到峰顶分布着白桦、松柏、枫树等树种及灌木草本植物，涉及102科、686个高等树种，植被覆盖率达98%。驼梁是国家大型水库——岗南水库、黄壁庄水库和滹沱河的主要水源涵养地，也是阻挡来自西部高原风沙、寒流侵袭石家庄的重要生态屏障。2009年11月驼梁自然保护区晋升为国家级自然保护区。

天桂山 位于平山县境内，国家4A级景区。天桂山既有雄秀交融的天然风光，又具有皇家园林的高贵气质和道家仙山的神秘色彩，是一个寻古探幽的绝佳去处。天桂山是北方珍贵的岩溶地貌区，自然形成众多天然溶洞等奇特景观，山内风光绝佳，景色迷人，是一处远近闻名的道教圣地，有“北武当”之称，至今保存有许多道观。1997年为迎接香港回归祖国，在天桂山百丈危崖上镌刻的“归”字，高97米，宽49米，载入吉尼斯世界纪录。名山巨字，珠联璧合，堪称天下奇观。

苍岩山 位于井陉县境内，国家级重点风景名胜区，国家4A级景区，距离石家庄市主城区50千米。最高处1039.6米，总面积63平方千米。以“一奇、三绝、十六景、七十二景观”名扬海内外，素有“五岳奇秀一揽山，太行群峰唯苍岩”的盛名。1988年被评为国家级重点风景名胜区，1994年被国务院审定为中国历史文化名山。大自然的鬼斧神工使苍岩山中心地带形成奇异的断崖绝壁及优越的生态环境，曾获得第73届奥斯卡最佳外语片奖影片《卧虎藏龙》部分外景就在苍岩山拍摄。

仙台山 位于井陉县辛庄乡，距离石家庄市主城区50千米。仙台山主峰海拔1195米。山峰奇秀，俨然一尊大佛巍然屹立。树木繁多，自然景色优美，每至汛期，百泉汇合飞流直下，山光水影，宛如银河倒悬，仙朗凌空，故名仙台山。仙台山景观分上、中、下层，最下一层的仙台山牌坊，用太行山南麓独有的大红袍石料建成，风格别致；步石台阶经通天门，攀栏直上通天峡，过一崭，一步一景点，一石一奇观，有卧鹰岩、雀吸岩、如来讲经、蘑菇石、蝴蝶展翅石、青蛙望日等；东西北三面悬空。2016年仙台山在第二届中国森林氧吧论坛上获评“中国森林氧吧”称号。

清凉山 位于井陉矿区西部，距离石家庄市主城区48.5千米。清凉山主要由下古生界灰岩构成，在大地构造上地处井陉县拗陷的西缘，在内外应力长期共同作用下形成温带喀斯特景观，经亿万年风雨侵蚀，使清凉山既有北方山峰雄伟壮观之势，亦有南方山川秀丽险峻之韵。因山势峻峭，古木苍翠，景色秀丽，山腰间多有天然溶洞，清泉常流，夏日置身于此，清风习习，心旷神怡，实为避暑胜地，故名“清凉山”。

嶂石岩 位于赞皇县西南部，距离赞皇县城52千米、石家庄市主城区110千米，国家级重点风景名胜区，国家4A级景区，总面积120平方千米。以奇特、秀丽、多姿、壮观的自然风光著称。由嶂石岩山势造型命名的“嶂石岩地貌”，是和丹霞地貌、张家界地貌并称的国内三大砂岩旅游地貌之一。嶂石岩景区作为嶂石岩地貌的命名地，地貌类型最齐全，特征最突出，素有“百里赤壁，万丈红绫”之称，2003年被评为国家地质公园。景区内有国内最大的天然回音壁，弧形陡壁，高耸云天，体量之大，回音效果之好，堪称一绝，已载入吉尼斯世界纪录。景区内许多山峰海拔高度都在千米以上，是观日出、赏云海的最佳地点。嶂石岩“佛光”也是不难见到的自然奇观。

棋盘山 位于赞皇县城西段里沟，距离赞皇县城27千米、石家庄市主城区77千米，西南距离嶂石岩景区25千米，国家4A级景区。棋盘山是以生态森林景观为主的山岳景区，总面积20平方千米，因主沟段里沟沟掌有棋盘山突兀拔地成名。最高峰卧驼峰为一组山峰，主峰在四相公寨，海拔1342.3米。棋盘山景区幽神隽秀，主格调为松涛、杏雨、古道、奇峰；八大胜景为锁云碧波、杏葩争艳、八仙列阵、段岭古关、棋盘仙迹、危崖隐岫、神驼云卧、翠谷松涛。早春，十里杏花沟盛开，满沟的彩云，满沟的香气；盛夏，到处绿荫滴翠；7~9月阴雨蒙蒙，沟沟流泉处处飞瀑；金秋，枫叶黄栌将棋盘山装点得万紫千红；寒冬，银山雪岭、雾凇胜景。棋盘山野生动植物品种繁多，山麓、山顶、沟谷皆被乔、灌、藤、草覆盖，植物品种100科601种，野生动物品种39科113种，昆虫类324种。夏季气候宜人，最热月平均气温22.3℃，是一个消夏避暑的胜地。

五岳寨 位于灵寿县西北部深山区，因五座山峰并列耸立，且有五岳之特点而得名。属河北省漫山自然保护区的一部分，总面积88平方千米。五岳寨于2004年被国家旅游局评定为4A级旅游区，2006年被评定为河北省地质公园。景区内山高林密、繁花似锦、群山拱翠、云海波澜且气温湿润凉爽、空气清新，动植物及水资源极为丰富，大小瀑布数百个。海拔2000余米的亚高山草甸可让游人感受到“风吹草低见牛羊”的坝上草原境界。幽险的峰谷景观，浓厚的边塞区域特色，使景区成为集旅游观光、健身疗养、避暑度假、寻奇涉幽、登山探险、科学考察为一体的高品位、多功能自然风景区。

抱犊寨 位于鹿泉区境内，距离石家庄市主城区17千米，国家级4A景区。旧名抱犊山，古名萆山。古代农民抱牛犊上山，养大后让牛耕田，因此得名。抱犊寨不是一个村庄，而是一座集历史人文和自然风光为一体的名山古寨。海拔580米，四周悬崖绝壁，顶部平旷坦夷，有肥沃良田660亩，土层深达66米，异境别开，草木繁茂，恍如世外桃源。曾是汉淮阴侯韩信“背水一战”的古战场，也是著名道人张三丰成道涉足之福地，风光奇异独特，景色宜人，被誉为“天堂之幻觉，人间之福地，兵家之战场，世外之桃花源”的天下奇寨。抱犊寨山体轮廓奇特，远观如一尊巨型卧佛，枕南朝北，眉目毕肖，形象逼真，南北坡各有一条羊肠小道可通。登至山巅，豁然开朗，修建有中国最大山顶门坊——南天门、全国第一座山顶地下石雕五百罗汉堂、全国最大的金漆壁画装饰韩信祠等。景区内“千龙壁”长36米、高13米，体量宏大，雕绘有999条张牙舞爪的金龙，形似喷云吐雾，形态各异。殿堂坐南朝北，分为地上、地下两层。地上是“弥勒殿”，地下是“五百罗汉堂”。地下殿堂，宽敞恢宏，500罗汉井然有序地列于殿中，或坐、或卧、或喜、或怒、或立、或仰、或慈、或厉，体态有别，神情各异；500罗汉为青石所雕，加以彩绘，做工精细，真切动人。

封龙山 又名飞龙山，位于石家庄市主城区西南15千米，鹿泉区城南20千米，元氏县城西北20千米。西倚太行山，东临平原，主峰海拔812米。封龙山自然风光秀丽，以沟深林茂、清泉碧溪、奇峰怪石为胜。封龙山历史文化璀璨，曾有五通汉碑、三大书院、四大禅林、三大石窟、两大道观。早在唐代《十道志》中就被列为河北名山，以封龙山历史文化而论，汉代李躬，唐代郭震、姚敬曾讲学于此山。五代以后，书院文化崛起，真定名士、文学家、史学家、政治家李昉与学者张著在此创办学院。到北宋，见诸记载的河北书院仅有3处，全在封龙山中。元代著名学者、数学家李冶在此著书讲学，金元时著名文学家元好问和教育家张德辉在此讲学授业，人称“龙山三老”。古代名家在此培养出大批杰出人才，使封龙山成为河北古代教育圣地之一。

石家庄植物园 位于主城区西部，占地5000多亩，园内种植各类植物达1100多种，建有科普教育与儿童游乐区，植物系统分类区，观赏植物品种展示区，植物进化展示带，水上游憩区，盆景园区，温室、宿根花卉展示区，园内草木葱翠、鲜花烂漫的美景让人陶醉不已，还有丰富的文化内涵和科普知识。

沕沕水 国家4A级景区，位于平山县西南边缘，距离平山县城45千米，距离石家庄市主城区95千米，景区面积11.5平方千米，海拔800~1100米。沕沕水曾获得国家级风景名胜区、中国最佳生态旅游景区和省级农业旅游示范点称号，景区集自然风光、人文景观和红色旅游于一体，品位高雅、特色鲜明、风情浓郁。早在明清时代，沕沕水即为平山“八大胜景”之一，享有“沕水瀑布天上降”的美誉，拥有典型的喀斯特岩溶泉，半山沕沕涌出，常年湍流，四季不竭，水质洁净甘洌，湖潭星罗棋布，沿绝壁飞落，形成落差93米、45米等多级瀑布，“如白练之经于天，白虹之饮于源”，堪称“燕赵第一瀑”。景区环山叠嶂，怪石嶙峋，灵鹫峰、梦笔峰、神龟望瀑、观音坐莲，鬼斧神工，栩栩如生。装点山谷的数百种野生植物，色彩斑斓，葱郁玲珑；原始森林，夏绿秋红，禽兽争鸣。革命战争年代，沕沕水发电厂出色地完成向革命圣地西柏坡和兵工厂供电使命，为中共中央指挥三大战役、解放全中国立下卓越功勋，被誉为“边区创举”“红色发电厂”。沕沕水盛夏凉爽舒适，严冬人无寒感，季节分明，气候规律变化，形成四时景色。春赏山花，夏看飞瀑，秋观红叶，冬览冰挂，各具魅力，胜似仙境。

天山海世界 国家4A级景区，位于市内高新技术开发区，1999年9月26日试营业，1999年10月1日正式向社会开放，隶属天山实业集团，是1990年代中国最大的室内恒温水上戏水项目，被誉为华北的碧水明珠。占地面积60余亩，总建筑面积17000平方米，2002年10月被评为国家4A级景区。设有峡谷冲浪、水上秋千、水上浮萍、桃园仙境等新、奇、特项目，戏水大厅高大明亮，绿草如茵，椰林葱葱，众多游乐设施可提供多种娱乐方式，构成一座都市水上“迪斯尼”乐园。

石家庄市风景区还有水泉溪、蟠龙湖、温塘度假区、东方巨龟苑等景点。

【古迹】 **古城正定** 距离石家庄市主城区 13 千米，是国家级历史文化名城，历史上正定与保定、北京并称“北方三雄镇”，是河北中部的政治、经济和文化中心。正定城内汇集唐、宋、元、明、清等朝代不同风格的古代建筑，被誉为“中国古代建筑博物馆”。境内现存国家级重点文物保护单位10处，省级重点文物保护单位 5 处，县级重点文物保护单位 23 处。驰名中外的隆兴寺是正定最著名的景点，位列全国十大名寺，是国家 4A 级景区。寺院荟集隋唐以来大量的建筑、壁画、雕塑等艺术珍品，有 6 处文物堪称“全国之最”，其中最著名的是铜铸千手观音，举高 21. 3 米，是世界古代铜铸佛像中最高大的一尊。隆兴寺内还有堪称宋代建筑孤例的摩尼殿、被鲁迅誉为东方美神的倒坐观音、中国年代最早及体量最大的木制转轮藏、被推崇为隋碑第一的龙藏寺碑、设计巧妙的铜铸毗卢佛等珍贵遗存。古城内临济寺是临济宗的发源地，在佛教界享有盛誉，临济宗在国内广为流传，名扬海外，至今在日本、东南亚、美国都有临济宗信徒，每年春夏之际，来自海内外的广大信徒都前来朝拜祖庭，盛况空前。正定文物众多，同时也是名人的故乡和冠军的摇篮，家喻户晓的三国名将赵云赵子龙就是正定人，国家乒乓球训练基地建在正定，被称为“中国乒乓运动福地”“冠军的摇篮”。

赵州桥 位于赵县城南，又称安济桥、大石桥，始建于隋开皇十五年至隋大业元年（595～605），距今 1400 多年，由隋朝匠师李春建造，是中国现存最早的巨型单孔坦孤敞肩石拱桥，主拱由 28 道拱券纵向并列砌筑，桥长 64. 40 米、净跨 37. 02 米，宽 9. 60 米，高 7. 23 米，桥身坐落于洨河两侧天然地基上。赵州桥大拱两端各有2个小拱，采用此种形式桥身轻盈，造型精巧，节省石料，减轻桥身重量，更为重要的是可辅助泄洪，减少水流阻力。19世纪中期，欧洲国家才出现敞肩拱桥，晚于中国 1200 多年。1961 年 3 月 4 日，赵州桥被国务院确定为第一批全国重点文物保护单位；1991 年赵州桥被美国土木工程师学会认定为世界第十二处“国际土木工程历史古迹”。赵州桥开启了“敞肩拱桥”的先河，对中国乃至世界桥梁建筑产生巨大而深远的影响，被公认为世界拱桥鼻祖，被称为“天下第一桥”。

柏林禅寺 位于赵县县城东南角，与赵州桥遥遥相望。始建于汉献帝建安年间（196～220），古称观音院，南宋为永安院，金代名柏林禅院，元代起称柏林禅寺。寺内主要建筑有山门韦陀殿、普光明殿、观音殿、无门关（禅堂）、万佛楼等。唐代高僧玄奘法师西行印度取经前，曾在这里学习经文一年多，主研《成实论》；晚唐时，禅宗巨匠从谂禅师在此驻锡 40 年，大行法化，形成影响深远的“赵州门风”，柏林禅寺因此成为中国禅宗史上一座重要祖庭；金朝末年，临济正宗归云志宣禅师主持法席，柏林禅寺革律为禅；元代，柏林禅寺有圆明月溪禅师、鲁云行兴禅师等，成为燕赵一带佛教中心；明清两朝，中央朝廷管理赵州地区佛教事务机构——僧正司设在柏林寺，柏林禅寺住持兼任僧正司僧正。柏林禅寺屡遭劫难，殿堂和经像荡然无存。1988 年柏林禅寺重新进驻僧人时，仅有赵州禅师舍利塔和 20 余株古柏；1988 年 5 月 12 日，河北省政府批准柏林禅寺作为宗教场所开放，由河北省佛教协会管理；1992 年 8 月 28 日，普光明殿落成并举行开光典礼；2001 年 6 月 25 日，柏林禅寺被国务院确定为第五批全国重点文物保护单位。

毗卢寺 位于石家庄市新华区上京村东，始建公元8世纪唐天宝年间，距今有 1200 百多年历史。毗卢寺是全国重点文物保护单位，毗卢寺水陆画与甘肃敦煌、北京法海寺、山西永乐宫壁画同为中国最负盛名的宗教壁画，其他 3 家描绘的是某一教派内容，唯有毗卢寺壁画集佛、道、儒三教于一堂，集三教人物于同一画面，两殿壁画 200 多平方米，气势壮观、富丽堂皇。毗卢寺明代宗教壁画享誉中外，壁画内容包括佛、道、儒三教人物故事经画 122 组 500 多身，线条流畅、色彩艳丽、服饰精美，是中国古代壁画艺术的瑰宝。

伏羲台 位于新乐市北郊2千米处吴家庄村北、何家庄村东，距离石家庄市主城区 35 千米，遗址总面积 1600 平方米。史料记载：“帝尝巡游此土，见伏羲之圣迹，集四方之民而化导养育之故。而筑台修庙以祀之。”伏羲台是中华民族人文始祖——伏羲氏寓居的地方，距今有六七千年的历史，已形成伏羲台、人祖庙等多处景观为主体的伏羲文化旅游区。伏羲台由三层构成，采用夹沙好土罗叠堆集而成，总高度9.206米。最底层第一层台高2.898米，南北长102.58米，东西宽87.42米；第二层台高2.118米，南北长89.43米，东西宽64.6米；最上边第三层台高4.19米，南北长53.68米，东西最宽处23.8米，最窄处17.9米，呈不等边八角形，名八卦台，又称伏羲画卦台。伏羲台、人祖庙规模宏大，台殿参差，祭祀始祖香烟缭绕，磬盂声祥，每年农历三月十八日为人祖庙会。伏羲台遗址文物遗存丰厚，保存有新石器、商周、汉代、唐代、元代、明代、清代文化遗迹，出土文物170件，其中一、二、三级文物17件。2013年5月伏羲台遗址被国务院公布为全国第七批重点文物保护单位。

古中山国遗址 位于平山县上三汲村和灵寿县故城村一带。中山国故城遗址（中山国都城核心区、中山国王宫所在地）东南距灵寿县城7.5千米，西距平山县城15千米，是河北先秦四大古都之一。公元前507年春秋战国白狄的一支——鲜虞仿照东周各诸侯国建立国家，地址位于今河北省中部太行山东麓一带，地处赵国北部和燕国南部之间，都城位于顾（今河北省定州市）；公元前380年，桓公徙都灵寿（今河北省灵寿县、平山县交界处），因城中有山得“中山国”名；公元前323年，中山成公之子“厝”自称“中山王”，与燕、韩、赵、魏诸国王史称“五国相王”；公元前314年，燕国内乱，中山王“厝”乘机出兵伐燕略地“方数百里，列城数十”，夺得燕国大片土地，跻身诸侯之列，成为中国战国时期仅次于“战国七雄”的“千乘之国”；公元前296年，中山国被赵国灭亡。中山国在灵寿建都84年，先后5位国君定都中山古城。因史料记载甚少，故中山国被称为“神秘王国”。中山国遗址是研究2000多年前战国文化的重要古迹，是石家庄历史文化的重要组成部分，也是中国少数民族和中原汉族文化融合的重要证据。中山国遗址现存宫殿区、居民区、陶器场、冶炼场、遗址10多处，主要遗迹包括：中山王“厝”墓、古城墙、赵王台、八角井、养鱼池、三教殿等。中山王“厝”墓是发掘中山国墓葬中最大的一座，墓室平面呈“中”字形，南北各一墓道，通长97米，分地上、地下两部分，地上部分呈“斗”形，地下部分包括椁室、东库、西库和东北库；主室后半周有陪葬墓6座，前面和旁侧有车马坑2座、杂殉坑1座、葬船坑1座；中山王墓多次被盗和破坏，但仍出土大量珍贵文物，包括铜器、铁器、金银器、陶器、玉石器、玛瑙器、骨角器、木漆器等。中山国遗址出土文物1.9万余件，大多为稀世珍宝，创下多项世界文化之最和中国文化之最，其中最有历史价值为“中山王三器”，即中山王方壶、中山王鼎、中山王圆壶。中山古城遗址1973年发现，1974年10月河北省组建中山国考古队正式开展调查和发掘，1988年中山古城遗址被国务院公布为第三批全国重点文物保护单位。2017年12月国家文物局决定，位于河北省平山县的中山国考古遗址公园列入第三批国家考古遗址公园立项名单。

石家庄市古迹还有井陉县境内的秦皇古驿道，是古代通往山西入长安的“国道”，历史上秦始皇东巡病故于沙丘，遗体曾经从这条驿道运回咸阳。井陉县于家石头村是明代著名政治家、民族英雄于谦的后裔居所，已建成中国民族文化村，村内建筑全部采用太行山石头为原材料，颇有地方特色。井陉矿区段家楼，占地总面积16万平方米，由旧中国北洋政府总理兼陆军总长段祺瑞投巨资兴建，是至今石家庄市保存基本完好的最大德式建筑群；2013年5月段家楼正丰矿遗址被国务院公布为第七批全国重点文物保护单位。

（姜小青）

气 候

【概况】 2019年，石家庄市年平均气温显著偏高，年平均降水量接近常年，年平均日照时数偏少。全年平均气温14.4℃，较常年偏高1.2℃，为历史第二高值；冬季接近常年，夏季和秋季偏高，春季显著偏高。全年平均降水量422.6毫米，较常年偏少13.2%，属正常年份；降水时空分布不均，东北部多、其他地区少，4月降水异常偏多，1 月和 3 月无有效降水，5 月、6 月和 11 月降水量偏少 6 成以上。全年平均日照时数2235.4 小时，较常年偏少 137.6 小时；冬季显著偏少，其他季节接近常年。完善气象灾害防御制度体系，调整气象灾害防御指挥部成员单位及职责，更新气象灾害防御重点单位和气象信息员。加强部门之间协同，与市应急管理局、水利局建立山洪灾害气象预警信息联合发布机制，与市自然资源和规划局建立地质灾害气象预警信息联合发布机制，明确发布主体、预警级别、发布形式和人员。开展防灾减灾科普教育，将气象灾害防御知识纳入新录用公务员入职培训课程。做好重污染天气应对，与市生态环境局联合报送重污染天气预警启动（解除/调整）报告。《石家庄市通风廊道划定及管控规划研究》《基于边界层新资料研究气溶胶垂直分布及污染输送》通过验收。2019 年全市实施大范围人工增雨（雪）及防雹作业 10 次，发射火箭弹 344 枚，燃烧碘化银烟条 124 根，作业 86 点次。冬春防火关键期，利用卫星遥感技术开展异常高温点监测，做好森林防火气象服务；举行灾害性天气农业气象服务和评估，发布棉花适宜播种期预报、冬小麦春季管理技术建议、冬小麦全生育期气象条件分析和收获期预报、秋收作物农业气象条件分析等专题气象报告。全年发表论文26篇，其中，SCI 2 篇，核心期刊 7 篇；发表科技著作 1 篇；获得软件著作权 8 个；获得实用新型专利 2 个。

表2　2019 年石家庄市区主要气象要素一览表

要素		1	2	3	4	5	6	7	8	9	10	11	12	年
降水量(毫米)	累积值	0	6.9	0	65.6	0.4	38.5	193.0	54.0	70.3	37.6	2.5	1.8	470.6
	距平	-4.1	0.3	-12.3	45.5	-40.9	-20.3	64.3	-92.6	17.0	12.2	-12.2	-2.7	-45.8
气温(℃)	平均值	-0.7	0.7	11.4	15	23.3	27.7	28.3	26.4	23.4	15.2	7.4	0.6	15.0
	距平	1.1	-1.1	3.4	-0.7	1.9	1.7	1.0	0.7	2.2	0.5	1.3	0.3	1.1
雨(雪)日	累积值	0	5	0	9	2	8	13	12	4	7	7	3	70
相对湿度	平均值	40	53	32	54	42	50	66	68	61	68	58	58	54
日照(小时)	累积值	125.4	105.3	251.5	209.9	269.6	208.1	200.2	178.0	229.9	164.1	115.0	168.4	2225.4
气压(百帕)	平均值	1018.4	1015.5	1006.8	1003.8	998.8	993.7	992.6	996.3	1005.1	1010.2	1014.0	1016.4	1005.9
极大风速(米/秒)	风向	NNW	WSW	WNW	NNE	WNW	WNW	WNW	NNW	SSE	WNW	WNW	WNW	WNW
	风速	12.5	15.6	19.9	18.8	22.4	14.9	23.6	16.7	10.6	19.3	22.0	15.6	23.6

备注：全市平均值为石家庄市 16 个观测站平均值，不包括辛集市；距平值为 2019 年值与 1981~2010 年 30 年平均值之差。

【气温】 2019 年全市年平均气温 14.4℃，较常年偏高 1.2℃，显著偏高，是石家庄市有气象记录以来第二高值，仅次于 2014 年（14.5℃）和 2017 年（14.5℃）。正定县年平均气温15.4℃，为全市最高，高邑县年平均气温 13.5℃，为全市最低，市区年平均气温 15.0℃。2019 年全市冬季平均气温-1.1℃，接近常年；春季平均气温16.1℃，较常年偏高1.9℃，显著偏高；夏季平均气温27.2℃，较常年偏高1.3℃，为近20年夏季平均气温次高值，仅低于2018年（27.8℃）；秋季平均气温14.7℃，较常年偏高1.3℃。

【降水】 2019年全市年平均降水量422.6毫米，较常年偏少13.2%，属正常年份。新乐市年降水量601.7毫米，为全市最多，藁城区年降水量327.0毫米，为全市最少。降水量时空分布不均，东北部（灵寿县、行唐县、新乐市）较常年偏多1~2成，井陉县、栾城区显著偏少，其他县（市、区）较常年偏少1~3成。全市冬季平均降水量9.5毫米，较常年偏少15.2%；春季平均降水量67.0毫米，较常年偏少6.2%；夏季平均降水量265.0毫米，较常年偏少16.5%；秋季平均降水量83.6毫米，较常年偏少4.1%。

【日照】 2019年全市年平均日照时数2235.4小时，较常年偏少137.6小时。正定县年日照时数2420.4小时，为全市最多，赵县年日照时数2004.2小时，为全市最少。全市冬季平均日照时数362.6小时，较常年偏少129.8小时，显著偏少；春季平均日照时数736.5小时，较常年偏多39.4小时；夏季平均日照时数601.8小时，较常年偏少27.1小时；秋季平均日照时数514.6小时，较常年偏少38.1小时。

【异常天气】 **暴雨** 2019年全市国家气象站出现暴雨20站次，接近常年，其中，夏季暴雨15站次，秋季暴雨5站次。7月28日夜间到29日白天，石家庄市出现夏季最强降水天气过程，11个国家气象站达到暴雨等级，其中，深泽县达到大暴雨，降水量（116.8毫米）为当日全省最大，43个区域自动站降水量超过100毫米，3个区域自动站降水量超过150毫米。

高温 2019年全市平均高温日数（日最高气温≥35℃）30.8天，较常年偏多超过1倍，少于1997年（31.6天）和2017年（30.9天）。藁城区高温日数42天，为全市最多，较常年偏多近2倍。藁城区、赵县、栾城区、深泽县高温日数突破历年极值。高温日数异常偏多，高温范围广，持续时间长，春、夏、秋季均出现高温。

雾和霾 2019年全市平均大雾日数19.1天，较常年偏少，大雾过程主要出现在1月12~15日、2月19~22日、10月17~20日、11月8~10日、12月7~10日。大雾期间，行唐县、石家庄市区、赵县、高邑县、元氏县最小能见度不足50米，高邑县和行唐县能见度24米，为全市最小。受大雾天气影响，石家庄机场部分航班延误或取消，高速公路封闭，给出行带来不利影响。2019年全市平均霾日数46.2天，较2018年少24.9天，是近5年来最少年份。霾主要出现在1月到3月初，其中，1月3日、1月19日、2月24~25日全市域均出现霾。

寒潮降温 2019全市出现不同等级寒潮62站次，较常年偏多，其中，寒潮51站次，强寒潮8站次，特强寒潮3站次，大范围寒潮过程发生在3月22~23日、11月17~19日、11月25~26日。3月22日有14个县（市、区）出现寒潮天气，其中，5个县达到强寒潮及以上等级，2个县出现特强寒潮。11月25日有10个县（市、区）出现寒潮天气，其中，2个县出现强寒潮，1个县出现特强寒潮，赵县最低气温48小时降幅16.4℃，突破历史11月极大值。受寒潮降温天气影响，冬小麦提前进入越冬期。

强对流 2019年全市出现大风97站次，较常年偏少，大风主要出现在5月19日、7月2日、7月5日、11月13日。7月2日元氏县、7月5日高邑县瞬时极大风速分别达32.5米/秒和31.9米/秒，均突破建站以来历史极值。2019年全市出现冰雹6站次，较常年偏少，冰雹出现在4月26日（深泽县）、7月5日（石家庄市区、正定县、赞皇县）、8月16日（正定县、藁城区）。

石家庄市气象局

局　　长：于占江

副 局 长：智利辉　刘军

纪检组长：扈勇　（9月免）

（卢林冬　杨荣珍）

国民经济与社会发展

【概况】 2019年，全市完成生产总值5392.95亿元，同比增长6.7%。其中，第一产业增加值397.7亿元，增长1.6%；第二产业增加值1561.8亿元，增长1.7%；第三产业增加值3433.4亿元，增长9.6%。人均生产总值52859元，增长5.9%。三次产业结构比例由2018年6.7∶35.8∶57.5调整为7.4∶28.9∶63.7。全年民营经济增加值3321.4亿元，同比增长6.8%，占生产总值比重61.6%。2019年石家庄市区居民消费价格指数为102.7%，同比上涨2.7%。全年工业生产者出厂价格同比下降0.5%，工业生产者购进价格同比下降1.1%。2019年末全市城镇登记失业率为3.23%，同比下降0.07个百分点。

地区生产总值（亿元）

市区居民消费价格指数（%）

表3 2019年石家庄市区居民消费价格指数变化表

指标	比2018年指数(±%)
市区居民消费价格总指数	2.7
食品烟酒	5.8
衣着	3.1
居住	1.0
生活用品及服务	0.6

续表

指标	比 2018 年指数(±%)
交通和通信	-2.5
教育文化和娱乐	4.3
医疗保健	3.2

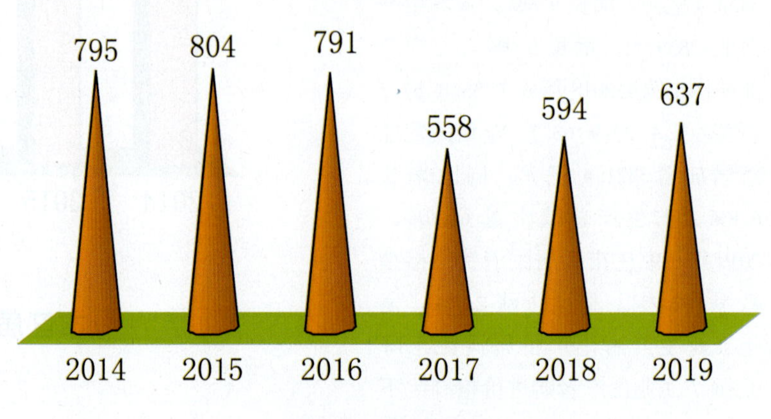

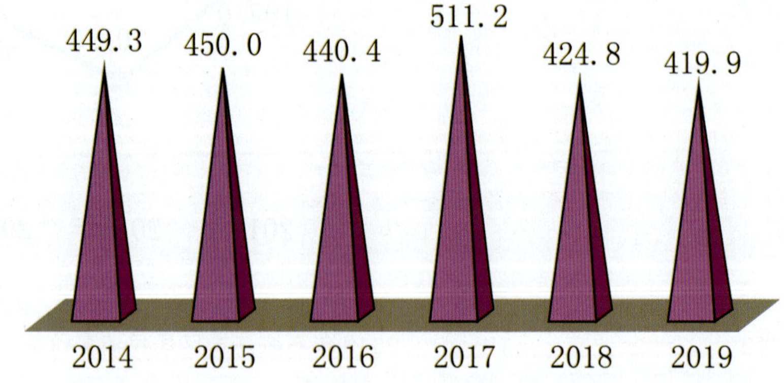

【农业】 2019 年全市农林牧渔业总产值 637.49 亿元，同比增长 1.6%。其中，农业产值 308.40 亿元，占比 48.38%；林业产值 19.08 亿元，占比 2.99%；牧业产值 253.62 亿元，占比 39.78%；渔业产值 2.88 亿元，占比 0.45%；农林牧渔服务业产值 53.51 亿元，占比 8.39%。粮食播种面积66.36 万公顷，总产量 419.85 万吨，平均亩产 426.7 千克。其中，小麦播种面积 29.43 万公顷，总产量 197.01 万吨，平均亩产 450.3 千克；玉米播种面积 31.70 万公顷，总产量 207.18 万吨，平均亩产 439.9 千克。

蔬菜及食用菌播种面积6.15 万公顷，总产量 472.04 万吨。果园种植面积5.67万公顷，总产量 186.08 万吨。至2019 年末，牛、奶牛、驴、猪、羊、家禽、蛋鸡、兔分别存栏 41.77 万头、19.01万头、1.21 万头、172.52 万头、63.59万只、6576.51 万只、5691.22 万只、26.58 万只。肉类总产量 47.79 万吨，同比下降 12.70%。其中，猪肉产量 28.44 万吨，下降 18.70%；牛肉产量7.52万吨，下降 1.81%；羊肉产量 1.48 万吨，下降 5.82%；家禽肉产量 10.12 万吨，下降 1.0%；驴肉产量 1157 吨，增长0.61%；兔肉产量 522 吨，下降20.67%。奶类产量68.23万吨，同比增长 4.75%，其中，牛奶产量 67.98 万吨，同比增长 4.69%。蜂蜜产量2331 吨，同比下降18.05%。禽蛋产量 67.55 万吨，同比下降 3.50%，其中，鸡蛋产量 59.95 万吨，同比下降 4.28%。水产品养殖面积903 公顷，同比下降 46.65%；总产量 1.74 万吨，同比下降 3.81%。2019 年全市拥有农业机械总动力 1173.33 万千瓦，机械播种面积 67.1 万公顷，机械收获面积 64.5 万公顷，主要农作物耕种收机械化综合水平达到 98.1%。累计注册农民专业合作社 12123 家、家庭农场 3822 家。土地流转面积283.29 万亩，占家庭承包耕地总面积 43.62%。农业产业化经营率58.43%。

表4 2019年石家庄市主要农产品产量及其增长速度表

产品名称	产量(万吨)	同比增长(%)
粮食	419.85	-1.16
油料	9.44	-5.07
棉花	0.03	-21.04
蔬菜及食用菌	472.04	-6.05
园林水果	186.08	21.71
肉类	47.79	-12.70
奶类	68.24	4.75
禽蛋	67.55	-3.50
水产品	1.74	-3.81

【工业】 2019年全市共有规模以上工业企业1800家，其中，大中型企业219家，国有及国有控股企业106家；规模以上工业总产值4219.59亿元；规模以上工业营业收入4449.50亿元，同比增长2.9%；规模以上工业利润总额298.92亿元，同比增长6.7%。规模以上大中型企业营业收入3004.7亿元，同比增长3.3%；利润总额183.3亿元，同比增长2.4%。国有及国有控股企业营业收入1419.4亿元，同比增长1.6%；利润总额31.9亿元，同比下降29.6%。医药工业、纺织服装业、石化工业、装备制造业、食品工业、钢铁工业、建材工业七大主要产业实现利润总额268.0亿元，同比增长7.8%。煤炭开采和洗选业、石油煤炭及其他燃料加工业、化学原料及化学制品制造业、非金属矿物制品业、黑色金属冶炼及压延加工业、电力热力的生产和供应业六大高耗能行业实现利润总额123.5亿元，同比下降18.9%。规模以上工业企业亏损297家，同比增长5.3%；亏损总额35.0亿元，同比下降36.2%。规模以上工业企业年平均从业人员30.65万人，资产负债率65.1%。

规模以上工业利润（亿元）

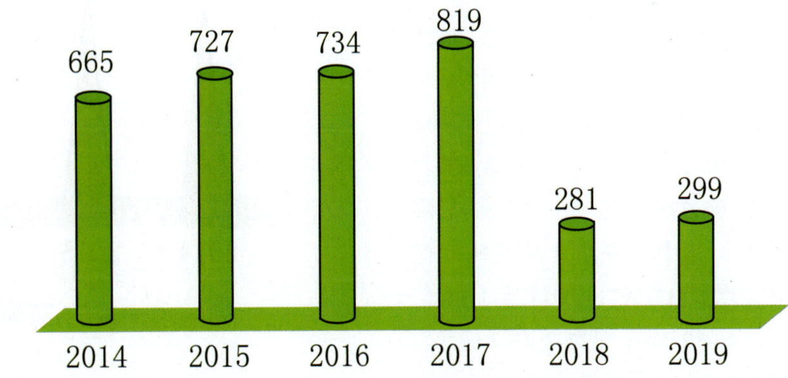

表5 2019年石家庄市主要工业产品产量及其增长速度表

产品名称	总产量	同比增长(%)
化学药品原药	97373.8吨	8.7
化学纤维	106229吨	27.4
水泥	1539.4万吨	4.2
钢材	1255.2万吨	11.3
交流电动机	216.8万千瓦	-25.1
房间空气调节器	444.3万台	-12.3
乳制品	809618吨	7.5
饮料	731884吨	-30.3
布	94334万米	-16.2
服装	3953万件	7.7

【商业和旅游】 2019年全市实现社会消费品零售总额3173.61亿元，同比增长8.2%。其中，城镇2712.4亿元，增长7.6%；乡村461.2亿元，增长11.8%。限额以上企业（单位）消费品零售额819.8亿元，同比下降0.9%。其中，城镇817.6亿元，下降0.9%；乡村2.2亿元，增长22.7%。限额以上批发零售业商品零售额793.9亿元，同比下降1.2%。其中，粮油食品类90.0亿元，增长17.6%；饮料类11.4亿元，下降9.3%；烟酒类11.2亿元，增长6.7%；服装鞋帽针纺织品类101.2亿元，增长5.7%；日用品类24.1亿元，增长6.9%；家用电器和音像器材类42.0亿元，下降11.4%；中西药品类44.0亿元，增长18.5%；通信器材类13.6亿元，增长3.7%；石油及制品类97.6亿元，下降6.0%；汽车类276.4亿

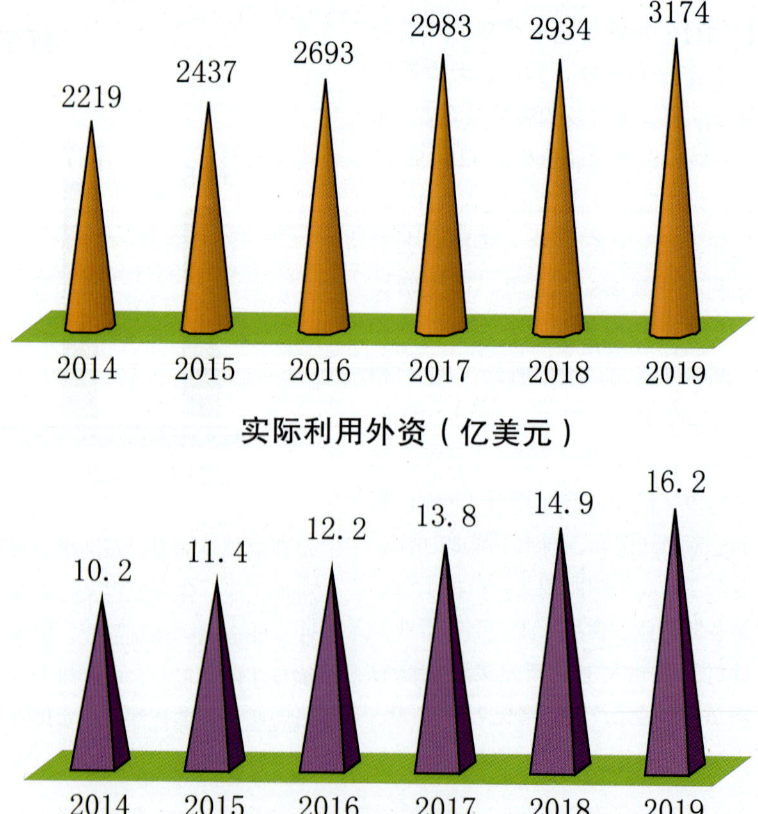

元，下降9.3%。2019全市电子商务交易额6065亿元，网络零售额843亿元；注册电子商务企业5607家、电子商务平台及网店8.2万家。实施重点商贸项目44个(市重点商贸项目28个、县域重点商贸项目16个)，总投资622.49亿元；全年计划完成投资146.97亿元，实际完成投资168.42亿元，完成计划114.6%。2019年全市对外贸易进出口总值1178.8亿元，同比增长28.4%。其中，出口总值655.1亿元，增长14.6%；进口总值523.6亿元，增长51.1%。实际利用外资16.18亿美元，同比增长8.8%。2019年全市接待海内外游客1.23亿人次，同比增长14.84%；实现旅游业总收入1478.98亿元，同比增长22.13%。

【财政和金融】 2019年全市全部财政收入1115.22亿元，同比增长7.2%，其中，公共财政预算收入545.11亿元，同比增长8.8%。公共财政预算收入中，增值税137.39亿元，企业所得税38.19亿元，个人所得税11.49亿元，城市维护建设税31.93亿元，土地增值税39.84亿元，契税47.32亿元。2019年全市财政支出986.31亿元，同比增长4.8%。其中，一般公共服务支出102.4亿元，公共安全支出54.6亿元，教育支出201.6亿元，科学技术支出12.2亿元，文化旅游体育与传媒支出18.8亿元，社会保障和就业支出106.6亿元，卫生健康支出85.8亿元，节能环保支出73.1亿元，城乡社区事务支出95.1亿元。至2019年末，全市金融机构本外币各项存款余额15051.70亿元，同比增长

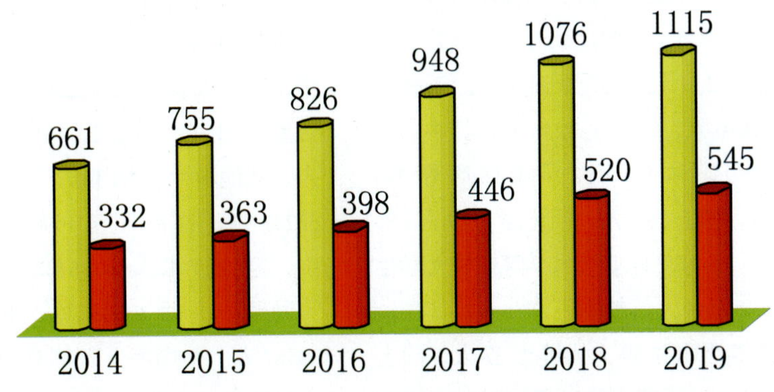

13.04%，比年初增加1732.34亿元；金融机构本外币各项贷款余额11406.72亿元，同比增长12.14%，比年初增加1182.62亿元。2019年全市保险业保费收入488.55亿元，占全省保费收入24.56%；保费收入同比增长22.63%。其中，财产险保费收入144.10亿元，同比增长19.75%；人身险保费收入344.45亿元，同比增长23.88%。

【科学技术和教育】 2019年石家庄市域单位获得国家科学技术奖9项，其中，国家科技进步奖一等奖2项，国家科技进步奖二等奖5项，国家自然科学奖二等奖1项，国家技术发明奖二等奖1项。2019年石家庄市域单位获得河北省科学技术奖95项，其中，河北省科学技术进步奖83项（一等奖17项、二等奖30项、三等奖36项），河北省自然科学奖8项（一等奖1项、二等奖3项、三等奖4项），河北省技术发明奖4项（一等奖1项、二等奖1项、三等奖2项）。河钢集团有限公司王新东获得河北省科学技术突出贡献奖。2019年全市新增专利申请23429件，其中发明专利5489件；专利授权13850件，其中发明专利1326件；有效发明专利7941件，万人发明专利拥有量7.25件。2019年全市共有各级各类学校3607所（不含高等教育学校），在校生193.09万人，教职工13.49万人，专任教师11.17万人。其中，幼儿园1688所，在园幼儿30.26万人，教职工2.80万人，专任教师1.57万人；小学1371所，在校生89.49万人，教职工4.58万人，专任教师4.78万人；中学390所（初级中学189所、高级中学59所、九年一贯制学校81所、完全中学52所、十二年一贯制学校9所），在校初中生34.28万人、普通高中生17.40万人，教职工4.83万人，初中专任教师2.47万人，普通高中专任教师1.39万人；特教学校23所，在校生2011人，教职工520人，专任教师436人；中等职业学校135所，在校生21.46万人，教职工1.22万人，专任教师9164人。2019年全市共有市属高校5所，其中，本科高校1所（石家庄学院），高职高专院校

4所（石家庄职业技术学院、石家庄信息工程职业学院、石家庄科技工程职业学院、石家庄幼儿师范高等专科学校）。石家庄学院在校大学生17670人，教职工1248人，其中，正高级职称121人，副高级职称395人，博士189人，硕士学位以上989人。石家庄职业技术学院在校大学生1.2万余人，教职工930人，其中，正高级职称59人，博士37人，硕士543人。石家庄信息工程职业学院在校大学生1.78万人，教职工1302人，专任教师633人，其中，教授39人，博士3人，硕士444人。石家庄科技工程职业学院在校大学生7000余人，教职工300人，其中，教授16人，硕士131人，专任教师258人。石家庄幼儿师范高等专科学校在校大学生5979人，教职工433人，其中，副高级职称以上109人，硕士205人，特级教师2人。

【文化、卫生和体育】 2019年末全市共有艺术表演团体19个，艺术表演场馆(剧院、剧场)14个，文化馆23个，市级博物馆13个，图书馆23个，广播电视台18家，乡镇（街道）综合文化站207个，社区文化中心57个。市图书馆馆藏图书总量150万册，年接待读者180多万人次。市博物馆馆藏文物4535件（套）。市美术馆收藏作品1017件（套）。全市举办送戏下乡演出950场，彩色周末演出1289场，“七进”（进企业、进农村、进机关、进校园、进社区、进网站、进军营）文艺演出2563场。广播节目综合人口覆盖率99.52%，电视节目综合人口覆盖率99.46%。2019年底全市共有各级各类医疗卫生机构7545个，其中，医院275个，乡镇卫生院233个，社区卫生服务中心（站）199个，门诊部168个，诊所（医务室）2561个，村卫生室4011个，专业公共卫生机构84个，其他卫生机构14个。开放床位63227张。在岗职工109091名，其中，卫生技术人员86482名，执业（助理）医师39508人，注册护士34467人。平均每千人拥有卫生技术人员7.84人，医生3.58人，注册护士3.15人。2019年全市运动员参加省级以上比赛42项次，获得金牌348枚、银牌295枚、铜牌273枚。注册河北省和全国运动员7171人，审批注册二级裁判员353人、二级运动员601人。新增二级社会体育指导员1249人，总数达到21270人。拥有体育协会273个，其中，市级体育协会44个，县级体育协会229个。2019年全市共有各类体育场地16638块，总面积2145.61万平方米，人均体育场地面积1.96平方米。

【城乡交通和生态环境】 2019年全市公路通车总里程达到19594.91千米，路网密度132.86千米/百平方千米。其中，高速公路9条752.06千米，国道9条968.11千米，省道33条890.78千米，县道43条1542.2千米，乡道4887.5千米，专用公路269.24千米，村道10285.03千米。2019年公路客运量0.3亿人次，货运量5.24亿吨；市区拥有公交车辆3886辆，运营线路245条，公交线路长度4206.7千米，公交营运总里程1.92亿千米，客运总量3.72亿人次。2019年石家庄市域共有铁路干线9条、支线2条，普通铁路营业里程328.72千米，高速铁路营业里程468.36千米；铁路客运量5083.0万人次，铁路货运量6338.93万吨。2019年石家庄机场通航城市85个，旅客吞吐量1192.28万人次，同比增长5.21%；货邮吞吐量5.30万吨，同比增长15.35%。2019年石家庄地铁运营里程40.7千米，运行总里程299.1万列千米，客运总量8760.0万人次。2019年石家庄市环境空气质量一级优良天数17天，二级良好天数157天，三级轻度污染天数113天，四级中度污染天数43天，五级重度污染天数29天，六级严重污染天数6天；空气优良率47.7%，重污染天数比例9.6%。2019年石家庄市环境空气质量综合指数为6.80，同比下降3.4%，在全国169个重点城市排名倒数第三，较2018年前进1位；空气污染复合性特征明显，污染贡献最大依次为颗粒物［包括可吸入颗粒物（PM10）和细颗粒物（PM2.5）］、臭氧（O_3）、二氧化氮（NO_2），首要污染物颗粒物天数203天，臭氧（O_3）131天，二氧化氮（NO_2）13天；与2018年相比，颗粒物天数减少9天［可吸入颗粒物（PM10）天数增加8天、细颗粒物（PM2.5）减少13天］，臭氧（O_3）增加20天，二氧化氮（NO_2）减少7天。

【人民生活和社会保障】 2019年全市居民人均可支配收入29335元，同比增长9.3%。其中，城镇居民人均可支配收入38550元，增长8.4%；农村居民人均可支配收入15853元，增长9.2%。2019年全市居民人均消费支出17892元，同比增长9.0%。其中，城镇居民人均消费支出23349元，增长8.0%；农村居民人均消费支出 9908 元，增长 9.1%。2019 年全市城镇新增就业 13.42 万人，城镇登记失业率 3.23%，农村劳动力转移就业 5.67 万人。2019 年末全市城乡居民养老保险参保 375.4 万人，城镇职工养老保险参保 258.2 万人，失业保险参保 93.98 万人，工伤保险参保 173.3 万人，城乡居民医疗保险参保 894.15 万人。2019 年全市居民享受最低生活保障（简称低保）对象 14.7 万人。其中，城市低保对象 1.2 万人，农村低保对象 13.5 万人。

（薛鹏飞　杨君玲）

城镇居民人均可支配收入和农村居民人均可支配收入（元）

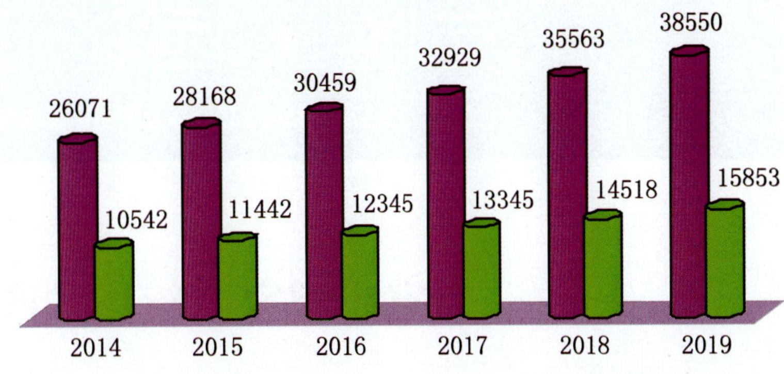

【4 家企业入选中国企业 500 强】 2019 年 9 月 1 日，中国企业联合会、中国企业家协会公布“2019 中国企业 500 强”名单，由市企业联合会、市企业家协会推荐的河北敬业集团有限公司、河北省物流产业集团有限公司、东旭集团有限公司、河北建工集团有限责任公司 4 家企业入选。“2019 中国企业 500 强”评选按照国际通行方式，以 2018 年企业营业收入为入围标准，经专家委员会审定排出。河北敬业集团有限公司以营业收入901.14 亿元，名列中国企业 500 强第 217 位，较 2018 年提升 34 位次。河北省物流产业集团有限公司以营业收入528.94 亿元，名列中国企业 500 强第 334 位，较 2018 年下降 32 位次。东旭集团有限公司以营业收入 518.60 亿元，名列中国企业 500 强第 338 位，较 2018 年提升 81 位次，是 4 家企业位次提升最多的企业。河北建工集团有限责任公司以营业收入 371.75 亿元，名列中国企业 500 强第 454 位，较 2018 年提升 10 位次。

（市企业联合会）

开发区·园区·保税区

Development Zone & Park & Bonded Zone

石家庄国家高新技术产业开发区

【概况】 石家庄国家高新技术产业开发区（简称高新区）是1991年3月经国务院批准设立的首批国家级高新区。1995年经国务院批准，将位于市区东部原石家庄经济技术开发区并入石家庄高新区。2005年6月，国家发展和改革委员会（简称发改委或发展改革委）审核确定石家庄高新区政策区面积15.53平方千米，其中东区7.33平方千米，西区8.2平方千米。2009年10月15日，石家庄市委、市政府决定石家庄高新区对原裕华区宋营镇、原栾城县郄马镇实行托管。至2019年末，石家庄高新区辖2个街道办事处2个镇（长江街道办事处、太行街道办事处，宋营镇、郄马镇）和科技创业园区、25个行政村、20个社区，实际管理面积78.75平方千米，户籍人口16.52万，居住人口近27万，是全市高新技术产业的聚集区、对外开放的主导区和创新试验的先导区。区位条件优越。石家庄高新区地处省会城市中心区域，境内建有石济客专石家庄东站，新元高速公路纵贯南北，长江大道、太行大街等主街主路联通市县、辐射城乡，紧邻京港澳、石太、石黄高速公路，距石家庄机场40千米，距火车站15千米。2019年，石家庄国家高新技术产业开发区全部财政收入完成85.13亿元，同比增长15.91%。一般公共预算收入完成43.76亿元，同比增长17.21%。公共预算收入总量全市排名第三、增速全市第四；税收收入增长13.4%。规模以上工业增加值可比增长11.1%，规模以上高新技术产业增加值可比增长15%（因2019年12月份按照统计要求将高新区规模以上工业进行拆分，所以按可比口径计算），服务业增加值同比增长10%，固定资产投资同比增长7.5%，社会消费品零售总额同比增长9.5%。全年项目建设总投资693亿元，列入市“4+4”现代产业项目库项目65个、市重点建设项目44个。全年新增生物医药类企业450余家，总数达到1623家。高新区生物医药产业成功入选国家发改委战略性新兴产业集群，在全国生物医药园区创新药物潜力指数十强园区中排名第五位。石药“玄宁”通过美国FDA上市审评，成为首个获美国完全批准的中国本土企业创新药。全面落实减税降费、惠企服务等政策，累计减免税收12.5亿元。全年新增上市挂牌企业12家、规模以上工业企业30家、规模以上服务企业44家。石家庄科技创新服务中心获批“国家小型微型企业创业创新示范基地”，石家庄四药获批省级智能制造标杆企业。2019年全区市场主体总量达到34739户，较2018年增加4454户，企业总量达到19236户。

【重点项目】 2019年石家庄高新区安排征地项目126项，总投资693.84亿元，其中，65个项目列入全市“4+4”现代产业项目库，数量居全市第一。7个项目列入省重点建设项目，总投资85.82亿元；44个项目列入市重点建设项目，总投资406.1亿元，当年计划投资55.3亿元，完成投资73.05亿元，完成率达118%。全年新开工项目20项，其中市重点新开工16项。建立项目委派专员分包服务制度，从企业立项到开工全程跟踪服务，帮办督办跑办各类手续证件，协调解决企业开工问题和困难，让企业少跑路或不跑路。开展重大项目建设提速专项行动，成立项目推进领导小组，下设前期手续和要素保障两个专班，形成常态化推进机制。有关职能部门采取主动服务项目建设工作方式，实现项目推进责任落实到人，项目推进问题无死角。搭建“网上中介服务超市”，公开引入环评、安评、规划等各类优质中介服务单位146家，项目手续办理更加方便快捷。推行“标准地”改革，实现全省第一宗“先租后让”供地和第一家施工图线上审查。全年实际利用外资3.73亿美元，利用省市外资金100亿元，超额完成年度目标任务。

【高新技术产业】 2019年高新区围绕全市“4+4”现代产业发展，突出生物医药主攻方向，修订出台关于进一步支持生物医药产业发展等一系列政策措施，全年新增生物医药类企业450余家，总数达到1623家。至2019年底，全区共有规模以上工业企业145家，其中规模以上生物医药工业企业18家；实现工业总产值145.57亿元、利润28.92亿元，占全部规模以上工业利润54%。规模以上装备制造工业企业共84家，实现工业总产值234.59亿元，占全部规模以上工业的54.5%，实现利润19.83亿元，同比增长420.4%，占全部规模以上工业的37%。全年新认定科技型中小企业546家，新认定数和总数稳居全省第一，有效期内科技型中小企业总数达2292家；新增高新技术企业319家，占全省新增比重16%，高新技术企业总数达800家。修订完善支持企业做大做强等一系列扶持政策，落实减税降费、惠企服务等政策，累计减免税收12.5亿元。全年新增上市挂牌企业12家，新增“四上”企业141家。加大金融扶持力度。“青创板”（京津冀区域中心）成功落地高新区，成立由国内近百家知名天使基金、私募股权基金等参与的基金联盟，在全市首次推出“科技政策贷”新产品，为区内企业提供科技信贷33笔7682万元，推进科技保险创新试点工作，完成科技保险30单，保额7.7亿元。优化科技金融服务平台功能，签约各类金融服务机构142家，拥有各类债权融资产品128项，股权投资基金102支，对接各类服务503次，对接成功80笔计1.84亿元。汇金机电、五龙制动、通合电子、拓普电气、德度光电、德路通等6家企业及8个项目列入河北省“双百”计划重点培育名单，石家庄纽伦制动技术有限公司相关项目获批第一批购买工业设计服务项目，河北汇金机电股份有限公司相关项目获批第一批工业设计成果转化项目，科瑞达和五龙制动相关项目获批第二批工业设计成果转化项目；云坚万盾、金能电力、五龙制动、德润厚天、德路通等企业相关的5个项目获批第二批购买工业设计服务项目。旭新光电“绿色制造——液晶玻璃基板生产绿色关键工艺技术改造项目”获得国家2019年制造业高质量发展专项资金1200万元。7月四药获批省级智能制造标杆企业，9月2日高新区2家企业获批“第四批国家绿色制造体系建设示范单位”，10月9日石家庄科技创新服务中心获批“国家小型微型企业创业创新示范基地”，10月12日高新区9家企业获“河北省数字经济创新成果奖”，12月18日高新区获批省工信厅生物医药智慧产业集群建设试点，高新区生物医药产业成功入选国家发改委战略性新兴产业集群，在全国生物医药园区创新药物潜力指数十强园区中排名第5位，在全国生物医药产业园区50强综合排名第8位。

【招商引资】 组织开展“北京招商周”等高规格面向京、沪专题招商活动4场，480余家企业到场参会，与会总人数超过800人，全年引进瑞博克医药、微医集团等优质项目173个，总投资达到113亿元，其中，总部经济类（包括区域总部）项目17个，具备海外背景的项目21个；招引省外项目数、资金数保持全市领先。制定出台总部类企业奖励专项支持政策，累计引进燕赵财险、河北交投物流等总部类项目17个，为全区经济高质量发展注入新动能。积极组织区内企业参加廊坊国际经济贸易洽谈会、中国国际智能产业博览会、中国国际医疗器械(秋季)博览会等国际化大型招商活动7次，向国内外客商推介高新区投资环境，储备一批优质项目。围绕生物医药、智能制造及总部经济，加大项目招商引资力度，赴京津、长三角、珠三角等重点区域参加各类招商活动20余次，引进包括万春医药研发中心暨汇宝利鑫生命科学孵化器产业园、成都百年壹号医药科技有限公司靶向多种癌症的mRNA疫苗研发生产及IL-22BP高分子纳米聚合物研发生产等高端生物医药类项目及软通石家庄高新区城市创新综合体项目等一批高质量项目。委托火石创造有限公司搭建信息化精准招商平台，为高新区推荐优质生物制药、医疗器械类项目。已储备中国科学院工程研究所生物临床诊断试剂研发生产项目等一批高端生物医药产业项目。拓宽国际合作渠道，推动高新区国际化进程。2019年分别在美国、加拿大、日本、中国香港等地有针对性地开展海外招商活动。在美国BIO大会上推介高新区投资环境和生物医药产业发展现状，与日本 TNP 公司就共同设立基金以开展对日本企业联合招商达成共识。区内企业博海生物与香港冠邦国际有限公司签署合作协议，承办“冀港科技创新暨生物医药合作对接会”。

【科技创新】 成功获批国家级双创升级示范区。编制《石家庄高新区孵化器发展规划（2019～2023 年）》，完成众创空间建设管理备案制改革。申请各类国家级科技项目37项；各类省级科技计划项目 98 项，累计资金 9713 万元；各类市级科技计划项目 92 项，累计资金 3795 万元。申报市级以上技术企业中心20家、市工程研究中心 2 家。全年新增市级以上创新平台33家，其中院士工作站 6 家，新型研发机构建设试点单位 7 家。新增省级众创空间4家、市级众创空间 9 家；新增省级孵化器 2 家、市级孵化器 2 家；成功引进香港高锋集团、猪八戒网等知名企业入驻高新区建设创新型孵化器，石家庄科技创新服务中心获批“国家小型微型企业创业创新示范基地”，9 家企业获“河北省数字经济创新成果奖”，形成集成联动的创新氛围，双创载体建设质量和档次明显提升。承办科技部2019 年科技成果直通车（石家庄高新区站）活动，引进 32 所高校与区内企业共建实验室，引进 6 所高校在高新区建立技术转移中心。搭建全国首个科技成果转化为技术标准创新服务平台，帮助16 家企业制修订标准 25 项，引进京津冀科技成果 53 项，组织实施省市重大科技成果转化项目 13 项，成功获批国家级双创升级示范区。至 2019 年末，高新区省级以上技术转移服务机构达 17 家。大力支持企业实施技术改造，拨付区级技改项目资金3004 万元。34个项目列入省级千项技改项目。下拨省级工业转型升级资金195 万元支持河北瑞鹤医疗器械有限公司医疗植入物模拟分析工程实验室项目建设。石药“玄宁”通过美国 FDA 上市审评，成为国内首个获美国完全批准的中国创新药。以岭药业“中医脉络学说构建及其指导微血管病变防治项目”和中电科 13 所“新一代射频芯片项目”荣获国家科学技术进步一等奖；华北制药“药物新制剂中乳化关键技术体系的建设与应用”获国家科学技术二等奖。加快市场主体培育，全年新增高新技术企业319 家，占全省新增比重 16%，占全市比重 44%，高新技术企业总数达 800 家。

【城区建设】 加快推进“多规合一”，编制完成《高新区综合战略整合规划研究》《高铁新城地块城市设计》，引领城市建设与国际化接轨。加快推进9个城中村改造，其中岗当、北豆村拆迁全部清零，宋营、大西帐等 6 个村进入拆迁扫尾阶段，小西帐村 12 栋回迁楼封顶 8 栋。闽江道等18条道路建成通车，健康公园等一批公益设施项目加快实施，承载能力得到显著提升。环卫基地（生活垃圾转运站）一期完成建设，提高垃圾转运效率，打造绿色转运新模式。克服区内工业企业多、施工工地多、国控点位周边污染源集中等诸多不利因素，主动担当担责，科学精准治污，扎实开展“洗城净天”、扬尘治理等专项行动，彻底关停中电投高新热电，构建污染源在线远程指控网络，高新区空气质量综合指数为 6.51，同比下降 6%；PM2.5 为 61 微克/立方米，同比下降 9%；优良天数 174 天，同比增加 35 天；重度及以上污染天数 27 天，同比减少 7 天。开展城区环境卫生整治，累计清理垃圾40 余万立方米，硬化道路 12 万平方米，粉刷墙体 80 万平方米，清理改造旱厕 1300 余个。制定洗城方案，日常洗城和全区集中洗城日相结合，大力降低道路扬尘，日用水量约 1900 吨，机械化清扫率保持在 90% 以上；清洗门头牌匾 1830 余块，清洗外立面 2.79 万平方米。

【京津冀协同发展】 把握京津冀协同发展重大机遇，借助北京非首都功能转移契机，与北京形成功能互补、错位发展格局，积极做好京津项目对接，根据项目进展情况，有针对性地加大主要领导赴京津招商力度，赴北京连续举办 4 场“2019 石家庄高新区（北京）投资环境推介会”，参加石家庄（北京）“4+4”现代产业对接会、5·18 廊坊国际洽谈会等活动，举办 2019 京津冀创客峰会、2019（第四届）京津冀创新创业高锋论坛、2019CITC· 创业大赛京津冀赛区（石家庄）总决赛暨工业互联网论坛和第三届京津冀科技成果专利对接会，成功引进京津冀科技成果 53 项。持续推进京津冀产业协作创新示范园、北京旷烨产业园、中关村海外科技园（河北分园）、北京国械堂医疗器械产业园、北京航天智造科技园等重点承接京津产业转移的园中园建设，至 2019 年底，在建园区建筑面积 70 万平方米，已竣工投用 10 万平方米。高新区作为京津冀产业转移河北省现代制造业重点承接平台，参加京津冀三省组织的重点平台评估工作，撰写自评报告并成功通过答辩。组织区内企业参展北京国际科技产业博览会京津冀协同发展成果展，全面展示高新区产业发展及承接情况，推动京津企业与高新区对接。推动北京美康百泰（中国医药健康产业股份有限公司控股企业）医疗设备研发生产基地等诸多高质量项目签约入驻高新区。积极参加在京津举办的大型会议，扩展京津项目资源，提升高新区影响力。全年共引进京津项目85个。

【社会民生】 全年10件利民惠民实事和280件村（居）为民实事基本完成，4所普惠性民办幼儿园和小学建成投用，新建学校2所，其中，南辛庄小学建成投入使用，增加学位1500个。年内招聘教师182人，组织教师外出培训300余人次，培树市级骨干校长（百佳园长）2名、骨干教师11名、学科名师3名。建成全国软式棒垒球示范学校6所、全国足球特色示范学校8所、全国中小学中华优秀文化艺术传承学校1所。组建成立高新医疗集团，建成2家综合居家养老服务中心，2家小微型嵌入式社区日间照护中心正式运营，探索完成郄马镇敬老院“公建民营”改革新模式。出台《关于推进医疗卫生与养老服务相结合的实施意见》，老年人医疗服务绿色通道开通率达100%。2019年高新区新增养老床位100张，对入住老人全部实行24小时服务。培树“小红帽”“悦课堂”等10余个为民服务工作品牌。强化食品药品生产经营单位监管，开发建立“食药监管理平台 AppV1.0”，完成大型食品生产经营企业（单位）信息录入，推进全区校园食堂纳入“明厨亮灶+互联网”平台管理，实现校园食堂食品安全智慧监管。完成本年度市政供水管网覆盖范围内的41眼自备井关停工作。深入推进厕所革命，2019年新建城区公厕10座，城区建成公厕达到24座。

石家庄国家高新技术产业开发区
市委常委、市委秘书长、中共高新区工委书记：
赵文锋
区工委副书记、管委会主任：
周立新（女）
区管委会副主任：
戴宝进
王树欣（8月免）
尚二飞
区纪工委书记：
梁建坤

（郭星）

河北石家庄循环化工园区

【概况】 河北石家庄循环化工园区（简称化工园区）位于石家庄市主城区东南方向20千米处，是河北省政府确认的首批省级工业聚集区和循环经济示范园区。2005年12月启动建设，起步区规划面积5.44平方千米，2011年规划面积扩大至10.26平方千米。2012年7月组建成立中共石家庄循环化工园区工作委员会（简称工委）和石家庄循环化工园区管理委员会（简称管委会），级别为副厅级，托管原藁城市丘头镇，管辖面积56.52平方千米，其中核心产业区面积13.77平方千米。2013年化工园区被确定为河北省实施工业强省战略十大新型工业化基地之一，被评为省级中小企业产业示范集群。2014年化工园区石炼化800万吨油品质量升级项目一次性试车成功。2017年4月1日，化工园区正式更名为河北石家庄循环化工园区。循环化工园区托管藁城区丘头镇13个行政村，辖区总人口7.3万人，其中户籍人口6.15万人。2019年，河北循环化工园区地区生产总值完成147.74亿元，同比下降2.5%；财政收入完成95.12亿元，同比增长8%；一般公共预算收入15.51亿元，同比增长10%；财政支出15.92亿元；农林牧渔业总产值5000万元，同比增长2%；粮食播种面积3.4万亩，总产量6.2万吨，同比增长5%；规模以上工业企业个数28家，主营业务收入1536.11亿元，同比增长14.59%；社会消费品零售额19.16亿元元，同比增长6.8%。7月13日，被人社部、全国总工会等部门评为“全国模范劳动关系和谐工业园区”。11月14日，园区被中国石油和化学工业联合会认定为第二批“中国智慧化工园区试点示范（创建）单位”和“绿色化工园区（2019年创建单位）”。

【重点项目】 以项目建设为重点，加快推进“4+4”现代产业发展，研究轻烃综合利用方案，谋划二期项目产业链，带动园区产业升级。全区列入省、市重点项目计划6项，总投资133. 17亿元。其中市重点计划开工项目3个，总投资64. 07亿元，分别为东创科技园项目，总投资50. 21亿元，项目占地800亩，计划完成投资8亿元；源海慧泉水循环项目，总投资7. 8亿元，项目占地56亩，计划完成投资2亿元；卓创环保科技工业副产盐酸项目，总投资6. 2亿元，项目占地60亩，计划完成投资2亿元。省重点续建项目1个，万众热电联产项目，总投资52亿元，占地317亩，一期投资26亿元，当年计划投资5亿元，到年末完成投资2. 3亿元。市重点前期项目2个，总投资17. 1亿元，分别为佳华环保产业园项目，总投资13. 2亿元，项目占地230亩，当年计划投资5亿元，达产后可实现税金2亿元；卓创环保科技有限公司生产土壤修复调理剂项目，总投资3. 9亿元，项目占地55亩，达产后可实现税金1. 8亿元。开展重大项目招商。与深圳招商引资实战平台建立合作关系，全年完成项目签约45个，总投资182. 58亿元和3. 67亿美元，同比增长633%和234%。出台总部经济建设和扶持政策，规划实际占地500亩的石家庄国际科技创新中心，重点建设科技研发中心、国家级双创实验中心、石家庄数字科技产业园、企业总部等，全年签约总部经济项目13个。

【科技创新】 全年取得各类专利授权314项，园区企业参与起草制定国际标准1项、国家标准6项、行业标准5项。全年新增高新技术企业10家，累计认定省市创新型、高新技术企业26家；各类科技型中小企业89家；拥有企业技术中心、实验室、博士工作站14家。提出“环己酮肟非均相重排微反应技术”，中试试验通过专家评审。与中科院、国家重点实验室、中华环保联合会、清华大学等国内顶级科研单位建立广泛战略合作，与清华大学赵劲松教授研究与应用团队共建智慧园区与应急管理一体化平台，提升园区整体安全管理水平。加大科技支持力度。根据《关于支持入区企业科技创新技术进步的若干意见》（冀石化园管字〔2019〕3号）规定，河北石家庄循环化工园区科技发展局、财政局对园区内企业申报资料进行审核，形成《2018年度科技创新资金后补助项目发放草案》。东华金龙有限公司、白龙化工有限公司、河北石焦化有限公司、石家庄联合石化有限公司、石家庄新奥环保有限公司等34家园区企业获得2018年度科技创新补助资金952. 5万元。7月22日，园区管委会与中国科学院生态环境研究中心合作共建的中国科学院生态环境研究中心（石家庄）环保技术研究院挂牌运行。

【城区建设】 积极对标先进县区，加强顶层规划设计，聘请同济城市研究院编制国土空间规划，确立“一核、两城、一片、环状隔离”布局框架，为园区绘制发展蓝图。打造产业核心区。重点发展以石油化工和新材料新能源产业为核心，以电子信息材料、环保装备制造产业为补充的“1+1”特色优势产业；在产业核心区外围规划百米绿化防护带，确保产业区与生活区有效隔离。高标准建设丘头生活片区和科创园区，谋划建设图书馆、公园、商业综合体等，不断完善配套功能。推进拆迁拆违，累计组织集中拆除行动20余次，拆除各类建筑物974处，建筑面积50余万平方米；推进土地“整案制”收储，完成4个村庄13000余亩土地净地预收储。完成化工南路1500米、纬二路400米（清源大街以东）建设任务，工业大街北延工程、北炼路工程、石炼路提升改造工程、石炼路EPC工程（工业西街至塔西大街）、光明横街工程、黄山大街、阿里山大街道路陆续开工建设。完成园区农用地土壤污染详查以及重点行业企业用地详查工作。办理生态环境违法违规案件20起，罚款金额120. 5万元。着力改善公共服务设施，新增绿地面积450亩、公园绿地60亩，园区绿地率达到15. 1%，人均公园绿地面积达到4. 75平方米。路灯装灯率100%，亮灯率达到98%以上；道路机械化清扫率、污水处理率、生活垃圾无害化处理率全部达到95%以上；清运各类垃圾21. 4万立方米；整治沿街外立面2. 25万平方米，修复路面0. 85万平方米，新建公厕3座、绿荫停车场2座。打造东部美丽乡村片区，依托园区富硒资源和近郊优势，培育发展现代高效农业和生态观光农业。

【社会民生】 首次采用公开招标方式确定两家定点职业培训机构，开展园区免费就业技能培训及创业培训工作，全年完成农村劳动力培训300人次，辖区企业完成“燕赵百万工匠”培训300人。2019年3月接入跨省异地就医备案平台，园区实现基本医疗保险跨省异地就医直接结算工作。全面落实最低保障政策，提高保障标准，全年发放救助资金共计215万元。为140名困难残疾人发放生活补贴和355名重度残疾人护理补贴42万元，为退役军人发放各类补贴300万元，为2018年退役士兵发放一次性经济补助72.9万元，为现役军人家庭发放优待金51万元。全区有医疗卫生机构20个，其中二甲医院1个，镇卫生院1个，村级卫生室13个，诊所5个，病床约200张。园区医院与河北省医科大学第一医院签订园区医院托管协议。全区有幼儿园14所，在园幼儿1696人，专任教师94人；小学11所，在校生3899人，专任教师259人，小学适龄儿童入学率100%；初中1所，在校生1173人，专任教师97人，初中适龄人口入学率、小升初升学率、九年义务教育覆盖率均达100%。完善养老服务体系建设，推进居家养老机构规范化建设，为辖区居家养老服务中心发放建设补贴60万元。认真实施安全管理及化工行业应急演练。落实园区安全专员制度，聘请国家级安全管理顾问2名，省市级具有安全管理资质专家20名作为园区安全监察专员。19家危化企业和镇属22家行业企业信息录入省应急厅“互联网+”平台，重大危险源企业全部实现实时监控。

河北石家庄循环化工园区

党工委书记、管委会主任：

宋同原（8月任）

党工委副书记：

宋同原（8月免）

范书青（4月任）

管委会副主任：

范书青（4月免）

范振鹏

赵伦　（4月任）

纪工委书记：

王光　（女）

（任聪达）

石家庄综合保税区

【概况】 石家庄综合保税区于2010年10月批准组建，位于河北省省会石家庄北部，是河北省重点打造的省级开发区。该区与石家庄正定国际机场毗邻，距离石家庄市区30千米，首都北京200千米。批准面积2.86平方千米，其中围网面积2.49平方千米，属海关特殊监管区域。2014年9月15日获国务院正式批复。2015年11月6日，河北省撤销石家庄空港工业园管理机构，组建石家庄综合保税区党工委、管委会，分别为石家庄市委、市政府派出机构。2016年4月28日石家庄综合保税区通过国家正式验收，8月31日正式开关运作，其功能和有关税收、外汇政策按照《国务院关于设立洋山保税港区的批复》(国函〔2005〕54号)的有关规定执行。2017年2月，市委办公厅印发《正定县、正定新区“县区合一”管理体制改革实施方案》明确：石家庄综合保税区现有管理体制不变，委托正定县管理。2019年8月26日，国务院批复设立中国（河北）自由贸易实验区正定片区，石家庄综合保税区作为核心区域跨入自贸时代。2019年石家庄综合保税区、中国（河北）自由贸易试验区正定片区以招商引资上项目为抓手，统筹推进规划建设、产业发展、功能拓展等各项工作，增强开放引领和辐射带动，加快形成区域特色鲜明、内外开放联动、贸易便利高效的对外开放平台。全年完成进出口额18.2亿美元，较2018年增长4.6倍，在全省海关特殊监管区域中名列前茅。完成固定资产投资10.7亿元，较2018年增长25.8%；全部财政收入8199万元，完成一般公共预算收入7501万元，同比增长10%。片区注册企业达353家（含外资13家），其中综保区新注册企业133家（含外资11家），较2018年增长4.4倍；引进省外资金10.12亿元，较2018年增长19.1%。

【中国(河北)自由贸易试验区正定片区批复设立】 2019年8月2日，国务院批复设立中国（河北）自由贸易试验区正定片区，新设自由贸易试验区内的海关特殊监管区域实施范围和税收政策适用范围维持不变。中国（河北）自由贸易试验区正定片区共33.29平方千米（含石家庄综合保税区2.86平方千米），实施范围北至综合保税区海关巡逻道；西至新元高速、107国道、园博园大街；南至河北大道；东至诸福屯西街、河里街、综保区东围网。正定片区重点发展临空产业、生物医药、国际物流和高端装备制造等产业，建设航空产业开放发展集聚区、生物医药产业开放创新引领区和综合物流枢纽。8月31日，中国（河北）自由贸易试验区正定片区挂牌仪式在石家庄国际会展中心举行。

【机构设置】 2019年10月29日，中共石家庄市委机构编制委员会印发《关于设立中国（河北）自由贸易试验区正定片区管理机构的通知》（石机编〔2019〕44号）。设立中国（河北）自由贸易试验区正定片区管理委员会，为石家庄市政府派出机构，在石家庄综合保税区管理委员会加挂牌子，实行“一套人马、两块牌子”，委托正定县（正定新区）管理。石家庄市委、市政府是自由贸易试验区片区工作的责任主体，片区管委会业务工作接受中国（河北）自由贸易试验区工作办公室指导。石家庄综合保税区管委会加挂中国（河北）自由贸易试验区正定片区管委会牌子后，增设自贸协调联络局、自贸制度创新局2个内设机构，规格为副县级。在石家庄综合保税区党工委、管委会42名行政编制的基础上，核增行政编制12名。职数2正（副县级）2副（正科级）。

【招商引资】 年内组织8场大规模、面向基层的自由贸易试验区知识专题讲座，邀请商务部研究院、河北雄安商研智库等研究机构专家授课。制定生物医药产业、现代服务业、高端装备制造产业、国际物流业、航空产业和总部经济6个专项支持政策。组织参加4·26正定小商品博览会、5·18廊坊国际经济贸易洽谈会、中国数字经济博览会、9·8厦门国际投资贸易洽谈会、中国国际进口博览会、中国国际高新技术成果交易会等大型招商洽谈活动，与会期间洽谈发布正定自贸片区有关情况和支持政策。会同省市举办深圳推介会、上海推介会等6场专门自贸区政策宣讲推介会，与深圳、海口、珠海、上海张江、上海临港等地市和产业园区就生物医药、钻石珠宝、航空产业建立密切联系。全年自行举办各类招商推介活动38场，在国际贸易、物流仓储、生物医药、高端装备制造产业方面形成互动招商发展，取得良好效果，为全年进出口贸易实现跨越增长奠定基础。通过招商推介洽谈，先后与上海原能细胞集团等23家企业建立联系，与澳大利亚乐歌物流、南非钻石加工中心、以色列（上海）钻石加工销售中心等8家企业达成初步合作意向。

【重点项目】 至2019年底，综合保税区内已投产经营项目3个总投资5.16亿元，分别为纺纱与棉花国际贸易项目、保税电子加工项目、香港韩仁石家庄加工贸易项目。续建项目4个总投资7.47亿元，分别为进口商品展销中心（国际邮件互换局兼交换站作业场所）项目、纺纱与棉花国际贸易项目扩产项目、口岸医药物流中心项目、跨境电商产业园项目。新开工项目5个总投资22.48亿元，分别为圆通速递华北区域管理总部项目、医药展示交易中心项目、香港韩仁石家庄加工贸易项目、北京索钻珠宝首饰及有关物品加工项目、国际光电机电产业园项目。指定监管场地项目建设。完善石家庄综合保税区功能，推动全省外向型经济快速发展，积极推动肉类、水果、冰鲜水产品三个指定监管场地建设，主要用于海关对进口肉类、水果和冰鲜产品的查验存储，包括现场查验专业技术用房、集装箱待检和扣留区、冷链查验和储存一体化设施、检疫处理场所、视频监控、信息化及行政办公用房等相关配套设施和设备。项目占地31.4亩，总建筑面积约8000平方米，仓储能力8500吨，总投资4500万元，8月开工建设，12月主体完工。

【基础设施建设】 标准化保税仓项目建设。一期总投资1.12亿元，建设双层仓库2个，面积4.5万平方米；2018年6月开工建设，2019年8月竣工投用；与石家庄新合纤维科技股份有限公司、河北纽兰进出口贸易公司等13家企业签订租赁协议，租用面积1.2万平方米。二期总投资7670万元，2019年6月开工建设，2019年12月竣工验收，建设仓库4个，总面积3.8万平方米。2019年9月，综合保税区启动保税仓库业务配套用房建设，总投资1899.01万元，主体工程完工。三期总投资7603万元，2019年8月开工建设，2019年12月主体工程完工，包括建设横二路1054.9米、幸福路387.5米、利丰街1190.4米、宗明路884.75米、守谦路864.5米5条道路工程，总长度4382.05米，红线宽度22米。污水管网工程2019年8月开工建设，总投资690.85万元，工程内容包括污水泵站1座，污水管道3357米，再生水压力管道3341米，至2019年末，完成总工程量90%。

【社会民生】 至2019年底，全区参加养老保险的企业6家，参保职工253人。征收养老保险费1459.33万元，其中征收被征地农民养老保险费1226.37万元，征收企业养老保险费232.96万元；享受定期待遇退休人员1120人，按时足额发放退休金2046.15万元，发放死亡一次性待遇198.69万元。参加工伤保险企业14家(含8个在建项目)，参保职工748人。征收企业及施工项目工伤保险费58.81万元。工伤事故医疗费支付1.66万元。加强部门协同协作，提高为企办事效率，积极推进石家庄综合保税区综合信息服务平台建设（信息共享与服务平台和公共信用信息服务平台），平台通过建立信息共享机制，实现信息整合、数据分析和流程创新，推动实现“监管互认、信息互换，执法互助、流程再造”要求。协调开通从石家庄市到正定大数据中心外网专线，完成平台模板制作，录入正定新区、正定县高新区及石家庄综保区信息企业193家，录入信息5500余条。

石家庄综合保税区

党工委书记、管委会主任：

陈振居(8月任)

党工委副书记、管委会副主任：

陈振居(1月任，8月免)

管委会副主任：

夏生华 李卫山

纪工委书记：

邵平

中国(河北)自由贸易试验区
正定片区

管委会主任：

陈振居(12月任)

管委会副主任：

夏生华(12月任)

李卫山(12月任)

（蔡晓敏）

党政机关

Party and Government Organs

中国共产党石家庄市委员会

【概况】 2019年，中共石家庄市委坚持以习近平新时代中国特色社会主义思想为指导，全面贯彻党的十九大和十九届二中、三中、四中全会精神，扎实开展“不忘初心、牢记使命”主题教育活动，增强“四个意识”、坚定“四个自信”、做到“两个维护”，紧扣全面建成小康社会目标任务，统筹推进“五位一体”总体布局和协调推进“四个全面”战略布局，坚持稳中求进工作总基调，坚持新发展理念，坚持以供给侧结构性改革为主线，坚持以改革开放为动力，大力发展“4+4”现代产业和“四种类型经济”，统筹推进稳增长、促改革、调结构、惠民生、防风险、保稳定工作，深入开展“双创双服”“双问计”“三深化三提升”“三创四建”活动，奋力开创现代省会、经济强市建设新局面。

扎实开展“不忘初心、牢记使命”主题教育。牢牢把握主题教育根本任务和总要求，坚持市县联动，采取集中教育与自学相结合的形式，市委理论学习中心组开展为期一周集中封闭式学习，县乡领导班子及时跟进，形成常态长效的集中学习制度。突出典型引领。举办井陉太行“天路”精神、石家庄舰、人民满意公务员等先进事迹报告会，大力弘扬吕建江、吕保民、高瑞奎等先进典型人物，用身边事教育身边人，引导广大党员干部学先进、赶先进。各市级领导以“不忘初心、牢记使命”主题教育为契机，深入基层听民声、察民情，撰写形成高质量调研报告26篇，全市134个县处级单位班子成员共撰写调研报告1900余篇。广开言路，广泛征求群众意见建议，全年市委班子收到意见建议1633条，市委常委个人收到意见建议4506条。抓好整改落实。聚焦解决群众的操心事、烦心事和揪心事，以为民服务解难题作为重要内容，收集问题686个，全部整改完成。结合石家庄实际，制定十项专项整治任务，细化为182项，实行台账管理；推行“红色物业”破解老旧小区物业管理难题，受惠群众19万余人。

推进产业结构调整和经济高质量发展。坚持把发展“4+4”现代产业作为主攻方向，召开推进高质量发展全面建成小康社会专题研讨班，制定出台相关实施意见，持续调整产业结构、优化产业布局，推动卫星导航、新能源汽车、通用航空制造等战略性新兴产业稳定发展。承办第四届河北省旅游产业发展大会和举办两届市旅游产业发展大会，推进文旅融合、全域旅游，全年接待海内外游客1.23亿人次，旅游业实现总收入1478.98亿元，同比分别增长14.84%和22.13%。培育壮大县域特色产业。加快工业企业“小升规”步伐，推动产业向园区集约集群发展，支持民营经济高质量发展。发展现代都市型农业和特色高效农业，市级以上农业产业化龙头企业、农业产业化联合体分别达到306家、101家，农村居民人均可支配收入达到15853元。发展城市经济，以会展经济为突破口，成功举办首届中国国际数字经济博览会。全年承办世界华文传媒论坛、国际通用航空博览会、国际物流业发展大会、中国城市创新发展论坛等重大活动158场，实现数量、规模“双提升”。突出抓好楼宇经济、总部经济，全面摸清发展底数，制定支持政策举措，一批总部经济龙头企业相继入驻。重视项目建设，加大党政领导带头招商引资力度，实行市直部门与县（市、区）联合招商、捆绑考核，引进中国医药、北大资源等全国行业百强企业。全年争列省重点项目56个，排名全省第一。

狠抓城市规划布局，建设现代化省会城市。高起点做好规划编制，按照“多规合一”要求，对标雄安新区等先进经验，借鉴唐山、迁安的好做法，在全面调查摸底基础上，编制和完善国土空间总体规划、控制性详细规划、专项规划、区域规划等，形成科学完备的城市规划体系。高标准推进重点工程，把中央商务区作为城市建设的“1号工程”，市委常委会定期研究解决重大问题。石家庄地铁1号线二期通车运营、2号线实现轨通，2019年末地铁运营里程达到40.7千米。增强城市对外辐射能力，联石丰、解放大街（槐安路—和平路）等道路工程建成通车，仓盛路、金石街等13条断头路打通。保护城市生态环境，42千米滹沱河生态修复一期工程完成，市区段获评全省“十大秀美河湖”；环城水系整体提升工程完工，沿线6座公园全部对外开放，全年市区新建提升公园游园24座。高水平抓好城市管理。568个老旧小区整治全部竣工，棚户区改造提前完成年度任务，老旧管网改造完成494.5千米，18个综合管廊试点项目形成廊体45.17千米。加强公共停车场规划建设管理，新增停车位11.37万个。高质量推进县城建设，开展县城建设攻坚提质行动，实行市级领导分包督导机制，县城规划建设、公共服务、城区风貌全面提升，县城建设整体水平由2016年全省倒数第2名提升到全省第4名。

深化改革开放。紧跟中央和省委步伐，高举改革开放旗帜，推进改革向纵深发展。加强顶层设计、整体谋划，4次召开市委全面深化改革委员会会议，研究部署重点改革事项20余项，确定推进8个方面196项改革任务。破解体制机制性障碍，工程建设项目审批时限达到全国领先水平，平山县以财政改革促转型升级的经验做法获得国务院督察激励。抓好党政机构改革，市本级55个部门和21个县（市、区）机构改革顺利完成，党政部门“三定”规定全部制定并调整到位，形成系统完备、科学规范、运行高效的职能体系。推进“放管服”改革，以“深化改革年”为抓手，继续推进行政审批制度改革，企业开办时限压缩到2.5个工作日内，543个事项实现“最多跑一次”办理目标，除特殊事项外行政审批事项均实现网上办理。提升改革开放活力，融入国家“一带一路”建设，组织企业参加国内外各类投资洽谈会、项目推介会，加快推进境外产业园区、经贸合作园建设，为企业“走出去”搭建平台；推动中欧班列常态化运营，申建进口肉类、水果、冰鲜水产品3个指定口岸和进口药品口岸，口岸功能布局得到完善；建设开放发展先行区，中国（河北）自贸试验区正定片区正式挂牌成立。重视科技创新，实施创新驱动发展战略，净增科技型中小企业1832家；支持重大科技计划项目10项、重点研发计划183项；执行人才绿卡制度，发放A卡724张、B卡5062张，柔性引进诺贝尔奖获得者7人、院士42人。

保护生态环境，打赢污染防治攻坚战。坚持科学治霾、精准治霾，下大力提高大气污染防治科学化水平。督导县（市、区）、行业部门落实大气污染防治责任制和管理措施，建立大气质量提示函工作机制。推进减煤节能，完成1368台燃气锅炉低氮燃烧改造，全市规模以上工业企业煤炭消耗总量同比减少175万吨；兴康化工、华荣制药等8家企业退城搬迁全部完成。加强“车、油、路”综合治理，常态化开展“散乱污”企业专项整治，新关停取缔253家。采取差异化应急减排措施，坚持“一企一策”，不搞“一刀切”，确保大气污染防治和经济效益实现双赢。统筹推进水、土壤污染治理，严格落实河长制，10个国省考河道水质监测断面全部达到国家和省水质控制要求。开展土壤污染防治，突出抓好农业面源污染治理，持续推进土壤修复试点项目。持续实施清洁能源替代措施，气代煤、电代煤改造32.7万户，超额完成工作任务；“双代”工程未覆盖区域实行洁净型煤托底，型煤配送做到全覆盖。2019年石家庄市空气优良天数174天，优良率47.7%，空气质量在全国169个重点城市排名倒数第三，上升1位。

保障改善民生，提升人民群众的幸福感安全感。树立以人民为中心的发展思想，用心用情谋民生之利、解民生之忧。以稳定脱贫成效为载体，以防返贫为重点，着力解决“两不愁三保障”突出问题。5月5日，经河北省政府批准，赞皇县、灵寿县、行唐县3个国家扶贫开发工作重点县退出贫困县序列。2019年全市脱贫18个村、人口2.1万人。改善社会民生，推进做好20项民心工程和10件惠民利民实事。市级8所医院和28所县级医院率先在全省实现诊疗信息互通共享，市职教园区11所学校完成搬迁并投入使用，扶持创建普惠性民办幼儿园97所。抓好冬季取暖，制定全市供热服务标准，开展供热“冬病夏治”，查找整改问题3969项，重点突出西柏坡电厂废热入市、上安电厂余热入市等供热工程，做到提前供热达标试运行，让全市人民温暖过冬。重视宣传思想工作，牢牢把握意识形态工作领导权，坚持唱响主旋律、凝聚正能量，为建设现代省会、经济强市营造良好氛围。精心组织庆祝新中国成立70周年系列活动。把庆祝新中国成立70周年作为一项重大政治任务，举办“歌唱祖国”群众性歌咏比赛、“我和我的祖国”主题国史知识竞赛、“红色经典演出季”和辉煌成就展等活动。弘扬社会主义核心价值观，召开思想政治课教师座谈会、纪念五四运动100周年大会、纪念建党98周年座谈会等会议。开展文明环境、文明交通等十大文明行动，推进创建“文明城市”向创造“城市文明”转变。维护社会稳定，开展扫黑除恶专项行动，打掉涉黑涉恶犯罪团伙164个，抓获犯罪嫌疑人1767人，检察机关提起公诉1236人，法院一审判决105案1000多人。防范化解重大风险，制定防范化解重大风险攻坚战的实施意见，全面排查梳理整治政治、经济、科技、社会等领域风险隐患，加强政府债务管控，稳妥化解存量债务，科学有序处置卓达、金手指等涉众型经济案件，全年有效化解金融风险点585个，依法打击91个，有效确保了社会稳定。

坚定不移推进全面从严治党向纵深发展。狠抓理论学习和思想建设。市委理论学习中心组坚持把学习贯彻习近平新时代中国特色社会主义思想作为重要政治任务，深刻体会习近平总书记知之深、爱之切的情怀，突出围绕生态文明建设、弘扬担当实干精神等专题开展集中学习17次，提升了领导干部理论指导实践能力。狠抓领导班子和干部队伍建设。严格执行民主集中制，严肃党内政治生活，落实“一岗双责”要求。坚持把党的政治建设摆在首位，制定和落实《关于加强党的政治建设 切实当好首都政治“护城河”的实施意见》，严守政治纪律和政治规矩，不折不扣贯彻落实党中央重大决策和省委部署要求。加强作风纪律建设，全年查处违反中央八项规定精神及“四风”问题213件，处理366人，党纪政务处分324人，通报曝光典型案例139起233人。启动市委第七轮巡察，完成12个党组织常规巡察。加大中央和省委巡视移交问题线索查处力度，十九届中央巡视组交办643件问题线索，办结642件；九届省委第六轮巡视组新移交19件问题线索，查结12件。重视市委常委会自身建设，制定出台《中共石家庄市委理论学习中心组学习规则》《关于新时代弘扬艰苦奋斗作风厉行勤俭节约的意见》《2019年市管领导班子激励考核评价体系、绩效管理考评体系》等规章制度，发挥总揽全局、协调各方的领导核心作用，带头在全市实干实政、遵规守矩，巩固和发展团结和谐、干事创业的良好氛围。

链接

“四个意识”：政治意识、大局意识、核心意识、看齐意识。“四个自信”：道路自信、理论自信、制度自信、文化自信。“两个维护”：坚决维护习近平总书记党中央的核心、全党的核心地位，坚决维护党中央权威和集中统一领导。“五位一体”总体布局：是指经济建设、政治建设、文化建设、社会建设和生态文明建设五位一体，全面推进。“四个全面”战略布局：全面建成小康社会、全面深化改革、全面依法治国、全面从严治党。“双创双服”：创新创业、服务发展、服务民生。“双问计”：问计省直、寻求支持，问计于民，寻求智慧。“三深化三提升”：坚持改革创新，以激发活力、增强动力为重点深化“双创双服务”活动，全面提升高质量发展水平；坚持以破除形式主义、官僚主义为重点深化纠正“四风”和作风纪律专项整治，全面提升工作效能和营商环境；坚持以办好惠民实事、增进人民福祉为重点深化20项民心工程，全面提升保障改善民生水平。“三创四建”：创新，创业，创建全国文明城市、国家卫生城市、国家森林城市；建设现代化经济体系、建设城乡融合高质量发展体系、建设一流营商环境体系、建设现代化社会治理体系。“两不愁三保障”：不愁吃、不愁穿，义务教育、基本医疗、住房安全有保障。

【中共石家庄市委及工作部门组成人员】

书　　记：邢国辉
副 书 记：邓沛然
　　　　　税勇　（11月免）
　　　　　李德进（3月免）
市委常委：邢国辉
　　　　　邓沛然
　　　　　税勇　（11月免）
　　　　　李德进（3月免）
　　　　　李雪荣　郭运兴
　　　　　陈玉祥　张业
　　　　　王韶华　张效春
　　　　　韩学军
　　　　　张学勤（7月免）
　　　　　于福文（5月免）
　　　　　王厚恩（5月任）

赵文锋（8 月任）

市委秘书长：

韩学军（8 月免）

赵文锋（8 月任）

常务副秘书长：

梁立柱

副秘书长：李兵英（兼）

邵孟强（兼）

任维维　高际永

刘俊起

赵建海（2 月任）

薄力　（5 月任）

窦志刚（9 月任）

市委副秘书长兼市委研究室

主　　任：高际永

市委副秘书长兼市机关事务管理局

局　　长：窦志刚

市纪律检查委员会

书　　记：陈玉祥

常务副书记：

贾巧秀（女，5月免）

李丛刚（5 月任）

副 书 记：梁建林

郝建哲（6 月免）

李献军（6 月任）

纪委常委：韩秀华（女）

张忠祥（6 月免）

雷月　（6 月免）

冯军立（6 月免）

李正昌

任志晓（8 月任）

苏瑞　（女，8 月任）

赵晖　（8 月任）

市监察委员会

主　　任：陈玉祥（1 月任）

副 主 任：贾巧秀（女，6月免）

李丛刚（6 月任）

郝建哲（8 月免）

梁建林

李献军（8 月任）

监委委员：韩秀华（女）

张忠祥（6 月免）

冯军立（6 月免）

任志晓

李正昌（10 月任）

张义　（10 月任）

张延军（10 月任）

市委办公室

主　　任：梁立柱（1 月任）

市委组织部(市公务员局)

部　　长：张效春

常务副部长：

张忠良

副 部 长：李海峰　马建彬

兰国良　刘力

丁紫霞（女）

市委宣传部[市精神文明建设委员会办公室、市政府新闻办公室、市新闻出版局(市版权局)]

部　　长：王韶华

常务副部长：

郭纯阳〔4 月，兼市新闻出版局（版权局）局长〕

副 部 长：赵俊芳（兼市文化广电和旅游局党组书记）

李刚　（兼市文明办主任）

张惠　（兼市委网信办主任）

樊振宇（兼市政府新闻办主任）

市委统战部[市委台湾工作办公室(市政府台湾事务办公室)、市政府侨务办公室]

部　　长：韩学军（10 月免）

王韶华（10 月任）

常务副部长：

张明其

副 部 长：李西平

李占领（女，兼）

王春立　孙书领

龚斌

李君苍（女）

许燕军

市委政法委

书　　记：郭运兴

常务副书记：

张聚华（11 月免）

副 书 记：孟建中　李骁

张庆民

政治部主任：

刘金龙

市委研究室

主　　任：高际永

副 主 任：张素钊　郑瑞珊

李树行　刘勇

赵英涛（10 月免）

网络安全和信息化委员会办公室(市互联网信息办公室)

主　　任：张惠

副 主 任：程立　　李建峰

机构编制委员会办公室

主　　任：李海峰

副 主 任：邓京生　郝延平

来彦龙

市直机关工委

书　　记：韩学军（8 月免）

赵文锋（8 月任）

常务副书记：

郭少旭（8 月免）

戚阿东（8 月任）

副 书 记：杨继平（12 月任）

赵占辉

信访局

局　　长：邵孟强

副 局 长：李增辰（5月免）
郭树君　张春
刘旗　　黄锁成

市委老干部局

局　　长：兰国良
副 局 长：田斌　（5月免）
许磊　（5月任）
王树军　李红旗

市委保密机要局（市国家保密局、市国家密码管理局）

局　　长：魏俊武
副 局 长：董寅生

市委市政府督促检查办公室

主　　任：李兵英（2018年12月任）
副 主 任：李广民（2018年12月任）
董瑾科（2018年12月任）

机关事务管理局

局　　长：窦志刚（9月任）
副 局 长：李长亭　张宏社
杨顺　　张丙珍
王之顺（12月任）

【中共石家庄市委常委会会议】 1月4日，省委常委、市委书记邢国辉主持召开十届市委常委会第85次会议。传达学习省委书记王东峰在石家庄市调研检查时的重要讲话精神，研究全市贯彻落实意见；传达全省基层党建工作述职评议会议、全省扶贫脱贫帮扶工作电视电话推进会议精神，听取市人大常委会、市政府、市政协、市法院、市检察院党组2018年工作汇报，研究中央商务区建设等重点工作。

1月8日，邢国辉主持召开十届市委常委会第86次会议。会议上研究2018年度市委常委民主生活会有关事宜，听取全市工业经济运行、第四届河北省文化和旅游产业发展大会筹备工作情况汇报。

1月11日，邢国辉主持召开十届市委常委会第87次会议。研究审议《市人大常委会工作报告》《市政府工作报告》《市政协工作报告》《市法院工作报告》《市检察院工作报告》《关于石家庄市2018年国民经济和社会发展计划执行情况与2019年国民经济和社会发展计划（草案）的报告》《关于石家庄市2018年预算执行情况和2019年预算（草案）的报告》《政协石家庄市第十三届委员会常务委员会关于十三届二次会议以来提案工作情况的报告》。听取全市“双问计”活动开展情况汇报、2019年拟办民生实事有关情况汇报、全省扫黑除恶专项斗争视频会议主要精神及石家庄市贯彻落实意见汇报、市委政法委2018年工作情况汇报。讨论并原则同意《关于开展向高瑞奎同志学习活动的决定》及《春风化雨暖人心　鞠躬尽瘁“帮大哥”——高瑞奎同志先进事迹材料》。

1月18日，邢国辉主持召开十届市委常委会第88次会议。传达学习省委书记王东峰指导石家庄市委常委民主生活会时的讲话精神和省长许勤在省十三届人大二次会议参加石家庄代表团审议时的讲话精神，研究贯彻落实意见。

1月27日，邢国辉主持召开十届市委常委会第89次会议。传达学习习近平总书记在省部级主要领导干部“坚持底线思维，着力防范化解重大风险”专题研讨班上的讲话精神及省委书记王东峰参加石家庄市2018年度落实全面从严治党主体责任、监督责任和党风廉政建设责任制情况专项检查意见反馈会议时的讲话精神，研究全市贯彻落实意见。传达学习全省领导干部会议精神、省纪委九届四次全会精神，听取市纪委工作汇报，研究市纪委十届三次全会事宜。听取全省政法工作会议、全省宣传部长会议、全省组织部长会议暨全省干部教育培训工作会议、老干部局长会议、全省统战部长会议主要精神及石家庄市贯彻落实意见的汇报。讨论并原则同意《中共石家庄市委关于省委巡视组反馈意见整改进展情况的报告》《中共石家庄市委2019年工作要点》《关于进一步统筹规范督查检查考核工作的若干规定》《2019年春节前市领导走访慰问计划安排》。研究全市开展机关“效能革命”动员大会事宜。

2月12日，邢国辉主持召开十届市委常委会第90次会议。传达学习《关于党的十九大以来中央政治局贯彻执行中央八项规定情况的报告》及省委书记王东峰到石家庄市调研检查和走访慰问时的讲话精神，研究贯彻落实意见；讨论并原则同意《关于市四大班子领导开展重点课题集中调研的实施方案》《关于明确正定新区功能性场馆权属的意见》《市属企业领导人员管理办法》《市属企业领导班子和领导人员综合考核评价办法》。

2月18日，邢国辉主持召开十届市委常委会第91次会议。传达学习全省党政主要领导干部“坚持底线思维，着力防范化解重大风险”专题研讨班及全省沿海经济带建设工作会议主要精神，讨论并原则同意《石家庄市2019年重点工作责任分解》。听取行政审批工作汇报及关于贯彻落实全省农村工作会议暨扶贫开发工作会议意见的汇报，讨论并原则同意《关于坚持农业农村优先发展　扎实推进乡村振兴战略的实施意见》《石家庄市落实扶贫攻坚三年行动方案2019年任务分解和责任目标》《关于打赢脱贫攻坚战实现稳定脱贫可持续发展的实施方案》；听取关于全市社会治安稳定形势分析研判的汇报，讨论并原则同意《创建“无黑”省会平安石家庄工作方案》。

2月18日晚，邢国辉主持召开十届市委常委会第92次（扩大）会议。传达省委书记王东峰、省长许勤关于“西美金山湖”项目的批示精神，研究全市处置意见。

2月21日，邢国辉主持召开十届市委常委会第93次（扩大）会议。传达学习习近平总书记关于“西美金山湖”项目的重要批示精神和其他中央领导关于“西美金山湖”项目的批示及省委书记王东峰的有关要求，研究全市贯彻落实意见。

2月28日，邢国辉主持召开十届市委常委会第94次会议。听取贯彻落实河北省开展排查整治破坏生态环境违法占地违法建设专项行动情况汇报，研究中央商务区建设、农村集体产权制度改革、全市扶贫脱贫工作和加强干部教育培训等。

3月5日，邢国辉主持召开十届市委常委会第95次会议。听取关于“西美金山湖”项目情况汇报，研究相关处置工作。

3月10日，邢国辉主持召开十届市委常委会第96次会议。听取全市一季度经济运行、第四次全国经济普查、中央环境保护督察“回头看”及大气污染问题专项督察整改、开展排查整治破坏生态环境违法占地违法建设专项行动情况汇报，部署安排全市经济运行工作。

3月18日，邢国辉主持召开十届市委常委会第97次会议。传达学习习近平总书记在全国“两会”上的重要讲话精神和全国“两会”及全省领导干部会议精神，研究全市贯彻落实意见。传达学习《中国共产党政法工作条例》精神，中共中央宣传部、省委宣传部开展增强“四力”教育实践工作会议、推进媒体深度融合会议精神及全省高校党的建设和思想政治工作会议精神，研究全市贯彻落实意见。研究全市森林防火、落实减税降费政策、轨道交通建设和创新驱动发展等工作。研究干部人事问题。

4月1日，邢国辉主持召开十届市委常委会第98次会议。学习习近平总书记在全国教育大会上的重要讲话精神和关于教育工作的重要论述及全省教育大会精神，研究《石家庄教育现代化2035》《关于支持高等教育发展的实施意见》《加强新时代市属高校党的建设和思想政治工作的实施意见》等文件和全市贯彻落实意见；听取和研究推动“学习强国”平台建设、对台工作、“大棚房”整治及《2019年各县（市、区）空气质量改善目标及分解意见》《石家庄市中央环境保护督察“回头看”及大气污染问题专项督察反馈意见问题整改措施清单》《石家庄市贯彻落实省委省政府环境保护督察“回头看”及大气污染问题专项督察反馈意见整改方案》等大气污染防治工作。研究干部人事问题。

4月11日，邢国辉主持召开十届市委常委会第99次（扩大）会议。传达学习省委、省政府主要领导在石家庄市调研检查时的主要精神，研究全市贯彻落实意见。传达省宗教工作督查整改工作座谈会精神，审议通过《中共石家庄市委理论学习中心组学习规则》《关于加强党的政治建设切实当好首都政治“护城河”的实施意见》。研究干部人事问题。

4月21日，邢国辉主持召开十届市委常委会第100次会议。学习贯彻中共中央政治局会议精神及省委常委会会议精神，听取全市一季度经济运行情况汇报，研究部署下一步经济工作。审议通过《关于繁荣发展文艺事业的实施意见》《关于解决形式主义突出问题为基层减负的18条措施》《关于新时代弘扬艰苦奋斗作风厉行勤俭节约的意见》《关于支持石家庄高新区加快发展的若干意见》《关于进一步提高科学决策民主决策依法决策水平的实施意见》。研究第十二届中国·石家庄（正定）国际小商品博览会筹备等工作。

4月26日，邢国辉主持召开十届市委常委会第101次会议。学习贯彻习近平总书记在解决“两不愁三保障”突出问题座谈会上的重要讲话精神，落实全省经济工作暨乡村振兴和脱贫攻坚推进会议部署要求，听取全市建档立卡贫困人口“两不愁三保障”相关政策落实情况汇报，研究全市贯彻落实意见。听取石家庄市近期重点交通建设、重点工作大督查、自备井关停等工作汇报，审议通过《2019年市管领导班子激励考核评价体系、绩效管理考评体系》。

4月29日，邢国辉主持召开十届

市委常委会第102次（扩大）会议。听取石家庄市城市规划修改及相关工作情况、正定县（正定新区）城市规划修编情况汇报。

5月5日，邢国辉主持召开十届市委常委会第103次会议。学习贯彻习近平生态文明思想，落实河北省关于开展侵占生态保护红线违法违规房地产项目排查整治的通知精神，听取相关工作汇报，研究贯彻落实意见。研究全市土地储备、中央商务区建设及各县（市、区）特色产业集群等工作。

5月11日，邢国辉主持召开十届市委常委会第104次会议。研究干部人事问题。

5月12日，邢国辉主持召开十届市委常委会第105次（扩大）会议。传达学习中共河北省委办公厅、河北省人民政府办公厅《关于石家庄市鹿泉区和保定市部分县（区）项目违法建设、违规收储土地问题的通报》精神，研究全市贯彻落实意见。

5月16日，邢国辉主持召开十届市委常委会第106次会议。听取关于全省脱贫攻坚成效考核整改工作电视电话会议主要精神、省委国安委2019年度重点工作推进会议暨全省党委国安办主任会议主要精神和全市贯彻落实意见汇报。听取关于石家庄市承办第六届中国国际物流发展大会有关情况的汇报。研究《关于加快项目建设促进投资增长的实施意见》《石家庄市旧城改造提升“十大工程”专项考核办法》《关于解决部分退役士兵社会保险问题的实施方案》。

5月17日，邢国辉主持召开十届市委常委会第107次会议。研究处置有关金融风险工作。

5月24日，邢国辉主持召开十届市委常委会第108次会议。听取全市社会治安综合治理、信访、机关效能革命及中央宗教工作督查整改、2019中国国际数字经济博览会等工作情况汇报。

6月4日，邢国辉主持召开十届市委常委会第109次会议。传达学习全省“不忘初心、牢记使命”主题教育动员部署会议及全省推进高质量发展全面建成小康社会专题研讨班主要精神，研究全市贯彻落实意见。听取关于全省公安工作会议主要精神及全市贯彻落实意见汇报、关于近期全市大气污染防治工作情况汇报、关于2018年度河北省对石家庄市领导班子和领导干部综合考核评价结果有关情况汇报。讨论并原则同意《石家庄市公务员职务与职级并行制度实施方案》。研究干部人事问题。

6月14日，邢国辉主持召开十届市委常委会第110次会议。听取市纪委有关工作和市文化旅游投资集团有限责任公司情况汇报，研究《全市“不忘初心、牢记使命”主题教育预热升温工作方案》《石家庄市为民服务解难题专项整治方案》《关于加强新时代公安工作坚决当好首都政治“护城河”排头兵的实施意见》及干部人事问题。

6月27日，邢国辉主持召开十届市委常委会第111次会议。传达学习中共中央、中央纪委有关文件精神，听取中央和省委关于推进市县巡察工作有关会议和全省纪检监察系统视频会议主要精神的汇报，研究全市贯彻落实意见；传达学习省委理论学习中心组“不忘初心、牢记使命”主题教育集中学习主要精神和省委书记王东峰讲话主要精神，研究全市贯彻落实意见。听取旧城改造提升“十大工程”进展情况、关于全国地方政协和全省政协系统工作经验交流会议精神及全市贯彻落实意见、2019年全市农村地区冬季清洁取暖、产业扶贫、法治政府建设汇报。研究《石家庄市县域经济对标对表争先进位行动方案》《关于涉党和国家机构改革相关文件专项清理的决定》及干部人事问题。

7月5日，邢国辉主持召开十届市委常委会第112次会议。传达学习中共中央办公厅有关文件精神和省委书记王东峰批示要求，研究全市贯彻落实意见。听取关于河北省对石家庄市2018年度综合考核、绩效考核结果分析及下一步工作安排和2019年上半年全市安全生产、中央商务区建设、2019年上半年意识形态工作、全省解决形式主义突出问题为基层减负工作推进会主要精神及全市贯彻落实意见汇报。研究《关于省会庆祝中华人民共和国成立70周年活动安排方案》。

7月20日，邢国辉主持召开十届市委常委会第113次会议。听取全市2019年上半年经济运行、工业生产情况和环境空气质量状况汇报，研究下一步工作安排；听取全市创建国家卫生城市进展情况及市纪委有关工作汇报。研究《石家庄市违建别墅问题清查整治专项行动实施方案》。

7月25日，邢国辉主持召开十届市委常委会第114次会议。听取中央第十五巡视组巡视河北省反馈问题整改情况和九届省委前五轮巡视移交石家庄市问题后续整改进展情况，市委第六轮巡察、县级统筹巡察及市委前五轮巡察问题线索处置情况和查处违反中央八项规定精神问题专项行动情况汇报。研究干部人事问题。

8月2日，邢国辉主持召开十届市委常委会第115次会议。传达学习7月30日中共中央政治局会议精神、全省经济工作推进会暨新型城镇化建设工作会议精神，研究全市贯彻落实意见。听取近期全市社会治安稳定形势分析研判、全市信访工作、全市开发区发展建设、滹沱河生态区景观综合提升工程、全市重点工作大督查、全市青年工作、市教育扶贫工作开展情况汇报。研究市退役军人管理服务中心更名、石家庄信息工程职业学院调整隶属关系事宜。

8月14日，邢国辉主持召开十届市委常委会第116次会议。传达学习8月13日省委书记王东峰召开的省委书记专题会议主要精神，研究全市贯彻落实意见。传达省领导批示、省安委办《关于国务院安委会对省级政府2018年度安全生产和消防工作考核巡查情况的通报》和全省化工行业安全生产整治攻坚行动现场推进会主要精神，研究全市贯彻落实意见；传达全国、全省退役军人工作会议主要精神，研究《关于贯彻落实全国、全省退役军人工作会议精神　进一步做好当前退役军人重点工作的意见》，听取2019年以来全市退役军人信访工作情况汇报。听取《关于新时代弘扬艰苦奋斗作风厉行勤俭节约的意见》（石字〔2019〕14号）贯彻落实情况及重新组建石家庄生产力促进服务中心的汇报。研究干部人事问题。

8月20日，邢国辉主持召开十届市委常委会第117次会议。传达学习省委书记王东峰在石家庄市暗访检查专题会议上的讲话要点和需要协调解决事项，修改完善《关于落实王东峰同志在石家庄市暗访检查专题会议上的讲话要点和需要协调解决事项的责任分工方案》。听取《关于新时代弘扬艰苦奋斗作风厉行勤俭节约的意见》贯彻落实情况、健康扶贫、残疾人、加快中医药发展和关于选择部分开发区作为开发区管理体制改革试点情况的汇报。研究干部人事问题。

8月30日，邢国辉主持召开十届市委常委会第118次会议。听取全市“双代”工作、承办第四届省旅游产业发展大会筹备工作进展情况汇报，研究《关于学习弘扬井陉太行“天路”精神的决定》及干部人事问题。

8月31日，邢国辉主持召开十届市委常委会第119次会议。研究干部人事问题。

9月5日，邢国辉主持召开十届市委常委会第120次会议。研究干部人事问题。

9月8日，邢国辉主持召开十届市委常委会第121次会议。传达学习河北省“不忘初心、牢记使命”主题教育第一批总结暨第二批部署会议精神。研究全市开展“不忘初心、牢记使命”主题教育事宜、《关于支持省会城市规划建设管理和高质量发展的若干意见》《石家庄市办理群众给市委书记、市长来信工作规则》及国际贸易城项目核查整改事宜。

9月24日，邢国辉主持召开十届市委常委会第122次会议。听取中央纪委国家监委贯彻习近平总书记重要批示精神深入落实中央八项规定精神电视电话会议主要精神及全市贯彻落实意见、全省新中国成立70周年大庆信访维稳安保工作电视电话会议主要精神及全市贯彻落实意见、全省集中整顿软弱涣散基层党组织工作座谈会主要精神及全市贯彻落实意见、创建国家卫生城市、市属高校园区规划建设方案和工作情况汇报。研究《关于加强和改进市直机关党的建设的实施意见》《石家庄市人防系统腐败问题全面调查整顿实施方案》及干部人事问题。

9月30日，邢国辉主持召开十届市委常委会第123次会议。学习讨论习近平总书记在庆祝中华人民共和国成立70周年大会上的重要讲话，研究全市贯彻落实意见。

10月8日，邢国辉主持召开十届市委常委会第124次会议。传达学习省委书记王东峰、省长许勤到石家庄市调研检查并召开省委专题会议主要精神，研究全市贯彻落实意见。听取落实省委书记王东峰在石家庄市暗访检查专题会议上的讲话要求和解决事项进展情况，中央、省委政协工作会议主要精神及全市贯彻落实意见，中央第八巡回督导组、省委常委会、省委第一巡回指导组关于开展主题教育有关精神及全市贯彻落实意见，加快新三区与主城区一体化发展有关改革事项，轨道交通二期建设规划，主城区供暖和农村“双代”取暖工作汇报。研究《关于深化市纪委监委派驻机构改革的实施意见》《关于推进市管企业纪检监察体制改革的实施意见》及干部人事问题。

10月25日，邢国辉主持召开十届市委常委会第125次会议。传达学习习近平总书记致2019中国国际数字经济博览会的贺信和省委常委会会议主要精神，研究全市贯彻落实意见。听取全国、全省扫黑除恶专项斗争第二次推进会主要精神及全市贯彻落实意见，全省第二批主题教育推进会、专项整治工作调度会、干部监督工作会主要精神及全市贯彻落实意见，全市“空心村”治理工作情况汇报。研究《关于解决房地产开发遗留问题的补充规定》、中央商务区建设、《关于建立健全脱贫防贫长效机制的实施方案》《关于进一步推进新时代巡察工作高质量发展的实施意见》及干部人事问题。

10月30日，邢国辉主持召开十届市委常委会第126次会议。集中学习党章党规，市委常委对照党章党规找差距。

11月2日，邢国辉主持召开十届市委常委会第127次会议。传达学习中共十九届四中全会和省委常委会精神，研究全市贯彻落实意见

11月7日，邢国辉主持召开十届市委常委会第128次会议。传达学习贯彻中共十九届四中全会、省委九届九次全会精神，研究全市贯彻落实意见。听取中央第八巡回督导组到石家庄市调研督导主题教育并召开座谈会主要精神及全市贯彻落实意见汇报。研究市委常委会、市人大常委会党组、市政府党组、市政协党组主题教育整改落实清单及市委常委主题教育整改落实清单和市委十届七次全会有关准备工作。

11月14日，邢国辉主持召开十届市委常委会第129次会议。研究干部人事问题。

11月15日，邢国辉主持召开十届市委常委会第130次会议。传达省委关于《王东峰同志在石家庄市暗访检查时的需要协调解决事项》，研究全市贯彻落实、责任分解意见；传达学习《中央统一战线工作领导小组关于宗教工作督查对呼和浩特市委、三亚市委、宝鸡市委问责情况的通报》和省委统一战线工作领导小组办公室的通知要求，研究全市贯彻落实意见。听取全省贯彻落实《中国共产党政法工作条例》暨推进基层社会治理现代化工作会议主要精神及全市贯彻落实意见、全市违法违规用地建设采矿采砂和破坏生态环境问题专项整治及违建别墅问题清查整治、房地产解决遗留问题、全市贫困退出工作暨迎接省脱贫成效考核工作准备情况汇报。研究《关于废止、宣布失效和修改部分规范性文件的决定》。

11月16日，邢国辉主持召开十届市委常委会第131次会议。研究干部人事问题。

11月20日，邢国辉主持召开十届市委常委会第132次会议。传达学习全省领导干部政治性警示教育大会精神，研究全市贯彻落实意见；研究干部人事问题。

11月27日，邢国辉主持召开十届市委常委会第133次会议。传达全省主题教育整改整治工作汇报会精神，研究全市贯彻落实意见；研究市委常委“不忘初心、牢记使命”专题民主生活会方案和检视剖析材料及干部人事问题。

12月2日，邢国辉主持召开十届市委常委会第134次会议。听取全国县级巡察办主任提级培训班主要精神，研究全市贯彻落实意见；听取全市重点工作大督查、全市举办重要展会活动、全市冰雪运动开展和第一届冰雪运动会推进情况及市纪委有关工作汇报。研究滹沱河生态修复二期工程建设有关方案、《关于支持中国（河北）自由贸易试验区正定片区高水平开放高质量建设的若干意见》。

12月4日，邢国辉主持召开十届市委常委会第135次会议。研究市委常委“不忘初心、牢记使命”专题民主生活会检视剖析材料。

12月13日，邢国辉主持召开十届市委常委会第136次会议。研究干部人事问题。

12月13日，邢国辉主持召开十届市委常委会第137次会议。研究金融风险处置问题。

12月14日，邢国辉主持召开十届市委常委会第138次会议。传达学习中央经济工作会议和省委常委会会议主要精神，研究全市贯彻落实意见；传达省委人大工作会议和全省人大工作会议主要精神，研究市“两会”工作。听取2019年全市经济社会发展主要指标完成情况、2020年计划安排意见及2020年预算安排建议的汇报和2019年全市食品安全工作、2019年全市意识形态工作情况汇报。研究省会功能定位、市委十届八次全会有关工作及《关于加快城市经济发展的实施意见》《关于深化新时代学校思想政治理论课改革创新的若干措施》。研究干部人事问题。

12月17日，邢国辉主持召开十届市委常委会第139次会议。研究干部人事问题。

12月27日，邢国辉主持召开十届市委常委会第140次会议。传达学习王东峰书记到省群众工作中心接访调研重要讲话精神，听取2019年全市信访工作情况汇报，研究全市贯彻

落实意见；研究《市委十届七次、八次全会决策部署重点工作责任分工方案》《石家庄市数字经济发展规划（2020~2025年）》及石家庄数字经济产业园规划和《石家庄市创建国家社会信用体系建设示范城市实施意见》《关于深化开发区改革开放的实施意见》。听取全国、全省市域社会治理现代化工作会议主要精神及全省高校党的建设和思想政治工作座谈会主要精神，研究全市贯彻落实意见；听取中央商务区建设、2019年全市深化平安建设推进社会治理、2019年法治政府建设、公安工作、老干部工作及市纪委有关工作汇报。研究干部人事问题。

12月28日，邢国辉主持召开十届市委常委会第141次会议。研究干部人事问题。

12月30日，邢国辉主持召开十届市委常委会第142次会议。听取河北省法学会第六次会员代表大会主要精神及全市贯彻落实意见汇报，研究《关于加强和支持乡镇卫生院发展的实施意见》《关于理顺物业管理体制机制加强新时代城市社区治理的实施方案》及市"两会"事宜。

【中共石家庄市委全会】 1月2日，中国共产党石家庄市第十届委员会第六次全体会议召开。会议由市委常委会主持。出席会议市委委员64人、市委候补委员13人。会议传达中央经济工作会议和省委九届八次全会精神，总结2018年工作，安排部署2019年经济社会发展任务，讨论市委常委会工作报告；通报市纪委关于市委常委会及成员党内监督情况、关于落实和完善容错纠错机制情况；审议通过《中国共产党石家庄市第十届委员会第六次全体会议决议》；提出贯彻落实《国务院关于〈河北雄安新区总体规划（2018~2035年）〉的批复》《中共河北省委河北省人民政府关于〈河北雄安新区总体规划〉实施意见》《中共河北省委河北省人民政府关于〈白洋淀生态环境治理和保护规划〉实施意见》要求；组织市委委员、候补委员、市纪委委员、中共十九大代表、市级党员领导干部监督评议市委常委会及成员落实党内监督情况，市委委员、候补委员考核测评2018年度市管领导班子和县（市、区）委书记。

11月10日，中国共产党石家庄市第十届委员会第七次全体会议召开。出席全会市委委员59名、候补市委委员12名。全会由市委常委会主持。会议传达学习中共十九届四中全会、省委九届九次全会精神，市委常委会书面报告工作。审议通过《中共石家庄市委关于贯彻落实〈中共中央关于坚持和完善中国特色社会主义制度、推进国家治理体系和治理能力现代化若干重大问题的决定〉的实施意见》《中国共产党石家庄市第十届委员会第七次全体会议决议》。通报市纪委对市委常委会及其成员党内监督情况、中共石家庄市委关于《石家庄市强化正向激励容错纠错实施办法》贯彻执行情况。市委委员、候补委员、市纪委委员、中共十九大代表、市级党员领导干部对市委常委会及其成员落实党内监督情况举行监督评议。

12月18日，中国共产党石家庄市第十届委员会第八次全体会议召开。出席全会市委委员52名，候补市委委员12名。全会由市委常委会主持。传达学习中央经济工作会议和省委九届十次全会精神，全面总结2019年全市经济工作，分析面临的形势，部署2020年全市经济工作任务，审议通过《中国共产党石家庄市第十届委员会第八次全体会议决议》《关于深入推进"4+4"现代产业发展的实施意见》《关于农业产业种植结构调整的意见》，并首次提出发展城市、区域、园区、生态"四种类型经济"。

【市委理论学习中心组学习会】 1月8日，省委常委、市委书记邢国辉主持召开市委理论学习中心组学习会。学习习近平总书记在中共中央政治局民主生活会上的重要讲话精神，中央纪委《关于贯彻落实习近平总书记重要讲话精神、严肃整治领导干部利用名贵特产类特殊资源谋取私利问题的通知》，并结合前期自学《习近平谈治国理政》第一、二卷，习近平总书记在庆祝改革开放40周年大会上的重要讲话以及在2018年中央经济工作会议上的讲话等内容，开展研讨交流。

2月12日，邢国辉主持召开市委理论学习中心组学习会。学习习近平总书记在十九届中央纪委三次全会上的讲话和在中央政治局第十一次集体学习时的讲话。结合学习内容和工作实际，参会市领导分别作交流发言，畅谈学习体会和工作打算。

2月28日，邢国辉主持召开市委理论学习中心组学习会。与会人员集体学习习近平总书记署名文章《推动我国生态文明建设迈上新台阶》，书面学习《求是》评论员文章《在习近平生态文明思想指引下迈入新时代生态文明建设新境界》；围绕学习贯彻习近平生态文明思想和《在警醒中奋进》专题片，与会领导结合学习内容和工作实际，分别作交流发言，畅谈学习体会和工作打算。

3月10日，邢国辉主持召开市委理论学习中心组学习会。集体学习习近平总书记在中央政治局第十三次集体学习时的讲话和《中共中央关于加强党的政治建设的意见》及《中共河北省委关于进一步严格党内政治生活、加强民主集中制建设的若干意见》，书面学习中共中央办公厅、国务院办公厅关于印发《地方党政领导干部食品安全责任制规定》的通知及中共河北省委关于印发《河北省贯彻落实〈中国共产党农村基层组织工作条例〉实施办法》的通知，以及关于认真学习贯彻《中国共产党政法工作条例》的实施意见。与会领导和有关部门负责人结合学习内容和工作实际，分别作交流发言，畅谈学习体会和工作打算。

3月22日，邢国辉主持召开市委理论学习中心组学习会议。集体观看《西柏坡时期党的政治建设回顾》专题片，原文学习《毛泽东、周恩来列举的官僚主义20种表现》《习近平总书记关于“赶考”的重要论述》《习近平总书记关于反对形式主义、官僚主义的重要论述》《形式主义、官僚主义值得警惕的10种新表现》。市领导邓沛然、李德进、司存喜、刘明轩等参加学习会并围绕学习内容和重点课题调研，分别作交流发言，畅谈学习体会和工作打算。

3月31日，邢国辉主持召开市委理论学习中心组学习会议。集体学习习近平总书记关于全媒体时代和媒体融合发展的重要论述、《中国共产党重大事项请示报告条例》及省委办公厅、省政府办公厅《关于全面深入持久开展民族团结进步创建工作铸牢中华民族共同体意识的实施方案》等文件，并围绕学习内容和重点课题调研作交流发言，畅谈学习体会和工作打算。

4月16日，邢国辉主持召开市委理论学习中心组学习会议。贺克斌院士围绕《石家庄市大气污染防治形势及空气质量改善路线》主题，深入浅出阐述当前石家庄市大气污染变化趋势和特征，解析污染来源、成因及存在的主要问题，并就防治措施提出意见和建议。

4月21日，邢国辉主持召开市委理论学习中心组学习会。学习习近平总书记在《求是》杂志上的署名文章《关于坚持和发展中国特色社会主义的几个问题》《一个国家，一个民族不能没有灵魂》及《党政领导干部选拔任用工作条例》《党政领导干部考核工作条例》《中国共产党党组工作条例》等文件。

5月12日，邢国辉主持召开市委理论学习中心组学习会。集体学习习近平总书记在全国公安工作会议上的重要讲话精神及中央政治局委员、中央政法委书记郭声琨，国务委员、公安部部长赵克志在全国公安工作会议上的讲话；书面学习《中共中央关于加强新时代公安工作的意见》。

5月24日，邢国辉主持召开市委理论学习中心组学习会。集体学习习近平总书记署名文章《深入理解新发展理念》及《中共中央关于印发〈中国共产党党员教育管理工作条例〉的通知》《中共中央办公厅　国务院办公厅关于印发〈法治政府建设与责任落实督察工作规定〉的通知》和中央宣传部理论文章《关于民粹主义的有关问题》。

6月9日，邢国辉主持召开市委理论学习中心组学习会。集体学习《习近平谈治国理政》第二卷关于“推动高质量发展、落实新发展理念”篇章及《中共中央国务院关于建立国土空间规划体系并监督实施的若干意见》。

7月15日，邢国辉主持召开市委理论学习中心组学习会。集体学习习近平总书记在“不忘初心、牢记使命”主题教育工作会议上的讲话和在中央政治局第十五次集体学习时的讲话、《习近平新时代中国特色社会主义思想学习纲要》有关内容及省委书记王东峰在河北省委理论学习中心组“不忘初心、牢记使命”主题教育集中学习交流研讨时的讲话要点等，并举行研讨交流。

8月9日，邢国辉主持召开市委理论学习中心组学习会。学习贯彻习近平新时代中国特色社会主义思想，特别是习近平总书记2018年1月5日重要讲话精神和2019年1月21日重要讲话精神。观看内部警示教育片《增强忧患意识　防范风险挑战》（上、下集），并结合学习，举行研讨交流。

8月31日，邢国辉主持召开市委理论学习中心组学习会。集中学习《习近平总书记在中央和国家机关党的建设工作会议上的讲话》《中共中央办公厅关于贵州省认真贯彻习近平总书记重要指示批示精神深入开展领导干部利用茅台酒谋取私利问题专项整治情况的通报》《中国共产党宣传工作条例》，市委理论学习中心组成员和部分市直单位主要负责人围绕学习内容举行研讨发言；书面学习中共河北省委关于印发《深入贯彻落实〈中国共产党宣传工作条例〉责任分工方案》、中共河北省委《关于贯彻落实〈党中央领导经济工作规定〉的意见》及《石家庄市“我和我的祖国——庆祝中华人民共和国成立70周年”国史知识竞赛试题选编》。

9月17～24日，邢国辉主持召开市委理论学习中心组“不忘初心、牢记使命”主题教育集中学习会。市委理论学习中心组成员全程吃住在市委党校，采取个人自学与分组讨论和集中交流相结合、参观主题展览与观看经典影片剧目相结合等形式。读原著、学原文、悟原理，重点围绕学习贯彻习近平新时代中国特色社会主义思想主题，分5个专题举行学习和研讨。市领导邢国辉、邓沛然、司存喜、刘明轩、李雪荣、郭运兴、陈玉祥、张业、王韶华、张效春、赵文锋、刘胜、蒋文红、姜阳、周刚及市法院院长白峰、市检察院检察长陈晓明参加学习并发言。学习篇目：《中国共产党章程》《习近平在“不忘初心、牢记使命”主题教育工作会议上的讲话》《习近平关于“不忘初心、牢记使命”重要论述选编》（必读书目）、《习近平新时代中国特色社会主义思想学习纲要》（必读书目）、《习近平关于“不忘初心、牢记使命”论述摘编》《习近平在十九届中央政治局第十五次集体学习时的重要讲话》《习近平总书记在中央和国家机关党的建设工作会议上的重要讲话》《习近平总书记在内蒙古考察时的重要讲话精神》《习近平总书记在2019年秋季学期中央党校（国家行政学院）中青年干部培训班上的重要讲话精神》《中国共产党党内重要法规汇编》《中共中央关于在全党开展“不忘初心、牢记使命”主题教育的意见》、中央“不忘初心、牢记使命”主题教育领导小组印发《关于开展第二批“不忘初心、牢记使命”主题教育的指导意见》。参考篇目：《中共河北省委关于深入贯彻落实习近平总书记对河北工作重要指示批示的意见》《中共河北省委关于在全省开展“不忘初心、牢记使命”主题教育的实施意见》《中共河北省委关于进一步加强党的政治建设　当好首都政治“护城河”的实施意见》《中共河北省委　河北省人民政府关于推动高质量发展的实施意见》《中共石家庄市委关于加强党的政治建设　切实当好首都政治“护城河”的实施意见》《中共石家庄市委、石家庄市人民政府关于进一步推进高质量发展　奋力争当全省经济建设排头兵的实施意见》《中共石家庄市委关于在全市开展“不忘初心、牢记使命”主题教育的实施意见》。

10月8日，邢国辉主持召开市委理论学习中心组学习暨“不忘初心、牢记使命”主题教育集中学习会。集体学习习近平总书记署名文章《推进党的建设新的伟大工程要一以贯之》和《习近平关于“不忘初心、牢记使命”重要论述选编》有关篇目及有关理论文章。市长邓沛然，市人大常委会主任司存喜，市政协主席刘明轩，市委常委、组织部部长张效春作研讨交流发言。

10月18日，邢国辉主持召开“不忘初心、牢记使命”主题教育学习调研成果交流会。交流学习《习近平关于调查研究重要论述摘编》体会，介绍个人主题教育调研成果。重点围绕“以习近平新时代中国特色社会主义思想为指导，深入学习贯彻习近平总书记关于调查研究的重要论述”“按照中央安排部署和省委有关要求，大兴调查研究之风，将开展调查研究贯穿主题教育全过程”“结合担负职责任务，深入基层、沉到一线，践行群众路线、改进工作作风、破解发展难题，运用调研成果推动党中央重大决策部署和省、市委要求落地落实”。

11月12日，邢国辉主持召开市委理论学习中心组学习会。邓沛然、司存喜、刘明轩、李雪荣、郭运兴、陈玉祥、张业、王韶华、张效春、王厚恩、赵文锋围绕学习习近平新时代中国特色社会主义思想、习近平总书记在党的十九届四中全会上的重要讲话、贯彻落实党的十九届四中全会精神和11月11日上午听取中央宣讲团党的十九届四中全会精神宣讲报告会内容，作交流发言。印发《习近平关于〈中共中央关于坚持和完善中国特色社会主义制度　推进国家治理体系和治理能力现代化若干重大问题的决定〉的说明》《中共中央关于坚持和完善中国特色社会主义制度　推进国家治理体系和治理能力现代化若干重大问题的决定》学习资料。

11月26日，邢国辉主持召开市委理论学习中心组学习会。李雪荣宣读《习近平同志在党的十九届四中全会第二次全体会议上的讲话》，张效春宣读《中共中央办公厅关于印发

〈2019~2023 年全国党政领导班子建设规划纲要〉的通知》，王韶华作有关宗教工作的专题报告；书面学习习近平《论坚持党对一切工作的领导》《宗教事务条例》。

12月12日，邢国辉主持召开市委理论学习中心组学习会。围绕习近平总书记关于应急管理的重要论述、对河北工作重要指示批示精神和党中央决策部署，以防范化解重大风险、应对处置各类灾害事故、保护人民群众生命财产安全和维护社会稳定等主题作交流发言。赵文锋宣读《习近平总书记在中央政治局第十九次集体学习时的重要讲话（应急管理体系和能力建设）》并作主题发言，黄三平以反恐防爆、公共场所和重点设施安全、道路交通安全、社会治安安全为主题作发言，高玉柱以防震抗震、安全生产、水域安全、应急处置为主题作发言，邓沛然以政府职责安全责任体系、应急处置组织领导为主题作发言，司存喜以围绕应急管理履行职能、发挥人大作用为主题作发言，刘明轩以围绕应急管理履行职能、发挥政协作用为主题作发言，王韶华以围绕突发事件正面引导为主题作发言。

【市委全面深化改革委员会会议】 3月1日，省委常委、市委书记邢国辉主持召开市委全面深化改革委员会第一次会议。学习贯彻中央全面深化改革委员会第五次、第六次会议及河北省委全面深化改革委员会第一次、第二次会议精神，研究审议改革事项，安排部署改革工作；审议通过《中共石家庄市委全面深化改革委员会工作规则》《中共石家庄市委全面深化改革委员会专项小组工作规则》《中共石家庄市委全面深化改革委员会办公室工作细则》《中共石家庄市委全面深化改革委员会 2018 年工作总结报告》《中共石家庄市委全面深化改革委员会 2019 年工作要点》《市委贯彻落实党的十九大报告重要改革举措实施规划（2019~2022 年）》《关于 2018 年度我市全面深化改革工作考核评价结果的报告》《关于进一步加强新增建设用地指标、占补平衡指标、粮食产能管理的意见》《优化项目“摘牌”安排各类用地指标办法》。

4月4日，邢国辉主持召开市委全面深化改革委员会第二次会议。传达学习贯彻中央全面深化改革委员会第七次会议及省委全面深化改革委员会第三次会议精神，听取工程建设项目审批制度改革、政务数据归集和应用项目建设情况汇报，审议通过《关于开展统筹巡察工作的实施办法（试行）》《关于对村（居）开展扎捆滚动监督检查和延伸巡察工作的意见》《关于新时代进一步深化改革扩大开放的实施意见》《石家庄市全面落实预算绩效管理的实施意见》。

7月8日，邢国辉主持召开市委全面深化改革委员会第三次会议。传达学习贯彻中央全面深化改革委员会第八次会议及省委全面深化改革委员会第四次会议精神，听取行政执法“三项制度”改革情况汇报，审议通过《关于加快新三区与主城区一体化发展的若干意见》《市级国有金融资本集中统一管理工作方案》《关于进一步深化国有企业改革的实施意见》《关于深化生态环境保护综合行政执法改革的工作方案》《关于进一步深化文化市场综合行政执法改革的实施方案》《关于完善全面深化改革推进机制的若干措施》。

12月12日，邢国辉主持召开市委全面深化改革委员会第四次会议。传达学习中央全面深化改革委员会第九次、第十次、第十一次会议，省委全面深化改革委员会第五次、第六次会议精神，听取《关于市内四区深化综合行政执法改革推动执法力量下沉工作报告》，审议《关于政法领域全面深化改革的若干措施》《关于深化市场监管综合行政执法改革的实施方案》《石家庄市全面深化改革工作督察落实和考核评价办法》《关于建立城乡居民基本养老保险待遇确定和基础养老金正常调整机制的实施办法》《关于加强和改进统计工作的实施意见》等改革事项。

（市委办公室）

组织工作

【概况】 2019 年，全市组织系统突出抓好“不忘初心、牢记使命”主题教育、领导班子和干部队伍、党组织建设、党员管理和人才引进等工作，督促各级党组织和广大党员自觉增强“四个意识”、坚定“四个自信”、做到“两个维护”，紧扣全面建成小康社会目标任务和产业转型升级、大气污染防治、城市建设攻坚提质、创建国家卫生城、保障改善民生等工作，履职尽责，组织全市 17963 个基层党组织召开专题组织生活会，督导各级领导干部撰写形成调研报告 1900 余篇。推进“为民服务解难题”专项行动，市直单位收集问题 686 个，全部整改到位。重视干部队伍建设，全年招录公务员935名，聘用事业单位人员3126人；举办各级各类培训班、专题讲座1374期，培训干部8.3万余人次。加强党组织和党员管理，严格落实“三会一课”制度，推进“党建云平台”建设，2019年末平台注册党组织21036个、党员人数61.95万余名，基础信息录入率100%，完整度达95%以上。全年各级党组织利用“党建云平台”举办组织生活13.56万次，日活跃用户1.9万余人次，每月在线人数25万余人次。全年全市新发展党员6895人，至2019年末全市共有中共党员639890人、基层党组织22213个，其中，社区党组织552个，农村党组织4017个。出台引进人才实施办法，开展高层次人才进百校入百企活动。全年引进中国两院院士42人、其他国家院士12人，培养引进国家“千人计划”入选者21人、“万人计划”入选者13人，引进国家“双一流”建设高校毕业生5400余人。2019年张端树获评全国“人民满意的公务员”称号。

【“不忘初心、牢记使命”主题教育】 2019年9月~12月底，按照党中央和省委的部署要求，全市组织开展“不忘初心、牢记使命”主题教育。县级以上干部重点学习《习近平关于“不忘初心、牢记使命”重要论述选编》《习近平新时代中国特色社会主义思想学习纲要》，基层党支部和党员通读学习《习近平关于“不忘初心、牢记使命”论述摘编》。加强“不忘初心、牢记使命”主题教育指导，召开市委常委会5次、召开主题教育领导小组会3次，研究部署主题教育工作。全市召开“不忘初心、牢记使命”主题教育推进会5次，出台专门文件9个，下发提示函10个。全市党员和干部带着责任、问题，广泛开展读原著学原文活动，严格落实守初心、担使命，找差距、抓落实的总要求，增强了理想信念和使命担当。市县乡同步开展“不忘初心、牢记使命”主题教育集中学习研讨，每半月举行一次集中学习会，形成长效常态学习制度。组织党员领导干部开展调查研究，市级领导干部撰写形成调研报告26篇，134个县处级单位班子成员撰写形成调研报告1900余篇。对照党章党规，全市17963个基层党组织召开专题组织生活会，检视问题，征求意见和建议。重点围绕产业转型升级、大气污染防治、城市建设攻坚提质、创建国家卫生城、保障改善民生等查找存在的突出问题，全市梳理发现问题381个，制定整治措施690项，完成或取得明显成效689项，整治完成率99.86%。推进“为民服务解难题”专项行动，市直单位收集问题686个，全部整改到位。坚持分类指导，按照不同类型基层党组织，以党支部为单位组织党员参加“不忘初心、牢记使命”主题教育，同时利用“三会一课”和主题党日活动，严抓学习教育内容和检视问题整改。宣扬典型，开展滹沱河生态修复工程系列宣传报道，举办井陉太行“天路”精神先进事迹巡讲报告会13场，推行“红色物业”承接老旧小区治理，把“不忘初心、牢记使命”主题教育与贯彻落实党中央决策部署、破解改革发展稳定突出问题、党的建设紧迫问题结合起来，有效激发了党员干部干事创业激情和精神。中央指导组两次到石家庄市指导“不忘初心、牢记使命”主题教育，并参加市委常委专题民主生活会，对石家庄市主题教育给予肯定。

【领导班子和干部队伍】 制定《综合分析研判工作流程》，对照《干部任用条例》，修订完善《市管干部任免程序》《推荐考察程序》，县（市、区）和市直单位选拔任用科级干部实行全员预审备案。落实干部选用标准，重视培养优秀年轻干部，实施“名校英才入石计划”，2019年全市招录国家“双一流”高校定向选调生226名，常规选调生260名。制定出台《关于市直机关公开遴选公务员工作常态化实施意见》，全年为36家市直单位遴选基层公务员135名。做好四级联考和事业单位人员招录招聘，其中，招录公务员935名，聘用事业单位人员3126人。提升干部政治素质和专业能力，全市举办各级各类培训班、专题讲座1374期，培训干部8.3万余人次；市委组织部直接举办培训班29期、干部大讲堂7期，培训干部4868人次。建立和完善领导班子、领导干部考核制度，完成2018年度市管领导班子、领导干部综合考核和绩效考核，修订领导班子激励考核评价体系和绩效管理考评体系。严格做好县（市、区）和市直部门领导班子季度考核。开展第九届全国“人民满意的公务员”“人民满意的公务员集体”评选表彰活动，张端树获评全国“人民满意的公务员”称号。加强干部队伍管理，大力营造风清气正的政治生态。2019年全市组织2073名市管干部集中填报个人有关事项，确定2019年领导干部经济责任审计名单，完成21个县（市、区）、33个市直单位“一报告两评议”结果汇总及反馈。重视干部档案信息管理，全市17.4万名干部信息全部录入信息系统，在职干部档案数字化15.8万卷，初步实现联网查阅。高标准建设干部数据管理中心，全市60余个市直单位、19840余名干部划转任务完成，工资审批顺利衔接。

【党组织建设】 城市党组织建设。突出打造“红色物业”，全市在244家市场化物业服务企业建立党组织，选派166人担任党建指导员，实现城市党组织和党的工作全覆盖。健全完善党群联席会议、“双向进入、交叉任职”制度，提升物业企业参与基层治理能力。评选11家市级、44家区级“金牌红色物业”，制定出台资金奖励、减费降税、创业贷款等优惠政策。2019年全市物业服务企业承接老旧小区528个，直接服务居民12万余户，受惠群众42万余人。举办城市社区党建工作年会，表彰优秀社会组织、具有贡献突出共驻共建单位和在职党员等先进典型。推进城市基层党建区域化，开展驻区单位党组织和在职党员到社区“双报到双报告双考核”活动，全市1163个机关企事业单位党组织、65975名在职党员到社区报到，签订共驻共建协议1124份，召开党建联席会871次，组织志愿服务活动2716场，直接或间接服务群众102万余人。建设社区党群综合服务场所，全市552个城市社区有466个社区达到省定500平方米标准，占比84%。公开招聘大学生社区工作者223名，从优秀社区党组织书记中选拔街道（乡镇）公务员9名。妥善落实1997年社区专职干部相关政策，148名专职干部全部纳入事业编制管理。按照每年40万元标准落实党建惠民专项资金，全年市区两级财政投入2.1亿元，在526个社区开展党建惠民工程。全年举办城市党组织书记培训班7次，培训570人。农村党组织建设。至2019年末，全市共有农村党组织4017个。组织全市农村党组织举办党建工作年会，确定年会程序为：奏唱国歌、重温誓词、年度述职、征求意见、承诺目标、民主评议、评选表彰、奏国际歌。支持农村党组织清理规范农村集体经济合同，全市4014个村摸排集体经济合同14.6万份，收缴欠款2.4亿元，村集体合同收入年均净增1.9亿元，集体经济空白点占比由23%降至1.5%。开展村党组织书记“三比一争”活动，召开党建工作、乡村治理、产业发展“三合一”观摩会，找差距、定目标，从实践中提升村党组织书记素质。举办农村“两委”干部示范培训，市本级在河北农业大学开办2期综合素质提升培训班，100名乡村干部在市委党校开展为期一周示范培训，全年培训村党组织书记、村委会主任1700名，县（市、区）村党组织书记全部轮训一遍。集中整顿软弱涣散农村基层党组织，省备案软弱涣散村党组织247个，全部落实包联机制，排查发现不符合任职条件的村干部34名，全部调整处理并及时补充人选。扶持壮大村级集体经济，落实每村扶持资金50万元，督促县（市、区）将村级组织运转经费及时足额列入财政预算。

【党员管理】 全年新发展中共党员6895人，至2019年末，全市共有中共党员639890人。针对部分农村多年不发展党员问题，建立市、县、乡工作台账，层层分解任务，确定县、乡、村三级责任人，倒排工期，挂账销号，全年707个多年不发展党员村全部完成发展党员任务。稳妥解决农村发展党员“家族化”“近亲繁殖”问题，举办县（市、区）农村发展党员摸底调查，指导相关县（市、区）严肃处置检查发现违规发展村“两委”干部亲属党员等问题；新发展与村“两委”干部有亲属关系的党员，实行市、县、乡三级审查。开展发展党员违规违纪问题排查试点，指导栾城区全面排查2014年5月后发展的1199名党员，核查确认违规违纪问题党员49人；研究制定发展党员违规违纪问题认定处理和责任追究办法，49名违规违纪党员及相关责任人逐一问责处理。重视党员教育和管理，督促党员参加和落实“三会一课”制度。推进“党建云平台”建设，至2019年末平台注册党组织21036个、党员人数61.95万余名，基础信息录入率100%，完整度达95%以上。2019年各级党组织利用“党建云平台”举办组织生活13.56万次，日活跃用户1.9万余人次，每月在线人数25万余人次。

表6　2015~2019 年石家庄市中共党员数据统计一览表

年度	中共党员总数(名)	新发展中共党员数量(名)
2015	623960	6824
2016	631137	6809
2017	627526	6589
2018	630972	6533
2019	639890	6895

【人才引进】 优化人才环境，出台引进人才实施办法，开展高层次人才进百校入百企活动，制定人才考核管理办法，细化实施现代产业人才集聚工程措施，发挥用人单位在人才培养、吸引和使用中的主导作用。全年办理人才绿卡 A 卡752 张、B 卡 5199 张、县(市、区)卡 14960 张。柔性引进诺贝尔奖获得者7人、中国两院院士 42 人、其他国家院士 12 人，培养引进国家“千人计划”入选者 21 人、“万人计划”入选者 13 人、长江学者 2 人，引进国家“双一流”建设高校毕业生 5400 多人。建成全省首个省级人力资源服务产业园，签约入驻企业50 家。建成包括1万余名院士、“千人计划”专家等高层次人才信息和 5000 名人才需求信息库，建立院士工作站 73 家（市委组织部系统数据），联络院士 130 余名。提升人才服务保障水平，将14 家文体活动场馆纳入人才绿卡 A 卡服务范围，为人才绿卡 A 卡专家在正定机场开设候机休息区；开展“进企业送政策”活动，做好省、市专家和高层次人才考核工作，评选 2019 年度市管拔尖人才；增强产业人才创新意识和创新能力，举办高层次人才座谈会，选派 80 余名企业界专家人才参加浙江大学创新能力提升研修班。至 2019 年末，全市建有各类人才住房 6800 多套。

(尹路)

【离退休老干部管理】 全年新增离退休老干部 728 名，总数达到 98196 名。新建老干部活动场所5处，分别为：市老年大学（世纪校区），建筑面积 1. 58 万平方米，开设美术、书法、器乐、舞蹈、声乐、社科文史、信息技术、医学保健、戏剧、生活艺术 10 个专业；裕华区老年大学，建筑面积 2912 平方米，开设旅游英语、葫芦丝、二胡、模特、舞蹈、瑜伽、古筝、电钢琴、气功、声乐、写意花鸟、书法 12 个专业；桥西区老年大学，建筑面积 2200 平方米，开设舞蹈、时装表演、楷书、瑜伽、养生太极、古筝、声乐、写意画鸟、电钢琴 9 个专业班；新华区老年大学，建筑面积 2000 平方米；长安区老年大学，建筑面积 2200 平方米，开设藏族舞、古典舞、太极、声乐、楷书 5 个专业。2019 年市老年大学开班 195 个，其中市老年大学（青园校区）开班 126 个，参与培训 5370 人次。

表7　2015~2019 年石家庄市离退休老干部数据统计一览表

年度	离退休老干部总数(名)	新增离退休老干部数量(名)
2015	90386	2545
2016	93022	2636
2017	95136	2114

续表

年度	离退休老干部总数(名)	新增离退休老干部数量(名)
2018	97468	2332
2019	98196	728

(市委老干部局)

宣传工作

【概况】 2019年，全市宣传思想文化工作以学习贯彻习近平新时代中国特色社会主义思想为主题，贯彻落实习近平总书记在全国宣传思想工作会议上的讲话精神，按照党管宣传、党管意识形态的总要求，牢牢把握统一思想、鼓舞干劲、凝聚人心、促进发展的宣传理念，突出围绕市委、市政府的中心工作，唱响主旋律、打好主动仗，为全市经济社会发展提供有力的思想保证、精神动力和舆论支持。政治理论学习。全年市委理论学习中心组举行集中学习20次，研讨交流16次，发挥“学习示范班”作用，为全市党员干部树立标杆。全年县处级以上党委中心组组织举行政治理论学习1800余次，形成浓厚的学习氛围。举办理论宣讲2800余场，推出电视理论栏目“理论之窗”20期，理论微信公众号“石时学习”推送理论文章信息700余篇。全力做好意识形态领域重大风险防范化解各项工作。深入开展意识形态领域专项行动，加强新闻出版、广播影视、文化市场、思想文化类讲座论坛和报告会研讨会等重要阵地管理，2019年全市意识形态领域保持稳固态势，没有发生重大敏感事件。加强宣传文化人才队伍建设。组织开展全国文化名家暨“四个一批”人才、市管拔尖人才评选，争取省委宣传部人才项目扶持资金16万元，举办全市乡镇党委宣传委员专题培训班，开办“宣传干部大讲堂”10期，全面提升宣传干部的素质能力。围绕贯彻落实中央重大决策和省市委重要部署，组织市属各级各类媒体，特别是新媒体，加强宣传策划，在《人民日报》、新华社、中央人民广播电视总台等中央主要媒体刊发（播）稿件1500余篇（条），排名全省第一。学习宣传贯彻《中国共产党宣传工作条例》的经验做法被中宣部《宣传工作》向全国推介。

4月13日，石家庄市2019年“城市文明大行动 党员干部做先锋”党员志愿服务日活动启动仪式举行

【政治理论学习】 市委理论学习中心组率先垂范，始终把学习贯彻习近平新时代中国特色社会主义思想作为首要政治任务，及时跟进学习习近平总书记重要讲话精神和中央、省委重大决策部署，扎实开展“不忘初心、牢记使命”主题教育集中学习研讨，全年市委理论学习中心组集中学习20次，研讨交流16次，打造“学习示范班”，为全市党员干部学习树立标杆。加强对县处级中心组学习指导督查力度，紧密结合“不忘初心、牢记使命”主题教育，把《习近平新时代中国特色社会主义思

想学习纲要》纳入学习计划，开展多形式、分层次、全覆盖的学习培训，制定《关于进一步加强和改进党委（党组）理论学习中心组学习制度化规范化的意见》等一系列制度，全市县处级以上党委中心组共组织学习1800余次，形成浓厚学习氛围。大力推进习近平新时代中国特色社会主义思想“进社区、进农村、进机关、进校园、进网络、进企业”，举办理论宣讲2800余场，推出电视理论栏目《理论之窗》20期，理论微信公众号“石时学习”推送理论文章信息700余篇。完成中央宣讲团、省委宣讲团在石家庄市开展的党的十九届四中全会精神宣讲活动，组建市委宣讲团、市委理论骨干宣讲团等宣讲队伍，累计开展宣讲活动1800余场，受众25万人次。加强党委讲师团工作，灵寿、新乐、赞皇、栾城、藁城等县（市、区）成立“党委讲师团”。建立健全学习平台组织架构，架设27个一级管理机构并层层向下延伸，成立“学习强国”平台建设工作专班，实行层层管理制度。以党支部为基本单位，吸纳全市62万党员加入“学习强国”，党员干部以普通党员身份带头学习使用“学习强国”，成为新的学习风尚和自觉行为。组建石家庄市“学习强国”学习平台通讯站和供稿专班，建立省、市、县三级供稿链，形成覆盖全市的供稿系统，发稿数量位居全省第一。

【意识形态】 落实定期报告制度，向市委常委会专题汇报意识形态工作，形成市委意识形态工作专题报告省委。将意识形态工作纳入市委巡察范围，对12个市直单位开展市委第七轮巡察意识形态工作专项检查，组织开展落实意识形态责任制情况督查，确保意识形态工作责任制落实到位。制定《石家庄市落实意识形态工作责任制考核评价办法》等文件，组织市委教育工委、市委网信办、市公安局等15个成员单位开展风险评估，制定工作举措，扎实做好舆情信息分析研判工作，全力做好意识形态领域重大风险防范化解各项工作。2019年全市意识形态领域保持稳固态势，没有发生重大敏感事件。印发《关于进一步加强对论坛、讲坛、讲座、年会、报告会、研讨会等阵地管理的意见》《关于进一步规范管理思想文化类活动和新建改扩建纪念设施的通知》，深入开展“清源2019”“秋风2019”等专项行动，始终保持“扫黄打非”严打态势。加强对新闻出版、广播影视、文化市场、思想文化类讲座论坛和报告会研讨会等重要阵地以及公益广告、新建改扩建纪念设施景区等关键部位的管理，做好敏感事件人员调查摸排工作，确保意识形态领域安全。

【新闻宣传】 围绕贯彻落实中央重大决策和省市委重要部署，组织市属各级各类媒体，特别是新媒体，加强宣传策划，创新传播手段，推出系列主题报道、典型报道、深度报道，充分反映加快构建“4+4”现代产业发展格局、继续打好三大攻坚战、加强保障和改善民生等全市重点工作的新实践、新举措、新成效，持续开展“不忘初心、牢记使命”主题教育、“三深化三提升”机关效能革命、“双问计”活动、“扫黑除恶”专项斗争等系列专题宣传，凝聚起新时代建设现代省会、经济强市的强大正能量。紧紧围绕全市中心工作，积极谋划对接选题，加强与中央媒体联络沟通，利用中国国际数字经济博览会、世界华文传媒论坛、中国国际通用航空博览会、省市旅发大会等重大活动契机，集中推出一批重要稿件，在《人民日报》、新华社、中央人民广播电视总台等中央主要媒体刊发（播）稿件1500余篇（条），排名全省第一，其中新华社、《人民日报》内参刊发高瑞奎先进事迹，得到王东峰书记等省领导批示。制作推出新版形象片、市情片，精彩展现省会精神、省会形象、省会文化，讲好新时代全面建设现代省会、经济强市的石家庄故事。推动全市各级各部门进一步增强舆情意识，高度重视舆情回应工作，制定印发《关于支持配合中央、省主要媒体采访积极营造良好氛围的通知》等一系列文件，召开全市政务舆情回应工作和新闻发言人培训会议、全市提升新闻舆论引导能力读书班等专题会议，扎实做好外媒服务管理、重大突发舆情回应、新闻发布等工作，稳妥有效处置“鹿泉区西美金山湖别墅违建事件”“高新区被老板事件”等30余起涉石重大舆情，为全市经济社会发展营造和谐稳定的舆论环境。

【社会主义核心价值观教育】 完成中宣部在西柏坡举行“壮丽70年·奋斗新时代”大型主题采访活动启动仪式。开展庆祝新中国成立70周年新闻宣传，启动“壮丽70年·奋斗新时代”主题采访活动，组织市属新闻媒体统一开设专题专栏，推出系列宣传报道300余篇。完成西柏坡第11届室改陈、十八大以来辉煌成就展、中宣部旧址改展等工作，得到省委书记王东峰的肯定。宣扬井陉太行“天路”精神，主要宣传“自力更生、艰苦奋斗的优良作风，改革创新、干事创业的责任担当，苦干实干、无私奉献的精神境界”；9月21日，由井陉县于家乡乡镇干部王彤、县税务局张婉鑫、威州中学教师王乙峰、苍岩山镇乡镇干部赵志康、小作镇乡镇干部张琪、秀林中心学区南张村学校教师高森6位宣讲团成员组成的井陉太行“天路”精神先进事迹巡讲报告会在市委党校举行。开展国史知识竞赛、“五星红旗飘起来”、365百姓故事汇、“青春·中国”快闪征集、合唱艺术节、优秀传统文化系列展演等一系列群众性宣传文化活动，激发全市人民爱国热情。选树宣传践行习近平新时代中国特色社会主义思想先进典型，建立健全石家庄“时代新人”发布机制，在全市广泛开展感动省城十大人物、道德模范、公民文明标兵等系列先进典型选树活动，吕建江荣获中宣部“最美奋斗者”荣誉称号，吕保民当选感动中国十大人物，高瑞奎等6人获评“中国好人”，曹语粲入选全国第一批“新时代好少年”，在全社会凝聚起崇德向善的正能量。完成2019年全市“三下乡”集中服务活动，为灵寿县支持资金项目2.62亿元。持续抓好宣传文化示范村（社区）建设，命名晋州市李家村等52个村、长安区建华一社区等19个社区为全市第十六批宣传文化示范村（社区）。

【文化事业】 制定《繁荣发展文艺事业的实施意见》，推动石家庄市文艺事业大繁荣大发展。深入挖掘历史文化、革命文化和现代文化资源，纪录片《中山国》《烽火滹沱》陆续登陆央视，成功拿到《白毛女》作者授权并开展拍摄工作，丝弦戏剧《大唐魏征》入选第十六届中国戏剧节，河北梆子《吕建江》等6部作品成功入选河北省第十三届精神文明建设“五个一工程”，现代戏《拉花人家》等四部作品荣获第十三届河北省文艺振兴奖。以“我为石家庄唱首歌”为主题，面向全国开展歌曲征集活动，共收到来自20多个省市作品600余首，评选出获奖歌曲40首。坚持监管和服务并重，提升版权管理水平，君乐宝乳业集团被评选为全国版权示范单位。加大印刷发行业监管力度，积极推动印刷发行行业转型升级，成功举办第十五届石家庄印刷机械器材展览会。大力开展全民阅读系列活动，加强农家书屋建设，为2853家农家书屋补充更新出版物17.77万册，投入资金40万元新建8个社区书屋，组织开展“书香筑梦·礼赞祖国”2019全民阅读暨庆祝新中国成立70周年音乐诗会等系列活动，建设“书香石家庄”。广泛开展群众性文化活动，利用元旦、春节、国庆等重要时间节点，组织开展新春游园、鼓王争霸赛、石家庄社火文化节等一系列重点文化活动，丰富群众节日生活。继续举办好“引进高雅艺术演出活动”，全年引进音乐剧《贝隆夫人》等高端艺术演出11场。广泛开展“彩色周末”活动，组织文艺院团深入农村、学校、社区举办文艺演出活动100多场次，开展“戏曲进校园”活动演出40余场，组织送戏下乡演出950余场、送电影进社区、乡村放映49000余场次。加大文化惠民力度，推广发行文化惠民卡3万张，市县两级公益文化场馆深入实施免费开放，不断提升公共文化服务水平，提升人民群众文化获得感。不断深化文化体制改革，做好报业传媒和广电传媒集团编委会、演艺集团艺委会建设、国有文化企业党的建设，实现文化领域行业党的建设全覆盖。扎实推进县级融媒体中心建设，累计投入1.2亿元，17个县（市、区）全部建成并挂牌使用。

【城市形象歌曲征集】 2018年12月28日至2019年4月中旬，由市委宣传部组织举办的“我为石家庄唱首歌”暨石家庄城市形象歌曲征集活动举行。这是石家庄市历史上第一次举办大规模的城市形象主题歌曲征集活动。共收到来自河北、北京、山西、湖南等全国20多个省市作者报送歌曲627首，涵盖流行、美声、民谣、摇滚和说唱等形式。城市形象歌曲征集活动邀请中国音乐家协会流行音乐学会主席付林、全国音乐文学学会副主席石顺义、省音乐家协会主席白朝晖等国家、省内知名专家担任评委。终评环节增加网络投票15天，收到有效票数1067795张，累计参与投票总人数24万人次。评选获奖歌曲一等奖1首、二等奖2首、三等奖3首、优秀奖10首。

表8　2019 年“我为石家庄唱首歌”暨石家庄城市形象歌曲征集活动获奖歌曲一览表

奖项	歌名	作词	作曲
一等奖	《我的庄我的城》	夏元元	刘明扬
二等奖	《那就是石家庄》	焕　青	张溪原
	《花开庄上》	张开云	文邦明
三等奖	《槐安路的咖啡馆》	刘国文	杨东煜
	《石家庄的温柔》	梁文正	杨东煜
	《这是我的石家庄》	刘爱斌	张宇婵
优秀奖	《石家庄的桥》	陈永萍	刘　阳
	《啊！石家庄》	胡宏伟	曹贤邦　马　光
	《有一座城市离我不近也不远》	枫林晚唱	董茂贤
	《石家庄站》	彭建强	杨东煜
	《石家庄车站到了》	伊　宁	张　臻
	《石家庄那些年》	化建彬	化建彬
	《总是念你千万遍》	陈善友	刘　虎
	《千年的月季》	孙同兴	王　海
	《梦里老家》	杨厚爽	刘启明
	《美丽家园》	李艳龙	李艳龙

（市委宣传部）

统战工作

【概况】 2019 年，全市统一战线以深入推进中央和省、市委关于统一战线重大决策部署落实为重点，紧紧围绕市委中心工作，充分发挥统战优势，凝心聚力夯实基础，主动聚焦对标任务，指导各民主党派参政议政强化自身建设，狠抓各项工作落实，为加快建设现代省会、经济强市凝聚更多人心力量。坚持依法管理宗教事务。深入开展普法工程，着力打造“省级宗教普法示范点”，精心培育“宗教法治宣传教育基地”，教育引导宗教团体、场所负责人和教职人员自觉遵守《宗教事务条例》。大力实施深化民族团结进步“石榴籽”系列工程，积极做好宗教工作“三项制度”落实，全市所有乡（镇、街道）都配备宗教专干。破解宗教领域和民族地方热点难点问题，依法治理佛道教商业化、基督教私设聚会点等问题，解决民族工作面临的突出问题和特殊困难，促进少数民族和民族地方加快发展。推动全市党外干部队伍建设发展。出台《关于进一步完善党外优秀年轻干部培养选拔机制的实施意见》，对全市范围内的党外干部情况进行调研摸底，及时掌握党外干部的思想和工作情况。积极开展教育培训，提高党外干部思想政治素质。加强新的社会阶层人士基础性工作，新建社会阶层人士联络站48 个。裕华区国际庄创业广场被中央统战部确定为河北省唯一的新的社会阶层人士统战工作实践创新基地重点项目。2019 年市委统战部被中央统战部评为全国统一战线宣传工作先进单位。

【多党合作与政治协商】 深入贯彻落实中国共产党领导下的多党合作和政治协商制度，积极支持和协助民主党派搞好基层组织建设。经常就民主党派的组织建设与党派基层组织负责人及党派上级组织沟通协调，帮助民主党派做好发展成员考察工作，支持民主党派加强班子建设，协助选拔基层组织负责人，支持各党派独立自主地开展工作。加强党派自身建设。认真落实中央下发的“三个文件”精神，聚焦党派自身建设中的突出问题和薄弱环节，制定出台相关文件；召开沟通对接会，将民主党派纳入驻部纪检组监察范围，加强思想政治教育，不断提升纪律意识。组织民主党派成员赴古田、瑞金、延安等革命圣地开展“寻红根、跟党走”系列活动，通过现场参观学习，加深对中国共产党革命史的了解，增强政治意识，凝聚思想共识，坚定道路信念。每两月举办一次“党派机关学习日”活动，邀请专家学者授课，不断提升党派成员政治觉悟和理论素养。积极推进民主党派参政议政。组织召开协商会、座谈会、通报会等10余次，广泛征求意见，鼓励各民主党派、工商联和无党派人大代表和政协委员在两会期间积极提交建议提案，同时加大对代表和委员的培训力度，提高各类建议提案质量。各民主党派积极建言献策，农工党市委提出的《关于在我市积极推广屋顶绿化，改善大气质量的建议》、民建市委提出的《关于加快建设高技能人才区域高地的建议》等意见建议，为全市转型发展、项目攻坚贡献智慧力量。

【支持非公经济发展】 贯彻落实《关于支持民营经济高质量发展的政策措施》，优化营商环境，服务实体经济发展。每季度收集上报民营企业意见建议，全年收集上报各类问题建议19条。其中《关于石家庄市营商环境情况的报告》得到省委常委、市委书记邢国辉批示，并经市政府研究印发有关部门执行。《关于石家庄市文化产业部分民营企业经营问题的集中反映》《关于石家庄市物流行业民营企业生产经营问题的反映》等10条建议，得到市领导批复。邀请市直相关部门为民营企业进行政策解读，举办民营经济发展政策学习宣传活动8场，有800余名民营企业负责人参加，收到明显成效。加强商会建设，多次到北京、上海、烟台、深圳、西安、天津等地考察对接，推进成立石家庄商会事宜，全年组建成立北京、天津、上海、烟台、三亚异地石家庄商会5家。引导非公有制经济持续健康发展，实施民营企业家素质提升工程，邀请专家作全国“两会”报告会3场，组织全市300多位企业家参与理想信念教育实践活动；全年举办各类培训班12期，培训民营企业家1000余人次。综合评价商会推荐18名非公经济人士，为促进非公经济人士成长进步提供保障。发挥民营经济发展促进中心作用，完善法律维权中心、培训中心、金融服务中心、人才服务中心功能，全市14家企业入选河北省民营企业百强，12家企业入选河北省民营企业制造业百强，22家企业入选河北省民营企业服务业百强。2019年12月，全市评选推荐8名非公经济人士为河北省第六届优秀中国特色社会主义事业建设者，分别为：正定县海箊簹鱼水饺饭店总经理陈小青、河北三和时代律师事务所高级合伙人张宏斌、河北长宽网络服务有限公司总经理翟中原、河北传媒学院理事长翟志海、河北敬业集团董事长李赶坡、石家庄科林电气股份有限公司董事长张成锁、石家庄以岭药业股份有限公司总经理吴相君、人天通信集团有限公司董事长肖飞。

【市台湾同胞联谊会】 市台湾同胞联谊会（简称市台联）于1999年11月19日成立，是居住在石家庄市的台湾各族同胞的爱国民众团体，以团结联络广大台湾同胞、促进两岸人民交流为己任，为祖国和平统一大业贡献力量，是党和政府联系台湾同胞的桥梁和纽带。石家庄市定居台胞共74户、192人，较2018年增加7人。12月27日，石家庄市台湾同胞第五次代表会议在石家庄召开，会议审议并通过市台联第四届理事会工作报告和《石家庄市台湾同胞联谊会章程（修正案）》，选举产生第五届理事会。深化石台两地经济交流合作。积极邀请北京、南京等地台商和岛内台商，来石投资兴业，其中两位台商达成初步在石投资意向，多名台商表达对石家庄市招商项目的兴趣，希望进一步深入考察了解。至2019年底，全市有台资企业84家，总投资6.76亿美元，解决劳动就业约2万余人，全年新增台资企业1家，总投资100万元美元。大力推动对台交流工作。加大青年交流、基层交流、文化交流以及对口交流工作，全年共接待台湾交流团组16批506人次，较2018年增长约三分之一。邀请台湾联合报参访团来石家庄市参访，并对石家庄市历史文化和经济社会发展情况进行全面报道，在岛内推发平面报道8篇、新媒体宣传28篇、石家庄推广视频网络点击量达到3000万次，增进台湾民众对河北、对石家庄的了解。成功举办冀台“社区营建”村里长系列讲坛活动和第三届京津冀台中学生教育论坛，促进两岸交流。

【市黄埔军校同学会】 2019年市黄埔军校同学会（简称市黄埔同学会）共有会员7名，年龄最长96岁，最小89岁；设会长1人、副会长2人、理事若干人，采用理事会方式领导和管理市黄埔军校同学会。理事会议闭会期间，由会长、副会长、秘书长组成办公会议，主持会务。设立秘书长1人，处理日常工作。现任会长张连枝，秘书长王连重。市黄埔同学会以关爱黄埔军校同学为工作重点，落实重大节日、会员生日、困难救助、大病应急和临终关怀五项关爱制度，全年走访慰问会员 50 多人次，帮助多名黄埔会员和黄埔亲友解决生活实际困难。与省黄埔同学会一起陪同巴拿马中国和平统一促进会、哥斯达黎加中国和平统一促进会赴西柏坡、中央统战部李家庄旧址参观交流考察，建立与中南美洲国家联系渠道。9月2日，市黄埔同学会在亚太大酒店举行纪念中国抗日战争胜利 74 周年座谈会，参加座谈会黄埔后人及亲属 30 余人。

（徐周博）

政策研究

【概况】 2019 年，市委研究室、市委改革办紧紧围绕市委领导关心关注、亟待解决的重点、难点和焦点问题，发挥好参谋助手作用，围绕全面深化改革、“4+4”现代产业发展、美丽乡村建设、基层组织建设等课题内容共完成重大调研报告 19 篇，综合文稿 17 篇，编印《政策解读》5 期，调查研究工作被省委研究室评为“优秀”等次。市全面深化改革领导小组共部署196 项改革任务，4 次组织召开市委全面深化改革委员会会议，建立市委改革办、市委市政府督查室协调联动的联合督查机制，开展各类督察 20 余次，编发《石家庄改革动态》23 期，“石家庄改革”微信公众号阅读量突破 50 万余人次。主编市委机关刊物《石家庄决策》发行 12 期，获评“全国城市十佳党刊”“省会双十佳内资出版物”。市委政策研究室内设9个处室，分别为：综合处、经济研究处、农业农村研究处、党建研究处、社会和法治研究处、改革秘书处、改革规划协调处、改革督察处、机关党总支（人事处）。下设事业单位1个，为《石家庄决策》编辑部。

【调查研究】 积极发挥参谋助手作用，围绕全面深化改革、“4+4”现代产业发展、美丽乡村建设、主题教育活动等内容完成调研报告 19 篇。做好市级领导调研工作。认真做好市委主要领导调研课题服务工作，完成《大力推进石保廊全面创新改革试验 进一步激发高质量发展活力》，市委主要领导在省委常委调研交流会上交流发言；完成《关于大力推进石保廊全面创新改革试验区建设的初步调研与思考》，市委主要领导在市委理论中心组学习会上交流发言。认真组织市级领导集中调研工作，起草《关于市四大班子领导开展重点课题集中调研的实施方案》，编印《2019 年市级领导重点调研课题集中调研成果汇编》，印发《市领导集中调研反映问题和意见建议汇总表》，督促调研成果转化。认真落实市委主要领导要求，摘编市政协十三届三次会议中政协委员发言材料，印发市四大班子成员参阅。高标准完成市委重要会议组织服务保障任务。协调保障全市一季度经济形势分析会，市委十届六次、七次、八次全会，全市推进高质量发展全面建成小康社会专题研讨班，全市城市经济发展工作座谈会等市委大型重要活动。扎实开展调查研究。完成《关于井陉县自力更生艰苦奋斗，依靠群众修建旅游“天路”的调研报告》《关于新三区与主城区一体化发展的调研报告》等高质量调研报告，全部进入市领导思考和决策视野。其中，井陉“天路”调研报告被省委政研室《政研与决策》刊发。会同市直有关部门，对全市产业发展、财税金融、招商引资、科技创新、土地利用等关键领域、关键环节的相关政策进行全面解读，印发政策解读 5 期。高质量完成市委、市政府重要文件起草工作。完成《市委2019 年工作要点》《关于进一步提高科学决策民主决策依法决策水平的实施意见》等全市重大意见和文件 5 篇。主动创新调研方式促进成果转化。围绕无极县推进特色产业集群发展、加快推进河北大道（正定段）环境整治等重点工作，深入开展调研后落实情况的跟踪调研，先后形成《关于无极县推进特色产业集群发展的调研报告》《关于无极县三大产业转型升级和企业入统进展情况的调研报告》，及时将落实情况的新进展、新问题、新建议报领导决策，做到工作不完成，调研不结束，有力推动了工作的落地落实。积极参与优秀调研成果评选活动。《习近平同志在正定工作期间对加强党风廉政建设的思考与实践》受到省市委主要领导的肯定，获全国党建研究会 2018 年度自选课题三等奖。《关于正定县80 年代初统战工作的思考与实践》《石家庄市全面深化工程建设项目审批制度改革落实情况调研报告》等 5 篇调研报告，被定为 2019 年度市社科专家培养资助项目。收集整理各县（市、区）、各市直部门优秀调研成果，形成《2018年全市优秀调研文集》，印发各级领导和全市调研工作者学习交流。

【推进和深化改革】 2019年石家庄市改革工作在全省全面深化改革年度考核中位列第一，并在全省范围内通报表彰。统筹谋划能力显著增强。主动对接上级改革任务，同时聚焦全市热点难点问题，研究制定市2019年改革工作要点，精心谋划196项重点改革任务，并将市委十届六次全会确定的八项重点改革任务与其他各领域改革任务区分，更加便于各县（市、区）、市直各部门进行责任分解和任务落实。研究制定《市委贯彻落实党的十九大报告重要改革举措实施规划（2019～2022年）》，为全市改革工作在新时代向更深层次推进明晰路径。发挥组织协调作用。以“双问计”活动为载体，不断强化上下衔接，全市改革工作的系统性、整体性、协同性明显增强。4次组织召开市委全面深化改革委员会会议，听取并审议改革工作事项30余项，上会议题更加突出服务经济社会发展大局和人民群众关心关注的热点问题。加大督导推动力度。印发《关于对改革进展情况进行调整的通知》《关于认真做好2019年度市委主要领导领衔改革事项落地见效工作的通知》等文件，建立市委改革办、市委市政府督查室协调联动的联合督查机制，开展各类督察20余次。完善改革体制机制。研究制定《关于完善全面深化改革推进机制的若干措施》，包括4个方面，20项机制，修改补充文件审核把关、创新经验推广、台账管理等，为推动全面深化改革升级加力提供制度保障。推广改革经验做法。加强改革工作交流，进一步宣传改革成果，扩大改革影响力。编发《石家庄改革动态》23期，刊发信息114篇；“石家庄改革”微信公众号阅读量突破50万余人次，是宣传石家庄改革成果、收集群众呼声的重要渠道。加强特色典型经验总结推广，平山县以财政改革促转型升级的经验做法获得国务院表扬；市市场监督管理局“四双四一”联合抽查法，在全国市场监管工作会议上介绍典型经验，并在全省进行推广；市保护中小投资者工作被评为全国标杆，经验做法在全国推广复制。

【《石家庄决策》刊物】 2019年《石家庄决策》刊物紧密配合市委中心工作，认真搞好栏目安排，每期突出一个重点内容。重点策划“学习贯彻市委全会精神”“效能革命”“全面深化改革”“高质量发展”“壮丽70年，奋斗新时代”等一系列栏目，精心编辑一批反映全域旅游、招商引资、项目建设、乡村治理、信访稳定等重要文稿，为全市各级党委掌握全局、谋划发展、交流经验、推动工作提供参考借鉴。与14家外地城市党刊结为“省际宣传合作联盟”，通过版面互换方式，借助外地党刊平台宣传推介石家庄市城市建设、经济发展、文化旅游等成就和经验。2019年被评为“全国城市十佳党刊”、河北省会“双十佳”内部资料性出版物。

（康静）

机构编制

【概况】 2019年，市委机构编制委员会办公室（简称市委编办）以全面深化改革为总揽，发挥机构编制部门职能作用，统筹推进全市党政机构、行政审批制度和事业单位机构改革，严格管理和优化配置机构编制。党政机关机构改革和“三定方案”基本完成。调整行政审批局相关职能，完成公共资源交易平台工程建设、政府采购、国有土地和矿产权出让、国有产权交易、排污权交易、医疗设备采购6大业务系统构建，行政审批更加高效便捷。规范开发园区纪委监委职能和编制，加强园区纪律监督。设立中国（河北）自由贸易试验区正定片区管理委员会，综合保税区增设两个协调管理机构，加强自贸区协调管理。全年分别设立、撤销、调整行政机构和事业单位19个、9个、55个；使用行政、事业编制41宗599个；收回行政、事业编制12宗134个；动态调整行政编制93个、事业编制52个。通过机构改革，转变政府职能，优化组织机构，初步建立符合全市经济社会发展相适应的行政管理体制，推动法治政府、服务政府和廉洁政府建设。

【党政机构改革】 职能调整。调整市公安局、市自然资源和规划局、市场监督管理局的相关机构职位设置。调整市政府办公厅、市发展和改革委员会、市教育局、市工业和信息化局、市公安局、市财政局、市人力资源和社会保障局、市生态环境局、市交通运输局、市农业农村局和市地方金融监督管理局11个市直部门职能配置；“利用外资统计工作”职能由市统计局调整到市投资促进局；市发展和改革委员会承担的招投标管理职责划入市行政审批局（市政务服务管理办公室）公共资源交易监督管理处；调整派驻纪检监察组名称及监督范围；建设工程消防设计审查验收职责从市消防支队调整至市住房和城乡建设局。市住房和城乡建设局勘察设计管理处负责建设工程竣工消防设计审查相关工作，工程质量安全监管处负责建设工程竣工消防验收相关工作。市住房和城乡建设局所属事业单位市建设工程质量监督管理站负责建设工程消防验收专业性服务工作；市纪委监委撤销研究室、法规室，将相关职责划入办公室；设立第十二、十三监督检查室；撤销纪检监察保障室，将相关职责划入市纪委所属事业单位信息网络中心，将市纪委信息网络中心更名为市纪委监委廉政教育培训中心；将第十二、十三、十四审查调查室名称相应调整为第十四、十五、十六审查调查室；设立第十七审查调查室；调整市委组织部内设机构和职责，将人才工作处更名为人才工作一处；将干部档案管理处更名为人才工作二处。将原干部档案管理处的全部职责划入干部队伍建设规划处；市医疗保障局规划财务处更名为规划财务和法规处，政策法规处（待遇保障处）承担的“组织起草医疗保障方面地方性法规、政府规章草案，承担机关规范性文件的合法性审核，承担机关行政复议、行政应诉等工作”职责划入规划财务和法规处。政策法规处（待遇保障处）更名为待遇保障处；市发改委服务业处加挂城市经济发展办公室牌子；市自然资源和规划局承担的“会同有关部门做好历史文化名城保护和监督管理工作，负责历史文化街区和历史建筑的规划管理”职责划转至市住房和城乡建设局，并对市住房和城乡建设局、市自然资源和规划局的相关工作进行分工；原由市林业局承担的市内四区林业管理职责暂由长安区、桥西区、新华区、裕华区政府代管，具体工作仍由区农业农村局承担。市林业局负责对市内四区林业管理工作的业务指导；调整市行政审批局内设机构，投资项目处、商事登记处、市场服务处、社会事务处、交通运输处、环境保护处、城市建设处、安全生产处，分别更名为审批一处、二处、三处、四处、五处、六处、七处、八处；将农林水务处承担的行政审批职责划入审批八处，农林水务处更名为综合受理处。将原社会事务处承担的“护士注册、延续注册许可”职责调整为“护士注册、延续注册许可（市本级）；护士注册许可（省委托）”；将省下放的“建筑施工企业主要负责人、项目负责人、专职安全生产管理人员安全生产考核；建筑施工特种作业人员操作资格考核；人民防空工程监理乙级以下资质认定；人民防空工程设计乙级以下资质认定”职责交由审批七处承担。编制调整。市人大社会建设委员会增设办公室、法案处，规格均为正科级，共核定行政编制6名、正科级领导职数2名；市人大常委会财政经济工作委员会增设国有资产监督处，规格为正科级，核定行政编制3名、正科级领导职数1名；市人大常委会财政经济工作委员会预算处增加行政编制2名；市公安局国内安全保卫支队增加副支队长职数1名（正科级）、副科级领导职数2名；市发展和改革委员会3名行政编制和人员划入市行政审批局（市政务服务管理办公室），增加副科级领导职数1名；市公安局交通管理局设立刑事侦查大队，规格为正科级，核定政法专项编制20名，所需编制和人员均从市公安局交通管理局内部调剂，增加科级领导职数2正2副；火车站站前地区管委会增设东站管理处，增加正科级领导职数1名；市数据资源管理局设置机关党总支，增加机关党总支专职副书记职数1名（正科级），核减副科级职数1名；市委保密机要局设置机关党总支，增加机关党总支专职副书记职数1名（正科级），核减副科级领导职数1名；驻市公安局纪检监察组核定政法专项编制17名，所需编制从市公安局机关调剂解决，驻市公安局纪检监察组增设纪检监察三室，增加正科级职数1名、副科级职数1名，收回驻市公安局纪检监察组行政编制7名；驻市司法局纪检监察组核定政法专项编制4名，所需编制从市司法局机关调剂1名、市第二强制隔离戒毒所调剂3名。收回驻市司法局纪检监察组行政编制4名；市退役军人事务局设立中共石家庄市委退役军人事务工作领导小组办公室秘书处，承担中共石家庄市委退役军人事务工作领导小组办公室日常工作；核定行政编制5名，增加正科级领导职数1名；统战部二处（民族宗教处）更名为二处（民族和涉疆涉藏处）；增设八处（宗教工作处），增加行政编制4名、科级领导职数1正1副；市卫健委增加行政编制2名、副科级领导职数1名，用于加强创建国家卫生城市工作；市退役军人事务局设双拥工作处，增加正科级职数1名，减少副科级职数1名；核定行政编制5名，所需编制和人员均从市退役军人事务局内部调剂解决。将拥军优抚和褒扬纪念处更名为优抚和褒扬纪念处，不再承担双拥工作职责；市园林局设政策法规处，增加正科级领导职数1名，减少副科级领导职数1名；市司法局机关增加政法专项编制4名，所增编制专项用于选调法律专业人才；调整市委市政府督促检查办公室机构编制，增设督查五处、督查六处，核定行政编制9名、科级领导职数2正2副；同意单独设立机关党总支（人事处），核定行政编制3名、科级领导职数1正1副；所需人员从符合条件的公务员中选调或遴选；调整市商务局机构编制，增设自贸区协调指导处、自贸区经验推广处，核定行政编制8名、科级职数2正2副。所需编制从市商务局机关内部调剂4名、新增4名；增加市住房和城乡建设局编制，局机关增加行政编制3名，市建设工程质量监督管理站增加事业编制7名，增加副主任职数1名（副科级）；组建市自然资源和规划局重点区域分局，原正定新区规划管理处、正定新区国土资源管理处职责和机构整合，组建市自然资源和规划局重点区域分局，为市自然资源和规划局的派出机构，规格为正科级，核定全额拨款事业编制25名，科级领导职数1正3副；接收安置军转干部核增行政编制，12月17日，市委编委印发《关于接收安置军转干部核增行政编制的通知》（石机编〔2019〕58号、65~133号），根据省委编办关于接收安置军转干部核增行政编制有关文件精神，为56个市直部门和21个县（市、区）2011~2017年度接收军转干部核增行政编制共269名，其中，市级199名、县市级28名、区级42名。规范单位名称。办理市人大常委会7个工作委员会更名。市委办公厅、市人大常委会办公厅、市政府办公厅、市政协办公厅分别更名为市委办公室、市人大常委会办公室、市政府办公室、市政协办公室；市机关事务管理局机关党委更名为直属单位党委，机关党委专职副书记职位调整为直属单位党委专职副书记职位。确定“三定”方案。3月8日，根据（石机编办〔2019〕19~28号）确定市交通运输局、市地方金融监督管理局、市发展和改革委员会、市教育局、市农业农村局、市财政局、市工业和信息化局、市公安局、市政府办公室、市生态环境局10个市直部门三定方案。

【事业单位机构改革】 事业单位职能调整。调整市轨道办铁指办机构编制，市轨道交通建设办公室与市铁路建设工程指挥部办公室合署办公，调整为在市轨道交通建设办公室挂市铁路建设工程指挥部办公室牌子；设立市中山国文化保护发展中心和市中央商务区建设发展中心；调整市档案馆机构编制，撤销市地方志办公室，其公益职能等并入市档案馆，加挂市地方志编纂中心牌子；市科技干部教育学院与石家庄生产力促进中心整合，更名为石家庄生产力促进服务中心，机构编制。调整市医疗保险管理中心机构编制，市医疗保险管理中心的28名财政性资金基本保障事业编制下放至长安区、桥西区、新华区、裕华区。

【开发区（园区）机构调整】 设立石家庄循环化工园区幼儿园，为石家庄循环化工园区管委会所属事业单位，经费形式为财政性资金基本保证，事业编制16名；调整开发区（园区）纪检监察机构。3月29日，市委编委印发《关于规范开发区（园区）纪检监察机构的通知》（石机编办〔2019〕37号），规范县（市、区）管理的省级以上开发区（园区）纪检监察机构设置。河北装备制造产业园监察分局调整为监察组，为市纪委监委派出机构，委托栾城区纪委监委管理。县（市、区）管理的开发区（园区）纪检监察机构。县（市、区）管理的开发区（园区）尚未派驻纪检监察机构的，人员控制数40名（不含）以上的开发区（园区），可设纪工委、监察组，为管辖地纪委监委派出机构，合署办公，核定行政编制3~5名，设纪工委书记兼监察组组长1名（正科级），纪工委副书记兼监察组副组长1名（副科级）；人员控制数40名（含）以下的开发区（园区），可设纪检监察组，为管辖地纪委监委派出机构，核定行政编制2~3名，设纪检监察组组长1名（正科级），纪检监察组副组长1名（副科级）。具体设置由各县（市、区）机构编制部门确定，报市机构编制部门备案。石家庄经济技术开发区、河北正定高新技术产业开发区纪检监察机构设立，待河北省审批后明确。开发区（园区）纪检监察机构根据开发区（园区）管辖地纪委监委授权，履行开发区（园区）范围内党的纪律检查和国家监察职能，在纪委监委和开发区（园区）党工委领导下开展工作。开发区托管的乡镇（街道）设立监察办公室，与乡镇（街道）纪委（纪工委）合署办公，受管辖地纪委监委派驻开发区纪检监察机构领导。监察办公室主任由乡镇（街道）纪委（纪工委）书记兼任，副主任由乡镇（街道）纪委（纪工委）副书记兼任。设立中国（河北）自由贸易试验区正定片区管理机构。10月29日，市委编委印发《关于设立中国（河北）自由贸易试验区正定片区管理机构的通知》（石机编〔2019〕44号）。中国（河北）自由贸易试验区正定片区管理委员会为石家庄市政府派出机构，在石家庄综合保税区管理委员会加挂牌子，实行“一套人马，两块牌子”，委托正定县（正定新区）管理。石家庄市委、市政府是自由贸易试验区片区工作的责任主体，片区管委会业务工作接受中国（河北）自由贸易试验区工作办公室指导。中国（河北）自由贸易试验区正定片区管理委员会主要职责是：负责落实自贸试验区总体方案、实施方案和各项改革创新措施；组织落实片内产业布局和开发建设活动，协调推进重大投资项目建设等。石家庄综合保税区管委会增设自贸协调联络局、自贸制度创新局2个内设机构，规格为副县级。在石家庄综合保税区党工委、管委会42名行政编制的基础上，为石家庄综合保税区管委会［中国（河北）自由贸易试验区正定片区管委会］核增行政编制12名，所需编制从石家庄市直行政编制总量内调剂。核增内设机构领导职数2正（副县级）2副（正科级），增设副科级职能科室8个，核定副科级领导职数8名。另规定在正定县商务局、正定新区投资招商处相关科室、正定高新区招商局加挂自贸工作办公室牌子，增加负责本区域协调推进落实自贸工作的相关职责；设立石家庄高新技术产业开发区公共资源交易管理机构。12月17日，市委编委印发《关于设立石家庄高新技术产业开发区公共资源交易管理机构的批复》（石机编〔2019〕59号）。石家庄高新技术产业开发区行政服务局设立公共资源交易监督管理处，规格正科级，领导职数1正1副。主要负责做好公共资源交易的监管工作。撤销市老干部服务中心，设立石家庄高新技术产业开发区公共资源交易中心，为石家庄高新技术产业开发区行政服务局所属事业单位，公益一类，规格为股级，经费形式为财政性资金基本保障，核定编制12名，领导职数1正1副。

【县(市、区)机构改革】 5月22日，市委编办印发《关于撤销高邑县乡镇综合行政执法队的通知》（石机编办〔2019〕44号），撤销高邑县住建局所属乡镇综合行政执法队；调整平山县政协机关、人大机关内设机构。9月30日，市委编办印发《关于调整平山县政协机关、人大机关内设机构的批复》（石机编办〔2019〕115号），同意平山县人大常委会机关信访科更名为信访办公室，文教卫生科更名为教育科学文化卫生工作委员会，代表联络科更名为选举任免工作委员会，政法科更名为政法工作委员会，农经科更名为农业农村工作委员会，财经科更名为财政经济工作委员会，机构规格均为正科级。县人大常委会机关办公室核定科级领导职数1正2副，其他1室5委核定正科级领导职数各1名。同意平山县政协机关文史科更名为文化文史和学习委员会、提案科更名为提案委员会、经济科更名为财政经济委员会，机构规格均为正科级；5月22日，市委编办印发《关于栾城区政协机关内设机构更名的批复》（石机编办〔2019〕47号），同意将栾城区政协机关宣传教育科、组织联络科、经济技术科分别更名为文化文史和学习委员会、提案委员会、经济和社会事务委员会；6月4日，市委编办印发《关于晋州市政协机关内设机构更名的批复》（石机编办〔2019〕80号），同意将晋州市政协机关文史资料编辑室、宣传教育科、组织联络科分别更名为文化文史和学习委员会、提案委员会、社会和法制委员会；农业和农村委员会挂财政经济委员会牌子，社会和法制委员会挂人口资源环境委员会牌子；9月30日，市委编办印发《关于调整裕华区政协机关内设机构名称的批复》（石机编办〔2019〕114号），同意将裕华区政协机关经济技术科更名为经济和社会法制委员会、组织宣传联络科更名为文化文史和学习委员会、提案科更名为提案委员会，机构规格均为正科级，核定正科级领导职数各1名；9月13日，市委编办印发《关于核增正定县行政编制的通知》（石机编办〔2019〕104号），为正定县核增行政编制1名，下达至共青团正定县委，计入县行政编制总量。

【民主党派、群众团体机构调整】 3月9日，市委编委印发《关于农工民主党石家庄市委机关增加行政编制的批复》（石机编〔2019〕13号），为农工民主党石家庄市委机关增加行政编制2名；《关于民革石家庄市委机关增加机关行政编制的批复》（石机编〔2019〕14 号），为民革石家庄市委机关增加行政编制 2 名；《关于九三学社石家庄市委机关增加行政编制的批复》（石机编〔2019〕15 号），为九三学社石家庄市委机关增加行政编制 1 名；3 月 9 日，市委编委印发《关于调整市工商联机关机构编制的批复》（石机编〔2019〕16 号），同意市工商联机关增设会员处，增加正科级领导职数 1 名；在组织宣传处加挂非公有制经济组织党建指导处牌子，负责指导非公有制经济组织党建等相关工作；3 月 29 日，市委编办印发《关于调整市归国华侨联合会机构编制事宜的通知》（石机编办〔2019〕39 号），将市外事办公室（市侨务办公室）的海外华人华侨社团联谊等职责划归市归国华侨联合会机关；市归国华侨联合会机关增设联络文化部，增加科级领导职数 1 名；将联络经济部更名为经济科技部；9 月 30 日，市委编办印发《关于市科协机关单独设置机关党总支等事宜的批复》（石机编办〔2019〕113 号），同意市科协机关单独设置机关党总支，设机关党总支专职副书记职数 1 名（正科级），核减副科级职数 1 名；12 月 17 日，市委编委印发《关于市红十字会机关调整机构编制的批复》（石机编〔2019〕63 号），同意市红十字会机关增加事业编制 8 名；增设监事会秘书处、组织宣传部，增加正科级领导职数 2 名。

（袁永雷）

机关工委

【概况】 2019 年，中共石家庄市委市直机关工作委员会（简称市直工委，为中共石家庄市委派出机构，统一领导市直机关各部门党的工作和基层党组织建设）贯彻新时代党的建设总要求，严格基层党组织管理，深入开展“不忘初心、牢记使命”主题教育活动，市直机关党的思想、组织、作风和制度建设全面加强。至 2019 年底，市直机关共有基层党委 179 个，党总支 101 个，党支部 2112 个，党员 45302 人；市直机关基层工会 75 个，工会会员 16550 人。全年调整机关党组织书记35人、专职副书记 28 人、副书记 7 人、委员 173 人，新成立机关党委 2 个，91 个市直单位所属 1370 个基层党组织均按要求完成换届。第九期职工互助活动捐款60余万元，救助 90 多名符合条件的住院职工。组织开展滑雪健身、羽毛球、登山等活动，活跃机关文化体育生活。1月10 日，根据《〈中共石家庄市委市直机关工作委员会职能配置、内设机关和人员编制规定〉的通知》(石办字〔2019〕7 号)，市委市直机关工委设 10 个部门，分别为办公室、研究室、组织部(市直机关干部教育办公室)、宣传部、党建督查室、统战部(市直机关团工委、市直机关妇工委)、市直属机关工会工作委员会、市直人民武装部、机关党委(机关纪委、人事处)、市直机关纪检监察工作委员会。办公地点设在兴凯路219 号市人民政府西院。

表9　2015~2019 年市直机关中共党组织建设情况一览表

年度	基层党委(个)	党总支(个)	党支部(个)	党员(名)
2015	170	126	2107	43423
2016	176	126	2122	42748
2017	174	116	2104	41295
2018	175	107	2032	43496
2019	179	101	2112	45302

【思想建设】 党组（党委）理论中心组学习。研究制定《关于进一步加强和改进党组（党委）理论中心组学习制度化规范化的意见》，要求部门党组（党委）理论中心组每月集中学习不少于 1 次，全年不少于 12 次，发挥理论中心组示范引领作用。机关党员干部学习教育。举办基层党组织党建骨干学习培训班，近1000 人分

三期参加学习培训。深入开展习近平新时代中国特色社会主义思想进机关活动，出台《习近平新时代中国特色社会主义思想进机关实施方案》，督促党委书记讲党课，市直机关80余个单位党组（党委）书记，围绕党的创新理论成果讲党课。推广使用“学习强国”平台，先后6次下发通知督促指导，市直机关“学习强国”人均积分位于全市第一，机关党员干部主动学习蔚然成风。学习效果督导检查。出台《关于建立党组（党委）理论学习中心组学习督查制度的实施方案》，对91个市直部门（单位）中心组理论学习情况开展实地抽查2次、对党员干部政治理论学习情况全面检查6次；组织2次政治理论学习经验交流会，推广交流学习经验。通过以点带面，典型示范，推动学习制度落实。狠抓意识形态责任制落实，制定意识形态工作责任制落实整改工作方案，对70余个市直部门（单位）开展督导检查，促进意识形态工作责任制落实。加强思想理论阵地建设。用好、管好机关党建杂志、机关党建网、党建微信公众号，全年刊载交流理论文章131篇，推送各类媒体信息44篇，其中，工委课题组撰写的《当好“助推剂”“黏合剂”“强化剂”形成党建与业务工作融合发展“一盘棋”》《强化“五个坚持”不断提升机关党组织组织力》调研文章，分别在中央和国家机关工委主办的《机关党建研究》杂志刊发。

2019年12月17日~18日，石家庄市机关党建工作交流暨现场观摩会召开

【组织建设】 加强基层党组织规范化建设，制定《关于加强和改进市直机关党的建设的实施意见》，严格按照《党章》和《中国共产党党和国家机关基层组织工作条例》规定，科学设置机关党组织，注重选拔政治强、业务精、作风好的干部从事机关党建工作。全年调整机关党组织书记35人、专职副书记28人、副书记7人、委员173人，新成立机关党委2个，91个市直单位所属1370个基层党组织均按要求完成换届。机构改革后，及时印发《关于完善市直单位党组织设置的通知》，跟进指导36个市直部门完成更名、撤销、合并和划转工作。举办机关党务干部、基层党支部书记、理论宣传骨干、党员发展对象、党建信息员（管理员）等培训班6期，培训机关党务干部和理论骨干2000余名，提升党务干部履职能力。督导检查91个市直机关基层党组织落实党内生活制度，通过述职评议、座谈调查等方式考核机关党组织书记，12个部门机关党组织书记作大会交流，66个部门作书面述职。完善机关党建在线考核，研究制定5大类45项考核指标，按月、季度、半年和全年工作考评，实现机关党建动态化管理。

【作风建设】 严格落实全面从严治党主体责任和监督责任，开展行政效能评议，制定《关于在市直机关开展行政效能评议活动工作方案》，对市直部门牵头负责的35项重点（专项）工作，开展效能评议4次，推动市委、市政府决策部署落地落实。积极推行延时错时工作制，制定《关于在市直部门公共服务窗口推行延时错时工作制度的实施方案（试行）》，市直28个部门、108个公共服务窗口实行延时错时工作制。市直公共服务窗口安装电子评价器1336台，接受办事群众和市场主体对窗口服务满意度评价，促进公共服务窗口提升服务质量。开展纠“四风”专项行动，督促市直机关单位查找69个问题，实行台账管理，认真抓好问题整改。组成7个督查组明察暗访，组成4个暗访组检查市直24个服务窗口和28个重点行业，推动机关作风持续改善。加强党员干部廉政教育，推送廉政微信43条，廉政短视频15条，对56名干部进行任前考察、廉政谈话。用好监督执纪“四种形态”，整改“四风”典型问题36件，受理群众反映问题9件，下发督办函8件；受理信访举报问题线索5件，其中函询2件，初核1件，立案审查2件，给予2人党纪处分，追缴违规发放工资待遇8000余元；坚持严把审理关，全年累计审理案件14件，发出补证意见8份，进行审理谈话11次。

（刘卫星）

信　访

【概况】 2019年，全市信访系统贯彻落实中央、省委市委关于信访工作的决策部署，围绕打造“阳光信访、责任信访、法治信访”，不断完善体制机制、强化源头治理、依法规范秩序、狠抓责任落实，解决大量信访热点难点问题，化解大批社会矛盾纠纷，呈现“四下降”的良好态势。完成全国“两会”、第二届“一带一路”高峰论坛、亚洲文明对话大会、新中国成立70周年系列庆祝活动等一系列信访保障任务。全年市本级（市群众工作中心）接待办理群众来访3635件、10234人次。其中，集体访472批次、5461人次，个体访3163件、4773人次，立案交办重点案件182件。市县两级办理群众来信、来电和网上投诉件合计27185件、40117人次。群众信访事项办理及时受理率、按期答复率99%以上、信访事项办理群众满意率95%以上。通过各种渠道广泛征集人民群众建议，编发《人民建议》30期。向相关地方和部门交办、转办建议200余件。省《人民建议》采用石家庄市建议7篇。6月份市信访局被评为“河北省人民建议征集工作先进单位”。市信访局被评为“河北省人民建议征集工作先进单位”。

【领导干部接访制度】 落实信访工作“一岗双责”领导责任制，从源头上预防信访问题发生，把属于本级本部门职责范围内的信访问题解决在当地、解决在部门，维护全市社会和谐稳定。建立定期接待群众来访、带案下访和包案处理信访问题等制度，坚持每月第一个周三组织开展市、县、乡三级干部集中大接访；市级党政领导每月到市群众工作中心接访约访一次；县（市、区）党政主要领导每周公开接访一次，每天一名县级领导在本地本部门接访等长效工作机制。全国“两会”、新中国成立70周年庆祝活动期间等重要时段和节点，县（市、区）党政“一把手”每天有一人在当地群众工作中心公开接访，市直有关部门每天一名县级领导公开接访。全年市领导第一批分包155件重点信访案件全部按期办结，办结率100%，息诉148件，息诉率95.5%。市领导第二批分包的150件信访案件，全部按期办结，办结率100%，息诉142件，息诉率94.7%。全年开展市县乡领导干部大接访活动12次，共接待群众来访761件、2964人次，当场解决21件，落实领导包案719件。

【化解信访积案】 开展信访苗头隐患排查。在全市组织开展“信访矛盾隐患排查化解年”活动，重要会议、重大活动及敏感时段节点，组织开展矛盾纠纷隐患集中大排查，实行“日排查、日报告”制度。全年排查突出信访隐患3837件，化解3457件，化解率90.1%。有效疏导30余起集体访事件。4月19日，市联席办印发《关于继续开展信访矛盾化解攻坚战的实施方案》（石联办〔2019〕1号），4月~11月底，持续开展信访重点领域、重点群体、重点问题、重点人员化解攻坚战活动。市联席办梳理重点信访案件，实施办结销号制度。第一批1202件重点信访案件全部办结，办结率100%。2019年7月，第二批326件重点信访案件办结321件，办结率98.5%。开展“六无”创建活动，表彰市级“六无”先进县（市、区）8个、先进乡镇（街道）50个、先进村（居）100个。严肃信访稳定工作追责问责。市、县、乡、村层层签订信访工作责任书。

【畅通信访渠道】 市信访局坚持实行“日通报、旬排名、月考核”制度，通报批评落后地方和单位，及时提出整改建议。全年下发128期督办函，问责因信访工作开展不力的相关责任人335人次。畅通信访渠道。开通24小时热线电话（0311-67265795）和网上平台，积极稳妥做好民办教师、出租车车主、非法集资利益受损者、要求落实计划生育政策补贴奖励人员等各种利益诉求群体信访稳定工作。推进信访事项提速提效机制。调整信访案件办结时限，从2个月压缩为30天，涉及民生事项按15天办结。信访工作人员一律亮牌上岗，方便信访群众反映诉求和监督。市信访公开电话办理群众投诉88件，办结83件，办结率94.3%；受理民生信访投诉51件，办结48件，办结率94.1%；办理市效能办转交信件50件，办结50件，办结率100%。

（李朝阳）

政务督查

【概况】 2018年12月19日，根据石家庄市机构改革方案，组建成立中共石家庄市委、石家庄市人民政府督促检查办公室。按照《中共石家庄市委石家庄市人民政府督促检查办公室职能配置、内设机构和人员编制规定》（石办字〔2019〕11号）规定，市委市政府督查室为市委工作机关，级别正县级，行政编制50名，科级领导职数19名，其中正科级10名、副科级9名，内设综合处、督查协调处、重大专项督查处、督查一处、督查二处、督查三处、督查四处、督查五处、督查六处、机关党总支（人事处）10个处室。主要职责是党中央、国务院和省委、省政府以及市委、市政府重大决策、重要工作部署贯彻落实的督促检查工作，主要领导有关批示的督办落实及反馈工作等。办公地址设在石家庄市桥西区普圆街2号。2019年市委市政府督查室围绕7大方面626大项1816小项督办任务，组织开展督查活动380次，实地督查暗访230次，呈报督查报告675件，编发《督查通报》25期，推动中央和省、市委决策部署落地落实。全市共查处典型问题204件，追责问责253人(单位)。其中党纪处分149人，政纪处分47人，通报33人，组织处理6人，诫勉谈话25人，问责党组织8个。精简全市督查检查考核事项，全年计划开展192项督查检查考核事项压减至52项，压减率达72.9%。

【中央和省级政务督查】 推动习近平总书记重要指示批示精神落地生根。对习总书记有关河北和石家庄工作所作指示批示进行“回头看”，集中梳理涉及古城保护、脱贫攻坚、违法建筑等70项重点工作，逐一建立台账，持续跟踪督办。积极配合中办督查室对石家庄市防范化解系统性风险的专项督导，协调完成卓达集团、天洲集团、退役军人事务中心等现场走访。抓好国务院“互联网+督查”交办问题线索的查办，承办国务院“互联网+督查”平台交办问题线索1批次101项，全部按期办结。配合省委督查室，做好维护社会稳定、公共安全、国土绿化等专项督查活动，抓好省委重要会议议定事项的落实，对省委常委会、专题会明确的省会建设发展、三沿三旁绿化美化、脱贫攻坚、城建规划等90项重点工作，建立“四个清单”持续督办。督办省委主要领导调研交办事项，重点对省委书记到石家庄市调研明确的古城保护、旧城改造、城市规划、生态建设等280项重点工作进行持续督办。

【市级政务督办】 对2019年市委、市政府重点工作进行责任分解，对214项重点工作实行台账管理，一月一汇总、季度一报告、年底要结果，有效推动重点工作顺利完成。督办市委主要领导调研等议定事项，围绕市委主要领导调研明确的项目建设、工业经济运行、支持高新区发展、旅发大会筹备、轨道交通、石钢搬迁、环城水系城中村改造等56项重点工作进行督办盯办。对33位市级领导集中调研课题确定的82项任务，建立台账，明确时限，定期跟踪督办。狠抓领导批示交办事项的督办落实。重点对滹沱河生态修复工程、市儿童医院筹建、市人民医院赵卜口新院区建设、裕华路景观提升工程、无极县废旧汽车非法回收拆解整治、中央商务区、违建别墅清查、房地产遗留问题、违法用地整改、大棚房问题、自备井关停、主城区应急后备水源地保护等154件中央和省、市主要领导批示交办事项进行持续督办盯办，按期办结率100%。全年招商引资、项目建设、园区发展、民营经济、支持高新区发展、县(市、区)党政主要领导分包5亿元以上项目正定自贸区、“小升规”、“新建企业”入统等专项督导检查70余次，呈送报告56件。督办惠民利民政策落实，围绕省政府20项民心工程、市政府10件惠民利民实事等开展实地督查55次，呈送报告50件。

（市委市政府督查室）

机关事务管理

【概况】 2019年，市机关事务管理局围绕公务用车管理、机关房产管理、公共机构节能、全市接待工作、后勤安保等方面开展工作，为市委、市政府机关高效有序运转提供保障。机关事务管理局机构改革后，处室增加到14个。完成全市党政机关、县（市、区）、市直部门、企事业单位公务用车编制审核工作。到2019年底，全市党政机关、县（市、区）、市直部门、企事业单位车辆编制数为13270辆，实有车辆数13270辆，“三化”率（管理平台化、平台信息化、车辆标识化）100%。全年石家庄市机关事务管理部门完成接待任务428批、9881人次，全年保障接送站、接送机540余批次。制定《石家庄市党政机关国内公务接待工作细则》，严格要求和细化各项接待标准。被交通运输部、公安部、国家机关事务管理局、中华全国总工会评为“2019年绿色出行宣传月和公交出行宣传周活动成绩突出集体”。

【机构改革】 2019年1月20日，按照《石家庄市机关事务管理局职能配置、内设机构和人员编制规定》（石办字〔2019〕30号）要求。机关事务管理局增加职能有负责市委、市人大常委会、市政府和市政协机关国内政务接待工作；保障市领导外出考察参观工作；负责全市党政机关政务接待业务指导工作。改革后处室增加到14个，分别为办公室、人事教育处、财务资产管理处、机关西院管理处、房地产管理处、行政管理处、设备管理处、机关保卫处、公务用车管理处、公共机构节能办公室、接待联络处、接待指导处、直属单位党委、老干部处。下属单位有市委机关事务服务中心、市政府机关事务服务中心、房管东所、房管西所、高层维护管理中心、市直一幼、市直机关文印中心和市直属机关汽车服务中心。

【公务用车管理】 完成全市党政机关、县（市、区）、市直部门、企事业单位公务用车编制审核工作。至2019年底，全市党政机关、县（市、区）、市直部门、企事业单位车辆编制数为13270辆，实有车辆数13270辆，“三化”率（管理平台化、平台信息化、车辆标识化）100%。市委机关车队公车总数51辆，其中一般公务用车36辆，应急用车15辆，驾驶员42名，全年行驶里程26万余千米，节约汽油6700升；市政府机关车队公车总数51辆，其中一般公务用车38辆，应急用车15辆，驾驶员51名，全年行驶里程29.3万千米，节约汽油7454.49升。制定《石家庄市严禁“私车公养和公车私用”有关规定》，加强驾驶员队伍管理，开展驾驶员作风纪律整顿，严禁公车私用，私车公养，加强安全教育培训，落实岗位责任制。市委、市政府机关车队全年保障机关公务用车出行安全无事故。

【机关房产管理】 2019年全市党政机关办公用房共92处（含借用），总建筑面积105.48万平方米，占地面积161.71万平方米（合2424.5亩），租用办公用房58处，建筑面积8.3万平方米。至2019年底，机关事务管理局负责管理的宿舍区共计48个院落，总建筑面积30.45万平方米。分别为光华路43号负1号、青园小区、青园街宿舍、谈西街65号、正东路73号、正东路59号、正东路96号、育才街57号院、中山东路119号高层、水源街63号、革新中街20号、维明北大街96号、革新中街6~12号、华安街86号、西建街16号院、西建街14号院、西建街12号院、西建街10号院、师范街9号院、兴凯路72号高层、新石中路、虹光街31号院、中山西路线务段街4号、和平西路506号、永泰街73号、中华大街负100号、卫公里12号、中华北大街24号、兴凯路109号、兴凯路221号、曙光里211号、柏林北区74号、柏林南区、高柱95号、联强小区、柏林93.94号、红旗大街11号、青园街91号、青园街96号、青园街100号、裕华路育青里、平安大街34号、东大街宿舍、裕东小区1号楼、裕东小区9号楼、亚太宿舍、市二招宿舍、休门街6号。全年所辖宿舍区共维修面积约3.59万平方米，维修金额约123.9万元。会同市财政局制定《关于党政机关办公楼（区）物业管理服务内容及费用标准的指导意见》《市级党政机关办公用房租用经费管理办法》《关于所管辖老旧宿舍区既有住宅加装电梯的指导意见》。依托全国数据库，建立《石家庄市党政机关办公用房总台账》和全市党政机关办公用房管理信息系统。全年受理市直部门办公用房租用申请41份，维修改造申请34份，委托第三方评审租用、维修、装修等项目6个，共出具审核意见81份。

【公共机构节能】 2019年市委、市政府机关大院（东院）用电量853.73万度，高峰期（8月）用电110.9万度，低峰期（11月）用电41.8万度，节约用电11.4万度；用水量20.48万吨，节约用水9200吨。市政府东院用蒸汽量2.6万吨，节约蒸汽3400吨。更换节电设施。市委东院更换节能灯870个，市政府东院更换节能灯2300个。更换节水设施。市委东院改造利用办公主楼直饮水尾水，引往院西北角洗车房进行洗车，以及引入南侧雨水收集池进行浇灌花草树木。市政府东院1号楼中央空调和蒸汽茶炉产生的冷凝水改造利用为浴室洗澡水，5号楼净水机产生尾水回收洗车。评定26家市级和14家县级节约型公共机构示范单位，并向省机关事务管理局申报11家国家级示范创建单位。印发《关于市直党政机关事业单位生活垃圾分类样板单位建设标准实施方案的通知》，选定市人大、市公安局、市检察院、市委院、市政府院、市政府西院6家单位作为样板单位开展样板单位创建工作。

（韩冰　马腾）

档　案

【概况】　2019年，市档案馆围绕市委中心工作，抓住基础性业务这条工作主线，突出民生服务和档案数字化两大发展方向，推进档案安全、档案资源、档案利用“三大体系”建设，不断提升档案科学化、规范化水平。档案数字化建设。馆藏档案数字化率逐步提高，全年市档案馆争取18万元中央专项资金和300万元地方专项资金用于档案数字化加工，将馆藏档案中利用率较高的档案尤其是民生档案和革命历史档案全部数字化，年内完成740万幅（条）档案数字化加工任务，使馆藏档案数字化率提高到85%以上。加强档案网络维护和数据保全建设，完成馆藏档案数据保全建设项目，备份数据约20T，确保档案信息安全。全年征集到141件珍贵档案资料，内容涵盖文件、书籍、报纸、地契、照片、明信片等多种品类，总价值50万元，优化馆藏结构。12月5日，市档案馆与河北师范大学签署战略合作协议，石家庄市档案馆成为河北师范大学中国共产党革命精神与文化资源研究中心科研基地。根据市委编办三定方案，石家庄市档案馆下设9个处室，分别为办公室、人事财务处、档案保管处、档案利用处、征集开发处、市志编纂处、机关党总支（老干部处），编制48人，办公地址位于石家庄市新华区兴凯路219号。

【新档案馆项目建设】　石家庄市新档案馆位于石家庄正定新区，西至西宁街、北至荣宁街、东至东安街、南至广西路。项目总占地面积23982平方米，总建筑面积40000平方米，其中，地上建筑面积31800平方米，地下建筑面积8200平方米。2月28日，档案馆新馆取得项目规划许可证延期批复，3月1日取得初设批复，3月12日取得划拨用地审批卡，3月25日办理建筑规划许可证。4~5月，市档案馆会同正定新区组织省设计院和造价单位协调工程量清单及项目总包拦标价，确定项目工程量清单和项目总包拦标价。7月招标确定项目管理公司和项目监理单位，11月8日项目总包招标完成，河北建设集团股份有限公司中标，中标金额2.75亿元。2019年市档案馆新馆项目争取政府债券资金1.8亿元，12月27日支付正定新区财政局。至2019年末，市档案馆新馆项目建设进入施工阶段。

【档案利用】　8月20日~10月7日，石家庄市档案馆与中央档案馆、河北省档案馆在省博物院联合举办“不忘初心、牢记使命”主题教育档案文献展。展期共接待参观团体302个，讲解近400场次，参观总人数逾20万人，发挥档案资政育人作用，服务市委中心工作。为庆祝石家庄市人大成立70周年，市档案馆积极配合市人大编辑出版《石家庄市首届人民代表大会档案文献汇编》。完成馆藏《石门指南》抢救复制工作，为研究石家庄历史提供珍贵史料。做好提供利用工作，努力改善查档环境，新增彩色复印机，做好便民利民为民服务。全年共接待查档及政府公开信息利用6404人次，开具证明材料16318份。立足京津冀协同发展，将档案服务向全国延伸。为更好地满足档案跨馆利用需求，加快建立方便群众利用查询档案，提高档案馆的公共服务能力，档案馆分别与北京市海淀区档案馆和福州市档案馆签订异地查档服务协议，提升档案服务效能，更好满足社会公众对民生档案的利用需求。

【档案保管】　严格遵守查阅规定，认真做好出入库登记，查阅完毕，及时归档。对所有档案库房实行24小时实时监控。严格按照档案库房“八防”要求，定期对档案库房进行卫生清扫，及时调控档案库房温湿度，确保档案安全。全年依法接收文书档案27991件，名人档案16盒，荣誉证书9个，图书2178本，无偿征集摄影家协会“石家庄相册”电子照片607幅，石家庄解放60周年照片380张，丝弦剧光盘56张，拍摄重要活动照片视频1600余条。到2019年末，全馆保管的文书档案246195卷、196793件，图书16314册（本），报纸7003份。馆藏档案按不同历史时期，分为历史档案、革命历史档案、旧政权档案和建国后档案四大类。其中，历史档案主要有清朝嘉庆年间的诏书；革命历史档案主要有1921~1949年间中共中央、北方局以及河北省委和石家庄地区的地方党组织及其领导的各工作机构在石家庄地域内所形成的档案；旧政权档案主要有1920~1948年间18个县国民党党、政组织机构概况、会议记录、公函、训令等档案，以及国民党统治石家庄市时期，由国民党党部、政府、军队、三青团、特务组织、反动会道门所形成的档案；建国后档案主要是全国解放以后，石家庄地区、石家庄市的党、政机关及其工作部门不同时期工作活动中形成的文件材料。馆藏图书资料按照《中国图书分类法》共分为政治、经济、哲学、社会科学总论、文学历史、天文地理等23个大类，其中保存有明末清初思想家顾炎武著作《天下郡国利病书》、明代政治家赵南星的家谱等珍贵资料。报纸合订本主要有《人民日报》《石家庄日报》《醒民报》《申报》《大公报》等不同历史时期不同类别不同级别报纸共80余种。

石家庄市档案馆

馆　长：祁军英（女）

副馆长：付明华　傅丽娟（女）

曹立波　张建伟

崔亚辉

（市档案馆）

地方史志

【概况】 2019年，市档案馆接收原石家庄市地方志办公室主要职能，管理《石家庄市志》《石家庄年鉴》编纂和地情资源开发等工作。石家庄市二轮修志规划县（市、区）志23部，其中，市本级1部，21个县（市、区）各1部，辛集市（2013年6月原石家庄辛集市划归河北省直接管辖）1部。至2019年底，全市二轮修志应印刷出版志书22部，实际印刷出版18部。贯彻落实河北省政府要求，部署编纂综合年鉴22部，其中，市本级1部，21个县（市、区）各1部，全部启动。以年鉴全覆盖和打造精品年鉴为目标，按照“一年一鉴、公开出版”要求，举办年鉴业务培训，提升综合年鉴出版数量和质量。开展地情资源开发利用，市本级出版旧志84部，整理出版乾隆《正定府志》10卷。行唐县影印清康熙《行唐县志》1部。2019年全市各县（市、区）组织出版部门志、村镇志地情书16部，主要有《鹿泉城志》《灵寿公安史志》《风物中国志·灵寿》等。鹿泉区发挥村史馆作用，展示乡村变迁、民风民俗等地方文化，累计出版红色文化书籍6部，建成陈列馆7个，拍摄电视专题片9部；修建村史馆66个，建成荣臻小学、《人民日报》、军政大学、中央外事学校、华北军区电信工程专科学校等陈列馆，全年接待参观学习人员6万余人次。2019年行唐县地方志编纂中心主任李蕙萍获评全国地方志工作先进个人。

【《李正保故事歌谣集》印刷】 行唐县九口子乡杏庵村是在1980年代轰轰烈烈的三套集成活动中涌现出的全国有名的民间故事村、太行故事第一村，70多人的小山村成为重要的口头文学讲述群体所在地，李正保是该村七大地区级故事家之一。《李正保故事歌谣集》由李殿敏、李蕙萍主编，优选李正保讲述的神话、历史人物传说、动植物传说、地方风物传说等12类102个故事及歌谣26首，共计20万字。该书荟萃李正保民间故事的精华之作，具有一定的思想性和艺术性，对于传播传统文化的正能量具有积极意义。河北省民俗文化协会会长、一级作家袁学骏为该书作序。2019年12月印刷，首印800册。

【井陉矿区2部村志出版】 井陉矿区推进城区村史村志编写编修工作，积极谋划、明确责任、落实资金，调动城区文化专家、村党组织等力量，组建工作能力强的一线编写编修人员队伍，做好村史村志编写编修工作。2019年出版村志2部。其中，《西岗头村志》由井陉矿区西岗头党支部、居民委员会主持编修，主编赵凤来，1月印刷出版。《西岗头村志》重点记述1980年后处于改革开放中的西岗头村所发生翻天覆地的变化及参加生态文明村、美丽乡村建设取得的新成就；《赵村店村志》由井陉矿区横涧乡赵村店村党支部、村委会主持编修，主编韩鹏伟。10月印刷出版。《赵村店村志》资料源于各级的档案文书、史志典籍、谱记、碑记，《井陉矿区志》及当事人、知情者笔记、口述等；《清泉村志》由井陉矿区横涧乡清泉村党支部、村委会主持编修，编修小组组长魏计生。

【《石家庄市井陉矿区年鉴2018》出版发行】 2018年12月，由井陉矿区人民政府组织编纂的首部《石家庄市井陉矿区年鉴2018》在河北人民出版社出版发行。该书重点记述井陉矿区2017年全区发展情况，设有“特载、大事记、区情概览、公共管理和社会组织、法治、军事、农业、工业、城乡建设·生态环境、交通运输·邮政、信息产业、商业·旅游”等22个类目、122个分目、571个条目。全书文字42余万字，随文图表照片50余幅。正文前设置彩页14页、图照49幅，包括井陉矿区地图1幅。全书记述翔实，内容涵盖井陉矿区2017年自然、政治、经济、文化、社会等方面情况。《石家庄市井陉矿区年鉴2018》从动员启动编纂到出书历时9个月。

【《灵寿公安史志》出版发行】 《灵寿公安史志》由灵寿县公安局公安史志编纂委员会主持编修，主编李国江。2018年4月启动，同年10月1日编纂成稿，印刷成册。灵寿县公安局成立于1939年6月，是石家庄地区成立的第一个县级公安机关。1947年11月，石家庄市公安局成立时，积极参加市公安局组建，在抗日战争、解放战争、新中国成立后及新时代的中国各个时期都承担着重大的任务和特殊的历史使命。全志共9章，下设目若干，附图附照近70幅，版本16开本，共计21万字。该书详细、客观、系统地介绍灵寿公安的历史发展沿革、组织机构及组成人员的沿革，灵寿公安队伍、警务装备、警种等方面的发展史，记载灵寿公安的主要工作史迹、荣誉史、大案要案选编和新时代的灵寿公安。

【《风物中国志·灵寿》出版发行】 《风物中国志·灵寿》由中共灵寿县委宣传部委托中国国家地理杂志社主持编修，主编周晓红，2019年5月由湖南科学技术出版社印刷出版。《风物中国志·灵寿》编修工作始于2018年，2019年3月成稿。全书共分地、道、风、物4章，下设13个目录，附图140余幅，版本大16开本，共计26.1万字。该书从灵寿县地域风貌、历史沿革、民俗文化、特色产出等方面客观系统记载灵寿县的现状与特色，特别记录灵寿人民发展特色产业，脱贫攻坚，建设美丽幸福新灵寿的新成就。

【鹿泉区编修乡(镇)、村志】 2012年4月鹿泉区全面启动村志编写工作。2019年继续加大村志工作督导和业务指导，相继到李村镇、山尹村镇、大河镇、寺家庄镇等乡（村）镇督导村志编写工作，在黄壁庄镇召开村志工作座谈会，多个乡镇再次召开村志推进工作会议。截至2019年底，全区200个村开展村志工作，已出版112个村的104部村志，51村49部村志完成初稿；其中样书29部，《石井乡志》和《鹿泉城志》已正式出版，《山尹村镇志》完成初稿，《白鹿泉乡志》书稿已定。同时，加强村志开发利用，建设红色陈列馆，完善提升村史馆内容，发挥村史馆教化功能。至2019年底，出版红色文化书籍6部，建成陈列馆7个，拍摄电视专题片9部，鹿泉区与相关院校签订多个合作项目。全区修建村史馆66个，建成荣臻小学、人民日报、军政大学、中央外事学校、华北电专等陈列馆。全年共接待参观学习人数60000余人次。3月19日，鹿泉区入选中宣部、财政部、文化和旅游部、国家文物局公布“革命文物保护利用片区分县名单（第一批）”。

（薛鹏飞 肖海军）

社会科学

【概况】 市社会科学院成立于1993年7月，由原中共石家庄地委、市委讲师团合并组建。1998年加挂“石家庄市委讲师团”牌子。2009年10月，中共石家庄市委常委会研究决定，市社会科学界联合会（简称市社科联）并入市社会科学院（石家庄市委讲师团），列入市委直属事业单位，为社会科学综合研究、理论宣传和社团机构；内设处室7个，分别为办公室、经济研究所（经济教研室）、政治文化研究所（政治文化教研室）、社会法律研究所（社会法律教研室）、信息资料室、学术成果部和学会科普部。2019年市社会科学院围绕构建“4+4”现代产业格局、发展旅游产业等课题，撰写调研报告4篇；立足为市委市政府决策服务、为经济社会发展服务的定位，坚持基础理论研究与应用对策研究齐头并进，全年确定课题立项39项，结题33项，其中哲学社会科学完成研究课题28项。加强社团管理，新增社会科学团体2个、县级社科联1个，社会科学创新基地1个；至2019年末，全市共有社会科学团体37个，县（市）级社科联8个，社会科学创新基地16个。2019年晋州市社科联组建成立，石家庄人民警察博物馆命名为“石家庄社科创新基地”，灵寿县社科联被评为2019年度全国社科组织先进单位。

【理论研究】 坚持科研工作为市委

市政府决策服务、为经济社会发展服务的定位，坚持基础理论研究和应用对策研究齐头并进，扎实推进科研工作。全年确定39项课题立项，33 项结题。根据《石家庄市社科专家培养项目资助管理办法》规定，市社科联成立专家评审组，对申请结项的社科专家培养项目进行评审。综合专家评审组意见，5项课题被评为优秀等次，14 项课题被评为良好等次，10 项课题被评为合格等次，4 项课题被评为结项等次。围绕弘扬老区精神研究，与吉安市、延安市、临沂市社科联共同举办“弘扬老区精神　不忘初心　牢记使命”理论研讨会，并向研讨会提交论文 16 篇。涌现一批科研成果，其中《传承优良传统　坚守初心使命》《石家庄市供给侧结构性改革之化解过剩产能研究》《区域经济融合发展研究系列调研报告》等多篇文章在河北日报、核心期刊发表。围绕构建“4+4”现代产业发展格局开展重点研究。开展《石家庄城市史》撰写，现代卷第五章已基本完成。

表10　2019 年石家庄市社会科学结题项目一览表

序号	申请人	合作者	课题名称	评定等次
1	赵英涛	刘永强　武喜荣　张凌涛	区域经济融合发展研究系列报告	优秀
2	高莹	李英然　刘莲　邢香菊　张丽平　王昕	唐宋赵郡文学文化与传承研究	优秀
3	李惠民		火车拉来的城市：近代石家庄城市史论丛	优秀
4	李立	陈玉娟　贾富池　胡晓彦　胡雯雯　杨惠玲	少年儿童不良形体成因与矫正研究	优秀
5	赵冰琴	姚清波　黄玥　王文敏	打好“红色西柏坡”城市旅游王牌的思考	优秀
6	刘彬	张润峰　朱硕	石家庄市供给侧结构性改革之化解过剩产能研究	良好
7	刘勇	潘学军　武喜荣　张运晓	关于我市项目签约落地情况的调查报告	良好
8	刘永强	赵英涛　张凌涛	关于我市工业经济发展水平的调查建议	良好
9	张于	王舵	青年大学生认同并践行社会主义核心价值观的研究	良好
10	刘顺江	马艳丽　郑建芳	红船精神和西柏坡精神蕴涵的首创精神及实践思考	良好
11	秦丽君	郑建芳　杨惠欣　冯亚　孙国栋　池卫东	河北省会大学生价值观现状及对策研究	良好
12	苗培周	谷伟　商霄杰　郭柯馨　吴宝瑞	核心素养视域下大学生西柏坡精神教育研究	良好
13	崔利宏	魏雨蒙　朱凤荣　李悦　陈敏	“五一口号”与中国新型党政制度	良好
14	李爱玲	冯亚　郑元	我市农村基层党组织建设创新性研究	良好
15	庞超	李永利　袁立敏　付玉霞　赵君玉　石蕴伟　魏一博	石家庄非物质文化遗产传承与保护——以耿村故事为例	良好
16	刘云平	杨立中	南行唐牛饮山探源研究	良好
17	王康	唐敏　周淑芬	石家庄农村环境污染防治研究	良好

续表

序号	申请人	合作者	课题名称	评定等次
18	陈玉娟	陈亮 胡雯雯 贾富池 胡晓彦 崔巴特尔	大学生隐性肥胖现状及其影响因素调查	良好
19	曹雪彦	黄勇 周晓莉	新形势下打赢脱贫攻坚战的重难点问题及对策研究——以石家庄为例	良好
20	廖文武	马哲 张洁	严肃党内政治生活的方法策略研究	合格
21	赵冰	陆静 宋晓华 张旺芝	县域会展经济发展对策研究	合格
22	金春	何寰 檀慧 李薇 张蕾	石家庄市发展节能环保战略新兴产业研究	合格
23	李妍	魏绍朴 张翠玲 郑建芳	乡村振兴战略下石家庄特色小镇带动城乡融合发展的创新路径研究	合格
24	商霄杰	苗培周 井影 张玉娟	新时期高校学生党员理想信念教育现状与对策研究	合格
25	夏靳苗	邢洪儒	自媒体时代我国主流意识形态建设研究	合格
26	路杰	李京琴 贾晓辉 陈瑞燕	基于现代学徒制模式下的艺术类创新创意人才培养研究	合格
27	王舵	周美娟 张于	加快推进石家庄乡村旅游发展的思路与对策	合格
28	苏志远	姚龙 侯章亚	新时代大学生思想动态调查分析研究	合格
29	李红云	崔锁江 周晓莉 康莉霞 石建立 耿云巧	思政教育进课堂视域下新时代西柏坡精神教育路径研究	合格
30	张子麟	李庆国 宋蕊 庞昕 刘帅	正定经济发展战略与实践研究(1983-1985)	结项
31	张蕾	金春 卢玉芳 何寰 李慧 李薇	财政分权、环境规制对低碳经济的影响机制研究	结项
32	贾晓辉	路杰 李京琴 杨加玮 黄远	基于文化创意产业发展背景下的生态城市建设模式研究	结项
33	苏翠绵	魏冬 周静涛 韩立英 郝丽敏 檀雪姣 王雪儒	中华优秀传统文化传承与当代大学生人格培养研究	结项

【理论宣传】 提高“理论之窗”栏目节目质量，紧紧围绕省市委各项决策部署做好“理论之窗”电视节目，重点围绕习近平总书记关于纪念改革开放40周年、五四运动100周年的重要讲话精神、“不忘初心 牢记使命”主题教育活动等主题开展宣讲，并同步更新“理论之窗”微信公众平台，播出21期。8月，作为河北省理论宣讲重要品牌和优秀典型宣讲案例，“理论之窗”电视节目的做法和经验在河北省委讲师团系统理论骨干培训班做典型发言。发挥新媒体宣讲作用。利用新媒体组织开展网上理论宣讲活动，已完成网络宣讲5期。在“石家庄社会科学”微信公众平台、石家庄社会科学网站开辟专栏，学习、宣传、交流各地理论实践成果。围绕庆祝中华人民共和国成立70周年、学习宣传中央、省市会议精神，组织县委宣传部（讲师团）、县社科联、社科团体、基层理论宣讲工作站、社会科学创新基地等，开展为期两个月的“省市集中宣讲联合活

动”，推动党的理论创新成果进企业、进学校、进机关、进农村、进社区、进网络。加强社科阵地建设。联合高校启动科普月，以“礼赞新中国，唱响主旋律，庆祝新中国成立70周年”为主题，开展各类宣传学习专题活动，组织各类系列讲座、作品展、研讨会等科普活动80余项。

【市社科联第七次代表大会】 6月13~14日，市社会科学界联合会第七次代表大会举行。全市社科界200多名代表参加会议。省委常委、市委书记邢国辉就大会召开和全市社科工作作出批示：广大哲学社会科学工作者要坚守社会责任，潜心研究石家庄市改革发展稳定和党的建设中的重大问题，当好先进思想的倡导者、学术研究的开拓者、社会风向的引领者、党执政的坚定支持者，为建设现代省会、经济强市再立新功。会议审议通过《石家庄市社科联第七次代表大会关于第六届委员会工作报告的决议》《关于石家庄市社会科学界联合会章程（修改草案）的决议》，选举产生市社科联第七届委员会。

石家庄市社会科学院

院　长：闫国文（12月免）

于燕红（女，12月任）

副院长：肖玉良

李贞年（4月免）

敦盾　（4月任）

张文舒（4月任）

（市社会科学院）

党　史

【概况】 2019年，市委党史研究室出版发行4部党史研究书籍，积极撰写党建类等理论文章并在市级以上报刊发表，获得省委征文一等奖1个，三等奖1个，市级论文一等奖1个。5月，编制印发《石家庄市委党史研究室2019~2022年工作规划》（石办字〔2019〕72号），为全市党史工作明确时间、方向和任务。4月和9月，中央党史和文献研究院主要领导两次到河北开展调研，在石家庄市召开党史工作座谈会。市委党史研究室就单位基本情况，《关于加强地方党史工作的意见》贯彻情况及对做好党史工作的意见和建议发言。完成河北省委党史研究室部署的2019年度《党史博采》宣传发行工作，向河北省委党史研究室网站“河北党史”报送工作信息51篇。

【4部党史书籍出版发行】 2019年市委党史研究室出版发行党史研究书籍4部。其中，《中国共产党石家庄历史大事记（2017）》全书共32万字，于2019年9月由河北人民出版社正式出版发行。此书按时间顺序依次记述2017年度石家庄市委在贯彻执行中央和省委部署、领导全市人民进行改革开放和社会主义各项建设中，所产生重大决策、重要工作、重要会议、重大活动、重大举措、重要事件和取得的重大成果。主编高卫燕、王利利，执行主编荣小雪。《中国共产党石家庄历史大事记（2018）》全书共28万字，2019年9月由河北人民出版社正式出版发行。此书按时间顺序依次记述2018年度石家庄市委在贯彻执行中央和省委部署、领导全市人民进行改革开放和社会主义各项建设中，所产生重大决策、重要工作、重要会议、重大活动、重大举措、重要事件和取得的重大成果。主编高卫燕、王利利，执行主编李江江。编著出版《石家庄记忆（1949~2019）》，全书共23万字，2019年12月由河北人民出版社正式出版发行。本书以纪事本末体和编年体相结合的方式，记述中华人民共和国成立70年来石家庄人民在中国共产党领导下的奋斗历程，通过反映全市各领域在社会主义革命、建设和改革开放各时期的重大事件、重点工作、重要成就。主编高卫燕、王利利、李霞，副主编：侯克辉、马艳丽、李江江、郭毅、赵一鸣、车爱缺。编写出版《石家庄改革开放典型经验实录（1993~2012）》，2019年12月由河北人民出版社出版发行。全书共45万字，分为综合篇、城市篇和县(市、区)篇。书内收录自1993年7月地市合并之后至2012年12月，石家庄市改革开放实践中涌现的典型经验，包括在市级及以上新闻媒体公开报道的人物、事迹等，基本为原文编用，不做大的文字改动。主编李霞，执行副主编刘顺江，副主编赵一鸣。

【党史宣传】 讲好石家庄党史故事。积极开展党史“六进”工作，先后赴石家庄市第23中学、共青团石家庄市委、邯郸市邮政储蓄银行、正定县岸下村、桥西区西里村、革新街社区等地开展宣讲党史知识活动。在机关工委主办的杂志《机关党建》开设“党史博览”专栏，与热门APP“喜马拉雅电台”合作，在电台栏目中播放反映石家庄解放的文章。加强党史网络宣传力度。以石家庄党史网、“石家庄党史”微信公众号为依托，打造石家庄市党史网宣阵地。石家庄党史网以宣传最新理论成果、普及党史知识、展示工作动态为主，是对外展示石家庄党史形象的窗口。“石家庄党史”微信公众号适应网络新媒体形势，以宣传具有石家庄特色的党史故事为主，结合时下热点，先后开通庆祝中华人民共和国成立70周年“共和国与石家庄”专栏，“不忘初心、牢记使命”主题教育“初心故事”专栏，进一步提升社会影响力。充分发挥党史资政作用。刘顺江撰写的《撞击反射式综合改革及当代启示》、赵一鸣撰写的《浅析电子游戏的意识心态输出》在省委党史研究室举办的河北省党史学界庆祝新中国成立70周年征文活动中，分获得一等奖、三等奖。刘顺江撰写的《政府与市民面对，打造效能革命平台》荣获市直工委党建调研征文一等奖。刘顺江、马艳丽撰写的《红船精神和西柏坡精神蕴涵的首创精神及实践思考》列入市社科联专家资助项目并结项。

中共石家庄市委党史研究室
主　任：李霞　（8月任）
副主任：张亚强　刘顺江

（李江江）

党　校

【概况】　2019年，中共石家庄市委党校（石家庄行政学院、石家庄市社会主义学院，简称市委党校）按照《党校工作条例》要求，坚持政治建校、质量立校、特色兴校、品牌强校办学方针，突出特色，打造亮点，围绕培养党员领导干部和理论干部职责，主动发挥哲学社会科学研究、党的理论宣传、公共行政理论、政府管理创新研究的主渠道、主阵地作用。全年围绕习近平新时代中国特色社会主义思想、马克思主义基本理论、西柏坡精神、“4+4”现代产业发展等内容举办县处级领导干部新任职培训班、中青年干部培训班、“4+4”现代产业发展专题举办研讨班等各类班次121期，培训学员8508人次，分别较2018年增长40.5%和36.1%。至2019年底，市委党校共有在编人员171人，其中，参公干部69人，事业干部75人；正高级职称13人，副高级职称人员27人；博士研究生5名（教研岗位博士研究生2名），占全校总人数2.9%；硕士研究生42人，占全校总人数24.6%；市管拔尖人才1名，市政府特殊津贴专家2人，“四个一批”人才3人，河北省“三三三”人才第三层次2人。1月25日，市委党校迁建项目建成投用；该项目从取得可行性研究报告批复到竣工用时331天，其中，审批用时56天、施工用时275天，建设速度成为全市大型建设工程审批时间最短、建设速度最快的经典示范工程。新建市委党校位于石家庄市鹿泉区山前大道626号，占地面积123亩，建筑面积8万平方米，建有教学楼、学员楼及可容纳300人和700人大小报告厅、体育馆等10余个单体建筑，可同时容纳500余人食宿。

3月18日，中共石家庄市委党校举行2019年春季学期开学典礼

【教学培训】　突出抓好主业主课。坚持以学习习近平新时代中国特色社会主义思想为中心内容和首要任务，研发形成由“中国特色社会主义新时代的历史方位”等14个专题构成的习近平新时代中国特色社会主义思想专题教学模块。继续提升“西柏坡精神”“重走赶考路”“知之深、爱之切”三大特色品牌，厚植现场教学理论基础，拓展党性教育方式；依托“这里是立规矩的地方”“初心与使命”“知之深、爱之切”三个展室，研发打造主题情景党性教育活动。3月18日，市委党校2019年春季学期

开学典礼举行。全年市委党校举办异地教学培训班66期，培训学员 4200 余人次，生态环境部、省委办公厅、清华大学、辽宁省委党校等省内外单位先后前来开展培训教学。强化专业化知识和业务能力培训。围绕“4+4”现代产业发展等全市重点工作，举办全市深化统计改革服务“4+4”产业发展等各类专题研讨班 8 期，培训学员 712 人次。举办农二师铁门关市红雁领飞培训班等班次5期，培训学员 186 人次。推进教研基地建设。在栾城区委党校、鹿泉区委党校和井陉县委党校分别挂牌建立“乡村振兴”“经济转型升级”“红色历史文化”教研基地。

【教育科研】 全年公开发表学术论文 45 篇，其中在《人民论坛》《领导科学》《青年记者》核心期刊发表 6 篇，分别是《狠抓健康扶贫工作不放松》《在弘扬优秀传统文化中增强文化自信》《区域文化产业何以出新彩》《走群众路线不能做秀》《党员干部为什么要舍我忘我无我》《新时代党员干部如何担当责任》。立项课题19项，其中省部级课题 5 项，分别是“京津冀地区人才流动问题研究”“基层宣传文化人才思想状况调查研究”“河北红色文化的继承和创新路径研究”“新时代如何发挥社会主义核心价值观的引领作用研究”“当前基层党组织开展思想政治工作面临的问题与对策”。全市党校系统研究项目立项16项。出版专著《新时代的党性修养与党性分析》《互联网信息安全问题的防范与对策》2 部。聚焦全市中心工作，开展市情研究，形成《关于尽快搭建我市全域旅游信息服务平台的建议》等高质量咨政成果。

中共石家庄市委党校

校(院)长:张效春

常务副校(院)长:高尘

副校(院)长:尹浩　董杰

唐永志

（王雷　张月）

石家庄市人民代表大会

【概况】 2019 年，市人民代表大会及其常务委员会坚持以习近平新时代中国特色社会主义思想为指导，贯彻落实中共十九大和十九届二中、三中、四中全会精神及中共河北省委、石家庄市委的决策部署，坚持党的领导、人民当家作主、依法治国有机统一，履行宪法和法律赋予的职责，全面推进民主法治建设。1 月 21 ~ 24 日，市第十四届人民代表大会第四次全体会议举行，选举市监察委员会主任、市中级人民法院院长，补选市第十四届人大常委会委员 5 人。全年组织召开市人大常委会会议8次，审议议题 71 项；听取和审议市“一府两院”专项工作报告 18 项，开展专项工作报告满意度测评 3 项。制定和修订地方性法规3部，启动制定和修订地方性法规各 1 部，备案审查规范性文件 53 件，作出决议决定 24 项。举办集体视察4次、专项视察 20 次、专题询问 2 次、执法检查 5 次、专题调研 21 次。2月19 日，市人大常委会召开市人大常委会主任与市政府市长、市监察委主任、市法院院长、市检察院检察长联席会议，商定 2019 年市人大常委会听取和审议市政府、市法院、市检察院专项工作报告与计划预算和审计工作报告及履职评议计划等。依法做好选举任免工作，全年新增省人大代表 4 名，其中，补选 6 名，调离 1 名，免去 1 名；任免市级国家机关工作人员 171 名。重视人民代表大会组织建设，市县两级机构组建设立社会建设委员会，21 个县（市、区）人大常委会专门委员会全部达到 5 个以上，60 个街道人民代表大会工作室全部更名为街道人民代表大会工作委员会。搭建人大代表履职尽责平台，推进“人大代表之家（站）”建设，2 次召开现场推进会和观摩培训会；正定县正定镇“人大代表之家”被全国人民代表大会常务委员会确定为河北省唯一立法工作联系点；裕华区石家庄外国语教育集团人大代表联络站建立，填补全省在中学建立人大代表联络站的空白。开展“双联双评”活动，市人大常委会组成人员联系市人大代表 480 余人次，市人大代表联系群众 2600 余人次，收集建议 800 余条。市第十四届人大常委会第四次会议期间，收到代表建议465 件，其中，交市政府办理 450 件，市法院办理 10 件，市检察院办理 5 件，涉及市政府、市法院、市检察院承办部门和单位 61 个；465 件代表建议已解决和基本解决 317 件。市人大常委会下属内设机构调整。1月24日，新设立社会建设委员会；2月25日，原法制委员会更名为法制工作委员会，原内务司法委员会更名为监察和司法工作委员会，原财政经济委员会更名为财政经济工作委员会，原农业和农村委员会更名为农业和农村工作委员会，原城乡建设和环境资源委员会更名为城乡建设和环境资源工作委员会，原教育科学文化卫生委员会更名为教育科学文化卫生工作委员会，原民族侨务外事委员会更名为民族侨务外事工作委员会。加强对外交流和联系，全年接待来石访问、考察国外议会及国内团组60多批次380多人次。

【市第十四届人大常委会组成人员及各部门负责人】

主　　任：司存喜
副 主 任：王宝山（12月免）
　　　　　楚行宇（满族）
　　　　　安树国　韩保来
　　　　　李志宏（女）
　　　　　王丽君（女）
秘 书 长：张院生
常务委员：于荣英　马军
　　　　　王文晔（女）
　　　　　王东刚（1月任，9月免）
　　　　　王建丰（1月任，10月免）
　　　　　付黎音（女）
　　　　　宁淑敏（女）
　　　　　邢壮
　　　　　乔茜（女）
　　　　　刘国清
　　　　　刘海云（女）
　　　　　闫凤利　孙任虎
　　　　　严晋峰（女）
　　　　　杜娟　（女）
　　　　　李卫英
　　　　　李美瑄（女）
　　　　　李晓华（女）
　　　　　杨传英（女）
　　　　　时洪斌　何景利
　　　　　汪克宁
　　　　　张明其（1月任）
　　　　　张忠良
　　　　　张聚华（11月免）
　　　　　张慧巧（女）
　　　　　邵新中　武志永
　　　　　尚秀伟（6月免）
　　　　　赵洪　（女）
　　　　　胡永权　段林国
　　　　　倪华　（女）
　　　　　高翠君（女）
　　　　　郭少旭（8月免）
　　　　　郭纯阳（1月任）
　　　　　梁立柱（1月任）
　　　　　程鹏起
　　　　　解立芳（女）
　　　　　谭运江　潘卫东
　　　　　潘明文
常务副秘书长：
　　　　　孙任虎（1月免）
　　　　　赵利剑（1月任）
副秘书长：潘明文
　　　　　刘兆英（6月免）
　　　　　蒲月英（4月任）
　　　　　马兆芹
　　　　　王建丰（1月免）
　　　　　赵文生（6月任）
　　　　　王占峰

研究室

主　　任：谭运江（1月免）
　　　　　王建丰（1月任，10月免）
　　　　　赵英涛（10月任）
副 主 任：王万杰
　　　　　鲁中欣

选举任免代表工作委员会

主　　任：王云辉（1月免）
　　　　　马建彬（1月任）
副 主 任：马军　李勤

法制工作委员会

主　　任：时洪斌
副 主 任：宋　健

监察和司法工作委员会

主　　任：杨传英
副 主 任：赵文生（5月免）
　　　　　程胜利（5月任）

财政经济工作委员会

主　　任：刘国清
副 主 任：董彦国

农业和农村工作委员会

主　　任：孙任虎
副 主 任：崔书冠

城乡建设和环境资源工作委员会

主　　任：倪华
副 主 任：韩建敏

教育科学文化卫生工作委员会

主　　任：严晋峰
副 主 任：李跃辉

民族侨务外事工作委员会

主　　任：解立芳
副 主 任：王庄丽

社会建设委员会

副 主 任：谭运江（1月任）

信访办公室

主　　任：潘明文
副 主 任：原立华
　　　　　张保江（5月任）

【石家庄市第十三届全国人大代表】2019年全市共有第十三届全国人大代表14人。石家庄市第十三届全国人大代表分别为：

邓沛然　张业
乞国艳（女）
冯丽朝（女）
杜彦良　吴相君
陈春芳　武志永
明海　祝淑钗（女）
靳灵展（女）
魏立华　籍涛　（蒙古族）
冯敬坤（女）

【石家庄市河北省第十三届人大代表】 2019 年全市新增河北省人大代表 4 人，其中，补选 6 人，调离 1 人，免去 1 人，至 2019 年末，全市共有河北省第十三届人大代表 102 人。

2019 年石家庄市河北省第十三届人大代表名单为（按姓氏笔画排列）：

于树中　王丹（女，满族）
王华　王双廷
王东华　王东峰
王永庭　王志臣
王国发　王昕伟（12 月任）
王俊华（女）
王振平　王晓飞
王海侠（女，满族）
王海燕（女）
王景峰　戈江娜（女）
邓沛然　甘金梅（女）
左力鸥　申吉明（女）
田鹏美（女）
白峰　（1 月任）
白会彬（回族）
白冰川（回族）
司存喜　边丽英（女）
邢国辉　戎美书（女）
刘书为　刘江敏
刘丽蓉（女）
刘金国　刘保忠
刘彦朝（12 月任）
刘艳红（女）
刘教民　刘瑞领
刘德进　齐明亮
安忠起　李青　（女）
李静　（女）
李文平　李志辉
李拥军　李素敏
李维民　李景辉
李瑜玲（女）
李德进　杨辉素（女）
吴时茂　吴振山
汪克宁　张静　（女）
张霞　（女）
张占平（12 月调离）
张成锁　张树然
张效春　张惠英（女）
陈士芹（女）
陈日红（蒙古族）
陈玉祥（1 月任）
陈金霞（12 月任）
陈莉娜（女）
陈维旭　陈聪敏（女）
武鸿儒　范京生
范振增　林慧芳（女）
周英　周爱国
庞连兴　郑建（女）
孟祥红（女）
赵辉　赵文海
赵素霞（女）
赵增毅　郝静（女）
荣润　（女）
侯凤梅（女）
侯俊宏　秦志义
贾凤来　高士涛
高云霄（女）
剧慧存　黄建厅
曹娜　（女，1 月任）
崔雪琴（女）
董晓航　释果通（1 月免）
曾爱民　雷宗奎
裴红霞（女）
翟志海　薛儒　（女）
冀泽海　檀英桃（女）
魏倍倍

【石家庄市第十四届人大代表】 2019 年市第十四届人民代表大会代表（简称市人大代表）减少 13 人。其中，市人大代表资格终止29 人；补选市人大代表 16 人。辞职13 人：晋州市代表团陈慧明，新乐市代表团毕凤鸣，正定县代表团吴飞，深泽县代表团王云才，高邑县代表团王建丰，赞皇县代表团刘忠才，井陉矿区代表团王建锋、刘胜，桥西区代表团刘军志，藁城区代表团李德进，鹿泉区代表团武云芳，栾城区代表团王晓临，解放军代表团于福文。调离13人：长安区代表团李军、陈涛，桥西区代表团戎华奎，裕华区代表团郭瑞、税勇，井陉矿区代表团来广普，栾城区代表团张学勤、苏醒社、尚秀伟，高邑县代表团彭敬捷，平山县代表团吴秋云，解放军代表团王雷、王川，均调离石家庄市行政区域。去世3人：井陉矿区代表团王东刚、鹿泉区代表团何龙、元氏县代表团闫胜联。补选代表16人：晋州市张福杰，新乐市李明政，高邑县万树军、赵英涛、肖荣智，赞皇县宫国恩、张玮扬，井陉矿区黄三平、戚阿东、黄永建，长安区郭巍，桥西区李强，裕华区吴相君，栾城区李丛刚，解放军王厚恩、李林青。至2019 年末，全市共有市第十四届人大代表 626 人。2019 年石家庄市第十四届人大代表名单：

长安区代表团(42人)

马天妍（女）
马同林　王子彬（女）
王国生　王顺心
邓小梅（女）
刘敬　（女）
刘翾　（女，满族）
刘卓雄（满族）
刘荣秀（女）
刘磊磊　安树国
朱增海　许洛　（女）
邢凌霄（女）
何建立　何景利
宋思凝（女）
张琰　张文瑛（女）
张聚华（调至藁城团）
李军　（调离）
李广江　李志永
李志勇（新乐团调入）
李晓华（女，满族）
李鑫东　杜兰萍（女）
杨永君　杨印胜
苏玉峰　谷桂群
陈涛　（调离）
武志永　范林生
侯成仁　段海龙
赵志江　凌青利
郭巍　（女，12月任）
郭琳娜（女）
高广　康风雷
黄建厅　穆德英（回族）

桥西区代表团(43人)

马军　文秀红（女）
牛延君　王罡
王强　王文晔（女）
王廷良　王素娟（女）
冯建　卢丙杰
申亮　任盼志
伍志强　刘东
刘世永　刘军志（12月免）
孙建忠（满族）
孙鹏云（正定团调入）
师旭　戎华奎（调离）
齐秀丽（女）
宋国宏　张峰
张焱　（回族）
张书凯　张继春
李青　（女）
李强　（12月任）
李卫英　杜娟　（女）
杨振福　汪克宁
肖燕霞（女）
侯典龙　段林国（满族）
胡喜祥　徐丽荣（女）
贾巧秀（女）
郭运兴　高增义
崔树旺（回族）
康学富　温颜强
潘卫东　甄勇　（新乐团调入）

新华区代表团(38人)

王强　王宝山
王阅春（女）
冯素明　卢焱
白海军　白雅平（女）
刘建芳　刘恒义
刘振乾　刘海云（女）
刘谦辉　刘超凡
刘瑞红（女）
吕宝珍（女，朝鲜族）
孙向立（女）
阴亮　何培强
张韩　（回族）
时洪斌　李民生
李亚卿（女）
李江辉　李美瑄（女）
杨凤林　谷守义
陈玉祥　陈清泉
武晓峰　段记兰
胡永权　袁德海
贾轩　郭少旭
葛瑞芳（女）
蒋文红　韩新民
暴胜贤

裕华区代表团(36人)

王云辉　王丽君（女）
王俊奇　任永杰
刘凤清　孙双岐
曲明　闫凤利
闫志华（回族）
吴文庆　吴亚峰（女）
吴相君（12月任）
张东凯　张秋英（女）
李云红（女）
李志信　李洪涛（女）
杨传英（女）
杨学红（女）
芦海英（女）
庞建民　范朝
娄春光（女，满族）
赵文锋　赵永梅（女）
班亚东　贾伟宏
郭瑞　（调离）
高波　曹景力
强新志（满族）
税勇　（调离）
蒋国庆　谢暖　（女）
窦志刚　管云天
谭运江　魏兵然

井陉矿区代表团(15人)

王东刚（去世）
刘连一
王建锋（7月免）
刘胜　（12月免）
张宇新（女）
张明其　张院生
李瑞峰　来广普（调离）

杨香珍（女）
苏建国　邵新中
孟祥红（女）
范拴虎
黄三平（12月任）
黄永建（12月任）
戚阿东（12月任）
梁立柱　谢敬坦（女）

藁城区代表团(46人)

马双进（回族）
王玉立（女，满族)
王振国　王鹏程
冯亚龙　白建栋（回族）
刘晓春　刘新平
米银联（女）
张旭　（女）
张强　张鹏
张立刚　张国彬
张聚华（长安团调入）
李萍　（女）
李玉柱　李更顺
李宝成　李建志
李素丽（女）
李智勇　李德进（12月免）
杨志乾　邱小捷（女）
周红霞（女）
郑娜娜（女）
姚龙山　赵伟国
赵国辰　赵海奎
赵铁英（女）
倪华　（女）
桑卫安　袁丽华（女）
高玉柱　高新城
康君元　梁丽英（女）
龚九春　龚亚平（女）
韩邦庆　韩银杰
解亚静（女）
鲍俊要　蔡双棉（女）
裴红彦（女）

鹿泉区代表团(25人)

王安　（女）
王德庆　王慧桥（女）
白岩　仵风书
刘飒英（女）
邢壮　何龙　（去世）
张翼　（女，满族）
张双琴　张成锁
张旭午　张效春
李为军　李强
杨国芳　杨彦平（女）
陈君　（女）
陈金端　陈晓明
周育彪　武云芳（12月免）
郎金国　赵辉香（女）
梁云凯　梁连忠
韩爱学

栾城区代表团(21人)

马振峰　王进春
王晓临（12月免）
刘明轩　孙秀芝（女）
严晋峰（女）
何俊忠　吴永辉
张华　（女，满族）
张旭　张书广
张文学　张军廷
张学勤（调离）
李丛刚（12月任）
杨葆英（女）
杨辉素（女）
苏醒社（调离）
陈长江　尚秀伟（调离）
聂建华（女）
贾二建　脱彦双（女，蒙古族）
韩峰　彭勇民

井陉县代表团(23人)

马宏　马立宁
王永华　王雪庭
卢建芳（女）
刘力刚　刘玉渭
吕义青　成凤敏（女）
许会成　邢国辉
齐伟名　李杰
李计东　杨毓庭
苏志超　侯洪彬
郝志刚　栾月琴（女）
贾海云（女）
韩学军　蒲月英（女）
霍洁　（女）

正定县代表团(27人)

于雷　于荣英（女）
王军　王会杰
王明霞（女，回族）
王彦伟（女）
王彦奇　仝立志
白志慧（女）
任海霞（女）
刘东军　刘贵成（回族）
孙鹏云（调至桥西团）
吴飞　（12月免）
张业　张栓平
李芬　（女）
李志宏（女）
李建军　李俊灵（女）
金福中　封庆辉
赵岩　贾凤来
贾玉昌　贾湖浩
崔庆朝　彭新华
潘明文

行唐县代表团(29人)

毛建军　王勇
王冠秀　王彦芳
皮君韬（女）
宇文会娟（女）
米志奇　闫晨霞（女）
宋子辉　张龙
张宏杰　张爱民
李刚　杨阳

杨立中　金瑞强
封娟　（女）
胡儒钗　赵青　（女）
赵洪　（女）
赵三吨　贾茹　（女）
高华树　崔晨光
曹振国　程鹏起
韩立娟（女）
韩保来　薛蕾　（女）

灵寿县代表团(23 人)

卜海燕（女）
马合云　王升
王忠　冯素伟
兰春英（女）
刘卫平（女）
刘振波　宋存汉
张立军　张学勇
李志鹏　苏志杰
周书慧（女）
周立新（女）
屈伟华　林学文
姜阳　胡银山
崔拴才　康雪娜（女）
彭志军　魏勇心

高邑县代表团(20 人)

万树军（12 月任）
马文敏（女）
王建丰（12 月免）
马建彬　王惠武
王雁南（满族）
冯俊杰　司存喜
左力鸥　白利刚
任英丰　刘立敏
邢文阁（女）
吴陈秋（女）
张继军　李渊
肖荣智（12 月任）
陈宏锋　陈增现
郑国强　彭敬捷（调离）
赵英涛（12 月任）

深泽县代表团(22 人)

王辉　（女）
王云才（12 月免）
王东华　王华平（女）
王韶华　卢明刚
刘玉兰（女）
刘玉田　刘玉龙
张少华　张永生
张英魁　张彦卜
张领民　李向阳
杜国强　陈洪涛（女）
陈铁钢　祝春燕（女）
赵景坡　袁旭光
袁国良　谢艳华（女）

赞皇县代表团(20 人)

于明志　马惠彩（女）
王涛　王国军
白峰　冯立业
刘忠才（12 月免）
孙任虎　张玉秀（女）
张玮扬（12 月任）
杜彦玲（女）
肖向升　范焕持
郝俊丽（女）
宫国恩（12 月任）
秦志义　袁远
郭忠亮　商丙乾
焦娇娇（女）
裴晓青

无极县代表团(31 人)

马俊改（女）
王勇军　王增飞
宁淑敏（女）
白胜芳（女，回族）
乔茜　（女）
刘全江　刘军祥
刘继鑫（满族）
吕智临　孙彦聪（女）
吴战波　张晗
张兰锁　张琳　（女，回族）
李白娃　李素芬（女）
李雪荣　杨彦杰
苏永刚　周建敏
苗立军　姚彦社
郭运章　郭建立
崔峰　崔拴杰
崔敬宾　梁玉龙
魏广军　魏云辉

平山县代表团(30 人)

马志彬　马雪年（女）
尤军联（女）
王红　（女，土家族）
王文忠　王军旗
邓沛然　任建忠
刘国清　刘素军
吕军英　孙伟
曲海云　吴建敏（女）
吴秋云（调离）
张兰锁　李伟国
李旭阳　李锡海
李慧明　范花伟
侯思明（女）
赵亚平　赵美书（女）
赵新朝　郭英英(女)
曹向青（女，满族）
梁乃中　焦习军
董晓航　韩玉涛（女）

元氏县代表团(27 人)

孔书彦　王云肖（女）
石吉民　任正国
刘占会　吕洪涛
安波　许尽晖（女）
闫胜联（去世）
闫素粉（女）
宋志涛　张军卫
张庆志　张丽粉（女）
张忠良　张俊校

张海峰　李成林
李锡恒　杨瑞珍（女）
陈文金　周树仁
郑巍　　胡菊林
耿军林　耿丽艳（女）
高天　（女，满族）
崔哲峰

赵县代表团(34人)

门立新　马凤改（女）
王克海　王彦坤（女）
刘生彦　刘须华
朱婷　（女）
米伟动　张军立
张建中　张彦巧（女）
张敏周　张梦尧
李伟存　李志磊
李国英　李建英（女）
李素敏　李淑萍（女）
李清波　杜欣　（女）
杜秀珍　赵石磊
赵立中　秦晓辉
贾锐馨（女）
郭夫鱼　郭建柱
顾英辉　高楠
高志远　高翠君（女）
黄云锁　韩杏军

晋州市代表团(34人)

马玉社　毛全球
王超　　王宇辉
王智森　付黎音（女）
冯彦辉（女）
冯贵全　刘彦辉
刘贵喜　刘爱强
刘瀑　（女）
吕建军　张英肖（女）
张福杰（12月任）
李月然（女）
李永强　李建辰
李彦涛　李敬绵（女）
杜锁平　杨志辉
陈同钗（女）
陈慧明（11月免）
袁永福　郭军考
郭纯阳　郭富余（女）
高立　　游雪立
葛双造　韩占水
楚行宇（满族）
解立芳（女）
潘青凯

新乐市代表团(30人)

马山红（回族）
马建宾（回族）
尹博晓　王中联（女）
王成波　王春生
王素然（女）
田双来　任会杰
毕凤鸣（12月免）
邢书芳　张昕
张晨　（女）
张玉敏（女）
张振领　张素英（女）
张智琦　张慧巧（女）
李娟　（女）
李玉峰
李志勇（调至长安团）
李明政（12月任）
李国强　杜振琪
尚吉平　岳振路
赵利剑　赵振良
唐慧琴（女）
郭建亭（女）
焦荣恩（女）
甄勇　（调至桥西团）
甄忠义

解放军代表团(10人)

于福文（12月免）
王川　（调离）
王雷　（调离）
王厚恩（12月任）
左智明　刘鸿麟
吴长军　张东
李林青（12月任）
杨山峰　郝大海
姚建华　路保红

【市第十四届人民代表大会第四次会议】 1月21～24日，市第十四届人民代表大会第四次会议在市人民会堂举行。省委常委、市委书记邢国辉，市长邓沛然，市委副书记李德进，市人大常委会主任司存喜，市政协主席刘明轩等出席会议。会议听取市政府工作报告、市人大常委会工作报告、市中级人民法院工作报告、市人民检察院工作报告；表决通过关于石家庄市人民政府工作报告的决议、关于石家庄市2018年国民经济和社会发展计划执行情况与2019年市国民经济和社会发展计划的决议、关于石家庄市2018年预算执行情况和2019年预算的决议、关于石家庄市人大常委会工作报告的决议、关于石家庄市中级人民法院工作报告的决议、关于石家庄市人民检察院工作报告的决议。会议决定设立市十四届人民代表大会社会建设委员会，并将内务司法委员会更名为监察和司法委员会。陈玉祥当选市监察委员会主任；白峰当选市中级人民法院院长；王东刚、王建丰、张明其、郭纯阳、梁立柱当选市十四届人大常委会委员。

【市第十四届人大常委会会议】 1月11日，市第十四届人大常委会第十七次会议举行。市人大常委会主任司存喜，副主任楚行宇、安树国、韩保来、李志宏、王丽君，秘书长张院生出席会议。会议听取市委常委、组织部部长张效春所作关于提请任命白峰为市法院副院长、代理院长的说明，市人大常委会副主任、代表资格审查委员会主任委员楚行宇所作关于个别代表的代表资格的审查报告、关于接受1名省十三届人大代表辞去职务的说明、关于提请任免市人大常委会机关部分工作人员职务的说明；表决通过关于调整市十四届人大四次会议召开时间的决定、关于个别代表的代表资格的审查报告、关于接受1名省十三届人大代表辞职的决定、关于接受安树国辞去市十四届人大农业和农村委员会主任委员职务请求的决定、关于任命白峰为市中级人民法院代理院长的决定。

2月25日，市第十四届人大常委会第十八次会议举行。市人大常委会主任司存喜，副主任楚行宇、韩保来、李志宏、王丽君，秘书长张院生出席会议。副市长张学勤、市监察委副主任郝建哲、市法院院长白峰、市检察院副检察长何军恒列席会议。听取市人大常委会研究室主任王建丰所作《石家庄市人大常委会关于落实“三深化、三提升”推进机关效能革命助力全市经济社会高质量发展的决定（草案）》的说明，市人大常委会秘书长张院生所作《关于石家庄市人大常委会部分工作机构更名的决定（草案）》的说明，市人大常委会副主任楚行宇所作关于提请任命市人大常委会机关部分工作人员职务的说明，市法院院长白峰所作关于人事任免事项的说明；表决通过《石家庄市人大常委会关于市人大常委会部分工作机构更名的决》《石家庄市人大常委会关于落实“三深化、三提升”推进机关效能革命助力全市经济社会高质量发展的决定》及有关人事任免事项。其中，市人大常委会办公厅更名为市人大常委会办公室，市人大常委会法制委员会更名为市人大常委会法制工作委员会，市人大常委会内务司法委员会更名为市人大常委会监察和司法工作委员会，市人大常委会财政经济委员会更名为市人大常委会财政经济工作委员会，市人大常委会农业和农村委员会更名为市人大常委会农业和农村工作委员会，市人大常委会城乡建设和环境资源委员会更名为市人大常委会城乡建设和环境资源工作委员会，市人大常委会教育科学文化卫生委员会更名为市人大常委会教育科学文化卫生工作委员会，市人大常委会民族侨务外事委员会更名为市人大常委会民族侨务外事工作委员会；决定任命时洪斌为市人大常委会法制工作委员会主任，杨传英为市人大常委会监察和司法工作委员会主任，刘国清为市人大常委会财政经济工作委员会主任，孙任虎为市人大常委会农业和农村工作委员会主任，倪华为市人大常委会城乡建设和环境资源工作委员会主任，严晋峰为市人大常委会教育科学文化卫生工作委员会主任，解立芳为市人大常委会民族侨务外事工作委员会主任。

4月28日，市第十四届人大常委会第十九次会议举行。市人大常委会主任司存喜，副主任楚行宇、安树国、韩保来、李志宏、王丽君，秘书长张院生出席会议。副市长张学勤、蒋文红，市监察委副主任梁建林，市法院院长白峰，市检察院副检察长苏风雷列席，3名公民旁听会议。传达学习习近平总书记重要讲话精神和十三届全国人大二次会议精神，听取市人大法制委员会副主任委员时洪斌作关于《石家庄市城市治理综合执法条例(草案)》审议结果的报告、市生态环境局局长马立宁作关于2018年度环境状况和环境保护目标完成情况的报告、市民宗局副局长熊国平作关于民族工作情况的报告、市财政局局长王东华作关于2019年市级预算调整方案(草案)的说明及市人大常委会副主任王丽君、副市长蒋文红作关于人事任命事项的说明，评议5名法官、5名检察官履职情况报告；表决通过《石家庄市城市管理综合执法条例》、关于批准2019年市级预算调整方案的决定，任命周刚为石家庄市副市长，任命蒲月英为市人大常委会副秘书长。

6月25日，市第十四届人大常委会召开第二十次会议。43名委员出席会议。学习习近平总书记在“不忘初心、牢记使命”主题教育工作会议上的讲话，审议《石家庄市正定古城保护条例(草案)》；听取和审议关于国民经济和社会发展第十三个五年规划纲要中期评估情况的报告、关于医疗保障工作情况的报告并进行满意度测评，听取和审议市政府部分工作部门主要负责人履职情况的报告并进行履职评议；审议通过关于接受1名委员辞去市人大常委会委员职务请求的决定、关于对1名市人大代表采取强制措施的许可事项及其他人事任免事项。

8月27~28日，市第十四届人大常委会召开第二十一次会议。43名委员出席会议。学习习近平总书记署名文章《深入理解新发展理念》，审议

《石家庄市河道管理条例（修订草案）》；审议通过《石家庄市正定古城保护条例（草案）》《石家庄市人大常委会关于实行民生实事项目人大代表票决制的决定》；听取和审议关于检查《中华人民共和国农产品质量安全法》实施情况的报告、关于2019年国民经济和社会发展计划1~6月执行情况的报告、关于2019年1~6月预算执行情况的报告、关于2018年市级决算和市总决算情况的报告并通过相应的决议；听取和审议关于2018年度国有资产管理情况的报告、关于2018年度市本级预算执行和其他财政收支情况的审计工作报告；听取和审议关于学前教育发展情况的报告，并进行专题询问；审议通过关于2019年市级政府性基金预算调整方案的决定、关于接受1名副市长辞去市人民政府副市长职务请求的决定和关于接受1名委员辞去市人大常委会委员职务请求的决定及其他人事任免事项。

10月29~30日，市第十四届人大常委会召开第二十二次会议。43名委员出席会议。学习习近平在庆祝中华人民共和国成立70周年大会上的讲话和《习近平关于"不忘初心、牢记使命"论述摘编》第六部分"坚持以人民为中心，把群众观点和群众路线深深植根于思想中、具体落实到行动上"。听取和审议关于检查《石家庄市公共文明行为条例》实施情况的报告，审议市人大常委会执法检查组关于检查《河北省农村扶贫开发条例》实施情况的报告、关于检查《中华人民共和国大气污染防治法》《河北省大气污染防治条例》实施情况的报告、关于检查《河北省优化营商环境条例》实施情况的报告；听取和审议市政府关于办理市第十四届人大常委会第四次会议代表建议情况的报告，审议市法院、市检察院关于办理市第十四届人大常委会第四次会议代表建议情况的报告，并对代表建议办理工作进行满意度测评；听取和审议关于利民惠民十件实事办理情况的报告，并进行专题询问；听取和审议关于脱贫攻坚工作情况的报告；听取和审议关于市容环境管理整治工作情况的报告，并进行满意度测评；审议通过关于将长安公园等9座公园广场确定为第一批永久性绿地的决定、关于2019年第二批新增政府债券市级预算调整方案的决定；听取和审议关于落实《石家庄市人大常委会关于加强检察机关公益诉讼工作的决议》情况的报告、市政府部分工作部门主要负责人履职情况的报告并进行履职评议；审议通过关于接受1名副市长辞去市人民政府副市长职务的请求的决定和关于接受1名委员辞去市人大常委会委员职务的请求的决定；审议通过其他人事任免事项。

11月26日，市第十四届人大常委会召开第二十三次会议。41名委员出席会议。审议通过关于接受1名副市长辞去市人民政府副市长职务请求的决定和关于接受1名委员辞去市人大常委会委员职务请求的决定。审议通过其他人事任免事项。

12月30日，市第十四届人大常委会召开第二十四次会议。43名委员出席会议。学习党的十九届四中全会精神和中央经济工作会议精神。听取和审议关于召开石家庄市第十四届人民代表大会第五次会议有关事项的报告。审议通过关于召开市十四届人大五次会议的决定、建议议程和名单草案，市人大常委会工作报告稿，《石家庄市河道管理条例（修订草案）》；审议《石家庄市生活垃圾分类管理条例（草案）》《石家庄市城市园林绿化条例（修订草案）》；听取和审议关于检查《石家庄市人才发展促进条例》实施情况的报告；审议通过关于加快推进"4+4"现代产业发展的决议；听取和审议市政府关于《2018年度市本级预算执行和其他财政收支的审计工作报告》中有关问题整改情况的报告；审议通过关于个别代表的代表资格的审查报告；补选河北省第十三届人民代表大会代表3名；表决通过关于接受1名副主任辞去市第十四届人大常委会副主任职务请求的决定；审议通过其他人事任免事项。

【市人大常委会主任会议】 2019年石家庄市人大常委会召开主任会议17次，研究和讨论议题106项。会议研究需提交常委会会议的各项视察报告、调研报告、执法检查情况报告和人事任免事项等。研究市人民代表大会、市人大常委会会议等重要会议的会务筹备工作。学习传达省人大"河北发展、人大尽责"主题实践活动，推进工作会议精神，研究石家庄市贯彻落实意见。听取各委办室2018年工作总结和2019年工作谋划、市十四届人大四次会议代表议案和建议批评意见情况、重点代表建议督办情况、《石家庄市城市园林绿化管理条例》修订情况、评选2018年度优秀市人大代表建议和先进承办单位情况、开展"双评"活动情况等工作汇报。研究市人大常委会2019年工作要点及工作计划、关于贯彻落实《中共中央关于建立国务院向全国人大常委会报告国有资产管理情况制度的意见》的五年规划（2018～2022），关于落实河北省人大常委会办公厅《关于抓紧建立向本级人大常委会报告备案审查工作制度的通知》的情况报告、关于人大预算审查监督重点向支出预算和政策拓展的实施办法（草案）、关于市十四届人大常委会以来规范性文件备案审查工作情况报告、关于大气污染防治“双代”专项资金管理使用情况报告以及关于石家庄市新型职业农民培育、社会保障制度落实、法院解决执行难情况的视察报告等重要工作。同时，研究部署市人大常委会机关2019年度各项工作，督促市人民代表大会及其常务委员会认真履行宪法和法律赋予的各项职责。

【市人大常委会主任与“一府一委两院”负责人联席会议】 2月19日，市人大常委会组织召开市人大常委会主任与市政府市长、市监察委主任、市法院院长、市检察院检察长联席会议，协调和安排2019年市人大常委会主要工作。市人大常委会主任司存喜主持会议。市政府市长邓沛然，市监察委主任陈玉祥，市人大常委会副主任楚行宇、安树国、韩保来、李志宏、王丽君，市检察院检察长陈晓明，市法院副院长尹新民参加会议。受司存喜委托，市人大常委会秘书长张院生就2019年市人大常委会工作计划草案作简要说明。邓沛然建议市人大常委会2019年增加省三年行动计划实施情况、全市先进制造业和高新技术产业发展情况监督。

【立法】 全年市人大常委会共制定、修订地方性法规3部，启动制定和修订地方性法规各1部，备案审查规范性文件53件。其中，《石家庄市正定古城保护条例》成为河北省首部古城保护专门法规，对全省古城保护工作具有示范意义，被评为河北省2019年度“十大法治成果”。《石家庄市城市管理综合执法条例》是全省城市管理体制改革后，颁布实施的第一部城市综合执法地方法规，有利于理顺石家庄市城市管理体制、规范城管执法工作。《石家庄市河道管理条例》修订完善，为贯彻落实“河长制”和规范河道管理执法奠定法律基础。同时，启动制定《石家庄市生活垃圾分类管理条例》和修订《石家庄市城市园林绿化管理条例》，并完成一审工作。完成《石家庄市地方性法规汇编（1985～2019）》及法规单行本等立法资料的编印工作，大力开展法规宣传活动，积极推动地方性法规有效实施。

【视察、调研、执法检查活动】 市人大常委会紧紧围绕全市大局和群众关切，立足正确监督、有效监督，认真履行监督职责。全年共听取和审议市“一府两院”专项工作报告18项，开展集体视察4次、专项视察20次、专题询问2次、执法检查5次、专题调研21次。围绕推进高质量发展，集体视察省会“1号工程”中央商务区建设和省第四届旅发大会筹备情况；着眼于创建国家卫生城市，开展集体视察；着眼于加快石家庄市轨道交通建设，集体视察地铁1号线二期项目建设和地铁运营管理情况。结合市人大常委会议题，开展市十四届人大四次会议代表建议办理情况、2018年市本级决算和市总决算情况、2019年1～6月计划和预算执行情况、2018年市本级预算及其他财政收支审计情况、2018年环境状况和环境保护目标完成情况、利民惠民十件实事办理、“十三五”规划纲要中期评估、脱贫攻坚工作、国有资产管理、城乡居民医疗保险制度建设和实施、学前教育工作、养老服务、民族工作、市容环境管理、社会保障制度落实、法院执行工作、新型职业农民培育和市政府有关部门主要负责人履职评议等专题视察活动。对《中华人民共和国农产品质量安全法》《中华人民共和国大气污染防治法》《河北省大气污染防治条例》《河北省农村扶贫开发条例》《河北省优化营商环境条例》《石家庄市公共文明行为条例》《石家庄市人才发展促进条例》开展执法检查。对债务风险、外事工作服务“4+4”现代产业、民营企业发展、社区居家养老、中医药工作、全民健身、道路交通管理、未成年人司法保护等情况进行专题调研。

（李赛）

石家庄市人民政府

【概况】 2019年，石家庄市人民政府以习近平新时代中国特色社会主义思想为指导，贯彻落实中共十九大和十九届二中、三中、四中全会精神及中共河北省委、石家庄市委的决策部署，紧扣全面建成小康社会目标任务，坚持稳中求进工作总基调，坚持新发展理念，坚持以供给侧结构性改革为主线，坚持以改革开放为动力，大力发展“4+4”现代产业和“四种类型经济”，统筹推进稳增长、促改革、调结构、惠民生、防风险、保稳定工作。2019年全市完成地区生产总值5392.95亿元，同比增长6.7%；全部财政收入1115.22亿元，同比增长7.2%，其中，公共财政预算收入545.11亿元，同比增长8.8%，财政收入继续保持“跨五越千”；实际利用外资16.18亿美元，同比增长8.8%；进出口总值1178.76亿元，同比增长28.4%，其中，出口总值655.13亿元，同比增长14.6%。农林牧渔业总产值637.49亿元，同比增长1.6%。粮食播种面积66.36万公顷，同比减少1.75万公顷；总产量419.85万吨，同比下降1.16%，平均亩产426.7千克。小麦播种面积29.43万公顷，同比下降0.64万公顷；总产量197.01万吨，同比增长0.59%，平均亩产450.3千克。玉米播种面积31.70万公顷，同比减少2.39万公顷；总产量207.18万吨，同比下降4.53%，平均亩产439.9千克。规模以上工业总产值4219.59亿元，营业收入4449.50亿元；利润298.92亿元，同比增长6.7%。市区居民消费价格指数为102.7%，同比上涨2.7%；工业生产者出厂价格同比下降0.5%，工业生产者购进价格同比下降1.1%。社会消费品零售总额3173.61亿元，同比增长8.2%。全市城乡居民人均可支配收入29335元，同比增长9.3%。其中，城镇居民人均可支配收入38550元，增长8.4%；农村居民人均可支配收入15853元，增长9.2%。全市居民人均消费支出17892元，同比增长9.0%。其中，城镇居民人均消费支出23349元，增长8.0%；农村居民人均消费支出9908元，增长9.1%。城镇新增就业13.42万人，城镇登记失业率3.23%，农村劳动力转移就业5.67万人。5月5日，经河北省政府批准，赞皇县、灵寿县、行唐县3个国家扶贫开发工作重点县退出贫困县序列。8月31日，中国（河北）自由贸易试验区正定片区挂牌。

（薛鹏飞）

【市政府领导及工作部门组成人员】

市　　长：邓沛然
常务副市长：
　　李雪荣
副 市 长：张学勤（8月免）
　　赵文锋（10月免）
　　刘胜　（11月免）
　　孟祥红　蒋文红
　　姜阳
　　周刚　（4月任，挂职）
　　黄三平（11月任）
　　高玉柱（11月任）
秘 书 长：郎金国
常务副秘书长：
　　尚秀伟（11月免）
　　王建峰（12月任）
副秘书长：陈会强　李君涛
　　刘建立　李宪英
　　魏战路　聂群英
　　杨文斌　盖明力

政府办公室

主　　任：郎金国（12月任）

发展和改革委员会（粮食和物资储备局、口岸和物流发展办公室）

主任（局长）：
　　左力鸥（6月免）
　　苏志超（6月任）
副 主 任：徐龙蛟　李辉斌
　　赵春来
　　贾东旭（7月免）
　　吴书科　刘趁通
　　李云庆　傅晓靖
　　曹建宏

教育局

局　　长：张少华
副 局 长：马建国　苏志远
　　马力　　赵立芬
　　李立水

科学技术局（外国专家局）

局　　长：王雁南
副 局 长：郝金卓　张志敏

柯旭

工业和信息化局(市委军民融合发展委员会办公室)

局　　长：刘生彦

副 局 长：徐东　单元林　邢卫建　王庆九　刘俊德

民族宗教事务局

局　　长：李占领

副 局 长：林海军　王洪河　褚国成　罗瑞燕　王凤余　熊国平

公安局

局　　长：刘胜（11月免）　黄三平（11月任）

常务副局长：张建芬（5月任）

副 局 长：王云才（6月免）　武瑞琪　王新民（12月免）　李丛刚（兼公安交通管理局局长，4月免）　张科杰（12月任）　李佳楠（8月免）　吴志亭（12月任）

政治部主任：刘子君

特勤局局长：闫志岿

公安交通管理局局长：马立新（12月任）

民政局

局　　长：苏志超（6月免）　左力鸥（6月任）

副 局 长：孟慧贤　常俊华

司法局

党组书记：刘志魁

局　　长：郑国良

副 局 长：张仲　赵成英　王一兵　高新展　张和起　赵建勋

财政局

局　　长：王东华

副 局 长：周巧娥（女）　周国春　高山　（5月免）

人力资源和社会保障局

局　　长：王德庆

副 局 长：徐龙蛟　王建敏　温富才　韩春生

自然资源和规划局

党组书记：赵路新

局　　长：李惠林

副 局 长：杜敏海　李少恒　张晓普　滕斌

生态环境局

局　　长：马立宁

副 局 长：李朝亮　邢义科　马玉辰　李哲　冀平

住房和城乡建设局

局　　长：赵建林

副 局 长：郭彦军　王文兴　李智强　张顺泽（11月免）　张振兴（挂职，9月免）

城市管理综合行政执法局(城市管理局)

局　　长：任建忠

副 局 长：高乃善　李景再　黄久胜　祖桂玉（3月任）

交通运输局

局　　长：米志奇

副 局 长：闫炳华　张书江　朱增奇　张子云（兼邮政管理局局长）　张立欣

水利局

局　　长：谷维真

副 局 长：崔文秀　马福恒　张振军

农业农村局

党组书记：左红江

局　　长：王溪波

副 局 长：刘军普　贾建平　陈玉山　齐胜平　李茂昌　刘芬玲　陈彦良　徐志峰　高地动

林业局

局　　长：董志明

副 局 长：张振江　贾彬　于海斌　岳杏娟　刘志刚

商务局

局　　长：常志卷

副 局 长：刘平　杨文波　苗先国　王松林

投资促进局

局　　长：马千里

副 局 长：董民　王黎明　杨会印　苏岩　（9月免，挂职）

文化广电和旅游局(文物局)

党组书记：赵俊芳

局　　长：李波

副 局 长：刘庆卫　任保山　王谏　孙瑞峰　张蕾　刘寒　张跃新　谢占凯

**卫生健康委员会(爱国卫生运动委员

会办公室)
主　　任：王华平（女）
党组副书记：
甄继革
副 主 任：张国军
张红梅（女，1月免）
王金海　张东生
魏建英（女）
中医药管理局局长：
施文国
干部保健局局长：
马建国（12 月任）

退役军人事务局
局　　长：吕军英
副 局 长：张岩　（兼市退役军人管理服务中心主任）
金莹　（5 月免）
杜士海

应急管理局(地震局)
党组书记：暴胜贤
局　　长：王云辉
副 局 长：赵万里　刘军
杨卫东　李天征
宋建昌　扈传淼
安全生产监察支队支队长：
刘英杰

审计局
局　　长：裴晓青
副 局 长：张建国（5 月免）
赵英然（女，5 月免）
李国辉（11 月免）
钱国伟

外事办公室
主　　任：栾建英
副 主 任：孟硕　　樊为民
李会文　范玉龙

国有资产监督管理委员会
主　　任：张军卫
副 主 任：刘春东（12 月免）
孟超英　林树新
杨建立（8 月任）

市场监督管理局(知识产权局)
党组书记：宋国宏
局　　长：张新峰
副 局 长：谢艳华　孙桂莲
刘占　（5 月免）
路拴增　尹兵辉
韩秀娟　杜瑞行
杜爱朝　李建
王大林　王振刚
牛学建
市场监督执法支队支队长：
黄岩松

体育局
局　　长：赵勇
副 局 长：黄增国（1 月任）
吴丽艳　宋连军
赵敏生

统计局
局　　长：金福中
副 局 长：王玉洁　温朝中
普查调查中心主任：
李西林

政府研究室(政府参事室)
主　　任：赵士宗
副 主 任：张福久（5 月免）
梁德忠　刘礼英
谷鹏　（9 月任）

人民防空办公室
主　　任：戚阿东（8 月免）
尹勃　（8 月任）
副 主 任：刘金虎
胡月平（9 月免）
姜辉　　蔡忠义

扶贫开发办公室
党组书记：顾玉平
主　　任：赵永利
副 主 任：戚忠奎（1 月免）
程辉

地方金融监督管理局(金融工作办公室)
局　　长：赵东
副 局 长：辛裕　　常良

行政审批局(政务服务管理办公室)
党组书记：李雪荣
局　　长：周树仁
副 局 长：李卫东（5 月免）
高国欣　王文亭
刘然　　刘占中
公共资源交易中心主任：
苗杰超（9 月任）

医疗保障局
党组书记：崔芸
局　　长：邓小梅
副 局 长：李利佳
韩新山（12 月任）

园林局
局　　长：刘金文
副 局 长：王锡江　冉荣珍
赵素校　左晗伟
姚斌　（12 月任）

数据资源管理局
局　　长：陈健敏
副 局 长：廉晓红　王梅林
陈金海

【市政府常务会】 1 月 9 日，市长邓沛然主持召开市政府第 40 次常务会。专题研究提交市十四届人大四次会议审议《政府工作报告（讨论稿）》《石家庄市 2018 年国民经济和社会发展计划执行情况与 2019 年国民经济和社会发展计划（草案）的报告》《石家庄市2018年预算执行情况和2019年预算草案的报告》。审核并原则同意将《政府工作报告（讨论稿）》《石家庄市2018年国民经济和社会发展计划执行情况与2019年国民经济和社会发展计划（草案）的报告》《石家庄市2018年预算执行情况和2019年预算草案的报告》按照会议提出的意见建议修改完善后，提交市委常委会议研究。书面听取关于第四届河北省文化和旅游产业发展大会筹备情况的汇报。

1月30日，邓沛然主持召开市政府第41次常务会。研究2018年度石家庄市政府特殊津贴专家人选名单、石家庄市企业退休人员社会化管理办法、关于加快推进5G网络规划建设工作的实施意见、关于房地产专项整治（解遗）政策延期有关事宜、中央商务区建设工作、轨道交通建设工作、市儿童医院建设有关事宜。研究关于明确正定新区功能性场馆权属有关事宜，原则同意《关于明确正定新区功能性场馆权属的汇报》，市财政局商司法局修改完善报审后，提交市委常委会议研究。听取全市扶贫工作有关情况的汇报，书面听取关于非洲猪瘟防控工作开展情况的汇报。

2月27日，邓沛然主持召开市政府第42次常务会。研究中央商务区建设工作、关于加大科技研发投入推动创新驱动发展实施意见、拟推荐国家勋章和国家荣誉称号建议人选事宜、石家庄市水土保持规划。听取关于中央环境保护督察“回头看”及大气污染问题专项督察进展情况的汇报，扫黑除恶专项斗争工作进展情况，行唐县、灵寿县、赞皇县脱贫摘帽迎接国家考核工作情况汇报。书面听取关于禁毒工作暨示范创建情况的汇报。

3月23日，邓沛然主持召开市政府第43次常务会。传达学习中央、省统计改革工作有关法律法规和重要文件精神。研究中央环境保护督察“回头看”及大气污染问题专项督察反馈意见问题整改措施清单、贯彻落实省委省政府环境保护督察“回头看”及大气污染问题专项督察反馈意见整改方案和2019年各县（市、区）空气质量改善目标及分解意见，全市教育大会有关文件、市属高校园区建设可行性分析报告、《关于新时代进一步深化改革扩大开放的实施意见》、关于河北融投担保集团风险处置情况的汇报、中央商务区建设工作、关于进一步深化国有企业改革的实施意见、关于开展石家庄市“最多跑一次”（政务数据归集和应用）项目建设的意见、2019年市级文化产业发展引导资金使用意见。听取关于全市路网规划建设情况的汇报、关于“大棚房”问题专项清理整治行动坚决遏制农地非农化工作情况的汇报、关于为郭亚鹏同志申评烈士有关情况的汇报。书面听取关于贯彻落实全省脱贫攻坚专项巡视整改工作电视电话会议精神有关情况的汇报、关于科学应对保定徐水非洲猪瘟疫情做好石家庄市防控工作有关情况的汇报。

3月26日，邓沛然主持召开市政府第44次常务会。研究关于全面放开石家庄市城镇落户限制的实施意见的实施细则（试行）、市属高校园区建设可行性分析报告。听取关于石家庄市轨道交通建设进展暨二期建设规划报批情况的汇报。

4月29日，邓沛然主持召开市政府第45次常务会。研究划拨土地上房屋分套转让缴纳土地出让金的有关规定、残疾儿童康复救助实施方案、推动科技服务业高质量发展实施方案（2019~2022年）、中央商务区建设工作、党政机关办公用房、公务用车管理实施办法、关于调整《石家庄市打赢蓝天保卫战三年行动计划》有关高新热电关停时间事宜、退役士兵社会保险有关工作、关于进一步推进高质量发展奋力争当全省经济建设排头兵的实施意见、《石家庄市城市总体规划（2019~2035年）》、《正定县总体规划（2019~2035年）》、2019年全市应急管理与安全生产工作要点。听取市发改委有关工作汇报、2019年农村地区冬季清洁取暖工作情况的汇报。

5月28日，邓沛然主持召开市政府第46次常务会。研究2019年法治政府建设工作要点、2019年立法工作安排意见、关于贯彻落实企业职工基本养老保险基金中央调剂制度的实施办法、中央商务区建设工作、石家庄市违法违规用地建设采矿采砂和破坏生态环境问题专项整治方案、加强主城区城市棚户区征收改造工作的意见、关于落实贺克斌院士在全市大气污染防治专题学习会上相关建议的实施方案、关于切实防范化解债务风险的意见、《新型智慧城市总体规划（2019~2021年）》、2019年石家庄中欧（中亚）班列运营方案。听取全省违法违规用地建设采矿采砂和破坏生态环境问题专项整治动员部署会议精神、2018 年食品药品安全工作考核评价结果有关情况的汇报、2018 年食品药品安全工作考核评价结果有关情况的汇报、关于全市县城建设工作情况的汇报、全省脱贫攻坚成效考核整改工作电视电话会议主要精神，研究石家庄市贯彻落实意见。

6月24 日，邓沛然主持召开市政府第 47 次常务会。研究生态环境保护工作、石家庄市政府投资项目代建管理办法、中央商务区有关工作。听取河道内村庄防洪整治工作有关情况的汇报、中华大街综合整治工程情况汇报。书面听取扎实做好脱贫攻坚工作情况的汇报、听取1~5 月重点建设项目完成情况的汇报。

7月3日，邓沛然主持召开市政府第 48 次常务会。邀请省第一督查组戴贝特参加会议。研究关于进一步深化文化市场综合行政执法改革的实施方案、加强规划管理、新三区与主城区一体化发展、违建别墅问题清查整治、违法违规用地建设采矿采砂和破坏生态环境问题专项整治工作、第一医院赵卜口院区调整投资情况的汇报。听取关于市委党校、职教园区一期项目置换用地处置工作进展情况的汇报、关于创建“无证明城市”公布第一批证明材料取消清单的汇报、桥西区政府驻地迁移有关情况汇报。

7 月 17 日，邓沛然主持召开市政府第 49 次常务会。邀请省第一督查组组长张胜利、市人大常委会副主任李志宏、市政协副主席葛瑞芳、省生态环境厅第一专员办侯日升参加会议。研究石家庄市河道管理条例、石家庄市信息化建设项目管理办法、石家庄市农村饮水工程运行管理办法、重要会展活动、大气污染集中整治夏季会战方案、关于对棚户区改造项目成本核定的意见、2019 年上半年经济运行情况。听取关于正阳花园项目相关事宜的汇报。

8月1日，邓沛然主持召开市政府第 50 次常务会。邀请省第一督查组组长张胜利参加会议。石家庄市2019 年削减煤炭工作计划、中央商务区有关工作、缓解“停车难”的相关配套政策。听取轨道交通项目进展情况的汇报。书面听取2019 年重点建设项目 1~6 月完成情况的汇报、全市产业扶贫工作开展情况的汇报。

8月8日，邓沛然主持召开市政府第 51 次常务会。邀请省第一督查组副组长刘文广、市人大常委会副主任安树国、市政协副主席闫纯锴、省生态环境厅第一专员办周占民参加会议。研究调度全市经济运行工作、第六届中国国际物流发展大会总体方案。听取全省化工行业整治攻坚行动推进会议精神及石家庄市贯彻落实意见的汇报、中央环境保护督察“回头看”及大气污染问题专项督察进展情况的汇报、2019 年信息化建设项目计划安排工作情况的汇报。

8月23 日，邓沛然主持召开市政府第 52 次常务会。邀请省第一督查组副组长郎旭中、市人大常委会副主任楚行宇、市纪委副书记李献军、市中级人民法院副院长张保江参加会议。会前专题学习《重大行政决策程序暂行条例》。研究石家庄市工程建设领域农民工工资保证金管理办法、中央商务区工作、石家庄市 2019 年河长制重点工作推进方案、第六届中国国际物流发展大会经费事宜、棉五生活区等棚改项目匹配用地事宜、滹沱河生态修复工程 PPP 项目及匹配地块有关事宜。听取自然资源部约谈石家庄市有关情况的汇报、2019 年利民惠民实事进展情况的汇报、深化医药卫生体制改革有关情况的汇报。书面听取石家庄教育扶贫工作汇报。

9月5日，邓沛然主持召开市政府第 53 次常务会。邀请省第一督查组副组长刘文广、市中级人民法院副院长张保江参加会议。研究市政府行政应诉和行政复议答复暂行办法修改意见、推进“五险一金”集中办公的工作方案、国际贸易城项目整改工作、市属高校园区规划建设方案，听取工作进展情况汇报。听取旧城改造提升“十大工程”进展情况汇报、石钢退城搬迁项目进展情况的汇报。

9月30 日，邓沛然主持召开市政府第 54 次常务会。邀请省第一督查组副组长刘文广参加会议。通报江苏宜兴重大交通事故情况，传达中央、省领导重要批示精神，安排部署石家庄市安全生产工作；研究《关于将出租车经营权管理改革列为市政府重大行政决策事项的意见》、加快新三区与主城区一体化发展有关改革事项、《关于轨道交通第二期建设规划全寿命周期资金保障方案配套政策》、中央商务区有关工作、清洁取暖工作、《关于将长安区等 9 座公园广场通过法定程序确定为第一批永久性绿地的意见》。听取市液化气总公司储罐厂重大安全隐患整改工作情况的汇报。

10月 23 日，邓沛然主持召开市政府第 55 次常务会。邀请省第一督查组副组长郎旭中、市人大常委会副主任安树国参加会议。研究《关于做好当前经济工作的若干措施》《关于加强和改进统计工作的实施意见》《关于促进石家庄市国家级园区加快发展的意见》《关于建立城乡居民基本养老保险待遇确定和基础养老金正常调整机制的实施办法》、综合行政执法改革工作、解决房地产开发遗留问题的相关政策、《关于建立健全脱贫防贫长效机制的实施方案》。听取关于“空心村”治理工作有关情况的汇报、关于滹沱河生态修复二期工程有关情况的汇报、关于棉三老旧小区整治和棉五棚户区改造工作有关情况的汇报。

11月1日，邓沛然主持召开市政府第56次常务会。研究棉五棚户区改造、民心河河水流动循环、民心广场地下空间改建停车场、地铁有关问题整改、滹沱河河心岛改造利用等工作。会议原则同意各单位工作方案，由长安区政府、市城管局、市住建局、市轨道办和市水利局分别负责，根据会议精神抓好落实，按程序报市委研究。

11月14日，邓沛然主持召开市政府第57次常务会。研究《关于稳定生猪生产保障市场供应的意见》《关于深化开发区改革开放的实施意见》《关于调整全市高污染燃料禁燃区划定方案》《关于解决化解房地产领域遗留问题、切实落实领导干部包联解决信访事项有关工作的意见》《关于解决“两不愁三保障”突出问题的实施方案》《市直单位第二批证明材料取消清单》。听取全市2019年重点工作进展情况的汇报、关于促进国有企业高质量发展的汇报、重要会展活动情况汇报。

11月22日，邓沛然主持召开市政府第58次常务会。传达全省房地产遗留问题专项整治工作会议精神，安排部署石家庄市下步工作；研究《关于支持中国（河北）自由贸易试验区正定片区高水平开放高质量建设的若干意见》《滹沱河生态修复二期工程建设有关方案》《支持特色产业集群高质量发展的十条政策》《关于为行唐县刘胜同志申评烈士的意见》。听取中央商务区建设工作进展情况的汇报、全市“双创双服”活动暨20项民生工程进展情况汇报、石家庄市贫困退出工作暨迎接省脱贫成效考核情况的汇报、中央环境保护督察“回头看”及大气污染问题专项督察进展情况的汇报、石家庄市人防系统腐败问题全面调查整顿工作情况汇报。

12月17日，邓沛然主持召开市政府第59次常务会。邀请省第一督查组副组长刘文广、市人大常委会副主任楚行宇、市政协副主席宋学恭参加会议。研究《石家庄市创建国家社会信用体系建设示范城市实施意见》《关于理顺物业管理体制机制加强新时代城市社区治理的实施方案》《关于深化开发区改革开放的实施意见》、房地产专项整治工作、生态环境保护工作、行政立法有关工作。听取关于石家庄市滹沱河生态旅游景区开发有限公司有关情况的汇报、关于2020年民生实事项目谋划工作的汇报。

12月27日，邓沛然主持召开市政府第60次常务会。研究《石家庄市数字经济发展规划（2020～2025）》、《关于加强和支持乡镇卫生院发展的实施意见》；听取关于数字经济产业园规划情况的汇报、关于发展网络平台道路货物运输经营产业支持意见的汇报、关于中央商务区建设工作有关情况的汇报。

12月30日，邓沛然主持召开市政府第61次常务会。邀请省第一督查组张连可、市政协副主席孟胜林参加会议。研究《政府工作报告》《关于石家庄市2019年国民经济和社会发展计划执行情况与2020年国民经济和社会发展计划（草案）的报告》《关于石家庄市2019年预算执行情况和2020年预算草案的报告》《石家庄市焦化行业产能置换改造升级方案》。

【利民惠民10件实事】 2019年石家庄市政府贯彻落实“以人民为中心”的执政理念，全力推进为民办实事10件。至2019年底，10件利民惠民实事全部完成或超额完成任务目标。

表11　　2019年石家庄市10件利民惠民实事一览表

序号	实事名称	牵头单位	完成情况
1	主城区200个老旧小区道路、绿化、安全、排水等基础设施改造	市住房和城乡建设局	至11月30日，主城区200个老旧小区道路、绿化、安全、排水等设施改造任务完成。其中，长安区、桥西区、裕华区、新华区分别完成老旧小区改造50个。
2	打通育才街等城区10条“断头路”	市住房和城乡建设局	至11月24日，完成联石丰、仓盛路（留村西街—南部街）、金石街（北二环—丰收路）、十小街（绵河道—北二环）、苑西街（中山路—裕华路）、绵河道（金水街—金明街）、仓裕路（建华大街—裕宁街）、汇华路（裕支路—建通街）、华诚街（石桥西街—石获南路）、常玉路（纺织街—育才街）、国棉路（纺织街—育才街）、汇华路（建设大街—青园街）12条断头路打通任务。
3	创建30所普惠性幼儿园	市教育局	至9月30日，全市新创建普惠性幼儿园97所，新增普惠性学位2.6万个。
4	建设市儿童医院（市妇幼保健院）	市卫生健康委员会 市政府投资代建中心	5月24日，市儿童医院（市妇幼保健院）完成项目立项、可研报告和初步设计3个阶段的前期工作。至12月10日，市政府投资代建中心完成项目主楼17层、裙楼6层主体建设，提前完成市委市政府确定的目标任务。
5	实行恶性肿瘤、白血病、慢性肾衰竭等7种门诊特殊病零门槛报销，减轻群众就医负担	市医疗保障局	3月1日，恶性肿瘤、白血病、慢性肾衰竭等7种门诊特殊病患者在省、市、县三级定点医疗机构实现“零门槛”“一站式”结算，直接享受“零门槛”待遇。至11月底，全市49873名特殊病参保居民享受零门槛报销，为城乡居民减轻负担878万元。
6	新建和升级改造25家便民市场	市商务局	至11月14日，新建和升级改造便民市场25家，总投资1.5亿元，新建（改建）面积12万平方米。
7	新建15万平方米街旁游园	市园林局	至12月10日，全市新建街旁游园13块，面积15.28万平方米，分别为保利游园（含沁香园）、民生路游园、高远森林城游园、振一街游园、柳董庄游园、南高营恒大游园、瑶晨绿岛游园、国际贸易城二期游园、庄北二期游园、尚园、新华苑、中山路忆园、新客站游园。
8	建设生活垃圾分类样板小区、单位、学校各100个	市城市管理综合执法局	至10月28日，全市建成生活垃圾分类100个样板小区、100个样板单位、100个样板学校，鼓励市民养成生活垃圾分类习惯。
9	对1000户贫困重度残疾人家庭进行无障碍改造	市残疾人联合会	通过提供坐便器助力扶手、沐浴椅、遥控灯、晾衣架、盲杖、闪光门铃灯等生活用具无障碍改造项目，基本解决残疾人实际生活问题。至9月30日，全市完成1000户建档立卡重度残疾人家庭无障碍改造任务。
10	完成25万座农村户用厕所改造	市农业农村局 市卫生健康委员会	至11月12日，全市改造农村户用厕所26.1万座，超额完成1.1万座。全市卫生厕所普及率达到85%以上。

【建议与提案办理】 省人大代表建议、省政协委员提案办理。全年办理省人大代表建议、省政协委员提案78件。其中，省人大代表建议53件，主办40件，会办13件；省政协委员提案25件，主办19件，会办6件。全年省人大代表建议、省政协委员提案均按时办结，按时办结率100%，答复函规范化率100%，与人大代表、政协委员沟通走访率100%，满意率100%。市人大代表建议办理。2019年市政府系统承办市第十四届

人大常委会第四次会议期间人大代表建议450件，解决和基本解决的302件，占比67.1%；正在解决和列入规划的108件，占比24%；没有解决，向市人大代表作解释说明的40件，占比8.9%。从市人大代表反馈意见看，满意和基本满意的432件，占比96%；表示理解的18件，占比4%。2019年市人大常委会确定13项16件重点人大代表建议由市政府系统承办。市政协委员提案办理。2019年市政府系统承办市政协第十三届第三次会议提案587件。其中，涉及经济建设140件，占比23.9%；政治建设12件，占比2%；文化建设42件，占比7.2%；社会建设339件，占比57.8%；生态建设54件，占比9.2%。从市政协委员反馈意见看，满意和基本满意的占比96%。2019年市政协确定17项24件重点提案由市政府系统承办。

【政务公开】 按照《石家庄市2019年政务公开工作要点》《关于推进政务新媒体健康有序发展实施方案》要求，坚持以公开为常态，把政府信息公开作为改进工作作风和机关形象的重要载体，精心组织，规范运行，有效保障群众知情权、参与权和监督权。深化重点领域信息公开，突出围绕"三大攻坚战"、"放管服"改革、重点民生领域等相关信息，及时在市政府门户网站予以公开。推进决策和执行公开，在市政府门户网站设置意见征集专栏，广泛征求涉及公共利益和公众权益的重大决策意见，全年征集各类意见40余条。公开人大代表建议、政协委员提案办理结果，全年公开建议提案办理结果复文信息1116条。2019年市政府各执法部门公示行政执法事项3729项，公示行政许可35846件、行政处罚2049件。及时解读和回应群众关切，在市政府门户网站设置政策解读专栏，重点解读关系群众切身利益政策文件。全年市本级举办新闻发布会73次，开展"电视问政"活动40场，发挥了政策解读示范效应。制定应急预案，妥善回应和处置政务舆情48件。2019年市政府门户网站发布各类信息39756条，其中政府信息公开平台发布信息25135条；全市各级各部门利用政务媒体发布信息3万余条。完善申请政务信息公开途径，在当面受理、信函、传真和电子邮箱受理基础上，开通市政府门户网站在线受理渠道。规范答复格式，做到答复语言严谨，引用法规条例适当。增强服务意识，将政务公开申请办理时限由20个工作日压缩为10个工作日（复杂申请除外）。主动与申请人联系沟通，了解申请人需要解决的问题，全力提供帮助和服务，全年办理申请政府信息公开535件，其中，行政复议39件，行政诉讼24件。

（李国臣）

人力资源和劳动就业

【概况】 2019年，全市城镇新增就业13.42万人，完成河北省下达任务12.04万人的111.5%；城镇失业人员实现再就业4.69万人，困难人员实现再就业1.99万人；农村劳动力转移就业5.67万人，完成省下达任务5.15万人的110.1%；城镇登记失业率3.23%，控制在省下达任务4.5%以内。坚持以"民生为本、人才优先"为主线，突出抓好就业创业、创业孵化基地建设、人才培养和人才引进工作。深入开展"双问计"活动，全年市人力资源和社会保障系统争取中央和省级政府支持资金47.73亿元。制定印发《石家庄市人力资源服务业发展行动计划》，主要内容：到2020年，全市人力资源服务行业年营业收入突破100亿元，服务机构数量达到400家，培育行业骨干企业15家，培养行业领军人才15名，建设人力资源服务产业园3～5家（建设国家级、省级各1家）。创建国家级人力资源服务产业园，高新园区、桥西分园、正定新区分园开通运营，高新园区获评省级产业园；至2019年底，人力资源服务产业园面积达到26.2万平方米，入驻机构132家。重视人才队伍建设，实施高技能人才振兴计划。深化人事制度改革，严格事业单位岗位管理，落实事业单位工资政策。全年建成各类人才创新平台7个，选拔推荐各级各类专家104人。投入资金6.42亿元，启动职业技能提升三年行动。2019年"名校英才入石"计划引进各类人才253名，较2018年增长5倍。创建模范劳动关系和谐单位，石家庄君乐宝乳业有限公司、河北天山实业集团有限公司2家企业获授第四批全国模范劳动关系和谐企业称号，河北石家庄循环化工园区获授第四批全国模范劳动关系和谐工业园区称号。

【创业就业】 出台《关于做好当前和今后一个时期促进就业工作的实施意见》，印发《就业创业资金管理办法》《石家庄市市级创业孵化基地管理办法》等系列配套文件。深入开展

2019 年 3 月 23 日，举办石家庄市“智慧人社 效能人社”12333 宣传周活动

创业就业孵化基地培育活动，全市建成创业孵化基地59 家，入驻创业实体 4145 户，发放创业担保贷款 3. 37 亿元。5月，高标准提升改造省会大学生创业孵化基地，基地面积由原来 2800 平方米提升到 1. 12 万平方米，可容纳创业实体 252 户。在全市范围开展“就业援助月”活动，帮助就业困难人员实现就业 673 人，零就业家庭实现动态清零。2月14 日～3 月 13 日，全市举行以“促进转移就业，助力脱贫攻坚”为主题“2019 年春风行动”；采取主题宣传、组织招聘活动、提供就业服务、引导返乡创业、加强权益维护等方式和措施，重点服务有就业创业意愿的农村劳动力、农村建档立卡贫困劳动力和有用工需求的用人单位，促进人岗对接；2019 年全市“春风行动”举办各类招聘会 33 场，提供就业岗位 15. 2 万个，达成就业意向 6. 1 万人。全年安置无法离乡、无业可扶、无力脱贫劳动力就近就业 1. 03 万人，贫困劳动力实现就业 7. 36 万人，完成年度任务（1. 25 万人）589%。率先在全省实行政府代缴城乡居民养老保险费，为 14. 04 万名建档立卡贫困人口代缴保险费 1404 万元，贫困人口参保率、建档立卡贫困人口代缴率和 60 周岁以上人口待遇发放率全部达到 100%。对建档立卡贫困人口开展“订单式”免费培训，完成技能培训 3049 人、创业培训 285 人，做到技能培训全覆盖。为加强创业培训师资队伍建设，推动创业就业工作创新发展，5 月 20～24 日，举办第二届全国创业培训讲师大赛河北省分赛暨 2019 年石家庄市创业培训讲师大赛，为创业培训讲师搭建展示风采、交流经验、提升能力交流平台；评选一等奖 2 名、二等奖 3 名、三等奖 5 名，5 名获奖选手代表石家庄市参加省级复赛。

【人力资源服务产业园】 加快推进国家级人力资源服务产业园建设，围绕“4+4”现代产业发展，制定出台《关于建设中国石家庄人力资源服务产业园的实施方案》，确定立足本地与服务全国相结合、人力资源服务业发展与产业转型升级相结合、公共服务与经营性服务相结合的“三结合”建园方向，坚持政府引导、市场运作、错位发展、开放融合的建园原则，全力打造京津冀人才和雄安新区人才流动枢纽。规划设计国家级产业园园区4个，总面积 32 万平方米。其中，高新园区为核心园区，地址位于高新区创新大厦和国际人才城，面积 21 万平方米，具有“一站式公共服务平台、人力资源服务机构集聚平台、创新创业孵化平台、立体化人才系统开发平台、人力资源信息化服务平台、国际交流与合作平台”六大功能；栾城园区，地址位于未来科技城，面积 2 万平方米；桥西园区，地址位于塔坛国际商贸城，面积 4 万平方米；正定新区园区，地址位于新城大街，面积 5 万平方米。立足市场需求，合理选择、精准定位，将各园区发展形成整体“全产业链条”。扩大入驻机构范围，除人力资源服务机构外，凡是与人力资源产业有关的机构和企业，均可入驻。增加园区运营补贴，新建市级以上人力资源服务产业园从建园起给予2年营运补贴。高新园区、桥西分园、正定新区分园开通运营，高新园区获评省级产业园。至 2019 年底，人力资源服务产业园面积达到 26. 2 万平方米，入驻机构 132 家。

【北京家政输出基地】 4 月 29 日，市人力资源和社会保障部门与河北福嫂家政有限公司签署合作协议，在北京丰台区建立石家庄市家政服务行业劳务输出基地，这也是全国首家跨区域家政输出基地。5月30日，石家庄市家政服务行业劳务输出基地挂牌运营。全年石家庄市家政服务行业劳务输出基地向北京输出家政从业人员9批600余名。北京家政输出基地主要特点：基地集家政培训、家政实训、家政孵化+众创+加速、行业交流等为一体，是一个功能完备的家庭服务一站式综合体；围绕家政培训、输出就业理念，全力打造北京家政服务员输出平台、创业帮扶平台、家政服务员诚信系统信息化平台、维权服务平台等多个协同发展平台；对接石家庄市有扶贫任务的16个县（市、区）就业服务部门，签订劳务输出协议，提供劳务输出服务，改变传统家政服务员输出模式，由零散走向集约，由向第三方输出变为向终端客户输出；具备条件的县（市、区）可在基地设立劳务对接扶贫工作站及扶贫超市，每个县（市、区）可推荐辖区内2~3家家政企业入驻基地。与北京家政服务机构开展对接合作，每年设立专项扶持资金1000万元，连续3年对基地建设和运营给予奖补。至2019年底，北京家政输出基地与石家庄市16个县(市、区)、8家北京大型家政公司、10所石家庄培训学校签署劳务合作框架协议。

2019年4月29日，石家庄市北京家政输出基地签约仪式举行

【人才引进】 全年办理人才绿卡A卡752张、B卡5199张、县(市、区)卡14960张。柔性引进诺贝尔奖获得者7人、中国两院院士42人、其他国家院士12人，培养引进国家“千人计划”入选者21人、“万人计划”入选者13人、长江学者2人，引进国家“双一流”建设高校毕业生5400多人。选拔推荐各级各类专家104人，建成各类人才创新平台7个。投入资金6.42亿元，在全市启动职业技能提升三年行动。2019年石家庄市“名校英才入石”计划引进人才253名，较2018年增长5倍。河北省毕业生就业市场招聘活动。2月16~17日，2019年河北省毕业生就业市场在石家庄学院南校区举行；设置招聘展位2500个；参会企业2520家，其中，省内用人单位2450家，京津、山东、浙江、河南、山西等外省企业70余家；参会企业中民营企业占比80%以上；提供招聘岗位5.5万余个，同比增长9.1%；参加招聘人员10万人次以上，达成初步就业意向率41.2%；招聘岗位排名前5位为销售、财会、文秘、工程师、教师，应届毕业生提供平均待遇3500元。春季高校毕业生就业洽谈会。3月23日，由市政府主办，市委组织部、市人力资源和社会保障局承办的石家庄市2019年春季高校毕业生就业洽谈会在河北科技大学新校区主体育场举行。参会单位1080家，提供就业岗位23600余个。参会企业除石药集团、以岭药业、石家庄四药、华北制药、常山生化、神威药业、威远生物、科林电气、京华电子、格力电器、敬业集团、君乐宝、博深工具等石家庄市“4+4”重点企业外，还吸引北京、天津、山东、河南等外地企业200余家到会。入场求职人员近4万人次，初步达成就业意向14400余人，其中，博士14人，研究生384人，本科13000余人，专科及以下1000余人；现场签约820余人，其中，研究生22人，本科580人，专科及以下110余人。“4+4”产业发展驻石高校校园巡回招聘（河北经贸大学站）暨河北经贸大学2019届毕业生双选会。3月30日，由市委组织部、市人力资源和社会保障局主办，河北经贸大学、市人才开发交流中心承办的“4+4”产业发展驻石高校校园巡回招聘（河北经贸大学站）暨河北经贸大学2019届毕业生双选会在河北经贸大学举行；参会单位615家，其中，京津企业65家、省外企

业 20 余家；提供就业岗位 1.8 万余个；入场人数 3 万余人次，初步达成就业意向 7900 余人；现场签约 310 余人。京津冀暨环渤海人才交流会。4月18日，市人力资源和社会保障局组织石家庄市 18 家企业参加在天津市举办的京津冀暨环渤海人才交流会；参与洽谈人数 500 余人，其中，博士 23 人，硕士 61 人；达成人才引进意向人数 89 人，其中，博士 10 人，硕士 42 人，本科 37 人。石家庄高层次人才交流洽谈会。11月9日，由市委、市政府主办，市委组织部、市人力资源和社会保障局承办的 2019 年石家庄高层次人才交流洽谈会在石家庄国际科技博览活动中心举行；参会单位 448 家，提供年薪 6 万元以上高端岗位 7753 个；分设电子信息、生物医药、节能环保、金融商贸、科技服务与文化创意、教育医疗科研、装备制造、综合招聘和“名校英才入石”、人力资源服务产业园 10 个招聘专区；进场人数 2.91 万人，其中，“双一流”建设高校 4296 人(博士 202 人，硕士 3569 人，本科 525 人)，其他高校博士 542 人、硕士 1443 人；达成引才意向 6886 人。第四届京津石区域（石家庄）高校毕业生就业交流会暨秋季高校毕业生就业洽谈会。11月 15 日，由市政府主办，市委组织部、市人力资源和社会保障局承办，市人才开发交流中心、河北科技大学协办的第四届京津石区域（石家庄）高校毕业生就业交流会暨 2019 年秋季高校毕业生就业洽谈会在河北科技大学举行；入场人数 3.7 万余人次，初步达成就业意向 1.85 万余人，其中，博士 209 人、硕士 1589 人、本科 1.3 万余人、大专及以下 3600 余人。

（苑斌）

经济研究

【概况】 2019 年，市政府研究室紧紧围绕政府中心工作，积极做好文稿起草、调查研究、协调服务各项工作，发挥以文辅政和参谋助手作用。全年起草各类综合文稿和文件23篇，编发《研究动态》51 期，编辑《石家庄经济》6 期。加强智库建设，建立102 名特约研究员团队。新聘任智库110 人，至 2019 年底，智库总人数共有 110 人。《石家庄经济》被评为省会“双十佳”刊物。根据中共石家庄市委办公室、石家庄市人民政府办公室《关于印发〈石家庄市人民政府研究室职能配置、内设机构和人员编制规定〉的通知》（石办字〔2019〕20 号），市政府研究室由参照公务员管理的事业单位调整为市政府工作部门，加挂市政府参事室牌子，机构规格正县级，内设机构由 4 个调整为 5 个，分别是办公室、宏观经济研究处、产业经济研究处、社会发展研究处、参事联络处。办公地址设在石家庄市长安区中山东路216 号 1 号楼。4月10~12 日，国务院研究室综合研究二司 4 人来石家庄市就“改革完善招投标制度”开展调研。6 月 12~ 13 日，国家发改委国际合作中心 5 人到石家庄市调研产业结构转型升级、文化旅游产业发展、对外开放和国际合作及未来对策情况。10 月 28 日 ~12 月 31 日，市委第六巡察组对市政府研究室党组开展常规巡察。

【文稿起草】 研究室全力做好政府工作报告、大型会议材料以及市政府主要领导相关材料的起草工作，全年起草各类综合文稿和文件 23 篇。与市政府办公室协调配合，完成《政府工作报告》，成为指导市政府全年工作的纲领性文件。为贯彻落实省委书记王东峰在石家庄暗访检查时的指示精神，根据市委常委会要求，起草《关于支持省会规划建设管理和高质量发展的若干意见》。按照省委书记、省长和市委、市政府主要领导批示，开展《省会功能定位》研究，完成《关于加快新三区与主城区一体化发展的意见》，为新三区融入主城区同城化发展提出时间表和路线图。结合实际，在充分调研的基础上，完成《关于支持中国（河北）自由贸易试验区正定片区高水平开放高质量建设的若干意见（试行）》。

【课题调研】 关注“4+4”现代产业发展。完成市长《关于我市加快先进制造业的思考》调研报告，深入研究撰写《大力发展先进制造业，推动石家庄产业加快转型升级》《把握大势抢抓机遇推动制造业高质量发展》《关于我市谋划建设人工智能产业园的设想》等报告。关注优化经济空间布局。完成《关于我市主城区东部城市空间格局和产业布局优化的建议》《关于我市国土空间规划编制原则的思考与建议》《关于推动做大做强高新区发展的建议报告》《石家庄高新区转型升级的路径选择》《建设石家庄都市圈》等报告，对全市经济社会空间布局提出合理化建议。关注环保治理。开展能源结构方面的研究，形成《关于我市能源结构的调查报告》《关于我市“双代”工作的调研报告》《我市高耗能行业能耗情况分析及建议》《关于我市农村环境污染治理情况的调查报告》等专题报告，其中《关于我市“双代”工作的调研报告》专报环保部。关注现代服务业发展。围绕建设商贸物流中心城市，起草《关于我市建设国家物流枢纽承接城市的建议》《构建物流业集聚发展新格局，推动我市物流产业跨越发展》的报告。聚焦经济社会发展热点研究。完成《中美贸易摩擦对石家庄的影响分析》《石家庄市区常住人口突破500万思考》《关于2019年经济社会发展情况和2020年重点工作安排的报告建议》《从税收角度分析我市产业结构状况及前景》等调研报告。

【智库建设】 推进市政府智库建设。石家庄市机构改革调整后，市政府研究室加挂市政府参事室牌子。开展参事聘任前期工作和特约研究员团队建设，建立102名特约研究员团队，并沟通联系8名国家院士，聘任为市长决策顾问。全年新聘任智库110人，至2019年底，智库总人数共有110人。配合开展国务院工业革命调研点工作，和国务院发展研究中心、省政府研究室等上级部门加强联系，9次专题组织专家学者围绕全市长远发展和重大决策开展问计咨询，为石家庄市发展献计出力。开展政策解读推进政府现代化治理水平。坚持以开阔独到的视野提供优质信息，开展与国内外、省内外的比较性研究，及时准确为市领导和市直单位、县（市、区）提供有价值、可操作的政策解读和政策研究。

（唐伟）

行政审批

【概况】 2019年，全市行政审批以“标准化建设年”为抓手，全面推行“综合受理、联合踏勘、并联审批、多证联办、审监互动”石家庄模式。全年累计办结各类审批事项20.04万件，办结率99.7%，满意率100%。推行“证照分离”改革，营业执照实现“五十二证合一”，企业登记实名验证，各县（市、区）在政务服务大厅设立企业开办专区，与企业开办相关事项集中入驻，实行“一窗受理、集成服务”，全市企业开办时间压减至2.5个工作日以内。在全省率先建成“石家庄市工程建设项目审批监督管理系统”，实现市、县两级全覆盖，平台累计办理事项1863件，政府投资类建设项目审批时限压减至70个工作日以内。建成公共资源全程电子化交易系统，六大类交易全部实现电子化，为市场主体提供更加公开、公平、公正的交易环境，全市完成各类交易8762宗，交易金额1133.7亿元，增收72.03亿元，节支16.33亿元。建成市、县两级信用平台，完善社会信用体系建设领导小组，建立联合惩戒机制，研究制定市级信用联合惩戒措施清单。组建成立石家庄信用产业有限公司，完成石家庄市公共信用信息平台二期建设任务，全面提升城市信用建设水平。9月，在全国“信用监测排名进步城市”评比中，石家庄市排名第二。市、县两级全面推行行政执法公示制度、执法全过程记录制度、重大执法决定法制审核制度，规范依法行政工作，提升人民群众满意度。11月26日，全国全面推行行政执法“三项制度”工作推进会在石家庄市召开。2020年1月，石家庄市行政审批局被司法部评为“全国法治政府建设工作先进单位”，是全国唯一受到表彰的行政审批局。

2019年6月14日，“诚信建设万里行”石家庄接力活动启动仪式在省会文化广场举行

【机构设置】 根据中共石家庄市委办公室、石家庄市人民政府办公室《关于印发〈石家庄市行政审批局职能配置、内设机构和人员编制规定〉的通知》（石办字〔2019〕44 号），石家庄市行政审批局（简称市行政审批局）为市政府工作部门，机构规格正县级，加挂市政务服务管理办公室牌子。市行政审批局内设机构21个，分别为办公室、政策法规处、综合调研处、行政审批制度改革处、“放管服”改革协调处、社会信用体系建设管理处、运行监督管理处、投资项目处、商事登记处、市场服务处、社会事务处、交通运输处、环境保护处、安全生产处、农林水务处、城市建设处、公共资源交易监督管理处、勘验一处、勘验二处、人事处（老干部处）、机关党委（机关纪委）。根据中共石家庄市委机构编制委员会《关于调整市行政审批局机构编制事宜的通知》（石机编〔2019〕17 号），将市发展和改革委员会承担的招投标管理职责划入市行政审批局（市政务服务管理办公室）公共资源交易监督管理处。根据中共石家庄市委机构编制委员会办公室《关于调整市行政审批局内设机构等事宜的批复》（石机编办〔2019〕180 号），将投资项目处、商事登记处、市场服务处、社会事务处、交通运输处、环境保护处、城市建设处、安全生产处分别更名为审批一处、二处、三处、四处、五处、六处、七处、八处，将农林水务处承担的行政审批职责划入审批八处，农林水务处更名为综合受理处。办公地点设在槐安东路77号。

【行政审批服务】 2019 年市行政审批局累计办结各类审批事项 200416 件，办结率 99.7%，满意率 100%。其中，投资项目类202 件，商事登记类 30385 件，市场服务类 21124 件，社会事务类 46097 件，交通运输类 97075 件，环境保护类 466 件，安全生产类 751 件，农林水务类 74 件，城市建设类 4242 件。全市社会团体新增22家，新增注册资金 71 万元，主要涉及室内环境净化、投资服务、通信 技术、电动自行车销售、实验仪器、超低能耗建筑科学发展、房地产租赁、退役军人就业创业、有害生物防治、中介服务、游戏产业、科技法律与经济发展等领域。全市推广“网上审批不见面”“受审分离不见面”的“两不见面审批”，各县（市、区）建立“前台综合受理、后台分类审批、综合窗口出件”运行方式。市直政务服务事项开通网办事项 491 个，网办比例 97.81%；县（市、区）政务服务事项开通网办事项7683 个，网办比例 96.89%。深化政务服务移动端应用。石家庄市作为全省审批系统中第一个和省冀时办对接成功的单位，市、县行政审批局系统开通网办的事项均可在手机冀时办 APP 上办理，同时，市行政审批局微信公众号实现在线办理、审批事项查询、预约取号、双休日预约办理等功能。

【行政审批改革】 推进行政审批制度改革。市县两级基本实现“四个统一”，巩固行政审批标准化的“四梁八柱”。统一审批模式，推行“综合受理、联合踏勘、并联审批、多证联办、审监互动”，推出 31 类“一件事”服务套餐，涉及 40 个审批事项，平均压减审批时限 35 天，申报材料减少 110 个。统一审批事权，衔接落实国务院取消下放的行政审批事项，以省政府公布的市县两级行政许可通用目录为依据，确定市级审批事项 193 项，市内区事项为“74+N”项，17 个县（市）事项为“170+N”项；根据山区、平原等不同区域特点，依法设定特有审批事项。统一审批平台，建设石家庄市“互联网+政务服务”平台，市级政务服务事项开通 456 项，县（市、区）政务服务事项开通 7414 项。依托网上审批平台，市级“最多跑一次”事项清单 543 项，县级 8303 项。推进“证照分离”改革，依法采取直接取消审批、审批改备案、实行告知承诺、优化审批服务等方式，分类管理涉企经营许可事项，为企业取得营业执照后开展相关经营活动提供便利。推进企业注销便利化，通过精简文书和优化审批流程，推行形式审查，建立企业注销网上服务专区，实现企业注销“一网”服务，促进市场主体结构优化。推进工程建设项目审批制度改革，优化审批流程，建成“石家庄市工程建设项目审批监督管理系统”，审批平台规范度、上线率在全国排名靠前。推行一个系统统一管理、一张蓝图统筹实施、一个窗口综合受理、一张表单整合材料、一套机制规范运行的“五个一”改革模式，全链条审批精简为 76 个事项，要件减少 133 个，工程建设项目审批时间压减到 70 个工作日以内。推进商事制度改革。放宽市场准入门槛，降低交易成本，进一步压缩企业开办时间，冠“石家庄”企业名称实行自主申报，企业登记身份实名验证，全流程开办保持在

2.5个工作日内。全年石家庄市各类内资市场主体达107.99万户，万人拥有市场主体1049户，均居全省首位。

【公共资源交易】 按照改革任务要求，有计划分步骤推进各类交易全流程电子化工作，石家庄市公共资源交易平台的工程建设、政府采购、国有土地和矿产权出让、国有产权交易、排污权交易、医疗设备采购6大业务系统均已实现全流程电子化。完成与省公共资源交易服务平台、省公共资源交易市场主体评价系统、市农村集体产权交易平台的对接，与省CA平台进行联调互认，省市县三级平台基本实现互联互通。2019年全市完成各类交易8762宗，交易金额1133.7亿元，节约资金16.33亿元，溢价金额72.03亿元，其中，工程建设交易3041宗，交易金额395.9亿元；政府采购（含医疗设备采购）交易4922宗，交易金额147.1亿元；国有土地出让408宗，交易金额588.06亿元；国有产权交易62宗，交易金额2.47亿元；排污权交易329宗，交易金额0.2亿元。市本级公共资源交易完成交易3887宗，交易金额587.73亿元，节约资金9.79亿元，溢价金额63.36亿元，其中，工程建设交易1284宗，交易金额159亿元；政府采购（含医疗设备采购）交易2124宗，交易金额40.58亿元；国有土地出让97宗，交易金额385.87亿元；国有产权交易53宗，交易金额2.08亿元；排污权交易329宗，交易金额0.2亿元。

【衔接省政府对应国务院取消和下放行政许可事项】 4月15日，石家庄市政府公布衔接省政府对应国务院取消行政许可事项3项，下放行政许可事项2项。

表12 2019年石家庄市衔接省政府对应国务院取消行政许可事项目录（3项）

序号	项目名称	权力类别	审批部门	设定依据	事中事后监管措施
1	船员服务簿签发	行政许可	市、县行政审批局	《中华人民共和国船员条例》	取消审批后，对通过船员适任证书核发审查的船员直接发放《船员服务簿》。通过以下措施优化服务、加强事中事后监管： 1. 将厨师、服务员等不参加航行值班的船员纳入船员适认证书核发申请人员范围，并优化服务，方便船员办事。 2. 新的《船员服务簿》作为船员个人持有的法定文书，主要承载船员档案功能，记录船员履职情况。
2	道路货物运输站（场）经营许可	行政许可	县级行政审批局	《中华人民共和国道路运输条例》	取消审批后，通过以下措施加强事中事后监管： 采取政府购买货物物流公共信息服务的方式，由从事货物物流公共信息服务的企业承接建立寄递物流业户管理档案电子数据库，通过“互联网+监管”的方式，由管理部门实时实施远程视频动态监管。
3	名称预先核准（包括企业、企业集团、个体工商户、农民专业合作社名称预先核准）	行政许可	市、县行政审批局	《中华人民共和国公司登记管理条例》 《中华人民共和国企业法人登记管理条例》 《企业名称登记管理规定》 《个体工商户条例》 《农民专业合作社登记管理条例》	取消审批后，按照国家统一部署安排，改为企业（包括个体工商户、农民专业合作社，下同）自主申报名称，企业登记机关在企业注册登记时核准名称。通过以下措施优化服务，加强事中事后监管： 1. 向社会公开企业名称库，引导企业自主拟定符合规则要求的名称。 2. 建立企业名称自主申报制度，明确企业名称禁限用规则，完善企业名称争议处理机制，加强对企业名称使用的监督管理。 3. 简化优化注册登记程序，实行“一次性告知”，提高企业登记办理效率，保障企业自主选择名称。

表13 2019 年石家庄市承接省政府对应国务院下放行政许可事项目录

（2 项）

序号	项目名称	权力类别	审批部门	设定依据	事中事后监管措施	备注
1	省际、市际、毗邻县行政区域间道路旅客运输经营许可	行政许可	市、县行政审批局	《中华人民共和国道路运输条例》	承接后，通过以下措施加强事中事后监管： 1. 加强信息共享，许可实施机关及时将许可情况推送至有关交通运输部门。 2. 健全旅客运输企业安全管理制度，完善安全生产、驾驶员管理、车辆管理、应急处置、隐患排查等方面的规定。 3. 实施车辆技术和动态监督管理，准确掌握客运车辆运营情况，及时发现和消除事故隐患。 4. 加强执法监督，依法处罚违法行为。 5. 加强信用监管，建立健全企业考核制度。 6. 完善运输服务质量投诉监督机制。 7. 加强对辖区内交通运输部门履职情况的监督检查，及时纠正问题。	省际、市际（除毗邻县行政区域间外）道路旅客运输经营许可下放至设区的市级行政审批局。毗邻县行政区域间道路旅客运输经营许可下放至县级行政审批局。
2	护士执业注册	行政许可	市、县行政审批局	《护士条例》	承接后，通过以下措施加强事中事后监管： 1. 按照国家卫生健康委关于下放护士执业注册审批层级的有关文件，结合我市护士执业注册审批现状，做好审批层级的调整。同时，按照“放管服”改革要求进一步精简材料，方便申请人。 2. 全面实施护士执业电子化注册，实现网上办理，并加强对辖区内护士执业注册工作的监督。 3. 加强对执业护士的监督管理工作。	护士执业医疗机构由设区的市级行政审批局批准设立的，下放至行政审批局；护士执业医疗机构由县级行政审批局批准设立或备案的，下放至县级行政审批局。

（市行政审批局）

中国人民政治协商会议石家庄市委员会

【概况】 2019 年，中国人民政治协商会议石家庄市委员会（简称市政协）坚持以习近平新时代中国特色社会主义思想为指导，贯彻落实中共十九大和十九届二中、三中、四中全会精神及中共河北省委、石家庄市委的决策部署，团结带领市政协各党派团体和政协委员，围绕全市中心工作和重大任务，履行政治协商、民主监督、参政议政职能，主动发挥协调关系、汇聚力量、建言献策、服务大局的作用，为建设现代省会、经济强市做出贡献。发挥制度优势和作用，加强与少数民族和宗教界人士、港澳台侨人士、非公有制经济人士、新的社会阶层人士联系，把更多有识之士和新生力量团结在党的周围。全年安排民主党派大会发言42次，督办民主党派提案 125 件。1月20～23 日，市政协第十三届委员会第三次会议举行，审议通过市政协常委会工作报告和提案工作报告。2019 年市政协召开常委会会议 5 次，审议通过议题 35 项；召开主席会 7 次，研究讨论议题 40 项；组织调研视察 36 次，开展各类协商活动 85 次；报送调研视察协商报告、社情民意信息 49 份；提出意见建议 1450 条。至2019 年底，市政协第十三届委员会共有政协委员 631 名，常委会组成人员 105 名。

【市政协第十三届常委会组成人员及工作机构负责人】

主　　席：刘明轩

副 主 席：武义青（不驻会）

　　　　　范振增（不驻会）

葛瑞芳（女）
郭斌　（不驻会）
张运凯（不驻会）
孟胜林　闫纯锴
宋学恭
秘 书 长：赵磊
常务委员（按姓氏笔画排序）：
于民
马千里(女)
马青林
王蔚（女）
王广策
王书翠(女)
王志臣　王志国
王丽娜（女）
王利军（满族）
王灵增　王溪波
王燕华（女）
尹庆珍（女）
孔令刚（蒙古族）
左红江
卢书彦（女）
田庆宝（满族）
田国英　付庆文
付志军
兰云彩（女）
兰国良　冯摩西
邢建辉
仲岩　（女）
刘凡　（女）
刘月欣（女）
刘华光　刘志魁
刘金文　刘荣林
刘俊田
米春蓉（女，回族）
汤炜　许炎周
孙广庆
苏丽　（女）
苏彦英（女）
苏艳霞（女）
杜双庆
杜晓伟（女）
李波
李颖　（女）
李小平　李立华
李进飞
李咏梅（女）
李秋水　李恒伟
李桂玲（女）
肖飞　肖建科
余少伟
宋学　（女）
宋辉　（女）
宋成武　张子峰
张军博
张丽红（女）
张佐英
张灵芝（女）
张建立　张建芬
张建慧　张美林
张振平　张新峰
陈玉山
陈玉联（女）
陈联记　范玉龙
尚晏芝（女）
周书献
郑建　（女）
孟超　（女）
孟凡英（女）
孟建中
赵志英（女）
赵俊芳　赵路新
郝彦忠　钟诚
钟振环（女）
娄延果
秦丽君（女）
贾彬　徐拥政
徐金升　栾建英
黄超
黄向华（女）
龚树辉　常志卷
崔芸　（女）
阎晓佳　梁建林
梁胜军　董志明
董素平（女）
焦永良　甄墨
甄继革
潘秀昀（女，满族）
魏书江
副秘书长：李法仓　王镇元
王燕华（女）
张世民
谷巧芬（女）
贾朝伟
乔茜　（女，不驻会）
李立华（不驻会）
张海霞（女，不驻会）
张慧巧（女，不驻会）
程鹏起（不驻会）
侯俊宏（不驻会）
焦立志（不驻会）

研究室

副 主 任：李振杰

提案委员会

主　　任：赵志英（女）
副 主 任：任佃武

人口资源环境工作委员会

主　　任：杨建秋
副 主 任：张守庆

文化文史和学习工作委员会

主　　任：张丽红（女）
副 主 任：刘军社

财政经济工作委员会

主　　任：周书献

副 主 任：孙吉忠

农业和农村工作委员会

主　　任：苏丽　（女）

副 主 任：康立新

教科卫体工作委员会

主　　任：焦永良

副 主 任：吴丽娟（女）

社会和法制工作委员会（民族和宗教委员会）

主　　任：王灵增

副 主 任：胡振民

港澳台侨和外事工作委员会

主　　任：张建慧

副 主 任：杨建刚

【政协委员】 2019年石家庄市共有全国政协委员2人，分别是武义青（中国民主建国会河北省委员会副主委）、刘丽莎（女，文艺界）；河北省政协委员69人；市政协第十三届委员会各界别28个、政协委员631名，分别为：中国共产党51名，特邀50名，中国国民党革命委员会石家庄市委员会12名，中国民主同盟石家庄委员会14名，中国民主建国会石家庄市委员会12名，中国民主促进会石家庄市委员会14名，中国农工民主党石家庄市委员会11名，九三学社石家庄市委员会11名，石家庄市工商业联合会23名，无党派12名，新闻界9名，社会科学界17名，文化艺术界22名，经济界70名，农业界44名，医疗卫生界40名，教育界58名，科协15名，体育界6名，科技界29名，共青团界13名，青联界8名，工会界21名，妇联界22名，民族界18名，宗教界8名，侨联12名，台胞台属8名。2019年驻石省政协委员（按姓氏笔画排序）有：丁文元、于民、习伟（女）、马千里（女）、马红哲（女）、马振清、王一兵（满族）、王升、王旭辉（女，满族）、王志国、王雁南（满族）、王韶华、王德松、付庆文、白利刚、冯摩西、宁淑敏（女）、吉朝珑（女）、吕洪涛、刘冰（女）、刘明轩、刘建华、闫凤利、米晓莉（女）、严臻泉、李幼东（女）、李建军、李炯梅（女）、李辉、李锋、杨冬茹（女）、杨建秋、杨壹名、肖飞、肖荣智、宋征奇、张运凯、张宏繁、张腾飞、张霄云（女）、陆洪兵、陈玉联（女）、陈清泉、尚秀伟、周庆、赵力（女）、赵丽平（女）、赵洪（女）、赵洪涛、娄延果、袁淑梅（女）、夏建平、徐敏俊、高丽芬（女）、高翠君（女）、郭斌、黄超、曹琴英（女）、寇广平、董跃勇、韩颖（女）、程鹏起、释慧憨、蒲月英（女）、甄忠义、甄继革、路江、蔡志强、廖海鹰。

【市政协第十三届委员会第三次会议】 1月20～23日，市政协第十三届委员会第三次会议在市人民会堂举行。省委常委、市委书记邢国辉作重要讲话，市政协主席刘明轩作政协石家庄市第十三届委员会常务委员会工作报告。学习讨论邢国辉讲话内容，列席市第十四届人大常委会第四次会议，听取并讨论政府工作报告及其他报告。审议通过政协石家庄市第十三届委员会第三次会议政治决议、政协石家庄市第十三届委员会常务委员会工作报告决议、政协石家庄市第十三届委员会提案委员会常务委员会关于十三届二次会议以来提案审查情况报告。会议期间，收到提案651件，经审查立案545件。其中，委员提案433件，占比79.4%；集体提案112件，占比20.6%。按照类型划分，经济建设提案119件，占立案总数21.8%；政治建设提案21件，占比3.9%；文化建设提案51件，占比9.4%；社会建设提案301件，占比55.2%；生态文明建设提案53件，占比9.7%。

【市政协第十三届常委会会议】 1月11日，市政协主席刘明轩主持召开市政协第十三届第十次常委会会议。市长邓沛然到会通报石家庄市2018年经济社会发展情况。审议通过市政协第十三届委员会第三次会议有关文件和事项，决定1月20～23日召开市政协第十三届委员会第三次会议。会议同意：王文朝、毛全球、尹超、祁军英（女）、孙景涛、李占领（女）、李西平、李兵英、李忠诚、李法仓、吴西西、谷维真、宋长英、宋同原、张惠（女）、张志勇、赵秀平（女）、贾建文、高际永、陶国田、盛庆功、靳会轻（女）22人增补为政协石家庄市第十三届委员会委员，蒲国良辞去政协石家庄市第十三届委员会常务委员职务，释果通、张明其、王东刚3人辞去政协石家庄市第十三届委员会常务委员、委员，马建彬、孙卫东、王政光、朱献军、高卫燕（女）5人辞去政协石家庄市第十三届委员会委员。会议决定：政协石家庄市委员会学习和文史资料委员会更名为政协石家庄市委员会文化文史和学习委员会，政协石家庄市委员会农业委员会更名为政协石家庄市委员会农业和农村委员会，政协石家庄市委员会教科文卫体委员会更名为政协石家庄市委员会教科卫体委员会。李法仓任政协石家庄市委员会常务副秘书长，苏丽任政协石家庄市委员会农业和农村委员会主任，张丽红任政协石家庄市委员会文化文史和学习委员会主任，焦永良任政协石家庄市委员会教科卫体委员会主任，杨建秋任政协石家庄市委员会人口资源环境委员会主任，李福忠任政协石家庄市委员会农业和农村委员会副主任，刘军社任政协石家庄市委员会文化文史和学习委员会副主任，张少华任政协石家庄市委员会教科卫体委员会副主任；徐振声不再担任政协石家庄市委员会常务副秘书长，郑建不再担任政协石家庄市委员会副秘书长，蒲国良不再担任政协石家庄市委员会人口资源环境委员会主任职务。

1月22日，刘明轩主持召开市政协十三届十一次常委会会议。审议通过政协石家庄市第十三届委员会第三次会议关于常务委员会工作报告的决议（草案）、政协石家庄市第十三届委员会提案委员会关于第三次会议提案审查情况报告（草案）、政协石家庄市第十三届委员会第三次会议政治决议（草案），决定将以上事项印发各委员小组进行讨论。审议通过关于授权主席会议研究常委会议未尽事宜的决定以及有关人事事项。会议同意商旭民辞去政协石家庄市第十三届委员会委员。

3月29日，刘明轩主持召开市政协十三届十二次常委会会议。传达学习习近平总书记在全国“两会”期间发表的重要讲话精神和全国“两会”精神，审议通过《市政协常务委员会工作规则》《专门委员会通则》《提案工作条例》和《关于加强政协委员服务管理工作的意见（试行）》及有关人事事项。会议同意：叶晓东、李书海、靳建通、杨雁翔4人辞去政协石家庄市第十三届委员会委员；撤销吴世强政协石家庄市第十三届委员会委员资格。

6月26日，刘明轩主持召开市政协十三届十三次常委会会议。听取市政府关于石家庄市推进乡村振兴战略情况的通报，审议通过有关人事事项。会议同意明清辞去政协石家庄市第十三届委员会委员。会议决定：王燕华任政协石家庄市委员会副秘书长，康立新任政协石家庄市委员会农业和农村委员会副主任，吴丽娟任政协石家庄市委员会教科卫体委员会副主任；张少华不再担任政协石家庄市委员会教科卫体委员会副主任职务，李福忠不再担任政协石家庄市委员会农业和农村委员会副主任职务。

9月27日，刘明轩主持召开市政协十三届十四次常委会会议。市政府有关领导到会通报市政府关于市政协十三届三次会议以来提案办理情况和全市促进民营经济高质量发展及37条政策措施落实情况。传达学习习近平总书记在中央政协工作会议暨庆祝中国人民政治协商会议成立70周年大会上的讲话和省政协第十二届委员会第十次常委会议精神。4名常委、委员围绕优化营商环境、民营经济政策落地、破解中小企业融资难题、加强民营企业家队伍建设作口头发言。

【专题调研】 围绕创建国家卫生城，组织委员进社区、进单位、进小巷、进市场，深入调研视察，提出改进意见建议320余条，大部分被有关部门采纳，转化为工作思路和举措。围绕重点企业、重点项目、信访维稳等包联工作，多次深入一线了解情况、协调调度，帮助有关企业解决实际问题60余个，妥善解决多起群众合理合法诉求。聚焦老旧小区改造提升、儿童医院建设、全民健身、职业教育发展、城市交通治理等群众关心的热点难点问题，多频次视察监督，提出意见建议80余条，助推相关工作落地见效。聚焦“三大攻坚战”，持续跟进生态环境改善，就西部山区废弃矿山和市区北部滹沱河生态修复、大气污染治理、农作物秸秆综合利用等问题，多层次调查研究，形成高质量报告。组织开展送医、送教、送科技、送文化下基层活动，累计受益群众2000余人。全年围绕市委政府领导关注的重大事项组织调研视察36次，开展协商活动85次，报送调研视察报告和社情民意信息49份，提出意见建议1450条，为党委政府科学决策提供重要依据和有益参考。

【协商议政】 探索提案选题交流协商新形式，建立提案“清单式”管理新机制，创新开展“个案即时协商”新办法，促进提案质量和办理质量实现双提升。推进座谈协商向制度化、规范化、精准化发展，通过多层次深度调研、“面对面”互动交流、多轮次跟踪问效，使协商的过程真正成为统一思想、增进共识的过程。打造履职新平台，建设“远程协商、微协商”等七大后台应用系统，开发“主题议政、社情民意”等12个终端功能模块，构建智慧政协网络议政新平台。全年开展网上主题议政15次，征集意见建议138条；网上发布微建议36条，做到即提即办、及时回复反馈，促进委员履职便捷化、高效化。全年市政协收到提案739件，经审查立案630件。至2019年底，审查立案的提案全部办复。其中，所提问题已经解决或部分解决的提案391件，占62.1%；正在解决或列入计划逐步解决的161件，占25.5%；作解释说明的78件，占12.4%。遴选确定2019年市政协重点提案24件，分别为：1. 关于高站位加快石家庄中央商务区建设的建议（第1号，提案者：市民进）；2. 关于推进石家庄中央商务区建设的建议（第2号，提案者：张彩珍）；3. 关于进一步完善支持民营企业发展政策措施的建议（第3号，提案者：市九三学社）；4. 关于进一步改善民营企业发展政务环境建议（第175号，提案者：市民建）；5. 关于加强石家庄市消防工作及队伍建设的建议（第4号，提案者：特邀二组）；6. 关于应对石家庄市人口老龄化，推进医养结合的建议（第24号，提案者：市民盟）；7. 关于进一步推进石家庄市医养结合工作的建议（第605号，提案者：市民革）；8. 关于加快创建全国卫生城的建议（第30号，提案者：市民建）；9. 关于强力推进国家卫生城市创建工作的建议（第520号，提案者：王鹏飞、常军英、葛军）；10. 关于加强校外培训机构管理的建议（第49号，提案者：范林）；11. 关于进一步规范校外培训机构的建议（第478号，提案者：王忠秋）；12. 关于进一步完善农村环境综合治理的建议（第63号，提案者：市九三学社）；13. 关于加强石家庄市农村生态环境污染治理的建议（第264号，提案者：市农工党）；14. 关于加强市区污水处理工作的建议（第65号，提案者：市民革）；15. 关于大力发展节能环保产业，助力改善石家庄市生态环境的建议（第70号，提案者：市民盟）；16. 关于加快石家庄市大数据产业发展的建议（第101号，提案者：市民盟）；17. 关于推进石家庄市大数据产业发展的建议（第607号，提案者：市民进）；18. 关于提升石家庄市农业产业扶贫质量的建议（第104号，提案者：侯俊宏）；19. 关于打造石家庄市“智慧旅游”产业发展的建议（第120号，提案者：市民革）；20. 关于进一步推进“放管服”改革的建议（第217号，提案者：赵栋）；21. 关于减少建筑工地和道路扬尘，进一步改善大气环境质量的建议（第276号，提案者：宋学）；22. 关于做优做强石家庄市生物医药产业的建议（第460号，提案者：市民建）；23. 关于大力扶持学前教育发展的建议（第473号，提案者：路伟照）；24. 关于加强生活垃圾处置工作的建议（第606号，提案者：鲁志强）。

（耿莉云）

纪检监察

【概况】 2019年，全市纪检监察部门坚持以习近平新时代中国特色社会主义思想为指导，忠实履行党章和宪法赋予的职责。持续深化纪检监察体制改革，持之以恒正风肃纪，坚定不移惩贪治腐，深入推进侵害群众利益问题专项治理，为全市各项社会事业发展提供坚强的政治保证。压实管党治党政治责任。聚焦监督第一职责，做实做细日常监督、联片监督、巡查监督、村居查巡，综合运用信访受理、约谈提醒、谈话函询等方式，加强对领导班子特别是一把手的监督。扎实开展党风廉政教育。组织4200余名党员干部到省警示教育基地接受政治性警示教育，通报曝光典型案例65起130人。狠抓纪检监察干部能力素质提升，组织集中培训410期，培训纪检监察干部3万人次。全市纪检监察机关问责领导干部562人，党纪政务处分420人；查处违反中央八项规定精神和“四风”问题262件，处分414人；全市纪检监察机关共处置反映问题线索8495件，立案审查调查各类违纪违法案件2713件，党纪政务处分2976人，其中，立案审查调查县处级干部67人次、乡科级干部419人次，党纪政务处分2976人，移送检察机关41人。对43名党员干部适用容错纠错机制。精准运用监督执纪“四种形态”，累计处理10575人次，分别占比71.4%，20.5%，2.7%，5.4%。第一种形态7548人次，增长45%，第二种形态2169人次，下降23.84%，实现由“惩治极少数”向“管住大多数”拓展。发放纪检监察建议书592份，推动以案促改。成功追回外逃人员4人。

【机构设置】 中共石家庄市纪律检查委员会、石家庄市监察委员会实行一套工作机构，两个机关名称。2019年7月12日，石家庄市委编制机构委员会批准市纪委监委机关撤销研究室、法规室，将相关职能划入办公室。设第十二、第十三监督检查室。撤销纪检监察保障室相关职能划入市纪委所属事业单位信息网络中心，信息网络中心更名为市纪检监察廉政教育培训中心。第十四至第十七室为审查调查室（新增一个审查调查室），至2019年末，市纪委监委有27个内设机构。持续深化纪检监察体制改革，全市21个县（市、区）纪委监委全部顺利完成派驻机构改革任务。共组建派驻纪检监察组88个。

【重要会议】 1月11日，召开市纪委监委领导班子2018年度民主生活会。会议由市委常委、市纪委书记、市监委代主任陈玉祥主持，市纪委副书记、市监委副主任梁建林通报市纪委监委关于贯彻执行中央八项规定精神，落实加强作风建设措施的情况报告；市纪委副书记、市监委副主任郝建哲通报2017年度市纪委监委领导班子民主生活会、2018年中央和省委巡视整改专题民主生活会的整改措施落实情况；班子成员依次对照开展批评与自我批评。

1月28日，中国共产党石家庄市第十届纪律检查委员会第三次全体会议举行。出席会议的市纪委委员47人，列席279人。省委常委、市委书记邢国辉及市委常委、市人大常委会、市政府、市政协有关领导和市法院院长、市检察院检察长等参加会议。全会由中共石家庄市纪律检查委员会常务委员会主持。全会回顾了2018年全市纪检监察工作，部署安排2019年任务；审议通过陈玉祥代表市纪委常委会所作《牢记使命，忠诚履职，推动新时代全市纪检监察工作实现高质量发展》工作报告。

4月20日，召开十届市委第六轮巡察暨县级统筹巡查工作动员部署会。市委常委、市纪委书记、市监委主任、市委巡察工作领导小组组长陈玉祥出席会议并作动员讲话。本轮巡察对11个市直单位开展常规巡察，4个市属国有企业开展巡察“回头看”，同步开展64个县直单位统筹巡察。重点检查选人用人和基层党组织建设情况、落实全面从严治党责任情况、中央、省委巡视反馈意见和市委巡察发现的共性问题整改落实情况等。

9月11日，召开市纪委监委机关“不忘初心、牢记使命”主题教育动员部署会，会议由市纪委常务副书记、市监委副主任李丛刚主持，市委“不忘初心、牢记使命”主题教育第一巡回指导组组长韩春生到会指导，市委常委、市纪委书记、市监委主任陈玉祥作动员讲话，市纪委副书记、市监委副主任梁建林传达纪委机关主题教育实施方案。

10月28日，召开十届市委第七轮巡察暨县级统筹巡查工作动员部署会。市委常委、市纪委书记、市监委主任、市委巡察工作领导小组组长陈玉祥出席会议并作动员讲话，市委常委、组织部长张效春宣读十届市委第七轮巡察和统筹巡察组组长、副组长授权任职及任务分工决定。本轮巡察对12个市直单位开展常规巡察，同步开展82个县直单位统筹巡察。重点监督检查党组（党委）贯彻落实党的路线方针政策和党中央、省委、市委重大决策部署、贯彻落实全面从严治党战略部署情况等。

12月19日，召开石家庄市全面从严治党暨政治性警示教育大会。会议由市委常委、市委副书记、市长邓沛然主持，省委常委、市委书记邢国辉出席会议并讲话。省纪委常委，市委常委、市纪委书记、市监委主任陈玉祥宣读《中共石家庄市纪委、石家庄市监委关于今年以来查处的重大典型案件的通报》。栾城区委书记张旭，石家庄市市场监督管理局党组书记宋国宏，赞皇县委常委、县纪委书记、县监委主任张宝华作大会发言。与会人员集体观看《全面从严治党永远在路上》。

【党风廉政建设】 严明政治纪律和政治规矩，切实加强政治监督，召开市级政治性警示教育大会2次，查处违反政治纪律问题20件，党纪政务处分27人。贯彻党中央和省委、市委重要部署要求，问责领导干部562人，其中，县处级37人，乡科级294人；给予党纪政务处分420人，其中，县处级29人，乡科级205人。严把政治关、廉洁关、品行关、作风关，市纪委回复廉政意见2403人次。全市各级纪检监察机关通过文件、会议和新闻媒体等公开通报“四风八规”相关典型案例154起270人。查处履行主体责任、监督责任不力问题48件，给予党纪处分36人。

坚持把落实中央八项规定精神与全市“效能革命”、主题教育专项整治相结合，加强与市纠风办、公安等部门的协同配合，共查处违反中央八项规定精神及“四风”问题262件，处理463人，党纪政务处分414人，全市通报曝光典型案例154起270人。集中开展隐形变异“四风”专项检查，查处涉嫌违规吃喝问题38件，处理68人，组织召开全市警示教育大会并通报6起典型案件；查处形式主义和官僚主义问题77件，给予党纪政务处分137人。

【纪检监察体制改革】 持续深化纪检监察体制改革，分类施策、积极稳妥推进市属中学、市管企业派驻机构改革工作，深化县级纪委监委派驻机构改革，全市21个县（市、区）纪委监委全部顺利完成派驻机构改革任务，共组建派驻纪检监察组88个，实现对县一级党和国家机关监督全覆盖。深入推进纪检监察机构改革，减少综合室（处）设置，人员编制向监督检查和审查调查一线倾斜，市纪委监委机关监督检查室、审查调查室数量由14个增加至17个，占内设机构总数的63%。提升监督质量，统筹力量深化包联监督，传导责任压力。探索实行监督检查室与联系派驻纪检监察组共同组建党支部，推动机关党建和业务工作相互促进，贯通协同日常监督和派驻监督，2019年市纪委受理信访举报同比下降19.1%，检举控告类信访举报同比下降39.6%。完善制度规定，规范文书应用，全要素运用12种调查措施，依法审慎使用留置措施43人，建立完善协同办案、指定管辖和案件移送等机制，推动纪法贯通、法法衔接。坚持刀刃向内、强化自我监督，落实各项规则和规定，严格执行打听、干预监督检查审查调查工作和请托违规办事报备制度，对执纪违法者“零容忍”，全市处置反映纪检监察干部问题线索218件，谈话函询36人，处理21人。

【侵害群众利益不正之风查处】 牢固树立以人民为中心的政治立场，坚决防范和纠正侵害群众利益不正之风。连续开展4轮问题线索清零工作，累计处置3816件，办结3651件。查结扶贫领域腐败和作风问题线索301件，给予党纪政务处分159人；查处教育、医疗等民生领域问题线索47件，处分35人；查处经公安机关认定涉黑涉恶犯罪案件62件，处分189人；查处损害生态环境问题20起，处分18人。结合“不忘初心、牢记使命”主题教育活动，整改172项漠视侵害群众利益问题专项整治措施全部落实，推动形成66个制度成果。受理群众投诉举报件67件。督促解决群众多次反映、一直得不到解决的问题373件。梳理政府部门“放管服”改革中委托第三方开展政务服务事项，集中开展明察暗访活动，检查单位和场所74个，回访市场主体154个、办事群众165人，督促整改问题11个。

【违反中央八项规定和“四风”问题查处】 2019年1月，省纪委通报5起违反中央八项规定精神典型问题，其中石家庄市1起：栾城区人大常委会党组书记、主任张军廷违规接受宴请、收受礼金问题。2018年8月，张军廷以看望某企业负责人为名，接受该企业在食堂安排的宴请并借机收受礼金。张军廷受到党内严重警告处分，违纪资金被收缴。

2019年2月，市纪检监察部门通报3起违反中央八项规定和“四风”典型问题。1.裕华区三教堂社区党支部原书记王淑海违规接受宴请问题。2018年9月，王淑海接受承揽该村改造项目地产公司宴请。2018年11月，王淑海受到撤销党内职务处分。2.平山县金汇粮食储备有限公司董事长齐三强违规列支招待费问题。2015年1月~2017年4月，金汇公司违规列支招待费256529元。经查实，该公司无业务招待费管理制度，招待标准及招待地点无明确规定，招待费数额较大，造成浪费现象。2018年11月，齐三强受到党内严重警告处分。3.高邑县发展改革局出纳高国良私车公养问题。2017年6月，高国良使用县发展改革局公务用车加油卡为个人私家车加油43.38升。2018年11月，高国良受到党内严重警告处分，违纪所得收缴。

2019年3月，市纪检监察部门通报3起违反中央八项规定和“四风”典型问题。1.石家庄市建筑设计院党委副书记、院长曹肃国，党委委员、副院长牛爱谦，党委委员、副院长徐志欣违规领取津补贴问题。2016年与2017年春节，曹肃国、牛爱谦、徐志欣违规领取过节费共计1.5万元。此外，曹肃国等人还存在其他违纪问题。2019年1月，曹肃国、牛爱谦、徐志欣分别受到党内严重警告处分，违纪所得收缴。2.深泽县法院司机贾义龙私车公养问题。2017年1月~2018年8月，贾义龙利用单位公务加油卡21次为私家车加油，从中牟利61200元。2019年1月，贾义龙受到开除党籍和降低岗位等级处分，违纪所得追缴。深泽县法院办公室主任张玉青负有直接领导责任，2019年1月，张玉青受到党内警告处分。3. 赞皇县经济开发区管委会副主任、党工委委员孙力军违规收受礼品问题。2014年9月，时任赞皇县粮食局党组成员孙力军，违规收受赞皇县李某赠送价值5000元灵璧石一块。孙力军还存在其他违纪问题。2019年1月，孙力军受到党内严重警告处分，违纪所得收缴。

2019年4月，市纪检监察部门通报3起违反中央八项规定和“四风”典型问题。1. 井陉县霍家庄村党支部书记霍国民大操大办女儿回门宴问题。2018年5月8日，霍国民大操大办女儿回门宴，未按规定履行报告备案手续。霍国民还存在其他违纪问题。2019年1月，霍国民受到党内严重警告处分。2. 新乐市交通运输局综合执法大队副大队长刘夫林违规收受礼品礼金问题。2014~2018年，刘夫林收受行唐县某客运公司董事长王某、员工王某购物卡合计3000元，刘夫林女儿结婚收受该公司礼金1200元。2019年1月，刘夫林受到党内严重警告处分，违纪所得收缴。3. 无极县东中郝庄村党支部原书记张中祥公款吃喝问题。2010年1月~2018年6月，东中郝庄村吃喝招待及烟酒礼品等开支14.64万元，以支出清理垃圾、环境整治用工名义虚列开支入账，张中祥负有直接责任。张中祥还存在其他违纪问题。2018年12月，张中祥受到留党察看一年处分。

2019年6月，市纪检监察部门通报3起违反中央八项规定和“四风”典型问题。1. 石家庄市井陉矿区原地方税务局党组书记、局长张旺辰违规发放值班费问题。2013年8月~2015年9月，经张旺辰主持局长办公会研究决定，井陉矿区地税局违规发放值班费17.73万元，张旺辰负有直接责任。张旺辰还存在其他违纪问题。2019年4月，张旺辰受到党内严重警告处分。2. 平山县平山镇川坊村党支部书记齐海红违规操办儿子婚宴问题。2018年2月23日，齐海红违规为儿子操办婚宴，超过规定桌数。2019年4月，齐海红受到党内严重警告处分。3. 市勘察测绘设计研究院院长李增瑞办公用房整改不到位问题。2006年7月，李增瑞担任市勘察测绘设计研究院院长后，使用办公用房超标。直至2018年10月，李增瑞办公用房仍未整改。李增瑞还存在其他违纪问题。2019年1月，李增瑞受到党内严重警告处分。

2019年9月，市纪检监察部门通报4起违反中央八项规定和“四风”典型问题。1. 石家庄市高新区原建设管理局党委书记、局长黄向军违规收受礼品问题。2019年1月，黄向军收受石家庄某集团业务经理张某所送高档手机2部。黄向军还存在其他违纪问题。2019年5月，黄向军受到开除党籍、政务撤职处分，降为科员，违纪所得收缴。2. 无极县生态环境局北苏中队队长刘增江违规操办孙子满月宴问题。2019年6月22日，刘增江在无极县某酒店违规操办孙子满月宴，收受礼金1200元。2019年8月，刘增江受到党内严重警告处分，违纪资金退还。3. 鹿泉区上庄镇普教校长吴文强、鹿泉区上庄镇台头小学校长董素敏违规操办女儿婚宴问题。2018年10月，吴文强、董素敏夫妇未按规定履行报告备案手续，分2次为女儿操办婚宴，违规收受亲属以外人员礼金3.2万元。2019年6月，吴文强、董素敏分别受到党内严重警告处分，违纪资金退还。4. 新乐市杜固镇东曹村党支部书记、村委会主任默爱社违规操办母亲丧事问题。2019年7月12日~14日，默爱社在操办母亲丧事期间，违规收受亲属以外村民礼金1900元。2019年7月，默爱社受到党内严重警告处分，违纪资金退还。

【扶贫领域腐败和作风问题典型案例通报】 2019年2月，市纪检监察部门通报扶贫领域腐败和作风问题典型案例2起。1. 鹿泉区上庄镇谷家庄村时任村委会副主任谷海山不正确履职问题。谷海山在负责该村民政工作期间，明知低保户谷某某家庭情况发生变化，未向上庄镇政府报告，致使谷某某家庭2016年5月~2017年6月违规领取低保金9080元。谷海山受到党内严重警告处分；违规享受低保金追回。2. 赞皇县院头镇瓦窑村时任党支部副书记魏庆民违规为父亲办理低保问题。2013年6月，魏庆民在父亲魏某某不符合条件的情况下，编写、上报相关资料，违规为父亲办理低保；院头镇民政助理田凯峰未严格审核，致使魏某某通过审批违规享受低保金等共计8149.4元。魏庆民受到党内严重警告处分，田凯峰受到责令检查处理；违规享受低保金等资金追回。

2019年6月，市纪检监察部门通报扶贫领域腐败和作风问题典型案例

2起。1.赵县韩村镇北何家庄村党支部原书记何聚辉在危房改造工作中不正确履行职责问题。何聚辉在负责北何家庄村危房改造项目期间，明知该村村民王某不符合申请条件，仍填报虚假材料，致使王某通过审批违规享受危房改造政策。何聚辉受到党内严重警告处分。王某违规享受危房改造资金追回。2.井陉县民政局副局长朱彦军在扶贫工作中不正确履行职责问题。朱彦军主管扶贫工作期间，对白土坡村、杜家庄村、北平望村、康家村扶贫项目监督检查不力、扶贫项目资金监管不力，致使出现扶贫项目无收益、扶贫资金浪费等问题。朱彦军受到党内警告处分。

【巡视巡察】 坚定不移深化政治巡察，充分发挥巡察利剑作用。认真落实赵乐际书记在河北调研时提出的“加强基层监督”指示要求，健全完善市县巡察工作机制。将贯彻落实党中央和省委重大决策部署纳入巡察监督重要内容，市县巡察工作紧跟省委巡视工作步伐，一同部署、一同推进，上下联动、同频共振。省委共计对石家庄市巡视2次，其中2019年4月，省委第十巡视组对石家庄市新华区进行巡视；2019年10月，省委第八巡视组对藁城区和赵县进行巡视。按照市委部署，十届市委第六轮巡察对9个市直部门和2个市属国有企业开展常规巡察，对4个市属国有企业开展巡察“回头看”。对21个县（市、区）62个县直部门和2个县属国有企业开展巡察。十届市委第七轮巡察对12个党组织开展常规巡察，对21个县（市、区）的82个县级党组织开展巡察。第六、七轮巡察发现问题679个、问题线索76件。为解决“熟人社会监督难”“巡不深、察不透”问题，市委统筹各县（市、区）力量，按照地域回避、混合编组的原则，派出21个统筹巡察组，在县级党委领导下开展对县直部门、乡镇巡察工作，前两轮发现问题3480个、问题线索468件，比县级自主巡察分别提高32%和61%。对经济体量大、群众反映问题多的重点村居开展延伸巡察，加强对基层干部权力运行的监督，发现问题5863个、问题线索463件。加强对巡视巡察问题整改，市委前六轮巡察发现问题2612个，整改完成2447个；移交问题线索475件，办结458件。

（马士华）

民主党派和工商联

【概况】 2019年，全市各民主党派和工商联以习近平新时代中国特色社会主义思想为指导，坚持中国共产党领导的多党合作和政治协商制度，执行“长期共存、互相监督、肝胆相照、荣辱与共”的基本方针，加强自身建设，履行参政议政职能。学习《中共中央关于加强中国特色社会主义参政党建设的意见》，组织开展“不忘初心、牢记使命”主题教育活动，提高成员理论水平和参政能力。发挥民主党派监督作用，开展民主协商。1月9日和12月29日，中共石家庄市委两次召开民主协商会，邀请各民主党派市委、市工商联负责人和无党派人士代表、市有关人民团体负责人，就拟补选、增补市人民代表大会常务委员会、市政协、市监察委员会及市法院有关职务人选举行进行民主协商。推进组织建设，严把发展成员、年龄结构、文化层次、人员培训等各个环节，提升基层支部活力，增强凝聚力和战斗力。全年民革市委发展新党员24人，拥有基层支部36个，累计党员939名；民盟市委发展盟员70名，拥有基层委员会9个、基层支部47个，累计盟员1322名；民建市委发展会员56人，拥有基层委员会4个、支部46个，专门委员会6个，京津冀(石)协同发展研究小组1个，累计会员1195人；民进市委发展会员53名，拥有基层支部44个，累计会员1136名；农工党市委发展党员49名，拥有基层支部28个，累计党员1091名；九三学社拥有基层组织39个，其中，基层委员会7个，支社（小组）32个，累计社员792名。2019年全市各民主党派和工商联围绕市委、市政府中心工作，聚焦义务教育、基本医疗、住房、生态环境、饮水安全、农村产业革命、高质量发展等问题开展调研和建言献策活动，撰写具有较大影响的调研报告有《关于打造安全和谐高校实验环境》《关于高站位加快石家庄中央商务区建设的建议》《关于进一步推进我省法治化营商环境的建议》《关于加快数字经济建设，谋划未来产业发展》等。

【民主党派和工商联领导成员】

民革石家庄市委员会

主　　委：范振增

副 主 委：胡永权

乔茜　（女）

米晓莉（女）

邢建辉

民盟石家庄市委员会

主　　委：郭斌

副 主 委：祝淑钗（女）

武志永

吴国英（女）

蒲月英（女）

李立华

民建石家庄市委员会

主　　委：武义青

副 主 委：黄超

宋磊珍（女）

赵力　（女）

付黎音（女）

张海霞（女）

民进石家庄市委员会

主　　委：张运凯

副 主 委：李立水

寇学臣（满族）

王志臣

陈玉联（女）

张慧巧（女）

农工党石家庄市委员会

主　　委：王宝山

副 主 委：程鹏起　陈志强

李拥军　郭毅

宋学　（女）

九三学社石家庄市委员会

主　　委：王志国

副 主 委：闫凤利　王德松

李文平　杨晓飞

侯俊宏

工商业联合会

党组书记：李西平

主　　席：吴相君

常务副主席：门立新

副 主 席：焦立志　贾建勇

闫志勇　张端树

杨晓东（12 月任）

【中国国民党革命委员会石家庄市委员会】 中国国民党革命委员会石家庄市委员会(简称民革市委)成立于1958 年 9 月 20 日。2019 年民革市委提交集体提案 45 份，大会发言 16 份。发展新党员24人，其中，40 岁以下 14 人，硕士以上学历 6 人。至2019 年底，民革市委共有基层支部36 个，党员 939 名。其中，民革河北省委员会副主委1人：范振增，民革河北省委员会常委 1 人：张国良，民革河北省委员会委员 9 人：胡永权、乔茜、米晓莉、邢建辉、冯战洪、翟志海、刘秋祺、陈清泉、崔景联。根据《民革章程》《民革支部工作条例》有关规定，换届改选支部 7 个，新成立新华区第六支部、长安区第八支部、裕华区第五支部。调整后支部主委平均年龄46岁，本科以上学历35 人，硕士以上学历 15 人，博士 4人，年龄结构、文化层次提升。开展示范支部创建和党员之家建设，建成“党员之家”14 个。桥西区第一支部获评“民革全国示范性支部”（第一批），桥西区第三支部党员之家获评“民革全国优秀党员之家”。4月15 日，全国政协副主席、民革中央常务副主席郑建邦率民革中央机关工作人员到石家庄市考察调研民革党员之家建设，并为民革市委“企业家之家”和桥西区第三支部“党员之家”揭牌。按照民革中央思想建设年活动总体要求，开展“不忘合作初心　继续携手前进”教育活动和举办庆祝新中国成立 70 周年《心胜——走好新时代长征路》主题讲座。编辑出版《石家庄民革》4 期，设立工作动态、参政议政、党员风采、支部消息、文学园地 5 个栏目。印刷出版《风采——石家庄民革党员事迹集》(第二辑)。

（苗金星）

【中国民主同盟石家庄市委员会】 中国民主同盟石家庄市委员会（简称民盟市委）推进组织建设，履行参政议政职能，提升社会服务水平。完善组织机构，8个基层组织完成换届工作，新成立民盟机关支部第一小组、民盟机关支部第二小组、民盟科大四支部、民盟桥西四支部和民盟桥西五支部 5 个基层组织。全年共发展盟员70名，平均年龄 39.7 岁；硕士及以上学历 23 人，占发展总数的32.9%，高级职称 16 人；高等教育界 13 人，占比 18.57%；基础教育界6 人，占比 8.57%；科学技术界 4人，医药卫生界 8 人，文化艺术界 1人，公有制经济界 4 人，新的社会阶层人士 22 人。至2019 年底，民盟石家庄市委共有盟员 1322 名，共有 9个基层委员会，47 个基层支部。各基层支部以座谈会、现场教学等方式组织主题教育活动20 余次，引导广大盟员进一步坚定信念，凝聚共识。向全国政协十三届二次会议提交盟员赵风清的提案《关于打造安全和谐高校实验环境》被采用；在市政协十三届二次会议上提交集体提案 19 件，其中《关于乡村旅游产业发展的建议》和《关于进一步加强挥发性有机物治理　打赢蓝天保卫战的建议》2件提案被列为重点提案；盟员李文斌撰写的《加快产业互联网发展　推动河北省传统产业经济转型升级》、李冰撰写的《加强科技支撑促进数学经济与实体经济深度融合实现高质量发展》获评第五届民盟中央经济论坛优秀论文；郭斌撰写的《关于改善和提高省会大气环境质量的建议》《标本兼治　推进蓝天工程　改善河北省大气环境质量的建议》《科学治霾　改善大气环境质量》3件提案和盟员罗磊明参与的集体提案《推进节能减排　改善生态环境》入选河北省政协成立以来35件有影响力重要提案。民盟市委被省民盟评为参政议政工作先进集体。

（王志鹏）

【中国民主建国会石家庄市委员会】

中国民主建国会石家庄市委员会（简称民建市委）于1955年11月27日成立，主要由经济界人士组成。全年民建市委召开主委会议8次、理论学习中心组学习会议10次、委员会议2次，开展主题征文、座谈交流、参观学习等主题教育活动各类活动近40次。全年发展新会员56人，其中，公有制经济人士8人、非公有制人士28人、新的社会阶层人士10人、教育行业4人、医药卫生2人、政府机关4人；高中、中专及以下1人，大学专科10人，大学本科34人，硕士研究生8人，博士研究生3人；中级职称11人，副高职称2人。新建支部1个，裕华六支部。至2019年末，共有会员1195人，经济界人士以及相关专家学者占95.15%，中上层人士占73.72%。基层委员会4个，支部46个，专门委员会6个，1个京津冀(石)协同发展研究小组。会员中担任各级人大代表34人，政协委员162人。其中，全国政协委员1人，武义青。省人大代表1人，马仁会。省政协委员4人，黄超、赵力（女）、康君元、臧海萍（女）。据不完全统计，民建石家庄市委和基层组织及会员全年共开展各类社会服务活动100余次，捐助资金约200多万元。开展专题调研4次，在市政协十三届三次大会上民建石家庄市委共提交集体提案23件，大会发言7篇。向省民建报送秋季参政议政成果11篇，向民建河北省委报送省政协大会及历次常委会发言材料20篇。向民建河北省委、市委统战部、市政协报送社情民意、调研报告等参政议政信息200余篇。其中，市政协副主席、民建河北省委副主委、石家庄市委主委武义青撰写的《京津冀协调发力雄安新区建设　打造区域协调发展“新引擎”》被中央统战部《零讯》采用，会员韩淼撰写的《健全干部容错纠错机制的建议》被全国政协采用。会员王峻撰写的《新中国成立70年来民建在多党合作和政治协商制度的宝贵经验浅谈》获得民建中央2019年重点理论研究课题优秀成果二等奖。会员马仁会、康君元、王峻、毋爱英等人被民建河北省委评为庆祝新中国成立70周年参政议政工作先进个人。韩淼、曹迎春被民建河北省委评为2019年度反映社情民意信息工作先进个人。康君元被民建河北省委评为2019年度参政议政工作先进个人。陈静被中共市委统战部评为2019年度全市统战宣传工作十佳先进个人。12月3日，民建市委被民建中央评为民建脱贫攻坚奖先进集体。

（武义青　张海霞　李建光）

【中国民主促进会石家庄市委员会】

2019年中国民主促进会石家庄市委员会（简称民进市委）发展会员53名，其中，硕士及以上学历10名，占比13.6%，中高级职称22名，占比40.7%。5月22日，藁城区支部成立；11月29日，市第三医院支部成立。至2019年底，民进市委共有基层支部44个，会员1136名。会员中河北省人大代表4人，分别为：安波、李青（女）、王志臣、林慧芳（女）；河北省政协委员10人，分别为：张运凯、寇学臣（满族）、陈玉联（女）、吉朝珑（女）、钱金平、王一兵（满族）、潘秀昀（女、满族）、曹秀玲（女、满族）、苏小云（女）、刘苏；市人大代表8名，市政协委员44名。市两会期间，提交市政协十三届三次大会发言9篇，提交集体提案16篇，《关于高站位加快石家庄中央商务区建设的建议》《关于推进我市大数据产业发展的建议》《关于进一步规范校外培训机构的建议》《关于大力扶持学前教育发展的建议》被评为重点提案，其中《关于高站位加快石家庄中央商务区建设的建议》被列为1号提案。全年完成省民进年度重点调研课题5篇，其中朱兴华撰写的《关于进一步推进我省法治化营商环境的建议》和牛银岭撰写的《关于加快数字经济建设，谋划未来产业发展》2篇被省民进推稿论证后报送省政协全会。编撰提交信息39篇，张运凯撰写的《关于提前布局谋划区块链产业推动石家庄市数字经济发展的建议》获得市委书记邢国辉批示。2019年民进市委被评为民进全国组织建设先进地方组织，民进市委被民进河北省委评为“社情民意信息工作一等奖”和“参政议政工作一等奖”。

（冯晓冉）

【中国农工民主党石家庄市委员会】 2019年中国农工民主党石家庄市委员会（简称农工党市委）发展新党员49名，其中，中高级职称占比55.1%，硕士以上学历15人，平均年龄37.8岁。组建成立医大一院支委会，省第二医院、桥东支委会换届调整，重组农工党省委机关、市委机关、市第二医院支委会，不再保留原支委会名称，新组建新华一、新华二、长安一、长安二支委会。2019年河北经贸大学、省第三医院、市第一医院、市第五医院4个支委会被农工党省委评为“先进基层组织”。至2019年底，农工党市委共有基层支部28个，党员1091名；其中全国政协委员3人：王宝山、徐英、韩爱丽，全国人大代表1人：乞国艳，省政协副主席1人：王宝山，省政协常委4人：经顺波、张祥建、郭毅、崔建升，省人大代表4人：李拥军、孟祥红、宋水山、孙日华，省政协委员12人。履行参政议政职能，围绕经济、文化、农业、食品安全和养老等热点问题，全年提交《关于构建石家庄高新区战略性新兴产业人才孵化器的建议》等大会发言6篇，集体提案27件，其中2件提案被市政协评为优秀提案。开展建言献策活动，全年撰写《关于加快石家庄中央商务区建设的建议》等信息37条，向市委统战部报送党外人士建言29条。2019年农工党市委45名党员被农工党省委评为“优秀党员”，1名党员被省总工会评为河北省劳动模范。

（卢彦冬）

【九三学社石家庄市委员会】 九三学社石家庄市委员会（简称九三学社市委）社员主要由从事科学技术工作以及高等教育、医药卫生等方面的高、中级知识分子组成。1956年9月九三学社石家庄直属小组建立，1958年10月九三学社石家庄分社成立，1985年7月九三学社石家庄分社改为九三学社石家庄市委员会。2019年九三学社市委共有河北省人大代表3名，分别为王丹（女，满）、李文平、侯俊宏；河北省政协委员6名，分别为马春玲（女）、王志国、王德松、闫凤利、张丹参（女）、陈安国；石家庄市人大代表5名；石家庄市政协委员27名。全年九三学社市委发展新社员23名，其中，博士7名，硕士12名；主体界别17名，其中，高等教育界13名，占比56.5%，医药卫生界2名，占比8.7%，科技界2名，占比8.7%。至2019年末，九三学社市委共有基层组织39个，其中，基层委员会7个，支社（小组）32个，社员792名。主体界别657名，其中，高等教育界312名，占比39.4%；科技界157名，占比19.8%；医药卫生界188名，占比23.7%；高、中级技术职称737名，占比93.1%。新组建河北医科大学基层委员会、河北医科大学第一医院支社、河北地质大学支社、河北科技大学委员会、河北经贸大学支社社员之家5个，累计社员之家达到10个。履行参政议政职能，全年举行调研活动32次，九三学社中央、九三学社省委、九三学社市委联合到平山县开展“进一步推进农村道路交通事故执行工作”专题调研。撰写调研报告、提案、建议、社情民意201件，刘殿武撰写《关于长城文化带保护发展的建议》获得省长许勤批示。2019年九三学社市委获得国家、省、市重大荣誉及个人奖项82项，李淑瑾入选九三学社中央“弘扬爱国奋斗精神，建功立业新时代”宣讲团，陈伟获得九三学社中央组织工作先进个人称号，安静(第一完成人)、王德松(第二完成人）科研成果《均匀分散的纳米银/聚合物生物抗菌材料的结构调控及其缓释机制》获得河北省自然科学奖二等奖。

（党大志）

【市工商业联合会】 全年市工商业联合会（简称市工商联）审批成立商会组织8家，其中，安阳、泰兴、信阳、郑州、中介服务、辽源本地商会6家，烟台石家庄商会、天津石家庄商会异地商会2家。至2019年底，市工商联管理商会数量达到83家，其中，地域性商会67家，行业性商会14家，其他商会2家。2019年市工商联批准成立商（协）会党支部8个，接收党员组织关系52人，党委直属党支部达到52个，管理党员190人。长安、桥西、鹿泉、藁城、栾城、正定、平山、行唐、新乐9个县（市、区）工商联被全国工商联授予“五好”县级工商联称号，石家庄市潮汕商会、石家庄市温州商会被全国工商联授予“四好”商会称号。加强商会管理，召开商会秘书长工作会议2次，28家所属商会举行换届，4家县级商会完成登记注册。履行参政议政职能，向市政协提交《关于加快我市生物医药健康产业发展的建议》《关于创建国家治理大气示范区的建议》《关于设立企业家日的建议》提案3件；推荐焦立志、王鹏、何适、王高俊、韩庆丰任河北省民营经济研究会理事。支持非公经济发展，围绕“4+4”现代产业发展前景展望，举办国家减税降费政策、企业涉税风险排查、宏观经济形势等企业家培训班（报告会）10期，培训1000人次；宣讲解读《关于支持民营经济高质量发展的政策措施》12场次；举办“百家民企进校园”招聘会4场，进场招聘700家企业，提供就业岗位3000个。6月25日，市工商联秘书长张端树获得第九届全国“人民满意的公务员”称号。

（林岚）

群众团体

Mass Organizations

【群众团体领导成员】

总工会

主　　　席：安树国

常务副主席：高翠君

副　主　席：宋成武　左建停

梁国发（5 月免）

张宝山（12 月任）

高威　（5 月任）

共青团石家庄市委员会

书　　　记：尚秀伟（6 月免）

张玮扬（8 月任）

副　书　记：谢姣蕊（女）

殷实　曹晶（女）

宋建卫（挂职）

王立强（兼职）

妇女联合会

主　　　席：宁淑敏（女）

副　主　席：房景新　范鸿雁

郑建　　王晓娣

文学艺术界联合会

党 组 书 记：林春山

主　　　席：肖建科（4 月任）

副　主　席：张桂珍　韩梅玉

科学技术协会

主　　　席：杨澜波

副　主　席：冯卫和　刘保军

归国华侨联合会

主　　　席：王强

副　主　席：许立　（12 月任）

胡为民

台湾同胞联谊会

会　　　长：廖海鹰（12 月免）

陈瑛（女，12 月任）

副　会　长：陈瑛（女，12 月免）

张宇慧（女，高山族，12 月任）

洪立江（12 月任）

残疾人联合会

理　事　长：盛庆功

副 理 事 长：张爱艳

安永卫（4 月免）

郝根群（6 月任）

红十字会

常务副会长：王鹏飞

副　会　长：崔胜明　张玉安

黄埔军校同学会

会　　　长：张连枝

秘　书　长：王连重

社会科学界联合会

主　　　席：王韶华

第一副主席：张抗震（12 月任）

常务副主席：闫国文（12 月免）

于燕红（12 月任）

副　主　席：李贞年（4 月免）

张文舒（4 月任）

消费者权益保护委员会(6 月更名)

名 誉 会 长：张承禄　张殿奎

赵长栓

会　　　长：路国庆

副　会　长：李景祯　汤化敏

卢金保　贾利民

夏玉颖　栗绪楼

王占云

石家庄市总工会

【概况】 2019 年，全市工会组织围绕经济社会发展大局，以服务职工和维护职工权益为职责，突出宣扬劳动光荣理念，全力支持职工在本职岗位创新创业。至2019 年底，全市共有工会组织 17212 个、工会会员 1655208 个。全年石家庄市张力峰、赵伟、周亚然、王立君、董兰坤、邵光毅 6 名职工获得“全国五一劳动奖章”；中国中铁股份有限公司石家庄地铁 1、2 号线工程建设指挥部、河北天山健身服务有限公司天山海世界、河北百年巧匠文化传播股份有限公司涂装部 3 个集体获得“全国工人先锋号”称号；99 人获得河北省劳动模范、35 人获得河北省先进工作者、27 个单位获得河北省先进集体表彰；石家庄市表彰“加快建设新时代现代化强市先进个人”150 名（参见《石家庄年鉴 2020》类目“人物”）。围绕提升素质，开展技能竞赛。全市先后开展的“蓝天护卫行动”攻坚劳动竞赛、地铁建设劳动竞赛、常山“云数据中心”建设劳动竞赛被确定为省重点劳动竞赛；地铁建设劳动竞赛有力促进地铁建设进度，市轨道公司工会在全省劳动竞赛考评活动中做重点发言。维护职工合法权益。深入推进普法活动，举办服务民营企业法律咨询、防范劳动风险讲座，为145家企业开展法律体检，提出法律指导建议41条。全年市本级共受理法律援助案件93件并全部结案，为286名受援职工挽回经济损失共计506万元。关注女性职工权益维护，全市新建规范爱心妈妈小屋56个。关爱劳动模范。为476名省部级以上劳模进行健康体检，完成市级、省部级全国困难劳模摸底调查工作，27名生活困难全国劳模享受救助金83.1万元，155名生活困难省部级劳模享受救助金195.84万元，340名生活困难市级劳模享受救助金145.66万元。推进困难职工解困脱困建档立卡工作，持续开展职工互助活动，促进建会企业普遍开展集体协商工作。

【劳动竞赛】 围绕全市中心工作，着眼于京津冀协同发展相关的重点区域、重点园区、重点企业和重点项目，贯彻落实《石家庄市总工会关于开展“践行新理念、建功‘十三五’”劳动竞赛指导意见》，组织广大职工开展各类劳动竞赛。根据构建“4+4”产业格局总体部署，联合市发改委、科技局和工信局推进先进装备制造业劳动竞赛，首批选择30家装备企业进行示范带动；联合市旅游委继续推进市旅游产业发展劳动竞赛，在旅发大会举办地正定县、鹿泉区和平山县，尤其是第四届旅发大会举办地灵寿县开展对标竞赛和“六比一创”劳动竞赛，助推旅游业发展。

8月14日，2019年石家庄市职工职业技能竞赛活动启动

“蓝天护卫行动”攻坚劳动竞赛、地铁建设劳动竞赛、常山“云数据中心”建设劳动竞赛被确定为省重点劳动竞赛。8月14日，市总工会联合市人社局举办轨道检修工等15个工种职工职业技能竞赛。公交车长大赛完全采用“国标”评比，融入的哑语、英语竞赛新颖实用；金融系统业务技能比赛引进公证环节，由河北省燕赵公证处全程监督比赛过程；汽车维修工和物业维修电工竞赛参赛选手全部为民营企业职工，有效激发非公企业开展劳动和技能竞赛的热情。推动高技能人才队伍建设，命名全市第四批“省会万众创新示范基地”和第十批职工创新工作室。推荐创新成果突出的市级工作室参加河北省劳模和工匠人才创新工作室评选，石家庄市共有15家职工创新工作室入选。

【工会组织建设】 2019年全市共有工会组织17212个，工会会员1655208人。做好运输快递行业入会工作。摸底调查在邮政管理局许可备案的快递企业53家，其中22家具备独立建会条件，18家已建会，业务量占全市90%以上的大型快递企业邮政快递、顺丰速递、申通快递、圆通速递、中通快递、百世汇通和韵达快递均已建立工会组织。鹿泉区河北金隅鼎鑫水泥有限公司“四级之家”项目通过省交通运输厅、省总工会评审验收。做好新型农业合作组织建会入会工作。集中力量推动新型农业合作组织建会，实现全市建立工会组织新型农业合作组织100个以上。做好联系引导劳动关系领域社会组织工作。按照由易到难、以点带面、逐步推开的工作思路，认真开展工会联系引导劳动关系领域社会组织工作。实现在县（市、区）民政部门登记注册、符合独立建会条件的社会组织建会率分别达到85%和70%。开展全市乡镇、街道、开发区、现代农业园区工会规范化建设工作。根据《河北省总工会关于加强乡镇、街道、开发区、现代农业园区工会规范化建设的实施办法（试行）》，推进企业民主管理工作，加强集体协商规范化建设。全市达到职工（代表）大会规范化建设标准的企事业单位1394家，开展集体协商、签订集体合同企业15170家，覆盖职工108.78万人，集体协商建制率达90.4%，其中百人以上企业全部建制。签订行业性集体合同100份，覆盖企业2900多家。按照基层申报、县级初审、市总评价的程序，推荐13家基层工会为2019年度基层工会规范化建设优秀单位。

【扶贫解困】 推进困难职工精准帮扶工作，委托第三方专门审计机构，加强困难职工资格认定，全市在档困难职工由年初的552户减少为357户。按照市委打造“无证明城市”要求，会员办理困难职工、申请采暖补贴和两免一补等事宜13项证明材料全部取消。职工互助活动通过取消“十二种大病”“首次确诊”等门槛和实现网上审批等形式，扩大救助职工范围，简化职工审批手续，让数据多跑路，让职工少跑腿。全年工会部门实施救助6127人次，发放救助金1787.7万元，资金支出总额已占筹集资金总额的78%。开展创业就业扶持专项行动。石家庄市总工会制定详细的培训计划和保障措施，层层分解，采取自办、联办的形式开展多种类创业就业培训。全年共举办技能培训班27期，培训527人，其中农民工343人，下岗转岗136人，困难职工1人，其他47人。经人社局职业技能鉴定中心考试鉴定，443人获得《职业资格证书》。向省总工会申请培训补助资金68万元。实施送温暖工程。按照河北省送温暖资金管理办法，走访慰问承担急难险重任务的一线职工，集中中央、省、市三级财政专项帮扶资金802.63万元，开展生活救助、助学救助、医疗救助和关爱农民工4个方面的送温暖系列活动。安排工会经费51.59万元走访慰问困难企业、重点工程和农民工工地。运输快递行业采取集中建会、走访慰问，设立“爱心驿站”等方式开展关爱行动，业务量占全市90%以上的大型快递企业均建立工会组织，建立“爱心驿站”200余家，发放“送清凉”物资20余万元。安排40万专项资金为全市1万余名快递人员发放安全头盔。推进普惠化服务工作，第二期石惠卡累计补贴8244人次，支付总金额348.7万元。

（李玉晖）

中国共产主义青年团石家庄市委员会

【概况】 2019年，共青团石家庄市委（简称共青团市委）围绕服务青年主题，组织开展青少年思想教育、青年实践志愿服务等活动，引导青年弘扬社会主义核心价值观，在城市精神文明建设和创建国家卫生城市中争当优秀志愿服务者和社会文明的传播者。全年新成立直属团组织1个（市邮政快递行业团工委），新发展共青团员24597人，至2019年末，石家庄市共青团员总数累计达到53.3万名，拥有基层共青团团委716个，基层团工委57个，共青团总支416个，共青团支部17121个。围绕纪念五四运动100周年、庆祝新中国成立70周年，开展“青春·中国”石家庄首届青年快闪优秀作品征集、咏诵“百年青春”——石家庄市纪念五四运动100周年、“青春心向党·建功新时代”演讲比赛等系列活动，增强青少年永远跟着党走社会主义道路的信心和力量。开展青少年权益保护。举办“共青团与人大代表、政协委员面对面”活动，撰写的调研报告被团中央评为市级一类报告。发挥预防青少年违法犯罪工作联席会作用，提高预防青少年违法犯罪工作水平。

2019年4月29日，石家庄市举办纪念五四运动100周年活动

推进鹿泉省级中长期青年发展规划试点。完成《河北省青年发展蓝皮书》对各领域各行业青年12000余个样本问卷调查，开展“相约省会、牵手人生”青年人才交友联谊活动10场。2019年市公安局指挥部指挥中心、市数字化城市管理监督指挥中心、市数字城管桥西监督大队、市公共交通总公司1路线、平山县消防大队西柏坡中队、井陉县税务局第一税务分局、中国建设银行石家庄开发区支行和中信银行石家庄分行营业部8个集体获授国家级青年文明号。4月29日，市东风西路小学教师白茹获授河北省青年五四奖章，石家庄学院“关爱折翼天使 爱心成就未来”青年志愿服务队获得河北青年五四奖章集体提名奖。4月30日，共青团石家庄市委授予18人2018年度石家庄市五四青年奖章。

表14 2015~2019年底石家庄市共青团员数据统计一览表

年度	共青团员总数(万名)	新发展共青团员数量(万名)
2015	59.2	9.5
2016	59.2	4.2
2017	47.1	2.9
2018	46.7	2.9
2019	53.3	2.5

【青少年思想教育】 牢牢把握理想信念教育这个核心，深入推进“青春心向党·建功新时代”主题教育实践活动，着力夯实广大青少年紧跟党走中国特色社会主义道路、为实现中华民族伟大复兴的中国梦而奋斗的共同思想基础。组织全市团员青年积极参与“青年大学习”网络主题团课，“青年讲师团”深入基层、深入青年宣讲，增强广大青年爱党爱国爱家乡的家国情怀。举办青年理论培训班和“青年马克思主义者培养工程”大学生骨干培训班，为党培养和输送青年政治骨干。围绕纪念五四运动100周年、庆祝新中国成立70周年，开展“青春·中国”石家庄首届青年快闪优秀作品征集、咏诵“百年青春”——石家庄市纪念五四运动100周年、“青春心向党·建功新时代”演讲比赛等系列宣传活动，举办“我与祖国共奋进——国旗下的演讲”等特别主题团日活动。青少年爱国主义读书教育活动每年确定一个新主题，把握鲜明的时代特征，紧扣党和国家特定时期的中心任务，培育青少年的社会主义核心价值观。在第26届“进入新时代 改革开新篇”读书活动中，全市参与活动的中小学生共73.8万名，通过阅读爱国主义图书、踊跃参与实践活动，增进对祖国的了解和热爱。

【青少年实践活动】 承办全省青年职业技能竞赛车工工种决赛，组织全市各级青年文明号开展“优化营商环境我先行”主题活动，为经济高质量发展汇聚更多高端资源要素。积极动员青联委员、青年企业家等参与扶贫帮困，发挥市青少年发展基金会作用，做好贫困学生救助、希望小学援建等，资助建档立卡贫困学生500余名。在平山等4个县建立青年创业者联盟，发现和培养齐利沙等一批全国、全省农村青年致富带头人。在团组织引领下，石家庄市青年志愿者深入到社区、公园等开展义务清扫、免费体检、健康咨询等志愿服务活动，弘扬“奉献、友爱、互助、进步”的志愿精神。至2019年底，全市“志愿中国”信息系统注册人数达172万人，青年志愿服务组织2415个。完成2019数博会、省旅发大会等重要展会的青年志愿服务工作，团市委在全省数博会总结会上作典型发言。实施“青年志愿者行动合作伙伴计划”，完成1900家“志愿汇”商家入驻。开展青年文明号区域联创，市公交总公司1路线和市数字城管桥西监督大队2家青年集体被授予国家级青年文明号。

（马朝阳）

石家庄市妇女联合会

【概况】 2019年，市妇女联合会（简称市妇联）以“创业奋斗新时代、建设满意新妇联”为目标，以巾帼心向党、巾帼建新功、巾帼暖人心、巾帼新风尚、巾帼新力量“五大巾帼行动”为支撑，大力促进妇女工作全面发展。全年命名各级各类巾帼示范基地63个，组织开展巾帼脱贫四大工程培训100余场，培训妇女1万余名；命名市级“三八红旗手”101名（参见《石家庄年鉴2020》类目“人物”），“三八红旗集体”25个；命名市级“最美家庭”135户。完成妇女“两癌”检查9万余人。开展儿童友好家园活动200场，受益儿童6000余名。全市共创建美丽庭院53万户，精品庭院8.8万户，超额完成年度任务。全市21个县（市、区）妇联全部完成换届，共选出主席21名，专职副主席26名，挂职副主席9名，兼职副主席42名，常委122名，执委644名。建设19个省级示范妇女之家，23个市级示范妇女之家；建设各级各类妇女微家1993个。举办全市妇联系统干部提升理论思维能力建设示范培训班，培训17次，参加妇联干部2000人。4月29日，省委副书记赵一德观摩石家庄市美丽庭院创建工作。11月5日，全市召开家家幸福安康工程推进会。全年5户家庭获评2019年度全国最美家庭，分别为：尊老敬老的杜喜珍家庭、非物质文化遗产传承人赵润生家庭、坚持在公益救援路上的刘二彦家庭、“帮大哥”丁惠彦家庭和乡村医生张艳丽家庭；10户家庭获评2019年度全省最美家庭，分别为：陈锡田、王丽、杨丽娜、钱永民、邵瑞珍、王铁岭、程瑞霞、肖淑景、陈永军、冯金秀家庭；分两批命名市级“最美家庭”135户。2019年市妇联获得全国巾帼建功先进集体称号。

2019年3月4日，市妇联举行“三八”维权周活动启动仪式

【创业创新巾帼行动】 实施巾帼脱贫四大工程，统筹推进巾帼现代农业、家庭手工业、巾帼家政和巾帼乡村旅游工作，命名巾帼现代农业科技示范基地21个，巧手脱贫示范基地20个，巾帼家政示范基地12个，巾帼乡村旅游示范点10个。公布巾帼家政公约，确定石家庄市巾帼家政品牌标识为“暖心姐”。开展农业、手工、家政、乡村旅游专场培训，累计培训1万余人。2月20日，全市召开推进巾帼家政工作座谈会；以“提标、提质、提速、提效”为标准，提升巾帼家政服务专业化、职业化水平，搭建服务社会、家庭、妇女对接平台。全年建立市、县两级家政培训基地9个，举办培训班150余期，培训巾帼家政服务员6500余人。开展“巾帼家政进乡村（社区）”活动，采取宣传讲解和典型带动相结合的方式、转变农村妇女特别是贫困妇女就业观念形式，举办妇女家政服务技能培训50场次，受益妇女1900人。3月27日，市妇联承办全省巾帼家政“双百”活动启动暨家政服务工作推进会，2万余人观看大赛直播，选拔评选一大批优秀家政服务员。

【关爱妇女儿童】 全年完成妇女“两癌”检查9万余人，争取救助金60.5万元，救助68人。向2500名妇女捐赠保额2500万元的健康险。为精准救助留守儿童和困境儿童争取救助金24万元。争取政府购买社会组织服务资金66万元，举办儿童友好家园活动200场，受益儿童6000余名。

依法维护妇女合法权益。举办“三八”妇女维权周、11·25反家暴宣传周、12·4宪法日普法宣传活动。全年举行“木兰有约”普法宣讲81场；与司法局联合建立婚姻家庭纠纷品牌调解室50家，市婚调委与桥西区法院建立诉调对接机制。开展寻找“最美家庭”活动，实施“家家幸福安康工程”，5月21日，全市最美家庭命名暨家教家风宣讲活动举行。推进新时代家庭教育，全年举办“做智慧家长、育时代新人”家庭教育公益讲堂活动69场，参与家庭1000余户，初步构建起“1+3+39”家庭教育指导网络。开展未成年人主题教育实践活动。5月27日，由市妇联主办、长安区妇联承办的“传承红色基因，扣好人生第一粒扣子”主题教育实践活动在长安区跃进路小学启动，通过主题展演、绘制手抄报和英雄劳模进校园等方式，让学生感悟红色精神和中国传统文化。11月22日，举办儿童友好家园特色活动大赛，新建省级儿童之家6个，市级示范型儿童友好家园23所。

【美丽庭院创建活动】 石家庄市委农村工作领导小组印发农村人居环境整治工作方案，美丽庭院创建被列为12个专项行动之一，市妇联牵头美丽庭院创建专项推进组。坚持“五美”打造，率先“出样子”。按照“五美”要求，持续打造中心户、做亮示范户，形成“一户一亮点、一街一特色、一村一品牌、一片一风景”的生动格局，开创美丽庭院创建的“石家庄模式”。突出特色引领，大力发展特色庭院，实现由创建美丽庭院向经营美丽庭院的华丽转变。发展“旅游+庭院”，在12个县（市、区）打造知青小院、音乐小院、康养小院等特色美丽庭院2300余个。发展“基地+庭院”，结合“巧手脱贫解困工程”，将庭院链接为巾帼示范基地、合作社的“微家”，组织开展技能培训、产品加工和展示等活动，全市4700余个庭院实现增收。石家庄市妇联先后投入300余万元，带动市、县两级支持资金2000余万元，建设妇女讲习所2300余所，成为“身边一个家”的重要元素。抓实培训关键。精准对接妇女需求，提供订单式培训，共授课4.2万场次，参与妇女22万人次，提升妇女的创建能力和水平。全市共创建美丽庭院53万户，精品庭院8.8万户，超额完成年度任务。9月23日，召开“践初心、迎华诞”——美丽庭院创建工作观摩交流会，举办“晒晒我的美丽庭院”摄影大赛，评选出各类美丽庭院70户。4月29～30日，河北省美丽庭院创建观摩推进培训会在石家庄市召开。市妇联主席、党组书记宁淑敏作题为《打造“高颜值”美丽庭院 展现新时代妇联作为》的典型发言。

【市妇女儿童活动中心】 石家庄妇女儿童活动中心为市妇联直属副县级财政补助事业单位，编制23名，实配22名，领导职数1正2副；设有9个部室，分别是：办公室、家政部、财务室、后勤部、舞体部、美术部、文化部、音乐部和教务部；办公地址设在石家庄市和平西路506号。2019年石家庄市妇女儿童活动中心积极发展妇女、儿童公益服务及公益活动。加强组织建设。石家庄市妇女儿童活动中心党支部及领导班子完成换届，李丽担任中心党支部书记、石家庄市妇女儿童活动中心主任，积极选派干部教师走出去，参观学习妇女儿童服务机构管理方法，了解活动方式的发展趋势。提升素质教育能力建设。推

2019年9月29日，市妇联在长安区西兆通镇举办儿童友好家园开园仪式

出“七十周年，献礼祖国”系列活动，积极贯彻落实“立德树人”重要任务，引导少年儿童感恩致敬伟大祖国。

【市直机关第三幼儿园】 市直机关第三幼儿园为市妇联直属正科级财政补助事业单位，编制40名，实配31名；领导职数：1正2副，实配1正1副。办公地址设在石家庄市和平西路506号。2019年市直第三幼儿园坚持以创建“党建+文化”为抓手，采取宣传栏、主题图片展、班级环创等方式，宣传社会主义核心价值观，耳濡目染、潜移默化地进行党性文化教育。开展“传承红色基因、讲红色故事”主题活动，充分挖掘园本文化资源、环境资源、地域资源，坚持党建与文明创建相融合。加强伙食管理，严把食品质量关，科学合理安排幼儿的一日膳食，确保食品卫生安全。提升教师业务水平，打造优质职工队伍。全年组织教职工外出培训24次，参与职工96人次，其中国家级培训5次，省级培训7次，区及培训12次。共有13名教师在国家、省、市期刊和权威平台发表论文论著33篇，其中19篇论文获奖，一等奖占60%，1人获得“全国实验工作者”，1人获“全国优秀教育园丁”。

（杨志国）

石家庄市文学艺术界联合会

【概况】 2019年，市文学艺术界联合会（简称市文联）以“抓班子、带队伍”为基础，完成文艺家协会和文联换届任务，重点以“出人才、出精品”为目标，紧紧围绕庆祝新中国成立70周年等项工作，调动文艺工作者积极性和主动性，全年创作文学、戏剧、歌曲、影视剧、书法、美术、摄影、舞蹈、民间文艺、曲艺、文艺理论评论作品8000余件。其中，市书法家协会8幅作品、市美术家协会3幅作品、市摄影家协会4幅作品进入国展，创下历年参展新高。3件文艺评论获得第四届“啄木鸟杯”中国文艺评论年度优秀作品。丝弦小戏《村官三把手》获得“第十八届群星奖”，成为全国5个戏剧类获奖作品之一，也是河北省唯一获奖作品。长篇小说《我的幸福谁当家》和纪实文学《新中国外交官的摇篮》2部图书获得第十三届河北省精神文明建设“五个一工程奖”，中篇小说《花开时节》等4部作品获得第三届孙犁文学奖。《河北十番乐音乐研究》《京津冀一体化对地方传统美术文化的影响》等9件作品获得第十届河北省文艺评论奖。4月24日，市文学艺术界联合会第十次代表大会举行；审议通过《石家庄市文学艺术界联合会第九届委员会工作报告》《石家庄市文学艺术界联合会章程（修改草案）》，选举产生市文联新一届领导集体。

【文艺创作】 市文联围绕传播先进文化，抓创作、抓队伍、抓活动、转阵地、抓激励，积极配合河北省和外地文联举办展览、采风、演出、创作、交流等文艺活动。全年创作文学、戏剧、歌曲、影视剧、书法、美术、摄影、舞蹈、民间文艺、曲艺、文艺理论评论作品共8000余件。其中，唐慧琴的长篇小说《日头日头照着我》被改编成同名电视剧，并入选国家广电总局“2018~2022百部重点电视剧选题片单”。《人民的艺术家：齐花坦与河北梆子》《穿越千年赏好诗》等文学图书公开出版发行，并亮相河北省第七届惠民书市。中篇小说《麦香，麦香》、《喜相逢》、剧本《立春时节》、微电影文学剧本《圆梦之旅》在《中国作家》发表，网络小说《浩荡》入选“庆祝新中国成立70周年暨2019年度优秀网络文学原创作品”。文学评论《拓宽网络小说的审美经验》、散文《露天电影——时代的影像》《巡线工的四季》等40余部作品在《人民文学》《人民日报》《科技日报》《农民日报》《中国艺术报》《诗刊》等全国大报大刊发表。散文《化境芦苇》《光耀西柏坡》等多部作品入选中宣部《学习强国》平台。

【第十届汉字书写艺术节】 6月20日~7月30日，由市文联、民进市委、市书法家协会、河北省硬笔书法协会共同举办的石家庄市第十届汉字书写艺术节举行。主题为“以书写的名义致敬新中国70华诞”。共设小学、中学、教师、社会成人4个组别，硬笔书法使用规范汉字书写，毛笔书法可使用繁体字创作。至2019

年7月底，收到各地按要求报送作品3136幅。8月18日，专家评出入围作品600幅，每组评出一等奖10名、二等奖20名、三等奖40名；获得优秀组织奖单位20家。汉字书写艺术节期间，全市组织举办公益大讲堂、书法名家进校园和“十佳学校”“十佳教师”评选及千人作品展览、百人现场书写表演活动。石家庄市规范汉字书写百千万工程于2010年启动，以此为平台，全市建立规范汉字书写实验学校235所，培训书法教师6000余名，直接受益师生达45万余人次。

【文联组织建设】 市文联是中共石家庄市委领导下的人民团体，是全市性各文艺家协会、各县（市、区）文联、市企业(行业)文联的联合组织。市文联成立于1950年12月，是全国成立最早的社会团体之一。市文联内设3个部室，分别为办公室、宣传创作部和通联部；1个正科级全额事业单位：文艺创作中心。所辖文艺家协会11个，分别为：作家协会、戏剧家协会、音乐家协会、曲艺家协会、书法家协会、美术家协会、摄影家协会、舞蹈家协会、民间文艺家协会、影视家协会与文艺评论家协会。全年市文联各协会新发展会员225人，至2019年末，市文联共有市级会员1万人。11月16日，市文联办公地址搬迁至普惠路8号。5月26～31日，市文联领导班子赴广州市、杭州市、郑州市考察学习、取经问计，学习三地文联在精品创作、人才培养、活动开展、人员编制、经费使用、组织管理、阵地建设、激励机制等方面的先进经验。7月8日，市文联组织召开全市文艺界座谈会，加强县（市、区）文联组织互学互鉴，推动全市文艺事业繁荣发展。11月16日，市文联办公地址由新华区兴凯路219号（市政府西院）搬迁至市区普惠路8号。

（张勇丰）

石家庄市科学技术协会

【概况】 市科学技术协会（简称市科协）是由市级学会（协会、研究会、联合会）、各县（市、区）科协和各企（事）业科协组成的全市科学技术工作者的群众组织。2019年，全市科协组织贯彻落实《中华人民共和国科普法》要求，以传播科学文化、普及科技知识、提高全社会参与科普工作为内容，全力提升全民科学文化素质。全年举办讲座5场、技术培训4次，发布科普日活动信息33篇，指导县（市、区）科协、全国科普教育基地、农技协、科普示范基地等开展科普活动70余项。加强组织建设，经市委批准同意，3月19～20日，市科学技术协会召开第八次代表大会；审议市科协第七届委员会工作报告，选举产生石家庄市科协第八届委员会主席、副主席、秘书长、常务委员会委员、委员；选举常委会委员32名，委员107名。全年263个乡镇（街道）完成基层科协组织改选215个，其中，长安区、桥西区、栾城区、井陉矿区、新乐市、元氏县6个试点的72个乡镇（街道）全部改选完毕，2019年末全市街镇科协完成改选达到80%以上。2019年市科协内设机构4个，分别为办公室、机关党总支、科学技术普及工作部、学会学术（企事业科协）工作部；设置行

9月12日，市科协在元氏县常山广场举行2019年石家庄市全国科普日活动启动仪式暨主场活动

政编制 12 名，事业编制 8 名；办公地址位于长安区中山东路 452 号。所属事业单位2个，分别为市科学普及中心、市科技咨询服务中心。其中，市科学普及中心为正县级全额拨款事业单位，编制 22 名；市科技咨询服务中心为正科级自收自支事业单位，编制 5 名。市全民科学素质工作领导小组办公室设在市科协。至2019 年底，市科协管理市级学会（研究会）24 个，县（市、区）科协 21 个，企（事）业科协、院校科协、园区科协 81 个。2019 年市科协审核命名石家庄市科普教育基地 20 家。

【科普先进个人】 14 人被共青团河北省委评选为新时代“冀青之星”。分别是藁城区农业技术推广中心助理农艺师任红晓（女）、鹿泉区黄壁庄学校教师王洁（女）、鹿泉区科协办公室主任马玉敬（女）、赵州桥科技馆科普人员郭富一、矿区消防大队文职人员张佼（女）、石家庄市植物园助理工程师梁娟（女）、深泽县铁杆镇铁杆村小学教师孙强、石家庄市动物园管理处科员李艳培、中航通飞华北飞机工业有限公司党群工作部副部长团委书记孟彬彬（女）、栾城区垄上行庄园总经理王永良、河北正定县科技馆副馆长秦磊、石家庄市维明路小学教师秦迪、河北省血液中心信息科副科长崔濛萌（女）、栾城区宏远路小学教师付静文（女）。6人获得省人社厅、省科协、省总工会举办的第七届河北省科普事业贡献奖，分别为：石家庄市科协冯卫和、栾城区科协王增强、长安区科协刘炜利（女）、行唐县农业农村局王书锋、石家庄市动物园张立佩、鹿泉区老科协蔡长生。2人获得省委组织部、省人社厅、省科协、共青团河北省委举办的第十四届河北省青年科技奖，分别是：石家庄铁道大学赵晋津（女）、河北爱能生物科技股份有限公司徐兰举。

【科普活动】 9 月 12 日，市科协在元氏县常山广场举行石家庄市全国科普日活动启动仪式，启动仪式现场设计活动 16 项，30 多个单位参加。活动坚持贴近实际、贴近群众、贴近生活的原则，紧紧围绕全国科普日主题“礼赞共和国、智慧新生活”。科普两进活动举办讲座5场、技术培训 4 次；利用市科协官网、微信公众号及时宣传报道基层科协开展科普日活动情况，发布科普日活动信息 33 篇；指导各县（市、区）科协、全国科普教育基地、农技协、科普示范基地等开展科普活动 70 余项。向中国科协争取1套流动科技馆在石家庄市巡展，全年中国流动科技馆共完成 6 个站点赵县、无极县、井陉矿区、鹿泉区、灵寿县和行唐县巡展，每个站点为期 3 个月，参观人数达 18 万人次。石家庄市科协、新乐市科协、桥西区科协、栾城区科协、长安区科协和石家庄市第二十七中学被中国科协评为“2019 年全国科普日活动优秀组织单位”，石家庄市栗胜路小学的“多彩科普　助我健康成长”和新乐市科协的“礼赞共和国、智慧新生活”科普墙绘制活动被中国科协评为“2019 年全国科普日优秀活动”。

【科技创新竞赛】 1 月 5 日，由市教育局、市科协、市科技局、共青团市委共同主办的石家庄市第 18 届青少年机器人大赛在市第二十三中学举办，大赛分为幼儿园、小学、初中和高中 4 个组别，有摔跤、创意、资源争夺战、搬运、综合技能、WER、FLL、智能机器人挑战赛等竞赛项目，全市 500 支代表队 1200 名选手参加。经过选拔，4 月组织全市 268 人参加在廊坊市举办的 2019 年河北省青少年机器人竞赛，石家庄市水源街小学、石家庄市第八十一中学、石家庄新星中学、石家庄二中实验学校、石家庄市第一中学、石家庄市第二十三中学、石家庄二中实验学校、获鹿镇五六街小学、鹿泉区实验小学获一等奖，石家庄市第四十四中学、石家庄二中实验学校获团体奖。8 月下旬组织全市青少年选手参加在重庆市举办的第19 届中国青少年机器人竞赛，石家庄市第八十一中学代表队获得全国竞赛金奖，石家庄市第 23 中学代表队和北京师范大学石家庄附属学校代表队获得全国竞赛银奖，正定中学李思禹老师获评“全国优秀辅导员”。1 月 18～21 日，石家庄市青少年代表队参加衡水第一中学举办的第 34 届河北省青少年科技创新大赛，获竞赛项目全省第一。10 月 12 日，市教育局、市科技局、市科协、团市委共同举办第 19 届石家庄市中小学探索者创新大赛活动，全市参加人数达 5.5 万人，征集作品 4446 项。

【科普基地】 经县（市、区）科协、科技局、农牧局等相关单位推荐，2019 年市科协审核命名石家庄市科普教育基地 20 家，分别是石家庄市动物园管理处、石家庄市植物园管理处、石家庄公共安全体验馆、冀台联青年文化创业园、萌宠奇缘城市室内主题动物科普乐园、河北省血液中心（无偿献血科普馆）、石家庄亚光速科技有限公司（航空航天馆）、石家庄市矿区公安消防大队（消防科普教育馆）、石家庄君乐宝乳业有限公司（奶牛科普馆）、石家庄紫藤农业技术开发有限公司（紫藤葡萄文化科普馆）、石家庄旭亚现代农业开展有限公司、石家庄元龙生态农业开展有限公司（龙山蜡像馆）、中航通飞华北飞机工业有限公司（航空科普教育实践基地）、石家庄肥晶国农业科技有限公司（肥晶国庄园）、河北省正定县科技馆、河北一然生物科技有限公司（“微·来”——微生物科普馆）、井陉县青少年校外活动中心、新乐市青少年活动中心、灵寿县青少年校外活动中心、赞皇县养蜂协会（蜜蜂博物馆）。筹资10万元帮扶市动物园管理处、市植物园管理处和石家庄旭亚现代农业开发有限公司3家科普教育基地进行设施提升改造和信息化建设。为引导农业科普基地转型升级，提高农村科普基地示范引领作用，市素质办组织评选“乡村振兴科普示范基地”5个，分别是赞皇县利民板栗协会、行唐县大山兄弟土特产品有限公司、灵寿县荣兰奶牛养殖专业合作社、井陉县河北木口农业开发有限公司、平山县尖尖树农业专业合作社，为每个基地提供支持奖补资金2万元。

（雷杨）

石家庄市归国华侨联合会

【概况】 2019年，市归国华侨联合会（简称市侨联）紧密团结归侨侨眷、广泛联系海外侨胞，凝侨心、汇侨智、聚侨力，为石家庄经济社会建设发挥侨联组织的独特作用。以省市“正博会”“数博会”“合作会”等品牌活动为载体，发挥侨联组织独特优势，做好招商引资、招贤引智工作。邀请来自美国、德国、澳大利亚、新加坡、泰国等60多个国家以及北京、天津、浙江等地200余位海内外侨商来石参会参展。加强侨联基层组织建设，在省侨联的帮助和指导下，新华区、桥西区、河北外国语学院先后召开归侨侨眷代表大会，成立侨联组织。密切与省侨联沟通联系，通过海外侨胞向平山、赞皇、灵寿等19个县（市、区）2500余名聋哑残障人士发放助听器2516件。邀请接待来访60多个国家侨领、侨商、侨胞近200人次，拓展建立中东、非洲、中东欧、南美等15个国家的侨社团联系联络渠道。正定古城、河北外国语学院被确定成为河北省华侨文化交流基地。6月18日，河北省侨联召开的第十次侨代会上，全市有20人当选为新一届省侨联委员，5人当选为新一届省侨联委员会副主席。栾城区侨联、正定县统战部(侨联)被省侨联和省人社厅评为“全省侨联系统先进集体”。完善“三定方案”，机关内设机构由“一室两部”调整为办公室、联络文化部、经济科技部、权益保障部（基础工作部）“一室三部”。

【组织建设】 根据中国侨联《关于新时代加强基层侨联建设的指导意见》《基层侨联组织工作条例（试行）》以及《河北省侨联改革方案》要求，积极推进侨联改革和基层侨联组织建设。市侨联领导先后赴新华、桥西、正定、赵县等10余个县（市、区）了解工作情况，就建立“侨胞之家”“新侨工作站”，“地方侨联+高校侨联+校友会”工作模式以及发挥侨联兼职干部作用等座谈交流。4月24～25日，中国侨联党组成员、副主席隋军到石家庄市考察调研，对市侨联贯彻落实全国十次侨代会精神、“党建带侨建”、侨联改革、基层侨联组织建设等方面的工作给予肯定。在省侨联的帮助和指导下，新华区、桥西区、河北外国语学院先后召开归侨侨眷代表大会。1月11日，新华区侨联成立；3月2日，桥西区侨联成立；11月12日，河北外国语学院成立全省高校第一个侨联组织。栾城区隆安社区、河北外国语学院、高邑县广骏建材被河北省侨联授予“侨胞之家”，争取中国侨联、省侨联“侨胞之家”建设补助资金3.6万元。

【联络联谊】 以省市“正博会”、“数博会”等品牌活动为载体，邀请来自美国、德国、澳大利亚、新加坡、泰国等60多个国家以及北京、天津、浙江等地200余位海内外侨商来石参会参展，积极推介省会新一代信息技术、装备制造、生物医药、商贸物流等领域项目，协助海内外客商对接农业、环保、新能源、大健康等项目。联合石家庄高新技术产业开发区管委会举办推介会，与县（市、区）、工业园区招商部门和70多家企业开展对接洽谈，组织来自60多个国家近百位海外侨领、侨商赴新乐参观考察。10月22日，市侨联邀请来自巴西、加拿大、泰国、尼泊尔、美国、乌干达、马来西亚、意大利、德国、英国等18个国家41名侨商参加2019中国·石家庄国际投资合作促进会议。密切与30多个海外侨社团的联系交流，新拓展建立中东、非洲、中东欧、南美等15个国家的侨社团联系联络渠道。做好德国中华文化促进会、新西兰河北商会、美国纽约城市公益联合会、澳大利亚冀商联合会、乌干达河北商会等侨商会长、侨领来石参观考察洽谈服务，联系与石药集团、以岭药业、精英中学、百孚集团等企业与之对接，围绕教育合作办学、康养旅游、文化交流等方面促进省会企业对外交流与合作，拓展联络空间、畅通对外渠道。

（林毅平）

石家庄市残疾人联合会

【概况】 2019年，市残疾人联合会（简称市残联）以抓好残疾人脱贫攻坚和省市民心工程为着力点，强化改革创新，深化效能革命，积极构建残联主导、部门参与的残疾人工作新格局。全年5258名建档立卡贫困残疾人脱贫，至2019年底，全市累计17673名建档立卡贫困残疾人实现脱贫。2019年全市为41560名残疾人提供基本康复服务，康复救助特需儿童1200名，为9106人安装适配辅具。广泛发动社会力量，举办“爱耳日”“世界自闭症日”“爱眼日”“全国助残日”等形式多样的扶残助残活动，全年组织开展残疾人健康共融活动125场次。推动按比例安排残疾人就业，全年实现就业75420人。行唐县残疾人“双创园”，探索实施“电商+扶贫”“培训+扶贫”“企业+扶贫”等六种扶贫模式，走出一条县域残疾人脱贫攻坚的新路子，省内外120余家单位先后到行唐县学习残疾人扶贫工作经验。宣传残疾人先进典型，全年在各类媒体刊发稿件3463条（件），中国中央电视总台“共同关注”“焦点访谈”栏目及农业农村频道分别宣传报道石家庄市残疾人自强事迹。5月16日，第六次全国自强模范暨助残先进表彰大会在北京举行，石家庄市丁玉坤获授“全国自强模范”称号，行唐县昊腾残疾人双创园获授“残疾人之家”称号。6月5日，市残疾人联合会第六次代表大会举行，选举产生市残联第六届领导班子。10月26日，全省残疾人就业创业暨残疾人扶贫工作现场会在石家庄市行唐县召开。

2019年5月7日，中国残疾人艺术团“我的梦”共筑小康大型公益演出走进石家庄市特教学校

【残疾人康复服务】 重视残疾儿童康复，规范残疾儿童康复救助管理，抢抓0~6岁儿童康复黄金时间；制定出台《石家庄市残疾儿童康复救助实施方案》及《石家庄市残疾儿童康复服务机构纳入协议定点办法（试

行）》《石家庄市残疾儿童康复救助资金管理办法》2个配套文件。以“人人享有康复服务”为目标，制定残疾人康复机构从业标准和从业人员条件，举办四期以肢体康复、智力康复、脑瘫康复为主题的培训班，提升康复机构管理水平和服务人员技术水平。全年为41560名残疾人提供基本康复服务，对1200名特需儿童开展康复救助，为9106人适配辅具，2006名儿童到医疗中心接受康复治疗。推荐69名幼儿接受人工耳蜗植入手术。推进残疾人家庭医生签约服务工作，家庭医生签约35875人。残疾人康复指导中心位于裕华区谈固东街155号，中心编制数20人，实有20人，设有2名副主任，一名副主任主持全面工作。主要职能为承办残疾人康复指导任务，开展康复咨询、转介以及为残疾人提供康复指导服务。

【残疾人教育就业】 构建以随班就读为主体、以特殊教育学校为骨干、以特殊教育资源中心（教室）为支撑、以送教上门为补充的“四位一体”特殊教育工作模式，全市有1203名残疾学生实现在特教学校（班）学习，1769人随班就读，为237名残疾学生提供送教上门服务。推进“订单式”培训，将培训成果与就业增收无缝对接，既解决残疾人培训与就业脱节的问题，又破解企业用工难题。全年对3666名残疾人进行职业技能培训，对1057名残疾人进行各类特色专业培训，残疾人培训就业率同比提高20%以上。10月25~29日，第六届全国残疾人职业技能大赛举办，全市组织26名选手报名参赛15个项目，经过省市两级逐层筛选及赛前培训，15名选手参赛10个项目，获得2个第二名，1个第五名。全年组织残疾人各类专场招聘会28次，就业率达到85%以上。协调税务、财政部门征收残疾人就业保障金推动按比例安排残疾人就业，实现就业75420人，其中按比例就业4042人，集中就业1720人，个体就业2375人，公益性岗位就业203人，辅助性就业289人，灵活就业（含社区、居家就业）9365人，从事农业种养51536人。残疾人劳动就业服务中心位于裕华区谈固东街155号，中心编制数15人，实有19人，设有1名主任主持全面工作，2名副主任分管具体工作。主要职能是承担残疾人就业指导和服务。

【残疾人体育运动】 全国第十届残疾人运动会暨第七届特殊奥林匹克运动会。8月25日~9月1日，石家庄市运动员参加在天津市举行的全国第十届残疾人运动会暨第七届特殊奥林匹克运动会，获得金牌16枚、银牌24枚、铜牌7枚。其中，竞技项目获得金牌12枚、银牌17枚、铜牌4枚，超世界纪录2项；群众体育项目获得银牌1枚；特殊奥林匹克运动项目获得金牌4枚、银牌6枚、铜牌3枚。竞技田径投掷项目：米娜获得女子F37级2枚金牌1枚银牌，超世界纪录1项，王丽然获得女子F37级1枚铜牌，康国锋获得男子F42级1枚金牌1枚银牌，李翠卿获得男子F37级3枚银牌，侯战彪获得男子F46级2枚银牌，张扬获得男子F57级1枚银牌2枚铜牌。竞技田径轮椅竞速项目：黄丽莎获得女子T53级2枚金牌，李虎召获得男子T53级1枚金牌2枚银牌，刘盼盼获得女子T34级1枚金牌2枚银牌。竞技游泳项目：王欣怡获得女子S11级1枚金牌，超世界纪录1项；马佳获得女子S11级3枚银牌；卢景沂获得女子S12级2枚金牌2枚银牌；王欣怡、马佳、卢景沂3人参加女子4×100米混合接力赛获得1枚金牌。竞技乒乓球项目：牛泽铭获得听力组男子双打1枚金牌、团体1枚铜牌，林权获得听力组团体1枚铜牌。特殊奥林匹克运动项目：羽毛球比赛获得1枚金牌3枚银牌2枚铜牌，乒乓球比赛项目中获得3枚金牌3枚银牌1枚铜牌。2019年石家庄市4名残疾人运动员参加在英国举行的世界残疾人锦标赛，获得金牌4枚。12月19日，石家庄市残疾人冰雪运动会在西部长青冰雪小镇举行；主题为“助力冬奥、乐享冰雪、康复健身、喜迎小康”；参赛残疾人体育爱好者1000名。推动残疾人康复体育进家庭服务，至2019年底，全市建立省级以上残疾人自强健身示范点75个，全年为520户残疾人提供康复体育进家庭服务。

【维护残疾人合法维权】 做好残疾人法律救助工作，联合市公安局、市检察院等8部门出台《市残联联合接访办法》，信访接待150人次，办理法律援助案件18件，处理12345转办函5件，处理12385转办函11件，接听处理来电120人次，切实维护残疾人的合法权益。办理人大代表建议件2件，办理政协委员提案件1件。与市电视台举办法制宣传节目2次。协同市交管局、市城管局，对机动车乱停乱放占用盲道展开集中清理，对无障碍通行设施定期检查和维护。全年市残联被市法制宣传教育领导小组评为石家庄市普法先进单位。积极推动残疾人参与社会活动，为83000名残疾人办理爱心公交卡。做好残疾人证管理、审批工作，加强对基层残疾人证办理及到期换证工作指导，全年发放残疾人证 6.87 万个，至 2019 年底共有持证残疾人 24.8 万人。按照残疾人机动车驾驶技能培训补贴工作要求，全市有137 名符合补贴条件的残疾人申报，经各县市区、市级审核，按每人 1500 元予以补贴。

【残疾人实训中心】 残疾人实训中心（按摩医院）位于新华区新华西路963 号，占地面积 3909.28 平方米，中心编制数 20 人，实有 14 人，设有主任 1 名、副主任 1 名。中心开设有预防保健科、内科、外科、中医科（含针灸科和推拿科）、急诊医学科、康复医学科、医学检验科、医学影像科等业务科室，开展中医按摩、针灸治疗、康复理疗服务以及残疾人康复、成人康复和儿童脑瘫康复，提供残疾人技师、残疾人按摩技能培训等服务，促进残疾人就业。

（董凯凯）

石家庄市红十字会

【概况】 2019 年，市红十字会广泛动员社会人道力量，开展募捐筹资活动，积极协助政府履行人道职责，组织实施应急救助、救援、救助服务工作。持续开展“红十字志愿服务老区行”，组织志愿者先后到平山县、赞皇县、灵寿县、行唐县开展志愿服务活动，讲解宣传惠民利民、扶贫济困等政策。实施省红十字会“博爱燕赵 火热青春”红十字志愿服务项目 2 个，自行创建并开展“传播人道，情暖省城”志愿服务项目 1 个。2019 年河北省仁爱医养服务集团红十字志愿服务工作基地“传播人道 仁爱助老”被市文明办推荐参加河北省文明委等单位组织的学雷锋“四个一百”优秀志愿服务项目评选。推进造血干细胞捐献和器官捐献，向群众普及捐献知识，传播人道公益理念。全年实施器官捐献43例，捐献大器官 124 个，挽救生命 113 人；至 2019 年底，全市器官捐献累计 120 例，捐献大器官 342 个，挽救生命 327 人。全年全市有4.8 万名志愿者加入中华骨髓库，实施捐献 18 例，累计捐献造血干细胞 116 例。完善市红十字会机构设置。6月10 日，市政府办公室印发《石家庄市红十字会改革方案》；2019 年 12 月，市委编办批复市红十字会“三定”方案，明确市红十字会在原来处室基础上增加 2 个内设机构（监事会秘书处、组织宣传处），编制由 5 名增加至 13 名；办公地址为市区平安南大街 7 号商会大厦 4 楼。4月，市红十字会授予 9 名个人、1 个群体为石家庄市第一届“最美红十字人”（参见《石家庄年鉴 2020》类目“人物”）。9月2日，中国红十字会第十一次全国会员代表大会在北京开幕，市红十字会被人力资源和社会保障部、中国红十字总会表彰为“全国红十字系统先进集体”。

【红十字救助】 开展募捐筹资活动。抓好“博爱一日捐”为主的筹资工作，全年“博爱一日捐”募捐828.76 万元，募集其他款物价值 117 万元。做好募捐管理工作。为拓宽救助款的募集渠道，尽可能多地筹集救助资金，救助更多的困难群众，制定募捐管理办法，及时对爱心捐款进行清理入账。加强与爱心企业、爱心组织合作，采取“志愿服务老区行”模式开展特殊群体救助活动，动员和吸引更加广泛的社会力量支持和参与红十字人道事业。组织开展博爱送万家活动，22581 名群众受益，市、县两级红十字会发放救助款物 377.68 万元；与会员单位开展医疗人道救助项目，累计救助患者 837 名，发放救助款 152.31 万元；对弱势群体和困难群众实施人道救助，救助 8 人，发放救助金 3.4 万元；“天使圆梦”爱心助学 4 人，发放助学金 0.4 万元；申请“小天使基金”“天使阳光基金”救助 54 人，发放救助金 163 万元；开展器官捐献困难家庭救助，救助家庭 43 户，发放救助金 301 万元。

【应急救护培训】 全年培训应急救护师资 202 人，评定星级师资 72 人，培训红十字救护员 5500 人，应急救护知识普及培训 16931 人。其中，社区1946 人、学校 3217 人，新生普及培训 11768 人。培训养老护理员96人。组队参加第五届全省红十字应急救护大赛，获得团体一等奖和个人单项全部冠军，并代表河北省参加全国红十字应急救护大赛。广泛传播生命健康安全知识技能，助力青少年健康成长，联合市教育局、市卫健委举办石家庄市第四期红十字生命健康安全知识技能拓展训练营，来自市内四区的 50 名红十字青少年营员顺利完成训练营规定科目和内容。举办首届青少年生命健康知识技能大赛，组织正定中学和第九中学4500 名学生参加生命健康安全体验。组织全市万名中小学生参加总会应急避险知识竞赛报纸答题，共计获得组织奖11个，市红十字会获得三等奖。市红十字会应急救护培训基地管理运用经验在中国红十字会总会应急救护培训基地建设研讨班上做典型发言。

（郝瑞起　戎怡）

石家庄市消费者权益保护委员会

【概况】 2019 年，市消保委按照中国消费者协会（简称中消协）提出的“信用让消费更放心”要求，组织开展消费维权、消费调查，依法受理和调解消费投诉，打击消费侵权违法行为，营造放心安全的消费环境。开展消费维权活动，设立受理投诉台，与消费者面对面接触与沟通，尽全力将消费纠纷解决在基层。6月6日，市政府印发《关于同意石家庄市消费者协会更名为石家庄市消费者权益保护委员会的批复》，同意原市消费者协会更名为市消费者权益保护委员会（简称市消保委），履行《中华人民共和国消费者权益保护法》《河北省消费者权益保护条例》赋予的法定职责。全年市消保委系统受理消费者投诉1615 起，解决 1404 起，为消费者挽回损失 728 万元；发布消费警示、提示 4 次，内容涉及网购商品、预付卡消费、汽车消费等多个领域。其中，国际消费者权益保护日期间，接待消费者咨询 66982 件，接受消费者投诉咨询 865 件，重点处理石家庄联飞汽车贸易有限公司销售长安汽车合格证相关问题、石家庄康美健身有限公司预付卡退费等问题。加大消费领域重点商品质量和服务的社会监督力度，督促企业自觉履行责任，依法维护消费者合法权益。逐一梳理消费者反映的热点、难点领域及新型行业等相关领域存在的霸王条款问题，征集涉嫌“霸王条款”线索 29 条，反馈和督促相关行业及单位及时整改。

【国际消费者权益日活动】 2 月 26 日，市政府召开保护消费者合法权益办公会议，专门研究《石家庄市 2019 年纪念“3·15”国际消费者权益日活动方案》。3月6日，市新闻办召开新闻发布会，发布 2019 年纪念“3·15”国际消费者权益日活动安排，20 家新闻媒体记者参加新闻发布会并作宣传报道。3月7日，市政府保护消费者合法权益办公会议办公室、市市场监督管理局、市消费者协会围绕消费维权年主题，研究制定《关于开展 2019 年纪念“3·15”国际消费者权益日活动安排》。3 月8 日，市市场监督管理局在赵县石家庄翔宇环保技术服务中心举办假冒伪劣产品销毁活动，销毁 2018 年石家庄市查获的假冒伪劣食品、药品、医疗器械、假烟、假酒等产品。3 月 10~15 日，市政府保护消费者合法权益办公会议办公室、市市场监督管理局、市消费者协会及成员单位以多种形式组织举行纪念“3·15”国际消费者权益日宣传咨询服务活动，宣传《消费者权益保护法》《产品质量法》《食品安全法》《价格法》《电子商务法》《河北省消费者权益保护条例》，突出 2019 年消费维权年主题“信用让消费更放心”，现场受理消费者咨询、投诉和举报。3月14 日，市政府保护消费者合法权益办公会议办公室组织各成员单位及市文明办，在石家庄广播电视台举办纪念“3·15”国际消费者权益日电视晚会，各成员单位分别召开 2018 年度查处的侵害消费者合法权益典型案例新闻发布；同时启动 2019 年“诚信石家庄·放心消费城”创建活动。“3·15”国际消费者权益日期间，全市举办户外宣传咨询活动 268 场，接待消费者咨询 66982 件，接受消费者投诉咨询 865 件，发放宣传材料 35 万余份。

【消费维权】 全年市消保委系统受理消费者投诉 1615 起，解决 1404 起，为消费者挽回损失 728 万元，发布消费警示、提示 4 次，内容涉及网购商品、预付卡消费、汽车消费等多个领域；重点处理石家庄联飞汽车贸易有限公司销售长安汽车合格证相关问题、石家庄康美健身有限公司预付卡退费等问题。加强农村消费者法律法规及消费知识普及，提高群众对假冒伪劣商品的辨别能力。5月14日，市消协在正定塔元庄村中心广场启动“消费教育·放心消费进乡村”活动，现场开展咨询服务和放心消费有奖知识问答活动。举办老年消费教育公益活动。7月15日，市消保委组织老年消费者参与在凯旋金悦大酒店举办的老年健康消费教育社会活动，教育和引导广大老年消费者在健康消费中做到科学认知、理性选择和正确消费。及时发布消费警示和消费提示。针对元旦、春节、五一、十一等消费高峰期，市消保委根据消费资源、消费政策、消费动态及时发布消费警示和消费提示，引导消费者科学、理性消费，规避消费陷阱，避免上当受骗。针对预付卡投诉增多问题，市消保委及时发布预付卡消费提示。全年市消保委系统开展各类消费教育活动58场次，参与消费教育活动消费者达38.5万人次。

（许毅敏）

法　治

Governed by Lay

政　法　委

【概况】 2019年，全市政法机关以庆祝中华人民共和国成立70周年维护稳定和安全保障为主线，贯彻落实《中国共产党政法工作条例》，筑牢“高举旗帜、听党指挥、忠诚使命”思想根基，深化平安省会建设、法治石家庄建设、智慧政法建设和过硬政法队伍建设。3月25日，省委常委、市委书记邢国辉主持召开市委全面依法治市委员会第一次会议，审议通过《中共石家庄市委全面依法治市委员会工作规则》《中共石家庄市委全面依法治市委员会协调小组工作规则》《中共石家庄市委全面依法治市委员会办公室工作细则》《石家庄市2018年依法治市工作总结》《中共石家庄市委全面依法治市委员会2019年工作要点》等。开展“扫黑除恶”专项斗争，全年打掉涉黑涉恶犯罪团伙182个，其中，黑社会犯罪组织20个，扣押、查封、冻结涉黑涉恶团伙财产折合人民币36.28亿元，破获各类违法犯罪案件1538起，人民群众对“扫黑除恶”专项斗争满意度指数达到95.08%，同比提高4.06个百分点；安全感指数达到92.15%，同比提高1.44个百分点。各类矛盾纠纷调解成功率达97%，八类严重暴力案件同比下降1.7%，电信诈骗案件立案3862起，同比下降22.8%，刑事命案在2017年、2018年分别下降28.3%、18.4%的基础上，同比再降6.45%。重视政法队伍建设，各县（市、区）及乡（镇、街道）政法委员全部配齐，专职委员配备率86.6%；修订完善《石家庄市政法系统因公牺牲伤残特困干警资助金管理办法》，争取省级特困干警资助资金115.81万元，资助因公负伤和家庭困难干警76名，市级两批资助特困干警264名、资金199.87万元。2019年石家庄市获评全国“七五”普法中期先进城市，市中级人民法院参加全省综合考核排名第一，平山县西柏坡派出所被命名为全国首批“枫桥式派出所”。5月1日，全国首个见义勇为宣传基地——西环见义勇为公园开园。12月16日，市见义勇为工作协会成立。

2019年1月19日，全市政法工作暨扫黑除恶专项斗争工作会议举行

【机构设置】 中共石家庄市委政法委员会（简称市委政法委）为市委领导全市政法工作的职能部门，机构规格正县级，办公地点在石家庄市桥西区普圆街2号市委院内。2018年12月，根据《石家庄市机构改革方案》，不再设立市社会治安综合治理委员会及其办公室（简称市综治办）、市维护社会稳定工作领导小组及其办公室（简称市维稳办），有关

职责交由市委政法委承担；不再设立市委防范和处理邪教问题领导小组及其办公室（市政府防范和处理邪教问题办公室），职责交由市委政法委、市公安局承担。2019 年 1 月 10 日，市委办公厅印发《中共石家庄市委政法委员会职能配置、内设机构和人员编制规定》，明确市委政法委机关职能、编制数、内设机构数，机关内设机构由原来的 14 个（含原市综治办、市维稳办）调整为 15 个，分别为办公室（对外联络处）、政策研究室、政治安全处、维稳指导处、基层社会治理处（护路护线联防处）、反邪教协调处、执法监督处（法治处）、政治部宣传教育培训处（见义勇为工作协调指导处）、政治部队伍建设指导处、舆情工作指导处、信访处（涉法涉诉联合接访服务中心）、机关党委（机关纪委、政治部组织干部处），机关行政编制 74 名。市委政法委所属信息网络中心，为正科级事业单位，编制 8 名。

【维护社会稳定】 面对新中国成立 70 周年大庆维稳安保工作前所未有的严峻形势，全市各级政法机关和政法干警以当好首都政治“护城河”排头兵为目标，以敏锐的政治警觉、高度的政治清醒、坚毅的政治定力、强烈的政治担当，全面深化反渗透、反分裂、反暴恐、反邪教斗争，统筹推进涉众、涉军、涉房等各类利益诉求群体维稳工作，维护省会稳定，拱卫首都安全，完成一系列重大维稳安保任务。特别是在卓达、轻易贷等集资群体维稳工作中，政法系统各部门按照“北京不去、河北不聚”要求，坚持案件侦办与维护稳定并重，认真落实“二包一”责任制，加强情报信息研判、社会面管控和应急处置，强化案件依法从快办理，实现省、市委确定的“六个确保”“两个防止”目标，全市没有发生大规模进京集访事件、大规模群体性堵门堵路事件、大规模打砸抢烧等严重暴力事件以及恶性个人极端案事件和影响恶劣的大面积舆情事件，有力维护省会社会大局稳定。公安部门全年侦破命案99起，在中央政法委第三次新时代政法工作创新交流会上，石家庄市以筑牢首都政治“护城河”为主题作经验介绍。

【平安建设】 推进平安建设领导工作机制。成立由省委常委、市委书记邢国辉任组长、14 名市级党政领导为副组长，下设 5 个协调组和 27 个专项工作组的平安建设领导小组，建立和完善平安建设协调工作机制，出台《关于坚持发展新时代“枫桥经验”加强和创新基层社会治理的实施意见》，强化对平安建设的组织领导和统筹协调。建立化解矛盾多元机制。组织开展“两个排查”专项行动，排查化解一大批矛盾纠纷，维护省会社会稳定。印发《关于进一步加强全市行政调解工作的意见》，补齐行政调解短板。研发并在全市综治中心部署“智能精准法律咨询系统”，提升调解水平和成效。积极推进“一乡一法庭”建设，指导、推广正定县、鹿泉区“三调联动”工作经验。持续推进“三零”创建活动，全市刑事命案发案实现“三连降”。2019 年，全市各类矛盾纠纷调解成功率达到 97%；全市刑事案件同比下降 1.7%，特别是刑事命案在 2017 年、2018 年分别下降 28.3%、18.4% 的基础上，同比再降 6.5%。推进社会治安防控体系建设。出台《关于进一步加强社会治安防控体系建设筑牢首都政治“护城河”的意见》，提出“18 条”硬措施，对 9 个重点地区挂牌督办。开展防范电信网络诈骗集中宣传活动，全市电信网络诈骗发案下降56.3%。健全完善全市社会治安稳定形势分析研判机制，编发《全市社会治安动态月报》，每季度召开分析研判会，为市委、市政府领导决策当好参谋。扎实推进网格化服务管理，全市施划电子网格10573 个，全部配齐网格员，上线运行“网格化管理信息系统”，网格覆盖率达 100%。加强基层基础建设。部署开展综治中心规范建设年活动，大力提升各级综治中心实战化水平。

【“扫黑除恶”专项斗争】 以创建平安石家庄为目标，实施依法严惩、“打财断血”、“一案三查”三大战役，扎实推进基层基础建设、边扫边治边建、正风肃纪强警三项基础工作，打掉一批作恶多年的黑恶犯罪团伙，追缴一批黑金黑财，查处一批涉黑涉恶腐败分子和“保护伞”，解决一批长期未解决的治理难题，全市治安秩序、社会风气持续改善，专项斗争取得重大阶段性成果。至2019 年底，全市共打掉涉黑涉恶犯罪团伙 182 个，在全省占比 14.92%，其中打掉黑社会犯罪组织 20 个，在全省占比 19.8%；扣押、查封、冻结涉黑恶团伙财产折合人民币约 36.28 亿元，在全省占比 24.06%；抓获犯罪嫌疑人 1927 人，批准逮捕犯罪嫌疑人 1504 人；破获各类违法犯罪案件

1538起；提起公诉149个1508人，一审判决126个1131人，多项战果位列全省第一，人民群众对专项斗争满意度指数达到95.08%，同比提高4.06个百分点；安全感指数达到92.15%，同比提高1.44个百分点；坚持“一案三查”，深挖黑恶势力背后的“关系网”“保护伞”，全市各级纪检监察机关共立案75件423人，其中县处级11人（正县级3人），乡科级165人，一般干部165人，村“两委”44人，其他人员38人；给予党政务处分347人，诫勉谈话105人，移交司法机关9人。

【服务经济社会发展】 围绕新发展理念，贯彻落实《全市政法机关服务“4+4”现代产业格局保障省会高质量发展的指导意见》，指导政法部门在多个领域出台便民利民措施，营造良好营商环境和服务环境。各级政法机关紧紧围绕打好“三大攻坚战”，聚焦省会高质量发展，依法严厉打击破坏市场经济秩序、污染生态环境资源、危害食品药品安全等各类违法犯罪，依法平等保护各类市场主体合法权益，为全市经济社会发展提供强有力的法治保障。建立与省法学会共享的法律人才库，积极参与法治政府建设，组织智库专家参与重大决策合法性审查项目48个、市人大立法34件，参与研究制定《石家庄市法治政府建设实施意见》等规范性文件35件。以主动服务企业需求为着力点，研究启动“法律服务进企业、效能革命在行动”系列法治基层行活动，先后在国药乐仁堂医药有限公司和君乐宝乳业有限公司等单位开展专家授课和咨询活动。以主动服务基层群众为着力点，大力开展法治宣传教育，开展“双百”法治宣讲等形式多样的法治基层行活动，全市法学会（含各县市区）联合开展各类基层行活动900余次，普法受众110余万人。

【执法监督】 开展专项活动，提升执法司法规范化水平。制定《石家庄市党委政法委执法监督人才库管理办法（试行）》，建立案件评查专家选用长效机制。组织全市政法机关深入开展执法办案“回头看”专项活动，对2017年以来易出问题的办案环节和未办结的案件进行集中清理。组织18名政法机关业务骨干及资深律师组成6个案件抽查小组，从全市基层政法部门2019年办结的案件中，随机抽取440件案件进行集中抽查，并根据抽查结果按系统和地域分别进行排名通报，对形成个案评查意见的重点案件，责成有关办案单位依法进行纠正，对存在的办案问题依法按程序进行倒查问责。加大督办评查力度，促进依法公正办案。2019年督办案件35起，转办案件37起。对群众反映强烈、可能存在重大执法办案问题的重点个案进行评查。加强协调调度，统一办案思想。对政法部门之间存在分歧的重大、复杂、疑难案件，及时组织召开协调会，统一办案思想，明确办案方向，督促政法各部门加强配合，相互衔接，保证“三个效果”统一。全年协调案件30件，对重点案件出具研究意见，为领导决策提供依据。高度关注人民群众合理诉求，开展集中清理涉法涉诉信访案件活动。共梳理交办涉法涉诉信访案件120件，全部办结，其中息诉107件，结案率100%，息诉率89.2%。市直政法各部门梳理信访案件82件，全部办结，其中息诉70件，结案率100%，息诉率85.4%。

【智慧政法建设】 加大政法四级网扩容改造，统筹各县（市、区）投入4.3亿元，完成政法四级网升级扩容改造，全市政法单位190余个应用系统依托政法网顺畅运行，政法网真正成为“智慧政法”建设的高速路。扎实推进刑事案件网上流转，2019年全市政法单位网上办理、流转刑事案件9000余件，办案效率和执法司法规范化水平有效提升。创新建立统一远程视频提讯业务平台，使政法干警足不出户就能远程对犯罪嫌疑人进行审讯，已进行试点。研发政法信息化三维实战平台，通过对接各类视频监控系统、人脸识别系统、交管卡口数据，结合智慧城市的GIS三维地图，利用视频拼接、人工智能等技术，实现对重点人员、重点车辆、危化物品等流动态势进行实时监测、动态研判，精准防控和精准排查安全隐患，提升维稳综治工作的预测预警预防和及时处置能力。公安机关在全省率先建成的市级公共安全视频图像智能应用平台和交管大数据集成指挥系统，检察机关的远程视频提讯平台、移动办公一体化平台和智能语音转换系统，审判机关自主研发的“四类案件”监管平台，司法行政机关的司法行政“110”品牌和“数字法治、智慧司法”信息化系统等，为推动政法工作创新发展提供技术支持。

(马宏虎　刘志强)

法治政府建设

【概况】 2019年，石家庄市围绕全市经济社会发展实际，牢固树立执政为民理念，坚持依法履行法定职责，不断规范政府机关行政行为，积极推动实现政府治理体系和治理能力现代化。理顺政府职能。通过机构改革，优化机构职能配置，精简整合职能相近部门，形成综合精干、责权明晰的组织架构。完善各项规章制度，深化综合行政执法改革，整合相关执法职能，组建市场监管、生态环境保护、文化市场、交通运输、农业等5个综合执法队伍，全面规范行政强制事项。积极创建“无证明城市”，集中对市直77个部门和单位180种证明材料进行合法性审核，分两批取消证明材料108项，部门自行取消3项，核减61.6%。积极推进重点领域立法，全年向市人大常委会提交地方性法规议案3件，废止修改政府规章3件。出台行政规范性文件全面推行合法性审核机制意见，市政府决策及合同协议158项全部实施合法性审核。持续做好规范性文件公平竞争审查工作，全年审查存量政策文件185件，废止6件。加强行政复议、行政应诉工作，印发《石家庄市人民政府行政应诉和行政复议答复暂行办法》，共收到行政复议申请1535件，办结1514件。11月6日，全国普法办发布关于通报表扬“七五”普法中期先进集体和先进个人的决定，石家庄市被表彰为法治宣传教育先进城市。9月24日，石家庄市被国家发改委表彰为“城市信用监测排名进步前十城市”。

【行政立法】 围绕全市中心和重点工作，将立法决策与改革、发展和稳定的重大决策相结合，突出治理大气污染、保护生态环境、改善民生等重点，印发《2019年市政府立法工作安排意见》。广泛征求各方面意见和建议，选好立法项目。加强重点领域立法。围绕实施领导关注、群众关切的重大事项，推进重点领域立法。开展河道管理、垃圾分类、园林绿化等法规规章的立法预备和调研工作。完善立法工作机制。坚持党对立法工作的领导，市政府年度立法计划、重大立法事项以及重要法规规章及时向市委报告。探索重点法规项目“双组长”制，协调解决立法中的重大问题。坚持科学立法，严格执行重大行政决策程序，完善专家咨询论证制度。坚持民主立法，完善立法草案公开征求意见工作，注重听取行政相对人、利益相关方及行业协会等社会组织的意见，建立立法工作民营企业联系点，充分听取民意。《石家庄河道管理条例(修订草案)》《石家庄市生活垃圾分类管理条例（草案）》《石家庄市园林绿化条例》分别经市政府第49次和第59次常务会议研究通过，报市人大常委会审议。加强政府规章清理工作力度。根据机构改革推进、国家法律法规清理情况，适时对全市现行有效的政府规章开展清理，保障机构改革推进过程中各项行政管理工作的平稳有序运行。根据国家和河北省清理工作要求，制定并公布《关于废止和修改部门市政府规章的决定》，对《石家庄市村镇规划建设管理办法》《石家庄市药品医疗器械使用监督管理办法》2件市政府规章予以废止，对《石家庄市公园管理办法》予以修改并重新公布。

【依法决策】 规范重大行政决策行为。市政府常务会议组织学习《重大行政决策程序暂行条例》，严格执行行政决策程序。全面开展重大行政决策目录化管理，确保决策合法有效，对提交市政府常务会、市长办公会讨论的议题，行政决策合法性审核100%覆盖。增强公众参与决策意识，深入推行文化教育、医疗卫生、供水供气等重大民生决策事项的民意调查制度，落实社会稳定风险评估工作。推行重大行政决策执行情况第三方评估制度，推进评估结果反馈整改和运用监督。全年审核市政府决策及合同协议158项。发挥政府法律顾问作用。贯彻落实《河北省人民政府关于推行政府法律顾问制度的意见》(冀政字〔2015〕25号)，推动政府法律顾问从有形覆盖向有效覆盖转变，全面推行公职律师制度，完善公职律师履职保障机制，保证法律顾问在政府制定重大行政决策、推进依法行政中发挥积极作用，加强行政规范性文件监督管理。出台《关于全面推行行政规范性文件合法性审核机制的实施意见》(石政办函〔2019〕30号)，公布制定主体清单，健全完善合法性审核机制，推动实现行政规范性文件和行政机关合同合法性审核制度100%全覆盖。组织开展行政规范性文件清理工作。加大规范性文件备案审查工作力度，建立健全备案审查意见征求、情况说明制度，完善书面审查建议处理制度。健全规范性文件后评估制度。全年向省政府、市人大备案市政府规范性文件7件，备案审查县（市、区）、市直部门备案规范性文件26件。全年共废止市政府规范性文件7件、失效22件、待修改6件。

【行政执法】 大力推进行政执法规范化建设。严格执行行政组织和行政程序法律制度，全面落实行政执法责任制，推动严格规范公正文明执法。严格执行行政裁量权基准制度。全面推动行政执法三项制度实现100%全覆盖。优化和改进行政执法方式。减少不必要执法事项，全面推行“双随机、一公开”监管，实现100%全覆盖。推广运用说服教育、劝导示范、行政指导、行政奖励等柔性执法手段，实施包容审慎执法。加强行政执法与刑事司法有机衔接，全市行政执法机关通过“两法衔接”信息共享平台上传行政处罚案件信息6784件，移送涉嫌犯罪案件1016件。深化行政执法体制改革。开展市场监管、生态环境保护、文化市场、交通运输、农业等5个领域综合行政执法体制改革的调研工作，研究加大跨部门跨领域综合行政执法力度的方法途径，探索“部门专业执法+综合行政执法+联合执法”行政执法体系建设，统筹配置行政处罚职能和执法资源，相对集中行政处罚权。全面推行“行政执法公示、执法全过程记录和重大执法决定法制审核”三项制度改革，全年县（市、区）政府和市直行政执法部门共梳理、公示行政执法事项3398项，累计公示行政执法信息20.5万条，配备全过程执法记录设备14000余台，采集音像记录数据35万余条。11月26日，司法部在石家庄市召开“全面推行行政执法三项制度工作推进会”。

【行政复议与应诉】 强化制度建设，修订《石家庄市人民政府行政应诉和行政复议答复暂行办法》，制定《行政复议监督规定》，印发行政复议典型案件汇编，规范日常工作。制定《行政复议、应诉工作防范重大风险机制》，确保复议应诉工作在法律法规划定的轨道内顺畅运行。设立专门的行政复议接待室，配备行政复议工作查询机和便民设施，设置电子显示屏并滚动播放行政复议法及条例相关内容。全年共收到行政复议申请193宗1535件，办结192宗1514件。维持141宗1462件，不予受理14宗14件，责令履行3宗3件，确认违法1宗1件，撤销2宗2件，驳回9宗9件，告知4宗4件，终止5宗5件，其他处理13宗33件。同时，主动配合、支持人民法院行政审判工作，共办理行政应诉和省政府行政复议答复案件251件，收到一审裁判文书68件，其中，撤诉1件，驳回起诉39件，驳回诉求20件，撤销6件，确认违法2件。收到省政府行政复议决定2件，其中驳回申请1件，决定维持1件。

（关强）

公　安

【概况】 2019年，全市公安系统牢牢把握“四句话、十六字”总要求，以新中国成立70周年大庆安保为主线，依法履职尽责，公平公正执法，全力维护社会大局安全稳定，坚决当好首都政治“护城河”。开展深化效能革命活动。人口管理支队进一步简化办理手续，取消不必要的手续和证明，全市所有户籍窗口实行六天工作制，缩短身份证申换领时间。应对经济社会发展对打击防范经济犯罪带来的新变化、新挑战，市公安严密防范非法集资、网络传销、假冒伪劣、虚开犯罪等各种经济犯罪活动，开展打击虚开骗税违法犯罪专项行动，破获各类涉税案件400余起，专项行动成效综合排名全省第一。全年破获大案要案99起，其中，命案75起，2019年度命案59起，其余年度命案积案16起。治安管理。加强重点人员和重点行业管控，查处问题场所130余家（次），整改各类治安隐患190余处，取缔违法违规场所13家，抓获犯罪嫌疑人45人。交通管理。全市新增机动车16.28万辆，机动车保有量299.21万辆；新增驾驶人25.93万人，驾驶人保有量367.17万人。全年查处各类交通违法行为854.56万起，其中，酒驾9783起，醉驾6817起，无证驾驶1.29万起，因再次酒驾机动车行政拘留414人，因酒驾营运车辆行政拘留150人，醉驾机动车被刑事拘留人数1683人。12月13日，公安部经侦局金融处牵头，联合经侦局第一直属总队、河北、辽宁、宁夏组成票据领域战略研判团队，在烟台参加，石家庄市公安局经侦支队获全国论剑2019大比武总决赛第三名。9月25日，“时代楷模”吕建江入选中宣部等组织评选的年度“最美奋斗人物”。10月30日，市公安局和河北电影厂联合摄制电影《吕建江》获第十一届新西兰中国电影节华语电影优秀影片奖；12月15日，市公安局和河北梆子剧团联合创作的现代戏《吕建江》获第十四届全国公安系统“金盾艺术奖”。2019年4月25日，石家庄市公安局交通管理局被河北省委省政府表彰为“河北省先进集体”。11月28日，平山县公安局西柏坡派出所被公安部命名为全国首批“枫桥式公安派出所”。

2019年4月29日，电影《吕建江》举行拍摄开机仪式

【机构设置】 1月10日，按机构改革方案，市委编办将市公安局职能配置调整如下：将原市委防范和处理邪教问题领导小组办公室（市政府防范和处理邪教问题办公室）有关反邪教方面的治安管控、情报分析、打击处置等职责交由市公安局国内安全保卫支队承担；将市公安局消防管理职责划入市应急管理局；3月29日，市公安局国内安全保卫支队增加支队长职数1名、副科级领导职数2名；5月22日，在市公安局交通管理局设立刑事侦查大队，规格为正科级，交管局增加科级领导职数2正3副；11月16日，召开全市公安机关领导干部会议，宣布省委、市委对市公安局主要领导的任职调整决定。市委常委、组织部长张效春宣读省委、市委关于刘胜同志和黄三平同志任职调整的决定，刘胜不再担任副市长、市公安局党委书记、公安局长、督察长职务，黄三平同志任市政府党组成员、市公安局党委书记，并提名为副市长、市公安局局长、督察长。

【刑事侦查】 公安局刑侦部门高效落实大案侦破工作机制，对辖区内的刑侦工作做到提早谋划，认真分析研究，强力推进案件侦办工作。强化情报信息研判，全面收集犯罪线索，提高打击的主动性和精确性。全年破获大案要案99起，其中，命案75起，2019年度命案59起，其余年度命案积案16起，全部为10年以上积案；破获涉枪案件24起，其中重大网络贩枪案件15起，抓获犯罪嫌疑人386人。多措并举缉捕在逃人员，抓获各类网上逃犯4924名，同比上升12.3%，其中抓获历年逃犯1736名，同比上升32.6%。在打击各类恶性案件的同时，加大近年来高发的电信诈骗案件侦破力度，有效遏制电信网络诈骗犯罪势头，打掉电信网络诈骗团伙136个，抓获犯罪嫌疑人686名，同比上升12.80%，破获案件788起，同比上升15%，其中部督案件10起，止付、冻结涉案账户5.35万个、资金11.50亿元。打掉“黑广播”“伪基站”违法犯罪窝点108个，缴获黑广播、伪基站设备114台。加强教育和防范，通过电视、官方微博、微信公众号、头条公众号等共发布防骗节目和稿件60件（篇）、预警信息7000余条，预警阻止发案10.1万余起，直接为群众挽回经济损失522.6万元，电信网络诈骗刑事发案3862起，同比下降22.78%，损失财产1.10亿元，同比下降37.83%。

【治安管理】 加强重点人员和重点行业管控。严密稳控重点人员1.18万名，查处问题场所130余家（次），整改各类治安隐患190余处，停业整顿48家，取缔违法违规场所13家，抓获犯罪嫌疑人45人；查处保安行业违法违规行为83起，限期整改77家，全市保安服务区域“双无”达标率为95.3%。严密管控危险爆炸物品。查处涉危涉爆案件618起，打处违法犯罪嫌疑人734人，抓获部督涉枪涉爆逃犯4名，收缴枪支259支、子弹3.73万发、雷管43枚、烟花2638件、鞭炮271件、烟花爆竹药2.98万千克、双响4.40万个、礼花弹804枚、易制爆危险化学品11吨多。加强重点时期安全监管。完成“数博会”“省旅发会”“中美省州立法机构论坛”等315项、485场次大型活动安全监管任务，开展“亮剑2019”打击整治等专项行动，查处涉黄涉赌案件434起，抓获违法犯罪嫌疑人员1870人，侦破“三假”类刑事案件83起，抓获违法犯罪嫌疑人127人，打掉制贩假证团伙4个，捣毁制假窝点6个，收缴假印章（印模）8000余枚、假公文证件3000余个。推行综合治理。开展“枫桥式公安派出所”创建和“七个十佳”评选活动，平山西柏坡派出所被公安部命名为“枫桥式派出所”。创建“智慧平安社区”，在长安区、桥西区、新华区、裕华区、高新区、鹿泉区8个试点小区安装“六大系统、一个平台”，通过群防群治破案40余起，提供有价值线索170余起，消除治安隐患240余处，实现社区警务与社区治理深度融合。

【交通管理】 2019年全市新增机动车16.28万辆，机动车保有量299.21万辆；新增驾驶人25.93万人，驾驶人保有量367.17万人。全年新增道路监控687路，总数达到2835路；新增电子警察1528套，总数达到6507套。全年查处交通违法行为854.56万起，其中，酒驾9783起，醉驾6817起，无证驾驶1.29万起；再次饮酒后驾驶机动车行政拘留414人，饮酒后驾驶营运车辆行政拘留150人，醉酒驾驶机动车刑事拘留1683人。全年发生适用一般程序处理道路交通事故492起，死亡271人，受伤308人，事故起数同比上升0.20%。做好道路交通事故预防工作，加强重点车辆监管，下发《道路交通安全隐患整改通知书》1382份，处罚企业217家次，罚款93.85万元，督促运输企业处理交通违法车辆8.10万辆，交通违法清零2.44万辆，审核学生集体乘坐包车7000余辆。全年排查公安类道路交通安全隐患2968处，其中A类隐患（道路基础设施不完善隐患）2952处，已治理2936处，其他正在积极治理当中；G类隐患（事故多发点段）16处，已全部治理完成。严厉打击各类易引发交通事故的严重交通违法行为。全年查处非机动车交通违法40.90万起，查处行人和乘车人交通违法19.20万起。科学开展道路交通组织优化，优化路口交通组织7项78个路口，改善路段交通组织4项28处，均衡区域交通组织4项76处，完善交通信号控制3项15处，在包含交通状况的全国百城健康指数排名中石家庄市位列第15名，在机动车保有量较高的15个城市中位列第3名。积极推动市区停车难题治理鼓励停车设施建设和资源优化，加强停车供给，合理增设限时免费停车位，尽可能满足市民停车需求。全年清理僵尸车181辆，查处非法停车场案件191起，向智慧泊车公司移交停车泊位3000余个。3月1日，省公安厅在石家庄市召开全省城市停车管理现场会。推进“放管服”改革，将45项业务权限下放到各县（市、区）交警大队、110警务站和机动车登记服务站。交管业务服务网点发展到637个。大力推广“网上办”“掌上办”，“交管12123”客户端上线26项业务，拥有用户279万人，办理交管业务1977万笔。全市交管系统已建成交通智能卡口782套，其中人脸卡口392套，整合公安“天网”监控设备1.50万处，鹰眼系统（守望者）62套。2019年9月，交管局刑事侦查大队正式组建，到年末办理各类刑事案件250起，其中，危险驾驶案239起、诈骗案2起、危害公共安全案2起、伪造驾驶证案件1起，实现交警部门自主办理刑事案件。全年完成各类交通安保任务221项，其中等级任务35项。

【“猎狐行动”】 开展“猎狐2019”专项行动，石家庄市公安局经侦支队与相关警种部门互相配合，综合采取红通、边控、劝降防范等多种方式，缉捕5人。完善一人一档、一人一策、一人一专班工作机制，确保每名嫌疑人基础资料完整、准确，对符合条件的在逃境外犯罪嫌疑人，及时报请公安部通过国际刑警组织发布红色通报。综合运用国际引渡、境外缉捕、劝返等方式，实施境外在逃犯罪嫌疑人缉捕工作。加强多警种境外追逃信息协作，不断深化与纪委、检察部门境外追逃协作机制，主动做好与公安部、省厅“猎狐办”的对接联络工作，特别是依托公安部国际警务合作资源，对境外在逃犯罪嫌疑人进行分类梳理，争取驻外大使馆、驻外机构协助和支持，有效提升石家庄市境外追逃追赃能力和水平。开展政策宣讲，成功劝降潜逃台湾10年的网上逃犯吕意忠；成立专案组，选调精干警力对潜逃韩国定居结婚6年之久的犯罪嫌疑人王亚梅展开境外缉捕，经中国驻越南大使馆协调，10月11日将逃至越南胡志明市的王亚梅押解回国；成功劝返潜逃柬埔寨的逃犯时川、劝返潜逃荷兰的逃犯陈敬娜、劝返潜逃马来西亚的逃犯赵世发等共计5人，受到省公安厅的通报表彰。

【智慧公安建设】 建立社会治安防控体系（重大安保、街面巡防、智慧社区、特行管控、常态防范），运用物联网、云计算、大数据等技术，实现社区管控“全域覆盖、全时采集、全程可控、全网共享”。全市8个小区建有“5G智慧平安社区”，市级层面建设“公共安全视频图像智能应用平台”，通过专线和安全接入设备，将各小区“智慧平安社区平台”采集的数据传输至“公共安全视频图像智能应用平台”，通过对海量数据开展智能应用、关联分析、碰撞比对，提高预防打击违法犯罪、防范化解风险能力。8个试点小区共采集社区人员、车辆、房产等各类基础信息3.55万条，采集动态出入信息720.36万条，预警发现在逃人员71人、嫌疑车辆64部、抓获在逃人员7名。石家庄市交管局着力提升交通管理信息化、智能化水平，依托建成的道路监控2835路、交通智能卡口1751处、电子警察6507套、人脸卡口400套，鹰眼设备60套等前端采集设备，实现监控系统全覆盖，缉查布控全天候，打防管控全方位。大数据资源池已汇聚各类数据资源超140亿条，每天采集各类数据超1亿条。为各类分析研判提供数据支撑，指挥中心人员调用监控视频了解事件信息，调度周边警力资源进行处置，向附近的诱导屏推送引导信息，提醒车辆绕行。通过调空信号机相位配时方案，优化车辆通行效率。建设智慧车管，提高服务质量。依托大数据科技公司作为智力支持和科技支撑，开发互联网+交管服务，大力推广“网上办”“掌上办”，使“网上车管所”“数字车管所”成为群众办理车管业务的“首选方案”。全面推进人工智能驾考、机动车检验智能审核、机动车查验监管及查验智能终端系统推广应用，提高业务办理的智能化、便捷度。推行“24小时”自助服务，推广机器人智能导办，提升服务质量和服务效率。至2019年底，全市交管互联网平台拥有用户267万人。全年办理交管业务705.15万笔，其中选号业务1.49万笔，补换领牌证1.69万笔，申领免检标志3.72万笔，检验预约1.21万笔，核发临时号牌22.15万笔，考试预约168.64万笔，体检/提交身体条件证明43.31万笔，电子监控处理152.57万笔，罚款缴纳278.92万笔，变更联系方式31.45万笔。

（王金山）

检　察

【概况】 2019年，全市检察机关按照“讲政治、顾大局、谋发展、重自强”总体要求，统筹推进刑事、民事、行政、公益诉讼“四大检察”工作协调发展，依法全面履行法律监督职能，各项检察工作稳步健康发展。自觉接受人大、政协和社会监督。全年邀请各级人大代表、政协委员和社会各界代表参加“检察开放日”、新闻发布会等活动68次，公开程序性案件信息20428件、重要案件信息1968件、法律文书12502份，提升检察机关自觉接受监督意识。加强基层检察院建设。制定并实施《领导干部联系基层检察院指导意见》，推动形成市检察院班子成员包联基层院工作常态化。积极适应信息化发展新趋势，市检察院和22个基层院均实现办公、办案智能语音转换系统全覆盖，建成远程视频提讯平台和移动办公一体化平台，提升智慧检务工作水平。极参加各类业务培训，受训人员达6500人次，全市检察干警的政治素养、职业素能和办案水平显著提升。积极参与社会综合治理。全年接收群众来信1056件，均做到七日内程序回复、三个月内实体性答复，回复率 100%。落实院领导接访、下访制度，全年接待群众来访 6232 人次，院领导接访 1182 人次，占接访总数 18.9%；认真组织开展信访积案化解专项活动，成功化解历史信访积案 461 件，化解率为 100%。持续开展协助农民工讨薪专项活动，帮助追回拖欠农民工工资1165 万元。10月，长安区检察院被省人力资源和社会保障厅表彰为“河北省模范检察院”，3 名检察官被表彰为“河北省模范检察官”。7月3～4 日，最高人民检察院党组书记、检察长张军到石家庄市平山县、新华区调研。

2019 年 5 月 29 日，市人民检察院举行民事行政公益诉讼案件专家委员会专家聘任仪式

【机构设置】 根据河北省委机构编制委员会办公室、河北省人民检察院联合印发的《河北省设区市和基层人民检察院职能配置、内设机构和人员编制规定》，石家庄市检察院于 9 月 2 日启动内设机构改革。按照新编制规定，石家庄市检察院设置21 个内设机构，分别为 10 个业务部（一至十检察部），3 个综合业务部（研究室、案件管理部、检务督察部），5 个司法行政部门（办公室、检务保障部、干部处、宣传教育处、基层建设指导处），1 个检察辅助部（信息技术部）；2 个单列部门（机关党委和离退休干部处）。其中，第一检察部负责普通刑事犯罪检察工作，第二检察部负责重大刑事犯罪检察工作，第三检察部负责职务犯罪检察工作，第四检察部负责经济金融犯罪检察工作，第五检察部负责刑事执行与司法渎职侵权检察工作，第六检察部负责民事检察工作，第七检察部负责行政检察工作，第八检察部负责公益诉讼检察工作，第九检察部负责未成年人检察工作，第十检察部负责控告申诉检察工作。

【服务经济发展】 全年办理非法吸收公众存款、集资诈骗等经济犯罪 1922 人，同比上升 49.8%，维护公平诚信的市场环境。依托服务园区检察平台，走访民营企业337 家，帮助企业解决实际问题 69 个；坚持涉案民营企业负责人“能不捕的不捕，能不诉的不诉”理念，全年不批准逮捕涉案民营企业人员 80 人，不起诉 114 人。办理的张某某敲诈勒索君乐宝乳业集团案件得到最高检察院认可，《人民日报》等全国多家主流媒体集中宣传报道，体现检察机关保护民营企业的坚定决心，彰显“合法企业不能向不法敲诈让步”的社会公平正义。推进扫黑除恶专项斗争。坚持“破网打伞”和“打财断血”相统一，共监督查封、扣押、冻结涉案财产 35.4 亿元，审查发现并向纪委监委移送涉嫌职务犯罪案件线索 34 件。注重发挥检察监督职能，对101 起黑恶势力犯罪案件，主动提前介入，引导侦查取证。严把案件质量关，全年不予认定涉黑涉恶案件10 件，追捕遗漏涉黑涉恶犯罪嫌疑人 11 人，追诉 13 人，不捕 35 人，做到“是黑恶犯罪一个不放过，不是黑恶犯罪一个不凑数”。全面实行“捕诉合一”，全年批准逮捕涉黑涉恶犯罪 492 人，在全省占比 17.55%；提起公诉 600 人，在全省占比 15.17%，起诉率达 100%，扫黑除恶工作走在全省前列。

【公益诉讼】 积极开展“助力打赢碧水蓝天净土保卫战”“保障人民群众‘舌尖上的安全’”专项行动，深入社区、校园周边开展“小区直饮水整治”“小餐桌治理”等系列活动，办理生态环境和资源保护领域案件 1131 件、食品药品安全领域案件 591 件，办理非法采砂案件 40 件，督促行政机关恢复已损毁林地、耕地 813 亩，清理处理违法堆放垃圾、废物 3.7 万吨，为国家挽回经济损失 9526

万元。加大办案力度，全年共立案公益诉讼案件1870件，在全省占比18.2%，同比上升13.4%；提起行政诉讼6件，在全省占比37.5%。坚持“诉前实现保护公益目的是最佳司法状态”的理念，向行政机关发出诉前检察建议1702件，回复整改率达91.6%。公益诉讼工作得到省委常委、市委书记邢国辉批示，经验做法入选2019年度石家庄市“十大改革创新经验”。全军三级军事检察院检察长和相关领导两次到石家庄市人民检察院学习考察。《人民日报》《检察日报》《河北日报》等多家主流媒体对石家庄市公益诉讼工作宣传报道。

【刑事检察】 2019年批准逮捕各类犯罪嫌疑人6078人，在全省占比14.6%，提起公诉16286人，在全省占比20.6%；不批准逮捕1503人，同比上升11.6%，不起诉2133人，同比上升467.3%；监督公安机关应当立案而不立案47人，不应当立案而立案83人；纠正漏捕198人，纠正漏诉321人。积极与纪委监委协作配合，提前介入重大职务犯罪案件30件，决定逮捕19人，提起公诉47人，办理中纪委交办的吉林省纪委原副书记邱大明贪污受贿案，邱大明当庭认罪服法、表示不上诉。全年共办理羁押必要性审查案件496件，监督纠正减刑、假释、暂予监外执行不当529件，纠正刑事执行活动违法违规627件，立案办理司法工作人员职务犯罪9人。完成70周年国庆前夕特赦工作，审查特赦案件108人，同意特赦103人，不符合特赦条件不同意特赦5人，将全国人大常委会特赦决定依法落实到位。完成对石家庄监狱等5所监管场所的巡回检察工作，发出检察建议39份，发现并督促整改各类问题204个。

【民事行政检察】 创新工作思路，建立民事行政公益诉讼案件专家委员会，开展民事行政监督职能，维护社会稳定和司法权威。全年共办理民事行政诉讼监督案件682件，同比上升49.2%，提请省检察院抗诉69件，提出抗诉12件；共办理民事行政非诉执行监督案件158件；提出检察建议474件，采纳412件，采纳率86.92%。扎实开展民事行政诉讼积案化解专项活动，集中力量攻坚，将207件历史积案全部办结，化解率100%。5月29日，石家庄市人民检察院成立民事行政公益诉讼案件专家委员会成立，聘任清华大学法学院副院长余凌云、中国政法大学民商经济法学院教授尹志强等34位专家为石家庄市检察院民事行政公益诉讼案件专家委员会委员。石家庄市检察院民事行政公益诉讼案件专家委员会主要职责是对重大疑难、社会重点关注的民事行政诉讼监督案件提供专业咨询。

【未成年人司法保护】 开展普法宣传教育。贯彻落实最高检“一号检察建议”，全市100名检察长（副检察长）和市检察院“春晖”法治宣讲团深入中小学校讲授法治课165场，受教育师生达17万人。建成全国一流的青少年普法教育基地。为贯彻落实“谁执法谁普法”要求，于2019年7月建成青少年普法教育基地，位于石家庄市北二环与谈固大街交口北行500米路东。基地共四层，建筑总面积6000平方米，其中一至三层为青少年普法教育基地，建筑面积4500平方米，四层为院史馆，建筑面积1500平方米。8月12日，石家庄市青少年普法教育基地正式启用，免费向全市中小学生开放。到2019年底共接待参观师生53批2700余人，为预

2019年8月12日，市人民检察院青少年普法教育基地启动仪式举行

防青少年犯罪起到积极作用，广西、内蒙古等多家检察机关前来学习考察。保护妇女儿童权益。联合妇联出台《关于建立保护妇女儿童权益合作机制的通知》，双方在受理维权线索、化解矛盾、救助扶困等十六个方面，牵手合作，共同维护妇女儿童权益。检察机关推动建设未成年人检察"一站式"取证救助办案中心，实现性侵害未成年人案件提前介入，避免和减少二次伤害。妇联组织应邀参与对未成年被害人心理疏导及心理抚慰工作，帮助被害人尽快走出心理阴影。年内办理的王某某等人组织未成年人卖淫案被评为全省第四届维护妇女儿童权益十大典型案例。

【司法体制改革】 推进检察人员分类管理改革。研究制定绩效考核实施细则、检察官业绩考评办法、检察官退出员额暂行规定、检察官惩戒制度等员额检察官履职评价、绩效考核制度，依托"检察官业绩考评系统"按年度对员额检察官进行业绩考评。推进司法责任制改革。完成市县两级检察机关大部制改革任务，构建系统完备、科学规范、运行高效的检察机关内设机构职能体系；制定并实施《检察业务职权清单》，既充分保障员额检察官独立行使办案权，又建立健全完善的办案监督机制，做到员额检察官权力保障和监督制约相统一；坚持领导带头办案，市县两级院领导承办各类疑难复杂案件 4509 件，检察长（副检察长）列席同级法院审判委员会 81 次，加大审判活动监督力度。推进刑事诉讼改革。全面落实认罪认罚从宽制度，认罪认罚从宽制度适用人数9403 人，适用率 50.93%。向审判机关提出量刑建议9118 人，法院采纳率为 79.15%。全面实行技术性证据审查制度，审查各类技术性证据案件1760 件，发现并纠正证据瑕疵103 件，有效确保案件质量。

石家庄市人民检察院

检 察 长：陈晓明

副检察长：何军恒　苏风雷

兰志伟（12 月任）

李彦平（女）

臧玉平（11 月免）

崔少波

冀中南地区检察院检察长：李芳栋

纪 检 组 长：刘文平

政治部主任：王峥

（董成武）

法　院

【概况】 2019 年，全市法院系统受理各类案件 216435 件，审执结 203801 件，同比上升 16.9% 和 22.4%。市中院受理30420 件，审执结 28908 件，同比上升 5.2% 和 5.7%。全市法院法官人均收案297 件，结案 280 件。审判质效大幅提升，市中院和全市法院在全省法院审判质效综合考评中分别位列第一、第二位，首次进入全省法院先进行列。依法履行司法审查职能，审结行政案件3207 件，审结行政非诉执行案件1465 件。坚持依法裁判和协调化解并重，指导辖区法院成立行政争议化解中心，促进行政争议实质性解决，行政案件同比下降 6.1 个百分点。推

2019 年 11 月 5 日，市中级人民法院根据国家最高人民法院指定管辖决定，举行吉林省纪委原副书记、监委原副主任邱大明受贿、贪污案公开审理和宣判

进行政负责人出庭应诉制度落实，行政机关负责人出庭应诉率同比上升2个百分点。深化行政审判与行政执法、行政复议联席会议制度，连续六年发布《行政审判白皮书》，及时反馈行政执法情况，助力法治政府建设。全年执结案件70186件，执行到位金额144.23亿元。运用网络系统查控财产信息79171件次，公开曝光失信被执行人信息35544条，限制高消费48510人次，司法拘留1128人次，以拒执罪移送公安机关127人次。积极拓宽拍卖渠道，大力推行网络司法拍卖，为当事人节约佣金6916万元。11月，启动“民生先行、积案清零”集中执行活动，执结民生类案件3684件，执行到位金额5.1亿元。全市法院5个单位（部门）被评为全国法院先进集体、13名干警被评为全国优秀法官，19个单位（部门）被评为全省法院先进集体，64名干警被评为全省法院先进个人。落实法官宣誓制度，举办宣誓活动27场次，教育引导广大法官坚守职业道德和司法良知。强化内部管理。以“零容忍”的态度查处违纪违法干警26人，增强了干警纪律意识和规矩意识。

【刑事审判】 推进平安省会建设，认真贯彻总体国家安全观，严厉打击刑事犯罪，严把案件质量关，加大轻微刑事案件和解、刑事附带民事案件的调解力度，最大限度减少对抗，修复社会关系，积极参与平安建设，提高人民群众安全感。全年审结刑事案件17012件。深入开展扫黑除恶专项斗争，把打击锋芒对准威胁政治安全、把持基层政权、村霸和宗族势力，欺行霸市、非法放债讨债等黑恶势力。全年受理一审涉黑涉恶案件123件547人，审结105件426人，在全省扫黑除恶第二次推进会上市中院作为全省唯一一家中级法院作典型发言。坚决打击金融领域犯罪，防范金融领域风险，审结非法集资、集资诈骗等案件958件，维护良好金融秩序。深入贯彻反腐败决策部署，依法严惩职务犯罪，审结贪污贿赂、渎职等案件145件，圆满完成吉林省纪委原副书记、省监察委员会原副主任邱大明贪污受贿案等重大案件的审判任务，推动反腐败斗争深入开展。严格规范减刑假释案件审理，办理相关案件3390件。认真落实全国人大常委会关于对部分服刑罪犯予以特赦的决定，办理特赦案件103件，为70周年国庆营造良好氛围。

【民事审判】 主动适应新形势下人民群众多元司法需求，依法审结民事案件40655件。坚持弱化对抗、强化调解、保护未成年人的原则，审结婚姻家庭继承案件15682件，其中调撤结案8251件，占比52.6%，促进家庭矛盾化解。依法审结涉及教育、医疗、消费者权益保护、劳动争议等民生案件4291件，维护群众切身利益。依法审结农村集体经济合同类案件1575件，服务乡村振兴战略。积极延伸司法服务，组织开展法官进社区活动，助力“红色物业”品牌创建。落实司法救助政策，为贫困群众减缓免交诉讼费1413万元，发放司法救助款872.2万元。加大依法治访力度，妥善化解进京访、赴省访等涉诉信访案件346件，信访总量大幅下降，涉诉信访形势趋于平缓。认真落实习近平总书记“坚持把非诉讼纠纷解决机制挺在前面”重要指示要求，强化源头治理，积极推进“一站式多元解纷机制”建设，加强与行政调解、人民调解、行业调解、行政复议、仲裁、公证的衔接配合，4092件纠纷在诉前得以调解化解。深入推进“一乡（镇）一法庭一委员”建设，推动乡镇法庭与政法委员、村委员对接，全市乡镇法庭接待群众1.2万人次，开展普法宣传856次，指导调解纠纷753件，调解案件5428件，大量矛盾纠纷化于未发、止于未诉。认真落实最高法院建设“一站式诉讼服务中心”要求，全面推进诉讼服务中心提档升级，通过诉讼服务大厅、诉讼服务网、12368服务热线等多种渠道，网上立案47312件，网上缴费4716笔，接听咨询、查询电话8696人次，现场接待群众3.4万人次。坚持以“智能诉讼服务、智能执法办案、智能审判管理”为重点，全面提升诉讼服务信息化、智能化水平，公开案件流程信息172989条、裁判文书209776份、直播庭审34177场次，直播重大执行行动26次，切实保障人民群众知情权、参与权和监督权。

【商事审判】 紧紧围绕全市经济发展大局，坚持能动司法理念，加强与重点项目、重点企业、各类功能区的联系，审理好涉及投资发展环境案件，平等保护各类市场主体的合法权益。妥善审结商事案件67818件。坚持依法保护和主动服务相结合，制定实施《关于为促进民营经济高质量发展提供司法服务和保障的实施意见》，主动走访华北制药集团等重点企业160家，着力营造法治化营商环境。市中院代表石家庄市在全国优化营商环境经验交流会上作经验介绍。加大知识产权司法保护力度，审结知识产权案件1922件，鼓励和保护创新，提升市场主体核心竞争力。认真落实市委关于房地产市场集中整治部署要求，依法审结涉房产纠纷案件6377件，协调有关部门研究推广行政非诉执行案件裁执分离、源头治理工作模式，推动房地产市场秩序持续好转。积极参与污染防治攻坚战，全面推行环境资源案件“三审合一”审判模式，审结污染环境罪刑事案件213件，对460名污染环境犯罪分子判处刑罚，审结环境公益诉讼案件18件，判决支付环境污染修复费用304万元，依法服务生态文明建设。

【司法改革】 着眼于破解司法责任制改革后院庭长监督管理弱化的问题，坚持有序放权与有效监督相统一，自主研发部署“四类案件”监管平台，上线以来自动识别标注“四类案件”6416件，在全国法院第六次网络安全与信息化工作会议上市中院作经验交流，并在全国法院推广应用。坚持常规评查、重点评查和专项评查相结合，评查案件3733件，促进办案质量提升。全面推行审判委员会领导下的专业法官会议制度，召开专业法官会议860次，研究疑难复杂案件1845件，着力规范裁判标准和争议事项，全市法院一审案件被发回重审率由2018年的2.1%下降至2019年的0.9%。轻刑快判、简易程序适用一体推进，刑事案件简易程序适用率37.5%。民商事案件繁简分流、速裁快审，民商事案件简易程序适用率76.1%。简单案件快执快结，快执结案占比60.3%。改革以来，案件审执周期大幅缩短，办案效率显著提升，先行试点的市中院民商事速裁团队，案件平均审理周期仅20天。按照人民法院第五个五年改革纲要要求，在全省中级人民法院率先启动审执辅助事务集约化管理、社会化服务改革，将法官从事务性工作中解放出来，专司事实证据认定、法律适用等“核心业务”，将文书送达、卷宗流转、案件归档等“辅助事务”归口专门团队集约办理，减少办案法官60%以上的工作量。运行以来，案件发回改判率等负向指标逐渐下降，文书公开、庭审公开等正向指标稳步提升。

石家庄市中级人民法院

院　长：白峰（1月任）

副院长：白峰（1月任，1月免）

尹新民

贾巧秀（女，6月任）

刘生吉　张保江

张瑞明（女，2月免）

李增益（8月免）

李惊涛

杨爱军（女，11月任）

纪检组长：李占存

政治部主任：刘喜奎

执行局局长：钱建军

审判委员会专职委员：

李勇　（11月任）

王海强　高春虎

（冯晓静）

司法行政

【概况】 2019年，全市司法部门以公共法律服务体系建设为抓手，充分发挥法律服务、法治宣传、法律保障的职能优势，扎实开展人民调解、社区矫正、法律援助等工作。全市各级调解组织共排查矛盾纠纷63027起，调解成功61195起，其中疑难复杂纠纷2654起，97%通过调解得到有效化解。新增个人品牌调解室86家，累计已达278家。完成1489名人民陪审员选任工作。全市社区矫正对象在册7148人，接收6320人，解除5041人，全年再犯罪7人，安置帮教对象在册18341人，接收7628人，帮教18337人，重新犯罪1人。再犯罪和重新犯罪率低于全国全省平均水平。市第二强制隔离戒毒所科学开展运动康复训练，实施“处方式”防复吸心理矫治，深入推进强制隔离戒毒与社区戒毒康复工作衔接试点工作。10月17日，河北省司法行政戒毒系统在石家庄第二强制戒毒所召开统一戒毒模式现场推进会。推进公证服务提质增效。取消公证申请证明材料5项，43项公证办理事项实现“最多跑一次”；积极服务自贸区建设，在河北自贸区正定片区开展公证合作制试点；进一步做好三大攻坚战、重大项目建设、金融风险防控和家事等重点领域公证服务工作。全市共有公证机构21个，其中，市直4个，县级17个。全年办理公证案件106143件，同比增加8.08%。其中，市直公证处办理81170件，县（市）办理24973件；市直公证处办证情况：燕赵公证处办证28476件，增加16.48%；平安公证处办证22055件，增加7.48%；太行公证处办证15561件，下降5.12%；国信公证处办证15078件，增加6.78%。推进普法责任制落实，根据机构改革和职能调整，修订完善市直91个部门普法责任清单。12月6日，石家庄市被全国普法办评为“七五”普法中期先进城市，市司法局、市城管局、市教育局被评为先进集体，正定县、栾城区、藁城区被评为先进县(市、区）。市司法局党组成员程晓光、市城市管理综合行政执法局城市照明管理处办公室主任唐景玲被评为全国普法先进个人。1月29日，司法部追授“帮大哥”高瑞奎为“人民满意调解员”称号。

2019年4月12日，市委宣传部、市委政法委、市司法局联合在市人民会堂举办“高瑞奎同志先进事迹报告会”

【人民调解】 深入开展矛盾纠纷排查化解，全市各级调解组织2019年共排查矛盾纠纷63027起，调解成功61195起，其中疑难复杂纠纷2654起，97%通过调解得到有效化解。加强个人品牌调解室建设，培树一批高瑞奎式“帮大哥、帮大姐”典型，全市新增个人品牌调解室86家，累计已达278家。完成1489名人民陪审员选任工作。学习宣传先进典型，高瑞奎同志先进事迹走进司法部，向全国司法行政系统宣讲，全市举办报告会2场，深入县（市、区）开展“传承高瑞奎精神——人民调解基层行”活动17场，建立高瑞奎同志先进事迹展室，总结推广高瑞奎同志“五心十二法”调解经验，编印《学习高瑞奎同志先进事迹资料汇编》三册23400套、宣传海报三种8000张。至2019年底，全市有人民调解员31672人。正定县司法局、行唐县疑难纠纷人民调解委员会老康调解室、新乐市马头铺镇人民调解委员会被司法部表彰为“大排查、早调解、护稳定、迎国庆”专项活动表现突出集体，吴显霞、张彦书、李正波、刘春景、郝素杰、王金涛、何庆奎获评先进个人。

【社区矫正与安置帮教】 加强社区矫正中心建设，建立完善手机定位检查、远程警示（心理）教育、应急指挥、网格化管理和防风险评估等工作机制，基本实现市、县、乡三级社区矫正机构视频、音频信息互联互通。完善心理健康服务体系，在桥西区试点建设标准化心理咨询室，落实“六有”（有标识、有心理咨询师、有工作制度、有工作流程、有工作台账、有公开电话）要求。深化刑罚执行一体化建设，发挥派驻干警作用，加强矫对象集中教育、警示教育和手机定位管理，组织开展社会服务300余场次6000余人次，确保社区矫正对象思想稳定，减少违法犯罪案件发生。依法完成79名社区矫正对象特赦工作。规范安置帮教对象信息管理，完成21724人次安置帮教对象信息统计、20924人次照片采集工作，完善人员档案，规范人员管理，积极做好安置帮教对象帮扶和就业指导。2019年，全市社区矫正对象在册7148人，接收6320人，解除5041人，全年再犯罪7人；安置帮教对象在册18341人，接收7628人，帮教18337人，重新犯罪1人。再犯罪和重新犯罪率低于全国全省平均水平。

【律师服务】 成立全省首家实体化

运行的“石家庄企航民营企业法律服务中心”，开通民营企业法律服务热线，开展“千名律师进千企”活动，为民营企业排忧解难。全面服务农村经济发展，组织全市律师参与清理农村集体经济合同专项行动。全力做好律师参与扫黑除恶工作，严格落实备案、督导、检查等措施，确保依法依规开展律师辩护。2019 年完成法律职业资格综合服务大厅建设，实现资格管理无纸化办公和一站式业务办理。法律职业资格考试客观题6121 人报考，成绩合格 1947 人（含放宽合格 191 人）；主观题考试 3683 人报考，成绩合格 1358 人。全年新增律师363 人，新增律师事务所 17 家；至 2019 年底，全市共有律师 3900 人，律师事务所 260 家。开展法律援助。扩大法律援助覆盖面，将与民生紧密相关的13 种特殊对象或情形的法律援助申请，免予经济状况审查，开通绿色通道。深化农民工、军人军属法律援助工作，组织律师深入企业、工地和驻石部队开展法律宣传，上门提供法律援助。加强培训和案件质量监督，消除不合格案卷。进一步规范 12348 热线服务，设置专门座席对漏接电话回拨解答。全市共办理各类法律援助案件1. 4 万余件，其中为农民工法律援助 4950 件，追讨工资金额 5200 余万元，提供各类上门服务 120 余人次；办理军人军属法律援助 15 件，为军人军属提供法律咨询服务 150 余人次；12348 服务热线解答法律咨询 7. 2 万个（次）。

【司法鉴定】 落实“最多跑一次”改革要求，对司法鉴定行政审批项目进行梳理并在河北政务网上公布，全年接收行政审批申请材料 23 项次，全部当即办结。成立石家庄市司法鉴定纠纷人民调解委员会，指导开展司法鉴定业务的19 个县（市、区）依托当地品牌调委会建立司法鉴定纠纷调解平台，实现司法鉴定矛盾纠纷调解组织全覆盖。建立市县两级巡查督导机制、调度例会制度、个案监督制度、重新鉴定案件检查通报等制度，提高司法鉴定质量，全年办理司法鉴定案件 27111 件，比 2018 年增加 6298 件，增长率为 30% 。全市司法鉴定机构新增鉴定专业人员52人，注销 12 人，缓注 30 人，变更机构负责人 1 家，行政许可延期 2 家，暂缓登记 1 家，注销 1 家。河北医科大学法医鉴定中心、河北盛唐司法鉴定中心、河北津实司法鉴定中心、平山司法鉴定中心通过 CNAS 国家级认证认可。全市司法鉴定机构经省司法厅公告执业的有33家，执业鉴定人 401 人；新增鉴定机构 3 家，分别为：河北中旭生态环境损害司法鉴定中心、河北华科大司法鉴定中心、河北中经天平司法鉴定中心。

（关强）

仲　裁

【概况】 2019 年，石家庄仲裁委员会（简称仲裁委，1996 年 3 月 3 日成立）围绕提高仲裁公信力、拓宽仲裁服务领域、提高办案质量和效率，积极推动仲裁创新发展，努力将石家庄仲裁委建成专业化、智能化、国际化的一流仲裁机构。全年受理各类民商事案件1557 件，同比增长 31. 8% ，受理案件数量创历史新高，涉及争议标的额 48. 05 亿元，法院撤销和不予执行率 0. 1% 。案件类型涵盖建筑、施工、租赁、金融、保险、买卖等 40 余类。其中，受理施工、劳务分包、装饰装修案件 167 件，标的额 9. 56 亿元；受理房产、物业、土地纠纷案件 307 件，标的额 4. 74 亿元；受理金融纠纷案件 803 件，标的额 10. 7 亿元；受理其他类型案件 202 件，标的额 6. 4 亿元。其中审理买卖合同纠纷 95 件，服务合同纠纷 27 件，广告合同纠纷 6 件。持续与市企业家协会沟通联系，为涉外企业提供涉外法律服务。加强仲裁调解宣传，通过官方网站和微信公众平台发布仲裁新闻动态及各类文章900 余篇。以市属60家国有企业和 25 个园区的 140 家龙头企业为对象，采取一对一高层对接和集中召开座谈会或培训会的方法，分系统、分类别开展针对性仲裁宣传。严格仲裁员管理，落实仲裁员纪律约束和责任追究制度，统计汇总仲裁员办案情况和酬金支付情况，做到每月定期考核；完善派遣人员管理机制，招聘本科以上学历派遣人员 9 人。至2019 年底，石家庄仲裁委聘用仲裁员 707 名，其中，港澳台和外籍仲裁员32名，均是精通法律并在建筑、房地产、经贸等相关领域的国内外专家和学者。

【建筑争议仲裁】 全年市仲裁部门受理施工、劳务分包、装饰装修案件167件，标的额9.56亿元。其中施工案件151件，标的额9.48亿元；劳务分包案件2件，标的额261.87万元；装饰装修案件14件，标的额470.36万元。加强与省建筑业协会、省建设工程造价管理协会、省房地产协会、省物业管理协会、省招投标协会、市房地产协会、市物业管理协会等行业协会的合作，分系统联合召开会员企业仲裁工作会议，推行仲裁法律制度，提高会员企业依法维护自身权益水平。走访中建一局集团第六建筑有限公司、省四建、市建工集团等建筑集团。参加常设中国建设工程法律论坛第八工作组会议和2019年年会暨第四次成员大会。

【房地产争议仲裁】 全年受理房产、物业、土地纠纷案件307件，标的额4.74亿元。其中房地产买卖案件179件，标的额4.28亿元；房地产租赁案件94件，标的额4322.34万元；物业案件31件，标的额44.34万元；土地纠纷案件3件，标的额255.96万元。走访河北省房地产协会、石家庄市房地产协会、河北省物业管理协会、石家庄市物业管理协会、河北省招投标协会等重点推行协会，在其协会会员单位中推广仲裁制度，为会员单位提供优质的仲裁法律服务。与河北天山实业集团有限公司重点建筑房地产企业进行交流洽谈，参加“PPP项目整改与纠纷处置研讨会”积极筹备设立市住房租赁服务大厅仲裁服务办公室。

【金融争议仲裁】 全年受理金融纠纷案件803件，标的额10.7亿元。其中借款合同争议案件672件，涉及争议标的10.1亿元，保险合同争议案件122件，涉及争议标的2150万元，其他案件9件，涉及争议标的3933万元。与河北省银行业协会进一步加强沟通联系，多次展开座谈，就金融仲裁与金融纠纷调解中心开展仲调对接模式事宜进行深入探讨；省人保公司、平安保险公司、中华联合财保公司、阳光保险等保险公司在保险业务合同已增加仲裁条款，为农业银行、邮储银行进行仲裁培训。积极推进互联网仲裁（金融）平台建设，向工商银行、中国银行、中国建设银行、华夏银行、河北银行、国家开发银行、兴业银行等介绍互联网仲裁（金融）平台的办案流程及优势，联系单位表示将在部分个贷业务中加入仲裁条款。与廊坊银行、邢台银行、中国人民保险公司个人贷款保证保险类业务签订线上仲裁条款。召开互联网仲裁（金融）专家咨询会，分批次组织互联网仲裁员业务培训会，完成仲裁员注册及办案程序培训工作。参加省银行业协会会员单位法律业务培训会，主讲互联网金融仲裁平台应用。参加省人保财险个人信用贷款保证保险追偿法律问题研讨暨业务培训会议，就仲裁审理期限，收费、网上仲裁等工作进行交流。

【国际仲裁】 全年受理涉外案件4件，涉及争议标的额1.5亿元，提升处理国际纠纷案件能力。积极参与各项国际仲裁活动，与河北省商务厅合作，联合举办企业走出去法律风险培训会、河北省外商投诉与仲裁业务对接培训会等会议，并协助编写外商投资法律服务平台方案；编写河北省司法厅《关于完善仲裁制度提高仲裁公信力的若干意见》和河北省实施意见中国际仲裁发展部门建议；与中国仲裁法学研究会加强沟通，参加中国-上海合作组织国际司法交流合作培训基地承办的中国国际仲裁高端论坛、中英国际商事仲裁研讨会、国际仲裁精华学习班等，提升石家庄仲裁委在国际仲裁领域知名度；不断加强与国内先进仲裁机构的联系，参加“一带一路”仲裁机构高端圆桌论坛、中国自由贸易试验区仲裁合作联盟第二届圆桌会议等。推进国际仲裁推行工作，赴北京参加“2019年中国企业走出去风险发布会”，为参会的全球近150家涉外企业推广石家庄仲裁工作；走访10余家涉外企业和律所，了解其海外项目和法律需求，帮助其规范合同，宣传石家庄仲裁委国际仲裁部。

【仲裁调解】 全年受理调解案件1383件，涉及争议标的额33.99亿元。调解成功413件，涉及争议标的额14.44亿元，其中出具仲裁调解书77件，出具法院调解书59件，和解未出具法律文书277件，调解率为37%。与河北省高企协会取得联系，共同举办“2019年推进知识产权相关服务座谈交流会”。与河北省知识产权局、河北省知识产权维权援助中心、石家庄市中级人民法院、石家庄市知识产权局共同举办“河北省知识产权纠纷多元化解机制合作备忘录签署仪式暨知识产权保护工作座谈会”，五家单位共同签署《关于建立知识产权纠纷多元化解机制合作备忘录》。入驻正定县矛盾纠纷多元化解中心，在中心设置仲裁联络室。正式入驻石家庄市公共法律服务中心，开设仲裁工作窗口，全年共走访律师事务所30家、大中型企业20家，宣传推广仲裁和仲裁调解。

石家庄仲裁委员会

秘 书 长：刘建立

副秘书长：常宏磊　于涛

行政部部长：赵林

（石家庄仲裁委）

军事·外事·台港澳侨事务

Military Affairs & Foreign Affairs and Taiwan and Hong Kong and Macao and Overseas Chinese Affairs

石家庄警备区

【概况】 2019年，石家庄警备区牢固树立习近平强军思想，贯彻落实河北省军区党委的决策部署，紧紧围绕“当窗口、创一流”目标，坚定举旗铸魂、聚焦备战打仗理念，较好完成以军事训练为中心的各项工作任务。严格党管武装要求，8月27日，2019年市委议军会议暨党管武装述职评议会议在市委党校举行，省委常委、市委书记、石家庄警备区党委第一书记邢国辉，市长邓沛然，市委常委、石家庄警备区政委王厚恩等出席会议；讲评全市党管武装工作，听取2018年以来全市后备力量建设、市委议军会议落实情况及2019年研究议题；井陉县、平山县、赵县、元氏县、高邑县、长安区人武部党委第一书记作述职发言，其他县（市、区）人武部党委第一书记作书面述职。组织开展党委中心组理论学习，专题学习中共十九届四中全会精神，全面彻底肃清郭徐房张流毒影响，扎实开展“传承红色基因、担当强军重任”主题教育活动，挖掘红色资源，创新方法手段，以新中国成立70周年为契机，集中观看庆祝大会、阅兵和群众游行盛况，激发官兵爱国热情。高度重视意识形态工作，结合中美贸易战、香港严重暴力事件等敏感问题举办形势政策教育，确保部队绝对忠诚、绝对纯洁、绝对可靠。注重加强基层党组织建设，制定年度组织生活计划，纠治形式主义、官僚主义，压减“五多”问题，全年会议同比减少4%。坚持自我革命，深入开展批评与自我批评活动。坚持“严”字当头，落实“两个责任”，持续增强官兵纪律意识和规矩意识。狠抓巡视巡察问题整改，逐级签订责任状，细化问题清单和整改台账，7个方面51个具体问题得到有效解决。按照程序公平公正选人用人，全年任免调配官兵和文职人员376人次，官兵反映良好。12月16日，第10干休所第6党支部被中共中央组织部表彰为“全国离退休干部先进集体”，第9干休所离休干部张德隆被中共中央组织部表彰为“全军先进离休干部”。

【战备训练】 石家庄警备区加强战备基础建设，修订方案预案，规范值勤秩序，完善指控手段，改建作战室和体能训练室，高标准完成市民兵训练基地升级改造。先后分3期组织参谋骨干、其他现役干部和全市专武干部开展军事技能集训，内容涵盖轻武器射击、一体化指挥平台操作、体能训练、突发事件处置等课目，为有效应对急难险重任务打下坚实基础。按照“集中组训、函授作业、定期考核”的方法，将军事训练贯穿全年，定期邀请院校专家辅导授课，要求全体现役干部每周上交一份作战标图作业，并利用交班会进行讲评，增强投身训练的主动性。将军事素质考核纳入干部提升程序，实行考核不过关一票否决；同时，对专武干部逢训必考核、逢考必排名，并将其训练成绩及时通报各乡镇，实行末位淘汰，有效激发现役干部和专武干部的参训热情。狠抓首长机关训练和指挥演练，正团职以上干部在省军区年度考核中总评第二。严密组织民兵基地化轮训，在全省群众性练兵比武中夺得6个第一名、1个第二名、4个第三名，民兵教练员在全省集训考核中取得团体总评第二的好成绩。

【国防动员】 围绕军事斗争国防动员准备，调整市国防动员委员会成员单位，常态落实集中办公和每月例会制度；制定印发国防动员潜力统计调查《实施方案》和《考评细则》，牵头41个军地部门统计145项23万余条数据，联合市委市政府进行专项督查落实，查摆纠治各类问题183项；积极推进市国防动员信息化建设，组织参观见学，拓宽建设视野；县级国动委阵地化规范化建设初见成效。修订各类方案预案，组织国防动员指挥演练，提高各级组织行动能力。制定《专武干部履职量化考评实施细则》，组织全区专武部长进行业务集训，新任专武部长在全省培训考核中位列第二。以“五率”量化考评为牵引，抓实兵役登记、宣传发动、体检政考等环节，把廉洁征兵贯穿始终，完成直招士官、士兵征集任务，男兵大学生征集比例达到 83%，超出省指导比例 11.33 个百分点，大学毕业生征集比例达到 19.05%。

【基层建设】 采取重点帮建与基层自建相结合、抓软件与抓硬件相结合等方法，加强基层基础建设。调整配强正定县、平山县人武部党委班子，投入 29 万多元改善市民兵武器装备仓库和士兵队基本设施。开展“贯彻落实新条令，塑造军队好样子”活动，参加省军区条令知识竞赛，获个人第一名和第三名。以军委国防动员部《安全管理细则》为抓手，坚持“日查周讲月评”，累计检查团级单位 80 余次，发现和解决问题 150 余个。加强应急处置演练，确保国庆期间部队安全稳定。加强技防设施建设，投入20 余万元升级机关视频监控系统，购置手机屏蔽柜、手提密码箱、胶装机等，统一拆除办公电脑无线网卡，运用北斗系统加强军车管理，堵塞安全漏洞。完善基层党组织，规范基层组织生活。坚决贯彻落实习主席“三个不降”重要指示，以提高老干部服务保障质量为中心推进干休所正规化建设。12月 16 日，第 10 干休所第 6 党支部被中共中央组织部表彰为“全国离退休干部先进集体”，第 9 干休所离休干部张德隆被中共中央组织部表彰为“全军先进离休干部”。栾城人武部党委、第 10、第 14 干休所和 6 名个人受到军委国防动员部表彰，4 个单位、15 名个人受到省军区奖励表彰。

【后勤保障】 坚决贯彻军委决策部署，扎实做好停止有偿服务检查评估工作，在全军停偿办和军委国防动员部抽查复评中均为一级达标，市政府副秘书长刘建立被表彰为全国全军停偿工作先进个人。军地合力，加强与融通公司沟通协调，警备区 11 个项目、驻石部队 34 个项目全部按时完成移交。深入开展后勤重点行业领域整肃治理“回头看”和名贵特产类物品清理清查，制定完善规章制度，堵塞管理漏洞。强力推进不合理住房清理，按时完成9套超面积 70 平方米以上经济适用住房整改，全区共清退多占多购住房 55 套，收缴房款 30 余万元。加强工程建设监管，指导干休所完成工程招标、项目审计等工作，累计审减 360 多万元。扎实开展枪支弹药清查整治，认真编报退役报废武器装备处理计划，全年完成 70 余次10.2 万余发弹药保障任务。投入100余万元，先后完成机关食堂和干部宿舍改造、办公楼加装电梯等。

【双拥共建】 组织和引导官兵积极投身石家庄经济社会建设，勇于承担急难险重任务，在脱贫攻坚、服务民生、维护稳定等工作中发挥作用。安排县（市、区）人武部党委第一书记开展党管武装专题调研，增强党的领导和备战意识。协调市政府投资1500万元，筹建市国防教育展馆。参与地方经济建设和扶贫，组织“两委”班子参观见学、举办专题辅导，采取“1+3”援建模式，重点办好 10 件实事；全年石家庄警备区投入扶贫资金 370 万元，启动扶贫项目 16 个，石家庄警备区和驻石部队对口帮扶 15 个贫困村全部实现脱贫摘帽；行唐县人武部在河北省军区脱贫攻坚工作推进会上作经验介绍。动员官兵捐款16万元，设立“八一助学基金”，首批资助贫困大学生 20 名。发动驻石部队官兵和广大民兵预备役人员参与“全国双拥模范城”“国家卫生城市”创建活动，受到全国双拥办调研组的肯定。建立“维护军人军属合法权益”微信群，协调解决 10 余起军人军属涉法纠纷。关爱军人家属，协调办理 300 名军人子女中考、高考加分优待，在全社会营造了崇尚军人的浓厚氛围。

（唐国和）

人民防空

【概况】 2019年，市人民防空办公室（简称市人防办）贯彻落实《人民放空法》《人防工程建设管理规定》等法律法规，坚持“长期准备、重点建设、平战结合”建设方针，推进人防系统腐败问题专项治理和全面调查整顿。依法建设和管理人防工程。全年审批人防工程项目200个，面积100万平方米；利用人防工程安排人员就业36278人，提供车位75746个；收取防空地下室易地建设费9000余万元。狠抓人防宣传教育，组织开展人防宣传教育“五进”活动，大力提升人民群众对人防法律法规的知晓度；结合防灾减灾日、警报试鸣暨人民防空训练日、人民防空创立日、宪法宣传日等重要时机，编印发放宣传资料，广泛宣传防空防灾知识。全年市人防系统在省级以上新闻媒体发稿12篇，其中，国家级8篇，省级4篇。2019年3月，市人防办获评国家人防系统通讯报道先进单位。

【人防工程】 依法建设和管理人防工程。按照市委、市政府解决城市停车难问题的工作部署，将解放广场2.2万平方米人防工程改建为停车场，新增停车位420个。推进行政审批监管衔接。完善与市行政审批局衔接机制，力求做到审监无缝衔接，规范对接流程，加强与市自然资源和规划局沟通对接，建立市人防办提出相关设计要求，规划局规划许可。积极与市财政局、行政审批局协调，理顺易地建设费征收缴纳环节。全市共审批项目近200个，面积近百万平方米。收取防空地下室易地建设费9000余万元；持续扩大服务民生。开辟站前地下停车场、万达广场B2北区、民心广场地下车库等人防工程兼做地震应急避难场所和北国商城、永辉超市、华北眼镜城等避暑纳凉场所。全市利用人防工程安排就业人员36278人，提供车位75746个；严把人防工程安全底线。针对全市人防工程布局广、体量大，多数修建在人口密集、商业繁华区域的特点，开展人防工程安全大检查大整改活动，确保人防工程安全无事故。

2019年7月7日，举行石家庄市防空警报试鸣活动

【组织指挥】 严格落实战时人防指挥部实名制要求，确定“一中心、三部门”组成人员。针对人防专业队伍组建单位发生较大变动的实际，重新调整人防专业队伍的组建单位，已组建通讯报警、交通运输、道路桥梁、医疗救护、工程抢修等专业队，整组人防专业队员5000余人，明确任务与编成，确定主管单位和联系方式，便于沟通与指挥。积极开展训练演练，利用“5·12”防灾减灾日，组织城镇居民防空袭紧急疏散掩蔽演练活动，定期检查警报器，提高通讯报警系统的快速反应能力和音响覆盖率，完成“7·7”警报试鸣活动。积极推进人防指挥信息化建设，提升应急保障能力，加强对人防各类数据进行采集、更新，完善数据库。防空警报器数量和增长速度位居全省第一。推进“准军事化”建设。严格落实机关值班制度和保密制度，严格规范干部职工的工作行为。开展人防腐败问题专项整治活动，加强领导干部监督管理，建立风清气正的人防指挥机关。

（尹勃　于刚）

外　事

【概况】 2019年，市政府外事办公室（简称市政府外事办）围绕落实党管外事体制机制的要求，按照市委统一部署，顺利完成党管外事体制改革任务。组建成立市委外事工作委员会（市委外事工作委员会办公室设在市政府外事办），将侨务处及相关职能移交市委统战部。编制调整后，市政府外事办坚持“请进来、走出去”原则，整合优势资源，发挥窗口作用，服务国家总体外交，服务石家庄市经济发展，推动官方和民间多层面多领域对外交往，助力县域外事工作向外延伸，全面提升石家庄市在国际上的影响力。加强外事工作领导，3月18日，省委常委、市委书记邢国辉主持召开市委外事工作委员会第一次会议，传达学习省委外事工作委员会第一次会议精神，审议通过《石家庄市委外事工作委员会2019年工作要点》《中共石家庄市委外事工作委员会工作规则和委员会办公室工作细则》《2019年度石家庄市国际友城工作实施意见》等文件。市党政领导出访2批2人次。审核审批因公临时出国（含港澳）团组67批217人次，其中，随国家团5批6人次，随省团23批27人次，石家庄市自组团39批184人次。全年为石家庄市企业申办APEC商务旅行卡24批41人，办理邀请外国人来华洽谈业务76批117人。2019年全市办理护照签证和港澳通行证数量44个团组190人次。

【对外交往】 落实全市年度因公临时出访计划，发挥职能作用服务实体经济发展。结合全市机构改革调整情况，对全市因公临时出国请假事项进行明确，对市政府外事办网站公布的出国审批事项进行优化，按照“效能革命”要求，制定《涉外处首问负责制办法》，坚持“一次性告知”制度，制作因公临时出国审批流程图和标准要求，提升工作质量和服务水平，加强事前事后监管，加强各出访团组的行前教育力度，联合市国安局对投促局赴港招商、井陉县赴韩代表团等大型团组进行专题安全教育，为每个出访团组发放行前教育明白纸，对出访成果的统计和跟踪问效，利用出访审批系统，对每个出访团组的出访成果予以统计汇总，并对出访成效进行追踪。统筹安排因公临时出访计划，主要保障市委常委、常务副市长李雪荣率团出访吉尔吉斯斯坦，副市长张学勤率团出访英国、爱尔兰及因公临时出国（含港澳）团组67批217人，出访均取得预期成果。7月，为推广APEC商务旅行卡，分两批组织召开专题培训会，就APEC商务旅行卡申办进行宣传推介，会前发放“APEC商务旅行卡明白纸”“调查问卷”，征求企业对外事工作和涉外业务需求的意见建议。2019年市政府外事办为石家庄市企业申办APEC商务旅行卡24批41人，办理邀请外国人来华洽谈业务76批117人。

【对外经济合作】 借助大型会议活动平台，提升石家庄市的国际知名度。2019年，邀请外宾、外商参加旅发大会、投洽会、数字经济博览会、石家庄航展、第四届中美洲立法机关合作论坛等8项省级以上重大涉外活动，接待驻华使馆官员以及吉尔吉斯斯坦共和国奥什市市长等代表团。围绕“一带一路”建设，配合市委市政府推进“4+4”产业发展战略。组织石家庄市制药企业参加中土集团尼日利亚有限公司河北座谈会，组织石家庄联合石化等14家企业参加中国（河北）—乌干达经贸合作推介会，协调日本东海日中贸易中心工作组考察高新区，组织澳大利亚驻华使馆参赞及贸易投资委员会区域首席代表一行与高新区进行座谈，为石家庄市企业“走出去”提供交流平台和精准对接。协调比利时东弗兰德省马铃薯研究中心专家访问石家庄市，推动石家庄市与该省及其首府根特市在花卉、农业领域的务实合作。

【对外文化交流】 贯彻落实《石家庄市2019年“一带一路”建设工作实施方案》，积极开展学术交流、合作办学、国际游学、艺术展演、学科竞赛、体育比赛、旅游推介等国际交流活动，重点推进与“一带一路”沿线国家优质学校深度合作，提高石家庄市学校教学科研水平。2019年5月份，协助桥西区4所学校与新西兰汉密尔顿地区4所学校签署《教育合作项目框架协议》，为推动实现国际教育资源共享、信息互通和水平提升奠定基础。推进民间层面文化互动，突出特色丰富交流的形式。9月份，组织井陉县友好演出团赴韩国天安市参加“兴打令艺术节”，表演国家级非物质文化遗产《井陉拉花》，获得艺术节国际舞蹈大赛特等奖。第六届石家庄国际糖尿病论坛期间，市二院与以色列 Rambam 大学签署《石家庄市第二医院以色列 Rambam 大学医疗合作备忘录》，为双方人才与技术交流互鉴打基础。

【国际友好城市】 2019 年 6 月，石家庄市与吉尔吉斯斯坦共和国奥什市缔结友好城市，该市成为石家庄市布局“一带一路”沿线国家交流合作的重要站点。2019 年 10 月，埃塞俄比亚德雷达瓦市市长率团访问石家庄市，两市签署友好城市协议书，填补石家庄市在非洲没有友好城市的空白。2019 年 10 月，在第四届河北省旅游产业发展大会召开之际，乌克兰赫梅利尼茨基市市长代表团访问石家庄市，赫梅利尼茨基市市长为旅游大会录制祝贺视频，成为旅发大会开幕式上的亮点，邓沛然市长会见代表团，并在省市领导见证下，两市签署《加强友好交流合作备忘录》，为推动友好城市建设奠定基础。与日本长野市官方民间互动频次增加。2019 年长野市遭受台风“海贝思”灾害，市长邓沛然向长野市长发送慰问电，彰显友城情谊。建立研修生长期合作项目，石家庄市每年选派研修生赴长野市研修学习。应日本长野市要求，2019 年石家庄市挑选城管部门 2 名研修生赴长野市学习城市管理先进经验。利用“5·18 投洽会”契机，邀请美国得梅因市友好城市代表团、费耶特市教育代表团参会，并邀约赴石家庄市考察交流。2019 年 6 月，韩国杨口郡副郡守一行访问灵寿县，双方签署建立友好县郡关系意向书。2019 年石家庄市新结友好城市 2 对，占全省 50%。

【外事服务】 全年市政府外事办公室处置各类涉外案（事）件 13 起，参加国际禁止化学武器核查 1 起，妥善处置涉外婚姻纠纷 3 起。举办外事活动礼仪培训，2019 年 10 月上旬，市政府外事办分别对参加 2019 中国国际数字经济博览会、物流大会、河北省旅游产业发展大会和航空展招募的志愿者举行外事纪律和外事礼仪培训，提升志愿者在接待外宾工作中的纪律意识、礼宾礼仪意识。印制《外事规范与礼仪》手册，免费发放组织大型会议的市直部门。2019 年 10 月下旬，组织召开全市外事活动归口管理专题培训会，规范大型涉外活动申报程序，对防范外事活动中的重大风险提出具体要求。

（徐宝林）

台港澳侨事务

【概况】 2019 年，根据全市机构改革方案，市委统战部在年初增设港澳侨统战工作处，加挂市政府侨务办公室牌子，主要负责全市海外联络及侨务工作。搭建侨法宣传平台，开展“侨法宣传进校园”活动，在全市初中、高中校园设置侨法宣传栏(橱窗)，重点宣传“四侨”考生参加中考、高考加分政策和办理程序。全年为17名符合条件的“四侨”考生办理照顾加分手续，其中，高考生 6 名，中考生 11 名。开展归侨侨眷身份认定，办理归侨侨眷身份证明27 人。关心退休归侨职工生活，为32 名退休归侨职工发放生活补贴。支持华文教育，大力弘扬中华文化，激发海外华侨爱国情怀，推荐 3 名教师赴国外任教。重视侨务服务，以“侨法进校园”为总抓手，采取明思路、强培训、搭平台、抓服务等措施，加强沟通、密切联系，提升侨务服务水平。10月 12 ~13 日，市委统战部成功在石家庄市举办第十届世界华文传媒论坛。

【石台交流】 邀请北京、南京等地台商和岛内台商，来石投资兴业，其中，两位台商达成在石投资初步意向。全年新增台资企业1家，总投资 100 万元美元；至 2019 年末，全市共有台资企业 84 家，总投资 6.76 亿美元，解决劳动就业 2 万余人。推动对台交流，采取青年交流、基层交流、文化交流、对口交流方式，全年接待台湾交流团组 16 批 506 人次，较 2018 年增长三分之一。邀请台湾联合报参访团到石参观访问，全面报道石家庄市的历史文化和经济社会发展情况，其中，中国台湾岛内推发平面报道 8 篇、新媒体宣传 28 篇，宣传石家庄视频网络点击量达 3000 万次，有效增进了台湾民众对河北和石家庄的了解。促进两岸交流，成功举办冀台“社区营建”村里长系列讲坛活动和第三届京津冀台中学生教育论坛。

【第十届世界华文传媒论坛】 10 月 12~13 日，由国务院侨务办公室、河北省人民政府、中国新闻社共同主办，市委统战部承办的第十届世界华文传媒论坛在石家庄市举行。来自五大洲61个国家和地区的 400 多家华文媒体高层人士、中央主要新闻机构及国内有影响力媒体负责人等共 600 余位嘉宾参加论坛，以“牵手世界，见证时代——华文媒体的‘中国故事’”为主题展开对话交流。全国人大常委会副委员长沈跃跃在开幕式上指出，华文媒体积极向世界介绍繁荣稳定、和平发展的当代中国，对塑造中国形象、传播中华文化、促进中外交流做出了重要贡献，希望华文媒体利用融通中外的优势，从历史维度、现实维度和未来维度讲好中国故事，为促进世界与中国的联系、沟通与合作贡献力量。会议期间，组织举办媒体高端论坛、平行分论坛、专题演讲、“聚焦河北”“聚焦雄安”“聚焦石家庄”媒体见面会等议程。闭幕式宣读了《第十届世界华文传媒论坛宣言》。第十届世界华文传媒论坛凝聚了海内外媒体人的真知灼见，形成讲好中国故事是全球华文媒体不变主题、传承中华文化是全球华文媒体共同使命、守正创新是全球华文媒体变革发展内生动力的共识，同时号召海外华文媒体加快实现各种传播主体多元融合，推动中外各领域交流合作，传播好中国声音、述说好中国故事。世界华文传媒论坛以“研讨、交流、联谊、发展”为宗旨，是非官方、开放性、国际性的华文媒体高层交流平台，自 2001 年起已成功举办九届，为华文媒体探讨在海外生存发展、促进相互间沟通交流、推动海外华文媒体与中国传媒界互通合作及扩大举办地在海外的影响等提供了高端平台。

（徐周博）

2019 年 10 月 12~13 日，第十届世界华文传媒论坛在石家庄市举行

农业农村

Agriculture & Rural Areas

综　述

2019年，全市农林牧渔业总产值637.49亿元，同比增长1.6%。其中，农业产值308.40亿元，占比48.38%；林业产值19.08亿元，占比2.99%；牧业产值253.62亿元，占比39.78%；渔业产值2.88亿元，占比0.45%；农林牧渔服务业产值53.51亿元，占比8.39%。农业产值中，中药材产值7.68亿元。2019年全市粮食播种面积66.36万公顷，同比减少1.75万公顷；粮食总产量419.85万吨，同比下降1.16%，平均亩产426.7千克。其中，小麦播种面积29.43万公顷，同比减少0.64万公顷，总产量197.01万吨，同比增长0.59%，平均亩产450.3千克；玉米播种面积31.70万公顷，同比减少2.39万公顷，总产量207.18万吨，同比下降4.53%，平均亩产439.9千克。2019年赵县粮食播种面积、总产量、平均亩产均位列石家庄市第一名。蔬菜及食用菌播种面积6.15万公顷，同比减少0.24万公顷；总产量472.04万吨，同比下降6.05%。果园面积5.67万公顷，同比下降37.07%。其中，苹果园6941公顷，梨园2.83万公顷，桃园2513公顷，葡萄园3368公顷。园林水果（不含果用瓜）总产量186.08万吨，同比增长21.71%。其中，苹果12.72万吨（红富士9.78万吨），同比减少1.99万吨；梨产量141.37万吨（雪花梨35.80万吨，鸭梨35.0万吨），同比增加35.16万吨；桃3.28万吨，同比增加0.22万吨；葡萄8.41万吨，同比减少0.17万吨；红枣17.02万吨，同比减少0.37万吨。食用坚果总产5.44万吨，同比增加0.88万吨。

至2019年末，全市牛存栏41.77万头，同比减少3100头；马存栏2364匹，同比增加1167匹；驴存栏1.21万头，同比增加1594头；骡存栏191只，同比减少275只；猪存栏172.52万头，同比减少47.10万头；羊存栏63.59万只，同比减少1.72万只；家禽存栏6576.51万只，同比减少370.23万只，其中蛋鸡存栏5691.22万只；兔存栏26.58万只，同比减少3.75万只。肉类总产量47.79万吨，同比下降12.70%。其中，猪肉产量28.44万吨，下降18.70%；牛肉产量7.52万吨，下降1.81%；羊肉产量1.48万吨，下降5.82%；家禽肉产量10.12万吨，下降1.0%；驴肉产量1157吨，增长0.61%；兔肉产量522吨，下降20.67%。奶类产量68.24万吨，同比增长4.75%，其中，牛奶产量67.98万吨，增长4.69%。蜂蜜产量2331吨，同比下降18.05%。禽蛋产量67.55万吨，同比下降3.50%，其中，鸡蛋产量59.95万吨，同比下降4.28%。水产品养殖面积903公顷，同比下降46.65%；总产量1.74万吨，同比下降3.81%。

2019年全市林业总投资9.60亿元，其中，财政投资9.22亿元（中央预算内基本建设资金0.43亿元、中央财政资金0.72亿元、地方财政资金7.90亿元），自筹资金0.15亿元；完成造林面积111万亩，其中，人工造林50.6万亩，封山育林24.3万亩，森林抚育36.1万亩；森林覆盖率由2018年40.6%提高到41.5%。全年参加义务植树450多万人次，义务植树1300万株。实施人居环境整治，绿化村庄80个，绿化面积2.4万亩。建成国家级生态公益林113.31万亩、省级生态公益林25.65万亩。生产商品材2.70万立方米，其中，原木1.96万立方米，薪材7410立方米；生产人造板225.55万立方米。林业有害生物防治总面积71.73万亩。2019年全市森林旅游与休闲产业接待旅游人数737.14万人次，实现旅游收入23.10亿元。

2019年全市大中型灌区灌溉引水1.8亿立方米，抗旱浇灌农田602万亩。2018年度元氏县八一灌区、平山县滹北灌区、行唐县口西灌区3个中型灌区节水配套改造项目完工，恢复改善灌溉面积7.48万亩；启动行唐县磁左灌区、群众灌区和鹿泉区计三中型灌区节水配套改造项目建设，恢复改善灌溉面积8.55万亩；2019年全市农田灌溉水有效利用系数为0.709。2019年8月底，滹沱河生态修复一期工程完工，新建溪流水面1680公顷，绿地5199公顷，实施生态补水4.5亿立方米。投资2.9亿元，开展地下水超采综合治理，年地下水压采能力达到1047万立方米。实施平山县、灵寿县、行唐县、赞皇县4个贫困县和13个非贫困县（市）农村饮水安全巩固提升工程建设，改善117个村29万农村人口饮水条件。关停自备井617眼，消纳引江水3.65亿立方米。水土流失治理面积268平方千米，其中小流域综合治理面积100平方千米。建成污水处理厂28座，污水日处理能力达到190万吨，实现市区及所有县城建成区污水处理全覆盖。

2019年全市拥有农业机械总动力1173.33万千瓦，同比增长1.48%；保有大型拖拉机41464台、联合收获机28149台、大型青饲料收获机1889台；机耕面积47.2万公顷，同比下降1.05%；机播面积67.1万公顷，同比下降0.15%；机收面积64.5万公顷，同比增长0.62%；主要农作物耕种收机械化率为98.1%，同比提高0.8个百分点。2019年全市农产品及农业投入品监测总量16.8万批次，抽检各类农产品167695批次，合格率保持在99.9%以上。全年农业部对石家庄市开展例行监测4次，抽检农产品449批次，蔬菜产品、畜禽产品、水产品抽检合格率分别为98%、100%和98%。至2019年末，全市累计注册农民专业合作社12123家、家庭农场3822家；土地流转面积283.29万亩，占家庭承包耕地总面积43.62%。农业产业化经营率达到58.43%。秸秆综合利用率达到97.5%。畜禽粪污资源化利用率达到95.2%。拥有中国特色农产品优势区1个，省级特色农产品优势区7个，其中，晋州鸭梨获评中国特色农产品优势区，晋州鸭梨、赵县雪梨、行唐大枣、赞皇大枣、新乐西瓜、赞皇蜂蜜、藁城强筋小麦获评省级特色农产品优势区。新增国家级农业产业化重点龙头企业2家（鹏达食品、惠康食品），累计达到6家；拥有省级农业产业化重点龙头企业75家。2019年新乐市邯邰镇小流村、赵县范庄镇大安一村被确定为全国“一村一品”示范村镇，栾城区天亮种植专业合作社、元氏县生源种养专业合作社获评全省“十佳”农民合作社。

农业综合执法。开展“春雷”“绿剑”两大护农行动，全市出动执法人员4687人次，执法车辆1322辆次，检查涉农生产经营单位4100余家，办理一般程序案件立案53起，结案37起。开展春季农作物种子市场专项检查、兽用生物制品专项整治行动、畜禽私屠滥宰暨注水专项行动、生猪屠宰“扫雷行动”“风暴行动”等10余项专项执法活动，检查各类兽药饲料生产、经营和使用单位152家，出动执法车辆128台次、执法人员376人次。重要节假日期间和肉品消费旺季，组织执法和专业人员对市畜禽定点屠宰企业实行抽检，速测肉质样品86批，合格率100%。实现种植、畜牧、畜禽屠宰等农业领域综合执法全覆盖，全年受理投诉举报44次，接到上级督办、核查、查处案件16起，接到外地单位协查3起，线索函5件，全部做到快速办理，及时反馈，保障了农产品质量安全，打击了农资市场违法违规行为。建立投诉举报和协查核查登记台账，加大“双随机”抽查频次和定向抽查力度，辖区涉农违法行为发生率显著下降。开展普法宣传和培训，制作农药须知、饲料生产经营、肉品辨别等11类宣传资料27.5万份；举办全市农业企业普法培训30多次，发放宣传资料1000余份。

（市农业农村局）

种 植 业

【**概况**】 2019年，全市粮食播种面积66.36万公顷，同比减少1.75万公顷；粮食总产量419.85万吨，同比下降1.16%，平均亩产426.7千克。其中，小麦播种面积29.43万公顷，同比减少0.64万公顷，总产量

197.01 万吨，同比增长 0.59%，平均亩产 450.3 千克；玉米播种面积 31.70 万公顷，同比减少 2.39 万公顷，总产量 207.18 万吨，同比下降 4.53%，平均亩产 439.9 千克；谷子播种面积 6284 公顷，同比减少 520 公顷，总产量 1.73 万吨，同比减少 0.43 万吨，平均亩产 169.5 千克。2019 年赵县粮食播种面积、总产量、平均亩产均位列石家庄市第一名。夏粮播种面积29.49 万公顷，总产量 197.32 万吨，平均亩产 450.1 千克；秋粮播种面积 36.86 万公顷，总产量 222.52 万吨，平均亩产 407.3 千克。豆类播种面积3.45 万公顷，总产量 7.68 万吨，其中，大豆播种面积 3.39 万公顷，总产量 7.61 万吨。薯类种植面积1.14 万公顷，总产量 31.04 万吨。油料播种面积3.17 万公顷，总产量 9.44 万吨，其中，花生播种面积 2.80 万公顷，总产量 8.57 万吨。棉花播种面积332 公顷，总产量 260 吨。蔬菜及食用菌种植面积 6.15 万公顷，同比减少 0.24 万公顷；总产量 472.04 万吨，同比下降 6.05%。瓜果种植面积4019 公顷，总产量 20.08 万吨，其中，西瓜种植面积 2486 公顷，总产量 14.14 万吨。果园面积 5.67 万公顷，同比下降 37.07%。其中，苹果园6941 公顷，梨园 2.83 万公顷，桃园 2513 公顷，葡萄园 3368 公顷。园林水果（不含果用瓜）总产量 186.08 万吨，同比增长 21.71%。其中，苹果 12.72 万吨（红富士 9.78 万吨），同比减少 1.99 万吨；梨产量 141.37 万吨（雪花梨 35.80 万吨，鸭梨 35.0 万吨），同比增加 35.16 万吨；桃 3.28 万吨，同比增加 0.22 万吨；葡萄 8.41 万吨，同比减少 0.17 万吨；红枣 17.02 万吨，同比减少 0.37 万吨。食用坚果总产 5.44 万吨，同比增加 0.88 万吨。中药材种植6万亩，总产量 2.5 万吨，产值 7.68 亿元。至2019 年末，全市农作物种植发展形成鲜明的地域特色，赵县、藁城区成为全国优质小麦生产基地，也是石家庄市小麦、玉米的主产区；特色农产品有：晋州市的鸭梨、赵县的雪花梨，新乐市的西瓜、花生，行唐县、赞皇县的红枣，平山县、赞皇县的核桃等。

【粮食作物】 按照县域划分，粮食主产区为赵县、藁城区、新乐市、晋州市、无极县、行唐县。 小麦主产区为赵县、藁城区、无极县、晋州市、元氏县，平均亩产赵县第一；玉米主产区为赵县、藁城区、行唐县、新乐市、元氏县，平均亩产藁城区第一；谷子主产区为晋州市、栾城区、元氏县、平山县、行唐县，平均亩产藁城区第一。豆类主产区为藁城区、无极县、正定县、栾城区、鹿泉区。薯类主产区为元氏县、行唐县、灵寿县、晋州市。油料作物主产区为行唐县、新乐市、正定县、赞皇县、无极县。赵县被认定为小麦国家区域性良种繁育基地，13 个县（市）列入河北省粮食生产大县和粮食生产核心区。主种杂粮品种包括豆类、薯类、谷子等。甘薯产量26.09 万吨，同比增长 10.9%。粮食生产功能区划定任务面积865 万亩，其中，小麦 460 万亩，玉米 405 万亩，小麦、玉米复种区 405 万亩。调整农业种植结构，扩大强筋麦、张杂谷、“双高”大豆面积，增加优质高效经济作物和饲草作物种植。全年种植优质强筋小麦面积65万亩、大豆 51 万亩，其中，高蛋白、高油“双高”大豆面积 25 万亩；示范推广张杂谷 6.5 万亩，同比增长 7.2%。推广节水、节肥、节药、节本增效技术，实行因时、因地、因苗科学分类管理，重点实施“一喷三防”，全年小麦“一喷三防”面积达 460 万亩。种植小麦节水品种354.9 万亩、青贮玉米面积 49 万亩。晋州市、正定县、鹿泉区重点推广水果玉米、黏玉米、青贮玉米种植，新乐市、行唐县重点推广高油酸花生示范区。培育形成元氏县、行唐县、井陉县、灵寿县、赞皇县等特色优势红薯生产基地，红薯新品种有“普薯 32”“紫薯”等。大豆种植推广高蛋白品种“石豆3号”“石豆 11 号”及高油品种“石豆 1 号”“石豆 4 号”、高产品种“石豆 8 号”等，大豆新品种植面积占比全市大豆面积 50%以上。“石豆8号”创下河北省大豆单产最高纪录。10月 12 日，市科学技术局组织国家大豆产业体系专家，监督和测量藁城区刘海庄村市农林科学研究院建设的“石豆 8 号”高产示范田，经测产和实打实收，亩产达到 314.6 千克，创下河北省大豆单产最高纪录。专家组认为：“石豆 8 号”田间长势整齐，结荚均匀且籽粒饱满，无倒状，田间无病虫害，综合特性良好；适合大面积机械化种植；品质优良，可作为榨油及豆腐、豆浆加工品种。2019 年“石豆 8 号”被河北省农业农村厅列为豆类种植主导品种。创新粮食种植模式，推行粮—粮（玉米—大豆)带状复合种植模式、粮—粮(小麦—大豆)轮作种植模式、粮—药（小麦中药材瓜蒌）套种种植模式、林下种植模式（经济林和农作物间作种植模式）、粮一菜（小麦—大葱）轮作种植模式，实现农业增产、农民增收。

【蔬菜生产】 全年蔬菜及食用菌种植面积6.15万公顷，同比减少0.24万公顷；总产量472.04万吨，同比下降6.05%。蔬菜主产区为藁城区、高邑县、无极县、鹿泉区、赵县、行唐县，食用菌生产主要分布在灵寿县、平山县、正定县。引进推广蔬菜种植新品种、新技术、新模式，指导农户加强病虫害防治和水肥管理。重视产销渠道建设，组织园区、生产大户参加第二十三届中国（廊坊）农产品交易大会等展会；搭建产销平台，发展农超、农社、农餐、农校对接模式，提高蔬菜种植效益。推进市级“菜篮子工程”项目建设，扩大高端设施蔬菜和食用菌种植面积，重点突出标准化生产、品牌培育等环节，创建市级高端蔬菜标准园30个。在京广、石德铁路沿线（石家庄地域）和石家庄市城郊区域“两沿一区”地带建设标准化设施蔬菜基地，涉及藁城区、高邑县、无极县等12个县（市、区），建成万亩蔬菜示范区15个、千亩示范方39个，建设部级蔬菜标准园15个、省级现代蔬菜产业园22个、市级蔬菜标准园100个。2019年石家庄丛青果蔬种植有限公司入选首批粤港澳大湾区“菜篮子”产品生产供应基地。

【果品产业】 全年果园种植面积5.67万公顷，同比下降37.07%。其中，苹果园6941公顷，梨园2.83万公顷，桃园2513公顷，葡萄园3368公顷。园林水果（不含果用瓜）总产量186.08万吨，同比增长21.71%。其中，苹果12.72万吨（红富士9.78万吨），同比减少1.99万吨；梨产量141.37万吨（雪花梨35.80万吨，鸭梨35.0万吨），同比增加35.16万吨；桃3.28万吨，同比增加0.22万吨；葡萄8.41万吨，同比减少0.17万吨；红枣17.02万吨，同比减少0.37万吨。食用坚果总产5.44万吨，同比增加0.88万吨。瓜果种植面积4019公顷，总产量20.08万吨，其中，西瓜种植面积2486公顷，总产量14.14万吨。水果种植主要分布在晋州市、赵县、平山县、赞皇县、行唐县等县（市），其中，苹果主产区为深泽县、行唐县、晋州市、井陉县；梨主产区为晋州市、赵县，晋州鸭梨、赵县雪花梨全国闻名；桃主产区为晋州市、行唐县、正定县；葡萄主产区为晋州市、深泽县、鹿泉区、藁城区；红枣主产区为行唐县、赞皇县；西瓜主产区为新乐市、无极县、正定县、高邑县。晋州鸭梨获评中国特色农产品优势区，晋州鸭梨、赵县雪梨、行唐大枣、赞皇大枣、新乐西瓜获评省级特色农产品优势区。新乐西瓜果实皮薄、瓤沙、甘甜爽口，产地主要集中在东王镇、邯邰镇、大岳镇、承安镇、正莫镇5个乡镇。11月1日，第四届京津冀果品争霸赛公布评选结果，石家庄市参赛果品获得“果王”3项，分别是井陉县圆景合作社的富士苹果、平山县元坊协会的片红富士苹果、河北甘林科技公司的王林苹果；金奖7项，分别是井陉县假日公司的富士苹果、石家庄市兆丰开发中心的富士苹果、河北鲜鲜公司的鸭梨、赵县大安精园合作社的黄冠梨、晋州市长城公司的秋月梨、赵县冀华星合作社的雪花梨、河北鹏杨公司的雪花梨。赵县雪花梨又称赵州雪花梨，果型丰满肥硕、果皮有朱砂斑点缀，色泽金黄，成熟后果肉洁白如玉，似雪如霜而得名，有“大如拳，甜如蜜，脆如菱”之说，具有个大、体圆、皮薄、肉厚、色佳、汁多、味香甜等特点。赵县雪花梨种植历史悠久，早在南北朝时就被选作贡品进贡朝廷。单果重一般400克左右，最大1900克，含糖量12%~14%，最高可达16.5%，果肉细脆而嫩，汁多味甜，质细脆嫩，有冰糖味和怡人的香气。

（市农业农村局）

畜牧水产业

【概况】 2019年，全市牧业产值253.62亿元，占农林牧渔业总产值39.78%；渔业产值2.88亿元，占农林牧渔业总产值0.45%。至2019年末，全市牛存栏41.77万头，同比减少3100头；马存栏2364匹，同比增加1167匹；驴存栏1.21万头，同比增加1594头；骡存栏191只，同比减少275只；猪存栏172.52万头，同比减少47.10万头；羊存栏63.59万只，同比减少1.72万只；家禽存栏6576.51万只，同比减少370.23万只，其中蛋鸡存栏 5691.22 万只；兔存栏 26.58 万只，同比减少 3.75 万只。肉类总产量47.79 万吨，同比下降 12.70%。其中，猪肉产量28.44 万吨，下降 18.70%；牛肉产量 7.52 万吨，下降 1.81%；羊肉产量 1.48 万吨，下降 5.82%；家禽肉产量 10.12 万吨，下降 1.0%；驴肉产量 1157 吨，增长 0.61%；兔肉产量 522 吨，下降 20.67%。奶类产量68.24 万吨，同比增长 4.75%，其中，牛奶产量 67.98 万吨，增长 4.69%。蜂蜜产量2331 吨，同比下降 18.05%。禽蛋产量 67.55 万吨，同比下降 3.50%，其中，鸡蛋产量 59.95 万吨，同比下降 4.28%。水产品养殖面积903 公顷，同比下降 46.65%；总产量 1.74 万吨，同比下降 3.81%。2019 年赞皇蜜蜂特色农产品优势区入选第二批河北省特色农产品优势区。

【畜牧水产养殖】 2019 年全市共有国家确定畜牧大县 6 个，其中，生猪调出大县 4 个，分别是正定县、藁城区、新乐市、晋州市；奶牛养殖大县 2 个，分别是行唐县、栾城区。至 2019 年末，全市备案猪养殖场 503 个，同比下降 3.27%；备案牛养殖场 271 个，同比增长 4.23%；备案羊养殖场 76 个，同比下降 10.59%；备案鸡养殖场 350 个，同比增长 10.41%；拥有鱼养殖场 70 余家。生猪养殖。提升和稳定生猪养殖数量，完成全市养猪场（户）信息登记，包括养殖场信息、法人信息、养殖规模和位置经纬度（GPS 坐标）；至 2019 年末，全市年出栏 1000 头以上规模养猪场及种猪场周边 3 千米范围内养猪场（户）信息登记全部完成并建立台账；深泽县新希望六和养殖、河北佳尧养殖有限公司年出栏 8 万头及肉食品深加工、饲料加工等生猪养殖项目开工。奶牛饲养。2019 年全市建有奶牛场 185 家，全部实行分群饲养、全株玉米青贮饲喂、TMR 全混合日粮饲喂和奶牛卧床 4 项先进饲喂技术，其中，135 家参加生产性能测定（DHI），78 家采用信息化管理软件实行智能化管理，4 家通过全球 GAP 认证。建设优质奶源基地。启动60个奶牛智能牧场建设。行唐县、灵寿县、无极县、藁城区、鹿泉区、赵县、新乐市、晋州市 8 个县（市、区）实施 2019 年粮改饲示范县建设和青贮任务。渔业养殖。2019 年全市引进鱼常规养殖品种水花 1.69 亿尾，其中，草鱼 1.6 亿尾、花白鲢 994 万尾、生产夏花 5666 万尾；引进新品种 6 个，其中，长丰鲫 30 万尾、福瑞鲤 400 万尾、中华草龟 2 万只、加州鲈 1 万尾、斑点叉尾回鱼 9 万尾、观赏鱼 40 万尾；人工孵化泥鳅、锦鲤、中华鳖等各类鱼苗 7200 万尾（只），其中，台湾鳗鳅 4000 万尾、锦鲤 3000 万尾、中华鳖 200 万只。水产品养殖产量9038 吨、捕捞产量 8380 吨。开展池塘标准化、规模化改造，完善尾水处理和循环利用设施，增加水体利用率。2019 年全市创建部级水产健康养殖示范场 8 家，分别为：平山县冀兴水产养殖专业合作社、平山县凤龙养鱼场、平山县郎咸玲冷水鱼养殖场、鹿泉区黄滹甲鱼养殖场、鹿泉区万祥家庭农场、鹿泉区银龟园养殖场、鹿泉区田语生态园、井陉县绵冶冷水鱼养殖场。至 2019 年底，全市部级健康养殖示范场达到 24 家。6家养殖企业获得第三批省级休闲渔业示范基地，分别为：石家庄迪载农业观光服务有限公司、鹿泉区田语生态观光园有限公司、灵寿县天然湖渔业专业合作社、河北素染地农业开发有限公司、石家庄浩大农业开发有限公司、河北泽鲜园农业开发有限公司。晋州市、栾城区、鹿泉区、长安区培育高端锦鲤繁育、养

君乐宝优致牧场全自动转盘式挤奶

殖基地4个，养殖规模达650亩，年产值达3000万元，其中晋州“大显锦鲤”发展成为华北地区最大的锦鲤养殖基地。赞皇蜜蜂特色农产品优势区入选第二批河北省特色农产品优势区。赞皇县山清水秀，植被丰茂，四季有花，三季有果，赞皇蜂产品是河北省首家通过农业部农产品质量安全中心无公害认证的蜂产品。

【动物疫病防控】 实施春、秋两季动物疫病集中防疫，以乡镇为单位，设立免疫小分队，集中人力、时间和区域，采取逐乡开展、逐户逐场免疫、整村推进的方式；规模养殖场免疫坚持集中免疫与程序免疫相结合的办法。建立免疫进度周报告制度和电话督导制度。免疫结束后，及时开展查漏补缺和“回头看”活动。2019年全市春、秋动物疫病防控口蹄疫免疫578.69万头（只），高致病性禽流感免疫7367.1万只，鸡新城疫免疫6271.91万只，高致病性猪蓝耳病免疫317.38万头，猪瘟免疫322.88万头，肉牛布病免疫23.13万头，羊布病免疫192.49万头，羊小反刍兽疫免疫189.11万只，全市畜禽免疫密度、耳标佩戴率均达到100%。加强动物检疫，全年产地检疫动物7749.45万头（只），其中，猪检疫129.04万头，牛检疫13.98万头，羊检疫2.66万只，鸡检疫7388.56万只，其他动物检疫215.21万头（只）；牛、羊产地检疫数量同比增长69.75%，鸡产地检疫数量同比增长58.25%。屠宰检疫动物3272.62万头（只），其中，猪130.57万头、牛5.55万头、鸡3136.50万只，牛屠宰检疫数量同比增长4.95%。开展非洲猪瘟防控，采取内控外堵等措施，保持全市非洲猪瘟疫情清净状态；17个农村县（市、区）兽医实验室全部配备相关检测设备并开展非洲猪瘟检测；组织全市生猪定点屠宰企业开展非洲猪瘟检测实验室标准化建设和集中大消毒活动，制定实施方案，拨付财政资金38.5万元，发放消毒药35吨，重点对生猪养殖场（户）、生猪屠宰厂（点）、无害化处理场和动物诊疗等场所及周边环境消毒。非洲猪瘟防控期间，全市公路检查站检查运输生猪车辆6941辆，检查生猪30.59万头，检查运输猪产品车辆1892辆，检查猪产品12.11万吨，车辆消毒924辆。

【畜禽粪污利用】 2019年全市畜禽规模养殖场粪污处理设施装备配套率达98.25%，畜禽粪污综合利用率达95.2%。借助畜禽粪污资源化利用整市推进项目之机，引导900家中小型养殖场实施新建和改扩建粪污治理设施工程，培育形成晋州双鸽美丹、藁城区世博牧业、平山县裕农、鹿泉佳科能源为代表的“沼气工程+能源利用+还田利用”模式及中小规模场“干清粪+贮粪池+污水沉淀池+农业还田”模式。突出高效利用，推行工厂化集中处理模式。引导社会力量投资建设大型有机肥加工厂，培育形成以金太阳、大众肥业等12家有机肥加工企业为龙头，以养鸡场鸡粪为原料集中处理模式，培育形成以润农欣、康丰为代表的生物利用牛粪集中处理模式，解决了粪污处理难题，还为养殖企业找到新的经济增长点。发展循环经济，以种养结合为核心，引导养殖业、种植业互相结合，鼓励“场（养殖场）外造园（种植园），园内建场”，实现优势互补、资源共享、循环利用，培育形成中山牧业、河北田牛等为代表的种养结合循环利用模式。做好病死畜禽集中无害化处理，2019年全市集中无害化处理病死猪62万头、牛1572头、成年羊186只、小羊2.7吨、禽类226.5吨，有效保障了食品安全和公共卫生安全。

【畜产品检测】 抓好畜产品质量安全监测计划落实，监督抽检按照场点随机抽样、按规程检测，做到规范、准确、及时。全年完成抽检样品22628批次。其中，部级生鲜乳抽样任务653批、检测任务840项次，兽药抽样任务43批，畜产品抽样任务675批；省级生鲜乳抽样任务129批、检测任务845项次，兽药抽样任务27批，畜产品抽样373批、检测任务1100项次；市级检测任务17943项次（畜产品2456批、15242项次，5092项次为确证检测，17项次不合格，合格率99.88%；生鲜乳404批、2011项次，合格率100%；饲料282批、501项次，合格率100%；兽药189项次，合格率100%），发现问题样品12批，不合格参数7个。全年检测，发现问题样品12批、17项次，涉及恩诺沙星、环丙沙星、氧氟沙星、氟苯尼考、金刚烷胺、甲砜霉素、克仑特罗7个参数。参加部级、省级能力验证。2019年5月，石家庄市参加农业农村部组织的全国农产品质量安全检测能力验证，分别通过畜禽产品兽药和违禁污染物残留检测能力验证、水产品药物残留检测能力验证和生鲜乳成分与污染物残留检测能力验证。2019年10月，石家庄市参加省农业农村厅组织的全省农产品质量安全检测能力验收，分别通过畜禽产品兽药和违禁污染物残留检测能力验证、水产品药物残留检测能力验证，继续拥有部级和省级畜产品、水产品检测资质。2019年市农业农村局畜产品质量监测中心（所）曹楠、鹿泉区姚亮参加全国农产品质量安全检测技能大赛分别获得水产品组第6名和畜禽产品组第8名，并分获农业农村部“全国农业技术能手”“全国农业行业职业技能竞赛优秀选手”称号。

（市农业农村局）

林　业

【概况】 2019年，全市林业工作贯彻落实《石家庄市2019年农村重点造林绿化工作实施方案》要求，突出实施“三沿三旁”（沿路、沿河、沿湖，城旁、镇旁、村旁）、封山育林、太行山生态绿化、通道两侧绿化林带补植补造等绿化工程，组织开展全民义务植树活动，采取重点造林绿化与其他绿化工程建设相结合、生态林与经济林建设相结合、专业造林与群众造林相结合等方式，主动构建多层次、多树种、多效益的生态绿化格局。2019年全市林业产值19.08亿元，占农林牧渔业总产值2.99%，其中，林木培育和种植产值16.92亿元，林产品产值1.97亿元。2019年全市林业总投资9.60亿元，其中，财政投资9.22亿元（中央预算内基本建设资金0.43亿元、中央财政资金0.72亿元、地方财政资金7.90亿元），自筹资金0.15亿元；完成造林面积111万亩，其中，人工造林50.6万亩，封山育林24.3万亩，森林抚育36.1万亩；森林覆盖率由2018年40.6%提高到41.5%。全年参加义务植树450多万人次，义务植树1300万株。实施人居环境整治，绿化村庄80个，绿化面积2.4万亩。建成国家级生态公益林113.31万亩、省级生态公益林25.65万亩，拥有经济林面积264.84万亩，经济林总产量190.64万吨。生产商品材2.70万立方米，其中，原木1.96万立方米，薪材7410立方米；生产人造板225.55万立方米。万亩苗圃生产基地栽植苗木110万株。林业有害生物防治总面积71.73万亩。2019年全市花卉种植面积7.3万亩，总产值4.6亿元；花卉产业从业人员1.1万多人；年产切花420.8万枝、盆栽植物1581.4万盆、观赏苗木6140.6万株；主要花卉品种有仙客来、红掌、凤梨、蝴蝶兰、一品红、君子兰等，地方名优特色花卉重点产品有仙客来、红掌。严格森林防火管理，全市森林火灾受害率控制在0.3‰以下，森林资源相对集中区域森林防火综合监控覆盖率达到85%以上。救助野生动物340多只，其中，国家二级保护动物57只（猛禽类23只、两栖爬行类28只、哺乳类2只、鹦鹉类4只）。全年林业系统共有从业人员1000人，其中在岗职工999人。编制生态护林员选聘实施方案，从平山县、灵寿县、行唐县、赞皇县4个贫困县建档立卡贫困户选聘生态护林员940名，其中，平山县300人、灵寿县200人、行唐县116人、赞皇县324人，每人每年补助1万元。2019年国家、河北省林业和草原局（简称林草局）启动实施“森林乡村”创建活动，石家庄市17个村被国家林草局授予国家级“森林乡村”，50个村被省林草局授予省级“森林乡村”。2019年全市森林旅游与休闲产业接待旅游人数737.14万人次，实现旅游收入23.10亿元。

【造林绿化】 全年完成造林面积111万亩，其中，人工造林50.6万亩，封山育林24.3万亩，森林抚育36.1万亩；森林覆盖率由2018年40.6%提高到41.5%。实施环城绿化林带建设工程，主要在城区周边绕城高速公路两侧规划建设1条环绕城区一圈高标准环城绿化林带，总长度113.06千米，范围内高速公路两侧各建设500米宽的高标准绿化林带，绿化面积6.6万亩；主城区环城水系沿岸整体新建提升绿地0.35万亩、架设景观桥16座、修建绿道24千米，打造六大公园和12处景观节点。实施北部“三河”及部门绿化工程，在北部滹沱河、磁河、大沙河行洪治导线以外各1千米区域的滩涂地、可利用地，分区域、分阶段对河岸两侧高标准绿化，栽植经济林和生态林，完成造林10万亩。实施太行山区绿化工程，坚持以造为主、宜造则造、宜封则封原则，采取管护、造林、封育相结合方式，完成营造林任务98.62万亩，其中，人工造林38.22万亩，封山育林24.3万亩，森林抚育36.1万亩。实施农村人居环境整治绿化工程，全年人居环境整治绿化村庄80个，绿化面积2.4万亩。实施旅游线路绿化工程，结合举办河北省第四届旅游产业发展大会、石家庄市第四、五届旅游产业发展大会，重点实施大会观摩线路两侧绿化美化工程，完成新元高速两侧、河北大道、井陉“天路”等重点观摩线路两侧绿化任务1.7万亩。“三沿三旁”绿化工程。沿路绿化：涉及市域5条铁路、8条高速公路、37条国省干道，平原道路两侧各建立500米左右绿化林带，山地可视范围内荒山荒地全部绿化；绿化面积32.85万亩。其中，石济、石太、京石、京广、朔黄铁路5条铁路两侧绿化面积4.25万亩，涉及赞皇县、平山县、井陉县、元氏县、鹿泉区、正定县、新乐市、高邑县、藁城区等县（市、区）；黄石、西柏坡、北绕城、青银、京昆、京港澳、新元、太行高速8条高速公路拓宽原50~100米林带至500米左右，重点在新元高速两侧各建成500米左右绿化林带、栾城区青银高速公路两侧建成万亩苗圃生产基地，绿化面积13.45万亩，涉及赞皇县、平山县、灵寿县、行唐县、井陉县、元氏县、鹿泉区、晋州市、赵县、正定县、新乐市、高邑区、藁城区、栾城区、长安区、新华区、正定县等县（市、区）；107、207、307、308国道及33条省道两侧绿化面积15.15万亩，涉及赞皇县、平山县、灵寿县、行唐县、井陉县、元氏县、鹿泉区、晋州市、赵县、无极县、正定县、新乐市、高邑县、深泽县、藁城区、栾城区等县（市、区）。沿河绿化：滹沱河、大沙河、磁河（木刀沟）、洨河、槐河、冶河、泲河7条河流两侧各建成500米左右绿化林带，绿化面积1.55万亩，涉及平山县、灵寿县、井陉县、元氏县、鹿泉区、晋州市、无极县、正定县、新乐市、高邑县、深泽县、藁城区等县（市、区）。沿湖绿化：岗南、黄壁庄、横山岭、口头、白草坪、张河湾、八一水库蓄水线以上可视山体绿化面积6.3万亩，涉及赞皇县、平山县、灵寿县、行唐县、井陉县、元氏县、鹿泉区等县（区）。城旁、镇旁、村旁绿化工程。城旁绿化：平原区有环城路的县城四周，建设环县城300米左右绿化林带；井陉县、井陉矿区县城周围可视范围内宜林荒山荒地全部绿化；没有环城路县城，至少建设1条两侧各300米左右沿路林带；绿化面积1.85万亩；涉及赞皇县、平山县、灵寿县、行唐县、井陉县、元氏县、鹿泉区、井陉矿区、晋州市、赵县、无极县、正定县、新乐市、高邑县、深泽县、藁城区、栾城区等县（市、区）。镇旁绿化：平原区乡镇政府所在村四周建成100米左右环乡镇村绿化林带；山地丘陵区乡镇政府所在地四周，300米范围内宜林荒山荒地全部绿化；绿化面积7.45万亩；涉及赞皇县、平山县、灵寿县、行唐县、井陉县、元氏县、鹿泉区、井陉矿区、晋州市、赵县、无极县、正定县、新乐市、高邑县、深泽县、藁城区、栾城区、长安区、新华区、裕华区、正定新区、循环化工园区等县（市、区）。村旁绿化：村庄道路两旁、房前屋后，空心村内废弃地、厂房企业、养殖场，垃圾场周围，名胜古迹，学校医院、企业围墙外30米范围内实施造林绿化，植树500万株；涉及赞皇县、平山县、灵寿县、行唐县、井陉县、元氏县、鹿泉区、井陉矿区、晋州市、赵县、无极县、正定县、新乐市、高邑县、深泽县、藁城区、栾城区等县（市、区）。封山育林20万亩，涉及赞皇县、平山县、灵寿县、行唐县、井陉县、鹿泉区等8县（区）。太行山生态绿化工程补植补造23.2万亩。义务植树活动。全年参加义务植树450多万人次，义务植树1300万株。3月24日，省委书记、省人大常委会主任王东峰，省委副书记、省长许勤，中国人民解放军中部战区陆军政委周皖柱，省政协主席叶冬松，省委副书记赵一德等省四大班子、省直单位、驻冀部队、林业部门和石家庄市干部职工1500人到石家庄市正定县北早现乡平安屯村植树造林现场参加义务植树活动，栽植大叶女贞、碧桃、金叶榆等树木8000余株。3月12日（是第41个植树节），省委常委、市委书记邢国辉，市委副书记李德进、市人大常委会主任司存喜、市政协主席刘明轩等领导与机关干部职工、驻石部队官兵1000多人到栾城区栾城镇张家庄村植树，栽植株紫薇、法桐、白蜡树等1万余株；同日，2800多名志愿者参加小壁林区义务植树活动，栽植树苗5400余棵。11月8日，省委常委、市委书记邢国辉，市长邓沛然，市人大常委会主任司存喜，市政协主席刘明轩等领导与1000多名机关干部、部队官兵到元氏县苏阳乡万花山森林公园，参加2019年秋冬季义务植树活动，栽植白皮松、侧柏、油松

1万余株。

【古树名木】 至2019年末，全市共有古树名木35773株，其中，古树35769株、名木4株；一级古树592株（千年以上古树221株），二级古树1436株，三级古树33741株；古树群235个、34017株；隶属25科、41属、56种（包括变种）。从区域看，分布在21个县（市、区），主要分布在赵县、晋州市、新乐市、鹿泉市、赞皇县、行唐县、平山县、灵寿县8个县（市、区）；从具体分布看，有上千株集中分布，有单株或多株零星遗存，树种主要是国槐、侧柏、梨树等乡土树种，尤其是银杏、青檀、少脉雀梅藤、蜡梅、楸树、鹅耳枥、紫藤等均有存活，弥足珍贵。

【生态公益林】 全年涉及生态公益林县(区)8个，分别为：赞皇县、井陉县、灵寿县、平山县、元氏县、行唐县、鹿泉区和井陉矿区；国家级公益林113.31万亩，其中，国有公益林面积8.92万亩，集体87.78万亩，个人16.61万亩；省级公益林面积25.65万亩。鹿泉区国家级公益林面积12669亩。其中，国有公益林面积8797亩，分别为：郄庄林场2428亩、小壁林区5619亩、抱犊寨景区750亩；集体国有公益林面积3902亩，分别为：封龙山风景区1868亩、龙泉湖管理处1583亩、抱犊寨景区100亩、荷莲峪村351亩。赞皇县国家级公益林面积18.35万亩。其中，国有公益林面积1.39万亩（虎寨口国营林场），集体和个人16.96万亩（涉及嶂石岩、黄北坪、许亭、院头、土门、阳泽6个乡镇46个村集体109个个人）。元氏县国家级公益林面积3900亩，都是集体所有，主要分布在南佐镇北龙池，前仙乡牛家庄村，黑水河乡佃户营村3个乡镇3个行政村。井陉矿区国家级公益林6100亩，都是集体所有，其中，贾庄镇南寨村1586.1亩、西王舍1195.75亩、天户峪997.2亩、北寨村304.05亩、贾庄村148.05亩；横涧乡横西村1694.55亩；凤山镇张家井村174.3亩。灵寿县重点生态公益林面积21.23万亩，其中，国家级公益林面积20.23万亩（国家3.52万亩，集体和个人16.71万亩），省级公益林1万亩；涉及4个乡镇39个行政村、1个国有林场、2个乡办林场。平山县重点生态公益林面积52.88万亩，其中，国家级生态公益林面积48.23万亩（国有0.46万亩，集体和个人47.77万亩），省级生态公益林4.65万亩；涉及10个乡镇145个村和1个林场。井陉县重点生态公益林面积43.33万亩，其中，国家级公益林面积23.33万亩（国有2.67万亩，集体和个人20.66万亩），省级公益林20万亩；涉及辛庄林场、南寺掌林场2个国有林场和15个乡镇。行唐县国家生态公益林9000亩，涉及3个乡镇12个行政村。

【有害生物防治】 全年森林病虫害防治达到预期目标，主要病虫害测报覆盖率、防治率均达100%，没有发生大面积疫情灾害，全年生物病虫害成灾率为0。林业有害生物主要防治对象为美国白蛾、杨扇舟蛾、杨小舟蛾、松毛虫、松阿扁叶蜂等，全年发生面积22.3万亩，涉及16个县（市、区）、98个乡、镇、街道办事处，946疫点村（街道、居民小区）；实施大面积飞机喷药防治，飞行343架次、飞防面积37.56万亩，地面防治9.5万亩，释放周氏啮小蜂2.5亿头，防治面积2.3万亩。检查没有发生美国白蛾病虫害县（市、区），没有出现新的疫村疫点。2019年8~10月，开展松材线虫病疫木检疫执法行动，全面普查现有松树面积（不含苗圃、散生树）101万亩，未发现松材线虫病疫情发生。全年建立美国白蛾病虫害监测点601个，采取悬挂诱虫灯等方法，实时监测美国白蛾虫情发展动态；建立乡村查访员制度，在美国白蛾疫点乡村每村设查访员2名，在疫情县非疫点村每村设查访员1名，做到准确掌握疫情动态和及时发现、及时上报、及时除治灭疫。加强检疫监管，严格执行《植物检疫条例》，做好产地检疫和复检工作，从疫区调出的森林植物及其产品、包装材料和运载工具等执行检疫检查和除害处理措施，周密做好疫情封锁管理。利用人工物理防治、天敌防治、药剂防治等技术手段，及时开展有害生物防治和减灾工作。

【森林公安】 全年办理关于森林刑事案件48起，抓获犯罪嫌疑人57人。办理林业行政案件80起，处罚126人，罚款39.762万元。开展“金钺”“金网”“金剑”“金盾”“昆仑”“禁种铲毒”及缉枪治爆等专项行动。其中，“金钺行动”以林场、自然保护区、风景名胜区及乡镇村为重点，出动宣传巡查车辆1606台次，出动人员5453人次，刑事立案1起，行政案件60起，处罚人员58人次，罚款13000元；“金剑行动”以平山、井陉、灵寿、行唐、赞皇等资源丰富且历年屡有发生非法采挖、运输天然大树、“崖柏”、滥伐、盗伐林木等违法行为的山区县作为行动的重点区域，共出动人员1236人次，出动车辆420台次，清查木材交易市场、收购站59处，清查木材经营加工场所64处，清查征占用林地场所37处，查处行政案件18起，行政处罚19人，罚款7.1万元；“金网行动”以候鸟及其他野生动物栖息繁衍地（西部山区水库、湿地等）、迁徙停歇地、迁徙通道（深泽、晋州、栾城、元氏、高邑、赵县等地区）等野生动物资源集中地区为重点区域，共出动人员1570人次，车辆672车次，清理野生动物驯养繁殖场所45处，清理野生动物加工经营场39处，检查野生动物活动区域85处，立案7起，抓获犯罪嫌疑人7人，起诉2起，收缴野生动物6359只，其中，国家二级保护野生动物6只，野生动物制品0.51千克，猎具20件；“金盾行动”共出动执法人员1342人次，其中森林公安民警681人次，出动车辆567台次，行政立案18起，行政案件查处10起，行政处罚24人，行政罚款426965.58元，收缴林地1.344公顷；“昆仑行动”出动警力200余人次，出动车辆50余车次，检查花鸟鱼虫市场12处，检查文玩市场15处，刑事立案17起，抓获犯罪嫌疑人17人，移送起诉4起，扣押象牙制品1000余克，野生动物活体10只，疑似虎骨制品20余件，疑似岩羊角制品14件，行政立案11起，行政处罚10人，行政罚款178073元。深泽县铁杆镇某贩卖野生动物案件，当场查获斑鸠活体147只、死体219只，麻雀死体3397只，黄鼬死体9只，涉案动物价值113.61万元。协助内蒙古警方查获蒙古百灵鸟700余只，抓捕嫌疑人4名。

（李鹏　李天骄　陆景琨）

水　利

【概况】 2019年，全市共有各类水库239座，其中，大型水库4座、中型水库8座、小型水库227座；总库容37.62亿立方米，其中，大中型水库库容36.22亿立方米，占总库容96%；水电行业累计发电量8637万千瓦时。张河湾水库上坝路及电力线路改造等25项应急度汛工程和4条中小河流治理任务完成，维修养护小型水库11座。大中型灌区灌溉引水1.8亿立方米，抗旱浇灌农田602万亩。滹沱河生态修复一期工程完工，新建溪流水面1680公顷，绿地5199公顷，实施生态补水4.5亿立方米。地下水超采综合治理水利项目涉及5个县（市、区），总投资2.9亿元，实现年地下水压采能力1047万立方米，改善灌溉面积3.41万亩，全市117个村、29万农村人口喝上长江水。推进农村饮水安全工程建设，投资3793万元，实施平山县、灵寿县、行唐县、赞皇县4个贫困县和13个非贫困县农村饮水安全巩固提升工程建设，改善117个村、21.45万人饮水条件。关停自备井617眼。消纳

南水北调工程——沸河渡槽

引江水3.65亿立方米。全年水土流失治理面积268平方千米，小流域综合治理面积100平方千米。续建2018年度元氏县八一灌区、平山县滹北灌区、行唐县口西灌区3个中型灌区节水配套改造项目完工，恢复改善灌溉面积7.48万亩；行唐县磁左灌区、群众灌区和鹿泉区计三中型灌区节水配套改造项目建设启动，完成投资4922万元，恢复改善灌溉面积8.55万亩，2019年全市农田灌溉水有效利用系数为0.709。建成污水处理厂28座，污水日处理能力达到190万吨，城区及所有县城建成区实现污水处理全覆盖。2019年全市共有县、乡、村级河长3744名，河长制信息平台注册登记3561人，激活3416人；各级河长、巡河员开展巡河78708次，其中有效巡河64255次，解决问题812个。

【防汛抗旱】 建成县级山洪灾害预警平台8处，自动雨水情监测站点380处、简易雨量站点1224处、简易水位站点291处、预警广播站点1452处，基本实现山洪灾害监测预警全覆盖。2019年全市227座小型水库和山洪灾害易发区74个重点村全部配备手摇报警器、卫星电话，做到遇有险情、第一时间预警。汛期期间，各县级山洪灾害预警平台发布预警短信2.73万条，发布预警广播1100次，有效、可靠、保障了群众避险和转移。张河湾水库上坝路及电力线路改造等25项应急度汛工程和4条中小河流治理任务完成，维修养护小型水库11座；各大中型水库闸门启闭设备和备用电源全部试车试运行，5项水毁修复项目完工。编制7条主要行洪河道防洪调度方案，河道内村庄避险和转移方案逐一落实到位，并设置危险区警示牌。主汛期前不能完工的在建涉水涉河项目，督促建设单位制定应急度汛方案，确保汛期工程安全、人员安全。全年储备防汛物资50余个品种，价值2400万元，全部登记造册。其中，市本级储备防汛物资1034万元，主要包括橡皮舟、冲锋舟等20余个品种。提升应急抗旱能力，制定《石家庄市2019年旱灾防御专项工作方案》。全年中央及河北省下达抗旱应急补助资金440万元，建设小型抗旱应急工程120处，其中，铺设输水管道86160米、维修防渗小渠道33处、维修及配套大口井14眼、新建及配套大口井4眼、新建及配套蓄水池11座、维修蓄水池5座、新建截潜流2座、维修及配套机泵39台套、维修塘坝2座，购置输水管道10700米、灌溉管道12800米、物探找水设备1台。解决4390人因旱临时饮水困难，应急灌溉农田11955亩。全市各大中型灌区灌溉引水1.8亿立方米，抗旱浇灌农田602万亩。

【滹沱河生态修复】 滹沱河是石家庄的母亲河，发源于山西省繁峙县，西从平山县入境，流经平山县、鹿泉区、灵寿县、正定县、石家庄市主城区、藁城区、晋州市、无极县、深泽县等一城8县市区，横贯石家庄中部区域，向东经衡水、沧州流入渤海湾。2017年9月，石家庄市委、市政府启动实施滹沱河生态修复工程。2018年7月31日，滹沱河生态修复工程开工动员大会在藁城区举行，标志滹沱河生态修复工程建设全面启动。滹沱河生态修复工程规划范围为黄壁庄水库至深泽东界，全长109千米，总投资209亿元；分三期建设，一期工程范围为石家庄主城区中华大街至藁城东42千米，二期工程范围为藁城东至深泽东界，长度43千米，三期工程为黄壁庄水库至中华大街，长度24千米。2019年石家庄市委、市政府将滹沱河生态修复工程列为市重点工程，推进工程立项、设计审批、工程征迁、资本方招标采购、施工建设等重点工作。2019年8月底，滹沱河生态修复一期工程完工，主河槽治理、河道疏浚、绿地整理、道路建设等主体工程基本完成，工程内容主要包括16千米提升工程、东延工程、藁城段工程3部分，完成投资119.85亿元，新建堤防31.9千米，疏浚河道42千米，建成溢流堰（潜水坝）5座、生态绿道203千米，新建溪流水面1680公顷，绿地5199公顷，实施生态补水4.5亿立方米，打造形成台西湖、廉州湖两大景区和周汉河湿地，成为市民运动、休闲、观景的好去处。石家庄滹沱河生态修复工程启动以来，滹沱河河道断流，河道内黄沙裸露、采砂盗砂，河道旁私搭乱建、随意倾倒建筑垃圾，盗砍河岸防护林带等严重破坏滹沱河生态环境行为得到彻底扭转；所建生态绿地每年可吸收PM2.5达2.1万吨、二氧化硫2370吨、二氧化碳6.2万吨，释放氧气4.5万吨；滹沱河上游岗南水库、黄壁庄水库每年为滹沱河补水2000万立方米，南水北调工程每年为滹沱河提供长江生态水700万立方米，滹沱河水质获得根本改善；滹沱河沿岸建成足球场6个、篮球场28个、网球场12个、停车场15个、自行车驿站70个。滹沱河生态修复工程受到市民的广泛赞誉，滹沱河沿岸已发展成为石家庄人休憩、乐游、养生的好去处。7月29日，省委常委、市委书记邢国辉在全省生态文明建设暨乡村治理工作会议上围绕滹沱河生态修复工程作典型发言。10月8日，滹沱河石家庄市区段获得全省“秀美河湖”称号。

【河长制】 加强河道管理与保护，确定市级河长分管河流地域。全年市级河长按照责任分工审定完成“一河一策”方案，到河道现场巡河调研26次，召开河长会议11次。至2019年末，全市共有县、乡、村级河长3744名，河长制信息平台注册登记3561人，激活3416人；各级河长、巡河员开展巡河78708次，其中有效巡河64255次，解决问题812个。从立法角度入手，完善河道管理制度，将河长制单独成章写入《石家庄市河道管理条例》。采取平台监控、现场检查、委托第三方、无人机巡查等手段，开展多种形式联合督查和暗访活动，并将督查考核整改落实情况纳入河长制年终考核内容。开展河道“四乱”清理、生态环境大排查大整治、重要河库违法开发建设项目整治等专项行动，累计排查核实“四乱”问题1927处，整改1924处，销号率99.8%。建成污水处理厂28座，污水日处理能力达到190万吨，城区及所有县城建成区实现污水处理全覆盖。10个国家、省考核河道水质监测断面全部达到国家和省水质控制要求，其中5个断面水质稳定达到地表Ⅲ类以上。全年查处取缔非法入河排污口26个，28个污水处理厂入河排污口全部安装在线监控设施，实现排水水质联网实时监控。开展纳污坑塘整治，全市排查确定纳污坑塘83个，均完成清理整治并建立坑塘整治档案。加强黑臭水体综合治理，5处黑臭水体全部整治完毕，通过生态环境部、住房和城乡建设部专项巡视检查。

【水资源管理】 2018年全市地表水资源量7.38亿立方米，地下水资源量14.82亿立方米，扣除地表水和地下水资源重复计算量，全市水资源总量16.08亿立方米，比2017年增加1.39亿立方米，比多年均值20.35亿立方米减少4.27亿立方米（石家庄市水资源数据一般滞后时间较长，本年鉴采用2018年数据，其他数据参见《石家庄年鉴2020》类目“市情概览”下“自然资源”）。2019年全市依据《石家庄市实行最严格水资源管理制度红线控制目标分解方案（2016~2020年）》，组织编制《石家庄市节水行动实施计划》，将万元地区生产总值用水量、万元工业增加值用水量和农田灌溉水有效利用系数控制指标分解到各县（市、区），建立起覆盖全市用水总量、用水效率、水功能区限制纳污控制指标体系及实时监控体系和考核评估体系。全年20家节水重点帮扶企业完成节水技术改造，30家规模用水企业（单位）开展水平衡测试。严格用水指标管理，组织21个县（市、区）、高新区和市管自备井用水大户申报用水计划指标；综合考虑各用水单位计划用水指标情况，合理分解省下达全市25.79亿立方米用水总计划。注重用水过程管理，用水终端实行“一户一档”，做好用水统计，细化用水监测，定期分析用水走势，及时预警超计划用水，做到有效控水。非农水资源税水量核定率达到99.99%。2019年元氏县、正定县获评第二批节水型社会建设达标县。

【水利行政执法】 严格查办涉水案件，2019年全市查处各类水事违法案件363起，向各县（市、区）下发督办件49份，罚款及没收违法所得382万元。打击河道非法采砂行为，编制《河道采砂与整治规划方案》《石家庄市河道违法违规采砂问题专项整治实施方案》。开展“飓风行动”，市水利局、市公安局联合印发《石家庄市关于持续开展打击河道非法采砂“飓风行动”实施方案》，明确目标任务、工作步骤、职责分工、保障措施，建立工作台账。建立河道违法违规采砂问题台账，落实动态管理和销号制度，2019年全市整改河道违法违规采砂问题95个，全部销号。印发《2019年全市水利系统深化河道采砂领域扫黑除恶专项斗争工作方案》《石家庄市水利局关于加强河道采砂行业管理遏制黑恶犯罪滋生蔓延的通知》，制定《河道采砂领域扫黑除恶专项斗争涉黑涉恶线索移送工作制度》等12项制度。2019年全市非法采砂行政立案289起，罚没款280余万元；刑事立案19起，刑事拘留150人、批捕48人、判刑4人；移送河道采沙涉黑涉恶线索6起。

（王潇潇）

农业机械

【概况】 2019年，全市拥有农业机械总动力1173.33万千瓦，同比增长1.48%；保有大型拖拉机41464台、联合收获机28149台、大型青饲料收获机1889台；机耕面积47.2万公顷，同比下降1.05%；机播面积67.1万公顷，同比下降0.15%；机收面积64.5万公顷，同比增长0.62%；主要农作物耕种收机械化率为98.1%，同比提高0.8个百分点。秸秆综合利用率达到97.5%。贯彻落实国家农机购置补贴政策，石家庄16个县（市、区）获得农机补贴，共补贴资金1.43亿元，补贴农机具8841台，收益农户6549户。组织开展机收作业、农机深松、全程机械化示范、农机推广、安全监理等工作，农机补贴App申请、小麦玉米全程机械化、蔬菜果园花生农机化技术走在河北省前列。“三夏”“三秋”机收时期，全市投入农机作业机具28.4万台（套）。重视农机安全管理，购买享受农机购置补贴政策的拖拉机（含大中拖、小拖、手扶拖拉机）、联合收割机等从源头开始，办理注册登记；申领《跨区作业证》的联合收割机、拖拉机必须做到检验合格、牌证齐全及驾驶人持有符合规定的驾驶证。全年农机合作社、农机大户所有农业机械全部纳入农机监管范围，做到牌证齐全，检验合格。2019年藁城区、高邑县被农业农村部评为全国主要农作物全程机械化示范县，全市6个农机合作社获评河北省农机示范合作社。

【深松作业】 全年争得河北省农机深松作业项目资金4178万元，分别由15个县（市、区）实施，累计完成农机深松作业面积180万亩，全部通过第三方机构质量检测。结合土壤类型、深松作业农机类型及铲数、拖拉机品牌等实际，确定在作业动力最低标准基础上，合理提高拖拉机动力，鼓励优先使用大马力、高效率拖拉机实施深松作业。除玉米深松施肥播种一体化作业可在同一地块连年实施外，其他农机深松作业严格按照“同一地块三年深松一次”的原则实施；玉米深松施肥播种一体化作业在同一地块三年内不能开展其他形式的农机深松作业，否则视为重复作业。加强农机深松作业机具管理，参加深松作业机具全部做到年度检验合格、牌证齐全及驾驶人持有符合规定的驾驶证。

【智慧农机】 推进农业生产规模化、标准化、机械化进程，全年承办各类农机培训和演示会活动6场。制定印发《石家庄市加快推进农业机械化和农机装备产业转型升级的实施方案》，成立农机智能装备工作小组，选派人员赴北京参观学习国家农业信息化工程技术研究中心和国家农业智能装备工程技术研究中心，实地考察国家精准农业研究示范基地，了解农机发展最新技术和重点领域，找准关键环节，研究推广适合石家庄市农机领域的智能化技术。以“建设一批技术体系先进、农机装备高端，农机、农艺和信息化融合，可推广、可复制样板”为理念，以数字化、智能化、互联网+农机装备、农业精准作业等现代科学技术为主要内容，在藁城区、赵县、栾城区、高邑县4个县区试点智慧农机项目建设。

【植保统防统治】 全年农业病虫害防治专业化、施药精准化、植保现代化水平提升，主要农作物统防统治面积达到560.06万亩次。2019年全市农业绿色防控推广面积392.24万亩，小麦、玉米等主要农作物统防统治覆盖率达46.1%，绿色防控覆盖率达34.3%，统防统治区化学农药使用量较农民自防区减少20%。正定县红民农机专业合作社、石家庄市温德格信农业科技有限公司、石家庄市藁城区丰可得农机种植专业合作社3个服务组织，经中国农业技术推广协会评审认定为全国统防统治星级服务组织。至2019年底，全市共有植保专业化统防统治组织230家，拥有植保无人机308架，自走式大型植保机械800余台。

（市农业农村局）

农业科技

【概况】 2019年，全市农业科技以动植物种植资源创新和新品种选育、种养殖业高效生产关键技术研发为重点，全力推进国家重大转基因专项、国家和河北省产业技术体系、国家重点研发计划、河北省“巨人”计划创新团队等研究任务。全年争取省科技厅农业科研项目47项，资金2300万元；实施市级重点研发计划“现代农业创新专项”项目40个，安排资金950万元；科技特派员专项项目4个，落实经费100万元。实施省农业科技成果转化项目12项，投入经费685万元；农业科技园区项目9项，投入经费410万元；科技支撑计划项目28项，投入经费1205万元。7项省级项目、9项市级项目获批立项，3个品种、3项技术成果列入全省主导品种、主推技术名录。在研市级以上农业科研项目93项，其中，国家级13项、省级47项、市级33项。省审及省审以上品种16个。其中，省审小麦品种5个，分别为石麦29、轮选145、轮选45、轮选103、石4366；省审棉花品种3个，分别为冀石265、金农16、金农969；省审玉米品种2个，分别为赵玉163、德丰C919；省审大豆品种2个，分别为石豆15、石豆17；石甘薯1号通过农业农村部品种登记；3个大葱品种通过省科技厅田间检测。培育研发农业品种增产潜力显现，扩区审定石4366实打实收平均亩产650千克，创河北省优质小麦大面积高产纪录；石豆8号高产示范田实打实收平均亩产314.6千克，创河北省大豆最高亩产纪录。推进农业科技园区建设，石家庄市新华区和新乐市2家市级农业科技园区被认定为省级农业科技园区，新认定市级农业科技园区23家；至2019年底，全市拥有国家级农业科技园区1家，省级农业科技园区14家，市级农业科技园区59家。36家企业获得省科技厅农业科技小巨人企业备案，至2019年末，全市培育农业科技小巨人企业176家。全年农业领域新获专利授权45项，其中，发明专利3项，实用新型专利42项，取得软件著作权3项。发表科技论文88篇，其中，核心期刊发表24篇，SCI论文2篇。承担省市标准项目35项，审批发布市标准19项。

【农业科技推广】 推广农作物测土配方施肥面积1170万亩、设施蔬菜有机肥替代化肥示范面积1.2万亩，主要农作物化肥利用率达到39%、农药利用率达到39.5%以上。推进智慧农业应用，智慧农业12316落地服务模式在全省推广应用。推进智慧农业物联网建设，正定县、元氏县建成大田物联网示范点3个，监测面积37.68平方千米，实现大农业生产实时监控、精准管理和远程控制；晋州市金农合作社、正定县石门制造建成农业温室环境监测系统，实现环境监测数据适时采集与上传和设施自动控制；以藁城强筋麦繁育田为示范，推进农业物联网产业链全程监控系统建设，实现强筋麦生产全程化监管。创新完善以“包村联户”为主要形式的工作机制、以“专家定点联系到县、农技人员包村联户”为主要形式的科技服务长效机制和“专家+农技人员+科技示范户+辐射带动户”的技术服务示范带动模式，建立健全县、乡、村农业科技试验示范网络。建成农业科技试验示范基地48个，包括正定设施蔬菜、赵县鲜食玉米、藁城优质小麦、晋州特色水果、平山食用菌5个省级农业科技创新示范基地和43个县级示范基地建设。遴选确定69个主导品种和49项主推技术，每个县遴选推介5项以上适合本地农业产业实际的优质绿色高效技术模式，主导品种到位率和主推技术入户率分别达到98%和96.5%。重视新型职业农民培育，以产业为立足点，遴选教学培育基地，加强专业大户、家庭农场、农民合作社、农业企业、返乡涉农创业者等新型农业经营主体带头人培训。探索小农户与现代农业有机衔接，利用“冬春农业科技大培训活动”“夏夜专场”等平台，培训农村实用人才。优选师资队伍，做好跟踪服务，开展典型宣传，大力提升农民创业创新能力，全年认定省级“农民教育培训基地”32家、“农民实习实训基地”14家。

【良种培育】 小麦育种挖掘出石4366抗穗发芽基因，为抗逆品种研发奠定基础；棉花研发培育出3个抗病虫新品种，包括冀石265、金农16、金农969；山区设施蔬菜联合北京高校和当地企业开展生产降耗提效关键技术创新与应用研究，为河北省山区实现科技扶贫、保障食品安全和生态安全提供技术支撑；“冀中南草莓周年生产技术集成与研究示范”项目筛选出适宜冀中南山地大棚草莓越夏栽培品种4个，弥补全省冀中南草莓生产越夏栽培技术空白；“青杂2号”大葱选育及配套栽培技术研究与应用申报省山区创业奖。开展提高水貂产仔成活数关键技术研究，集成创新优化种貂体况调节、精液品质检测、控光和仔貂精准补饲等技术，解决了水貂产仔成活数低的问题。实施畜禽良种繁育体系建设，形成以质量检测中心为保障的畜禽良种繁育体系框架，建成覆盖市、县、乡三级配种站点518个，持证种畜禽场29家，其中，河北美丹畜牧科技有限公司、石家庄天泉良种奶牛有限公司、河北天和肉牛养殖有限公司列入国家生猪、奶牛、肉牛核心育种场，赞皇县天然农产品开发有限公司被河北省农业农村厅授予“河北省太行鸡遗传资源保种场”。开展渔业良种选育，创建规模化繁育场，建成青海湖裸鲤、中华鳖2个省级良种场；2019年鹿泉康态中华鳖良种有限公司中华鳖经中国水产科学院细胞遗传学特性检测鉴定与GB21044-2007《中华鳖》相符，2019年11月经省农业农村厅专家审定，被确定为省级中华鳖水产原种场。

【农业产业技术创新】 采取多种鼓励形式和奖励措施，开展“星创天地”建设。按照《河北省科技厅关于开展2019年省级星创天地备案的通知》要求，组织有条件的县（市、区）积极申报备案。2019年全市11家“星创天地”获得省科技厅备案，至2019年末，全市建有国家级“星创天地”14家，省级“星创天地”55家。新增市级以上农业产业技术创新战略联盟7家，至2019年底，全市省级农业产业技术创新联盟达到17家，市级农业产业技术创新联盟达到13家，涵盖兽药、饲料、农作物育种、林果、蔬菜、畜禽及特种养殖等多个农业特色产业。2019年石家庄市“河北省食用菌产业技术创新战略联盟”“河北省葡萄产业技术创新战略联盟”“河北省中兽药产业技术创新战略联盟”等7家联盟被河北省科技厅评为优秀联盟。

【农业科技服务】 全年从涉农科研院所及省市农技推广部门、科技型企业选派“三区人才”（边远贫困地区、边疆民族地区、革命老区）专家99名，全部列入市级农业科技特派员队伍，并在科技部备案。分县建立专家服务团4个，其中，平山县33人、赞皇县23人、灵寿县21人、行唐县22人，全市贫困地区实现农业科技人才队伍全覆盖。设立农业科技特派员工作站95个，为每名科技特派员颁发国家级证书；拨付经费148.5万元，重点解决蔬菜、杂粮、动物养殖等领域关键技术问题，组织开展科技攻关，引进新品种，推广新技术，增强贫困地区发展动力。实施“三区人才”计划，全年引进新品种285个，推广新技术173项，培训技术带头人924人，培训农民543场、14341人次，帮助受援对象增收3577万元。

【京石农业科技合作】 2019年石家庄市农林科学研究院（简称市农科院）与中国科学院、中国农业科学院、中国农业大学、北京市农林科学院、河北省农林科学院、河北农业大学等科研院校开展农业科技合作，北京市农林科学院蔬菜研究中心、农业信息化研究中心、林业果树研究中心分别在赵县实验基地建立创新展示基地，引进和筛选16个大类550个蔬菜新品种。实施蔬菜品牌化绿色生产技术集成与示范，举办“京石蔬菜产业对接”，向京石两地70余家蔬菜经销商、采购商、蔬菜种子销售企业提供集中采购供应，实现产销研深度合作。与中国农林科学院油料所联合开展“多用途油菜新品种引进筛选及栽培技术”研究，依托赵县实验基地及多家科研单位成立“小麦研究专家委员会”，中国科学院遗传发育所的小麦分子育种基础研究与市农科院育种资源形成对接，实现小麦品种选育优势互补。发挥市农林科学研究院和中国科学院遗传与发育生物学研究所、中国农业科学院作物科学研究所、天津市农作物研究所四方共建“石家庄现代农业科技创新中心”作用，开展现代种业、智慧农业、农机装备等关键性技术攻关。

（高少轩　李永丹　李欣欣）

农村工作

【概况】 2019年，全市农村土地确权平台开通运行，土地流转面积283.29万亩，其中规模经营（30亩以上）土地流转面积231.72万亩，分别占家庭承包耕地总面积的43.62%和35.68%。农村集体产权制度改革完成4065个行政村（居）改制任务，占应改制总数99.95%。改造农村厕所26.1万座，超额完成年度任务4.4%。新增国家农业产业化重点龙头企业2家（鹏达食品、惠康食品），累计达到6家；省级农业产业化重点龙头企业达到75家。新乐市邯邰镇小流村、赵县范庄镇大安一村被确定为全国“一村一品”示范村镇，元氏县槐阳镇乡村振兴示范区经验入选全省典型示范案例。新评市级示范合作社55家，市级示范家庭农场75家，全市农民专业合作社、家庭农场分别达到12123家和3822家；30家农民合作社入围全国农民合作社500强，占全国6%，占全省35.71%；藁城区国奇农兴家庭农场被评为全国典型示范家庭农场（全国共21家）；藁城区、正定县、深泽县、赵县和新乐市等9个县（市、区）被确定为中央第二批资金支持家庭农场规范发展示范县；鹿泉区、深泽县、平山县被省农业农村厅确定为2019年合作社高质量发展示范县；行唐县、元氏县、灵寿县被省农业农村厅确定为家庭农场规范发展示范县；栾城区天亮种植专业合作社、元氏县生源种养专业合作社被评为全省2019年度“十佳”农民合作社；46家合作社被省农业农村厅确定为规范发展农民合作社。发展现代农业园区，认定县级以上现代农业园区318个，其中，省级23个、市级77个、县级218个；打造农产品质量“放心园区”，全市100个市级以上现代农业园区实现“农产品质量追溯体系建设全覆盖”。拨付革命老区项目建设资金3500万元，革命老区村建设做法以“老区建设的石家庄经验”为题在国务院扶贫开发领导小组办公室网站和《中国老区建设》杂志刊载。以乡村文明引领、法制乡村建设、村民自治机制、平安乡村创建和基层党组织建设为内容，全面推进乡村治理，2019年鹿泉区被确定为国家级乡村治理试点，藁城区、井陉县被确定为省级乡村治理专项试点。9月23日，由河北省农业农村厅、石家庄市政府主办，平山县政府、市农业农村局承办的河北省2019年中国农民丰收节主会场活动在平山县李家庄村举行。

【农业产业化】 2019年全市新增国家级农业产业化重点龙头企业2家（河北鹏达食品有限公司、市惠康食品有限公司），年末全市国家级农业产业化重点龙头企业达到6家（另4家为河北省晋州市长城经贸有限公司、河北双鸽食品股份有限公司、石家庄君乐宝乳业有限公司、河北飞龙家禽育种有限公司），省级农业产业化重点龙头企业达到75家，市级农业产业化重点龙头企业达到306家。培育形成全国主食加工业示范企业3家（正定惠康食品、赵县纽康恩食品、元氏米莎贝尔饮食食品）、市级以上农业产业化联合体101家（含省级示范农业产业化联合体15家）。2019年全市拥有中国特色农产品优势区1个，省级特色农产品优势区7个，其中，晋州鸭梨获评中国特色农产品优势区，晋州鸭梨、赵县雪梨、行唐大枣、赞皇大枣、新乐西瓜、赞皇蜂蜜、藁城强筋小麦获评省级特色农产品优势区。2019年全市农业标准化生产覆盖率达到69.6%，农产品质量安全县创建实现全覆盖，蔬菜、畜禽产品、水产品合格证试点质量追溯试点245家，其中100家市级以上重点农业园区实现二维码追溯全覆盖。元氏县通过国家农产品质量安全示范县创建验收，栾城区、鹿泉区等9个县（市、区）通过省级农产品质量安全县验收考核。新增绿色食品认证企业28家，认证产品总量达到142个。16个农业县（市、区）全部完成信用档案录入任务，录入各类企业10795家。新乐市邯邰镇小流村、赵县范庄镇大安一村被确定为全国“一村一品”示范村镇，年末全市全国“一村一品”示范村镇达到12个。7月20日，赵县韩村镇、晋州市马于镇入选农业农村部、财政部公布的2019年农业产业强镇建设名单。2019年栾城区天亮种植专业合作社、元氏县生源种养专业合作社获评全省“十佳”农民合作社，鹿泉区获评农民合作社整县推进高质量发展示范县（市、区）。

【农田改造】 2019年全市实施2018年第一批土地治理项目6.31万亩，其中，高标准农田建设项目5.87万亩，涉及赵县、藁城区、晋州市、深泽县、无极县、正定县、新乐市、元氏县、高邑县、栾城区、鹿泉区11个县（市、区）；生态综合治理项目0.44万亩，主要是西部山区井陉县。至2019年底，全市2018年第一批土地治理建设项目全部完工。2019年全市实施2018年第二批农业综合开发土地治理项目正在建设，项目内容为建设高标准农田5.12万亩，涉及深泽县、新乐市、元氏县、高邑县、鹿泉区、栾城区6个县（市、区）。2019年全市实施2019年度高标准农田建设项目25.3万亩，其中，高效节水示范项目1万亩，千亿斤粮食工程项目1万亩，涉及藁城区、赵县、晋州市等16个县（市、区）；总投资33308万元，其中，中央财政补助资金25267万元，省级财政补助资金7804万元，市级财政资金补助237万元。

【山区经济技术开发】 发展山区特色经济、绿色经济和生态经济，推动山区经济、社会和生态环境持续协调发展。全年申报市级山区经济技术开发计划专项17项，列入计划9项，获得项目资金190万元；国家成果网上登记项目2项，省科技厅到期提交验收通过项目3项，市级科技项目到期提交验收通过10项。扶持山区企业开展科技创新，开发新产品、新技术，推进育品牌、创名牌活动，全年引进新品种4个，建立示范基地11个，推广面积1.74万亩，增收4400多万元；取得国家知识产权局专利9项，发表论文11篇；编制地方标准4个，形成技术规范10套。组织31个科技示范基地和6个技术创新联盟推进标准化、规范化建设。围绕山区八大特色产业，发挥基地、联盟、技术推广站等平台作用，采取举办培训班、技术讲座、科技下乡、现场咨询等方式，开展多领域技术培训和创业指导。全年举办不同类型山区农民技术培训活动400余场（次），累计培训农民10余万人次。发挥联盟专家委员会作用，指导和解决盟员及联盟发展中的技术问题。2019年5月，市山区杂粮产业技术创新联盟实行换届选举，选出第二届理事会和专家委员会；至2019年末，该联盟推广种植“红小豆”“冀谷39”等杂粮品种40多万亩，增创效益8000多万元。

【现代农业园区】 开展国家现代农业示范区建设，12月1日，农业农村部委托第三方机构到藁城区现代农业示范园区现场评估农业现代化水平，获得评估组专家一致认可。推进鹿泉区现代农业产业园创建，制定《河北省鹿泉区现代农业产业园创建方案》《河北省鹿泉区现代农业产业园中央财政奖补资金使用方案》，确立创建思路、建设任务与创建目标；采用“政府引导、市场主导、多方参与”运作模式，全年鹿泉区现代农业产业园入驻龙头企业23家，建成多个国家和省部级研发平台，承担科研创新项目150多项，获得SALL CHINA“最佳特别奖”“食品创新奖”等科研奖励，农业科技进步贡献率达到65%。至2019年末，全市认定县级以上现代农业园区318个，其中，省级23个、市级77个、县级218个；市级以上14个精品园区项目建设任务完成，其中，省级精品园区4个、市级精品园区10个。打造农产品质量“放心园区”，全市100个市级以上现代农业园区实现“农产品质量追溯体系建设全覆盖”。

【农村集体产权制度】 石家庄市是农业农村部确定的全国第三批农村集体产权制度改革50个地级试点市之一。开展机制创新，推进2337个改革村成立股份经济合作社并注册登记为对外经营市场主体；建立股东(代表)大会、董事会、监事会治理结构，承担管理集体资产、发展集体经济职能；建立集体经济发展指挥领导中心，重点选配40岁以下、素质高、懂经营的村“两委”干部4716人，包括村支部书记、董事长582名。出台扶持政策，印发《发展壮大村级集体经济的实施方案》，指导各村制定发展壮大集体经济三年规划，实施以建实体、上项目为主要内容的深化村级财富积累机制建设，市财政安排1000万元、撬动社会资金7亿元实施村级财富积累项目，大力营造发展集体经济的社会氛围。做好精准施策，摸清空白、薄弱、一般、富裕、经济强等村底数，突出贫困村经营性收入达到2万元以上这个核心，开展脱贫出列贫困村集体收入达标专项行动。至2019年末，全市农村集体产权制度改革完成4065个行政村（居）改制任务，占应改制总数99.95%，顺利通过国家农业农村部试点工作评估组、河北省清产核资评估组的检查验收；全市基本消灭村集体收入 2 万元以下空白村，村集体收入 5 万元及以下村占比 28.9%，50 万元及以上村占比 6.2%；村民变股民，集体有收入，股民能分红，全年农民分红达 5.6 亿元，涌现出行唐县沟北村、灵寿县南洼村、栾城区南赵村、鹿泉区岸下村等先进典型。

【人居环境】 以农村厕所改造为重点，研究开发“农村厕所革命管理系统”，全年完成农村厕所改造 26.1 万座，超额完成年度任务 4.4%。加强农村生活垃圾管理，全市3942 个村庄全部实现生活垃圾日产日清；建成转运站 73 座，配备大中型垃圾密闭收集车 692 辆，大中型垃圾密闭转运车 213 辆；7 个垃圾焚烧厂投入运行，垃圾日处理能力达到 6000 吨，基本解决农村生活垃圾出路问题，“村收集、乡转运、县处理”农村生活垃圾处理长效机制初步建成。推进农村生活污水治理，全市共有农村生活污水治理村971 个，其中，接入城镇污水管网 260 个村，建设污水集中收集或分散式处理设施 711 个村；农村生活污水管控村 3148 个。实施村庄清洁行动，采取点线片面推进方式，打造精品村 500 个、示范线 50 个、模范片 100 个、全域覆盖县 5 个，“点上精彩、线上美丽、面上干净”的新农村面貌正在形成。2019 年新乐市北李家庄村编制村庄规划，建立问题清单，通过实施村庄清洁行动，打通断头路 11 条。

【革命老区重点村】 落实《深入推进革命老区重点村建设指导意见》《石家庄市革命老区重点村建设资金管理办法》《石家庄市革命老区重点村建设项目管理办法》要求，以“村级申报、乡级初审、县级审批、市级复核备案”为申报流程，以解决老区群众的急需、急盼问题为重点，以改善老区面貌和提升人民幸福指数为目标，统筹协调，精准帮扶，全面推进革命老区重点村建设。开展重点建设项目审计，完成 17 个县（市、区）114 个建设项目审计任务。拨付 17个县（市、区）2019 年度项目建设资金 3500 万元，其中，行唐县、灵寿县和赞皇县拨付资金 958 万元；其他 14 个县（市、区）100 村 112 个建设项目拨付资金 2542 万元，实施基础设施项目 91 个、公共服务设施 20 个、产业化项目 1 个。

（市农业农村局）

工　业

Industry

综　述

2019年，全市工业以建设现代省会、经济强市为目标，以深化供给侧结构性改革为主线，突出围绕构建“4+4”现代产业发展格局，集中力量打造七大主导产业和36个县域特色产业集群，着力推动工业经济由速度规模型向质量效益型转变。2019年全市共有规模以上工业企业1800家，其中大中型企业219家；按经济类型划分，国有企业10家，集体企业8家，股份合作企业4家，股份制企业1662家，外商及港澳台商投资企业69家，其他企业47家；年平均从业人员30.65万人；规模以上工业企业总资产6921亿元，资产负债率65.1%。2019年全市规模以上工业总产值4219.59亿元，营业收入4449.50亿元；实现工业利润总额298.92亿元，同比增长6.7%。全年规模以上工业增加值同比增长0.6%，其中，轻工业同比下降0.9%，重工业同比增长1.5%；规模以上工业高新技术产业增加值同比增长8.8%，高于全市规模以上工业增速8.2个百分点，低于全省规模以上工业高新技术产业增加值增速1.1个百分点。规模以上工业利润总额排名全省第二，利润增速与承德市并列全省第一；规模以上工业企业经济效益指标营业收入利润率达7.04%，居全省设区市首位。2019年全市规模以上工业共有亏损企业297个，同比增长5.3%；亏损额35亿元，同比下降36.2%。大中型企业营业收入3004.7亿元，同比增长3.3%；实现利润总额183.3亿元，同比增长2.4%。大中型企业亏损45个，同比增长25%；亏损额22.2亿元，同比下降48.9%。国有及国有控股企业106个，营业收入1419.4亿元，同比增长1.6%；实现利润总额31.9亿元，同比下降29.6%。国有及国有控股企业亏损27个，同比增长12.5%；亏损额19.2亿元，同比增长15.1%。

主要工业产品和主导行业。2019年全市工业产品主要有3600余种，按照统计行业目录分类，石家庄市共有工业产品大品种127个；划分国民经济工业行业37个（全国国民经济工业行业共有41个，石家庄市营业收入2000万元以下不列入统计），没有石油及天然气开采业、开采专业及辅助性活动、煤炭开采和洗选业、其他采矿业4个行业，其中，医药工业、纺织服装业、石化工业、装备制造（含电子信息）业、食品工业、钢铁工业、建材工业为石家庄市七大工业主导行业。

七大主导行业。全年七大主导行业营业收入3576.6亿元，同比增长1.0%，占全市规模以上工业营业收入80.4%；实现利润268.0亿元，同比增长7.8%，占全市规模以上工业利润总额89.7%。医药工业拥有规模以上企业105家，营业收入485.4亿元，同比增长17%；利润94.5亿元，同比增长26.7%。纺织服装业拥有规模以上企业260家，营业收入328.4亿元，同比下降4.4%；利润9.1亿元，同比下降42.7%。石化工业拥有规模以上企业348家，营业收入881.8亿元，同比下降4.2%；利润32.3亿元，同比下降29%。装备制造业拥有规模以上企业514家，营业收入703.6亿元；利润43.1亿元，同比增长148%。食品工业拥有规模以上企业169家，营业收入（不含烟草）373.5亿元，同比增长13.1%；利润总额16.3亿元，同比增长235.8%。钢铁工业拥有规模以上企业27家，营业收入582.3亿元，同比增长3.5%；利润总额52.2亿元，同比下降31.2%。建材行业拥有规模以上企业192家，营业收入221.6亿元，同比增长12.9%；利润20.5亿元，同比增长39.7%。七大主导行业增加值同比增长1.0%，高于全市规模以上工业增加值增速 0.4 个百分点。

六大高耗能行业。全年六大高耗能行业实现利润总额123.5 亿元，同比下降 18.9%。其中，石油、煤炭及其他燃料加工业实现利润 5.2 亿元，同比下降 68.5%；化学原料及化学制品制造业实现利润 25 亿元，同比下降 8.2%；非金属矿物制品业实现利润 20.4 亿元，同比增长 39.1%；黑色金属冶炼及压延加工业实现利润 52.2 亿元，同比下降 31.3%；电力、热力的生产和供应业实现利润 20.8 亿元，同比增长 15.2%（煤炭开采和洗选业无行业利润）。六大高耗能行业增加值同比增长2%，高于全市规模以上工业增加值增速 1.4 个百分点，其中，石油、煤炭及其他燃料加工业增加值同比下降 5.8%，化学原料及化学制品制造业增加值同比下降 0.5%，非金属矿物制品业增加值同比增长 2%，黑色金属冶炼及压延加工业增加值同比增长 8.4%，电力、热力的生产和供应业增加值同比增长 4.9%。

表15　2019 年石家庄市主要工业产品产量及其增长速度一览表

序号	产品名称	产量	同比增速(%)
1	化学药品原药	97374 吨	8.7
2	中成药	12047 吨	5.3
3	纱	228292 吨	−30.6
4	布	94334 万米	−16.2
5	服装	3953 万件	7.7
6	化学纤维	106229 吨	27.4
7	鞋	807.3 万双	−6.1
8	家具	238680 件	−6.5
9	人造板	275934 立方米	−1.7
10	硫酸(折 100%)	745596 吨	10.3
11	烧碱(折 100%)	107966 吨	−0.5
12	纯苯	106865 吨	−11.6
13	精甲醇	128802 吨	−45.6
14	合成氨(无水氨)	392596 吨	−38.4
15	农用氮、磷、钾化学肥料(折纯)	153979 吨	−38.9
16	涂料	67018 吨	11.8
17	合成洗涤剂	30564 吨	−10.1
18	塑料制品	151019 吨	20.3

续表

序号	产品名称	产量	同比增速(%)
19	新能源汽车	262 辆	0
20	改装汽车	12087 辆	-26.8
21	电动机	452.2 万千瓦	-23.2
22	交流电动机	216.8 万千瓦	-25.1
23	电力电缆	53035 千米	-28.5
24	光缆	597743 芯千米	-37.6
25	程控交换机	38.2 万线	52.6
26	集成电路	435.5 万块	195.3
27	通信及电子网络用电缆	14033 对千米	66.6
28	工业自动调节仪表与控制系统	119215 台(套)	62.1
29	房间空气调节器	4442567 台	-12.3
30	家用电风扇	2019628 台	-17.3
31	钢结构	111464 吨	40.1
32	乳制品	809618 吨	7.5
33	液体乳	748514 吨	6.3
34	乳粉	33302 吨	43.7
35	饮料	731884 吨	-30.3
36	饮料酒	363602 千升	3.7
37	饲料	977596 吨	-8.2
38	卷烟	2223540 万支	-0.5
39	生铁	11013824 吨	2.7
40	粗钢	12340534 吨	7.8
41	钢材	12551677 吨	11.3
42	硅酸盐水泥熟料	14737121 吨	21.3
43	水泥	15393895 吨	4.2

续表

序号	产品名称	产量	同比增速(%)
44	瓷质砖	203294586 平方米	1.6
45	天然大理石建筑板材	142640 平方米	89.1
46	沥青和改性沥青防水卷材	6898086 平方米	29.5
47	平板玻璃	12572425 重量箱	−0.4
48	焦炭	245.7 万吨	−17.6
49	发电量	442.9 亿千瓦时	−2.9
50	自来水生产量	23178 万立方米	9.5

表16 2019 年石家庄市七大主导工业行业主要指标一览表

行业名称	营业收入(亿元)	占全市比重(%)	利润(亿元)	占全市比重(%)	增加值增速(%)
医药工业	485.4	10.9	94.5	31.6	11.3
纺织服装业	328.4	7.4	9.1	3.0	−16.2
石化工业	881.8	19.8	32.3	10.8	−4.0
装备制造业	703.6	15.8	43.1	14.4	−2.2
食品工业	373.5	8.4	16.3	5.5	4.4
钢铁工业	582.3	13.1	52.2	17.5	9.4
建材工业	221.6	5.0	20.5	6.9	2.3

县域工业经济。全年石家庄市21个县（市、区）及高新区、循环化工园区中，营业收入达到100亿元以上有12个，分别是平山县691.1亿元、藁城区641.9亿元、高新区458.8亿元、循环化工园区429.7亿元、鹿泉区377.5亿元、长安区229.6亿元、晋州市205.9亿元、栾城区173.4亿元、无极县134亿元、元氏县119.5亿元、正定县119.4亿元、井陉矿区119.1亿元；规模以上工业利润达到50亿元以上有3个，分别是藁城区70.7亿元、平山县66.4亿元、高新区53.6亿元。至2019年末，石家庄县域工业发展形成具有竞争优势的区域产业集群，主要工业特色产业有无极皮革、晋州纺织、深泽洗涤、高邑建陶、赵县淀粉、高新区生物医药、栾城装备制造、正定板材家具、藁城宫灯和鹿泉电子信息等，西部山区钢铁、水泥、钙镁等产业实现绿色提升，农副产品深加工等新兴产业稳步兴起。

工业转型升级。加强工业运行监测，逐月做好监测分析，每月召开工业经济运行调度会。全年工业技术改造投资占全省比重12.9%，排名全省第三。154个工业项目列入河北省“千项技改项目”，位列全省第一。设立市级工业转型升级（技改）专项资金，实施重点技改项目115项。高邑县获评河北省工业转型升级试点示范县，晋州经济开发区获评河北省新型工业化产业示范基地，至2019年末，全市省工业转型升级试点示范县（市、区）达到5个，省级新型工业化产业示范基地达到 11 家。新认定省军民融合企业19个、省产学研用示范基地 2 个、省产业示范园区 1 个；创建市级工业设计中心 5 家，资助购买工业设计服务项目和成果转化项目 9 个；15 家企业被认定为市级小微企业创业创新基地，4 家企业获评省级示范基地，1 家企业获评国家级示范基地。压减过剩产能，助推大气污染防治。全年压减水泥产能260 万吨、焦炭产能 50 万吨，搬迁改造危化企业 6 家；7 家企业获评国家级绿色工厂，累计总数达到 17 家。依托石家庄市首个互联网工业医院，完成 168 家铸造企业诊断，200 家企业建立线上电子档案。加强工业企业料堆场管理，446 家 658 个料堆场全部完成整治。推广新能源车12172 辆，超额完成年度目标任务。开展重点工业企业精准帮扶，建立市长直通车和定期召开精准服务企业座谈会制度，全年市县两级领导对接联系企业 2640 余次，办结企业困难问题 1340 个，市级问题办结率达 99.6% 。清欠企业债务，全年企业偿还债务10.4 亿元，偿还比例达 93% ，超额完成国家和河北省下达任务目标。

第二届石家庄市十大优秀工业设计产品概念奖。2019 年 8 ~9 月，第二届石家庄市十大优秀工业设计产品概念奖评选活动举行。收到企业、高等院校等60 家单位参评工业设计产品 217 件。评审获奖作品10 件，其中，金奖 1 件，银奖 3 件，优秀奖 6 件。

表17 第二届石家庄市十大优秀工业设计产品概念奖一览表

奖项	作品名称	获奖者
金奖	PLQS56 全新清粉机	河北苹乐面粉机械集团有限公司
银奖	珐琅炖锅	河北禾趣商贸有限公司
	禅境美学茶台之松下问茶	石家庄坚恒新材料科技有限公司
	ASC 智温—医疗级分体式体温监控预警仪	秦皇岛康安科技开发有限公司
优秀奖	君乐宝乐铂婴幼儿配方奶粉	石家庄君乐宝乳业有限公司
	萤火虫灯	河北师范大学
	灭火救援机器人	河北立意工业设计有限公司
	MAGIC MIRROR(魔镜)电子显示面盆龙头	石家庄一岂科技有限公司
	概念实验室水质自动分析仪设计	河北北尚汽车科技有限公司
	滑动式闯关阻车器	张增强　门福欣

（李勇）

医药工业

【概况】2019 年，全市医药工业共有规模以上工业企业 105 家，同比增加 18 家；营业收入 485.4 亿元，同比增长 17% ；实现利润 94.5 亿元，同比增长 26.7% ；规模以上医药工业增加值同比增长 11.3% ，高于全市工业增速 10.7 个百分点。营业收入占全市工业 10.9% ，利润占全市工业 31.6% 。医药行业重点企业有石药控股集团有限公司、华北制药集团有限责任公司、石家庄以岭药业股份有限公司、石家庄四药有限公司、神威药业集团有限公司、常山生化药业股份有限公司等，产品涵盖抗生素、生物技术药物、新型制剂、中成药、生物农兽药、维生素营养保健品等。主要医药产品产量：化学药品原药9.74万吨，同比增长8.7%；中成药1.2万吨，同比增长5.3%。2019年8月，中国医药工业信息中心发布2018年中国医药工业百强企业榜单，石家庄市石药控股集团有限公司、华北制药集团有限责任公司、石家庄以岭药业股份有限公司、石家庄四药有限公司、神威药业集团有限公司5家重点制药企业入选，分别位列百强榜第12位、第26位、第67位、第75位和第95位。其中，石家庄四药有限公司位次上升21位，华北制药集团有限责任公司上升6位，石药控股集团有限公司上升3位。2019年石家庄市获评河北省重大新药产业化等创新专项28项，占全省96.6%；石家庄四药公司被认定为河北省智能制造标杆企业，日中天国际医疗器械城获评河北省首批“大健康、新医疗”产业示范基地。2019年石药集团恩必普药业有限公司上缴税收10.94亿元，同比增长17.6%，位列全市企业纳税10强企业第6名。

【石药集团】 石药控股集团有限公司（简称石药集团）是一家在香港上市的中国医药龙头企业，拥有创新药、普药、原料药三大业务板块，主要从事医药及相关产品的开发、生产和销售，成药产品主要包括抗生素、心脑血管用药、解热镇痛用药、消化系统用药、抗肿瘤用药和中成药等产品，总资产490亿元，拥有员工2.7万人。2019年石药集团创新药营业收入达到129.8亿元，占比58.7%。普药业务因销售改革及团队整合，全年营业收入49.6亿元，同比增长4.2%。抗肿瘤产品成为新的增长引擎，全年抗肿瘤产品营业收入48.8亿元，其中，多美素、津优力高速增长，同比分别达到16.3亿元和14.9亿元。研发投资持续增加，全年研发费用达到20亿元，占成药收入比重11.1%。仿制药23个品种、34个产品规格通过一致性评价。6月29日，石药集团的创新产品“恩存”（通用名：硫酸氢氯吡格雷片）在北京市召开上市会，同时启动与国家I类新药“丁苯酞”Archimedes（阿基米德）研究。12月20日，石药集团生产的高血压专利药“玄宁”(马来酸左旋氨氯地平)获批美国上市。2019年石药集团累计营业收入221亿元，同比增长24.8%；实现净利润37.1亿元，同比增长20.6%。2019石药集团在中国医药上市公司竞争力20强榜单、中国医药创新企业100强榜单中均位列第3名，在2019中国最具投资价值医药上市公司10强榜单位列第4名。

华药集团重组蛋白纯化设备采用国际先进的全自动液相层析生产系统

【华药集团】 华北制药集团有限责任公司（简称华药集团）位于石家庄市和平东路388号。华药集团前身为华北制药厂，1953年筹建，1958年建成投产，1992年重组设立华北制药股份有限公司，1994年在上海证券交易所挂牌上市(股票名称：华北制药，股票代码：600812)。1996年华北制药厂改制为国有独资公司。2009年冀中能源集团接收重组华药集团。2019年华药集团拥有总资产212.9亿元、职工1.5万人、子（分）公司40多家，主要产品涉及化学制剂药、生物药、原料药、农兽药、健康消费品五大板块近1000个产品规格，治疗领域涵盖抗感染类、心脑血管类、血液系统病、抗肿瘤及免疫调节类等，企业生产的工艺路线、生产布局全部按照欧美现行版、中国新版GMP标准设计，具有国际领先水准的现代化制药生产平台。2019年3

月，华药集团“爱诺”商标被认定为“中国驰名商标”认定，至此，华药集团拥有“华北牌”“爱诺”2个“中国驰名商标”。9月12日，华药集团下属爱诺公司、先泰公司、金坦公司被工信部授予第四批“国家绿色工厂”称号。至2019年底，华药集团下属9家公司被认定为高新技术企业、4家公司获得“国家绿色工厂示范单位”称号；下属爱诺公司4个产品获得“有机生产资料评估证明”，2个产品通过“绿色食品生产资料产品”认证。拥有13家市级以上创新平台，其中，国家级创新平台3家，分别为：微生物药物国家工程研究中心、抗体药物研制国家重点实验室、抗生素酶催化与结晶技术工程实验室。开展仿制药一致性评价，环孢素软胶囊、头孢氨苄胶囊、头孢呋辛酯片、布洛芬缓释胶囊、盐酸二甲双胍片、阿莫西林胶囊6个品种8个产品规格获批通过。全年获得人用药批件8件，兽药新产品批准文号7个，申请发明专利25件，授权发明专利24件。“药物新制剂中乳化关键技术体系的建立与应用”项目获得国家科技进步二等奖，3个项目分获河北省科技进步奖一、二、三等奖；通过美国FDA认证、获得欧盟COS证书等国际高端认证43个品种，其中制剂11个品种。2019年华药集团营业收入154.21亿元，同比增长15.12%；实现利税9.16亿元，同比增长2.58%。其中，华药集团金坦公司重组乙肝疫苗单品收入突破10亿元，同比增长57.33%。2019年华药集团位列石家庄市百强企业榜单第11名。

【以岭药业】 以岭药业股份有限公司（简称以岭药业）是中国工程院院士吴以岭采用“理论、临床、科研、产业、教学”五位一体运营模式，以中医络病理论为指导创建设立的新药研发企业。2001年8月28日，公司注册成立，地址为石家庄市高新区天山大街238号。2011年7月28日，以岭药业在深圳证券交易所挂牌上市，股票代码002603，首次发行6500万股，募集资金净额21.6亿元，至2019年底，以岭药业总股本达到12.04亿股。主要医药产品有通心络胶囊、参松养心胶囊、芪苈强心胶囊、连花清瘟胶囊、连花清咳片等。推进医药研发体系建设，在原有中药分院、化学药分院、健康分院、安评中心、临床中心、国内注册中心和国际注册中心基础上，新设立生物药分院。重视中药新品种研发，全年在研立项品种27个，涵盖心血管系统、神经系统、呼吸系统、内分泌代谢系统、妇科、消化等疾病；筛选储备品种20余个，涉及骨科、妇科、皮肤科、内分泌科、儿科疾病等领域。2019年公司产品以岭牌通心络胶囊、以岭牌芪苈强心胶囊、以岭牌连花清瘟胶囊获批河北省“中药十大品牌”，络痹通片、柴黄利胆胶囊、XY0206片、苯胺洛芬注射液获评重大新药产业化项目。2019年以岭药业共有员工9600余人，实现营业收入58.25亿元，同比增长20.99%，其中，归属上市公司股东利润6.07亿元，同比增长1.21%；净利润5.56亿元，同比下降2.35%；上缴税收5.54亿元，同比下降7%，纳税额位列石家庄市亿元纳税大户第13名。2019年以岭药业位列中国医药工业百强企业第67位、石家庄市百强企业第15位。2020年1月10日，由中国工程院院士吴以岭领衔完成的“中医脉络学说构建及其指导微血管病变防治”项目在国家科学技术奖励大会上获得2019年度国家科学技术进步奖一等奖。

【石家庄四药】 石家庄四药有限公司（简称石家庄四药）始建于1948年，是一家以生产大输液为主导，兼顾片剂、颗粒剂、口服液、胶囊、水针等多种剂型及原料药、生物制剂、医用包材等新型产业为一体的大型综合制药企业。地址位于石家庄市高新区珠江大道288号。2007年3月27日，石家庄四药有限公司与香港主板上市企业利君国际医药控股公司签署协议借壳上市，股票代码为02005.HK。1983年正式启用石家庄第四制药厂厂名，2003年被认定为河北省高新技术企业，2006年跻身中国医药工业百强企业，2015年建立药物研究院和博士后工作站，2016年经国家发展改革委批准设立化学药品注射剂质量控制国家地方联合工程实验室，2017年设立院士工作站。主导产品大输液拥有20余条先进水平生产线，输液产品主要有：10%葡萄糖注射液、甲硝唑葡萄糖注射液、己酮可可碱注射液、甲硝唑注射液、乳酸环丙沙星注射液、替硝唑注射液、诺氟沙星葡萄糖注射液、5%葡萄糖注射液、0.9%氯化钠注射液、葡萄糖氯化钠注射液、复方氯化钠注射液、木糖醇注射液（PP）、乳酸钠林格注射液（PP）、复方乳酸钠葡萄糖注射液、甘露醇注射液等。医用药品药材涵盖大小容量注射剂、胶囊剂、口服液、颗粒剂、片剂、分散片、干混悬剂、原料药、消毒巾和湿巾等。重视新药研发投入和技术创新，投资16亿元建立输液高新技术产业园；确立输液制剂、中成药两大产品定位，创新利用PP塑料瓶、非PVC多层共挤膜输液技术。与天津大学、北京大学、中国药科大学、河北科技大学等高校及科研院所合作，研制开发出盐酸阿比朵尔胶囊、山荷口服液、乳酸加替沙星葡萄糖（氯化钠）注射液、乳酸左氧氟沙星注射液、盐酸氨溴索葡萄糖注射液、氟尿嘧啶氯化钠注射液、盐酸昂丹司琼氯化钠注射液、阿奇霉素分散片等一批极具市场发展潜力的中西药产品，取得发明或实用新型专利8项，30多个品种规格、20个产品在15个国家取得注册，产品出口全球50余个国家。2019年石家庄四药完成工业总产值45亿元，同比增长24.7%；主营业务收入49.5亿元，同比增长9.3%；实现利润12.3亿元，同比增长35.9%。2019年7月石家庄四药获批河北省智能制造标杆企业，产品氟康唑片获批河北省仿制药质量提升项目。2019年石家庄四药位列中国医药工业百强企业第75位、化药百强企业第50位。

（马海荣）

纺织服装业

【概况】 2019年，石家庄市纺织服装皮革行业共有规模以上工业企业260家，同比减少117家。其中，纺织业144家，纺织服装服饰业49家，皮革、毛皮、羽毛及制品和制鞋业50家，化纤制造业17家。营业收入328.4亿元，同比下降4.4%；实现利润9.1亿元，同比下降42.7%；规模以上纺织服装业增加值同比下降16.2%。营业收入占全市工业比重7.4%，利润占全市工业比重3.0%。主要生产产品有纱、布、服装皮革、鞋、化学纤维等。主要产品产量为：纱22.8万吨，同比下降30.6%；布9.4亿米，同比下降16.2%；服装3953万件，同比增长7.7%；鞋807.3万双，同比下降6.1%；化学纤维10.6万吨，同比增长27.4%。纺织服装业代表企业有石家庄常山纺织集团有限责任公司、际华三五零二职业装有限公司、际华三五一四制革制鞋有限公司、石家庄常山恒新纺织有限公司、河北吉藁化纤有限责任公司等。4月11日，由河北省工业和信息化厅、石家庄市政府主办，深圳市服装行业协会承办、河北省纺织与服装行业协会协办的2019冀深服装产业对接交流系列活动在市区解放广场会展中心举行；主要举办活动有“时尚河北”展览、时装发布秀、流行趋势发布、时尚高峰论坛等，100余家冀深时尚品牌和设计师机构参加交流活动。11月3日，壹名服装服饰装备科技集团有限公司“壹名·格瑞”品牌、河北圣悦进出口有限公司“尤嘉”品牌获得“2019河北省十大服装品牌”称号；河北圣悦进出口有限公司王赛、河北女子职业技术学院王艳双、际华三五零二职业装有限公司陈洋洋、壹名服装装备科技集团有限公司杨海峰获得“2019河北省

2019年10月16日，埃塞俄比亚驻华大使特肖梅·托加(前排左一)到常山集团参观考察

十佳服装设计师”称号。

【常山集团】 石家庄常山纺织集团有限责任公司（简称常山集团）是一家成立于1991年的国有独资公司，1996年经河北省政府批准授权经营石家庄市属纺织企业国有资产。

2000年7月24日，常山集团在深圳证券交易所上市。2004年常山集团在石家庄高新区投资建设占地380亩河北省高新技术企业——石家庄常山恒新纺织有限公司，2008年在正定县建设占地1300亩常山纺织工业园，2012年正式启动主城区老厂停产搬迁。2015年7月，常山集团以定向增资扩股方式，收购民营高科技企业北明软件100%股权，形成国有企业常山集团为第一大股东、民营企业北明软件为第二大股东的混合所有制架构。2019年常山集团共有全资子公司11家、主导上市公司1家（股票名称：常山北明，股票代码：000158），在职员工5300人，注册资金12.54亿元，总资产156亿元，拥有纺织和软件两大主业，主导产品为纱、布、服装、家纺和软件研发。建有院士工作站和国家级企业技术中心、实验室及技能大师工作室，取得有效纺织专利84项，其中，发明专利13项、实用新型技术专利71项；培育中国名牌产品1个、中国棉纺织行业“最具影响力品牌”4个、河北省名牌产品3个、河北省著名商标4个。2019年常山集团恒盛分公司推行定额管理，提高用工效率，调整生产品种，规避价格风险，减亏成效明显；软件业整合优化资源，开发新兴客户，实现业务量稳步上升。推进数字平台开发，与华为、腾讯公司建立战略合作伙伴关系，利用云计算、大数据、物联网、人工智能、区块链等技术，开发多元纠纷化解平台（ODR）在19个省（市、区）应用，开发河南省舞钢市智慧城市项目电子政务一体化平台、信用舞钢、智慧舞钢门户网站平台上线试运行。支持企业发展，全年为所属企业提供信用担保额度37.38亿元、国有股权质押融资2.09亿元。修订完善《国有资产处置管理办法》《国有资产评估项目备案暂行办法》，规范国有资产处置行为，按照规定流程处置闲置废旧设备209台（套、辆），收回资金165万元；优化存量房产配置，实现年租金收入6567.8万元；妥善解决历史遗留问题，盘活各类低效资产5700万元。2019年常山集团获评中国棉纺织行业竞争力百强企业，并以营业收入104.16亿元排名石家庄市百强企业第10位。

【际华三五零二职业装有限公司】 际华三五零二职业装有限公司始建于1928年，1955年由天津市迁至河北省井陉县，公司前身为中国人民解放军第三五零二工厂，2006年11月改制为际华三五零二职业装有限公司，隶属国务院国资委直属世界500强企业新兴际华集团。职工总数5800余人，其中高级职称244人。参与制订国家标准2项、行业产品标准60多项，取得授权专利324项，其中发明专利41项。2011年公司被国家发展改革委、科技部、财政部、海关总署、国家税务局总局认定为国家级企业技术中心，2013年被认定为国家级工业设计中心，2014年被认定为高新技术企业，建有全国省级职业装设计工艺工程技术研究中心和全国职业装专业研究院，公司“3502”商标被认定为中国驰名商标。2019年际华三五零二职业装有限公司以营业收入9.72亿元位列石家庄市百强企业第54位。

【际华三五一四制革制鞋有限公司】 际华三五一四制革制鞋有限公司（原石家庄三五一四皮革皮鞋总厂、中国人民解放军第三五一四工厂）于1958年4月建成投产，先后隶属中国人民解放军总后勤部军需生产部、中国新兴（集团）总公司、新兴铸管集团有限公司。1987年4月24日，注册成立公司。2006年11月，企业完成改制，变更注册为有限责任公司，注册资本4.1亿元，地址位于石家庄市鹿泉区上庄镇，总占地面积40.48万平方米。公司主要从事各种天然皮革、毛皮和皮鞋、皮衣、皮件等皮革制品的制造与销售，生产双密度、胶粘、模压、线缝、固特异等各种结构皮鞋，包括双密度作战靴、05军官常服皮鞋、舰艇毛皮鞋、02女皮鞋、高腰作训鞋等，公司生产的“神行太保”牌皮鞋被评为“河北省用户满意产品”，“神行太保”商标被评为“河北省著名商标”。拥有制革制鞋设备2600余台（套），具有年生产皮革10万张、毛皮15万张、各类皮鞋130万双、各种皮服皮件等装具100万套（件）的生产能力，是中国华北地区最大的制革、制鞋企业。2019年际华三五一四制革制鞋有限公司以营业收入8.03亿元排名石家庄市百强企业第61位。

（王国正 刘翀）

石化工业

【概况】 2019年，石家庄市石化行业共有规模以上工业企业348家，同比减少73家。其中，石油、煤炭及其他燃料加工业企业11家，化学原料和化学制品制造业企业244家，橡胶和塑料制品业企业93家。营业收入881.8亿元，同比下降4.2%；利润总额32.3亿元，同比下降29%；规模以上石化工业增加值同比下降4%。营业收入占全市工业比重19.8%，利润占全市工业比重10.8%。主要产品大类有原油加工、纯碱、精甲醇、合成氨、农用化学肥料、农药、涂料、化学试剂等。主要工业产品产量：硫酸（折100%）74.6万吨，同比增长10.3%；烧碱（折100%）10.8万吨，同比下降0.5%；纯苯10.7万吨，同比下降11.6%；精甲醇12.9万吨，同比下降45.6%；合成氨（无水氨）39.3万吨，同比下降38.4%；农用氮、磷、钾化肥（折纯）15.4万吨，同比下降38.9%；涂料6.7万吨，同比增长11.8%；合成洗涤剂3.1万吨，同比下降10.1%；塑料制品15.1万吨，同比增长20.3%。石油、煤炭及其他燃料加工业代表企业有中国石化石家庄炼化分公司等，化学原料和化学制品制造业代表企业有晋煤金石化工公司、石家庄白龙化工股份有限公司、河北诚信集团有限公司等，橡胶和塑料制品业代表企业有河北橡一医药科技股份有限公司等。

【石家庄炼化分公司】 中国石化石家庄炼化分公司（简称石家庄炼化分公司）位于河北石家庄循环化工园区，公司前身为石家庄炼油厂，始建于1978年；1997年采用局部改制方式，募集发起设立石家庄炼油化工股份有限公司，并筹集资金成立石家庄化纤有限责任公司（简称石化纤），建设5万吨/年己内酰胺工程；2006年注销石家庄炼油厂，注册成立中国石化集团资产经营管理有限公司石家庄分公司，2007年转换体制注册成立中国石油化工股份有限公司石家庄炼化分公司；2009年5月，公司实施“一企一制”整合，将石化纤整体、石家庄资产分公司部分资产和人员并入石家庄炼化分公司。2019年石家庄炼化分公司原油一次加工能力达到800万吨/年，拥有260万吨/年柴油加氢装置、220万吨/年催化裂化装置、180万吨/年蜡油加氢装置、150万吨/年渣油加氢装置、120万吨/年连续重整装置等26套生产装置；化工部分经过己内酰胺“5改6.5”扩能改造、“6.5改16”和己内酰胺质量升级，己内酰胺生产规模达到20万吨/年，聚合装置达到2.5万吨/年。公司主要产品有汽油、柴油、航空煤油、聚丙烯、液化气、己内酰胺、聚酰胺切片等30多个品种、牌号。2019年石家庄炼化分公司共有员工2532人，营业收入336.6亿元，同比下降4.27%；上缴税收82.29亿元，同比增长7.7%，纳税额位列石家庄市第一名。2019年石家庄炼化分公司排名石家庄市百强企业第4位。

【河北诚信集团有限公司】 河北诚信集团有限公司始建于1990年，1994年改制为有限责任公司，是一家集技术研发、生产加工、销售服务、物流运输于一体的大型精细化学品制造企业，是中国民营500强、中国石油和化工500强、中国精细化工百强企业及河北省百强企业、石家庄市百强企业，注册资本1.39亿元。地址位于元氏县火车站东元赵公路南，占地面积2700余亩，总资产41.32亿元，是中国规模最大的氰化钠及其衍生物生产企业之一。主要产品有氰化钠、黄血盐钠、三聚氯氰、苯乙氰、苯乙酸（钠、钾）、丙二酸酯系列产品、EDTA螯合剂系列产品等100多种，产品销售国内30多个省市、自治区及欧美60多个国家和地区，被评为中国黄金行业最佳服务商、中国农药行业优秀原药与中间体供应商。公司氰化钠年生产能力25万吨，丙酯系列产品年生产能力4.5万吨。重视企业技术创新，公司技术中心被认定为国家级企业技术中心，检测中心21项检测能力获得国家实验室认可；专攻行业核心技术，参与制定“工业氰化钠”“氰化钠安全规程”等国家标准5项、“工业六氰合铁酸四钠”“工业用羟基乙腈”等行业标准9项。2019年河北诚信集团有限公司以营业收入279.10亿元位列河北省民营企业百强第25位、河北省民营企业制造业百强第18位、石家庄市百强企业第 6 位。

【晋煤金石化工公司】石家庄晋煤金石化工公司前身为河北省石家庄化肥厂（原址为石家庄市丰收路 65 号），始建于 1957 年，1964 年投产，是中国第一家自行设计、制造、安装的水溶液全循环法尿素生产样板厂，也是中国首家研制成功并工业化生产多孔粒状硝酸铵企业。2004 年 9 月，河北省石家庄化肥厂与山西晋城无烟煤矿业集团有限责任公司（简称晋煤集团）合资合作成立石家庄金石化肥有限责任公司；2009 年 9 月，公司更名为晋煤金石化工投资集团有限公司（简称晋煤金石化工公司）。晋煤金石化工公司是晋煤集团的控股子公司，也是中国化工企业 500 强，获得河北省“最具影响力和最具成长性企业”和石家庄市百强企业等荣誉。企业并购重组后，石家庄晋煤金石化工公司搬迁到河北石家庄循环化工园区，总占地面积 849 亩，被列为河北省第二批重点项目；总投资 39.65 亿元，总氨年生产能力 60 万吨。该项目与河北省重点项目——石炼化800 万吨炼油改造工程配套实施，为炼油综合改造、已内酰胺、环已酮、氨基已酸等项目提供氢气、氮气、液氨、甲醇等产品，同时生产副产品硫黄、焦油、中油、石脑油。晋煤金石化工公司生产化肥化工产品20多种，主要产品有尿素、硝酸铵、甲醇、碳酸氢铵、稀硝酸、硝酸钠、亚硝酸钠、甲醛、二甲醚、过氧化氢、复合肥、液体二氧化碳、编织袋等，“太行山”牌硝酸铵、尿素被认定为河北省著名商标。2019 年晋煤金石化工公司共有员工 839 人，营业收入 11.13 亿元，同比下降 30.91%；上缴税收 1964 万元，同比增长 108%。2019 年晋煤金石化工公司排名石家庄市百强企业第 30 位。

【河北威远生物化工股份公司】河北威远生物化工股份有限公司（简称威远生化）是河北省首家上市公司，是集农药原料药及制剂研发、生产和销售于一体的现代化企业，也是国家农药定点生产企业。地址位于河北石家庄循环化工园区化工中路6号。公司原名河北威远建材股份有限公司，由石家庄地区建筑材料一厂、二厂和石家庄地区高压开关厂发起组建成立，1992 年 6 月 25 日，依据冀体改委股字〔1992〕40 号文件更名为河北威远实物股份有限公司，1992 年 7 月 14 日注册成立；1994 年 1 月 3 日在上海证券交易所上市，股票名称河北威化，后改为威远生化，股票代码 600803；1999 年 3 月公司改名为河北威远生物化工股份有限公司。2004 年 5 月新奥集团股份有限公司（简称新奥集团，股票名称新奥股份，股票代码 600803）收购威远生化 80% 股权，成为河北威远生物化工股份有限公司控股股东。公司参与制定国家及行业农药产品标准15项，生产产品有杀虫剂、杀菌剂、除草剂三大系列 300 多个农药产品，主导产品有阿维菌素、甲氨基阿维菌素、草铵膦、嘧菌酯、吡蚜酮、噻唑膦、呋虫胺、除虫脲等，培育形成蓝锐、福蝶、禾娸等多个制剂知名品牌，产品销售国内 1200 多个县级行政区域及全球 80 多个国家和地区。2018 年公司获评高新技术企业，2019 年威远生化技术中心被国家发展改革委命名为国家企业技术中心。2019 年威远生化营业收入 19.5 亿元，出口额超 1 亿美元；实现利润 8971 万元、利税 9903 万元；企业总产值达到 21.46 亿元。2017 ~2019 年，公司投资 1.05 亿元，新建环保型制剂车间，建筑面积 13776 平方米，建成环保制剂生产线 12 条，主要生产悬浮剂和颗粒剂。2019 年威远生化排名石家庄市百强企业第 31 位。

【白龙化工股份有限公司】石家庄白龙化工股份有限公司是一家以苯酐、顺酐、增塑剂为主要产品的基础化工原料生产厂家，前身为石家庄市化工二厂，始建于 1959 年。1997 年 12 月，由石家庄市化工二厂改制设立为股份制企业。地址位于河北石家庄循环化工园区石炼中街8号。总占地面积200 亩，注册资本 4835.54 万元，其中国有股份 2110 万元，占比 43.64%；总资产 4.5 亿元，净资产 3.3 亿元，现有职工 559 人。主要产品、产能为邻苯二甲酸酐（苯酐）8 万吨/年，顺丁烯二酸酐（顺酐）4 万吨/年，邻苯二甲酸酯类增塑剂 8 万吨/年。公司“白龙” 注册商标为河北省著名商标，“白龙”牌苯酐为河北省名牌产品、顺酐为河北省优质产品。重视安全生产管理，投资600 万元，将苯酐、顺酐、增塑剂车间操作室和化验室搬迁至办公区；设立控制中心，最大限度降低生产装置区人员风险。2019 年公司采购原辅料 13.5 万吨，销售产品 12.7 万吨，实现销售收入 7.93 亿元，首次出现利润亏损。2019 年白龙化工股份有限公司排名石家庄市百强企业第 56 位。

（黄磊）

装备制造业

【概况】 2019年，石家庄市装备制造业共有规模以上工业企业514家，同比减少152家。其中，金属制品工业企业111家，通用设备制造业102家，电气机械和器材制造业96家。营业收入703.6亿元，实现利润43.1亿元，同比增长148%；规模以上工业增加值同比下降2.2%。营业收入占全市工业比重15.8%，利润总额占全市工业比重14.4%。金属制品工业企业主要有博深工具股份有限公司、冀凯装备制造股份有限公司等，通用设备制造业企业主要有石家庄国祥运输设备有限公司、耐力股份有限公司等，电气机械和器材制造业企业主要有格力电器（石家庄）有限公司、河北国源电气股份有限公司等。主要产品有空气调节器、大型气体压力容器、通用飞机、新能源汽车、金刚石工具、电力装备、柴油发动机、高效电机、煤专装备、大型农机、内燃机零部件等，涉及80多个大类150多个小类2000多个品种。主要产品产量为：阀门18.32万吨，钢结构11.15万吨，金属包装容器4704吨，泵3714台，气体压缩机2.03万台，电工仪器仪表73.77万台，低压开关板3010面，炼油、化工生产专用设备2461台，环境监测专用仪器仪表18.48万台，机械化农业及园艺机具4.0万台。全年生产新能源汽车262辆，改装汽车12087辆，同比下降26.8%；电动机452.2万千瓦，同比下降23.2%，其中，交流电动机216.8万千瓦，同比下降25.1%；电力电缆53035千米，同比下降28.5%；光缆597743芯千米，同比下降37.6%；程控交换机38.2万线，同比增长52.6%，其中数字程控交换机25万线；集成电路435.5万块，同比增长195.3%；通信及电子网络用电缆14033对千米，同比增长66.6%；工业自动调节仪表和控制系统11.92万台（套），同比增长62.1%；房间空气调节器444.26万台，同比下降12.3%；家用电风扇20.2万台，同比下降17.3%。以构建“4+4”现代产业为目标，加快“智能制造”产业发展。投资300亿元，实施高端装备、新能源汽车等战略性新兴产业项目20个，升级传统产业装备制造项目16个，重点建设奇瑞新能源汽车、河北高成电子科技有限公司智能交通设备生产、河北勤悦电气搬迁升级新能源气动充电电源及配套设备项目、中航电测智能交通石家庄产业园、河北德澳科技有限公司新能源汽车电机基地等装备制造业优质项目。至2019年末，全市建成省级智能工厂1家、数字化车间8个；石家庄经济技术开发区被认定为河北省智能制造示范（园）区，石家庄四药有限公司被认定为河北省智能制造标杆企业，14家企业16个产品列入《河北省重点领域首台（套）重大技术装备产品目录（2019年第二版）》。

【博深股份有限公司】 博深股份有限公司于1994年9月创建成立，是一家以五金工具类（金刚石工具、电动工具、合金工具）、涂附磨具类和轨道交通装备类为主营业务的集团化跨国公司，总部位于石家庄高新区长江大道289号，注册资本4.38亿元，总

2019年11月20日，石家庄栾城——太原尧城通用航空短途运输航线开通

资产25亿元；建有石家庄、常州、上海、泰国、加拿大5个生产基地；下辖8家全资子公司，分别位于美国、加拿大、泰国、韩国及中国常州、上海；2个事业部，分别是金刚石工具事业部和轨道交通装备事业部；2家国内参股公司，分别位于北京和山东。2009年8月21日，公司股票在深圳证券交易所挂牌上市，股票名称博深工具，后改为博深股份，股票代码002282，首次发行量4340万股，募集资金净额46972.67万元。博深股份有限公司被评为国家火炬计划重点高新技术企业和河北省高新技术企业，设有河北省金刚石工具工程研究中心，企业主导产品均通过德国MPA质量安全认证和欧盟EN安全认证，电动工具通过欧盟CE认证，300～350千米/小时及以上动车组粉末冶金闸片（非燕尾型）通过CRCC认证及IRIS认证；拥有国家专利137项，其中发明专利26项；20多个产品项目列入“国家重点新产品计划”“国家火炬计划”“国家科技兴贸计划”和“河北省重大科技成果转化项目”、省市研究开发计划及进出口资助项目；产品销售国内31个省（市、自治区）200多个城市，并在美国、加拿大设有销售子公司，海外客户覆盖美洲、欧洲、东南亚、中东、北非等海外市场；公司“博深”品牌是中国金刚石工具行业知名品牌。2019年公司生产用于轨道交通产品CRH5A/5E/5J闸片取得新标准（TJ/CL307－2019）CRCC认证证书。2019年博深股份有限公司营业收入11.68亿元，同比增长10.83%，其中，五金工具营业收入4.42亿元，同比下降5.17%；实现利润9117.39万元，同比下降10.83%。2019年金牛研磨子公司营业收入7.13亿元，同比增长22.15%；营业利润1.26亿元，同比增长29.96%。2019年博深股份有限公司排名石家庄市百强企业第50位。

【中航通飞华北飞机工业有限公司】 中航通飞华北飞机工业有限公司（简称中航通飞华北公司）是2012年9月由河北省政府与中国航空工业集团在石家庄飞机工业有限责任公司基础上共同出资组建的航空制造业公司，是中国航空工业集团有限公司下属成员单位和核心骨干企业，注册资本15亿元。地址位于石家庄市栾城区衡井路99号。总占地面积1091亩，建筑面积14万平方米，拥有1200米跑道2B级通航机场（A1类机场）1座，职工1200余人。中航通飞华北公司是国内以研制生产通用飞机为主的专业化主机厂，具备机械加工、钣金、钳焊、铆接、复合材料加工及飞机部装、总装、试飞等综合能力和通用飞机研发、制造管理、适航取证、持续适航等航空制造管理经验，是河北省首批军民融合型企业、第二批军民融合产学研用示范基地和高新技术企业，建有省级企业技术中心。主要产品有运五/运五B系列飞机、小鹰500飞机、海鸥300水陆两栖飞机、赛斯纳“凯旋”208B飞机等。其中，运五B系列飞机是国内生产量最大、销售量最大、市场保有量最大和年飞行作业量最大的通用飞机机型；小鹰500飞机拥有完全的自主知识产权，填补国内四座轻型多用途飞机生产领域空白；海鸥300水陆两栖飞机填补国内5吨级以下水陆两栖飞机研制空白。10月17～20日，由石家庄市政府、中国国际贸易促进委员会河北省委员会、通用国际展览有限公司、中航通用飞机有限责任公司、中国宏泰产业市镇发展有限公司主办的2019中国国际通用航空博览会（石家庄航展）在石家庄通用航空产业园举行，签约重点项目15个，总金额107亿元。

（张洁）

食品工业

【概况】 2019年，石家庄市食品工业共有规模以上工业企业169家，同比减少68家。其中，农副食品加工业105家，食品制造业44家，酒、饮料和精制茶制造业19家，烟草制品业1家。营业收入（不含烟草）373.5亿元，同比增长13.1%；实现利润总额16.3亿元，同比增长235.8%；规模以上工业增加值同比增长4.4%，较2018年提高2.6个百分点。营业收入占全市工业比重8.4%，利润总额占全市工业比重5.5%。主要企业分布在鹿泉区、藁城区、栾城区、正定县、行唐县、赵县等区域，拥有君乐宝乳业集团、河北三元、益海粮油（石家庄）、双鸽食品、洛杉奇食品、中粮可口可乐饮料（河北）有限公司等一大批优势骨干企业。全年乳制品产量80.96万吨，同比增长7.5%。其中，液体乳74.85万吨，同比增长6.3%；乳粉3.33万吨，同比增长43.7%。饮料产量73.19万吨，同比下降30.3%。饮料酒产量363602千升，同比增长3.7%。卷烟产量222.35亿支，同比下降0.5%。

【君乐宝乳业】 石家庄君乐宝乳业有限公司（简称君乐宝乳业）成立于1995年，地址位于鹿泉区铜冶镇石铜路36号。主营业务包括婴幼儿奶粉、低温液态奶、常温液态奶、牧业四大主业，在河北、河南、江苏、吉林等地建有生产工厂20个、现代化大型牧场13个，现有员工1.4万余人，是河北省最大的乳制品加工企业，也是国家高新技术企业和国家乳品研发技术分中心。公司君乐宝商标为中国驰名商标。2012年君乐宝工业旅游景区成立，2015年获评国家4A级旅游景区，景区主体由优致牧场、酸奶工厂、奶粉工厂构成，并被评为河北省工业旅游示范点，年接待游客100余万人次。2019年9月，君乐宝乳业入选工业和信息化部绿色工厂名单；2019年12月16日，获评农业产业化国家重点龙头企业。重视奶业技术攻关，与中国农业科学院、北京大学、中国农业大学等高校和科研单位合作，完成创新项目150多项，自主采集益生菌菌种200多株，获得核心专利81项，省级鉴定科技成果14项，科技成果转化30多项。严格产品质量监管，建立全面质量管理体系，率先在国内应用原奶挤贮运全过程信息化监控平台系统。6月3日，君乐宝旗帜婴幼儿配方奶粉第三次蝉联“世界食品品质评鉴大会——特别金奖”并被授予国际高质量奖杯；6月26日，乐宝乐铂K2儿童成长配方奶粉和“悦鲜活”牛奶在葡萄牙里斯本举行的第13届全球乳制品大会上分别获得“最佳儿童乳品奖”“最佳工艺创新奖”两项大奖。8月10日，全国首款新一代活性蛋白牛奶——君乐宝“悦鲜活”牛乳在石家庄首发上市。2019年君乐宝乳业奶粉销量7.5万吨、超过1亿罐，同比增长62%，销售收入同比增长25%，进入国产奶粉行业第一阵营，其中，低温酸牛奶、乳酸菌饮料全国市场占有率排名第三；上缴税收5亿元，同比增长30.4%，纳税金额排名石家庄市第15位。2019年君乐宝乳业位列2019中国民营企业制造业500强第469位、全国农产品加工业100强企业第52位、2019河北省民营企业100强第49位、2019河北省民营企业制造业100强第34位，并以营业收入94.78亿元排名石家庄市百强企业第13位。

【河北三元食品有限公司】河北三元食品有限公司于2008年12月10日注册成立，是一家集畜牧科技研究、新产品开发、乳与乳制品加工及销售于一体的大型乳业企业，是北京三元食品股份有限公司的全资子公司，隶属北京首都农业集团。地址位于新乐市三元路6号。注册资本21.58亿元。2016年5月16日，北京三元食品公司在新乐市投资建设三元河北工业园正式投产，占地面积600余亩，总投资18亿元，设计年产婴幼儿配方乳粉4万吨、各类液奶25万吨。2019年河北三元食品有限公司以营业收入12.33亿元位列石家庄百强企业第43位。

【市制酒厂】 石家庄市制酒厂有限公司（简称市制酒厂）位于石家庄市长安区北二环西路19号，总占地面积6万平方米，主营冀窖系列、天庄系列、石家庄大曲白酒和黄酒，白酒年产能力1.2万吨，黄酒年产能力100吨。市制酒厂是河北省组建最早的国营老酒厂，是开国大典国宴用酒提供厂和北京“红星二锅头”的发源地，隶属市政府国资委管理。1948年1月，市制酒厂由第一届石家庄市人民政府收购5家老烧坊组建，也是第一批公营企业中唯一的酿酒厂，称为“公营石家庄酿酒厂”，首张营业证上有第一任市长柯庆施签名和“石家庄市人民政府”大方印章，颁证时间落款为“中华民国三十八年三月九日”。2019年市制酒厂共有员工159人，主营核心酒品6款，分别为：石家庄大曲（“号外”）、石家庄大曲（“红70”）、石家庄大曲（“红坛”）、石家庄大曲（“金坛”）、石家庄大曲（“红色国酿”）、石家庄大曲（“开国大典”）。石家庄大曲酿造技艺被评为石家庄市非物质文化遗产。石家庄大曲采用传统纯粮固态混蒸混烧老五甑蒸馏蒸粮工艺，地下泥池老窖发酵，陶坛贮存原酒老熟，馥雅香气浑然天成；装甑操作见潮撒料，轻、松、匀、薄、平；流酒时看花分段量质摘酒，分级并缸；勾调时利用基酒与基酒之间“相融平衡、相辅相成”的特点，采取“酒勾酒”“香生香”“味配味”“度调度”的诀窍制作。白酒行业专家对石家庄大曲评价：酒体无色透明，香气幽雅，陈香舒适，绵柔绵甜，醇厚细腻，尾净和爽，适口性强。至2019年底，市制酒厂完成工业总产值2434万元，同比增长54.5%；营业收入3302万元，同比增长202.66%；实现利润2.7万元，同比减亏657.7万元。

（魏俊杰　朱国辉）

冶金工业

【概况】　2019年，石家庄市冶金行业共有规模以上工业企业27家，同比减少2家。其中，黑色金属冶炼和压延加工工业企业14家，有色金属冶炼和压延加工工业企业13家。营业收入582.3亿元，同比增长3.5%；实现利润总额52.2亿元，同比下降31.2%；规模以上工业增加值同比增长9.4%。营业收入占全市工业比重13.1%，利润总额占全市工业比重17.5%。主要产品包括生铁、粗钢、钢材。主要产品产量为：生铁1101万吨，同比增长2.7%；粗钢1234万吨，同比增长7.8%；钢材1255万吨，同比增长11.3%。黑色金属冶炼和压延加工业代表企业有河北敬业集团、石家庄钢铁有限责任公司。6月26日，由中国钢铁工业协会、中国钢研科技集团有限公司、河钢集团有限公司共同主办的第二届钢铁工业智能制造发展论坛在石家庄市举行，共有来自钢铁企业信息化相关领导、产业链上下游服务企业相关专家、前沿科技企业及媒体代表等300余人参会交流和研讨。

【河钢集团石钢公司】　石家庄钢铁有限责任公司（简称石钢公司）是一家具备年产260万吨钢生产能力的特钢企业，是中国重点大中型钢铁联合企业。石钢公司成立于1957年12月13日，前身为石家庄钢铁厂。1994年石家庄钢铁厂改制为石家庄钢铁股份有限公司，1996年改制为石家庄钢铁有限责任公司。2000年，石钢公司钢产量102万吨，钢材产量83万吨，钢产量突破100万吨；2004年，石钢公司钢产量207万吨，钢材产量178万吨，钢产量突破200万吨。2006年6月，中信泰富集团收购石钢公司80%股权，石钢公司改制为中外合资企业；2010年3月，河北钢铁集团（简称河北钢集团）回购石钢公司股权，石钢公司成为河北钢铁集团全资子公司。主要产品有：优质碳钢、合金结构钢、轴承钢。主导产品齿轮钢、轴承钢、弹簧钢、易切削非调质钢、合金结构钢等广泛用于汽车、工程机械、轨道交通、能源工程、军工等领域，部分高端产品市场占有率排名全国特殊钢棒材细分市场应用领域单项冠军。2008年12月，“石钢”牌圆钢获评河北省名牌产品。石钢公司生产的高端弹条钢60Si2Mn、汽车齿轮用渗碳钢8620RH、非调质机械结构圆钢HL610/HL740、轿车用轮毂轴承钢SAE1055达到国际同类产品实物质量水平，获评“金杯优质产品”；高铁轨道弹条钢60Si2Mn达到国际先进实物质量水平，被认定为冶金产品实物质量标杆并授予“特优质量产品”。2019年石钢公司以营业收入184.88亿元位列石家庄市百强企业第8名。2019年石钢公司纳税2.49亿元，同比下降22.2%，纳税额排名石家庄市亿元纳税大户第31位。

【河北敬业集团有限公司】　河北敬业集团有限公司（简称河北敬业集团）是一家以钢铁为主业，下辖总部钢铁、乌兰浩特钢铁和兼营钢材深加工、增材制造3D打印、国际贸易、旅游、酒店等大型企业集团。主要产品有螺纹钢、中厚板、热卷板、冷轧板、镀锌板、彩涂板、圆钢、异型钢、型钢、线材、钢轨，是全球大型螺纹钢生产基地，国家高强钢筋生产示范企业、国家高新技术企业。地址位于平山县南甸镇。拥有员工2.35万人，总资产390亿元。钢铁产品通过ISO9001、ISO14001认证和4国船级社认证、欧盟CE认证、锅炉压力容器板系列认证，螺纹钢产品、中厚板产品获得中国钢铁工业协会冶金产品实物质量认定（金杯奖），螺纹钢拥有精轧、韩标、美标、英标、澳标、马标等10多个国家标准生产资质，产品覆盖400、500、600强度级别，规格覆盖直径6~40毫米。公司“敬业”商标是中国驰名商标，品牌价值505.68亿元。实施国际化战略，致力打造全球钢材和金属制品供应服务商，在全球22个国家设立分公司和办事机构，产品出口80多个国家和地区，广泛应用于北京大兴国际机场、世博会中国馆、三峡工程、南水北调、石家庄地铁、呼和浩特市地铁、雄安市民服务中心、文莱跨海大桥等国内外重点项目工程，被中国中铁、中国电建、中国路桥、中国建筑等央企列为优秀供应商。加快转型升级步伐，做大钢材深加工。河北敬业集团下属敬业信德钢筋公司改变经营理念和经营模式，在雄安新区、保定市徐水区新建 3 个钢筋加工分厂，全年螺纹钢加工产能达到 40 万吨，同比增长 188%。投资47亿元，开工建设 260 万吨冷轧项目；投资 25 亿元，建设 350 万吨敬业制管项目，打造高频焊管、螺旋焊管、方矩管、镀锌焊管、冷弯型钢等系列产品，新建 1 条 F400 方矩管生产线、6 条螺旋焊管机组，一期项目 70 万吨产能投产。2019 年公司生产车辆 2524 台，同比增长 2743.48%；销售车辆 2440 台，同比增长 2489.8%。围绕产品供应链上下游，出口中国制造，进口国际资源，运作钢材、矿石、煤炭、木材等大宗商品贸易，在俄罗斯、新西兰、澳大利亚、巴西、南非、肯尼亚等国家开展贸易业务。2019 年河北敬业集团国际矿石贸易量 179.46 万吨，实现利润 661.07 万元；进口锰矿 2.2 万吨，营业收入 3960 万元；进口板材产品和辐射松原木，实现贸易额 3 亿元。支持生态环境保护，投资1.5 亿元安装煤气发电锅炉脱硫除尘装置，年可削减二氧化硫 288.75 吨、氮氧化物 412.5 吨；投资 991 万元，全部高炉加装煤气回收及降噪设施；2019 年河北敬业集团烧结机头颗粒物浓度、二氧化硫、氮氧化物通过专家组超低排放验收。2019 年河北敬业集团实现销售收入 1274 亿元，上缴税金 45.3 亿元，位列全国 500 强企业第 217 位、中国制造业企业 500 强第 95 位、中国民营企业制造业 500 强第 33 位、石家庄市百强企业第 1 位。

（杜毅华　范玉蕾）

建材工业

【概况】 2019 年，石家庄市建材行业共有规模以上工业企业 192 家，同比减少 55 家。其中，非金属矿物采选业企业2家，非金属矿物制品业企业 190 家。营业收入221.6 亿元，同比增长 12.9%；实现利润总额 20.52 亿元，同比增长 39.7%；规模工业增加值同比增长 2.3%。营业收入占全市工业比重5.0%，利润占全市工业比重 6.9%。主要产品大类包括硅酸盐水泥熟料、水泥、瓷质砖、建筑板材、防水卷材、平板玻璃等。主要产品产量为：硅酸盐水泥熟料 1474 万吨，同比增长 21.3%；水泥 1539 万吨，同比增长 4.2%；瓷质砖 2.03 亿平方米，同比增长 1.6%；天然大理石建筑板材 14.26 万平方米，同比增长 89.1%；沥青和改性沥青防水卷材 689.8 万平方米，同比增长 29.5%；平板玻璃 1257 万重量箱，同比下降 0.4%。非金属矿物制品业主要有河北金隅鼎鑫水泥有限公司、河北曲寨集团有限公司、高邑县力马建陶有限公司、石家庄玉晶玻璃有限公司。

（杜毅华）

【河北金隅鼎鑫水泥有限公司】 河北金隅鼎鑫水泥有限公司（简称河北金隅鼎鑫公司）于 2000 年建厂，主营水泥、熟料生产和销售业务。2007 年 3 月，河北金隅鼎鑫公司由上市公司北京金隅集团控股。河北金隅鼎鑫公司是水泥行业率先通过六位一体管理体系认证企业，也是河北省唯一一家入选“国家重点支持 60 家水泥工业结构调整大型企业”。2017 年 8 月，河北金隅鼎鑫公司被工业和信息

国家绿色工厂——河北金隅鼎鑫公司

化部授予“国家绿色工厂”，综合评分排名全国12家首批“国家绿色工厂”第一名；公司生产产品“鼎鑫”牌水泥获得“中国驰名商标”“河北省名牌产品”等荣誉。至2019年末，公司总资产35亿元，职工1500余人，拥有两条日产2000吨、3条日产4000吨的新型干法熟料水泥生产线；年熟料生产能力484万吨，优质高强度等级水泥和特种水泥产能600万吨。加快产业结构调整，由传统水泥产业向“+旅游”第三产业新业态和“都市生活服务商”转变。推进工业旅游花园式森林工厂和水泥窑协同处置固废中心建设，重点实施“中国水泥活态博物院”和协同处置500吨/日综合固废环保技改项目。打造固废处置社会服务商，11月26日，公司日处置能力500吨水泥窑协同处置综合固废项目投产运行，主要处置鹿泉区及周边生活垃圾；根据需求接收处置假冒伪劣商品、海关罚没物资、过期食品、废旧包装、鞋服下脚料、废旧家具、废旧塑料制品、农作物秸秆、废家装材料等一般固体废物，发展形成城市净化器、政府好帮手服务模式。至2019年底，公司处置鹿泉区生活垃圾4435吨，联合石化脱硫石膏、鑫东瑞污泥1544.92吨，河北安泰公司下脚料3067.26吨，创造利润151万元。2019年河北金隅鼎鑫公司熟料产量453.06万吨，同比增长17.98%；水泥产量506.65万吨，同比增长8.46%；主营业务收入23.47亿元，同比增长20.77%；实现利润5.75亿元，同比增长39.46%；上缴税金3.41亿元。2019年公司位列石家庄百强企业第26名，生产产品“鼎鑫”牌优质高标号普通水泥及六大类19个特种水泥产品在河北省重点工程市场占有率达90%以上。

（李佳）

【赞皇金隅水泥有限公司】 赞皇金隅水泥有限公司成立于2008年2月，公司拥有石灰石储量1.4亿吨、砂岩储量3000多万吨；建有日产2000吨水泥熟料生产线2条，日产4000吨熟料生产线1条，15兆瓦、6兆瓦纯低温余热发电系统各1条，年产100万吨水泥粉磨系统3条；年生产优质水泥330万吨。利用自身技术优势，开展氮氧化物超低排放研究。支持生态环境治理，建设料棚集尘罩及喷淋设施，实施矿山收尘改造、爆破及铲装抑尘等项目，推进实施熟料运输“公转铁”战略。2019年8月，赞皇金隅水泥有限公司利用水泥窑协同处置危废项目开工建设；该项目被列入《河北省“十三五”利用处置危险废物污染防治规划》，由金隅建都设计院总体设计，规划建成后年处置危险废物能力3万吨。2019年赞皇金隅水泥有限公司消纳工业废渣占水泥总产量54.55%，水泥窑协同处置生活垃圾和污泥项目累计处置垃圾、污泥10万余吨。2019年赞皇金隅水泥有限公司以10.04亿元营业收入位列石家庄百强企业第53名。

【力马建陶有限公司】高邑县力马建陶有限公司成立于2000年6月，是一家集科研、开发、制造、销售为一体的河北省重点建陶生产企业。公司位于高邑县凤凰山工业区，注册资金8000万元，总占地面积27万平方米，拥有2个陶瓷生产园区和河北力马燃气有限公司；现有职工2200多人，其中技术人员76人；总资产8.6亿元。重视新产品、新技术的发与应用，建有石家庄市唯一一家省级建陶工程技术研究中心。2019年公司地板砖年生产能力2600万平方米，产品包含五大系列、两个规格、多个花色品种，拥有多项知识产权和专利证书；主要产品有全瓷耐磨地板砖、微粉抛光地板砖、聚晶微粉抛光地板砖、高档普拉提抛光地板砖、高档郁金香抛光地板砖等。公司通过ISO9001：2000国际质量管理体系认证、国家3C认证、ISO14001环境管理体系认证、职业健康安全管理体系认证，取得采用国际标准证书、河北省计量保证能力合格证书，获得河北省质量效益型企业、环渤海地区建材行业“最具影响力企业”、河北省产业集群龙头企业等荣誉。2019年力马建陶有限公司以5.14亿元营业收入位列石家庄百强企业第81名。

（杜毅华）

电力工业

【概况】 2019年，全市电网建设投资27亿元，建设35千伏及以上变电站415座，变电总容量3601.9万千伏安，输电线路9092千米。全年投产110千伏及以上项目13项，新增容量90万千伏安；光伏项目并网发电66个。至2019年底，全市建成500千伏变电站5座，总容量1200万千伏安；220千伏变电站51座，总容量17749兆伏安；110千伏变电站202座，总容量18800兆伏安。2019年国家电网石家庄供电公司主要担负石家庄所辖8区13县（市）供电任务，内设二级机构20个，其中，职能管理部室12个，业务支撑与实施机构8个；现有职工5255人，其中，市级公司1948人，17个县（市、区）公司3307人；办公地址：石家庄市桥西区红旗大街66号。2019年全市发电量442.9亿千瓦时，同比下降2.9%；全市用电量478.01亿千瓦时，同比增长2.50%；国家电网石家庄供电公司售电量449.91亿千瓦时，同比增长4.38%。全年电网最大负荷873.9万千瓦，同比增长9%。2018~2019年全市连续六次下调一般工商业电价，累计降价0.11元。实施架空明线入地工程，完成中华大街综合整治架空线缆入地、桥西区委线路迁改等工程项目，累计新建电缆线路31千米、环网柜21座、箱式变电站14座。提升贫困村电气化水平，投资5.6亿元，实施贫困县域和农村地区10千伏及以下电网改造及农网升级项目，新建改造线路6100千米。2019年国家电网石家庄供电公司连续28年获评河北省文明单位。

【电力生产】 推进能源结构调整，实施气代煤、电代煤工程，初步形成垃圾发电、天然气分布式能源、光伏发电与分布式能源、风电、生物质发电、地热源、污水源、空气源等多样化能源发展利用格局。至2019年底，全市电力生产设置装机总容量1080.18万千瓦。其中，火电装机容量817.7万千瓦，单机30万千瓦及以上装机容量745万千瓦（含45万千瓦燃机1台）；水电110.33万千瓦；光伏126万千瓦；生物质11.85万千瓦；其他14.3万千瓦。2019年全市发电量442.9亿千瓦时，同比下降2.9%，其中，热电厂发电399.66亿千瓦时，光伏14.54亿千瓦时，生物质6.35亿千瓦时，水电7.01亿千瓦时。2019年石家庄市火电装机容量较大的电厂有：华能上安电厂装机256万千瓦、西柏坡电厂装机252万千瓦、鹿华热电厂装机66万千瓦、华电石热电厂装机47.5万千瓦、裕华热电厂装机60万千瓦、良村热电厂装机66万千瓦。

【行业及居民用电】 2019年全市用电量478.01亿千瓦时，同比增长2.50%。其中，第一产业用电3.51亿千瓦时，增长8.83%；第二产业用电277.91亿千瓦时，下降1.53%；第三产业用电122.27亿千瓦时，增长9.35%。居民生活用电74.34亿千瓦时，同比增长7.56%；工业用电量277.91亿千瓦时，同比下降1.53%。纺织、化工、医药、非金属、黑色金属、装备制造六大制造业用电量增减不一，分别完成用电量19.92亿千瓦时、29.93亿千瓦时、16.53亿千瓦时、32.03亿千瓦时、34.53亿千瓦时和25.80亿千瓦时，同比分别增长0.69%、-11.01%、-2.89%、7.34%、-0.62%和-0.65%，合计用电量同比下降1.54%，各项增速分别较2018年提高-4.86、3.99、-7.55、2.80、-22.68、-3.65和-4.16个百分点。

（市发展改革委）

【清洁绿色电能】 以着力改善环境质量和建设生态宜居城市为目标，突出实施“蓝天保卫战”行动，全力支持石家庄市大气污染防治。综合考虑电网规划建设和大气污染防治要求，编制可操作性方案，主动协助当地政府解决火电围城难题，配合关停高新热电4台燃煤机组、正元化肥等5家自备电厂任务。执行“两高”企业停限产政策，落实市政府“两断三清”要求，坚决实施高污染、高耗能企业限电、断电措施。“电代煤”工程完工，2019年完成投资9.6亿元，改造“电代煤”工程涉及居民11.49万户，新建改造线路4149.6千米，新建改造配变器1768台，新增容量59.4万千伏安；至2019年底，全市“电代煤”用户累计达到22.8万户，年减少散煤燃烧5.7万吨，减排二氧化碳10.5万吨，有效改善散煤燃烧带来环境污染问题。推进光伏发电项目建设，畅通光伏扶贫接网工程绿色通道，主动做好相关服务；2019年石家庄市光伏发电扶贫项目涉及行唐县、灵寿县、赞皇县3个县65个贫困村62个光伏扶贫项目，全部并网供电，惠及贫困居民3626户，为每户带来连续20年、每年不低于3000元光伏发电收益。

国家电网石家庄供电公司
总 经 理:周爱国
副总经理:赵宁
李承辉(兼总会计师)
王向东 刘玉璞
齐金定 赵洋
段志国(8月任)

(国家电网石家庄供电公司)

城乡建设

Urban and Rural Construction

综　述

2019年，全市城乡规划建设管理部门围绕建设生态宜居和现代省会、经济强市目标，以创建“园林城、卫生城、文明城、洁净城”为突破口，抓住京津冀协同发展重大机遇，对标国内先进城市，完善城市功能、提升城市品质、优化城市环境，加快补齐基础设施短板，全面提升城市综合承载能力。开展县城和村镇建设，综合整治农村卫生环境；实施民生工程，落实保障性住房政策和措施；加强城市精细化管理，加快新型城镇化建设进程，统筹推进城乡一体化发展。

空间规划管控。2019年全市召开城乡规划委员会全体会议6次，召开城乡规划委员会专题会议5次，研究重大规划项目议题63个。办结报建项目1296项次，其中，办理用地类报建项目487项次，核发建设用地规划许可证115个；发放审批用图3578册，用章2.6万余次，整理报建档案1331套，向业务处室、分局移交1536套；发放市政类建设工程规划许可证和图纸批复261个（证202个）。12月31日，石家庄市印发《关于成立石家庄市国土空间规划委员会的通知》，确定建立国土空间规划委员会制度。

城乡基础设施建设。推进城市主次干道和支路网建设，结合城中村改造、旧城改造项目，打通城区断头路13条，超额完成打通10条道路任务目标；8月21日，市区解放大街（槐安路—和平路）工程东半幅建成通车；9月15日，联石丰拓宽打通工程全线通车。至2019年底，全市城市道路等基础设施建设完成投资90.8亿元，城市道路网密度达到7.89千米/平方千米。开展城中村改造，全年59个城中村列入改造计划，其中，主城区37个、县（市、区）22个，启动率100%，开工率超过90%。实施老旧小区整治，2019年全市整治老旧小区568个、建筑面积1267万平方米，其中，主城区4区（长安区、桥西区、新华区、裕华区）430个、建筑面积1117万平方米；老旧小区整治投入资金5.06亿元，其中主城区4区投入资金4.4亿元。加快县城建设，全年18个县（市、区）实施基础设施和公共设施投资项目490个，完成投资203亿元；改造提升道路128条，打造美丽街区17个；改造城中村36个，开工棚户区10657套，整治老旧小区136个；植树178万株，新增绿地406公顷；建成停车片区233个、免费停车位19万个。2017~2019年，全市18个县（市、区）累计谋划实施基础设施和公共服务设施重大工程项目1741个，完成投资936亿元。2019年全市15个村庄入选第五批中国传统村落名录，市区汇明路地下综合管廊项目获得2018~2019年度全省人居环境范例奖。至2019年底，石家庄市建成综合管廊试点项目18个、45.77千米，其中，主城区项目3个、14.91千米，正定新区项目15个、30.86千米。

住房保障和房地产业。以“房住不炒”为目标，密切关注市场变化，及时出台调控政策，统筹推进共有产权住房试点城市和租购并举住房制度试点城市建设。清理住房和城乡建设相关法规文件，依法废止政府规章《石家庄市村镇规划建设管理办法》1件、规范性文件4件；新制定规范性文件5件，分别为《石家庄市人民政府印发〈关于加强主城区城市棚户区征收改造工作的意见〉的通知》（石政规〔2019〕4号）、《石家庄市住房和城乡建设局关于印发〈石家庄市物业管理招投标管理办法〉的通知》（石住建规〔2019〕1号）、《石家庄市住房和城乡建设局关于印发〈石家庄市建设工程消防设计审查验收工作实施意见（暂行）〉的通知》（石住建规〔2019〕3号）、《石家庄市住房和城乡建设局等部门关于印发〈石家庄市既有住宅加装电梯实施细则〉的通知》（石住建规

〔2019〕4号)、《石家庄市住房和城乡建设局关于印发〈石家庄市物业服务企业信用信息管理办法〉的通知》(石住建规〔2019〕5号)。实施保障性安居工程,全年新筹集公租房1664套,基本建成公租房1709套,发放保障房租赁补贴1132户,至2019年底,全市开工建设公共租赁住房78308套,分配76809套,分配率达到98%。推进棚户区改造,2019年全市开工棚户区改造安置住房16087套,完成年度任务101.93%,基本建成14184套,完成年度任务111.66%。商品住房上市面积、成交均价上升,成交面积下降。2019年商品住房上市面积563万平方米,同比增长3.5%;商品住房成交面积468.7万平方米,同比下降3.7%;商品住房成交均价11336元/平方米,同比增长18.3%。2019年石家庄市区存量住房成交面积243.5万平方米,存量房成交均价13695元/平方米。运用"互联网+"技术,推进住房管理政务平台建设,抵押合同备案、商品房合同备案、房屋租赁合同备案、存量房贷款交易业务均实现"网上办理"。开展"烂尾楼"整治,全市50个"烂尾楼"项目全部制定整治方案,17个"烂尾楼"项目完成整改。

城市管理。2019年石家庄水务集团累计供水2.02亿立方米,主城区供水水质合格率达99.99%;年末城区建有供水厂13座,供水能力110万立方米/日,建有污水处理厂3座,污水处理能力99万吨/日。2019~2020采暖季石家庄市城镇供热总面积2.67亿平方米,共有供热居民小区5197个,热力站3028座,其中,主城区供热面积1.85亿平方米,热力站1863座。2019年石家庄主城区集中供热新增供热面积500余万平方米,主城区外其他各县(市、区)新增集中供热面积1200余万平方米。2019年石家庄主城区燃气管网长度5780.9千米,同比增加729.6千米;改造老旧供气管网7.27千米;燃气普及率达到100%。2019年石家庄主城区拥有天然气居民用户158.85万户、液化石油气居民用户9.52万户,主城区天然气总用量11.47亿立方米,主城区液化石油气用量2.43万吨。开展城市管理综合整治行动,全年出动车辆2.1万余车次、执法人员10.3万余人次,规范烧烤摊点3900余处,查扣露天烧烤用具170余件。2019年石家庄市获评国家节水型城市,环卫工人温新河、曹梅竹夫妇当选2019年度"感动省城"十大人物,55环卫工作者获授石家庄市"2019年度最佳城市美容师"称号。

园林绿化。以创建国家卫生城市和建设整洁、优美、文明的现代化城市为目标,组织实施滹沱河生态修复、环城水系及城乡道路、公园广场等园林绿化项目建设。全年主城区新增绿地1180万平方米,新植乔灌木210万株;新建街旁游园13处,建成面积15万平方米。至2019年末,石家庄8区及正定县累计建成面向市民开放的公园广场89座,其中,市属42座,8区1县(正定县)47座;累计建成街旁游园192处,总面积1506万平方米。推进县域园林绿化建设,全年各县(市)新增绿地630万平方米,栽植乔灌木180万株。2019年正定县、晋州市获评"国家园林县城",至2019年底,全市13个县(市)全部创建为省级以上园林县城,其中,高邑县、正定县、晋州市创建成为国家园林县城。2019年全市创建和命名省级园林式单位9个、居住小区11个、街道20条,星级公园广场11座、星级游园4个。至2019年末,石家庄主城区(不含藁城区、鹿泉区、栾城区和井陉矿区)绿地率为41.5%,绿化覆盖率为42.92%,人均公园绿地面积14.31平方米。

城乡规划

【概况】 2019年,市自然资源和规划系统办结建设用地预审意见17件,出具压履矿证明15件,土地估价备案4件;办结报建项目总计1296项次,其中,办理用地类报建项目487项次,核发建设用地规划许可证115个;发放审批用图3578册,用章2.6万余次,整理报建档案1331套,向各业务处室、分局移交1536套;发放市政类建设工程规划许可证和图纸批复261个(证202个)。全面推行规划委员会制度,全年召开规划委员会全体会议6次、规划委员会专题会议5次,研究全市重大规划项目议题63个。按照审批制度改革要求,梳理规划审批流程,精简审批事项,提高审批效率。加强城市景观风貌管控,学习借鉴天津、上海、杭州、深圳等先进城市经验,编制完成《石家庄市建筑风貌控制管理规定(试行)》;全年召开建筑风貌景观专家评审会22次,审议建设项目61个,重点突出建设项目设计方案与周边环境关系，有效促进城市街区层面建筑与景观风貌相互协调。12月23日，石家庄城市馆开馆运行。12月31日，石家庄市印发《关于成立石家庄市国土空间规划委员会的通知》，确定市委书记担任国土空间规划委员会主任，市长担任第一副主任，副主任由常务副市长、市委秘书长、主管城市建设的副市长等相关领导担任，委员由市委常务副秘书长、市政府秘书长、市委市政府督促检查办公室主任、市政府常务副秘书长、市政府主管自然资源和规划的副秘书长、市自然资源和规划局党政主要负责人、市内七区、正定县（正定新区）、高新区和市政府相关职能部门的党委主要负责人担任。

【城乡规划会议】 城乡规划委员会全体会议。2月17日，市委副书记、市长、市城乡规划委员会主任邓沛然主持召开市城乡规划委员会第八次全体会议。审议并原则同意吴家庄城中村改造项目“占补平衡”地块1个议题。

4月25日，邓沛然主持召开市城乡规划委员会第九次全体会议。审议并原则同意石家庄市城市总体规划（2019~2035年）编制及有关情况。听取正定县城市总体规划（2019~2035年）修编前期工作，要求明确发展思路与定位，科学预测县城规模，合理统筹古城保护与新区建设，完善提升县城功能。会议要求，按照审议意见修改完善2个规划，提交市党政联席会研究审议。

6月4日，市委常委、常务副市长、市城乡规划委员会副主任李雪荣主持召开市城乡规划委员会第十次全体会议。审议并原则同意石家庄中心城区部分街坊控制性详细规划动态维护方案、石家庄市建华大街（仓盛路—仓宁路）道路工程设计方案、国赫天玺项目二期项目设计方案、新建石家庄市儿童医院（妇幼保健院）项目设计方案、国网河北电力（石家庄）调度通讯生产用房项目设计方案、石家庄市裕华路地区城市设计与示范段建筑立面提升设计方案、石家庄正定新区金科集美郡项目设计方案、石家庄正定新区华润万橡府规划设计项目方案、石家庄正定新区金地悦风华小区项目设计方案、万科正定文化村007号地项目设计方案、万科正定文化村006号地项目设计方案、天山房地产集团公司世界之门15号地块项目设计方案、利那格商务中心项目设计方案13个议题。

9月2日，邓沛然主持召开市城乡规划委员会第十一次全体会议。审议并原则同意铜冶镇总体规划（2007~2020年）修改报告、藁城区九门回族乡过渡期规划（2019~2020年）及重点地块控制性详细规划、藁城区张家庄镇过渡期规划（2019~2020年）及重点地块控制性详细规划、中央商务区城市设计，石家庄市中心城区控规部分街坊动态维护方案、鹿泉区控制性规划及控制性规划动态维护方案、石家庄综合保税区围网内副卡口两侧地块控制性规划动态维护方案7个议题。

10月14日，李雪荣主持召开市城乡规划委员会第十二次全体会议。审议并原则同意经专委会/规委会审议项目方案调整，五十四所生活区旧区改造项目（一期）规划设计方案，东胜新世界广场4号区A、B地块项目规划设计方案，河北奥林匹克体育中心综合训练基地工程项目规划设计方案，正定新区〔2018〕017号地块中海项目规划设计方案，石家庄中央商务区北区30、31、32地块项目规划设计方案，正定雅居乐御宾府项目规划设计方案，石家庄中冶德贤盛世广场项目规划设计方案，新客站东广场4号地（隆基泰和大厦）项目规划设计方案，旭辉长安府项目规划设计方案，石家庄北豆旧村改造项目规划设计，石家庄市中心城区控规部分街坊动态维护方案12个议题。

11月11日，副市长、市城乡规划委员会副主任姜阳主持召开市城乡规划委员会第十三次全体会议。审议并原则同意鹿泉部分乡镇(寺家庄镇、白鹿泉乡、山尹村镇、石井乡、上寨乡、大河镇、宜安镇、李村镇、上庄镇)过渡期实施规划及重点地块控制性详细规划、藁城区部分乡镇(岗上镇、廉州镇、增村镇、南孟镇、西关镇、兴安镇、南营镇、梅花镇、贾市庄镇）过渡期规划及控制性详细规划、06分区05/08单元华药厂区域控制性详细规划动态维护、04分区11单元天同汽车地块控制性详细规划动态维护、鹿泉区铜冶镇重点地块控制性详细规划、轨道交通1号线二期变电站地块、奥体中心公交首末站地块控制性详细规划动态维护方案、石家庄高新区高铁新城站前重点地区城市设计及部分地块控规动态维护方案7个议题。

城乡规划委员会专题会议。1月15日，李雪荣主持召开市城乡规划委员会第二十八次专题会议。审议并原则通过东二环南延（颂扬大街）道路工程、维明街（和平路—宁安路）道路工程方案、中心城区部分街坊控制性详细规划动态维护方案等。东二环南延(颂扬大街)道路工程项目位于石家庄市东南部,北起东南二环立交,止于规划仓宁路,道路全长2948米,道路红线宽60~80米,设计车速60千米/小时,双向8车道,建设包括道路工程、桥梁工程、排水工程、综合管廊、交通工程、照明工程、绿化工程、海绵城市建设等。维明街(和平路—宁安路)道路工程方案项目位于新华区,属南北向城市次干路,北起和平路、南至宁安路,道路全长300米,道路红线宽40米,设计车速40千米/小时,标准断面为双向4车道。

1月28日,李雪荣主持召开市城乡规划委员会第二十九次专题会议。审议并原则通过中心城区部分街坊控制性详细规划动态维护方案及电视机厂区域项目、建华大街尖岭地块(南地块)项目、赵卜口闺女楼项目、众美现代城1号地项目5个议题。其中,市工艺美术项目维护地块位于东华路以东,乐模商城以南,平安大街以西,中山路以北,总用地面积3.56公顷,该项目医疗卫生用地及停车场用地调整为商业用地。

1月30日,李雪荣主持召开市城乡规划委员会第三十次专题会议。审议并原则同意市儿童医院(市妇幼保健院)街坊控规动态维护、北焦旧村改造B地块(商业区)项目、鑫界9号院A区(商业地块)项目、富力·石家庄高新区59号地块办公项目4个议题。市儿童医院(市妇幼保健院)街坊控制性规划动态维护方案地块位于友谊大街以西、汇丰路北,总用地面积23公顷;规划为文化设施用地与二类居住用地,现状大致拆平;街坊西侧为河北女子职业技术学院,南侧为小型厂房,东侧为河北外国语学院,北侧为五里庄园小区。根据桥西区政府申请,地块北侧调整为商业用地,南侧用地调整为医疗卫生用地,建设市儿童医院。

12月4日,姜阳主持召开市城乡规划委员会第三十一次专题会议。审议并原则同意3分区09单元河北医科大学第三医院东院地块控制性规划动态维护方案、鹿泉区新庄旧村改造项目——九里晴川规划设计方案、东垣东路(翟营大街—青城街)道路工程设计方案3个议题。

12月20日,姜阳主持召开市城乡规划委员会第三十二次专题会议。审议并原则同意金世界三期地块设计方案、棉七厂区商业办公鸿锐大厦设计方案、藏龙国际设计方案、西兆通城中村改造项目新增地块、正定新区蓝域叁叁广场设计方案、河北兆华医院项目设计方案6个议题。正定新区熙园商务中心项目设计方案未予通过,要求调整后报审。

【国土空间规划】 7月30日,石家庄市印发《关于建立国土空间规划及监督体系的实施方案》,成立以市委、市政府为规划编制实施责任主体的国土空间总体规划编制工作领导小组,明确市级和省级、市级和县级国土空间总体规划上下联动与衔接要求。8月27日,《石家庄市国土空间总体规划编制工作方案》印发。12月30日,省委常委、市委书记邢国辉主持召开市国土空间规划委员会第一次会议,听取《石家庄市国土空间总体规划(2019~2035年)》方案情况汇报及意见和建议。搭建公众参与平台,开展公众参与调查,走访3万多户居民,涵盖居住、交通、绿化、环境、风貌、生态、公共服务、市政、未来城市发展9个方面,完成阶段性公众参与报告。加快推进国土空间规划基础性工作,深入研究城市重大问题。委托中国城市规划设计研究院编制"双评价"(资源环境承载能力评价和国土空间开发适宜性评价)技术导则,收集国土、规划、地质、生态环境、水利、农业、防灾等资料150余项,编制完成初步方案。开展总体城市设计、产业发展规划等45个专项专题研究,深入论证空间结构、生态廊道、产业布局等城市重大问题。充实国土空间规划内容,完善城市功能定位、产业布局、乡村振兴、城市风貌管控等内容。至2019年底,石家庄市初步完成各专项规划成果,并与国土空间总体规划实现衔接。

【城市景观风貌管理】 围绕落实市委、市政府提出强化顶层设计、优化空间布局、完善城市载体功能、突出打造高品位现代化省会城市要求,2019年1月,市自然资源和规划部门在原有建筑风貌规定基础上,修改完善《石家庄市自然资源和规划局建筑风貌控制管理规定(试行)》。编制完成《石家庄市建筑风貌控制管理规定(试行)》,在城市天际线与建筑界面、建筑单体、楼前环境3个层面制定控制要求,为严格控制城市建筑风貌管理提供制度依据。2019年7月,结合试行期间反馈情况,市自然资源和规划部门修改制定《石家庄市建筑风貌控制管理技术导则(试行)》,纳入《石家庄市人民政府关于进一步严格规划管理的意见》,并向社会发布执行。增加建筑形态、风格、外立面、装饰等影响景观效果的软性要素审查,引入三维数字模拟，采用技术手段科学判定建筑与周边环境协调程度。创新公众参与形式，邀请市民代表、人大代表、政协委员、专业人员等参与建筑方案审查。针对重点地区特征，制定与环境协调的城市家具方案，提升城市环境品质，体现地域特色。全年召开专家评审会22次，审议城市景观风貌建设项目 61 个，重点突出建设项目设计方案与周边环境关系，有效促进城市街区层面建筑与景观风貌相互协调。

【工程规划许可】 全年办结建设用地预审意见 17 件，出具压履矿证明 15 件，土地估价备案 4 件。办结报建项目总计1296 项次。其中，办理用地类报建项目487 项次，核发建设用地规划许可证 115 个；建筑类报建项目 368 项，核发建设工程规划许可证 153 个；市政类报建项目 311 项次，核发建设工程规划许可证 205 个；受理竣工核实类报建项目 129 项次，核发竣工验收合格函 129 份。发放审批用图3578 册，用章 2.6 万余次，整理报建档案 1331 套，向各业务处室、分局移交 1536 套。市域各县（市、区）分局申领乡村规划许可证、选址意见书用地规划许可证、建设工程规划许可证共计 1964 个。

【市政项目审批】 全面推行规划委员会制度。全年召开规划委员会全体会议6次，召开规划委员会专题会议 5 次，研究全市重大规划项目议题 63 个。优化审批流程。按照审批制度改革的要求，梳理规划审批流程，结合实际情况开展“最多跑一次”审批服务，精简审批事项，压缩审批时限，努力提高审批效率。2019 年发放市政类《建设工程规划许可证》和图纸批复 261 个（证 202 个）。审批道路工程35件，长 41 千米；地铁区间 1 项；天桥 1 项；其他事项 10 项；各类管线 214 件 176.8 千米。其中，排水管线17 件、92.2 千米（随道路建设排水管线 80.5 千米），电力管线 26 件 12.6 千米，供热管线 26 件 8 千米，燃气管线 40 件 11.8 千米，给水管线 92 件 35 千米，通信 13 件 17.2 千米。重视规划服务质量，出具规划设计要点30 个，文件答复 117 个。根据审批项目分析，全市道路审批数量增加，总长度减少，政府城建任务转向打通断头路和完善支路网；给水审批数量上升，2019 年为市自备井关停收尾年，加上地铁 2 号线配套用水，审批工作在民生服务和保障地铁配套方面相对集中；燃气审批总量与 2018 年持平，审批重点主要集中在老旧管网改造。

（刘清振）

【石家庄城市馆开馆】 12 月 23 日，石家庄城市馆开馆运行。地址位于正定新区隆兴路与安业街交口东南角。该馆以“人民城市为人民”为主题，以“过去现在未来”为展示脉络，主要展现石家庄光辉灿烂的历史文化、令人瞩目的建设成就及城市未来的发展蓝图。总建筑面积4.5 万平方米，地上建筑面积 3 万平方米；由天津华汇工程建筑设计有限公司董事长、中国梁思成奖获得者、国家建筑大师周恺创作，是集展览、会议、研究、公共教育、文化交流于一体，兼具本土文化与时代特征的城市地标建筑。展馆一层包含8个板块，主要有城垣变迁、石门风情（复原火车及民国老照片）、世纪城事、规划回顾、智慧大厅、总规模型、规划宏图、正定规划，还有 5D 影院、飞行影院两大体验展项；二层包含 9 个板块，主要有县市规划、记住乡愁、筑梦空间、中央商务区、立体城市、城市新陈代谢、便捷交通、品质生活、多彩石家庄（文创展示区及旅游规划）等，还有能量单车、好玩的城市、小小规划师、小小天地等互动展区。

（薛鹏飞　肖海军）

城乡基础设施建设

【概况】 2019 年，全市住房和城乡建设系统围绕建设生态宜居和现代省会、经济强市目标，以创建“园林城、卫生城、文明城、洁净城”为突破口，以实施城建项目为抓手，全力推进城乡各项基础设施建设。加强城市建设计划管理，印发《2019 年第一批城建计划》；做好城建拟发债项目调查、筛选，发行城建项目政府专项债券 30 亿元。以完善城市功能、提升城市品质、优化城市环境为内容，加快补齐基础设施短板，全面提升城市综合承载能力。推进城市主次干道和支路网建设，结合城中村改造、旧城改造项目，打通城区断头路 13 条，超额完成打通 10 条道路任务目标；8 月 21 日，市区解放大街（槐安路—和平路）工程东半幅建成通车；9 月 15 日，联石丰拓宽打通工程全线通车。至2019年底，全市城市道路等基础设施建设完成投资90.8亿元，城市道路网密度达到7.89千米/平方千米。开展城中村改造，全年59个城中村列入改造计划，其中，主城区37个、县(市、区)22个，启动率100%，开工率超过90%。实施老旧小区整治，以“住用安全、设施完善、功能齐备、出行方便、环境整洁”为目标，重点开展安全改造、居住功能提升、环境整治工程；2019年全市整治老旧小区568个、建筑面积1267万平方米，其中，主城区4区(长安区、桥西区、新华区、裕华区)430个、建筑面积1117万平方米；老旧小区整治投入资金5.06亿元，其中主城区4区投入资金4.4亿元。加快县城建设，全年18个县(市、区)实施基础设施和公共设施投资项目490个，完成投资203亿元；改造提升道路128条，打造美丽街区17个；改造城中村36个，开工棚户区10657套，整治老旧小区136个；植树178万株，新增绿地406公顷；建成停车片区233个、免费停车位19万个。2017~2019年，全市18个县(市、区)累计谋划实施基础设施和公共服务设施重大工程项目1741个，完成投资936亿元。机构设置调整。1月20日，中共石家庄市委办公室、石家庄市人民政府办公室印发《石家庄市住房和城乡建设局职能配置、内设机构和人员编制规定的通知》，确定石家庄市住房和城乡建设局为市政府负责住房和城乡建设的工作部门，机构规格正县级；机关行政编制94名；县级领导职数另行明确，科级领导职数38名，其中，正科级20名(含直属单位党委专职副书记兼机关纪委书记1名、老干部处处长1名)、副科级18名；内设18个处室，分别为：办公室、政策法规处、住房保障处、房地产市场监管处、建筑市场监管处、城市建设处、村镇建设处、工程质量安全监管处、建设科技处、勘察设计管理处、物业管理处、信息管理处、城镇化处、综合管廊建设管理处、房屋征收管理处、建设工程招投标处、财务审计处、人事教育处，另设直属单位党委(机关纪检)和老干部处；局机关办公地点：长安区中山东路216号市政府院内(部分业务处室在建设大街远东大厦办公)。职能调整。根据市委编委会《关于调整市住建局部分所属事业单位职能和机构编制事宜的批复》(石机编〔2019〕31号)文件通知，7月1日起，市住建局全部行政处罚权划转至市城市管理综合行政执法局；根据市委编委会《关于调整建设工程消防设计审查验收职责的通知》(石机编〔2019〕33号)文件要求，6月30日起，市住建局正式承接市消防支队建设工程消防设计审查验收职责。2019年全市15个村庄入选第五批中国传统村落名录，其中，井陉县13个村，井陉矿区2个村；15个村庄分别为：井陉矿区贾庄镇贾庄村、凤山镇南凤山村，井陉县天长镇河东村、南峪镇南峪村、南峪镇台头村、威州镇北平望村、南障城镇小梁江村、南障城镇大王帮村、苍岩山镇固兰村、北正乡赵村铺村、于家乡高家坡村、于家乡水窑洼村、于家乡当泉村、孙庄乡孙庄村、辛庄乡桃王庄村。

(陈涛　沈艳阳)

2019年9月15日，市区联石丰道路拓宽打通工程建成通车

【城市道路设施建设】 推进城市主次干道和支路网建设，结合城中村改造、旧城改造项目，打通城市道路微循环，提高城区支路网密度。全年打通城区断头路13条，超额完成打通10条道路任务目标；13条断头路分别为：联石丰(联盟路—石纺路—丰收路)、仓盛路(留村西街—南部街)、金石街(北二环—丰收路)、十小街(绵河道—北二环)、苑西街(中山路—裕华路)、绵河道(金水街—金明街)、仓裕路(建华大街—裕宁街)、汇华路(裕支路—建通街)、华诚街(石桥西街—石获南路)、常玉路(纺织街—育才街)、国棉路(纺织街—育才街)、汇华路(建设大街—青园街)、纺织街(光

华路—和平路)。南二环东西延、和平路高架桥西延、和平路中华大街立交桥全线贯通,市民出行环境得到改善。解放大街(槐安路—和平路)工程东半幅建成通车。8月21日,市区解放大街(槐安路—和平路)工程东半幅建成通车。解放大街工程位于铁路京广线东侧,呈南北走向,南至仓丰路,北至东垣东路,全长12097米,是石家庄城市主干道路之一,也是城市中心轴线和景观大道。其中,解放大街(仓丰路—槐安路)工程于2018年底完工;解放大街(槐安路—和平路)工程东半幅由南向北依次穿越裕华路、中山路、和平路,全长3300米,设计车速50千米/小时,解放大街槐安路至槐北路红线宽60米,道路设计为双向8车道。至2019年底,解放大街(和平路—东垣东路)工程正在施工。联石丰拓宽打通工程通车。2018年8月10日,市区联盟路—石纺路—丰收路拓宽打通工程(简称联石丰拓宽打通工程)开工;2019年9月15日,联石丰拓宽打通工程全线通车。联石丰拓宽打通工程全长16.34千米,宽25~40米,是一条市区北部东西向主干路,工程范围包含联盟路(西二环—农机街)、石纺路、北新街、义西街、复兴街、柏林南路(中华大街—义西街)、义堂路、丰收路(建设大街—谈固东街)。施工内容主要是联盟路、石纺路、丰收路原有车道拓宽升级,增加自行车道,改变“机非混行”道路现状,提升道路通行能力;新建复兴街、北新街2条南北方向道路,拓宽改造义西街,3条道路将联盟路、柏林南路连为一体,实现市区北二环至和平路南北联通;该工程在建设大街与胜利大街之间修建1座跨线桥,西起义堂路,东至丰收路,跨越建设大街和胜利大街,实现东西互通;打通丰收路、翟营大街至谈固东街段道路。联石丰道路工程北新街采用下沉式绿地和透水砖铺装等海绵城市设计,具备防洪排涝功能作用;复兴街采用智慧路灯,由无线单灯控制器、基站网关、物联网管理云平台及应用客户端/APP组成,可随时调整照明设施的开/关灯时间和亮度,实现照明设备自动控制。至2019年底,全市城市道路等基础设施建设完成投资90.8亿元,城市道路网密度达到7.89千米/平方千米,道路面积率达到20.1%。

【停车场站建设】 以缓解停车难问题为内容,参考杭州市、郑州市停车场建设经验,制定印发石家庄市关于缓解“停车难”工作实施意见、支持公共停车设施建设资金补助意见、支持公共停车场建设规划和用地意见等政策文件。扩大停车场建设,采取以配建停车为主体、路外公共停车为辅助、路内停车为补充的差别化停车供给策略,重点抓好老旧小区、主要商圈、人口密集区等停车难问题突出区域的停车场建设。改善自行车和步行等非机动车交通出行环境,为群众提供多样化、便捷的出行选择,从源头减轻停车位建设压力。重视公共交通建设,推进地铁1号线二期、2号线一期、3号线一期项目工程建设,扩大公交专用道实施范围,加大新型公交车投放力度,优化公交线路网络,提高公交车出行便利化和舒适性。至2019年底,全市建成停车位15.3万个。其中,建筑配建停车位13.2万个;结合老旧小区改造施划停车位1.6万余个;新建和改造老火车站站前广场地下停车场、中华南大街南延桥下停车场、6家医院停车场、5处客运站停车场等公共停车场,增加停车位5000余个,超额完成年度建设15.1万个停车位任务目标。

(胡楠)

【地下综合管廊建设】 2019年是石家庄市地下综合管廊试点城市建设收官之年(2016年5月石家庄市入选国家地下综合管廊试点城市,确定三年建成综合管廊试点项目18个)。完善地下综合管廊配套政策保障体系,2019年6月,《石家庄市地下综合管廊运行突发事件应急预案》印发。截止到7月31日,石家庄市地下综合管廊试点城市建设任务全部完成,建成总控中心1座,分控中心3座,实现给水、污水、雨水、电力、通信、供热、燃气等管线入廊,均全面投入运营。地下综合管廊总控中心位于友谊南大街与汇明路交口西北角,为地上三层、地下一层(局部二层)结构。管廊内布设监控和安全防范等多项系统,实现管廊24小时智能监控;管廊内净空高3.4米,宽3.5米,设置保证管廊安全运行的照明系统、消防系统、排水系统、通风系统、标识系统、供电系统、监控感知系统、火灾报警等附属设施。2019年11月中旬,石家庄市地下综合管廊试点城市建设通过住房和城乡建设部、财政部考核验收,其中汇明路地下综合管廊项目获得2018~2019年度全省人居环境范例奖。至2019年底,石家庄市建成综合管廊试点项目18个、45.77千米。其中,主城区项目3个、14.91千米,正定新区项目15个、30.86千米。

表18　2016~2019年石家庄市地下综合管廊试点城市建设项目一览表

序号	路段名称	长度(千米)	投资(亿元)
1	汇明路(槐安路—清水街)	7.28	14.46
2	隆兴路东延(太行北大街—天泽大街)	0.90	1.05
3	迎旭路东延(太行北大街—天泽大街)	0.90	1.12
4	尉佗街(崇因路—隆兴路)	4.10	7.5
5	顺平大街(弘文路—河阳路)	1.0	1.94
6	塔北路(建设大街—东二环)	6.03	7.54
7	仓丰路(裕翔街—建华大街)	1.60	3.27
8	园博园大街北延(安济路—崇因路)	0.90	1.75
9	顺平大街(崇因路—迎旭路)	1.20	2.33
10	天宁路(新城大街—太行北大街)	1.17	2.69
11	天泽大街(崇因路–恒阳路)	4.06	4.95
12	隆兴路延伸(天泽大街–文正大街)	1.23	1.77
13	奥体街(华阳路—恒阳路)	2.10	3.27
14	永宁路(西临济街—天泽大街)	4.10	5.42
15	华阳路(太行北大街—天泽大街)	0.80	0.92
16	文正大街(河阳路—崇因路)	4.50	6.645
17	恒阳路东延(恭顺大街—文正大街)	0.80	1.006
18	朱河大街(阳光路—崇因路)	3.10	3.0
合计		45.77	70.631

(郝莹　梁昱)

【县城建设】 2019年是石家庄市三年县城建设收官之年。全年石家庄市以创建“园林城、卫生城、文明城、洁净城”为抓手,发挥各地特色优势,注重提升县城建设品质,全力推进县城治理体系和治理能力建设。推动县城建设攻坚提质,2019年市委、市政府印发关于县城建设文件5个,组织召开高规格全市县城建设推进大会3次;建立“五级督导”新模式,在全省首创市人大常委会、市政协领导分包督导新机制;采取“月指导、季通报、半年观摩、年度考评”方式,召开专题调度会31次,开展现场指导45次。全年18个县(市、区)实施基础设施和公共设施投资项目490个,完成投资203亿元;改造提升道路128条,打造美丽街区17个,主街主路实现“白变黑”;改造城中村36个,开工棚户区10657套,整治老旧小区136个,建成一大批县城精品建设工程。提升园林绿化水平,采取“拆违增绿、破硬还绿、立体建绿”等措施,打造“三季有花、四季常绿”的宜居环境,全年18个县(市、区)植树178万株,新增绿地406公顷。实施夜景亮化工程,打造“一街一特色、一路一品位”靓丽景观,重点改造提升迎宾大道、标志性街道、主街主路景观。全面推广“以克论净、深度保洁”城区管理做法,每季度开展环境卫生大清扫,各县城机扫率达到85%以上。推行正定、灵寿、赵县建设停车示范片区经验,各县(市、区)县城普遍拆除沿街机关单位围墙,实行免费停车,规范施划路内停车位;至2019年末,18个县(市、区)建成停车片区

233个、免费停车位19万个。按照生态城市、智慧城市、海绵城市标准,在正定、灵寿、鹿泉、元氏等14个县(市、区)启动新区建设,高标准实施学校、医院、综合场馆等重大工程,新增核心起步区120平方千米,县城建设实现高质量发展。2019年正定县、晋州市获得"国家园林城"称号,正定县、高邑县通过国家卫生城验收,赞皇县、灵寿县、赵县、元氏县、平山县5个县获评河北省"洁净城市"。10月29日,河北省县城建设品质提升暨停车设施建设现场观摩会在石家庄市正定县、灵寿县召开。2017~2019年,全市18个县(市、区)累计谋划实施基础设施和公共服务设施重大工程项目1741个,完成投资936亿元,基本实现一年一大步、三年大跨越目标,全市县城框架逐步拉开,承载能力大幅提升,人居环境明显改善。

(吴朝建　贾运良)

【村镇建设】 以脱贫攻坚为统领,以村镇人居环境整治为主线,加快补齐村镇建设短板,全力推进农村危房改造、农村生活垃圾治理和特色小城镇建设。制定《2019年农村危房改造工作推进方案》,提前两个月完成2018~2019年度3617户农村危房改造任务,其中建档立卡贫困户2190户,有效改善贫困户家庭住房条件。改善农村人居环境,研究制定农村生活垃圾治理工作实施方案,建立农村生活垃圾治理考评办法,集中开展农村生活垃圾整治行动;指导县(市、区)以村庄、县乡道路、铁路、国省干道等为重点区域,彻底排查摸底农村垃圾倾倒地点和范围,建立台账,将清理任务细化分解,明确责任单位,限期清理整改。2019年全市出动271.96万人次、32.55万车次,清理农村生活积存垃圾116.45万吨;3862个村庄全部建立日常保洁制度,生活垃圾做到日产日清;主城区外17个县(市、区)采取政府购买服务方式,建立"村收集、乡转运、县处理"的农村生活垃圾治理长效机制。加快农村垃圾治理设施建设,建成乡镇转运站72座,配备大中型垃圾密闭收集车692辆,大中型垃圾密闭转运车213辆。推进特色小城镇建设,突出本地特色理念,遵循"一镇一风格"原则;全年13个特色小镇谋划项目22个,完成投资43亿元,基本形成农业型、工业型、文化旅游型和园区依托型四类特色小城镇;至2019年末,全市特色小城镇平均供水普及率达到91.88%,人均道路面积达到13.3平方米,生活垃圾综合治理达到100%,均高于全省特色小城镇平均发展水平。2019年石家庄市入选河北省特色小镇6个,其中,创建类3个,分别为栾城区航空小镇、高邑县物流小镇、鹿泉区君乐宝乳业小镇;培育类3个,分别为新乐市东方艺术小镇、平山县汉唐古镇、井陉矿区贾庄古镇。

(高小明)

政府投资代建项目

【概况】 市政府投资项目代建中心(简称市代建中心)于2017年1月组建成立,为市政府直属事业单位,规格正县级;办公地址:中山东路216号市政府院内;主要职能:负责政府投资建设项目可行性研究报告(概算)等审核和政府投资建设项目代理、代建等工作。石家庄市确定,全市社会事业和行政事业单位业务用房等政府确定的项目工程,全部交由市政府投资代建中心实行代建;市政府投资项目代建中心代表市政府行使建设实施期的业主职能和项目管理职能,推行建设单位与使用单位分离、决策权与执行权分离。2018年12月,根据市领导批示和机构编制管理有关规定,市委编办调整石家庄市行政事业单位项目建设管理中心(市投资服务中心)隶属关系,由市发展改革委管理调整为市政府投资项目代建中心下属单位,名称变更为项目建设服务中心,同时增加社会项目代建职能。2019年6月10日,根据市委编办《关于调整市政府投资项目代建中心编制事宜的批复》(石机编〔2019〕27号)文件,市政府投资项目代建中心增加财政性资金基本保障事业编制13名,撤销内设科室项目前期科、工程技术科,加挂总工办牌子,增设审计科、工程一科、工程二科、工程三科,增加科级职数3正2副。2019年市代建中心承担政府投资项目21个,概算总投资44.77亿元,其中竣工项目9个,完成概算投资10.19亿元。其中,代建教育类项目8个,分别为:中共石家庄市委党校迁建暨高等级公共人防工程,市第二中学整体改造三期工程,市第一中学新建音体美教学综合楼项目,市老年大学(老干部活动中心)续租修缮市规划馆现址项目，石家庄家庄学院实训基地项目，市老年大学（市老干部活动中心）世纪校区配建配电室、冷热站及管道工程，河北辛集中学南实验楼（重建）项目，市第六十一中学教学楼工程；医疗类项目2个，分别为：石家庄市第一医院赵卜口院区项目、新建石家庄市儿童医院（市妇幼保健院）项目；文体类项目6个，分别为：市射击馆重建项目、市妇女儿童活动中心改造项目、石家庄城市馆（石家庄市规划馆正定新区新馆）布展项目、市博物馆项目、石家庄人民会堂修缮项目、市军队离退休干部文化活动中心装修项目；其他类项目5个，分别为：市公安局轨道交通分局业务技术用房项目、市公安局网安支队业务技术用房改造项目、石家庄老火车站站前广场地下停车场改建项目、市民兵训练基地升级改造项目、市政府西院机关办公用房维修改造项目。

【工程管理】 完善法规和制度，制定出台《财务管理办法》《工程设计变更管理办法》《招标机构管理暂行办法》等管理制度。实行“一线工作法”，在保证工程质量和安全前提下，加快项目施工进度。2019年中共石家庄市委党校迁建项目用时331天竣工，市儿童医院项目146天主体封顶，市民兵训练基地项目96天投入使用，市公安局网安支队装修项目95天竣工，市老年大学项目82天完成拆改、装饰装修并投入使用，老火车站站前广场地下停车场改造项目72天建成，石家庄人民会堂修缮工程50天完工。提升代建项目建筑工地规范化管理水平，推行工地标准化管理，制定出台《关于加强项目管理的若干规定》《代建项目施工、监理工作考核办法（试行）》等制度并组织专家现场考核。率先在市儿童医院工地采用BIM+智慧工地管理系统实施标准化管理，实现施工现场人员、材料、工序协调一致，协同管理。采用新技术、新工艺等技术手段，全面落实建筑工地环保措施，市儿童医院项目使用“脚手架外挂冲孔钢板网”，实行主体全封闭施工，开发应用PM指数自动预警与喷雾装置联动运行技术，降尘抑噪成效明显。9月29日，全市建筑工地规范化管理现场观摩会在市儿童医院项目现场召开。2019年中共石家庄市委党校迁建项目获得河北省“建筑工程安济杯奖（省优质工程）”，市代建中心3个建设项目工地获评市级扬尘治理五星级工地。

【重点项目】 2019年市代建中心代建重点项目2个，概算总投资21.57亿元。石家庄市第一医院赵卜口院区项目，是全市旧城改造提升“十大工程”之一，是一所集医疗、康复、保健、教学、科研为一体和专科特色突出的三级甲等综合性医院项目，位于石家庄市仓丰路以北，建华大街以东，总用地面积130亩，实际占地面积94亩，总建筑面积21.63万平方米，其中，地上建筑面积15.36万平方米，地下建筑面积6.27万平方米，设计床位1500张，概算总投资10.8亿元；建设内容主要包括门急诊医技楼、病房楼、科研及综合服务楼、地下车库及公用工程等；2017年6月开工建设，2017年12月市代建中心从市国控集团和原市发展改革委下属行政事业单位项目建设管理中心（代建单位）接手该项目建设。新建石家庄市儿童医院（市妇幼保健院）项目，是2019年全市“惠民利民十件实事”和旧城改造提升“十大工程”之一，是一所集医疗、教学、科研、预防保健、康复、急救于一体的现代化三级儿童医院、妇幼保健院项目，位于桥西区友谊大街与汇丰路交叉口西北角，占地面积40亩，总建筑面积12.8万平方米，其中，地上建筑面积8.4万平方米，地下建筑面积4.4万平方米，设计床位1000张，概算总投资10.77亿元，主要建设包括门诊、医技、妇产、儿童中心等功能于一体的门诊医技综合楼。

【竣工项目】 2019年市代建中心代建完成竣工项目9个，概算总投资10.18亿元。中共石家庄市委党校迁建项目，位于石家庄市鹿泉区上寨乡北寨村，总占地面积123亩，总建筑面积8万平方米，其中，地上建筑面积5.5万平方米，地下建筑面积2.5万平方米，总投资7.7亿元；主要建设内容为教学楼、教研楼、初心楼、报告厅、体育馆、学员食堂、学员宿舍、西柏坡主题教育区及附属设施等；2017年底启动前期项目，2019年2月投入使用。石家庄人民会堂修缮项目，位于长安区中山东路211号石家庄人民会堂，室内修缮建筑面积1.5万平方米，屋面防水翻新面积0.36万平方米，概算总投资7000万元；2018年8月启动前期项目，2018年11月开工建设，2019年1月完工；1月21～24日市第十四届人民代表大会第四次会议、1月20～23日政协石家庄市第十三届委员会第三次会议分别在新修缮的石家庄人民会堂召开。石家庄市老年大学（市老干部活动中心）续租修缮市规划馆现址项目，位于裕华区体育大街269

号，总修缮建筑面积 1.6 万平方米，概算总投资 4980 万元；该项目在原石家庄市规划馆基础上改造修缮，主要建设校史馆、书画展览及舞蹈、排练、声乐、书画等教室和老干部健身活动场地，设立大、中、小多功能厅 3 个；2018 年 10 月启动前期项目，2019 年 9 月开工建设，2019 年 12 月完工并交付使用。石家庄市射击馆重建项目，位于新华区合作路295 号市射击运动业余学校院内，占地面积 18.2 亩，总建筑面积 6427 平方米，概算总投资 7050 万元；主要建设全国首个“三馆合一”的专业化射击比赛场馆，包括地下 10 米靶场，地上一层 25 米靶场、比赛辅助功能用房、运动健身房等，地上二层 50 米靶场；2017 年 11 月开工建设，2018 年 7 月主要比赛场馆建成使用，2019 年 6 月市射击馆及配套工程全部完工。河北辛集中学南实验楼（重建）项目，位于辛集市教育路南段东侧河北辛集中学院内，主要建设南实验楼一栋，总建筑面积 4881.08 平方米，概算总投资 1279.59 万元；2018 年 3 月开工建设，2019 年 3 月完工。石家庄市第六十一中学教学楼工程项目，位于井陉县微水镇南市第六十一中学院内，主要建设主体三层局部四层教学楼 1 栋，建筑面积 3500 平方米，可容纳教学班 24 个，概算总投资 1062.4 万元；2018 年 8 月开工建设，2019 年 11 月完工。石家庄市公安局网安支队业务技术用房改造项目，位于石家庄市新华区丰收路4号，总装修改造面积 7044 平方米，概算总投资 630 万元；2019 年 8 月开工建设，2019 年 11 月完工。石家庄市老火车站站前广场地下停车场改建项目，位于市区老火车站站前广场地下二层，总改造建筑面积 16107.12 平方米，概算总投资 754.49 万元；2019 年 8 月底开工建设，2019 年 11 月完工。石家庄市民兵训练基地升级改造项目，总装修改造面积3000 平方米，概算总投资 2000 万元；2019 年 9 月开工建设，2019 年 12 月完工。

石家庄市政府投资项目代建中心

主　任：贾建文

副主任：樊风波　鲍国林

　　　　李彦辉

（吴潇玎）

建　筑　业

【概况】 至 2019 年底，石家庄市共有建筑施工企业 2215 家，同比增加 3 家。其中，总承包企业887 家，专业承包企业 1264 家，劳务分包企业 64 家；从业人数 16.85 万人，同比下降 4.51%；完成建筑业总产值 1297.16 亿元，同比增长 5.95%；实现利润 28.01 亿元，同比下降 8.75%，产值利润率 2.03%，同比下降 12.68%。2019 年全市房屋建筑施工面积 7215 万平方米，同比下降 8.14%。其中，新开房屋施工面积2438 万平方米，同比下降 19.48%；房屋建筑竣工面积 1147 万平方米，同比下降 3.69%。开拓省外建筑市场，158 家施工企业在省外施工，完成总产值 651.07 亿元，同比增长 16.04%。12家企业开拓海外市场，实现国外总产值 31.31 亿元，同比增长 3.78%。加强建筑业资质管理，完善建筑市场监管公共服务平台建设，做好建筑企业信息登记。全年接收建筑业企业数据入库738 卷，录入信息 39800 余条。加强建筑业招投标监管，11 月 1 日起，石家庄市统一取消纸质投标文件，全面实施电子投标文件，最大限度为招投标市场主体提供方便和快捷服务。全年建筑业完成招标工程监督605 项，中标价 69.87 亿元。严格劳务管理，实行建筑工人实名制，监督企业落实农民工工资保证金和专用账户管理制度。维护建筑企业合法权益，开展职业资格“挂证”行为集中整治。全年完成建筑工程档案验收56 项，园林绿化工程档案验收 35 项，审核接收各类城建档案 11015 卷，其中，民用建筑 6236 卷，市政园林绿化工程 171 卷，轨道交通 4431 卷，声像档案 160 卷，电子档案同步接收总容量达 2.4T；保管接收正定新区城建档案 395 卷；提供利用城建档案服务 600 余人次，复印文件及图纸 1.5 万余张。2 月14 日，由河北省第二建筑工程有限公司承建的石家庄市南水北调配套工程——良村开发区地表水厂（一期工程）获授中国建筑业协会 2018~2019 年度第一批中国建设工程鲁班奖。2019 年河北建工集团有限公司施工的河北奥林匹克体育中心工程——体育馆综合体获得 2019 年度鲁班奖工程，河北建工集团有限公司施工的河北省省直人防工程获得 2019 年度国优工程，19 家企业 30 项工程获得 2019 年度“安济杯”（省优）工程，44 家企业 117 项工程获得“兴石杯”（市优)工程。

(董成檩)

【工程质量监管】 全年新办建设工程质量监督手续24项,办理竣工验收监督手续18项;工程一次验收质量合格率达100%。全年监督市政基础设施工程81项,监督执法过程中书写监督记录500份,下发整改通知书24份。受理消防验收项目94项,备案项目42项,出具验收意见书项目69项,出具备案通知书项目39项。时限内办结率100%。下发《责令停止违法行为通知书》6份。全年受理申报创建结构优质工程项目330项,其中新报162项,确认符合条件并报省住房和城乡建设厅工程62项。加强城市轨道交通工程质量监管,全年监督轨道交通工程施工标段44个,总里程48.4千米,总投资122亿元,其中,车站39座,区间42个,车辆段及综合维修基地2座。全年监督项目交接8次,回弹法抽测各类混凝土构件80项次,各类原材料及混凝土试块取样45组,现场监督抽查300余次,完成工程监督检查记录280余份,下发《建设工程质量整改通知书》12份,发现并督促整改各类质量问题600余项。加大巡查和暗访力度,突出抓好常见问题专项治理。按照“双随机”原则,随机抽取工程项目台账受检项目,采取听取主管部门汇报和查阅相关文件、会议记录、监督档案资料等方式,抽查51个单位工程项目,涵盖26个县(市、区);对29个项目下发《限期整改通知书》,对12个单位工程下发《行政处罚建议书》;抽测建筑材料461组,按规定处理检测不合格建筑材料37组。

(任春歌)

【建筑工地管理】 2019全市共有建筑工地734个,其中,房建工程669个,地铁工程19个标段,市政工程46个。全年督导检查建筑工地5199个(次),下发安全隐患限期整改通知书1410份,下发停工通知书155份,处罚工地项目62个、罚款114.1万元。推荐上报省级文明工地79个、市级文明工地5个。开展建筑施工机械设备租赁企业安全生产标准化信用评价39家,接受咨询10余家。举办安全生产监管人员考核35期、15407人,特种作业人员培训9期、5848人。召开省级现场会1次、市级现场会5次。接受国家和省安全生产及扬尘治理检查4次,其中,住房和城乡建设部1次、省安全生产委员会办公室1次、省住房和城乡建设厅2次。加大施工扬尘治理力度,全年下发扬尘治理限期整改通知书1125份、停工整改通知书303份,处罚项目239个、罚款786.5万元。建立定期巡查制度,通过检查和考核,组织评选样板工地,发挥扬尘治理示范带动作用。建立短信平台,全年重污染天气及时发布预警信息36次、3万余条。建立扬尘治理远程监控平台577个、摄像监控点5017个,利用视频监控发现问题并开具督导单203份,利用在线监测平台发现问题并开具督导单72份,全年建筑工地全部实现实时动态监测。

(任春歌　解国春)

【建筑科技与节能】 以超低能耗建筑示范项目和既有居住建筑节能改造为重点,大力提升建筑节能水平。全年严格执行新建居住建筑75%、公共建筑65%的节能标准,新建建筑节能标准执行率100%。2019年全市新开工被动房项目13个,总建筑面积60.2万平方米。推进实施既有居住建筑节能改造,2019年11月,组织召开全市冬季清洁取暖既有居住建筑节能改造现场观摩会。贯彻落实《河北省促进绿色建筑发展条例》,在全面执行绿色建筑标准基础上,确定政府投资或者以政府投资为主的建筑、建筑面积大于2万平方米的大型公建、建筑面积大于10万平方米的住宅小区按照二星级以上绿色建筑标准开展施工建设。全年竣工绿色建筑573.64万平方米,绿色建筑占比82%,超额完成河北省确定新建绿色建筑占比60%的目标任务。自2011年至2019年底,全市共有85个建筑项目获得绿色建筑标识,总建筑面积864.89万平方米。推进装配式建筑发展,大力培育装配式建筑产业基地。2019年全市71个装配式建筑项目通过专家评审,总建筑面积280.87万平方米,至2019年底,全市培育装配式建筑产业基地7个,其中,国家级基地3个、省级基地4个,建成预制混凝土构件生产线10条,年设计产能53万立方米,基本形成产品研发、设备制造、建筑设计、构件生产一条龙的建筑产业化链条。8月29日,河北省装配式建筑现场观摩会在石家庄市召开,石家庄市在会上作介绍经验。

(王哲)

【勘察设计行业监管】 至2019年末,石家庄市共有工程勘察设计企业284家,其中,甲级企业104家,乙级企业154家,丙级企业26家;以工程设计类资质为主的企业257家,以工程勘察资质为主的企业27家,涉及 17 个行业 25 个门类。在册工程造价咨询企业120 家，其中，甲级资质 70 家，乙级资质 50 家。2019 年石家庄市获得河北省优秀勘察设计一等奖 25 项、二等奖 34 项，获奖个数排名全省第一；7 人获评河北省工程勘察设计大师。2019 年石家庄市首次开展轨道交通工程勘察设计质量监督专项检查，抽查勘察、设计文件图纸 171 册；检查表明，各项目均能较严格执行城市轨道交通勘察、设计相关法律法规、标准规范，无违反强制性条款现象，工程勘察、设计、施工图审查等主体质量安全责任基本得到落实，工程重大风险经过专项设计和专项论证，设计变更手续基本完整，设计单位技术质量管理职责基本落实到位。编制《石家庄市房屋建筑和市政工程基础设施施工图设计文件消防、人防审查规则（试行）》，将消防安全性和人防工程（不含人防指挥工程）防护安全性纳入施工图审查内容，统一审查标准，确定消防、人防意见在施工图审查报告中独立出具，实现施工图技术审查"多审合一"。推进数字化审图，2019 年 9 月，石家庄高新区开始推行施工图数字化审查，成为全省第一个实行数字化审图试点区域；2019 年 12 月，全市印发《关于做好房屋建筑和市政基础设施工程施工图设计文件数字化审查的通知》，要求自 12 月 25 日起，全市所有未出具审查合格书的房屋建筑和市政基础设施工程，一律采用数字化审图方式开展审查业务，实现资源数据共享，提升审图效率和服务水平。

（王文　张华辉）

【2018~2019 年度建筑业诚信企业】 2019 年市建筑业协会评选 2018 ~2019 年度石家庄市建筑业诚信企业 97 家，其中，建筑施工企业 67 家，建筑门窗企业 7 家，工程监理企业 14 家，招标代理企业 9 家。

表19　　2018~2019 年度石家庄市建筑业诚信企业名单

企业类型	序号	企业名称	企业类型	序号	企业名称
建筑施工企业（67 家）	1	石家庄一建建设集团有限公司	建筑施工企业（67 家）	19	中建八局第二建设有限公司
	2	石家庄建工集团有限公司		20	中佳勘察设计有限公司
	3	河北省第四建筑工程有限公司		21	中弘博艺文化发展有限公司
	4	河北省第二建筑工程有限公司		22	中地志诚建设科技有限公司
	5	河北中瑞建设集团有限公司		23	浙江宝业建设集团有限公司
	6	京鑫建设集团有限公司		24	宇安建设工程有限公司
	7	金秋建设集团有限公司		25	旭江建设工程有限公司
	8	河北天山实业集团建筑工程有限公司		26	特艺达装饰工程有限公司
	9	河北天森建工集团有限公司		27	泰美建设有限公司
	10	石家庄市住宅开发建设公司		28	石家庄市建通建设工程有限公司
	11	河北新大地建设工程有限公司		29	石家庄市福鑫电信工程有限公司
	12	石家庄市市政建设总公司		30	石家庄金盾安全技术工程有限公司
	13	河北省水利工程局		31	石家庄高新区泰川城建工程有限公司
	14	卓信通信股份有限公司		32	石家庄泛安科技开发有限公司
	15	中土大地国际建筑设计有限公司		33	石家庄春龙建筑工程有限公司
	16	中铁三局集团第二工程有限公司		34	求实科技集团有限公司
	17	中铁六局集团石家庄铁路建设有限公司		35	庞展建设工程有限公司
	18	中石化工建设有限公司		36	南通市达欣工程股份有限公司

续表

企业类型	序号	企业名称	企业类型	序号	企业名称
建筑施工企业（67家）	37	晋州市冀中建筑工程有限公司	建筑门窗企业（7家）	68	河北建工集团装饰工程有限公司
	38	金大陆展览装饰有限公司		69	河北天山建材科技有限公司
	39	石家庄新世纪建筑装饰工程有限公司		70	河北海益建筑装饰工程有限公司
	40	河北中北建筑装饰工程有限公司		71	石家庄盛和建筑装饰有限公司
	41	河北赵宏钢结构工程有限公司		72	石家庄恒发钢化玻璃有限公司
	42	河北益坤岩土工程新技术有限公司		73	石家庄捷成门窗有限公司
	43	河北晏丰建设工程有限公司		74	河北四站装饰工程有限公司
	44	河北雪龙建筑园林工程有限公司	工程监理企业（14家）	75	河北富永招标代理有限公司
	45	河北舜石建设工程有限公司		76	河北三元建设监理有限责任公司
	46	河北盛森安全技术工程有限公司		77	河北华博工程建设监理有限公司
	47	河北省室内装饰集团有限公司		78	河北润达石化工程建设有限公司
	48	河北鹿鑫建筑工程有限公司		79	河北海新工程项目管理有限公司
	49	河北鹿铭建筑工程劳务分包有限公司		80	河北大唐电力技术服务有限公司
	50	河北隆兴建筑工程有限公司		81	河北燕赵工程建设监理有限公司
	51	河北蓝天通信有限责任公司		82	石家庄天元工程建设监理有限公司
	52	河北楷彤园林绿化工程集团有限公司		83	石家庄汇通工程建设监理有限公司
	53	河北聚泰万合消防工程有限公司		84	河北博大工程项目管理有限公司
	54	河北锦云建筑工程有限公司		85	河北华腾项目管理有限公司
	55	河北金潮建筑工程有限公司		86	河北电力工程监理有限公司
	56	河北杰诺园林古建筑工程有限公司		87	中建安工程管理有限公司
	57	河北太行宏业建设集团有限公司		88	河北方舟工程项目管理有限公司
	58	河北华菲装饰设计工程有限公司	招标代理企业（9家）	89	河北中原工程项目管理有限公司
	59	河北宏远建筑安装有限公司		90	河北海新工程项目管理有限公司
	60	河北弘力德路桥工程有限公司		91	河北博鳌招标代理有限公司
	61	河北大旗光电科技有限公司		92	河北恒基建设招标有限公司
	62	河北诚润环保工程有限公司		93	中大宇辰项目管理有限公司
	63	河北常腾建筑工程有限公司		94	中建安工程项目管理有限公司
	64	国为建设工程有限公司		95	河北冀科工程项目管理有限公司
	65	大鑫建设工程有限公司		96	河北宏信招标有限公司
	66	千川建设集团有限公司		97	中交远洲招标咨询有限公司
	67	河北海浪消防工程有限公司			

【2019年度建筑业先进企业】 2019年市建筑业协会评选2019年度石家庄市建筑业先进企业109家，其中，建筑施工先进企业76家，建筑门窗先进企业10家，工程监理先进企业10家，招标代理先进企业13家。

表20

2019年度石家庄市建筑业先进企业名单

企业类型	序号	企业名称	企业类型	序号	企业名称
建筑施工先进企业（76家）	1	河北建工集团有限责任公司	建筑施工先进企业（76家）	31	石家庄市市政建设总公司
	2	石家庄一建建设集团有限公司		32	中铁六局集团石家庄铁路建设有限公司
	3	石家庄建工集团有限公司		33	河北华菲装饰设计工程有限公司
	4	石家庄三建建业集团有限公司		34	河北杰安建筑安装工程有限公司
	5	河北恒山建设集团有限公司		35	河北楷彤园林绿化工程集团有限公司
	6	河北中瑞建设集团有限公司		36	河北蓝天通信有限责任公司
	7	京鑫建设集团有限公司		37	河北鹿铭建筑工程劳务分包有限公司
	8	河北天森建工集团有限公司		38	河北鑫隆安全技术有限公司
	9	石家庄市住宅开发建设公司		39	中佳勘察设计有限公司
	10	河北天山实业集团建筑工程有限公司		40	河北中鸣建筑工程有限公司
	11	河北省第四建筑工程有限公司		41	河北建翔建筑工程有限公司
	12	河北省安装工程有限公司		42	石家庄春龙建筑工程有限公司
	13	河北科工建筑工程集团有限公司		43	河北军鼎岩土工程技术有限公司
	14	河北宏远建筑安装有限公司		44	河北神栾建筑工程有限公司
	15	河北省水利工程局		45	河北海鹰环境安全科技股份有限公司
	16	中京建设集团有限公司		46	特艺达装饰工程有限公司
	17	河北中创安装有限公司		47	中庆建设有限责任公司
	18	河北中建工程有限公司		48	泰美建设有限公司
	19	金秋建设集团有限公司		49	中天建设集团有限公司河北分公司
	20	河北华信投资集团有限公司		50	河北建设集团股份有限公司石家庄分公司
	21	河北神兴建筑工程有限公司		51	中土大地国际建筑设计有限公司
	22	河北双维集团有限公司		52	宇安建设工程有限公司
	23	河北铁建工程有限公司		53	河北中北建筑装饰工程有限公司
	24	中石化工建设有限公司		54	石家庄常宏建筑装饰工程有限公司
	25	浙江宝业建设集团有限公司		55	河北大力岩土工程有限公司
	26	南通市达欣工程股份有限公司		56	河北华研卓筑加固工程集团有限公司
	27	江苏省苏中建设集团股份有限公司		57	河北太行宏业建设集团有限公司
	28	浙江城建建设集团有限公司		58	河北中核岩土工程有限责任公司
	29	大鑫建设工程有限公司		59	河北杰诺园林古建筑工程有限公司
	30	天俱时工程科技集团有限公司		60	河北鹏力建设工程有限公司

续表

企业类型	序号	企业名称	企业类型	序号	企业名称
建筑施工先进企业（76家）	61	石家庄泛安科技开发有限公司		86	河北四站装饰工程有限公司
	62	河北浦仁安全技术工程有限公司	工程监理先进企业（10家）	87	河北金正科信建设工程项目管理有限公司
	63	河北雪龙建筑园林工程有限公司		88	石家庄东方工程监理有限公司
	64	河北锦云建筑工程有限公司		89	河北博大工程项目管理有限公司
	65	庞展建设工程有限公司		90	河北电力工程监理有限公司
	66	金环建设集团有限公司		91	河北方舟工程项目管理有限公司
	67	河北鹿鑫建筑工程有限公司		92	河北冀科工程项目管理有限公司
	68	中地志诚建设科技有限公司		93	河北建信工程项目管理有限公司
	69	中铁三局集团第二工程有限公司		94	河北裕华工程项目管理有限责任公司
	70	河北诚润环保工程有限公司		95	河北三元建设监理有限责任公司
	71	中弘博艺文化发展有限公司		96	河北中原工程项目管理有限公司
	72	河北盛森安全技术工程有限公司	招标代理先进企业（13家）	97	河北安达投资咨询有限公司
	73	诚业工程科技集团有限公司		98	河北恒基建设招标有限公司
	74	中建八局第二建设有限公司		99	河北华腾项目管理有限公司
	75	河北海浪消防工程有限公司		100	河北博鳌招标代理有限公司
	76	河北惠华电子科技有限公司		101	河北中原工程项目管理有限公司
建筑门窗先进企业（10家）	77	中兆海山建筑装饰工程有限公司		102	中大宇辰项目管理有限公司
	78	河北天山建材科技有限公司		103	瑞和安惠项目管理集团有限公司
	79	石家庄盛和建筑装饰有限公司		104	石家庄轩硕工程项目管理有限公司
	80	河北建工集团装饰工程有限公司		105	河北省成套招标有限公司
	81	河北海益建筑装饰工程有限公司		106	河北中机咨询有限公司
	82	河北可利幕墙有限公司		107	中建安工程项目管理有限公司
	83	石家庄捷成门窗有限公司		108	河北冀科工程项目管理有限公司
	84	石家庄昱泰门窗有限公司		109	河北宏信招标有限公司
	85	河北铁建工程有限公司装修装饰分公司			

（市建筑业协会）

住房保障和房地产业

【概况】 2019年，全市贯彻落实中央、河北省关于住房保障和房地产政策要求，以“房住不炒”为目标，密切关注市场变化，及时出台调控政策，统筹推进共有产权住房试点城市和租购并举住房制度试点城市建设。实施保障性安居工程，全年新筹集公租房1664套，基本建成公租房1709套，发放保障房租赁补贴1132户，至2019

年底，全市开工建设公共租赁住房78308套，分配76809套，分配率达到98%。推进棚户区改造，2019年河北省下达石家庄市棚户区改造任务为新开工15782套，基本建成12703套，至2019年底，全市开工棚户区改造安置住房16087套，完成年度任务101.93%，基本建成14184套，完成年度任务111.66%。商品住房上市面积、成交均价上升。2019年石家庄市区商品房上市面积768.9万平方米，同比增长2.4%，其中，商品住房上市面积563万平方米，同比增长3.5%。2019年石家庄市区商品房成交面积618.5万平方米，同比下降4.3%，其中，商品住房成交面积468.7万平方米，同比下降3.7%。2019年石家庄市区商品房成交均价11628元/平方米，同比增长15.5%，其中，商品住房成交均价11336元/平方米，同比增长18.3%。2019年石家庄市区存量房成交面积265万平方米，其中，存量住房成交面积243.5万平方米，存量房成交均价13695元/平方米。严格房地产交易管理，与自然资源和规划、金融、税务、公积金管理等部门建立数据共享机制，率先在全国实现网签备案“全覆盖”。加强住宅专项维修资金归集管理，全年完成维修资金归集2.35亿元，实现增值利息收益5400万元；核准使用维修项目418个，使用资金1670万元；办理房屋灭失资金返还500户，返还金额79万元。运用“互联网+”技术，推进住房管理政务平台建设，抵押合同备案、商品房合同备案、房屋租赁合同备案、存量房贷款交易业务均实现“网上办理”。开展“烂尾楼”整治，全市50个“烂尾楼”项目全部制定整治方案，17个“烂尾楼”项目完成整改。

（陈涛　沈艳阳）

【保障性安居工程】 全年新筹集公租房1664套，基本建成公租房1709套，发放保障房租赁补贴1132户。至2019年底，全市开工建设公共租赁住房78308套，分配76809套，分配率达到98%。其中，市内4区建设公共租赁住房52114套，全部为政府投资产权，分配入住50883套，分配入住率97.6%。2015年以前开工建设的公租房全部建成并分配入住。根据统计部门公布的2018年度人均可支配收入数据，市住房和城乡建设局与财政部门沟通协调，联合调整2019年申请住房保障低收入和中等偏下收入家庭收入界定标准，城镇低收入家庭界定标准由2195元/月提高到2371元/月、城镇中等偏下收入家庭界定标准由2744元/月提高到2964元/月。严密做好保障性住房分配，全部保障房采用计算机系统摇号分配，杜绝人为干预，接受社会监督。借鉴高考录取模式，根据保障家庭情况确定“优先批”“轮后批”“普通批”三个批次；对配租的残疾人、65周岁以上老人和人口较多家庭，优先照顾楼层和户型；分配现场聘请纪检监察部门、保障家庭代表、新闻媒体、公证处、人大代表和政协委员全程监督，做到保障房分配过程公开透明。5月16日、10月11日，市区两次公开摇号分配保障房，共分配保障房5330套。至2019年底，石家庄市区累计分配入住保障房小区64个、50883套。

（冯建磊）

【棚户区改造】 2019年石家庄市委、市政府将棚户区改造列入重点工作，成立棚户区改造工作领导小组，加强全市棚户区改造组织领导，协调解决棚户区改造中遇到的重大问题。制定印发《2019年石家庄市城镇保障性安居工程工作要点》，将河北省下达石家庄市棚户区改造任务分解，并与各县（市、区）签订目标责任状。出台《关于加强主城区城市棚户区征收改造工作的意见》（石政规〔2019〕4号），从政策层面将棚户区项目地块自求平衡调整为地块平衡与区域平衡相结合，将原来习惯选择原址安置调整为货币安置、原址安置和异地安置相结合，鼓励异地安置征收模式，有效解决棚户区征收改造中的瓶颈问题，疏解了中心城区人口，提升了城市品位，完善了城市功能。市县两级合力推进，部门相互协调、相互沟通、相互配合，市发展改革委、市自然资源和规划局、市住房和城乡建设局、市行政审批局等部门开通绿色通道，简化审批手续，缩短办理时限，最大限度支持棚改项目建设。争取安置住房项目资金，全年获得中央专项补助资金39206万元，省级专项补助资金9513.2万元，中央配套基础设施资金12100万元，棚改专项债券48.34亿元。2019年河北省下达石家庄市棚户区改造任务为新开工15782套，基本建成12703套，至2019年底，全市开工棚户区改造安置住房16087套，完成年度任务101.93%，基本建成14184套，完成年度任务111.66%。

（李树勇）

【房地产市场交易】 商品住房上市面积增长，成交面积下降。2019年石家庄市区商品房上市面积768.9万平方米，同比增长2.4%。其中，商品住房上市面积563万平方米，同比增长3.5%；商业营业用房上市面积56.1万平方米，同比增长22.8%；办公楼上市面积79.6万平方米，同比下降18.8%。2019年石家庄市区商品房成交面积618.5万平方米，同比下降4.3%。其中，商品住房成交面积468.7万平方米，同比下降3.7%；商业营业用房成交面积70万平方米，同比增长63.7%；办公楼成交面积64.8万平方米，同比下降25.7%。商品住房成交均价同比上升。2019年石家庄市区商品房成交均价11628元/平方米，同比增长15.5%。其中，商品住房成交均价11336元/平方米，同比增长18.3%；商业营业用房成交均价15471元/平方米，同比下降3.6%；办公楼成交均价11505元/平方米，同比增长1.1%。2019年12月，石家庄市区商品住房均价单月环比下降3.88%。存量房成交面积大幅上升，价格下降。2019年石家庄市区存量房成交面积265万平方米，同比增长39.8%，存量房成交均价13695元/平方米，同比下降3.5%。其中，存量住房成交面积243.5万平方米，同比增长42.2%，存量住房成交均价14458元/平方米，同比下降4.5%。本市居民购房比例下降。2019年石家庄本市居民购买房产比例为85.3%，其中，本市城区占比61.8%，郊县占比23.5%；非本市居民购买比例占比14.7%。2019年石家庄本市居民购买房产比例同比下降0.1%，其中本市城区居民购买房产比例同比上升0.3%。商品住房库存同比上升。2019年石家庄市区商品房库存1347万平方米，同比增长6.7%。其中，商品住房库存577万平方米（消化周期15个月）；商业办公用房库存458万平方米（商业营业用房262万平方米、办公楼196万平方米，消化周期41个月）；其他库存312万平方米。

（杜琼）

【房地产市场监管】 按照国家和河北省关于房地产市场调控有关要求，严格落实限购、限贷、限价、限售等调控政策。两次开展商品房违规销售专项整治行动，建立项目管理台账，采取日常巡查、张贴通告、约谈、风险提示、停办手续、行政处罚等措施，累计巡查商品房项目287个，张贴政府通告10份，约谈房地产开发企业4个，风险提示项目1个，下达《责令整改通知书》19份、《责令停止违法行为通知书》4份，4个需要按照行政处罚项目移交综合执法部门查处，办结上级转办件17件。加强市内4区“五证齐全”项目销售现场信息公示管理，采取联合执法方式，处置“国际贸易城”“天洲视界城”项目，查封未取得《商品房预售许可证》售楼部2个。全年检查房地产经纪机构6729家（次），经纪从业人员2万余人次，受理投诉38件。开展房地产企业资质“双随机、一公开”检查，随机抽取20个县（市、区）78家企业现场核查，对不能提供保险缴纳和档案托管证明等问题，督导各县（市、区）审批、住房建设部门监督企业整改；约谈违规企业88家。培育和发展住房租赁市场，指导成立石家庄市房地产租赁协会，重点培育城投集团、城建开发公司和住建集团，积极吸引全国知名房地产企业龙湖冠寓、万科泊寓等专业化住房租赁企业落户石家庄市。开展“烂尾楼”（受土地、规划、资金等因素影响，开工建设并有地上建筑物的商品住宅、商业营业用房、写字楼、酒店式公寓、酒店等房地产开发项目停工达1年以上）整治。烂尾楼严重影响城市总体规划建设，造成资源浪费。2019年9月，河北省召开房地产开发项目清理规范工作会议，部署全省开展“烂尾楼”项目摸排和整治工作，要求2019年底前制定整改方案，到2020年底前全部复工建设。根据市政府安排，经全市住房和城乡建设部门摸排，至2019年底，全市纳入台账管理“烂尾楼”项目50个，涉及12个县（区），分别为：长安区12个、桥西区19个、新华区1个、裕华区5个、井陉矿区1个、鹿泉区2个、栾城区2个、高新区1个、灵寿县2个、高邑县2个、赞皇县2个、无极县1个。其中，涉及土地问题的25个，涉及规划问题的34个，涉及资金链断裂问题的41个，涉及涉法涉诉问题的16个；成为烂尾楼不足5年的7个，5~9年的39个，20年以上的4个，最长“烂尾楼”时间21年。2019年全市50个“烂尾楼”项目全部制定整治方案，17个项目完成整改。

（苑志杰　师晓凯）

【物业管理】 2019年全市共有住宅小区5316个，其中，2000年以前建成老旧小区2996个，主城区4区住宅小区3011个（老旧小区1875个）。2019年全市共有物业服务企业1500多家，服务项目2669个，物业服务覆盖率达50%，其中，新建住宅项目物业服务覆盖率达100%。2019年全市老旧小区交由物业服务企业管理1340个，占比44.73%；其余1656个老旧小区分别实行原产权单位、业主自治和社区保障管理。2019年石家庄市物业服务企业参加全国物业企业综合实力评选，2家企业进入前30强；市物业管理协会评选市级优秀物业服务项目27个。加强物业企业监管，修订《石家庄物业管理招投标管理办法》，印发《石家庄市物业服务企业信用信息管理办法》《石家庄市既有住宅加装电梯实施细则》《关于规范我市物业服务企业信息报送及物业管理项目备案工作的通知》等物业管理规范文件。全年办理物业企业信息报送122家、物业管理项目备案117家、住宅前期物业招投标备案47宗，物业管理招标面积905.02万平方米。提高物业行业从业人员素质，举办物业人员培训班5期，参加培训企业1600多家、5000多人。加大老旧小区综合整治力度，全市各部门按照分工各司其职，重点实施安全问题改造、居住功能提升和环境整治，形成联动管理机制，实现老旧小区“住用安全、设施完善、功能齐备、出行方便、环境整洁”的管理目标。全年整治老旧小区568个，涉及楼宇3096栋、面积1251万平方米、15万户，总投资15.6亿元。提升老旧小区治理水平，建立物业企业党组织，组织评选市级“金牌红色物业”11家、区级44家。10月17日，市委组织部、市住房和城乡建设局评选命名“金牌红色物业”11家（评比内容主要为党的建设、经营管理、社会责任感、服务能力，群众满意度5个方面）。其中，老旧小区物业企业（物业服务项目）6家，分别为：河北汇成物业服务有限公司新石小区项目部（参评小区：桥西区新石小区）、石家庄银都物业服务有限公司（参评小区：长安区银都花园小区）、石家庄铸恒物业服务有限公司北方设计院宿舍项目部（参评小区：裕华区北方院四区）、英华物业服务有限公司钟强小区项目部（参评小区：新华区钟强小区）、石家庄恒泉物业服务有限公司（参评小区：裕华区金马二腾达园）、石家庄市煜硕物业服务有限公司（参评小区：长安区棉一新区）；住宅小区物业企业（物业服务项目）5家，分别为：河北华宝物业服务有限公司尚品佳苑南区项目部（参评小区：桥西区尚品佳苑南区）、河北盛安物业服务有限公司（参评小区：盛邦花园）、石家庄盛世永昌物业管理服务公司（参评小区：裕华区海德园）、河北安信联行物业服务公司柏林怡园项目部（参评小区：新华区柏林怡园）、河北三水物业服务有限公司（参评小区：高新区泊水湾小区）。推进44家区级“金牌红色物业”承接老旧小区，协调财政部门落实“红色物业”奖励资金145万元、开荒资金835万元、2020年预算列支补贴资金2873万元。至2019年末，全市物业服务企业主动承接528个老旧小区服务，直接服务居民12万余户，受惠群众42万余人。

（耿鹏涛　王永）

住房公积金管理

【概况】 2019年，石家庄市归集住房公积金111.12亿元，同比增长10.09%；提取住房公积金72.32亿元，同比增长8.26%；发放住房公积金个人贷款57.46亿元，同比增长63.94%；实现住房公积金增值收益5.26亿元，同比增长15.07%。至2019年底，全市累计归集住房公积金775.13亿元，累计提取382.86亿元，归集余额392.27亿元，累计发放公积金个人贷款150414户、424.33亿元，公积金个人贷款余额263.57亿元。贯彻落实住房和城乡建设部住房公积金归集、提取、贷款、资金管理、基础数据五项业务标准和《石家庄住房公积金归集提取管理实施细则》《关于授权石家庄住房公积金管理中心审批降低住房公积金缴存比例和缓缴的决定》《关于调整个人住房公积金贷款贴息比例的通知》《关于加强业务管理防范化解风险工作的通知》《关于住房公积金账户注销的有关规定》《石家庄住房公积金贷款业务实施细则》等文件要求，全面对标对表，梳理业务流程，严格执行业务标准和规定。加大住房公积金政策服务范围，2019年全市住房公积金新开户单位2218家，新开户职工9.78万人，住房公积金缴存覆盖面进一步扩大。开拓贷款市场，开展住房公积金组合贷款，加大贴息贷款补贴力度；集中开展房地产开发企业拒绝住房公积金贷款专项整治，全市270余个具有合法销售手续的房地产项目均可使用住房公积金贷款政策，有效维护了职工贷款权益。坚持把催收个人贷款逾期作为重点工作，至2019年末，石家庄住房公积金个人贷款逾期率0.19‰，低于国家和河北省相关规定。住房公积金贷款支持保障性住房建设试点任务完成,至2019年底,所有项目全部提前结清贷款本息,实现贷款资金有效运用和安全回收。创新服务手段,打造住房公积金综合服务平台,至2019年末,石家庄市共有43.4万人注册住房公积金手机APP,24.4万人关注微信公众号,网上提取业务量占到全部提取业务量70%。

【住房公积金缴存提取政策】 缴存基数计算口径及标准。住房公积金缴存基数为职工2018年度(自然年度)月平均工资总额。工资总额按照国家统计局《关于工资总额组成的规定》计算,包括计时工资、计件工资、奖金、津贴和补贴、加班加点工资、特殊情况下支付的工资。2019年1月1日后新参加工作的职工,从参加工作第二个月开始缴存住房公积金,缴存基数为职工当月工资总额。2019年1月1日后新调入职工,从调入单位发放工资之日起开始缴存住房公积金,缴存基数为职工当月工资总额。2019年度缴存基数最高为石家庄市统计部门公布的2018年度职工月平均工资3倍,即18476元;最低为石家庄市统计部门公布的2018年度职工月平均工资的60%,即3695元。住房公积金缴存单位可在5%~12%区间内自主确定单位和个人住房公积金缴存比例,单位和个人的缴存比例应一致。职工有下列情形之一的,可以申请提取住房公积金账户内存储余额:职工本人及配偶在本市无自有住房且租赁住房的;购买、建造、翻建、大修自住住房的;未配备电梯的老旧住宅小区自住住房加装电梯的;偿还购房贷款本息的;被纳入本市城镇居民最低生活保障范围的;遇有突发事件,造成家庭生活严重困难的;退休的;死亡或已宣告死亡的;出境定居的;完全丧失劳动能力与单位终止劳动关系的;参军、上学与单位终止劳动关系的;被判处刑罚与单位终止劳动关系的;职工与单位解除或终止劳动关系满半年未继续缴存的。

【住房公积金贷款政策】 个人住房公积金贷款申请人,应符合以下条件:贷款申请人应具有完全民事行为能力;设立公积金账户并连续足额缴存住房公积金6个月以上(自主择业的军队转业干部,将原来部队一次性发给的服现役期间的住房公积金,补缴至正常公积金账户的);使用公积金贷款的次数,应符合国家相关规定;具有偿还贷款本息能力,信用良好;所购住房为合法住房并能够为此笔贷款提供担保或抵押;已付房款不低于规定比例;法律、法规及政策规定的其他条件。公积金贷款期限最长为30年,且不超过借款人法定离退休年龄后5个自然年度,购买二手房的,除满足上述条件外,贷款期限不得超过房屋剩余使用年限。公积金贷款额度最高为60万元,具体贷款额度结合申请人及配偶的公积金缴存、还贷能力、负债情况、贷款期限及所购房屋价值等因素综合确定。缴存职工家庭购买市内长安区、桥西区、新华区、裕华区、高新区首套自住住房,首付款比例不低于30%;购买第二套住房,首付款比例不低于60%;购买石家庄其他县(市、区)自住住房,首付款比例不低于20%。住房公积金个人贷款利率执行标准:首套住房个人贷款利率执行中国人民银行公布的公积金贷款利率,即:1~5年(含)贷款年利率为2.75%,6~30年贷款年利率为3.25%;第二套住房个人贷款利率为同期利率的1.1倍,即:1~5年(含)年利率3.025%;6~30年年利率3.575%。2019年4月1日起,全市住房公积金贷款贴息比例实现调整,由2018年度住房公积金贷款支付利息的60%调整为100%。2019年4月1日起,石家庄市全面暂停发放住房公积金异地贷款;住房公积金贷款对象调整为仅限购买家庭首套自住住房或第二套改善型自住住房的缴存职工,不再向购买家庭第三套及以上住房的缴存职工发放住房公积金个人住房贷款。

石家庄住房公积金管理中心

主　任:穆增科

副主任:王书刚　曹元华

　　　　耿占合　董海林

(宋陈)

城市管理

【概况】 2019年，市城市管理综合行政执法局（简称市城管局）以创建国家卫生城市为目标，全力推进城市环境卫生保洁、市政设施维护、城市综合管治及供水、排污、供热、供气等工作。2019年石家庄水务集团累计供水2.02亿立方米，其中，南水北调引江水1.46亿立方米，水库水4642.76万立方米，地下水942.35万立方米；主城区供水水质合格率达99.99%；年末城区建有供水厂13座，供水能力110万立方米/日，建有污水处理厂3座，污水处理能力99万吨/日。2019~2020采暖季石家庄市城镇供热总面积2.67亿平方米，共有供热居民小区5197个，热力站3028座。其中，主城区供热面积1.85亿平方米，热力站1863座；主城区外各县（市、区）供热面积8213万平方米，共有供热居民小区2614个，热力站965座。2019年石家庄主城区集中供热新增供热面积500余万平方米，主城区外其他各县（市、区）新增集中供热面积1200余万平方米。2019年石家庄主城区（市内4区和高新区）燃气管网长度5780.9千米，同比增加729.6千米，其中，市政管网长度1848.051千米，庭院管网长度3932.836千米；改造老旧供气管网7.27千米；燃气普及率达到100%。2019年石家庄主城区拥有天然气居民用户158.85万户、液化石油气居民用户9.52万户，主城区天然气总用量11.47亿立方米，主城区液化石油气用量2.43万吨。开展城市管理综合整治行动，全年出动车辆2.1万余车次、执法人员10.3万余人次，规范烧烤摊点3900余处，查扣露天烧烤用具170余件。机构设置调整，根据《石家庄市城市管理综合行政执法局职能配置、内设机构和人员编制规定》（石办字〔2019〕36号）要求，市城管局主要负责城市市政设施维护、供水节水污水处理、民心河河道管理、城区防汛和供热燃气行业管理，监督管理市容环境卫生、城管综合行政执法、垃圾无害化处理，指导高新区及其他县（市、区）县城的城市管理相关工作；局机关编制77人，设置处室19个，分别为：办公室、人事处、财务审计处、政策法规处、市容监督处、环卫监督处、市政管理处、执法管理处、执法监督处、供热燃气处、城市供水用水处、县城指导处、投诉受理与督查处、数字信息处、宣传处、安全生产监督处、城区防汛办公室、直属单位党委（机关纪委）、老干部处；办公地址为建设南大街35号。下辖直属单位15个，分别为：市道桥管理处、市排水管理处、市环境卫生管理处、市市容管理考评中心、市二环路管理处、市城市管理执法支队、市市政建设总公司、市液化气总公司、石家庄水务集团、市城市照明管理处、市市政建设管理处、火车站站前地区管理委员会、市供热管理中心、市燃气中心、市城管便民服务中心。2019年石家庄市获评国家节水型城市，环卫工人温新河、曹梅竹夫妇当选2019年度“感动省城”十大人物，55名环卫工作者获授石家庄市“2019年度最佳城市美容师”称号。

【环境卫生保洁】 开展道路清扫保洁提标行动，落实道路网格化精细管理模式要求，重点繁华区域采取增人延时快速保洁方式，全面清洗中心城区辖区道路机动车道、非机动车道、人行道，实现“路见底色”清扫目标。开展春秋两季“洁城行动”，全年累计洗扫作业道路182万千米，城区大街小巷变得更加整洁。增大环卫清扫投入，主城区4区清扫保洁经费每平方米增加3元，全年主城区增加清扫作业经费1.72亿元；年末市区拥有环卫车辆达到2000辆，主城区机械化清扫率保持90%以上，主街主路达到100%。统一市区一线清扫工人服装，实现同工同酬、同城同酬。发挥关爱环卫职工慈善基金作用，全年救助一线环卫职工9人，发放环卫救助金19.19万元。开展垃圾分类处置，按照石家庄市生活垃圾分类实践活动方案要求，在全市开展“党员志愿带头”“你我齐动手”等活动，237个机关事业单位、92家企业、278所学校、2252个小区、153万户居民参与垃圾分类实践活动，创建样板小区161个、样板单位158个、样板学校156个。加大环卫设施投入，购置垃圾清运车辆146台，生活垃圾运输实现“密闭直运”，桥西区、高新区建成大型垃圾压缩站，改变传统垃圾收集中转模式。提升垃圾处置能力，重点破解垃圾“围城困扰”；协调灵寿县、赵县、赞皇县等县（市、区）协同处置和解决主城区垃圾积存问题，全年处理生活垃圾96万吨。开工建设8座生活垃圾处理设施,建成4座,垃圾焚烧日处置能力达到6300吨,有效解决垃圾处理不畅问题。加强华电灰场建筑垃圾消纳场管理,全年消纳建筑垃圾230万立方米。严格垃圾运输车和渣土管理,年检大型建筑垃圾运输车1372台、小型建筑垃圾车辆826台,核准和发放渣土处置批准件1.73万张,查处违规工地70个、违规倾倒渣土车辆756台。加强废旧电池管理,全年更换废旧电池回收箱2551个,贴膜1.9万张,回收封存废旧电池12吨。

【市政设施维护】 全年主城区4区维修城区道路26万平方米,便道6万平方米,路缘石10千米,封补裂缝107千米,改造市政老旧管网758千米,完成黄土裸露整治18.9万平方米,其中,硬化4.5万平方米,绿化14.4万平方米。全年更换灯泡14406盏,更换及补装照明器3566套,更换镇流器、触发器等电器元件5164个,处理连线及单灯故障2528处,更换各类电器开关2246个,更换各类线材141898米,整修及更换杆门3449块,井盖1430块,补装杆座300个,包扎胶布5942杆次,45条街道3462基灯杆刷漆,保洁灯杆160129杆次,道路照明平均亮灯率99.58%,设施完好率99.8%。严格工程质量管理,中华大街道路提升改造、中山路(建设大街—东大街)路段提升改造工程获得河北省"安济杯"优质工程奖。中华大街(槐安路—南二环)提升改造工程涉及道路全长2179米,道路红线宽60米,改造内容包括道路、排水、智能交通、照明等;6月28日,中华大街(槐安路—南二环)提升改造工程围挡施工;7月28日,中华大街(槐安路—南二环)提升改造工程主路完工通车,通过运用新技术、新材料、新设备,建成多功能智慧道路体系,提升了火车站周边区域通行能力。消除道路安全隐患,应用"雷达探测技术"探测城区道路407千米。加强城市照明设施维护,重视降低耗能和绿色照明应用,淘汰使用年代久远、光衰严重的LED产品,更换技术质量优化、性能稳定可靠新型LED照明器1889套;实施单排亮灯措施,在保证市民安全出行前提下,城区216条路段实施半夜单排亮灯方案;控制亮灯范围,采取平时、节假日、重大活动3种模式,按路段、区域、功率控制夜景开闭灯时间,实现节能降耗目标;实施线路节电管理,二环路、中华大街、工农路等路段推行线路节电措施。全年城市照明节电324万元515万千瓦时,节电率6.7%。推进城区亮化工程建设,完成"一环二线三桥四区"204栋楼宇、3座桥梁亮化工程,基本形成简洁明快、温馨典雅、庄重大气的主城区亮化格局。

【城市综合整治】 落实路街长制和市容"红黑榜"管理,完善《门前三包管理规定》。规范城区网点占用道路经营,按照城市发展和方便市民需要,科学设置城区商业经营网点,坚决取缔和查处私自违章占用道路经营,集中治理流动摊点和店外销售行为。建立和完善占道经营清理工作机制,城区早点餐饮遵守规定营业时间和地点,并按时收摊和开展卫生清理,不得占压车道经营,全年累计清理占道经营7.2万余处,店外摆放销售点3.1万余处。坚决取缔长安区、新华区剩余6处全天候占道市场,二环路内全天候占道市场清理任务全部完成。制定出台《市区早夜市管理规定》,明确开闭时间、设置原则、设置标准等内容。巩固露天烧烤整治成果,按照重点区域专人盯守、管理区域加强巡查的原则,全年组织各区增加夜查力量,出动车辆2.1万余车次、执法人员10.3万余人次,规范整治烧烤摊点3900余处,查扣露天烧烤用具170余件。加强车辆停放管理,印发《关于进一步规范非机动车停放秩序的通告》,9月16日起,主城区4区及高新区全部取消非机动车停车收费;规范机动车停放,实施画线分类停车,执行蓝线免费、白线收费和智能停车场管理政策,城区部分路段施划朝夕停车区域。制定出台《石家庄市门店牌匾设置导则》《石家庄市户外广告设置规划》,修改完善《户外广告管理办法》;根据省政府、省住房和城乡建设厅印发《河北省广告牌匾整治提升行动方案》要求,开展广告牌匾集中整治活动,2018~2019年全市完成广告牌匾整治20.3万处。重视城市管理制度建设,制定印发《石家庄市城市管理综合执法条例》,规范城管执法程序,建立行政处罚案卷管理、行政执法投诉举报等制度,形成行政执法各个环节依法管理的制度体系。加强城市综合执法队伍管理,举办执法培训班4期。严格落实城市管理处罚,全年重点开展城区违法违规建设"5+1"专项整治及毁坏市政设施、非法设立户外广告、渣土运输、毁绿毁林、车站广场管理等违反城市管理行为查处,基本实现24小时全覆盖。全年市本级查处各类城市管理违章案件3000余起。

【城区排水防汛】 编制《石家庄市中心城区污水工程规划》,完善城市排水体系建设。实施雨污分流工程,加快城区排水老旧管网改造。实施完成南二环雨污水方沟、友谊大街和北新街污水管道、体育大街雨水方沟等老旧管网改造5.3千米。6月1日至11月30日,南二环(谈固东街—裕翔街)实施雨污分流改造工程,全长3.3千米。按照国务院“到2020年主城区范围内基本实现雨污分流”要求,采取工程改造、封堵截流等措施,完成市区26条小街巷、西王南街、京珠西街等33千米雨污分流改造工程,基本实现城区市政道路雨污分流管理目标。推进海绵城市建设,采用渗、滞、蓄、净、用、排等技术手段,2018~2019年市区35条道路、30个公园引入海绵城市建设理念,实施雨污分流150千米,辐射面积57平方千米,提前一年完成国家确定的任务目标。修订完善2019年城区防汛指挥体系及应急预案,组建成立防汛检查督导组6个,及时发现防汛问题和漏洞。保持排水设施通畅,疏通掏挖市区排水管道和收检井,维修保养泵站机电设备。全年主城区4区疏通排水管道1400余千米,掏挖收检井11.2万座,维修收检井5500座,更换井篦井盖6000块。2019年汛期期间,主城区累计最大降雨量458毫米,平均降雨量344毫米;城市管理部门应对较大降雨过程3次,分别是6月5日54.8毫米、7月11日57.8毫米、9月10日69.7毫米。

【民心河管理】 1997年9月29日,石家庄市民心河引水入市工程开工建设;1999年10月1日,民心河引水入市工程竣工;建成河道总长57千米,水面平均宽度22米,景观蓄水量234万立方米,最大蓄水量305万立方米,增加绿化面积140万平方米。民心河引水入市工程分为东线、西线、南线、北线、中线、南栗明渠、桥西明渠,沿线设立13座橡胶坝、3座钢坝、82座闸门、5座泵站。汛期城区雨水通过雨水管网进入民心河排入总退水渠,承担主城区防汛泄洪功能;非汛期承担改善生态和景观休闲功能。2009年5月,民心河启动二期工程建设,工程内容包括旧渠改造和渠道新建,主要实施雨污排蓄分开,在河道两侧新建污水、雨水管沟,分别用于排污和泄洪;河道纯蓄水,保证河道景观效果的连续性,遇到特大洪水时可发挥泄洪作用。2011年底,南栗明渠9.55千米水系工程全线竣工,新增水面194.8万平方米、绿地80万平方米。2018年6月,民心河河道管理职能由市园林局调整移至市城市管理综合行政执法局,由市排水管理处民心河河道管理所负责日常管护。重视民心河管理,建立社会化管护队伍,按照每3千米2人标准招标设立管护队伍5支,每天巡视河道,打捞河面漂浮物,做到日产日清。为提高民心河河面保洁效果,市排水管理处探索开展机械化保洁试点,在民心河河道内安装水面保洁清漂筏,替代人工保洁作业方式。2019年10月,石家庄市启动民心河整治工程,实施河道挡墙、护坡修复项目建设,重点解决河道渗水问题。民心河沿线新建11个管理站,按照交通设施标准新安装安全警示牌1000余块;改造裕华路、槐安路等22座雨水闸门,更换全线11座橡胶坝,在东线跃进路处新建1座橡胶坝;清理民心河淤泥12万立方米,解决了河水富氧化、水质差等问题。加大中水资源利用,制定提升中水补水方案,规划实施中水回用工程,每年以中水替代地表水方式向民心河注入水量3300万立方米。

【供水及污水处理】 石家庄水务集团于2012年6月组建成立,是经市政府授权特许经营城市涉水事务的国有独资企业,业务范围包括城市供水、污水处理,水务工程设计、建设和维护,医疗废物处置等。石家庄水务集团下设子公司7家,分别为:石家庄供水有限责任公司、石家庄污水处理有限公司、石家庄水务实业发展有限责任公司、石家庄经济技术开发区供水公司、石家庄给排水设计院有限责任公司、石家庄医疗废物处置有限责任公司、石家庄水业科技有限责任公司。至2019年底,石家庄水务集团资产总额60亿元,拥有职工4520人;建有供水厂13座,供水能力110万立方米/日;建有污水处理厂3座,污水处理能力99万吨/日,收水范围包括市内4区及鹿泉经济开发区。2019年石家庄水务集团累计供水2.02亿立方米,其中,南水北调引江水1.46亿立方米,水库水4642.76万立方米,地下水942.35万立方米;主城区供水水质合格率达99.99%。加强供水设施建设,主城区7.8千米老旧供水管网改造和172眼自备井连通任务完成。2019年10月,石家庄供水价格调整,主城区居民用水价格5.23元/立方米,执行居民用水价格的非居民用水价格5.66元/立方米;非居民用水价格8.94元/立方米;特殊行业用水价格49.73元/立方米。2019年石家庄水务集团处理污水量3.21亿吨,全部达标排放,合格率100%;中水回用量1.02亿吨,售水量2805.76万吨,中水回用率31.9%。

【供热】 2019~2020年采暖季石家庄市城镇供热总面积2.67亿平方米，共有供热居民小区5197个，热力站3028座。其中，主城区供热面积1.85亿平方米，热力站1863座，主要由24家供热企业负责；主城区外各县(市、区)供热面积8213万平方米，共有供热居民小区2614个，热力站965座，由主城区外各县(市、区)供热管理机构负责。2019年石家庄主城区集中供热新增供热面积500余万平方米，主城区外其他各县(市、区)新增集中供热面积1200余万平方米。11月1日前，全市集中供热设施注水和冷态试运行完成；11月7日供热一次网升温，11月8日供热二次网升温，11月10日零时供热达标试运行，11月15日集中供热正式开始。至11月18日，全市居民集中供热达标率达到99%。2019年全市完成供热老旧管网改造一次网142.4千米，二次网464.95千米。其中，主城区完成一次网130.7千米、二次网347.7千米，县级城区完成一次网11.7千米、二次网117.25千米。废热入市工程建设和清洁热源替代。完善西柏坡电厂废热入市设施，实现供热能力由2018年3800万平方米提高至4800万平方米；引进上安电厂余热，关停替代西郊6台燃煤供热锅炉，实现供热面积1200万平方米，减煤25万吨；石家庄热电厂九期燃气机组供热替代七期燃煤热源，实现供热面积600万平方米，减煤20万吨；利用良村电厂富余热量替代高新热电480万平方米燃煤机组供热，减煤31万吨，替代燃气热源100万平方米，减少燃气消耗800万立方米，减少财政补贴1000万元。2019年全市增加或替代供热能力2200万平方米，压减燃煤76万吨；集中供热和清洁能源供热率均达100%。加强供热设施维护，检修改造供热设施3969项。推进智慧供热平台升级，增加县域监控板块，室温监控向县区集中供热区域延展覆盖，全年主城区新增室温采集装置2万套，县(市、区)新增室温采集1.5万套，室温采集覆盖率扩大，监测准确度提升。增强供热服务能力，开展“万民千企议效能”“访民问暖”“热力站开发日”等活动，收集市民意见建议和问题3827件；建立企业、社区双网格覆盖管理模式和快速响应机制，向六大热源厂派驻联络员，组建供热特别小组专门为各区解决供热难题，并向12345、12319热线派驻专人解答供热问题。

【供气】 2019年石家庄主城区(市内4区和高新区)燃气管网长度5780.9千米，同比增加729.6千米，其中，市政管网长度1848.051千米，庭院管网长度3932.836千米；改造老旧供气管网7.27千米；燃气普及率达到100%。2019年石家庄主城区共有合法燃气经营企业49家(管道燃气6家)、各类燃气站76个，拥有天然气居民用户158.85万户、液化石油气居民用户9.52万户。全年主城区天然气总用量11.47亿立方米，其中，管道天然气用量10.48亿立方米，压缩天然气用量0.99亿立方米；主城区液化石油气用量2.43万吨。2019年石家庄“八区一县”(一县为正定县)共有合法燃气经营企业109家(管道燃气17家)、各类燃气站126个，管网总长度1.71万千米；拥有天然气用户220.22万户、液化石油气用户16.47万户。2019年全市城镇居民用气2.82亿立方米，农村居民煤改气用气8.01亿立方米，集中供暖用气3.71亿立方米。至2019年底，全市共有燃气经营企业250家；天然气总用量24.12亿立方米，其中，管道天然气用量22.27亿立方米，压缩天然气用量1.85亿立方米；液化石油气用量4.13万吨。加强燃气行业经营监管，制定印发《燃气安全指南》，组织主城区4区燃气经营企业开展隐患大排查大整治行动，全年发现、消除燃气安全隐患462处。优化主城区经营企业用气报装流程和申请材料，用气报装流程由9项优化为6项，零散户报装申请材料由6项压减为2项，工商户报装申请材料由6项压减为4项；零散户报装时限由20个工作日压减至10个工作日，工商户报装时限由30个工作日压减至15个工作日。

(高金)

园林绿化

【概况】 2019年，全市园林绿化以创建国家卫生城市和建设整洁、优美、文明的现代化城市为目标，组织实施滹沱河生态修复、环城水系及城乡道路、公园广场等园林绿化项目建设(滹沱河生态修复参见《石家庄年鉴2020》类目“农业”下分目“水利”)。全年主城区新增绿地1180万平方米，新植乔灌木210万株，新增量连续4年实现

“双增长”。至2019年末，石家庄8区及正定县累计建成面向市民开放的公园广场89座，其中，市属42座，8区1县（正定县）47座；新建街旁游园13处，建成面积15万平方米，累计建成街旁游园192处，总面积1506万平方米；市、区养护管理绿化道路219条（段），总长度587.3千米，总面积1600万平方米。加强绿地保护，10月30日，市第十四届人大常委会第二十二次会议审议通过《关于将长安公园等9处公园广场确定为第一批永久性绿地的决定》。推进县域园林绿化建设，全年各县（市）新增绿地630万平方米，栽植乔灌木180万株。2019年正定县、晋州市获评“国家园林县城”，至2019年底，全市13个县（市）全部创建为省级以上园林县城。其中，国家园林县城3个，分别为：高邑县（2015年）、正定县、晋州市；省级园林县城11个：分别为：井陉县（2010年）、元氏县（2013年）、平山县（2013年）、井陉矿区（2013年）、新乐市（2014年）、行唐县（2016年）、无极县（2017年）、深泽县（2017年）、赞皇县（2017年）、赵县（2018年）、灵寿县（2018年）。

【环城水系】 石家庄环城水系由滹沱河市区段、太平河、西部水系、东南水系4个部分组成，总长83千米，其中，滹沱河市区段16千米、太平河段18千米、西部水系18千米、东南水系31千米。2010年4月27日，市委、市政府决定启动东南水系工程，范围为五支渠经太行大街韩通段至滹沱河，全长31千米。2010年5月，市政府组建成立环城水系工程建设指挥部，指挥部办公室设在市园林局；2010年7月3日，东南水系工程建设全面启动；2011年4月27日，东南水系工程完工，实现水通、路通、船通、景通、林带通“五通”目标。2011年4月底，石家庄环城水系工程竣工并全线通水，基本形成集防汛、行洪、市民休闲娱乐于一体的生态景观带。伴随市区面积扩大和城市化进程加快，石家庄环城水系与城市发展不衔接不紧密问题愈发显现，水环境恶化、交通不便捷、景观亮点少、设施不完善等问题日益突出。为进一步提升环城水系整体面貌、改善区域生态格局、拉开城市发展框架，2017年12月，市委、市政府决定启动环城水系整体提升工程，主要是全长49千米西部水系和东南水系整治提升，重点绿化和建设8个沿线公园，打造12个道路景观节点（翠屏山路交口、中山路交口、裕华路西延交、槐安路西延交、南二环西延交、石铜路交口、红旗大街南延、建设大街南延、裕翔街交口、天山大街交口、太行大街交口、珠江大道交口）。石家庄环城水系西部水系范围为北新城至五支渠，东南水系范围为五支渠经太行大街韩通段至滹沱河。西部水系、东南水系主要情况：绿化总面积541公顷，其中，西线绿化面积170公顷，东南线绿化面积371公顷；形成水面总计340公顷，其中，西线水面面积70公顷，东南线水面面积270公顷；河道两岸硬化面积总计77公顷，包括10米宽景观路、园路和铺装，其中，西线7公顷，东南线70公顷；河道水体总容量700万立方米，其中，西线170万立方米，东南线530万立方米；建设沿线公园8座，其中，6座公园建成，分别为胜利公园、高迁公园、楼底公园、泊水公园、天山公园、翠屏湿地公园，2座公园正在建设，分别为民俗公园、南村公园。2019年10月，石家庄环城水系整体提升工程完工，累计完成投资5.27亿元，提升绿化面积140公顷，其中，西部水系和东南水系沿线提升绿化面积51.53公顷，6个公园提升绿化面积68.34公顷，12个道路景观节点提升绿化面积20.18公顷；改造景观路面面积12.17万平方米，新建绿道长度27.21千米、6.37万平方米；修缮亭、廊、花架、景观小品24处，新增亭廊26处、绿道驿站6处、景观小品16处，增设警示牌800个、座椅1148个，新建卫生间、管理用房、公用建筑19处，桥梁15座；西线水系翠屏山路北侧新建橡胶坝1座，新元高速以西450米处新建节制闸1座；实施西线槐安路至五支渠段、南线河道裕翔街至新元高速段河道彻底清淤处理，清淤总长度14.2千米，清淤总量23.98万立方米。

【公园游园】 西环公园、西兆通公园、铁路文化公园三大精品公园建成开放。西环公园以桥西区玉村南路为界，分南北两部分，总占地面积15.2万平方米，以弘扬见义勇为文化为设计主题，是集城市生态、休闲健身、观赏游览于一体综合性公园，5月1日建成开园；西兆通公园是城区东北部第一座中型公园，位于长安区西兆通镇石丰路南侧，正对石丰路，总占地面积10万平方米，面积较长安公园略小，10月1日建成开园；铁路文化公园位于长安区和市区东北部，南临石德铁路，西至谈固北大街，利用白龙化工厂搬迁后腾出场地建设，是一座以铁路文化为主题的新建公园，总占地面积3.9万平方米，2019年底建成开园。7座公园实施基础设施、无障碍化设施建设和“厕所革命”行动，新建无障碍设施 50 套,提升改造公园公厕 100 余座。2019 年石家庄主城区新建街旁游园 13 处,建成面积 15 万平方米;累计建成街旁游园 192 处,总面积 1506 万平方米,其中,长安区 53 处、699 万平方米,桥西区 61 处、175 万平方米,新华区 23 处、422 万平方米,裕华区 39 处、181 万平方米,高新区 16 处、29 万平方米。至2019 年末,石家庄 8 区及正定县累计建成面向市民开放的公园广场 89 座,其中,市属 42 座,8 区 1 县(正定县)47 座。

【9个公园广场确定为第一批永久性绿地】 借鉴国内生态文明建设先进城市的宝贵经验,综合考虑石家庄市园林绿化建设的实际情况,从有利于保护和改善城市生态,有利于提升人民群众获得感和幸福感出发,确定将建设成熟度高、历史文化特色突出、具有较高的群众满意度和认可度公园广场划定为永久性绿地。9 月 30 日,市政府第 54 次常务会研究同意,建议以议案形式报市人大常委会审议和履行法定程序,确定 9 个公园广场为第一批永久性绿地。10 月 30 日,市第十四届人大常委会第二十二次会议审议通过 9 个公园广场确定为第一批永久性绿地的决定。9个公园广场分别为:长安公园及人民广场、民心广场、裕西公园、水上公园、西清公园、枫华园及畅园、时光公园、体育公园、河北省会儿童少年活动中心,总面积 133. 34 公顷。

表21　　2019 年石家庄市第一批永久性绿地公园广场一览表

序号	名称	建成时间	地址	范围	面积(公顷)
1	长安公园 人民广场	1958 年 8 月	石家庄市建设北大街 13 号	北至健康路,东至青园街,南至中山路,西至建设大街。	26. 79
2	民心广场	2010 年 10 月	师范街 75 号	北至裕华路,西至师范街,东至维明大街,南至工农路。	7. 78
3	裕西公园	2007 年 5 月	中山西路 698 号	东至苑东街,南至裕华路,西至苑西街,北至中山路。	25. 17
4	水上公园	1998 年 10 月	联盟路 500 号	东至泰华街,西至友谊北大街,南至北城路,北至联盟路。	34. 14
5	西清公园	1999 年	红旗大街	东至民心河西线,南至工农路,西至红旗大街,北至裕华路。	5. 60
6	枫华园、 畅园	2004 年 6 月	东二环裕华路交口	枫华园北至裕华路,西至东二环,东至加油站,南至裕平路;畅园北至谈固街道办事处,西至东二环,东至同福街,南至裕华路。	5. 27
7	时光公园	2012 年 1 月	槐安路时光街交口	东至规划路,南至振岗路,西至时光街,北至槐安西路。	5. 08
8	体育公园	2016 年 9 月	塔南路南北两侧,霞光大戏院以西	南至南二环,西至莱茵西街,北至塔北路,东至莱茵东街。	15. 23
9	河北省会儿童 少年活动中心	1947 年 11 月	兴凯路 80 号	北至兴凯路,西至革新街南至新华路,东至市政府西院。	8. 28

【市动物园】 石家庄市动物园始建于 1947 年,最初地址为石家庄市人民公园(今河北省会儿童少年活动中心)。1983 年,市动物园实施第一次搬迁,由人民公园搬迁至西郊动物园(今石家庄市裕西公园)。2005 年,市动物园第二次搬迁至鹿泉区杜家庄西北侧向阳南大街,距离石家庄主城区 17. 5 千米,总占地面积 3500 余亩(除国有土地 180 余亩外,均为租赁地),动物展区 2000 亩。2006 年 5 月,市动物园建成并正式对外开放。2019 年市动物园饲养展出大熊猫、火烈鸟、金丝猴、东北虎、亚洲象、黑猩猩、白虎、长颈鹿等动物 250 种 4654 只(头),繁殖动物 63 种 386 只,其中,火烈鸟繁殖创历史新高,亚洲象实现首次繁殖,占地面积 2400 多平方米大熊猫馆建成开放。全年引进金丝猴、北极狼、麋鹿、小麂、疣鼻天鹅、岩羊、戴冕鹤等动物 27 种 193 只,辛玛游乐区新建象龟之家、北美浣熊乐园、食蟹猴家园等展区。园区景观布局采用非对称式,以山势奔腾起伏的隐风山为背景,处处展现野生动物原生态的栖息情境。2007 年市动物园获评省会城市名片,并被命名为石家庄市百年十大精品园林建筑;2009 年获评五星级公园;2015 年授予"全国科普教育基地"称号;2019 年获评"石家庄市中小学研学旅行基地"。10月 12 日,市动物园承办中国动物园协会华北协作区 2019 年年会,参会单位 32 家、代表 130 余名,主要围绕动物园区建设管理、动物饲养、繁殖育幼、疾病防治、科普教育等举行研讨和交流。

【市植物园】 石家庄市植物园位于市区西北部(新华区植物园街 60 号),距离石家庄主城区 14 千米。市植物园始建于1998 年 4 月 25 日,一期工程建设时间为 1998 年 4 月 25 日至当年 9 月 26 日,二期工程建设时间为 2002 年 6 月 16 日至 2003 年 9 月 30 日,经过两期工程建造,市植物园总占地面积达到 167. 1 公顷,其中,水体面积 38. 7 公顷,湖岸线长 1. 5 万米,蓄水量 64 万立方米。市植物园功能区分为出入口,科普教育与儿童游乐区,植物系统分类区,观赏植物品种展示区,水上游憩区,盆景、温室、宿根花卉展示区,综合服务区;拥有波澄湖景区、盆景艺术馆、热带植物观赏厅、科普馆、玫瑰艺术剧场、廊桥水榭、湖心岛、荷花苹等 38 个景点;湖上建有风格各异的景桥 32 座,其中,拱桥 4 座,平桥 21 座,木桥 5 座,石桥 2 座;形成松柏园、木兰园、芍药园、竹园、蔷薇月季园、樱花园、碧桃园、海棠园、丁香园等 15 个植物专类园,汇集各种植物千余种、数十万株,种植草坪 60 多万平方米。2019 年市植物园加强植物品种收集力度,室外品种引进各种乔、灌、宿根花卉植物 30 余个品种,其中新引进栽植樱花、月季、王莲、牡丹、宿根花卉等植物 7000 余棵;室内场馆引进新品种 20 余种 4000 余株。探索制作与中小学自然课程相结合的科普课程,开发研学课程有"种子的奥秘""奇妙的叶子""植物标本制作"等;全年举办科普公益活动 30 余场,接待研学活动学生 1. 6 万余名。2019 年市植物园接待游客 63 万人次,办理旅游惠民卡 400 余张。3月4日,30 多只白天鹅从南方飞至市植物园波澄湖,这是野生天鹅迁徙途中将石家庄市作为过境地。

【道路绿化】 重点打造 11 条特色街道。其中,新建道路绿化:南二环东延以市花月季为特色,南二环西延注重运用造型和常绿植物,和平路西延利用彩篱和常绿植物打造特色桥区;现状道路绿化:建设大街种植大叶女贞和合欢,平安大街搭配使用多彩灌木,新华路以栽植海棠和月季为主,建通街以杏林文化为特色,中山路精品段突出打造园林繁华大道,胜利大街种植巨紫荆,维明街以时令花卉和造型植物为特色,中华大街栽植银红槭、大叶女贞和高杆月季等。城市主干道,利用对节白蜡、造型油松等特色植物,配以景石和球类植物,打造盆景式精品景观;重点提升城区新华路游园和中山路忆园、雅园、春华园、曙光园、怡康园 6 座游园品位,打造街道艺术品。重要道路节点种植花卉1000 万盆,悬挂花箱 4 万余个。烘托节日气氛,提高城市形象品位,全年在重要节日期间,摆放立体花坛 8 组。至2019 年底,石家庄城区共有市、区养护管理绿化道路 219 条(段),总长度 587. 3 千米,总面积 1600 万平方米,其中,市园林局直接管理城区槐安路、裕华路、中山路、和平路、二环路等主干道绿化及沿线游园,面积 410 万平方米。

【园林管护】 制定《年度精细化管护方案》,开展各类专项观摩会和管护提质攻坚行动,细化指标,提升园林绿地管护水平。开展树木大规模集中整治行动,巡查四横八纵主干道、重要节点路段和二级以上次干道,全面排查清理死树、枯枝及生长不良的树木,共清理干枝干橛 1000 余处,清理干枝 16 车次。开展园林病虫害防治,完善市园林有害生物监测预警体系,制定《园林有害生物监测预警管理办法》,全年发布园林植物病虫害防治信息15次,集中举办病虫害防治培训3次。实施道路补植行动,重点补植主次道路及民心河、太平河沿线,全面消除行道树空坑、绿篱缺苗断垅、绿地草坪斑秃和分车带“断头”现象,全年累计补植乔灌木2.5万株、绿篱1.5万延米,草坪地被64万平方米。完善和修订《城市园林绿化管理条例》,开展改善老旧小区居住环境专项行动,制定实施方案和管理标准,排查老旧小区700余个,并建立日常绿化管理机制和工作台账。完成省、市园林式单位(居住区)和街道创建(复查)工作,省级申报创建项目99个,复查项目122个,均顺利通过验收。创建省级园林式单位9个、居住小区11个、街道20条,星级公园广场11座、星级游园4个。至2019年底,石家庄主城区(不含藁城区、鹿泉区、栾城区和井陉矿区)绿地率为41.5%,绿化覆盖率为42.92%,人均公园绿地面积14.31平方米。

(魏笑笛)

生态环境

Ecological Environment

综　述

2019年，石家庄市空气优良天数和重污染天数与2018年持平，其中，空气质量一级17天，二级157天，三级113天，四级43天，五级29天，六级6天；空气优良率47.7%，同比减少1.3个百分点；重污染天数比例为9.6%，同比增加0.3个百分点；实现全年“零爆表”。环境空气“复合型”污染特征明显，污染贡献率由高至低排序依次为颗粒物［包括可吸入颗粒物（PM10）和细颗粒物（PM2.5）］、臭氧（O_3）、二氧化氮（NO_2）。颗粒物为主要污染物共203天，臭氧为主要污染物131天，二氧化氮为主要污染物13天。全年环境空气质量综合指数为6.80，较2018年下降3.4%，在全国169个重点城市中排名倒数第三，与2018年相比前进1位。除主城区外17个县（市、区）空气质量综合指数由低到高依次排序为鹿泉区（6.75）、井陉县（6.81）、赞皇县（6.82）、井陉矿区（6.90）、栾城区（6.93）、平山县（6.95）、元氏县（6.98）、高邑县（7.02）、灵寿县（7.02）、藁城区（7.03）、深泽县（7.04）、正定县（7.05）、新乐市（7.10）、行唐县（7.12）、晋州市（7.12）、赵县（7.24）、无极县（7.27）。石家庄市是国家环境监测网络城市之一，主城区内正常运行的国控环境空气质量自动监测点位8个、大气降水监测点4个、降尘监测点和硫酸盐化速率监测点各11个。

水环境质量。水体污染和水资源短缺是石家庄市水环境面临的两大问题。水生态环境脆弱，水资源供求矛盾突出。2019年岗南水库和黄壁庄水库水质类别均为Ⅰ类，水质状况均为优；岗南水库进水区、出水区为Ⅰ类水质，中心区为Ⅱ类水质；黄壁庄水库中心区、出水区为Ⅰ类水质，进水区为Ⅱ类水质。主要河流中，绵河—冶河水质为Ⅱ类，滹沱河水质为Ⅲ类，石津总干渠水质为Ⅰ~Ⅲ类，洨河、汪洋沟水体水质均为劣Ⅴ类。201市区范围内共监测地下水井10眼，水质监测结果显示总硬度、硝酸盐氮、溶解性总固体、总大肠菌群、菌落总数、氯化物项目超标，其余项目指标无超标现象。城市饮用水源地主要为第一、三、四、五水厂、沙河地下水、磁河地下水和岗南、黄壁庄水库，其中，Ⅰ类水质2个，分别为岗南水库出口、黄壁庄水库出口；Ⅲ类水质6个，分别为第一、三、四、五水厂、沙河地下水和磁河地下水；8个饮用水水源地未出现超标项目。

声环境质量。2019年石家庄市区功能区噪声1类区昼间达标率100%，夜间达标率75.0%；2类区昼间达标率100%，夜间达标率75.0%；3类区昼间达标率100%，夜间达标率100%；4类区昼间达标率87.5%，夜间达标率50.0%。市区昼间道路交通噪声值为54.8~74.6分贝，平均等效声级为66.9分贝，随着车流量减少，道路交通噪声状况与2018年相比变好。市区昼间区域环境噪声声级变化范围为47.7~62.6分贝，平均等效声级为54.9分贝，城市区域环境噪声总体水平等级为二级，呈下降趋势。

废气废水污染监督。2019年全市重点排污单位共计270家，监测率为100%。水重点排污单位排放达标率为61.4%，同比下降20.7%。气重点排污单位排放达标率为96.1%，同比提高7.6%。全年二氧化硫（SO_2）排放量9.24万吨，较2018年下降0.37万吨，下降率为3.9%；氮氧化物排放量14.34万吨，下降1.10万吨，下降率为7.1%。化学需氧量排放量14.24万吨、氨氮排放量0.84万吨。与2018年相比，化学需氧量排放量下降0.73万吨，下降率为4.9%；氨氮排放量下降0.07万吨，下降率为7.2%。一般工业固体废物贮存量37万吨，处置量79万吨。主城区生活垃圾产生量96.22万吨，医疗垃圾产生量0.74万吨，全部实现无害化处理。

生态治理与保护。全年行政处罚环境污染违法案件2665件，罚款1.46亿元。加大生态保护修复与监管力度，坚决防范化解生态环境领域风险隐患，实施违法违规破坏生态环境问题专项整治。2019年全市完成燃气锅炉低氮燃烧改造1368台，关停燃煤自备电厂6家；完成农村气代煤、电代煤32.7万户；整治“散乱污”企业288家；压减钢铁产能48万吨、水泥产能260万吨、焦化产能50万吨。对重点涉VOCs行业开展深度治理。全年治理涉VOCs工业企业1034家，占比33%，安装VOCs超标报警装置586套。全市21个县（市、区）和高新区进行禁养区排查、调整，禁养区数量由76个缩减至65个，面积由2396.59平方千米缩减至1915.32平方千米。

（侯沛东）

空气环境质量

【概况】 2019年，空气优良天数和重污染天数与2018年持平，其中，空气质量一级17天，二级157天，三级113天，四级43天，五级29天，六级6天；空气优良率47.7%，重污染天数比例为9.6%，实现全年“零爆表”。全市空气环境“复合型”污染特征明显，污染贡献率由高至低依次为颗粒物［包括可吸入颗粒物（PM10）和细颗粒物（PM2.5）］、臭氧（O_3）、二氧化氮（NO_2）。全年环境空气质量综合指数为6.80，与2018年相比下降3.4%。主城区环境空气质量中可吸入颗粒物（PM10）、细颗粒物（PM2.5）、二氧化硫（SO_2）、二氧化氮（NO_2）年均浓度和一氧化碳（CO）日均值第95百分位数浓度、臭氧（O_3）日最大8小时滑动平均第90百分位数浓度分别为118微克/立方米、63微克/立方米、16微克/立方米、46微克/立方米、2.4毫克/立方米、206微克/立方米；年平均降尘量为6.32吨/平方千米·30天，较2018年下降2.92%。六项污染物中，二氧化硫（SO_2）和一氧化碳（CO）达到国家环境空气质量二级标准，可吸入颗粒物（PM10）、细颗粒物（PM2.5）、二氧化氮（NO_2）和臭氧（O_3）四项污染物分别超标0.7倍、0.8倍、0.2倍和0.3倍；降尘执行《河北省灰尘自然沉降量环境质量标准》(DB13/339－1997)二级标准规定。按照空气质量综合指数值排名，石家庄市全年环境空气质量在全国169个重点城市中排名倒数第三，与2018年相比前进1位。

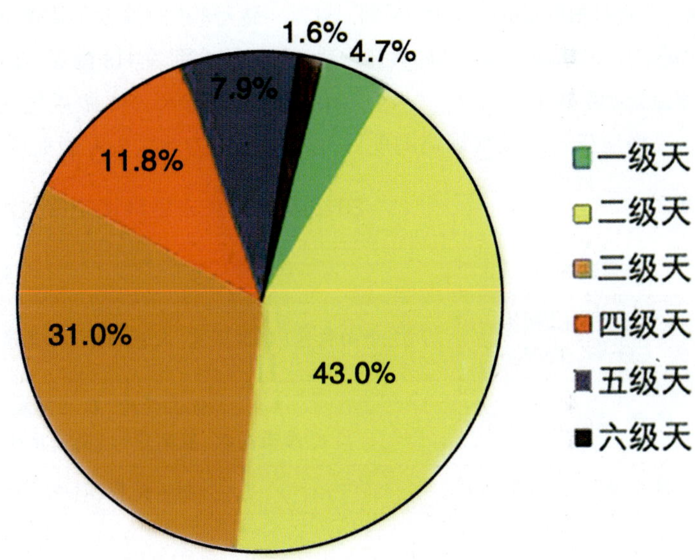

2019年石家庄市各级天数占比示意图

【空气质量状况】 全年环境空气质量一级天数17天，占总天数4.7%；二级157天，占比43.0%；三级113天，占比31.0%；四级43天，占比11.8%；五级29天，占比7.9%；六级6天，占比1.6%。空气优良率47.7%，重污染天数比例为9.6%，实现全年“零爆表”。与2018年相比，一级增加7天，二级减少7天，三级增加4天，四级增加4天，五级持平，六级增加 2 天，优良率减少 1.3 个百分点，重污染天数比例增加 0.3 个百分点。

石家庄市空气“复合型”污染特征明显，污染贡献最大的依次为颗粒物［包括可吸入颗粒物（PM10）和细颗粒物（PM2.5）］、臭氧（O_3）、二氧化氮（NO_2）。全年环境空气质量综合指数为6.80，同比下降 3.4%。石家庄市是国家环境监测网络城市之一，主城区内正常运行的国控环境空气质量自动监测点位8个，大气降水监测点 4 个，此外根据城市环境功能区划，主城区内布设降尘监测点和硫酸盐化速率监测点各 11 个。

环境空气质量常规监测项目为可吸入颗粒物（PM10）、细颗粒物（PM2.5）、二氧化硫（SO_2）、二氧化氮（NO_2）、一氧化碳（CO）、臭氧（O_3）、硫酸盐化速率、降尘和降水。

采用国家《环境空气质量标准》(GB3095-2012)二级标准。主城区环境空气质量中可吸入颗粒物（PM10）、细颗粒物（PM2.5）、二氧化硫（SO_2）、二氧化氮（NO_2）年均浓度和一氧化碳（CO）日均值第 95 百分位数浓度、臭氧（O_3）日最大 8 小时滑动平均第 90 百分位数浓度分别为 118 微克/立方米、63 微克/立方米、16 微克/立方米、46 微克/立方米、2.4 毫克/立方米、206 微克/立方米，综合指数 6.80。六项污染物中，二氧化硫（SO_2）和一氧化碳（CO）达到国家环境空气质量二级标准，可吸入颗粒物（PM10）、细颗粒物（PM2.5）、二氧化氮（NO_2）和臭氧（O_3）四项污染物分别超标 0.7 倍、0.8 倍、0.2倍和 0.3 倍。与2018 年相比，可吸入颗粒物（PM10）下降 5.6%，细颗粒物（PM2.5）下降 8.7%，二氧化硫二氧化氮（NO_2）上升 2.2%，一氧化碳（CO）日均值第 95 百分位数浓度持平，臭氧（O_3）日最大 8 小时滑动平均第 90 百分位数浓度上升 6.7%，综合指数下降 3.4%。

表22　2019 年石家庄市区环境空气监测项目和点位一览表

监测项目	监测点名称
SO_2、NO_2、PM10、CO、O_3、PM2.5	22 中南校区、职工医院、人民会堂、西北水源、高新区、西南高教、世纪公园、封龙山(对照点)
降尘、硫酸盐化速率	化工学校、职工医院、平安电站、西北水源、高新区、西南高教、监测中心、高新区水厂、植物园、人民会堂、封龙山(对照点)
降水量、pH、电导率	市环保局、职工医院、西南高教、封龙山(对照点)

二氧化氮（NO_2），占比 3.7%；131 天首要污染物为臭氧（O_3）8 小时，占比 37.6%；1 天首要污染物为可吸入颗粒物（PM10）和二氧化氮（NO_2），占比 0.3%；1 天首要污染物为细颗粒物（PM2.5）和二氧化氮（NO_2），占比 0.3%。

与 2018 年相比，可吸入颗粒物（PM10）为首要污染物天数增加 8 天，细颗粒物（PM2.5）为首要污染物天数减少 13 天，二氧化氮（NO_2）为首要污染物天数减少 7 天，臭氧（O_3）为首要污染物天数增加 20 天。按照空气质量综合指数值排名，石家庄市全年

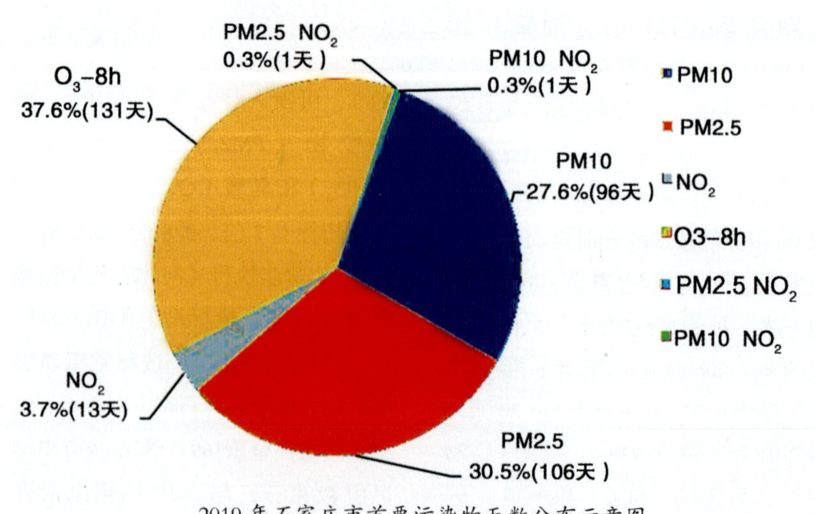

2019 年石家庄市首要污染物天数分布示意图

环境空气质量在全国169个重点城市中排名倒数第三,与2018年相比前进1位。

可吸入颗粒物。可吸入颗粒物（PM10）年均浓度值为118微克/立方米，日均值范围为21~486微克/立方米，全年日均值超标率21.2%，最大日均值超标2.2倍。按季度统计，一至四季度的季日均值分别为185微克/立方米、95微克/立方米、69微克/立方米、125微克/立方米，日均值超标率分别为53.9%、5.9%、0.0%和26.4%。一年中第一季度可吸入颗粒物（PM10）污染最重。四个季度污染程度由重到轻排序为：一季度＞四季度＞二季度＞三季度。

细颗粒物。细颗粒物（PM2.5）浓度年均值为63微克/立方米，日均值范围为9~354微克/立方米，全年日均值超标率23.7%，最大日均值超标倍数为3.7倍。按季度统计，一度至四季度的季日均值分别为110微克/立方米、42微克/立方米、33微克/立方米、68微克/立方米，日均值超标率分别为56.2%、5.6%、1.1%和31.9%。一年中第一季度细颗粒物（PM2.5）污染最重。四个季度污染程度由重到轻排序为：一季度>四季度>二季度>三季度。

二氧化硫。二氧化硫（SO_2）浓度年均值为16微克/立方米，日均值范围为4~58微克/立方米，全年日均值均达标。按季度统计，一至四季度的季日均值分别为26微克/立方米、16微克/立方米、11微克/立方米、13微克/立方米。四个季度污染程度由重到轻排序为：一季度＞二季度>四季度>三季度。

二氧化氮。二氧化氮（NO_2）浓度年均值为46微克/立方米，日均值范围为11~122微克/立方米，全年日均值超标率7.1%，最大日均值超标倍数为0.5倍。按季度统计，一至四季度的季日均值分别为58微克/立方米、36微克/立方米、34微克/立方米、56微克/立方米，日均值超标率分别为23.3%、0.0%、0.0%和5.4%。第一季度二氧化氮（NO_2）污染最重。四个季度污染程度由重到轻排序为：一季度＞四季度＞二季度＞三季度。

一氧化碳。一氧化碳（CO）浓度日均值第95百分位数浓度为2.4毫克/立方米，日均值范围为0.2~4.9毫克/立方米，全年日均值超标率0.8%，最大日均值超标倍数为0.2倍。按季度统计，一至四季度的一氧化碳（CO）日均值第95百分位数浓度分别为3.7毫克/立方米、1.2毫克/立方米、1.0毫克/立方米、2.3毫克/立方米。四个季度污染程度由重到轻排序为：一季度>四季度>二季度>三季度。

臭氧。臭氧（O_3）浓度日最大8小时滑动平均第90百分位数浓度为206微克/立方米，日均值范围为4~310微克/立方米，全年日均值超标率24.4%，最大日均值超标倍数为0.9倍。按季度统计，一至四季度的季臭氧（O_3）日最大8小时滑动平均第90百分位数浓度分别为108微克/立方米、233微克/立方米、224微克/立方米、84微克/立方米，日均值超标率分别为:0.0%、46.2%、47.8%和3.3%。四个季度污染程度由重到轻排序为：二季度＞三季度＞一季度>四季度。

降尘。主城区年平均降尘量为6.32吨/平方千米·30天，与2018年相比下降2.92%。各监测点的降尘量在2.20~13.2吨/平方千米·30天范围内，全年未出现超标现象。按季节统计，一至四季度月均降尘量分别为5.71吨/平方千米·30天、8.95吨/平方千米·30天、6.05吨/平方千米·30天、4.55吨/平方千米·30天。四个季度由重到轻污染程度排序为：二季度＞三季度＞一季度＞四季度。

硫酸盐化速率。主城区硫酸盐化速率年均值为0.19毫克·SO_3/(100平方厘米·碱片·日)，与2018年相比下降47.2%，各监测点的监测值范围为0.06~0.49毫克·SO_3/(100平方厘米·碱片·日)，全年未出现超标现象。按季节统计，一至四季度的季度均值分别为0.36毫克·SO_3/(100平方厘米·碱片·日)、0.16毫克·SO_3/(100平方厘米·碱片·日)、0.10毫克·SO_3/(100平方厘米·碱片·日)、0.16毫克·SO_3/(100平方厘米·碱片·日)。四个季度污染程度由重到轻排序为：一季度＞四季度=二季度>三季度。

降水。全市共获取降水样品72个，未出现酸雨。降水pH酸碱度最小为6.68，出现在市环保局监测点。

主城区外环境空气质量。2019年石家庄市17个县（市、区）环境空气质量综合指数为6.75~7.27：鹿泉区（6.75）、井陉县（6.81）、赞皇县（6.82）、井陉矿区（6.90）、栾城区（6.93）、平山县（6.95）、元氏县（6.98）、高邑县（7.02）、灵寿县（7.02）、藁城区（7.03）、深泽县（7.04）、正定县（7.05）、新乐市（7.10）、行唐县（7.12）、晋州市（7.12）、赵县（7.24）、无极县（7.27）。可吸入颗粒物（PM10）污染最严重的为元氏县；细颗粒物（PM2.5）污染最严重的为无极县和深泽县；二氧化硫（SO_2）污染最严重的为赞皇县；二氧化氮（NO_2）污染最严重的为正定县；一氧化碳（CO）污染最严重的为无极县；臭氧（O_3）污染严最重的为井陉县。

表23　2019年石家庄市各行政区域环境空气质量监测数值一览表

序号	行政区域	PM10（微克/立方米）	PM2.5（微克/立方米）	SO_2（微克/立方米）	NO_2（微克/立方米）	CO 95 per（毫克/立方米）	O_3-8h90per（微克/立方米）	综合指数
1	鹿泉区	120	63	18	43	2.5	198	6.75
2	市　区	118	63	16	46	2.4	206	6.80
3	井陉县	119	64	19	40	2.5	214	6.81
4	赞皇县	123	62	27	35	2.8	201	6.82
5	井陉矿区	123	62	22	42	2.6	208	6.90
6	栾城区	123	65	21	43	2.6	197	6.93
7	平山县	130	62	19	42	2.8	200	6.95
8	元氏县	136	70	19	35	2.4	198	6.98
9	高邑县	128	68	26	40	2.6	187	7.02
9	灵寿县	129	69	16	41	2.7	198	7.02
11	藁城区	129	70	19	39	2.7	194	7.03
12	深泽县	121	75	18	37	2.9	197	7.04
13	正定县	132	65	15	46	2.5	205	7.05
14	新乐市	132	72	16	40	2.6	197	7.10
15	行唐县	133	70	17	38	2.8	206	7.12
15	晋州市	128	71	19	41	2.8	195	7.12
17	赵　县	128	71	25	39	2.9	201	7.24
18	无极县	130	75	20	36	3.1	202	7.27

【污染物时间变化】 污染物浓度小时变化。主城区除臭氧（O_3）外，可吸入颗粒物（PM10）、细颗粒物（PM2.5）、二氧化氮（NO_2）和一氧化碳（CO）污染物小时浓度峰值多出现于凌晨至上午9时，午后污染物浓度逐渐下降至谷底，18时又逐渐上升，形成周期性“晨峰午谷”日变化规律。二氧化硫（SO_2）污染物浓度与其他污染物浓度变化规律相比较平稳。一天内的变化特征主要与气象条件、污染物排放及城市生活有

关。石家庄市大气辐射逆温变化通常始于夜间，清晨达到最大，然后逐步减退，至中午消失，这种气象特征是造成空气中污染物在一天内出现规律变化的主要因素。分别对采暖期和非采暖期主要大气污染物的小时变化特征进行统计分析，主城区采暖期间可吸入颗粒物（PM10）、细颗粒物（PM2.5）、二氧化硫（SO_2）、二氧化氮（NO_2）四项污染物的峰值出现在23时至次日8时，而非采暖期这四项污染物的峰值分别出现在6时和9时，这是由于夜间气温降低，大气稳定度增加，同时污染物排放量增大的双重因素影响。

污染物浓度月变化。除臭氧（O_3）外，其余五项污染物可吸入颗粒物（PM10）、细颗粒物（PM2.5）、二氧化硫（SO_2）、一氧化碳（CO）、二氧化氮（NO_2）浓度均呈两头高中间低的U形分布特点，采暖期五项污染物浓度明显高于非采暖期，10月起逐渐升高，月均浓度最高值出现在1月，月平均浓度最低值出现在8月，这与污染气象条件和燃料煤消耗量变化相吻合。冬季逆温强度与逆温层厚度大，阻碍污染物稀释扩散的接地逆温现象普遍，污染物稀释扩散能力降低，冬季采暖期燃煤量增大导致大气中污染物浓度值上升。臭氧（O_3）日最大8小时滑动平均第90百分位数浓度与上述五项污染物浓度变化呈相反状态，5～9月污染偏重，最高值出现在6月，主要与夏季太阳辐射强度有关。

污染物浓度季度变化。主城区环境空气质量各季度污染程度由大到小排序为：一季度>四季度>三季度>二季度；二、三季度污染较轻，一、四季度污染程度相对严重。主城区环境空气中污染物浓度季度变化规律。可吸入颗粒物（PM10）、细颗粒物（PM2.5）、二氧化硫（SO_2）、二氧化氮（NO_2）和一氧化碳（CO）变化趋势相似，浓度最高值均出现在一季度，与采暖期、非采暖期的燃煤量变化以及环境气象条件关联密切，其中二氧化硫（SO_2）的变化幅度相对较小；臭氧（O_3）浓度变化规律呈相反状态，一季度和四季度为浓度的低值，二季度和三季度浓度达到峰值，气温和日照是臭氧（O_3）浓度变化的主要原因。

【污染物空间分布】 2019年石家庄可吸入颗粒物（PM10）污染呈现主城区及西南部区域好于主城区西北及东北部区域的空间分布特征；细颗粒物（PM2.5）污染呈现主城区东部污染最重，东北部和东南部次之，主城区及西部和西南部污染较轻的空间分布特征；主城区南部二氧化硫（SO_2）污染相对较重，东部和西部次之，其余大部分区域污染较轻；主城区及相邻县（市、区）二氧化氮（NO_2）污染较重；一氧化碳（CO）污染东部、东南部较重；臭氧（O_3）污染呈现主城区及西部和西北部污染相对较重的空间分布特征。根据综合指数空间分布，石家庄地区整体上呈现主城区及西部和西南部区域的空气质量好于主城区东部、东南部和北部区域。

【空气污染物分担率】 石家庄市空气中颗粒污染物分担率为51.4%，其中，可吸入颗粒物（PM10）的污染物分担率为24.9%，细颗粒物（PM2.5）的污染物分担率为26.5%。二氧化硫（SO_2）的污染物分担率为4.0%，二氧化氮（NO_2）的污染物分担率为16.9%，一氧化碳（CO）的污染物分担率为8.8%，臭氧（O_3）的污染物分担率为19.0%。对大气污染贡献最大的为颗粒物，包括可吸入颗粒物（PM10）和细颗粒物（PM2.5）；其次为臭氧（O_3），与2018年相比，可吸入颗粒物（PM10）减少0.5个百分点、细颗粒物（PM2.5）减少1.4个百分点、二氧化硫（SO_2）持平、二氧化氮（NO_2）增加0.9个百分点、一氧化碳（CO）日均值第95百分位数浓度增加0.3个百分点、臭氧（O_3）日最大8小时滑动平均第

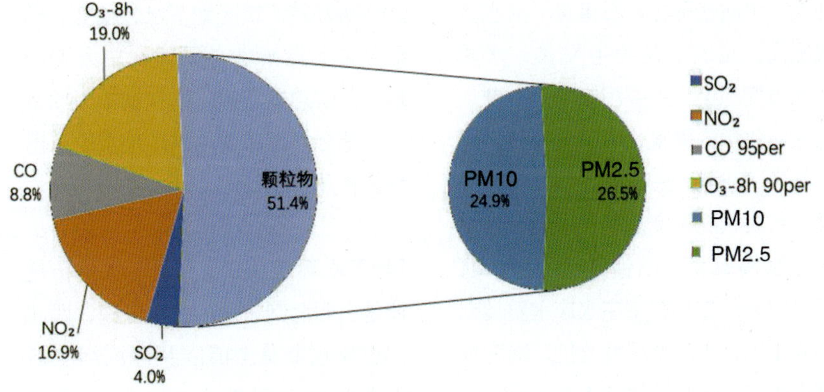

2019年石家庄市空气污染物分担率比例图

90 百分位数浓度增加 1.8 个百分点。

【空气污染分析】 石家庄市空气质量仍表现出"复合型"污染特征，采暖季以颗粒物污染为主，污染物浓度明显高于非采暖期，夏季 6、7 月份臭氧（O_3）污染特征尤其显著。由于冬季阻碍污染物稀释扩散的接地逆温现象普遍，污染物稀释扩散能力降低，加之冬季采暖期燃煤量增大，大气中污染物浓度值较高。石家庄市地处太行山东麓，呈"避风港"式地形，属于典型的"涡风区"，污染物不易扩散，外地污染物传输过程中容易产生停滞聚集，同时，也是全国"焚风效应"最严重、"热岛效应"最明显的城市之一。2019 年全市气温显著偏高、降水量偏少、日照时数偏少，静稳天气指数高，大气扩散能力偏差，大气环境承载力低，大气自净能力偏差。大气环流异常导致冬季风减弱，重污染现象多次出现；太行山前风场辐合致周边污染汇聚，污染加重；夏季气温偏高，臭氧（O_3）光化学污染呈偏重态势。医药石化行业占重点排污单位的23.3%，且全市加油站多达 2000 余家，同时机动车保有量逐年增多。医药石化行业、加油站、机动车尾气等排放的挥发性有机物和氮氧化物在夏季气温高、光照强的条件下加重臭氧（O_3）污染。能源结构仍以煤炭为主，煤炭在能源消费中占比大，属于首要污染源；"火电围城"现象严重，全市燃煤电厂 24 家，总机组数 62 个，装机容量 792 万千瓦，涉及 13 个县（市、区）；污染较重的钢铁、建材和化工等传统产业占比达 60%，虽完成超低排放改造，但颗粒物、二氧化硫和氮氧化物等污染物排放总量仍然巨大。由于货物运输依赖公路以及城市周边存在的西煤东运公路通道，道路交通污染排放难于根治；扬尘管控仍是顽疾，2019 年生态环境部和省级执法督察发现石家庄市各类扬尘污染问题 1133 个，占全部问题的 35.7%。

（侯沛东）

水环境质量

【概况】 2019 年，全市以解决水体污染、水资源短缺两大问题为重点，全面实施地表水污染治理工程，辖区各县（市、区）基本实现污水集中处理，各河流水质总体上保持稳定。滹沱河水质为Ⅲ类，水质状况良好，入境下槐镇断面水质为Ⅱ类，出境枣营断面水质为Ⅲ类；绵河—冶河水质为Ⅱ类，水质状况优；石津总干渠水质状况优；洨河水质为劣 V 类，水质状况重度污染，主要污染物为总磷、氨氮、化学需氧量，污染负荷最大断面是石板桥；汪洋沟水质为劣 V 类，水质状况重度污染，主要污染物为化学需氧量、高锰酸盐指数、氨氮。岗南水库和黄壁庄水库水质类别均为 I 类，水质状况均为优；岗南水库进水区、出水区均为 I 类水质，中心区为Ⅱ类水质；黄壁庄水库中心、出水区为 I 类水质，进水区为Ⅱ类水质。2019 年石家庄市区地下水环境质量与 2018 年相比有所好转，土贤庄和黄壁庄为 III 类水质，绿化处、西三教村、54 所、塔冢村、81054 干休所、西五里村和市一药公司为 IV 类水质，张营村为 V 类水质，其中，黄壁庄与 54 所水质与 2018 年相比有所好转。市区地下水总硬度、硝酸盐氮、溶解性总固体、总大肠菌群、菌落总数、氯化物和钠 7 个项目出现超标。城市饮用水源地水质未出现超标项目。

【地下水环境质量】 地下水分布规律是由西北向东南，由浅变深，西北部边缘地带及山前以及滹沱河上游地带水位埋深较浅，一般小于 15 米，中部滹沱河流域埋深较上游埋深增大，石家庄市区集中开采形成的漏斗区及元氏、赵县南部、高邑一带的南部埋深最大，一般大于 30 米。地下水的水量变化主要受开采量与大气降水量的影响。平原地区地下水开采量中以农业为主，占总开采量的70%~80%；工业开采量以市区为主，市区工业开采量占全市域内工业开采量的 70%，并呈逐年上升的趋势；生活用水所占比例较小，占总开采量 5%。石家庄市区地下水质监控面积 160 平方千米，原设监测井位 25 眼，至 2019 年底仅剩 10 眼。监测区内地下水类型属潜水—微承压水，为第 II 含水层，是市区工农业及居民生活用水的主要开采层。

市区地下水质监测结果显示总硬度、硝酸盐氮、溶解性总固体、总大肠菌群、菌落总数和氯化物出现超标，其余项目未超标。总硬度。10眼地下水井中，总硬度浓度值范围为152~936毫克/升，绿化处、西三教村、54所、张营村、西五里村和81054干休所出现超标。硝酸盐氮。10眼地下水中硝酸盐氮浓度范围为0.775~26.9毫克/升，西三教村、54所、张营村和西五里村出现超标。溶解性总固体。10眼地下水中溶解性总固体浓度值范围为194~1690毫克/升，54所、张营村和西五里村出现超标。总大肠菌群。10眼总大肠菌群浓度值范围为1~62.1MPN/100mL，西三教村、黄壁庄、塔冢村、81054干休所和张营村出现超标。菌落总数。10眼菌落总数范围为1~280CFU/mL，黄壁庄和张营村出现超标。氯化物。10眼地下水中氯化物浓度范围为16.7~1140毫克/升，张营村出现超标。钠。10眼地下水中钠浓度范围为10~435毫克/升，张营村出现超标。

【地表水库环境质量】 岗南水库和黄壁庄水库是河北省于1958年在海河流域子牙河水系两大支流之一滹沱河中下游同时兴建的两个大（Ⅰ）型水利枢纽工程。其中，岗南水库控制流域面积15900平方千米，总库容15.71亿立方米，防洪库容9.17亿立方米，坝顶高程209米，最大坝高63米，现状防洪标准为5000年一遇；黄壁庄水库位于岗南水库下游28千米滹沱河出山口处，总控制面积23400平方千米，总库容12.10亿立方米，防洪库容9.9亿立方米，坝顶高程129米，最大坝高30.7米，水库现状防洪标准为1000年一遇。黄壁庄水库和岗南水库不仅担负着河北省省会石家庄和下游铁路、公路、华北油田及冀中平原的防洪任务，还负责地区农业、工业和城市供水。2000年石家庄市先后完成引黄壁庄水库水入市和引岗南水库水入市工程，至此两水库成为全市重要地表水源，承担起30万立方米/日的城市供水，地表水供水量占市区供水总量的35%。水库水质监测数据显示，岗南水库和黄壁庄水库水质类别均为Ⅰ类，水质状况优良；6个监测断面中，Ⅰ类水质断面4个，Ⅱ类2个，水质达标率100%。高锰酸盐指数和化学需氧量是岗南水库污染分担率较高的项目，黄壁庄水库污染分担率较高的项目为总磷和化学需氧量。岗南水库水质与2018年相比无明显变化，进水区、中心区、出水区3个监测断面中，水库中心区水质较2018年相比水质变差，其他两个点位无明显变化；黄壁庄水库水质与2018年相比有所好转，3个监测断面中，出水区水质有所好转，其他两个点位无明显变化。

【河流水环境质量】 *绵河—冶河*。位于石家庄市西部山区的主要河流，源于山西省昔阳县和寿阳县，是黄壁庄水库的主要补给水源，石家庄市境内全长64千米，贯穿井陉县和平山县，在平山县城东北汇入黄壁庄水库。沿途接纳井陉矿区、井陉县、平山县的工业废水和生活污水，其水质直接关系到黄壁庄水库水质的优劣。绵河—冶河水质为Ⅱ类，水质状况为优。3个监测断面中，地都、岩峰、平山桥均为Ⅱ类水质，水质状况均为优。

滹沱河。岗南水库及其上游段主要为山西来水，自正定县以下无天然径流，河道接纳正定、藁城、无极、晋州和深泽等县（市、区）的工业废水和生活污水。石家庄市境内全长206.6千米。滹沱河水质为Ⅲ类，水质状况为良好。4个监测断面中，下槐镇为Ⅱ类水质，水质状况优；枣营断面为Ⅲ类水质，水质状况良好；固营桥断面为Ⅳ类水质，水质状况为轻度污染；张村桥断面全年无水断流。枣营、固营桥断面未出现超标项目。

石津总干渠。石家庄市区北部一条人工无防渗渠道（市区除外），源于黄壁庄水库副坝，至辛集市南张村进入衡水地区，石家庄市境内全长134千米。石津总干渠属季节性河流，黄壁庄水库放水时渠内有水，不放水时渠内基本无水。石津总干渠水质为Ⅰ~Ⅲ类，水质状况为优。5个监测断面中，黄壁庄桥断面为Ⅰ类水质，水质状况优；杜北、兆通和南白滩桥断面均为Ⅱ类水质，水质状况优；运河桥断面为Ⅲ类水质，水质状况良好。运河桥断面未出现超标项目。

洨河。源于鹿泉区上寨乡五峰山，流经石家庄市区南部，由赵县东南部出市境，全长80千米。洨河承担着栾城区和赵县沿途农田的灌溉任务，但由于接纳了市区绝大部分工业废水和生活污水，且沿途汇入鹿泉区、栾城区和赵县的部分工业废水和生活污水，实为一条排污河道。洨河水质为劣Ⅴ类，水质状况重度污染。3个监测断面中，大石桥和石板桥均为劣Ⅴ类水质，水质状况均重度污染；总退水口为Ⅳ类水质，水质状况轻度污染。大石桥断面出现超标项目3项，分别为高锰酸盐指数、氨

氮和总磷，超标率分别为 8.3%、66.7%和8.3%，最大值超标倍数分别为0.1、1.8和0.4。总退水口断面氨氮和总磷超标，超标率分别为16.7%和8.3%，最大值超标倍数分别为0.2和0.1。石板桥断面镉出现超标，超标率为28.6%，最大值超标倍数为1.5。

汪洋沟。主要接纳石家庄市高新技术开发区、石家庄市经济技术开发区、藁城区和赵县的工业废水和生活污水。全长49.18千米。汪洋沟共设置高庄1个监测断面，为劣V类水质，水质状况重度污染，出现超标项目2项，分别为氨氮和硒，超标率分别为25.0%和8.3%，其最大值超标倍数分别为0.7和0.4。

表24　2019年石家庄市河流水质监测断面评价一览表

河流名称	监测断面	断面性质	水质评价
绵河—冶河	地都	对照断面	Ⅲ类
	岩峰	控制断面	Ⅲ类
	平山桥	削减断面	Ⅲ类
滹沱河	下槐镇	对照断面	Ⅲ类
	枣营	控制断面	V类
	张村桥	控制断面	V类
	固营桥	控制断面	V类
洨河	总退水口	控制断面	V类
	石板桥	控制断面	V类
	大石桥	控制断面	V类
石津总干渠	黄壁庄桥	对照断面	Ⅲ类
	杜北	控制断面	Ⅲ类
	兆通	控制断面	Ⅲ类
	运河桥	控制断面	Ⅲ类
	南白滩桥	控制断面	Ⅲ类
汪洋沟	高庄	控制断面	V类

【河流污染指标评价】 绵河—冶河。绵河—冶河综合污染指数为3.08。污染分担率排前三位的指标分别为化学需氧量16.3%、氟化物15.3%、生化需氧量13.4%。地都、岩峰和平山桥断面污染负荷分别为37.1%、36.0%、26.9%。

滹沱河。滹沱河综合污染指数为2.67。污染分担率排前三位的指标为化学需氧量17.7%、总磷14.6%、生化需氧量14.0%。下槐镇（Ⅲ类）、枣营（V类）、固营桥（V类）污染负荷分别为37.7%、28.6%和33.7%。

石津总干渠。石津总干渠综合污染指数为2.44。污染分担率排前三位的指标分别为化学需氧量15.0%、高锰酸盐指数13.3%、生化需氧量12.7%。断面污染负荷由高到低依次为运河桥（28.8%）、杜北（21.6%）、兆通（16.9%）、黄壁庄桥（16.6%）和南白滩桥（16.1%）。

洨河。洨河综合污染指数为4.08。污染分担率排前三位指标分别为总磷、氨氮、化学需氧量，分担率为18.6%、16.1%和13.8%。断面污染负荷由高到低依次为石板桥（33.4%）、大石桥（32.2%）、总退水口（28.4%）。

汪洋沟。汪洋沟综合污染指数为4.60。污染分担率排前三位指标为化学需氧量、高锰酸盐指数、氨氮，分担率分别为19.0%、16.0%和13.7%。

（侯沛东）

声环境质量

【概况】 2019年，石家庄市依据《环境噪声监测技术规范城市声环境常规监测》(HJ640-2012)、《声环境质量标准》(GB3096-2008)，主要监测噪声项目为功能区噪声、道路交通噪声和区域环境噪声。全市噪声功能区总面积405.88平方千米，按照区域功能不同划分为1~4类区域，功能区噪声1类区、2类区年平均等效声级昼间达标率100%，夜间达标率75.0%；3类区年平均等效声级昼间、夜间达标率全部为100%；4类区年平均等效声级昼间达标率87.5%，夜间达标率50.0%。道路交通噪声平均等效声级66.9分贝，强度等级一级。区域环境噪声平均等效声级值54.9分贝，城市区域环境噪声等级为二级。总体看，石家庄市声环境质量整体状况较好。

【功能区噪声】 全市噪声功能区总面积405.88平方千米，按照区域功能的不同划分为1~4类区域；其中1类区面积315.2平方千米，2类区面积59.4平方千米，3类区面积为24.3平方千米，4类区面积6.98平方千米，分别占功能区总面积77.7%、14.6%、6.0%和1.7%。选

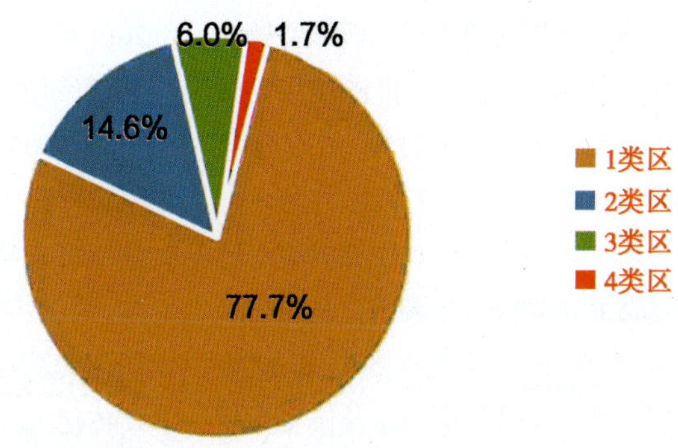

2019年石家庄市各功能区噪声面积分布图

择12个代表性点分别代表以上四类标准适用区，24小时连续监测，每季度监测一次。2019年功能区噪声1类区年平均等效声级昼间50.6分贝，达标率100%，夜间42.8分贝，达标率75.0%；2类区年平均等效声级昼间53.7分贝，达标率100%，夜间48.0分贝，达标率75.0%；3类区年平均等效声级昼间58.5分贝，达标率100%，夜间51.9分贝，达标率100%；4类区年平均等效声级昼间64.0分贝，达标率87.5%，夜间57.4分贝，达标率50.0%。与2018年相比，功能区噪声昼、夜间平均等效声级呈下降趋势，声环境质量有所好转。

【道路交通噪声】 2019年石家庄市市区44条城市快速路，108条主干路，114条次干路，其他道路102条，总长399.247千米的道路上共布设道路交通噪声监测点位368个。道路交通噪声平均等效声级为66.9分贝，道路交通噪声强度等级一级，状况为好。2019年全市常态化限行，车流量与2018年相比有所减少，交通噪声平均等效声级随之下降。

【区域环境噪声】 按1000米×1000米网格布测点法，将石家庄市主城区区域划分为400个网格进行监测，获得有效数据400个。城市区域环境噪声平均等效声级为54.9分贝，城市区域环境噪声总体水平为二级，声环境质量较好，区域环境噪声平均等效声级值与2018年相比呈下降趋势。

（侯沛东）

生态治理与保护

【概况】 2019年，全市生态环境保护以生态防治为重点，全面加强大气、水和土壤污染等重点领域监管，发挥“铁拳”“重典”打击作用，做到从源头减少污染排放。全年PM2.5平均浓度为63微克/立方米，较2018年下降8.7%；主要河流水质全部达到水功能区划要求，全面消除劣Ⅴ类水体，河流水质优良率为60%；推进土壤污染治理及修复，污染地块安全利用率达到90%以上；整改解决重要自然保护地违规问题，自然保护区、水源保护区、生态保护红线区以及重要生态空间得到保护。深化减排治理，完成1368台燃气锅炉低氮燃烧改造，关停燃煤自备电厂6家；完成农村气代煤、电代煤32.7万户，型煤配送实现全覆盖；整治“散乱污”企业288家。加快去产能进程，压减钢铁产能48万吨、水泥产能260万吨、焦化产能50万吨。对重点涉VOCs行业开展深度治理，治理涉VOCs工业企业1034家，占比33%，安装VOCs超标报警装置586套。重新划定全市高污染燃料禁燃区范围。开展专项排查整治，整体推进水环境保护工作。开展环境噪声功能区域划分工作，印发《关于做好县级声环境功能区域划分工作通知》，要求各县市区均要开展噪声功能区划并备案。实施土壤污染防治，农用地土壤污染状况详查工作取得阶段性成果，初步共享和应用详查数据。规划调整全市禁养区，禁养区数量由76个缩减为65个，面积由2396.59平方千米缩减至1915.32平方千米，释放养殖面积481.27平方千米。至2019年底，日常监管污染源名单中新增单位8179家，其中，一般排污单位8005家，重点排污单位131家，特殊排污单位43家。7月1日，全市正式实施国家第六阶段轻型汽车大气污染物排放标准。全年行政处罚环境污染违法案件2665件，罚款1.46亿元，其中，按日计罚2件，罚款1300万元。办理适用环保法“四个配套办法”案件180件，市、县两级实现上下贯通全覆盖。加强放射源监管，督促石家庄市3家停产、半停产企业长期闲置放射源送贮工作；至2019年底，灵寿正元化肥有限公司5枚放射源、河北久大纸业有限公司1枚放射源已安全送贮，中盐银港人造板有限公司计划恢复生产，采取安装视频监控和24小时派人值守措施，确保放射源安全受控。开展“双随机”和移动执法，全年出动执法人员178851人次，检查企业63405家（次）。2019年全市启动重污染天气应急响应10次（II级橙色预警9次，III级预警1次），预警应急响应时间2643小时。

【生态环境监测】 水环境质量监测。全年完成7个市控监测断面水质监测、7个白洋淀流域水质监测、39个流域生态补偿水质监测、20个河流跨界断面水质监测、42个其他集中式饮用水源地水质监测、28个农村饮用水水源地水质监测、161个农田灌溉水质监测工作。声环境质量监测，全年完成12个声功能区噪声、368个城市区域环境噪声、400个道路交通环境噪声监测工作。环境空气监测，布设环境空气质量自动监测点位国控8个、省控41个、乡镇261个；大气降水监测点位4个；降尘和硫酸盐化速率监测点位各11个。重点排污单位监督监测，对270家重点排污单位进行监督性监测，共获得万余数据，编发排放监测报告303份，比对监测报告202份。环境执法监测，全年执法监测11批次，联合石家庄市环境综合执法支队分别对焦化厂、陶瓷制品有限公司、西柏坡发电厂、河北省优抚医院和滹沱河流域污水处理厂等22家企业开展执法监测工作，涉及水、煤等监测项目30余项，及时出具监测报告。突发环境事件应急监测，通过组织机构调整，完善环境应急监测体系，调整充实应急监测人员和设备配置，全年处置应急与执法监测16起。

【水环境管理】 制定《石家庄市白洋淀上游流域生态环境治理和保护工作方案》，开展专项排查整治，整体推进水环境保护工作。持续推进生态修复，严格落实河长制，加强饮用水水源地保护。地表水，布设河流常规监测断面共计16个，其中，国控断面7个，省控断面4个，市控断面5个，湖库常规监测垂线6个；布设地表河流跨界生态补偿考核断面40个。地下水，布设地下水井共14

眼，因无水而未监测的地下水井4眼（孙村、煤机厂、棉四23#、建材二厂）；市区10眼地下水井中，有III类水质水井2眼，IV类水质水井7眼，V类水质水井1眼。城市饮用水源地水质未出现超标项目。排查集中式饮用水源地违规项目860个；开展为期2个月的涉水工业企业大排查大整治专项行动，检查涉水企业566家，完成340个村生活污水治理；开展农用灌溉机井大排查，共排查农田灌溉机井124985眼，对138眼存疑机井实施一井一档管控。石家庄市水重点排污单位共计148家（含综合医院），以污水处理厂、医院、纺织业、化学原料和化学制品制造业、医药制造业和副食品加工业为主。经测算，全市排放废水中化学需氧量排放量为14.24万吨、氨氮排放量0.84万吨；与2018年相比，化学需氧量排放量下降0.73万吨，氨氮排放量下降0.07万吨，均完成2019年任务目标值。对石家庄市21个县（市、区）和高新区进行禁养区排查、调整，禁养区数量由76个缩减为65个，面积由2396.59平方千米缩减至1915.32平方千米，释放养殖面积481.27平方千米。

【大气环境治理】 2019年石家庄市深化减排治理，完成1368台燃气锅炉低氮燃烧改造，关停燃煤自备电厂6家；完成农村气代煤、电代煤32.7万户，型煤配送实现全覆盖；整治“散乱污”企业288家；加快去产能进程，压减钢铁产能48万吨、水泥产能260万吨、焦化产能50万吨；对重点涉VOCs行业开展深度治理，完成治理1034家，占比33%，安装VOCs超标报警装置586套。重新划定全市高污染燃料禁燃区范围，集中力量开展严防散煤复燃排查。开展重型柴油车大户制管理，纳入大户制管理企业365家3.4万台。开展国三重型柴油车深度治理试点工作，共治理市内四区、高新区和“三区一县”公共事业单位486辆。备案全市非道路移动机械3390台，安装后处理装置1720台。改善环境空气质量，2019年石家庄市环境空气质量综合指数为6.80，较2018年下降3.4%，在全国169个重点城市中排名倒数第三，与2018年相比前进1位。细颗粒物（PM2.5）浓度为63微克/立方米，同比下降8.7%，完成2019年省考工作目标（64微克/立方米），下降率在168个城市中位列第11名，在2+26城市中位列第4名，在河北省11个设区市中位列第3名。2019石家庄市环境空气质量标准连续两年实现“零爆表”。

【土壤环境修复】 改善土壤环境质量，根据生态环境部《关于做好农用地土壤污染状况详查阶段性成果初步共享与应用的通知》（环办土壤函〔2019〕397号），实现石家庄市农用地详查数据初步共享和应用。按照《土壤污染防治法》规定，会同市自然资源和规划局，组织召开专家评审会9次，对河北铬盐化工有限公司地块、石家庄焦化集团地块等31个项目土壤环境调查报告进行评审。开展重点行业企业用地基础信息调查工作，核实、调查及信息采集全市1339家重点行业企业地块，汇总县（市、区）级风险筛查成果；通过风险筛查纠偏，全市高关注度企业地块共92家，初步确定采样调查企业151家。栾城区和赵县获批使用中央土壤污染防治专项资金的土壤污染治理与修复技术应用试点项目。完成栾城区土壤污染治理一期项目主体工程，通过植物修复技术修复污染农田100亩。栾城区政府开展自主验收，并于12月26日通过项目总体验收专家评审会。10月12日，全国人大常委会副委员长沈跃跃带队到石家庄市调研土壤污染防治法实施情况。

【危险废物安全监管】 根据《中华人民共和国固体废物污染环境防治法》和《大中城市固体废物污染环境防治信息发布导则》等法律法规，以减量化、资源化和无害化为原则，提高工业固体废物处置利用率，工业危险废物基本得到安全处置。2019年全市一般工业固体废物产生量1540万吨，综合利用量1350万吨，与2018年相比，产生量减少99万吨，综合利用量减少211万吨；一般工业固体废物贮存量37万吨，处置量79万吨，与2018年相比，贮存量减少281万吨，处置量增加29万吨；危险废物产生量15.7万吨，危险废物贮存量0.55万吨，危险废物处置量15.2万吨，与2018年相比，产生量增加1.5万吨，贮存量减少0.15万吨，处置量减少1.2万吨，安全处置率达到100%。主城区生活垃圾产生量96.22万吨，同比增加6.92万吨，全部实现无害化处理。医疗垃圾产生量0.74万吨，同比减少0.1万吨，全部实现无害化处理。制定《2019年度危险废物规范化管理监督抽查工作方案》，组织开展石家庄市危险废物规范化管理监督抽查工作。共排查涉危企业1591家，筛选确定涉危重点风险源企业名单共90家，建立管控动态档案。印发《石家庄市关于开展打击整治涉医疗废物违法违规行为专项行动工作方案》，共排查全市医疗卫生机构8110家，医疗废物集中处置单位4家。加强对废弃电器电子产品回收处理监管，对石家庄绿色再生资源有限公司废弃电器电子产品拆解处理现场检查12次，抽查拆解处理视频144小时。

【自然生态保护】 全市生态保护红线划定总面积3369.39平方千米，占全市总面积25.0%。红线区主要分布在平山县、井陉县、赞皇县、灵寿县、元氏县、行唐县、鹿泉区、井陉矿区8个山区县和11个平原县（市）区河湖滨岸带重要生态功能区与生态敏感脆弱区。鹿泉区、行唐县和赵县等完成生态保护红线勘界定标试点工作。开展破坏生态环境问题大排查大整治行动。2月17日西美金山湖问题媒体曝光后，全省开展排查整治破坏生态环境违法占地违法建设专项行动，石家庄市印发《全市违法违规建设项目破坏生态环境问题大排查大整治专项行动方案》，共排查出环境违法违规建设问题174个。其中，涉及自然保护区114个；涉及生态保护红线26个，整改26个；涉及水源地保护区14个，整改完成8个，6个正在整改。其他问题20个，整改完成20个。组织开展“绿盾2019”自然保护区强化监督工作，联合市生态环境局、市水利局、市林业局印发《关于联合开展“绿盾2019”自然保护区强化监督工作的通知》（石环发〔2019〕41号），扎实开展新增问题排查整治，2019年平山县驼梁国家级自然保护区卫星遥感点位问题2处，至年末完成整治2处；赞皇县嶂石岩自然保护区年遥感点位问题44处，至年末已完成整改42处，2处整改中；灵寿县漫山省级自然保护区新增人类活动变化监测点位3处，至2019年末，3处整改全部完成。

（侯沛东）

交通运输·邮政

Transportation & Postal Service

铁　路

【概况】 2019年，石家庄市域共有京广、石太、石德、石太客运专线、京广高铁(安阳—涿州段)、石济高铁6条铁路干线和新井、凤山2条支线，起止分别为：京广铁路207.9千米（寨西店承安铺间）至321.3千米（高邑鸭鸽营间），石太铁路石家庄至70.1千米（南峪娘子关间），石德铁路石家庄至85.25千米（東新王家井间），石太客运专线石家庄北站至59.97千米（井陉北阳泉北间）；两条支线总长18.1千米；普通铁路合计营业里程328.72千米，设立车站27个。京广高铁57.04千米至452.40千米，北与杜家坎线路所衔接，南与安阳东站衔接；石济高铁石家庄站至辛集南站73千米；石家庄站管辖京广高铁涿州东、高碑店东、保定东、定州东、正定机场、高邑西、邢台东、邯郸东沿线8个中间站及石济高铁石家庄东站；高速铁路营业里程468.36千米。2019年石家庄站旅客发送量5083万人次，同比增长8.3%；实现运输收入57.2亿元，同比增长11.1%；春运期间（1月21日~3月1日），石家庄站发送旅客475.6万人次，同比增长9.6%；十一黄金周期间（9月28日至10月7日），石家庄站发送旅客156.09万人次，同比下降1.7%。2019年石家庄铁路货运量完成6338.93万吨，同比增长2.9%。其中，石家庄南站货物发送量383.23万吨，日均装车166.7车，日办理车22690辆；石家庄货运中心装车91.4万车，发送货物5955.7万吨。2019年中国铁路北京局集团有限公司在石家庄市派出机构有：石家庄铁路办事处，设置主要运输单位有：石家庄站、石家庄南站、石家庄客运段、石家庄电力机务段、石家庄工务段、石家庄供电段、石家庄电务段、石家庄车辆段、石家庄货运中心，非生产单位有：河北冀铁集团、石家庄铁路专业技术服务中心、石家庄建筑段、石家庄铁路疾病预防控制所。

【铁路机构】 石家庄车辆段主要担负京广、京九、石德、石太、邯长、邯济等铁路干线及合资铁路朔黄线货物列车的定期检修及日常维修任务。石家庄工务段主要担负京广线、石太线、石太客运专线、石济客运专线、石德线桥梁、隧道等设备的大、中、维修及保养任务。石家庄客运段担当74对旅客列车客运乘务任务。石家庄电力机务段担当石太线石家庄至榆次，石德线石家庄至德州（长庄），京广线石家庄至北京西，京九线衡水至聊城、衡水至南仓，京沪线德州至徐州，德州至沧州，津保线徐水至天津，石太客专线石家庄至太原，石济客专线石家庄至济南东（西）等区段客货列车机车值乘任务及石家庄、阳泉、衡水、保定4个区域调车机、调度机、小运转机车值乘任务。石家庄供电段担负京广线、京广高铁、石太客专、石太线、邯长线牵引供电和生产生活供水电任务及沙午线、马磁线的供水、供电和设备更新、改造、维修养护任务。石家庄电务段担负京广线、京九线、石德线、石太线、邯长线、石太客运专线、石济客运专线、京广高速线和石家庄西环线、沙午、马磁等24条支（矿）线共计1951.53千米的信号设备维修维护任务。石家庄站位于京广高铁、京广、石德、石太、石济和石太客运专线交汇点，车站等级为特等站，业务性质为客运站。石家庄站所辖石家庄北站为二等站，管辖石济客专石家庄东站、京广高铁沿线涿州东站、高碑店东站、徐水东站（非营业站）、保定东站、定州东站、正定机场站、高邑西站、邢台东站、邯郸东站9个客运站及北降壁、和平2个线路所。石家庄南站位于京广、石德、石太3

条干线交汇点，主要担负南北京广、石德、石太4个方向货物列车到发和运输组织工作。石家庄建筑段承担京广线（高碑店—柏庄）、京九线（霸州—临西）、石太线（石家庄—赛鱼）、石德线（石家庄—八里庄）、邯长线（邯郸—北舍）5条干线，保满线、满神线、沙午线、马磁线、新井、凤山、白荫7条支线房建设备，京广高铁（涿州东—邯郸东）、石太客专（石家庄—太原）区间四电房屋和石济高铁（石家庄—景州）、津保铁路（徐水—胜芳）房建设备运营维护；管内拥有车站157个，线路里程2436千米，房建设备责任总量52407栋（件）。石家庄货运中心业务管辖西起石太线赛鱼站，东至石德线八里庄站，京九线北自霸州站，南至清河城站，区域跨及723千米；货源吸引区覆盖晋、冀、鲁三省，担负晋煤外运、电煤输送和军运、粮食、油料等重点物资及其他零散货物的运输任务，在华北运输市场中占据重要地位。河北冀铁集团主要经营综合物流服务、大宗商贸购销、资产置业及租赁管理、酒店运营等，经营业务区域涵盖河北、山西、山东、海南等省及石家庄、邯郸、邢台等10多个城市。石家庄铁路专业技术服务中心主要承担干部、职工、专业技术培训任务。石家庄铁路疾病预防控制所为路局直属单位，承担辖区疾病预防控制、卫生监督和健康体检等工作。

【列车运行图调整】 1月5日零时起，石家庄火车站实行新的列车运行图。调图后，石家庄站加开高速旅客列车9对，分别为：北京西—成都东，车次为G349/G350次；北京西—西安北，车次为G667/G668次；石家庄—盐城北，车次为G2059/G2060次；太原南—荣成，车次为G2064/1、G2062/3次；郑州东—青岛北，车次为G2070/1、G2072/69次；郑州东—威海，车次为G2074/5、G2076/3次；威海—运城北，车次为G2078/9、G2080/77次；兰州西—青岛北，车次为G2096/3、G2094/5次；成都东—烟台，车次为G2088/9、G2090/87次。其中，石家庄—盐城北高铁为首次开通。加开普通旅客列车2对，分别为：天津—邯郸1对，车次为K5205/K5206次；北京西—邯郸1对，车次为K5217/K5218次。4月10日零时起，石家庄火车站实施新的列车运行图。调图后，石家庄站办理客运业务列车503列。其中，京广高铁293列，增加8列；石济高铁62列，普速列车148列。石家庄北站办理客运业务旅客列车78列。石家庄—北京西增加高速动车1列，车次为G6708次。新增高峰线列车4对，其中，北京西—邯郸东高速动车组列车1对，车次为G9061/G9062次；北京西—石家庄高速动车组列车1对，车次为G9063/G9064次；天津西—石家庄高速动车组列车1对，车次为G9071/G9076次；石家庄—唐山高速动车组列车1对，车次为G9072/G9075次。石家庄—南通K661/K662次淡季停运。宜昌东—北京西G516次缩短运行区段为武汉—北京西。太原—南通K566/K565次运行区段调整为太原—海门。天津西—邯郸东G9085次车次改为G6719次。邯郸东—秦皇岛G9086次车次改为G6720次；石家庄—北京西G9066次车次改为G6724次；北京西—邯郸东G9065次车次改为G6723次；邯郸东—石家庄G9068次车次改为G6726次。7月10日零时起，石家庄火车站实施新的列车运行图。调图后，石家庄火车站新增旅客列车3.5对，包括天津西—香港西九龙高速动车组列车1对，车次为G305/G306次；北京西—太原南高速动车组列车1对，车次为G629/G630次；天津西—兰州西高速动车组列车1对，车次为G1713/G1714次；石家庄—北京西高速动车组列车0.5对，车次为G6716次。石家庄火车站停运旅客列车3对，分别为：天津西—广州南G295/G296次；北京西—石家庄G6707/G8908次；天津西—石家庄G6757/G6758次。施行新版列车运行图后，石家庄火车站办理客运业务列车508列，首次开行珠海G65次、嘉兴G1954次高铁列车，石家庄至佳木斯实现高铁直达。

【首趟高邑至天津海铁联运班列开行】 5月7日，由北京铁路局京铁物流有限公司、天津中铁联合国际集装箱有限公司、高邑冀中南智能港联合开办的高邑冀中南智能港至天津新港北站首趟海铁联运班列开行。初期每周二、四、六由高邑发往新港北，每周三、五、日由新港北发往高邑。高邑至天津海铁联运班列开行后，打通了河北中南部地区与港口快速物流通道，有效降低企业物流成本；运输效率提升，较公路运输时间缩短3~4小时；影响和吸引以高邑为中心周边100千米范围外贸、内贸货源；保护生态环境，减少两地公路运输车辆来往。

（宋利红）

公　路

【概况】　2019年，全市公路通车总里程达到19594.91万千米，同比增长8.2%；路网密度达到146.58千米/百平方千米，同比提高20.6%。其中，高速公路9条，分别为绕城高速、黄石高速、青银高速、京港澳高速、京昆高速、张石高速公路北出口支线、西柏坡高速、新元高速、阜林高速，总里程752.06千米；国道9条，分别为G107、G207、G307、G308、G230、G234、G338、G339、G515，总里程968.11千米；省道31条890.78千米，县道43条1542.2千米，乡道4887.5千米，专用公路269.24千米，村道10285.03千米。城市桥梁4572座。全年交通运输完成固定资产投资79.78亿元。高速公路开工建设4项，建设里程240.8千米，完成投资54.67亿元，建成里程77千米。干线公路开工建设7项，建设里程187.16千米，完成投资1.74亿元。农村公路建设完成投资7.93亿元，占计划投资197%，农村公路总里程累计达到1.7万千米。其中，农村公路完成投资7.15亿元，建成里程428.75千米，占计划投资145%；桥梁完成投资2142万元，建成桥梁27座；安防工程完成投资5648万元，建成县乡道安保设施198.21千米、村道安保设施195.6千米，超额完成河北省下达计划任务目标。枢纽场站完成投资3.86亿元，占总投资89.49%，其中，深泽客运站、无极客运站、行唐客运站、中仰陵公交停保场、正定公交停保场分别完成投资总额66.79%、88.37%、69.47%、50.12%、31.95%。物流园项目完成投资3.15亿元。石家庄综合汽车客运站征地拆迁，至2019年末，全市共有长途客运站22个，公交停保场111个，其中，国有停保场17个、租借停保场94个。2019年全市完成公路客运量50323.4万人次，其中，公共交通客运量37200万人次，出租汽车客运量13123.4万人次。2019年全市完成公路货运量5.24亿吨，同比增长0.22%；货运周转量2369.76亿吨千米，同比增长1.03%。

【高速公路】　全年高速公路开工建设4项，建设240.8千米，完成投资54.67亿元，建成77千米。其中，南绕城高速项目长52.96千米，新增投资83.98亿元，2019年完成投资12亿元，按时完成西段30千米通车任务；西阜高速石家庄段项目长32.33千米，总投资48.27亿元，2019年完成投资1.77亿元，获得河北省建筑行业工程质量安济杯奖；平赞高速项目长106千米，总投资148.51亿元，2019年完成投资23.2亿元，建成石太以北段和石家庄支线47千米；石津高速长49.5千米，总投资84.48亿元，2019年完成投资17.7亿元，完成年度投资目标。西阜高速石家庄段五岳寨收费站开通。4月29日，西阜高速石家庄段五岳寨收费站开通。至此，西阜高速石家庄段寨北、五岳寨两个收费站全部投入使用。西阜高速石家庄段是太行山高速公路的重要组成部分，采用双向4车道高速公路标准，设计时速80千米/小时。五岳寨收费站位于灵寿县寨头乡张家庄村附近，设置4进7出11车道收费站，下道口为五岳寨连接线，向西5千米与207国道相接段连通，可通往灵寿县城和平山县城，还可转正南线至漫山花溪谷、五岳寨、驼梁等旅游景点；五岳寨收费站20分钟车程可达五岳寨风景区，1小时可达石家庄市主城区。石家庄市区至五岳寨收费站行车路线为：西二环—霍寨收费站—西柏坡方向—西阜高速石家庄段—阜平方向—寨北收费站—五岳寨收费站。黄石高速藁城至石家庄段改造工程通车。7月31日，黄石高速藁城至石家庄段改造工程建成通车。黄石高速藁城至石家庄段改造工程于2018年8月25日开工建设，东接G4京港澳高速公路，西连新元高速，以藁城西互通为起点，向西经北五女、西兆通，终点与南高营互通衔接，路线全长15.844千米；该工程不增加占地、不断交施工，将双向4车道加宽为双向6车道，设计时速120千米/小时。新元高速郭村至拐角铺段改扩建工程完工。新元高速（新乐至元氏高速公路）郭村至拐角铺段改扩建工程起点位于新乐郭村枢纽互通，路线向西南经新乐、石家庄机场、正定高新区后至正定拐角铺村，终点位于正定拐角铺枢纽互通中心，全长22.47千米，总投资15.51亿元。8月28日，新元高速郭村至拐角铺段改扩建工程主线通车，原双向4车道扩建为双向6车道；11月6日，该工程全部完工。平赞高速石家庄支线通车。12月31日，平赞高速（平山至赞皇高速）石家庄支线通车；平赞高速公路起自井陉县小作镇南石门村，东与石太北线相交，经井陉矿区、井陉、元氏，止于赞皇县南峪村南邢台市界；平赞高速石家庄段建设主线82千米、支线24千米。石家庄南绕城高速西段试通车。12月31日，石家庄南绕城高速西段试通车；南绕城高速公路西段试通车路段起点为三环东南环互通，止于平赞高速井陉枢纽互通，向西依次穿越高新区、栾城区、鹿泉区、井陉县4个县区，设有4个上下高速路口，分别为三环西南环互通、羊角庄收费站、北寨收费站、井陉互通。

【干线公路】 全年干线公路开工建设7项，建设里程187.16千米，完成投资1.74亿元。其中，国道G107石保界至正定段改建工程，长33.8千米，总投资5.55亿元，2019年交工验收。省道S337城郎至窦妪段改造工程，长18.5千米，总投资2.47亿元，交工验收。省道S234赵户村至东罗尚村段改建工程，长10.3千米，总投资1.92亿元，2019年完成投资4000万元。省道S247藁城至赵县段改造工程，长36.96千米，总投资1.78亿元，2019年完成投资620万元。省道S233东回舍至白塔坡段改造工程，长8.5千米，总投资5483万元，2019年完成投资2600万元。省道西柏坡至驼梁公路，长66.8千米，总投资10.15亿元，2019年完成投资2700万元。石环公路辅道SL91良村至西古城段改建工程，长12.3千米，总投资6.57亿元，2019年完成投资5500万元。

【市政交通设施】 全年市政交通基础设施建设开工6项，建设里程20.82千米，完成投资5.54亿元，建成5.87千米。井矿快速路工程，长5.87千米，总投资1.83亿元，2019年完成投资1.83亿元，建成通车，为举办第四届河北省旅游产业发展大会提供了交通保障。和平西路西二环至鹿泉段改建工程，长8.04千米，总投资20.68亿元，2019年完成投资1.86亿元。南二环东延与新元高速立交主线工程，长1.38千米，总投资11.6亿元，2019年完成投资1亿元。胜利大街南二环至南三环段改建工程，长5.3千米，总投资5.13亿元，2019年完成投资9000万元。石家庄市西三环红旗大街线外桥拓宽工程，长0.23千米，总投资3571.5万元，2019年完成投资193.18万元。三环路排水设施完善工程，总投资4841.78万元，2019年完成投资1173.6万元。

【公路养护】 全年主要实施公路大中修、桥梁加固、绿化美化、交通标志整治等修复维护项目，落实经常性检查和定期检查制度，完善桥梁和隧道档案管理。2019年全市公路养护完成投资6.04亿元，其中，京昆高速京石段养护完成投资0.95亿元，西柏坡高速养护完成投资0.66亿元，京昆高速石太段养护完成投资0.66亿元。干线公路大中修完成省道平涉线井陉矿区贾庄桥至井陉矿区井陉南界段大修、省道S534下黄壁至李村公路修复养护、省道宝平线灵寿段路面大中修、省道新赵线京港澳高速口至正港线段路面大中修、兴阳线G234县道新井线至白沙路口段修复养护10项160千米。安防工程完成投资7063万元，建成G107、G338等8条段安防工程108千米，提前完成“十三五”安防工程建设任务。完成国道G107线滹沱河大桥（上行）维修加固工程1项505延米，绿化提升、灾防工程2项，交通标志调整、排水整治工程4项。完成三环路养护投资1.03亿元、排水管道养护664.2万元。

【运输市场管理】 维护路产路权，开展市域道路环境综合整治，严控公路路界内私搭乱建、占道经营行为。狠抓出租车行业及新业态管理，以铁路石家庄站、石家庄北站为重点，抓好火车站周围“黑车”治理，与车站管委会、公安、城管等部门联合查处各类违章车辆700余辆；建立联合治理长效机制，以高压态势，坚决打击“黑车”运营行为。加强网约车和共享单车管理，制定印发《关于规范互联网租赁自行车健康发展的工作方案》《关于规范互联网租赁自行车的应急预案》等文件，约谈共享单车企业6次，清理不合规网约车10万余辆。2019年全市审核发放包车牌59309张，约谈处罚货运企业116家、停业整顿12家、注销2011家。严查公路超限超载行为，采取公安、交通联合治超和市县、县县联合方式，重视源头治超，落实超限超载车辆“一超四罚”惩戒措施，全年超限超载率控制在2%以下。加强驾驶培训管理，印发《石家庄市驾培行业专项整治工作方案》，暂停不达标机构17家，安装计时培训系统132家、车载终端设备2717套。至2019年底，全市共有经营性道路运输车辆21.77万辆，其中，班线客车1410辆，旅游客车、包车客车999辆，城市公交车3886辆，出租汽车1.64万辆，货运车辆19.5万辆。2019年全市完成公路客运量50323.4万人次，其中，公共交通客运量37200万人次，出租汽车客运量13123.4万人次；客运周转量21.93亿人千米。2019年全市完成公路货运量5.24亿吨，同比增长0.22%；货运周转量2369.76亿吨千米，同比增长1.03%。

（张龙）

民用航空

【概况】 2019年，石家庄机场旅客吞吐量1192.28万人次，同比增长5.21%；货邮吞吐量5.30万吨，同比增长15.35%。春节假日期间（2月4~10日），石家庄机场运送旅客22.98万人次。其中，石家庄机场至三亚、海口、昆明、上海、杭州、重庆、成都、深圳、广州、厦门、丽江、桂林、哈尔滨、长春、沈阳、西安、南京等航线航班客座率均达90%以上；2月9日，单日客流量突破4万人次，创下历史新高。五一假日期间（5月1~4日），石家庄机场运送旅客12.72万人次。国庆假日期间（10月1~7日），石家庄机场运送旅客24万人次。2019年石家庄机场新增航线42条，新增通航城市9个，至2019年末，石家庄机场累计航线达到164条，通航城市85个。

链接

河北机场管理集团有限公司（简称河北机场集团）前身为民航河北省管理局，2004年1月8日注册成立，是河北省政府授权的行业性国有资产经营和航空运输服务保障大型企业。2015年5月20日，河北省国资委与首都机场集团公司签订《河北机场管理集团有限公司委托首都机场集团公司管理协议书》，河北机场集团正式纳入首都机场集团公司管理。2019年河北机场集团下辖石家庄正定国际机场（简称石家庄机场）、秦皇岛北戴河机场、张家口宁远机场、承德普宁机场。

【安全管理】 坚持“安全隐患零容忍”原则和理念，组织开展安全生产大排查大整治活动和隐患专项治理。提高应急救援能力，定期举办应急救援综合演练。主动配合中国民航监管模式改革，深入推进民航法定自查活动，2019年石家庄机构法定自查工作经验得到上级部门认可和推广。首次自主完成E190飞机ADS-B改装，成功取得B737NG飞机C3检维修能力；积极落实民航新技术推广应用要求，推进HUD设备改装，获得B737-800机型HUD特殊II类运行资质。实施航空安保科技创新，升级旅客安检信息系统和托运行李安检分层管理系统，启用智能安检通道9条。狠抓安全管理，建立机场安全“四个底线”指标体系，确立179项公司级指标和1092条核心风险管控清单。重视业务培训，提升飞行、机务、签派等安全关键岗位人员的资质能力。2019年石家庄机场运行安全综合保障能力评价保持在绿色区域，航空安保审计符合率达到90.12%；平均放行正常率达到77.75%，同比提升8.31个百分点。全年石家庄机场未发生严重差错及以上不安全事件，实现安全平稳运行。

【生产经营】 全年石家庄机场新增上海—石家庄—海拉尔、南京—石家庄—西宁、石家庄—扬州—香港、石家庄—连云港—曼谷、杭州—石家庄—张家口等航线，加密深圳、上海、香港、海口、呼和浩特、哈尔滨、长春、南昌、厦门、海拉尔、包头、桂林等航点，恢复哈尔滨—石家庄—张家界、海口—南昌—石家庄、昆明—石家庄—长春、釜山—石家庄航线。3月3日，石家庄至莫斯科航线开通，这是石家庄机场开通的首条洲际客运航线。2019年石家庄机场新增航线42条，新增通航城市9个，至2019年末，石家庄机场累计航线达到164条，通航城市85个。发挥航线网络通达性强、衔接度高的优势，丰富中转产品和“航空+旅游”产品，重点打造“从家飞”——乐享空铁、乐享中转、乐享空巴系列产品，为旅客提供更多的优质服务、专享服务，全方位、高质量满足旅客出行体验和需求。2019年石家庄机场日均航班量5班以上区域快线和准快线达到12条，石家庄—张家口省内支线快线每天达到 6 班；“一带一路”国际通航点达到 8 个。扩大空铁联运经营规模，全年空铁联运“一站式购票”产品线上覆盖地区 15 个，空铁联运旅客占比达到 10.9%，空铁、中转联程旅客同比分别增长 15% 和 37.5%。搭建石家庄机场航空货物中转平台，石家庄至莫斯科洲际正班客运航线开通腹舱货运业务。2019 年石家庄机场获批中国民航局国内跨航空公司中转行李直挂服务试点机场。

（高毅）

城市轨道交通

【概况】 石家庄市轨道交通有限责任公司（简称市轨道交通公司）成立于 2010 年 4 月 14 日，为市政府直属国有独资企业，主要负责项目前期运作、资金筹措、工程建设、运营管理、开发和经营等工作；下设公司 2 个，分别为资源开发公司、运营分公司。2019 年，市轨道交通公司（含各子分公司）共有职工 3773 人，劳务派遣 101 人。全年轨道交通建设完成投资 75.4 亿元，累计完成投资 405.4 亿元。6 月 26 日，地铁 1 号线二期工程洨河大道站（不含）至福泽站开通试运营，至 2019 年底，石家庄地铁开通运营里程达到 40.7 千米。重视轨道交通资源开发，出台《石家庄市轨道交通沿线土地综合开发利用实施办法》，制定完成《石家庄市第一批轨道交通综合开发用地划定方案（草案）》，谋划轨道交通综合开发项目 16 个。推进数字化运营，与石家庄一卡通科技有限公司共同出资组建国有企业石家庄燕赵通科技有限公司，负责石家庄交通卡发行、石家庄轨道交通 App 运营、产品研发及对外产品资源输出等业务。加强安全管理，制定出台《党政领导干部安全生产责任制》，修编和完善各项应急预案，突出防尘降噪、节能减排、废旧物资处置等现场管理。全年市轨道交通建设和运营未发生等级以上安全事故。

【地铁运营】 市轨道交通公司运营分公司为石家庄地铁运营单位，承担行车组织、客运组织与服务、设施设备运行与维护、车站与车辆基地管理、设备设施运行、维护和安全管理等任务。2017 年 6 月 26 日，石家庄地铁首开工程 30.3 千米载客运营，其中，地铁 1 号线一期 23.9 千米，地铁 3 号线一期首开段 6.4 千米。2019 年 6 月 26 日，石家庄地铁 1 号线二期工程洨河大道站（不含）至福泽站长度 10.4 千米线路开通运营。至2019 年底，石家庄地铁运营总里程达到 40.7 千米。2019 年石家庄地铁运营实现票务收入 1.78 亿元，同比增长 14.1%；运行里程 299.1 万列千米，同比增长 20.9%；运送乘客 8760 万人次，日均运送乘客 26.2 万人次；2 月 14 日，创下全年单日最高客运人数 38.17 万人次。全年列车正点率、列车运行图兑现率、服务设备设施可靠度等技术指标均达 99% 以上，列车服务可靠度、列车退出正线运营故障率等 14 项指标均符合国家要求。3月31 日，石家庄地铁全线开通手机支付扫码过闸功能，实现无现金支付。地铁1号线二期工程开通运营后，石家庄地铁票价从“2 元起步、5 元封顶”变为“2 元起步、6 元封顶”（石家庄地铁票价起步价 6 千米 2 元，6 ~20 千米间，每递增 7 千米加 1 元）。

【地铁工程】 地铁 1 号线二期工程。为一期北延线路，沿秦岭大街和新城大道敷设，起自 1 号线一期终点站洨河大道站，止于东洋站，全长 13 千米，全部为地下线，设车站 6 座，分别为西庄站、东庄站、会展中心站、商务中心站、园博园站、福泽站；平均站间距 1.7 千米，最大站间距 3.6 千米；设天元湖主变电站 1 座，南牛停车场 1 处。东庄站至会展中心站区间全长3.4 千米，穿越鹅卵石地层，侧穿新城大桥，下穿滹沱河，是石家庄地铁建成线路最长的区间。2月3日，地铁 1 号线二期工程实现轨通。2月22 日，地铁 1 号线二期工程实现电通。6月26 日，地铁 1 号线二期工程建成运营。地铁1号线二期工程通车后，石家庄地铁 1 号线线路通车长度由 23.9 千米增至 34.3 千米。地铁2号线一期工程。南起胜利南街的嘉华站，沿胜利南街向北敷设，全长 16.2 千米，设车站 15 座，分别是嘉华站、南位站、塔谈南站、塔谈站、石家庄站、东三教站、东岗头站、新世隆站、大戏院站、北国商城站、长安公园站、蓝天圣木站、运河桥站、铁道大学站、西古城站，全部为地下站，其中，换乘站5座，分别为石家庄站、北国商城站、塔谈南站、新世隆站、蓝天圣木站；设立嘉华车辆段1处，石家庄站开闭所1座、主变电所1座，与其他轨道交通线路共用控制中心。11月10日，石家庄地铁2号线运河桥110千伏变电站和3号线塔北110千伏变电站同时送电，这也是河北省首次投用全地下变电站。至2019年底，地铁2号线一期工程进入联调联试、设备安装、装饰装修和附属工程建设。地铁3号线一期两边段工程。全长12.8千米，设车站11座。地铁3号线一期北段工程起于西三庄站，止于市二中站（不含），线路全长5.3千米，设4站4区间，均为地下站，分别为西三庄站、水上公园站、柏林庄站、市庄站；地铁3号线东段工程起于石家庄站（不含），终点为三教堂站，线路全长7.6千米，设7站7区间，均为地下站，分别为东广场站、孙村站、塔冢站、东王站、南王站、位同站、三教堂站。至2019年底，地铁3号线一期北段工程完工；3号线一期东段车站及区间工程全部完成，常规设备安装完成过半，正在装饰装修。地铁3号线二期工程。与一期工程衔接，呈东西走向，起于三教堂站(不含)，止于北乐乡站，全长8.1千米，设5站5区间，均为地下站，分别为中仰陵站、天山大街站、南豆站、韩通站、北乐乡站，终点设北乐乡车辆段1处。至2019年底，全线车站主体结构完成83%，区间完成75%。

石家庄市轨道交通建设办公室

主　　任：张雪勤（8月免）
　　　　　郭少旭（8月任）
副 主 任：郭京晶　李晓刚
　　　　　肖卫洲　吴拥军
　　　　　张龙

石家庄市轨道交通有限责任公司

董 事 长：付庆文
总 经 理：韩春素（兼资源开发公司董事长）
副总经理：张兴文　谷树才（兼总会计师）
　　　　　付朝立（兼运营分公司经理）
　　　　　张晓辉（兼资源开发公司总经理）

（卢扬逸）

城市公共交通

【概况】 2019年，石家庄市共有城市公交车3886辆，市区运营出租汽车6710辆；城市公交车累计行驶里程1.92亿千米，运送乘客3.72亿人次。2019年市公共交通总公司（简称市公交总公司）内设部室12个，下辖运营公司9个，分别为一公司、二公司、三公司、四公司、五公司、六公司、鹿泉公司、正定公司、藁城公司，其中，六公司为旅游出租包车公司；直属单位6个，分别为保修公司、物资供销公司、行政基建处、教育培训中心、票务结算中心、监察大队；管理智慧停车单位2个，分别为石家庄智慧泊车服务有限公司、石家庄市云巴科技有限公司。至2019年

2019年11月1日，交通运输部专家组到石家庄市验收创建综合运输服务示范城市建设，并到市公交总公司勘察城市公交智能化应用示范工程运行情况

底，市公交总公司共有公交停保场111个，其中，国有17个，租借94个；运营公交线路245条、总长度4206.7千米，其中，主城区114条，4组团区县131条（藁城区35条、鹿泉区54条、栾城区14条、正定县域28条）；在职员工12201人，实现总收入5.69亿元。12月1日起，石家庄市区和正定县65~69周岁的老年人持敬老卡可免费乘坐城市公交车。

【公共交通服务】 公交都市、综合运输示范城市通过交通运输部验收。全年购置新能源电动公交车200辆，报废闲置停驶车辆2044辆，2019年末全市绿色公共交通车辆比率达到100%。开辟公交线路14条，优化调整17条，公共交通机动化出行分担率达到54.27%。实施65岁以上老年人免费乘车政策，全年办理老人免费乘车卡17万张，乘客满意度达86.9%，第二、三季度石家庄市地面公交出行幸福指数全国排名第二。加快公共交通设施建设，正定、海山、中仰陵公交停保场项目建设顺利推进，南二环石铜路、西柏坡高速桥下公交停车场建成。至2019年底，全市共有运营公交车辆3886辆。其中，天然气公交车1660辆，占总车数42.71%；纯电动车2120辆，占总车数54.55%；柴油车106辆，占总车数2.74%；空调车3516辆，占总车数90.48%。2019年石家庄市共有公交站亭2980座，站位（台）5993个，现状站架135座，迁移75座，维修2672次。

【智慧交通】 推进“大智移云”建设和“互联网+行政执法”创新试点，搭建包车客运网上执法服务平台，实现多部门资源共享和包车客运领域执法全覆盖。建成公交车智能安全及辅助决策分析平台，安装车载终端3000部。发放京津冀交通一卡通85万张，开通手机APP、微信公众号、二维码扫码乘车等功能。建成公交综合视频管理平台，升级改造数字高清视频监控系统216个。加强公交夜警及车场安全管理，设置巡更点710个，安装巡更仪112台。建设ETC门架系统76套、入口不停车称重检测设备45处，改造ETC收费车道225条，安装ETC车辆106.11万辆，交通运输部、河北省收费系统联调联试任务完成。

（张龙）

邮　政

【概况】 2019年，全市邮政行业完成业务总量162.21亿元，同比增长40.41%；实现业务收入（不含邮政储蓄银行营业收入）89.49亿元，同比增长28.97%。全年邮政服务完成业务总量28.09亿元，同比增长50.04%。全年快递服务企业完成业务量68540.08万件，同比增长31.13%；实现业务收入68.45亿元，同比增长24.99%。根据《国务院办公厅关于完善省级以下邮政监管体制的通知》（国办发〔2012〕6号）、中央机构编制委员会办公室《关于省级以下邮政监管机构设置人员编制的通知》（中央编制办发〔2012〕3号）和河北省人民政府办公厅《关于印发完善省级以下邮政监管体制工作实施方案的通知》（办字〔2012〕58号）精神，2012年9月，河北省邮政管理局批准成立石家庄市邮政管理局，级别副县；内设机构3个，分别为办公室、普遍服务（机要通信）科、市场监管科，均为正科级；办公地址为石家庄市新华区兴凯路219号市政府西院。加强邮政和快递行业管理，联合市直部门共同印发文件10份。2月21日，市邮政管理局与市工业和信息化局联合印发《关于推动快递服务制造业发展的通知》（石邮管〔2019〕13号）；2月28日，与市教育局联合印发《关于加快发展石家庄邮政行业职业教育的实施意见》（石邮管〔2019〕17号）、《做好高等院校快递服务工作的意见》（石邮管〔2019〕18号）；3月15日，与市文明办联合印发《关于印发〈石家庄市邮政行业精神文明建设工作实施方案〉的通知》（石邮管〔2019〕23号）；3月20日，与市商务局、市供销合作总社联合印发《关于推进全市邮政业农村电子商务协同发展的意见》（石邮管〔2019〕25号）；5月14日，与市公安局、市国家安全局联合印发《关于进一步做好协议客户邮件快件过机安检工作的通知》，与共青团市委联合印发《关于成立共青团石家庄市邮政快递行业工作委员会的决定》（石团联发

〔2019〕9 号）；6 月 14 日和 8 月 7 日，与市总工会、共青团市委联合分别印发《关于举办 2019 年石家庄市邮政行业职业技能竞赛的通知》（石邮管〔2019〕41 号）、《关于表彰 2019 年石家庄市邮政行业职业技能竞赛获奖企业和个人的决定》（石邮管〔2019〕51 号）。6月26 日，与市住房和城乡建设局联合印发《关于建立快递企业与物业服务企业互通互认协作机制的通知》（石住建办〔2019〕112 号）。严格快递行业转运服务车辆管理，全年办理黄牌车通行证2536 个，电动三轮车通行证 3858 个。至2019 年末，全市邮政行业共有新能源车 350 辆，累计投放智能快件箱 2145 组。重视工会组织建设，全年市邮政管理局与市总工会联合设立邮政、顺丰（桥西）、圆通（栾城）、中通（新华）等基层工会组织 30 余个。

【业务经营】 2019 年全市邮政行业完成业务总量 162.21 亿元，同比增长 40.41%；实现业务收入（不含邮政储蓄银行营业收入）89.49 亿元，同比增长 28.97%。2019 年全市邮政服务完成业务总量 28.09 亿元，同比增长 50.04%；邮政寄递服务完成业务量 22134.21 万件，同比增长 11.73%；邮政函件业务完成业务量 2047.59 万件，同比增长 36.39%；包裹业务完成业务量 50.50 万件，同比增长 12.70%；报纸业务完成业务量 11848.97 万份，同比下降 4.81%；杂志业务完成业务 486.47 万份，同比下降 7.12%；汇兑业务完成业务量 7.15 万笔，同比下降 38.68%。2019 年全市快递服务企业完成业务量 68540.08 万件，同比增长 31.13%；实现业务收入 68.45 亿元，同比增长 24.99%。其中，同城业务量完成 8028.52 万件，同比下降 7.21%；异地业务量完成 60331.70 万件，同比增长 38.87%；国际/港澳台业务量完成 179.85 万件，同比增长 4.82%。全年同城、异地、国际/港澳台快递业务量分别占全部快递业务量的 11.71%、88.02% 和 0.26%，业务收入分别占全部快递收入的 8.63%、72.17% 和 3.21%。与2018 年相比，全市同城快递业务量比重下降 5.81 个百分点，异地快递业务量比重增长 5.78 个百分点，国际/港澳台业务量比重增长 0.03 个百分点。快递与包裹服务品牌集中度指数 CR8 为 91.52，较 2018 年下降 0.77。至2019 年底，全市快递末端公共服务站投放智能快件箱达到 2145 组，占比较 2018 年提高 0.6 个百分点。

【行业管理】 全年邮政管理部门出动执法人员 790 人次，检查经营单位 386 家次，约谈告诫 15 次，下达整改通知书 25 件，立案 25 宗，处罚金额 32.51 万元。办理企业经营许可 57 家，分支机构 555 家；办理许可协查 6 起，分支机构变更 86 起，其中，分支机构增设 23 起，分支机构撤销 13 起，分支机构名称变更 2 起，分支机构地址变更 98 起，设立末端网点 859 个。加强行业安全管理，市邮政管理部门与16 家寄递企业安全负责人组建成立行业安全管理机构，规范寄递企业安全生产行为，提升安全防范能力，规定企业必须有规范办公场所、合理专项经费预算、严密的安全管理制度和应急预案等。2019 年全市寄递企业设置安全管理机构 34 个，许可企业和分支机构均设置安全小组，安全小组数量突破 700 个，拥有专职安全员 585 人、兼职安全员 898 人。开展安全专项检查10次，查出安全隐患 66 个；立案 11 起，罚款金额 3.8 万元。2019 年石家庄市开出首例反恐罚单，处罚金额 10.3 万元。落实快递运单电子化，大幅降低运单纸张耗材用量；推广使用可循环再利用包装袋和环保胶带，将快递包装回收纳入垃圾分类处置。2019 年全市邮政行业电子运单使用率达到 98% 以上。

石家庄市邮政管理局

局　长：张子云

副局长：张惠荣

（姚欣）

信息产业

Information Industry

综 述

2019年，全市信息产业以构建“4+4”现代产业发展格局为目标，全力推进工业化、信息化深度融合。以做大做强平板显示、通信设备、半导体照明等产业为基础，培育和壮大卫星导航、集成电路封装测试、云计算、大数据等新兴产业，突出实施大智移云、智慧城市、智能制造等项目建设，优化信息产业结构，发展形成光电显示、通信设备、卫星导航产业、软件和信息技术服务等为主体的产业体系。以打造千亿级信息技术产业集群为目标，基本确立鹿泉区、高新区、正定县三大产业聚集区；高新区电子信息产业以聚集通信设备、显示设备、电子元器件等产业为主，打造特色软件与系统集成、信息服务业，培育建设光谷科技园等专业产业园区；鹿泉经济开发区产业规模扩大，聚集度提升，初步形成以光电和导航通信为核心的产业体系。至2019年末，全市规模以上新一代信息技术产业实现营业收入147.4亿元，同比增长16.9%；软件及信息技术服务业企业实现营业收入100.4亿元，同比增长11.3%；新一代信息技术产业实现增加值176.3亿元，同比增长21.8%。

发挥政策支持作用，助力产业创新。推进河北省软件产业基地（石家庄）建设，河北省软件产业基地（石家庄）是国家火炬计划软件产业基地，建成孵化面积15万平方米，在孵企业100余家，基地内企业就业人数5000余人，建有软件开发综合服务平台、石家庄软件园企业联盟、IT人才实训基地、河北省大学生创业示范基地。落实电子信息发展产业政策，全年争取省级新一代信息技术研发及产业化项目3个、省级大数据应用及公共服务平台项目3个、省级信息消费体验中心2个，3家软件企业获得CMMI认证补助，中科恒运股份有限公司列入国家第三批智慧健康养老示范企业名单。2019年全市35家企业获得省级补助资金，占全省总数53.8%，累计获得省级支持资金1200万元。

加快云平台建设，推进行业企业稳健发展。以政务管理、民生服务和行业转型升级为契机，围绕环保、互联网+政务服务、健康、教育、电子商务等民生重点领域，启动信息产业试点应用示范建设，建立“1+15+N”云计算服务体系、“云上石家庄”和全市统一公共基础云平台，全力支持公共服务、社会管理等领域推广和应用产业升级新平台、新产品。2019年诚志永华黑白显示用液晶材料国内市场占有率达50%，排名国内行业第一；东旭集团建设的国内第一条TFT液晶玻璃基板生产线，形成完整的LED半导体照明产业链；先河环保和科瑞达在环境监测、传感应用等领域进入国内先进行列；国祥运输设备公司的列车用空调机组在国内市场占比达60%；科林电气、通合电子、旭辉电气在全国电力电子领域占有重要地位；河北航天信息公司以财税管理、城市智能交通、药品监督管理为开发重点，成为全市唯一一家主营业务超过10亿元的软件企业。2019年中电科13研究所营业收入77亿元（不含工程建设公司，实际完成收入80.1亿元），核心业务同比增长10%；利润9.5亿元，同比增长20.88%。中电科54研究所主营业务收入139.48亿元，申请专利448件，获得专利授权255件。东旭光电科技股份有限公司实现营业收入367亿元，上缴税金19.97亿元。

支持三大电信企业，加快5G建设和应用。至2019年末，全市互联网宽带接入用户393.2万户，同比增长5.2%；移动电话用户1403万户，同比增长2.0%；固定电话用户123万户，同比增长2.5%。中国移动石家庄分公司主动应对经营形势变化和市场竞争挑战，实现市场发展稳步提升，全年通信服务收入33.6亿元，日均活跃客户达405.2万户，宽带客户净增21.7万户，重要客户保拓167.3万户；10月31日，中国移动通信集团5G网络在石家庄市正式商用。中国联通石家庄市分公司深化落实“五新联通”建设，加快互联网运营转型进程，移动通信、数据业务持续稳固发展；至2019年底，中国联通石家庄分公司移动网络在网用户达387.5万户，其中，5G网络在网用户4970户，4G网络在网用户284.4万户；宽带网络用户达到126.2万户，IPTV用户数达到77.9万户。中国电信石家庄分公司5G实验网建成宏站488个，其中，自建183个，与中国联通石家庄分公司共享305个，主要覆盖市区一环内重点场景、火车站周边、裕华万达广场周边、中国电信集团省市分公司周边区域；10月30日，中国电信石家庄分公司5G产品正式上市，推出7档5G套餐；2019年中国电信石家庄分公司业务收入份额占比达27.77%，过网用户份额占比达27.29%，宽带用户份额占比达36.92%，天翼高清用户份额占比达41.72%；光宽覆盖新增用户27.7万户，累计达到407.13万户。

推进信息化、工业化深度融合，全面提升制造业数字化、网络化、智能化水平。制定出台“两化”融合政策，印发《石家庄市2019年两化融合推动方案》(石信工融〔2019〕1号)。开展“两化”融合管理体系贯标行动，全市确定工业和信息化部（简称工信部）贯标试点企业27家，其中通过工信部贯标评定企业16家。培育“两化”融合试点示范项目，2019年石家庄市列入工信部“两化”融合类试点示范5个、省级试点项目14个。

（任晓冬　董立峰）

电子信息技术

【概况】 2019年，全市电子信息技术围绕发展“4+4”现代产业和数字经济、智慧城市建设要求，以做大做强平板显示、通信设备、半导体照明等电子信息产业为基础，重点培育和壮大卫星导航、集成电路封装测试、云计算、大数据等新兴产业，发展形成光电显示、通信设备、卫星导航服务、软件和信息技术服务等为主体电子信息技术体系。以打造千亿级信息技术产业集群为目标，突出通信设备及系统应用、半导体、新型显示三大产业链，基本确立鹿泉区、高新区、正定县三大产业聚集区；高新区电子信息产业以聚集通信设备、显示设备、电子元器件等产业为主，打造特色软件与系统集成、信息服务业，培育建设光谷科技园等专业产业园区；鹿泉经济开发区产业规模扩大，聚集度提升，初步形成以光电和导航通信为核心的产业体系。2019年全市电子信息技术主要企业和特色产品有诚志永华公司的液晶显示材料、远东通信公司的恒温晶振产品、国祥运输设备有限公司的列车用空调机组、旭新光电公司的液晶玻璃基板等，LED产业发展形成芯片制造、封装和照明产品等较完整的半导体照明产业链。推进软件产业创新发展，支持国家火炬计划软件产业基地——河北省软件产业基地（石家庄）建设，建成孵化面积15万平方米，在孵企业100余家，基地内企业就业人员达到5000余人，拥有软件开发综合服务平台、石家庄软件园企业联盟、IT人才实训基地、河北省大学生创业示范基地等。依托中电科54所、13所等科研院所，创建卫星导航领域工程实验室等省级以上创新平台46个，半导体研究创造36项国内第一。至2019年末，全市规模以上新一代信息技术产业实现营业收入147.4亿元，同比增长16.9%；完成工业增加值176.3亿元，同比增长21.8%；固定资产投资增长15.7%。2019年全市共有规模以上信息传输、软件和信息技术服务企业155家，实现营业收入321.2亿元，同比增长3.5%，其中，软件和信息技术服务企业营业收入100.4亿元，同比增长11.3%；互联网和相关服务业营业收入3.7亿元，同比下降10.0%。2019年全市规模以上信息传输、软件和信息技术服务企业固定资产投资增长138.4%，利润亏损8.4亿元。

【东旭光电科技股份有限公司】 东

旭光电科技股份有限公司成立于1992年12月26日，原名石家庄宝石电子玻璃股份有限公司，主营业务为电真空玻璃器件及配套电子元器件，地址位于石家庄市高新区黄河大道9号。1996年9月25日，石家庄宝石电子玻璃股份有限公司在深圳证券交易所挂牌上市，证券名称为宝石A，后改名为东旭光电，证券代码000413，首次股票发行量2620万股，募集资金净额15720万元。2011年8月2日，石家庄市国资委与东旭集团有限公司（简称东旭集团）签署《石家庄宝石电子集团有限责任公司国有股权转让合同》，完成石家庄宝石电子玻璃股份有限公司（简称宝石集团）国有股权转让、产权过户及工商注册变更，东旭集团持有宝石集团70%的股权，成为宝石集团控股股东。2013年公司定向增发5.2亿股，募集资金50亿元建设10条第6代玻璃基板生产线。2014年1月，公司名称变更为东旭光电科技股份有限公司（简称东旭光电）。实施产业链延伸战略，专注和整合全部产业上下游产品，切入高端装备、蓝宝石、石墨烯、彩色滤光片、偏光片、新能源客车等产业板块，逐渐形成具有综合竞争力的光电产业集群。重视产品研发，拥有平板显示领域专利技术400多项。2016年7月，东旭光电推出首款石墨烯基锂离子电池——烯王，开启东旭石墨烯产业化研究和生产。2019年东旭光电注册资本57.3亿元，拥有全资子公司3个、控股子公司3个、控股孙公司3个，发展成为集液晶玻璃基板装备制造、技术研发及生产销售于一体的高新技术企业。2019年东旭光电科技股份有限公司实现营业收入367亿元，上缴税金19.97亿元，排名石家庄市百强企业第2位。

（市工业和信息化局）

【中电科第五十四研究所】 中国电子科技集团第五十四研究所（简称中电科第五十四研究所或中电科54所）始建于1952年，是新中国成立的第一个电子信息技术研究所。2017年9月，中国电子科技集团有限公司以中电科54所为核心，组织5家研究所组建成立中国电子网络通信集团有限公司。2019年中电科54所总占地面积960亩，从业人员9882人，其中，科技人员4600余人，中国工程院院士1人，研究员级高工250余人，高级工程师1600余人，博士、硕士研究生2600余人，国家级突出贡献专家3人，享受政府特殊津贴人员90人，国家“百千万人才工程”专家3人，河北省“三三三人才工程”专家79人，集团公司首席科学家6人、首席专家3人；拥有6个核心专业、2个支撑专业，设有4个重点实验室，建有通信软件与专用集成电路设计国家工程研究中心、国家通信导航设备质量检验中心（含国家级商检实验室）3个国家级研究开发和检验认证中心及国内首家卫星导航产品认证中心，发展成为全国电子信息领域专业覆盖面最宽、综合性最强的骨干研究所，是国家授权的电子工程专业承包壹级资质单位、电子工程甲级咨询单位和设计单位。2019年中电科54所获得国家技术发明奖二等奖1项、国家科技进步奖二等奖1项，河北省科技进步奖一等奖1项、二等奖2项、三等奖2项，中国电子学会最高科技奖1项，中国电子学会科技进步奖一等奖3项、二等奖5项、三等奖8项，中国电子学会技术发明奖一等奖1项，中国电子学会专利优秀奖1项，卫星导航定位协会科技进步特等奖1项。至2019年底，中电科54所营业收入139.48亿元，上缴税收1.35亿元；申请专利448件，获得专利授权255件。

（李少波　杨涛）

【中电科第十三研究所】 中国电子科技集团第十三研究所（简称中电科第十三研究所或中电科13所）于1956年在北京成立，1963年迁至石家庄市，主营微电子、光电子和微机械电子系统，是中国成立最早、规模最大、技术力量雄厚、专业结构配套的综合性半导体研究所。2019年中电科13所共有子公司4家，分别为中瓷公司、博威公司、普兴公司、同辉公司；50%控股公司1家，为新华北集成公司。重视产品技术开发，“GaN射频功率放大器研发与产业化”项目获得国家发展改革委立项，实施民用产品产业化项目57项。5G通信器件业务逐年递增，成为国际化经营新的增长点。整合资源，统筹规划子集团业务布局，支持企业上市融资。制定《中电国基北方子集团资本运作规划》，围绕战略规划、业务布局、市场开发、资源配置和产业能力，全力构建现代企业经营管理体系。谋划申报5G射频板块和传感器板块在科创板上市，2019年9月，中国证监会审核受理子公司中瓷公司上市IPO申报材料。至2019年底，中电科13所完成营业收入80.1亿元（不含工程建设公司，营业收入77

亿元），核心业务同比增长10%，其中，国际化经营收入4.40亿元，同比增长12.91%；实现利润9.5亿元，同比增长20.88%；完成增加值7.58亿元，同比增长22%；上缴税收1.19亿元，同比增长23.2%。

（陈海明　梁廷敬）

城市信息化建设

【概况】 2019年，全市以物联网、云计算、大数据等新一代信息技术为支撑，加快推进城市通信网络、政务信息化应用、智慧城市、数据资源开发利用、安全保障等各类信息化项目建设，城市信息化整体水平显著提升。以谋划“互联网+先进制造业”项目为抓手，推进制造业与互联网深度融合发展，助推传统产业改造提升。2019年全市拥有工信部贯标试点企业27家，其中，通过工信部贯标评定企业16家，2家企业获评2019年河北省工控系统信息安全试点示范企业。推进政务资源共建共享，全市统一规划建设智慧城市大数据中心，容纳机柜300个，存储容量40PB，计算能力超过5万核，建成虚拟化、云计算、大数据等系统平台，为全市“大智移云”建设提供物理环境、计算存储资源、软件环境和安全保障，市委政法委、市公安局、市市场监督管理局、市城市综合执行局、市司法局等部门业务系统迁入大数据中心。2019年全市依托智慧城市大数据中心，建成政务数据共享交换平台，接入37个市直部门数据，完成614类数据采集，沉淀数据7.1亿条，与省共享交换平台实现数据对接，有效打通部门之间信息壁垒，实现了数据互联互通。加强通信基础设施建设，制定扶持产业政策，出台《关于加快发展5G发展的实施方案》。至2019年末，全市互联网宽带接入用户393.2万户，同比增长5.2%；移动电话用户1403万户，同比增长2.0%；固定电话用户123万户，同比增长2.5%；电信业务总量达到801亿元，同比增长62.8%，电信业务收入81.0亿元，同比下降6.9%。

【信息化工业化融合】 以信息化、工业化深度融合为思路，重点提升制造业数字化、网络化、智能化水平。制定出台“两化”融合政策。印发《石家庄市2019年两化融合推动方案》（石信工融〔2019〕1号），全面布局“两化”融合工作。开展“两化”融合管理体系贯标行动，全年确定工信部贯标试点企业27家，其中，通过工信部贯标评定企业16家。培育“两化”融合试点示范项目。全市列为工信部“两化”融合类试点示范5个，省级试点项目14个，华药集团、君乐宝乳业获评2019年河北省工控系统信息安全试点示范企业，际华三五零二职业装有限公司“定制服装电子商务系统的开发与建设”等3个项目入选工信部2019年制造业“双创”平台试点示范项目，石家庄君乐宝乳业有限公司（简称君乐宝乳业）“乳制品终端供应链协同管控能力”等2个项目入选工信部2019年制造业与互联网融合发展试点示范项目，河北敬业钢铁有限公司产销一体化平台等14个项目入选省2019年工业互联网平台类和“制造业+互联网”模式应用类试点项目。举办“两化”融合培训，累计培训1500余人次。

【5G通信技术应用】 11月29日，石家庄市印发《关于加快5G发展的实施方案》。主要内容：加快石家庄市5G（第五代移动通信技术）网络规模部署和商用步伐，促进5G产业快速发展，推动通信技术转型升级和高质量发展。加快5G网络建设。2019年全市完成主城区及正定县、栾城区、藁城区、鹿泉区5G网络规划和站址资源储备。到2020年底，石家庄主城区实现5G网络覆盖，规划建设基站5360个；到2022年底，规划建设基站1.6万个，5G用户达到367万户。培育和发展5G产业。到2022年，突破5G关键芯片与器件、应用软件、智能终端等关键技术，加快5G器件研发制造，打造石家庄5G器件研发制造基地，5G产业主营业务收入突破100亿元，带动全市相关产业快速发展。推进5G融合应用。到2022年，全市5G示范应用场景超过5个，培育5G应用领域创新型企业10家以上，力争石家庄市5G创新融合应用走在全省前列。培育壮大5G优势企业。采取内育外

引等方法，引进国内外知名大规模天线系统、基站设备、通信整机、存储设备等制造企业，5G 智能手机及手机零部件生产企业，新型显示终端设计、生产企业，培育发展无人机、智能服务机器人、智能家居、车载终端、可穿戴设备及 VR/AR 硬件、内容制作和跨界服务等智能产品，补齐产业发展短板。

（李勇　刘智卓）

网络安全和信息化

【概况】 2019 年，全市网络信息部门贯彻落实市委关于网络安全和信息化工作的决策部署，组织完善网络安全保障体系，严格落实网络安全工作责任制，及时处置网络安全风险事件。4月4日，省委常委、市委书记邢国辉主持召开市委网络安全和信息化委员会第一次会议；学习贯彻习近平总书记关于网络强国的重要论述，落实全国网络安全和信息化工作会议及省委网络安全和信息化委员会第一次会议精神，审议通过《中共石家庄市委网络安全和信息化委员会工作规则》《中共石家庄市委网络安全和信息化委员会办公室工作细则》《中共石家庄市委网络安全和信息化委员会 2019 年工作要点》等文件。利用网络平台，传递社会正能量。7月5日至 12 月 12 日，由市委网信办、省影视家协会、北京电影家协会、天津市电影家协会共同主办的 2019 “美丽中国” 微电影盛典暨第五届 “善美石家庄” 微电影大赛举行。比赛以庆祝新中国成立70周年和 “美丽中国” “善美石家庄” 为主题，设立 “特别奖、微电影奖、微视频奖、微记录奖” 等 11 个奖项。参赛网络影视作品进入评审资格环节600 余部，评选获奖作品 49 部、获奖个人 19 名。加强网络信息管理。11月 20 ~ 22 日，市委网信办举全市网信系统业务培训班，市委网信委成员单位和部分市直部门及各县（市、区）委网信办主任、副主任 100 余人参加培训，现场模拟政府部门官网遭受页面篡改攻击和关键信息基础设施受到勒索病毒侵害等网络安全事件，演示事件入侵过程、应急决策、启动预案、信息发布、指挥处置、系统恢复等应急处置流程，全面提升网络安全突发事件的应急处置能力。11 月 15 日，石家庄市新媒体中心正式挂牌运行。

【机构设置】 2018 年 12 月，市委网络安全和信息化委员会办公室（简称市委网信办）挂牌成立，为市委工作机关。2019 年 1 月 16 日，市委网络安全和信息化领导小组更名为市委网络安全和信息化委员会，为市委议事协调机构；市委网络安全和信息化委员会办公室为市委网络安全和信息化委员会办事机构。根据《中共石家庄市委网络安全和信息化委员会办公室职能配置、内设机构和人员编制规定》，市委网信办行政编制 30 人，设置处室 6 个，分别为综合处、网络新闻信息传播处、网络应急管理和舆情处、网络管理和执法督查处、网络评论和社会工作处、网络安全和信息化协调处。网络安全和信息化协调处统筹全市网络安全工作，在编人员4名。2019 年 2 月底，石家庄市各县（市、区）委网信办均挂牌成立，全部完成独立机构设置。增强网络安全技术支撑力量，2019 年 7 月，市委网信办设立市级信息安全测评中心，为公益一类单位，级别正科级，编制 10 名，主要负责网络安全测评，为全市网络信息安全提供技术支持。

【网络经营监管】 至 2019 年底，全市共有经营性网站 40039 家、网店 46470 家、交易平台 38 家。结合电子商务平台及经营者数量、日常经营状况、网络巡查及定向抽查结果、消费者投诉举报等情况，市市场监督管理部门从智慧监管、综合监管入手，组织开展 “网剑行动”，重点打击网上销售假冒伪劣产品、不安全食品及假药劣药行为等 7 项监管内容，依法保护消费者和经营者合法权益，促进网络和电子商务健康发展。2019 年全市查办各类网络行政违法案件 68 起，罚没资金 140 万余元；清理各类网上违法有害信息 19246 条，查办网络违法犯罪案件 312 起；市市场监督管理部门接收涉及网络消费投诉 4253 起、举报 3149 起，办结率分别为 98. 68% 和 98. 95% 。

【新媒体中心挂牌运行】 11 月 15 日，由市委网信办牵头建设的石家庄市新媒体中心正式挂牌运行。地址位于市区新京大厦。至2019年末，市新媒体中心入驻央视网、澎湃新闻、长城网、国际在线、今日头条、网易河北、中国青年网等20余家重点网站和10余家属地网络。市新媒体中心由市委网信办统一管理，市网络文化协会、“一点资讯”新媒体实践创新基地负责日常运行，能够满足各入驻网络媒体日常办公、技术开发、宣传合作、音视频直播等多方面需求。市委网信办依托市新媒体中心，注重加强网络信息建设、技术创新、行业发展等引导，优化政策，增强资金及品牌宣传推介支持，全力为石家庄市新媒体健康发展营造良好的运行环境。

【网络安全保障】 市委网信办发挥统筹协调职能，印发《关于落实〈河北省网络安全工作责任制实施细则〉的通知》，明确各级党委（党组）、网信委、网信工作部门、行业主管监管部门和网络运营者在维护网络安全工作中的责任，建立全市防范化解网络风险的责任体系；印发《关于全市关键信息基础设施安全保护工作有关事项的通知》，明确电信、广播电视、能源等15个关键部门加强设施和数据安全管理。制定《石家庄市网络安全事件应急预案》《石家庄市网络安全预警通报制度》，建立全市网络安全监测预警、信息通报和应急处置机制。在全市范围内开展网络安全隐患风险自查评估、互联网网站安全整治、重要数据安全隐患排查整改、网络安全基础保障等六大项专项行动和网络安全应急能力提升行动。依托国内网络安全技术公司，对全市广电、交通、教育、卫生等多个行业的近百家重点党政机关、企事业单位开展网络安全督导检查，排查整改187项风险隐患，市数据资源管理局开展重要数据安全隐患排查整改专项行动，对运行的服务器、网络安全设备、网站和信息系统进行加固防护，强化数据安全管理；市公安局、市工信局、市通信办、市文化广电和旅游局等单位在本部门、本行业、本系统开展网络安全保障专项行动，全面排查关键信息基础设施和重点网站、重要信息系统网络安全风险，共检查重要信息系统运营单位256家，针对检查中暴露出的网络安全风险隐患和问题，下发网络安全预警整改通知书239份，及时处置风险隐患，对部分整改不及时、不到位的单位进行督导和约谈，有效提升全市网络安全防护水平。

【网络安全宣传周】 9月17日，由省委宣传部、省委网信办主办的2018年国家网络安全宣传周河北活动在石家庄启动。本次宣传周的主题是“网络安全为人民，网络安全靠人民”。石家庄市印发《石家庄市2019年国家网络安全宣传周活动实施方案》，全市各地、各行业系统广泛组织开展丰富多彩、形式多样的主题活动，普及网络安全知识，提升全社会网络安全意识和防护技能。为提高活动影响力，石家庄市网信部门采取传统媒体和新媒体相结合的方式，组织石家庄新闻网、燕赵名城网等18家新闻媒体开展活动宣传，石家庄广播电视台在新闻综合频道、娱乐频道、生活频道、都市频道全频道多时段安排播发网络安全宣传片。各县（市、区）网信办和市公安局、市通信发展办、市教育局、人行石家庄中心支行等部门，开展网络安全公益作品制作和征集、网络安全知识答题和知识竞赛、网络安全六大主题日和网络安全进基层等系列活动，动员机关单位人员、企业职工、农民、学生等群体广泛参与。宣传周期间，全市共举办进基层等形式多样的活动1116场次，参与人数39.8万人，发放宣传材料32万份，制作4部短视频，征集30余件公益广告，发布报道475篇，活动规模、参与人数、社会关注程度均创历史新高，全市网络安全水平和技能得到大幅提升。石家庄市被中央网信办等十部委评为“2019年国家网络安全宣传周活动先进单位”。

（刘招龙）

数据资源管理

【概况】 2019年，全市政务数据归集和应用项目正式启动，完成市级政务云平台建设，建成人口综合库、信用信息库、办事材料库、法人综合库、电子证照库等五大基础信息库，归集政务数据15亿条，实现数据初步汇集，为全市实现数据共享提供统一的数据支撑。推动新型智慧城市建设。出台《石家庄新型智慧城市总体规划（2019～2021）》，明确六大建设任务和46项智慧城市建设重点工程。加强信息化建设项目管理，出台《石家庄市信息化建设项目管理办法》，34个信息化建设项目列入2019年建设计划。推进政务服务一体化平台规范化、标准化建设，全市272个乡镇（街道）实现页面标准化并全部开通政务服务事项，覆盖率100%。不断提升电子政务服务能力和水平，推进政府网站集约化建设，全年“市长信箱”共收到网民有效留言21704条，处理答复21411条，处理答复率98.65%。6月，市数据资源管理局联合市发改委、市委市政府督查室等部门研发的“重大项目电子跟踪督办系统”上线运行。该系统具备项目管理、统计分析、自动预警、督办信息统计等4大项14个子项，系统汇聚项目4389个，实现全市重大项目全程跟踪督办。11月，市数据资源管理局被评为“2019年度中国网信事业（数字政府）创新驱动示范单位”。下属市电子政务中心被人民网评为“2019年人民网网民留言办理民心汇聚单位”和“2019年人民网网民留言办理先进单位”。“中国·石家庄”政府门户网站“市长信箱”栏目被中国电子政务理事会评为“政府网站政民互动类精品栏目”。根据石家庄市委编制委员会办公室三定方案，数据资源管理局下设市电子政务中心，为副县级事业单位，主要负责全市电子政务发展规划、电子政务网络及应用系统平台建设管理等。

【政务数据归集和应用】 市数据资源管理局在对全市政务信息化摸底调研、征求专家意见的基础上，借鉴外地先进经验，研究制定石家庄市“政务数据归集和应用”建设方案。3月23日，政务数据归集和应用项目经市政府第43次常务会议研究通过，报市委审议；4月4日经市委全面深化改革委员会第二次会议研究通过；6月13日，政务数据归集和应用项目通过财政资金评审；7月4日，在市公共资源交易中心发布项目招标公告；7月26日完成项目招标，中标公司为阿里云计算有限公司，中标价8998.85万元。项目建设自2019至2021年为期3年，10月15日，政务云平台完成部署并成功进行贯通性测试。10月30日至11月中旬，归集数据11.8亿条。至2019年底，共归集全市政务数据15亿条，涉及社会治理、交通、住建、公积金、体育、农业、司法、商贸流通、卫生健康、市场监管、教育、生态、行政审批等行业。经过对数据的清洗、治理，建成人口综合库、信用信息库、办事材料库、法人综合库、电子证照库“五库”和统一支付、统一通知、统一物流、统一签章、能力开放平台“五平台”。其中人口综合库归集1242万条人口基本信息，13亿条人口扩展信息，包括个人公积金缴存信息、居民健康信息、个人工资信息、低保登记信息、死亡登记信息、婚姻登记信息、保险征缴计划明细、城镇居民基本医疗保险参保人员信息等；法人综合库归集183.8万条法人基本信息，6906.8万条法人扩展信息，包括企业异常名录信息、集团公司信息、集团成员信息、单位保险征缴明细信息、资质许可信息、资质注/撤/吊销信息、经营年报信息、企业违法案件信息、12315投诉举报信息等；办事材料库归集85万条申报办件材料信息；电子证照库归集4498条电子证照信息，251条电子证照目录信息；信用信息库归集30万条企业信用评定信息。11月20日，项目顺利通过第一阶段验收，实现数据初步汇集，为全市数据共享提供支撑。

链接

政务数据归集和应用项目建设整体架构由“133N”组成，主要建设内容是：一个云平台——建设一个市级政务云平台，满足“最多跑一次”改革（政务数据归集和应用）项目运行底座以及未来3年内数据共享、各委办局信息系统上云的基础资源需求。三大支撑体系——建设政务服务、政务应用、政务数据三大支撑体系。三大保障体系——建设标准规范、安全保障、统一运维三大保障体系。N个政务服务应用系统——建设包含面向群众和企业用户侧应用（掌上办事、自助办事、便民一卡通等）、面向政府工作人员的业务侧应用（含无差别全科受理平台、移动审批等）、面向政府管理人员的政务服务管理应用（含量化考核评估系统、大数据可视化应用等）在内的一系列政务服务应用系统，按照“无差别全科受理”和“一网通办”的要求对全市政务服务应用系统进行整合和升级改造，为“最多跑一次”改革（政务数据归集和应用）打造线上线下融合的全市“一张网”政务服务应用系统。

【《石家庄新型智慧城市总体规划（2019～2021）》】 为加快推进新型智慧城市建设，市数据资源管理局在全面深入调研、广泛征求意见的基础上，结合专家研讨意见，修订完善《石家庄新型智慧城市总体规划（2019~2021）》（以下简称“智慧城市规划”）。5月28日，《智慧城市规划》经市政府第46次常务会议研究通过，6月12日，市政府正式印发实施。《智慧城市规划》分为7部分，内容包括新型智慧城市建设面临的形势和重大意义、基础现状和建设需求、总体要求、主要任务、建设时序以及保障措施。具体分解为六大类建设任务：提升新一代智能化基础设施水平；构建以“城市大脑”为核心的运行管理体系；打造智能化公共服务和便捷智慧生活；完善城市智能化管理功能；推动产业融合创新和数字经济发展；建立安全保障、标准规范和运营维护支撑体系。围绕六大建设任务，《智慧城市规划》确定46项智慧城市建设重点工程，按照“分步实施，急用先行”的思路，提出年度各项任务的具体建设时序，分轻重缓急从项目库中挑选项目实施，原则上基础类的、先导类的、影响大的项目优先建设，政务服务和民生服务类项目作为亮点工程优先建设。10月11日，在智慧城市建设高峰论坛上，由石家庄市政府制定的《石家庄新型智慧城市总体规划（2019~2021年）》正式对外发布。

【信息化项目管理】 为促进石家庄市信息化建设健康发展，提高财政资金投资效益，根据职责要求和工作需要，市数据资源管理局研究制定《石家庄市信息化建设项目管理办法》，对全市信息化建设的项目组织、建设原则、项目库管理以及项目申报、审核、建设及验收等方面做出明确规定。《管理办法》经市政府第49次常务会议研究通过，7月29日正式印发实施。根据项目年度建设进度和支付进度等情况，经研究确定34个信息化项目（见附表）通过数据资源管理局组织的专家评审论证，列入2019年信息化建设项目计划，经市政府第51次常务会议通过后实施。

表25　2019年政府投资信息化建设项目名称一览表

序号	项目名称
1	“最多跑一次”改革(政务数据归集和应用)
2	石家庄市电子政务内网二期及党委办系统业务应用项目
3	重大项目跟踪系统
4	石家庄市工程建设项目审批监督管理系统
5	交通事项审批系统
6	在运政系统中新增网约车功能模块
7	数据可视化系统
8	民心河雨水闸门远程控制及监控系统改造方案
9	槐安大桥结构监测系统
10	石家庄市城市管理便民服务中心(12319热线)系统设施设备升级
11	石家庄时空大数据平台及应用项目
12	石家庄市不动产登记中心网络安全体系及数据迁移
13	应用系统升级
14	石家庄市土地二级市场系统(二期)

续表

序号	项目名称
15	石家庄市国土资源执法监察管理信息系统
16	石家庄住房公积金管理中心全国公积金数据报送平台接入项目
17	石家庄住房公积金管理中心三级等保整改设备采购项目
18	视频会议系统主控设备等更新项目
19	石家庄市政府网站集约化平台
20	石家庄市建筑渣土运输和消纳利用管理平台
21	诊疗信息互通共享
22	石家庄市党建云平台
23	干部工资管理系统
24	人才绿卡信息管理平台
25	金审工程三期建设项目
26	石家庄市服务贸易综合服务系统
27	石家庄市药品流通追溯系统
28	建筑工地扬尘远程监控系统平台扩容
29	智慧房产交易系统
30	道路运政管理信息系统升级改造与综合应用
31	互联网+政务服务平台（不见面审批）
32	社保基金监管信息系统二期
33	政法信息化三维实战平台
34	公共资源交易中心应用系统改造

【政务服务平台】 推进政务服务一体化平台规范化、标准化建设，全市272个乡镇（街道）及所辖4925个社区（村）实现页面标准化并开通政务服务事项，覆盖率100%。推进省建垂直管理系统与市县综合性政务服务大厅系统对接，对服务事项进行同源管理，避免“进多站、跑多网”；升级一体化平台事项库，实现与全省统一“三级四同”事项库对接，市县两级政务服务事项网上可办率全部达到省级规定标准90%；开展“互联网+监管”用户注册和监管事项清单梳理等工作，实名创建市级监管部门管理员和县（市、区）区域管理员，帮助和指导市、县两级监管部门完成工作人员用户实名注册工作，组织市、县两级近600个部门梳理监管事项清单和检查实施清单，录入到国家“互联网+监管”系统。推动政府网站集约化建设，结合机构改革对政

府网站进行整合，关停并转8家，市县两级政府网站数量由原来的65个整合为60个；推进政府信息公开工作，全年通过信息公开平台发布信息25135条。围绕市委、市政府中心工作制作19个特色专题，集中传递市委、市政府重要决策部署。加强政民互动，及时回应群众关切。全年“市长信箱”共收到网民有效留言21704条，处理答复21411条，处理答复率98.65%。

【电子政务】 整合网络设备资源。启动市电子政务外网升级，以现有电子政务外网为主干，整合部门非涉密业务专网，完成市人社局、审批局、市场监管局、民政局等业务专网及延伸到各县（市、区）对应业务专网的整合对接。加强网络安全管理。启动市县两级电子政务外网IP地址调整和优化工作。依据新的网络信息安全三级等保2.0标准，对网站群系统、政务公开系统、手机App等进行全面检测和安全漏洞修复。完成电子政务外网和党委办公专网的三级等保测评及内部渗透测试，确保网络和网站安全。优化政务办公和决策支持系统。形成以市政府办公室为龙头，纵向连接各县（市、区）政府，横向连接市直各部门的应用网络，系统运行稳定，功能基本满足要求。全年共通过政务办公系统下发常务会议纪要55期、公文2856件、通知35705件，接收县（市、区）和部门上报请求报告2815件、上报信息2815条、合成期刊165期，完成网上交办、接收承办事项2815件，发送短信提醒近130万条。协助市委办公室建设“电子督查”、“文电管理系统”等应用系统；完成党政领导决策信息库等应用系统平台的日常维护更新，全年共发布公文、期刊550份，发送短信提醒近10万条，新建电子邮箱200余个，更新各类党政信息资源文献160余万篇。

（任剑锋）

无线电管理

【概况】 2019年，河北省石家庄无线电管理局共办理行政许可事项11件，审批设置使用电台665部，其中5G基站349座、超短波电台320部，指配频率24个；核发电台执照1165张，年检执照1326张，换发执照124张；办理撤销台网9个、停用电台204部。组织业余电台操作证考试1次，实际参加考试281人，考试合格182人，指配业余电台呼号206个，审批业余电台436部。为保障中华人民共和国成立70周年庆祝活动办理临时设台手续，指配频率6个、批准使用对讲机63部。完成2019年度115家设台单位90.65万元频占费收缴工作。全年撰写各类简报信息55篇，专报信息6篇，其中国家级媒体报道2篇，省级媒体报道8篇，中国无线电网站刊登15篇，省工信厅网站刊登2篇。

【无线电监测】 2019年，石家庄无线电管理局不断优化监测体系，提升监测技术支撑能力。完成国家月报监测工作，累计监测频段73个，监测时长93888小时，撰写月报10份，分析信号1089个，定位“黑广播”信号7个，各类干扰源10个；完成频段比对工作，累计监测30240小时，留存频谱1512份；完成专项监测工作，配合国家监测中心完成为期10天的“石家庄地铁800MHz数字集群频率使用率评价测试”任务，测试基站26个并按要求上报相关数据。累计检测运营商基站62座，专用电台40个，业余电台121部。与公安、民航、广电等部门建立联动机制，在全市范围内多次开展专项打击行动，全年共计开展执法检查16次，查处“黑广播”案件7起，查获“黑广播”设备7台（套）。6月和11月，联合市场监管部门对市区销售无线电发射设备场所开展联合检查，共收缴未经型号核准无线电发射设备26台，完成对628家经营主体、32793多个型号的无线电发射设备销售审核备案。

【无线电保障】 全年完成中华人民共和国成立70周年、第二届“一带一路”高峰论坛、亚洲文明对话大会、全国“两会”、2019年中国国际通用航空博览会、石家庄马拉松等重大活动无线电保障工作。完成国家、省市各类考试保障16次，累计出动执法和监测人员262人，监测车辆66台，在二级建造师和一级建造师考试保障中，分别查处一起利用无线电发射设备作弊案件，查获设备共两台（套），在一级建造师考试中，协助公安机关抓获1名嫌疑人。开展无线电频率使用评价工作。按“双随机一公开”工作要求，全年共随机抽查23家设台单位，对96部固定电台（广播电视台32座、超短波固定台23座、公众移动通信台站28座、民航导航电台13座）进行主要设台参数检查核验，结合春运、两会、汛期、重大活动等重要时间节点，走访铁路、民航、水利防汛等通信台网，开展台站核查，对专用频率进行保护性监测。

河北省石家庄无线电管理局
局　长：李卫东
副局长：姚彬　（女）
　　　　李二根

（李凯）

电　信

中国移动通信集团河北有限公司石家庄分公司

【概况】 2019年，中国移动通信集团河北有限公司石家庄分公司（简称中国移动石家庄分公司）主动应对经营形势变化和市场挑战，强化客户意识、效益意识、品质意识、实现通信服务收入33.6亿元，日均活跃客户到达405.2万户，宽带客户净增21.7万户，重要客户保拓167.3万户。推进调结构增效益，市场发展质效稳步提升。以客户为中心，做大增量拓展，做精存量运营，做好融合营销，做优政企转型，依托品质提升，不断强化竞争优势，关键业务指标大幅增长，市场及收入地位双提升。优化收入结构，政企转型业务收入比重加大，2019年2月中国移动“和对讲”产品业务平台在石家庄市劳动监察局上线运行，部署智能手机及安全执法终端58部，实现所在单位执法人员及车辆全覆盖。扩大新增业务规模，通信客户累计达到146万户。体系化推动存量客户价值提升，积极落实携号转网政策，建立纵向端到端，横向全流程的工作机制。把握5G正式商用势头，以终端、套餐带规模，以5G进政企等活动扩大宣传范围，5G客户达到0.7万户。高质量打造17个5G龙头示范项目，其中集团级项目4个，河北师范大学5GAR远程课堂项目、天远科技集团远程驾驶操控项目成为行业标杆和典范。扩大家庭客户规模，宽带客户达到101.5万户。10月31日，中国移动通信集团5G网络在石家庄市正式商用，标志石家庄市正式进入5G时代。2019年中国移动石家庄分公司底姗姗获得“中国移动工匠”称号。

【通信网络】 重视提升网络覆盖范围，全年解决城区弱覆盖楼宇3125栋，全网MR覆盖率由93.1%提升至95.8%。网络容量大幅提升，累计扩容6150个小区、拆闲补忙2242个小区，单小区承载业务量由21.9G提升至24.9G。5G网络快速发展，完成两期2251个站点规划，开通5G基站712个；突出打造河北首个5G商城（万象城商圈），形成市区一环内热点精准覆盖、多片区连续覆盖区域。石家庄与雄安新区首次5G通话。4月22日，中国移动通信集团河北有限公司采用华为智能手机成功实现石家庄与雄安新区5G通话，这也是河北省首个5G电话；此次除5G语音通话外，还完成5G视频通话、5G高速上网并行验证；5G通话演示使用现网4G核心网升级网络，在不换卡、不换号场景下，实现5G手机间通话；5G语音通话稳定、视频通话音质清晰，达到5G技术高带宽、大连接、低时延的技术特点。建设精品家宽网络。提升家宽网络覆盖能力，新建家宽小区1043个，覆盖率达到85%。提升网络承载能力，城域网扁平化占比从68%提升至97%，城域网链路合格率99.8%。提升网络运维效率，故障平均处理时长由5.8小时降至4.8小时；提升三方家宽装维能力，完成51个三方OLT割接和384个三方小区整治验收，投诉回访满意度提升至98.7%。建设精品政企网络卓有。初步形成“一点响应、全网支撑”的客响中台模式，售前勘察资源满足率由93.4%提升至98.8%，针对客户需求建立“一张清单”分层分级预警机制。组建售后故障支撑组，故障处理平均时长由4.2小时降至1.3小时，完成73个重要客户汇聚点及关键点位的双路由改造，重要客户网络质量提升。

【基础设施】 传输承载能力大幅提升，新建管道339.9千米，市政管道覆盖率由88%提升至91%，新增全业务机房80个，点亮微网格由3813个提升至4204个，微网格点亮率提升4.8PP；完成PTN核心层1对L3设备、4对L2/L3设备升级替换。PTN网络健康度提升效果明显，完成187个单链网元入环，成环率由75.7%提升至84.3%。动环配套能力进一步加强，完成185个承载重要业务站点的蓄电池组更新改造，重要站点动环监控告警率由10.5%降至4.6%。优化工程管理能力。完成222个疑难物业攻关，解决化工学院等51所多年疑难高校的覆盖容量问题，累计完成616个宽带高价值空白小区攻坚，任务量占全省32.7%。加强快速响应能力，无线立项流程由6周缩短为2周，专线建设能力日均开通数量较2018年提升40%。16天完成人社厅EDC机房紧急改造工程，4天完成348条森林防火项目。加快清理陈旧项目，竣工验收陈旧项目120个。

【经营管理】 制定专项工作方案，常态化推进降本增效工作落地执行，清理低效、无效资产，清理无效设备18265套、零流量小区33个、低接入率小区229个、办公设备和家具1784条、滞库物资1053万元，年节省维护费用396万元。严格网络电费管控，专票获取率由73.7%提升至87.5%，直供电站点占比由22.1%提升至23.6%，每载频电费较年初下降18.8%，电费节资947.7万元。强化自有渠道效能评估，关停优化14个营业厅，节约租金380万元，盈利厅占比提升至98.5%。优化效益评估机制，全年开展项目评估402个。通信服务支出较2018年底下降6200万元，同比下降2.4%。强化全面风险管理，优化落实2019版内控手册，按季度发布公司重大风险应对报告。常态化制度流程梳理与优化，优化22个、新建4个、废止4个。优化政企、网络机构设置，建立协同高效的客户响应体系；实施市区网络分区包片管理，丰富市营装维部职责，深度匹配网格运营；推动业务稽核集中，缩减后台人员61人。综合运用总经理进步奖、大项目奖励、劳动竞赛等手段激发各层级活力，全年竞赛奖励占日常变动薪酬的12.3%。

【客户服务】 扩大渠道规模，优化实体渠道布局，有效渠道规模从2912家增长到3767家，1000户以上宽带小区有效覆盖率达到100%。拓展电子渠道，“和生活”月获客户规模扩至182.5万。加强渠道管理，采取网格化工作模式，率先在全省实现资源入格、全业务职责下沉，网格办理政企业务由32笔/月提升至1556笔/月。提升客户满意度，建立7类28项112个执行清单，狠抓投诉处理效能提升，开展重复投诉率、震荡工单、高价值客户投诉专题整治，满意度由80.2%提升至86.8%。健全服务管理体系，每月开展“总经理接待日”“客户之声”，接待客户683人次，推动解决问题339个，加大服务问题闭环督办整改，问题解决率为96.5%。增强客户体验和感知，4月25日，由中国移动石家庄分公司主办的“5G引领·智慧启航”主题论坛在石家庄市科技创新服务中心举行，现场搭建5G终端、5G-智慧平安社区、5G-AR远程课堂、5G-远程操控等展台，向用户提供体验服务；邀请中国移动研究院首席科学家易芝玲、华为公司中国区智慧城市首席专家聂俊宇作5G发展主题讲解。建立服务员工红黑点管理机制，建立全触点场景宣传规范，综合运用新媒体等形式加大正向引导。坚决治理业务不知情定制等侵害客户权益的行为，全面开展阳光行动，严禁碰触“三条红线”。围绕“点亮石家庄 再创新辉煌”专项工程，持续深入开展精品网络“三大战役”，坚持问题导向，深入落实清单化管理，达成用户满意度赶超竞对、支撑市场收入增长的目标。

中国移动通信集团
河北有限公司石家庄分公司

总 经 理：高广
副总经理：何青伟
赵亚锋（10月免）
程亮 （10月免）
段飞 刘磊

（韩蓉）

中国联合网络通信有限公司石家庄市分公司

【概况】 2019年，中国联通石家庄市分公司深化落实“五新联通”建设，加快互联网新运营转型进程，持续深化机制体制改革，公司移动通讯、数据业务稳步发展。至2019年底，联通石家庄分公司移动网络在网用户达到387.5万户，其中5G网络在网用户数为4970户，4G网络在网用户为284.4万户；宽带网络用户数达到126.2万户，IPTV用户数达到77.9万户。公司合同制用工人数2578人，办公地址设在石家庄市中山东路117号。持续提升直销能力，沃进社区工作不断迭代优化，累计开展活动9576场，建立全业务、全客户群、全生命周期的立体化全用户运维体系。精简机构，持续推进划小单元迭代优化，明确责、权、利，提高划小单元效益。加强员工队伍建设。助力员工岗位成长，开展经理助理岗位公开招聘，为优秀青年人才队伍提供培养及展示平台。网络部邓娜获评"石家庄市加快建设新时代现代化强市先进个人"、吴伟建获评"5G网络建设先进个人""李铁峰创新工作室"获评"中国联通集团级职工创新工作室"。

【通信网络】 完成第一批1576个L900站点，成为全国首个实现L900低频网连续建设城市。持续开展降本增效。移网、固网生产能耗实现"双降"，固网DC1长途交换设备退网，全面进入IP时代。开展专项整治，完成78类9000余项重点场景优化。加快5G建设。提高5G信号覆盖率，开通5G基站300个，实现市区一环内连续覆盖，一环外重点区域覆盖，完成全国首例5G地铁双漏缆方案部署，实现地铁1号线行政中心站到园博园站5G覆盖。与河北电力联合打造国内首个配电自动化项目，成功保障数博会等重大活动VR直播及5G应用。与中国电信石家庄分公司实施5G站点互联共享，开通55个4G宏站共享功能。12月25日，石家庄联通与石家庄电信举行"电信基础设施共建共享战略合作协议"签约仪式。落实"携号转网"相关要求，规范套餐设置，石家庄联通于5月16日完成"携号转网"异网携入用户业务测试，各项指标满足预期，11月27日在全市正式开放受理"携号转网"业务。

【客户服务】 以服务效能和客户体验双提升为目标，优化和改善服务质量，打造联通服务品牌。全年NPS指标行业领先，宽带NPS值29.8分，提升11.2分，位列行业第一，移网NPS均值18.4分，提升10.9分，位列行业第二。坚持以互联网化的运营模式，做好客户维系监督，打造业界领先的新型互联客户俱乐部品牌，组织策划并实施"第七届乒乓在沃""百城观影""会员生日祝福"等丰富多样的特色线上+线下会员活动，通过微信、微博等多渠道向50万星级客户宣传推广，提升客户满意度。提升网络质量体验。通过推动移网室分优化、微网格建设及卡顿及干扰小区常态化核查提升移网网络质量，针对宽带PON网络光衰整治、IPTV视频质差小区整治及宽带网络速度日常监测、优化提升宽带网络运营能力等项目，促进短板问题改善，提升公司整体服务水平。开展"立行立改"服务问题攻坚行动，落实"投诉15分钟紧急回应制度""专家现场派驻制度""各单位紧急联系人制度"、"不满意投诉二次处理制度"等，切实缩短投诉处理时限。

中国联合网络通信有限公司
石家庄市分公司
总经理、党委书记：姜南冰
派驻纪检组组长：陈朝
副总经理：颜莉　周进
郭广根　张锋

（韩园园）

中国电信集团有限公司石家庄分公司

【概况】 中国电信集团有限公司石家庄分公司（简称中国电信石家庄分公司）是2003年在石家庄市成立的三大基础通信运营商之一，主要经营基础电信业务以及电信增值业务。2019年中国电信石家庄分公司业务收入份额占比达27.77%，过网用户份额占比达27.29%，宽带用户份额占比达36.92%，天翼高清用户份额占比达41.72%；光宽覆盖新增用户27.7万户，累计达到407.13万户。落实国家电信企业提速降费政策要求，语音资费由0.2元/分钟下调到不高于0.15元/分钟，溢出流量资费由原来0.3元/兆下调至0.03元/兆。常态化开展体验监督，组织体验活动11场次，覆盖5G、携转、智慧家庭等重点产品及服务，发现问题50项，及时解决了影响用户在网络、产品、服务等方面存在的问题。实施5G网络建设，与中国联通石家庄分公司合作组建5G共享工作组，自建5G宏站183个，与中国联通石家庄分公司共享5G宏站305个。2019年中国电信石家庄分公司年度综合满意度测评排名同城行业第一。

【网络建设】 公司新建LTE基站1359个，到年末4G室外基站达到

10808个，有效解决集团超忙站点、MR弱覆盖区域和其他用户反映较多的信号覆盖问题。积极开展3G双闲区域载频退网，共清退3G载频1654个。推进LTE800兆网络由5兆带宽提升到7.6兆，共改造735个小区，占比11.39%，带宽提升52%。新建核心、汇聚层光缆67.2千米，新建管道75.65千米，新选机房21处，部署千兆小区15个。开展5G网络建设。2019年12月25日，公司与中国联通石家庄分公司正式签署《电信基础设施共建共享战略合作框架协议》，组建5G共建共享工作组，按照4:6的站点占比分区建设，电信石家庄分公司负责深泽、无极、辛集、晋州、藁城、栾城、赵县7个县（市、区）5G网络建设，中国联通负责剩余11县（市、区）5G站点建设。全年石家庄市5G实验网完成宏站488个，其中，中国电信自建183个、中国联通共享305个，主要覆盖一环内重点场景、火车站周边、裕华万达周边、中国电信省市公司周边高流量高价值区域。全年公司完成勒泰智享国际庄体验馆、正定数字经济博览会、5G商用发布会等20多场大型展会活动的5G网络保障。

【业务经营】 移动业务。10月30日电信石家庄分公司5G产品正式上市，推出7档5G套餐，匹配相应的5G会员权益，白金会员5G网络下行速率可达1G；用户可免费体验应用权益，其中包括云VR、云游戏、超高清、云电脑。2019年11月17日，公司提前开展携号转网便民服务，全市109家自有营业厅全部开通携转权限，用户可以在不更换号码的前提下，任意转换到三大运营商中的任意一家，极大方便用户生活。宽带业务。3月31日，公司召开智慧家庭发布会，标志着由光纤时代正式进入智能宽带时代；首次发布智慧家庭类产品，其中包括全屋WiFi、智能看家、智能门锁等现代家庭智能产品；融合用户带宽由100兆普遍提升至200兆，全屋WiFi用户免费提速300兆/500兆，开放1000兆极速宽带。全年光宽覆盖新增27.7万户，累计达到407.13万户。专线电路建设达到6010条，建设环节平均时长下降50%，为3.2个工作日，全力支撑政企业务发展。

中国电信集团有限公司石家庄分公司
总经理、党委副书记：孙玉胜
党委书记、副总经理：马巨福
纪委书记：王雅璐
副总经理：魏雅丽　岐剑
　　秦士良

（石丁伊）

商业·旅游

Business & Tourism

商贸流通

【概况】 2019年，全市实现社会消费品零售总额3173.61亿元，同比增长8.2%。其中，城镇完成2712.4亿元，同比增长7.6%；乡村完成461.2亿元，同比增长11.8%。限额以上企业（单位）消费品零售额完成819.8亿元，同比下降0.9%。其中，城镇完成817.6亿元，同比下降0.9%；乡村完成2.2亿元，同比增长22.7%。限额以上批发零售业商品分类零售额793.9亿元，同比下降1.2%。其中，粮油食品类90.0亿元，同比增长17.6%；饮料类11.4亿元，同比下降9.3%；烟酒类11.2亿元，同比增长6.7%；服装鞋帽针纺织品类101.2亿元，同比增长5.7%；日用品类24.1亿元，同比增长6.9%；家用电器和音像器材类42.0亿元，同比下降11.4%；中西药品类44.0亿元，同比增长18.5%；通信器材类13.6亿元，同比增长3.7%；石油及制品类97.6亿元，同比下降6.0%；汽车类276.4亿元，同比下降9.3%。节日消费旺盛，2019年春节假日期间（2月4～10日），全市百货、超市、餐饮、娱乐业实现销售收入10.12亿元，同比增长2.5%。其中，北人集团、勒泰中心、银座商城东购店、建华商场4家百货类大型商贸零售企业销售收入2.67亿万元，同比增长1.4%；北国超市、永辉超市、国大连锁便利店、保龙仓家乐福等超市便利店销售收入2.14亿元，同比上升3.19%；市饮食服务集团、国大酒店、保定会馆、世纪大饭店、勒泰中心、渝乡辣婆婆、海星餐饮等餐饮业营业收入3001.63万元，同比增长5.67%。五一小长假期间（4月30日至5月3日），全市7家大型零售企业和6家大型餐饮企业实现销售收入5.54亿元，同比增长20.67%。其中，北人集团、勒泰中心、银座商城东购店、建华商场4家大型商贸零售企业销售收入2.92亿元，增长27.9%；北国超市、永辉超市、家乐福保龙仓3家大型超市连锁企业销售收入1.24亿元，增长21.71%；市饮食服务集团、国大酒店、勒泰中心、世纪大饭店、渝乡辣婆婆、海星餐饮营业收入2011.1万元，同比增长6.42%。国庆假日期间（10月1～7日），市区11家大型商贸企业实现销售收入7.76亿元。其中，北人集团、勒泰中心、建华商场、银座商城东购店、苏宁易购、家乐福保龙仓、永辉超市7家零售企业销售收入7.69亿元，同比基本持平；保定会馆、辣婆婆、国大酒店、世纪大饭店4家餐饮企业营业收入704.2万元，同比增长6.5%。推进夜经济消费，围绕“食、购、游、娱、文、体”六个方面，集中打造中山路繁华商业街等特色示范性品牌项目，发展形成“一主街、一水系、一大道、多区域、多业态”夜经济消费格局。4月15日至11月30日，全市133家不同业态延时服务企业实现夜间销售收入40亿元，占全天销售额24%，同比增长15.3%。2019年全市实施重点商贸项目44个，其中，市重点商贸项目28个，县域重点商贸项目16个，总投资622.49亿元，全年计划完成投资146.97亿元，实际完成投资168.42亿元，超年度计划投资14.6%。加强肉菜储备和投放管理，市级冬春蔬菜储备7500吨、冻猪肉储备1500吨，储备期1年。10家超市获评省级放心肉菜示范超市，分别为：河北北国先天下广场有限责任公司、北国商城股份有限公司超市光华店、石家庄玉琢信誉楼百货有限公司、北国商城股份有限公司超市建华店、晋州信誉楼百货有限公司、赵县信誉楼百货有限公司、北国商城股份有限公司超市裕华店、河北保龙仓家乐福商业有限公司中山路店、河北永辉超市有限公司汇君城分公司、北国商城股份有限公司益友百货分公司。至2019年底，全市共有省级放心肉菜示范超市18家。1月25日至2月3日、9月25～30日，两次开展省级肉菜惠民补贴销售活动，共销售猪肉778.55吨、牛羊肉77.66吨、蔬菜729.78吨。9月17日，市商务局发布“2019十大石字号传统特色美食”“2019十大石字号传统特色美食品牌店”。开展国家绿色餐饮企业（绿色饭店）和国家钻级酒家创建活动，全市创建绿色饭店和钻级酒家30家。围绕将中山路打造成为第一繁华商业大道和建设智慧化500亿级核心商圈目标，组建成立中山路商业联盟，推动商贸服务企业向智慧化、体验式、国际化转型发展。扩街为圈，将中山路（中华大街—建华大街）段南至裕华路，北至和平路区域内商贸服务企业，统一调整商业经营业态，构建核心区域智慧商圈。至2019年底，石家庄发展形成北国商城、新百广场、先天下广场、银座东购、建华城市广场、万象城、勒泰中心、北国奥莱、东胜广场等温馨购物、美食消遣、智能便捷、繁华乐游的商贸流通态势。

表26　2019年石家庄市国家绿色餐饮企业(绿色饭店)和国家钻级酒家企业一览表

序号	企业名称	国家绿色餐饮企业（绿色饭店）	国家钻级酒家	所属区域
1	石家庄光明渔港饮食有限公司	五叶	白金五钻	裕华区
2	河北玉兰香保定会馆饮食有限公司	四叶	五钻	裕华区
3	石家庄市海星餐饮有限公司体育大街全聚德烤鸭店	四叶	四钻	裕华区
4	裕华梁氏饭店	四叶	四钻	裕华区
5	石家庄市渝乡辣婆婆酒店	四叶	三钻	裕华区
6	裕华百川渝乡辣婆婆饭店	三叶	三钻	裕华区
7	新华区光明渔港中华店	四叶	四钻	新华区
8	河北中鸿记餐饮管理有限公司热河食府中山店	四叶	四钻	桥西区
9	河北中鸿记餐饮管理有限公司石家庄大经街正太分公司	四叶	四钻	桥西区
10	石家庄清顺八旗餐饮管理有限公司桥西区振岗路店	四叶	四钻	桥西区
11	河北玉兰香保定会馆饮食有限公司红旗店	四叶	四钻	桥西区
12	河北汇文大酒店有限责任公司	四叶	四钻	桥西区
13	石家庄笨悦餐饮服务有限公司	三叶	三钻	桥西区
14	石家庄瑞特渝乡辣婆婆酒店	三叶	三钻	桥西区
15	河北中鸿记餐饮管理有限公司杨麻子大饼平安店	三叶	三钻	桥西区
16	长安区聚香阁食府	四叶	四钻	长安区
17	石家庄那溪那山餐饮服务有限公司	三叶	三钻	长安区
18	河北彩珥餐饮服务有限公司	三叶	三钻	长安区
19	石家庄市海星餐饮有限公司嘉和全聚德烤鸭店	四叶	三钻	长安区
20	石家庄高新区凯旋门大酒店有限公司	五叶	五钻	高新区
21	高新区梁氏饭店	四叶	四钻	高新区
22	河北国山宾馆有限公司	五叶	五钻	鹿泉区

续表

序号	企业名称	国家绿色餐饮企业（绿色饭店）	国家钻级酒家	所属区域
23	河北众诚假日酒店有限公司	五叶	五钻	鹿泉区
24	石家庄晴耕雨读酒店有限公司(河北工业职业技术学院培训中心)	四叶	四钻	鹿泉区
25	石家庄市燕园酒店管理有限公司	三叶	三钻	鹿泉区
26	国御温泉度假小镇股份有限公司	四叶	四钻	藁城区
27	栾城区田一润小江南菜馆	三叶	三钻	栾城区
28	正定县回真楼饭店	四叶	四钻	正定县
29	正定县正顺饸饹馆	三叶	三钻	正定县
30	平山县柏坡汇源饭店	四叶	四钻	平山县

【机构设置】 根据2018年12月《石家庄市机构改革方案》及市委机构编制委员会办公室相关文件，市商务局承担反垄断相关职责、市打击侵犯知识产权和制售假冒伪劣商品工作领导小组办公室职能划转至市市场监督管理局，食糖收储轮换和日常管理职责划转至市发展改革委，典当、融资租赁监督管理职能划转至市地方金融监督管理局。职能调整后，市商务局内设处室20个，分别为：办公室、人事处、政策法规处、计划资金管理处、市场体系建设处、流通业发展处、市场运行和消费促进处（石家庄市商务应急管理办公室）、市场秩序处、对外贸易处（石家庄市机电产品进出口办公室）、服务贸易处、对外投资和经济合作处、会展业管理处、经贸联络处、行业监督管理处、电子商务与信息化处、安全生产监督管理处、自贸区协调指导处、自贸区经验推广处、直属单位党委（机关纪委）、老干部处；下辖二级单位5个，分别为：市商务综合执法支队、市商品市场规划建设中心（挂市肉菜流通追溯体系建设中心、市商贸流通企业服务中心牌子）、市会展业发展促进中心、中国国际贸易促进委员会石家庄市支会、市外贸生活服务公司。

【重点商贸项目】 2019年全市安排重点商贸项目44个，总投资622.49亿元，全年计划完成投资146.97亿元，实际完成投资168.42亿元，超年度计划投资14.6%。市重点商贸项目28项，其中，新开工项目8项，计划竣工项目6项，续建项目14项，总投资571.2亿元，全年计划完成投资119.5亿元，实际完成投资140.54亿元，超过年度计划投资17.6%。县域重点商贸项目16个，其中，新开工项目4项，计划竣工项目4项，续建项目8项，总投资51.29亿元，全年新开工项目计划完成投资27.47亿元，实际完成投资27.88亿元，超过年度计划投资1.4%。市区重点商贸项目主要为城市综合体和商务楼宇，其中，鸿昇商务广场燕园、中冶德贤盛世广场、绿城诚园一期、润江星悦广场、天铂锦都商业广场、东胜新世界广场一期6个项目开工，裕华区中冶城市商业广场、龙泉古镇、启锐园2期、荣盛和府、华业商务广场、藁城旺洋国际商业广场6个项目竣工，星光智汇广场（东南智汇城）、恒润时代广场、中房元泰广场、长安万达广场、林荫大院—橡树园、天山中央商务区等14个项目正在建设。长安万达广场是石家庄市第二座万达广场，坐落在中山东路与谈固大街交叉口东北角，总建筑面积20万平方米。县域重点商贸项目受旅游消费和石家庄市连续召开旅游产业发展大会辐射带动，旅游项目较多，井陉矿区天户峪太行绿谷综合体和段家楼提升改造、高邑县亿博汽车城、无极新能源汽车城4个项目开工，正定县安悦酒店、灵寿县综合文化活动中心、无极县商务酒店、滨河大世界二期及段家楼提升改造项目、灵寿县悦城CBD、元氏县国达仓储物流园7个项目竣工，赞皇枣林民俗街、新乐市社商贸综合体、赵县金桥广场等6个项目正在建设。

【夜经济】 推进夜经济消费，围绕“食、购、游、娱、文、体”六个方面，支持夜经济业态融合、跨界发展，集中打造中山路繁华商业街等特色示范性品牌项目和特色商业街区，发展形成“一主街、一水系、一大道、多区域、多业态”夜经济消费格局。中心城区重点以华润万象城、恒大广场、乐汇城、勒泰中心、北国商城、先天下广场、新源蜂巢、东胜广场、长安万达广场、海悦天地、万象天成、裕华万达广场、怀特商业广场、天山海世界、西美花街15个商业综合体为基础，完善周边基础设施配套，优化业态布局，延长营业时间到22时30分后。组织举办打折促销、文化娱乐、体育健身、美食品鉴、展览展示等特色活动，增加刷脸支付、智慧停车等智慧方式，倾力打造一站式高品质夜间休闲消费商圈。推进体育馆、图书馆、群艺馆等公共服务场所夜间延长时间至21时，方便市民参观学习、比赛锻炼；引导重点商业街、商圈区域范围的餐饮、影院、书店、酒吧等延长夜间营业时间，规范发展；策划举办特色突出的夜间文化演出，支持利用公园、广场等场所举办公益性演出、免费健身、灯光秀等活动。主城区扩大夜景亮化范围，主干道夜景亮化设施和大型建筑物闭灯时间延长到23时，公园、广场亮灯时间延长到22时；鼓励重点商业街区、商业综合体、公园、广场等举办夜间灯光节、文化演出、美食节等主题活动。鹿泉区围绕山前大道，串联西部长青、抱犊寨、土门关等景点，开通夏季夜间旅游路线，推出夜间旅游休闲美食打卡地。鹿泉区、栾城区、藁城区、正定县围绕县域大型知名商业设施，各自形成1~2个聚焦人气、环境优美的夜经济商圈。推动市内七区、高新区、正定县协调互补，营造具有地域特色的夜经济消费格局。广泛使用体验式、场景化消费、微信互动、视频直播、抖音等科技元素和营销手段，培养市民夜间休闲消费习惯，夜经济、夜文化、夜生活三大城市夜经济休闲消费格局日趋成熟，夜经济名片更加响亮。据统计，4月15日至11月30日，全市133家不同业态延时服务企业实现夜间销售收入40亿元，占全天销售额24%，同比增长15.3%。2019年市商务局、市统计局和《燕赵晚报》联合开展石家庄夜经济首次消费调查，发放消费者调查问卷5500份，收集有效商户问卷2420张、电话采访问卷2450份。参与调查市民提出建议为：夜经济餐饮娱乐需要再增加数量和线上线下再融合，让消费更便利；卖场应增加更多体验和比赛类活动、亲子活动、表演活动及送货服务。12月6日，石家庄市在山东省青岛市举行的“中国十大夜经济影响力城市颁奖典礼”上获评“中国十大夜经济影响力城市”第10名。

【中央商务区建设】 3月26日，石家庄市中央商务区北区地下公共空间工程奠基仪式在中车石家庄车辆有限公司旧址举行，标志中央商务区建设进入具体建设阶段。中央商务区总规划面积2.6平方千米，分为核心区、风貌提升区和拓展区。范围为和平路、解放大街、新华路、平安大街、中山路、裕华路、南小街、中华大街、北大街和北荣街围合区域。率先启动核心区位于石家庄老火车站和百年广场区域，占据城市最核心的位置，总占地面积1.08平方千米。中央商务区核心区设计秉承“人性化、智能化、生态化、特色化”理念，自北向南规划为商务金融北区、历史文化区、综合服务区、商务金融南区四大板块，规划地上新建建筑面积164万平方米，地下建筑总面积90万平方米。

【特色商业街区】 围绕构建“4+4”现代产业发展格局、打造城市品牌、提升城市形象和品位、更好地满足人民群众日益增长的消费需求目标，启动城市特色商业街区建设。3月8日，全市印发《石家庄市推进特色商业街区建设工作方案（2019~2021）》，规划3年时间，重点打造民族路全国高品位步行街、中山路繁华商业大道和10条市级特色商业示范街区，各县城打造特色示范街区1条，全市形成一批集聚效应显著、文化底蕴深厚、建筑风格鲜明、基础设施完备、街区管理规范、拉动消费作用明显的特色商业街区发展态势。开展商业街区提升改造，引进智慧式体验式消费，组织举办丰富多彩的夜间活动，树立城市街区品牌形象。主城区重点打造6条商业街区，分别是中山路繁华商业大道、民族路现代智慧体验步行街2条城市商业形象街区和绿地·中山里民国风情商业街、勒泰庄里街特色餐饮文化街、万达现代时尚步行街、旺泉文化商业街4条特色商业街区；改造提升塔元庄、南关古镇、北国奥特莱斯、德明古镇、土门关驿道小镇、汉唐风情小镇6条区域性商业街区，完善基础设施，引进特色业态，形成品牌知名度高、区域集中度高的特色商业街区。立足高起点、智慧化、国际化，推进特色商业街区向商、文、旅、体、食、娱等业态融合。组织民族路步行街申报商务部第二批全国高品位商业步行街试点。

【长安万达广场开业】 6月28日，长安万达广场开业。这也是市区第二家万达广场。地址位于谈固大街与中山路交口东北侧，由东、西两个商业区组成。金山街与中山路东北侧为东区商业组团，总用地3.6公顷，地上建筑面积17.36万平方米，地下建筑面积7.48万平方米，经营模式涵盖公寓、办公、家居、大型超市购物业态。金山街与中山路西北侧为西区商业组团，总用地3.3公顷，地上建筑面积16.08万平方米，地下建筑面积6.94万平方米，经营模式涵盖购物、办公、餐饮、儿童娱乐、IMAX影城休闲娱乐业态。配备地下停车空间6万平方米。

【十大石字号传统特色美食品牌】 9月11日，市商务局发布“2019十大石字号传统特色美食”“2019十大石字号传统特色美食品牌店”。其中，平山古月豆腐、灵寿手擀腌肉面、藁城宫面、金毛狮子鱼、稻香村酥皮糕点、双鸽圆火腿、平山水渣沟腌肉、无极七汲烤全羊、百尺杆水饺、正定崩肝获得“2019十大石字号传统特色美食”称号；正太饭庄、平山柏坡汇源饭店、正定正顺饸饹馆、石家庄饭店、三江饺子王饭店、正定梁家排骨馆、红星饭庄、起龙餐饮栾城店、谷连天、老黑猫饭店获得“2019十大石字号传统特色美食品牌店”称号。

（市商务局）

【北国人百集团有限责任公司】 北国人百集团有限责任公司（简称北人集团）是经石家庄市政府批准，于2000年3月21日由石家庄北国商城和石家庄人百集团有限责任公司合并注册成立的国有独资商贸企业。2008年3月，北人集团完成国有企业股份改制，成为一家集百货连锁、超市连锁、家电连锁、珠宝连锁、餐饮娱乐、租赁会展、仓储配送等为一体的跨区域、多业态大型连锁商业企业集团。北人集团曾获评“全国商业服务业年度十佳企业”“全国和谐商业企业”“全国商业服务业顾客满意企业”“全国五一劳动奖状”等荣誉。2019年北人集团已发展成为河北省规模最大、销售最好、业态最全、信誉度最高、满意度最优的大型商业企业集团，从集团成立之初的单一百货店发展为以经营生活方式为主体，包括购物中心、文旅娱乐、社区商业综合体、物流服务、电商经济、超市百货、电器珠宝餐饮服务、会展服务八大经营版块；拥有控股子公司2家，分别为北国商城股份有限公司、石家庄饮食有限公司；独资子公司2家，分别为石家庄国际科技博览活动中心有限公司、石家庄市华都大厦；分公司2家，分别为针纺织品分公司、华远商贸分公司。至2019年底，北人集团所属企业经营面积达到220万平方米，经营网点超过300个，遍布北京、天津、河北、河南、山东、山西4省2市25座城市；拥有省会城区大型综合购物中心4家，省会社区购物中心6家，县域购物中心8家，外埠购物中心4家，大型超市27家，大型电器24家，奥特莱斯1家，水乐园1家，大型配送中心1家，珠宝分行135家，便利店22家，大型仓储2家，会展中心1个，电子商务公司1家，冀通支付公司1家；北人集团核心企业北国商城股份有限公司共有大型门店75家；集团控股子公司石家庄饮食有限公司拥有门店26家。集团下属企业累计在册员工15837人，从业人员5万人。5月1日，北国超市第31家门店在建华城市广场开业；6月26日，位于槐安路与友谊大街交口北国超市第32家门店尚峰店开业。2019年北人集团实现销售收入314亿元，在中国连锁百强排名第19位，在全国零售百强排名第22位。2020年6月29日晚，中国连锁经营协会发布《2019年中国超市百强》，石家庄北人集团旗下北国超市排名第23位。2019年北国超市销售收入（含税）890775万元，同比增长3.7%；拥有门店47个，同比增长6.8%。

（王钊昆）

【裕华万达广场】 石家庄裕华万达广场于2011年9月23日开业，总建筑面积183万平方米，是一家集休闲、娱乐、文化、餐饮、商业零售及服务等功能为一体的城市商业综合体。自开业以来，裕华万达广场年销售收入、客流量以30%速度增长，引入苏宁易购、万达电影城、大玩家超乐场、华润万家等商业门店，步行街汇聚众多国际一流品牌及国内餐饮品牌。加强广场现代商业设施建设，开发建立裕华运行控制系统、商户统一收费平台系统、工程保养提醒系统、系统故障提醒系统、机房关键设备故障提醒系统，优化升级LED大屏播放系统、泛光照明图案系统。调整招商面积4.7万平方米，其中，客流步行街面积 1.03 万平方米，主次力店面积 3.68 万平方米。全年引进落地室内 DP 点22个、户外美陈 3 个，其中，可口可乐、同福、三星各设置 1 个户外大型美陈，合作方总投资 92 万元。2019 年小程序新增用户 41.72 万人，吸收新会员 10.75 万人，活跃用户 36.28 万户，用户转化率 79.58%；推出优惠券 876 种，参与品牌商户 145 个，商品券核销 12392 张。2019 年微信平台入驻商户 135 家，举办活动 234 场，整合异业机构 158 家，深度合作优质资源 78 家。花海电音节活动期间，每天到场客流2万余人。2019 裕华万达广场总客流量达到 58.83 万人次，同比增长 5%；店铺总客流量 190.71 万人次，同比增长 0.5%；日均客流 8.31 万人，同比增长 17%，日均销售收入 704.14 万元，同比增长 8%。

（石家庄万达广场商业管理有限公司）

【东方城市广场购物中心】 石家庄东方城市广场有限公司于 1992 年 7 月 7 日成立，是一家集购物、餐饮、娱乐、休闲、物业管理为一体的大型综合性商业企业，注册资本 14500 万元。1996 年 9 月 29 日，东方城市广场有限公司建设的东方城市广场购物中心（简称东购）开业，地址为石家庄市中山西路 83 号商业黄金地段，总占地面积 32.22 亩，建筑面积 13.43 万平方米，分为主楼和裙楼 2 个部分，主楼经营写字楼业态，可出租面积 2.8 万平方米，裙楼经营零售百货，营业面积 4.6 万平方米。2009 年 11 月，东购原大股东中国东方资产管理公司将自己持有 92.73% 的东购股权以 9.25 亿元转让给山东鲁商集团及所属上市公司银座股份，东购正式加入山东鲁商银座集团，简称银座东购。鲁商集团隶属于山东省国资委，横跨零售、房地产、生化制药、酒店旅游、传媒教育等多个领域，旗下拥有银座股份、鲁商置业 2 家上市公司。银座股份是一家跨区域、多业态的大型连锁零售商业企业，拥有大型百货、现代化综合超市 170 家，经营网络分布于山东、河北、河南等地。2019 年银座东购金熊国际影城，建有 12 个专业数字化放映厅，可容纳 800 多名观众同时观影；引进石家庄秋林书城有限公司经营的银座东购秋林书城项目，总营业面积 2000 平方米，总投资 1500 万元，经营品种 5 万余种。

（东方城市广场有限公司）

【饮食有限责任公司】 石家庄饮食有限责任公司（简称饮食公司）前身为石家庄饮食集团公司，始建 1956 年，2012 年 12 月公司增资组建改制为混合所有制企业。地址为石家庄市建设北大街73号。在册员工602 人，离退休人员 2777 人。饮食公司下辖燕风楼烤鸭店、中和轩饭庄、釜洋斋、石家庄饭店、燕风楼中华店、红星饭庄、石家庄照相馆、河北彩色摄影服务中心、技工学校等 10 余家企业。燕风楼曾连续夺得河北省餐饮业十强之首。中和轩被商务部授予中华老字号，中和轩蒸饺被中国烹饪协会评为“中华名小吃”。清真名店釜洋斋主打产品被中国饭店协会评为“中国十佳清真火锅”。石家庄饭店红星包子被中国烹饪协会评为“中华名小吃”和中国金牌旅游小吃。2019 年饮食公司实现营业收入 1.35 亿元，同比增长 10%；实现利润 1025.3 万元，同比增加 298.3 万元；线上销售收入 573 万元，同比增长 20%。优化公司网点布局，投资开办中和轩北焦店，完成石家庄市釜洋斋餐饮有限公司股权收购。投入300 多万元，实施燕风楼霓虹灯亮化工程改造、雅间隔断翻新，釜洋斋外立面改造、一楼餐厅及二楼餐厅西厅改造和加装电梯工程、石家庄饭店供水主管道改造工程，燕风楼中华店餐厅环境提升工程等 16 个升级改造项目。参加2019 年京津冀（石家庄）美食文化节活动，中和轩获得“优秀技艺传承奖”，燕风楼获得“游客最喜爱的十佳餐饮品牌奖”。2019 年饮食公司王正彬创新工作室获评河北省工匠人才创新工作室，釜洋斋获得中国烹饪协会“全国百强火锅”称号，红星饭庄“金毛狮子鱼”获评河北省十大经典名菜，石家庄饭店、红星饭庄获评为传统特色美食品牌店。

（石家庄饮食有限责任公司）

电子商务

【概况】 2019 年，全市电子商务（简称电商）交易额达到 6065 亿元，其中，网络零售交易额 843 亿元，占全市社会消费品零售总额 26.6%；电子商务在市场监管部门注册企业 5607 家，拥有电子商务平台及各类网店 8.2 万家。至2019 年末，全市形成河钢云商、中废通、御芝林、君乐宝、以岭健康城、掌尚北国等 10 余家知名电商交易平台。制造业、商贸服务业等电子商务应用快速提升，石药集团、华药集团、君乐宝乳业等一大批生产性企业涉足电子商务领域，其中，君乐宝乳业电商平台年销售额超过 8 亿元，以岭药业向产业互联网企业转型，北人集团、勒泰中心、太和电子城等大型商贸企业推进线上线下相结合，利用电子商务实现企业销售收入稳步增长。2019 年掌尚北国线上交易额 5.9 亿元，线上线下实现销售收入 30 亿元。推进农村电子商务全覆盖，县域规模农业、绿色农业、特色农业电子商务快速发展，新乐市、正定县、高邑县、行唐县、赞皇县等县（市、区）种养大户与农村合作社联合发展电子商务，正定县、晋州市、深泽县等县域形成一批家具、手工艺品、服装、布艺等电子商务产业带，年末全市农村电子商务交易额达到 41 亿元，“淘宝村”达到 74 个，比较出名的县域特色电商平台有正定板材、赵县雪花梨等。发展跨境电商交易，至2019 年底，全市培育各类跨境电商市场主体 700 余家，其中，跨境电子商务示范企业 20 家，跨境电子商务平台 7 个，跨境电子商务园区 1 个，跨境电子商务公共海外仓 8 个。2019 年省商务厅认定市科技创新服务中心为 2018 ~2019 年度省级电子商务示范基地。

【电子商务园区】 推进国家电子商务示范城市与基地建设，利用和对接京、津、沪等地资源，引进国内优秀创新创业团队，打造形成市科技创新服务中心、5A 创业咖啡俱乐部等电子商务基地。中关村河北金种子电子商务基地以创业培训营、孵化器、加速器为一体，全面构建“电商生态圈”“青年创业孵化基地”；石家庄北大科技园、河北乘渡电子商务基地发挥全方位服务体系，建设电商产业“双创”基地。发挥电子商务园区示范聚集效应，助推城市产业融合发展。围绕区域优势产业和城市功能定位，全市电子商务园区发展形成市、县（市、区）、企业三级电商园区体系，重点示范园区有河北慧聪电子商务产业园、乐城跨境贸易小镇、市科技创新服务中心等，产业应用特色园区有以岭健康城、东明家居、君乐宝乳业等。结合农村电子商务全覆盖工程，新乐市、深泽县、赞皇县等具备电子商务潜力的县(市)也快速建立县域电子商务园区。至2019 年底，全市建成电子商务等级示范园区或基地 24 个，其中，省级以上电子商务示范基地 12 个，占全省三分之一；进驻各类电商企业 800 家，服务商户超过 20 万户。

【电子商务平台】 2019 年全市电子商务在市场监管部门注册企业 5607 家，拥有电商平台及各类网店 8.2 万家。微信、支付宝、淘宝、京东、苏宁易购、铁路 12306、交管 12123、美团、饿了么、携程、滴滴出行、慧聪网等国内知名电子商务网络及平台在石家庄市快速发展，市域银行、保险、证券等机构电子商务平台广泛应用。制造业、商贸服务业等电子商务应用快速提升，石药集团、华药集团、君乐宝乳业等一大批生产性企业涉足电子商务领域，其中，君乐宝乳业电商平台年销售额超过 8 亿元，以岭药业向产业互联网企业转型，北人集团、勒泰中心、太和电子城等大型商贸企业推进线上线下相结合，利用电子商务实现企业销售收入大幅增长。2019 年掌尚北国线上交易额 5.9 亿元，线上线下实现销售收入 30 亿元。河北365 集团电子商务平台涵盖新零售、农村电商、智慧农业等多个板块，与阿里巴巴、京东等知名企业形成战略合作关系。石家庄正和网络公司旗下“玖库商城”（二手设备交易平台）实现年交易额 47.6 亿元。至2019 年底，全市共有省级以上电子商务示范企业 23 家，占全省三分之一，发展形成河钢云商、中废通、御芝林、君乐宝、以岭健康城、掌尚北国等 10 余家知名电子商务交易平台。

【农村电子商务】 国家级电子商务进农村综合示范工作稳步推进，平山县通过验收和绩效评估，获得中央财政追加支持资金500万元。灵寿县国家电子商务进农村综合示范县建设完成县级农村电子商务公共服务中心、物流配送中心、物流运转中心的选址和建设。县域规模农业、绿色农业、特色农业电子商务平台快速发展，正定县、赵县培育形成正定板材、赵县雪花梨等县域特色平台，新乐市、高邑县、行唐县等县（市）培育形成种养大户与农村合作社电子商务平台，正定县、晋州市、深泽县等县（市）形成家具、手工艺品、服装、布艺等“电商乡”“淘宝村”，年末全市农村电子商务交易额达到41亿元，“淘宝村”达到74个。全年市、县两级商务部门及电商综合示范承办企业、农村电商骨干企业举办农村电子商务培训班，参加人员1.34万人次，带动就业4752人。2019年16个农村县（市、区）依靠电商综合示范或农村电商骨干企业，新增挖掘整理当地农产品120种，累计达到1082个；实现农产品销售收入2262.9万元，其中，帮助建档立卡贫困户销售127.4万元，实现增收56.29万元；打造形成赞皇县“大美赞煌”、平山县“柏坡湖”、井陉县“秦皇古驿道”、行唐县“行棠红”4个农产品县域公共品牌。2019年正定县获评全国电子商务示范百佳县，排名第19位。

【跨境电商交易】 1月1日起，跨境电商零售进口政策调整。商品范围新增需求量大的食品、保健品、小3C等领域63个税目商品。享受税收优惠政策商品限额上限提高，个人单次交易限制由2000元提高至5000元，年度交易限制由每人每年2万元提高至2.6万元。12月15日，国务院批复同意石家庄市为跨境电子商务综合试验区，名称为“中国(石家庄)跨境电子商务综合试验区”。至2019年底，全市培育各类跨境电商市场主体700余家，其中，跨境电子商务示范企业20家，跨境电子商务平台7个，跨境电子商务园区1个，跨境电子商务公共海外仓8个。至2019年末，全市共有跨境电商外贸企业700余家，其中，开展跨境电商B2B业务672家；培育形成跨境电子商务示范企业20家，跨境电子商务平台7个，跨境电子商务园区1个，跨境电子商务公共海外仓8个。2019年全市拥有省级跨境电商示范企业18家，省级跨境电商综合服务平台6个，省级跨境电商园区1个，省级跨境电商公共海外仓7个。

（市商务局）

会　展　业

【概况】 2019年，全市会展业以服务“4+4”现代产业和“四种类型经济”为重点，注重加强对外对内双向合作和交流，主动助力全市主导产业转型升级和快速发展。积极对接中国会展经济研究会、河北省贸易促进会及权威会展行业协会，下大力举办、承办各行业推介展览展示活动。2019年全市主要承办展会活动有：中国数字经济博览会、全国汽车配件交易会、正定国际小商品博览会、第六届中国国际物流发展大会等国家级展会，接待各类展商8602家，参加客流总量296.5万人次，为石家庄经济、社会、文化等事业发展注入强劲动力。筹备参加“中国产业会展合作高峰论坛”“第十五届中国国际会展文化节”“2019会展产业展洽谈会”等权威行业活动，推介石家庄会展品牌，交流办展经验，获得“2019年度金五星优秀会展场馆”“壮丽70年·中国会展标志性展馆奖”“2019年度中国会展最佳形象场馆大奖”等多项荣誉。探索跨界“会展+”合作，举办“会展+教育”“会展+文化”“会展+旅游”“会展+融媒体”等多元展会活动。2019冀深服装产业对接交流系列活动。4月11～12日，由河北省工业和信息化厅、石家庄市政府主办，深圳市服装行业协会承办、河北省纺织与服装行业协会协办的2019冀深服装产业对接交流系列活动在石家庄市解放广场会展中心举行；活动期间，举办“时尚河北”展览、时装发布秀、流行趋势发布、时尚高峰论坛及开幕式、闭幕式等活动，100多家冀深时尚品牌和设计师机构参加对接交流活动。2019京津冀（石家庄）体育产业博览会。6月15～17日，2019京津冀（石家庄）体育产业博览会在石家庄国际博览中心举行；设置展区8000多平方米；参会体育用品企业 100 多家，展出产品包括智能体育、健身器材、场馆建设、滑冰滑雪装备等近 1000 种，涵盖健身、健美、康体、营养、运动休闲、球类运动、场馆设施及营造等领域，吸引参观体验 1 万余人。2019 年石家庄国际会展中心接待省部级及以上领导 100 余位，接待中外考察团 100 余个，举办各类会议、展览活动 100 多场。其中，展览36 场，展览总面积 429.6 万平方米，接待观众 284.2 万人次；会议 53 场，接待参会人员 4.8 万人次；商业活动 11 场，接待观众 1.4 万人次；全国巡回展 2 场，其他国家级展会 3 场，省部级展会 3 场，地市级展会 10 场，参展商 1.1 万余家，客流总量 500 万人次，成交总量达 40 亿元，有效带动了市域文旅、餐饮、住宿、运输等行业发展。2019 年 5 月 30 日，中国・石家庄(正定）国际小商品博览会在河北省会展业发展大会上获得“2018 年度河北省优秀品牌展会”奖。2019 年 12 月，石家庄国际会展中心分别获得第十二届中国会议产业大会（CMIC 2019）“2019 中国最具创新力会展中心”行业大奖和中国会展品牌发展大会“2019 中国会展品牌大奖——最具竞争力会展场馆”奖项。

链接

石家庄国际会展中心位于石家庄市正定新区，总建筑面积35.9 万平方米，总投资 45 亿元，是一个集展览、会议、活动、餐饮、观光于一体大型城市综合性场馆。展馆由登录大厅、观光塔、会议中心、展厅组成，蕴含低碳、生态、智慧建设运营理念，是全国第一座绿色三星级会展中心。

【2019 中国・石家庄(正定)国际小商品博览会】 4 月 26 日至 5 月 1 日，由省政府、中国商业联合会主办，市政府、省商务厅承办，中国优质农产品开发服务协会协办，正定县政府为执行单位的 2019 第十二届中国・石家庄（正定）国际小商品博览会（简称正博会）在石家庄国际会展中心举行。主题为“融合商机、彰显魅力、协作发展、互动共赢”。主展馆设置展馆8个，使用面积 7 万平方米。其中，综合展1.5 万平方米，设置企业精品特装展、正定（含正定新区、综合保税区、高新区）主题展、进口商品展等 6 个展区；商业展 5.5 万平方米，设置家具（红木）家居展、糖酒食品展、绿色农产品展、新能源汽车展、汽车文化节、美食节等 10 个展区；进口商品展邀请意大利、英国、法国等 25 个国家和地区企业参展，重点设置泰国商品馆、韩国商品馆及蒙古国、新加坡商品专区。博览会期间，围绕“一带一路”、京津冀协同发展、构建“4+4”现代产业格局、文化旅游、现代商贸物流、会展经济发展等主题，举办新时代新合作新未来投资合作推介会、“融入京津、对接雄安”科技创新合作论坛、创建中国旅游名城——正定发展高峰论坛、现代商贸物流业发展论坛、石家庄市会展业发展研讨会及 2019 中国(石家庄)国际新能源、智能汽车博览会和河北省第七届汽车文化节暨中国（石家庄）国际汽车博览会，同时举行“自在正定”广场舞大赛、2019 中国・正定文创产品设计大赛、“多彩正定 魅力古城”2019 中国・正定千人彩色骑行大会、第二届国际机车文化节等活动。本届正博会参展境内外客商687 家，设置展位 847 个，涉及 58 个类别 12360 种商品。主展馆总客流量51.6 万人次，同比增长 18.5% 。总销售额 6.28 亿元，同比增长 15.44% ；签订家具家居、文创产品、农产品、汽车类产品购销合同金额 2.35 亿元，同比增长 10.85% 。新时代新合作新未来投资合作推介会签约项目23个，涉及新一代信息技术、生物医药健康、先进装备制造、现代商贸物流、旅游业、科技服务与文化创意等多个领域，总投资 217.74 亿元，同比增长 8.25% 。汽车博览会延长3 天，至 5 月 4 日结束，参观人数 18 万余人次，共有国内外 80 余个汽车品牌 600 余辆新款整车参展，展出面积 6 万平方米；现场订车 2978 辆，总销售额 3.968 亿元。

【2019 中国国际数字经济博览会】 10 月 11 ~13 日，由工业和信息化部、河北省政府主办，中国网络社会组织联合会、中国电子商会、中国国际电子商务中心、中国网络视听节目服务协会、石家庄市政府及省工业和信息化厅等承办的 2019 中国国际数字经济博览会在石家庄国际会展中心举行。主题为“数字经济引领高质量发展”。国家主席习近平向大会发来贺信。国务委员王勇，省委书记、省人大常委会主任王东峰，工业和信息化部部长苗圩，省长许勤，天津市市长张国清，中国电子信息行业联合会会长王旭东，省政协主席叶冬松，国务院副秘书长陆俊华，全国人大常委会社会建设委员会副主任委员、中国网络社会组织联合会会长任贤良，省委副书记赵一德等出席博览会开幕

式。设置展览面积5万平方米，设有主题展、京津冀协同暨数字河北展、数字产业化发展、智能制造与智慧社会展及室外展区5个展区，集中展示数字文化产品、5G、大数据、人工智能、物联网、工业互联网、智能网联汽车、智能机器人、数字媒体等领域最新技术、产品、服务和商业模式。数字经济博览会期间，重点策划27项内容，包括“一会、一展、一沙龙、一体验、两大赛、四对接、多论坛”活动，涵盖开幕式暨主题峰会、综合展览、正定之夜、汽车自动驾驶体验、世界大学生电子竞技大赛和网络安全共测大赛，冀深产业对接会、中国数坝对接会等4场产业对接活动，智能雄安高峰论坛等17个论坛活动。福布斯中国、中国信息通信研究院、中国电子信息产业发展研究院等单位发布《福布斯全球数字经济百强榜单》《2019全球数字经济发展报告》《2019中国数字经济指数白皮书》等10余项研究成果。国际国内参会参展企业493家，其中，参展企业423家，展厅屏幕展示企业70家；包括美国、德国、英国、法国、日本等G20数字经济发达国家9家国际领军企业，阿里巴巴、腾讯等中国500强企业29家，紫光、海尔等中国电子信息百强企业8家，中软、东软等中国软件百强企业18家，商汤科技、字节跳动等独角兽企业9家。27个国家、国际组织和企业的180余位嘉宾参加数字经济博览会相关活动，1600余位嘉宾参加开幕式，参与会议论坛人员达到1.2万人次；北京、天津、广东、贵州、山东、福建、陕西、内蒙古、深圳9个省区市组团参加数字经济博览会；累计接待观众37.6万人。发布信息技术制造、大数据、云计算、物联网、人工智能、互联网+等领域232个重点招商引资项目。石家庄市签约重点项目3个，总投资23.41亿元。其中，石家庄钢铁有限责任公司与中国移动通信集团河北有限公司、华为技术有限公司合作建设河北钢铁集团石钢公司5G+智慧工业园区项目，总投资2亿元；微医集团与乐仁堂成立合资公司建设微医乐仁堂河北数字健康产业平台，总投资15亿元；正定县政府与中国邮政集团河北省分公司合作建设石家庄邮件处理中心暨邮政农村电商运营中心，总投资6.41亿元。

【第六届中国国际物流发展大会】

10月17~19日，由中国交通运输协会、国际物流与运输学会和石家庄市政府共同主办，中国交通运输协会运输与物流分会、国际物流与运输学会中国分会、石家庄市发展和改革委员会承办的第六届中国国际物流发展大会暨中国国际物流与交通运输产业博览会在石家庄国际会展中心举行。主题为“互联互融·协同发展”。全球70多个国家和地区物流行业组织负责人、业内专家学者、“一带一路”沿线城市物流行业管理部门负责人、国内物流及相关企业代表等1500多人参会，其中国内地市级政府组团参会20多个。中国交通运输协会会长胡亚东、国际物流与运输学会秘书长基斯·牛顿、中国快递协会会长高宏峰、国家发展改革委副秘书长苏伟等出席会议。第六届中国国际物流发展大会期间，围绕物流枢纽、城市建设、投资环境、商贸合作模式、招商政策、物流产业融合发展多式联运、中欧班列发展中存在的热点和难点问题展开分析和探讨，举办“首届中国物流枢纽城市合作论坛”“中国商贸物流合作论坛”“京津冀协同发展（物流）论坛”“中国医药供应链创新发展论坛”“第三届木兰汇会议”及中国国际物流与交通运输产业博览

2019年10月17~19日，第六届中国国际物流发展大会暨中国国际物流与交通运输产业博览会在石家庄国际会展中心举行

会等活动。达成合作协议110个，协议利用资金407.76亿元。其中，利用外资协议8个，协议利用外资7.04亿美元；利用内资协议102个，协议利用省外资金358.46亿元。签约合作协议24个。其中，利用外资协议2个，协议利用外资0.4亿美元；利用内资项目协议22个，协议利用省外资金116.51亿元。签约项目涉及智慧物流信息平台、国际物流通道建设、冷链物流配送体系、多式联运配送体系、航空物流产业园等。石家庄市签约合作项目7个，总金额33亿余元。

【石家庄第十五届印刷机械器材展览会】 3月13~15日，由市委宣传部、市新闻出版局主办，市印刷协会协办，河北天龙创鑫科技有限公司承办的石家庄第十五届印刷机械器材展览会在汇春博览中心举行。主题为“绿色、环保、创新、融合”。设置展位450个、参展面积7000多平方米。设有印刷包装智能机械、瓦楞纸箱、数码印刷、绿色耗材等八大主题展区，共有来自德国高宝、曼罗兰、海德堡、美国诺丹胶辊、瑞士博斯特、浙江中科、天津长荣、国望集团等国内外150多家拥有领先技术印刷企业参展。展出产品包括印刷行业最尖端的设备、环保科技、绿色印材及最新工艺，各种印刷品小到名片、台历，大到照片、书、定制窗帘等，展览显示印刷概念出现向数据处理和采集、策划、设计延伸。首次组织石家庄市23家具有代表性的印刷企业开设石家庄形象企业展示区。展会期间，举办论坛3场，上海墨传、深圳创视智能、上海印工社、青岛美光、浙江豪盛等10余家企业代表作主题演讲；石药集团和河北新东印刷、德国高宝公司与石家庄时代印刷等企业达成合作协议；展览累计成交金额5065万元。

【第85届全国汽车配件交易会】 4月12~14日，由中国机械工业联合会、中国汽车工业配件销售有限公司共同主办的第85届全国汽车配件交易会在石家庄国际会展中心举行。本届展会是石家庄市2019年重点引进的全国性大型专业展会，也是全省规模最大的专业性、品牌化展会。设置展览面积7.1万平方米、展位3000多个，这也是石家庄国际会展中心场馆投用以来首次满馆运行的大型展会。现场参展企业2000多家，石家庄市参展汽车配件企业80家。展会主要面向汽车配套市场与售后市场，集中展示中国汽车配件产业的新产品、新技术、新材料、新工艺产品及行业的整体水平和发展趋势。展会期间，安排大型会议洽谈活动10余场，包括第一届中国汽车工业后市场发展高峰论坛、中国汽车零部件企业品牌创新发展峰会、汽车后市场2019创新发展论坛等。展会首日，国内外汽车配件专业采购商5万多家到会，观展人数突破10万人次。

【2019石家庄国际糖酒会】 5月24~26日，2019石家庄国际糖酒会在石家庄国际会展中心举行。主题为“创享新时代，融合谋发展”。共有来自全国各地600家企业参展，展出产品涵盖食品、饮料、酒类等领域。展览面积1.5万平方米，设有综合酒类展区、国际葡萄酒展区、食品饮料展区三大展区。展会期间，同期举办“京津冀食品饮料新消费、新营销论坛”“瑞城国际葡萄酒大讲堂”“北京百年二锅头私享交流峰会”等主题活动。

【2019中国国际通用航空博览会】 10月17~20日，由中共石家庄市委、石家庄市政府、中国国际贸易促进委员会河北省委员会、通用国际展览有限公司、中航通用飞机有限责任公司、中国宏泰产业市镇发展有限公司联合主办的2019中国国际通用航空博览会在石家庄市栾城区举行。主题为“发挥通用航空品牌城市优势，打造通用航空领域综合平台”。设置展览面积18万平方米。展出实用型、运动型、实验型各类中外通用航空飞行器1000余架。航展期间，组织举办特技飞行表演、国际通用航空技术及装备展、航空科普文化、专业论坛、三苏祖籍文化节等活动。邀请4支国际顶级特技飞行表演队12架特技飞行表演飞机参与包括五机编队、机翼行走等特技飞行表演节目。签约重点项目15个，总金额107亿元。

【第十三届中国·石家庄国际医药博览会】 10月24~26日，由市政府主办，市商务局、市卫生健康委员会、市市场监督管理局、市医药行业协会、市会展业发展促进中心承办，省医药行业协会协办的第十三届中国·石家庄国际医药博览会（简称药博会）在石家庄国际会展中心举行。本届药博会改为政府采购方式，引进国内知名会展企业振威展览集团作为执行单位，提升了展会专业化、市场化、规模化、国际化水平。展览面积

3.5 万平方米，设置中心展区、药品展区、生物制药与技术创新展区、中医药与养生展区等 7 个展区。共有北京同仁堂、白云山医药、三九医药、哈药集团、华北制药、石药集团、神威药业、以岭药业、腾讯医疗、阿里健康等 10 余个国家和地区 500 余家国内外行业知名企业参展，主要聚焦生物医药健康产业，展示产业链最新技术成果。药博会期间，同时举办 2019 京津冀医药与健康产业发展大会、石家庄及河北省产业园区投资环境推介暨项目洽谈会、企业新品发布会、技术研讨会、采购商对接洽谈会等活动，邀请海内外生物医药领域的权威专家、知名学者、成功企业家做客高端论坛，就医药、健康相关热点话题举行探讨和交流。

（陈杰）

10月 17~20 日，2019 中国国际通用航空博览会在石家庄栾城机场举行

对外贸易

【概况】 2019 年，全市对外贸易进出口总值完成 1126.3 亿元，同比增长 30.4%，首次突破 1100 亿元。其中，出口总值622.8 亿元，同比增长 16.9%；进口总值 503.5 亿元，同比增长 52.2%。进出口总值、增速均位列全省第一，进出口总值占全省比重 28.1%；进口迅速增长，出口总值、进口总值增速均高于全省、全国整体水平，出口总值位列全省第一，出口总值增速排名全省第三。外贸进出口发展平衡，贸易顺差 119.3 亿元，比 2018 年同期收窄 83 亿元。民营企业出口占比达到70.1%，同比提高 3.7 个百分点。对外贸易市场主体壮大。全年新备案对外贸易经营者 2432 个，同比增加 1216 个。至2019 年底，全市有进出口实绩企业 3746 家，同比增加 204 家；有出口实绩企业 3387 家，同比增加 198 家；出口超百万美元企业 915 家，出口超千万美元企业 155 家，出口超 1 亿美元企业 12 家。对外贸易结构持续优化。2019 年全市对欧盟出口同比增长 5.6%，对美国出口同比下降 15.4%；对“一带一路”沿线市场出口 34.6 亿美元，同比增长 22.7%，占全市出口总值 42.8%，拉动全市出口增长 7.9 个百分点。高技术、高附加产品出口强劲。全年机电产品出口22.8 亿美元，同比增长 34.2%，出口额净增 5 亿美元，增幅高于全省同类产品出口增幅 22.2 个百分点；生命科学技术产品出口 3.8 亿美元，同比增长 9.7%；高新技术产品出口同比增长 6.4%；钢材出口同比增长 5.4%；纺织纱线、织物及制品出口同比增长 3.1%。2019 年石家庄综保区进出口总额同比增长 260%，超越平山县和长安区，位列各县（市、区）第三名，居裕华区、新华区之后。推进对外贸易载体设施建设，深泽日化、赵县雪梨、新乐塑胶等 4 个特色外贸基地升级为省级外贸转型升级示范基地，石家庄装备制造园区装备制造外贸转型示范基地升级为国家级基地，年末石家庄市省级外贸转型示范基地达到 11 个，国家级装备制

造外贸转型示范基地达到 2 个。拓展国际营销网络，2家外贸企业在美国、澳大利亚设立产品展示中心，并列入河北品牌产品展示中心名单管理。加强外贸企业自主品牌建设，新增河北省外贸品牌优势企业7家，累计达到 21 家。年内正定海关、石家庄机场海关、鹿泉海关正式对外办理业务。围绕重点行业、重点企业，开展废五金、废塑料、废纸等“洋垃圾”商品专项稽查行动，全年查处和发现涉嫌倒卖固废原料进口许可证及擅自销售进口固废原料等问题 11 家，其中，涉案进口废塑料 2362 吨、进口废五金 2225 吨、进口废纸 11031 吨，总案值 6383. 54 万元。10 月 15 日，全市对外贸易经营者备案和原产地企业备案实行“两证合一”管理。

【对外投资】 2019 年石家庄市备案（核准）非金融类对外投资企业 30 家，同比下降 14. 3%，占全省备案企业总数 29. 41%，居全省第一。全年对外投资总额完成37685. 4 万美元，同比下降 65. 6%，其中，中方投资额完成 30356. 2 万美元，同比下降 68. 8%。对外投资区域分布：亚洲13 家、非洲 5 家、欧洲 4 家、北美洲 4 家、大洋洲 3 家、南美洲 1 家，亚洲仍是石家庄市对外投资聚集区。对外投资行业涉及制造业、建筑业、批发和零售业、电力热力燃气及水生产和供应业、农林牧渔业、租赁和商务服务业、住宿和餐饮业、交通运输和仓储物流业 8 个行业。行业分布数据显示，制造业、批发和零售业是石家庄企业对外投资的主要方向。从投资方式看，石家庄市境外企业以新建或绿地投资项目为主，其中，76% 企业选择绿地投资，17% 企业以并购形式对外投资，7% 企业采取增资方式扩大经营规模。全年30家企业中，有 90% 企业对外投资项目与投资母体主营业务或主体业务相关，10% 企业对外投资项目与自身主营业务无关。从境内投资主体企业性质看，石家庄市民营企业在“走出去”过程中担当主要角色，全市 30 家对外投资境内主体企业中，除河北物流集团、河北建投集团和新天绿色能源公司 3 家为省属国有企业外，其余 27 家投资主体均为民营企业。

【境外园区与海外仓】 根据商务部“走出去”公共服务平台数据显示，全国共有通过商务部、财政部确认考核国家级境外园区 20 个。至2019 年底，河北省备案境外经贸合作区项目 7 个，石家庄市没有通过国家级或省级确认考核或备案的境外经贸合作区。2019 年石家庄市正在推进建设境外园区 3 个，分别是河钢集团在塞尔维亚投资建设的中塞友好（河北）工业园，主要为金属材料和循环经济产业、建材产业、高端装备制造等产业；石家庄宝冠管道配件有限公司投资 2000 万美元并购坦桑尼亚 KILUWA 钢铁集团公司，主要生产建筑用螺纹钢、型钢及其他建筑用材料；嘉禾农业有限公司在澳大利亚新南威尔士州和昆士兰州，建设主要从事畜牧养殖、农业种植及相关农产品生产和开发园区，累计完成投资 1. 04 亿美元。2019 年石家庄市投资推进建设较大规模海外仓项目 2 个，分别是石家庄双剑工具公司在美国北卡罗来纳州建设的集产品陈列、销售、服务为一体的海外仓，河北辰邦集团在匈牙利布达佩斯建设的以提供仓储、商品销售、产品加工、跨境电商服务的海外仓储平台。

【服务外包业】 至 2019 年末，石家庄市在“商务部服务外包信息管理分析系统”新注册企业 156 家，企业总数达到 413 家；新增从业人员 4712 人，累计达到 10712 人。全年服务外包企业签订合同总数3589 笔，同比增长 46. 79%；合同总额 25141. 24 万美元，执行总金额 15760. 90 万美元。其中，签订在岸合同2491 笔，同比增长 16. 29%，合同金额 17772. 48 万美元，同比增长 18. 2%，执行金额 11413. 52 万美元，同比下降 3. 53%；签订离岸合同 1098 笔，同比增长 260. 4%，合同金额 7001 万美元，同比下降 53. 42%，执行金额 4008 万美元，同比下降 51. 06%。离岸合同金额和离岸合同执行金额均出现下降。从数量看，2019 年全市服务外包企业接包离岸业务中，美国、日本和中国香港是主要发包方，占全市离岸合同总数 56. 01%。其中，美国签订 252 笔，占比 22. 95%；日本、中国香港、韩国、以色列分别占比 19. 03%、14. 03%、6. 65% 和 5. 56%。从业务类型看，2019 年全市信息技术外包业务（ITO）合同签约 1435 笔，占合同总数 39. 983%，同比增长 122. 48%；业务流程外包（BPO）合同签约占合同总数 20. 34%，同比下降 19. 87%；知识流程外包（KPO）合同签约占合同总数 39. 68%，同比提高 60. 18%。

【对外劳务输出】 2019 年全市共有

对外承包工程企业9家，签订合同金额23974万美元，同比下降54.5%；完成营业额19420万美元，同比下降35.2%；派出人员1442人，同比下降41.5%，年末全市在外劳务人员2329人，同比下降36.7%。2019年全市共有外派劳务资质企业7家，新备案外派劳务项目23个，外派人员322人，劳务项目主要分布于日本、新西兰、新加坡等国家。

【中欧班列往返常态化】 2019年3月底，首趟满载123个集装箱的中欧班列（石家庄—明斯克）返程。4月18日，中欧班列（石家庄—明斯克）返程班列抵达石家庄市，并首次在石家庄综合保税区完成进口货物清关、保税及加工再出口。这是中欧班列（石家庄—明斯克）继2018年实现去程常态化运营后，首次返程常态化运营。至此，中欧班列（石家庄—明斯克）成为京津冀首列双向常态化开行的国际货运班列。石家庄中欧班列（石家庄—明斯克）去程每周发车，回程每两周发车一次，辐射俄罗斯、白俄罗斯全境，还能以中转方式辐射乌克兰、波兰、立陶宛、匈牙利、德国等欧洲国家。10月31日，石家庄至乌兹别克斯坦首都塔什干“中亚班列”开通运营；班列从高邑县冀中南智能港出发，途经石家庄、西安，由霍尔果斯出境经哈萨克斯坦到达乌兹别克斯坦塔什干，全程4900千米，运行时间13天左右。石家庄中欧班列便捷性突出，实现内陆外贸企业不再绕道沿海，可直接通过中欧班列与中亚、欧洲各国贸易往来，打通了企业与“一带一路”沿线国家贸易通道。

【第二届中国国际进口博览会】 11月5~10日，第二届中国国际进口博览会在上海市举行。石家庄市378家企业参会，与国际参展商达成采购订单24笔，成交额4.09亿美元。其中，河北敬业集团与巴西淡水河谷签订进口铁矿石项目，成交额2亿美元；河北凯隆达食品有限公司与澳大利亚、法国、德国、匈牙利、西班牙等国家签订9笔肉制品订单，成交额1.35亿美元；市第一医院与美国安科锐签订购买医疗设备协议，成交额0.3亿美元；北国商城股份有限公司与瑞士、德国、菲律宾、韩国、新西兰等国家达成10笔合作意向，采购日用品、乳制品、休闲食品等商品，成交额0.23亿美元；河北泰通物流有限公司与波兰1家公司签订日用品采购协议，成交额0.2亿美元；正定县人民医院签订协议2笔，成交额5万美元。

（陈杰）

招商引资

【概况】 2019年，全市围绕构建“4+4”现代产业发展格局，制定出台《关于加强招商引资促进项目落地的实施意见》《关于积极有效利用外资推动经济高质量发展的实施意见》《关于推进开发区提升能级打造高质量发展新平台的实施方案》等文件，建立和形成市领导分包招商项目、县（市、区）党政领导外出招商、市政府部门联合县（市、区）招商等工作机制。2019年全市招商引资签约项目848项，协议引资2939.9亿元，其中，“4+4”现代产业项目501个，协议引资1796.8亿元，分别占签约项目总数59.1%和协议引资额61.1%。2019年全市实际利用外资16.18亿美元，同比增长8.8%，增速排名全省第一，总量位列全省第二；累计新设外资项目59个，总投资28.4亿美元，合同外资6.8亿美元。至2019年底，全市共有2个国家级开发区（石家庄国家高新技术产业开发区、石家庄经济技术开发区），19个省级开发区，1个国家级海关特殊监管区——石家庄综合保税区；1个自由贸易实验区——中国（河北）自由贸易试验区正定片区。全年各开发区主营业务收入同比增长20%以上，累计完成地区生产总值2700亿余元，发展形成高新区生物医药、鹿泉区电子信息等“4+4”现代产业和区域经济集群。机构设置调整。2019年1月，根据全市机构改革方案和中共石家庄市委办公厅、石家庄市人民政府办公厅《关于印发〈石家庄市投资促进局职能配置内设机构和人员编制规定〉的通知》（石办字〔2019〕14号）文件要求，市投资促进局京津冀协同发展处划转至市发展改革委，该局内设机构调整为9个，分别是办公室（人事处）、开发区管理处、外国投资管理处、经济技术协作处、项目信息处、投资促进一处、投资促进二处、投资促进三处、机关党总支；核定行政编制45名。2019年12月，根据市委机构编制委员会办公室《关于接收安置军转干部核增行政编制的通知》（石机编〔2019〕113号）规定，核增行政编制1名，该局行政编制达到46名。抢抓自贸试验区正定片区设立机遇，主动对接省直部门，落实各项创新制度清单，拓宽市场准入范围，推动投资便利化，起草《关于支持中国（河北）自由贸易试验区正定片区高水平开放高质量建设的若干意见》外商投资企业奖励政策。8月31日，中国（河北）自由贸易试验区正定片区挂牌。

【投资促进活动】 开展精准招商。2019年2月开始，市投资促进部门每月瞄准一个产业、一个主题，组织举办特色化、专业化精准招商引资活动。以“4+4”现代产业为主题，举行“中国空气净化行业高峰论坛”“大健康产业合作对接会”“新一代信息技术产业专题对接会”“高端装备制造产业合作对接会”“节能环保产业合作对接会”“肿瘤防治健康和空气净化项目投融资专题对接会”“科技服务与文化创意产业精准招商工作对接会”“外商投资企业对接暨河北自贸区正定片区推介会”等活动，达到一大批合作成果。3次举行“招商引资月”活动。2019年5月、8月、12月，市投资促进局分别举行“招商引资月”活动，共组织招商活动120场。参加5月18~21日“2019中国·廊坊国际经济贸易洽谈会”。以“转型发展 绿色发展 创新发展 率先发展”为主题，设置布展石家庄馆，突出展示新一代信息技术、生物医药健康、先进装备制造产业3个特色产业的拳头产品；展馆面积500平方米，分为优势产业、行业领军企业及产品、隐形冠军企业及产品3个展区；21家企业参展，生物医药健康参展单位及企业有日中天科技园、以岭药业、爱尔海泰制药、生命原点、石家庄四药公司，先进装备制造产业参展有奇瑞石家庄分公司、石煤机公司、石家庄中车、中航通飞公司，新一代信息技术产业参展有中电科13所及下属同辉电子和中瓷电子，中电科54所及下属卫星导航服务公司河北翔拓航空科技有限公司，行业领军企业展区参展有石药集团、君乐宝乳业、科林电气、东旭集团等；展出展品48种，包括奇瑞新能源汽车瑞虎480车型、河北翔拓航空科技有限公司无人机“云鹞4”等。签约项目80余个，涉及生物医药健康、现代商贸物流、先进装备制造、新材料、现代农业等产业领域。10月21~22日，举办“2019石家庄国际投资合作促进会议”，来自20多个国家和地区近1000名客商参会，包括世界500强、跨国公司90余家。

【开发区建设】 至2019年底，全市共有2个国家级开发区，分别是石家庄国家高新技术产业开发区、石家庄经济技术开发区；19个省级开发区，分别是河北石家庄循环化工园区、河北石家庄装备制造产业园、河北石家庄长安国际服务外包经济开发区、河北石家庄矿区工业园区、河北鹿泉经济开发区、河北藁城经济开发区、河北正定高新技术产业开发区、河北晋州经济开发区、河北新乐经济开发区、河北赞皇经济开发区、河北平山西柏坡经济开发区、河北行唐经济开发区、河北无极经济开发区、河北元氏经济开发区、河北高邑经济开发区、河北灵寿经济开发区、河北井陉经济开发区、河北深泽经济开发区和河北赵县经济开发区；1个国家级海关特殊监管区——石家庄综合保税区；1个自由贸易实验区——中国（河北）自由贸易试验区正定片区。持续深化开发区改革，制定《关于深化开发区改革开放的实施意见》，实施“九通一平”项目，建设融资服务平台及科技服务平台。实施开发区土地收储计划，超额完成全年土地收储总目标。全年各开发区主营业务收入同比增长20%以上，累计完成地区生产总值2700亿余元，发展形成高新区生物医药、鹿泉区电子信息等“4+4”现代产业和区域经济集群。其中，石家庄经济技术开发区、河北石家庄循环化工园区位列全省经济开发区5强；建成省级以上新型工业化产业基地11家；石家庄经济技术开发区被认定为石家庄市第一家省级智能制造示范（园）区，中外合作医药食品产业园获评十大省级国际合作产业园；河北石家庄循环化工园区入选第二批“中国智慧化工园区试点示范（创建）单位”“绿色化工园区创建单位”。2019年高新区地区生产总值完成321.87亿元，同比增长8.0%，全部财政收入84.99亿元，同比增长15.7%；河北石家庄循环化工园区地区生产总值完成147.74亿元，同比下降2.5%，全部财政收入94.98亿元，同比增长9.1%；循环化工园区财政收入位列全市第四，高新区财政收入位列全市第五。

【中国(河北)自由贸易试验区正定片区挂牌】 8月31日，中国（河北）自由贸易试验区正定片区挂牌。规划面积33.29平方千米（含石家庄综合保税区2.86平方千米）。实施范围北至综合保税区海关巡逻道，西至新元高速、107国道、园博园大街，南至河北大道，东至诸福屯西街、河里街、综合保税区东围网。功能定位：重点发展临空产业、生物医药、国际物流、高端装备制造等产业，建设航空产业开放发展集聚区、生物医药产业开放创新引领区、综合物流枢纽，即“两区一枢纽”。

【2019石家庄(北京)“4+4”现代产业投资合作洽谈会】 5月16日，2019石家庄（北京）“4+4”现代产业投资合作洽谈会在北京举行。国内外200多家企业和机构参会。82个重点合作项目签约，总投资624.2亿元，拟引资592.1亿元。其中，外资项目6个，总投资10.1亿美元，协议利用外资6.6亿美元；内资项目76个，总投资555.8亿元，拟利用省外资金547.8亿元。签约项目涉及“4+4”现代产业项目50个，占总数61%，总投资337亿元。签约10亿元以上项目18个，总投资364.1亿元。总投资20亿元的京津冀服装产业园区项目，依托中国纺织工业联合会引进国内外知名品牌服装生产企业100家；总投资21.6亿元的韵达河北电商总部基地项目，建设智能快递中心、智能快运中心、电商仓储中心、结算中心等；总投资20亿元的中鼎龙海医药产业园项目，主要建设质检及生物研发楼、孵化中心、中药材库、中药提取车间等。

【2019石家庄国际投资合作促进会议】 10月21~22日，由中共石家庄市委、石家庄市政府主办的“2019石家庄国际投资合作促进会议”在石家庄国际会展中心举行。主题为“开放创新、优胜未来”。来自20多个国家和地区近1000名客商参会，包括世界500强、跨国公司90余家。会议期间，组织举办专题活动9场，主要活动有主题推介会暨签约仪式和自贸区创新发展合作对接会、节能环保产业合作对接会、大健康产业合作对接会、高端装备制造产业合作对接会、重点招商项目合作对接会、“国合・耶鲁”民营企业家—石家庄合作对接会等。重点签约项目有乐城・晋州服装产业园区、苏宁物流园区等。其中，乐城・晋州服装产业园区项目主要建设智能化、服务型一站式商贸服务平台，汇聚面料、辅料、纺织、配件、服装、皮革皮草、百货等全业态上下游垂直产品，形成完善的服装产业链条和“前店后厂”模式，打造北方具有影响力的精品服装产业园区；苏宁物流主要在石家庄建设河北电商智慧产业园，加速苏宁智慧零售全业态布局。

（市投资促进局）

供销合作商业

【概况】 2019年，石家庄市供销合作社（简称市供销社）系统完成商品总购进405亿元，同比增长12%；商品总销售439亿元，同比增长13%；实现利润4.35亿元，同比增长17%。至2019年末，市供销社共有直属单位19家，其中，事业单位2家，企业17家；2家事业单位分别为：市再生资源回收服务中心、市城区供销合作社；17家企业分别为：市第二棉麻有限公司、市土产日杂有限责任公司、市土畜产有限责任公司、市物资回收有限责任公司、河北中山日化股份有限公司、东区供销有限公司、市第一棉麻总公司、市农业生产资料总公司、市供销社贸易中心、河北省茶叶公司、市盐业专营公司、市副食盐业总公司、郄马供销社、市兴合资产管理中心、市农村产权交易有限公司（市农村产权交易中心）、市供销合作总社安全统筹公司、石家庄合宏商贸中心。5月7~10日，中央组织部主办全国深化供销合作社综合改革专题研讨班在正定县举行。2019年石家庄市获得河北省供销合作社系统综合业绩考核优胜单位一等奖，栾城区供销社率先在全省建成农村产权流转交易体系，并获批全省农村产权流转交易县级试点。

【为农供销服务】 开展土地托管服务，依托农资公司、基层社、专业合作社等农业经营主体，以土地托管服务为内容，向农户提供农业生产社会化服务，全年市供销社系统办理土地托管及流转面积71.9万亩。搭建产权交易平台，推进农村产权交易流转体系建设，在全市建立乡镇农村产权流转交易服务站 60 家、村级农村产权流转交易联络点 876 家；累计开展交易鉴证业务 348 笔，鉴证流转土地面积 4.36 万亩；累计组织农村集体招标业务 11 笔，交易鉴证总额 3.71 亿元。以助农增收、支持农村产业发展为目标，实施开放办社改革，吸收一批带动能力强、组织化程度高、利益分配科学、利益联结紧密的新型农业经营主体，采取基地共建、品牌共创、利益共享模式，建立和形成“互利共赢、开放合作”的新型关系及利益共同体。全年吸纳入社企业、合作对象29 家，省级开放办社入社企业达到 11 家。实施产业扶贫、电商扶贫、产销对接扶贫，推动线上线下融合发展。至2019 年末，市供销社系统建立县级电子商务综合平台 17 家，建立“实体店+电子商务”模式农产品销售网点 106 个。依托市级微商销售平台——石门特产汇、智农商城和供销新鲜汇可追溯商城，将各县（市、区）200 多种特色产品汇集上线销售。以优质、便捷、高效、规范为特色，推进农村社区综合服务中心建设，全年建设农村社区综合服务中心 22 个，正定县、无极县实现农村社区综合服务中心全覆盖。建立农产品直采直销体系，全年帮助贫困县农民销售农产品2260 万元，带动贫困户 3165 户。

【基层网点建设】 推进供销合作社基层组织、服务网络向村级延伸，探索建立村级供销社，形成县、乡、村三级组织体系。2019 年市供销社成功打造 5 家省级示范基层社、10 家省级示范农民专业合作社。加快示范区建设，按照统筹规划、因地制宜、集中连片、动态提升思路，全市确定重点培育 2 个基层组织示范片区，正定县、无极县、栾城区示范片区面貌提升完成，灵寿县、行唐县示范片区正在建设。实施村级补网工程，针对部分农村基层供销社网点消失、服务缺失问题，采取开放办社方式，建立村级供销社 3 个。2019 年高邑县万成村供销社、仓房村供销社挂牌成立。开展基层社改造，按照补齐短板、夯实基础、提升水平、发挥作用要求，正定县完成 7 个基层社 10 余处服务设施升级改造，经营项目涉及连锁超市、技术培训、电商物流、婚庆大厅、快捷酒店、学前教育等服务，成为当地乡村振兴的新亮点。

【企业转型升级】 加快推进传统产业转型升级和商业模式创新，实现从传统经营方式向现代流通业态转变，从单纯购销业务向综合经营服务转变。2019 年河北中山日化股份有限公司在传统经营网络基础上，建设中山日化、专属 App“中山优购”、微商服务号等电子商务平台，汇集整合上万种商品采购和销售需求，形成“城区有分销商、专卖店，乡镇有惠农合作商连锁店，村有服务便利店”三级日用品一体化连锁销售服务网络体系；建立中山日化“智农商城”电子商务平台，开展品牌培育、标准制定、质量检测、质量溯源等服务，与各县（市、区）实现线上线下产销互联、互通、可逆对接合作，创新形成工业品下乡进村、农产品进城入社区的农超对接模式。支持盐业改革。2019 年市盐业专营公司商品购进总额 1405 万元，商品销售总额 2119 万元；食盐总购进 17232 吨，食盐总销售 16579 吨；全年公司顺应盐业体制改革形势，确立“经营跟着市场走，服务围绕客户转”的思路，采取加强市场调研、实行定期回访、调整送货时间、开展促销活动、增加结算方式等措施，全力维护终端市场；严把进货、储存、出库等关键环节，规范入库管理、出库管理、商品保管、商品盘点等操作流程，完成省市级 3000 吨食盐储备；维护“海晶”“中盐”品牌形象，建立破损包装调换、投诉电话处理等机制。推进企业创新。2019 年市第一棉麻总公司完成商品购进额 2 亿元，商品销售额 2.1 亿元，缴纳关税、增值税 1.3 亿元，实现利润 80 万元；申请发明专利 1 项、实用新型专利 8 项，获认国家级、省级高新技术企业和科技小巨人企业；市第一棉麻总公司所属新合纤维科技股份有限公司纺纱二车间 14 条生产线建成投产，研发生产新品种 20 余个。开展风险排查，规范社属企业固定资产投资、资金借贷、对外投资等经营行为，用 1550 万元资金解除银行债务 5.88 亿元。

【河北中山日化股份有限公司】 河北中山日化股份有限公司（简称中山日化）于 2005 年由市供销社所属市工业品总公司改制成立，注册资金 1018 万元，其中，石家庄新合作供销集团有限公司出资 216 万元，股份占比 21.22%。2019 年公司总购进 10.08 亿元，总销售 10.47 亿元，实现利税 755 万元、利润 245 万元；资产总额达到 3.7 亿元。打造多元化电子商务模式，开设京东特色馆、淘宝中山日化专卖店、中山日化微信商城等电子商务平台，满足城乡居民全方位、一站式服务需求。全年中山日化电子商务平台销售收入4亿余元，涵盖30多个品牌上万种产品。优化电子商务服务中心、物流配送中心功能，构建城乡流通网络体系，开通20条辐射石家庄和邯郸市区、郊县配送干线，构建“一点多能、一网多用”市、镇、村三级物流配送网络。推进3000多个“惠农合作商”新网工程建设，联络有效客户1.1万余家，形成衔接县、乡（镇）、村电子商务服务网店和连接全国日用品、农产区、物流节点、消费终端的农产品市场网络。与京东到家、物流快递企业对接和联动发展，构建内外相通、快捷高效的现代物流体系，综合配送准时率达到93%。

石家庄市供销合作总社

理事会主任：张佐英
理事会副主任：任素江(5月免)
史国士
敦建伟(10月免)
张志强(12月任)
闫亚宁(5月任)
张立朝(12月任)
监事会副主任：丁根起　王彦生
康璞

（贡丽凯）

烟草专卖管理

【概况】 2019年，全市烟草专卖系统签订烟叶种植收购合同88份，合同种植面积5000亩，烟叶生产涉及7个乡镇、13个行政村；收购烟叶1530吨（1.53万担），烟农收益1820.54万元。全年烟草销售实现利税25.04亿元，同比增长6.13%。加强烟草专卖管理，2019年全市查处涉烟案件2161起，查获非法卷烟2368.22万支，实物案值1705.65万元；查获加热不燃烧烟草制品22.14万支，实物案值21万余元，涉案案值200.23万元。开展“天价烟”“样品烟”专项检查和集中整治行动，发现问题12项，制定整改措施23条。重视廉洁教育和风险防控管理，梳理重点岗位37个，排查风险点47个，制定防控措施60项。

【卷烟营销】 以建章立制为基础，以状态调控为保障，以均衡销售为主线，增强高质量发展意识，推进市场化改革，完成“稳总量、提结构、增税利、降库存”目标任务。选派自律互助小组，开展建设“回头看”活动。重视终端管理，引导全行业对照标准找问题、限时整改补短板、以会促建学经验，协调推进城乡销售网络发展。实施“大品牌、大市场、大企业”战略，规范品牌引退规则，优化卷烟品种布局，推动结构梯次上移。重视培育地域产烟，逐步建立“一类为引领、二类为提升、三类为基础、四类为保障”的地域卷烟品牌发展框架。发挥信息化营销平台作用，优化和拓展“四大信息化平台”功能，挖数据价值，助力卷烟营销。营造文明吸烟环境，开展“天价烟”“样品烟”专项检查，标识卷烟危害指标。全年烟草销售实现利税25.04亿元，同比增长6.13%。

【专卖监管】 深化烟草专卖联合打假机制，借助互联网、大数据平台，提高涉烟案件侦办水平。2019年全市查处涉烟案件2161起，查获非法卷烟2368.22万支，实物案值1705.65万元，其中，5万元以上案件71起，破获网络案件9起，刑事拘留64人，批捕52人，判刑13人。关注新型烟草制品及物流寄递卷烟违法行为，实施专项治理行动、交叉互检、错时检查、随机抽查、物流稽查等措施，有效提升市场监管水平。全年查获加热不燃烧烟草制品22.14万支，实物案值21万余元，涉案案值200.23万元。推进烟草专卖信息化建设，拓展违法违规举报平台功能，加强腾讯QQ、微信、微博等互联网工具运用，拓展投诉和举办线索来源，全年受理烟草销售举报1230起。提升行政效能和服务水平，新办理零售许可证缩短至5个工作日。2019年全市新办理烟草专卖零售许可证4402户，排查清理无证经营卷烟户737户。规范烟草经营户管理，开展全流程和重点环节监管。全年注销140户，停歇业173户，修改批次停供105户，调减供货量62户，重点监管经营能力不符207户。

石家庄市烟草专卖局(公司)

局长(经理):贾立业　　副　经　理:安志发　李鲁平
副　局　长:陈冉

（市烟草专卖局）

成品油供应

【概况】 2019年，全市共有储油库9座，面向社会经营储油库8座。9座储油库分别为中国石化销售有限公司华北分公司中石化国家储备库（不对外经营）、中国石化销售股份有限公司河北石家庄高庄分公司、中国石油天然气股份有限公司河北石家庄高庄分公司、正定金河油库、河北亿丰石油化工有限公司、河北振东石化有限公司、石家庄中信石化有限公司、河北石油集团石化销售有限公司、河北常青成品油销售有限公司。2019年全市共有加油站（点）1351座，其中，加油站913座，农村柴油网点438座。全年销售汽油120余万吨，销售柴油80余万吨。严格落实成品油调价机制，按照国家发展改革委调价政策要求，2019年石家庄市成品油调整价格22次，其中，上涨15次，下降7次，汽油累计上调680元/吨，柴油累计上调675元/吨，较年初涨幅明显。汽、柴油单次涨幅最高分别为270元/吨、260元/吨，汽、柴油单次涨幅最小均为50元/吨；汽、柴油单次跌幅最大分别为465元/吨、445元/吨，汽、柴油单次跌幅最小幅度分别为75元/吨、70元/吨。1月14日24时前，全市成品油价格未调整时，国六标准92号汽油每升6.43元，95号汽油每升6.80元，98号汽油每升7.62元，负10号车用柴油每升6.41元，负20号车用柴油每升6.71元。至2019年末，全市国六标准92号汽油每升6.98元，95号汽油每升7.38元，98号汽油每升8.20元，0号车用柴油每升6.63元，负10号车用柴油每升7.03元，负20号车用柴油每升7.36元。2019年3月，原“中国石化销售有限公司河北石家庄石油分公司”更名为“中国石化销售股份有限公司河北石家庄石油分公司”（简称中国石化石家庄石油分公司）。

【中国石化石家庄石油分公司】 至2019年底，公司共有加油站252座（含代管站21座），其中，在营站246座（含合资站4座），市域占比23.64%。2019年公司经营销售成品油总量90.90万吨，同比增长5.3%。其中，机出零售65.73万吨，同比增长1.1%；以批代零3.91万吨，同比增长26.8%；直销批发20.97万吨，同比增长18.8%；天然气（含LNG）销售0.3万吨，同比下降50.1%。全年公司非油品全口径营业额3.39亿元，同比下降5.8%。其中，基础品类营业额2.7亿元，同比下降3%；考核差价2.42亿元，报表利润-2.13亿元；吨油费用435元。无安全事故发生。全年联合营销交易额6573万元，占全省46%，通过采取异业联盟方式，直接吸引或间接锁定汽油销量7000余吨。重视直批客户开发与维护，全年维护客户588家，同比增长4%，其中，新开发客户168家，新增销量1.4万吨；重新开发流失客户325次，挽回销量2.2万吨。开展社会加油站攻关，实现华能上安电厂、中电投石家庄公司独家供油；中标河北华电用油3次，销售油品698吨；油惠通APP绑定客户824个。全年走访摸排重点客户3107个，统计用油车辆15.72万辆；“一户一策”开发油滴大客户40家，实现购油量1754吨；中标9家单位公务车用油招标项目，续约协议到期单位供油项目30余家。推进油滴营销，综合运用“纯油滴”“一站两价”“直降油滴交叉营销”“直降+油滴”等方式，全年注册会员55.8万户，油滴生成1.24亿元，消费9741万元，赵县片区人均推广数量824人，为石家庄县域最高。

【成品油市场整治】 6月7日，石家庄市成品油市场整治工作领导小组召开全市成品油市场清理整治动员部署会。6月21日，市政府组织召开全市成品油市场清理整治暨黑加油站（点、车）查处取缔调度会。全年各县（市、区）加大黑加油站（点、车）重拳打击力度，严厉查处和取缔黑加油站（点、车）及非法调油窝点、非法储存使用燃油行为，建立台账，明确责任部门、责任人和完成时限，实行销号管理。2019年全市出动执法人员13200余人次，执法车辆

4560余车次，组织开展检查次数1830余次，查处取缔黑加油站点182个，拔除清理油罐176个，查扣加油机114台、油品40.54吨；抽检成品油油品1684批次，合格率97.7%；查处黑油罐车58辆，依法拘留43人。通过整治成品油市场违法违规行为，有效维护了全市成品油市场经营秩序。

中国石化销售股份有限公司

河北石家庄石油分公司

党委书记：纪良英

经　　理：程杰

副 经 理：肖立金　陈军鹏

（剧柏含　张建恩）

旅　游

【概况】 2019年，全市接待海内外游客1.23亿人次，同比增长14.84%；实现旅游总收入1478.98亿元，同比增长22.13%。以构建“4+4”现代产业发展格局为目标，以举办旅游产业发展大会为抓手，下大力加快旅游基础设施建设，全面提升旅游公共服务水平。制定《2019年全市文化和旅游产业扶贫工作计划》，印发《石家庄市乡村旅游发展指引》，助推乡村旅游发展驶入快车道。投入资金2647万元，建成旅游厕所134座；投入资金1.68亿元，建成区域性游客服务中心或旅游集散中心3个；投入资金15.98亿元，建成房车露营地2个；投入资金19.11亿元，建设旅游风景道3条；投入资金58.6万元，设立旅游交通标示11个。突出西柏坡红色资源优势，加大旅游资源、旅游商品和旅游食品宣传力度，重视与全国各地文化旅游交流与合作。4月22日，石家庄市、阳泉市签署旅游战略合作协议。5月24日，石家庄市与内蒙古鄂尔多斯市、云南省西双版纳州签订文化旅游战略合作协议。5月16～18日和6月18～20日，分别参加2019亚洲文化旅游展、2019北京国际旅游博览会，展出藁城宫灯和正定县、平山县、鹿泉区、赵县等地文创产品、旅游纪念品和旅游食品。11月15～17日，参加2019中国国际旅游交易会，正定县、平山县、鹿泉区、栾城区和西柏坡纪念馆等以“石光美好·家人有约”为主题，举办石家庄旅游走进昆明专场推介会，并与昆明市旅游企业签订系列合作协议，拓展了全国西南地区客源市场，实现两地旅游资源优势互补、客源互送、资源共享和互利共赢。加强旅游行业管理，全年组织开展旅游市场检查行动25次，检查旅游企业396个，出动旅游检查督导人员876余人次；行政处罚旅行社3个，其中，吊销旅行社业务经营经营许可证1个、罚款2个；行政处罚从业人员2人。至2019年底，全市共有A级景区34家，其中，5A级1家，4A级25家，3A级5家，2A级3家；旅行社296家，旅行社分社59家、服务网点550家，星级饭店63家，持证导游7425人。2019年平山县入选中国县域旅游竞争力百强县，井陉县仙台山国家森林公园获评

9月11日，2019年京津冀(石家庄)美食文化节启动仪式在鹿泉区北国奥特莱斯举行

森林养生国家重点建设基地。

【第四届石家庄市旅游产业发展大会】 6月27~28日，第四届石家庄市旅游产业发展大会（简称旅发大会）在灵寿县举行。主题为：大美灵寿 康养福地。旅发大会期间，举办“灵寿风光摄影大赛获奖作品展览及颁奖仪式”“石家庄旅游商品展销会”“石家庄旅游招商项目发布、签约仪式”“生态新灵寿·休闲后花园”“2019中国（灵寿）旅游经济发展高峰论坛”“夜游灵寿夜景、看大型室外演艺活动‘中山记忆’”等活动；开幕式当晚，演出大型原创舞台剧《神话之灵寿传奇》。旅游商品展销会展出面积3000多平方米，设置特装展位16个、标准展位18个；灵寿县、晋州市、鹿泉区等14个县（市、区）组团参展，共计参展单位100余家，展出产品1000余种，包括特色美食、绿色食品、农产品、文化创意产品、旅游景区、酒店、旅行社等10余个门类。推介重点文化旅游招商项目8大类47个，现场签约项目30个，签约金额403.5亿元。灵寿县为举办此次旅游产业大会，谋划实施总投资200亿元22个重点项目，其中，景观道路项目3个，新业态及景观打造项目19个；筛选大会观摩项目8个，分别为松滹湾文化园、大观园、中山故都景区、横山湖国际露营公园、陈庄歼灭战陈列馆、车谷砣康养度假区、锦绣大明川休闲度假康养小镇、漫山花溪谷景区，涵盖历史文化、生态旅游、乡村休闲、农旅融合、民俗体验等旅游业态。新建景观道路4条，分别为：全长5.5千米的人民路西延，将灵寿县城主干道西延至中山故都景区；全长19千米的滹沱百里画廊（灵寿段），东起灵寿正定交界，西至平山灵寿交界；全长60千米的磁河旅游风景道，东起京昆高速连接线，西至西阜高速灵寿出口；全长28千米的西阜高速连接线，南起西阜高速灵寿出口，北至五岳寨景区。灵寿县通过举办第四届石家庄市旅发大会，挖掘了“中山古国”历史文化的厚重资源，展示了“大美灵寿”的时代风采，有力推动文旅融合和全域旅游升级。

【第五届石家庄市旅游产业发展大会】 9月11~12日，第五届石家庄市旅游产业发展大会在井陉县和井陉矿区举行。主题为：“太行风情 古陉新韵”。宣传口号为“风景（井）如画 心旷（矿）神怡”。本届旅发大会以“活旅游、聚产业、促发展、惠民生”为宗旨，选树“天路”精神先进典型，践行城市转型新发展理念，突出打造文旅融合旅游远景。井陉县是全国首批千年古县，也是石家庄市的生态功能区，具有得天独厚的太行山水、悠远厚重的历史文化，孕育了山川灵秀之美，获得“全国文化先进县”“中国民间文化艺术之乡”“中国传统庙会之乡”等称号和荣誉。2019年井陉县以推动全域旅游为目标，以实施“千百万”工程为抓手，统筹推进经济、社会、文化高质量发展；承办第五届旅游产业大会，井陉县投资财政资金2.58亿元，吸引社会投资1.2亿元。井陉矿区过去是乌金遍地、井架林立，享有“北方最良之煤田”美誉，是石家庄工业文明的发祥地。2019年井陉矿区秉持“绿水青山就是金山银山”的新发展理念，注重实施生态环境修复和保护，全力打造天蓝地绿、山清水秀和“太行山旅游精品版”规划，坚持“城旅融合发展”的县城建设理念，谋划实施总投资34.6亿元的三大类67个重点项目；以举办旅游产业大会为契机，井陉矿区投资33.8亿元，全力推进旅游带动乡村经济发展战略，建设旅游村镇10余个，引导1000户家庭参与旅游商业服务，解决就业岗位2000余个，有力推动了经济转型和快速发展。

【第四届河北省旅游产业发展大会】 10月14~16日，由中共河北省委、河北省人民政府主办，中共石家庄市委、石家庄市人民政府、河北省文化和旅游厅共同承办的第四届河北省旅游产业发展大会在石家庄市举行。主题为：“传承红色基因，创新绿色发展”。以打造石家庄全域旅游格局、红色旅游和生态旅游融合为目标，第四届河北省旅游产业发展大会推出“滹沱河生态走廊”旅游规划设计，重点发展“一轴、两点、五片区”，“一轴”即“滹沱河生态走廊”景观轴，“两点”即革命圣地西柏坡、中国历史文化名城正定，“五片区”即环柏坡湖片区、中山古城遗址与磁河风景带片区、正定古城片区、鹿泉西部山前片区、井陉—井陉矿区古村落片区。大会期间，举行第四届河北省旅游产业发展大会开幕式、河北省文化和旅游工作会议、河北省文化和旅游重点招商项目签约、旅游项目现场观摩活动，同期举办“第二十四届中国北方旅游交易会”、第十一届“9+10”区域旅游合作会议、红色旅游发展高峰论坛、夜游正定等活动。省委书记、省人大常委会主任王东峰，省长许勤，省政协主席叶冬松，文化和旅游部党组成员王晓峰，国际旅游联合会主席埃里克·杜卢克及河北省国际友好国家省（州、市）政府官员及文化和旅游部门代表，“一带一路”沿线国家、重点客源国（地区）驻华使节或旅游参赞，国内外知名涉旅企业负责人，河北重点客源省（区、市）文化和旅游部门负责人，全国知名旅游专家等1100余人出席开幕式。大会确定重点项目60个，重点观摩项目14个；观摩项目设置在石家庄市6个县区（平山县、正定县、鹿泉区、灵寿县、井陉县、井陉矿区），分别为：滹沱河生态走廊、正定古城风貌提升项目、正定东门里民宿、平山李家庄美丽乡村片区、平山大吾川研学康养度假小镇、平山中山古城国家考古遗址公园、灵寿松阳河文化小镇项目、鹿泉西部长青旅游度假区、鹿泉龙泉古镇、鹿泉工贸旅游创新区、井陉南横口陶瓷水镇、井陉吕家剧境小镇、井陉于家石韵小镇、井陉矿区段家楼综合整治提升项目；观摩项目实施统一规划、统一设计，全部制定一对一提升方案，涵盖红色、生态、古文化、新业态四大系列。宣布启动滹沱河生态走廊沿线美丽乡村、乡村驿站、指示标识、生态景观、文化景观、旅游配套设施建设及智慧化导游导览等公共服务体系建设。展会期间，举办演艺活动60余场、推介活动50余场、网上及现场专业洽谈3000余场，签署《“9910”区域旅游合作正定共识》。第四届河北省旅游产业发展大会签约文化和旅游合作项目32个，其中，战略合作协议6个、重点文化和旅游投资项目24个、合作备忘录2，总投资400亿余元。石家庄市签约项目7个，投资金额150亿元，主要涉及生态康养、旅游小镇、商业综合体、智慧旅游等领域。石家庄市7个签约项目分别为：平山县中国红色时代小镇生态康养度假区项目、王母山景区项目，灵寿县五郎寨非遗文旅小镇项目，正定新区天山集团旅游康养及大型商业综合体项目，赞皇县唐相文化康养旅游小镇项目、嶂石岩自驾车房车营地项目，井陉县国家文化大数据井陉天安智谷项目。石家庄市与埃塞俄比亚德雷达瓦市签订建立友好城市关系协议书，与乌克兰赫梅利尼茨基市签订建立友好城市备忘录。10月14～16日，由北京、天津、河北、山西、内蒙古、山东、河南、辽宁、吉林、黑龙江十省（市、区）文化和旅游厅（局）主办，石家庄市政府承办的第二十四届中国北方旅游交易与第四届河北省旅游产业发展大会同期举行。第二十四届中国北方旅游交易举办活动有买卖家洽谈会、地市推介、文艺表演、第十一届“9+10”区域旅游合作会议等。设置展览面积2万平方米，设有河北馆、国内国际馆和户外装备展区。20个省（市、自治区）、31个国家和地区及旅游组织设立展区。河北馆布置有河北旅游发展成就展区、河北旅游精品线路展区、河北文创作品和非遗展区、文化科技互动展区和省内各地展区，国内国际馆展示国内19个省市及西班牙、马来西亚、约旦等30个国家和地区及国际组织的旅游资源、旅游产品、文旅融合发展成果、非遗文化等。参展企业350余家，特邀买家200余位，参观公众5.1万余人，达成意向合作金额3600余万元。

链接

“9+10”区域旅游合作：2008年2月，以北京奥运会为契机，北京市倡议发起“9+10”区域旅游合作机制。主要包括北京、天津、河北、山西、内蒙古、辽宁、山东、河南、陕西9省（市、区）和北京、上海、重庆、哈尔滨、南京、杭州、成都、西安、昆明、桂林10个国内旅游城市。

【红色旅游】 以庆祝新中国成立70周年为主题，革命圣地西柏坡纪念馆举行新中国成立70周年“西柏坡——新中国从这里走来”巡回展、“不忘初心·牢记使命——新中国从这里走来”主题情景讲述剧巡演，拍摄《西柏坡故事》微视频等活动。改陈西柏坡纪念馆主题展览局部和中央宣传部旧址展览设置，增加“不忘初心·砥砺奋进——不断开创新时代中国特色社会主义事业新局面”专题展览。对外推送并展出“新中国从这里走来”“弘扬西柏坡精神，实现民族伟大复兴”“强军的精神支柱——弘扬延安精神”等展览14个，累计参观人数200余万人，受到各地观众好评。围绕七届二中全会会址、毛泽东提出“两个务必”、土地改革、三大战役等传统旅游设施游览，重视宣传红色文化，增强内涵吸引力，全年在《中国纪检监察报》《纵横》《学习时报》《河北日报》等中央和省级报刊发表西柏坡红色文化研究文章20多篇，征集到革命文物10余件，历史照片100余张，书画作品20余幅。组织编写《西柏坡文物》一至三卷，第一卷已经出版，收录文物研究文章 200 多篇。制作发行庆祝新中国成立70周年西柏坡主题纪念章、骨瓷杯等文化旅游创意产品。通过宣传和挖掘西柏坡红色文化，激发了游客的兴趣，提升了西柏坡红色旅游品牌影响力，2019 年西柏坡纪念馆接待游客 564 万人次。

【工业旅游】 围绕建设“旅游强市”目标，推动工业旅游与其他旅游业态融合发展。整合工业旅游资源，打造新热点和新名片，突出建设工业旅游集聚区，鹿泉区、藁城区、栾城区 3 个工业旅游集聚区初具规模。策划推出君乐宝奶业小镇—食草堂艺术小镇—金凤工业园、藁城宫灯—宫面—宫酒、中航通飞华北公司—中车石家庄产业园—天康三苏体验游、君乐宝—栾城柳林小镇—以岭健康城等特色工业旅游线路，深受游客喜爱。2019 年君乐宝工业旅游区投资 11. 4 亿元，建成开放酸奶文化馆、奶牛科普馆、优致牧场、国家级乳品研发中心、工业观光生产线等特色游览观光项目；鹿泉区食草堂投资 1000 多万元，重点建设 NIU 艺术空间；以岭健康城增建中医养生文化苑，与原有中药材标本馆、神农百草园、络病文化墙、阳光大厅、创新转化展馆等传统中医药文化景观及盛世山、津力湖、锦鲤河、绿色园林等共同构成古典文化点缀的现代科技旅游观览画卷，被评定为首批国家康养旅游示范基地；栾城区味道府酒业建设完善“酒文化博物馆”，建立旅游通道，开辟成熟旅游路线，建成中国最大的羊羔酒酿酒厂，拥有百年酒海 100 个、自动化灌装线 6 条；藁城宫酒文化园投资 800 万元，实施文化博物馆建设及装修、酒文化展厅、绿色走廊、标识标牌、旅游厕所建设等；藁城宫面产业园投资 6520 万元，建设休闲体验展厅（购物中心）、游客中心、宫面研发、停车场、旅游厕所、绿化美化等设施；栾城区中航通飞华北公司定期举办“邀您看航空”“走进青少年课堂”“航空科普进校园”等主题活动，为青少年提供航空科普教育实践。至2019 年底，全市共有省级工业旅游示范点 8 家，市级工业旅游示范点 14 家。10月 21 日，石家庄市获评“中国最受欢迎的工业旅游城市”。

【乡村旅游】 出台《石家庄市乡村旅游发展指引》，指导全市乡村旅游发展提质升级。举办第四届、第五届石家庄市旅游产业发展大会，井陉县建成 60 千米“井陉天路”，将大梁江、于家村等 26 个古村落与井陉矿区西环旅游路沿线段家楼正丰矿文旅综合体、甘林苹果谷、贾庄古镇等串联起来，两地传统村落片区纳入石家庄市一小时交通圈，形成一条新的乡村旅游精品线路，推动了社会、生态、文化和西部区域经济发展。举办第四届河北省旅游产业发展大会，辐射带动全市29 个乡镇 249 个村，实现 50 多万人增收；滹沱河生态走廊启动建设多功能驿站 9 个，与周边城镇乡村、景区景点联动，带动沿线 9 个乡镇 73 个村庄整体环境和服务设施全面提升，把正定县、灵寿县、平山县串联在一起，为石家庄市北部及西北沿途百姓提供了便民路、绿色路、生态路、红色路。提升旅游从业人员素质及乡村旅游管理和服务水平，制定印发《石家庄市乡村旅游和旅游扶贫从业人员培训方案》，选派人员参加全国乡村旅游扶贫重点村村官培训班、2019 年深度贫困地区旅游扶贫培训班、冀台同韵、美丽乡村培训班等，全年培训乡村旅游服务人员 1000 人次。7月28 日，平山县岗南镇李家庄村、正定县正定镇塔元庄村入选文化和旅游部公布的第一批全国乡村旅游重点村名单。2019 年 12 月，井陉县于家乡于家村、井陉县南障城镇吕家村、平山县北冶乡沕沕水村、井陉县秀林镇南横口村、井陉县南障城镇大梁江村、平山县西柏坡镇梁家沟村、灵寿县南营乡车谷砣村、鹿泉区石井乡岸下村、平山县蛟潭庄镇拦道石村、晋州市周家庄乡第九生产队 10 个村获评河北省乡村旅游重点村。

【旅游主题活动】 采取省市联动、跨界联合、线上线下全媒体推广方式，同时举行 5・19“中国旅游日”河北分会场暨“周末游河北”启动仪式和“乐享河北随手拍”“全域自驾游”等活动。6月18 日，“抖 in 美好石家庄”主题宣传活动在石家庄市太行国宾馆举行，标志“抖 in City——城市美好生活节”石家庄站正式启动；发布抖音石家庄城市数据，分享抖音开展城市宣传的成功案例，与北京今日花开科技有限公司签订战略合作协议。县域旅游主题活动。3月28 日至 5 月 10 日，晋州周家庄农业特色观光园举办第十四届梨花旅游文化节；4 月3 日，藁城区第十五届梨花节举行；5 月 28 日至 6 月 18 日，赞皇县举办第八届“枣花・蜜・蜂”旅游文化节；8 月 16 ~25 日，鹿泉区在西部长青举行以“盛夏石家庄 醉美在长青”为主题的第二届石家庄国际啤酒节。10月1日，新乐市在伏羲台景区举行百架古筝颂祖国·羲皇圣里奏华章大型活动。2019年栾城区举办旅游主题活动有第17届草莓采摘节、2019樱桃采摘节、第二届无花果采摘节、2019葡萄采摘节、2019农民丰收节等。第八届“枣花·蜜·蜂”旅游文化节。5月28日至6月18日，第八届“枣花·蜜·蜂”旅游文化节在赞皇县举行。赞皇县拥有枣园3万公顷、养蜂户1260多户，养殖蜜蜂5万多箱，每到枣花盛开季节，便有成群的蜜蜂在枣林间飞舞。赞皇大枣为历代皇家贡枣，果实营养丰富，被誉为“百果之首”“天然维生素之王”。赞皇大枣是全国700多个枣品中发现唯一存有自然三倍体，蜜蜂采集三倍体枣花后酿制成“三倍体枣花蜜”，富含人体需要的多种微量元素，性甘平偏温，维生素C含量高，为蜜中精品。赞皇蜂蜜是河北省首家通过农业部农产品质量安全中心无公害认证的蜂产品，获评“河北省名牌产品”“河北省著名商标”，远销北京、上海、广州、中国香港等城市。赞皇县中国蕊源蜜蜂博物馆（河北馆）常年开放。第八届“枣花·蜜·蜂”旅游文化节期间，组织举办“赏枣花、品蜂蜜”、“秀出蜂采”诗词摄影大赛、“学习蜜蜂精神，争做最美家庭，共建文明县城”签名、“乡村枣园马拉松”、“智志双扶”文化扶贫和各类民俗等活动。第二届石家庄国际啤酒节。8月16~25日，由石家庄市政府主办，鹿泉区政府、西部长青休闲度假区承办的第二届石家庄国际啤酒节在鹿泉区西部长青南游客中心广场举行。主题为“盛夏石家庄、醉美在长青”。签约项目12个，总投资123.6亿元，包括《探秘世界》国际马戏小镇、水稻国家公园、鹿泉区全域旅游服务合作项目等，涵盖电子信息、农业观光、旅游等领域。啤酒节期间，西部长青休闲度假区接待游客27.4万人次，参与啤酒节游人7.6万人次。

【冀晋鲁旅游惠民卡】 1月8日，2019冀晋鲁旅游惠民卡开始发放。惠民卡价格由每张168元调整为98元，法定节假日也可使用，年度内无使用次数限制。2017年石家庄市政府推出旅游惠民工程，开始发放冀晋鲁旅游惠民卡。2019冀晋鲁旅游惠民卡由石家庄、沧州、邢台、辛集、定州、衡水、阳泉、德州8个城市旅游部门联手发行，景区覆盖河北、山西、山东3个省旅游景区，单次景区门票优惠总价值达3000余元。石家庄旅游景区包含隆兴寺、红崖谷、驼梁、五岳寨、沕沕水、赵州桥、嶂石岩等。2019冀晋鲁旅游惠民卡实行线上线下发行，由中国农业银行监管，市民持身份证等证件到中国农业银行在石家庄市任意网点办理，也可到石家庄市及周边500家销售网点，包括超市、药店、福利彩票站、旅行社等场所购买。网上办理冀晋鲁旅游惠民卡电子卡，手机关注微信公众号“四季旅游惠民卡”，依据操作提示即可办理，电子旅游卡即开即用，与实体卡功能相同，享受全部优惠政策。至2019年末，全市冀晋鲁旅游惠民卡发行量达5万张。

（姜小青）

金　融

Finance

综　述

2019年，全市金融业围绕建设京津冀区域性金融中心的总要求，全力抓好服务实体经济、防控金融风险、深化金融改革三项任务，积极推动省会金融业融入“4+4”现代产业格局。全年金融业实现增加值655.5亿元，同比增长7.9%，对全市经济增长贡献率达到14.2%。至2019年底，全市共有银行业金融机构59家，其中，全国性银行一级分行20家，城市商业银行一级分行8家，地方性法人银行业机构31家；保险公司省级分公司88家（含京津冀备案），其中，财产保险公司42家，人寿保险公司46家；证券法人机构1家，证券投资类法人公司1家，分公司23家，营业部72家，期货法人公司1家、分公司5家、营业部11家；融资担保机构（取得经营许可证）62家，其中，政府性融资担保机构6家，私营融资担保机构56家（含外省市融资担保机构分公司1家）；典当行96家，其中，法人机构61家，分支机构35家；在册小额贷款公司68家。2019年全市典当余额14.92亿元，同比增长15.82%；累计完成典当总额112.59亿元，同比下降1.30%。7月30日，世界500强企业友邦保险正式进驻石家庄市，这是外资独资保险公司在河北省设立的第一家分支机构。12月6～8日，由市地方金融监督管理局、石家庄日报社、石家庄广播电视台联合主办的2019中国·石家庄金融博览会举行。

银行业。至2019年底，全市金融机构本外币各项存款余额15051.7亿元，同比增长13.0%，增速较2018年提高0.3个百分点，比年初增加1732.3亿元，同比多增225.5亿元。其中，境内存款15038.3亿元，同比增长13.0%，比年初增加1720.9亿元；境外存款13.4亿元，同比增长589.5%，比年初增加11.4亿元。住户存款7671.4亿元，同比增长17.7%，增速较2018年提高3.1个百分点，比年初增加1151.6亿元，同比多增322.9亿元。其中，活期存款2294.0亿元，同比增长11.1%，比年初增加226.3亿元；定期及其他存款5377.4亿元，同比增长20.8%，比年初增加925.3亿元。非金融企业存款4132.7亿元，同比增长4.8%，增速较2018年下降3.5个百分点，比年初增加190.3亿元。机关团体存款2793.4亿元，同比增长16.9%，比年初增加402.8亿元。财政性存款223.5亿元，同比增长10.9%，比年初增加22.0亿元。非银行业金融机构存款217.3亿元，同比下降17.4%，比年初减少45.9亿元。各项存款余额稳步增长，存款余额、年增量保持全省首位。非金融企业存款、财政性存款、非银行业金融机构存款增速下降。

至2019年底，全市金融机构本外币各项贷款余额11406.7亿元，同比增长12.1%，增速较2018年下降0.6个百分点，比年初增加1182.6亿元，同比多增33.7亿元。其中，境内贷款11371.6亿元，同比增长11.9%，比年初增加1159.7亿元；境外贷款35.1亿元，同比增长187.6%，比年初增加22.9亿元。住户贷款3834.9亿元，同比增长16.7%，增速较2018年提高4.2个百分点，比年初增加496.8亿元，同比多增130.9亿元。其中，短期贷款680.5亿元，同比增长21.6%，比年初增加94.8亿元；中长期贷款3154.4亿元，同比增长15.7%，比年初增加402.0亿元。住户消费贷款余额3135.8亿元，同比增长21.0%，增速较2018年提高7.4个百分点，比年初增加491.1亿元，同比多增180.7亿元。住户经营贷款余额699.1亿元，同比增长0.7%，增速较2018年下降8.0个百分点，比年初增加5.7亿元，同比少增49.9亿元。非金融企业及机关团体本外币贷款余额7536.7亿元，同比增长9.7%，增速较2018年同期下降3.2个百分点，比年初增加663.0亿元，同比少增117.4亿元。其中，非金融企业及机关团体中长期贷款余额4036.7亿元，同比增长7.5%，较2018年下降10.6个百分点，比年初增加281.3亿元，同比少增292.5亿元；票据融资余额515.6亿元，同比增长30.0%，增速较2018年提高45.9个百分点，比年初增加118.9亿元，同比多增193.8亿元；融资租赁余额594.2亿元，同比增长7.5%，较2018年下降27.6个百分点，比年初增加41.4亿元，同比少增102.2亿元。各项贷款余额、住户贷款、消费贷款稳定增长，贷款余额、年增量位居全省首位；非金融企业及机关团体中长期贷款下降明显，票据融资高速增长。2019年全市69家小额贷款公司贷款余额48.63亿元，同比减少3.63亿元；累计投放35.76亿元，同比减少7.38亿元。2019年全市扶贫小额信贷累计投放4.07亿元，排名全省第三。

证券。2019年石家庄市新增企业挂牌上市28家，其中，深圳创业板上市企业1家，新三板挂牌企业4家，石家庄股权交易所（简称石交所）挂牌企业23家。2019年石交所新增挂牌企业84家（含非本市企业），融资金额175.75亿元，至2019年末，石交所累计挂牌企业681家，募集资金380.58亿。2019年末全市累计实现企业多层次资本市场挂牌上市220家，其中，沪、深交易所上市企业17家，境外上市挂牌企业19家，新三板挂牌企业79家，石交所主板挂牌企业105家，石家庄市挂牌上市企业数量位居全省第一位。2019年全市企业累计发行债券融资总额603.5亿元，同比减少136.6亿元。其中，中国银行间市场交易商协会审核短期融资券及超短期融资券182亿元，中期票据188亿元，非公开债务融资工具43亿元；中国证监会审核公司债券190.5亿元。

保险。2019年石家庄市保险业保费收入完成488.55亿元，占全省保费收入的24.56%，同比增长22.63%。其中，财产险保费收入144.10亿元，同比增长19.75%；人身险保费收入344.45亿元，同比增长23.88%。2019年全市保险业实现保费收入488.55亿元，占全省保费收入24.56%，同比增长22.63%。其中，财产险保费收入144.1亿元，同比增长19.75%；人身险保费收入344.45亿元，同比增长23.88%。

金融服务。坚持常态化银企对接机制，通过线上发布、线下合作等多渠道、多形式深化银企对接，向全市金融机构线上发布340个重点项目273亿元融资需求。畅通银企对接渠道，组织举办银企对接活动6次，达成信贷意向122.6亿元。深化金融改革，激发金融市场活力。增强金融服务能力，印发《关于加强金融服务民营企业支持实体经济发展的若干措施》《关于改进和深化中小微企业金融服务若干措施的实施细则》《石家庄市金融创新奖评选办法》等政策措施，发挥支持实体经济作用。加强与省银保监局沟通协调，引导金融机构落实小微企业续贷业务的指导意见，为科技型企业和小微企业提供支持。加大政策性农业保险实施力度，为金融扶贫工作开展提供保障。全市16个有扶贫任务的县（市、区）全部建立县、乡、村三级金融服务网络，扶贫小额信贷累计投放4.07亿元。正定县、井陉县、晋州市、灵寿县、平山县、元氏县6家农村商业银行挂牌开业，鹿泉信用联社改制获得河北银保监局批准筹建，其余11家农村信用合作社进入改制辅导期。

防范金融风险。提高地方金融机构监管能力和金融风险防范处置能力。引导P2P网贷机构良性退出，对融资担保公司、小额贷款公司和典当企业进行审计审核，对各类交易场所、商业保理企业、投资类企业等金融机构进行集中摸排。派督导组对各县（市、区）风险点处置化解情况进行现场督导检查，稳妥推进全市金融风险处置化解。在全市集中组织开展涉嫌非法集资风险线索和广告资讯信息排查整治活动。开展多层次、全方位、广覆盖防范和打击非法集资宣传教育，提高群众风险防范意识和识别能力。12月13日，河北省宣布取缔全部P2P网贷，河北省最大P2P平台轻易贷被立案，创始人和法定代表人均被控制。轻易贷为美股上市公司开元金融旗下P2P平台，轻易贷创始人及实控人为李勇会，同时也是开元金融董事长。至2019年11月30日，轻易贷借贷余额84.87亿元，出借人数

77134人。

中信银行石家庄分行。2019年末，中信银行石家庄分行本外币各项存款时点余额700.71亿元，较年初增加59.90亿元，同比增长9.35%。其中，对公存款时点余额485.26亿元，较年初增加10.12亿元，同比增长2.13%；个人存款时点余额215.44亿元，较年初增加49.78亿元，同比增长30.05%。本外币各项贷款时点余额690.65亿元，较年初增加63.01亿元，同比增长10.04%。其中，对公贷款时点余额380.95亿元，较年初减少13.11亿元，同比下降3.33%；个人贷款时点余额268.05亿元，较年初增加59.27亿元，同比增长28.39%；票据贴现余额41.65亿元，较年初增加16.86亿元，同比增长68.01%。至2019年底，中信银行石家庄分行表内资产总额746.61亿元，较年初增加48.43亿元，同比增长6.94%；负债总额739.41亿元，较年初增加55.57亿元，同比增长8.13%。2019年中信银行石家庄分行获得京津冀协同发展最佳贡献奖、金融扶贫特殊贡献奖和零售业务优秀分行。

华夏银行石家庄分行。2019年华夏银行石家庄分行机构覆盖石家庄、保定、唐山、沧州、邯郸、廊坊、张家口、雄安新区和邢台9个地市，拥有62家分支机构。至2019年末，分行存款余额629.1亿元，较年初增加20.5亿元；存款日均615.2亿元，较年初增加67.9亿元；基础型存款日均311.1亿元，较年初提高11.9%。个人存款占比31.71%，较年初提高4.6%。储蓄存款日均196.76亿元，较年初增长37.33亿元。全年资产托管规模370.86亿元。年内华夏银行石家庄分行被华夏银行总行评为“2019年资产托管业务计划完成先进分行”“2019年资产托管规模新增贡献先进分行”。

邯郸银行石家庄分行。邯郸银行石家庄分行成立于2010年12月28日。2013年6月，正定支行、裕华路支行开业，分行实现从单一网点到多机构布局；2013年7月，夜间银行开业，由白天营业转变为24小时全天候人工营业，成为石家庄市唯一一家24小时人工营业网点。优化企业银行账户服务，取消企业银行账户许可规定。至2019年末，分行存款余额233.12亿元，贷款余额65.44亿元。支持中、小、微、涉农企业发展，实现信贷规模、质量双增长。2019年分行新开业支行1家，网点达到33家（含夜市银行1家，县域网点4家），分布在石家庄8个区和4个县。

廊坊银行石家庄分行。贯彻落实“全面转型零售”的发展战略和“对内管理上台阶，对外营销树品牌”的经营策略，助力深耕石家庄区域金融市场，推进“业绩文化、合规文化、家园文化”建设。至2019年末，分行资产总额达到365.88亿元，较2018年增加125.45亿元，同比增长52.18%；各项存款余额350.50亿元，较2018年增加124.47亿元，同比增长55.07%；实现账面利润3.38亿元，较2018年增加2.48亿元，同比增长276.53%；资产总额、利润总额增速在石家庄城市商业银行中均排名第一，市场占比稳居石家庄城市商业银行第二。个人存款突破200亿元，存款余额达到266.68亿元；个人存款余额在石家庄城市商业银行市场占比20.62%，较年初增加7.93个百分点；在石家庄市域银行机构占比3.46%，较年初增加1.62个百分点；较2018年增长120.82%，增速位列石家庄市域金融机构第一；个人存款较2018年增加145.91亿元，增量排名全市第二。以医疗卫生、教育、地方重要产业、重点民营企业为重点，累计支持实体企业近30家，投放信贷资金30余亿元。加大小微业务营销力度，制定专项营销政策，落实简化审批流程、优惠利率等措施，全年分行向批发零售、咨询服务、商贸流通、环保设备制造和交通运输等行业小微企业及个体工商户投放贷款178户，较2018年增加72户；投放资金4.29亿元，同比增加1.31亿元。

沧州银行石家庄分行。沧州银行石家庄分行于2018年10月18日正式营业。2019年分行存款余额43亿元，较年初增长21亿元。其中，储蓄存款10亿元，占存款总量24%；对公存款33亿元，占存款总量76%。贷款余额46.26亿元，较年初增加30亿元。其中，企业类贷款余额45.95亿元，占比99.32%；个人类客户贷款余额0.3亿元，占比0.68%。2019年分行在石家庄市下辖营业部、合作路支行2家营业网点，并获准筹建藁城支行。

（市地方金融监督管理局）

银 行

中国人民银行石家庄中心支行

【概况】 2019年，中国人民银行石家庄中心支行充分发挥货币政策执行委员会分析例会平台作用，加强对经济金融形势分析研判，多形式、多渠道向金融机构传递稳健货币政策预期，合理引导信贷投放，营造适宜金融环境。全市金融运行平稳，各项贷款持续稳定增长，年底增速提升明显，贷款余额、年增量居全省首位。全市金融机构本外币各项存款余额1.51万亿元，同比增长13.0%，较2018年同期提高0.3个百分点，比年初增加1732.3亿元，同比增长13.0%。截至12月末，住户存款余额7671.4亿元，同比增长17.7%，较2018年同期提高3.1个百分点，比年初增加1151.6亿元，其中活期存款2272.10亿元，较年初增加227.66亿元；定期及其他存款5357.92亿元，较年初增加925.72亿元；非金融企业存款余额4132.7亿元，同比增长4.8%，较2018年同期回落3.5个百分点，比年初增加190.3亿元；财政性存款余额223.5亿元，同比增长10.9%，较年初增加22.0亿元；非银行业金融机构存款余额217.3亿元，同比减少17.4%，较上年同期回落2.6个百分点，比年初减少45.9亿元。全市金融机构本外币各项贷款余额1.14万亿元，同比增长12.1%，较上年同期回落0.6个百分点，比年初增加1182.6亿元。截至12月末，全市非金融企业及机关团体本外币贷款余额7536.7亿元，同比增长9.7%，较2018年同期回落3.2个百分点，比年初增加663.0亿元。其中，非金融企业及机关团体中长期贷款余额4036.7亿元，同比增长7.5%，较上年同期回落10.6个百分点，比年初增加281.3亿元；票据融资余额515.6亿元，同比增长30.0%，较上年同期提高45.9个百分点，比年初增加118.9亿元；融资租赁余额594.2亿元，同比增长7.5%，较2018年同期回落27.6个百分点，比年初增加41.4亿元。住户本外币贷款增速持续提升，住户消费贷款保持稳定增长。12月末，全市住户本外币贷款余额3834.9亿元，同比增长16.7%，较2018年同期提高4.2个百分点，比年初增加496.8亿元。分结构看，住户消费贷款余额3135.8亿元，同比增长21.0%，较2018年同期提高7.4个百分点，比年初增加491.1亿元。其中，住户中长期消费贷款余额2786.1亿元，同比增长17.0%，较2018年同期提高3.8个百分点，比年初增加378.5亿元；住户经营贷款余额699.1亿元，同比增长0.7%，较上年同期回落8.0个百分点，比年初增加5.7亿元。2019年全市金融机构外汇各项存款余额13.61亿美元，比年初增加0.39亿美元；各项贷款余额9.3亿美元，比年初减少1.89亿美元。做好民营小微企业金融服务、防范化解金融风险，落实全面下调存款准备金率、普惠金融定向降准政策，累计向省内法人金融机构释放流动性702亿元。加强风险防控。开展监测预警分析。用足用好央行评级、压力测试等工具，密切监测辖区金融机构主要监管指标变化情况，及时有效识别风险隐患，提高风险监测评估全面性和准确性。

【投融资管理】 推进外汇服务改革。出台《推进河北自贸区外汇管理改革试点实施细则》，支持自贸区先行先试外汇创新业务9项。深入开展“把外汇便利政策送进门、把企业真实需求带回家”调研帮扶活动，累计走访重点企业200余家，切实为企业解难题、办实事。指导河钢集团财务公司成为全省首家取得结售汇业务资格非银行机构。支持符合条件企业海外融资，全年全口径跨境融资业务签约金额58亿美元，办理内保外贷金额60亿美元。贸易投资便利化。完善跨境电子商务、市场采购外汇管理，做好政策辅导和精准帮扶，支持贸易新业态健康发展。在全省推广服务贸易税务备案表电子化业务，大幅降低企业“脚底成本”。落实跨国公司跨境资金集中运营管理新政，顺利完成7家公司重新备案工作，累计可集中外债额度和境外放款额度分别达157亿美元和46亿美元。指导承包工程企业开展资金集中管理，支持“一带一路”建设。积极申请开展跨境金融区块链服务平台试点，为中小外贸企业成功办理跨境融资业务45 笔、金额 1018 万美元。在全省上线试运行“政务服务网上办理”系统和“互联网+监管”系统，深化发展外汇管理“放管服”改革，持续改善企业营商环境。防控外汇领域风险。严格依法开展外汇执法检查，全年共组织开展专项检查9次，查处案件 42 起，涉案金额 8529 万美元，收缴罚没款 361 万元人民币。开展外汇领域金融风险排查，配合公安部门清理整治非法外汇交易平台10 家。建立银行外汇政策专管员制度，提升资本项目管理精准度，综合运用约谈高管、现场核查等方式，遏制银行卡境外提现异常增长势头。

【金融服务】 “放管服”改革深入实施。扎实推进依法行政，执法检查和行政处罚改革试点获得总行批准并顺利推进。全面取消企业银行账户许可，提高企业开立使用银行账户、办理资金结算业务便利程度。进一步推进移动支付便民工程，云闪付 App 累计注册用户规模居全国前列。积极推动大额现金管理试点工作，配合中国人民银行总行完善《大额现金管理试点工作指引》。增加个人信用报告银行代理查询网点，开通企业网银查询信用报告服务，提升个人和企业征信查询便利度。2019 年石家庄辖区个人征信查询 14. 32 万笔，企业征信查询 9493 笔。优化金融基础服务。牵头成立河北省统筹金融业综合统计管理工作领导小组，推动资管产品统计在全市落地实施。推进存款保险工作。完成265 家法人投保机构费率核定和保费归集工作，机构数量居全国首位，保费归集连续 4 年实现零差错。加大现场核查力度，强化问题投保机构管理，存款保险早期纠正作用得到充分发挥。推进金融特色前瞻性研究，《河北金融年鉴》获全国志书出版质量三等奖。

表27　2019 年石家庄市金融融机构人民币信贷收支情况一览表

来源项目名称	金额(亿元)	运用项目名称	金额(亿元)
一、各项存款	14956. 78	一、各项贷款	11341. 86
(一)境内存款	14954. 70	(一)境内贷款	11336. 85
1. 住户存款	7630. 02	1. 住户贷款	3834. 70
(1)活期存款	2272. 10	(1)短期贷款	680. 29
(2)定期及其他存款	5357. 92	消费贷款	349. 46
2. 非金融企业存款	4093. 41	经营贷款	330. 83
(1)活期存款	1503. 23	(2)中长期贷款	3154. 41
(2)定期及其他存款	2590. 18	消费贷款	2786. 11
3. 机关团体存款	2790. 82	经营贷款	368. 30
4. 财政性存款	223. 55	2. 非金融企业及机关团体贷款	7502. 15
5. 非银行业金融机构存款	216. 90	(1)短期贷款	2364. 37
(二)境外存款	2. 08	(2)中长期贷款	4016. 99
二、金融债券	71. 02	(3)票据融资	515. 60
境外发行	0. 00	(4)融资租赁	594. 21
三、卖出回购资产	17. 91	(5)各项垫款	10. 99
四、借款及非银行业金融机构折入	13. 19	3. 非银行业金融机构贷款	0. 00
五、联行往来(净)	0. 00	(二)境外贷款	5. 01
六、应付及暂收款	397. 22	二、债券投资	358. 75

续表

来源项目名称	金额(亿元)	运用项目名称	金额(亿元)
七、各项准备	300. 50	境外债券	0. 00
八、所有者权益	546. 02	三、股权及其他投资	165. 90
实收资本	280. 23	四、买入返售资产	119. 24
九、其他	154. 57	五、存放非银行业金融机构款项	0. 23
		六、联行往来(净)	4284. 67
		境内存放二级准备金	230. 93
		七、金银占款	0. 00
		八、中央银行外汇占款	0. 00
		九、应收及预付款	95. 96
		十、投资性房地产	0. 49
		十一、固定资产	90. 11
资金来源总计	16457. 21	资金运用总计	16457. 21

备注:本表机构包括中国人民银行、银行业存款类金融机构、银行业非存款类金融机构。

表28　**2018年石家庄辖区全部金融机构外汇信贷收支表**

来源项目名称	金额(亿元)	运用项目名称	金额(亿元)
一、各项存款	13. 61	一、各项贷款	9. 30
(一)境内存款	11. 99	(一)境内贷款	4. 99
1. 住户存款	5. 93	1. 住户贷款	0. 03
(1)活期存款	3. 14	(1)短期贷款	0. 03
(2)定期及其他存款	2. 79	消费贷款	0. 03
2. 非金融企业存款	5. 63	经营贷款	0. 0
(1)活期存款	4. 94	(2)中长期贷款	0. 0
(2)定期及其他存款	0. 69	消费贷款	0. 0
3. 机关团体存款	0. 36	经营贷款	0. 0
4. 财政性存款	0. 0	2. 非金融企业及机关团体贷款	4. 95
5. 非银行业金融机构存款	0. 06	(1)短期贷款	2. 13
(二)境外存款	1. 62	(2)中长期贷款	2. 82
二、金融债券	0. 00	(3)票据融资	0. 0
境外发行	0. 0	(4)融资租赁	0. 0
三、卖出回购资产	0. 0	(5)各项垫款	0. 0
四、借款及非银行业金融机构拆入	0. 0	3. 非银行业金融机构贷款	0. 0

续表

来源项目名称	金额(亿元)	运用项目名称	金额(亿元)
五、联行往来(净)	0.0	(二)境外贷款	4.31
六、应付及暂收款	0.07	二、债券投资	0.0
七、各项准备	0.28	境外债券	0.0
八、所有者权益	0.31	三、股权及其他投资	0.0
实收资本	0.07	四、买入返售资产	0.0
九、其他	-0.21	五、存放非银行业金融机构款项	0.0
		六、联行往来(净)	4.62
		境内存放二级准备金	0.05
		七、应收及预付款	0.14
		八、投资性房地产	0.0
		九、固定资产	0.0
资金来源总计	14.06	资金运用总计	14.06

备注:本表机构包括中国人民银行、银行业存款类金融机构、银行业非存款类金融机构。

中国人民银行石家庄中心支行

行　长:陈建华(兼国家外汇管理局河北省分局局长)

副行长:李小秋(9月免)

卢钦　(5月兼任国家外汇管理局河北省分局副局长)

文洪武　尹清伟

王京辉(4月任)

(李红英)

中国农业发展银行河北省分行营业部

【概况】 2019年,中国农业发展银行(简称农发行)河北省分行营业部以服务"三农"发展为己任,扎实履行农业政策性银行职能。全年累计发放贷款68.97亿元,累计回收贷款58.01亿元,累计发放额和累计回收额均为全省系统第一;各项贷款余额202.2亿元,较年初增加10.94亿元;各项存款余额83.66亿元;日均存款余额98.9亿元。中间业务收入99.37万元。经营利润3.74亿元,利润额全省排名第二。办理国际结算业务5282万美元,全年新营销客户10户,辖内县级支行均实现国际业务零突破。举办政银企对接会,召开银企(集团)对接会,与15家企业达成合作意向近百亿元。辖内支行支持晋州市农村路网改造提升工程、晋州市城市道路提升工程项目和栾城区污水处理厂PPP项目3个项目被农发行总行选入项目营销案例在全系统推广。2019年分行营业部获得全省系统"绩效考评优秀奖"。

【信贷业务】 做大做强粮油收储主体业务,全年累放粮食收储贷款24.15亿元,支持企业收储粮食26.78亿斤。发放专项化肥储备贷款7.36亿元;专项省级储备油贷款3085万元。全力服务脱贫攻坚,至2019年末,精准扶贫贷款31.24亿元,占全部贷款15.45%。发放辖内首笔新兴产业扶贫款1700万元,发放光伏扶贫贷款1.05亿元,向赞皇县、灵寿县、行唐县、高邑县等地发放粮棉油精准扶贫贷款0.45亿元;辖内4个贫困县支行共投放各类贷款9.26亿元,4个贫困县支行贷款余额为18.99亿元。延续业务模式由政府购买服务向自营、PPP模式转变,发放全省系统首笔TOT项目贷款3830万元;自营模式棚户区改造项目贷款3.63亿元、地下综合管廊项目贷款1.1亿元、农村煤改气项目贷款1.96亿元;滹沱河生态修复工程PPP项目贷款22.21亿元。

【风险管控】 防控各类风险,健全风险与内控管理委员会运行机制,不良贷款继续保持“零不良”。加强到期贷款管理，按时收回贷款本息64.54亿元，没有出现本息逾期不还问题。及时上划基金收益，基金收益上划率达100%。开展“依法办行、合规办事”深化年活动，从内外部检查、岗位尽职、部门履职和内控监督4个维度，全面梳理问题，纳入台账，积极整改。开展巩固治乱象成果和反洗钱工作，配合农发行总行财会专项审计、省分行第一巡察组巡察督察、人行PSL资金检查和“信贷管理专项检查”等各种检查，抓好问题整改，确保合规经营。定期开展声誉风险排查，做好舆论引导，在省级以上主流媒体发表稿件482篇。实现新核心系统上线，被农发行河北省分行授予“新核心系统上线工作先进单位”。

中国农业发展银行河北省分行营业部
总 经 理：张健民
副总经理：谷运生（2月免）
聂磊（2月免）
张建国（6月任）
李艳（2月任）
史建博（6月任）

（白江丰）

中国工商银行股份有限公司石家庄分行

【概况】 2019年，中国工商银行股份有限公司石家庄分行（简称中国工商银行石家庄分行）累计投放各类贷款634.41亿元，同比增加100亿元，各项贷款较年初增加123亿元，贷款余额达到1176亿元；其中，发放大中型公司贷款322.63亿元，同比多投39.62亿元；全年发放大中型企业流动资金贷款164亿元，各类小微贷款29.2亿元，同比多投11.6亿元。年末，制造业贷款余额104.17亿元，较年初增加27.36亿元，增幅35.64%；民营贷款余额111.09亿元，较年初增加6.79亿元，增幅6.51%，重点领域贷款增速明显提升。累计投放个人按揭贷款近100亿元，个人贷款余额、增量均为同业首位；投放卡类消费贷款24.68亿元。全年共发放产业扶贫贷款25笔，合计金额77009.2万元；发放项目精准扶贫贷款1笔，3678.9万元。全年办理票据贴现150.4亿元，贴现量居同业首位。全年分行向地方缴纳各项税款3.22亿元。

【惠民金融】 落实省市政府关于支持小微企业发展的系列要求，优化担保方式和综合授信方案，缓解企业融资难题。搭建银政合作新平台，发放纾困贷款6000万元，为全市第一单。探索风险补偿新机制，与市科技局合作开办“银政通”特色贷款业务，采用“信用+保证”方式满足科技型小微企业融资需求，投放贷款6笔、金额2650万元。探索服务“三农”新模式，与省农信担保及省新合作投资担保公司合作，实现农户提款3户，416万元。同时，加大精准帮扶力度，发放产业扶贫贷款6.72亿元；帮助贷款企业牵线搭桥，帮扶建档立卡贫困户56户。开展ETC攻坚，打造ETC业务示范网点110家，新增ETC 34万台，为同业最多。优化营商环境，实现10个区县审批局派驻，常驻人员达20人，现场接受客户代办、开户咨询服务，全年受理业务近4万笔；在高邑和鹿泉支行布放“营业执照自助打证一体机”，实现客户从工商注册到银行开户“一站式”服务。与石家庄一卡通科技有限公司合作，推出“燕赵工·行”交通联名卡，全国275个城市公交、地铁通用，全年累计发卡24.6万张。加强公共服务合作，成功中标石家庄智慧泊车资金清分项目，方便客户缴费，缓解停车压力。

【网点建设】 2018年3月，经河北省银监局批准，中国工商银行股份有限公司河北省分行营业部正式更名为中国工商银行股份有限公司石家庄分行。更名后，石家庄分行管理层级、经营范围、职能定位等保持不变，仍是省工行下辖的二级分行，回归分行称谓，便于明确机构定位，更符合社会认知习惯，便于客户接受和理解。优化调整营业网点，网点布局优化9家，装修靓化15家，网点更加贴近社区。至2019年末，分行共有网点137家，同比增加2家。加强银保合作，建成社保卡发卡网点30家，为同业最多，实现社保发卡6万张。

中国工商银行股份有限公司
石家庄分行
行　长：张志勇
副行长：田峰　马军（9月免）
王国强
王印（9月任）
刘剑英　李克美（8月任）
苌志敏（8月任）

（中国工商银行石家庄分行）

中国农业银行股份有限公司石家庄分行

【概况】 2019年，中国农业银行股份有限公司石家庄分行始终把服务实体经济、金融扶贫、助力小微企业等放在最突出位置，围绕石家庄市“4+4”现代产业格局，紧盯“四种类型经济”，加大金融支持力度，助力建设“四高四强”现代省会、经济强市。至2019年末，石家庄分行净增贷款138亿元，占河北省农行33%，取得系统内和四行同业“双第一”；各项贷款1028亿元，存量贷存比62.45%。其中，县域贷款增加57.13亿元，余额达到274.32亿元，增速26.3%，高于全行贷款平均增速10.76个百分点，贷款存量、增量均居四行第一位；涉农贷款增加28.58亿元，余额达到155.62亿元；基础设施领域贷款余额301亿元，较年初增加52亿元；精准扶贫贷款余额13.12亿元，比年初增加6.93亿元。发展线上类普惠型小微信贷业务，小微企业贷款户数达到1620户，贷款余额12.21亿元，较年初增加1340户，增加贷款9.93亿元。省农担担保模式惠农e贷累放174户、金额11220万元，全省占比52.07%。通过债务融资工具等金融市场和投行产品，帮助企业拓宽融资渠道、优化融资结构、降低负债率，全年承销债务融资工具65.5亿元。截至年末，银团贷款余额102.5亿元，并购贷款余额7.3亿元。3年累计为河钢集团、石钢公司、华药集团、威远生化、河冶科技等发放贷款106.9亿元，发债75亿元。

【业务发展】 至2019年末，县域贷款增加57.13亿元，余额达到274.32亿元，县域贷款增速26.3%，高于全行贷款平均增速10.76个百分点。涉农贷款增加28.58亿元，余额达到155.62亿元，监管指标全面达标。至2019年末，为10户农业产业化龙头企业发放贷款5.46亿元。加大对4A级以上优质景区、符合条件新建景区及其配套设施建设项目投放贷款，新增旅游贷款1.57亿元，旅游贷款余额达到6.8亿元。投放农业农村基础设施项目贷款6.48亿元，余额达到12.9亿元。全年支持县域重点民营企业18户，贷款投放总额9.1亿元，其中，支持县域民营制造业贷款7.78亿元，包括向苹乐面粉、橡一医药科技、小蜜蜂工具、永庆建材木业等公司投放1.36亿元。高度重视金融扶贫工作。赞皇、平山、灵寿和行唐4个国家扶贫重点县贷款增加11.36亿元，余额达到57.59亿元，贷款增速24.56%，高于全行贷款平均增速9.02个百分点。精准扶贫贷款余额13.12亿元，比年初增加6.93亿元；全年发放产业精准扶贫贷款12笔、金额8.87亿元，发放扶贫小额信贷30户、金额143.9万元。发展扶贫电商业务，助力县域精准扶贫工作开展。贫困地区商户入驻农业银行电商扶贫商城7户，上架当地特色农产品23款，全年组织线上节日优惠活动6次，线上、线下共帮助贫困地区销售优质农产品70.53万元。

【普惠金融】 发展“免抵押、免担保、纯信用、低利率”的线上类普惠型小微信贷业务，通过“微捷贷”“纳税e贷”“政e贷”等线上小微产品。至2019年末，小微企业贷款户数达到1620户，贷款余额12.21亿元，较年初增加1340户，增加贷款9.93亿元。省农担担保模式惠农e贷累放174户、金额11220万元，全省占比52.07%。推出“奶牛贷”、“种子贷”、“酸枣仁贷”等14个特色惠农e贷产品，全辖17个县（区）支行均实现“一县一惠农e贷”“一特色产业一惠农e贷”，解决农户贷款难题。在正定县塔元庄村试点推进“党建+金融”“信用村+信用户”模式惠农e贷，农户信息建档300余户，投放信用贷款9笔、金额211万元。为惠农服务点配置聚合扫码等新型支付工具，提升服务点金融服务水平。至2019年底，共有惠农通助农取款点4222个，较年初增加379个，全市行政村电子机具覆盖率85.29%；上线聚合码3391个，累计发放惠农卡123万张，办理涉农代理项目16项、107类、293个，农户足不出村就能办理小额转账、取款、缴费等业务。

中国农业银行股份有限公司石家庄分行

行　长：崔金涛

副行长：刘炳午　吕海慧

　　　　王增辉　付建明

　　　　赵宗显

（白楠）

中国银行河北省分行第二营业部

【概况】 2019年，中国银行河北省分行第二营业部（主要管理石家庄金融业务）实现各项存款时点余额1074亿元，较年初增加236亿元，其中，公司存款增加176亿元，储蓄存款增加58亿元；各项贷款余额587亿元，较年初增加63.28亿元，其中，公司贷款增加7亿元，民营企业贷款增加3.28亿元，个人贷款增加53亿元。重视组织建设，召开第二营业部第一届第一次职工代表大会和员工工作会议。实施薪酬改革，完善员工福利体系，全年营业部员工工资性人事费用实现封顶，绩效水平排名全系统首位。传承石家庄特色文化基因，发扬敢打必胜的工作作风，加快培育“创新文化”，激发全辖员工干事创业活力。

【业务发展】 确保存款业务稳定增长，加大发展行政事业机构客户力度，狠抓省市财政维护营销，重点发展社保资金、地方债资金、专项代发资金及各地公共资源交易中心土地交易保证金等。全辖行政事业机构客户新增364户，全年新增机构客户存款3亿元。至2019年末，各项存款时点余额1074亿元，较年初增加236亿元，增加额在全省系统占比45%，其中，公司存款增加176亿元，储蓄存款增加58亿元。提升全渠道助力存款。做好厅堂客户营销工作，开展客户大走访活动，重点对中高端客户和代发单位进行走访。加大力度支持民营企业，将普惠金融业务作为全年工作重点，打造场景营销活动，结合重要节点和节日开展系列活动，丰富客户体验，提升客户贡献。至2019年末，营业部各项贷款余额587亿元，较年初增加63.28亿元，其中，公司贷款增加7亿元，民营企业贷款增加3.28亿元，个人贷款增加53亿元。增加快抵贷、小微E贷、烟商贷、营运车主小额信用贷款等新产品，依托商圈、园区等增加批量拓客渠道。做实存量客户挖潜。做好存量有贷客户和已结清未续贷客户维护和拓展工作，减少客户流失。

【风险管控】 第二营业部坚持做好政策传导和引领工作，合理把握“增、持、减、退”授信策略，为支行解决实际问题，在行业调整中，把控风险，在结构调整中，把握机会，全力推动第二营业部风险管理体系建设。不断加强内控管理，全力推动第二营业部网格化内控管理体系落地生根，发挥内控副职、内控合规员日常监督、预警作用。通过落实省行“五个一”合规教育活动，组织员工熟知员工行为守则和违规行为处理办法相关条款，从正反两个方面引导员工、教育员工，牢固树立“每个人都是唯一一道防线，每个人都是最后一道防线”风险意识。加大员工管理，开拓新方法、新手段开展异常行为排查，实现管人管事管思想有机融合，共同打造全行平安发展良好氛围。

中国银行河北省分行
第二营业部

总 经 理：靳会轻
副总经理：张立平　袁新义
　　　　　石云青　王力波

（刘志辉　陈清源）

中国建设银行股份有限公司石家庄分行

【概况】 2019年，中国建设银行股份有限公司石家庄分行抢抓市场，扎实推进普惠金融、住房租赁、金融科技“三大战略”，主营业务稳步发展。一般性存款时点余额四行占比27.92%，日均余额四行占比26.7%；各项贷款余额四行占比29.55%；账面利润四行占比29.51%，同业排名第一；中间业务收入四行占比31.5%。资产质量。至2019年末，不良贷款余额9.94亿元，较年初新增7.36亿元，不良率0.84%。普惠金融“8+1”口径贷款余额、新增均居系统第一。新增社会化房源数和新增合同签约数居系统第一。对公有效客户新增系统第一，网络供应链余额、新增额和投放额均居系统第一，实现全省首笔资产证券化业务落地，办理市场化债转股业务26亿元，托管市场化募集私募债券30亿元，转型收入系统第一。与省政务办签订合作协议，全力为政府打造“互联网+监管”智慧政务平台。6月11日，中国建设银行石家庄分行与市农业农村局签约“金融服务乡村振兴战略实施”合作协议。

【业务发展】 实现G端突破，正定棚改项目发放贷款88亿元，对河钢集团、冀中能源集团投放市场化债转股80亿元，裕农通率先全部覆盖，当年新拓服务点生活服务缴费场景笔数24078笔，居系统首位，网点事务一点通顺利上线应用，广安街支行成功争创银协“百佳”示范网点。对公有效客户新增及网络供应链余额、新增额和投放额均居系统第一。实现全省首笔资产证券化业务落地，办理市场化债转股业务26亿元，托管市场化募集私募债券30亿元，转型收入系统第一。个人有资产客户新增、代工客户增长及存款沉淀均为系统第一，加权高贡献个人商户、全量手机银行活跃客户、裕农通 APP 新增也均为系统第一。电子支付领域创新不断，场景搭建持续推进，智慧食堂、智慧社区等陆续投入运营。ETC 战役排名居同业第一。“惠懂你”APP 营销推广和商机“预授信”客户转化。以“小微快贷”为主要推动产品，实现线上线下业务平衡发展。不动产财富管理业务在市区网点全部落地。坚持“一平台一策略，一机构一目标”，加快金融科技平台推广应用。坚持“善数兴行”，拓展大数据应用场景，加快数据与业务深度融合。

【网点建设】 全年新开业支行 3 个。3月15 日，石家庄丰收路支行开业；4 月 22 日，高邑、行唐支行开业。至2019 年底，全辖包括石家庄分行共有机构 135 个。其中，城区机构91 个（石家庄分行），县域机构 43 个，形成覆盖石家庄市城乡全区域的营业网络。优先保障县域零售业务发展，持续加大对机构类重点客户营销力度，加大县域优秀人才培养使用力度，进一步做好县域网点等级分类考核，政策和资源向县域倾斜。

中国建设银行股份有限公司

石家庄分行

行　长：王东　（10 月任）

　　　　张连钢（10 月免）

副行长：张洁　　王赞祥

　　　　刘郡萌　赵昱辉（11 月免）

　　　　尹晓健（7 月免）

（杜绍华　默迪）

中国民生银行石家庄分行

【概况】 2019 年，中国民生银行石家庄分行贯彻落实国家金融政策，把服务实体经济作为金融服务出发点和落脚点，大力推动“经济强省、美丽河北”建设；落实总行“民营企业的银行、科技金融的银行、综合服务的银行”三大战略，以为客户创造价值为导向，以改革转型为主线，推动各项业务快速发展。至2019 年末，分行资产总额 923.74 亿元，较年初增长 156.63 亿元；各项存款余额 859.28 亿元，较年初增长 152.79 亿元；各项贷款余额 455.70 亿元。对公一般性贷款 177.23 亿元，其中 66% 用于支持民营企业；表外资产 268.06 亿元投放，其中 74% 用于支持民营企业。贷款投向前五大行业为：制造业，贷款余额 143.98 亿元，占比 31.6%；批发和零售业，贷款余额 89.14 亿元，占比 19.56%；交通运输、仓储和邮政业，贷款余额 65.32 亿元，占比 14.33%；租赁和商务服务业，贷款余额 21.45 亿元，占比 4.71%；采矿业，贷款余额 19.53 亿元，占比 4.29%。零售客户 430 万户，管理个人客户金融资产 723.4 亿元。全年累计为省内国企提供融资支持224 亿元。落实“民企战略”，强化战略客户“1+3”作业模式和“五位一体”团队建设，提高民企服务水平，总分行级战略客户达到 30 家，较年初增长 28 家，加大民企信贷倾斜力度。在邯郸、沧州、衡水、秦皇岛、唐山、张家口和保定 7 个地市设二级分行 7 家；支行总计 70 家，其中石家庄同城支行 26 家、7 家二级分行下设支行 44 家；社区支行 76 家、村镇银行 1 家（宁晋民生村镇银行）。

【小微金融】 深耕小微金融领域，

2019 年 6 月 12 日，河北省国资委和中国民生银行石家庄分行联合举办“国企发展　民生相伴——河北省国资委系统与中国民生银行银企对接会”

推进小微3.0专营改革，在石家庄同城26家支行筛选出小微专营支行4家、新设小微业务中心4个，小微客户经理共53名，在二级分行组建小微专业团队，实现小微“专营机构、专业团队、专属流程”；通过民生“小微宝”、小微云账户、微信申贷、“小微之家”等为小微客户提供在线业务办理；2019年推出小微普惠信用卡和小微企业版手机银行，满足小微企业“存、贷、汇、投”全方位金融产品服务需求。截至2019年末，分行服务小微客户33.50万户，其中小微企业客户9.69万户，小微贷款累计发放65.91亿元，累计开立“云账户”1.1万户。

【网点建设】 2019年，中国民生银行石家庄分行在邯郸、沧州、衡水、秦皇岛、唐山、张家口、保定7个地市设二级分行7家，支行总计70家。其中，石家庄同城支行26家、7家二级分行下设支行44家。社区支行76家、村镇银行1家（宁晋民生村镇银行）。石家庄分行全辖装修改造网点8家，其中综合支行5家，社区支行3家，新建自助银行2家，厅堂装饰升级改造4家。分行注重提升服务质量水平，以“客户化厅堂实训项目”为契机，健全“以客户为中心”服务体系，有获评中银协2019年银行业文明规范服务五星级网点1家，获评2019年银行业文明规范服务四星级网点3家，石家庄分行获得中国民生银行总行2019年度全行服务质量监测先进分行，8家机构获评全行客户服务标杆网点、2名员工获全行客户服务明星。

中国民生银行石家庄分行

行　长：刘国忠

副行长：宋立新　张振国

刘嵘　（4月免）

余建业（6月任）

陈风云

（李培肖）

中国光大银行股份有限公司石家庄分行

【概况】 2019年，中国光大银行股份有限公司石家庄分行围绕“价值创造”理念，坚持“稳中求进、质效并举”工作总基调，紧扣“稳、实、新、进”工作方针，聚焦银行重点经营业务，推进高质量和稳步发展。2019年分行一般存款时点余额888.01亿元，较年初增加89.79亿元，同比增长11.25%；一般存款日均余额852.73亿元，较年初增加144.91亿元，同比增长20.47%；核心存款时点余额642.64亿元，较年初增加53.40亿元，同比增长9.06%；核心存款日均余额607.96亿元，较年初增加79.71亿元，同比增长15.09%。2019年末分行在石家庄市“7+1”可比同业中，一般存款排名第一，核心存款排名第二；一般存款较年初增量排名第三，核心存款较年初增量排名第四。2019年分行贷款时点余额748.42亿元，较年初增加11.96亿元，同比增长1.62%；贷款日均余额728.98亿元，较年初增加33.13亿元，同比增长4.76%。2019年末分行在当地“7+1”可比同业中，贷款规模排名第一，较“7+1”可比同业均值高253.85亿元，较年初增量排名第五。全年分行实现净营业收入34.55亿元，同比增加4.76亿元，增长15.99%。

【业务发展】 全年对公存款年日均达到597亿元，较年初增长83.62亿元，超出总行预算任务18.02亿元。河北省社保费代收项目柜台渠道、云缴费App、微信“城市服务”渠道及支付宝城市服务渠道上线，完成社保代收金额21.01亿元，代理笔数900万笔；与省市公积金合作，仅省公积金和石家庄市公积金对公存款年日均增加7.28亿元，实现系统直连，开设省公积金唯一外设柜台，公积金委托贷款及组合贷款投放量超过1亿元；获得河北省职业年金托管银行资格，开立职业年金托管账户，首笔23.5亿元资金已经到位。票贷比压降幅度增加，至2019年底，非长城部分票贷比为29.89%，较年初下降8.35个百分点，全口径票贷比为39.80%，较年初下降5.11个百分点。零售存款、AUM、零售客户、零售营收（非卡）、零售中收等各项指标再创新高，在当地同业和系统内排名上升。在总行三位一体考核中4次排名前5名，年末保持在全国第6名；零售各版块业务荣获总行保险业务“卓越贡献分行奖”“零售业务先进集体奖”“网点转型突出贡献奖”“零售存款贡献奖”等10余个奖项；信用卡业务在总行综合评价中排名第4位，较上年末提升5位，获系统内全国“十佳分行”。2019年分行数字金融业务和云缴费业务快速发展。数字金融价值贡献在总行排名由年初第24名上升到年末第5名，被总行评为2019年“数字金融业务发展先进贡献奖”“数字金融重点项目贡献奖”等荣誉。云缴费业务累计接入项目487项，新增154项，完成全年考核目标208%，累计缴费金额达41亿元，较上年增幅509%。综合评价全国排名第三，被总行授予“云生活业务发展特等奖”“云缴费业务重点项目突出贡献奖”“云缴费平台输出突出贡献奖”。

【风险管控】 开展信贷领域“穿透式”检查和“巩固治乱象成果 促进合规建设”检查，进一步强化分行信贷管理，促进自身健康发展；完善授信审批制度，建立防范风险长效机制，对固定资产贷款贷前调查、审查审批、发放支付、贷后管理环节进行明确要求和细化；清收化解处置成效显著，全年清收化解问题类客户129户、金额38.54亿元；完善和落实反洗钱管理举措，实行反洗钱工作定点联系人制度，有效提升反洗钱管理水平；深化员工管理，加强员工异常行为排查，开展员工家访，提升家访频次和深度。

中国光大银行股份有限公司
石家庄分行
行　长：蔡雪峰
副行长：魏昭　王智慧
王旭　王志刚(12月任)
(邱水)

中国邮政储蓄银行石家庄市分行

【概况】 2019年，中国邮政储蓄银行石家庄市分行（简称邮政银行石家庄分行）贯彻落实国家各项政策要求，坚守服务实体经济初心和使命，坚持服务“三农”、服务城乡居民、服务中小企业市场定位，发挥网络和资金优势，服务石家庄经济发展大局。各项业务发展态势良好，规模增速优于同业，各项存款余额714.81亿元，较年初增长35.79亿元，列全市国有银行第5位，增速5.27%；其中，自营存款余额294.73亿元。各项贷款余额612.82亿元，较年初增长102.55亿元，列全市国有银行第4位，增速达到20.10%，高于同业平均增速7.35个百分点，市场占有率达到5.42%，较年初提升0.33个百分点。积极践行社会责任，邮政储蓄银行石家庄分行被评为“2018年度河北省省级劳动关系和谐单位”。

【业务发展】 推进“公司+互联网”转型，上线非税微信缴费渠道，成为全市首家上线此业务的国有银行。至2019年底，各项存款余额714.81亿元，较年初增长35.79亿元，列全市国有银行第5位；其中自营存款余额294.73亿元。各项贷款余额612.82亿元，较年初增长102.55亿元，列全市国有银行第4位。全年邮储银行石家庄分行贷款净增45.80亿元，达到238.57亿元。存款日均净增14.33亿元，结余167.39亿元。加大线上业务普及力度，新增手机银行客户13.75万户，快捷支付绑卡客户16.74万户，收单商户9331户。全年个人金融客户增加8.01万人，储蓄存款日均净增15.18亿元，同比增长180%，信用卡累计发卡9.14万张，同比增长49.97%。

【普惠金融】 坚守服务“三农”、服务城乡居民、服务中小企业市场定位，优化对转型发展重点领域资源配置，加大对城乡种养殖户、个体工商户支持力度。2019年累计投放绿色信贷1.07亿元。三农金融贷款净增4.96亿元，结余39.81亿元。普惠型小微企业贷款净增184户、9.59亿元，增速达到26%，高于全行各项贷款增速6个百分点。全省首笔电商邮速贷业务落地，全年新增小企业客户125户，累计投放小企业贷款16.60亿元，结余达到15.16亿元；承接居民消费贷款类金融需求，全年消费贷款净增44.10亿元，结余294.06亿元。金融扶贫贷款净增6358万元。

中国邮政储蓄银行股份有限公司
石家庄市分行
行　长：耿学军
副行长：薛彦军　段坤
石滨逢　陈慧芝
(邮政银行石家庄分行)

河北银行股份有限公司石家庄分行

【概况】 2019年，河北银行股份有限公司石家庄分行（简称河北银行石家庄分行）贯彻执行河北银行总行各项决策部署，坚持“服务地方经济、服务中小企业、服务城乡居民”市场定位，扎根省会、专注主业、服务地方，全力支持省会经济社会发展。至2019年末，管理部资产总额达到1392亿元，较年初增加132亿元；存款余额达1365亿元，较年初增加162亿元，对公存款较年初增加77亿元，余额达729亿元，储蓄余额达

636亿元，较年初增加85亿元；贷款余额达604亿元，较年初增加19亿元，对公贷款余额达289亿元，个贷余额达到198亿元，较年初增加33亿元。改善网点环境，提升服务能力和效率。年内完成4家营业网点迁址和13家老旧网点装修改造工作，智能化升级全覆盖辖内营业网点，提升客户体验。优化网点布局，扩大服务半径。至2019年底，辖内营业网点共有89家，离行式自助机具（自助取款机和存取款一体机）88台，形成遍布石家庄市区、覆盖城乡全区域营业网络。合规经营，严守风险底线，主动管控资产质量，严控资产劣变。从严审核重点授信业务，强化信贷业务贷前、贷中、贷后全流程管理，推动不良资产清收和风险贷款处置，实现不良余额和不良率双降。加强操作风险和案件风险防控，扎实做好业务技能培训、警示教育、员工行为排查和业务监督等工作，对违规违纪问题"零容忍"，实现安全运营。

【公司业务】 坚持"一个中心、两项管理、三个增长点"，以基础客户群为中心，强化客户分层管理和业务团队管理，紧盯重点客户、政银企合作客户、授信客户三个增长点。紧跟石家庄市产业政策导向，对接京津冀协同发展重大项目、省市重点项目和优质企业，拓宽融资渠道，加大服务实体经济力度，支持市政基础设施、高新技术产业园区建设，生物医药健康产业、优质乳制品民营企业等。至2019年末，对公存款较年初增加77亿元，余额达729亿元，对公贷款余额达289亿元；储蓄余额达636亿元，较年初增加85亿元，个贷余额达到198亿元，较年初增加33亿元；中高端客户数和管理总资产分别达到25万户和807亿元，较年初分别增加1.67万户和40亿元。实现交易银行业务发生额26亿元、投行业务发生额27.4亿元，国际业务结算量达到2亿美元。全面开展网点营销标准化专项提升，强化零售队伍建设和网点营销能力与效率。抓好中高端客户培育拓展，提高财富配置能力和中高端客户精细化维护水平。全年组织各类中高端客户特色活动360余场次，组织电影进社区、社区义诊和广场舞大赛等社区活动90余场次。推广"享贷"业务，同时年内实现"群众零跑腿、登记按分办、缴费按秒计、领证即时出、贷款按时放"线上全流程、电子化不动产登记新模式。

【小微金融】 始终坚持"服务地方经济、服务中小企业"初心和市场定位，成立服务小微企业专营机构——小企业金融服务中心，建立30家小微业务特色支行，拥有专业、高效小微金融服务机制和团队，倾力支持小微企业健康成长。通过大数据精准识别服务对象，进一步扩大小微金融服务覆盖面，缓解小微企业融资难、融资贵问题，提升服务实体经济质效。坚持特色化、专业化发展思路，加强特色产品推广力度，不断拓宽小微企业融资渠道，年内成功办理全行首笔线上"税易贷"、全行首笔无还本"接续贷"、分行首笔"冀农担"贷款。坚持业务发展和风险防控并重，严格把好准入关，实现小微业务规模、质量、效益协调发展。截至2019年末，小微贷款余额突破120亿元，达120.07亿元，较年初增加7亿元，小微户数达1.02万户，户均达120万元。

河北银行股份有限公司
石家庄分行

行　　长：王子彬（8月免）
　　　　　李建树（9月任）
副 行 长：曹文博（6月免）
　　　　　吕媛媛　魏金超（3月任）
　　　　　吕涛　（6月任）
行长助理：魏金超（3月免）
　　　　　薛志军（9月任）

（河北银行石家庄分行）

张家口银行股份有限公司石家庄分行

【概况】 2019年，张家口银行股份有限公司石家庄分行（简称张家口银行石家庄分行）坚持以"精准营销、精细管理、精准检查、精确考核"为主线，以"提质增效"为导向，全面提高金融风险防控能力，调整和优化资产负债结构，实现经营效益和管理水平双提升。发挥金融科技引领作用，助力大零售转型。分行先后与文化部门、书法家协会、美术家协会等单位合作举办家银书画系列大讲堂10期，现场直接参与客户达2890人，通过互联网线上直播观看超过20万人次，全年累计新开书画卡5.76万张，实现卡内余额16.4亿元，卡均余额2.85万元。依托金融科技的发展，实施行业场景搭建、线上商城建设等。推进线上代收费项目，全年22个线上代收费项目投入使用，直接覆盖人群3.2万人，累计收费约8000万元，形成有效转化7000余人。全年组织各项培训17项，培训课时累计达400余次，参训人员约2600人次，600余名员工中考取职称及职业资格者82人。至2019年末，张家口银行石家庄分行各项存款时点余额216.26亿元，各项贷款余额37.85亿元。

【业务发展】 存款结构优化。至2019年末，分行各项存款时点余额216.26亿元。其中，对公存款时点余额91.39亿元，同比增长8.82亿元；储蓄存款时点余额124.87亿元，同比增长28.8亿元；对公存款占比42%，储蓄存款占比58%。活期储蓄存款32.06亿元，占储蓄存款余额25.68%；定期存款余额90.16亿元，占储蓄存款余额72.21%。各项存款年日均余额184.82亿元，其中，对公存款日均余额80.59亿元，同比增长7.23亿元，储蓄存款日均余额104.24亿元，同比增长21.21亿元。至2019年末，分行各项贷款余额37.85亿元。其中，公司贷款余额35.53亿元，个人贷款余额1.34亿元，贴现资产0.97亿元。全年实现营业收入3.39亿元，账面利润8166.58万元，同比增加1964万元，增长31.66%。完成利税4571.17万元。

【网点建设】 张家口银行石家庄分行于2010年12月9日成立，办公地址位于石家庄市桥西区裕华西路43号。至2019年末，张家口银行石家庄分行全辖共有网点42家，其中，一级支行31家，二级支行8家，小微支行3家；一级支行包括市区15家、县域16家，基本实现石家庄市域支行全覆盖。2019年分行翟营社区支行被中国银行业协会评为“银行业文明规范服务四星级营业网点”，平山支行获得“青年文明号”称号。

张家口银行股份有限公司

石家庄分行

行　　长：白春

党委副书记：武燕荣

副 行 长：李东海　李强

（王磊）

浦发银行石家庄分行

【概况】 2019年，上海浦东发展银行石家庄分行（简称浦发银行石家庄分行）贯彻落实总行各项决策部署和金融监管要求，大力支持国家和地方重大发展战略，把服务国家建设和实体经济发展作为职责和使命，主动加强创新、寻求突破，为石家庄市经济社会发展做出贡献。至2019年末，分行本外币一般性存款余额438.52亿元，较年初增加111.7亿元，同比增长34.18%；各项贷款余额贷款余额491.52亿元，较年初增加73.35亿元，同比增长17.54%。全年实现营业净收入12.43亿元，较2018年增加0.29亿元；实现考核口径营业净收入19.57亿元，同比增加0.86亿元；实现账面中间业务净收入1.71亿元，较2018年增加0.22亿元；实现考核口径中间业务净收入7.62亿元，同比增加1.73亿元。上海浦东发展银行在石家庄市共有分行1家，分行营业部1个，支行10个。完善全面风险管理责任。成立风险计量领导小组，加强风险计量工作组织领导。完善全面风险管理机制，实行通报考核机制，规范二级分行风险管理工作职责，对各二级分行现状进行摸底调查，明确风险管理职责，提高风险管理专业化程度。成立专职现场检查团队，组织天眼系统v2.0第二批上线培训、业务连续性管理培训，强化风险责任意识，推动风险文化建设。

【业务发展】 持续产品创新、开创金融服务新模式，通过贷款、债券、信托、融资租赁等多种融资方式，支持京津冀协同发展进程中交通一体化、生态环境保护、产业转型升级等金融需求。截至年末，支持京津冀交通体系建设贷款余额达93.62亿元；累计办理理财投资、承销债券及运用创新资管、融资租赁等业务77.1亿元；支持京津冀产业转移、功能疏解项目贷款余额达3.15亿元，较年初2.26亿元。支持大唐河北发电有限公司、河北华北制药华恒药业有限公司、河北华燃长通燃气有限公司、嘉诚环保工程有限公司等环境治理重点项目。执行“绿色信贷”原则，对设计、施工和采购环节存在环保问题，实际运营不符合行业规范或难以达到环保目标项目不予准入，助力当地在产业结构转型升级、能源结构调整等领域。截至2019年末，绿色信贷余额47.41亿元，比年初增加11.44亿元，贷款质量呈现良好态势。

【小微金融】 加强小微企业信贷政策，做大小微企业信贷规模。至2019年底，“两增”口径小微企业贷款余额29.85亿元，较上年末增加8.4亿元，指标完成率775%，有贷款余额户数3044户，较上年末增加763户。运用互联网、大数据等技术手段，为小微企业打造信息流、物流、资金流合三为一“N+1+N”综合服务体系。打造“场景化获客、系统化支撑、数字化识别、智能化风控”四化经营模式，提升小企业业务集约化经营能力，建设技术先进、模式领先业务平台，线上线下协同管控。聚焦“核心企业上下游客户、无贷户及长尾客户、优质客户”三大客群目标客户，明确目标客群差异化经营策略、形成业务联动，“做精、做深、做准”优质场景客户和客群，形成覆盖优质场景链条小企业业务综合服务体系。

上海浦东发展银行石家庄分行
行　长：王起
副行长：李伟　崔振声
　　　　赵英辉　于舸

（宋金玉）

北京银行股份有限公司石家庄分行

【概况】 北京银行股份有限公司石家庄分行于2014年12月8日开始营业，办公地址为裕华区裕华东路86号，是北京银行第十家异地分行。至2019年末，石家庄分行本外币总资产达336.25亿元，较年初增加85.72亿元，增幅34.21%；存款总额152.14亿元，较年初增加15.63亿元，增幅11.45%；贷款总额332.16亿元，较年初增加86.64亿元，增幅35.29%。加强全面风险管理，持续提升资产质量，充分利用“京行预警通”App预警平台及外部舆情信息动态监测，开展重点项目排查工作，稳控风险前兆，强化合规意识。开展消费者权益日、金融知识万里行、金融知识普及等主题宣传活动，举办各类防范非法集资、电信诈骗、个人信息保护和金融理财等专题宣传。更新管理理念，创新管理模式，在管理效能、业务质量、服务水平等关键环节上持续发力。完善组织架构。成立分行数据中心，综合系统建设与数据分析，为分行业务转型发展提供系统支持与数据分析应用；成立线上业务团队，开展存量业务管理及推动新产品审批立项工作，助推分行业务发展；员工教育培训常态化，拓展员工专业知识边界，提升履岗能力。

【业务发展】 全面推动跨线联动，落实业务转型，通过成立“金融服务支持团队”、成立ETC公私联动推广服务领导小组，跨线联动，提供产品设计、产品组合、营销指导，提升利润贡献。搭建银政企沟通平台，初步建立客户沟通机制，为机构客户拓展奠定基础，促进资产业务稳步发展。设立河北省首家企业上市辅导培训基地，运用各类特色金融产品为企业提供全方位、全流程、定制化“一站式”金融服务，融合互联网、大数据、人工智能等领域，拓展新获客渠道，扩大品牌影响力，推动线上业务。拓宽合作渠道，金融市场业务持续创新发展。至2019年末，交易银行业务非息完成全年指标，实现分行服务保理业务零突破，进一步拓宽交易银行中收渠道，优化中收结构。落地分行首笔直贴加转贴现卖断业务、首笔涉外结构性金融产品投资业务，跨条线联动，无风险资本占用；推进关联营销、开展非标营销，落地首单信用债投资恒大地产非标并购业务。票据再贴现业务提升分行对小微企业金融服务和支撑能力。赞助2019年石家庄马拉松活动；与大型零售实体苏宁云店合作，扩大营销渠道；分行保管箱业务创造建行以来新纪录，实现财富类特色业务量突破；基金销售实现新跨越；个贷业务迅速发展，打通二手房合作渠道，成立个贷运营中心，提高业务效率。

【网点建设】 北京银行秉承“战舰理论”“以业绩论英雄”核心企业文化，坚持以“服务京津冀协同发展、服务中小企业、服务市民百姓”为市场定位，明确差异化定位、特色化经营，扎根省会、立足河北、放眼京津冀，牢牢把握京津冀协同发展机遇，充分利用北京银行综合金融服务平台优势，始终坚持以服务实体经济为宗旨，以提高省内百姓金融服务为重点，积极支持河北经济社会发展，探索服务京津冀协同发展转型之路。至2019年末，辖内有营业机构共计15家，其中分行营业部2家，分别为石家庄分行营业部、保定分行营业部；综合性支行10家，分别为石家庄鹿泉支行、石家庄高新区科技支行、石家庄谈固大街支行、石家庄西美花街支行、石家庄体育南大街支行、保定莲池支行、涿州支行、定州支行、白沟支行、保定钟楼支行；社区支行3家，分别为石家庄西美五洲社区支行、石家庄中基礼域社区支行、石家庄紫晶悦城社区支行。

北京银行股份有限公司
石家庄分行
行　　长：林京良
副 行 长：许连夕

行长助理：牟红亮　王海峰
郝明

（辛英慧）

天津银行石家庄分行

【概况】 2019年，天津银行石家庄分行围绕“服务实体经济、防范金融风险、深化金融改革”三大任务，聚焦“六个银行”目标定位，坚持“转型+创新”双轨并进，发展大零售，化解清收不良，优化业务结构，防控各类风险，实现质量和效益稳步提升。2019年分行存款总额115.79亿元，较年初增加6.36亿元，同比增长5.82%；各项贷款总额229.38亿元，较年初减少50.21亿元，同比下降17.96%；实现营业净收入7.48亿元。至2019年末，分行总资产达到243.95亿元，较年初减少129.33亿元，同比下降34.65%；总负债240.34亿元，较年初减少129.59亿元，同比下降35.03%。

【业务发展】 2019年分行存款总额115.79亿元，较年初增加6.36亿元，同比增长5.82%。其中，储蓄存款20.96亿元，较年初增加2.36亿元，同比增长12.69%；对公存款94.06亿元，较年初增加3.95亿元，同比增长4.38%。日均存款106.33亿元，较2018年减少0.91亿元，基本保持稳定。2019年分行各项贷款总额229.38亿元，较年初减少50.21亿元，同比下降17.96%，贷款规模出现下降。其中，公司贷款179.73亿元，较年初减少54.43亿元，同比下降23.24%；个人贷款49.65亿元，比年初增加5.55亿元，同比增长12.59%。全年营业净收入7.48亿元，其中，中间业务收入1.68亿元，占营业收入22.47%；拨备前利润4.54亿元，账面利润1.61亿元，考核净利润0.11亿元。提取专项准备金3.87亿。

【风险管控】 天津银行结合个人客户消费、小微企业经营资金周转等日益增长的金融需求，依托大数据、云计算和分布式等技术手段，实行自主引流、自主风控、自主管理。坚持以控制信用风险、操作风险和市场风险为重点，不断加强全面风险管理体系建设。通过建立大额贷款客户风险预警制度，搭建线上贷款风控平台，实现34项多维度贷款数据监测，建立风控4道防线，实现线上贷款智能风控。加强对大额贷款专管员管理，加大小额贷款双控双责制度和风险责任认定追究制度，从营销、审查、审批、出账、贷后、不良资产处置、责任追究等各个环节实现资产风险的流程化管控。通过开发资金交易与管理系统，逐步构建识别、计量、监测、控制市场风险的体系。通过深化案件专项治理，成立合规领导小组和法律合规部，搭建合规管理框架，完善现金管理和会计核算等中心职能，使内控体系建设进一步加强。

天津银行石家庄分行
行　长：韩文全
副行长：佟旭东　尹学军

（白熠）

河北省农村信用社联合社石家庄审计中心

【概况】 2019年，河北省农村信用社联合社石家庄审计中心（简称市农村信用社）坚持稳中求进的工作总基调，突出围绕金融业务审计职能，严格内控管理，组织推进星级网点建设，探索开展金融产品创新活动。至2019年末，市农村信用社在石家庄市域共有农村商业银行8家，农村合作银行1家，信用联社股份有限公司7家，农村信用合作联社3家；设立经营网点597个，拥有员工6778名。至2019年底，市农村信用社各项存款余额1779.15亿元，较年初增加161.85亿元；各项贷款余额1168.4亿元，较年初增加101.36亿元；实现考核利润23.39亿元，同比增加0.56亿元；累计资产总额2083.83亿元，较年初增加184.97亿元。

【业务发展】 以服务“三农”为核心，推动金融资源向农村倾斜。2019年市农村信用社在石家庄辖区累计建档农户104.29万户，建档占比97.76%，超过省联社下达任务7.76%；用信农户14.53万户，金额151.23亿元；信用户用信率16.38%，较年初增长9.3%。加强特色项目合作，开办“农信e缴费”、信通信用卡、随e盾、代收取暖费、存量房资金监管系统、移动展业、代收取暖费和燃气费等业务。至2019年底，市农村信用社各项存款余额1779.15亿元，较年初增加161.85亿元；各项贷款余额1168.4亿元，较年初增加101.36亿元；涉农贷款473.31亿元，较年初增加29.36亿元；实现考核利润23.39亿元，同比增加0.56亿元；累计资产总额2083.83亿元，较年初增加184.97亿元；所有者权益164.17亿元，较年初增加24.12亿元。小微企业贷款634.84亿元，较年初增加46.13亿元；小微企业贷款增速较各项贷款增速高出2.4%，户数增加2337户。发展手机银行客户170.65万户，其中，新版手机银行客户64.53万户，新型收单活跃商户9.81万户。

【网点建设】 至2019年末，市农村信用社在石家庄市域共有农村商业银行8家，农村合作银行1家，信用联社股份有限公司7家，农村信用合作联社3家；设立经营网点597个，其中，营业部19家、信用社（支行）449家、分社（分理处）120家、储蓄所9家，主要为全市居民提供存款贷款、票据贴现、国内结算、个人储蓄、代理银行业务、代理发行、代理兑付等金融服务。2019年市农村信用社下辖县域农村商业银行7家，分别为正定县、井陉县、晋州市、辛集市、平山县、元氏县和灵寿县。2019年鹿泉区农村商业银行获得开业批复。

河北省农村信用社联合社

石家庄审计中心

主 任：郭满平

副主任：刘宏峰 王树良

刘俊荣（女）

（梁宁）

证 券

【概况】 2019年，石家庄市新增企业挂牌上市28家，其中，深圳创业板上市企业1家，新三板挂牌企业4家，石家庄股权交易所（简称石交所）挂牌企业23家。2019年石交所新增挂牌企业84家（含非本市企业），融资金额175.75亿元，至2019年末，石交所累计挂牌企业681家，募集资金380.58亿元。2019年末全市累计实现企业多层次资本市场挂牌上市220家，其中，沪、深交易所上市企业17家，境外上市挂牌企业19家，新三板挂牌企业79家，石交所主板挂牌企业105家，石家庄市挂牌上市企业数量位居全省第一位。2019年全市企业累计发行债券融资总额603.5亿元，同比减少136.6亿元。其中，中国银行间市场交易商协会审核短期融资券及超短期融资券182亿元，中期票据188亿元，非公开债务融资工具43亿元；中国证监会审核公司债券190.5亿元。推进企业挂牌上市，遴选300家优质企业入选全市挂牌上市后备企业资源库。开展企业挂牌上市培训，指导全市重点拟上市企业做好上市知识学习。激励企业上市融资积极性，帮助申请落实省、市奖励资金4170万元。

表29 1994~2019年石家庄市沪深证券交易所上市企业情况一览表

序号	企业名称	注册地址	股票简称	股票代码	上市地点	上市时间
1	新奥生态控股股份有限公司	长安区	新奥股份	600803	上海主板	1994年1月
2	华北制药股份有限公司	长安区	华北制药	600812	上海主板	1994年1月
3	河北建投能源投资股份有限公司	裕华区	建投能源	000600	深圳主板	1996年6月
4	东旭光电科技股份有限公司	高新区	东旭光电	000413	深圳主板	1996年9月
5	石家庄东方热电股份有限公司	裕华区	东方能源	000958	深圳主板	1999年12月
6	石家庄常山纺织股份有限公司	长安区	常山股份	000158	深圳主板	2000年7月
7	博深工具股份有限公司	高新区	博深工具	002282	深圳中小板	2009年8月
8	河北钢铁股份有限公司	裕华区	河北钢铁	000709	深圳主板	2010年1月

续表

序号	企业名称	注册地址	股票简称	股票代码	上市地点	上市时间
9	河北恒信移动商务股份有限公司	高新区	恒信移动	300081	深圳创业板	2010 年 5 月
10	河北先河环保科技股份有限公司	高新区	先河环保	300137	深圳创业板	2010 年 11 月
11	河北以岭药业股份有限公司	高新区	以岭药业	002603	深圳中小板	2011 年 7 月
12	河北常山生化药业股份有限公司	正定县	常山药业	300255	深圳创业板	2011 年 8 月
13	冀凯装备制造股份有限公司	高新区	冀凯股份	002691	深圳中小板	2012 年 7 月
14	河北汇金机电股份有限公司	高新区	汇金股份	300368	深圳创业板	2014 年 1 月
15	石家庄市通合电子科技股份有限公司	高新区	通合科技	300491	深圳创业板	2015 年 12 月
16	石家庄科林电气股份有限公司	鹿泉区	科林电气	603050	上海主板	2017 年 4 月
17	石药集团新诺威制药股份有限公司	栾城区	新诺威	300765	深圳创业板	2019 年 3 月

表30 1994~2019 年石家庄市境外上市企业情况一览表

序号	企业名称	注册地址	股票简称	股票代码	上市地点	上市时间
1	石药集团有限公司	桥西区	石药集团	01093. HK	香港主板	1994 年 6 月
2	神威药业有限公司	栾城区	神威药业	02877. HK	香港主板	2004 年 12 月
3	石家庄安瑞科气体机械有限公司	高新区	中集安瑞科	03899. HK	香港主板	2005 年 10 月
4	石家庄四药有限公司	高新区	石四药集团	02005. HK	香港主板	2005 年 12 月
5	河北奥星集团药业有限公司	新乐市	奥星药业	AXN. A	美交所	2006 年 4 月
6	河北华美玻璃制品公司	高邑县	华美玻璃	—	英国 AIM	2007 年 8 月
7	河北好日子商业股份有限公司	桥西区	好 日 子	GLCC	OTCBB	2008 年 4 月(借壳)
8	河北省环渤海湾旅游开发股份有限公司	高新区	中国旅游	CRHI	OTCBB	2008 年 12 月
9	河北诺特通信技术有限公司	长安区	中国全通	00633. HK	香港主板	2009 年 9 月
10	河北世捷开元汽车贸易有限公司	高新区	中国汽车	AUTC. O	纳斯达克	2010 年 3 月
11	天山发展(控股)有限公司	高新区	天山发展	02118. HK	香港主板	2010 年 7 月
12	新天绿色能源股份有限公司	桥西区	新天绿色能源	00956. HK	香港主板	2010 年 10 月
13	国农控股有限公司	桥西区	国农控股	01236HK	香港主板	2011 年 8 月
14	河北四方通信设备有限公司	藁城区	中国光纤	03777. HK	香港主板	2011 年 7 月
15	中国优通控股有限公司	裕华区	中国优通	06168. HK	香港主板	2012 年 6 月
16	勒泰商业地产有限公司	长安区	勒泰商业地产	00122HK	香港主板	2013 年 6 月
17	东胜中国控股有限公司	裕华区	东胜中国	00265. HK	香港主板	2015 年 6 月
18	河北翼辰实业股份有限公司	藁城区	翼辰实业	01596HK	香港主板	2016 年 12 月
19	中国二十一教育集团有限公司	鹿泉区	21 世纪教育	01598HK	香港主板	2018 年 5 月

表31　　2014~2019 年石家庄市新三板挂牌上市企业情况一览表

序号	企业名称	注册地址	股票简称	股票代码	上市时间
1	石家庄五龙制动器股份有限公司	高新区	五龙制动	430540	2014 年 1 月
2	石家庄新华能源环保科技股份有限公司	栾城区	新华环保	831358	2014 年 11 月
3	河北百年巧匠手工艺品股份有限公司	桥西区	百年巧匠	831461	2014 年 12 月
4	博广热能股份有限公司	高新区	博广热能	831507	2014 年 12 月
5	河北搜才人力资源股份有限公司	裕华区	搜才人力	831662	2015 年 1 月
6	石家庄中扬网络科技股份有限公司	高新区	中扬科技	831841	2015 年 2 月
7	河北亚诺化工股份有限公司	藁城区	河北亚诺	831730	2015 年 2 月
8	石家庄中兴机械制造股份有限公司	赵　县	中兴机械	832017	2015 年 3 月
9	河北科瑞达仪器科技股份有限公司	高新区	科瑞达	832189	2015 年 3 月
10	河北鑫乐医疗器械科技股份有限公司	新乐市	鑫乐医疗	832294	2015 年 4 月
11	河北凯翔电气科技股份有限公司	高新区	凯翔电气	832309	2015 年 4 月
12	河北智达光电科技股份有限公司	高新区	智达光电	832360	2015 年 5 月
13	河北美邦科技工程股份有限公司	高新区	美邦科技	832471	2015 年 5 月
14	河北海鹰环境安全科技股份有限公司	高新区	海鹰股份	832963	2015 年 7 月
15	河北汉尧环保科技股份有限公司	桥西区	汉尧环保	832915	2015 年 7 月
16	河北瑞诺医疗器械股份有限公司	高新区	瑞诺医疗	832986	2015 年 7 月
17	河北华通科技股份有限公司	高新区	华通科技	833105	2015 年 8 月
18	先控捷联电气股份有限公司	裕华区	先控电气	833426	2015 年 8 月
19	河北神钥软件科技股份有限公司	鹿泉区	神玥软件	833534	2015 年 9 月
20	河北三楷深发科技股份有限公司	栾城区	三楷深发	833855	2015 年 10 月
21	河北一森园林绿化工程股份有限公司	元氏县	一森园林	833881	2015 年 10 月
22	河北丰源智控科技股份有限公司	鹿泉区	丰源智控	833922	2015 年 10 月
23	元道通信股份有限公司	新华区	元道通信	834034	2015 年 10 月
24	河北海川能源科技股份有限公司	裕华区	海川能源	834052	2015 年 11 月
25	博信通信股份有限公司	鹿泉区	博信通信	833875	2015 年 11 月
26	河北智恒医药科技股份有限公司	高新区	智恒医药	834516	2015 年 11 月
27	石家庄福润新技术股份有限公司	高新区	福润股份	834113	2015 年 11 月
28	恩迪生物科技河北股份有限公司	裕华区	恩迪生物	834655	2015 年 12 月

续表

序号	企业名称	注册地址	股票简称	股票代码	上市时间
29	石家庄博宇科技股份有限公司	高新区	博宇科技	834849	2016 年 1 月
30	河北晓进机械制造股份有限公司	高新区	晓进机械	835094	2016 年 1 月
31	河北橡一医药科技股份有限公司	正定县	橡一医药	835358	2016 年 2 月
32	河北白鹿温泉旅游度假股份有限公司	平山县	白鹿温泉	835976	2016 年 2 月
33	河北海力香料股份有限公司	藁城区	海力香料	835789	2016 年 2 月
34	斯特龙装饰股份有限公司	新华区	斯特龙	835860	2016 年 2 月
35	河北九易庄宸科技股份有限公司	高新区	九易庄宸	835960	2016 年 3 月
36	河北潜能燃气股份有限公司	正定县	潜能燃气	836116	2016 年 3 月
37	河北炫坤节能科技股份有限公司	高新区	炫坤节能	836055	2016 年 3 月
38	河北中科恒运软件股份有限公司	高新区	中科恒运	836277	2016 年 3 月
39	河北博岳通信技术股份有限公司	长安区	博岳股份	836431	2016 年 3 月
40	河北精英动漫文化传播股份有限公司	高新区	精英动漫	837012	2016 年 4 月
41	河北工大科雅能源科技股份有限公司	高新区	工大科雅	836391	2016 年 4 月
42	石家庄世纪森诺通讯股份有限公司	高新区	世纪森诺	836740	2016 年 5 月
43	河北旭辉电气股份有限公司	高新区	旭辉电气	836496	2016 年 5 月
44	益生环保科技股份有限公司	灵寿县	益生环保	837324	2016 年 5 月
45	河北为信电子科技股份有限公司	高新区	为信股份	838626	2016 年 8 月
46	河北昊天诚泰科技股份有限公司	高新区	昊天诚泰	838744	2016 年 8 月
47	河北诚业智能科技股份有限公司	藁城区	诚业股份	838358	2016 年 8 月
48	河北双星种业股份有限公司	新华区	双星种业	838998	2016 年 8 月
49	河北吉美达工具股份有限公司	藁城区	吉美达	839029	2016 年 8 月
50	河北合佳医药集团股份有限公司	藁城区	合佳医药	838641	2016 年 8 月
51	河北方大包装股份有限公司	元氏县	方大股份	838163	2016 年 9 月
52	河北协同环保科技股份有限公司	循环化工园区	协同环保	838632	2016 年 9 月
53	河北泽华伟业科技股份有限公司	高新区	泽华伟业	839501	2016 年 12 月
54	河北华糖云商营销传播股份有限公司	长安区	华糖云商	839629	2016 年 12 月
55	河北众美传媒股份有限公司	长安区	众美传媒	870313	2016 年 12 月
56	河北敬业钢构股份有限公司	平山县	敬业钢构	870181	2016 年 12 月
57	河北地平线通用航空股份有限公司	高新区	地平通航	870273	2016 年 12 月
58	河北泽宏科技股份有限公司	平山县	泽宏科技	870443	2017 年 1 月
59	石家庄鹏海制药股份有限公司	行唐县	鹏海制药	870773	2017 年 2 月
60	河北东方视野文化传播股份有限公司	裕华区	东方视野	871435	2017 年 5 月

续表

序号	企业名称	注册地址	股票简称	股票代码	上市时间
61	河北圣佳科技股份有限公司	无极县	圣佳科技	871335	2017 年 5 月
62	石家庄圣宏达热能工程技术股份有限公司	高新区	圣宏达	871550	2017 年 5 月
63	河北创源通讯技术有限公司	高新区	创源通信	871806	2017 年 8 月
64	河北华友古建筑工程股份有限公司	裕华区	华友股份	872221	2017 年 10 月
65	河北昆时网络科技股份有限公司	高新区	昆时股份	872246	2017 年 10 月
66	河北上元智能科技股份有限公司	高新区	上元智能	872286	2017 年 10 月
67	石家庄育才医药包装材料股份有限公司	藁城区	育才药包	872411	2017 年 12 月
68	河北华清环境科技股份有限公司	桥西区	华清环境	872430	2017 年 12 月
69	河北兄弟伊兰食品科技股份有限公司	正定县	兄弟伊兰	872508	2017 年 12 月
70	河北智德检验检测股份有限公司	高新区	智德检测	872525	2018 年 1 月
71	尚禹河北电子科技股份有限公司	高新区	尚禹科技	872585	2018 年 1 月
72	河北萌帮水溶肥料股份有限公司	赵　县	萌帮股份	872623	2018 年 2 月
73	河北安信联行物业股份有限公司	长安区	安信联行	872718	2018 年 2 月
74	河北国源电气股份有限公司	高新区	国源电气	872921	2018 年 8 月
75	河北双鸽食品股份有限公司	裕华区	双鸽股份	872948	2018 年 8 月
76	河北三明通信股份有限公司	桥西区	三明通信	873238	2019 年 3 月
77	河北中浩华财税服务集团股份公司	高新区	中浩华	873248	2019 年 4 月
78	河北冠卓检测科技股份有限公司	元氏县	冠卓检测	873352	2019 年 8 月
79	河北大生泰丰保险代理有限公司	裕华区	大生泰丰	873372	2019 年 11 月

【新诺威主板挂牌上市】　3 月 22 日，石药集团新诺威制药股份有限公司（简称新诺威）股票在深圳证券交易所创业板挂牌上市。股票名称新诺威，股票代码300765。新诺威首次公开发行 A 股5000 万股，发行价 24.47 元/股，募集资金总额 12.235 亿元。新诺威是石药集团全资子公司和国家高新技术企业，地址位于石家庄市栾城区，占地面积 11.21 万平方米，是一家专业从事生产黄嘌呤系列化学合成药物及食品添加剂的 GMP 认证企业，主营业务为功能食品的研发、生产与销售，主要产品有咖啡因、茶碱、氨茶碱、二羟丙茶碱、可可碱、己酮可可碱及其衍生产品，综合年生产能力达 10000 吨，主产咖啡因类功能饮料添加剂和维生素类保健食品两大系列。新诺威咖啡因出口数量占全国60% 出口份额，全球市场份额超过 50%，是百事可乐、可口可乐、红牛三大国际饮料公司的全球供应商，也是多个国际公司的合作伙伴。新诺威维生素类保健产品拥有中国驰名商标果维康，销售网络覆盖全国主要连锁药店。2019 年新诺威注册资本 2 亿元，总股本 2 万股，总资产 28.52 亿元，实现营业总收入 12.57 亿元。

【新三板上市企业】　全年石家庄市在新三板挂牌上市企业 4 家，分别为：河北三明通信股份有限公司、河北中浩华财税服务集团股份公司、河北冠卓检测科技股份有限公司和河北大生泰丰保险代理有限公司。至2019 年末，全市在新三板挂牌上市企业 79 家。

表32

2019年石家庄市新三板挂牌上市企业情况一览表

序号	企业名称	股票简称	股票代码	注册地点	上市时间	总股本（万股）	总资产（万元）	总收入（万元）
1	河北三明通信股份有限公司	三明通信	873238	桥西区	2019年3月	3006	4011.93	1946.99
2	河北中浩华财税服务集团股份公司	中浩华	873248	高新区	2019年4月	1000	1565.85	679.31
3	河北冠卓检测科技股份有限公司	冠卓检测	873352	元氏县	2019年8月	3163	6138.22	3202.66
4	河北大生泰丰保险代理有限公司	大生泰丰	873372	裕华区	2019年11月	1000	1356.20	1984.60

【石交所挂牌上市企业】 2019年全市在石家庄股权交易所挂牌企业23家，分别为：石家庄绿盛农业发展股份有限公司、石家庄梦幻堂文化传媒股份有限公司、河北乾为信息科技股份有限公司、河北华明日蜡业股份有限公司、河北博焜农业开发股份有限公司、河北炫烨智能科技股份有限公司、石家庄云博科技股份有限公司、河北网诺智能科技有限公司、石家庄海通纺织品股份有限公司、河北泽邦供应链管理股份有限公司、石家庄德菲纳智能科技股份有限公司、石家庄康诺电子网络科技股份有限公司、河北创格软件科技股份有限公司、石家庄市格普顿食品配料股份有限责任公司、河北雄瀚农产品股份有限公司、石家庄市源润医疗器械股份有限公司、石家庄笑畅生态农业开发有限公司、石家庄名仁芝麻股份有限公司、河北华耀农业科技股份有限公司、河北科燃信息科技股份有限公司、河北吉远通用航空股份有限公司、河北浩卓斯能源科技股份有限公司和河北蓝川科技股份有限公司。2019年石交所新增挂牌企业84家（含非本市企业），融资金额175.75亿元；至2019年末，石交所累计挂牌企业681家，募集资金380.58亿元。

表33

2019年石家庄股权交易所挂牌上市企业情况一览表

序号	企业名称	股票简称	股票代码	注册地点	上市时间	总股本（万股）	总资产（万元）	总收入（万元）
1	石家庄绿盛农业发展股份有限公司	绿盛农业	660565	鹿泉区	2019年7月	300	1007	869
2	石家庄梦幻堂文化传媒股份有限公司	梦幻堂	660566	高新区	2019年7月	500	520	316
3	河北乾为信息科技股份有限公司	乾为科技	660574	高新区	2019年7月	300	622	673
4	河北华明日蜡业股份有限公司	河北华明	660577	新乐市	2019年7月	1050	4969	7982
5	河北博焜农业开发股份有限公司	博焜农业	660578	灵寿县	2019年7月	2100	2170	394
6	河北炫烨智能科技股份有限公司	炫烨智能	660579	高新区	2019年7月	500	540	65
7	石家庄云博科技股份有限公司	云博科技	660586	高新区	2019年11月	102	124	147
8	河北网诺智能科技有限公司	网诺科技	660587	高新区	2019年11月	300	393	38
9	石家庄海通纺织品股份有限公司	海通纺织	660588	鹿泉区	2019年11月	200	589	1023
10	河北泽邦供应链管理股份有限公司	泽邦股份	660589	高新区	2019年11月	300	391	858
11	石家庄德菲纳智能科技股份有限公司	德菲纳	660590	裕华区	2019年11月	300	760	369
12	石家庄康诺电子网络科技股份有限公司	康诺网络	660591	高新区	2019年11月	300	317	321
13	河北创格软件科技股份有限公司	创格软件	660592	高新区	2019年11月	500	66	550
14	石家庄市格普顿食品配料股份有限责任公司	格普顿	660593	新华区	2019年11月	200	396	325

续表

序号	企业名称	股票简称	股票代码	注册地点	上市时间	总股本（万股）	总资产（万元）	总收入（万元）
15	河北雄瀚农产品股份有限公司	河北雄瀚	660596	晋州市	2019 年 11 月	1000	3401	4987
16	石家庄市源润医疗器械股份有限公司	河北源润	660598	正定县	2019 年 11 月	300	696	2091
17	石家庄笑畅生态农业开发有限公司	笑畅农业	660601	平山县	2019 年 11 月	300	357	387
18	石家庄名仁芝麻股份有限公司	名仁芝麻	660604	藁城区	2019 年 12 月	600	1180	2456
19	河北华耀农业科技股份有限公司	华耀农业	660610	平山县	2019 年 12 月	500	868	209
20	河北科燃信息科技股份有限公司	河北科燃	660614	高新区	2019 年 12 月	1000	1103	356
21	河北吉远通用航空股份有限公司	吉远通用	660631	栾城区	2019 年 12 月	2000	2404	1256
22	河北浩卓斯能源科技股份有限公司	浩卓斯	660622	鹿泉区	2019 年 12 月	500	596	982
23	河北蓝川科技股份有限公司	蓝川科技	660634	新华区	2019 年 12 月	2000	3682	1912

保　险

中国人寿保险股份有限公司石家庄分公司

【概况】 2019 年，中国人寿保险股份有限公司石家庄分公司（简称中国人寿保险石家庄分公司）坚持以“稳健成长型公司”为目标定位，以推动业务稳健发展为主线，贯彻落实总公司“鼎新工程”部署，实施“三定”（定机构、定编制、定职责）改革。开展保险业务创新，探索开发保险产品“国寿福”“康悦”“鑫享金生”“鑫禧宝”“盛世传家”等保险种类。落实集“2551”人才计划，重视青年干部人才梯队建设。完善各项管理制度，整治保险中介市场乱象，开展风险大排查“回头看”等风险防控工作，营造诚信、合规经营的企业形象。提升服务品质，打造以客户为中心的经营管理体系。至2019 年末，公司共有销售人员 1.82 万人，实现保费收入 54.88 亿元，同比下降 1.18%，在石家庄市域市场份额占比 18.11%；赔付支出 10.51 亿元，同比下降 71.84%。2019 年公司连续第 5 年被市消费者保护委员会评为“诚信经营、放心消费创建示范单位”。

【业务收入】 围绕“保险姓保”发展理念，落实“由规模领先全面迈向质量领跑”发展策略。至 2019 年末，公司实现保费收入 54.88 亿元，

2019 年 6 月 5 日，中国人寿保险股份有限公司党委书记、总裁苏恒轩（前排右二）到中国人寿保险石家庄分公司考察调研

同比下降 1.18%，在石家庄市域市场份额占比 18.11%。按险种分类，长险保费收入49.63 亿元，同比增长 4.74%；短险保费收入 5.26 亿元，同比下降 35.57%。按渠道分类，个险渠道保费收入37.23 亿元，同比增长 6.50%；团险渠道保费收入 3.82 亿元，同比下降 46.05%；银邮渠道保费收入 9.52 亿元，同比增长 2.20%；电销及其他兼业代理渠道保费收入 4.32 亿元，同比增长 2.98%。传统寿险、长期健康险较 2018 年分别增长 28.64% 和 9.07%，分红险业务较 2018 年下降 22.22%；首年期交、10 年期及以上首年期交、保障型及续期保费比重均实现提升，10 年期及以上首年期交、保障型、长险首年业务保持高速增长。推进互联网销售，全年互联网销售保费收入同比增长18.26%。发展综合金融业务，代理广州发展银行两卡、企业年金、养老保障等业务，均超额完成年度计划任务，实现寿代产保费收入 5739 万元。2019 年公司保费收入在河北国寿系统排名第三。

表34 2019 年中国人寿保险石家庄分公司保费收入情况一览表

类别			保费收入(万元)	同比增长(%)
险种	长险	首年保费	113063.06	-16.41
		续期保费	383208.13	13.18
	短险		52551.6	-35.57
渠道	个险		372250.07	6.50
	团险		38153.56	-46.05
	银邮		95211.38	2.20
	电销及其他兼业代理		43207.78	2.98
总保费			548822.79	-1.18

备注：数据来自中国人寿保险股份有限公司统计信息系统，河北省银保监局口径。

【客户服务与赔付】 落实“睿运营”目标要求，推进客户服务智能化体验。推广“国寿 e 宝”App，新增注册用户 10.06 万人。开通投保、理赔业务电子化通道，增设移动柜面和自助终端，柜面服务等候时长大幅度缩短。平山县、晋州市、井陉县等地域理赔直付服务运营。举办线上线下客户活动480 场，参加人数 45 万人次，客户覆盖率 60% 以上。至2019 年末，公司赔付支出 10.51 亿元，同比下降 71.84%。其中，支出金额 4.56 亿元，同比增长 216.3%；死伤医疗给付 1.62 亿元，同比增长 12.56%；年金给付 1.41 亿元，同比下降 42.45%；满期给付 2.91 亿元，同比下降 67.56%。全年赔款支出 58832 笔，同比增长 35.91%；死伤医疗给付 10254 笔，同比增长 108.25%。承保石家庄市建档立卡贫困人员医疗救助补充保险，覆盖 26.93 万人，赔付 2.68 万人次，赔付金额 1958.76 万元。承办石家庄市城乡居民、城镇职工大病保险及意外伤害保险，累计承保 725.43 万人次，赔付 15.89 万人次，赔付金额 3.32 亿元。

中国人寿保险股份有限公司
石家庄分公司

总 经 理 刘林(11 月免)
李庆元(11 月任)

副总经理 张国杰(11 月免)
刘强 (11 月任)
任少川 田晓农
晋英伟

(阎媛敏)

中国人民财产保险股份有限公司石家庄市分公司

【概况】 2019 年，中国人民财产保险股份有限公司石家庄市分公司（简称中国人民财产保险石家庄市分公司）围绕“人民保险，服务人民”的企业使命，恪守“理念立司、专业兴司、创新强司、正气治司”的企业价值观，以“做人民信赖的卓越品牌”为企业愿景，以客户满意度为检验经营管理的重要标准，坚持客户第一和市场导向原则，采取优化商业模式、创新保险产品、提升服务质量、强化合规经营方式，全面推进保险业务健康发展。至2019年末，公司实现保费收入39.83亿元，同比增长22.02%；赔付保险金20.22亿元，同比增长21.51%；缴纳税费3.93亿元。

【业务收入】 至2019年末，公司实现保费收入39.83亿元，同比增长22.02%。其中，车险保费收入27.49亿元，同比增长3.65%，占总保费收入69%；商业性非车险保费收入5.70亿元，同比增长49.21%，占总保费收入14%；新增大病保险保费收入3.92亿元，占总保费收入10%；农险保费收入2.71亿元，同比增长18.16%，占总保费收入7%。全年企财险保费收入7761万元，同比增长13.44%；责任险保费收入1.92亿元，同比增长53.69%；保证险保费收入9575万元，同比增长71.83%。2019年公司为省内外5000家企业及个体工商户、190多万户家庭、66万辆机动车、660多万亩农作物和林木、180多万头各类牲畜提供保险保障，为社会各界承担风险保障金3.9万亿元，缴纳税费3.93亿元。

表35 中国人民财产保险公司石家庄市分公司保费收入情况一览表

类别	保费收入(万元)	同比增长(%)
车险	274922	3.65
商业性非车险	57040	49.21
企财险	7761	13.44
家财险	2381	21.6
工程险	2108	0.28
特险	1428	1203
责任险	19202	53.69
信用险	10.73	-99
保证险	9575	71.83
货运险	2647	128.21
意外险	3883	48.1
健康险	8045	79.09
大病保险	39212	—
农险	27135	18.16
合计	398309	22.02

【客户服务与赔付】 优化出单模式，推进多种出单工具，开通承保绿色通道、军人依法优先窗口，实现异地承保业务一站式服务。推进标准化服务，制定《石家庄人保合作商家服务标准》，服务界面做到实时监控和质量监督，商家资质、基础设施、服务形象、服务规范流程等内容严格施行标准化管理。推进“警保联动”，开展城区主干道沿街巡查和实时监控调度，全年采取“快处快赔”方式，办理交通事故保险业务6000余笔，

实现“车驾管”服务县(市、区)区域全覆盖。开办“理赔夜市”，举行理赔服务不打烊活动；节假日期间，开设线下“心服务站”，提供事故快速理赔、保险咨询、故障救援和路线指引等服务。至2019年末，公司赔付支出20.22亿元，同比增长21.51%，其中，车险支出14.46亿元，社保支出2.37亿元，农险支出1.24亿元，责任险支出1.12亿元。

表36　　2019年中国人民财产保险石家庄市分公司赔付情况一览表

类别	赔付(万元)
车险	144647
财产险	4141
责任险	11195
信用保证险	3167
船货险	356
意健险	2656
社保	23688
农险	12374
合计	202225

中国人民财产保险股份有限公司
石家庄市分公司
总经理：王翔
副总经理：王大为　李文钢
周永喜　安红波

（郝晓猛）

中国太平洋人寿保险股份有限公司石家庄中心支公司

【概况】 中国太平洋保险（集团）股份有限公司（CPIC）于1991年5月13日成立，总部设在上海，是中国第一家全国性股份制商业保险公司，也是第一家以集团整体上市的保险公司。中国太平洋人寿保险股份有限公司石家庄中心支公司（简称中国太平洋人寿保险石家庄中心支公司）是中国太平洋保险（集团）股份有限公司在石家庄的分支机构，设立于2009年11月10日。2019年中国太平洋人寿保险石家庄中心支公司贯彻落实总公司和河北省分公司的经营思路和要求，围绕“三最一引领”目标，坚持以“做一家负责任的保险公司”为使命、以客户需求为导向，专注保险主业和价值成长，实现企业转型和业务快速提升。至2019年末，公司保险收入总额19.85亿，同比增长28.15%；累计赔付金额4.36亿元，同比增长114.19%。

【业务收入】 2019年公司实现保险收入总额19.85亿，同比增长28.15%，目标达成率102.35%。其中，传统渠道保费收入11.28亿，目标达成率98.53%；顾问渠道保费收入5.65亿，目标达成率104.25%；服务渠道保费收入2.06亿，目标达成率114.5%；“金玉兰”保费收入8635万元，目标达成率118%。城区中心支公司整体目标达成率106.81%。法人渠道业务中，团险板块税优项目完成400%，金融板块期缴业务完成188%，团体及个人险完成221.5%，均超额实现计划任务目标。2019年公司保费收入增速、绩优人力增速、新增长险客户增速、市场对标、继续率指标综合得分在全系统排名第5位。

表37 2019 年中国太平洋人寿保险石家庄中心支公司保费收入情况一览表

类别	金额(亿元)	达成率
传统营销	11. 28	98. 53%
顾问营销	5. 65	104. 25%
服务营销	2. 06	114. 50%
金玉兰	0. 86	118%
合计	19. 85	102. 35%

【客户服务与赔付】 以客户为中心，聚焦大健康产业，整合内外部优质资源，打造全方位、全场景、全覆盖“健康态”保险服务生态圈。其中，“太保蓝本”新增专属健康增值服务，为客户提供诊前、诊中、诊后健康管理及快速就医和理赔服务项目，包括重疾绿色通道、医疗特权、理赔尊享、综合医疗等服务内容；医疗特权服务是公司专门为符合条件的客户提供覆盖诊前、诊中、诊后的医疗协助服务，包括健康咨询、专家预约、陪诊服务、专家病房、专家手术、二次诊疗、海外就医协助、多学科会诊 MDT 和 120 急救补贴 9 个项目；重疾绿色通道是针对加入“太保蓝本”的相关医疗协助服务，含重疾专家预约、重疾专家病房、重疾专家手术和 120 急救补贴 4 项服务。利用人工智能技术，引进“灵犀二号”机器人，研究推出“云柜面”系统应用及“太 e 赔”“太慧赔”自助理赔项目，实现一站式便捷服务。至2019 年末，公司办理理赔案件 47695 件，同比增长 22%；累计赔付金额 4. 36 亿元，同比增长 114%，其中，理赔金额 1. 74 亿元，同比增长 83%，满期给付 2. 61 亿元，同比增长 141%。

中国太平洋人寿保险股份有限公司
石家庄中心支公司
总 经 理：张进武
副总经理：常洪峰　赵显峰
　　　　　柳伟

（薛艳凤）

中国太平洋财产保险股份有限公司石家庄中心支公司

【概况】 2019 年，中国太平洋财产保险股份有限公司石家庄中心支公司（简称中国太平洋财产保险石家庄中心支公司）以“客户体验最佳、业务质量最优、风控能力最强、成为行业健康稳定发展引领者”为目标愿景，把握高质量发展主线，专注主业，做精专业，优化产险业务综合成本，提升客户服务水平，推进车险续保业务创下新高。重视保险机构和“三农”服务站建设，突出重点区域、潜力地区和新进区域，保持农险稳定增长。提高风险意识，坚持合规经营理念，增强抵抗金融风险能力。至2019 年末，公司实现保费收入 7. 67 亿元，同比增长 8. 54%；理赔支出 3. 93 亿元，同比增长 23. 10%。

【业务发展】 抢抓农险业务发展机遇，扩大种植险、养殖险保障范围。创新“保险+期货”“防贫保”“政银企户保”等保险模式，推进业务全面发展。2019 年公司承保新乐市城镇职工高额医疗补充保险项目、灵寿县城乡居民意外项目、平山县城镇职工和城乡居民意外项目、河北省食品安全责任保险、河北省道路旅客承运人责任保险、河北省道路危险货物承运人责任保险、河北省第四届旅游产业发展大会公众责任保险、石家庄养老机构综合责任保险、驻石省属医院医疗责任险、石家庄市医疗机构医疗责任险及石家庄地铁 1 号、2 号、3 号线工程险、地铁运营财产一切险及公众责任险等保险业务。至 2019 年末，公司实现保费收入 7. 67 亿元，同比增长 8. 54%。其中，车险保费收入4. 87 亿元，同比增长 6. 21%；非车非农险保费收入 1. 88 亿元，同比增长 13. 96%；农险保费收入 9163 万元，同比增长 10. 70%。

表38　2019 年中国太平洋财产保险石家庄中心支公司保费收入情况一览表

类别	保费收入(万元)	增加额(万元)	同比增长(%)
车险	48745	2848	6. 21
非车非农险	18799	2303	13. 96
农险	9163	886	10. 70
合计	76707	6037	8. 54

【客户服务与赔付】 以客户需求为导向，打造专业车险理赔服务“太好赔”，从 1. 0 版升级至 4. 0 版。树立服务品牌，推行客户至上理念，“钥匙工程”推出“交钥匙，烦恼全消”；“蓝朋友”推出“一遇女神，全程包办”；“假日相伴”推出“假日出行，太保有情”；“人伤无忧服务”推出全程代办；“太贴心”推出“一键索赔”；“太畅通”推出“一键定损”；“太好修”推出“一键修车”；“互信赔”推出“自主理赔、信来掌握”；“医管家”推出“出险救助、全程无忧”；“公路侠”推出“随时随地、救在身边”。还采取警保联动、车主服务中心方式，开展车险服务。至2019 年末，公司理赔支出 3. 93 亿元，同比增长 23. 10%。其中，车险赔款2. 21 亿元，同比增长 14. 54%；非车非农险赔款 1. 19 亿元，同比增长 25. 22%；农险赔款 5292 万元，同比增长 69. 45%。2019 年中国太平洋财产保险石家庄中心支公司服务评价在产险系统连续三年蝉联 AA 评级。

表39　2019 年中国太平洋财产保险石家庄中心支公司理赔情况一览表

类别	赔款(万元)	增加额(万元)	同比增长(%)
车险	22056	2800	14. 54
非车非农险	11928	2402	25. 22
农险	5292	2169	69. 45
合计	39276	7371	23. 10

中国太平洋财产保险股份有限公司
石家庄中心支公司
总 经 理：刘云超(5 月免)
副总经理：孔秀敏(3 月主持工作)
赵红艳

（谭珊珊）

中国平安人寿保险股份有限公司河北分公司

【概况】 2019 年，中国平安人寿保险股份有限公司河北分公司（简称中国平安人寿保险河北分公司）贯彻落实总公司“回归保险保障本源”要求，秉承“简单、便捷、友善、安心”的服务理念，调整和优化业务结构，提升客户服务质量，抓好各类风险防范工作，实现保费收入较快增长。至2019 年末，公司总保费收入 40. 04 亿元，同比增长 10. 29%，其中，长险续期保费收入 28. 28 亿元，同比增长 29. 34%，成为保费收入增长的主要因素；赔款支出 3662. 81 万元，同比增长 98. 76%；给付合计 4. 81 亿元，同比下降 4. 08%。

【业务收入】 至2019年末，公司总保费收入40.04亿元，同比增长10.29%。其中，长险保费收入37.86亿元，同比增长10.32%；短险保费收入2.19亿元，同比增长9.73%。按险种分类，人寿保险保费收入28.05亿元，同比增长8.03%；意外伤害险保费收入1.44亿元，同比增长4.47%；健康险保费收入10.54亿元，同比增长17.74%。按渠道分类，个人代理业务保费收入35.01亿元，同比增长10.19%，占总保费收入87.44%；公司直销渠道保费收入3.63亿元，同比增长10.76%；银邮渠道业务保费收入1.39亿元，同比增长11.56%。全年长险新单保费收入9.57亿元，同比下降23.09%；长险续期保费收入28.28亿元，同比增长29.34%。

2019年9月，中国平安人寿保险河北分公司举办金融知识集中宣传普及活动

表40 2019年中国平安人寿保险石家庄市域保费收入情况一览表

类别			金额(万元)	增加额(万元)	同比增长(%)
险种	人寿保险		280540.47	20856.76	8.03
	意外保险		14437.63	617.13	4.47
	健康保险		105434.33	15885.23	17.74
渠道	个人代理		350137.45	32385.47	10.19
	公司直销		36345.62	3530.19	10.76
	银邮代理		13929.36	1443.45	11.56
保费期限	长险	首年保费	95724.61	-28741.58	-23.09
		续期保费	282827.31	64161.76	29.34
	短险		21860.51	1938.93	9.73
总保费			400412.43	37359.12	10.29

备注:2019年数据使用标准为河北省银保监局统计口径。

【赔款与给付】 至2019年底，公司赔款支出3662.81万元，较2018年增加1819.85万元，同比增长98.76%。给付合计4.81亿元，较2018年减少2046.06万元，同比下降4.08%。其中，满期给付1.78亿元，同比增长20.91%；年金给付7064.93万元，同比下降58.3%；死伤医疗给付2.32亿元，同比增长25.7%。

表41　2019 年中国平安人寿保险石家庄市域赔退付情况一览表

类别		金额(万元)	增加额(万元)	同比增长(%)
赔款		3662.81	1819.85	98.76%
给付	满期	17817.67	3081.58	20.91%
	年金	7064.93	-9878.62	-58.3%
	死伤医疗	23235.93	4750.98	25.7%
	合计	48118.53	-2046.06	-4.08%

备注:2019 年数据使用标准为河北省银保监局统计口径。

中国平安人寿保险股份有限公司河北分公司

总 经 理:赵津

副总经理:张树新　何伟杰　耿剑　王泽根　苏海超　郭军升　尹斌

(中国平安人寿保险河北分公司)

中国平安财产保险股份有限公司石家庄中心支公司

【概况】 2019 年，中国平安财产保险股份有限公司石家庄中心支公司（简称中国平安财产保险石家庄中心支公司）贯彻落实“金融+科技”战略，围绕贴近客户最迫切、最真实需求目标，全力打造“安心、简单、温暖”的客户服务体验。支持公益事业，为河北省9所希望小学教师捐赠年度意外险及生活物资；依托中国平安财产保险总部“益行关爱”车主公益平台，推出线上“寸草安心”公益项目。至2019 年末，公司实现保费收入 22.85 亿元，同比增长 11.9%，市场占有率排名石家庄市域产险市场第二位；受理车险报案 14.14 万件，车险赔款 10.83 亿元。2019 年公司上缴税款 26979 万元，其中，增值税及附加 4860 万元，代扣代缴车船税 21771 万元，代扣代缴个人所得税 133 万元，印花税 215 万元。

【业务经营】 大力支持石家庄市域现代化综合交通体系建设和乡村发展，全年向市政公路、综合管廊、住房建设等基础设施建设项目提供保险保障金额 108 亿元，为乡村道路工程建设提供保险保障金额 3 亿余元。助力装备制造业发展，响应国家政策和市委、市政府号召，参与石家庄市首台（套）、新材料保险项目保额 1 亿余元，累计向装备制造业提供保险保障金额 542 亿元。拓展“一带一路”沿线国家出口货运保险，全年提供年度环境污染责任险、食品安全责任险保障金额达到 69.2 亿元。至 2019 年末，公司实现保费收入 22.85 亿元，同比增长 11.9%，市场占有率排名石家庄市域产险市场第二位。其中，车险保费收入20.77 亿元，同比增长 9.3%，财产险保费收入 1.21 亿元，同比增长 45.9%；意健险保费收入 0.87 亿元，同比增长 50.0%。

表42　2019 年中国平安财产保险石家庄中心支公司保费收入情况一览表

险种	保费收入(亿元)	同比增长(%)
车险	20.77	9.3
财产险	1.21	45.9
意健险	0.87	50.0
合计	22.85	11.9

【客户服务与赔付】 依托总公司科技实力及互联网技术，推出“好车主”全流程线上理赔、人伤暖心服务两大线上极致服务产品，开启互联网理赔服务体验新模式。AI 自助理赔服务针对简易事故案件，利用智能风控、智能图片定损、生物识别三大核心技术，实现客户线上一站式纯自助理赔结案。根据“一客户 一场景 一服务 一模式”办理要求，设立客户精准定位和画像，推出“小额人伤一站式快易免、住院案件院内调解、伤残案件主动上门”三大系列服务项目。依据客户差异化需求，首创“惊喜服务车”服务和“窗明车净”服务，定制专属服务内容。探索推出财产险理赔无人机服务，利用科技应用技术，开展保险业务实时、迅捷和有效识别，增强客户服务体验，实现从事后补偿向事前管理延伸。2019 年公司接受车险报案 14. 14 万件，车险赔款 10. 83 亿元。

中国平安财产保险股份有限公司
石家庄中心支公司
总经理：聂光辉

（马欢）

新华人寿保险股份有限公司石家庄中心支公司

【概况】 2019 年，新华人寿保险股份有限公司石家庄中心支公司以“创造价值、稳健持续”为经营理念，对标先进，创新图强，提升客户服务水平，坚持走高质量发展之路。至2019 年末，公司实现保费收入 14. 20 亿元，同比增长 21. 24% ，在石家庄市场份额占比 4. 78% ；赔付 18471 件，赔付金额 9554. 36 万元，给付率 97. 42% 。保险业务队伍扩大，全年保险销售人员达到8500 余人。加强绩效管理，优化业务与人力结构，实行市场化用人制度。严格风险管控，组织开展保险业务现场检查，防范满期给付、退保等风险问题发生；举办涉及非法集资内容、保险销售误导、保险业关键岗位等培训，从源头遏制风险案件的发生。

【业务收入】 至 2019 年末，公司实现保费收入 14. 20 亿元，同比增长 21. 24% 。其中，长险保费收入13. 43 亿元，同比增长 20. 54% ；短险保费 7687. 57 万元，同比增长 34. 96% 。按渠道分类，个险渠道保费收入 11. 42 亿元，同比增长 20. 33% ；团险渠道保费收入 1. 64 亿元，同比下降 5. 58% ；代理渠道保费收入 1. 14 亿元，同比增长 135. 18% 。长险保费收入中，长险首年保费 3. 46 亿元，同比增长 28. 05% ；长险续期保费 9. 97 亿元，同比增长 18. 13% 。渠道保费收入中，银行、邮电代销报销 1. 03 亿元，同比增长 150. 0% ；电话和其他渠道销售 1060. 68 万元，同比增长 49. 11% 。2019 年石家庄中心支公司贯彻落实总公司“回归寿险本源”要求，大力推进健康险业务，全年健康险实现保费收入 1. 77 亿元。

表43 2019 年新华人寿保险石家庄中心支公司保费收入情况一览表

类别			保费收入（万元）	同比增长（%）
险种	长险	总额	134264. 29	20. 54
		首年保费	34607. 69	28. 05
		续期保费	99656. 60	18. 13
	短险		7687. 57	34. 96
渠道	个险渠道		114159. 72	20. 33
	团险渠道		16402. 18	–5. 58
	代理	总额	11389. 96	135. 18
		银邮	10329. 28	150. 0
		电销及其他	1060. 68	49. 11
总保费			141951. 86	21. 24

【客户服务与赔付】 重视保险产品供给，扩大保险品种，创新业务服务范围。主险业务升级防癌产品“康爱无忧”，附加险开发保障型产品附加特定心脑血管疾病保险，受到客户的广泛欢迎。提升保险办理服务效率，核心运营指标持续改善，保险业务承保时效达到 0.55 天，理赔时效达到 2.73 天，保全时效达到 1.07 天。重视新技术应用，广泛推行微信投保、人工智能问答机器人、智能微信回访、人脸识别、语音识别等保险业务新技术，实现了网上办理和服务，增强了客户服务效率，提升了客户服务体验度。至2019 年末，公司保险赔付 18471 件，赔付金额 9554.36 万元，给付率 97.42%。

新华人寿保险股份有限公司
石家庄中心支公司
总　经　理：王小峰
副 总 经 理：于贵海(2 月任)
总经理助理：曹健伟

(张然)

富德生命人寿保险股份有限公司河北分公司

【概况】 2019 年，富德生命人寿保险股份有限公司河北分公司（简称富德生命人寿河北分公司）主动打造系统化、体系化、一体化管理模式，实现业务横向统一、纵向协同、合理并进目标。打破部门壁垒，降低工作成本，推进相互补位，实现思想、管理、技术等整体发展。完善风险防控体系，加强过程监测，提升全员合规意识，增强经营管控和风险应对能力。员工队伍稳定增长，年末内勤人员达到675 人、营销人员达到 9741 人，营销人员同比增长 2.6%。至2019 年末，公司实现保费收入 21.12 亿元，在石家庄市场份额占比 1.6%；赔付金额 3.28 亿元，同比下降 14.1%。保险业务品质指标在全系统处于领先位置，个险13 个月继续率 86.61%，25 个月继续率 94.36%；银行险 13 个月继续率 93.83%，25 个月继续率 99.23%。2019 年公司获得“河北保险业口碑榜年度客户服务满意奖”“河北省重合同守信用公众满意单位”“河北省重质量、树品牌、守信誉百佳诚信企业”等荣誉。

【业务收入】 业务渠道发展平稳，综合指标在全系统排名靠前。至2019 年末，公司实现保费收入 21.12 亿元，在石家庄市场份额占比 1.6%。其中，新单保费收入5.32 亿元，市场份额占比 1.0%；续期保费收入 15.81 亿元，市场份额占比 2.1%。按险种划分，人寿保险保费收入13.3 亿元，占总保费 63.1%；健康保险保费收入 7.1 亿元，占总保费 33.55%；意外保险保费收入 7177 万元，占总保费 3.4%。按渠道划分，个人代理渠道保费收入13.1 亿元，占总保费 62.0%；银行代理渠道保费收入5.1 亿元，占总保费 23.9%；团险渠道保费收入 1409 万元，占总保费 0.7%；代理渠道保费收入 1.38 亿元，占总保费 6.5%；电销及其他渠道保费收入 1.5 亿元，占总保费 6.9%。

表44　2019 年富德生命人寿河北分公司保费收入情况一览表

类别	名称	保费收入(万元)	增加额(万元)	增长(%)	占比(%)
险种	人寿保险	133196	-120906	-47.6	63.05
	健康保险	70875	15122	27.1	33.55
	意外保险	7177	355	5.2	3.4
渠道	个人代理	130927	13579	11.6	62.0
	银行代理	50531	-123123	-70.9	23.9
	团险渠道	1409	-830	-37.1	0.7
	代理渠道	13784	1041	8.2	6.5
	电销及其他	14597	3905	36.5	6.9
时间	新单	53169	-23267	-30.4	25.2
	续期	158079	-82162	-34.2	74.8
总保费		211248	-105429	-33.3	100

【客户服务与赔付】 理赔业务建立和形成接受报案、受理、录入、审核、复审、通知和归档7个环节，确定各中心及支公司机构理赔岗负责案件受理、录入、审核、通知、归档作业，总、分公司理赔岗负责案件复审。密切关注社会重大突发事故，做到快速排查出险客户信息，及时启动理赔绿色通道，确认公司客户第一时间获得预付保险金。加强赔付案件的操作、处理程序管理，采取柜面受理、移动理赔、“云赔预受理”、线上自助理赔等多种理赔受理方式，由理赔人员、代理人员、客户等共同办理理赔案件。一般赔付程序：受理后由中心及支公司理赔岗录入和审核，总、分公司按照级别实施复审，审批结束由中心及支公司理赔岗以短信通知客户，同时发送理赔通知书；理赔款由财务统一支付至客户指定账户。至2019年末，公司赔付金额3.28亿元，同比下降14.1%。其中，赔款金额4338.64万元，同比增长41.5%；给付满期及年金给付2.04亿元，同比下降30.8%；给付死伤医疗8007万元，同比增长44.0%。

表45 2019年富德生命人寿河北分公司赔付情况一览表

类别		金额(万元)	增加额(万元)	同比增长(%)
赔款		4338.64	1272.47	41.5
给付	满期及年金	20427.39	-9106.53	-30.8
	死伤医疗	8006.92	2445.35	44.0
合 计		32772.96	-5388.71	-14.1

富德生命人寿保险股份有限公司河北分公司
总 经 理：张立辉
副总经理：张玉然 陆明维

崔会利
（富德生命人寿河北分公司）

综合经济管理

Comprehensive Economic Management

发展和改革

【概况】 2019年，全市完成地区生产总值5392.95亿元，同比增长6.7%。其中，第一产业增加值397.7亿元，增长1.6%；第二产业增加值1561.8亿元，增长1.7%；第三产业增加值3433.4亿元，增长9.6%。三次产业结构比例由2018年6.7：35.8：57.5调整为7.4：28.9：63.7。人均地区生产总值52859元，同比增长5.9%。全年“4+4”现代产业实现增加值2226.6亿元，按可比价计算，同比增长9.0%，高于GDP增速2.3个百分点，对全市经济增长贡献率达55.2%。全部财政收入1115.22亿元，同比增长7.2%，其中，公共财政预算收入545.11亿元，同比增长8.8%；财政支出986.31亿元，同比增长4.8%。市区居民消费价格指数为102.7%，同比上涨2.7%；工业生产者出厂价格同比下降0.5%，工业生产者购进价格同比下降1.1%。全年农林牧渔业总产值637.49亿元，同比增长1.6%。其中，农业产值308.40亿元，占比48.38%；林业产值19.08亿元，占比2.99%；牧业产值253.62亿元，占比39.78%；渔业产值2.88亿元，占比0.45%；农林牧渔服务业产值53.51亿元，占比8.39%。粮食播种面积66.36万公顷，总产量419.85万吨，平均亩产426.7千克。其中，小麦播种面积29.43万公顷，总产量197.01万吨，平均亩产450.3千克；玉米播种面积31.70万公顷，总产量207.18万吨，平均亩产439.9千克。农业产业化经营率58.43%。拥有规模以上工业企业1800家，规模以上工业总产值4219.59亿元；规模以上工业营业收入4449.50亿元，同比增长2.9%；规模以上工业利润总额298.92亿元，同比增长6.7%。社会消费品零售总额3173.61亿元，同比增长8.2%。其中，城镇2712.4亿元，增长7.6%；乡村461.2亿元，增长11.8%。对外贸易进出口总值1178.8亿元，同比增长28.4%。其中，出口总值655.1亿元，增长14.6%；进口总值523.6亿元，增长51.1%。实际利用外资16.18亿美元，同比增长8.8%。2019年全市接待海内外游客1.23亿人次，同比增长14.84%；实现旅游业总收入1478.98亿元，同比增长22.13%。2019年全市居民人均可支配收入29335元，同比增长9.3%。其中，城镇居民人均可支配收入38550元，增长8.4%；农村居民人均可支配收入15853元，增长9.2%。2019年全市居民人均消费支出17892元，同比增长9.0%。其中，城镇居民人均消费支出23349元，增长8.0%；农村居民人均消费支出9908元，增长9.1%。2019年全市城镇新增就业13.42万人，农村劳动力转移就业5.67万人，城镇登记失业率为3.23%，控制在4.5%以内。全社会固定资产投资同比增长6.7%，固定资产投资同比增长6.1%。签约京津项目385项，引资额1436.19亿元；签约京津科技合作项目11项，全年技术交易额达105亿元。省级以上开发区主营收入同比增长21.8%，超千亿开发区达到4个，新增签约项目864项，协议引资3178亿元。改造市政老旧管网765千米，建成综合管廊45.8千米，整治老旧小区568个，新开工棚改安置住房16087套。城区新建公园游园26座，20个公园广场完成二代智能健身路径更新换代工程，4452个社区（行政村）安装健身路径，覆盖率达98.59%。主城区主街主路机械化清扫率达100%，清除主城区全天候占道市场43个，拆除违章广告牌匾2.4万处。淘汰35蒸吨以下燃煤锅炉5台，提标改造35蒸吨以上燃煤锅炉12台，低氮燃烧改造锅炉1368台，完成石钢、敬业等企业超低排放改造，全市规模以上工业企业减煤 175 万吨。万元 GDP 能耗同比下降6%，超额完成省下达下降 3% 的目标任务。关停国电投高新热电4. 8 万千瓦燃煤机组 4 台、曲寨热电 5 万千瓦燃煤机组 1 台，PM2. 5 平均浓度降至 63 微克/立方米，同比下降 8. 7%。压减过剩产能，全年压减炼铁产能48 万吨、水泥产能 260 万吨、火电产能 2. 8 万千瓦、焦化产能 50 万吨。加大清洁能源供应，签订管道气合同气量17. 27 亿立方米、LNG 合同量 1. 1 亿立方米，天然气输气管道 4 条、建成投用储气设施 2 座。完成农村气代煤、电代煤32. 7 万户，“双代”工程未覆盖区域实现洁净型煤配送全覆盖。5月5日，经河北省政府批准，赞皇县、灵寿县、行唐县 3 个国家扶贫开发工作重点县退出贫困县序列，至 2019 年底，全市 18 个贫困村 10352 户 20506 人实现脱贫，贫困人口全部清零。正定县、栾城区供销社综合改革典型经验做法全国推广。学前三年毛入园率达到93%，11 所职业学校迁入职教园区。主城区挂牌成立城市医疗集团4个，高邑县紧密型医共体入选国家试点。2019 年石家庄市被确定为“全国社会心理服务体系建设试点城市”“国家第二批安宁疗护试点市”。

3月31日，石家庄(晋州市)2019 年春季项目集中开工活动仪式在晋州市普洛斯综合物流园举行

【重点项目】 2019 年全市建设重点项目 340 项，总投资 6323. 3 亿元，年度计划投资 830. 7 亿元。其中，计划开工项目100 项，总投资 1144. 5 亿元，年度计划投资 259. 9 亿元；续建项目 120 项，总投资 2256 亿元，年度计划投资 570. 8 亿元；前期项目 120 项，总投资 2922. 8 亿元。重点项目按照行业划分，战略性新兴产业项目126 项，占比 37%，总投资 1234. 9 亿元，年度计划投资 187. 2 亿元，涵盖高端制造、电子信息、新材料、新能源汽车、生物产业等领域；现代服务业项目 148 项，占比 43. 5%，总投资 3535. 7 亿元，年度计划投资 334. 4 亿元，涵盖物流、商贸、旅游等领域；传统产业升级项目 47 项，总投资 687. 7 亿元，年度计划投资 116 亿元；农业产业化项目 17 项，总投资 394. 6 亿元，年度计划投资 40. 5 亿元；基础设施项目 2 项，总投资 470. 5 亿元，年度计划投资 152. 6 亿元。全年340 个市重点项目完成投资 1279 亿元，220 个在建项目完成投资 1232. 4 亿元。其中，100 个计划开工项目全部开工建设，完成投资 411. 2 亿元，占年度投资计划 158. 2%；120 个续建项目完成投资 821. 2 亿元，占年度投资计划 143. 9%；竣工或部分竣工项目 53 个，超计划完成竣工项目 11 个。56个项目列入河北省重点建设项目，数量位居全省第一。重点项目建设实施领导包联制度，省重点项目由市级四大班子领导逐一分包，市重点项目由各县（市、区）县级领导逐一分包。全年举办项目集中开工活动3次，集中开工项目 175 个，总投资 1364. 9 亿元。

【4+4 现代产业】 2017 年 12 月 27 日，中共石家庄市第十届委员会第四次全体会议首次提出全市产业发展方向为：做强做优新一代信息技术、生物医药健康、先进装备制造、现代商贸物流四大产业，培育壮大旅游业、金融业、科技服务与文化创意、节能环保四大产业，构建“4+4”产业发展格局。2019 年全市“4+4”现代产业实现增加值 2226. 6 亿元，按可比价计算，同比增长 9. 0%，高于 GDP 增速 2. 3 个百分点，对全市经济增长贡献率达 55. 2%。其中，新一代信

息技术产业实现增加值176.3亿元，同比增长21.8%；生物医药健康产业实现增加值360.4亿元，同比增长10.0%；先进装备制造业实现增加值156.4亿元，同比下降2.2%；现代商贸物流产业实现增加值437.3亿元，同比增长9.9%；旅游业实现增加值142.7亿元，同比增长8.1%；金融业实现增加值655.5亿元，同比增长7.9%；科技服务与文化创意产业实现增加值346.5亿元，同比增长8.6%；节能环保产业实现增加值31.6亿元，同比增长0.9%。新一代信息技术产业以打造千亿级信息技术产业集群为目标，初步形成通信设备及系统应用、半导体、新型显示三大产业链和鹿泉区、高新区、正定县三大产业聚集区和光谷科技园等专业产业园区；依托中电科第13所、第54所等科研院所，创建卫星导航领域工程实验室等省级以上创新平台46个，5G射频电路等关键核心产品位居全国领先地位，半导体研究创造36项国内第一。生物医药健康产业基本形成生物制造、生物技术服务为一体的生物产业体系，生物医药龙头企业石药集团、华北制药、以岭药业等8家企业在境内外证券交易所上市，5家企业进入中国制药企业百强；生物产业领域建成省级以上创新平台84个，拥有两院院士5人、“千人计划”专家2人，组建产业联盟5个，设立诺贝尔奖工作站6个；石药集团专利药“玄宁”通过美国食品药品监督管理局评审，吴以岭院士团队主持完成项目“中医脉络学说构建及其指导微血管病变防治”获得国家科技进步一等奖。先进装备制造产业发展形成轨道交通装备、通用飞机、电力装备等150余个类别2000种产品产业体系。其中，中航通飞“小鹰-500飞机”居全国领先地位；中集安瑞科抗氢致开裂实验系统为国内首创，高压容器在全国市场占有率达70%以上；河北敬业集团拥有激光高速熔覆、3D打印和粉末工具钢等多条智能制造生产线；金刚石工具制造在国内市场占有率达50%以上，博深工具主导和参与多项行业国家标准制定。推进现代商贸物流业发展，全年物流业实现增加值570亿元，占全省物流业增加值20%；快递服务企业完成业务量68540.08万件，同比增长31.13%，实现业务收入68.45亿元，同比增长24.99%。华润万象城、长安万达广场、北国全球商品购物中心等大型商贸项目开业，至2019年底，全市建成大型商业综合体15家。发展会展经济，全年举办各类会展活动180场次，国际数字经济博览会、国际智能制造博览会等展会打造成为国内外会展品牌。推进特色街区和智慧商圈建设，调整中山路沿线商业布局，启动建设中央商务区和繁华商业大道，民族路步行街打造为全国高品位示范步行街，华润万象城、勒泰等升级改造为高标准商贸消费区。全年旅游业实现总收入1478.98亿元，同比增长22.13%。承办以“传承红色基因，创新绿色发展”为主题的第四届河北省旅游产业发展大会；以“活旅游、聚产业、促发展、惠民生”为目标，组织灵寿县举办第四届石家庄市旅游产业发展大会，井陉县和井陉矿区举办第五届石家庄市旅游产业发展大会。创新金融产品，发行企业债券110亿元；出台企业上市挂牌融资奖励政策，拓展多元化融资渠道，扩大直接融资规模；防范和化解重大金融风险，依法处置各类非法集资案件。重视科技服务与文化创意产业发展，推进研发平台、技术转移体系、产业园区（基地）建设，创建“众创梦工厂”省级文化产业示范园区，举办首届石家庄市文创和旅游商品大赛。节能环保产业建成市级以上创新平台22家，先河环保公司牵头组建全省第一家先进环保产业创新中心，研发测量仪器和配套产品在国内环保行业市场占有率达30%以上；河北绿能生物质热电有限公司生物质发电供热项目一期工程等14个项目获得中央生态文明建设专项资金21435万元。

【经济体制改革】 推进“放管服”改革。建成全省首个“工程建设项目审批监管系统”，工程建设项目全流程审批压减至70个工作日。推行“不见面审批”，企业开办时间压缩至2.5个工作日，543个高频事项实现“最多跑一次”，营商环境便利度全省第一。开展机关“效能革命”，全市108个公共服务窗口推行延时错时工作制。推进经济高质量发展。举办首届中国国际数博会，正定县获评“中国十佳县域会展城市”。自贸试验区正定片区挂牌成立，制定出台支持自贸区高质量发展政策40条，建成全省首个多功能智慧能源综合体。制定出台推进夜经济发展若干措施，石家庄市获评“中国十大夜经济影响力城市”。加强信用体系建设，石家庄市获得国家发改委“城市信用监测排名进步前十城市”表彰，是全省唯一获此殊荣城市。推进石保廊全面创新改革试验区建设。牵头制定石保廊三市联动机制，组织召开三市联动会议2次，大力推广高新区科技政策奖补贷经验和“政银保评”知识产权质押融资模式，出台《支持中小企业奖补贷政策管理办法》，推进创新发展。持续深化财税金融和科技体制改革。深入实施创新驱动战略，全年新增高新技术企业478家、科技型中小企业1832家。构建以企业为主体科技创新体系，全年新增省级以上各类创新平台59家、科技孵化器11家、众创空间26家、院士工作站9家，高新区获批国家级双创升级示范区，长安区和鹿泉区被认定为省级双创示范基地。支持民营经济发展。落实支持民营经济发展政策措施，投放纾困发展基金12.36亿元，为企业减负155.4亿元。完善帮扶实体经济制度举措，全年净增市场主体14.81万户，总量达到108.18万户，万人拥有市场主体突破1000户。12月29日，石家庄市获评“全省民营经济发展先进市”。

6月17日，2019年节能宣传周和低碳日宣传活动在市人民广场举行

【产业结构调整】 全市规模以上高新技术产业增加值增长8.8%，全省排第7位。深化全面创新改革试验。建立石保廊三市全面创新改革联动机制，与京津合作开展科技创新项目11项。与中国电科13所、54所战略合作，总投资约26亿元27个产业化项目有16个开工建设。全年新增高新技术企业531家，新认定高新技术企业531家，净增科技型中小企业1585家，总数分别达到1326家和12375家，均居全省第一，研发经费支出占GDP比重2.5%。打造大众创业万众创新升级版。3月25日，市发改委会同共青团清华大学委员会、清华校友总会先进制造专委会和清华大学石家庄校友会联合举办第四届清华校友“三创”大赛京津冀赛区先进制造行业大赛。来自京津冀地区39个创新团队，近60余名代表参加，参赛团队与20余家投资机构和10余家制造行业重点企业进行项目对接。研究制定《石家庄市关于推动创新创业高质量发展打造“双创”升级版的实施意见》，推动建设省级产业创新中心——先河环保产业创新中心，该中心由先河环保科技股份有限公司作为发起和组建。会同石家庄高新区管委会编制生物医药产业集群建设方案，获得国家发改委批准纳入国家战略性新兴产业集群发展工程。成功举办省第四届和市第四届、第五届旅发大会，旅游业总收入超1100亿元，增长21%以上。金融业实现新突破，世界500强企业友邦保险落户石家庄市，石药集团新诺威制药公司成为全省2019年首家A股上市公司。会展经济、楼宇经济、总部经济等城市经济新兴业态加快发展，全年承办举办各类重要展会158场，区域性会展中心城市品牌逐步形成。

【粮油购销】 经国家粮食和物资储备局批准，7月19日，全市启动《小麦最低收购价执行预案》。收购价格为：2019年生产的国标三等小麦2.24元/千克，相邻等级之间等级差价0.04元/千克。2019年石家庄市域设置小麦收储库点19家，按国家最低收购价敞开收购农民交售余粮，收购入库最低保护价小麦27.6万吨，质量全部为二等以上。至2019年底，全年收购小麦143.2万吨、玉米97.6万吨。开展“双随机”检查，全年检查市级储备粮承储企业4次，检查储备粮油承储企业库点136个、粮油90万吨。与市财政局、农发行河北省分行营业部共同完成市级储备粮2019年轮换任务，轮换小麦49500吨、食用植物油2500吨。增加市级成品粮（面粉）储备3000吨，按照《关于进一步健全市级储备制度的实施意见》要求，向市政府申请增加市级储备小麦6.5万吨。与农发行河北省分行营业部向省粮食和物资储备局及农发行河北省分行申请10个县（市、区）增加县级储备5.9万吨，到2019年末，除栾城区外，石家庄市域其他9个县（市、区）均完成粮油收储入库任务。

【服务业】 2019年全市服务业增加值3433.4亿元，同比增长9.6%（含辛集完成3528.7亿元，同比增长9.8%），占GDP63%，创历史新高。规模以上服务业完成利润总额15.9亿元，同比增长96.2%；上缴税金26.1亿元，同比增长21.8%。其中，交通运输、仓储和邮政业8.4亿元，同比减少2.9%；信息传输、软件和信息技术服务业-8.4亿元；房地产业（物业管理和房地产中介服务）-2.7亿元；租赁和商务服务业8.4亿元，同比增长118.5%；科学研究和技术服务业10.5亿元；水利、环境和公共设施管理业-0.4亿元；居民服务、修理和其他服务业-0.3亿元；教育服务业-0.4亿元；卫生和社会工作服务业0.6亿元，增长14.3%；文化、体育和娱乐业-0.3亿元，同比减少25.7%。2019年全市5个营利性服务业（租赁和商务服务业、软件和信息技术服务、文化体育和娱乐业、居民服务修理和其他服务业、互联网和相关服务业）营业收入370.6亿元，同比增长7.7%。其中，租赁和商务服务业，营业收入22.3亿元，增长9.0%；软件和信息技术服务营业收入100.4亿元，增长11.3%；文化体育和娱乐营业收入34.5亿元，下降5.1%；居民服务修理和其他服务业营业收入9.6亿元，增长3.4%；互联网和相关服务业收入3.7亿元，下降10.0%。全年新增规模以上服务业企业321家，超年度计划目标21家。市级服务业重点项目153个，总投资3530.9亿元，完成投资536亿元，占全市重点项目投资45.7%。全市重点建设商贸项目44个，总投资622.49亿元，完成投资168.42亿元，占年度计划投资114.6%。2018年度河北省服务业企业100强31家，入选2018年度河北服务业创新领先企业50强29家，入选企业数均居全省第一。石家庄市河北冠卓检测科技有限公司的食品检测虚拟仿真在线培训平台获得国家资金194万，软件测评中心等5个项目获得省级扶持资金2150万元。全市新增服务业帮扶企业628家，其中，省级35家，市级273家，县级320家，通过政企服务直通信息化平台解决问题812个。

（王宁）

财　政

【概况】 2019年，全市全部财政收入1115.22亿元，同比增长7.2%，其中，公共财政预算收入545.11亿元，同比增长8.8%。公共财政预算收入中，增值税137.39亿元，企业所得税38.19亿元，个人所得税11.49亿元，城市维护建设税31.93亿元，土地增值税39.84亿元，契税47.32亿元。2019年全市财政支出986.31亿元，同比增长4.8%。其中，一般公共服务支出102.4亿元，公共安全支出54.6亿元，教育支出201.6亿元，科学技术支出12.2亿元，文化旅游体育与传媒支出18.8亿元，社会保障和就业支出106.6亿元，卫生健康支出85.8亿元，节能环保支出73.1亿元，城乡社区事务支出95.1亿元。2019年石家庄市财政用于民生支出820.9亿元，占公共预算支出比重达到77.9%。2019年河北省代发石家庄市地方政府债券230.6亿元，其中，市级95.4亿元、县级135.2亿元，代发政府债券较2018年增加92亿元。市级地方政府债券中，一般债券4.7亿元，主要用于职教园区建设；专项债券90.7亿元，主要用于土地储备及高校园区、儿童医院、南绕城高速等项目建设。全年争取冬季清洁取暖试点城市补助、轨道交通补助和地下综合管廊建设等奖补资金51.1亿元，较2018年增加12.2亿元。贯彻落实国家、河北省出台的各项减税降费政策，全年为企业和个人减税降费155.4亿元，规模居全省第一。其中，制造业等行业增值税税率由16%降至13%，增值税减征75.3亿元，成为各税种受惠面和减免额最大的税种；提高起征点和专项附加扣除，个人所得税减征23亿元，惠及211.5万纳税人；企业所得税减征8.6亿元，小微企业普惠性政策减免18.4亿元，其他政策减征3.7亿元；调整平均工资计算口径、核定灵活就业人员缴费基数、阶段性降低失业保险费率，降费36.8亿元。

2019年10月11日，市财政局局长王东华（中）到神威药业调研企业经营和减税降费政策落实情况

【民生支出】 全市民生支出820.9亿元，占一般公共预算支出77.9%。落实教育优先发展战略，确保教育投入“两个只增不减”，扩大家庭经济困难学生生活费补助、营养膳食计划实施范围，保障二中整体改造、十五中整体迁建等重点项目建设，资助家庭经济困难学生15.6万人次。筹措建设资金。2019年9月，投资56多亿元的职教园区建成投用。保障市区普惠性民办幼儿园政府购买服务，主城区公办小学享受免费托管服务的小学生人数近10万名。深化义务教育均衡发展策略，支持山区教育扶贫。社会保障和就业支出114.05亿元。出台民生托底政策，城乡低保标准提高到671元/月、农村低保标准提高到4842元/年，特困人员基本生活标准原则上不低于当地低保标准1.3倍，散居孤儿基本生活养育标准提高到每人最低1100元/月，福利机构集中养育孤儿每人最低1600元/月。完成1000户贫困重度残疾人家庭无障碍改造，支持长期护理保险制度试点。推进保障性安居工程建设，新增棚改安置房1.4万套。实施积极就业政策。重点群体免费培训、给予社保补贴、安排公益岗位；加大援企稳岗力度，拨付稳岗返还资金，惠及企业职工44万人；落实人才绿卡资金，吸引高层次人才到石家庄市就业；安排专项资金扶持家政企业对接京津市场，成立石家庄市北京家政输出基地。全市城镇新增就业13.4万人，位居全省第一。卫生健康支出91.84亿元。支持医疗资源“双下沉、双提升”，下达基本公共卫生服务资金，人均财政补助标准由55元提高到69元；加强重点医疗项目建设，推进市人民医院赵卜口院区和市儿童医院建设；建立财政资金与绩效评价结果挂钩机制，支持组建城市医疗集团，发展中医药事业；落实计生特殊困难家庭政策，保障乡村医务人员待遇，落实新生儿出生缺陷干预、院前急救、免费搬抬服务。生态环境改善投入105.2亿元。支持大气污染防治，制定落实市级农村地区清洁取暖财政补助政策，优化双代补贴资金发放流程，支持取暖运行114.5万户；支持水土污染治理，农村环境整治，矿山复绿、植树造林、滹沱河生态修复等，推动生态环境持续改善。文化旅游投入18.8亿元，保障省市旅发大会顺利召开，促进全域旅游高质量发展；引导带动全市重点文化产业项目实施60个，支持电视剧《白毛女》文艺创作，保障石家庄大剧院竣工和正常运营；支持文化场馆全年免费开放，发放文化惠民卡30000张。全面实施乡村振兴战略。投入财政专项扶贫资金8.3亿元，统筹整合涉农资金6.5亿元。支持现代农业发展，落实农田建设补助资金7亿元，促进粮食、蔬菜、畜牧等优势特色产业发展。落实水利设施等资金9.7亿元，促进水库移民后期扶持政策落实。落实资金4.4亿元，推进美丽乡村建设、农村厕所革命等重点工作，进一步改善农村居住环境。

【财政改革】 出台医疗卫生、科技、教育和交通运输领域市与县财政事权和支出责任划分改革实施方案、对下转移支付分类管理方案；优化市对下改革体制，出台促进国家级园区加快发展财政政策意见，充分调动国家级园区发展积极性；出台支持石家庄市网络货运平台（现代物流业）做大做强财政政策。完成一般公共预算、政府性基金预算、国有资本经营预算和社会保险基金预算4本预算全口径编制。加强预算绩效管理。推进预算信息公开，市县两级政府和部门预决算公开率全部达到100%。大力压减一般性支出，全年一般性支出压减幅度达10%以上。全市“三公”经费支出下降14.3%。清理盘活资金10.6亿元，统筹用于重点项目和民生领域。出台全面落实预算绩效管理实施意见和全面推进预算绩效管理工作实施方案，初步搭建预算绩效管理制度体系和绩效目标标准体系，城建领域、4个示范县区和44个市级部门重点支出项目实现绩效目标管理。推进事前绩效评估，事前绩效评估2020年预算重点项目29个，核减预算资金安排8.7亿元。推行资产核准事项网上办理，规范资产处置和收益监管，盘活闲置国有资产，进行市委党校、职教园区搬迁学校旧址资产处置工作，实现收入10.32亿元。落实国有资产管理情况向市人大报告制度。完善政府投资评审机制，全年审核资金137.6亿元，审减18亿元，审减率13.1%。规范政府采购行为，全年市级政府采购完成60.8亿元，较2018年增长18%，资金节约率3.6%。对涉及教育、环保、扶贫、城市建设等多领域13个重点项目进行评价，评价总金额35.2亿元，是2018年的2.2倍。核算项目运行成本，压减2020年预算1亿元。全年收回闲置资金2.7亿元。组织会计信息质量、代理记账机构执业情况、违规发放津补贴等专项监督检查，保障相关会计法规制度落实，规范财务行为、防范财务风险。出台专项资金管理措施6个，强化绩效导向，提高资金使用规范性、安全性和有效性。检查内控制度落实情况，确保资金审批程序、工作流程规范严密。

（刘铭严）

税　务

【概况】 2019年，全市税务系统严格税费征收管理、落实减税降费政策、深入推进依法治税。全年累计完成各项税费收入1515.48亿元，首次突破1500亿大关，同比增收412.38亿元，增长37.4%，占全省税费收入21%。税收收入971.08亿元，同比增收50.92亿元，增长5.5%。其中，中央级税收488.3亿元，同比增收24.34亿元，增长5.2%；省级税收113.1亿元，同比增收5.21亿元，增长4.8%；市、县级税收369.67亿元，同比增收21.37亿元，增长6.1%。出口退税50.03亿元，同比增收4788万元，增长1%。社保费收入473.65亿元，同比增收321.65亿元，增长211.6%。非税收入67.45亿元，同比增收40.2亿元，增长147.5%。其他收入3.3亿元，同比减收4103万元，下降11%。成立减税降费工作领导小组、政策落实、征管核算、以税咨政等8个工作组，实施“944”工作机制。全覆盖包联全市42万户纳税人，确保减税降费政策全面落实。市、县两级税务部门筛选不同行业代表性小规模纳税人20户，定点联系，随时掌握小微企业普惠性税收政策减免执行情况。2019年全市税务部门减税降费151.2亿元（减税118.6亿元，降费32.6亿元），占全省比重18.9%，全市享受政策红利纳税人和缴费人268.6万户次。

【减税降费】 减税降费是全市税收工作的“一号工程”，逐级建立“一把手”挂帅的领导体系和工作机构，成立减税降费工作领导小组及政策落实、征管核算、以税咨政组等8个工作组，实现市县两级减税降费工作领导小组全覆盖。实施专家团队解难，组建减税降费咨询与辅导专家团队，制定《全面落实中央和省减税降费政策实施方案》，建立统计分析、信息公开、评估报告等6项机制。加大政策宣传力度，举办纳税人培训639场，培训辅导67万人次。开展专项督导检查，巩固河北省设立涉企收费项目“清零”成果，及时解决问题，确保企业和个人充分享受政策红利。1月1日，新个人所得税法在全国实施，纳税人在缴纳个人所得税时增加子女教育、继续教育、大病医疗、住房贷款利息或住房租金、赡养老人等6项专项附加扣除，全市个人所得税减征23亿元，惠及纳税人211.5万人。4月1日，实施深化增值税改革，制造业等行业增值税税率由原16%的税率降至13%，交通运输业、建筑业等行业增值税税率由原10%降至9%，增值税减征75.3亿元，成为各税种中受惠面和减免额最大税种。企业所得税减征8.6亿元，小微企业普惠性政策减免18.4亿元，其他政策减征3.7亿元；按照4月23日河北省人民政府办公厅印发的《河北省降低社会保险费率实施方案》（冀政办字〔2019〕38号）要求，分别降低养老保险单位缴费比例、继续阶段性降低失业保险费率和精准降低工伤保险费率和调整社保缴费基数政策，降费36.8亿元。

【税收法治】 规范执法能力，提升依法行政水平，被省局和市政府列为推行三项制度"双试点"单位。印发《税收管理风险责任制实施办法》，按照"谁管理谁负责、谁审批谁负责"原则，对市县两级各业务部门职责进行统一规范，给每一户纳税人分配一名责任人，分工负责，责任到人。利用石家庄市涉税信息云平台提取数据，借助互联网数据进行深度挖掘分析和加工处理，研发全税种风险分析排查系统，初步建立增值税、所得税、房产税等63个税种风险模型。研发"企业所得税发票数据监控分析系统"，及时发现纳税人虚假申报问题，提高识别风险纳税人命中率，规范税收秩序。制定《石家庄市税务局风险管理工作运行机制》，对风险实行"任务统筹+差异管理"。在信息化系统内建立风险任务池，各部门风险任务按户统筹合并。将55万余条初始疑点归并为1.56万户次，减轻企业负担。建立征管质量监控评价体系。以"制度+科技"为支撑，完善征管监控指标，实施数据化、动态化、全过程监控。在全省率先建立"税公法检财"五部门协作机制，联合开展"厉风行动"和"双打"两年专项行动。全年处理案源1590户，移交公安842户，抓捕1100人，认定对外虚开增值税专用发票6.2万份、金额70.76亿元、税额11.67亿元。市局稽查局连续3年被国家税务总局、公安部、海关总署和中国人民银行四部委评为"打击虚开骗税违法犯工作成绩突出集体"。

【纳税服务】 市税务局针对机构改革后办税服务厅业务量不均衡、资源利用不充分等问题，加强数据分析、强化资源整合、创新服务举措，不断提升纳税服务融合度与便捷化水平。实施"智慧办税"，征收期全时段开通网上预约、手机App预约和微信预约，减少等待排队时间。升级石家庄税务微信公众号办税服务厅导航系统，全市所有办税服务厅的运行情况及业务办理范围均可实时显示，纳税人可根据情况就近选择到等候人数较少的办税服务厅。大力推广电子税务局，网报率达98.14%。"数据+管理"模式，提高办税服务厅服务质效，平均等候时长由30分钟缩短至15分钟，入选石家庄"十大改革创新"评选。推动便民办税点设置，在全市共设立运行便民办税站点7个，站点内设置办税窗口，办理设立登记、纳税申报、发票领用等业务，并安放自助设备，方便纳税人办税。推进税款划缴网签协议，全市开通网签授权划缴税款协议功能银行30家，解决纳税人签订协议时需要在税务机关和银行间多次往返问题。建立纳税服务投诉台账，全年处理投诉49件，投诉办结率、回访率、满意率均100%。推行"网上申领发票寄递"服务，实现发票领用全新"网购"模式。实行税费同征同管，实现纳税、缴费"一次即办"。优化征管资源配置，实现税收执法标准、规范、统一和涉税信息共用共享。以依法征管、权责清晰、科学效能为原则，以属地管理和分类分级管理为基础，推进税收征管机制和制度创新，建立衔接顺畅、运转高效征管体系。

石家庄市税务局

局　长：李渊

副局长：李军（2月免）

贾新坡（2月任）

陈震　张铁真

李亚　刘国进

葛旭鸿　赵建平

高国利

张旭（挂职，1月免）

（王春明　刘同亮）

统　计

【概况】 2019年，石家庄市统计局以"生产高质量统计数据、拓展高质量发展统计监测、提供高质量统计服务"为中心，研判宏观经济走势和微观经济波动，分时间段撰写经济运行情况专报，提出针对性对策建议，为市政府决策提供数据支持。开展创建国家卫生城市群众满意度等社情民意调查，加快构建"准实精深"统计服务体系。立足职能服务企业，协调相关部门依法依规帮助企业出主意、解难题。调动系统、部门和社会力量，在全市范围组织开展统计调查监测专项工作，形成《石家庄市夜经济统计调查报告》和《城市经济统计监测实施方案》，为高质量发展城市经济提供优质统计服务和数据支撑。形成监测部门联席会制度，“日监测、日报告”制度，局内运行分析制度“三合一”运行监测机制。全市普查登记一套表单位5112家，非一套表单位25.06万家，个体经营户抽样样本4.83万户。着力解决统计数据失真失实干扰决策判断、透支党和政府公信力问题，针对5个方面问题制定整改措施30余项，提升统计数据质量。出台《2019年全市统计新闻宣传工作要点》《纪念新中国成立70周年系列活动统计工作方案》，在石家庄市电视台、石家庄日报专版、石家庄广播电台《新闻882》等栏目推出“数字70年”系列全市发展成就报道，全方位、多角度、深层次展现70年来石家庄的宏伟成就。

【第四次全国经济普查】 按照《全国经济普查条例》规定，国务院决定2018年12月31日开展第四次全国经济普查，主要为科学制定中长期发展规划和产业政策提供决策参考。普查范围包括：采矿业，制造业，电力、热力、燃气及水生产和供应业，建筑业，批发和零售业，交通运输、仓储和邮政业，住宿和餐饮业，信息传输、软件和信息技术服务业，金融业，房地产业，租赁和商务服务业，科学研究和技术服务业，水利、环境和公共设施管理业，居民服务、修理和其他服务业，教育，卫生和社会工作，文化、体育和娱乐业，公共管理、社会保障和社会组织等。普查标准时点：2018年12月31日。石家庄市开展第四次全国经济普查主要任务：全面调查辖区内从事第二产业、第三产业的全部法人单位、产业活动单位和个体经营户的基本情况、组织结构、人员工资、生产能力、财务状况、生产经营及服务活动、能源消费、研发活动、信息化建设、电子商务交易等情况。普查进度安排：根据国家、河北省普查工作总体安排，石家庄市第四次全国经济普查分为三个阶段：普查准备阶段（2018年12月底前）、普查调查阶段（2019年1～12月）、普查数据开发阶段（2019年10月~2020年底前）。2019年石家庄市第四次全国经济普查登记一套表单位5112家，非一套表单位25.06万家，个体经营户抽样样本4.83万户。普查结果显示：2018年末，全市共有从事第二产业和第三产业活动法人单位233599个，与2013年石家庄市第三次全国经济普查数据相比，增长179.82%；从业人员2483845人，增长1.86%；产业活动单位254150个，增长171.84%；个体经营户303693个（不含道路运输业个体经营户）。

【统计造假专项整治】 2019年7月，中央“不忘初心、牢记使命”主题教育领导小组印发开展统计造假专项整治的通知，明确要求聚焦统计造假问题进行集中治理。市统计局发挥牵头单位作用，制定工作方案，明确问题清单，细化任务安排，压实各方责任，确保各项整改任务落地落实。着力解决统计数据失真失实干扰决策判断、虚增群众获得感、透支党和政府公信力问题，针对5个方面问题开展全面排查与整治，制定整改措施30余项，集中力量开展统计造假专项整治，有效遏制统计造假现象。开展统计执法检查。市统计局随机抽取各地工业企业、批发零售业企业、服务业企业、投资项目，由各地组织开展统计执法检查。市统计局加大统计数据质量核查力度，在核查中发现统计违法行为线索，及时移交执法监督部门，确保统计数据质量得到明显提升，切实推动纠正统计造假责任追究“宽松软”问题，提高政府统计公信力。利用全市“无会月”契机，在全系统策划开展“统计质量提升月”系列活动，市局领导带队，深入各县区及乡镇统计站、企事业单位实地调研，主动问计帮扶，对照基层“八有八化”工作标准，严格规范源头统计工作。加强统计队伍建设。印发系列文件，清查全市县乡村三级农村统计人员信息，掌握翔实情况；建立树型拓扑结构联系网络，健全县、乡、村三级农村统计人员联系网络和村级统计人员库，工作定岗定责，实施档案化管理，为落实统计任务提供保证。

（杨君玲）

审 计

【概况】 2019年，全市审计系统共完成审计项目277个，经济责任审计55人，查出主要问题金额272.68亿元，促进整改落实金额42.39亿元，增收节支6.78亿元，核减投资额1.86亿元，移送纪检、司法机关或其他部门处理事项85件，提出审计建议701条，审计报告、专报被批示60余次。其中，市审计局组织实施完成审计项目78个，经济责任审计30个单位涉及35人；查出违规金额7.16亿元，管理不规范金额147.51亿元，损益不实4.89亿元，应上缴财政5.29亿元,已上缴财政1523万元，应归还原渠道1.91亿元，已归还原渠道1.63亿元，应调账处理5.94亿元，已调账处理3529万元。增收节支金额共计1.78亿元，核减投资额1.75亿元。移送纪检部门、司法机关及有关部门事项40件，人员5名。组织国家重大政策措施落实情况跟踪审计，抽审单位463个，项目284个，抽审资金总量133.2亿元，发现问题53个。开展霞光大剧院、市委党校新址、市儿童医院、市轨道交通等重大民心工程建设项目跟踪审计，共计审减金额1.75亿元。全面审计11个市直部门中涉及财政预算编制、预算执行、绩效预算管理、专项资金管理等方面7类25个问题。运用大数据审计手段，对全市105家一级预算单位实现全覆盖，数据筛查发现33个单位19条线索。完成30个单位35名领导干部经济责任审计，主要问题涉及未严格执行“三重一大”、预算管理不规范、固定资产管理不规范、专项资金使用不规范等情况。完成市政府重点工作中关于“深入开展扶贫资金管理使用专项核查”审计内容，14个非贫困县交叉审计共抽审资金10.98亿元、项目263个，抽审单位136个、乡镇170个、行政村801个，入户调查2824户，发现问题347个，移送涉嫌违法违纪线索61件。建立企业审计对象数据库,完善国有企业和国有资本审计监督机制,以9家国有企业资产负债损益审计为基础，从融资和担保风险、经营风险、投资风险等方面进行调查，并提出针对性意见和建议。开发独立运行信息化平台系统15个，完善硬件层面平台管理“统分结合”。信息化建设累计投入资金达1000余万元，开发信息化平台系统15个。整合全市审计监督职责，完成市发展改革委重大项目稽查、市财政监督监察、市国资委监事会、国有企业领导干部经济责任审计职能转隶工作。全市审计机关获得全省优秀审计项目2个和全省优秀扶贫审计项目1个，2个全省审计成果突出项目，其中1个被推荐到国家审计署参评；市审计局计算机信息中心、新华区审计局、赞皇县审计局和平山县审计局获评河北省审计系统先进集体，3人获河北省审计机关先进个人。

【机构设置】 根据2019年1月20日《中共石家庄市委办公室 石家庄市人民政府办公室关于印发〈石家庄市审计局职能配置、内设机构和人员编制规定〉的通知》（石办字〔2019〕42号），市审计局机为市政府工作部门，机构规格为正县级。2019年机构改革后，人员编制143人，实有175人。由原来的14个处室、中心增至32个处室、中心，增加内部审计指导处、秘书处、重大政策跟踪审计处、自然资源和生态环境审计处、重点建设项目审计处、审计整改监督处、机构编制审计处、社会保障审计处、6个派出审计处，同时撤销园区分局、经责审计中心，分别改设园区审计一、二、三处，经责审计一、二、三、四处。设有办公室、政策法规处、内部审计指导处、财政审计处、重大政策跟踪审计处、行政事业审计处、企业审计处、农业农村审计处、自然资源和生态环境审计处、社会保障审计处、固定资产投资审计处、重点建设项目审计处、审计整改监督处、园区审计一处、园区审计二处、园区审计三处、机构编制审计处、经济责任审计一处、经济责任审计二处、经济责任审计三处、经济责任审计四处、人事教育处、6个派出审计处、机关党委（机关纪委），下属事业单位2个，分别为石家庄市审计干部培训中心，规格为副县级；计算机信息中心，规格为正科级。整合优化全市审计监督职责，顺利完成对市发展改革委的重大项目稽查、市财政监督监察和市国资委的监事会、国有企业领导干部经济责任审计职能转隶工作。并增加相应职能承担中共石家庄市委审计委员会具体工作，组织研究审计工作发展规划、重大政策和改革方案等。

【成立市委审计委员会】 1月14日，成立中共石家庄市委审计委员会，市委审计委员会办公室设在市审计局，设中共石家庄市委审计委员会办公室秘书处。2月13日，石家庄市委审计委员会召开第一次会议，审议通过《中共石家庄市委审计委员会工作规则》《中共石家庄市委审计委员会办公室工作细则》。8月5日，市委审计委员会召开第二次会议，审议通过《2018年度市本级预算执行和其他财政支出情况审计结果报告》《中共石家庄市委审计委员会推进审计全覆盖的实施意见》等有关文件。全市21个县（市、区）全部成立审计委员会及审计委员会办公室，并组织召开审计委员会第一次会议。市委审计委员会办公室及时规范工作程序，建立审计委员会办公室联络制度，制定《石家庄市委审计委员会和办公室公章管理使用办法（试行）》，创立石家庄工作模式，成为全省示范。

【跟踪审计】 组织国家重大政策措施落实情况跟踪审计，印发《石家庄市审计局关于做好重大政策措施落实情况跟踪审计工作的指导意见（试行）》，探索实施“四统一、五强化、三提高”工作思路，重点关注清理拖欠民营企业账款落实情况、减税降费政策落实情况、政府债务风险防控、扶贫攻坚以及“一卡通”惠农补贴资金等。全年市、县两级审计机关参与跟踪审计人员278人，抽审单位463个，项目284个，抽审资金总量133.2亿元，发现问题53个。其中某区住房和城乡建设局应减免未减免城市基础建设配套费270多万元；水利局水土保持工作站应减免未减免水土保持补偿费8万多元；土地储备中心超范围收取村委会新增建设用地土地有偿使用费1500多万元。加强部门间信息共享，完善行政事业性收费项目公开制度，加强行政事业性收费和政府基金征收管理，依法依规办理有关审批手续等建议。组织开展战略新兴产业发展专项资金审计，实施“横向到边、纵向到底”全覆盖审计监督模式，审计市本级以及19个县（市、区）108个项目，涉及省市两级财政资金约3.6亿元，共发现问题5类19个。组织地方政府债务风险专项审计调查，以市局统一组织、县级“交叉审”方式，印发工作方案，制作《政府债务和政府隐性债务风险指标测算表》，统一报送省审计厅完善后下发全省使用。

【绩效审计】 围绕市委、市政府中心工作和重大决策部署，将热点、难点问题纳入市本级预算执行审计工作范围，采用“1+N+N”模式，全面审计市直部门11个，发现涉及财政预算编制、预算执行、绩效预算管理、专项资金管理等7类问题25个。运用大数据审计手段，覆盖全市一级预算单位105家，并重点核查33个单位19条线索。其中，查出某县财政预算虚列支出2900多万元，应缴未缴财政收入4万多元，应缴未缴水资源税170多万元等问题。8月28日和12月30日，市审计局在市第十四届人大常委会第二十一次会议、第二十四次会议上作《关于2018年度市本级预算执行和其他财政收支情况的审计结果报告》《2018年度市本级预算执行和其他财政收支情况的审计工作报告》。开展全市清理拖欠民营企业中小企业账款情况审计调查，按照“统一组织、统一方案、统一时间、统一报告、统一要求”原则，组织21个县（市、区）开展交叉审计。完成省厅统一部署项目井陉县财政决算审计、市本级及部分县（市、区）PPP项目资金预算绩效管理情况调查，新华区决算审计等。

【经济责任审计】 全年组织完成30个单位35名领导干部经济责任审计，主要检查未严格执行“三重一大”、预算管理不规范、固定资产管理不规范、专项资金使用等问题。审委办秘书处按照《党政主要领导干部和国有企事业单位主要领导人员经济责任审计规定》要求，承接经济责任审计项目管理工作，在经济责任审计项目计划、经常性信息通报交流、问题线索移送与案件协查、查处结果反馈等方面，完善与组织人事、纪检监察等部门协作配合机制，增强经济责任审计监督合力。以市政府名义组织召开经济责任审计项目整改推进会8个，集体约谈相关单位主要负责同志，被审计单位前任领导班子和现任领导班子成员共计60余人参加会议，推进整改效果明显。完成对深泽县、元氏县、井陉县党政主要领导干部自然资源资产离任审计。

【专项审计】 2019年市审计局开展霞光大剧院、市委党校新址、市儿童医院、市轨道交通等重大民心工程建设项目跟踪审计，共计审减金额

1.75亿元，针对问题完善并规范项目资料，严格依法把控项目工程结算等建议。开展“以审代结”问题专项清理检查，组织全市19个县(市、区)开展养老服务体系建设专项资金审计，市人民防空办公室人防工程项目审批及人防资金资产使用管理情况专项审计，开展全市撤并机构资产清查审计监督工作，审计监督,理清现状，核查资产16个原涉改单位财务资产的清查情况。开展扶贫审计。完成市政府关于“深入开展扶贫资金管理使用专项核查”审计内容。采取“上审下”和“交叉审”方式，开展灵寿、行唐、赞皇3个贫困县和14个非贫困县扶贫和“一卡通”管理使用情况审计，全力推进全市扶贫资金审计全覆盖。突出“精准、安全、绩效”主线，关注扶贫、惠农领域政策措施落实、扶贫资金分配管理使用、项目建设运营、惠农补贴“一卡通”办理、使用等环节。其中，14个非贫困县交叉审计共抽审资金10.98亿元、项目263个，抽审单位136个、乡镇170个、行政村801个，入户调查2824户，发现问题347个，移送涉嫌违法违纪线索61件。

【企业审计】 完善国有企业和国有资本审计监督机制，成立市属国有重点骨干企业审计工作领导小组,建立企业审计对象数据库。组织石家庄市建设投资集团有限责任公司、石家庄白龙化工股份公司、石家庄市国有资本经营集团有限公司、石家庄保安服务集团有限公司、石家庄市绿炬种子机械厂、石家庄市公共交通总公司、石家庄市住房开发建设集团有限责任公司、石家庄市轨道交通有限责任公司、石家庄市城市建设投资控股集团有限公司9家市级经营性国有企业资产负债损益审计。从融资和担保风险、经营风险和投资风险等方面对9家国有企业资产负债损益进行审计，发现防风险意识不强、内控制度不健全、经营不善、日常监管不严、体制机制和政策等主客观问题。筹建国有企业风险审计监督平台，归集财务数据和业务数据，尝试建立统一数据标准和接口，完善功能配备，实现常态化监督。

(刘曼曼)

市场监督管理

【综述】 2019年，全市市场监督管理系统突出围绕市委提出“夯实发展基础、释放发展活力、集聚发展势能、提高发展质量”总目标，坚定不移实施优化环境、质量提升、三大安全、综合执法、人才培育五大工程。落实质量强市战略，推进产品质量监管，组织修订国际、国家、行业、地方标准130项；监督召回缺陷产品146件，完成监督抽查2235批次，发现不合格产品201批次，立案155起，处罚171.31万元。加强食品药品监管，开展食品专项整治行动，组织执法活动16035次，出动执法人员61696人次，检查场所80405个，挽回经济损失96534.4元，吊（注）销证（照）23个，端掉窝点3个，督促企业销毁不合格标签、装潢饮料包装箱11万个，不合格铁罐35万个；查办省内案件389起，移交省外案件8件，罚款853.22万元；查办药械违法案件432起，罚款195.17万元，撤销GSP证书46个，注销吊销药品经营许可证2家。打击市场违法经营行为，集中销毁假冒伪劣产品59.3吨。3月8日，市市场监督管理局在位于赵县的石家庄翔宇环保技术服务中心举行假冒伪劣产品集中销毁活动，销毁假冒伪劣产品59.3吨。其中，假冒伪劣食品4.85吨，药品1.6吨，回收过期药品9.74吨，农资产品3.77吨，日化产品6.63吨，其他32.71吨；涉及农资产品、食品药品、医疗器械、日化产品、服装、建材等100多个品种。2019年石家庄市在全省食品药品安全监管考核中，获评优秀等次。加大知识产权保护力度，稳步推进全市知识产权保护、运用和服务。2019年全市专利申请、授权总量分别达到2.34万件和1.38万件，万人发明专利拥有量7.25件。实施机构改革，至2019年末，市场监督管理局内设处室40个，分别为：办公室、综合调研处、政策法规处、执法协调处、外资企业注册监督管理处、信用监督管理处、合同和价格监督管理处、反不正当竞争处、广告监督管理处、消费者权益保护处、质量发展处、产品质量安全监督管理处、食品安全协调处、食品生产安全监督管理处、食品经营安全监督管理处、重大活动食品安全保障处、特殊食品安全监督管理处、食品安全抽检处、食盐和食用农产品质量安全监督管理处、特种设备安全监察处、计量处、标准化处、认证认可监督管理处、知识产权保护处、知识产权运用促进处、知识产权管理处、药品生产监督管理处、药品流通监督管理处、医疗器械监督管理处、化妆品监督管理处、投诉举报受理处、企业监督管理处、非公有制经济组织党建指导处、网络交易监督管理处、网络技术指导处、新闻宣传处、科技和财务处、人事处、直属机关党委、老干部处；下辖直属单位 14 个，分别为：综合保税区分局、纤维检验所、食品药品检验中心、特种设备技术检查中心、消费维权中心、信息中心、个体劳动者协会、私营企业协会、市场开发服务中心、食品药品综合执法支队、经济检查支队、稽查队、价格监督检查局和市盐政执法大队；设立办公区 5 个，分别为：东院办公区（石家庄市裕华区建设南大街 153 号）、西院办公区（石家庄市桥西区南二环西路 8 号）、槐中路办公区、元北路办公区（石家庄市桥西区元北路 149 号）、建胜路办公区（石家庄市桥西区建胜路 16 号）。

（郭子轩）

质量技术监督

【概况】 2019 年，全市质量技术监督工作以维护质量安全和提升质量水平为主线，以“放管服”改革为动力，贯彻落实高质量发展要求，坚持从严监管高压态势，持续推进质量强市建设、质量安全管理、标准化建设、认证认可管理与服务、计量管理与服务五项重点工作。出台质量提升方案、行业制订标准文件，开展 11 个质量提升专项行动，推进“十百千”工程，组织专家服务团指导帮扶企业 1582 家，47 家企业入选中国、省政府质量奖培育名单，15 家企业获评为全省高质量发展标杆，235 家企业入选先进质量管理模式。重视标准管理，修订国际、国家、行业、地方标准 130 项，153 家企业发布声明 242 项，对标技术方案 52 项；5 家企业获评国家级、省级企业标准“领跑者”；主持制定河北省地方标准 41 项；3 家企业主持完成 3 项军民融合标准；批准发布市级农业地方标准 25 项；“团体标准信息平台”上发布团体标准 37 项。推进标准化试点示范建设，开展高新技术产业标准化试点等国家服务业、标准化服务业、团体标准试点建设 7 个，其中，提交考核申请 3 家，通过省级企业标准化试点验收 2 家。加强计量管理，新建、提升、改造县级社会公用计量标准 17 项，培育诚信计量承诺单位 412 家，10 家企业通过测量管理体系认证，55 家定量包装商品生产企业通过网上备案并使用“C”标志。提升认证认可能力，全年8057 家机构获得认证证书 12914 张，395 家机构取得资质认定。严格产品质量监管，监督召回缺陷产品146 件，监督抽查 2235 批次，发现不合格产品 201 批次，立案 155 起，处罚 171.31 万元。

【质量认证】 全年 8057 家机构获得有效认证证书 12914 张。其中，强制性认证企业数564 个，证书 3971 张；质量管理体系认证企业 3814 个，证书 4895 张；环境管理体系认证企业 1852 个，证书 1978 张；职业健康安全管理体系认证企业 1711 个，证书 1840 张；有机产品认证企业 35 个，证书 52 张；其他 81 个，证书 178 张。取得资质认定检验机构395 家，其中，食品检测 12 家、建筑工程（建材）检测 81 家、环境与环保检测 97 家、机动车检验 90 家、公安刑事技术鉴定 22 家、卫生计生检测 22 家、职业卫生监测 17 家、其他 54 家。开展认证机构和管理体系、食品农产品、有机产品认证获证企业“双随机”检查，检查企业 142 家。开展重点产品、重点区域强制性产品认证专项检查，全市 83 家强制性认证企业开展双随机检查，立案处罚企业 16 家。开展新乐电热毯强制性认证集中整治，检查企业19 家，其中，撤销 3C 证书 11 家，暂停 3C 证书 5 家，整改 3 家。开展“双随机”专项检查，全市检查机动车检验机构 42 家，责令停业整改 7 家，处罚 6 家；集体约谈问题机构 22 家。开展食品、环境、建筑材料、煤炭等检测领域能力验证，参加机构 436 家次，满意率 98.6%。开展检验检测机构专项检查，建立检查、通报、约谈、对标、提升工作模式，建工建材和机动车检验行业开展“对标”行动，召开质量提升推进会，聘请监管专家、技术专家举办培训；全年现场检查检验机构 289 家，撤销注销 11 家，立案调查 42 家，罚款 114 万元。开展部门联查活动，以机动车检验机构为重点，牵头建立市场监管、公安交通管理、生态环境部门定期联合检查机制，全年联合检查 15 次，检查机构

35 家，作出停业整改 8 家。

【计量管理】 指导县级计量机构完善计量管理体系，考核验收县级法定计量检定机构 16 家，新建、提升、改造数字压力计等县级社会公用计量标准 17 项。加强工业计量监管。在线采集重点用能单位116 家能源计量数据；有效推进测量管理体系认证工作，年内有通过认证企业 10 家。组织开展“计量服务中小企业行”活动，发放调查问卷 238 份，培训衡器生产企业计量人员 48 名，重点帮扶企业 31 家。推行定量包装商品生产企业计量保证能力自我声明制度，全市通过自我声明使用“C”标志企业已有 55 家，位列全省第一。加强计量监督。组织完成眼镜配制单位计量监督检查，检查553 家眼镜店在用验光仪、焦度计、验光镜片组等计量器具 1951 台（件），确保强制检定合格；组织开展民用三表调查摸底和备案工作，备案电能表、水表、燃气表 675. 06 万台（件)；组织开展加油机和夏粮收购用计量器具专项监督检查，检查粮食收购站（点）120 家，计量器具 228 台（件）。检查加油站 936 座，加油机 3559 台，查处计量违法案件 7 起，罚款 11. 8 万元；在承接国家局定量包装商品净含量计量专项监督抽查基础上，增加熟肉制品、饮料、包装饮用水等 7 个品类完成市级“双随机”监督抽查，共抽查 51 家企业 60 个批次定量包装商品，净含量合格率 88. 5% 。

【质量执法检查】 以支柱产业和规模以上企业主导工业产品，以及日用消费品作为抽查重点，对 18 类重点工业产品和 14 类日用消费品组织市级监督抽查 1376 批次，合格率 95. 6% 。配合国家、省局完成监督抽查859 批次。全年合计完成各类监督抽查2235 批次，其中不合格 201 批次，立案 155 起，处罚 171. 31 万元。开展生产许可获证企业事后监管。认真组织各县（市、区）局对本辖区危险化学品、电线电缆获证生产企业进行拉网式排查，共检查危险化学品获证企业 50 家，电线电缆获证企业 48 家，注销 7 家危险化学品和 1 家电线电缆获证企业证书。针对电线电缆生产企业存在生产、检验、进销货台账不规范问题，统一编制电线电缆生产记录、检验记录、进销货台账等 27 个制式表格，汇编成册，免费印制发放给企业，并在全省推荐使用。化肥抽检。2019 年上半年，市市场监督管理局在全市组织开展农资商品质量抽检，抽取化肥样品 470 个批次，经检验，合格率 96. 6% ；不合格化肥产品 16 个批次，总养分含量不合格率占 50% ，氧化钾含量不合格率占 37% ，部分生产厂家生产的复混肥料还存在氯离子超标现象。开展消费品、棉花和絮用纤维制品调查摸底。对列入消费品及相关产品质量安全重点监管目录的生产、销售企业，棉花、纺织面料、再加工纤维、国储棉储备仓库等企业，进行调查摸底。全市43类重点消费品生产企业 1018 家、销售企业 1339 家，棉花、纺织面料、再加工纤维、国储棉储备仓库等企业 296 家。开展学生服和絮用纤维制品质量安全监督检查，开学季联合市教育局组织对大中小学学生校服和床上用品进行监督抽查，督导检查校服“双送检”落实情况,全市出动各级执法人员 4000 多人次，抽检校服 158 批次、学生床上用品 30 批次，抽检儿童和学生用品 181 批次，检查儿童玩具、儿童服装和校园跑道原材料生产企业 16 家，检查校园周边重点商超、批发市场等 638 家，没收违法物品 25231 件，货值 23. 46 万元。11月 6 日，在赵县翔宇环保技术服务中心举办“全国假冒伪劣儿童和学生用品集中销毁活动”，集中销毁 2. 9 万余件(台)、货值 130 万元假冒伪劣儿童玩具、学生文具和校服等。

（郭子轩）

食品药品监督管理

【概况】 2019 年，全市食品药品监管工作围绕食药安全工程，推进食品药品安全监管工作。全市88家企业通过 HACCP 认证，其中 9 家乳制品生产企业通过 HACCP 认证。76家交易市场、32 家大型超市纳入食用农产品溯源监管系统，其中 9 家乳制品生产企业和 11 家保健食品生产企业均建立原辅料和产成品追溯系统。12月 10 日，省政府食安办认定 62 家省级 2019 年度“放心肉菜示范超市”，全市 10 家企业入选，占总数六分之一，居全省 11 地市第一名。70家校园完成食品安全标准食堂创建任务，主城区和栾城区、井陉矿区、晋州市、新乐市实现学校食堂“明厨亮灶+互联网”监管全覆盖，学校食堂食品安全量化等级优良率达到 98% 。完成食品抽检5. 2 万批次，合格率 97% 以上，检验量达到 4. 87 份/千人。完成重大活动保障任务60次，确保近 50 万余人饮食安全，未出现一例食品安全事件。组织开展农村假冒伪劣食品、“五毛”食品、“三小”食品、“山寨”食品、保健食品、婴幼儿配方食品、特殊医学用途配方食品等各类专项整治，共出动执法人员 61696 人次，检查场所 80405 个，开展宣传 2244 次，执法 16035 次，挽回经济损失 96534.4 元，吊（注）销证（照）23 个，端掉窝点 3 个，督促企业销毁不合格标签、装潢饮料包装箱共计 11 万个，不合格铁罐 35 万个。查办省内案件389 起，移交省外案件 8 件，罚款 853.22 万元，数额位列全省第一。加强药品安全监管工作。开展“合规”行动等专项整治，查办药械违法案件 432 起，罚款 195.17 万元，撤销 GSP 证书 46 个，注销吊销药品经营许可证 2 家。开展药品不良反应监测，上报药品不良反应监测报告8116 份、完成全年任务 143%。在全省食药安全考核中，石家庄市获优秀等次，排名第 3；全省食品药品安全工程考核中，石家庄市获 A 级档次。

【食品安全监管】 按照国家、省食品安全监管风险分级管理要求，科学评定 1006 家食品生产企业风险等级，其中，A 级单位 238 家、B 级单位 451 家、C 级单位 175 家、D 级单位 142 家。发放食品快速检测车21辆。5月28 日，市市场监督管理局向各县（市、区）市场监管部门发放食品快速检测车 21 辆；车内配置紫外可见分光光度计、微生物检验操作台、便捷式拉曼光谱、手持式劣质油检测仪、便携式余氯测量仪等仪器，可快速检测蔬菜、肉制品、油类、纯净水等大部分食品，包括开展农药残留、兽药残留、非法添加物、重金属、食品污染物等项目检测，全部检测均能在 2 小时内完成，大部分检测能在 30 分钟内取得检测结果。开展 HACCP 体系认证。印发《2019 年石家庄市推进规模以上食品生产企业实施先进质量安全管理体系工作方案》，两次召开推进会，邀请第三方体系认证公司专家详细解读 HACCP 认证条款。2019 年全市共有规模以上食品生产企业 88 家，全部取得 HACCP 先进管理体系认证证书，认证率 100%。推动追溯体系建设。落实国家、河北省市场监督管理部门要求，以白酒、食用植物油、肉制品、食品添加剂生产企业为重点，在全市食品生产企业开展质量安全追溯体系建设，全年建立电子追溯食品生产企业 42 家、纸质追溯食品生产企业 600 余家。开展植物蛋白饮料产品问题整治。根据一季度河北省食品安全应急抽检监测结果，石家庄市将植物蛋白饮料产品集中生产地域晋州市列为重点整治区域，组织 6 个县（市、区）相关负责人及 33 家企业负责人参加约谈警示会、培训会、调度会、恳谈会 10 次，针对存在问题开展自查自纠和整改活动，重新设计植物蛋白饮料产品标签，并送交第三方检验机构检测合格后在监管部门备案。全年送检标签292 份，累计投入检测资金 94900 元；立案 22 个，行政处罚 73.59 万元；销毁不合格标签 3.73 万个、装潢饮料包装箱 11.12 万个、不合格铁罐 35.63 万个，注销企业 2 家，监督厂房、车间实施改造 2 家。整治保健食品欺诈和虚假宣传。重点对保健食品集散地、批发市场，会议讲座、体验销售、直销等保健食品经营单位进行现场检查，各级监管部门出动人员 8538 人次，监督检查保健食品生产经营单位 4737 家，排查安全隐患 148 个，整改 148 个；立案 14 起，办结 14 起，处罚 40.88 万元。开展校园食品安全提质提标行动。完成省、市级校园食品安全标准食堂创建工作，筹措资金 1.83 亿元，整体改造提升学校食堂 500 余家，全市学校食堂食品安全量化等级良好（B 级）率达到 98% 以上，优秀（A 级）率达到 35% 以上。开展农村假冒伪劣食品安全专项整治，全年出动执法人员11829 人次，检查食品生产主体 629 个，检查食品经营主体 11512 个，其中批发市场、集贸市场等各类市场 321 个，收缴假冒伪劣食品 759 千克，取缔无证无照非法生产经营主体 17 个，捣毁制假售假窝点 9 个，查处假冒伪劣食品案件 23 件，查处假冒伪劣食品货值 1.1 万元，受理和处理消费者投诉举报 37 件。“三小”食品安全专项整治。以集中整治规范一批风险隐患突出的“三小”经营单位和取缔一批不具备食品安全基本条件的“三小”生产经营者为重点，全市出动人员 61696 人次，检查场所 80405 个，吊（注）销证（照）23 个，端掉窝点 3 个；查办省内案件 389 起，移交省外案件 8 件，罚款 853.22 万元。开展食品经营性仓库专项整治行动，出动执法人员13855 人次，检查场所 42379 个，检查批发市场、集贸市场 343 个次，梳理排查问题 672 个，整改完毕 621 个，下达指导建议书 637 份，收缴及主动上交问题食品 1.65 吨，端掉窝点 3 个，查办案件 45 起，罚没款 162.56 万元，有效净化食品市场环境。

【药品安全监管】 全年出动监管人员230余人次、车辆100台次，监督检查中药饮片、医用氧、药用辅料、包材生产企业60余家117家次，发现并帮助企业整改药品质量问题300余项；开展药包材监督抽样21批次，检验结果全部合格。重视化妆品不良反应监测，2019年7月，省食品药品监督管理局认定7家医疗机构监测哨点为河北省首批省级化妆品不良反应监测评价基地，其中石家庄市域5家，分别为：河北医科大学第二医院、河北医科大学第三医院、河北省人民医院、河北省中医院、石家庄市中医院。开展非法渠道购销药品专项整治行动。制定《2019打击非法渠道购销药品专项整治行动工作方案》，以城乡接合部及农村地区单体药店、连锁加盟店、小诊所为重点对象，打击非法渠道购进药品、违规销售药品等违法违规行为，共检查零售药店6328家次，医疗机构、诊所4263家次，撤销GSP证书46个，注销药品经营许可证1家，吊销药品经营许可证1家。开展中药饮片经营专项整治。对全市中药饮片经营范围企业进行检查，共检查药品经营企业3916家，使用单位1649家，责令整改374家。存在从事中药技术人员不在岗、装斗前未清斗、清斗记录登记不及时等问题，已责令限期整改和跟踪问效。开展药品零售企业执业药师“挂证”行为整治工作。市局、县局两级出动人员1682人次，检查药品零售企业2122家，市局共抽查药品零售企业48家，撤销GSP认证证书3家。全年全市共出动执法力量19017人次，开展执法行动7296次，开展宣传856次，检查零售药店6328家次，医疗机构及诊所4263家次，梳理排查问题2631个，下达责令整改通知书1706份，收回GSP证书14个，撤销GSP证书46个，吊销证照2个，资格罚3人，查办案件757起，移交公安4起，处罚罚金329.96万元，为消费者挽回经济损失1.02万元。

（郭子轩）

专利和知识产权保护

【概况】 2019年，全市专利和知识产权保护以培育多元化、专业化知识产权运营服务机构为核心，采取重点突破和示范引领的方式，大力推进知识产权的创造、保护、运用、管理与服务全链条建设。全市专利申请、授权总量分别达到2.34万件和1.38万件；万人发明专利拥有量达7.25件，全省考核排名第2；贯标认证企业达到30家，占全省近三分之一；新增国家知识产权示范企业1家、优势企业5家，入选中国企业专利500强的企业4家；荣获中国专利奖金奖1项、银奖1项、优秀奖2项。培育国家级“知识产权保护规范化培育市场”7家，创建国家级“百家知识产权保护规范化市场”3家。组织知识产权维权援助50件。2019年全市新增注册商标47792件，累计达到179145件；新认定中国驰名商标3件，累计达到57件；新增地理标志证明商标12件，累计达到28件；新取得马德里国际商标注册成功37件，累计达到121件。对接北京、天津和雄安新区的优质创新资源及智力成果，复制雄安创新体系，着力形成京津冀协同发展创新共同体，打造石家庄特色知识产权运营服务体系。6月14日，石家庄市获批第三批国家知识产权运营服务体系建设重点城市和国家知识产权侵权纠纷检验鉴定技术支撑体系建设试点单位。

【知识产权运用】 开展国家知识产权运营服务体系建设，全市专利申请量和授权量稳步提升。全年专利申请量23429件（发明5489件），授权量13850件（发明1326件），万人发明专利拥有量达到7.25件（有效发明7941件）。围绕“4+4”现代产业布局，通过征集项目、专家评审、公示等程序，全年安排专利实施产业化项目15项，支持资金154.4万元；专利导航项目5项，支持资金85万元；发放专利申请资助资金591项120.6万元，授权7家小微企业首件发明专利申请费、代理费全额补贴，共计17890元；对年授权发明专利达到10件以上且增长率超过30%单位给予奖励，共计5家企业获奖40万元，分别为河冶科技有限公司、诚志永华显示材料有限公司、国祥运输设备有限公司、五七二一工厂、电力勘测设计院。创新发展专利奖助推企业。全年获河北省专利奖一等奖1项，奖励资金5万元；二等奖5项，奖励资金2万元；三等奖2项，奖励资金1万元；优秀奖7项，获奖率占全省30%。获第二十一届中国专利奖金奖1项、中国专利银奖1项、中国专利优秀奖2项。企业知识产权快速发展。全年共有31家企业取得国家知识产权管理体系认证证书，新增1家国家知识产权示范企业，新增5家国家知识产权优势企业，至2019年底，全市知识产权示范、优势企业达到 18 家。4家企业入选中国企业专利500 强榜单。

【知识产权保护】 开展知识产权专项保护行动，落实《2019 全国知识产权系统执法保护专项行动方案》，制定并印发石家庄市专项行动具体落实方案。制定《2019 年知识产权执法“铁拳”行动方案》《关于开展2019 年春节期间地理标志使用专项整治工作的通知》《关于加强 2019 年春茶地理标志保护工作的通知》《关于加强 2019 年秋季地理标志保护工作的通知》，探索建立知识产权保护联动机制，市知识产权局、市中级人民法院、石家庄仲裁委员会与省知识产权局、省知识产权维权援助中心联合签署《关于建立知识产权纠纷多元化解机制合作备忘录》。全年处理专利侵权案件420 件，调解专利纠纷 52件、办理电商案件 351 件，占据全省80% 。做好知识产权维权援助。实现重点区域、重点行业全覆盖，维护公平有序市场竞争秩序。举办盈科、瑞亨、柏辉律所知识产权维权援助座谈会 3 次；安排旭昌、德浩、轻拓专利服务机构培训会 3 次；参加“2019 中国国际数字经济博览会”“2019 中国（石家庄）国际汽车工业博览会”等大型展会知识产权维权援助 2 次。培育国家级知识产权保护规范化市场。开展专业市场培育创建工作。培育国家级“知识产权保护规范化培育市场”7 家，创建国家级“知识产权保护规范化市场”3 家。

【知识产权管理】 2019 年全市新增注册商标 47792 件，同比增长 20% ；至 2019 年底，全市注册商标累计达到 179145 件，位列全省第一，占全省总量 25. 1% ；新认定中国驰名商标 3 件，累计达到 57 件，占全省驰名商标总量 16. 4% ；新增地理标志证明商标 12 件，累计达到 28 件；新取得马德里国际商标注册成功 37件，累计达到 121 件，同比增长44% ，占全省注册总数 32. 2% 。商标品牌指导站建设达到83个。受理商标注册申请业务1492 件，收到商标部门受理通知书和初审公告通知书1993 件，成功注册商标证 692 个。“井陉花椒”获得国家地理标志商标。石家庄市三洋工贸有限公司、河北御芝林生物科技有限公司和河北君临药业有限公司3家企业办理商标权质押登记，共为企业融资 5800万元。

（郭子轩）

物价监督管理

【概况】 2019 年，全市价格总水平保持基本稳定，全年居民消费价格指数（CPI）较 2018 年上涨 2. 7% ，完成年度调控计划的 3. 5% ，低于全国2. 9% 、全省 3. 0% 平均水平。重点围绕涉企收费价格监管和民生领域价格监管开展价格专项检查。涉企收费领域方面，对照中央和省减税降费政策重点检查中介服务、金融、交通、交通等，共检查电网企业 8 家，各类商业综合体、产业园区、物业、写字楼等共 312 家，规范收费标准，为企业减轻负担。民生领域方面，加强新建商品房销售价格申报和明码标价审核监制,现场指导明码标价公示工作 211 次；在全市开展医疗服务价格专项检查，重点查处药品零差率和医疗服务乱收费问题，全市共检查医疗单位 94 家，着力解决百姓看病贵问题；参加“保健市场”乱象百日行动检查，共出动执法人员 234 人次，检查保健类店铺 109 家，检查农村场镇、农村集市、城乡接合部等重点区域 12 个；组织开展农产品市场价格巡查。共检查粮食收购、销售、加工企业 72 家，蔬菜批发市场 5家，各种门店、商户、摊位 654 家；以大型卖场、服务企业、旅游景区为重点开展价格领域日常检查、巡查；突出国庆、春节，加强节假日期间市场价格检查；加强价格投诉举报事项办理，共受理价格举报咨询 3360件，立案 27 件；市长公开电话转办104 件、办结 104 件。接待来访群众60余人次，出动检查人员 180 人次，退还多收价款 4. 7 万余元，结案率、群众满意率均达到 100% 。

【价格管理】 2019 年全市价格总水平保持基本稳定，全年居民消费价格指数（CPI）同比上涨 2. 7% ，低于全省平均水平 3. 0% 。落实社会救助和保障标准与物价上涨挂钩联动机制，向困难群体发放价格临时补贴5011 万余元，惠及困难群众 130 万余人次。全年共向国家和省、市上报各类价格监测报表2200 余份，数据 9 万余个，上报率、准确率 100% 。元旦、春节、清明、五一、端午、十一节日期间，实行超市和农贸市场重要商品价格监测“日报告”，全面掌握节假日期间重要生活消费品价格动态。开展水果、生猪及猪肉制品价格持续上涨情况应急监测，及时向省、市政府上报有关情况。定期开展重要商品价格动态反馈和分析预警工作。开展大枣生产、水果价格、蔬菜生产价格、生活必需品价格、主要工业生产资料价格、生猪价格和存栏情况、房地产市场情况等多项专题调研工作。引导社会价格舆论，提高价格信息服务水平，开展重要民生商品“晒价”和价格行情、价格动态信息发布工作。加强价格调查调研，完成11个县194个调查户共计17项农民成本调查任务，完成正定隆兴寺、鹿泉抱犊寨和平山驼梁景区门票定价成本监审、华电供热集团河北分公司和国家电投石家庄供热有限公司2016~2018年供热成本监审、石家庄城投天启热能有限公司2016~2018年供热成本监审工作。市动物园等10家4A级景区2018年运营及定价成本调查，指导赞皇县发展改革委对嶂石岩景区交通票价和石柱山门票价格定价成本调查工作。

【价费改革】 贯彻落实国家和省行政事业性收费停征、免征、降低标准等政策，出台《石家庄市关于贯彻落实中央和省降费工作实施方案》（石发改收费〔2019〕400号），巩固省立涉企行政事业性收费“零收费”成果。会同市财政部门修订发布行政事业性收费目录（含涉企收费目录）公告，并在外网常态化公开。对全市政府定价经营服务性收费目录（含涉企）进行梳理，将政府定价经营服务性收费目录（含涉企）清单在网站及时公开，方便市民和企业了解政策。推动政府定价涉企经营服务性收费项目“只减不增”、标准“只降不升”。放开具备竞争条件的政府定价涉企经营服务性收费，合理调整保留项目收费标准。推进公共交通换乘优惠工作。市发改委与交通运输局、轨道办三家单位以石发改收费〔2019〕572号文件印发公共交通换乘优惠方案。换乘方案为：以市民首次刷卡（以IC卡记录为准）时间起算，3至90分钟（含）换乘优惠范围内的公交、地铁线路，享受1次换乘优惠，公交公司在空调开放期优惠0.4元，非空调开放期优惠0.2元，地铁在正常票价基础上优惠0.4元。此项惠民政策待公交、地铁、一卡通公司完成售票系统改造后实施。出台《关于调整石家庄市医疗废物处置收费标准的通知》，与市城市管理综合行政执法局、市卫生健康委员会、市生态环境局联合调整全市医疗废物处置收费标准，由2.5元/千克调整为3.8元/千克。

【价格监管与服务】 市区公交车票价政策延期3年。1月23日，市发展改革委决定，延长原市物价部门出台《关于规范市区公共汽车客运票价管理的通知》（石价〔2014〕12号）文件有效期3年。其中，市公共交通总公司执行市区公共汽车客运票价不变；新开辟客运公共汽车线路需到市物价部门办理票价核准手续，正式运营前10日向社会公告；乘客办理公交A、B、C卡时，每卡收取押金20元，退卡时全额退还押金，公交卡丢失或不能使用扣除每卡7元工本费后退还押金，老年卡每卡工本费5元。落实国家关于能源价格改革政策，完善价格机制，按照“放开两头，管住中间”天然气价格改革思路，从严核定燃气企业配气价格。居民用气配气价格为0.63元/立方米，主城区居民用管道天然气由2.4元/立方米上调为2.68元/立方米。两次上调非居民用管道天然气销售价格。第一次自4月1日起，由2.90元/立方米上调为3.02元/立方米；第二次为2019年11月1日至2020年3月31日采暖季，由3.02元/立方米上调为3.45元/立方米。落实“单一制一般工商业电价降低10%”要求，降低企业用电成本，分两次下调单一制工商业电价，累计下调4.58分/千瓦时，共为全市工商企业年降低用电成本1.4亿元。全市第三步供水销售价格调整完成，居民用水第一阶梯价格为5.23元/立方米，第二阶梯价格为7.37元/立方米，第三阶梯价格为13.79元/立方米，各阶梯价格上调0.49元/立方米；非居民用水价格为8.94元/立方米，上调1.07元/立方米；特种行业用水价格为49.73元/立方米，上调6元/立方米；第三步供水价格均含污水处理费。

（王宁）

外资登记管理

【概况】 2019年，全市商事登记管理工作围绕优化营商环境、深化商事制度改革、外资市场主体注册登记、培育市场主体、商品市场监管5项重点展开。落实外资企业证照分离、多证合一、企业名称自主申报等商事制度改革举措，优化营商环境，外商投资企业登记注册压缩至1.5个工作日，新增正定县、藁城区和井陉县3个县级外商投资企业登记授权局。至2019年底，全市外商投资企业总量达到1916户，同比增长7.04%，其中，法人企业1427户，分支机构484户，常驻代表机构15户，外国（地区）在中国从事生产经营活动1户。2019年全市净增市场主体14.8万户，累计总量达到108.18万户，完成年度目标168.7%。利用“双随机、一公开”监管机制，创新“54321”双随机标准化监管模式和“四双四一”联合抽查法，全年抽查1048次，抽查对象6.19万户。2019年石家庄市获批国家市场监督管理总局大数据与风险分类监管试点城市。

【外资登记服务】 11月25日起，国家市场监督管理局授予正定县、井陉县、藁城区3个县区市场监督管理局行使外商投资企业登记管理权。至此，全市外资企业登记授权局达到6个，另3个分别为市市场监督管理局和无极县、石家庄综合保税区2个县级市场监督管理局。随着外商投资办理机构的增多，河北自贸区正定片区投资服务变得更加快速、便捷，高效优质的服务环境吸引越来越多的外资企业落户，年内全省首张（注册登记与商务备案“一口办理”）外资企业营业执照等多个“第一张”外资市场主体营业执照在石家庄市诞生。至2019年末，全市外商投资企业总量达到1916户，同比增长7.04%，其中，法人企业1427户，分支机构484户，常驻代表机构15户，外国（地区）在中国从事生产经营活动1户。

【优化投资环境】 以投资自由化、便利化为内容，推进利用外资规模和水平，促进经济高质量发展，加快建立更加公平透明便利、更有吸引力的投资环境。借鉴国际通行的引资政策模式，出台《积极有效利用外资推动经济高质量发展的实施意见》，从投资自由化、投资便利化、投资促进、投资保护、推动开发区创新提升等方面提出具体措施。大幅度放宽市场准入，提升投资自由化水平。扩大金融领域开放，取消银行业外资股比限制；扩大制造业领域开放，取消专用车、新能源汽车及船舶、飞机设计、制造、维修等领域限制。深入推动金融业开放创新。支持外资金融机构来石设立总部或分支机构，鼓励外资通过多种方式参与市内金融机构改革。深化“放管服”改革，提升投资便利化水平。推进负面清单以外领域外商投资企业商务备案与工商登记“一口办理”，优化外商投资企业设立程序，减少办证时间，降低企业成本。加强投资促进工作，提升引资质量和水平。优化外商投资导向，引导外资更多投向大数据与物联网、信息技术产业、生物医药健康、人工智能与智能装备、高端装备制造等战略性新兴产业和现代服务业、现代农业。贯彻落实企业境外所得抵免、境外投资者以境内利润直接投资、技术先进型服务企业的税收政策。提升投资保护水平，打造高标准投资环境。加大知识产权保护力度，严厉打击各类知识产权侵权假冒行为。保护外商投资合法权益，坚持内外资一视同仁，在项目核准备案、企业设立、工商注册、外汇登记等方面实行公平待遇。推动开发区创新提升，以集聚高端高新产业和扩大利用外资规模为突破口，发挥开发区利用外资重要平台作用，促进开发区成为利用外资的主力军，实施开发区利用外资提升行动。2019年全市实际利用外资16.18亿美元，同比增长8.8%。其中，外商直接投资16.09亿美元，同比增长11.7%；新设外资项目59个，同比增长28.3%；外商总投资28.4亿美元，其中，合同外资额6.8亿美元，同比增长128%。

（郭子轩）

国有资产监督管理

【概况】 2019年，石家庄市人民政府国有资产监督管理委员会（简称市国资委）系统坚持以供给侧结构性改革为主线，加大国资改革力度，做强做优做大国有企业，全力抓好国企重组转型、混合所有制改革、供给侧结构性改革、授权经营体制、市场化经营机制、国资监管和机关效能建设7项重点工作。市国资委监管企业12户，国有独资10户：分别是石家庄常山纺织集团有限责任公司、石家庄市建设投资集团有限责任公司、石家庄文化旅游投资集团有限公司、石家庄宝德投资集团有限公司、石家庄市地产集团有限公司、石家庄能源投资集团有限公司、石家庄国有资本经营集团有限公司、石家庄保安服务集团有限公司、石家庄市星泽企业管理服务有限责任公司和石家庄国丰企业管理有限公司；国有控股1户：石家庄北国人百集团有限责任公司；国有参股1户：石家庄白龙化工股份有限公司。至2019年底，市国资委监管企业资产总额701.97亿元，排名前三位企业为地产集团、常山集团、北人集团；实现营业收入336.09亿元，排名前三位企业分别是北人集团、常山集团、能投集团；实现利润16.27亿元，排名前三位企业分别是北人集团、能投集团、常山集团。加强企业资产管理，采取多种方式盘活闲置资产，完成资产评估项目11个，涉及净资产评估值2.9亿元。

2019年11月13日，市国资委党委书记、主任张军卫(前排右二)到北人集团调研考察

【国有企业改革】 印发《关于进一步深化国有企业改革的实施方案》，拟定《石家庄市全面推进市级经营性国有资产集中统一监管工作方案》。组建成立公产商务服务有限公司。2019年1月，市国资委出资成立市属专业产权交易机构——石家庄公产商务服务有限公司投入运营，注册资本3000万元；主要职责：在产权交易领域与石家庄公共资源交易中心开展合作，促进国有资产流动、防止国有资产流失，构建公开、透明的产权市场平台，为产权交易提供综合性服务。推进市属企业整合重组，以国有资产保值增值和国有企业做强做优做大为目标，以强化功能、突出主业、壮大实力为方向，通过整合重组，成立石家庄市文旅集团和石家庄国丰企业服务公司。加快处置不良资产，对“僵尸企业”、低效无效资产及经营状况较差、资产负债率较高、投资回报率低企业，通过改制、转让、解散、破产等方式清理退出。推动“三供一业”分离移交及维修改造，全市接收及维修改造总任务量为36.47万户次，已维修改造施工33.17万户次，维修改造施工率90.95%；已完工27.81万户次，完工率76.25%。推进退休人员社会化管理，对驻石央企、省企和市属国有企业222家、约13.3万退休人员情况进行梳理汇总，对接企业全部与属地政府签订整体移交协议。加快企业“瘦身减体”，整合四级以下子公司21家，企业管理层级全部压缩至三级以内。

【国有资产监管】 发挥企业党委（党组）把方向、管大局、保落实作用，推动党组织法定地位、前置程序、修订党委会议事规则以及党建要求写入公司章程等重点任务落实落地。制定《市国资委出资人监管权力和责任清单》，厘清监管重点和界限。印发《关于开展国有资产管理问题专项治理整改工作方案》，进一步规范市属国有企业国有资本收益收取管理，开展国有资本收益问题专项治理整改。强化企业风险防范工作，制定《市国资委防范化解重大风险工作方案》，从经济领域、社会领域、党建领域等7个领域开展风险化解工作。加强监管企业内控体系建设，一企一策建立企业内部控制体系，做到边运行，边完善。印发《关于加强石家庄市本级国有企业资产负债约束工作的实施方案》，严控企业资产负债率，2019年市国资委监管企业平均资产负债率45.3%，优于全省各地市平均资产负债率64.4%的水平。重新修订《石家庄市国资委监管企业负责人经营业绩考核办法》，实施分类考核，结合企业功能设定差异化考核标准，完成2018年度经营业绩考核工和2019年度企业负责人薪酬测算工作。按照省国资委要求，督促指导各监管企业依法依规，参照《中央企业公司章程指引（试行）》，修订和完善企业公司章程。

【重点项目建设】 2019年市国资系统围绕“4+4”现代产业布局，加快调整国有资本重点投资方向和领域，深化供给侧结构性改革。各监管企业实际建设项目28项。其中，新开工12项，新建项目主要有鹿泉上寨总部经济项目、杰座大厦项目、石文旅度假宾馆（原常山纺织职工培训中心）装修改造项目、滹沱河旅游开发项目、德福大厦维修提升改造项目、康养项目、能投集团行唐县上方乡东井底村集中式光伏地面电站项目、能投集团腾阳绿岛分部式屋顶光伏发电项目、能投集团学府路95号院建设项目、能投集团洗衣场建设项目、白龙化工能源优化利用项目、白龙化工环保设施提升一期项目、白龙化工安全隐患整改项目、国经集团控股子公司冀信公司对制酒厂投资项目、特种公司购买业务用房项目；续建工程16项，总投资超过亿元以上的续建项目12个。分别是北人集团物流产业园项目、常山云数据中心项目、常山新型纺织品与家纺品牌设计制造项目、常山棉一纺织博物馆文化创意产业园项目、常山舞钢市智慧城市建设项目、市建投与民海化工合作建设年产10万吨环己酮项目、文旅集团宝晟蓝庭项目、文旅集团水产街资产改造升级项目、中央金融商务区（CBD）项目、酒厂搬迁改造升级项目、国经集团入股鹿泉农商银行和保安集团上庄基地项目，全部项目计划总投资200.5亿元。高科技物流园一期已竣工运行，常山集团完成新型纺织品家纺项目建设和常山北明科技馆、云数据中心一期建设，文旅集团滹沱河北岸旅游观光火车、游船项目建成投用。

（钱戈）

自然资源管理

【概况】 2019年，全市贯彻落实耕地保护制度和永久基本农田规划成果，组织实施土地整治，多渠道补充耕地3.2万亩，超额完成河北省自然资源厅下达全年计划任务。推进矿山复绿工作。实施责任主体灭失矿山迹地治理，61个治理项目全部完成验收。化解房地产遗留问题，创新思路统筹做好规划，供地、登记，全市236个办证难项目解决160个，占比67.79%。科学编制2019年土地储备计划，成功发行专项债券26.16亿元，收储净地1253亩。稳妥做好国际贸易城问题整改，明确补办手续整改路径，会同相关单位抓紧做好问题整改，项目3地块东半部分、5地块东半部分顺利完成整改。出台《优质项目“摘帽”安排各类用地指标办法》，科学配置各类用地要素指标，向投资强度高、见效速度快、税收贡献大的好项目倾斜，切实做好征地组卷工作，全年下达计划指标15374亩、安排占补平衡指标19492亩，依法批准征地3万余亩，确保省、市重点项目建设用地要求。全年共完成市本级各类不动产登记21万余件，发放不动产登记证书8万余本。市本级完成土地出让3223.11亩，实现出让金额316.996亿元。推进违法建筑专项整治行动。成立工作专班，建立工作台账，违建别墅专项整治处置108宗，剩余3宗正在处置中；违法违规用地整改任务16657.3亩（其中交通用地9070.6亩），已整改完成7127.98亩；违法违规破坏生态环境全市共计110宗，整改109宗；违法违规建设、河道采砂、采矿已全部完成整改任务。清理86份圈占土地协议，结合实际整改土地协议83份，面积11.2万亩。妥善处置土地闲置土地，全年完成批而未供土地处置3.27万亩，闲置地处置1343亩。落实《国务院办公厅关于压缩不动产登记办理时间的通知》要求，优化登记业务流程，实现信息互通共享。全年不动产登记发证121190本，出具不动产登记证明185885份。7月31日，河北省深改委改革动态第24期以《石家庄市创新实施五大“土地新政”，助力经济高质量发展》为题刊登石家庄市土地改革工作经验。

【机构设置】 至2019年底，市自然资源和规划局内设机构21个，分别为：办公室、政策法规处、改革调研处、自然资源调查监测处、自然资原确权登记局、自然资源所有者权益处、自然资源开发利用处、国土空间规划处、国土空间用途管制处、国土空间生态修复处、耕地保护监督处、地质矿产管理处、详细规划处、城市景观风貌处、市政基础设施规划处、执法协调处、地理信息处、技术管理处、县市规划指导处、财务审计处、人事处；下辖直属分局11个，分别为：市自然资源和规划局长安分局、桥西分局、新华分局、裕华分局、井陉矿区分局、循环化工园区分局、市政监察分局、综合保税区分局、藁城分局、鹿泉分局、栾城分局；下辖直属事业单位15个，分别为：市城乡规划设计院、市勘察测绘设计研究院、市不动产登记中心、市土地利用规划院、市国土资源执法监察支队、市地产交易市场、市建设用地服务中心、市土地储备中心、市自然资源和规划局信息中心、市勘测综合服务中心、市规划监察支队、市规划馆、正定新区国土资源管理处、正定新区规划管理处、正定新区土地收储中心。

【土地供应】 2019年全市土地供应总量为45654亩，同比增加27.89%。按土地用途分类供应：商业用地1826亩，与2018年相比减少41.96%；住宅用地11169亩，同比增加13.55%；工业用地10463亩，同比增加18.35%；公共管理与公共服务等其他用地22196亩，同比增59.98%。供地和安置补偿。供地和完成安置补偿共23宗，共计2423亩，完成划拨地供地8宗554亩。其中，城中村改造项目5宗363亩、交通运输用地项目1宗126亩、医疗卫生用地1宗56亩、公共设施用地1宗9亩、补偿后移交储备中心1宗184亩（为十里铺村做地项目）、移交地产交易市场14宗1685亩（其中城中村改造项目11宗1260亩；储备地3宗425亩）。

【土地管理】 建立土地利用动态巡查制度，督导县（市、区）落实巡查管理，加强现场动态巡查管理，全市完成土地利用巡查13184项。提高使用效率，科学编制土地利用年度计划方案，优先用于省市重点、民生、环保、扶贫等项目用地。2019年河北省下达石家庄市新增建设用地指标15815亩，其中农用地12649亩（耕地9059亩）、未利用地3166亩，为推动产业发展提供用地支撑。推进耕地占补平衡。全市下达县（市、区）补充耕地任务为3万亩，其中行唐县8000亩，赞皇县8000亩，平山县8000亩，灵寿县3000亩，其他县3000亩。根据年度任务，石家庄市制定耕地占补平衡工作方案，确定完成时限和责任。至2019年底，全市完成占补平衡项目验收32348亩，4个造地大县完成26011亩。其中，平山县8279亩、灵寿县3194亩、赞皇县6532亩、行唐县8006亩。其他县（市、区）完成6337亩，其中，新乐市747亩、无极县398亩、赵县600亩、元氏877亩、井陉508亩、晋州2564亩、高邑571亩、藁城72亩。清理违法违规圈占土地。按照《河北省自然资源厅关于进一步对违法违规圈占土地协议进行调查摸底的通知》要求，在全市开展拉网式排查，清理长安区、桥西区、高新区等13个县（市、区）和开发区86份协议，占地总面积为76.47平方千米。制定整改工作方案，重点对藁城区产业市镇片区开发PPP项目27平方千米和长安区国际贸易城项目5.16平方千米开展重点督导。经整改，除涉法涉诉1份协议无法开展整改外，其他85份协议75.43平方千米全部整改到位。

【地理信息服务】 利用先进技术，采集、更新、加工、管理全市基础地理信息数据，为城市规划、城市建设和城市管理提供优质高效的勘测保障服务。打造勘测品牌，2019年全市勘察工程有4个项目获得奖项，分别是：中国电子科技集团公司第五十四研究所电子装备研究中心（A3科研楼）项目岩土工程勘察获得2018～2019年度国家优质工程奖、玫瑰湾项目岩土工程勘察获得2019河北省工程勘察设计项目二等成果奖、银湖城项目住宅区工程获得2019年河北省工程勘案设计项目三等成果奖、石家庄新城大道跨滹沱河大桥勘察获得2019年河北省工程勘案设计项目三等成果奖。开拓勘测应用服务新领域，提高应用服务的社会和经济效益，完成石家庄市区北部和西北区域1:500和1:1000地形图修103.75平方千米外业工作，承揽隆尧县33个村1:1000地形图、栾城区数字地形图测绘16.75平方千米；完成管线数据动态更新项目，实时更新石家庄市区基础地理信息数据，满足政府部门在城建、管理、应急地理信息服务。建成数字石家庄地理空间框架项目，参与国家级智慧城市时空大数据与云平台建设试点工作；与市食品药品监督管理局、市公安局等20余家政府部门签订共建共享协议，向政府各部门提供基础地理数据范围累计8000余平方千米，缩短各部门信息化建设进程。全力为不动产登记系统建设、土地规划、土地调查、城市基准地价评估等工作提供高精度地理信息和数据服务。

【矿山生态修复】 有序推进重点生态保护修复图斑治理工作，全年完成验收38个。根据《河北省露天矿山污染持续整治三年计划》，完成河北省下达石家庄市责任主体灭失矿山迹地综合治理任务61处。其中，通过自然恢复方式治理34处，总面积约6.67平方千米；通过转型利用方式治理9处，总面积约5.22平方千米；通过工程方式治理18处，总面积4.21平方千米。投入资金总额7491.08万元。为摸清临时用地复垦现状，市自然资源和规划局要求县(市、区)明确主体责任，开展土地复垦方案监督检查，摸底调查到期临时用地复垦项目。建立矿山地质环境治理恢复保证金制度。至2019年底，全市缴纳矿山地质环境恢复治理保证金的矿山179个，总额1.29亿元。具备保证金返还条件的矿山5个，应返金额1707万元，已返还保证金矿山4个，返还金额715.3万元；责任主体灭失不予返还矿山5个，金额210.5万元，治理面积197亩；建立基金矿山3个，缴纳基金额108万元。

【地质灾害高易发区】 全年地质灾害高易发区主要分布在西北部中低山区和西南部中低山区，共有隐患点261处，灾害面积2469平方千米。

表46 2019年石家庄市地质灾害高易发区一览表

市域分布	县域分布	灾害面积（平方千米）	地质灾害隐患点数量（处）	地质环境	地质灾害易发类别
西北部中低山区	平山县西部、灵寿县西北部、行唐县西北部等地区	1882	182	该区主要出露新太古界变质岩，岩体风化强烈；南部区域出露少量奥陶系碳酸盐岩、寒武系碳酸盐岩、长城系石英砂岩、白云岩、泥灰岩等	滑坡44处、泥石流98处、崩塌40处
西南部中低山区	赞皇县西部、元氏县西部、井陉县南部等地区	587	79	该区地貌类型为中低山区，主要出露太古界赞皇群片麻岩、变粒岩、石英砂岩、大理岩及斜长角闪岩，风化、剥蚀强烈	滑坡23处、泥石流44处、崩塌12处

【不动产确权登记】 石家庄市不动产登记中心共设5处，分别为桥西大厅，位于红旗大街与槐安路交口西行100米路北；新华大厅，位于中华北大街19号石房大厦；裕华大厅，位于裕华东路150号国际丽都；长安大厅，北二环东路78号天洲国际；综合大厅，位于建国路与西里街交口西南角。落实国务院提出的实现不动产信息互通共享，督导各县（市、区）做好不动产信息登记工作，保证全市登薄量、发证量、登记证明等各类不动产登记数据及时有效上传河北省和自然资源部数据库。优化登记业务流程，建立“互联网+不动产登记”“一窗受理、并行办理”等制度，精简申请材料，市本级个人不动产变更登记、注销登记、更正登记、异议登记、查封登记实现即时申请，即时办结，个人购买商品房转移登记、经济适用房转移登记、已购公有住房转移登记（大宗件除外)和析产办结时限由3个工作日压缩至1个工作日。2019年，全市不动产登记发证121190本，二手房26415本，出具不动产登记证明185885份。

【自然资源执法监察】 开展用地专项行动违法整治工作。制定《石家庄市违法违规用地专项整治实施方案》，结合违建别墅清查整治，组织违法用地排查，建立整改台账，逐宗明确整改方式，坚持“以拆为主、拆补结合”的原则，对交通运输、民生公益、水利设施等公共基础设施项目未批先建问题，依法处罚到位后，按有关程序补办用地手续。全市违法违规用地1512宗，面积21576.82亩。其中合法面积4919.52亩，扣除合法用地应整改16657.3亩(交通运输用地9070.60亩)，整改到位7033.23亩。剩余9624.07亩违法用地中，交通运输违法用地7920.99亩，1703.31亩包括部分民生公益项目，已启动补办手续程序。严厉打击非法采矿行为，全方位开展打击盗采专项行动。全市涉矿县(市、区)摸排非法采矿、采砂、地热点267处，出动执法人员10001人次、车辆2997台次，处罚108起，扣压非法采矿大型机械170台，罚没款94.05万元。推进大棚房清理整治工作。模排各类农业园区298个，面积45.89万亩，其中生产设施面积4.44万亩，附属设施面积1682亩，配套设施面积459亩。违法违规“大棚房”问题项目45起，设施904个，耕地533亩。其中，Ⅰ类问题16个，面积83亩；Ⅱ类问题5个，面积16.3亩；Ⅲ类问题864个，面积365亩；附属及配套设施超标19个，面积68.7亩。涉及正定县、新华区、平山县、长安区、栾城区、裕华区、行唐县、灵寿县、桥西区、元氏县、鹿泉区、藁城区、高新区、赵县和高邑县15个县（市、区），已全部拆除整改到位。处置行唐县非法采砂破坏耕地问题。4月，行唐县自然资源和规划局依法查处安香乡笔尾村采砂破坏农田涉及12个地块，面积99.09亩。行唐县公安机关抓获涉案人员30人，刑事拘留10人，逮捕2人，上网追逃2人。6月23日，行唐县政府组织砂坑修复达到复耕标准。

（刘清振）

科学技术

Science & Technology

综　述

2019年，石家庄市争取河北省科技计划项目256项，资金1.99亿元，占全省科技资金（包括省直部门经费）22.01%，居全省各地市之首；市本级财政安排应用技术研究与开发专项资金（简称研发资金）1.04亿元。全年安排各类科技项目课题255项，科研经费6105万元，下达科学技术研究与发展自筹资金计划项目2批120项。多项科研项目获得国家和河北科技奖励。2019年石家庄市市域单位获得国家科学技术奖9项，其中，国家科技进步奖一等奖2项，国家科技进步奖二等奖5项，国家自然科学奖二等奖1项，国家技术发明奖二等奖1项。2019年石家庄市获得河北省科学技术奖95项，其中，河北省自然科学奖8项（一等奖1项、二等奖3项、三等奖4项）；河北省技术发明奖4项（一等奖1项、二等奖1项、三等奖2项）；河北省科学技术进步奖83项（一等奖17项、二等奖30项、三等奖36项）。河钢集团有限公司王新东获得河北省科学技术突出贡献奖。2019年全市推荐申报高新技术企业918家，新认定高新技术企业478家，高新技术企业总数累计达到1800家；认定科技型中小企业4059家，净增备案数量1832家，累计认定备案数量（有效期内）12622家；科技小巨人申报入库107家，省科技厅新入库备案97家，累计入库469家；新认定市级创新型企业32家，累计达到233家。

科技平台。新建省级各类科技创新平台46家，省级以上创新平台达到251家。其中，省级重点实验室9家，省级以上重点实验室75家；省级技术创新中心34家，省级以上技术创新中心162家；省级产业技术研究院3家，总数14家。新增科技企业孵化器11家，新认定省级科技孵化器6家，科技企业孵化器总数达到33家，其中，省级25个，国家级8个。新增市级众创空间26家、省级众创空间8家，总数达到127家，其中，省级69家，国家级28家。新增省级国际科技合作基地8家，总数达到46家；市级国际科技合作基地35家。建成院士工作站64家（市科技系统范围）。提升科技平台公共技术服务能力，增加共享服务平台入网大型仪器设备，整合高校、科研院所、企事业单位大型仪器设备6800台（套），入网专家1600多位，全年完成各类测试服务1.6万余次。新增省级新型研发机构试点培育单位12家，总数达到17家；拥有省级新型研发机构试点建设单位4家。

科技合作。落实《河北省加强创新能力开放合作实施方案》，构建广泛的国际合作网络，打造一批高质量开展国际科技合作服务的平台和载体，发挥国际科技合作在扩大科技开放与合作中的促进推动作用。全年新增省级国际科技合作基地8家，总数达46家，居全省首位。市级国际科技合作基地35家。全年获批省科技厅国际科技合作基地建设专项项目6项，支持资金250万元。全年支持3项市级国际科技合作计划项目。通过构建广泛的国际合作网络，进行跨国创新创业资源配置，构建起国际科技合作“桥梁”和“纽带”，促进技术成果、信息数据、创新人才、投融资服务等创新创业要素的跨境流动与开放共享。12月29日，石家庄科技中心凭借国际技术转移转化服务和科技创新孵化能力，被授予国际科技合作孵化基地首批试点单位。

科技服务。发挥科技大市场综合平台作用，提供科技情报和信息服务。全年开展课题研究9项，完成专项调研报告6项，发表论文9篇。其中，《石家庄市科技中小企业发展报告》在中央政策研究室主办的《学习与研究》发表。引进专利分析系统，深入企业推介科技文献资源服务，整合各类科技资源，更新统计指标数据库，摘录数据指标1150项，数据量近49万条。建成科技信息资源共享服务平台、科技统计数据网络平台以及科技成果第三方评价等平台。科技大市场与北京中关村天合科技成果转化促进中心共建技术转移服务平台，完成远程视频会议20次和对接培训活动12次，促成有意向合作项目30余项。挖掘企业需求520项，精准对接企业技术需求45项。新增科技中介服务机构4家，举办项目对接推介活动80场。启动科技创新券工作，98家创新服务提供机构为全市科技型中小企业提供创新创业服务，93家科技型中小企业注册并备案，51家企业申请创新券。选派工业企业科技特派员33名到企业开展科技指导和服务。

科技人才。深入实施“4+4”产业引才引智计划。为以岭药业等4个单位争取国家重点高端引智项目，奥星制药等5家单位争取省级重点引智项目，支持41个市级引智项目，通过项目聘请外国专家，引进不同领域不同层次技术人才。经形式审查、专家评审、现场考察等程序，确定9名专家为第四批引进高层次科技创新创业人才。推进企业院士工作站建设，新增院士工作站9家，总数达73家。建站单位紧扣生物医药、信息技术等“4+4”现代产业，组织开展技术咨询、学术研讨、论坛等学术交流活动，完成一批重大关键技术联合攻关。新认定市级引智工作站25家，开展各类科技交流合作19次，为企业搭建技术交流合作平台，促成一批技术项目的合作。推荐河北省“诺奖工作站”2家，推荐4名外国专家入选河北省“外专百人计划”评选。完善外国专家管理服务工作，核验发放专家工作许可证281张，其中外国高端人才A类许可证16张。争取5家外国专家公寓项目并获得5000万元奖补资金支持，吸引国内外高层次科技创新创业人才或团队来石家庄市创业发展。完成第五届15名科技领军人物、15个科技创新团队年度报告。受理2018年度8项高层次人才购房租房补贴、创业场地租赁等补贴申请，发放补贴经费137万余元。

县域科技创新。2019年桥西区、新华区、裕华区、栾城区、藁城区、鹿泉区、正定县7个县（市、区）科技创新能力评价被河北省确定为A类。2019年省科技厅公布全省县域科技创新能力监测评价报告，鹿泉区在参评168个县（市、区）中，综合得分最高，排名全省第一。2019年鹿泉区引进高层次创新创业团队8个，奖励高层次人才68人；认定市级以上众创空间9家，其中，国家级众创空间1家、省级2家、市级6家；认定市级以上科技企业孵化器6家，其中，国家级1家、省级4家、市级1家，入驻初创企业和团队120个；新增市级技术创新中心5家、省级技术创新中心6家，市级以上科技创新平台累计达到139家；建设“园中园”8个，新增入驻科技企业69家，总数累计达到199家，基本构建起“研发—交易—孵化—加速—成长”全链条创新创业培育体系。至2019年末，鹿泉区拥有中电科13所和54所2个国家级科技研发机构、1家国家级工程实验室、2家国家级企业技术中心、16家省级企业技术中心、5家省级工程实验室、12家省级技术创新中心、8家院士工作站、3家博士后创新实践基地和4家产业技术研究院。

（王金生　梁斐　侯彦波）

科学技术研究与发展计划

【概况】 2019年，全市科学技术研究与发展计划（简称科技计划）围绕石家庄市“十三五”时期科技创新规划确定的目标与任务，重点实施“重大科技专项、重点研发计划、科技服务能力提升计划、技术创新引导计划”四类科技计划。重大科技专项聚焦全市产业发展的重大技术需求和重大战略产品、重大产业化目标，集中力量在设定时限内进行集成式协同攻关，解决产业结构调整和转型升级的关键核心问题。重点研发计划以提升产业竞争力、企业自主创新能力为核心，加强跨部门、跨行业、跨区域研发布局和协同创新，促进产业结构调整和经济发展方式的转变。科技服务能力提升计划以提升全市整体科技创新和科技服务能力为核心，支持科技人才引进、科技创新平台及科技企业公共服务平台建设，提升创新人才团队、工业企业科技特派员和农业科技特派员等科技服务能力，提高全市科技创新的整体保障能力。技术创新引导计划以促进科技成果资本化、产业化为核心，充分发挥财政资金杠杆作用，通过政策引导，建立转化基金、引导基金、风险补偿基金等，引导和聚集社会资本，重点培育壮大科技型中小企业。全年根据国家产业政策、河北省经济发展方向，争取国家、省科技计划项目和资金支持；共争取河北省科技计划项目256项，资金1.99亿元，占全省科技资金（包括省直部门经费）22.01%，居全省各地市之首。

【经费安排】 2019年市本级财政安排应用技术研究与开发专项资金（简称研发资金）1.04亿元，其中，高层次人才引进2000万元，孵化资金专项300万元，市科技型中小企业创新资金800万元，众创空间补助870万元，星创天地370万元，安排计划资金6105万元。全年市科技局编制下发科学技术研究与发展计划1批，安排各类科技项目课题255项，经费6105万元；下达2019年石家庄市科学技术研究与发展自筹资金计划项目2批共120项。在全部科技计划项目中，重大科技专项项目10项，经费1000万元；重点研发计划183项，经费4350万元；科技服务能力提升计划60项，经费755万元；科技支撑197项，经费5309万元；成果推广15项，经费320万元；软科学15项，经费186万元；国际科技合作3项，经费60万元；科技创新平台建设23项，经费230万元；七大科技专项243项，经费5105万元。企业承担项目217项，经费5487万元；科研院所14项，经费243万元；高等院校8项，经费123万元；产学研合作项目85项，经费2232万元。

【实施效果】 2019年石家庄市通过实施科技计划，完善科技创新体系，引进吸纳科技人才，提升科技创新能力。深入实施创新驱动发展战略和人才强市战略，激励科技人才创新创业，引进院士4人，享受政府津贴专家1人，省、市管专家28人；吸引市外人才120人，其中省外人才86人，省外人才中京津人才44人，培养研究生104人。获得一批创新性成果，取得新产品、新材料196个，新工艺、新装置101个，计算机软件80个，新技术69项，发表论文244篇，出版著作3部，形成标准134项。获得一批自主知识产权成果：专利申请385件，其中发明专利申请152件，专利授权227件，其中发明专利授权45件。关键技术上取得重要突破，开发形成一批具有应用价值的技术成果，新增销售收入12.35亿元，新增利税2.69亿元，出口创汇4869万美元；培育农作物新品种22个，新品种推广面积75.9万亩，畜禽推广数量32.25万头（只），年总收入1.38亿元。节能减排，节煤0.98万吨，节电21.59万度，节水1.51万吨，减排废气26.95万立方米，减排废水60.51万吨。

（徐秀芳）

工业科技与高新技术

【概况】 2019年，全市推荐申报高新技术企业918家，新认定高新技术企业478家，高新技术企业总数达1800家。认定科技型中小企业4059家，净增备案数量1832家，累计认定备案数量（有效期内）12622家；科技小巨人申报入库107家，省科技厅新入库备案97家，累计入库469家；新认定市级创新型企业32家，累计达到233家。新建省级各类科技创新平台46家，省级以上创新平台总数达到251家。其中，省级重点实验室9家，省级以上重点实验室总数75家；省级技术创新中心34家，省级以上技术创新中心总数162家；省级产业技术研究院3家，总数14家。新增科技企业孵化器11家，新认定省级科技孵化器6家，科技企业孵化器总数达到33家，其中，省级25个，国家级8个。新增市级众创空间26家、省级众创空间8家，总数达到127家，其中，省级69家，国家级28家。帮助企业掌握高新技术企业认定条件、标准及国家关于高新技术企业的最新政策，举办高新技术企业认定培训会，参加培训企业人员500余人。围绕市委加快“4+4”现代产业发展和新兴战略产业发展，重点安排电子信息、先进装备制造、新材料等高新技术领域核心关键技术研发项目。选派工业企业科技特派员33人到企业开展科技帮扶，累计选派工业企业科技特派员10批331人次。新认定市级孵化器10家，全市孵化器总数达到33家，其中，省级孵化器25家，国家级孵化器8家。举办双创服务能力提升培训会，孵化器、众创空间管理人员近200人参加培训。全年云创空间接待来访咨询人员240余次，营业收入3945.72万元，纳税总额163.03万元，研发投入1924.57万元；企业人员738人，吸纳应届毕业生105人；拥有有效知识产权117项，其中发明专利1项，实用新型21项，软件著作权95项。河北省科技型中小企业52家（2019年新认定10家）；国家级科小5家；高新技术企业11家。推动科技服务业发展，按照河北省“双创双服”活动要求，制定高新技术企业培育、科技企业孵化载体提升等5个专项活动方案，邀请专家为企业把脉问诊，摸清企业实情，补强短板，激发企业释放新活力。

【科技企业孵化器】 全年新增科技企业孵化器11家，新认定省级科技孵化器6家，科技企业孵化器总数达到33家，其中，省级25个，国家级8个。制定《石家庄市人民政府办公室关于进一步推动科技企业孵化载体高质量发展的实施意见》（石政办发〔2019〕12号）、《市级科技企业孵化器年度绩效评价办法》（石科规〔2019〕4号），完善和调整现有政策。开展2019年度市级科技企业孵化器（加速器）认定和市科技企业孵化器2018年度绩效评价工作。新认定市级科技企业孵化器10家，对19家市科技企业孵化器开展2018年度绩效评价，其中9家优秀，8家合格。开展省级孵化器申报工作和省级众创空间备案的申报推荐工作，6家单位认定为省级科技企业孵化器，8家单位认定为省级众创空间。2019年11月，高新区出台科技企业孵化器发展规划（2019~2023年）。

表47　2019年石家庄市科技企业孵化器绩效评价结果一览表

序号	单　位	评价等级
1	石家庄市科技创新服务中心	优秀
2	石家庄高新技术创业服务中心	优秀
3	河北方大科技股份有限公司	优秀
4	石家庄日中天科技企业孵化器有限公司	优秀
5	石家庄天山科技工业园运营服务有限公司	优秀
6	石家庄鹿岛创业孵化器有限公司	优秀
7	方亿科技企业孵化器有限公司	优秀
8	石家庄云智科创企业孵化器有限公司	优秀
9	河北乘渡创业孵化器有限公司	优秀
10	石家庄北大中电科技园管理有限公司	合格
11	石家庄高新区科创孵化器有限公司	合格
12	石家庄能客创业孵化器有限公司	合格
13	河北金种子创业谷企业孵化服务有限公司	合格
14	河北创业基地投资管理有限公司	合格

续表

序号	单　位	评价等级
15	石家庄迦南教育科技有限公司	合格
16	河北磊创创业孵化器有限公司	合格
17	石家庄高新区金石孵化器有限公司	合格
18	石家庄颐高科技有限公司	合格
19	石家庄润江科技孵化器有限公司	合格
20	河北军鼎产业园运营有限公司	不合格
21	河北创客企业管理咨询有限公司	不合格

【众创空间】 3月1日，市科技局对外公布石家庄市第四批众创空间名单。经专家评审、现场考察及网上公示，认定26家市级众创空间。新增众创空间分别为：聚V新媒体众创空间，石家庄乾华退役军人众创空间，中浩华众创空间，海思众创空间，青态度众创空间，河北金航众创空间，非凡众创空间，柴火创客空间，河北交通职业技术学院众创空间，新农人众创空间，矿区众创空间，石家庄奋福众创空间有限公司，诚信空间，云海众创洛驿众创空间，联创众创空间，圣兰众创空间，深泽创吧，金地国际众创空间，石家庄循环化工园区恩健众创空间，朗玛新媒体众创空间，圣火众创空间，石家庄众美·优客工场，常山智汇众创空间，扬众创空间和能客文创空间。本次评定落实河北省打造创新创业高质量发展“双创”升级版的要求，在用户创新、开放创新、协同创新、大众创新趋势下搭建新型创业服务平台。为创客提供良好的工作空间、网络空间、社交空间和资源共享空间。对2016年和2017年市级认定的78家众创空间进行绩效评价，其中21家优秀，19家良好。

【科技服务平台】 全市科技部门依托公共服务平台开展“中小企业发展培育大讲堂”系列活动24场，参与活动人数达1400余人次。石家庄国际生物医药技术服务平台，平台共有检测人员17人，国际法规注册专员9人，研发人员6名。平台共完成检测项目4217项，出具检测报告742份。全年新增服务企业14家，累计服务企业82家。协助工厂通过欧洲官方审计1次，非洲GMP审计1次，实施委托审计约20次含国外1次（审计日本工厂）。接待各种企业机构，政府及客户现场参观约50余人次；石家庄中药现代化技术公共服务平台为河北美信医药科技有限公司、石家庄格瑞药业有限公司等企业提供药品研发和检测服务等专业技术服务30多次。接待各政府单位、高校、企业机构和外国同行参观咨询20余次；石家庄市大型仪器设备共享平台，整合高校、科研院所、企事业单位的大型仪器设备共6800台（套），其中石家庄地域内共计3646台（套），入网专家1600多位；共享服务平台门户网站访问量达2万人次，完成各类测试服务1.6万余次；知识产权公共服务平台共服务博广热能股份有限公司、华北制药集团等中小企业85家。免费向企业、特别是孵化企业提供各种知识产权的咨询服务423次，其中专利、商标及著作权申请咨询342次，专利交易咨询63次，维权及其他知识产权相关咨询43次，植物新品种保护等其他知识产权相关咨询12次。提供免费专利检索及商标检索服务431次，办理专利申请案件103件，商标注册案件46件，软件著作权登记38件，年费托管及著录项目变更65件，代理侵权、无效诉讼案件1起；京石软件质量检测公共服务平台，全年共完成24个测试项目。所服务的企业涉及电子政务、电商、金融等多个领域，进行委托测试和登记测试等软件产品质量检测服务；石家庄大健康产业服务平台，2019年专家库新增专家20人，建立健康档案700余份，搜集患者病例信息600余份。与上海派森诺生物科技股份有限公司、杭州颉码基因医疗科技有限公司、河北博健明生医学检验实验室进行基因检测项目合作。与上海创迈医疗器械有限公司建立医疗器械专利成果转化合作；新媒体微电商创业服务平台入驻电子商务及电子商务服务企业22家，电子商务交易额突破2200万元。

【市科技创新服务中心】 2019年市科技创新服务中心（简称市科技中心）新增孵化企业31家，孵化企业累计达到511家；在孵企业181家（含孵化器+众创空间）。至2019年底，市科技中心共有国家级科技型中小企业45家，省级科技型中小企业113家（新认定25家）；高新技术企业47家；科技小巨人企业6家，河北省农业科技小巨人2家；瞪羚企业2家；从业人员5739人，吸纳新就业大学毕业生161人；营业收入10亿元，研发投入1.2亿元，纳税金额5540.3万元；拥有有效知识产权数量167件，其中，发明专利21件，实用新型76件，软件著作权68件。市科技中心是省科技厅认定高科技企业培育服务机构，主要通过开展高新技术企业申报宣传、举办“高新技术企业申报培训会”、发放宣传资料等方式，帮助企业了解高新技术企业认定管理办法、申报条件和流程及国家各项扶植政策。2019年市科技中心高新技术企业后备培育库新增企业116家，累计入库460家，其中成功认定高新技术企业74家。组织孵化企业参加各类创新创业大赛，举办赛前辅导培训4场，19家企业在各类比赛中获得奖金14万元。

【科技创新券】 科技创新券是由政府向科技型中小企业和创新创业团队免费发放的权益凭证，主要用于鼓励科技型中小企业和创新创业团队利用高等院校、科研院所等创新服务提供机构的资源开展研发活动和科技创新。2019年石家庄市科技部门审核省科技创新券申请22个，发放创新券金额50.4万元；审核服务合同备案20个，创新券备案使用金额53.4万；审核兑付申请11个，拟兑付金额20.3万；审核创新主体注册12家。举办市科技创新券政策宣讲及培训会3场，发放相关资料达500余份。新增创新券服务提供机构24家，创新服务提供机构达到98家。至2019年底，全市共有93家科技型中小企业注册并备案，其中有51家企业申请创新券234.36万元，通过合同备案的143.91万元；提供服务的创新券服务提供机构13家，其中有10家创新服务提供机构提交27个创新服务合同，兑付申请金额为115.41万元。2019年6月，组织开展石家庄市科技创新券第一批兑付评审相关工作，提交审核兑付申请的项目17个，涉及创新券金额74.56万元。至2019年底，全市第二批科技创新券兑付正在进行评审相关工作。

（何新会）

社会发展领域科技进步

【概况】 2019年，全市以生物医药、环境治理、化学工业、建材冶金等领域科技进步发展为重点，实施生物医药重大科技专项、重点新产品开发计划等项目，支持生物医药关键技术研发14项，资金385万元；围绕大气污染防治、节能降耗、控污减排、新能源开发、资源综合利用等关键技术研究，全市安排节能环保项目18项，资金165万元；重点开展科技强警、食品安全、城市管理、重大灾害监测及应急救援、安全生产与劳动保护5项关键技术攻关，支持防灾减灾、公共安全、城市管理等民生领域发展，投入资金125万元。加强医疗卫生技术创新，安排石家庄市科学技术研究与发展自筹计划91项。全年在民生科技、生物医药、资源与环境、科技冬奥等专项，争取河北省科技计划项目16项，资金790万元。

【生物医药技术创新】 石家庄市通过实施生物医药重大科技专项、新产品开发计划等项目，以体制机制创新和科技创新为核心，推动全市生物医药产业转型升级。全年安排生物医药创新项目14项，重点支持国家Ⅰ类新药的研究与开发，国际重大到期专利药抢仿，具有自主知识产权的化学药的研究与开发，生物技术及其药物的研究与开发，中药新药的研究与开发，制剂技术研究、药物新剂型和新型药用辅料研究与开发等方向的项目。主要有石药集团欧意药业有限公司的“盐酸奥昔布宁片渗透泵缓释制剂研究开发”、石家庄四药有限公司的“醋酸钠林格注射液产业化开发”、河北科博莱特医药科技有限公司的“新型质子泵抑制剂富马酸沃拉诺赞的研制”、河北宇辰医药科技有限公司的“国内首仿利福平口服混悬溶液剂的研究开发”、河北爱尔海泰制药有限公司的“盐酸氨溴索注射液的一致性评价研究”、河北省健海生物芯片技术有限责任公司的“DNA甲基化技术在非小细胞肺癌早期筛查中的应用研究”、河北一品制药股份有限公司的“酶法制备门冬氨酸鸟氨酸原料及注射液的研发”、石药集团中诺药业（石家庄）有限公司的“注射用头孢呋辛钠一致性评价研究”等。

【节能环保技术创新】 围绕大气污染防治、节能降耗、控污减排、新能源开发、资源综合利用等关键技术研究，全市安排节能环保项目18项。主要有嘉诚环保工程有限公司的“含铁酸洗废液资源化高效利用及零排放技术研究”、石家庄汉创环保科技有限公司的“中高浓度有机废气循环吸附回收技术研究及产业化”、河北洁城新型建材有限公司的“废旧沥青混合料厂拌热改性再生关键技术开发与应用”、河北三楷展创建材有限公司的“改性片麻岩尾矿砂在预拌混凝土预拌砂浆中的应用研究”、河北蓝栋环保科技有限公司的“装配式可移动循环水冲生态厕所”、河北昊源环境工程有限公司的“新型非均相芬顿催化氧化系统开发与应用”、河北辛大洲环保科技有限公司的“供热系统自动控制与烟气热能利用技术的研究”、河北鸿海环保科技有限公司的“水质多参数监测岸边站”、河北永新包装有限公司的“复合软包装烘干系统环保工艺研究”等，加速环保产业发展，引领生态环境精准治理，推进全市环境保护和节能减排领域的技术创新。

【公共安全科技创新】 重点开展科技强警、食品安全、城市管理、重大灾害监测及应急救援、安全生产与劳动保护等民生领域关键技术攻关，重点支持石家庄市义德隆机电设备制造有限责任公司的“矿井安全管控综合调度系统”、河北智联环保科技有限公司的“公共卫生间排泄物无害化处理关键技术的研究与应用”、河北博士林科技开发有限公司的“城市可视化安保防控指挥作战平台”、石家庄中岗智能设备有限公司的“公路隧道车辆实时监测系统开发”、石家庄市地震监测分析预报中心的“基于活断层探测结果的石家庄市抗震防灾空间布局研究”等项目，推进社会安全科技事业技术创新。

（周林林）

科技合作与交流

【概况】 2019年，全市共有科技合作基地90家，其中，国家级国际科技合作基地9家，省级国际科技合作基地46家，市级国际科技合作基地35家；新增省级国际科技合作基地8家，建成院士工作站64家（市科技系统范围）；获批省科技厅国际科技合作基地建设专项项目6项，支持资金250万元。落实《河北省加强创新能力开放合作实施方案》，印发《石家庄市加强创新能力开放合作实施方案》（〔2019〕133号），支持市级国际科技合作计划项目3项。组织举办“2019石家庄·国际生物医学技术创新发展论坛”“2019石家庄·国际节能环保与可持续发展高端论坛”“2019石家庄·国际特色农业技术培训及项目对接会”，引进国（境）外高端专家团队，推介国际行业先进技术，对接科研成果和市场需求，为市域内企业转型升级、打造新的产业优势提供智力支撑。4月14～15日，市科技局组织20多家高新技术领域企业参加在深圳市举行的第十七届中国国际人才交流大会；设置河北省唯一市级展区——“石家庄”展区，发布高层次人才需求54个、技术引进需求90个；河北依维沃生物科技有限公司、河北爱能生物科技股份有限公司、河北诺亚海创人力资源服务有限公司3家单位企业与英国、芬兰和澳大利亚的高科技企业签订合作意向书。全年采取对接会、推介会等形式，引进或协助引进顶尖人才及团队80余人。

【国际科技合作基地】 2019年全市共有科技合作基地90家，其中，国家级国际科技合作基地9家，省级国际科技合作基地46家，市级国际科技合作基地35家。新增省级国际科技合作基地8家，建成院士工作站64

家（市科技系统范围）。石家庄润柏医药科技有限公司与爱尔兰百美达动保制药集团共同合作建立“中欧联合实验室”，天俱时工程科技集团有限公司与澳大利亚新南威尔士大学共建“催化技术联合研究中心”，河北博海生物工程开发有限公司与中美多家医疗机构联合启动“肿瘤多靶点诊疗整体解决方案国际合作多中心研究项目”，石家庄市科技创新服务中心与意大利热那亚科技园共建“中意企业创新（河北）孵化器”，石家庄天泉良种奶牛有限公司与美国公司共建“河北省动物生物工程科技创新中心”，石药集团围绕5大重点疾病领域设立4个海外研发中心，河北常山生化药业股份有限公司与美国公司签订“中美合作研发长效治疗糖尿病药物艾本那肽协议”。各基地通过搭建国际合作平台，签署国际合作协议，拓宽基地国际科技合作领域和国际技术转移渠道。“引进来”和“走出去”并举，组织开展学术交流、技术论坛、现场指导等各种形式的国际科技交流活动，起到科技引领、成果融合、技术创新、信息共享的作用。

【国际科技交流】 河北医科大学第四医院邀请美国、英国等16批38人次的专家来进行学术交流和访问，15名医生赴美国、英国等国家进修学习，与芝加哥大学、加州大学等多所院校、医院搭建新的交流平台，达成合作意向；天俱时工程科技集团有限公司每年举办的“天俱时科技论坛”，邀请国内外专家作为主讲嘉宾，搭建产学研国际交流合作平台；中国电子科技集团公司第十三研究所每年邀请50多人次半导体技术领域国外专家学者来华进行访问讲学、技术交流和技术指导，每年出国培训、进修近100人次。石家庄藏诺生物股份有限公司与俄罗斯科学院生化与基因研究所合作的“国家一类抗肿瘤创新药—虫草素冻干制剂”项目，开展纳米生物制剂的研发工作及虫草素制剂的工业化生产；冀凯河北机电科技有限公司与澳大利亚合作实施“煤矿用远距离智能控制钻车的联合研发”项目，实现年产值1200万元；华北制药集团新药开发有限责任公司与美国MTTI公司在抗狂犬病毒单抗方面的联合研发被列为国家“重大新药创制”，已完成Ⅰ、Ⅱ期临床试验，正在开展Ⅲ期临床试验研究；石家庄市农科院2010年起与澳大利亚西澳大学合作开展“小麦抗赤霉病和基腐病基因克隆和新材料培育研究”，获得抗病的小麦新品系、新材料400份，发表论文14篇；石家庄盛华企业集团有限公司与德国布斯特精密铸造有限公司联合开展汽车零部件轻量化精密铸造技术联合研发项目研发，实现复杂结构精密部件整体精铸成型，实现节能降耗，具备耐高温的特性，对比原生产工艺节约能耗23%；石家庄以岭药业股份有限公司研发的连花清瘟胶囊美国二期临床研究在弗吉尼亚州正式启动；河北爱能生物科技股份有限公司承担科技部国际合作计划“脱细胞组织工程支架的联合研发”项目，在俄方专家指导下临床研究；河北博海生物工程开发有限公司陆续引进诺贝尔奖获得者乔治·斯穆特教授等6位海外顶尖人才，在医学分子诊断、肿瘤靶向诊断和治疗领域的国际合作及技术创新发展起到示范带动作用；石家庄君乐宝乳业有限公司聘请加拿大朱宏博士担任研发管理中心总经理，与加拿大、美国、欧洲等多所高校和科研院所保持密切的联系，公司具有代表性研究成果数量8项，其中2项获得河北省科技进步一等奖，1项获得河北省山区创业二等奖，授权发明专利4项，SCI收录2篇。

【科技洽谈】 邀请5家北京科技服务业客商参加石家庄（北京）“4+4”现代产业投资合作洽谈会。邀请14家高科技企业参加“2019中国·廊坊国际经济贸易洽谈会”。组织全市50余家数字经济相关领域的高新技术企业参加2019中国国际数字经济博览会、数字经济“独角兽”、新一代人工智能主题活动。组团参加第二十二届北京国际科技产业博览会，天俱时工程科技集团有限公司、石家庄禾柏生物技术股份有限公司、石家庄市农林科学研究院等有关企事业单位参加河北展区展览；发放宣传资料300余份，接待洽谈200人次，达成合作意向2项，32个招商项目入选《2019年中国·河北高新技术产业项目推介册》。一然生物、天俱时和市农科院等单位参加省科技厅“中科院专家河北行”专项对接活动，促成北京交通大学、中科院微生物研究所与石家庄工业泵厂有限公司、河北一然生物科技有限公司等签订科技项目合作意向书。参加河北省科技厅组织的河北—芬兰智慧城市建设交流对接会、上海浦江创新论坛、中国国际智能产业博览会、中俄创新对话等展会活动。

（张文涛　李智）

科学技术普及

【概况】 2019 年，石家庄市科技部门围绕《全民科普素质行动计划纲要》，开展科普宣传和科普活动。1月16 日，石家庄市文化科技卫生“三下乡”集中服务活动在灵寿县中山广场启动，石家庄市直 43 家成员单位结合灵寿县经济社会发展实际，专门谋划支持的资金、物资、项目总额逾 2.62 亿元，争取信贷额度超 6 亿元。市科技局科技下乡服务队在活动现场接受群众科技咨询，解答各类农村节能减排、种植养殖、知识产权等问题。5月17 日，石家庄市 2019 年科技活动周集中宣传活动在新华区石太公园举办。全市科普联席会成员单位和新华区相关单位，以及正定科技馆等50 余家单位，开展以“科技强国 科普惠民”为主题的科技咨询服务、宣传展览、专家义诊活动。共展出展板500 余块，发放各类科普书籍、图册、明白纸 32000 余册，接受群众咨询 9000 余人次。在2018 年度全省县域科技创新能力检测评价中，鹿泉区、裕华区、桥西区被评为 A 类县（市、区），落实省级奖励资金 900 万元。新华区、正定县、长安区、藁城区和栾城区 5 个县（区）被评为 B 类。

【科技活动周】 5 月 17 日，石家庄市科技活动周开幕式及集中宣传活动在新华区石太公园举行。全市科普联席会成员单位、新华区相关单位和正定科技馆等50 余家单位相关人员参加活动，本次活动以“科技强国 科普惠民”为主题，普及科技知识，增强科技意识，激发公众参与创新的热情，突出展示科技创新成就，凸显科技创新对经济社会发展的支撑作用，营造鼓励创新、支持创新的良好风尚。市科普联席会各成员单位围绕“科技强国 科普惠民”主题，结合各自行业特点，开展环境保护、健康低碳生活方式、防病治病、减灾防灾、新成果展示、技术咨询、义诊等科技活动。正定科技馆展出科普知识展牌、科普大篷车及天文观测车、车载天象厅等科普仪器设备。活动当天展出展板500 余块，发放各类科普书籍、图册、明白纸 32000 余册，接受咨询 9000 余人次。

【科普统计】 2019 年 8 月 14 日，石家庄市科技部门完成 2018 年度科普统计工作。按照国家和河北省科普统计调查方案的要求，制定石家庄市科普统计方案，召开 2018 年度科普统计工作会议，对各县（市、区）和市直有关部门开展科普统计宣传和培训，并安排部署后期统计工作。本次科技统计共涉及县（市、区）及市直有关部门 487 个单位的数据的收集、审查、整理、汇总和分析，内容包括科普人员、科普场地、科普经费、科普传媒、科普活动以及创新创业科普 6 个方面 124 项指标。统计数据显示，2018 年全市有科普工作人员 591 人，科普活动场地 116 个，其中城市社区 28 个、农村 88 个，宣传用车 4 辆，科普宣传经费 88.7 万元，全年电视台播出科普节目时间达 196 个小时，发放科普资料 31.9 万件。全市开展科普知识讲座148 次，举办科普展览 34 次，举办科普知识竞赛 6 次，举办科普专题活动 78 次，全部科普活动参与人员 9.96 万人。

（张金辉　刘佳栋）

科学技术奖励

【概况】 2019 年，石家庄市市域单位获得国家科学技术奖 9 项，主持完成获奖项目 1 项，参与完成获奖项目 8 项。其中，国家科技进步奖一等奖 2项，国家科技进步奖二等奖 5 项，国家自然科学奖二等奖 1 项，国家技术发明奖二等奖 1 项。河北以岭医药研究院有限公司主持研发的“中医脉络学说构建及其指导微血管病变防治”项目和河北立德电子有限公司参与完成的“高光效长寿命半导体照明关键技术与产业化”获得国家科技进步奖一等奖。2019 年石家庄市获得河北省科学技术奖 95 项。其中，河北省自然科学奖8项（一等奖 1 项、二等奖 3 项、三等奖 4 项）；河北省技术发明奖 4 项（一等奖 1 项、二等奖 1 项、三等奖 2 项）；河北省科学技术进步奖 83 项（一等奖 17 项、二等奖 30 项、三等奖 36 项）。河钢集团有限公司王新东获得河北省科学技术突出贡献奖。

【国家科学技术奖】 2019 年石家庄市域单位获得国家科学技术奖 9 项，其中，国家科技进步奖一等奖 2 项，国家科技进步奖二等奖 5 项，国家自然科学奖二等奖 1 项，国家技术发明奖二等奖 1 项。主持完成获奖项目1项，参与完成获奖项目 8 项。河北以岭医药研究院有限公司主持研发的“中医脉络学说构建及其指导微血管病变防治”项目实现河北省主持完成项目连续两年摘得国家科技进步一等奖。

表48　2019 年度石家庄市域单位获得国家科学技术进步奖一等奖

序号	项目名称	完成单位	主要完成人
1	中医脉络学说构建及其指导微血管病变防治	河北以岭医药研究院有限公司等	吴以岭　杨跃进　贾振华　李新立　黄从新　杨明会　曹克将　董强　吴伟康　曾定尹　温进坤　高彦彬　周京敏　魏聪　郑青山
2	高光效长寿命半导体照明关键技术与产业化	河北立德电子有限公司等	朱晓东(第 8 完成人)

表49　2019 年度石家庄市域单位获得国家科学技术进步奖二等奖

序号	项目名称	完成单位	主要完成人
1	饲草优质高效青贮关键技术与应用	河北省农林科学院农业资源环境研究所等	刘忠宽(第 6 完成人)
2	重载列车与轨道相互作用安全保障关键技术及工程应用	石家庄铁道大学等	刘鹏飞(第 4 完成人)
3	长大深埋挤压性围岩铁路隧道设计施工关键技术及应用	石家庄铁道大学等	刘志春(第 5 完成人)
4	药物新制剂中乳化关键技术体系的建立与应用	华北制药股份有限公司 华北制药集团新药研究开发有限责任公司等	张雪霞(第 2 完成人) 刘树林(第 7 完成人) 王会娟(第 8 完成人)
5	北方玉米少免耕高速精量播种关键技术与装备	河北农哈哈机械集团有限公司等	吴运涛(第 10 完成人)

表50　2019 年度石家庄市域单位获得国家科学技术发明奖二等奖

序号	项目名称	完成单位	主要完成人
1	东北玉米全价值仿生收获关键技术与装备	河北中农博远农业装备有限公司等	张立波(第 6 完成人)

表51　2019 年度石家庄市域单位获得国家自然科学奖二等奖

序号	项目名称	完成单位	主要完成人
1	碰撞型斑岩铜矿成矿理论	河北地质大学等	高永丰(第 3 完成人)

【河北省科学技术奖】 2019年石家庄市获得河北省科学技术奖95项。其中，河北省自然科学奖8项（一等奖1项、二等奖3项、三等奖4项）；河北省技术发明奖4项（一等奖1项、二等奖1项、三等奖2项）；河北省科学技术进步奖83项（一等奖17项、二等奖30项、三等奖36项）。河钢集团有限公司王新东获得河北省科学技术突出贡献奖。

表52 2019年度石家庄市获得河北省自然科学奖一等奖

序号	项目名称	完成单位	主要完成人
1	纳米材料的生物学效应及其应用基础研究	河北师范大学 国家纳米科学中心 中国科学院深圳先进技术研究院	常彦忠 于鹏 陈春英 耿丽娜 李洋

表53 2019年度石家庄市获得河北省自然科学奖二等奖

序号	项目名称	完成单位	主要完成人
1	均匀分散的纳米银/聚合物生物抗菌材料的结构调控及其缓释机制	河北科技大学 天津大学	安静 王德松 罗青枝 李雪艳 袁晓燕
2	模糊Domain理论的研究	河北科技大学	姚卫
3	强子物理的手征有效场论研究	河北师范大学	郭志辉 郭旭琨

表54 2019年度石家庄市获得河北省自然科学奖三等奖

序号	项目名称	完成单位	主要完成人
1	猪笼草滑移区反附着机理与致灾农业昆虫捕集滑板仿生研制	河北科技大学 中国农业大学 中国人民解放军陆军装甲兵学院	王立新 周强 董世运 黄风山
2	高性能碳捕集吸收剂构建及其反应动力学	河北科技大学 河北京诚暨发工程技术咨询有限公司 中国科学院过程工程研究所 河北爱尔工业互联网科技有限公司	申淑锋 杨亚男 边阳阳 赵月
3	阿片类物质成瘾及胆囊收缩素干预机制研究	河北医科大学	马春玲 丛斌 文迪 张国忠 于峰
4	非线性偏微分方程的对称性及守恒律	河北经贸大学 聊城大学 北京理工大学	王岗伟 刘希强 许天周

表55　2019年度石家庄市获得河北省技术发明奖一等奖

序号	项目名称	完成单位	主要完成人
1	土体水分迁移实时测试关键技术及工程应用	石家庄铁道大学 石家庄铁路职业技术学院 中国铁路总公司工程管理中心	冯怀平 常建梅 叶朝良 李立增 张伏光 魏亚辉

表56　2019年度石家庄市获得河北省技术发明奖二等奖

序号	项目名称	完成单位	主要完成人
1	多能源发电微电网高可靠性控制技术	国网河北省电力有限公司电力科学研究院 国网河北能源技术服务有限公司 国网河北能源技术服务有限公司 北方工业大学 中国电力科学研究院有限公司	范辉 孟良 高志强 胡长斌 李建林 高骏

表57　2019年度石家庄市获得河北省技术发明奖三等奖

序号	项目名称	完成单位	主要完成人
1	具有图案识别功能的制服带柄扣自动钉扣机	际华三五零二职业装有限公司	李海涛 刘旭明 吴彦君 马永树 任俊芳 白勇
2	隧道结半导体激光器	中国电子科技集团公司第十三研究所	陈宏泰 车相辉 宁吉丰 王彦照 曹晨涛 张岩

表58　2019年度石家庄市获得河北省科学技术进步奖一等奖

序号	项目名称	完成单位	主要完成人
1	天通一号卫星移动通信系统终端核心芯片组及应用	中国电子科技集团公司第五十四研究所 中国电子科技集团公司第十三研究所	王艳君 王力男 吴洪江 汪春霆 肖娜 张庆业 张开禾 吴果 李明光 王绍东
2	化工核心设备用特厚钢板的研发及产业化应用	河钢集团有限公司 舞阳钢铁有限责任公司 东北大学 兰州兰石重型装备股份有限公司 中石化洛阳工程有限公司	于勇 付天亮 邓建军 张凯 张国信 李建朝 李杰 龙杰 吴艳阳 袁锦程
3	光电显示用低脆性高柔性玻璃基板生产技术与设备开发	东旭集团有限公司， 东旭光电科技股份有限公司	李青 斯沼阳 郑权 李赫然 王丽红 胡恒广 张广涛 李学锋 李保臣 张朝
4	高速公路混凝土桥面铺装层高品质快速维修成套技术及工程应用	石家庄铁道大学 河北省高速公路管理局 河北省高速公路荣乌管理处 河北省高速公路京秦管理处	王伟 赵宝平 吴立朋 史磊 孔丽娟 沈英明 郭永辉 吴勇往 常江芳 杨国敏

续表

序号	项目名称	完成单位	主要完成人
5	水性工业工程功能防护涂料的开发及推广应用	河北科技大学 河北晨阳工贸集团有限公司 衡水新光新材料科技有限公司	唐二军 徐小东 王瑞宏 董立志 刘艳菲 郭晓峰 姚蒙蒙 胡中源 刘占川 田海水
6	钒铬共提清洁生产关键技术及产业化应用	河钢集团有限公司 中国科学院过程工程研究所 河钢股份有限公司承德公司	杜浩 王新东 张懿 李兰杰 郑诗礼 柳朝阳 刘彪 高明磊 王少娜 卢明亮
7	全向行驶侧向作业电动防爆装运车关键技术及应用	中国人民解放军陆军研究院特种勤务研究所 河北工业大学 宁波如意股份有限公司 衡阳合力工业车辆有限公司	穆希辉 杜峰坡 段国林 罗磊 冯振礼 马振书 姜志保 卞学良 张根社 陈龙
8	分布式光伏智能运维及优化控制系统的关键技术与应用	石家庄科林电气股份有限公司 广西大学 河北工业大学	陈洪雨 叶进 李练兵 常生强 陈贺 袁玉宝 高胜国 曹晓光 李晓楠 王会平
9	低熟料胶凝材料绿色高性能混凝土综合技术与应用	河北省建筑科学研究院有限公司 金泰成环境资源股份有限公司 石家庄市长安育才建材有限公司 石家庄铁道大学 北京科技大学	付士峰 刘娟红 王彩辉 倪文 张广田 谷峪 王进春 郝军中 任书霞 汤畅
10	智能化装配式建筑预制混凝土构件制造技术与装备	石家庄铁道大学 河北新大地机电制造有限公司 河北省机电一体化中试基地 中铁十一局集团汉江重工有限公司	韩彦军 庞增拴 梁晓 马月辉 张淑凡 赵青龙 李敏霞 张建超 王勇 郭文武
11	高性能屈曲约束支撑减震关键技术及应用	中土大地国际建筑设计有限公司 华南理工大学 北京堡瑞思减震科技有限公司	赵俊贤 郝贵强 齐建伟 杜永山 石晓娜 韩伟 张雷 王湛 迟雪晶 孙建伟
12	西瓜抗病、耐低温、耐贮运种质创制与新品种选育及应用	河北省农林科学院经济作物研究所 北京市农林科学院 河北双星种业股份有限公司	武彦荣 许勇 党继革 潘秀清 任毅 高秀瑞 李冰 张敬敬 史宇凡 赵新芳
13	发酵类免疫抑制药物的关键技术开发及产业化	华北制药集团新药研究开发有限责任公司 华北制药股份有限公司 中国医药集团总公司四川抗菌素工业研究所	高健 张雪霞 褚以文 郑智慧 路新华 王欣荣 苟小军 任风芝 任乐民 宫晓平
14	中药配方颗粒质量控制与标准研究和产业化	河北中医学院 神威药业集团有限公司	牛丽颖 陈钟 田伟 李军山 安丽娜 田宇柔 王相 屈云萍 姜国志 高晗

续表

序号	项目名称	完成单位	主要完成人
15	256螺旋CT、MRI、DSA新技术在心脑血管病变的应用研究	河北医科大学第二医院 河北大学附属医院 石家庄市第一医院	李彩英 殷小平 高不郎 王勇 刘怀军 刘晓伟 郭福倩 潘彤 张晖 胡娜
16	中国骨折流行病学调查及其应用	河北医科大学第三医院	陈伟 张英泽 吕红芝 侯志勇 朱燕宾 刘松 赵海涛 杨光 刘勃 殷兵
17	女性生殖系统重建的临床应用与基础研究	河北医科大学第二医院	黄向华 张敬坤 张明乐 李亚楠 张琳 杜彦芳 刘义彬 张志强 孔德胜 王振海

表59 2019年度石家庄市获得河北省科学技术进步奖二等奖

序号	项目名称	完成单位	主要完成人
1	卵巢上皮性癌发生发展的生物学行为研究	石家庄市第四医院	吴小华 李冬秀 周楠 郭清 孙亚楠 李娜 刘全 王蓓 王东晖 刘静
2	肝素衍生物系列产品产业技术成果转化	河北常山生化药业股份有限公司	李志永 白文举 陈静 王旭亮 李志敏 杨帆 牛梦天
3	高端头孢类抗生素医药产品绿色精制关键技术与产业化	华北制药河北华民药业有限责任公司 天津大学	孙燕 龚俊波 胡利敏 周晓冰 尹秋响 张锁庆 王永莉 高建军 鲍颖 杨梦德
4	平方公里阵(SKA)中国验证天线	中国电子科技集团公司 第五十四研究所	杜彪 郑元鹏 伍洋 卢雨 王海东 刘国玺 赵均红 师民祥 李金良 耿旭光
5	机械装备状态监控与安全管理关键技术及应用研究	石家庄扬天科技有限公司 中国人民解放军陆军工程大学 石家庄校区	程中华 童晓帆 王亚彬 温亮 贾云献 路晓波 赵建民 胡起伟 白永生 杨萍
6	土木工程抗震防灾与节能减排关键技术及应用	河北地质大学 上海交通大学 河北科技大学 中国建筑第七工程局有限公司	曹秀玲 王玉璋 李敏红 于海丰 翟志强 吴会阁 岳沐慈 李建明 王俊锋
7	河北葡萄酒产区特色酵母菌选育及葡萄酒产业提质增效技术体系研究	河北科技大学 中国长城葡萄酒有限公司 中粮华夏长城葡萄酒有限公司 秦皇岛金樽酒业有限公司	李艳 韩朝武 贺艳楠 罗飞 商华 梁国伟 卢九伟 周志波 王焕香

续表

序号	项目名称	完成单位	主要完成人
8	高效柔性吸波材料的开发与机理研究	河北科技大学 河北神惠纺织有限公司 石家庄明大新工贸有限公司 河北滋森纺织有限公司	魏赛男 石宝 阎若思 李向红 阴建华 张威 张文利 姚越 于秀娟
9	钢铁渣、尾矿高效活化与协同利用生产建筑材料	河北科技大学 河北百乘建材有限公司 河北晶磊防水防腐工程有限公司	赵风清 刘少杰 张志国 曹素改 刘洪杰 陈建波 李配欣 李鹏冠 李倩 刘满超
10	油水井用复合解堵技术的开发和应用	河北科技大学 河北化工医药职业技术学院 河北冀衡集团有限公司 石家庄卫科生物科技有限公司	吴海霞 张炳烛 王奎涛 张俊亚 翟朋达 王大伟 王新宽 贾丹丹 徐永玉 何东龙
11	气体分子硫化氢在高血压发病机制中的研究及临床应用	河北医科大学	武宇明 金胜 滕旭 郭琪 薛红梅 肖琳 段肖翠
12	河北省代表性区域特色中药资源保护利用	河北中医学院 河北省中医药科学院 河北师范大学 河北省农业特色产业技术指导总站	裴林 郑玉光 赵建成 孙国强 张丹 石艺杰 何培 李琳 付正良 甄云
13	华北地区新农村绿色小康住宅技术研发与应用	河北省建筑科学研究院有限公司 华北理工大学 河北科技大学	赵士永 付素娟 初建宇 强万明 李贵霞 郝雨杭 滕仁栋 秦学 李占文 李旭光
14	超大口径长距离 HDPE 输水管道工程成套技术研究与应用	河北省水利科学研究院 河北省水利水电第二勘测设计研究院 河北省水利工程局 河北泉恩高科技管业有限公司	朱永涛 耿运生 王文田 马述江 张栓堂 王洪培 靳翠红 张志华 武孟元 朱瑞霞
15	心肌重构的分子生物学机制及干预研究	河北省人民医院	齐晓勇 党懿 李英肖 张飞飞 杨倩 刘惠良 李鑫柠 秦晨
16	新生血管性黄斑变性的关键分子机制与治疗的系列研究	河北医科大学第二医院	尚庆丽 马景学 郝玉华 安建斌 王鑫 王彩霞 陈鹏飞
17	线粒体靶向治疗药物在缺血再灌注损伤中的应用探索	河北医科大学第二医院	毕伟 张彦荣 高翔 毕悦 李锰 王志波
18	序贯性手术路径在腹腔镜胰十二指肠切除术的应用	河北医科大学第二医院	张建生 李秋生 王天阳 刘学青 刘建华
19	脊柱脊髓损伤的诊断标准与治疗原则的基础与相关临床研究	河北医科大学第三医院	王鹏程 苏云山 任栋 邹岩 姜猛 汪雄飞

续表

序号	项目名称	完成单位	主要完成人
20	多模态影像技术在胸部肿瘤精确放疗中的研究与应用	河北医科大学第四医院	韩春 王澜 刘辉 韩晶 任雪姣 刘丽虹 刘树堂 丁博月
21	多模态超声成像技术精准诊断甲状腺结节良恶性的研究与应用	河北医科大学第四医院	韩若凌 张凤娟 赵娜 叶卫华 郗敏 王艺 徐庆 王瑾
22	MicroRNA 调控及氧化损伤在评价肿瘤发生和预后中的价值	河北医科大学第四医院 河北省实验动物中心 中国人民解放军联勤保障部队第九八〇医院	郭占军 吴忱思 吴建华 赵乐 李斌 刘爽 王翠菊 谢英
23	重剂补中益气中药治疗重症肌无力的临床疗效评价及其免疫机制研究	石家庄市第一医院	乞国艳 刘鹏 顾珊珊 薛银萍 杨红霞 董会民 刘朝英
24	化妆品中天然植物成分与禁限用物质检测技术研究及标准化	河北省食品检验研究院 江苏省产品质量监督检验研究院 苏州世谱检测技术有限公司	张岩 卢剑 李强 范素芳 车文军 李挥 张晓强 代丹 马俊美 叶竹洪
25	河北省土地生态地质环境调查及资源评价与应用	河北省地质调查院	张秀芝 彭朝晖 李宏亮 魏静 李建华 王志军 赵相雷 谢伟明 王彩玲 张城钢
26	视觉检测关键技术研究及其在医药行业的应用	河北省科学院应用数学研究所 石家庄开发区冀科双实科技有限公司 河北正兴玻璃有限公司 成都平原尼普洛药业包装有限公司	程煜 郝存明 任亚恒 陈宏彩 范俊英 马书敏 赵航 吴立龙 张英坤 王星
27	FAST 工程主动反射面面板设计及制造安装技术	中国电子科技集团公司第五十四研究所 中国科学院国家天文台	张万才 王启明 王大为 古学东 李增科 赵保庆 曹江涛 董长胜 宋金龙 程志峰
28	电网二次设备高可靠性运维关键技术及装备	国网河北省电力有限公司电力科学研究院 华北电力大学(保定) 国网河北省电力有限公司 武汉凯默电气有限公司 国网河北能源技术服务有限公司	赵宇皓 戴志辉 何磊 罗蓬 郝晓光 任江波 李铁成 焦彦军 常风然 耿少博
29	火电机组多污染物深度减排关键技术及应用	国网河北省电力有限公司电力科学研究院 国网河北能源技术服务有限公司 北京国电龙源环保工程有限公司 河北国华沧东发电有限责任公司 河北华电石家庄热电有限公司	陈崇明 宋国升 李振海 郁金星 车凯 罗志刚 刘克成 杨杰 宋晓红 石景燕
30	大数据驱动的电力信息网安全态势感知、识别与预警关键技术及应用	国网河北省电力有限公司信息通信分公司 华北电力大学(保定) 全球能源互联网研究院有限公司 北京邮电大学	陈连栋 杨杨 辛锐 白涛 高会生 王占魁 王宇飞 赵婷 钟成 史善哲

表60 2019 年度石家庄市获得河北省科学技术进步奖三等奖

序号	项目名称	完成单位	主要完成人
1	全空域并联式天线关键技术及装备应用	中国电子科技集团公司第五十四研究所	段艳宾 窦玉超 贾彦辉 石伟朝 李建军 付强 王宇哲 李印涛 孙孟林
2	组蛋白去甲基化酶在肾癌标志物筛选、干预和预防中应用的系列研究	石家庄职业技术学院 河北医科大学第四医院 河北师范大学 河北中医学院	郭晓强 张爱莉 段相林 沈永青
3	航空航天用洁净气瓶及洁净气瓶集装箱	石家庄安瑞科气体机械有限公司	王红霞 王会赏 李书磊 刘玉红 王兆斌 邵海波 潘晓娥 齐虎斌 夏保琴 杨春蒲
4	杆菌肽(锌)关键技术创新及产业化	华北制药集团新药研究开发有限责任公司 华北制药华胜有限公司	张天兵 张炜 孙丙林 程曜峰 葛鲲鹏 李标文 张荣魁 仲伟 潭冷凤 赵建强
5	新一代半导体器件特性分析仪现场校准方法研究及校准装置研制	中国电子科技集团公司第十三研究所	郑世棋 乔玉娥 王一帮 梁法国 田秀伟 丁立强 丁晨
6	面向光通信应用的高速雪崩光电探测器芯片关键技术	中国电子科技集团公司第十三研究所	尹顺政 郝文嘉 张宇 齐利芳 李庆伟 韩孟序 赵润 安文
7	北斗高精度定时型用户机关键技术及应用	中国电子科技集团公司第五十四研究所	戴群雄 戎强 贾杰峰 邓志鑫 杜辉 韩华 高东博 李娟娟 刘铁强 霍海强
8	基于网络的电子元器件可靠性信息分析系统研究	中国电子科技集团公司第十三研究所 河北工业大学	张魁 赵红东 黄杰 赵海龙 冉红雷 彭浩 沈彤茜
9	工程结构抗震加固关键技术与应用	河北地质大学 北京工业大学 河北冀科工程项目管理有限公司 河北地矿建设工程集团公司	解咏平 马华 贾磊 郭建明 汤勇 李振宝 王倩倩 李源
10	液体余压能量回收装置关键技术及应用	河北科技大学 石家庄海阔捷能科技有限公司 广东惠州天然气发电有限公司	纪运广 薛树旗 杨守志 刘永强 杨卫国 李洪涛 丁建华 席亚宾
11	调气化瘀方药保护动脉粥样硬化血管作用及机制研究	河北中医学院 沧州市中心医院	司秋菊 张艳慧 潘莉 侯仙明 江玉娟 贾运乔 王贵娟
12	从痰瘀论治非酒精性脂肪肝的配伍组方和作用机理	河北中医学院 河北省中医院	张一昕 韩雪 张睦清 郭秋红 刘宇 郝蕾 王茜 石铖

续表

序号	项目名称	完成单位	主要完成人
13	中药丹参多靶点 对抗铁超载疾病的分子 及离子通道机制	河北中医学院 保定市第一中医院	张建平　高永刚　张园园 张颖　李雷
14	张家口蔚县煤矿区地面 沉陷星地一体监测示范项目	河北省第二测绘院 中国矿业大学	丁建伟　谭琨　陈宇 王雪　欧德品
15	现代焦化综合施工技术研究	河北省安装工程有限公司	张国友　贺广利　赵海生 杨振祖　赵力战　李战体 郭建昭　张照云　米彦宾 李彦君
16	骨架密实水泥稳定碎石 振动搅拌成套技术研究	中建路桥集团有限公司 许昌德通特种混凝土科技有限公司 （原西安德通振动搅拌技术有限公司）	刘吉诚　韩永红　赵月平 庞炳维　张红春　李建斌 张良奇　王冠凯　李国清 周世鑫
17	基于空天地多源信息同化的 陆气耦合洪水预报研究与应用	河北省水文水资源勘测局 中国水利水电科学研究院	张国娟　刘佳　马存湖 李传哲　闫凤翔　田济扬 张文　孔敏　刘惠霞 胡春景
18	河北省农业地下水水权 水价综合改革模式研究与推广	河北省水利科学研究院 河北省石津灌区管理局 成安县水利局 石家庄市水利局 元氏县水利局	孙梅英　马素英　付银环 张爽　贾兆宾　张博雄 崔新玲　盖瑞杰　李军廷 赵少阳
19	地下水水量水位双控 评估指标体系研究	河北省水文水资源勘测局 中国水利水电科学研究院	程双虎　李明良　谢新民 张俊芝　马真臻　刘鹏 程亮　廖梓龙　贺华翔 许广明
20	急性肺损伤急性呼吸 窘迫综合征的诊治及其 机制研究	河北省人民医院 河北医科大学第三医院 河北省胸科医院 河北省儿童医院	杜全胜　张萌　任珊 何聪　王显雷　窦丽雯 张楠　于娣　龙玲 赵鹤龄
21	孕前-围产期综合干预模式 促进母婴健康的研究	河北省人民医院 石家庄市第四医院 秦皇岛市妇幼保健院	杨素勉　桑文淑　赵海峰 张艳赏　孙素娟　王齐媛 崔改英　唐增军
22	多囊卵巢综合征患者 助孕结局的影响因素 及相关基础研究	河北医科大学第二医院	郝桂敏　崔娜　赵志明 王玮　张杰　许月明 王丽丽　杨爱敏
23	细胞因子与心肌损伤 的基础与临床研究	河北医科大学第三医院 承德医学院 石家庄市鹿泉人民医院	耿小勇　于海荣　牛炳英
24	上消化道肿瘤发病 及预后的机制、分子标记物 的临床应用	河北医科大学第四医院 秦皇岛市第一医院 河北省优抚医院	张瑞星　张凤宾　王英南 高立明　赵飞　赵宇飞 张韶辰

续表

序号	项目名称	完成单位	主要完成人
25	胃肠神经内分泌肿瘤的临床诊治及相关分子生物学研究	河北医科大学第四医院	尔丽绵 吴明利 李芳 郑秀丽 丁妍 邓会岩 高扬 李勇 王士杰
26	BRAF和TERT基因突变与儿童分化型甲状腺癌恶性程度的研究	河北省儿童医院 首都医科大学附属北京儿童医院	耿江桥 倪鑫 王生才 郭永丽 宋英鸾 苏金柱 邰隽 张杰 温鑫 张爱英
27	牛蒡提取物对大鼠缺血-再灌注心律失常的影响及机制研究	河北医科大学第三医院	殷洪山 王川 曹亚景 姜志安 殷洪晶 杨晶
28	基于刘亚娴学术经验治疗肝经相关恶性肿瘤的机制及临床应用	河北省中医院	范焕芳 李德辉 孙春霞 吕素君 马盼 闫娇娇 韩长辉
29	通阳利湿法在颈腰痹病急性期中的综合运用及机制探讨	河北省中医院	王鹏 苑晓晨 贾露露 赵建 程杰 国延军 李彦丽 武占红 乔钢
30	工业差压控制设备检测装置	河北省计量监督检测研究院	戴艳梅 王彦伟 蔡岩 魏晓克
31	运动促进健康中若干关键技术的研究与应用	河北省体育科学研究所 河北师范大学	杨贤罡 纪霄峰 何玉秀 刘绍生 张甲 李国俊 刘丽娟 孟兵 林翟健
32	重污染预报预警与减排调控智能评估关键技术	河北省环境气象中心	马翠平 孟凯 李二杰 杨雨灵 赵娜 赵玉广 杨荣芳 郝巨飞
33	河北地区云水资源监测、开发和耦合利用的关键技术研究	河北省人工影响天气办公室 北京师范大学 石家庄市气象服务中心	孙玉稳 赵传峰 吴志会 董晓波 秦彦硕 阎访 吕峰 麦榕
34	小麦白粉病发生的气象监测预警和评价技术	河北省气象科学研究所	姚树然 霍治国 司丽丽 董航宇 权畅
35	高端零部件用特殊钢棒线材组织性能在线控制技术研发与应用	河钢集团有限公司 东北大学	齐建军 赵宪明 张志新 陈红卫 刘建培 王建忠 徐斌 李杰 郭子强 杨洋
36	焦化能源流高效利用技术研发及应用	河钢集团有限公司 华北理工大学 北京瑞普同创科技发展有限公司 济南冶金化工设备有限公司 无锡亿恩科技股份有限公司	张宝会 刘义 田京雷 侯宝稳 谢海深 黄世平 胡志刚 王登富 惠建明 李巨兵

（张文涛　李智）

科技成果转化推广与管理

【概况】 2019年，石家庄市深入实施创新驱动战略，全力推进以企业为主体、市场为导向、产学研相结合的技术创新体系建设，全市科技创新能力不断提高，科技成果应用转化进一步增强。贯彻落实国家有关促进科技成果转化政策，提高技术合同认定登记质量，组织召开多场次技术合同认定登记培训。依托高校、科研机构，建立专业化、市场化技术转移机构55家，其中科技大市场新增4家科技中介服务机构，服务范围主要涉及知识产权、高新企业认定、科技成果评价，管理体系认证等内容。全年新增注册企业7家，备案技术合同50份，技术合同成交额4408.22万元，技术交易额2149.03万元。其中技术开发合同47份，技术服务合同2份，技术咨询合同1份。共举办活动80场，包括组织企业参加相关培训会50次，项目对接活动7次，优秀项目推介活动6次，科技金融活动9次，座谈会8次，总参会人数达8000余人。依托中关村天合石家庄科技成果转化服务广场，举办科技成果和成果发布推介活动，在元氏县、井陉矿区、深泽县、新乐市设立科技成果转化工作站4家。加强石家庄高新区河北·京南国家科技成果转移转化示范区建设，重点支持47项京津科技成果转化项目，支持经费3445万元。至2019年底，全市实现技术合同成交总额106亿元。2人被河北省科技厅评为“2018年度技术合同认定登记工作先进个人”。

【科技成果转化】 实现资源互通共享。至2019年底，石家庄市共向高校、知识产权服务机构征集专利并整合数据库30余万件，遴选高价值专利1800余件，整合各行业专家1200余人，科技成果800余项。举办活动12场，累计培训300余人，促成对接项目6个，7家企业申报军民融合型企业；促成企业达成技术转让、委托研发、专利买卖、技术分析等意向交易合同5份，技术交易额1400万元，吸引资金3亿元，认定技术合同金额2200万元。协助文化创意产业分园开展招商引资、融合发展，按照文化与旅游的深度融合目标，启动“五千印记”文化旅游产业试点平台建设。针对文创企业发展举办文化产业交流会12场、文化产业主题沙龙23期，文创课题研讨会6次，收集建议和创意意见140余条。加大科技创新推广应用工作力度，举办8场推广普及培训会，培训技术人员约450人次。联合北大商学院、格局商学院、石家庄学院法学院、石家庄车库教育科技有限公司、中国药科大学技术转移石家庄分中心等专业服务机构，为孵化企业提供全方位、多元化服务。引进中介服务机构以及创业导师资源，根据入驻企业需求制定培训方案，先后举办培训活动17场，参加培训人员共计1400余人。举办京津冀环保领域成果发布会，组织北京专家赴井陉矿区、元氏、高邑、赵县、晋州、新乐6县（市）区，与57家企业代表进行交流，挖掘企业需求122项。中关村天合广场更新线上资源，展示区更新内容280项，大数据服务中心累计录入新成果4036条，企业需求1620项，评价报告520份。至2019年底，全市实现技术合同成交总额106亿元，完成年度任务目标。

【技术市场管理】 依托高校、科研机构和单位，建立专业化、市场化的科技成果转移转化机构。2019年全市建有各类技术转移机构55家。提高科技成果管理水平、技术对接服务能力，促进科技成果应用推广及产业化，推动京津冀协同发展，促进首都科技资源向石家庄市转移转化，促进企业健康快速发展。市科技局在元氏县设立石家庄科技大市场元氏县分中心，并联合中关村天合科技成果转化促进中心在元氏县、井陉矿区、深泽县和新乐市设立区县工作站4家。11月27日，在元氏县举办石家庄市区县科技成果转化工作站揭牌仪式活动。组织技术合同认定登记培训。为落实“三深化、三提升”开展机关效能革命，加强全市技术市场管理工作，促进科技成果转化，帮助企事业单位掌握技术合同认定登记相关政策、办理程序，提高技术合同认定登记质量，确保国家有关促进科技成果转化政策的贯彻落实。做好技术合同认定登记工作。2019年4月2日，召开2019年度技术合同认定培训会，有关县（市、区）科技局、高校、科研院所科技处，各技术合同登记站工作人员、企事业单位负责人及相关人员280余人参加培训。5月6日，组织全市9个技术合同认定登记站工作人员，召开技术合同认定登记站工作交流会。11月20日，组织石家庄科技大市场举办2019年技术合同认定登记培训会。

【科技成果转移】 组织河北高成电子科技有限公司、河北德路通生物科技有限公司等6家企业参与第二十二届中国北京国际科技产业博览会，其中3家企业的新兴产业科技成果参展，6个项目列入《2019年中国—河北高新技术产业项目推介手册》；组织"美国IBM公司的创新管理体制与企业文化专题培训会""2019国际科技创新创业发展论坛"等5场国际交流合作相关活动，企业、科研院所、行业协会代表共200余人参加。全年科技部门推介德国优质高端技术产品8项，加拿大创新项目产品10项，韩国高端医疗项目21项，香港理工大学科技创新协同发展项目15项和科技成果12项，美国硅谷企业高新技术项目14项，以色列高新技术项目62项，对俄合作项目79项；发布欧盟中小企业合作企业项目23项。促成河北子午仪信息科技有限公司与以色列高新技术项目"手持测试装备和App"、石家庄蜗牛科技有限公司与以色列高新技术项目"EyeSight（人工智能视觉）"就合作方式达成合作意向；促成河北中岗通讯工程有限公司与以色列高新技术项目"EyeSight（人工智能视觉）"就技术如何对接转化进行洽谈对接。

（张文涛　李智）

教育

Education

综述

2019年，全市共有各级各类学校3607所（不含高等教育学校），在校生193.09万人，教职工13.49万人，专任教师11.17万人。其中，幼儿园1688所，在园幼儿30.26万人，教职工2.80万人，专任教师1.57万人；小学1371所，在校生89.49万人，教职工4.58万人，专任教师4.78万人；中学390所（初级中学189所、高级中学59所、九年一贯制学校81所、完全中学52所、十二年一贯制学校9所），在校初中生34.28万人、普通高中生17.40万人，教职工4.83万人，初中专任教师2.47万人，普通高中专任教师1.39万人；特教学校23所，在校生2011人，教职工520人，专任教师436人；中等职业学校135所，在校生21.46万人，教职工1.22万人，专任教师9164人。2019年全市共有市属高校5所，其中，本科高校1所（石家庄学院），高职高专院校4所（石家庄职业技术学院、石家庄信息工程职业学院、石家庄科技工程职业学院、石家庄幼儿师范高等专科学校）。石家庄学院在校大学生17670人，教职工1248人，其中，正高级职称121人，副高级职称395人，博士189人，硕士学位（含）以上989人。石家庄职业技术学院在校大学生1.2万余人，教职工930人，其中，正高级职称59人，博士37人，硕士543人。石家庄信息工程职业学院在校大学生1.78万人，教职工1302人，专任教师633人，其中，教授39人，博士3人，硕士444人。石家庄科技工程职业学院在校大学生7000余人，教职工300人，其中，教授16人，硕士131人，专任教师258人。石家庄幼儿师范高等专科学校在校大学生5979人，教职工433人，其中，副高级职称以上109人，硕士205人，特级教师2人。2019年全市举办各级各类考试17次，报考人数107.4万余人。组织举办中小学教师资格面试2次，面试考生6.39万人。高考报名86702人，同比增长13%。硕士研究生招考报考38757人，同比增加7152人。中考报名96400人，同比增加13574人；中考网上阅卷差错率连续7年为0。学习考试报名118414人656140科次。自学考试报考30566人66442科次，通过毕业审核1383人。成人高考参考人数逐年递增，报考7.3万人，同比增加8000余人。社会考试6次724956人，其中，全国计算机等级考试119273人，大学英语四、六级考试269124人，中小学及幼儿园教师资格考试171926人。落实山区教育扶贫政策，全年为山区6县困难学生发放助学补贴331.5万元，惠及学生15733人，其中，发放交通补贴210.5万元，惠及学生10680人。

教育管理。全年新建、改扩建公办幼儿园36所，新增公办学位4095个。至2019年末，全市新扶持创建普惠性幼儿园97所，提供普惠幼儿学位2.6万余个；普惠性学前教育覆盖率达到80%，学前三年毛入园率达到93%。义务教育优质均衡发展，义务教育超大班额、大班额比例分别降至0.39%和4.27%，提前实现超大班额、大班额控制在5%以内目标；小学、初中、高中平均班额分别为38.2人、48.67人和49.67人。深入学区管理制改革，主城区参与试点公办学校占义务教育阶段学校比例达到60%。进城务工人员随迁子女义务教育招生报名实现全程网上办理。普通高中高考本科一批上线率达到36.7%。22所公办普通高中实施自主招生改革。推进现代职业教育体系建设，石家庄职教园区全面投用，11所职业学校全部搬迁入驻。2019年全市中等职业学校拥有省级骨干特色专业32个，其中，10所中职学校34个专业与高等职业院校实现“3+4”“3+2”衔接招生；全年参加职业技能大赛获得省级以上奖项59项。高

等教育发展形成与“4+4”现代产业布局紧密对接的特色专业集群20余个，7个专业入选国家级和省级一流本科专业点。石家庄职业技术学院获评国家级优质专科高等职业院校。新增12个农村义务教育学生营养改善计划地方试点，至2019年末，全市营养改善计划覆盖16个县（市、区）农村义务教育学校2071所，受益学生39.51万人。开展在职教师有偿补课和中小学违规招生专项整治，查处在职教师有偿补课案例18起、违规招生学校10所，处理相关责任人50人。

教师队伍。以“明规范、树楷模、铸师魂”为主题，在全市范围开展师德师风建设提升年活动。井陉矿区实施中小学教师“县管校聘”试点改革。2019年6月，市教育部门实施市级小学全科教师公费培养计划，首批100名培养对象在石家庄学院参加学习。采取公开招聘、公开选聘、接收公费师范生、特岗转岗录用和人才引进等形式，全市补充教师3256名，其中，引进“双一流”高校、世界排名前500名国（境）外院校优秀毕业生164名，接收录用省、部属公费师范生78名。评选表彰市级优秀教师和优秀教育工作者700名、省级先进个人41名、全国先进个人14名，市直教育系统3人通过省青年拔尖人才、高层次人才考核，4人被推选为省管优秀专家，60人获评市管拔尖人才。河北正定中学、晋州市实验中学获评全国教育系统先进集体，市第二中学校长赵洪获评全国教育系统先进工作者，石家庄一中学实验学校刘英杰、赵县职工子弟学校杨丽莉、石家庄二中实验学校赵智峰、市翟营大街小学高俊霞获评全国模范教师，井陉县第一中学尹彦庭、市第五中学田兴辉、市第四十一中学李冬、藁城区职业技术教育中心宋素智、新乐市实验小学高俊霞、市职业技术教育中心黄琨获评全国优秀教师，市维明路小学校长郭秀琴获评全国优秀教育工作者。评选正高级职称教师30人、特级教师26人。

表61　2019年石家庄市获评正高级职称教师一览表

序号	姓名	学校名称	序号	姓名	学校名称
1	焦志诚	河北正定中学	16	张耀新	鹿泉区一中
2	戈争宣	石家庄实验中学	17	齐文俊	平山中学
3	梁春华	市第二十四中学	18	许俊丽	市第十七中学
4	光树平	市第二中学	19	张晓华	市第十中学
5	霍建武	市第二中学	20	王薇	市裕华西路小学
6	刘凤果	市第二中学	21	刘军祥	无极中学
7	吴进校	市第二中学	22	胡书军	市第九中学
8	吴明书	市第一中学	23	强文书	市第十八中学
9	李焱	市教育科学研究所	24	杨琳	市第四十二中学
10	宋辉	市教育科学研究所	25	李晗	新华区中学教研室
11	刘明丽	市职业技术教育中心	26	阎荣肖	市第二十五中学
12	王文利	市职业技术教育中心	27	冯臧璞	市第四十中学
13	高立	晋州市朝阳小学	28	韦尧	市第十二中学
14	李海清	井陉县第一中学	29	夏瑞素	赵县石塔中学
15	柳书林	灵寿县慈峪中学	30	李玉卿	正定县第八中学

表62　**2019 年石家庄市获评特级教师一览表**

序号	姓名	学校名称	序号	姓名	学校名称
1	董鸿志	市第二中学	14	宋辉	市教育科学研究所
2	段金絮	市第二十四中学	15	王海燕	正定县第六中学
3	樊帆	井陉县第一中学	16	王桥彬	元氏县第一中学
4	冯利敏	高邑县第一中学	17	王彦芳	藁城区第八中学
5	李军会	行唐县上碑中学	18	夏瑞素	赵县石塔中学
6	李庆格	市第五十四中学	19	许秀珍	井陉县第一中学
7	李秋敏	市第九中学	20	张寿明	市第十五中学
8	李彦朴	石家庄第二实验中学	21	张英孜	深泽县新开初级中学
9	李玉兰	市第四十二中学	22	赵淑梅	石家庄财经商贸学校
10	李云红	市第四十中学	23	赵永波	市第二十三中学
11	毛双景	河北正定中学	24	李忠民	河北师范大学附属实验中学
12	潘志杰	新乐市第二中学	25	苏书巧	省直机关第四幼儿园
13	秦翠珍	新乐市实验小学	26	田静敏	河北师范大学附属小学

教育科研。市教育科学研究所（简称市教科所）隶属市教育局直属副县级财政拨款事业单位，编制 70 人，领导职数 1 正 3 副，设置处室 9 个；现有人员 62 人，其中，正高级职称 4 人，副高级职称 30 人；主要负责全市基础教育教学研究与指导、教育科研成果推广及中小学教育质量监测工作。2019 年市教科所完成省级规划课题立项 58 项、市规划课题立项 316 项，涉及教育理论研究、中小学教育、学前教育、职业教育、特殊教育等 20 多个教育专业。发挥和利用教育科研信息平台作用，组织主办《石家庄教育科研》发表教师论文 150 余篇。推广应用阅卷信息化，网上阅卷范围扩大到49 所示范性高中，参与教师 4000 多人次，服务考生近 10 万人。总结分析历年考试数据，专题培训教师3300 人、高三教师 1. 3 万人次。创新教研模式，开展高考课程改革研究与培训，制定教师和教学评价体系，实施生涯规划教育，研发初中、高中生涯规划教材，构建从课内外到校内外、从培训到实操、较为完整的生涯规划教育体系。实施学科走班制度，培训家长8000 余人，接受个案咨询 600 余宗。推广小学“全程化、跟进式”目标教研模式，培养高级研修团队。采取项目驱动策略，考察“石家庄市艺术体育特色项目研究基地”40 多所，探索开展以先进理论引领音体美特色项目建设。推进“冰雪项目进校园”活动，4 次召开“旱地冰球”教学研讨会。提高教师信息化教学水平，举办教师微课制作与展评活动，征集微课案例近 2000 例，以“送教下乡”“名师讲堂”“流动课堂”形式培训教师 4. 9 万人次。开展“一师一优课，一课一名师”活动，评估打分市级优课 2744 节（小学 1670 节、初中 719 节、高中 355 节）。

（王素军）

学前教育

【概况】 2019年，全市共有幼儿园1688所，同比增加47所；在园幼儿302636人，同比下降7428人；教职工28048人，同比增加1590人，其中，专任教师15735人，同比增加412人。2019年全市共有公办幼儿园597所，在园幼儿129963人，教职工4885人，专任教师3514人；民办幼儿园938所，在园幼儿148074人，教职工20019人，专任教师10455人。2019年全市8个建置区共有公办幼儿园640所，其中，长安区102所、桥西区75所、新华区72所、裕华区61所、井陉矿区23所、藁城区86所、鹿泉区73所、栾城区148所。全年新建、改扩建公办幼儿园36所，新增公办学位4095个。至2019年末，全市新扶持创建普惠性幼儿园97所，提供普惠幼儿学位2.6万余个；普惠性学前教育覆盖率达到80%，学前三年毛入园率达到93%。

【城镇小区配套幼儿园专项治理】 落实《石家庄市城镇住宅小区配套幼儿园专项治理工作方案》要求，与市住房和城乡建设局组建成立幼儿园专项治理联合办公室，指导县（市、区）教育行政主管部门开展小区配套幼儿园专项治理。全面摸底排查，做到“两个全覆盖”，即摸排小区全覆盖、治理范围全覆盖。全年摸排城镇小区2234个，认定小区配套需移交幼儿园254所。至2019年末，全市移交配套幼儿园242所，回收幼儿园全部转成非营利性质公办或普惠性民办幼儿园。督导各县（市、区）采取减免幼儿园租金、限定幼儿园保育费价格、财政安排公用经费和派遣教师等措施，降低幼儿园办园成本，减轻家长经济负担；全年普惠性幼儿园新增加学位6.9万个，有效缓解“入园难”“入园贵”问题。11月15日，“全国教育新闻联播”以“坚持改革创新、彰显公益普惠”为标题，介绍石家庄市城镇小区配套幼儿园专项治理的经验和做法。

【普惠幼儿园建设】 以解决学前教育供给结构不平衡、补齐学前教育短板、加快构建公益普惠的学前教育公共服务体系为目标，实施幼儿园增量工程、普惠工程、提优工程和安心工程，全力发展公办幼儿园和普惠幼儿园。全年新扶持创建普惠幼儿园97所，提供普惠幼儿学位2.6万余个。保持普惠园保教费相对稳定，2019年市内4区及高新区保教费位于500元~1200元/生/月的幼儿园占比达67%。落实“优质办园有奖补、幼儿家庭分段补”的“双补”举措。通过优质普惠园升类奖励、优质园扶持等方法，引导和激励优质民办园加入普惠园行列；施行幼儿保教费补贴政策，以分段补贴幼儿家庭保教费方式，减轻家庭负担，市内4区和高新区普惠园幼儿家庭每月获得保教费补贴250~300元，其他县（市、区）保教费补贴50~100元。鼓励各地改善办园条件，推出购买保安服务等支持举措。建立家庭经济困难幼儿、孤儿、残疾幼儿进入普惠园资助经费制度，减免相关儿童的保教费、餐费。

（王琳　吴曼）

特殊教育

【概况】 2019年，全市共有特殊教育学校23所，数量与2018年相同；在校生2011人，同比增加476人；教职工520人，同比增加20人，其中，专任教师436人，同比增加18人。2019年全市共有教育部门办特殊教育学校21所，在校生1752人，教职工464人，专任教师410人；民办特殊教育学校2所，在校生259人，教职工56人，专任教师26人。2019年全市8个建置区共有特殊教育学校7所，其中，长安区、桥西区、新华区、裕华区、藁城区、鹿泉区、栾城区各1所。落实第二期特殊教育提升计划，将特殊教育纳入义务教育总体规划，发展形成以特教学校为龙头，以随班就读为主体，基本形成布局合理、学段衔接、普职融通、医教结合的特殊教育体系。举办特殊教育新课程培训，在特教学校推广开展国家通用手语和盲文教育。建立市级特殊教育工作专家库，征集教育教学成果案例。全年特殊教育学校师生获得国家、省、市荣誉93项。

【特殊教育提升计划】 2017年7月17日，教育部印发《全面实施第二期特殊教育提升计划（2017～2020年）》。2019年是石家庄市全面实施第二期特殊教育提升计划的第三年。印发《石家庄市特殊教育常规管理工作指导意见》，制定随班就读、残疾儿童工作手册，建立成长档案。成立特教资源中心5个，组建残疾人教育专家委员会21个，实现入学分类安置。开展特殊教育改革实践活动，构建以随班就读为主体、以特殊教育学校为骨干、以特殊教育资源中心（教室）为支撑、以送教上门为补充的"四位一体"特殊教育模式，形成布局合理、学段衔接、普职融通、医教结合的特殊教育体系。10月31日，教育部调研组到市特殊教育学校调研《全面实施第二期特殊教育提升计划（2017～2020年）》落实情况，组织召开市特教教研员、市特教学校、正定县特教学校、栾城区特教学校校长和教师代表、家长代表座谈会，调研组对全市特殊教育工作及"第二期提升计划"实施情况给予肯定。

【市特殊教育学校】 市特殊教育学校创建于1957年，现已发展成为涵盖听障、视障、培智、自闭症4个残疾类别，集学前教育、基础教育、职业教育为一体的综合性特殊教育学校。2017年10月，学校整体搬迁至位于正定新区职业教育园区内新校区，占地面积4.2万平方米，建筑面积4.6万平方米，累计投资2亿元。现有教学班31个，在校生435名；教职工121人，其中硕士研究生6人，本科104人，副高级职称28人，中级职称56人。学校拥有智慧教室、多媒体教室、音乐教室、琴房、感觉统合训练室、多感官教室、计算机教室、律动教室、职业教育实训室等多种教学、康复和功能性教室。学校通过生命教育、养成教育、感恩教育、责任教育、人生观价值观教育和中华民族传统文化教育等促进残疾儿童德智体美劳全面发展。学前教育。七彩阳光幼儿园2012年成立，招收3～6岁佩戴助听器和人工耳蜗植入的听障幼儿开展学前康复教育。基础教育。听障教育以"融合教育、康教结合"为理念，严格落实新课程标准，开设语文、数学、自然常识和社会常识等课程。根据听障学生升学的需求在高中阶段开设高考班。文化课按文、理科方向设置课程。至2019年，有16届毕业生共220人分别考入长春、北京、天津、郑州等特殊教育高等院校。2009年开办盲教育专业，根据视障学生身心发展特点，培养学生终身学习的能力、形成良好的品德。课程设置上，开足开全国家规定的课程，同时开设声乐、器乐、美工、陶艺、乒乓球、五子棋和中国象棋等特色课程。2014年1月学校成立自闭症教育部，现有在校生24名。自闭症儿童在学校接受语言康复、认知康复、运动感知觉康复与教学实践相结合的医教结合模式教育。2018年9月学校成立启智部，招收高中阶段智力障碍学生就学，现有在校生31名。开设烹饪、烘焙、家政、园艺、运动康复、职业教育、音乐、律动、美工和旱地冰壶等课程。每学年开设二门职业专业课程，培养学生基础职业技能。职业教育。1982年开办职业初中，2001年开办高中班，2004年成立职业中专部，设置计算机及应用、美术绘画、美容美发、服装设计与工艺等专业，后又增设西餐烹饪、中餐烹饪专业、雕刻、美甲、插画、园艺等选修课程。学校定期组织学生参加国家职业技能鉴定，通过建立校内外实习基地、校企合作等方式，为学生就业奠定基础，有石家庄希尔顿酒店、大视野印刷公司、天津肯德基有限公司、石家庄常山纺织股份有限公司等多家就业基地。学校先后获评全国教育系统先进集体、全国特殊教育先进单位、全国特殊艺术人才培养基地、河北省先进集体、河北省文明单位、河北省特殊教育先进集体和巾帼建功先进单位等。

（王琳　吴曼）

基础教育

【概况】 2019年，全市共有小学1371所，同比增加12所；在校生89.49万人，同比增加5.06万人；毕业生 11.21 万人，同比减少 4175 人；招生 16.29 万人，同比增加 2727 人；教职工 4.58 万人，同比增加 1899 人，其中，专任教师 4.78 万人，同比增加 2294 人。2019 年全市共有中学 390 所（初级中学 189 所、九年一贯制中学 81 所、完全中学 52 所、高级中学 59 所、十二年一贯制中学 9 所），同比增加 9 所；初中在校生 34.28 万人，同比增加 6598 人，高中在校生 17.40 万人，同比增加 3912 人；初中毕业生 10.60 万人，同比增加 1.30 万人，高中毕业生 5.68 万人，同比增加 3272 人；初中招生 11.21 万人，同比减少 3857 人，高中招生 6.16 万人，同比增加 7241 人；教职工 4.83 万人，同比增加 2111 人，其中，初中专任教师 2.47 万人，同比增加 837 人，高中专任教师 1.39 万人，同比增加 477 人。小学平均班额38.20 人，同比提高 0.30 人；小学生师比为 18.73，同比提高 0.16。初中平均班额 48.67 人，同比下降 0.87 人；初中生师比为 13.89，同比下降 0.21。高中平均班额49.67 人，同比下降 0.82 人；高中生师比为 12.54，同比下降 0.15。推进普职融通育人模式改革，3次举办普职融通互转考试，全年由职业高中转入普通高中 9 人，由普通高中转入职业高中 150 人。2019 年全市高考报名 86702 人，同比增长 13%；6 月 7~8 日，全市参加高考统一考试考生 63686 人，同比增加 6000 余人；设立考区 21 个，考点 58 个，考场 2167 个，聘用考试工作人员 1 万余人。2019 年全市高考文理本科一批上线 16617 人，上线率 36.7%，高出全省平均水平 11.1 个百分点；市第一中学学生部楚煊获得河北省文科第一名；全市保送包括清华大学、北京大学在内保送生 135 人，占河北省 93.1%；特色高中艺术类提前批上线率达到 90%；高等职业教育录取 22639 人。开展学生爱国主义教育。5 月28 日，由市委网络安全和信息化办公室、市教育局联合主办，石家庄新闻网承办的《丰碑》爱国主义系列短视频进校园活动在谈固小学举行启动仪式。举办石家庄市中小学田径运动会。5月6~8 日，2019 年石家庄市中小学田径运动会在石家庄石门实验学校举行，共有来自全市各县（市、区）37 支代表队 1300 多名学生运动员参加比赛活动。25所中小学入选河北省第一批奥林匹克教育示范学校和冰雪运动特色学校名单。举办中小学生健康素养养成主题实践活动，以学生生活为核心，以身体健康与成长、卫生与疾病预防、营养与健康生活方式、社会适应与心理健康、安全与伤害预防等为中心内容，围绕“饮食与健康”“运动与健康”“睡眠与健康”“视力与健康”“脊柱与健康”“情绪与健康”“网络与健康”等主题，督促学生掌握和提高健康知识及健康技能，养成健康的良好行为和生活方式。全年120 余所学校 4 万多名学生参与中小学生健康素养养成主题实践活动。

【义务教育改革】 深入开展县域内城乡义务教育一体化改革，大力实施消除大班额专项行动，对各县（市、区）组织开展过程性督导检查，通过招生文件、专题会议以及学籍管理系统严控起始年级大班额，全市义务教育学校 66 人以上超大班额从 2018 年的 0.92% 下降至 0.39%，56 人以上大班额从 2018 年的 7.47% 下降至 4.27%，提前实现“大班额”比例控制在 5% 以内目标。普通高中66人以上超大班额从 2018 年的 2.73% 下降至 0.85%，提前一年完成消除“超大班额”任务。新创建348 所义务教育管理标准化学校。主城区继续深化学区管理制改革和集团化办学模式改革。全年新增试点学区5个、学校 20 所，主城区共有 44 个试点学区、参与学校达 131 所，参与学校占到主城区公办义务教育阶段学校的 60%，整合和优化义务教育资源，推动优质教育资源共建、共享。完善义务教育招生政策，实施义务教育阳光招生，多渠道公布义务教育学校招生地图。简化优化义务教育招生入学手续，取消没有法律依据、能够通过其他方式核查的证明事项，推广网上招生，扩大招生服务对象及范围，从进城务工人员扩大至本市户籍人口，范围从小学招生扩展至初中招生。2019 年进城务工人员随迁子女“小升初”报名首次实现全程网上办理，共有 1.6 万名适龄儿童、少年通过平台报名入学。统一核查无房证明，通过不动产登记中心核查的无房信息条目4万多个，为 2 万多个家庭解决排队困扰；完善本市户籍无房家庭入学办法，实现入学同城同待遇，首次对主城区户籍无房家庭子女入学进行明确规范。扩大普通高中自主招生试点范围，新增1所自主招生试点学校，简化和规范中考报名流程及加分证明材料。

【中小学生教育减负】 联合市发改委等 9 部门制定《石家庄市中小学生减负措施实施方案》，从学校减负责任、家庭减负责任、校外培训机构减负责任、政府减负责任等四方面出台30条减负措施。集中开展中小学学习APP专项治理，全面排查全市各中小学校正在使用的教辅APP，清除44所学校中含有不良信息的教辅APP。开展春秋季教材教辅专项检查，规范教辅材料秩序。开展校外培训机构专项治理。教育部会同人力资源保障局及市场监管局等有关部门通过召开推进会、座谈会、调度会和集体约谈等方式，推动加快治理整改进度。加大跨部门联合执法力度，对无证开展培训、非学科类培训机构开展学科培训及其他违规开展培训的机构，教育部门会同有关部门予以取缔，限制其法定代表人从事面向中小学生的培训业务，并提请市场监管部门依法吊销营业执照。研究制定《石家庄市校外培训机构设置与管理办法》，明确规范校外培训机构设置条件与标准、审批程序、监督管理和规范办学标准建立管理长效机制。组织校外培训机构签订《承诺书》，聚焦安全隐患、无证无照、超纲教学和有偿补课等开展暑期专项整治，建立“黑白名单”定期公告制度。石家庄市教育局向社会公布“石家庄市第二批校外培训机构黑白名单”，其中，855家有办学资质、办学规范、信誉良好的校外培训机构登上白名单，226家无办学资质、违法违规办学、办学声誉较差的校外培训机构被列入黑名单。

【小学生校内课后服务】 根据河北省教育厅统一部署，自2019年起在全市范围内全面推行小学生校内课后服务。课后服务坚持免费自愿原则，所需经费全部由财政负担，不再向学生家长收取费用。课后服务对象主要是小学阶段家长不能按时接送的在校学生，优先保障双职工家庭子女、残疾儿童、留守儿童、进城务工人员随迁子女、家庭经济困难儿童等亟须服务群体。服务时间一般为周一至周五（寒暑假和法定节假日除外）中午饭后至下午上学前、下午放学后至18 :00前两个时段；内容包括安排学生做作业、自主阅读、参与各种兴趣小组或音体美劳活动、观看适宜儿童的影片等。对学有困难的学生加强帮扶，对学有余力的学生给予指导。市教育局要求学校把学生安全管理放在做好校内课后服务的首位，建立完善校内课后服务的安全管理制度，制定并落实严格的考勤、监管、交接班制度和应急预案措施，切实消除场地、设施设备、消防和安全保卫等方面的安全隐患。同时，严禁将校内课后服务变为集体教学或集体补课。2019年春季，主城区公办小学共计托管学生9.75万名，占主城区公办小学在校生数的43.84%，有9150名学校教职工，2640名家长志愿者，650名大学生志愿者、“五老”志愿者及其他校外人员参与托管。2019年秋季，23个县（市、区）全部开展小学生校内课后服务，覆盖小学1239所，占比60.43%，惠及学生近40万名，占比48.9%，全年享受课后服务学生数是2018年的5.4倍。主城区243所小学全部开展校内课后服务，享受课后服务学生12.9万名，占比47.63%，首次实现主城区公办民办学校全覆盖，基本满足小学生家长刚性需求。

【中考加分政策】 6月19日，市教育考试院公布2019年石家庄市中考照顾奖励政策及分值。驻国家确定的三类（含三类）以上艰苦边远地区和西藏自治区的军人子女，解放军总部划定的二类（含二类）以上岛屿部队的军人子女，飞行、潜艇、航天、涉核等高风险、高危害岗位连续工作3年以上（含已工作并将连续工作3年以上）的军人子女及有子女后曾在该地区和岗位连续工作5年以上的军人子女、烈士子女，中考时按照“录取分值”（石家庄市普通高中当年录取最低控制分数线）10%的标准，照顾分数录取；作战部队、驻国家确定的一类、二类艰苦边远地区和解放军总部划定的三类岛屿部队连续工作3年以上（含已工作并将连续工作3年以上）的军人子女及有子女后曾在该地区连续工作5年以上的军人子女，因公牺牲军人的子女，一至四级残疾军人的子女，平时荣获二等功或者战时荣获三等功以上奖励的军人子女，中考时按照“录取分值”5%的标准，照顾分数录取；其他军人子女（指石家庄市行政区域内接受教育的现役军人子女、烈士子女、因公牺牲和病故军人的子女）报考普通高级中学，按照10分的标准加分照顾录取。归侨、归侨子女、华侨子女、台湾籍青年及侨眷高级知识分子子女照顾10分。农村户口独生子女照顾8分（按照石家庄市市民子女同等对待，在主城区参加中考考试的除外）。少数民族考生照顾8分。加分分值在普通高中招生时计入考生总成绩，同一考生具备多项加分条件的，只选最高一项，不累计加分。

【中考时间安排及各科分数设置】 6月21~22日，全市96400名考生参加2019年初中毕业生升学文化课考试，同比增加13574人。考试时间安排：6月21日9~11时语文科目考试，14~16时理科综合考试，16时45分~18时45分文科综合考试；6月22日9~11时数学科目考试，14~16时外语考试（听力测试25分钟）。中考文化课考试总分600分，其中，语文120分，数学120分，外语120分（听力测试30分、笔试部分90分），理科综合120分（物理55分、化学35分，综合题30分），文科综合120分〔思想品德45分（民族团结教育占7分）、历史45分，综合题30分〕。语文、数学、外语、理科综合为全闭卷形式；文科综合为全开卷考试，考生可携带相关课程的教科书进入考场。

【中考体育考试项目】 5月10~18日，2019年石家庄市中考体育考试举行。主城区共有2.8万名考生参加中考体育测试，考点设在石家庄二中润德学校和市第24中学。市内4区、高新区、井陉矿区和有关直属校由市教育局负责。中考体育考试满分为30分。男生考试项目：立定跳远、1000米、充气软实心球（2千克，直径15厘米左右）3项；女生考试项目：立定跳远、800米、充气软实心球（2千克，直径15厘米左右）3项。

【中考招生录取控制分数线】 7月16日，市教育考试院公布2019年石家庄市中考录取分数线。市区普通高中录取最低控制分数线442分。市区普通高中音乐、美术、书法特长生最低文化控制分数线354分；最低专业控制分数线：音乐专业成绩44分，美术专业成绩133分，书法专业成绩124分，专业成绩合格方可报考。普通高中体育特长生文化成绩最低控制分数线221分；文化成绩不得低于招生学校实际录取线50%，按专业项目测试成绩从高到低录取。石家庄所辖各县（市）及井陉矿区、藁城区、鹿泉区、栾城区报考驻县市属省级示范性普通高中（正定中学、石家庄实验中学、石家庄第二实验中学及市第42中学招收各县部分考生）最低控制分数线546分；音乐、美术、书法特长生文化最低控制分数线437分，专业控制分数线与市区相同；体育特长生文化成绩最低控制线273分，录取方式与市区相同。“3+4”本科最低控制线452分，五年制和“3+2”高职最低控制分数线200分（均不含理化实验和信息技术成绩）。

表63　2019年石家庄市省级示范性高中中考录取分数线一览表

单位：分

学校	一次统招线	二次统招线	学校	一次统招线	二次统招线
一中	600	586	二十二中	535	491
一中东校区	584	567	二十三中	558	491
二中	610	597	二十四中	566	558
二中西校区	563	548	二十七中	569	532
四中	530	495	四十一中	530	497
六中	512	463	四十二中(招市区部分)	582	565
九中	557	493	石家庄外国语学校	597	555
十中	516	471	师大附中	566	536
十五中	552	526	河北正定中学	596	590
十七中	563	549	石家庄实验中学	584	579
十八中	531	501	石家庄第二实验中学	570	553

表64　　2019 年石家庄市其他高中学校中考录取分数线一览表

单位:分

学校	分数线	学校	分数线
十二中	451	师范大学田家炳中学	466
十三中	477	华英外国语学校	442
十六中	452	华西高级中学	531
十九中	470	同文中学	442
二十一中	448	新世纪外国语学校	530
二十五中	455	精英中学	535
二十八中	458	西山学校	536
三十八中	457	联邦国际学校	469
四十四中	468	润德学校	567
四十九中	450	耀华中学	443
师大实验中学	462	新华中学	445
四十二中(招县部分)	570	创新国际学校	443
一中实验学校	563	石门实验学校	444
二中实验学校	577	北华中学	442
正中实验中学	560		

【高考录取控制分数线】 6 月 23 日，高考录取控制分数线公布。2019 年全市高水平运动队考生高考文化成绩要求：文史 461 分，理工 379 分；少数体育专项测试成绩特别突出的高水平运动队考生文化成绩要求：文史 299 分，理工 246 分。

表65　　2019 年石家庄市高考文史、理工类录取控制分数线

单位:分

科类	本科一批	本科二批	专科批
文史	549	461	220
理工	502	379	200

表66　　2019 年石家庄市高考艺术统考类录取控制分数线

单位:分

科类	本科提前批 A、B 本科二批(文化/专业)	专科提前批(文化/专业)
声乐统考	284/136	140/120

续表

科类	本科提前批 A、B 本科二批(文化/专业)	专科提前批(文化/专业)
器乐统考	284/115	140/110
舞蹈统考	284/120	140/95
美术统考	284/180(两门科目各不低于 60 分)	140/160

表67　2019 年石家庄市高考艺术校考类录取控制分数线

单位:分

科类	本科提前批 A(文化/专业)	本科二批(文化/专业)	专科提前批(文化/专业)
声乐校考	284/120	—	—
器乐校考	284/110	—	—
舞蹈校考	284/95	—	—
美术校考	284/180(两门科目各不低于 60 分)	—	—
联考未涉及的校考	284/—	284/—	140/—

表68　2019 年石家庄市高考体育类录取控制分数线

单位:分

科类		本科提前批 A、B,本科二批(文化/专业)	专科提前批(文化/专业)
体育	文科	303/275	140/240
	理科	210/275	140/240

表69　2019 年石家庄市高考对口各类专业院校录取控制分数线

单位:分

序号	科类	本科	专科	序号	科类	本科	专科
1	旅游	563	180	6	计算机	578	180
2	学前教育	613		7	建筑	570	
3	财经	546		8	农林	563	
4	机械	570		9	畜牧兽医	571	
5	电子电工	507		10	医学	479	

(王瑞明　李玉金)

【市第一中学】 石家庄市第一中学是石家庄市建立的第一所城市中学，1953 年被省政府评定为河北省重点中学。校园面积51959. 06 平方米，建筑面积 55258 平方米。每年招生规模稳定在900～1000 人，现有高中教学班 64 个（高一 20 个，高二 20 个，高三 24 个），学生 2800 名。教职员工298 人，其中特级教师 12 人，正高级教师 3 人，高级教师 97 人，全国先进工作者 1 人，全国模范教师 2 人，享受国务院政府津贴 3 人；国家级优质课展评获奖者 22 人，省级以上优质课展评获奖者 68 人。学校现有教学楼4座，科技馆 1 座，图书馆综合楼 1 座，体育馆 1 座，办公楼 2 座，学生宿舍楼 1 座，400 米跑道标准体育场 1 个，食堂近 2000 平方米。学校绿化面积8421 平方米，生均绿地 2. 3 平方米。学校的普通教室均按54人标准配备桌椅等，全部安装有微机和大屏幕投影设备，采光等条件符合相关规定标准。学校物理、化学、生物等教学实验仪器，音体美等器材配备均符合省级一类标准。学校图书馆为省一级资质，现有纸质和电子藏书185852 册。学校为走读学校，可满足约800 余人住宿。学生公寓楼建筑面积5000 平方米，每个宿舍有独立卫生间、饮水机、电话、电扇、学习桌椅等生活、学习设施设备。投入650 万元新建地理学科课程实践基地、生物学科课程种植基地、学生公寓空气能洗浴设施、教学行为分析系统二期升级项目。教师参加全国、省、市级各类评优课，获得全国一等奖 3 人，省级一等奖 6 人，市级一等奖 21 人，省级骨干教师 2 人，市级学科名师 3 人，市级骨干教师 7 人，市级优秀教育工作者 1 人，市级优秀教师 2 人，市级师德先进个人 1 人。高考本一率99. 6%。其中18个班本一率达 100%，且多名学生被国外名牌大学录取。郜楚煊以689 分成绩获河北省高考文科状元，另有 5 名学生获单科状元。学科竞赛中4人获国家级（省级赛区）一等奖，43 人获国家级（省级赛区）二等奖。2019 年石家庄一中获评“河北省文明单位”“全国精神文明建设工作先进单位”“全国生命教育杰出单位”等荣誉。

（刘春英　李强　娄延果）

【市第二中学】　石家庄市第二中学始建于 1948 年 9 月，是河北省实验中学。至2019 年石家庄市第二中学已形成一校 7 区、12 年基础教育全覆盖的办学模式。学校占地面积 38. 14 万平方米（以下数据均含二中本校和二中实验学校），建筑面积 17. 45 万平方米。现有在校学生8740 人，教职工 534 人，其中专任教师 491 人，正高级教师 5 人，特级教师 9 人，高级教师 126 人。2019 亚洲和太平洋地区信息学奥林匹克竞赛中周天宝获亚太区国际金牌，成为河北省获此殊荣第一人。杨仕博等18名学生入选奥赛河北省代表队，在全国决赛中夺得 8 金、8 银、2 铜；符策逸等 68 名学生获得省级一等奖；累计获 17 枚国际奥赛金牌，23 枚国际奥赛奖牌。市二中共培养出31名省、市文理科状元。2019 年保送清华大学、北京大学学生 57 名；武昊以实考 707 分获石家庄市理科第一名，孟雨晴以实考 703 分获石家庄市理科第 2 名；14 人进入全省文理科前 100 名；600 分以上文科 98 人，占比 81%，理科 504 人，占比 61%；本部本一上线率 99. 8%。20名美术特长生全部考入名牌院校，其中清华美院 3 人，中央美院 7 人；航空实验班 36 名学员被中国人民解放军空军航空大学录取。2019 年市二中获得高中教学先进单位称号，所有学科备课组均被评为石家庄市 2018 年度高中教学先进备课组。4月，中共河北省委国家安全委员会办公室、河北省教育厅确定市第二中学为“河北省国家安全教育实验学校”。

（李彤宇　张国珍）

【河北正定中学】　河北正定中学是直属石家庄市教育局的省级示范性高中，坐落在国家级历史文化名城——正定。学校创建于1902 年（清光绪二十八年），由当时的正定府学和恒阳书院（均源于五代时期）改设而成，始名正定府中学堂，后曾更名为直隶省立第七中学、河北省第七中学、河北省立正定中学、晋察冀边区正定联合中学、晋察冀边区第四中学、河北正定第一中学，1979 年定名为河北正定中学。学校占地160 亩，有专任教师 263 人，其中特级教师 7 人，高级教师 54 人，博士研究生 4 人，硕士研究生 89 人。学校现有国家级课题5项，省级课题 8 项，市级课题 12 项，校级课题 101 项。2019 年具有正中特色的“五级教师培训体制”逐步完善，多名教师在全国省市评优课中获得特等奖和一等奖，百余位教师赴全国各地或在省内外高考研讨会上讲学。学校具有科技节、文化节、体育节、艺术节等特色活动，并通过成长课、校史课、举办生命教育、责任教育每月主题教育活动等方式引导学生思想发展。学校交响管乐团作为河北省唯一的一支中学队参加“中华杯”中国第十二届优秀管乐团队展演获“优秀乐团”称号。教师张宇婵的原创舞蹈《滹沱水，丰收情》获第八届河北省舞蹈大赛暨第九届华北五省舞蹈大赛选拔赛一等奖，并参加第五届荷花少年舞蹈展演。2019 年正定中学高考两校区本一上线人数超 3000 人。学校获评最美校园书屋、第十六届“叶圣陶杯”

全国中学生新作文大赛写作教学先进单位、先进基层党组织、石家庄市文明校园、实验教学工作先进单位、市教育信息化工作先进单位、中小学生田径运动会丙组团体第一名。

（王永坤　周庆）

【石家庄外国语教育集团】 石家庄外国语教育集团由石家庄外国语学校、石家庄第二外国语学校、石家庄外国语小学、石家庄外国语幼儿园4所学校组成，始建于1994年，前身是石家庄市第43中学。集团现有在校学生11051名，教职工1043人，专任教师835人，正高级教师4人，高级教师188人，一级教师405人；研究生学历以上教师252人。省学科名师8人，省骨干教师6人，市学科名师20人，市骨干教师40人。省“三三三”层次人才第一层次1人，第三层次8人；市管拔尖人才5人，享受国务院津贴专家1人，享受省政府津贴专家1人，享受市政府津贴专家8人。落实集团第三个十年规划提出以专家治校促集团发展思路，即校长成为办学专家，管理人员成为管理专家，教师成为专家型教师，并为每位教师建立专业成长规划路线图。全年举行教师公开课1116节，示范观摩课86节，示范主题班团队课124节。295名教师被评为学生最喜爱教师，29名专家型教师成立工作坊，57名教师被授予长期贡献奖、160名教师获得贡献奖，57名教师在国家、省、市、区评优课和素质赛等评比中获奖。学校坚持开放办学理念，广泛开展对外交流，先后与美国、加拿大、澳大利亚、新西兰和英国等22个国家的202所学校建立校际友好关系，并与美国、西班牙和法国等3个国家5所学校签订友好学校。2019年集团共聘请外籍教师17名，接待10个国家18个代表团307名国外友好学校师生来访，派出21个师生团775人到10个国家访问。学校开设日语、俄语、德语、法语、西班牙语五个语种。结合新考试与招生制度改革，高中部改变教育模式，提前规划学生发展路径，实施高考、保送、出国留学三条出路。受世界粮食奖基金会主席坎昆大使邀请，每年派5名高中优秀学生代表中国学生参加世界粮食奖青年论坛。7月，世界粮食奖基金会主席坎昆大使访问石外集团，参加世界粮食奖青年论坛名额从5名增加到10名。10月，10名高中生赴美国艾奥瓦州参加世界粮食奖青年论坛。

（石家庄外国语教育集团）

【石家庄精英中学】 石家庄精英中学是教育实业家翟志海先生1993年创办的一所全寄宿制完全中学。2003年被省教育厅评定为河北省示范性高级中学，2017年12月获“中国高中教育50强”，2017~2019年连续获“清华大学生源中学”。学校现有四校区，在校师生17000余人。高中部位于石家庄高新区学苑路25号，占地150亩。初中部位于石家庄市学府路196号，占地150亩，有教学大楼3栋、艺术楼、科技楼、就餐大楼3座、学生公寓楼6座、教师公寓楼2座和8道400米环形塑胶跑道并2000座位高标准田径场。2010年李金池出任石家庄精英中学校长，确立“为中华民族培育英才、为学生终身幸福奠基”办学理念，实施“激情教育、高效课堂、精细管理”，推进课堂改革，将激情文化体现在学校教育、校园生活等各个方面；通过组织师生开展优秀教师报告会、激情学子报告会、激情演讲比赛等系列活动，激发师生激情，打造高效课堂。“高效6+1课堂”基于素质教育理念基础创立；由两部分组成，第一部分是高效6+1课堂模式中的“6”，即依次进行的课堂教学6个环节，包括“导”“思”“议”“展”“评”“检”。第二部分是1“用”，在课后自习课上进行。2018年1月，高效6+1课堂改革被中国教育新闻网评选为“第五届全国教育改革创新典型案例”。2019年精英中学600分以上学生达到855人，其中62人达到全省理科前1000名、文科前500名。

（石家庄精英中学）

中等职业教育

【概况】 2019年，全市共有中等职业学校135所，同比减少5所；在校生21.46万人，同比增加2.07万人；毕业生6.02万人，同比增加9454人；招生7.47万人，同比增加1080人；教职工1.22万人，同比增加689人，其中，专任教师9164人，同比增加686人。拥有国家中等职业教育改革发展示范校6所、国家级重点中等职业学校8所、省级以上重点中等职业学校21所。正高级职称35人，副高级职称2017人，中级职称3473人，聘任校外兼职教师854人；“双师型”教师占专任教师比例为75%；专任教师与在校生比为1:23.4；普通高中招生与中等职业学校招生比为45.2:54.8；高中阶段教育在校生与中等职业学校在校生比为44.8:55.2。2019年全市中等职业教育学校开设有农林牧渔类、土木水利类、加工制造类、石油化工类、轻纺食品类、交通运输类、信息技术类、医药卫生类、休闲保健类、财经商贸类、旅游服务类、文化艺术类、体育与健身类、教育类、公共管理与服务类15个大类专业。11月14～17日，由市教育局主办的全国十市区职教协作会第32届年会在石家庄市举行，十市区教育行政部门、中等职业学校代表近400人参会。11月23～25日，市文化传媒学校代表队获得全国职业院校技能大赛教师教学能力比赛二等奖。11月24日，石家庄装备制造学校冯保莉、市交通运输学校梁然获得由中国职教学会主办的2019年全国中职教师信息化教学设计及说课数学比赛一等奖。12月4日，交通运输学校王猛获得2019年全国中职教师体育与健康课程信息化教学设计及说课比赛一等奖。开展职业教育援藏活动，石家庄装备制造学校西藏班共有在校生153人，其中，2017级57人、2018级40人、2019级56人。

【职教园区】 石家庄市职教园区自2016年6月正式启动，2019年8月全面建成投用。园区占地面积2376亩，建筑面积90万平方米，投资56.8亿元。园区现有装备制造学校、文化传媒学校、电子信息学校、交通运输学校、财经商贸学校、现代农业学校、艺术学校、城市建设学校、学前教育学校、旅游学校、特殊教育学校、石家庄高级技工学校12所中等职业学校，图书信息中心、艺术中心、会议中心、体育馆、游泳馆、公共实训基地和技能鉴定中心、双创科技园等共享设施，在校生2.15万余人，教职工2200人，开设专业42个，其中省级骨干特色专业23个。建设职教园区，将多个职业学校整合后搬迁入住。文化传媒学校由原石家庄市第一职业中专学校（一职专）、石家庄市艺术职业学校、石家庄市粮食技工学校合并而成；电子信息学校由石家庄市第二职业中专学校（二职专）、石家庄市第十一职业中学、第八职业中学整合而成；石家庄交通运输学校由石家庄市第三职业中专学校（三职专）和石家庄市交通技工学校合并而成；财经商贸学校其前身为石家庄市职业财会学校。优化园区学校专业布局，重点打造信息技术、生物医药、装备制造、商贸物流、旅游服务、金融服务、文化创意、节能环保、家政养老等专业，提升人才培养与产业需求的契合度和贡献度。解决石家庄市职业教育“布局散、规模小、条件差”结构性问题，通过成立职教园区管理服务保障中心、加强园区信息化建设、学校间形成集约化办学格局等方式实现园区综合效益最大化。

【现代职业教育】 中高职衔接提点扩面，10所中职学校34个专业与10所本科、高职院校实现对接。扩大中职学校招生规模。利用市职教园区教育资源，建立局领导分包招生责任制。2019年中职学校招生注册6.82万人，其中，国办学校2.47万人，民办学校4.35万人。发挥中职国家奖学金育人功能。2019年评选154名优秀学生，依托“全国学生资助管理信息系统”填报审核通过免学费122096人，其中市直属学校18925人、县区学校103171人；国家助学金16486人，其中市直属学校3080人、县区学校13406人。统计中职学校建档立卡学生信息，严格落实家庭经济困难学生“三免一助”政策。编制职业教育服务培养方案。为更好服务石家庄市“4+4”产业发展，结合市产业功能定位和重点产业集群发展规划，加强技能型人才培养，组织所属职业院校深入调查产业人才需求，结合适合职业教育培养的职业岗位和各自专业优势，编制《职业教育服务石家庄市战略性新兴产业人才培养方案》《职业教育服务石家庄市十二大重点产业人才培养方案》，合理规划专业布局和人才培养规模，提高技术技能人才培养供给侧对接需求侧的精准度。规范民办学校办学行为。加强民办职业教育学校管理，制定《关于做好2019年中等职业学校招生工作的通知》《关于规范民办中等专业学校招生行为的通知》《关于进一步规范民办中等专业学校办学行为的通知》等文件，严格规范场地管理、计划招生、专业设置、信息公示等环节。

（刘伟　吴俊海）

高等教育

【概况】 2019年，全市共有市属高校5所，其中，本科院校1所（石家庄学院），高等专科院校4所（石家庄职业技术学院、石家庄信息工程职业学院、石家庄科技工程职业学院、石家庄幼儿师范高等专科学校）；在校高校学生6.03万人；教职工4198人，其中，教授241人、副教授886人，讲师1417人。石家庄学院在校生17670人，下设17个学院、79个本专科专业（本科62个）；教职工1248人，其中，正高级职称121人、副高职职称395人，博士189人、硕士学位以上人员989人，“双师双能型”教师245人。石家庄职业技术学院开设专业50多个，在校高校学生12767人；教职工930人，其中，博士37人，硕士543人，正高级职称59人，二级教授6人。石家庄信息工程职业学院在校高校学生17035人，招生7257人，毕业生4538人，其中，结业11人；教职工1302人，专任教师633人，博士3人、硕士444人，教授39人，科研人员633人。石家庄科技工程职业学院在校高校学生6862人，招生2302人，毕业生2164人；开设专业24个；教职工322人，专任教师285人，硕士131人，教授16人。石家庄幼儿师范高等专科学校在校生5979人，招生2291人；教职工433人，副高级以上职称109人，硕士205人，特级教师2人。全年市属高等职业院校32个项目入选《河北省高等职业教育创新发展行动计划（2019—2021年）》，2个项目入选河北省“双高计划”高水平专业建设计划项目。获批省部级以上教学科研项目25项，教育改革项目获得省级立项15项，承担横向协作与委托项目70余项，获得省级以上科研奖项19项。高校园区开工。各高校引进和培养学科领军人物及创新团队50余人。教师参加省级、国家级提升教学能力大赛获得省级以上奖项90项。建成300余门校级、23门省级、1门国家级示范性精品课程，高等教育发展形成与“4+4”现代产业布局紧密对接的特色专业集群20余个，7个专业入选国家级和省级一流本科专业点。举办师资交流活动，参与人员2000余人次；选派高等学校教师到企业一线挂职锻炼100余名；选派青年教师30人次赴美国、韩国、日本等国家学习交流。支持高校和企业采用优势互补、利益共享、风险共担的产学研合作模式建立科研平台。至2019年末，市属高校依托专业优势和企业资源，建设研发中心及工作室47个、校内外实习实训基地1700余家，组建市级以上教学科研团队20余支。提升高层次应用型人才培养能力，开展研究生培养合作，与河北师范大学、河北科技师范学院、韩国又石大学等高校协商签订联合培养硕士研究生协议。探索实施“专业招生+大类培养”人才培养模式改革，推进校企（政、校）融合，采取校企共建混合所有制二级学院、现代学徒制等方式，协同培育知识型、技能型、创新型高素质技能人才。全年市属高等院校学生参加各类赛事活动获得省级以上专业和创新竞赛奖励340人次。

（张军峰　姚龙）

【石家庄学院】 石家庄学院是经教育部批准建立的国有全日制普通本科院校。地处石家庄市高新技术产业开发区，由南北两个校区组成。学校始建于1958年的石家庄专区师范学院，1959年更名为石家庄师范专科学校。1996年3月经河北省人民政府批准，石家庄师范专科学校、石家庄地区教育学院与石家庄市教育学院合并，更名为“石家庄师范专科学校”。2004年5月经教育部批准，石家庄师范专科学校升格为石家庄学院。建校以来，学校为社会培养和输送11万名各类专业人才。现有在校生17670人；教职工1248人，其中正高职121人、副高职395人，博士189人、硕士学位以上人员989人，“双师双能型”教师245人。学校占地1221亩，建筑面积40.76万平方米，建有13个实验实训中心、330个实验实训室，教学科研仪器设备总值1.98亿元；藏书118万余册，中外文数据库17个，电子图书126万余册，纸质期刊533种。设有17个学院、79个本专科专业（本科62个），涵盖法学、教育学、文学、史学、理学、工学、医学、管理学、艺术学9个学科门类。有国家级特色专业建设点2个、省级技术创新中心1个、省级重点发展学科4个、省级品牌特色专业4个、省级本科教育创新高地2个、省级专业综合改革试点2个、河北省高等学校教学团队1个；省级精品（资源共享）课程6门；省级实验教学示范中心4个。围绕石家庄市“4+4”产业布局，开展产教融合校企合作的探索与实践，新增会计学、数据科学与大数据技术2个本科专业，暂停7个本科专业和所有三年制专科专业的招生。形成面向石家庄市主导产业与和谐社会建设的软件技术专业群、化工制药专业群、机电工程专业群、文化传媒专业群和教师教育专业群等5大特色专业集群。全年获批科研项目179项，其中国家级项目2项，省部级项目31项，横向协作与委托项目78项，引进经费1080.75万元。获授权发明专利30项，3个专利项目实现成果转化。获批1个省级技术创新中心，1个院士工作站（共建单位），4个市级技术创新中心，与深信服科技股份有限公司共建石家庄学院深信服信息产业学院。至2019年底，学院建有校外实践教学基地320个，其中“石家庄学院以岭药业实践教育基地”被确定为河北省首批大学生校外实践教育基地。提升国际化办学水平，先后与亚洲、美洲、欧洲、大洋洲的13个国家和地区的55所高校建立友好合作关系，派出38个教师团组、135人次赴21个国家和地区访问、培训，选拔245名优秀学生前往国（境）外交流学习、攻读硕士学位。学校生源充足、生源质量较高，本科文史类最低分超省控线72分，理工类最低分超省控线108分。2019年物理学院机电学院李梅博士申报《磁性多层膜中360磁畴壁静力学和电流驱动动力学的理论研究》项目获国家自然科学基金立项。加强就业创业指导与服务工作，举办2020届毕业生就业洽谈会，吸引京津冀516家用人单位前来招聘，为学校毕业生提供就业岗位近15000个。积极组织学生参加各级各类赛事活动，获国家级奖励46项。12月31日，学校与企业共建的高邑县得利达纺织有限公司院士工作站举行揭牌仪式。

（李艺潇　庞俊丽　王旭辉）

【石家庄职业技术学院】 石家庄职业技术学院始建于1984年9月，原为“石家庄大学”，是经国家教育部批准、石家庄市政府主办的一所全日制普通高等院校；是河北省首批设立的11所高等职业院校之一，也是河北省省会第一所全日制职业大学。学院的办学格局为以全日制高等职业教育为主体，广播电视教育（开放教育）、社区教育为“两翼”，多种办学形式并存。设有管理系、经济贸易系、信息工程系、建筑工程系、食品与药品工程系、机电工程系、电气与电子工程系、艺术设计系、体育系、动画学院、软件学院、继续教育学院、创新创业学院和社科部、公共外语部、公共体育部9系4个学院和3个教学部，以及40个社区二级学院。学院开设电子信息类、土木建筑类、装备制造类、财经商贸类、媒体传播类、旅游类等50多个专业，面向河北、河南、湖北、湖南等17省招生，现有全日制在校生12000余人，成人教育本专科在籍生10000余人。现有校企共建混合所有制二级学院5个，河北省高职高专教育示范专业6个、重点建设专业10个，国家级骨干专业5个，有国家级精品资源共享课程2门，省级在线开放课程10门、院级（市级）48门，省级专业教学资源库1个、院级4个。现有教职工930人，博士37人（含在读博士9人），硕士543人，其中正高级59人，二级教授6人。国家级教学名师1人，省级教学名师2人，河北省突出贡献中青年专家2人，河北省政府特殊津贴专家1人，河北省“三三三”人才工程人选2人。派驻企业特派员100余人，还聘请多名外籍教师。全年计划招生4600人，报到4449人，报到率97.84%，毕业生就业率98%。修订人才培养方案和专业产业发展报告。对接石家庄“4+4”现代产业发展格局，优化专业布局，停招专业2个，新增专业2个，减少1个专业大类。学院招收留学生资质通过河北省教育厅报备审批。2019年学院赴俄罗斯圣彼得堡列宾美术学院访问5人，接待美国、韩国、日本等国（境）外来访人员28人次、举办宣讲会6场、洽谈会8场、签署合作性文件3个，接待澳大利亚IIB学院师生12人短期研学。推进高职教育与社区教育深度融合，新增28个社区教育基地，41个社区教育中心，23个社区教学点。编写并出版全国首部《社区宪法知识读本》《社区税法知识读本》。2019年石家庄职业技术学院获评国家级优质专科高等职业院校，并入选“双高计划”。

（高霞　庞荣申　王升）

【石家庄科技工程职业学院】 石家庄科技工程职业学院是经教育部批准，石家庄市政府主办的一所全日制国办普通高等职业院校，面向全国招生。坐落于国家级历史文化名城正定。创建于1924年始称“直隶第八师范学校”，1933年以地名命名改称“河北省立正定师范学校”，1953年更名为“河北正定师范学校”，1999年开始培养大专生，2004年更名为“石家庄学院正定分院”，2007年改建为“石家庄科技工程职业学院”。石家庄科技工程职业学院占地面积277亩，建筑面积106636平方米。建有“教学做”一体化实训场地27455平方米，校内实训基地53个，校外实习基地44个。现有在校生7000余人、教职工近300人、专任教师258人、硕士131人、教授16人。引进20名普通高校毕业硕士研究生和1名“英才入石”计划研究生学历专任教师。2人入选市教育先进工作者和优秀教师，3人评选为优秀辅导员，7人评选为高校“双师型”骨干教师。全年招生2302人、毕业2164人、就业率91.31%。设有经济贸易系、管理工程系、艺术与建筑工程系、机电工程系、信息工程系，开设软件技术、应用电子技术、计算机应用技术、护理等24个专业。与海尔集团、格力电器有限公司、天津滨海迅腾科技集团有限公司、北京京东方显示技术有限公司、长城汽车股份有限公司、上海中锐集团、博深工具有限公司等50多家大中型企业建立实习就业合作关系。2019届小学教育专业、学前教育专业教师资格证通过率分别达88%和82.86%，护理专业护士资格证通过率达92.91%。全国统招录取分数线理科380分、文科431分。全年师生共参加各级各类职业技能竞赛267人次，获个人奖项100项，团体奖项9项。创新发展行动计划（2019-2021）获批项目5个、争取资金395万元。政府委托订单师范生试点从3个试点县扩展到11个县（市、区）。2019年度获国家奖学金10人、国家励志奖学金208人、国家助学金2770人次，资助总额569万元。

（高艳伟　葛军栋　吴学斌）

【石家庄信息工程职业学院】 石家庄市财经学校是经省政府批准、国家教委备案的一所公办全日制财经类普通中等专业学校。始建于1963年，校名为“石家庄专员公署商业职业学校”，隶属于石家庄专员公署商业局。1993年7月，石家庄地市合并后更名为“石家庄市财经学校”，隶属石家庄市财政局。2002年5月24日，《河北省人民政府关于同意建立河北交通职业技术学院等7所高等学校的批复》，石家庄市财经学校改建为“石家庄信息工程职业学院”。学院位于石家庄高新技术产业开发区，分南、北两个校区，总占地面积1120亩，建筑面积30余万平方米。在校学生17803人，招生7257人，毕业4538人，其中结业11人。教职工1302人，专任教师633人，博士3人、硕士444人，教授39人，科研人员633人，校外兼职兼课教师148人。学院招生专业（含方向）42个，涵盖电子信息大类、财经商贸大类、文化艺术大类、装备制造大类、农林牧渔大类、旅游大类、轻工纺织大类、公共管理与服务大类、新闻传播大类、交通运输大类10个高职专业大类。新增招生专业方向2个（会计—建筑及房地产业方向、物流管理—民航运输方向），撤销专业7个（宠物养护与驯导、包装策划与设计、税务、连锁经营管理、数字展示技术、数控专业、园艺技术）。贯彻落实国务院《国家职业教育改革实施方案》，实施学分制改革，明确学时要求、学分设定和换算关系。三年制高职总学时数2600—2800，一般18学时计为1个学分，总学分一般为150~160学分（含“第二课堂成绩单”学分）。实现政、行、企、校多方联动，产教融合深度不断加强，环境艺术设计专业基于APDC（石家庄）国际设计交流中心行业协会及下属42家设计公司合办“室内设计大师班”，16位企业技能大师亲自为学生授课，探索实行“一对一”结对培养。动漫设计专业与企业合作，建立二维动画、三维动画、插画、交互动画四个工作室，校企合作完成省财政厅、市科协等二维动画项目、2D转3D影片和插画绘本等项目。2019年学院获市委教育工委、市教育局“习近平新时代中国特色社会主义思想‘三进’工作”先进集体；软件工程系被河北省教育厅评为第九届省教育系统优秀志愿服务先进单位，会计系“爱心超市”被评为优秀志愿服务品牌，计算机应用系“小鸟快修社”被评为优秀志愿服务组织。

（李建民　郑肖茹　高芳）

【石家庄幼儿师范高等专科学校】 石家庄幼儿师范高等专科学校是教育部批准设置的国办普通高等学校，是河北省第一所幼儿师范高等专科学校。学校位于省会西部高教区，占地500.73亩，建筑面积175583万平方米，教学仪器设备总价值近4758万元，藏书51万册，报纸杂志750种。在校生5979人，教职工433人，副高级以上职称109人，硕士205人，特级教师2人。设有5系2部：学前教育系、音乐系、美术系、语言文学系、应用技术系、基础教学部、体育教学部。2019年招生录取2291人，其中高招1501人（单招521人），3+2招生590人，在职幼儿园教师扩招200人，完成招生计划96.3%。对口批分数线613分，达省本科分数线，是全省唯一600分以上专科学校。来自北京、天津、河北、江苏、浙江等地的600多家用人单位为2000余名毕业生提供14000多个岗位，毕业生现场签约率99%以上。举办首届学前教育论坛，近50所京津冀学前教育联盟单位参加。与河北师范大学签署“全面提升学前教育专业人才培养质量”合作办学协议，双方决定在石家庄幼儿师范高等学校建立“河北师范大学学前教育专业技能教学与研修基地”。参与河北省第二轮创新发展行动计划，组织完成1个确认项目，24个固定项目的申报，最终有6个项目通过遴选获得立项，为学校争取到660万的项目建设资金；学前教育专业群立项国家级骨干专业群项目。学校入选教育部第二批1+X“母婴护理”证书试点院校。国家级精品资源共享课程“幼儿游戏与指导”在爱课程网上线，省级精品资源共享课程“儿童歌曲伴奏与弹唱”建成并在职教云平台全面投入使用，建成市级精品资源共享课5门。

（常凡　郑郁　杨凤勇）

文 化

Culture

文化艺术

【概况】 至2019年末，全市共有艺术表演团体19个，艺术表演场馆(剧院、剧场)14个，文化馆23个，市级博物馆13个，图书馆23个，广播电视台18家，乡镇（街道）综合文化站207个，社区文化中心57个。市图书馆馆藏图书总量150万册，年借阅总量82万册次，年接待读者180多万人次。市博物馆馆藏文物4535件（套），其中，一级文物20件（套），二级文物219件（套），三级文物1435件（套）。市美术馆收藏作品1017件（套），其中新增收藏作品37件（套）。广播节目综合人口覆盖率99.52%，电视节目综合人口覆盖率99.46%。以弘扬主旋律为主题，鼓励和引导全市文艺工作者贴近实际、贴近生活、贴近群众，创作文学、戏剧、歌曲、影视剧、书法、美术、摄影、舞蹈、民间文艺、曲艺、文艺理论评论作品8000余件。6部作品入选第十三届河北省精神文明建设“五个一工程”获奖作品，4部作品获得第十三届河北省文艺振兴奖。5月20日~6月2日，第十二届中国艺术节在上海举行，市群艺馆创排丝弦小戏《村官三把手》获得第十八届群星奖。重视文化惠民工程，全年发放“文化惠民卡”6079张，举办“文化惠民卡”剧目演出119场，观众持“文化惠民卡”消费金额867.44万元。保护和传承非物质文化遗产，评选公布石家庄市第七批市级非物质文化遗产代表性传承人74人，12个项目（16个子项）入选第七批省级非物质文化遗产名录。至2019年底，全市评选市级非物资文化遗产代表性项目7批294项（子项304项），市级非物资文化遗产代表性传承人7批318人；140个项目（子项146项）入选省级非物资文化遗产项目名录，125人入选省级非物资文化遗产代表性传承人名录；12个项目入选国家级非物资文化遗产项目名录，18人入选国家级非物资文化遗产代表性传承人名录。拥有全国重点文物保护单位40处、省级文物保护单位107处、市县级文物保护单位213处。市档案馆馆藏文书档案246195卷196793件，图书16314册，报纸7003份。2019年全市共有国家级文化产业示范基地1家，省级文化产业示范基地20家，省级文化产业示范园区4家；市级文化创意产业园区2家，市级文化创意产业基地5家；文化和旅游部认定动漫企业13家。7月19日，井陉县、平山县、正定县入选《2019(首届)中国文化百强县》。

【文艺创作】 以弘扬主旋律为主题，鼓励和引导文艺工作者贴近实际、贴近生活、贴近群众，创作文学、戏剧、歌曲、影视剧、书法、美术、摄影、舞蹈、民间文艺、曲艺、文艺理论评论作品8000余件。唐慧琴的长篇小说《日头日头照着我》被改编为电视剧，中篇小说《麦香，麦香》《喜相逢》、剧本《立春时节》、微电影文学剧本《圆梦之旅》在《中国作家》发表，网络小说《浩荡》入选庆祝新中国成立70周年暨2019年度优秀网络文学原创作品。纪录片《中山国》《烽火滹沱》在中国中央电视台播出，丝弦戏剧《大唐魏征》入选第十六届中国戏剧节优秀剧目奖。戏剧河北梆子《吕建江》《没有共产党就没有新中国》、电视纪录片《中山国》、广播剧《老吕叨叨》、图书《新中国外交官的摇篮——中央外事学校》《我的幸福谁当家》6部作品入选第十三届河北省精神文明建设“五个一工程”获奖作品。大型现代戏《拉花人家》、文艺评论《从此师徒是路人——评刘建东中篇小说集〈黑眼睛〉》、文艺栏目“奋进——纪念石家庄解放70周年主题诗歌音乐会”、河北梆子《没有共产党就没有新中国》4部作品获得第十三届河北省文艺振兴奖。创作评剧现代戏《山楂恋歌》剧本入选2019年度河北省青年原创舞台剧本扶持计划。市评剧院一团在原创现代评剧《安娥》基础上，制作评剧数字电影《安娥》。5月20日~6月2日，第十二届中国艺术节在上海举行，市群艺馆创排丝弦小戏《村官三把手》获得第十八届群星奖。

2019年3月8日，中国北方鼓乐文化交流展示大会暨石家庄第九届鼓王争霸赛在正定南城门瓮城举行

【文化演出】 全年举办送戏下乡文化演出950场，“彩色周末”演出1289场，“七进”（进企业、进农村、进机关、进校园、进社区、进网站、进军营）文艺演出2563场。中国北方鼓乐文化交流展示大会暨石家庄第九届鼓王争霸赛。3月8日，由市委宣传部、市文化广电和旅游局等主办的“中国北方鼓乐文化交流展示大会暨石家庄第九届鼓王争霸赛”在正定县南城门瓮城举行。正定县的《常山战鼓》《鼓韵雄风》、井陉矿区的《清凉山花鼓乐》、循环化工园区的《战鼓催春颂盛世》、鹿泉区的《汉风胜鼓》、长安区的《白佛花钹》、高新区的《韩通战鼓》等9支鼓队进入决赛。经过角逐，正定县弘文中学表演的《鼓韵雄风》获得“金鼓王”称号，循环化工园区队表演的《战鼓催春颂盛世》，鹿泉区第三中学表演的《汉风胜鼓》，长安区白佛社区花钹表演队表演的《白佛花钹》获得“银鼓王”称号。石家庄第九届鼓王争霸赛特别邀请外省市7支具有当地特色和时代特点的鼓乐队伍参加展演活动，其中有陕西的《韩城行鼓》《安塞腰鼓》，山西的《临汾锣鼓》《太重鼓乐》，河南的《盘古》《牧野战鼓》等。第十七届中国吴桥国际杂技艺术节。10月25日~11月7日，由文化和旅游部、河北省政府主办，河北省文化和旅游厅、石家庄市政府、沧州市政府共同承办的第十七届中国吴桥国际杂技艺术节在石家庄市、沧州市和吴桥县三地举行。10月25~30日，第十七届中国吴桥国际杂技艺术节在石家庄市举办开幕式和国际杂技比赛。11月2~6日在沧州市、吴桥县演出，11月7日在沧州市举行闭幕式、颁奖及闭幕演出。共有来自俄罗斯、德国、奥地利等18个国家25个国外节目及国内著名艺术团体5个节目参赛，评选金狮奖3个、银狮奖5个、铜狮奖7个。打造“一月一名剧”演艺品牌，演出经典剧目12场。举办“消夏系列演出季”活动、2019庆“五一”百姓大舞台——“劳动者之歌”广场文艺演出活动、“庆七一 颂党恩”文化慰问演出、“不忘初心·牢记使命”石家庄市京剧票友协会庆祝新中国成立70周年红色经典剧目展演、宣传党的十九届四中全会精神文艺小分队赴基层系列文艺演出活动等。其他文艺演出活动：4月25日~11月11日，由市委宣传部、市文化广电和旅游局主办，市群众艺术馆等单位承办的省会第26届“彩色周末文化工程”举行。5月10日，由市委宣传部、市文化广电和旅游局主办，井陉矿区区委区政府、市群艺馆承办的2019年“喜迎旅发会 助力旅发会”石家庄市第二届社火文化展演在井陉矿区文化休闲广场举行。8月22日晚，市丝弦剧团携经典剧目《空印盒》、新编历史剧《大唐魏徵》在国家大剧院演出。11月12日，新编排传统经典剧目《钟馗》在石家庄大剧

院首演。12月6~25日，由市文化广电和旅游局、市演艺集团主办，市丝弦剧团承办的第三届“东西南北中”五路丝弦优秀剧目展演石家庄丝弦剧院举行，来自石家庄、保定、邢台、沧州及山西省灵丘县的19个院团、班社演出20台优秀剧目和1场“五路丝弦名家名段演唱会”。

【全民阅读活动】 1月3日，石家庄市第三届寻找省会“阅读达人”大型公益活动颁奖仪式在市广电中心举行，11人获得省会“阅读达人”和优秀阅读推广人称号，10个单位获评组织工作先进单位。4月23日（世界读书日）至12月底，2019年石家庄市全民阅读活动举行，主题为“阅读新时代 书香石家庄”；全民阅读活动期间，全市以“4·23”“9·28”为时间节点，组织举办全民阅读月、经典诵读月及第十三届青少年读书节、“好书有约·与阅同行”等阅读活动。

【非物质文化遗产】 至2019年底，石家庄市先后公布市级非物资文化遗产代表性项目7批294项（子项304项），公布市级非物资文化遗产代表性传承人7批318人。全市140个项目（子项146项）入选省级非物资文化遗产项目名录，125人入选省级非物资文化遗产代表性传承人名录；12个项目入选国家级非物资文化遗产项目名录，18人入选国家级非物资文化遗产代表性传承人名录。全年公布石家庄市第七批市级非物质文化遗产代表性项目代表性传承人74名。12个项目（16个子项）入选第七批省级非物质文化遗产名录。“井陉拉花”入选国家级非物资文化遗产代表性项目优秀保护实践案例。“藁城宫灯”亮相2019伦敦世界旅游交易大会。组织举办2019年度全市非物质文化遗产保护工作培训班。组织部分非遗管理人员和传承人参加了中国非物质文化遗产传承人群研修研习培训、基层非物质文化遗产保护工作队伍培训班（京、津、冀片区）等培训。先后举办乐享河北·非遗遇上春节——2019迎新春民俗展演活动周、2019年“喜迎旅发会 助力旅发会”石家庄市第二届社火文化展演、石家庄市“文化和自然遗产日”非物质文化遗产宣传展示活动，营造全社会共同参与、关注和保护传承优秀传统文化的浓厚氛围。6月7~11日，由市文化广电和旅游局主办的石家庄第九届民间艺术节在习三艺术大厦举行；主题为“非遗保护·河北实践”；邀请20多位民间艺人现场展示绝活，参展工艺品有无极剪纸、彩色布艺、苏州刺绣、传统老玩具、精美瓷器等50余项。

表70　2019年石家庄市第七批市级非物质文化遗产项目及代表性传承人一览表

序号	项目名称	申报地区或单位	代表性传承人		
			姓名	性别	出生年月
1	正定赵子龙传说	正定县	刘夫海	男	1955年3月
2	正定歌谣	正定县	宋荣琴	女	1956年4月
3	行唐口头镇歌谣	行唐县	胡玉白	女	1965年11月
4	赵州梨的传说	赵县	贾国锁	男	1940年9月
5	赵南星的传说	高邑县	赵振国	男	1951年4月
6	药王邳彤的传说	灵寿县	李三祥	男	1959年9月
7	轩山老母佛歌会	井陉矿区	张现光	男	1967年2月
8	行唐迎驾鼓	行唐县	何秀花	女	1960年1月
9	赞皇旗鼓	赞皇县	曹瑞其	男	1971年6月
10	武凡同高跷马	灵寿县	张振林	男	1968年4月

续表

序号	项目名称	申报地区或单位	代表性传承人		
			姓名	性别	出生年月
11	评剧(新派艺术)	市青年评剧团	徐金仙	女	1967 年 6 月
12	晋剧(井陉矿区晋剧)	井陉矿区	霍香贵	男	1962 年 5 月
13	石家庄丝弦(晋州赵兰庄丝弦)	晋州市	王士荣	男	1957 年 11 月
14	深泽坠子戏	深泽县	曹建更	男	1959 年 6 月
15	坠子戏(行唐西正坠子戏)	行唐县	范五来	男	1963 年 7 月
16	刘家坪丝弦	平山县	崔树亮	男	1955 年 3 月
17	韩台大钉缸	平山县	李正堂	男	1945 年 4 月
18	高邑南岩乱弹	高邑县	耿建申	男	1956 年 3 月
19	龙门武学	市直	丁新民	男	1952 年 8 月
20	店上大青拳	长安区	苏计新	男	1958 年 2 月
21	戳脚(井陉矿区戳脚)	井陉矿区	王保文	男	1959 年 11 月
22	元村九莲洞擒法	井陉县	赵荣华	男	1954 年 12 月
23	自然派紫云剑	鹿泉区	周天飞	男	1971 年 8 月
24	平山寒虎河滚叉	平山县	郭增才	男	1971 年 3 月
25	赞皇少林拳捋手门	赞皇县	李文科	男	1965 年 8 月
26	赞皇洪拳随手门	赞皇县	白彦文	男	1973 年 4 月
27	桥东区石粉画	桥西区	彭民新	男	1953 年 8 月
28	传统木雕(郭氏木雕)	市直	郭　栋	男	1978 年 3 月
29	传统木雕(井陉木雕)	井陉县	许红阳	男	1991 年 7 月
30	传统烙画(火针刺绣)	桥西区	鲍　宁	男	1976 年 11 月
31	传统烙画(井陉矿区烙画)	井陉矿区	郝友友	男	1953 年 7 月
32	晋州赵氏剪纸	晋州市	庞　晖	女	1972 年 5 月
33	行唐剪纸	行唐县	赵成龙	男	1987 年 5 月
34	无极泥模	无极县	冯建永	男	1968 年 1 月
35	深泽泥模	深泽县	王　亮	男	1956 年 11 月
36	新乐石雕艺术	新乐市	李　永	男	1957 年 1 月

续表

序号	项目名称	申报地区或单位	代表性传承人		
			姓名	性别	出生年月
37	髹漆技艺	市直	金永祥	男	1941年12月
38	古籍修复技艺	市直	高慧云	女	1982年5月
39	传统刺绣(徐氏刺绣)	市直	刘玉霞	女	1963年2月
40	传统刺绣(邢氏刺绣)	市直	邢兰芳	女	1960年2月
41	毛绣	桥西区	杜　秀	女	1965年12月
42	土布织造技艺	栾城区	冯素芬	女	1968年9月
43	布艺(布贴画)	桥西区	贾聪英	女	1942年1月
44	栾城彩子制作技艺	栾城区	邵文清	女	1973年7月
45	古建筑营造技艺	井陉矿区	韩保元	男	1951年4月
46	传统工艺剑锻制技艺	行唐县	李住军	男	1973年8月
47	灵寿青铜器制作工艺	灵寿县	王英洁	男	1975年4月
48	“刘葫芦”烙画	晋州市	刘保秋	男	1969年8月
49	传统酿酒技艺(藁城宫酒酿造技艺)	藁城区	张哲峰	男	1968年10月
50	传统酿酒技艺(赞皇枣酒酿制技艺)	赞皇县	侯彦国	男	1959年12月
51	行唐“枣木杠酒”酿造技艺	行唐县	王付义	男	1969年4月
52	八宝酱牛肉制作技艺	井陉县	程国芳	男	1972年8月
53	传统酥糖制作技艺	晋州市	郭　松	男	1987年7月
54	恒通香醋酿造技艺	晋州市	高亚军	男	1969年6月
55	无极饸饹制作技艺	无极县	张志永	男	1970年9月
56	传统糖瓜制作技艺(无极东阳糖瓜制作技艺)	无极县	李根法	男	1958年6月
57	无极回民鸡制作技艺	无极县	甘　雷	男	1978年1月
58	行唐枣茶制作技艺	行唐县	严彦平	女	1968年1月
59	平山古月豆腐制作技艺	平山县	李文学	男	1953年11月
60	殷氏妇科医术	赵县	殷林茂	男	1954年9月
61	白氏内病外治疗法	赵县	白英敏	男	1954年6月

续表

序号	项目名称	申报地区或单位	代表性传承人		
			姓名	性别	出生年月
62	王氏针灸疗法	灵寿县	王晓飞	男	1980 年 5 月
63	秘传脉理诊疗法	市直	杜兰魁	男	1951 年 5 月
64	中风推拿疗法	市直	于忠军	女	1967 年 8 月
65	积德堂正骨	新乐市	李建宾	男	1967 年 7 月
66	井陉矿区起龙山庙会	井陉矿区	吴锁文	男	1951 年 3 月
67	将军令	鹿泉区	薛保祥	男	1954 年 7 月
68	小苍山传统庙会	井陉县	霍彦清	男	1949 年 12 月
69	栾庄海龙湾龙文化	井陉县	杨文杰	男	1957 年 1 月
70	桃林坪花脸社火	井陉县	许书元	男	1961 年 10 月
71	井陉红脸社火	井陉县	李全文	男	1963 年 4 月
72	井陉台头邳彤祭典	井陉县	许千锁	男	1951 年 3 月
73	井陉东岳庙文化节	井陉县	仇全保	男	1953 年 1 月
74	罗庄打铁火	井陉县	刘文兵	男	1943 年 8 月

【文化产业】 至 2019 年底，石家庄市共有国家级文化产业示范基地 1 家，省级文化产业示范基地 20 家，省级文化产业示范园区 4 家，取得省级文化产业示范园区创建资格的园区 1 家，经文旅部认定的动漫企业 13 家，市级文化创意产业园区 2 家，市级文化创意产业基地 5 家。制定《石家庄市文化旅游产业园区评选命名管理办法》《石家庄市文化旅游产业基地评选命名管理办法》，认定 2 家市级文化创意产业园区、5 家市级文化创意产业基地。举办首届石家庄市文创和旅游商品大赛，收到来自省内外参赛作品近800 件，经初赛和决赛，最终评选金奖 2 名，银奖 4 名，铜奖 6 名，最具石家庄特色奖 10 名，最佳创意设计奖 10 名，最佳成果转化奖 10 名，最具才华奖 6 名，最佳组织奖 16 名，特别贡献奖 7 名。组织重点文化企业和优质项目参加深圳文博会、北京文博会、石洽会，石家庄市藁城宫灯、精英动漫衍生品、千匠烙画、铁板浮雕等文创产品参与展览，京北古镇项目在深圳文博会签约。市博深文化创意产业园项目入选河北省十大文化产业项目。市博深文化创意产业园位于石家庄高新区海河道9号，由河北途尚文化产业投资有限公司投资建设；园区占地面积 2. 33 万平方米，总建筑面积 1. 8 万平方米，是一个以文化为核心，集文化、科技、娱乐、体育多业态融合发展的生态型综合性创意产业园区；建设内容包括非遗文化体验中心、中华礼乐大厅、文体弹力实验室、文艺众创空间等；总投资 2000 万元，完成投资 1750 万元，大部分项目完工。1月17 日，石家庄文化旅游投资集团有限公司组建成立，注册资本金 11 亿元；2 月 26 日，公司挂牌运营。

【第十五届中国(深圳)国际文化产业博览交易会】 5 月 16~20 日，2019 年第十五届中国（深圳）国际文化产业博览交易会（简称深圳文博会）在深圳会展中心举行。石家庄市组织河北千匠烙画文化产业发展有限公司（郝友友烙画）、石家庄市昆仲雕塑艺术有限公司（郭氏铁板画）、河北精英动漫文化传播股份有限公司（动漫衍生品）、石家庄市藁城区宫灯研制开发中心有限公司（藁城宫灯）4家企业文创产品参加河北省综合展区展览，12个项目作宣传推介；裕华区政府与河北长乐文化旅游开发有限公司签约京北古镇项目，签约金额22亿元。

【2019中国·石家庄第十四届国际动漫博览交易会】 6月26～30日，由省委宣传部指导，石家庄市委、市政府主办，精英集团·河北天明传媒有限公司承办，中国动画产业网、市文化产业协会、市动漫协会协办的2019中国·石家庄第十四届国际动漫博览交易会（简称动博会）举行。主题为“中山雅韵，国风动漫”。主展馆设在解放广场会展中心，新华区民族路商街、海悦天地购物广场、北国奥特莱斯购物中心等设立分会场。参会总人数100万余人，其中主会场到场观众10万余人；参展企业近80家，现场零售交易额近1000万元。动博会期间，组织举办“肖像漫画展”“国风动漫高峰论坛”“无人机编队表演”“网红打卡区”“中山雅韵主题展”等活动；由市委宣传部主办的“我为石家庄唱首歌”征歌活动优秀原创歌曲《石家庄那些年》首次公开演唱。

【文化市场监管】 至2019年底，全市共有文化娱乐场所500余家，互联网上网服务营业场所及互联网信息服务活动1100余家，演出经纪机构158家。积极推进石家庄市文化旅游市场执法工作，印发《关于深化文化市场综合行政执法改革的实施方案》。邀请黑龙江、江苏、浙江、安徽、江西、北京6省市以及承德、保定、邢台、邯郸综合执法队伍执法人员共计20余人参加演出市场集中办案活动，实现执法办案新突破。围绕“清源2019”“护苗2019”“秋风2019”等专项行动，严厉打击各类非法出版物经营行为。深挖案件线索来源，先后查处发行非法出版物以及无手续印刷出版物等案件11起，有效净化出版物市场经营环境。全年文化市场检查出动人员1700余人次，检查各类文化经营单位2200余家次，办理行政处罚案件18件，受理举报27件，其中，上级督办3件，销毁侵权盗版和非法出版物25万余张（册）。广播电视行业管理。2019年全市新增广播电视节目制作经营机构50家，至2019年底，全市广播电视节目制作经营机构累计达到211家。以17家广播电视台为重点，开展广播电视和网络视听节目督导检查，完成三年一度广播电视播出机构许可证换发工作，清理整顿违规设立和经营有线电视系统违法点21个。重视广播电影电视管理，重大节日和重要任务保障期间，严格执行“零报告”制度。完成全国“两会”、“一带一路”国际合作高峰论坛、迎接新中国成立70周年广播电视和网络视听播放安全保障任务，做到安全播出无事故。加强广播电视播出频率频道监管，严肃查处擅自增设电视频道等违规行为。举办公共载体播放视听节目专项治理，整治食品药品、医疗类虚假违法广告宣传，打击以未成年人为对象传播不健康内容行为。

【市图书馆】 市图书馆成立于1958年，建筑面积1.6万平方米，拥有各种座席1008个，现有20个分馆。在编职工61人。馆藏图书总量为150万册，其中普通图书135万册，古籍16.18万册，馆藏期刊1500种，报纸200余种，电子文献3500余种。线装古籍藏量大、价值高为馆藏特色。其中34种640册列入《中国古籍善本目录》，600种近万册列入《河北省古籍善本书目》，孤本《周易传羲大全》和《湟中牍》为全国独家收藏。2019年图书馆分编入藏图书22958种，11.51万册，其中成人图书16382种、59684册，少儿图书6576种、55417册。征订期刊1033种、1334份，报纸95种、185份，报纸合订本36种，入藏报刊546种、1960册。配送分馆图书38786册，剔旧11975册。借阅总量82万册次，其中石家庄市馆55万册次，各分馆27万册次，总借阅量较2018年增加17%，分馆借阅量较2018年增加35%。通过网站和总服务台回复、解答读者咨询1万余人次，新办读者借书证12100张，办理信用借阅读者3500人，各类读者证总数11万余张。举办各类阅读推广活动550场，直接参与者近10万人。石家庄市图书馆新馆项目位于正定新区隆兴路以南，大临济街以西，占地2.4公顷，总建筑面积为5.5万平方米，其中地上建筑面积4万平方米，底下建筑面积1.5万平方米，高度为24米，计划总投资5亿多元。设计方案引入“情景体验式图书馆”的概念，建筑形体抽取赵州桥的“拱”形元素，表达现代建筑对传统文化的尊重和传承，整体风格庄重大气。石家庄市图书馆新馆建设项目2016年3月开工建设，至2019年底，新图书馆主体建筑和外立面装修工程基本完工。

【市博物馆】 市博物馆位于市区建设北大街11号，占地面积5860平方米，总建筑面积6292平方米，总投资408万元，1991年11月12日石家庄解放44周年纪念日开馆。市博物馆分为三层，内设7个展厅。一层为办公区、文物保管区和“农耕与民俗展”“践行社会主义核心价值观——道德模范事迹展”展馆，二、三层共有6个展厅，展厅面积2890平方米。二层设有“文物数字展”、“毗卢寺壁画摹本展”、少儿陪伴成长大讲堂和201临展展厅。三层为常设展览“石家庄历史文化陈列”“石家庄历史发展成就展”。一层的“农耕与民俗展”于2018年5月投入使用，展馆面积700平方米，以农耕器用和文化生活为主轴，为参观者还原和展示石家庄乡村民俗风貌，配设展品300多件。二层的“文物数字展”依托馆藏文物精品，采用数字博物馆方式，为参观者展示市博物馆馆藏文物150件（套）；1月24日，市博物馆全息文物数字展厅开放，这也是全省建成第一个全息文物数字展厅。“陪伴成长大课堂”于2018年10月升级改造完成，突出内容性、互动性、开放性、公益性“四位一体”设计理念，坚持贴近未成年人原则，以图文类、实物类、LED大屏和多媒体触控为教学载体，以举办亲子教育活动形式，开展爱国主义教育。三层的常设展览“石家庄历史文化陈列”，通过大量的文物、标本、图片配以准确的文字介绍，详细展示石家庄自有人类活动至清末、中华民国初期30万年的悠久历史和灿烂文化及重要历史名人、重大历史事件，展览分8个部分；常设展览《石家庄历史发展成就展》以翔实的文字资料和大量图片资料，讲述石家庄作为解放战争中第一座解放城市，如何从小村庄转变为华北重镇，再到成为现代化中心城市的发展历程。

【市群众艺术馆】 市群众艺术馆始建于1947年12月，初名石家庄市民众教育馆，后更名为市文化馆，1973年正式成立市群艺馆。1993年8月与地区群艺馆合并，仍为现名。石家庄市群众艺术馆是负责组织全市群众文化活动、群众文化培训、群众业余文艺创作、群众文艺理论研究和民间艺术挖掘整理等工作的机构。市群艺馆新馆位于中山西路62号，2002年落成，当年9月迁入。馆舍主体设施9030平方米，建筑分地下一层，地上八层，建有多功能活动厅，多功能展厅、舞蹈排练厅、少儿活动厅、老年活动厅、音乐教室、演艺厅等，门类齐全，具有现代化设施的13个业务活动厅（室），常年开展活动。至2019年，市群众艺术馆内部机构设有办公室、财务部、宣教部、后勤管理部、演艺服务中心、文艺活动中心、群文培训中心、非遗保护中心、文艺创作中心、美术书法影像辅导中心和物业管理中心，在岗职工64人，其中大专以上学历者39人，中高级专业技术人员32人（正高级4人，副高级13人）。业务辐射21个县（市、区）文化馆，249个乡镇（街道）文化站，4400多个社区和村文化活动场所。2019年市群艺馆参与创作河北梆子《李保国》获得全国“文华奖”，参与创作大型评剧《乐亭县令》、参与编导电视纪录片《尚小云》分别获得第十三届河北省“五个一工程奖”，主创情景剧《一句“对不起”》获得河北省第二届文艺贡献奖。全年市群艺馆举办各类文艺辅导培训19期、公益讲堂100余次，服务群众2.4万余人次。

（姜小青）

报业传媒

【概况】 2019年，石家庄日报社（传媒集团）贯彻落实中央、省委和市委宣传部有关要求，深入开展“新闻舆论质量提升年”活动，明确主流定位，体现主流担当，实现意识形态主阵地安全稳固、内容生产新意亮点频出，重点在新闻宣传、媒体融合、深化改革、产业发展、项目建设五个方面推进工作。报社（传媒集团）旗下有四报一刊一网站。其中四报分别是《石家庄日报》《燕赵晚报》《燕赵老年报》《精品导报》，发行总量近20万份。全年有25件新闻作品获省级以上奖项，连续多年稳居全省地市报之首。11月1日，中华全国新闻工作者协会主办的第二十九届中国新闻奖（2018年度）评选结果揭晓，石家庄日报社记者采写报道《17名教师同出一家 40 年培养万名山娃》获得中国新闻奖三等奖，作者：范文龙、李彦水，编辑：周剑塘、顾素健。《老字号品牌营销》专刊立足河北，辐射全国，重点挖掘老字号企业文化。石家庄新闻网于1999 年 9 月开通，是石家庄市唯一被国务院新闻办公室授予新闻发布权的网站。报社（集团）不断强化媒体融合，申请筹建学习强国石家庄学习平台和石家庄日报客户端。体制机制改革不断深化，出台一系列配套方案。全年实现总收入1. 32 亿元，同比下降 10. 81% ；其中，广告收入 2413 万元，同比增长 2. 16% 。全年取得市级及以上奖励10余项。《石家庄日报》在中国报协印刷质量评比中获“精品级报纸”奖，位列河北省各家报社印刷质量第一名。2019 年石家庄日报社（传媒集团）被中共石家庄市委宣传部评为宣传报道先进单位。

2019 年 10 月 11 日，中国工程院院士倪光南（前排左一）为石家庄日报社河北石报信息技术有限公司院士工作站揭牌

【新闻报道】 报社各媒体始终牢牢把握正确舆论导向，全面贯彻落实习近平新时代中国特色社会主义思想和党的十九大精神，推出“在习近平新时代中国特色社会主义思想指引下”“十九大精神在石家庄”“十九大精神在基层”等多个专栏，在报纸和网站刊发相关稿件 1000 余篇。持续推进重大主题报道，采用全媒体报道形式完成全国“两会”、省市“两会”宣传报道工作。开展“壮丽70 年·奋斗新时代”大型主题采访活动，推出专栏，刊发《石家庄：红色之城的华丽蝶变》《一名西柏坡老共产党员的追求》等稿件近百篇。按月制定创城报道计划，推出“建设文明石家庄 做文明石家庄人”“城市文明大行动”“文明家庭创建活动”等专栏，刊发各类报道、公益广告 1000 余篇。开展志愿服务宣传，宣传推广“光盘行动”等经验做法。推出“大力推进双创双服 全力加快4+4 产业发展”“不忘初心 牢记使命”“双问计 促发展”等 20 余个专栏，刊发社论和评论员文章近百篇，采编重点报道 1000 余篇，全方位多角度展示市委市政府带领全市人民推动各项工作的新思路、新举措、新进展和新成效。精心组织重大专题报道，推出“落实‘三深化三提升’效能革命在行动”专栏，刊发专栏文章 100 余篇，宣传报道市直单位的引领性做法和经验。深度挖掘经济亮点报道，推出“践行新发展理念 推进高质量发展”“2019 石家庄答卷”等专栏，从县域、行业等多方面多角度展示石家庄经济发展。关注民生热点话题，推出男孩坠井、公益阅读活动等系列报道。“滹沱夜话”时评专栏坚持问题导向，全年刊发评论 163 期，充分发挥舆论监督作用。加大对外宣传力度，在《人民日报》等中央媒体发稿共 558 篇，其中，在新华社发稿 359 篇，《人民日报》、《光明日报》、《经济日报》发稿总量为 199 篇。其中，《新中国从这里走来——西柏坡，启迪新时代“赶考”征程》（作者：张志锋）、《西柏坡里的致富经》（作者：陈元秋 耿建扩）、《老工业城市舞出“现代范”》（作者：陈发明）等稿件分别在《人民日报》《光明日报》《经济日报》头版头条刊发。稿件《情到深处——习近平同志与新闻舆论工作》（作者：李仁虎）在《人民日报》《光明日报》《经济日报》头版头条均有刊发。人民、新华、新浪、光明等全国 10 家重点新闻网站转载石家庄日报社新闻 10000 余条，提升石家庄市在全国的影响力和知名度。

【媒体融合】 石家庄日报社（传媒集团）面对报业发展面临的严峻形势，采取多种措施，引导全体员工转观念、强素质，做媒体融合的学习者、参与者、领跑者。加快报社转型升级步伐。报社（集团）共有4个官方微博，19个微信公众号，各类粉丝1000多万人。在重点工作和重要主题宣传中，不断创新宣传方式，发挥石家庄新闻网、官方微博、微信、掌中石家庄、ZAKER石家庄等新媒体作用，形成全媒体矩阵。推进媒体融合创新。2019年石家庄新闻网在主站及微博、微信、头条号、腾讯号、网易号等平台共发布各类稿件6.3万多篇，其中发布报社原创稿件1.26万篇，发布原创视频300余部，人民网、新华网、新华社客户端、河北新闻网等国家级及省级媒体转发稿件2.8万余篇次，620余篇稿件的浏览量和阅读量均超十万，部分稿件的浏览量超千万，总浏览量超2.5亿次。截至2019年底，石家庄新闻网抖音号和头条号粉丝均已突破20万，抖音短视频《感动中国吕保民》总浏览量达600多万，“身边的初心使命”专栏部分稿件相继在人民网、共产党员网、学习强国、今日头条、腾讯、网易等平台刊发，总浏览量达800多万。ZAKER石家庄制作的《第五届石家庄市旅游产业发展大会开幕式》《跟着小Z逛数博——2019中国国际数字经济博览会开幕》等直播播放量均突破20万。报社（集团）进一步深化媒体融合，制定新媒体增量考核办法（试行），申请筹建“学习强国”石家庄学习平台项目，扩大党媒传播矩阵。“石家庄党媒新闻公共服务平台”获2019年“王选新闻科学技术奖”。10月，中国工程院院士倪光南为石家庄日报社—河北石报信息技术有限公司院士工作站揭牌。这是全省首家院士与媒体合作创建的院士工作站。

【主办刊物】 《石家庄日报》创刊于1947年11月18日，最早为《新石门日报》，是国内第一张城市党报。至2019年底，共发行24232期，发行量为7.3万份。《石家庄日报》是中共石家庄市委机关报，集政策性、权威性、指导性、服务性于一体。坚持“领导关注、群众关心、雅俗共赏、合乎时宜”的方针，紧贴市委、市政府中心工作，紧贴群众实际生活，为广大读者提供权威消息、精品新闻、特色服务和实用信息。《燕赵晚报》创刊于1992年1月1日，是省会发行量最大、最具影响力的主流报纸。截至2019年底共发行11191期，发行量为8.2万份。《燕赵晚报》坚持“主流时尚、深刻厚重、动感新锐、贴近实用”的办报理念，开办时政要闻、社会新闻、社区新闻、燕赵新闻、文娱版、体育版等十几个板块，以理性的观察和独特的视角客观、真实、生动的报道新闻资讯。力求新闻策划和活动策划相结合，凭借新创意、新思路策划各种有影响力的社会活动。《燕赵老年报》创刊于2004年6月16日，是河北省唯一的老年类报纸，至2019年底发行2286期，发行量3万份。《燕赵老年报》坚持“关爱老年人，服务老年人”的办报理念，内容上以贴近性与服务性见长，通过举办法律进社区、社区免费体检等形式多样和适合老年人参与的活动，增强了报纸互动性与趣味性，为老年人生活增添了无限色彩，达到为老人解闷、为老人维权、为老人送健康、为老人提供贴心服务的目标。《精品导报》创刊于1998年10月1日，是河北省首家都市时尚生活周报。曾被中国传媒研究中心评为省会最具成长力型报纸，多次被评为“全国城市周报十强”。2018年改版后，精品导报定位于“城市生活美学引领者”，整合纸媒、新媒体，打通线上线下资源，运用新思维、新技术、新手法，推出系列主题策划专刊，截至2019年底共出版978期，出版发行量为1万余份。《老字号品牌营销》专刊于2011年创刊，是国家新闻出版广电总局批准的唯一一本带有“老字号”字样的期刊。由石家庄报业传媒集团主管主办，杂志的理念定位于提纯中华老字号成长基因，探寻中华老字号发展方向。刊期为月刊，截至2019年底共出版109期。

【传媒大厦投用】 10月26日，石家庄传媒大厦正式启用。石家庄传媒大厦由石家庄报业传媒集团出资建设，于2013年10月开工，2016年9月竣工，是集团战略转型、深化改革的一项重大举措。传媒大厦位于正定新区中心，东临新城大道、地铁一号线出入口，南与市商务中心相望，北与周汉河、园博园相邻。总建筑面积51290平方米，共24层，其中，地下建筑面积11840平方米，地上建筑面积39450平方米，地上22层，地下两层。1~7层为茂源大酒店，酒店于大厦启用当日开业。其他楼层正在积极招商中，预计全部完成出租后年租金收入可达1600万元。石家庄传媒大厦先后荣获石家庄市优质工程（兴石杯）、河北省优质工程（安济杯）、河北省科技示范工程、“海河杯”天津市优秀勘察设计奖、全国建筑业绿色施工示范工程、中国建筑装饰奖等十余项奖项。2017年10月，石家庄传媒大厦荣获“2016~2017年度中国建筑行业工程质量最高荣誉奖——中国建设工程鲁班奖（国家优质工程）”。

石家庄日报社(传媒集团)
社长:范文龙
总编辑、副社长:王海刚(8月任)
副社长:张振江　李永林(8月任)
副总编辑:李永林(8月免)
　　魏宪亮　崔立卿(8月任)
　　张明星(8月任)
石家庄报业传媒集团董事长:
　范文龙
石家庄报业传媒集团副总经理:
　常剑波　谷志伟

（陈南南）

2019年10月26日，石家庄传媒大厦启用暨茂源大酒店开业仪式在正定新区举行

广播影视

【概况】 石家庄广播电视台拥有新闻综合、娱乐、生活、都市4个电视频道，新闻、经济、音乐、农村、交通5个广播频率，一个新媒体中心，承办石家庄市全媒体运营指挥中心。广播自办节目53个，电视自办节目32个，拥有《石家庄新闻》《新闻882》《民生关注》《小吴帮忙》《天天说交通》《946晚高峰》等一批品牌节目。石家庄广电传媒集团有限公司是石家庄广播电视台出资成立的独资企业集团公司，下辖8个全资子公司和12个控参股公司，乡村服务社、置家帮、母婴派、少儿培训等多个产业项目。现有10个电视演播厅，8个广播直播室，4个录音棚，拥有六讯道高清电视转播车1辆，广播随行直播车1辆，装备4G直播系统和无人机，广播调频、电视播控机房基本实现数字化、高清化、智能化。2019年石家庄广播电视台在职员工896人，其中正式员工297人，聘用员工169人，劳务派遣员工430人。正高职称21人，副高职称70人，中级职称171人，初级职称440人。收听份额达到39.42%，较2018年增长1.71%，位居全国城市台第13名，电视收视份额4.27%，较2018年下降2.19%。瞄准媒体融合发展趋势，组织实施集约化高清非编网建设。全年（辖区）广播、电视综合覆盖率达99.8%。11月，石家庄音乐广播报送的春节文艺节目《音乐控INCAR》，被评为2019春节文艺大联播二等创优节目；3月，“新时代新河北——我是家乡代言人”网上主题活动中表现突出，获省网信办“最具传播力奖”；广播电视台制作的网络专题《时代楷模吕建江》，在2019年度河北省“五个十”网络推选活动中被评为“十佳网络正能量专题”。

【经营管理】 石家庄广播电视台拥有新闻综合、娱乐、生活、都市4个电视频道，新闻、经济、音乐、农村、交通5个广播频率，一个新媒体中心，承办石家庄市全媒体运营指挥中心。广播自办节目53个，电视自办节目32个。其中广播5个频率、电视4个频道、新媒体中心是广告创收载体，广告经营占全台总收入90%以上。受经济景气度影响，石家庄广播电视台广告收入持续下滑，且下滑比例逐年增加，2019 年广播频率收入同比减少 4. 93%；电视频道收入同比减少 9. 13%。探索尝试培育产业增收新项目，对合作经营的《乡村服务社》项目、《置家帮》家装产业、《母婴派》母婴产业，重新修订合作协议，维护实现广播电台利益最大化；撤并、淘汰和改造下属效益差、无潜力公司 10 余家，成长态势较好、发展潜力较大的少儿培训项目，给予政策和资金扶持。

【新闻宣传】 2019 年策划推出“在习近平新时代中国特色社会主义思想指引下 新时代新作为新篇章”“不忘初心 牢记使命”“壮丽 70 年 奋斗新时代”“爱国情 奋斗者”“效能革命在行动”“项目建设进行时”“弘扬艰苦奋斗精神”“创建卫生城 我们在行动”“城市文明大行动”“打赢精准脱贫攻坚战”“坚决打赢大气污染治理攻坚战”“旅发大会进行时”等 40 多项主题报道专栏、专题，发挥出主流媒体舆论引导作用。开设“不忘初心 牢记使命”专栏，加大报道力度，《石家庄新闻》共播发新闻 140 多条；《新闻 882》播发新闻 130 多篇；新媒体端石家庄发布、无线石家庄 App、燕赵名城网共计发布 280 余篇；在中央电视台《新闻联播》《朝闻天下》播发新闻 5 条，在河北电视台播发新闻 7 条。完成庆祝新中国成立70周年各项报道活动。通过启动十一国庆编排季，从多角度、全方位宣传展现石家庄市 70 年来取得的发展成就。全媒体采访报道组先后走进平山、发改委、市教育局、市卫健委、市交通局、市民政局、井陉天路，按照预期顺利完成蹲点采访报道任务，累计播发全媒体报道 130 多期。拍摄70周年题材精品节目，6 集纪录片《石家庄与新中国》入选省局纪录片重点扶植项目，参与中国广播电视联合会城市台新闻委员会发起的 20 集大型系列纪录片《与共和国同行》的联制联播，全国共 21 家城市电视台参与摄制，国庆节期间在全国 20 多家城市电视台同步播出。

【电视问政】 围绕提高行政效能、改进工作作风、密切干群关系，市委宣传部、市“效能革命”办公室、市纠“四风”办公室、石家庄广播电视台联合打造《民生热点面对面——效能问政》大型全媒体直播。12月 23 日，首期问政直播节目在石家庄广播电视台新闻综合频道播出，引发社会各界关注，市民网友积极参与，超过 15 万人次在线收看直播，收集线索万余条。通过组织开展“电视问政”活动，着力构建公众参与政务监督的互动平台，回应群众关切，解决实际问题，助力全市效能建设。2019 年电视问政共播出 40 期，60 家市直单位 431 名干部参与问政，收集线索 4122 件，解答解决群众关切问题 3308 件，受到市委主要领导和省市相关部门关注，节目入围河北省广电十大名节目。省委常委、市委书记邢国辉两次做出重要批示，省人大常委会常务副主任范照兵指出“石家庄创新之举很有意义”。省纠风办现场调研后作为示范在全省推广。

【公益展播活动】 举办“感动省城”十大人物评选活动，自 2005 年至今已经举办 15 届，2019 年度感动人物颁奖盛典邀请央视著名主持人王宁担任嘉宾主持，通过人物揭晓、事迹展播、简短采访等环节深入挖掘感动内涵。其中，井陉“天路”修建者(群体)、“雷锋奶奶”靳国芳、陆军军医大学士官学校女兵方队(群体)等人物事迹的展示感人至深。策划推出大型直播。进行石家庄第五届旅发大会开幕式《花开新时代》直播，通过多机位、多角度、艺术化的手法将原汁原味的井陉民间文化艺术节目完美呈现；完成《时代担当——石家庄市全市脱贫攻坚先进典型事迹报告会》播出任务，举办春季“开学第一课”“时代新人发布厅”成为石家庄市文明创建的新平台，举办“高瑞奎同志先进事迹报告会”电视直播，通过宣传先进典型人物，成为弘扬社会主义核心价值观的主阵地。策划拍摄主题宣传片《我的步伐我的城》入选河北省广电局庆祝新中国成立 70 周年重点选题，在“学习强国”“国际在线”、人民网等平台播出，扩大影响力。在河北省广播电视局主办的省第五届广播电视公益广告大赛中，石家庄广播电台获大赛优秀组织机构、优秀播出机构两项集体大奖。移动电视先后播发《新中国从这里走来》（共 40 期）、《石家庄印记》（共 134 期）、《中山国》（共 74 期）等，从历史，现实和未来三个维度，全方位详尽地介绍石家庄的历史和现在。2019 年 7 月，频道呼号由“地铁电视”改为“移动电视”。

石家庄广播电视台

台　长：王勋涛

副台长：商业南

（张翼飞）

文 物

【概况】 至2019年底，石家庄市共有全国重点文物保护单位40处，省级文物保护单位107处，市县级文物保护单位213处，不可移动文物4640处。正定古城24项文物保护工程全部完工并对外开放。行唐故郡项目考古发掘委托中国社会科学院考古研究所、河北省文物研究所实施，室内考古完成二号车马坑五号车清理保护和加固，具备初步展示功能；四号车正在清理，车上出土多件青铜器物，剑、戈、金器等文物正在修复；在考古发掘现场新建300平方米文物临时展厅，初步满足出土修复文物临时展陈要求。考古发现唐代墓葬遗址900平方米，地址位于石家庄市新华区蓝翼路与西北二环交叉口，石家庄铁路运输检察院办案用房、专业技术用房项目工程基槽内东北部；墓葬由墓道、前庭、甬道、主墓室、后室、东耳室、西耳室构成，仿木砖雕彩绘结构；墓道因施工损坏已不存在；前庭（天井）长方形，东西长8.06米，南北宽2.98米，残高4.15米；南侧为一步台阶；甬道进深3.8米，南侧宽2.45米，北侧宽2.1米，残高2.56米；主墓室为八边形，对角直径8米，主墓室地面由方砖对缝平铺，东西两侧各用方砖砌出棺床，中间为通道；东、西、南、北四壁为通往东耳室、西耳室、甬道及后室的券门，其余各壁分别为砖雕彩绘格扇窗和棂窗；东耳室圆角方形，穹窿顶；出土各类文物100余件。根据墓志志文记载，该墓为夫妻合葬墓，墓主人为唐德州刺史兼御史大夫王士良及其夫人，这是石家庄境内迄今发现规模最大的唐代墓葬。正定开元寺考古发掘。正定开元寺始建于东魏，原名净观寺，唐代改名为开元寺，为全国重点文物保护单位；2015～2019年，正定开元寺南广场遗址考古发掘面积3000余平方米，发现唐、五代、北宋、金、元、明、清7个历史时期连续文化层叠压，发现遗迹现象270余处，出土文物6700余件。

（姜小青）

【8个县(区)入选第一批革命文物保护利用片区分县名单】 3月6日，中共中央宣传部、财政部、文化和旅游部、国家文物局公布第一批革命文物保护利用片区分县名单，石家庄市井陉矿区、鹿泉区、栾城区、井陉县、高邑县、赞皇县、元氏县、赵县8个县（区）入选。第一批革命文物保护利用片区分县名单确定的依据：主要基于权威可信的中共党史文献表述，同时参考中共党史研究的最新成果，对相邻、相近、有渊源的革命根据地有所涵盖和拓展。被列入片区分县名单的县级行政单位，符合2个基本条件：一是有相应的革命史实，二是有县级文物保护单位以上级别的革命文物。

【中国工业遗产保护名录】 4月12日，由中国科协调研宣传部主办，中国科协创新战略研究院、中国城市规划学会共同承办的“中国工业遗产保护名录（第二批）”发布会在中国科技会堂举行。大会公布全国工业遗产名单100家，其中石家庄市2处工业遗址入选，分别为华北制药厂、井陉矿务局。华北制药厂始建于1953年，地址位于石家庄市长安区和平东路217号，主要遗存为办公楼和淀粉塔。其中，办公楼是石家庄市区保存规模最大、最完好的俄式建筑；淀粉塔高76米，曾是石家庄最高的现代化建筑，也是全国首次使用升模法建造。井陉矿务局（含井陉矿、正丰矿）始建于1912年，地址位于石家庄市井陉矿区，主要遗存有：段家楼群（7座德式风格建筑）、正丰矿（老井架、皇冠水塔等）及地道、北斜井巷道等。

（祁鹏娜）

【第一批历史建筑保护名录】 5月14日，市政府公布第一批历史建筑保护名录11处。分别为：石家庄老火车站，位于桥西区中山路南侧解放广场，建设时间为1987年；石家庄解放纪念碑，位于新华区新华路街道，公里街29号，建设时间为1987年；京汉铁路售票厅旧址，位于新华区新华路街道，公里街29号西侧，建设时间为1950年；华北制药厂储粮塔，位于长安区育才街道，和平东路217号，建设时间为1955年；石家庄铁道大学开元楼，位于长安区胜北街道，北二环东路17号，建设时间为1953年；燕春饭店，位于长安区中山东路街道，中山东路189号，建设时间为1983年；长安公园三亭桥，位于长安区青园街道，中山东路205号，建设时间为1970年；长安公园工农兵塑像，位于长安区青园街道，中山东路205号，建设时间为1973年；张营梁氏宅院1，位于桥西区张营村，富兴斜街东侧，建设时间为清末；张营梁氏宅院2，位于桥西区张营村，富兴斜街东侧，建设时间为清末；河北装潢机械厂办公楼、车间，位于桥西区汇通街道，汇通路18号，建设时间为1956年。

（姜小青）

西柏坡纪念馆

【概况】 西柏坡位于石家庄市平山县中部，距离石家庄市主城区80千米，是中国解放战争时期中央工委、中共中央和解放军总部所在地。1947年5月，刘少奇、朱德率中央工委进驻西柏坡。1948年5月，毛泽东、周恩来、任弼时率中央前委和解放军总部到达西柏坡与中央工委汇合。在西柏坡，毛泽东等老一辈领导人组织召开了全国土地会议，通过《中国土地法大纲》，以实现耕者有其田；指挥辽沈、淮海、平津三大战役，决定了中国命运；召开中国共产党七届二中全会，描绘出新中国宏伟蓝图。1949年3月23日，中共中央和解放军总部离开西柏坡，前往北京成立新中国。后人称“新中国从这里走来”，即由此而起。

1955年，河北省博物馆联合建屏县政府(1958年建屏县并入平山县)建立西柏坡纪念馆筹备处。1982年3月11日，国务院公布西柏坡中共中央旧址为全国重点文物保护单位。1987年5月1日，建立文物保护区碑1座，划定文物保护区39.18万平方米、自然保护区133.32万平方米。1976年10月，西柏坡陈列展览馆开工。1978年5月26日，在纪念中共中央和解放军总部移驻西柏坡30周年时，西柏坡陈列展览馆与中共中央旧址同时对外开放。主题陈列“新中国从这里走来”于1993年、1996年、1998年、2003年、2009年修改完善，获评“1998年度全国十大精品陈列”“第六届全国十大陈列展览特别奖”（2003～2004年）。1992年起，西柏坡纪念馆先后修建西柏坡石刻园（2011年扩建改名西柏坡丰碑林）、西柏坡雕塑园、五大书记铜铸像、西柏坡纪念碑、周恩来评语碑、西柏坡国家安全教育馆、西柏坡文物保护碑、西柏坡青少年文明园、西柏坡廉政教育馆等革命传统教育系列工程，丰富了西柏坡纪念馆教育内容。

西柏坡纪念馆建馆以来，党和国家领导人江泽民、胡锦涛、习近平等先后到西柏坡参观学习。江泽民题词：“牢记两个务必，建设有中国特色的社会主义”。胡锦涛发表重要讲话：要求全党同志继承和发扬西柏坡时期毛泽东提出的“两个务必”精神。习近平指出：毛泽东同志当年提出的“两个务必”，包含着对我国几千年历史治乱规律的深刻借鉴，包含着对我们党艰苦卓绝奋斗历程的深刻总结，包含着对胜利了的政党永葆先进性和纯洁性、对即将诞生的人民政权实现长治久安的深刻忧思，思想意义和历史意义十分深远。

1995年，西柏坡纪念馆被国家文物局评为“全国优秀社会教育基地”；1996年，被国家教委、民政部、文化部、文物局、共青团中央和解放军总政治部联合公布为“百个全国中小学爱国主义教育基地”；1997年，被中共中央宣传部命名为“全国百个爱国主义教育示范基地”；2002年10月，被全国精神文明建设指导委员会评为“全国精神文明建设工作先进单位”；2002年11月，被国家旅游局评为“4A级旅游景区”；2008年5月，被国家文物局命名为首批“国家一级博物馆”；2009年12月，被解放军总部命名为“国防教育示范基地”；2010年5月，被中央纪委监察部命名为首批“全国廉政教育基地”；2011年，被国家旅游局评为“5A级旅游景区”；2012年9月，被中共中央宣传部、国家文化部、国家广电总局、国家新闻出版总署评为“全国文化体制改革先进单位”。

2019年，西柏坡纪念馆坚持爱国主义教育主题不动摇，着力传承红色基因，讲好西柏坡故事，打造爱国主义、党性教育和党史教育主阵地，全面提升西柏坡的知名度和美誉度，为建设经济强市、现代省会提供强大的精神支撑。全年接待社会各界游客570多万人次，接待省部级以上领导110余人次；发表学术论文有《“赶考”精神的时代价值》《如何建设新中国，建设一个什么样的新中国》《不忘初心 继续前进》《赶考精神是中国共产党坚守初心、勇担使命的思想保障》《西柏坡时期毛泽东的人民观》《执政七十年 赶考再出发》《聂荣臻与石家庄战役》等。机构设置与调整。5月22日，根据《中共石家庄市委机构编制委员会办公室关于调整西柏坡纪念馆内设机构的批复》（石机编办〔2019〕63号），内设机构对外联络部撤销，增设组织人事科，旅游开发部更名为招标采购工程管理部；变更后，西柏坡纪念馆内设机构有办公室、宣传教育部、文物陈列保管部、研究部、保卫科、市场管理部、行政科、园林环卫科、对外采购工程管理部、财务科、组织人事科、国家安全教育馆、廉政教育馆、西柏坡宾馆、西柏坡旅游公司、纪检监察室和中央部委旧址管理部。5月28日，由省文化和旅游厅、省人力资源和社会保障厅、省教育厅等六部门联合主办的“蓝鲸杯”河北省第七届导游大赛决赛暨颁奖典礼在石家庄市举行，西柏坡纪念馆讲解员赵钊、李红杰、范浩天参赛分获第一、第二、第三名；3月，西柏坡纪念馆参与编写“给青少年讲红色纪念馆里的故事”丛书入选中央宣传部2019年主题出版重点出版物选题；11月16~17日，西柏坡纪念馆讲解员范浩天、彭丽、邢皓云在第二届全国演讲活动大赛上分获金奖、银奖和铜奖。

【学习考察活动】 1月5日，河北省委常委班子在西柏坡九月会议旧址召开2018年度民主生活会，省委书记、省人大常委会主任王东峰主持会议并讲话。省委副书记、省长许勤，省政协主席叶冬松和其他省委常委出席会议，中央组织部组织一局副局长徐南鹏，中央纪委监督检查五室副主任张体林列席会议。3月15日，河北省委常委、石家庄市委书记邢国辉到西柏坡纪念馆调研。3月28日，中宣部在西柏坡举行“壮丽七十年 奋斗新时代”大型主题采访活动启动仪式，全面启动庆祝新中国成立70周年新闻宣传。中共中央政治局委员、中宣部部长黄坤明出席活动并讲话。4月8日， 武警部队司令员王宁上将一行300余人到西柏坡纪念馆参观学习。4月16日，河北省军区司令员王继平一行10人到西柏坡纪念馆参观学习。4月18日，中华人民共和国退役军人事务部党组书记、部长孙绍骋一行10人到西柏坡纪念馆参观学习。5月17日，西藏自治区政府主席齐扎拉一行10人到西柏坡纪念馆参观学习。5月29日，全国工商联年轻一代民营企业家理想信念教育活动在西柏坡启动。全国政协副主席、全国工商联主席高云龙出席活动，为在西柏坡设立“全国非公有制经济人士理想信念教育基地”揭牌。6月3日，河北省“不忘初心，牢记使命”主题教育动员部署会议在西柏坡纪念馆举行。河北省委书记、省人大常委会主任王东峰作动员讲话。中央第八指导组副组长周福启出席会议并讲话。省委副书记、省长许勤主持会议。会上，省委常委、组织部部长梁田庚宣读《中共河北省委关于在全省开展“不忘初心，牢记使命”主题教育的实施意见》。会议以广电网络视频会议形式召开。7月1日，河北省军区司令员王继平少将一行60人到西柏坡纪念馆参观学习。7月4日，最高人民检察院党组书记、检察长张军一行15人到西柏坡纪念馆参观学习。7月4日，全国政协副主席，台盟中央主席苏辉，台盟中央常务副主席李钺锋等一行80人到西柏坡纪念馆参观学习。8月6日，中宣部副部长孙志军一行33人来西柏坡纪念馆参观学习。10月14日，参加世界华文传媒论坛（石家庄）活动的中央、国务院相关部门领导及中央主要新闻机构国内知名媒体机构负责人400余人参观西柏坡纪念馆。10月29日，全国政协原副主席李兆焯参观西柏坡纪念馆。11月24日，江西省政协主席姚增科一行35人到西柏坡纪念馆参观学习。

【西柏坡精神研究】 开展历史资料抢救。走访曾在西柏坡工作和生活过的老一辈领导和工作人员，征集口述材料，全年抢救性走访栗政平、徐爱民、邢贤一、陈力民、赵力平等，撰写口述历史文章《镌刻在心底的记忆》《有机会再回家看看》等。征集到部分珍贵历史资料及文物，丰富纪念馆馆藏。其中，包括抗日战争和解放战争期间书稿5册、影集1本、地图5张、回忆录1部、领粮证2张以及担架等实物3件。编纂和出版《西柏坡口述历史》第四册，《全国土地会议实录》《新中国序曲》《西柏坡研究》（六）《西柏坡记忆》（七）《西柏坡文物》《西柏坡的故事》书籍7部。其中《西柏坡的故事之新中国从这里走来》入选中宣部2019年主题出版重点出版物。在《学习时报》《中国纪检监察报》《中国档案报》《中国文物报》《纵横》《上海论坛》等期刊发表报纸刊发文章20余篇，宣传西柏坡。打造“不忘初心牢记使命——新中国从这里走来”主题情景讲述剧，先后赴雄安新区等地方和单位巡演20余场。该剧被河北省委作为全省第二批主题教育亮点工作上报中共中央办公厅。举行进机关、进部队、进学校、进社区巡演活动。

【主题教育展览】 西柏坡纪念馆十一展室《走向复兴》局部改陈后，以“走向复兴”为主题，分为继往开来、开启新时代“赶考”路、新思想引领新征程3个单元。展览共展出图片8幅、文字版13个，展示出今天我们比历史上任何时期都更接近、更有信心和能力实现中华民族伟大复兴的目标，只要全党全国各族人民高举旗帜、团结一致、锐意进取，以“赶考”的清醒和坚定答好新时代的答卷，就一定能夺取新时代中国特色社会主义伟大胜利。西柏坡纪念馆开设《不忘初心砥砺奋进——不断开创新时代中国特色社会主义事业新局面》辉煌成就专题展览，包括前言、序篇和“贯彻新发展理念建设现代化经济体系”“坚持中国特色社会主义政治发展道路推进国家治理体系和治理能力现代化”“坚定文化自信创造中华文化新辉煌”“以人民为中心增进群众获得感”“绿水青山就是金山银山社会主义生态文明迈入新阶段”“实现强军目标建设世界一流军队”“丰富‘一国两制’理论与实践推进祖国统一”“推动构建人类命运共同体谱写中国特色大国外交新篇章”“全面从严治党确保党始终成为伟大事业的坚强领导核心”“不忘初心牢记使命永远奋斗”10个单元。展览共展出图片、文字版、图表等展品165件，全方位、多角度展现党的十八大以来，党和国家事业发展的生动实践、重大成就、宝贵经验，展示中国共产党治国理政的高超智慧和卓越能力。改展后的中宣部旧址包括前言、撤离延安进驻西柏坡、加强组织机构完善队伍建设、加强新闻宣传、恢复和创立教育事业、发展文化事业、为信仰而献身、进京赶考8个部分，在原展览基础上对中共中央中宣部在西柏坡的实践活动进行重新梳理，完善增加大量照片、图表、实物等展品，总计180个，内容更加立体、全面。9月24日，经中共中央宣传部批准，西柏坡纪念馆展览局部改陈和《不忘初心砥砺奋进——不断开创新时代中国特色社会主义事业新局面》展览、中宣部旧址改展举行开展仪式，省委书记、省人大常委会主任王东峰，省委副书记、省长许勤，省政协主席叶冬松等与全省各界干部群众代表一同参观展览。西柏坡纪念馆全年举办庆祝新中国成立70周年《西柏坡——新中国从这里走来》巡回展，《弘扬西柏坡精神，实现民族伟大复兴》《不忘初心 牢记使命主题教育档案文献展》等展览14个，累计参观人数超过200万人。

西柏坡纪念馆

馆　长：王红（女）

副馆长：段彦峰　张振国

　　　　李春林

（王彦红）

卫生・体育

Public Health & Sports

卫 生

【概况】 至2019年底，全市共有各级各类医疗卫生机构7545个，其中，医院275个，乡镇卫生院233个，社区卫生服务中心（站）199个，门诊部168个，诊所（医务室）2561个，村卫生室4011个，专业公共卫生机构84个，其他卫生机构14个；开放床位63227张；在岗职工109091名，其中，卫生技术人员86482名，执业（助理）医师39508人，注册护士34467人；平均每千人口拥有卫生技术人员7.84人、医生3.58人、注册护士数3.15人。开展医疗扶贫，推行农村贫困人口住院先诊疗后付费政策，全年办理享受政策人员113186人次，贫困人口实际自付比6.18%，县域内诊疗率93.62%，贫困人口大病专项救治率达100%，均达到国家标准。重视妇幼保健，全年免费婚前医学检查57174人，婚检率75.05%；免费筛检孕产妇、新生儿46万人，孕产妇死亡率为10万分之3.75，婴儿死亡率为2.53‰，5岁以下儿童死亡率为3.41‰，新生儿出生缺陷发生率下降至万分之95.3；免费新生儿遗传代谢疾病筛查120444人，筛查率101.67%；新生儿听力障碍筛查113679人，筛查率95.96%。推进卫生健康系统重点项目建设，2019年市本级实施卫生健康重点建设项目4个，总投资31.51亿元，完成投资22.97亿元；竣工项目2个，分别为：市中医院东院区、市第四医院谈固院区。加强交流合作，采取“合作建院、协作医院、医疗联合体、医疗联盟、协作中心、院士工作站、科研合作、远程会诊中心、临床教学基地”9种合作模式，开展京津冀合作项目53个，京津专家到石家庄诊疗1800多人次，手术超过1000人次，服务医患3万余人次。提升卫生重大突发事件联合应对、协同处置、跨区域综合救治能力，6月10~13日，市急救中心派出4部急救车辆、20余人组成应急队伍，参加“2019年国家卫生应急演练暨京津冀联合演练”。重视卫生健康信息化建设，11月25日，“石家庄智慧健康网”“健康石家庄”微信公众号正式上线运行，线上提供预约挂号、名医检索、健康教育、医院导航等服务。至此，全市卫生健康“一网一共享四平台”智慧医疗便民服务信息系统（“一网”即石家庄智慧健康网，“一共享”即率先在省内实现医疗机构间诊疗信息互通共享，“四平台”即生育健康服务平台、预约挂号服务平台、分级诊疗服务平台、基本公共卫生服务平台）全部建成。2019年市办医院投入信息化建设资金2650万元，全部建立包括HIS（医院信息系统）、LIS（实验室信息系统）、EMR（电子病历）在内基本业务系统；市属8家医院、17家县办医院、13家县办中医院的门诊、住院、检查检验报告、用药处方等个人健康档案信息实现实时管理。2019年全市出生人口10.98万人，人口出生率10.6‰，同比下降0.6个千分点。全年备案一孩生育人数39043人、二孩生育人数49773人；3月15日起，全市停止新办“独生子女父母光荣证”。5月20日，石家庄市被国家卫生健康委员会（简称卫生健康委）确定为第二批安宁疗护试点城市；2019年石家庄市确定市第一医院、平安医院、中山医院、正定西柏棠医院为安宁疗护试点单位。

【医药卫生体制改革】 落实省政府办公厅《关于进一步深化医药卫生体制改革的意见》，推进城乡形成以医联体、家庭医生签约服务、社区卫生服务机构、村卫生室为重点的基层医疗卫生服务体系，从体制机制解决群众看病难、看病贵问题。开展医疗、医保、医药、医价联动改革，与市医疗保障局（简称市医保局）联合印发《进一步深化基本医疗保险支付方式改革实施方案》《城镇职工（居民）基本医疗保险住院医疗费结算办法》《城镇职工普通病和慢性病病种门诊医疗费结算办法》等文件，构建多元复合式医保支付方式。医联体实行医保总额付费，促进形成高效、顺畅的转诊机制；合理确定各级各类医疗机构服务价格，发挥价格杠杆作用，引导患者依据病情选择医疗机构就医。执行药品集中采购制度，以保质降价为重点，加强药品供应全程管理；按照国家医药管理部门关于药品集中采购规定和要求，对标4+7城市中标25个品种，以公立医疗机构年度药品总用量60%估算采购总量，采取带量采购、量价挂钩、以量换价形式，形成药品集中采购价格。建立现代医院管理制度，确定试点医院23家，其中，市级医院6家、县级17家，占全市公立医院总数59%；提高公立医院运行效率和服务水平，组织市第二医院、高邑县医院开展争创省级现代医院管理制度样板化管理区活动，市第一医院、市第四医院、市第六医院、井陉县医院、平山县人民医院、赵县人民医院、元氏县医院开展争创市级现代医院管理制度样板化管理区活动。构建分级诊疗体系，印发《全面推进医联体建设实施方案》，主城区新华、桥西、裕华、长安4个城市医疗集团挂牌成立；高邑县率先在全市挂牌成立紧密型医共体，并被确定为全国试点。选取39家乡镇卫生院与辖区村卫生室开展一体化管理试点。推进家庭医生签约服务，全市签约540余万人，覆盖率52.89%，重点人群签约231万人，覆盖率67.27%。

【创建国家卫生城市】 2018年3月31日，石家庄市启动国家卫生城市创建工作，并组建成立创建国家卫生城市（简称创卫）指挥部，确定9名市领导牵头指导创卫工作。建立创卫工作长效机制，制定印发《石家庄市创建国家卫生城市工作奖惩办法》《创建国家卫生城市综合考评办法》《关于进一步落实“门前三包”的规定》《关于早夜市管理的规定》《农贸市场设置与管理规范》《农贸市场暂行管理办法》等创卫措施和制度。创新创卫工作方式，依据“属地管理、条块结合”原则，推行和实施网格化管理；市创卫指挥部办公室（简称市创卫办）与各区及相关部门签订《目标责任书》，将创卫八大项40条标准184个指标细化，建立创卫工作台账。市卫生健康委组建成立5个专业组、10个暗访督导组，重点推进“七小”行业（小食品店、小理发美容店、小旅店、小浴室、小歌舞厅、小餐饮店、小网吧）提质达标。建立“日巡查、周调度、月排名、旬督导、年奖惩”创卫工作机制，协调6个市级部门组成行业督导组；落实街道办事处每日一巡查、区创卫办每周一调度、市创卫办每月排名公示和投诉举报随接随查制度，对整改不及时、到期不改的单位采取挂牌督办和全市通报。设立“创卫红黑榜”，在《石家庄日报》公示各区考核打分排名。全年市创卫办印发通报20余期，下发督办卡80多次，处理群众举报500余条。2019年6月，省卫生健康委、省爱国卫生运动委员会办公室组织专家组考核鉴定石家庄市创卫工作，专家组采取明察暗访形式，仔细巡察全市住宅小区、市场、城乡接合部等重点部位，省级专家组对石家庄市创卫工作成效给予肯定，决定推荐石家庄市申报国家卫生城市。解读暗访标准，举办创建国家卫生城市标准培训会，各级各部门参会人员900余人。多次邀请国家级、省级创建国家卫生城市相关专家到石家庄市模拟暗访和培训指导，查找问题和整改不足。组织全市各级各部门开展以“清理积存垃圾、消除卫生死角、整治脏乱差现象、营造良好氛围”为重点的15项集中攻坚行动。全年累计出动执法人员6万余人次，取缔占道市场63个，拆除占道棚亭752个，维修道路54万平方米，改造老旧公厕244座，整治老旧小区854个，改造农贸市场82个，检查“七小”行业8万户次，取缔违法生产经营商户825家。2019年9月，石家庄市通过创建国家卫生城市暗访检查。至2019年底，全市正在整改提升创建国家卫生城市薄弱环节。

【公共卫生服务】 基层医疗卫生机构标准化建设。以国家卫生健康委开展“优质服务基层行”活动为抓手，创新举措，细化目标，组织开展乡镇卫生院、社区卫生服务中心和村卫生室标准化建设活动。至2019年底，全市117所基层医疗卫生机构标准化建设达标。重视基层卫生人才队伍建设，加大全科医生培养、引进和使用，提高以全科医生队伍为主的基层卫生人员待遇，为安心服务基层创造良好的工作环境和生活条件。确定县级卫生人才培训基地18个，组织培训基层医务人员 1814 人次。开展乡村医生“空白点”定向招录，704 人参加市级考试。扩大社区居家养老医疗卫生服务，全市建成正常运营综合居家养老服务中心62 个，其中 57 个采取签约、内设医疗机构等形式提供医疗卫生服务。疾病预防。严格疫苗管控，提升预防接种门诊服务能力和水平；召开预防接种规范化管理现场推进会，实施互联网+预防接种“五码联动”管理。2019 年全市接种卡介苗 116790 剂次、乙肝疫苗 365866 剂次、脊灰疫苗 503903 剂次、百白破疫苗 507581 剂次、麻风疫苗 126737 剂次、麻腮风疫苗 122646 剂次、乙脑疫苗 293296 剂次、A 群流脑疫苗 237468 剂次、A＋C 群流脑疫苗 301581 剂次、白破疫苗 156224 剂次、甲肝疫苗 222940 剂次。加强重大传染病防控，落实传染病疫情监测、预警和处置机制，全年未发生重大传染病暴发流行群体病事件。藁城区、正定县通过河北省慢性病综合防控示范区建设验收。重视职业健康防护，全市2706 家企业完成职业病危害申报，调整和完善市县两级职业病应急队伍 34 支。开展打击非法行医、抗抑菌制剂和饮用水安全等专项整治，全年查处无证行医 331 户次，行政处罚 135 户次，罚款 133 户次，没收违法所得 5.75 万元，没收器械、药品 128 箱（件），罚款 68.82 万元。社会心理服务体系建设。12月2 日，石家庄市召开社会心理服务体系建设试点工作启动电视电话会，印发《石家庄市社会心理服务体系建设工作实施方案》；确定重点抓好“五三五”工程，健全“五张网络”，即建立健全教育系统心理服务网络、未成年人心理服务网络、机关和企事业单位心理服务网络、重点领域心理服务网络、心理健康科普宣传网络；搭建“三个平台”，即搭建基层心理服务平台、心理援助平台、远程心理服务平台；发展“五支队伍”，即发展心理健康领域的社会工作专业队伍、心理咨询人员队伍、心理健康服务志愿者队伍、医疗机构心理健康服务队伍、跨部门专家队伍。无偿献血。至 2019 年底，全市设置固定献血屋（房车）21 个，县（市、区）固定点覆盖率 88.89%，设立乡镇流动献血点 40 余个，形成覆盖县（市、区）、乡镇（街道）、村（社区）多层次献血服务网络。2019 年全市采血 20.75 万人次，同比增长 7.09%；采集全血 34.20 万单位，同比增长 6.26%；机采血小板 3.80 万个治疗量，同比增长 13.55%。连续4年举行市直机关公务人员献血活动。2019 年全市为 98 家临床用血医疗机构提供血液产品和技术服务，团体献血量占比达到 22.87%，血液供应形势稳定。以为疾病终末期或老年患者临终前提供身体、心理、精神等疗护和人文关怀为重点，启动制定安宁疗护工作方案，探索建立医疗机构、社区、居家相结合的安宁疗护服务体系。5 月20 日，石家庄市被国家卫生健康委确定为第二批安宁疗护试点城市；2019 年石家庄市确定市第一医院、平安医院、中山医院、正定西柏棠医院为安宁疗护试点单位。

链接

2018 年底，国家卫生健康委、中央政法委等 10 部委联合印发《全国社会心理服务体系建设试点工作方案》，石家庄市被列为首批试点城市之一。

【中医药管理】 推进国家中医药综合改革试验市建设，2 月 2 日，石家庄市被国家中医药管理局表彰为市级“全国基层中医药工作先进单位”，石家庄市桥西区、裕华区、栾城区、鹿泉区、井陉矿区、元氏县、高邑县、无极县、平山县、赵县 10 区县被表彰为县级“全国基层中医药工作先进单位”；元氏县、平山县、行唐县通过河北省中医药强县验收；新乐市中医院、石家庄平安医院通过等级评审，纳入三级中医医院管理，至 2019 年末，全市三级中医医院达到 4 所，数量位列全省各地市第一。支持中医药事业发展，印发《关于加快推进中医药产业发展的实施方案》，获得中央、省、市财政扶持资金 1500 余万元。中医院建设。拥有市级三级甲等中医医院2个。2019 年 2 月，市中医院、河北以岭医院获评三级甲等中医医院。3个县级中医院标准化康复科、22 个“国医堂”改造升级完工，其中，22 个“国医堂”改造升级项目建设通过国家中医药管理局验收。4个乡镇卫生院开展乡镇区域中医药诊疗中心试点建设。改善中医医院就医环境、就医条件，推进标准化县级中医院发展，重点提升内科、外科、儿科、针灸等中医特色专科及临床薄弱专科服务能力。中医药服务水平提升。2019 年全市具备开展 6 类以上中医适宜技术的乡镇卫生院、社区卫生服务中心分别达到 96% 和 100%，具备开展 4 类以上中医适宜技术的村卫生室、社区卫生服务站分别达到 80% 和 92%。中医药人才队伍。市中医院开展“双院士”工作站建设，争取省级名中医传承工作室项目1个，3人被确定为全国中医临床特色技术传承骨干人才。全年市中医院分两批培训基层中医技术骨干人员100名。至2019年底，全市设立全国名老中医药专家传承工作室6个、全国基层名老中医药专家传承工作室5个、省级名老中医药专家传承工作室4个；拥有河北省名中医9名。

（刘伟）

【妇幼保健】 全年免费婚前医学检查57174人，婚检率75.05%；免费筛检孕产妇、新生儿46万人，孕产妇死亡率为10万分之3.75，婴儿死亡率为2.53‰，5岁以下儿童死亡率为3.41‰，新生儿出生缺陷发生率下降至万分之95.3；免费新生儿遗传代谢疾病筛查120444人，筛查率101.67%；新生儿听力障碍筛查113679人，筛查率95.96%。孕产妇健康管理。至2019年12月31日，石家庄市孕产妇健康管理人数99702人，孕产妇健康管理率93.67%；孕13周前建册人数97245人，早孕建册率91.36%；孕产妇活产数量106437人；产后访视99834人，产后访视率93.80%。新生儿预防接种。全年接种新生儿10188人次，新生儿疫苗接种信息系统录入准确率达100%。开展孕产妇、5岁以下儿童传染病和死亡病例监测，全年录入国家疫情网1200余例，录入死亡系统10例；监测筛查艾滋病21364例，无阳性病例；监测梅毒21519例，上报60例；结核病0例。儿童健康管理。至2019年12月31日，石家庄市共有0~6岁儿童82.46万人（市卫生健康部门数据），儿童健康管理人数79.13万，儿童健康管理率95.96%；新生儿访视100460人，新生儿访视率94.38%。0~6岁儿童近视防控。2019年石家庄市0~6岁儿童接受眼保健检查792287，覆盖率92.81%；6岁儿童视力检查人数125401，覆盖率92.36%；6岁儿童视力不良检出数14454，检出率11.53%；6岁儿童近视筛查检出数4455人，检出率3.55%。增补叶酸预防神经管畸形。至2019年12月31日，全市发放叶酸602765瓶，增补126226人，完成率131.06%，同比增长18.85%；叶酸增补目标人群知晓率96.78%，服用率95.57%，服用人群依从率84.15%。预防艾滋病、梅毒和乙肝母婴传播。至2019年12月31日，全市孕产妇HIV检测人数121119人，完成年度任务85.16%；艾滋检测率100%，梅毒检测率99.8%，乙肝检测率99.8%，艾滋孕期检测率99.29%，梅毒孕期检测率99.08%，乙肝孕期检测率98.8%；艾滋感染者7例，随访71.43%；梅毒感染者81例，随访61.72%。出生缺陷干预工程。2019年1~12月，全市孕前优生计划怀孕夫妇人数80080人，其中，农村69270人，城镇10810人；检查人数75065人，其中，男性37422人，女性37643人；具有风险因素人数7631人，其中，男性1989人，女性5642人；早孕随访28031人次，妊娠结局随访7566人次，检查覆盖率93.74%，高风险10.17%；婚前医学检查人数57174人，异常人数6017人，检出疾病总人数1103人，检出率19.29‰，其中，指定传染病数420人、严重遗传病数4人、精神病数6人、生殖系统疾病数267人、内科系统疾病数134人、其他疾病数426人。出生缺陷监测。2019年石家庄市监测县区围产儿数60596人，出生缺陷1210例，监测点出生缺陷发生率199.68/万。儿童死亡监测。至2019年12月31日，石家庄市监测县区活产数9962人，5岁以下儿童死亡31例，其中，新生儿死亡13例，婴儿死亡22例。孕产妇死亡监测。至2019年12月31日，石家庄市监测县区活产数54050人，孕产妇死亡3例。出生医学证明。2019年市卫生健康委、市公安局联合印发《石家庄市〈出生医学证明〉管理细则》，并建立长效“出生医学证明”管理质量控制工作机制；2019年全市申领出生医学证明160000张，至2019年12月31日，石家庄市签发出生医学证明129681张，首次签发证明125618张，换发证明1531张，补发证明1931张，废证137张；当年出生当年首次签发率96.63%，废证率0.1%。

（高宁　陈雷　李晓敏）

【市疾病预防控制中心】 市疾病预防控制中心于2006年10月13日组建成立，前身为1952年始建的原石家庄市卫生防疫站，是全市实施疾病预防控制与公共卫生技术管理和服务的公益事业单位，也是疾病预防控制技术指导中心，直属市卫生健康委员会，地址位于长安区栗康街3号，办公面积15955平方米；设置科室26个，编制198人，现有职工182人。至2019年底，拥有博士以上人员7人，硕士研究生38人。根据“中国疾病预防控制信息系统”统计，2019年石家庄市报告法定乙、丙类传染病26种68645例，死亡34例，报告发病率630.93/10万，死亡率0.31/10万；全年报告发病人数位列前5位病种依次为：其他感染性腹泻病、流行性感冒、手足口病、乙肝、流行性腮腺炎；因传染病死亡排前3名病种依次为：艾滋病、肺结核、丙肝。首次利用ARMA模型科学预测手足口病发病趋势。开展235例破伤风个案病例回顾性调查，为制定全国破伤风防治策略提供依据。妥善处置突发公共卫生事件7起，全年石家庄市在各传染病高发期内未发生暴发性疫情。规范疾病预防应急管理，开展全市疾病预防控制中心系统“大培训、大练兵、大比武”活动，修订应急管理制度11个，新增预案4个。建立卫生应急保障机制，14名应急队员入选河北省区域卫生应急队伍。重视免疫管理，建立产科发放疫苗接种证制度，及时为适龄儿童建卡建证；建成数字化接种门诊106家，实现扫描入库、扫码接种、追踪溯源目标。慢性病防治。开展基本公共卫生项目慢病管理百日攻坚行动，整改问题17万个；藁城区、正定县通过河北省慢性病综合防控示范区建设验收。增强公共卫生服务能力，研究创建69种除草剂、16种杀虫剂、17种杀菌剂检测方法。发挥专业公共卫生机构技术支撑作用，开展重污染天气下人群心理健康疏导与防护效果评估，配合国家机构实施完成区域敏感性疾病调查合作项目。10月15日，市疾病预防控制中心参加河北省突发事件卫生应急综合演练获得第一名。10月25日，市疾病预防控制中心获批“河北省疑难细菌研究重点实验室”，获得国家自然科学基金项目1项。

（薛小军）

【市第一医院】 市第一医院拥有本部、中心医院、眼科医院3个院区，总建筑面积15.4万平方米，编制床位2127张，临床科室76个，医技（药）科室6个，行政职能科室27个；在职职工3753名，卫生技术人员3264名，其中，正高级职称245名、副高级职称462名，博士研究生35名、硕士研究生744名。设有河北省重症肌无力诊疗中心、市健康管理（体检）中心、市急性心肌梗死救治中心等5个中心，河北省重症肌无力医院、河北省博士后创新实践基地、市肿瘤医院、市第一眼科医院、市脑血管病医院均在市第一医院挂牌。2019年市第一医院实现总收入18.61亿元，同比增长7.20%，其中，业务收入17.54亿元，同比增长8.14%。业务收入中，医疗收入11.47亿元，同比增长12.64%；药品收入5.89亿元，同比下降2.45%。门急诊收入4.42亿元，同比增长6.91%；住院收入12.94亿元，同比增长7.09%。业务支出18.17亿元。门急诊量117.12万人次，同比增长7.6%；出院患者7.7万人次，同比增长8%；住院手术2.26万例，同比增加11.5%；患者平均住院日9.2天，同比下降6.1%。全年引进妇产科、心外科、儿科等专业人才9人，其中，博士1人、主任医师2人、副主任医师2人，达成意向3人；办理医师入编40名；公开招聘引进专业急需医师9名、护士28名。2019年3月，市第一医院、首都医科大学附属北京同仁医院、天津医科大学总医院联合在石家庄市组建成立京津冀重症肌无力联盟。推进市第一医院赵卜口院区建设。市第一医院赵卜口院区于2017

2019年8月1日，河北省卫生健康委主任梁占凯到市第一医院调研指导卫生医疗信息化建设

年6月1日正式开工，总投资10.8亿元，地址位于市区东南部建华大街与仓丰路东北角，总建筑面积21.8万平方米，建设内容包括门诊医技楼、病房楼（住院楼）、科研教学楼、综合服务楼（行政中心）、地下车库等，设置床位1500张。全年增设科室7个，接待投诉119人次，发生医疗纠纷案件28件。开展医药技术研究，2019年市第一医院获得河北省科技进步奖二等奖1项；河北医学科技奖33项，其中，一等奖4项、二等奖9项、三等奖20项；河北省中医药学会科学技术奖2项，其中，二等奖1项，三等奖1项。卫生专业技术人员发表学术论文167篇，其中，SCI论文12篇，中文核心期刊论文18篇（包括中华系列论文5篇），科技核心期刊论文119篇，普通期刊论文19篇。出版医学著作11部。

（市第一医院）

2019年5月17日，市第二医院与以色列Rambam大学举行医疗合作签约仪式

【市第二医院】 市第二医院（市糖尿病医院）是科技部和省科技厅项目申请依托单位、国家自然科学基金项目单位、全国综合医院中医药工作示范单位、国家全科医生临床培养基地、国家糖尿病健康教育管理认证单位，设有临床科室42个、医技科室18个，开设专业57个，开放床位950张。拥有职工950余名，其中，专业技术人员840余人；专业技术人员中，高级技术职称169名，硕士研究生以上学历213名，市管专业技术拔尖人才、石家庄市有突出贡献的中青年专家28名。全年引进医护专业人才50名，其中，硕士及以上学历41名；选派业务骨干到京、津及澳大利亚等医院进修学习13名；公开选拔中层后备人才43名。2019年市第二医院门诊量48.27万人次，同比增长8.93%；治疗出院病人23340人次，同比增长6.93%；床位使用率136.72%；出院患者平均住院日12.26天。至2019年末，医院总资产6.32亿元。投入资金2400万元，更新128排高端螺旋CT、流式细胞仪等医疗设备95件。修订《医疗质量责任追究实施细则》《辅助药品临床应用管理办法》，将病历管理、临床管理、耗材应用、医保管理、药品使用等纳入医疗质量管理，全年医疗纠纷发生率0.55‰，护理质量达标率86.4%。实行护士考核培训制度，全年举办培训班57次，分层进阶考核护理人员47名。3个项目列入省级重点研发计划项目。糖尿病生物标本库存11622份，3万名患者纳入糖尿病健康管理中心数据库管理。3月25日，由市第二医院、新华区社区卫生服务机构联合组建的新华医疗集团成立；至2019年底，成员单位达到204家，设立首席专家工作室27个、普通专家坐诊点7个。加强对外医疗合作，与法国尼斯大学联合开展课题研究2项，共同在国际期刊发表论文2篇。2019年市第二医院获批河北省科研课题立项14项，河北省科学技术成果证书12项，河北省医学科技奖4项；医护人员在核心期刊发表论文50余篇，其中，SCI论文3篇，北京大学核心期刊论文4篇；保肢中心应用药物涂层球囊行动脉扩张成形术成功完成首例糖尿病患者下肢动脉闭塞。

（市第二医院）

【市第三医院】 2019年市第三医院实现总收入8.01亿元，同比增长8.49%。其中，医疗收入7.39亿元，同比增长6.55%；药占比36.34%，同比下降0.15%。2019年市第三医院救治患者593601人次，同比增长3.02%；出院患者27368人次，同比增长2.29%；床位使用率99.6%；出院患者平均住院日11.7

天；手术 20443 例，同比增加 1831 例。至2019 年底，医院总资产 6.13 亿元，同比增长 2.56%，其中，固定资产 6.12 亿元，同比增长 6.31%。开设患者导诊帮扶服务，制作行业规范、投诉流程、便民服务措施等展板，提升患者就医体验，全年患者综合满意度达 98.8%。推进分级诊疗和医联体建设，全年接诊上转社区病人1703 人（住院 456 人，门诊 1247 人），下转病人 1634 人；与棉二职工医院合作，选派内科、骨科、外科专家 210 人次到基层医院出诊、查房，开展医疗技术指导服务，治疗患者 3000 余人次；11 月 29 日，市第三医院牵头组建长安医疗集团成立；12 月 4 日，市第三医院牵头组建高新医疗集团成立，接收管理高新区太行社区卫生服务中心、妇幼保健计划生育服务中心 2 个基层医疗单位。增强京津冀医疗技术协作，与北京 4 所医院、天津 1 所医院合作开展新技术研究 25 项，实施疑难复杂手术 100 余例，邀请专家作技术指导 150 余次，受益患者 2000 余人。4月21 日，市第三医院举行北京大学人民医院血管外科协作医院揭牌仪式。更新医疗技术设备，全年采购医疗设备 414 台（套），总价值 3878 万元，其中，以政府招标采购方式，购置医疗设备 5 台（套），总价值 2724 万元；以医院内部采购小型设备方式，购置医疗设备 409 台（套），总价值 1154 万元。设立市级脑卒中防治办公室，获授“高级卒中中心”单位。加强医院感染管理，全年上报感染病例655 例，感染率控制在 2.3% 以内。创伤二科建成全市首个骨科“无陪护病房”试点科室。2019 年市第三医院获批省市科研课题立项 15 项，结题 12 项，获得省市级奖项 10 项；医护人员发表论文 75 篇，其中，SCI 论文 9 篇，中文核心期刊 8 篇，科技核心期刊 57 篇。4月23 日，市第三医院心血管内一科主任王立君获授“全国五一劳动奖章”。

（邵振水　郭宁）

【市中医院】 市中医院于 1955 年 1 月开始筹建，起初名称为河北省中医院，地址为石家庄市原长安路 2 号；1956 年 10 月 9 日，医院正式建成开诊；1958 年 3 月，与河北省中医学校合并，改称河北省中医学校附属医院；1958 年划归石家庄地区领导，改称河北省石家庄地区中医学校附属医院；1961 年迁入中山西路 233 号，更名为石家庄市中医院，隶属石家庄市卫生行政部门管理。1993 年市中医院通过国家评审，成为一所集医疗、教学、科研、保健、产业、文化等为一体的现代化三级甲等中医院。2019 年市中医院建有本部、东院 2 个院区。市中医院本部位于石家庄市中山西路233 号，占地面积 4 万余平方米，建筑总面积 10 万平方米，总编制床位 1100 张。全院设有临床、医技科室77 个，拥有国家临床重点专科 2 个、国家中医药管理局重点中医专（学）科 5 个、省级重点中医专科 12 个、市级重点中医专科 16 个及市中西医结合肛肠病诊疗中心和肿瘤防治中心。现有职工 1590 名，其中，卫生专业技术人员 1226 人，正高级职称 82 人，副高级职称 149 人；拥有省市级名中医 16 名，博士 14 名、硕士 343 人，国家级优秀人才 6 名，省级优秀人才 11 名。建有国家级痔病外治法研究室、省级皮肤外治特色疗法临床评价重点研究室、省级冠心病淤毒证治重点研究室 3 个重点研究室及 1500 多平方米制剂室、静态 10 万级生产车间，可研制生产丸、颗粒、洗、栓等多种剂型；备案限制性医疗技术 16 项。1月8~10 日，市中医院通过省中医药管理局三级中医医院等级复审。6月9日，市中医院联合首都医科大学附属北京中医医院建设市中医院东院区正式开诊；市中医院东院区于 2016 年 11 月 4 日开工，总投资 1.87 亿元，地址位于长安区建华大街 138 号，占地面积 5 万平方米，设置科室 16 个、床位 500 张。2019 年市中医院发表科研论文 47 篇，与中国中医科学院、中国 CDC、北京中医医院等单位合作开展包括 2 项国家科技重大专项课题在内多项研究，其中 1 亿元中医传承创新项目通过国家发改委审批。

（郭佳宝）

【市第四医院】 市第四医院（市妇产医院）始建于 1956 年，是一所以妇科、产科、产前诊断、生殖医学、新生儿科等为主体，集医疗、预防、保健、教学、科研为一体的三级甲等妇产医院，是河北医科大学附属医院、河北中医学院附属医院。建有河北省院士工作站、博士后创新实践基地，拥有 9 个医学中心、12 个省市医学重点（发展）学科，4 个省市临床重点（培育）专科、4 个专业省级培训基地。11 月 18 日，市第四医院谈固院区门诊试运行；12 月 19 日，市第四医院谈固院区正式运行。市第四医院谈固院区地址位于长安区谈固北大街16号，占地面积 4.17 万平方米，总建筑面积 12.28 万平方米，设置床位 800 张；2011 年市第四医院谈固院区建设项目经市发展改革委审批立项，2013 年 10 月正式奠基。至 2019 年底，市第四医院发展形成一院四区（中山院区、高新院区、谈固新院区、西院区）布局，编制床位 1496 张，其中，院本部 416 张，东院区 280 张，谈固院区 800 张；现有职工 2246 人，其中，高级职称人员 221 名，硕士 389 人、博士 22 人。2019 年医院门急诊量 115.64 万人次，同比增长 11.4%；治疗出院 4.86 万人次，同比增长 9.9%；分娩量 3.73 万例，同比增长 15.2%；手术 1.75 万例，同比增长 9.0%；患者平均住院日 5.26 天，同比下降 1.5%。医院总收入 9.94 亿元，其中，业务收入 9.33 亿元，同比增长 9.7%；药占比 13.50%，同比下降 0.07 个百分点。总资产 19.54 亿元，同比增长 13.31%；固定资产 4.07 亿元，同比增长 4.72%。生殖医学中心植入前胚胎遗传学诊断（PGD）技术通过国家专家组评审，成为河北省首批第三代试管婴儿医疗机构。推进医联体建设和分级诊疗，妇产新生儿医联体成员单位增至130 家，与 22 家医联体成员单位搭建远程会诊平台；签订双向转诊协议单位 117 家，双向转诊患者 438 人次。重视人才队伍建设，引进妇产科、儿科、超声、护理等专业人员（硕士研究生学历）48 人，选派医护人员到美国、新加坡、北京、上海、郑州等国内外先进医疗机构进修学习 30 人次、参加学术会议 164 人次。2019 年市第四医院申报科研项目 74 项，立项 56 项，取得科研成果 5 项，获得奖项 6 项，其中，获得河北省科技进步二等奖 1 项、河北医学科技奖二等奖 3 项、河北医学科技奖三等奖 1 项、河北省中医药学会科学技术奖二等奖 1 项；发表论文 92 篇，其中，SCI 论文 8 篇，CSCD 文章 15 篇，中文核心期刊 13 篇。

（王雅丛　孟丹天）

2019 年 5 月 16～19 日，由市第四医院承办的第七届全国促进自然分娩专题研讨会暨第八届河北省助产技术培训班及母胎医学之胎儿宫内干预培训班在石家庄市举行

【市第五医院】 市第五医院于 1949 年成立，地址位于裕华区塔南路 42 号，是河北省首家集传染病诊断、治疗、急救、科研、教学、预防、保健及重大公共卫生事件救治于一体的三级传染病专科医院。占地面积 56.63 亩，建筑面积 6.9 万平方米，医疗用房面积 6.1 万平方米。编制床位850 张，开放床位 777 张。现有职工766 人，专业技术人员 685 人，高中级专业技术职称 324 人，其中，高级职称人员 152 人，中级职称人员 172 人。2019 年医院总收入 3.47 亿元，其中，业务收入 3.25 亿元，同比增长 5.75%；医疗收入 3.19 亿元，同比增长 4.66%；门急诊量 30.2 万人次，同比增长 30.62%；出院人次 1.39 万人次，同比增长 4.02%；床位使用率 92.8%，同比提高 1.42 个百分点；药占比 43.59%，同比下降 2.51 个百分点；患者平均住院日 17.87 天，同比下降 1.24 天。提升医疗技术服务，购置 CT、彩超、呼吸机等大型诊疗设备 1100 余万元。加强对外医疗交流合作，加入佑安肝病感染病专科医疗联盟、华北地区中医肝病专科联盟、省口腔专科联盟、中国地级市医院急诊专科医联体；与北京中日友好医院、天津市第二人民医院、北京协和医院等医疗机构建立合作关系。王洋夺得“星火计划——2019 肝胆疾病临床思维挑战赛”全国亚军，康书慧、关卫卫获得全省结核病临床诊疗技能竞赛团体一等奖。2019 年市第五医院获得河北省医学科技奖二等奖 8 项、河北省

医学科技奖三等奖1项，获批省卫生健康委课题8项、省中医药管理局课题3项；发表学术论文33篇，其中，SCI论文9篇，中文核心期刊论文2篇。

（董玲）

【市妇幼保健院】 市妇幼保健院（市儿童医院、市第六医院）为独立法人差额拨款事业单位，隶属市卫生健康委管理。医院共有4个院区，总占地面积28719.8平方米，总建筑面积48445.02平方米。其中，新华路院区为租赁用房，位于桥西区新华路358号，占地面积13320平方米，建筑面积37000平方米；建国路儿童医院位于桥西区建国路9号，占地面积5994平方米，建筑面积7589平方米；石铜路院区位于桥西区石铜路39号，占地面积6527平方米，建筑面积1997平方米；西王庄院区位于桥西区西王南街8号，占地面积2878.8平方米，建筑面积1859.02平方米。现有职工1168人，其中，卫生技术人员961人，高中级职称392人，硕士、博士研究生120人。编制床位350张。设有科室106个，其中，行政后勤保障科室35个，临床医技科室71个。2019年医院门急诊量59万人次，同比增长7.21%；入院人数27694人次，同比增长10.69%，患者平均住院日6.55，同比下降.83%；床位使用率102%，同比下降5.08%；分娩总数12121人次，同比增长6.05%；剖宫产率45.15%；同比下降3.63%；抢救成功率98.69%，同比增长1.37%；手术8100例，同比增长3.54%。2019年医院业务收入42419万元，同比增长10.85%。其中，医疗收入42188万元，增长10.4%；业务支出44561万元，增长11.35%。至2019年底，医院总资产32151万元，同比增长9.56%；净资产17665万元，同比增长5.98%。重视人才队伍建设，引进硕士13人；选派学科带头人、骨干12人到北京、天津、上海、重庆等地进修学习，参加院外学术交流90人次；2人获评河北省“三三三”人才工程第三层次人选。1月30日，市妇幼保健院（市儿童医院）成为石家庄市市级医院唯一一家国家先天性结构畸形救助项目定点医院。新建市儿童医院（市妇幼保健院）动工。2月2日，市行政审批局印发《关于新建石家庄市儿童医院（市妇幼保健院）项目可行性研究报告的批复》（石行审投资〔2019〕27号）。7月14日，市儿童医院建设开工；总投资10.77亿元；地址位于桥西区友谊南大街396号（友谊大街与汇丰路交叉口西北角），建筑面积12.8万平方米，设有妇科、妇女保健科、儿科、小儿外科、儿童保健科等24个科室，设置床位650张。12月10日，市儿童医院（市妇幼保健院）新院区主体封顶；至2019年底，市儿童医院（市妇幼保健院）建设完成投资2.23亿元。2019年医院立项课题29项，其中，省卫生健康委立项14项，省中医药管理局立项7项，市科技局立项8项；获得河北省医学科技奖二等奖1项、河北省科学技术成果1项；医护人员发表论文21篇，其中核心期刊论文8篇。

（高宁　陈雷　李晓敏）

【市第八医院】 市第八医院是全市唯一一所市属公立精神疾病专科医院，医院前身为中国人民解放军总后勤部四〇二工厂职工医院，始建1957年10月，2002年7月整体移交市政府后隶属原市卫生局管理。2011年6月，石家庄市整合市属医院精神卫生资源，将市第八医院转型为市精神疾病专科医院，加挂市精神卫生中心牌子，主要承担全市精神卫生的预防、治疗、康复、科研、教学等任务。医院占地面积19.03亩，建筑面积18439.43平方米；现有职工445人；编制床位395张，开放床位523张。2019年市第八医院门急诊量76315人次，同比增长17.5%；住院患者6549人次，同比增长10.7%；出院患者6567人次，同比增长12%；床位使用率121.8%，同比增长5.5%；患者平均住院日35.5天，同比下降3%。2019年医院总收入1.65亿元，同比增长10.74%。其中，医疗收入1.22亿元，同比增长15.09%；药占比24.95%，同比下降2.04%。总支出1.45亿元，同比增长2.84%；总资产1.65亿元，总负债3188.62万元。助力社会心理服务体系建设，组建心理援助热线服务团队。2019年全市报告精神疾病患病率4.02‰，规范管理率89.28%，面访率93.15%，服药率84.51%，规律服药率62.87%，精神分裂症患者规律服药率67.79%，各项指标均达到国家考核标准要求。开展严重精神障碍患者大排查行动，清查人数9139人，查出精神障碍患者452人。重视心理治疗，全年心理门诊接诊1579人次，心理测查4971人次，接听心理热线588条，干预自杀未遂行为2起。2019年市第八医院获得河北省医学科技奖一等奖1项、河北省医学科技奖三等奖1项，其中，由孙志刚为课题组长撰写“精神分裂症恢复期的追踪研究、复发因素分析及其预防策略”获得河北省医学科技一等奖。

（周久利　王慕劲）

体　育

【概况】　2019年，全市运动员参加省级比赛42项次，获得金牌348枚、银牌295枚、铜牌273枚；选派212名运动员参加第二届全国青年运动会，获得金牌7枚、银牌12枚、铜牌11枚。注册河北省和全国运动员7171人，审批注册二级裁判员353人、二级运动员601人。新增二级社会体育指导员1249人，总数达到21270人。拥有体育协会273个，其中，市级体育协会44个，县级体育协会229个。建成基层健身站（点）4396个。省体育局、省教育厅命名体育传统项目学校48所。2019年全市各体育协会举办全民健身赛事活动866场，其中，国际比赛2项，全国比赛5项，京津冀比赛5项，市级比赛50项，县区级比赛539场；各体育协会协助基层举办比赛264次，协助企业工会、高校等举办比赛39场，健身活动参与人数630万人次。12月22日，市第一届冰雪运动会暨2019~2020大众冰雪季开幕；冰封季期间，全市参与冰雪运动人数349万人，占全市常住人口33.6%。2019年全市组织举办十大品牌赛事活动，分别为：石家庄马拉松赛、“一带一路”中式八球国际公开赛、石家庄市第四十六届元旦长跑活动、第十二届社区运动会、石家庄第三届城市定向赛、石家庄（正定）国际徒步大会、自行车环城赛、五岳寨50千米越野赛、首届龙舟节、跑遍国际庄10千米联赛，直接参赛9万余人，参赛人员涉及38个国家和地区，参与赛事服务人员5万人次。2019年市体育局共有在职职工276人，设置机关处室有办公室、群众体育处、竞技体育处、计划财务处、法规产业处、机关党委（机关纪委、人事处）；局直属事业单位有市体育运动学校、市少年儿童业余体校、市水上体育运动中心（市水上体育运动业余体校）、市长安体育场（市长安业余体育学校）、市中山体育场（市中山少年体育学校）、市射击场（市射击运动业余学校）、市游泳体校、市体育经济开发公司、市体育总会秘书处。2019年全市共有电脑体育彩票投注站1349个，销售收入19.1亿元。

【竞技体育】　2019年全市运动员参加省级比赛42项次，获得金牌348枚、银牌295枚、铜牌273枚；选派212名运动员参加第二届全国青年运动会，获得金牌7枚、银牌12枚、铜牌11枚。2019年石家庄籍女子铅球运动员巩立姣参加国际比赛13次，获得金牌12枚、银牌1枚，成功卫冕世界田径锦标赛和钻石联赛总决赛冠军；女子乒乓球运动员孙颖莎获得全国乒乓球锦标赛、亚洲乒乓球锦标赛、世界乒乓球锦标赛、T2联赛、乒乓球世界杯赛冠军，这是河北女乒乓球选手时隔32年后再获世界乒乓球锦标赛冠军、时隔19年后再获全国乒乓球锦标赛冠军；女子划艇运动员张璐琦获得皮划艇世界锦标赛女子双人200米冠军，实现河北省皮划艇世界锦标赛金牌零的突破。调整竞技体育项目训练布局，确定“铁人三项”由市体育运动学校、市游泳体校主抓，长安体校配合；武术套路划归中山体育场统一管理，长安区设立业余训练点；全民健身中心增加跆拳道、击剑业余训练点，运动体校、水上中心、长安体校增设马术、冲浪、帆船帆板、攀岩等竞技体育项目。河北省青少年射击团体锦标赛步手枪项目比赛。4月12~14日，由河北省射击运动管理中心、河北省射击射箭协会主办，市体育局承办的2019年河北省青少年射击团体锦标赛步手枪项目比赛在石家庄市射击运动业余学校射击馆举行。全省10支代表队360余名青少年选手参赛，比赛项目包括10米气步枪、10米气手枪、手枪慢射等，产生金牌60枚。石家庄射击队选派运动员38人参赛，获得金牌28枚、银牌15枚、铜牌7枚。获奖重要竞技比赛项目。4月22日，石家庄籍运动员巩立姣在卡塔尔多哈举行的2019年亚洲田径锦标赛女子铅球项目比赛中，以19米18的成绩获得冠军。8月12日，石家庄籍运动员马永慧参以8分39秒86的成绩，夺得第二届全国青年运动会女子乙组800米自由泳决赛冠军，这也是马永慧获得的第一枚全国青年运动会金牌。10月4日，石家庄籍运动员巩立姣参加在卡塔尔多哈举行的2019年世界田径锦标赛女子铅球决赛，以19米55的成绩夺得女子铅球项目冠军，创下世界田径锦标赛女子铅球比赛两连冠。2019河北省青少年射击个人锦标赛。11月5~7日，2019河北省青少年射击个人锦标赛（步手枪项目）在省射击射箭运动中心靶场和保定市容城县飞碟训练基地举行。石家庄市40名选手参赛，获得金牌22枚，金牌数和总积分均排名全省首位。2019河北省青少年射击个人锦标赛分设两个赛区，其中，步手枪项目在省射击射箭运动中心靶场举行，飞碟项目比赛在保定市容城县飞碟训练基地举行；参赛选手按照年龄设置甲、乙、丙3个组别，涵盖个人、团体、混合团体等项目。

【群众体育】 2019年全市组织举办十大品牌赛事活动，分别为：石家庄马拉松赛、“一带一路”中式八球国际公开赛、石家庄市第四十六届元旦长跑活动、第十二届社区运动会、石家庄第三届城市定向赛、石家庄（正定）国际徒步大会、自行车环城赛、五岳寨50千米越野赛、首届龙舟节、跑遍国际庄10千米联赛，直接参赛9万余人，参赛人员涉及38个国家和地区，参与赛事服务人员5万人次。全国国际象棋棋协大师赛。2019年1月，由中国国际象棋协会主办，省体育局棋牌运动管理中心、市体育总会承办的“中孚杯”全国国际象棋棋协大师赛在平山县西柏坡举行。来自全国15个省市75支代表队450名棋手参赛。比赛采用中国国际象棋协会审定最新版竞赛规则。31人获得国际象棋棋协大师，63人获得候补国际象棋棋协大师，石家庄市高行远获得棋协大师组冠军。2019石家庄第十六届国际自行车环城赛。8月31日，2019石家庄第十六届国际自行车环城赛在高新区火炬广场举行。共有来自中国香港、美国、塞尔维亚、日本、菲律宾5支专业车队和国内外骑行爱好者1300余人参赛。比赛设男女公路公开组、大众健身骑游组、儿童平衡车组4个组别。公开组线路以石家庄市二环路为主，从高新区火炬广场出发，经太行大街、新城大道进入北二环，沿二环路骑行一周后从南二环东延返回终点，比赛全程65千米。2019石家庄马拉松赛。10月27日，君乐宝2019石家庄马拉松赛在高新区火炬广场举行。13个国家和地区2.6万名选手参赛，肯尼亚选手鲁本以2小时23分08秒获得男子全程马拉松冠军。2019石家庄马拉松赛设立比赛小项3个，分别是全程马拉松（42.195千米）、半程马拉松（21.0975千米）、迷你马拉松（5千米），其中，全程、半程马拉松比赛从火炬广场起跑，选手沿石家庄主干道中山路由东向西穿越城市主城区，比赛终点为市区裕西公园，赛道涵盖石家庄历史旧址、文化新城、商业街区、西部景区等元素。这也是石家庄马拉松赛创办以来，首次跑入石家庄城市中心区。石家庄马拉松赛于2009年开始，2017年转为中国田径协会铜牌赛事，2018年升级为银牌赛事。市第一届校园冰雪运动会。11月28~30日，石家庄市第一届校园冰雪运动会在市职教园区和市学前教育中等专业学校举行。来自全市中小学校20支代表队888名运动员参赛，设置轮滑争先赛、陆地冰壶、旱地冰球赛和技巧赛、滑冰计时赛、轮滑单脚滑行远度赛5个大项58个小项比赛，实现小学、初中、高中各学段全覆盖；石家庄市长安区、裕华区、桥西区分别获得团体总分前3名。市第一届冰雪运动会暨2019~2020大众冰雪季。12月22日，由石家庄市政府主办，市体育局、市教育局承办的石家庄市第一届冰雪运动会暨2019~2020大众冰雪季在市区裕彤国际体育中心开幕。市第一届冰雪运动会分为比赛、冰雪推广两大部分，比赛设青少年组、社会组2个组别，设置滑冰、滑雪、冰球、陆地冰壶、轮滑、滑轮6个大项比赛；冰雪推广围绕“项目全覆盖、人群全覆盖”目标，在全市社区、企业、乡村、家庭等举办冰雪展示活动298场、冰雪技能培训118场，并在2320所学校举办冰雪文化节和冰雪项目比赛，累计参与人数349万人，占全市常住总人口33.6%，其中学校参与人数35万人。河北省首届冰雪运动会。12月28~30日，河北省首届冰雪运动会举行（开幕式在石家庄正定新区河北奥林匹克体育中心举行，闭幕式在河北宾馆举行）。主题为：“欢乐冰雪 激情相约”。冰雪运动会期间，组织举办群众冰雪运动展、冰雪运动会成果展、冰雪产业展，24个滑冰场馆建设项目集中签约；比赛设置越野滑雪、速度滑冰、冰球、轮滑、滑轮和陆地冰壶6个大项、101个小项，设立石家庄市、承德市2个赛场；石家庄市选派104名运动员参加全部6个大项比赛，其中，青少年组获得金牌14枚，金牌占比35.89%。群众体育赛事活动还有：3月31日，由市体育局主办的2019石家庄（正定）女子半程马拉松比赛在正定县举行，来自省内外6000多名选手参赛。5月18日~7月27日，石家庄市第十二届社区运动会“庄里王者”足球争霸赛11人制比赛举行，全市32支球队、2500余人参赛，南高营社区队获得冠军。6月2日，由市体育局主办的2019石家庄（正定）国际徒步大会在正定长乐门文化广场举行，比赛分设5千米、10千米、20千米3个组别，省内外2万余名徒步爱好者参加健步走活动。11月17日，光大银行杯2019河北省十公里超级联赛总决赛暨2019正定迷你马拉松比赛在正定县长乐门文化广场举行，参赛选手1万余名。

【体育设施及健身调查】 全年新建笼式球场76个，总数达到128个；新建登山步道7条、健身步道50千米；城市社区和农村新安装二代智能健身路径18条，更新公园广场器材18套，市、县两级更新建设健身路径779条。推进市县两级健身、健康融合发展，建成融合中心25个，其中，市级3个、县级22个；井陉矿区、栾城区、高邑县3个区县全民健身中心建成投用。至2019年末，全市共有各类体育场地16638块，总面积2145.61万平方米，人均体育场地面积1.96平方米。开展全民健身状况调查，调查统计3区2县2374样本和1877所学校。统计数据显示，石家庄市每周参加1次以上体育锻炼健身人群数量为601.12万人，占全市总人口57.83%；经常参加体育锻炼（每周3次以上）健身人群数量为400.07万人，占全市总人口的38.49%。

（市体育局）

社会生活

Social Life

城乡居民收入与消费

【概况】 2019年，全市居民人均可支配收入29335元，同比增长9.3%。其中，城镇居民人均可支配收入38550元，增长8.4%；农村居民人均可支配收入15853元，增长9.2%。2019年全市居民人均消费支出17892元，同比增长9.0%。其中，城镇居民人均消费支出23349元，增长8.0%，农村居民人均消费支出9908元，增长9.1%。2019年石家庄市城镇居民人均可支配收入、农村居民人均可支配收入均排名全省11个设区市第三位，城镇居民人均可支配收入增速与全省平均增速持平，农村居民人均可支配收入增速低于全省平均水平0.4个百分点。城镇居民收入总体平稳上升，四大项收入呈现“三增一降”态势，其中，城镇工资性收入、财产净收入、转移净收入增长，经营净收入下降；农村居民收入全面增长。城乡居民消费的主要特点：更加注重个人生活品质提升和教育文化娱乐投资，食品烟酒类消费占比下降；伴随居民生活水平的提高，消费观念发生改变，百户家庭耐用消费品实现从单一到全面、从温饱型向享受型消费转变。

【居民收入】 2019年全市居民人均可支配收入29335元，同比增长9.3%。其中，城镇居民人均可支配收入38550元，增长8.4%；农村居民人均可支配收入15853元，增长9.2%。2019年石家庄市城镇居民人均可支配收入、农村居民人均可支配收入均排名全省11个设区市第三位，其中，廊坊市城镇居民人均可支配收入比石家庄市高5362元，唐山市城镇居民人均可支配收入比石家庄市高4082元。从构成居民可支配收入四大项看，全年城镇居民收入总体平稳上升，四大项收入呈现“三增一降”态势，其中，城镇工资性收入同比增长10.0%，财产净收入增长0.1%，转移净收入增长16.8%，经营净收入下降2.9%。全年农村居民收入呈现全面增长态势，其中，农村工资性收入同比增长5.9%，财产净收入增长43.4%，转移净收入增长15.1%，经营净收入增长17.2%。从收入增长幅度看，城镇居民人均可支配收入增幅平稳上升，农村居民人均可支配收入增幅明显扩大。2015~2019年，城镇居民人均可支配收入增幅分别为8.0%、8.1%、8.1%、8.0%、8.4%；农村居民人均可支配收入增幅分别为8.5%、7.9%、8.1%、8.8%、9.2%。

表71　　2015~2019年石家庄市城镇居民与农村居民人均可支配收入增速对比一览表

年度	城镇居民人均可支配收入增速	农村居民人均可支配收入增速
2015	8.0%	8.5%
2016	8.1%	7.9%
2017	8.1%	8.1%
2018	8.0%	8.8%
2019	8.4%	9.2%

【居民消费】 2019年全市居民人均消费支出17892元，同比增长9.0%。其中，城镇居民人均消费支出23349元，增长8.0%，农村居民人均消费支出9908元，增长9.1%。城乡居民消费更加注重个人生活品质提升和教育文化娱乐投资，食品烟酒类消费占比下降。2019年城镇居民人均食品烟酒消费支出4822元，同比减少319元，占总消费支出比重20.7%，同比下降3.1个百分点；农村居民人均食品烟酒消费支出2505元，同比增加75元，占总消费支出比重25.3%，同比下降1.5个百分点。2019年石家庄城镇居民衣着消费支出1500元，占总消费支出比重6.4%；居住消费支出9534元，占总消费支出比重40.8%；生活用品及服务消费支出1510元，占总消费支出比重6.5%；交通通信消费支出1989元，占总消费支出比重8.5%；教育文化娱乐消费支出1986元，占总消费支出比重8.5%；医疗保健消费支出1536元，占总消费支出比重6.6%；其他用品和服务消费支出472元，占总消费支出比重2.0%。从消费结构看，全年居民衣着、生活用品及服务、教育文化娱乐支出呈上涨趋势，其中，城镇居民衣着、生活用品及服务、教育文化娱乐支出分别增长11.6%、12.6%和20.1%，农村居民衣着、生活用品及服务、教育文化娱乐类支出分别增长27.8%、14.7%和40.1%。伴随居民生活水平的提高，消费观念发生改变，百户家庭耐用消费品实现从单一到全面、从温饱型向享受型消费转变。2019年石家庄城镇居民平均每百户拥有助力车78.20辆、微波炉70.61台、排油烟机91.91台、移动电话229.88部，分别较2018年增加6.09辆、1.91台、18.92台、1.78部。2019年石家庄农村居民平均每百户拥有助力车124.68辆、微波炉27.96台、排油烟机47.06台、移动电话259.84部，分别较2018年增加4.76辆、1.57台、3.84台、4.69部。手机上网用户增多，2019年城镇居民每百户接入互联网手机拥有量同比增长1.5%，农村居民每百户接入互联网手机拥有量同比增长9.6%；空气净化器、吸尘器进入寻常百姓家，城镇居民每百户拥有量分别为25.86台、18.17台，农村居民每百户拥有量分别为2.23台、4.33台。

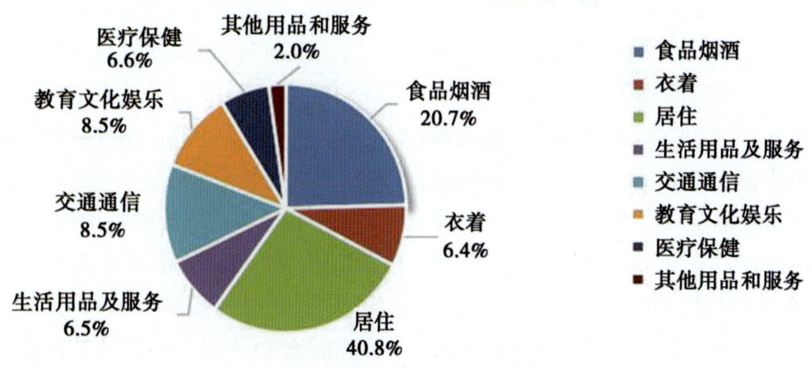

2019年石家庄城镇消费支出比重图

国家统计局石家庄调查队
队　长：王志强（12月免）
副队长：聂保军（主持工作）
　　　　刘广和

（刘晓轩）

扶　贫

【概况】 2019年，全市脱贫攻坚以稳定脱贫成效为目标，以解决“两不愁三保障”（农村贫困人口不愁吃、不愁穿，义务教育、基本医疗、住房安全有保障）突出问题和防返贫为重点，采取夯基础、强弱项、补短板措施，精心组织、合力攻坚，实现建档立卡贫困人口全部脱贫。2019年全市投入中央、省、市、县财政专项扶贫资金8.3亿元，同比增长21.0%，其中，市本级投入财政专项扶贫资金2.1亿元，同比增长8.0%。18个脱贫任务贫困村单独安排财政专项扶贫资金各100万元。全年教育扶贫支出资金6.07亿元，受助学生189.95万人次。落实医疗扶贫政策，基本医疗保险、大病救治、医疗救助、第四重商业保险累计报销量153.53万人次，报销金额1.67亿元，贫困人口医疗实际自付比为6.18%。农村贫困人口保障标准提升，农村低保支出

2.89亿元，特困保障支出9800万元，临时救助支出1130万元。发展产业扶贫项目378个，涉及资金6.2亿元，完工产业项目243个，投入项目资金4亿元。4个贫困县安排公益林面积93.36万亩，补偿资金1350.3万元；安排940名农村贫困人员担任生态护林员，每人每年补助1万元。2019年全市支持和帮助农村贫困人口就业1.4万人。开展消费扶贫，帮助销售农产品7100万元，助农增收1300余万元，受益贫困人口1万多人。投入资金1005.6万元，改善提升贫困村面貌。投入资金11.33亿元，实施414个农村电网建设改造项目。畅通农村道路，新改建农村公路395千米，整治穿村路46.5千米。5月5日，经河北省政府批准，赞皇县、灵寿县、行唐县3个国家扶贫开发工作重点县退出贫困县序列。2019年全市退出贫困村18个，其中，平山县5个、行唐县12个、赞皇县1个；脱贫人口10352户20506人。至2019年底，全市4个国家贫困县（2018年9月29日，河北省政府批准平山县脱贫）、585个贫困村全部脱贫，提前实现贫困人口全部清零、贫困村全部出列、贫困县全部摘帽目标。

【教育扶贫】 全年教育扶贫支出资金6.07亿元，受助学生189.95万人次；义务教育段学生34498名、普通高中学生6347名建档立卡、低保、特困救助、残疾等特殊困难学生全部享受“两免一补”“三免一助”资助政策。全年教育部门和学校采取微信、学校广播、板报等形式，宣传教育资助政策，发布资助政策信息15万余条。完善市扶贫攻坚大数据平台关于教育扶贫各项数据，组织教师走访建档立卡家庭，逐户逐人核实学生情况，保证建档立卡、低保、特困救助、残疾等特殊困难学生全部享受到教育扶贫政策；修改补充1186名高中贫困生、1946名中等职业贫困生统计信息。营养改善计划。9月1日，全市新增12个县（市、区）农村小学生营养改善计划试点全部按时供餐，受益农村小学生29万名。至2019年底，全市营养改善计划覆盖义务教育学校2071所，受益学生39.51万名。劝返复学专项整治。将全市1555名疑似辍学学生统一建立台账管理，组织专人举行劝返或送教上门，做到义务教育阶段建档立卡贫困家庭学生（除身体原因外）无辍学现象发生。改善办学条件。全年规划“义务教育薄弱环节改善与能力提升”建设资金3.72亿元，改造提升学校198所，建设校舍面积16.88万平方米；购置图书149031册、课桌椅2600套、学生用床795张、计算机1423台，用于教学仪器设备资金3060万元。2019年省教育厅下达石家庄市“两类学校”标准化建设任务完成，新建、改扩建“两类学校”校舍面积7万平方米。

链接

“两免一补”是农村义务教育阶段，免教科书费、免学杂费，并给予寄宿生补助一定生活费的资助政策。“三免一助”是免学费、书费、住宿费和享受国家助学金政策。“两类学校”是指乡村小规模学校和乡镇寄宿制学校。

【医疗扶贫】 落实医疗扶贫政策，全年基本医疗保险、大病救治、医疗救助、第四重商业保险累计报销量153.53万人次，报销金额1.67亿元，贫困人口医疗实际自付比为6.18%。以“看得起病”“有地方看病”“看得了病”为目标，完善村、乡、县三级基础医疗体系，实现基本医疗卫生服务全覆盖。至2019年末，全市设置政府举办乡镇卫生院192所、村卫生室3895个，未独立设置村卫生室的村，采取邻村代管、乡镇卫生院下派巡诊等方式，妥善解决当地居民医疗需求。落实贫困人口医疗惠民政策，严格实行县域内贫困人口住院“先诊疗后付费”“一站式”综合服务政策，确定定点医疗机构306所，享受政策135.12万人次。实施贫困群众慢病签约服务，做到发现1例，建档1例。2019年全市农村贫困人口大病专项救治覆盖病种25个，累计救治4378人。提升基层医疗服务能力，在全市农村地区遴选39个乡镇作为试点单位，加快推进乡村医疗一体化管理；开展城乡医院对口支援，协调7所省、市三级医院对口支援贫困县县级医院及中心卫生院，17个市、县二级医院对口支援贫困县64所乡镇卫生院；探索建立城市医师定期服务基层工作机制，缓解贫困县乡镇卫生院医疗人才短缺问题，提升贫困县卫生院常见病、多发病诊疗能力；实施“清零行动”，采取定向招录、全科医生培训、大学生村医招录等方式，解决乡村缺少合格村医问题。全年考核招录村医583人，全部发放乡村医师资格证书并补充到村卫生室；培训村医3218人次。

【就业扶贫】 帮助贫困劳动力就业，全年举办就业扶贫专场招聘会70余场。2019年2月，全市举办以“促进转移就业、助力脱贫攻坚”为主题“春风行动”招聘会34场，提供就业岗位13.8万个，达成就业意向5.7万人，其中，建档立卡贫困人员签约1397人。2019年3月，全市举办“就业援助月”活动，提供就业岗位15.8万个，帮助就业困难人员就业1009人。2019年各县(市、区)举办精准扶贫专场招聘会40余场，提供就业岗位2.96万个，达成就业意向1.2万人次，其中，有就业意愿贫困劳动力签约3554人。支持16个有扶贫任务县（市、区）修订完善《就业扶贫专岗开发管理办法》，确定安置流程、退出机制等措施。落实贫困劳动力就近就地就业办法，认定就业扶贫工厂，妥善吸纳建档立卡贫困劳动力。4个贫困县（平山县、赞皇县、灵寿县、行唐县）安排公益林面积93.36万亩，补偿资金1350.3万元；安排940名农村贫困人员担任生态护林员，每人每年补助1万元。至2019年底，全市支持和帮助农村贫困人口就业1.4万人。

【产业扶贫】 全年发展产业扶贫项目378个，涉及资金6.2亿元；完工产业项目243个，投入资金4亿元。培育产业扶贫发展典型，灵寿县中药材合作社联合社实行“统一技术服务、统一种苗供给、统一生产指导、统一产品回收、统一品牌销售、统一盈余返还”经营模式，辐射带动贫困丘陵山区160多个村、6800余户、2.8万余人实现增收。赞皇县原村土布专业合作社采用“合作社+公司+基地+农户”联合组织方式，开展从棉花种植到手工纺织加工，带动周边6个乡17个村1500多名贫困农民脱贫致富。行唐县大山兄弟土特产品有限公司采用“龙头企业+合作社+家庭农场”模式，组建农业产业化联合体，形成以龙头企业为骨干，以农民合作社为服务纽带，以家庭农场和农民为主体，集生产、加工和服务为一体的多元化新型农业经营组织，辐射全县15个乡镇35个村，年助农增收1300多万元。2019年平山县旅游扶贫模式、行唐县合作社带动扶贫模式入选省农业农村厅26个产业扶贫典型。

【消费扶贫】 机关团体定向采购。鼓励全市党政机关、国有企事业单位及干部职工在同等条件下，优先购买贫困地区农产品，以消费增加贫困人口收入。2019年国家发展改革委31个司局和直属机构与灵寿县31个贫困村开展结对共建活动，直接采购农产品71.8万元，帮助销售23.54万元；其他各级帮扶单位直接采购206.15万元，帮助销售499.33万元，受益贫困人口1万多人。动员民营企业参与采购。全年市供销合作总社组织8家民营企业，帮助销售农产品5384万元。市农产品龙头企业、民营企业、商会等采取以购代捐、以买代帮等形式，帮助建档立卡贫困户增收，直接采购额1052.27万元，帮助销售825.21万元。鼓励和支持大型农产品批发商、连锁超市、电子商务企业发挥市场资源优势，以农业合作社方式与贫困县建立稳定的产销关系。

【驻村工作队】 2019年全市共有省、市、县扶贫脱贫驻村工作队585支，设立驻村工作队第一书记585人，选派驻村干部1755名。其中，省派工作队29支、驻村干部87名；市派工作队182支、驻村干部546名；县派工作队374支、驻村干部1122名。省、市、县选派贫困户帮扶责任人29378名，结对帮扶贫困户8.2万户。其中，省直单位和企业帮扶责任人1282名，市直单位和企业帮扶责任人6457名，县以下单位和企业帮扶责任人21639名。全年市领导分包贫困村52个，走访贫困村127人次，落实帮扶资金2142.07万元。开展“百企帮百村”精准扶贫活动，引导企业参与脱贫攻坚行动；参与企业392家，帮扶行政村830个，其中，全市585个贫困村做到全覆盖，累计帮扶贫困人口5.2万人。

（商华）

社会保障

【概况】 2019年末，全市城乡居民养老保险参保375.4万人，同比减少32.7万人，其中，城镇职工养老保险参保258.2万人，同比增加4.6万人，完成省下达任务102.2%；工伤保险参保173.3万人，同比增加9.2

万人，完成省下达任务 109.7%；失业保险参保 93.98 万人，同比减少 1.5 万人，完成省下达任务 100.6%。2019 年全市居民享受最低生活保障对象 14.7 万人，其中，城市低保对象 1.2 万人，农村低保对象 13.5 万人。1月1日起，全市城乡居民最低生活保障（简称低保）标准调整。调整后，城市低保标准由每人每月610 元提高到每人每月 671 元，补差标准为平均每月不低于 385 元；农村低保标准由每人每年 4400 元提高到每人每年 4842 元，补差标准为每月不低于 220 元。开展劳动仲裁标准化建设，建成300 平方米全国最大劳动争议仲裁庭，设有 108 个旁听席位，配备高清数字影音系统、实时数字监控系统、证据展示系统，实现劳动仲裁过程公开透明。4月11 日，石家庄市以网络形式向全球展示劳动仲裁庭直播影像。推进社会保障公共服务平台建设，以信息平台建设、业务流程规范为重点，遵照“环节最少、程序最简、时间最短、服务最好、效率最高”要求，在不整合机构编制前提下，利用市人力资源市场大楼，将五险经办机构集中办公，设立五险综合服务大厅，做到“一门办理”；整合社会保障信息平台，打通业务系统之间壁垒，达到“内部融通”；采取数据共享和协同方式，推行业务标准化，落实“统一办理、一窗受理”原则，实现“线下一窗受理、线上一网办理”目标。3 月 26 日，市第一张电子社保卡发放，首张领取人为市民郭丽娟；至 2019 年底，全市累计发放社会保障卡 1022 万张，持卡率接近 100%。开展“社保基金风险防控提升年”活动，追回社会保障基金 248.48 万元。2019 年全市解决拖欠农民工工资案件 379 件，为 2412 名农民工追回欠薪 2503 万元，欠薪人数、欠薪金额较 2018 年分别下降 63.7%、58.2%。

【企业退休人员社会化管理】 2 月 25 日，全市印发《企业退休人员社会化管理服务办法》。与2003 年 12 月印发的《企业退休人员社会化管理服务工作实施方案》相比，主要有 4 个方面变化：经费保障更充足，综合考虑全市经济发展状况和社会化管理服务长远规划，将预算标准从原来每人每年 24 元提高到每人每年最高 40 元；机构编制更完善，为缓解社区工作压力，将原来街道（乡镇）劳动保障事务所所长原则上由一名副主任（副乡镇长）兼任，不占编制，聘用 1~2 名协理员从事社会化管理服务工作，调整为设定 1 名街道（乡镇）劳动保障事务所所长编制，增加 1~2 名街道（乡镇）劳动保障事务所人员编制，补充 1~2 名社区劳动保障工作站人员编制；服务职能更全面，将医疗保险服务内容纳入社会化管理服务范畴，增加社区医疗保险职责，解决了退休人员医保信息查询，慢性病、特殊病、特殊规定药品认定，医疗费用报销、养老金调整申报等；信息掌握更精准，提出建立由劳动保障、卫生、公安、民政等部门协作配合的联动机制，实现人员信息共享，提升管理水平，减少冒领现象发生。

（苑斌）

【采暖补贴】 1 月 14 日～3 月 15 日，全市发放城市特困群众和重点优抚对象 2018~2019 采暖期集中供热采暖补贴。发放人员范围：市内4区及高新区参加集中供热的城市低保户、特困职工家庭和享受民政部门发放抚恤补助的重点优抚对象（烈士遗属、因公牺牲军人遗属、病故军人遗属、残疾军人、老复员军人、带病回乡退伍军人、因公因战致残民兵民工）及“两参”退役人员（参加 1954 年以来对敌 14 次战役及参加核试验在农村的和城镇无工作单位且家庭困难的退役人员）。采暖补贴金额：补贴面积 ×22 元/平方米。集中供热采暖补贴面积：按照住宅楼建筑面积扣减 10% 公摊面积计算，有电梯、消防通道的住宅扣减 15% 计算。集中供热的城市低保户、特困职工家庭每户补贴面积以“房屋所有权证”建筑面积为准，超出 70 平方米（不含 70 平方米）部分由个人负担；重点优抚对象和“两参”退役人员每户补贴面积以“房屋所有权证”建筑面积为准，超出 100 平方米（不含 100 平方米）部分由个人负担；支持石家庄市“三年大变样”工作，原住房已经拆除的部分城市困难群众和重点优抚对象，按照居住地供热方式给予采暖补贴。

（宋钧）

【农民工工资拖欠治理】 坚持“早治理、快治理、严治理、长治理”原则，开展“春季行动”“冬病夏治”“夏季行动”“冬季攻坚”等根治欠薪系列专项活动，全面治理农民工工资拖欠问题。制定出台支付工资保障制度，开工前落实资金到位承诺书，资金不到位不予颁发施工许可证；推行施工过程结算，按合同约定或工程进度结算并支付工程款，工程款优先用于支付农民工工资，建设单位未拨付工程款或存在拖欠农民工工资的，不予办理竣工验收备案。11月1日，《石家庄市工程建设领域农民工工资保证金管理办法》施行，确定房屋建筑、市政基础设施、交通、水利、园林、轨道交通等工程建设领域农民工工资保证金统一由人力资源和社会保障部门监管；自施行起至2019年底，市级收取94个项目、1850余万元工资保证金。加大企业落实农民工工资保证金监督检查力度，建立实名制管理平台251家，对拒不落实和落实不到位的企业依法依规处理。到2019年底，全市解决拖欠农民工工资案件379件，为2412名农民工追回欠薪2503万元，欠薪人数、欠薪金额较2018年分别下降63.7%、58.2%。18家用人单位列入拖欠农民工工资“黑名单”，公布重大劳动保障违法行为36起。市公安机关立案侦办拒不支付劳动报酬案件17起，查处非法手段讨薪及以讨薪为名违法犯罪案件6起。2019年石家庄市在河北省农民工工资支付考核工作中获评A级。

（苑斌）

医疗保障

【概况】 2019年，全市基本医疗保险参保894.15万人，同比增长2.07%。全年职工基本医疗保险基金收入76.21亿元，支出59.53亿元，累计结余105.21亿元，其中，统筹基金结余57.46亿元，个人账户结余47.75亿元。统筹基金累计结余可支付20.3个月。全年城乡居民基金收入57.76亿元，支出58.08亿元，当期超支0.32亿元，累计结余17.63亿元，累计结余可支付月数3.6个月，基金运行面临风险。至2019年底，全市定点协议医药机构3042家，其中，定点医疗机构1104家，定点零售药店1938家。全年建档立卡贫困人口全部纳入基本医保、大病保险、医疗救助“三重保障”覆盖范围，全市20.8万建档立卡贫困人口全部参保。全年贫困人口发生门诊、住院政策内费用6.66亿元，报销5.99亿元，报销比例达到90%，惠及贫困人口186万人次。2019年全市公立医疗机构带量集中采购中选药品226.5万盒，完成约定采购量102.57%，节约医保资金5692万元；非公立医疗机构采购药品11.6万盒，占总约定采购量30.77%，节约资金563万元。加强医保基金监管，完成国家级、省级飞检任务10次，组织市级飞检2批次。2019年全市查处医保基金欺诈骗保案件97件，其中，国家、省级33例，市本级64例；涉及医保基金2271.14万元，其中，国家、省级970.33万元，市本级1300.81万元；解除医保协议10家，暂定协议25家，移交公

【医保政策】 根据医保基金结余情况，落实和调整医疗保障相关政策；坚持“全民覆盖、保障适度”原则，稳步提升人民群众医疗保障水平。开展生育保险、职工基本医疗保险合并，发挥医保基金共济作用，解决二胎政策放开后，生育保险入不敷出问题。调整城乡居民大病保险政策，大病保险起付线市区由2.2万元下调至1.34万元、县（市）由1.5万元下调

2019年3月31日，市医疗保障局举行“打击欺诈骗保 维护基金安全”集中宣传月活动启动仪式

至1.34万元，最低报销比例由50%提高到60%，有效减轻群众就医负担。建立城乡居民高血压、糖尿病门诊用药保障机制，门诊用药不设起付线，报销比例为50%，高血压、糖尿病每人每年最高报销金额分别为225元和375元，全市医保基金增加支出3亿元，受益患者171万人。实行城乡居民恶性肿瘤、白血病、慢性肾衰竭等7种门诊特殊病零门槛报销，惠及特殊病参保居民4万余名，节约参保群众医疗费用878万元。实施医疗保障精准扶贫，将建档立卡贫困人口全部纳入基本医保、大病保险、医疗救助"三重保障"覆盖范围，全市20.8万建档立卡贫困人口全部参保，实现"应保尽保"，并做到市域"一站式结算"；贫困人口大病保险支付比例提高5个百分点，全面取消大病保险封顶线；落实建档立卡贫困人口慢性病每月认定制度，2019年全市认定慢性病患者10058人；全年贫困人口发生门诊、住院政策内费用6.66亿元，报销5.99亿元，报销比例达到90%，惠及贫困人口186万人次。

【药品集中采购】 7月1日起，全市25种药品（群众常用药和慢性病用药）执行带量集中采购中选价格。至2019年底，全市公立医疗机构采购中选药品226.5万盒，完成约定采购量102.57%，与2018年同种药品最低采购价比较，药价平均下降52%，最高下降幅度达96%。其中，治疗肺癌用药吉非替尼由2360元下降至547元，降幅77%；经测算，25种中选药品节约医保资金5692万元。开展带量采购扩面工作，将91家非公立医疗机构全部纳入药品集中带量采购序列，约定采购药品24个品种、37.7万盒；至2019年底，全市非公立医疗机构采购药品11.6万盒，占总约定采购量30.77%，节约资金563万元。

【异地就医】 引进京津优质医疗资源，落实《京津冀医疗保障协同发展合作协议》。自7月1日、8月28日起，天津市3家医疗机构、北京市15家医疗机构分别列入石家庄市医疗保障定点医疗机构，执行省属三级医疗机构住院待遇政策，实现京津石三地异地就医。调整跨省异地就医转院政策，全市参保在职职工起付线下调300元，支付比例提高4%；居民起付线下调1500元，支付比例提高15%，全市参保群众享受到京津冀协同发展带来的医保红利。开通异地就医网上备案平台，取消需要提交个人申请、暂住证、转诊转院等材料手续，改变原来须在工作日到经办大厅办理备案要求，全市实现所有参保人凭身份证号、全天候网上即时备案；全年市本级网上备案率达到83%。

（宋绍龙　贾婧）

民族宗教事务

【概况】 2019年，全市共有少数民族49个（无门巴族、塔吉克族、塔塔尔族、德昂族、保安族、乌孜别克族），少数民族人口116657人，占全市总人口1.18%；少数民族人口较2018年增加2190人，同比增长1.91%。少数民族人口中，回族人口最多，其次是满族，第三为蒙古族。2019年全市少数民族人口超万人县（市、区）有6个，分别是：桥西区、无极县、长安区、裕华区、新华区、藁城区；拥有3个民族乡，即藁城区九门回族乡、无极县高头回族乡、新乐市彭家庄回族乡；17个民族村，分别分布在无极县（6个）、藁城区（3个）、新乐市（3个）、正定县（5个）。2019年石家庄市有佛教、道教、伊斯兰教、天主教、基督教5种宗教。至2019年底，全市有宗教活动场所529处、宗教教职人员744名（含基督教传道员）；信教群众43.76万人，占全市常住人口4.21%（参见《石家庄年鉴2020》类目"市情概览"下分目"民族·宗教"）。全年争取中央、河北省少数民族发展专项资金258万元，市本级下达少数民族发展资金343万元，年度资金拨付率100%。推进民族团结进步创建活动，编印《民族政策法规选编》、民族工作折页，开展《河北省少数民族权益保障条例》等民族政策法规贯彻落实专项检查。举办民族宗教政策法规学习会，100%落实少数民族民生保障政策，完善民族宗教县、乡、村三级网格体系。9月2日，河北省第十个民族团结进步宣传月活动启动仪式在河北师范大学附属民族学院举行。9月27日，中共新乐市彭家庄回族乡委员会、无极县人大常委会民族委员会副主任底志勇（回族）分别获评全国民族团结进步模范集体和模范个人。

【发展少数民族经济】 创新推进民族团结进步事业发展，4月4日，市政府办公室印发市民族事务委员会（简称市民委）委员单位名单及职责。以项目建设为重点，增强少数民族经济发展动力。全年争取中央、河北省少数民族发展专项资金258万元，市本级下达少数民族发展资金343万元，年度资金拨付率100%。12月28日，市九门回族乡现场办公会暨市民委委员单位全体会议举行；听取藁城区九门回族乡特色产业发展、民生事业改善等情况汇报，确定涉及八大类20个项目6.7亿元投资和帮扶政策措施。规范资金管理，建立少数民族发展资金项目月督查制度；提高资金利用效率，开展少数民族发展资金专项审计。突出项目建设在推进少数民族经济发展上的作用，设立少数民族发展资金项目库。

【宗教事务管理】 落实各级党委宗教事务管理主体责任及“三学三纳入”制度和宗教工作“三项制度”。夯实基层宗教工作力量，在全市各乡镇（街道）配备宗教专职干部271名，做到人员、编制、职责“三到位”。重视宗教教职人员管理，制定出台《关于对全市性宗教团体及其负责人年度述职考评方案（试行）》《石家庄市基督教传道员认定办法》等。2019年4月，举办全市五大宗教团体年度述职报告会及深化宗教治理工作会议。规范宗教场所管理和行政审批手续，抵制境外宗教渗透，监控非法教会活动。宣传法律法规和儒家文化，在宗教活动场所悬挂张贴宪法、社会主义核心价值观、中国优秀传统文化等展牌，为宗教活动场所购置《习近平新时代中国特色社会主义思想学习纲要》《推进国家治理体系和治理能力现代化若干重大问题决定辅导读本》等图书3000册。

（赵琳）

退役军人事务

【概况】 2019年，全市退役军人事务主要围绕退役军人就业创业、接收安置、抚恤优抚、双拥共建等工作，以服务退役军人为重点，将党和国家对退役军人的关心关爱传递到每个人。5月14日，省委常委、市委书记邢国辉主持召开市委退役军人事务工作领导小组第一次全体会议，传达学习中央和省委有关会议精神，审议通过《市委退役军人事务工作领导小组工作规则》《市委退役军人事务工作领导小组办公室工作细则》《市委退役军人事务工作领导小组2019年工作要点》《关于规范提升全市退役军人“两站两中心”建设水平的实施意见》《石家庄市退役军人工作考核评价办法（试行）》等文件。至2019年底，全市建成县乡退役军人服务中心（站）292个、村级退役军人服务站4655个；乡级以上退役军人服务中心（站）核定事业编制928名，全市“两站两中心”拥有工作人员10813人。支持退役军人就业创业，全年

2019年1月25日，石家庄市优秀退役军人和退役军人管理服务工作先进单位先进个人表彰大会在市人民会堂举行

2645名退役军人在“石家庄市退役军人就业创业管理服务平台”实现信息入库和选定就业创业意向，分期培训退役军人2267名，指导就业创业2167人次；开发公益岗位，为796名生活困难下岗失业退役军人提供就业。做好退役军人安置，2019年全市接收军队退休干部（士官）211人，其中市本级199人；接收军队转业干部（简称军转干部）247人，其中，行政团职干部17人，营职以下及专业技术干部230人。2019年全市军转干部安置分配到行政（含政法）单位215人，占总人数87.0%；参公单位24人，占总人数9.7%；全额事业单位5人，占总人数2.0%；3人自愿到中直科研机构（企业）安置，占总人数1.2%。对应安置随调配偶10人。2019年全市接收符合政府安排工作条件退役士兵925人，其中，12年以上退役士官834人，符合2011年安置政策改革前安排工作条件退役士官91人；分配安置事业单位669人、国有企业237人，自愿放弃安排工作待遇19人，事业单位安置率72.3%。帮助企业军转干部解困，为5238人发放生活困难补助资金9900余万元。2019年石家庄市3人获评全国模范退役军人，9人获评河北省优秀退役军人，4人获评河北省退役军人管理服务工作先进个人。

【机构调整】 经市委机构编制委员会办公室批准，2019年6月，在市退役军人事务局组建成立市退役军人事务工作领导小组办公室秘书处；2019年7月，经市委机构编制委员会办公室研究并报省委机构编制委员会办公室批准，同意设立市退役军人信息中心，为市退役军人事务局所属事业单位，公益一类，规格正科级，经费形式为财政性资金基本保障；2019年8月，市解放石家庄纪念碑管理处划转至市退役军人事务局；2019年9月，双拥工作职能从拥军优抚和褒扬纪念处分离，组建成立双拥工作处。10月22日，市军供站在新址挂牌；地址为市区中华南大街原市供电公司院落，毗邻石家庄站；占地面积20余亩，建筑面积1万余平方米，满足部队单次1500人、全天8000人及200人住宿、700人集结的国家一级站、全国重点站保障要求。至2019年底，市退役军人事务局内设处室12个，管理下属单位14个。

【退役军人就业创业】 以“平台、基地、政策、协会”为支撑点，研发成功“石家庄市退役军人就业创业管理服务平台”，开展网上全链条指导服务，提供11类培训专业和3158个就业需求岗位。2019年度全市2645名退役军人全部在平台实现信息入库和选定就业创业意向。建立教育培训基地62个，培训人员1240人；建立实习实训基地65个，实习实训212人；建立就业基地141个，吸纳就业1933人；建立创业孵化基地29个、返乡创业园6个，指导带动272名退役军人走上创业之路。首届退役军人就业招聘会。11月20日，由市退役军人事务局主办，市退役军人服务中心、市自主择业军转干部管理中心、市退役军人就业创业促进会承办的石家庄市首届退役军人就业招聘会在解放广场举行。招聘对象：全市退役的自主就业士兵、自主择业干部和复员干部。招聘会现场除设置招聘企业展位外，还提供就业政策宣传咨询、就业创业指导、法律咨询、金融贷款等服务。100多家用人单位参会，提供岗位5000多个，涵盖网络科技、通讯、医药、交通、建筑、汽修、物流、金融服务、健身教练、安全保卫等30多个行业。月薪普遍在4000～10000元左右，享受“五险一金”。吸引6000多名退役军人入场应聘，2200多人达成初步就业意向。招聘会上，市退役军人事务局与河北经济管理学校、石家庄科技工程职业学院、河北华讯科技有限公司3家单位签订《退役军人教育培训就业创业战略合作协议》。孵化基地补贴。对象主要为向当年度退役军人初次创业提供低成本、便利化、多要素创业服务的创业孵化基地，按照符合条件人员入驻项目给予最长不超过3年的房租物业水电费补贴。市县两级组建310人导师团队，分期分类为2267名退役军人举行适应性培训。出台“18条措施”，将高校毕业生部分优惠政策引用到退役军人群体。2019年全市享受吸纳就业补贴、创业实训补贴、推荐就业见习补贴企业120多家，享受创业孵化补贴退役军人53名，享受创业担保贷款退役军人12名。组建市县两级就业创业促进会，入会企业600家，吸纳就业812人，承办招聘会或推介会21场，提供岗位3000多个，指导就业创业2167人次。

【退役军人接收安置】 军队退休干部（士官）接收。全年接收军队退休干部（士官）211人，其中市本级199人，均做到移交部队、地方政府、退休干部本人三方满意。落实

“两个待遇”，组织军队退休干部（简称军休干部）参加思想教育学习和召开组织生活会议，依规调整军休干部基本离退休费和有关补助补贴，将党和国家对军休干部的关怀及时传递到每个人。军队转业干部接收安置。2019年全市接收军队转业干部247人，其中，行政团职干部17人，营职以下及专业技术干部230人，全部由市委组织部妥善安置，符合任职条件的团职军转干部均按政策落实职务。2019年全市军转干部安置分配到行政（含政法）单位215人，占总人数87.0%；参公单位24人，占总人数9.7%；全额事业单位5人，占总人数2.0%；3人自愿到中直科研机构（企业）安置，占总人数1.2%。对应安置随调配偶10人。军转干部安置主要做法：发挥党政机关接收安置军转干部主渠道作用，市委常委所在部门带头接收军转干部；不在差额和自收自支事业单位安排军转干部；非本人自愿，不在企业安置军转干部。2019年全市接收自主择业军转干部278名。全年为3200余名自主择业军队转业干部发放退役金3.37亿元。退役士兵接收安置。2019年全市接收符合政府安排工作条件退役士兵925人，其中，12年以上退役士官834人，符合2011年安置政策改革前安排工作条件退役士官91人；分配安置事业单位669人、国有企业237人，自愿放弃安排工作待遇19人，事业单位安置率72.3%。全年为自主就业退役士兵审批拨付2019年省级财政补助资金4608万元，拨付市级财政补助资金3880万元；为自谋职业退役士兵审批拨付省级财政补助资金335万元，拨付市级财政补助资金293万元。2019年全市退役军人安置实行安置政策、安置计划、安置办法、考试考核成绩、安置结果“五公开”，全程接受纪检监察、社会和退役军人监督，做到了安置工作阳光运行；行政团职军转干部按照档案量化考核分数公开排序选岗，营职以下及专业技术干部按照考试与考核相结合的办法安置；军转干部81.1%实现第一志愿填报单位安置，8.8%实现第二志愿填报单位安置，7%实现第三志愿填报单位安置，另有3.1%无法实现个人志愿，由市退役军人事务局作指令性安置；退役士兵安置采取举办公开选岗大会、积分排序、按序选岗方式，优先安置服役时间长、贡献大的退役士兵，公开选岗大会全程录像、公证处公证留痕存据，杜绝“暗箱操作”。

【抚恤优抚】 2019年全市享受抚恤补助优抚对象80082人，其中，伤残人员6129人，“三属”（烈士遗属、因公牺牲军人遗属、病故军人遗属）1180人，在乡复员军人1324人，带病回乡退伍军人2214人，参战参试退役人员7426人，60周岁以上农村籍退役士兵57646人，烈士老年子女（含建国前错杀后被平反人员）4162人，铀矿开采退役人员1人。2019年全市发放退役军人抚恤优抚资金5.58亿元，市县两级设立关爱退役军人基金会22个，注入启动资金1.15亿元。根据省退役军人事务厅、省委组织部、省财政厅通知，从2019年8月1日起，全市提高部分退役军人和其他优抚对象抚恤补助标准。具体政策为：伤残人员(残疾军人、伤残人民警察、伤残国家机关工作人员、伤残民兵民工)残疾抚恤金标准、“三属”(烈士遗属、因公牺牲军人遗属、病故军人遗属)定期抚恤金标准生活补助标准在2018年基础上提高10%，残疾抚恤金每人每年提高5010~760元不等，“三属”定期抚恤金每人每年提高2540~2060元不等，在乡老复员军人生活补助标准在现行基础上每人每月提高200元，带病回乡退伍军人和参战参试退役军人生活补助标准每人每月提高50元，烈士老年子女（含建国前错杀后被平反人员）生活补助标准每人每月提高50元，60周岁农村籍老义务兵每服一年义务兵役每月增加补助5元，达到每月40元。根据省发展改革委等六部门通知要求，启动社会救助和保障标准与物价上涨挂钩联动机制，为全市享受抚恤补助优抚对象发放价格临时补贴资金4300多万元。2019年全市向新中国成立前参加革命工作、健在的老战士老同志，新中国成立后获得国家级表彰奖励及以上荣誉并健在的人员，新中国成立后因参战荣立一等功以上奖励并健在的退役军人颁发中华人民共和国成立70周年纪念章1215枚。组织和安排17期、680余名优抚对象接受短期疗养。至2019年底，全市共有光荣院16个、市级烈士纪念设施15处、优抚医院2个。16个光荣院分别为：晋州市光荣院、藁城区光荣院、新乐市光荣院、鹿泉区光荣院、井陉县光荣院、栾城区光荣院、正定县光荣院（2019年新划转）、深泽县光荣院、无极县烈属光荣院、行唐县光荣院、灵寿县光荣院、平山县光荣院、赵县光荣院、高邑县光荣院、元氏县光荣院、赞皇县光荣院。15处市级烈士纪念设施分别为：石家庄解放纪念碑管理处（2019年新划转）、石家庄市藁城区烈士陵园、闫庄烈士陵园、周建屏烈士陵园、晋州市烈士陵园、杨岭梅烈士纪念设施、深泽县烈士陵园、李混子烈士纪念亭、石家庄市鹿泉区烈士陵园、石家庄市栾城区烈士陵园、元氏烈士陵园、井陉县革命烈士陵园、上南庄烈士陵园、无极县革命烈士陵园管理处、赵县六市庄烈士墓园；2个优抚医院分别为：石家庄市优抚医院、无极县优抚医院。

【双拥共建】 加强双拥工作领导，调整市双拥工作领导小组。2019年9月，市退役军人事务局组建成立双拥工作处，实行军地合署办公。至2019年末，全市乡镇（街道）、村（居）及企事业单位普遍成立拥军优属服务组织，形成党政军三位一体、群团组织广泛参与、全方位覆盖的组织领导体系。完善《双拥工作领导小组规则》《年度双拥工作要点》等文件，建立健全党委议军会、军地领导联席会、双拥工作领导小组会等会议制度，形成机构常设、工作常议、活动常抓的工作格局。重视双拥宣传阵地建设，全市建立省级国防教育基地20个、市级国防教育基地33个，打造退役军人主题公园和双拥主题公园，制作“八一军旗红”等双拥网络专题宣传片。依托市县乡村四级退役军人服务中心（站），开展听老兵讲故事、书画进军营等活动，创排制作《子弟兵的母亲》《安娥》等双拥文化作品。全年走访退役军人和优抚对象40余万人，慰问驻石部队124次，发放慰问金和慰问品1664万元；发放优待证、悬挂光荣牌38万个；为1917名现役军人家庭送达立功喜报，发放一次性奖励金349万元。9月4~5日，石家庄市组建慰问团，专程赴青岛慰问海军石家庄舰官兵。2019年全市27个国办A级旅游景点全部向军人、退役军人免费开放，公共服务场所开设优先通道和优先窗口4000多个。开展“双拥模范城（县）双拥工作先进单位和先进个人”“优秀退役军人”“最美双拥人物”“最美军嫂”等评选活动，吕保民、姬建辉、王殿明3人获评全国模范退役军人，吕保民、姬建辉、王殿明、许国栋、郑永亮、张胜青、王永辉、智艳英（女）、陈建权9人获评河北省优秀退役军人，王卫利、李锁云、付红瑜（女）、张兴晔4人获评河北省退役军人管理服务工作先进个人。保护军事设施，将军事设施建设列入城乡建设整体规划统筹考虑；出台《关于支持深化国防和军队改革的实施意见》，在城乡道路建设、供水、供电、供暖等方面为部队提供优先服务，妥善解决河北省军区、空军飞行学院、980医院等单位交通难、用气难、审批难问题。推进科技拥军、法律拥军、公共服务拥军，设立军民融合科技创新专项资金，促进军民技术双向转移转化应用；建立军人军属法律援助工作站22个，覆盖率100%，发挥“12348”服务热线作用，办理军人军属法律援助案件40余件；全市在民航、铁路、银行、医院等公共服务场所设置军人优先窗口、优先服务通道4190个，全社会形成“尊崇军人职业”的浓厚氛围。驻石部队支持和服务地方经济社会建设，在重点工程、抢险救灾、脱贫攻坚等重大任务中勇于担当、主动作为。制定出台《关于组织发动驻石部队官兵和广大民兵参与省会打赢脱贫攻坚战的意见》，组织驻石部队定点帮扶行唐县九口子乡上庄村等15个贫困村，累计投入资金3000余万元，开发扶贫项目69个、特色产业15个，整修道路30余千米；驻石部队定点帮扶15个贫困村全部脱贫出列。白求恩国际和平医院、260医院、256医院、武警总队医院等单位组织专家，多次深入乡村开展义诊和送医送药活动。2019年驻石部队为石家庄建设投入兵力2万余人、机械车辆1200余台次，主要参加全国文明城市、国家卫生城市、铁路穿城入地工程等20余项重点任务，其中，滹沱河防护林带、山前大道等绿化植树15万棵，绿化荒山1300余亩。

（米思）

民 政

【概况】 2019年，全市民政工作以保障和改善民生为重点，贯彻落实机构改革要求，突出做好民生服务、社会组织管理、特困供养、慈善募捐、养老服务、区划地名等社会事务管理工作。机构编制调整。2019年1月，按照《石家庄市民政局职能配置、内设机构和人员编制规定》（石办字〔2019〕33号）的通知要求，市民政局内设处室13个，分别为：办公室（安全生产监督管理处）、政策法规处、规划财务处、社会组织处、社会救助处、社区工作办公室（基层政权处）、区划地名处、社会事务处、养老服务处、儿童福利处、慈善事业和社会工作处、人事处、直属单位党委（机关纪委）。机关行政编制57名，科级领导职数20名。其中，正科级13名，副科级7名。设置局属事业单位8个，分别为：市社会福利院、市殡葬管理处、市救助管理站、市福利彩票发行中心、市民政综合执法大队、市养老服务指导中心、聋儿语言听力康复中心、市胶印厂。加强城乡基层政权建设，至2019年末，长安区、桥西区、新华区、裕华区、高新区设立居委会515个，选举产生居委会成员3382个；开展村（居）委会换届选举"回头看"活动，排查梳理村（居）委会换届结束后部分村街出现信访问题。2019年全市办理国内结婚登记58990对，离婚登记26910对，补发婚姻登记证书1.65万对；办理涉外结婚登记209对，离婚登记16对，补发婚姻登记证书12对；办理收养登记41件，解除收养登记2件；火化遗体42866具，火化率78.1%。社会救助。2019年全市共有低保对象14.7万人，其中，城市低保对象1.2万人，农村低保对象13.5万人；全年发放低保资金43790.6万元，其中，城市低保10384.4万元，农村低保33406.2万元。2019年全市临时救助1.02万人次，支出资金2713.1万元；救助流浪乞讨人员27822人次(含未成年人)；采取人像比对、DNA比对、发布寻亲信息等形式，为1175人提供寻亲服务，寻亲返乡成功592人，寻亲成功率达50.38%；安置长期滞留人员199人。2019年全市提供孤儿基本生活保障2286人(含无身份信息孤儿34人)。其中，有身份信息孤儿集中养育535人，保障标准1450元/月；社会散居孤儿1717人，保障标准950元/月，发放保障资金3156.4万元。慈善捐赠。2019年市慈善总会接受社会捐赠款物总价值282.17万元，其中，接受善款197.27万元（冠名捐款195.05万元、社会捐款2.22万元），接收物资价值84.9万元；2019年全市累计发放救助款物391.5万元，其中，发放救助金284.7万元，发放救助物资价值106.8万元，惠及困难群体3.01万人次。养老服务。全年新增养老机构25家、床位0.87万张，其中市内8区新增床位3972张；至2019年底，全市共有养老机构234家，床位3.97万张，建成750平方米以上综合居家养老服务中心124个、标准化居家养老服务中心242家、小微型嵌入式社区照护中心12家，基本构建起以居家为基础、社区为依托、机构为补充、医养相结合的养老服务体系。特困供养。2019年全市救助特困对象19069人，其中，城市特困对象300人，农村特困对象18769人；全年发放特困人员供养金13208.8万元，其中，城市特困人员发放供养金1286.8万元，农村特困人员发放供养金11922.0万元。区划地名。2019年市民政部门命名大型建筑物29个、更名大型建筑物1个，命名居民区186个、更名居民区1个，命名街路41条、更名街路2条，设置街路标志227块。至2019年12月31日，石家庄市（含辛集市）福利彩票销售9.2亿元，其中，电脑票销售5.62亿元，即开票销售5863万元，中福在线销售2.95亿元。2019年赵振国获评全国民政系统先进工作者。

【社会救助】 城乡最低生活保障。自2019年1月1日起，全市城乡最低生活保障标准调整。其中，城市低保标准调整为每人每月671元，农村低保标准调整为每人每年4842元。至2019年底，全市共有低保对象14.7万人，其中，城市低保对象1.2万人，农村低保对象13.5万人（参见《石家庄年鉴2020》"社会生活"下"社会保障"）。全年发放低保资金43790.6万元，其中，城市低保10384.4万元，农村低保33406.2万元。临时救助。全年临时救助1.02万人次，支出资金2713.1万元。建立健全乡镇（街道）"一门受理、协同办理"工作机制，完善急难求助"首问负责制""转介"工作制度，明确部门职责及分办、转办流程和办理时限，保障城乡困难群众"求助有门、受助及时"；向乡镇（街道）下放小额救助审批权限，确保急难型临时救助对象"先行救助"。特困供养。2019年1月1日起，全市特困人员救助供养标准调整。其中，城市特困供养标准调整为每人每年不低于10467元，农村特困供养标准调整为每人每年不低于6294元。至2019年底，全市共有特困对象19069人，其中，城市特困对象300人，农村特困对象18769人；全年发放特困人员供养金13208.8万元，其中，城市特困人员发放供养金1286.8万元，农村特困人员发放供养金11922.0万元。

流浪乞讨人员救助。建立市、县两级生活无着落流浪乞讨人员救助管理工作联席会议制度。全年救助流浪乞讨人员27822人次(含未成年人)，采取人像比对、DNA比对、发布寻亲信息等形式，为1175人提供寻亲服务，寻亲返乡成功592人，寻亲成功率达50.38%。妥善安置长期滞留人员199人。1月27日，省委书记、省人大常委会主任王东峰到石家庄市救助管理站看望慰问未成年人。

【慈善捐赠】 2019年市慈善总会接受社会捐赠款物总价值282.17万元，其中，接受善款197.27万元（冠名捐款195.05万元、社会捐款2.22万元），接受物资价值84.9万元；2019年全市累计发放救助款物391.5万元，其中，发放救助金284.7万元，发放救助物资价值106.8万元，惠及困难群体3.01万人次。福彩公益活动。2019年7月，举办第十九届“福彩献真情，爱心助学子”活动，投入资金300.8万元，资助符合条件考生376名，每人8000元。联合市第四十二中学创办高中“福彩助学班”，投入福彩公益金60万元，资助学生100名，每人每年资助6000元。联合市第三十八中学，投入福彩公益金60万元，资助书法专业贫困学生100名，每人每年学费及生活费6000元。福利彩票销售。至2019年12月31日，石家庄市（含辛集市）福利彩票销售9.2亿元，其中，电脑票销售5.62亿元，即开票销售5863万元，中福在线销售2.95亿元。

【社会事务管理】 婚姻登记。2019年全市共有婚姻登记机关22处，桥西区婚姻登记机关负责办理涉外婚姻登记。规范婚姻登记，推进婚姻登记数据交换和联网审查常态化，实现部门婚姻登记信息数据共享。2019年全市办理国内结婚登记58990对，离婚登记26910对，补发婚姻登记证书1.65万对；办理涉外结婚登记209对，离婚登记16对，补发婚姻登记证书12对。殡葬管理。建立殡葬管理工作联席会议制度。推进节地生态安葬，市民政局、市文明办、市公安局等9部门联合印发《石家庄市文明祭祀管理暂行办法》。举办骨灰撒海活动，全年举行骨灰集中撒海活动2期，151名逝者骨灰撒发大海。2019年全市火化遗体42866具，火化率78.1%。社会工作服务。至2019年底，全市共有社会工作服务机构47家，持证专业社会工作者1889人，其中，中级社会工作者618人，初级社会工作者1271人。全年石家庄市在中国志愿服务网注册志愿者801097人（与市文明办志愿者数据统计口径不同）。支持主城区社会工作服务机构和人才发展，向市内4区下拨资金400余万元，用于购买社会工作服务；在赞皇县、平山县、灵寿县、行唐县、井陉县设立困境、留守儿童社会工作服务站，提供服务5.5万余人次。举办社会工作者教育培训3期，参加培训人员400余人次。社会组织管理。至2019年底，全市共有社会组织4108个，同比增加619个。其中，社会团体1264个，增加205个；民办非企业单位2844个，增加414个。严格社会组织登记管理，开展打击整治非法社会组织专项行动和违法违规社会组织清理整顿，取缔非法社会组织1起，限期（责令）停止活动1起，撤销登记（含吊销登记证书）9起，给予警告27起。

链接

民办非企业单位是指企业事业单位、社会团体和其他社会力量以及公民个人，利用非国有资产举办的从事非营利性社会服务活动的社会组织。如各类民办学校、医院、文艺团体、科研院所、体育场馆、职业培训中心、福利院、人才交流中心等。

【养老服务】 至2019年底，全市共有养老机构234家，床位3.97万张，建成750平方米以上综合居家养老服务中心124个、标准化居家养老服务中心242家、小微型嵌入式社区照护中心12家，基本构建起以居家为基础、社区为依托、机构为补充、医养相结合的养老服务体系。市内8区（主城区4区、高新区及藁城区、鹿泉区、栾城区）新增床位3972张。实施社区和居家养老服务提升工程，启动城中村改造后养老院缺失问题；6家特困供养机构改造提升、14家居家养老服务中心新改扩建任务完成。6月6日，省委书记、省人大常委会主任王东峰到石家庄市桥西区振头街道综合居家养老服务中心、新华区问道康养社区调研养老服务。7月2日，以“健康 智慧 创新 颐养”为主题的2019石家庄市社区医养结合创新发展论坛在石家庄市举行。

【区划地名】 全年联检联查市界1条、县（市、区）行政区域界线11条，设置村庄地名标志1347个，设置街路标志227块，维护修正因自然原因或其他外力致使街路标志歪斜520余处。2019年市民政部门命名、更名大型建筑物30个。其中，命名大型建筑物29个，分别是:润江星悦广场、嘉之汇商务中心（西区）、盈大商务大厦、新锐中心、乐宸大厦、爱普大厦、润都时代广场、恩泰金荷广场（6栋楼）、德园广场、林荫商务广场、龙鼎天悦大厦、华业大厦、融裕大厦、鑫紫利大厦、东盛实业商厦、翰林大厦、中桐广场、恒印广场、嘉之汇商务中心（东区）、天力广场、紫晶悦和中心（南区）、恩泰金荷广场（1~17号商业楼）、旭东广场、碧水源广场、悦麓商业广场（1栋楼）、北辰广场、昆仑大厦、中房联合广场、融创商务中心（2、3号楼）。 更名大型建筑物1个，世茂大厦更名为恒佑大厦。2019年市民政部门命名、更名居民区187个。其中，命名居民区186个，分别是：天下锦程花苑（2栋楼）、天颐佳苑、高远森霖城（二区1~6号楼）、儒林雅居、天山御熙园（5号住宅楼，4号、15~19号商业配套楼）、鹿景园、利航棠樾府、保利堂悦小区（东区）、天山依澜小区（8、9、10、11号住宅楼）、远联华府、润江兴华府、安联生态城（承天府）、融智园、融慧园、玖珑福邸（5栋住宅楼）、尚学苑、华誉美璟苑、致诚苑、德贤华府、磊阳湖畔小区（8栋楼）、翡翠书院小区（一区）、新礼华府（一区）、新礼华府（二区）、臻园（3~6号、12~18号、21、22号住宅楼）、厚德玉石雅园、尚宾城（二区）、万德华府、时光印象小区（西区）、和悦小区、茂润海棠苑、天河金明郡（15~22号、26~29号住宅楼）、御灏府（6~11号住宅楼、17号商业楼）、融旭园、融信园、恒山天泽丰园、永威枫林苑、华融府、知敬苑、陶龙家园（南区）、陶龙家园（北区）、肖家营弘金府、常春藤小区（南区9~16号楼）、玖筑翰府、和光尘樾院、春熙雅园（2、3、5、6、7号住宅楼）、塔坛新村、瀚正御璟苑（12~19号、21号住宅楼）、润江昆仑府（1~3号住宅楼、4号综合楼、5~6号住宅楼）、悦庭雅苑、军城雅郡、正基九宸小区（1、4、7、8号住宅楼）、东华国樾府、天华苑、锦悦桦庭（1~4号楼）、大郭阳光苑、鑫紫利佳苑、翰林云璟园、兰园、聚和苑、万科润德园（一区）、万科润德园（二区）、润雨佳苑、永邦天汇小区（1、6、7、8、11、12、13号楼）、金科集美郡、正顺府、花溪畔小区、东胜珑悦园、正基九宸小区（2号楼、9~10号楼、14号楼）、融祥园（东区、西区）、融栾华府、海蓝和光小区、西三庄新村（北区：11、12、13号住宅楼）、西三庄新村（西区：1~6、15号住宅楼）、众美紫荆园、玖珑福邸（7、9、11、16、17号住宅楼，1、2、3、6号商业楼）、金地风华府、名雅园、筑业佳苑（4、5号住宅楼）、阳和府、万橡府、锐拓奥园（一号院）、胜北街道办事处宿舍（1号楼）、西仰陵新村（2~12号楼）、西美五洲天地小区南区（1~11、13、17~19、21号楼）、润熙府（9、10号住宅楼，4号配套楼）、嘉御府、和风紫竹苑、正基九宸小区（3号楼、6号楼、13号楼）、悦麓兰庭、长乐府（东区、西区）、锦林苑、臻悦府、东焦博雅苑（东院、西院）、钰畔家园（1栋住宅楼）、润熙府（1~3号、5~8号、11~13号住宅楼）、亚润花园、云樾风华园（1~9号住宅楼、20号综合楼）、万科未来之光小区（南区：2、6~7、12~13、17~18号住宅楼）、建和园（1~7号住宅楼、15号办公楼）、瑞祥华府、海山湖景苑（8栋住宅楼）、天海容域园（1~11号住宅楼、12号综合楼）、熙岸小区、春风颂小区（11栋住宅楼）、滨河小区（颐安苑2号楼1单元、2单元）、滨河小区（颐安苑：2号楼3单元、4单元，3号楼）、北辰佳园、柏林庄北院、柏林庄中院、柏林庄南院、金地欣悦府、雅颂华府、福祥苑、贾村臻瑜园、贾村臻熙园、军新家园、丽湾御园（二十五栋楼）、卓越府、东创观澜上院、都市怡景小区（1~9号楼、10~11号楼）、茗香园、乐城苑（东区6栋楼）、监狱干警宿舍（东区9、10栋楼）、义堂新村（西丰园）、义堂新村（南泰园）、义堂新村（西青园）、碧景园（13栋楼）、博雅庄园（9、10号楼）、金华小区（14~19号楼）、东方名邸（3栋楼）、方向盘厂宿舍（1号楼）、锦融尚御名邸（1~8号楼、40~45号楼）、新书茗苑、同泰园、众腾嘉苑、钰畔家园（1栋综合楼）、慧康家园（1~11号楼）、悦心园、唐宫原著名邸（12、13号楼）、亨伦观唐名邸、万科未来之光小区（南区：1、3~5、8~11、14~16、19号住宅楼）、东三教百丰园、东三教百盛园、振新巷2号院、欣园、汇和苑、工农路214号院、华城绿洲（北区）、振岗路108号院（1号楼）、福利院宿舍（1、2号楼）、双龙苑、石桥润泽园、振新家园（3~10号楼）、福青怡园、臻石翠园、福地新园、化工九厂宿舍、广平街18号院（1号楼）、汇清苑、荣尚苑（一区）、荣尚苑（二区）、天伦锦城（一区）、天伦锦城（二区）、天伦锦城（三区）、天伦锦城（四区）、天伦锦城（五区）、天伦锦城（六区）、西美雅园、瑞桥家园、和润苑（3、4号楼）、西三庄新村（北区：14号住宅楼）、西三庄新村（中区：1~14、16~27号住宅楼）、宜居苑（1~7、10~12号住宅楼）、美丽佳苑、祥荣苑（1号商住楼、5号住宅楼）、虹光苑、监狱干警宿舍（西区）、荣兴华府、一机厂宿舍、源尚公寓、前太保小区、岳泰明珠苑、北焦华苑、石纺小区（51~57号楼）、广安小区（谈中园10号楼）、西焦花园（11号楼4、5单元）。更名居民区1个，四季百花郡更名为万科紫郡。2019年市民政部门命名、更名街路43条。其中，命名街路41条，分别是：燕宁街、庄窠街、方盛路、柏林路、于底路、富城路、富盛路、聚福路、富顺路、东科街、汇锦路、锦华路、和华街、航空大街、天苑路、泊水路、秀玉街、盛昌街、秋园街、陈章街、天同街、大剧院东街、大剧院西街、远翔街、南简良西街、建业街、泰福街、金水街、十里铺街、柏祥路、仓宁路、民中路、古井北路、振新巷、城角街、孔源街、金瑞街、颐贤路、绵河路、星光路、华茂街。更名街路2条，分别是：义堂路—吴家庄路—利民路—柏林南路统一更名为丰收西路，胜利大街等部分路段及铁路入地后相关规划道路统一更名为解放大街。

（王静）

应急管理

【概况】 2019年，市应急管理部门按照“边组建、边应急、边建设”原则，整合9个部门13项职能，明确自然灾害防救、救灾物资储备、安全生产准入等职责分工，调整市安全生产委员会、减灾委员会、防汛抗旱指挥部、抗震救灾指挥部、防震减灾工作联席会议等议事机构。印发《石家庄市机构改革期间事故灾害和突发事件信息报告暂行规定》《应急值守工作手册》，规范突发事件信息报送流程。建立市、县、乡镇三级安全生产包联责任制，明确安全生产责任。开展应急避难场所建设和管理调研，完成全市（含县级）避难场所分部、等级、面积、配套设施等统计及汇总，2019年全市建有各类避难场所148处，有效面积277.72万平方米。安全生产事故起数、死亡人数实现“双下降”，至2019年底，全市发生各类安全生产事故138起，死亡107人，同比分别下降0.72%、9.32%，其中，工矿商贸企业发生安全生产事故1起，死亡2人，同比分别下降83.33%、84.62%；全年未发生较大及以上安全生产事故。2019年全市发生一般程序道路交通事故492起，同比增加124起；死亡271人，同比增加81人；受伤308人，同比增加57人。全年接到安全生产举报案件30起，其中，27起举报案件按程序交办属地应急管理部门处理，3起由事故调查统计处核查处理；排查整改隐患9.2万余项，重大隐患6项，关闭取缔企业14家，停产整顿108家，约谈企业15家，联合惩戒失信企业57家，对28家问题突出单位在市级新闻媒体公开曝光。开展安全生产执法检查，全年检查企业7485家（次），立案2167起，经济处罚3200余万元，责令停产停业398家，暂扣证照22家，吊销证照20家。组织全市危险化学品、非煤矿山、医药、机械、建材、轻工、印刷、军工、商贸行业开展国家级、省级、市级三级安全文化建设示范企业创建活动，河北金隅鼎鑫水泥有限公司、石家庄良村热电有限公司2家企业被命名为2019年全国安全文化建设示范企业；至2019年12月底，石家庄市被命名为国家级、省级、市级三级安全文化建设示范企业55家，其中，国家级3家、省级24家、市级28家。2019年全市实名注册安全生产志愿者66097人。

【安全生产监管】 建立和完善安全生产包联机制及管理制度。印发《关于做好党政领导干部包联安全生产工作的通知》，明确16名市级党政领导包联21个县（市、区）及高新区、循环化工园区，县级党政领导包联乡镇（街道），乡级领导包联村居，做到安全生产包联责任全覆盖；确定218名县级领导包联危险化学品企业389家，实现高危险企业领导包联全覆盖。起草印发《市委市政府领导班子成员安全生产工作职责清单》，修订《负有安全生产监管（审批）部门权力清单和责任清单》等文件，制定《党政领导干部安全生产责任制实施办法》《石家庄市推进城市安全发展实施方案》，组织巡查23个市安全生产委员会（简称市安委会）成员单位开展安全生产情况，落实“管行业必须管安全、管业务必须管安全、管生产经营必须管安全”责任制度。安全生产专项整治。开展非煤矿山行业“打非治违”专项行动，组织市应急管理局、市自然资源和规划局、市公安局、市行政审批局、市供电公司召开非煤矿山“打非治违”专项行动安排部署会议，成立督导检查和行政执法组21个，派遣人员700余人次，检查企业100余家，发现问题400余项，罚款处理42万元。按照省应急管理厅《水库、河、湖周边尾矿库安全专项整治实施方案》（冀应急非煤〔2019〕3号）要求，全市组织开展水库、河、湖周边尾矿库安全专项整治，排查治理尾矿库坝体、排洪设施、运行管理、应急体系、监测监控等问题；经市、县、乡三级排查，全市6座尾矿库分布在水库、河、湖周边，其中，赞皇县5座、平山县1座，不存在重大隐患，存在一般隐患问题全部整改完毕。推动工商贸行业落实“双控”（风险分组管控、隐患排查治理）机制，编纂印发安全生产风险分级管控与隐患排查治理手册555套1587册；组织青岛啤酒（石家庄）有限公司、石家庄安瑞科气体机械有限公司举行“双控”机制建设试点现场会，各县（市、区）应急管理部门领导及企业人员170余人现场观摩实战状态下氨泄漏应急抢险和现场应急处置演练。开展冶金行业安全生产专项整治。按照省应急管理厅通知要求，经全市排查摸底，确定5个县7家企业纳入整治范围，并建立“一企一档”台账；组织6家企业40余名骨干人员到河钢集团石钢公司试点生产线参观学习“机械防护与能源隔离”经验。至2019年末，石家庄市在河钢集团石钢公司建立“机械防护和能源隔离”试点，在河北敬业集团建立“双控”机制建设试点，在宏森公司建立安全管理制度诊断试点，在河冶公司建立岗位作业安全标准化工作试点，形成以点带面、典型引领的企业安全生产做法。2019年全市冶金企业投入资金1700余万元，建立“机械防护和能源隔离”试点生产线19条；修订管理制度、操作规程504个；检测检验易燃易爆有毒有害区域73个；培训高危作业人员617人次；制定重大风险管控方案224个。安全生产监管。全年排查整改隐患9.2万余项，重大隐患6项，关闭取缔企业14家，停产整顿108家，约谈企业15家，联合惩戒失信企业57家，对28家问题突出单位在市级新闻媒体公开曝光。开展安全生产执法检查，全年检查企业7485家（次），立案2167起，经济处罚3200余万元，责令停产停业398家，暂扣证照22家，吊销证照20家。

【危险化学品管理】 建立危险化学品企业违规违法经营查处记名制度，依法依规取消被发现有违规违法行为经营户下年度经营资格。全年查处不符合国家、省、市和当地产业政策，无项目备案、规划用地、环境保护、安全生产等法定手续或手续不全，不具备安全生产条件，环保不达标、风险突出且不能有效管控的化工企业78家，全部依法依规“关停取缔”，占全省214家危险化学品企业36.4%。开展烟花爆竹“打非治违”专项检查行动，2018年10月～2019年底，全市应急管理部门、公安、市场监管等部门联合出动执法人员3322人次，检查烟花爆竹经营（批发）企业87家、零售网点721家；排查重点部位461处，发现隐患113处，整改隐患113处；查处烟花爆竹非法制贩3起、经营3起、储存54起，从业单位违规行为68起，处理违法人员584人；收缴非法烟花5987箱、爆竹40913.8万头、礼花弹1747枚、烟火药465.65千克、导火索10500米、炮捻600米。

【应急救援】 印发《石家庄市突发事件应急预案编制规划（2019～2020）》，明确市直部门、县（市、区）应急管理局突发事件应急预案编制要求和完成时限。收集整理资料，编印《应急预案管理工作法规政策汇编》。编制突发事件总体应急预案，建立和完善防汛抗旱、森林防火、地震、突发地质灾害、自然灾害救助、生产安全事故、危险化学品事故等各类专项应急预案63个，金属与非金属矿山、尾矿库、烟花爆竹生产安全事故应急预案印发执行。至2019年底，全市备案市直部门应急预案78份。开展教育、培训、练兵、比武等应急预案演练活动，全年组织应急演练952场次，其中，政府组织应急演练54场次，部门组织演练347场次，企业组织演练528场次，救护队组织演练23场次，投入演练费用530余万元，动用装备器材5800余台（件、套），直接参与人员5.8万余人。提升社会公众防灾避险意识和自救互救能力，在社区、学校、商场等人员密集场所举办疏散逃生、应急避险等群众性应急演练。开展危险化学品事故应急救援演习，动用装备30余台，参与演习200余人。制定印发

《全市救援队伍练兵活动实施方案》，选派 9 批 111 人次参加省应急管理厅救援队伍培训班，选拔中石化石家庄炼化分公司救援队、诚信救援队参加省应急管理厅举办的“首届全省应急救援队伍体能技能综合竞赛”活动，比赛设置项目 8 个，石家庄市代表队获得团体项目 2 个第一名、1 个第二名，个人项目获得 4 个第一名、1 个第二名的好成绩。

【防灾减灾】 2019 年全市共有地质灾害风险点 467 处，涉及西部 9 个县（区），其中，地质灾害高易区主要分布在西北部中低山区和西南部中低山区，隐患点 261 处，灾害面积 2469 平方千米（参见《石家庄年鉴 2020》“综合经济管理”下“自然资源管理”）。2019 年石家庄市域灵寿县、元氏县、赞皇县、平山县 4 个县 20 个乡镇 9. 59 万人不同程度受灾，农作物受灾面积 6127. 33 公顷，其中，绝收面积 5352. 31 公顷；倒塌房屋 2 间，严重损坏房屋 1 间，一般损坏房屋 13 间；因灾造成直接经济损失 3049. 93 万元，属灾情较轻年份。针对西部山区因地理位置因素，易产生洪涝、冰雹等自然灾害问题，造成农房倒损现象，全市探索推行农房保险。至2019 年底，全市西部山区及多灾易灾 11 个县（市、区）开展农房保险试点，参保农户 93. 69 万户，参保总额 781. 29 万元；2019 年保险公司受理农房保险案件 656 起，赔付资金 110. 68 万元。加强地震监测预报，做好地震前兆观测资料分析及报送，建立震情跟踪岗位责任制；提升地震观测质量，实施藁城区、栾城区地下流体观测井数字化改造，安装 ZKGD3000-NL 型地下流体监测系统和 ZKGD3000-M 型气象三要素自动监测系统；全年地震观测异常 2 起，分别为藁城梅花井 223 水位异常、栾城王家庄井 719 水位异常。冬春救助。2019 年全市下拨 2018 年冬季至 2019 年春季冬春生活救助资金 660 万元，救助因灾困难人员 44248 人，下发多灾易灾县棉被、棉褥、棉大衣、电取暖器等 2550 余件，价值 43. 2 万元。10月 12 日，市应急管理局、市财政局联合转发《河北省应急管理厅、河北省财政厅转发应急管理部财政部关于组织开展全国冬春救助工作切实保障受灾困难群众冬春期间基本生活的通知》。经统计，2019 年冬季全市有 4 个县受灾，分别为：元氏县、平山县、灵寿县、赞皇县，其中，元氏县、平山县、灵寿县无冬季需救助人口，赞皇县入冬因灾生活困难需要救助 23006 人，需要口粮救助 23006 人，衣被救助 1170 人，取暖救助 659 人；经市县两级应急管理、财政部门协调，省应急管理厅下拨棉被、羽绒服各 1170 件，发放冬春受灾困难群众救助资金 318 万元。开展防灾宣传和教育，举办防灾减灾日宣传周和防灾减灾大型主题宣传活动，发放宣传折页及《地震应急知识手册》《防灾减灾知识手册》等宣传资料 45 万余份。2019 年市应急管理局、市教育局、市卫生健康委、石家庄蓝天救援队在全市 158 个乡村、社区举行防灾知识宣传和演练活动，举办地震知识培训、消防培训、防洪培训 52 场。防灾演练。举行“5 · 12”抗洪救灾演练，全市参与救援队、消防官兵、群众 300 余人，参与通信、发电、消防、救护等特种车辆 21 辆，包括无人机、冲锋舟等灾情勘察、水上救护等装备，演练紧贴实战要求，科目设置合理，气氛场景逼真，达到了演练效果。采取多种形式，组织全市机关、企事业单位、医院、学校、商场超市等开展防汛救灾、防震减灾、防风防雷、地质灾害防御、消防安全、事故防范、卫生防疫等多灾种、多领域应急演练活动，全年组织举行防汛救灾演练 5 场、防震减灾演练 15 场、消防安全演练 12 场、人员密集场所紧急疏散演练 10 场，动用消防官兵 300 余人，参加演练学校师生及企事业单位、商场、医院工作人员 3. 5 万余人。

（张云飞）

精神文明建设

【概况】 2019 年，全市精神文明建设以公民思想道德建设、社会主义核心价值观教育、未成年人思想道德教育、文明城市十大行动、志愿服务等工作为重点，巩固和拓展全国文明城市成果，将“创建文明城市”目标转向“创造城市文明”。建立创建文明城市常态工作机制，加大城市综合整治和基础设施投入，筑牢城市文明基础，统筹推进文明城市城乡一体化发展。重视未成年人思想道德教育，开展创建文明校园和礼仪养成主题教育实践活动，引导青少年坚定理想信念，自觉践行社会主义核心价值观。加强农村精神文明建设，推进农村移风易俗，倡导文明乡风；印发《关于在全市进一步开展移风易俗活动的实施方案》，突出移风易俗“六个一”建设，即“发挥一个作用、制定一个标准、用好一支队伍、打造一个阵地、搞好一个活动、推出一批典型”，引导广大群众弘扬勤劳节俭的优良传统，倡导科学文明的生活理念，遏制铺张浪费、炫富攀比、天价彩礼、大操大办、薄养厚葬、封建迷信等陋习，宣扬平山县西水碾村、元氏县王家庄村等移风易俗先进典型。2019 年石家庄市 1 人获评第七届全国见义勇为道德模范，2 人获评第七届河北省道德模范，19 人获评第六届石家庄市道德模范，6 人获评“中国好人”，23 人获评“河北好人”，88 人获授“石家庄市文明公民标兵”称号。5月22 日，维明路小学五年级学生曹语粲获评 2019 年全国第一批“新时代好少年”。6 月 28 日，新乐市实验小学六年级学生李昊桐获评 2019 年河北省第一批“新时代好少年”。2019 年国网石家庄供电公司“尚德”志愿服务项目入选全国志愿服务“四个 100”先进典型，37 个志愿者、志愿组织、志愿服务项目、社区入选河北省志愿服务“四个 100”先进典型。至2019 年底，全市注册志愿者 76.21 万人，同比增加 2.76 万人（与市民政部门志愿者数据统计口径不同）。

表72　2015~2019 年石家庄市志愿者数据统计一览表

年度	志愿者总数(名)	新增志愿者数量(名)
2015	243194	30945
2016	351373	108179
2017	624578	273205
2018	734472	109894
2019	762115	27643

【创建文明城市】 建立创建文明城市常态工作机制，加大城市综合整治和基础设施投入，开展文明交通、文明环境、文明社区、文明养犬、文明礼仪等十大文明行动，筑牢城市文明基础，统筹推进文明城市城乡一体化发展。举办第四届亲邻行动，全市参与社区300 多个，评选“优秀社区”20 个、“亲邻社区”20 个。制止不文明行为，市文明办、市公安交通管理局、石家庄广播电视台以“全民当探长，文明随手拍”为主题，开展“争做石家庄文明开车人”活动，支持市民抓拍和投诉不文明交通行为。引导市民文明养犬，5月 28 日，市文明办、市公安局、市城市管理综合执法局联合举行不文明养犬专项整治行动，集中处罚遛狗不拴绳、粪便不清理、一户养多犬、违规饲养大型犬烈性犬四种违法行为，公布举报电话、开设“不文明养犬行为曝光台”，同时举行“2019 文明养犬社区行”公益活动。查处乱涂乱写小广告行为，以治理城区小广告为内容，5 月 7 日，市文明办、市城市管理综合执法局、市公安局等部门联合查处 2000 多个违规小广告手机号码并作停机处理。开展文明观演（观赛）行动，3 月 14 日，省足球协会、市文明办、市体育局联合启动中（超）甲联赛石家庄赛区“文明观赛”行动；5 月 9 日，市委宣传部、市文明办、市文化广电和旅游局启动文明观影（演）行动。以媒体为载体，开设“城市文明大家谈”“创建文明城曝光台”等专题专栏，在城市楼宇、公园广场、主次干道、背街小巷等显著位置设置公益广告，做好文明城市创建宣传；全年发放创建文明城市宣传品 400 多万份。开展创建文明城市督导检查，新华区、鹿泉区、井陉矿区接受省文明办暗访检查获得第一、二、三名。8月1日~9 月 5 日，石家庄市参加省级文明城市、文明城区、文明县城测评（复检）；12 月 2~3 日，中央文明办测评组到石家庄市实地测评和入户调查 2019 年全国文明城市创建工作。

链接

2019 年 3 月 20 日,2018 年度全国文明城市测评成绩和排名在中国文明网公布,石家庄市以 89.39 分的成绩在 28 个省会(首府)、副省级全国文明城市中排名第 5 位。

【公民思想道德建设】 承办河北省“德耀燕赵 善行河北”先进人物基层巡讲活动,组织各县(市、区)举办先进典型基层巡讲活动 165 场。弘扬中华优秀传统文化,举行元宵灯笼节、重阳敬老节等“我们的节日”主题实践活动 1300 余场。宣传好家风、好家训,开展文明家庭和“德润燕赵·善美家风”故事征集展示活动,收集稿件 30 余篇;以 8 户第一届河北省文明家庭故事为内容,拍摄文明家庭宣传短片。举办文明单位创建活动,印发《石家庄市文明单位测评细则(试行)》,将开展“双创双服”、助力脱贫攻坚纳入文明单位测评体系,提升了文明窗口服务能力和水平。重视未成年人思想道德教育,以爱国主义、道德素养、文明礼仪、心理健康教育等为内容,构建学校、家庭、社会“三结合”的教育网络,引导未成年人文明生活、健康成长、全面发展。2019 年全市中小学校、社区、家庭广泛开展“小手拉大手 文明卫生齐步走”主题教育实践活动,参与家庭 7 万户、学生 10 万人;组织全市学校学习宣传“新时代好少年”,在市属媒体开设“新时代好少年”专题专栏,刊发报道 40 余篇,在全社会营造争当好少年的浓厚氛围。宣扬社会主义核心价值观,举行爱国主义、革命传统教育,引导青少年坚定理想信念,从小树立远大的志向和目标。举办第六届石家庄市道德模范评选活动,评选第六届石家庄市道德模范19 人,推荐 6 人参评第七届全国道德模范、第七届河北省道德模范。2019 年石家庄市吕保民获评第七届全国见义勇为道德模范,受邀参加中华人民共和国建国 70 周年国庆观礼;杨普、康静获评第七届河北省道德模范。推荐60余人参评“中国好人”“河北好人”,6 人入选“中国好人榜”,23 人获评“河北好人”。开展“石家庄市文明公民标兵”评选活动,授予 88 人“石家庄市文明公民标兵”称号。

链接

2019 年 3 月 21 日,2018 年未成年人思想道德建设工作年度测评结果公布,石家庄市以满分成绩在 28 个省会(首府)、副省级全国文明城市中排名第一。

【志愿服务】 以创建文明城市为契机,全面推进志愿服务工作;从工作体系、运行机制、组建队伍、深化活动等方面入手,规范开展志愿服务活动。全年市文明办开展志愿服务项目 3365 个,参与志愿者 457737 人次。至2019 年底,全市注册志愿者 76.21 万人,同比增加 2.76 万人(与市民政部门志愿者数据统计口径不同)。3月5日,开展第六届“鲜花送雷锋”大型公益活动,2 万余名“送花使者”为 1 万余名“身边雷锋”送去鲜花,被中国中央电视总台“新闻联播”“新闻直播间”报道。7月6日,石家庄市启动 2019 年“城市文明大行动 党员干部做先锋”党员志愿服务日活动,全市 3 万名党员志愿者走上街头,向群众发放垃圾分类、低碳环保知识宣传资料,开展摆放单车、捡拾垃圾、指挥交通等形式多样的志愿服务活动;至 2019 年底,全市中共党员参与党员志愿活动人数达到 30 万人次。2019 年 12 月,全市开展爱心“暖冬行动”志愿服务活动,为环卫工人捐献棉衣,为社区困难家庭送去米、面、油及爱心款。2019 年 8 月,市区建南社区靳国芳在全省志愿工作座谈会上作典型发言,新华社、中国文明网、《河北日报》、河北电视台等媒体专题报道建南社区工作经验;2019 年 9 月,全市启动社区志愿服务精准对接工作,省文明办转发石家庄市《关于推进社区志愿服务精准对接工作的实施方案》,并在全省推广。

石家庄市精神文明建设
委员会办公室

主　任:李刚
副主任:臧建平

(李勇勇)

区县(市)

Districts and Counties (Cities)

长 安 区

【概况】 长安区位于石家庄市主城区东北部，总面积138.31平方千米。辖4个镇、12个街道办事处，1个省级开发区，166个居委会、4个村委会，常住人口83.55万人，户籍人口66.83万人。2019年长安区完成地区生产总值580.91亿元，同比增长8.1%。其中，第一产业增加值0.7亿元，下降3.1%；第二产业增加值107.2亿元，增长2.2%；第三产业增加值473.0亿元，增长9.3%。全部财政收入132.73亿元，同比下降6.6%，全部财政收入位列石家庄市第二名，其中，公共财政预算收入59.93亿元，下降8.4%；财政支出36.37亿元，同比下降3.3%。农林牧渔业总产值1.41亿元，同比下降11.3%；粮食播种面积4289公顷；粮食总产量2.45万吨，其中，小麦产量1.31万吨，玉米产量1.09万吨。规模以上工业总产值168.65亿元，规模以上工业营业收入229.57亿元；规模以上工业利润9546万元，同比下降83.6%。社会消费品零售总额229.21亿元，同比增长7.8%。城镇居民人均可支配收入43346元，同比增长8.5%。2019年长安区位列“全国综合实力百强区”第63位、“全国科技创新百强区”第69位“全国新型城镇化质量百强区”第58位，其中，“全国综合实力百强区”排名河北省第二、石家庄市第一，“全国科技创新百强区”“全国新型城镇化质量百强区”均位列河北省第一。

中共长安区委书记：

凌青利(11月免)

李志勇(11月任)

区人大常委会主任：刘卓雄

区　　　长：穆德英

区政协主席：鲁志强

【产业项目】 三次产业比例为0.1∶18.5∶81.4。服务业对经济增长贡献率达94.3%。推进现代商贸业、金融业、科技服务业、文化创意及文化旅游等产业发展，全年金融业完成增加值96.9亿元，同比增长10.2%；科技服务业营业收入36.9亿元，同比增长11%。夜经济稳步发展，2019年长安区94家夜经济示范企业夜间营业收入9.13亿元，同比增长19.1%，占全天销售额35.3%。民营经济增加值293.0亿元，占地区生产总值比重50.4%。拥有市场主体12万户，总量位列全省第一。楼宇经济贡献提升，发展形成“税收亿元楼宇”3座、“税收千万元楼宇”14座。认定科技型中小企业938家、科技小巨人企业32家、市级以上众创空间9家。2019年长安区列入市重点项目11个，完成投资56.23亿元。浙江大厦竣工，长安万达广场建成投用，荣盛广场东区等4个项目正在主体施工或内外装修，天河城市广场等18个项目开工。采取“走出去、引进来、市场化”招商思路，全年引进项目11个，引进资金134.7亿元。

【城区建设】 以提升城区品质为目标，加快旧城旧村改造步伐，热电厂、化肥厂生活区项目回迁完成，丰收路40号院、谈二北区征收项目回迁楼正在建设，棉五生活区征收取得重大进展；肖家营、南高营等7个村实现部分回迁入住，西古城、土贤庄等10个村回迁楼建设顺利推进；棚户区改造开工建设住房2068套，超额完成市下达任务。完善城区基础设施，解放大街（中山路至和平路段）征迁完毕；9月15日，联石丰道路（联盟路—石纺路—丰收路）建成通车；东部新城区“一厂八街”建设进展顺利，秦岭北街主路通车，秦岭中街基本建成。滹沱河生态修复工程完成征地1.6万亩，生态景观和功能场所全部完工；西兆通公园建成开放。城区管理。实施生活垃圾分类，全区284个小区、67所学校投放“四分类”垃圾桶3026组，居民垃圾分类意识提升。21个全天候占道市场拆除，新建标准化便民市场10个，长安区市场管理经验在全市推广。推进高效、公正城管执法，启用城管执法“网上办案”系统，涵盖市政、园林、渣土类所有城区管理案件。2019年区城管局连续两年被省住房和城乡建设厅评为“强基础、转作风、树形象”专项行动表现突出单位。开展违法占地、违法建设、违法别墅等专项整治行动，新纳入房地产“三难”（征收难、入住难、办证难）解决遗留问题项目70个，整治完成51个。生态环境保护。严格工业污染源整治，推进河钢集团石钢公司、华电等重点企业污染治理，华荣制药企业退城搬迁项目完成。开展“散乱污”企业和淘汰燃煤锅炉“回头看”专项行动，全区13家涉VOCs排放重点工业企业全部整治完毕。遏制扬尘污染，推行《建筑工地扬尘治理及扬尘监管实施细则》。2019年长安区空气质量年综合指数为6.91，同比下降2.7%；PM2.5平均浓度为64微克/立方米，同比下降11.1%。实施水源保护区违规项目治理，河流巡查实现全覆盖管理，辖区河道非法排污口彻底消除，河流环境和水质得到改善。实施绿化提升工程，全年在建华大街、体育大街等街道两旁补植乔木4774株、草坪10.6万平方米。新增市级园林式单位9个、市级园林式居住小区13个。

【社会民生】 全年救助特困人员1426人次、低保家庭28583户次，发放救助资金2167.7万元；城市低保、城市特困人员补贴标准分别提高到每人每月671元、1007元。举办各类就业招聘会10场，提供岗位12234个。推进养老服务体系建设，新增养老院5家，改扩建小微型嵌入式社区照护中心1家；培育星级养老机构5家；长安社区老年公寓被中国红十字会评为全国优秀养老院。完善学校基础设施，4所学校建成开班，新增学位7000余个；学校配套教育设施移交、民办幼儿园转制普惠性民办幼儿园全部完成；推进办学模式改革，落实学区管理制和集团化办学“双轮驱动”政策。拥有艺术表演团体3个、文化馆1个、公共图书馆1个，举办“彩色周末”等文化惠民活动230场。拥有社区卫生服务中心（站）16个、乡镇卫生院2个、村卫生室24个，开放床位1018张；拥有卫生技术人员16507人、执业（助理）医师7969人、注册护士8308人。组建家庭医生团队200余支，常住人口家庭医生签约率达45.8%。全年医疗救助548人次，实现恶性肿瘤等7种门诊特殊病“零门槛”报销。培养社会体育指导员1722人。开展扫黑除恶专项行动，查封冻结涉案资产1181万元。重视安全生产、消防安全、食品药品安全、金融风险等排查化解活动，排查整改安全隐患1664个，安全形势总体平稳。推进应急救援体系建设，举办安全生产应急演练50余次，备案企业应急预案61家。2019年长安区获评全省安全生产志愿服务工作先进单位。重视社会治理，开展“三比一争”活动，5个社区获评“石家庄市城市基层党建示范社区”。352个老旧小区全部引入物业管理，创建市级“红色物业”2个、区级“红色物业”10个。44个村（居）集体产权制度改革全部完成。倡导社区文明管理，修订社区居民公约113个，柳辛庄社区获授“全国民主法治示范社区”。

链接

“三比一争”活动：村（社区）党组织书记“比忠诚、比干净、比担当，争做新时代乡村振兴领头雁（争做新时代引领城市基层治理排头兵）”活动。

“红色物业”：业主委员会、物业公司、社区三方协调，在物业服务企业和业主委员会设立中共党组织，由党支部承担政策宣传、信息收集、民意反馈、精神文化建设等工作，将“红色”融入社区物业治理。

（丁捷）

桥　西　区

【概况】 桥西区位于石家庄市主城区西南部，总面积75.28平方千米。辖17个街道办事处，126个居委会、15个村委会，常住人口85.44万人。2019年桥西区完成地区生产总值737.17亿元，同比增长8.9%。其中，第一产业增加值0.1亿元，下降23.1%；第二产业增加值73.7亿元，增长1.3%；第三产业增加值663.4亿元，增长9.6%。全部财政收入193.67亿元，同比增长6.0%，全部财政收入位列石家庄市第一，其中，公共财政预算收入80.34亿元，增长4.3%；财政支出48.26亿元，同比增长9.0%。农林牧渔业总产值1507万元，同比下降62.9%。规模以上工业总产值10.41亿元，规模以上工业营业收入18.57亿元；规模以上工业利润1477万元，同比增长82.5%。社会消费品零售总额486.60亿元，同比增长8.1%。城镇居民人均可支配收入44126元，同比增长8.4%。7月2日，石家庄市桥西区在《环球时报》社和中华全国工商联中国民营经济国际合作商会联合主办的2019中国国际化营商环境高峰论坛上，获得“2019中国营商环境质量十佳县（市、区）”称号。

中共桥西区委书记：
　　刘军志(12月免)
　　孙鹏云(12月任)
区人大常委会主任：张书凯
区　　　长：戎华奎(5月免)
　　　　　李强　(10月任)
区政协主席：浦建伟

【产业项目】 稳步推进项目建设。2019年，全区共安排重点项目60个，完成投资89.04亿元，占年计划的106%。省市重点项目11个，完成投资63.1亿元。加大招商引资力度，通过选派干部驻点招商，强化以商招商、团队招商和精准招商。全年签约项目99个，国内外500强企业12个，签约项目落地率93%；实际引进省外资金70.94亿元。优化产业结构，三次产业结构比例达到0.01∶11.02∶88.97，服务业对经济增长贡献率超过85%。金融创新开发区建设提速，与中科院等科研院所建立战略合作关系，吸引30余家总部企业和金融机构入驻，与中科云河人工智能孵化项目以及80余家金融和泛金融企业达成落户意向。全年金融业增加值总量预计超过130亿元。北国、新百·华润、万象天成·海悦天地、益友等4大商圈聚集效应凸显，新百·华润商圈成为省会新的城市中心和现代服务业聚集典范，全年社会消费品零售总额预计增长8%。高新技术企业新增117家，列市内四区第一；科技型中小企业新增154家，新认定省级技术创新中心3家。在全省168个县（市、区）科技创新能力监测评价中，被评为A类，列全省第五。建成投用省级人力资源服务产业园。制定《文化创意产业三年行动方案》，打造省级文化示范园区众创梦工厂，培育河北艺朵等3家龙头企业。全年文化产业增加值预计超过30亿元。

【城区建设】 推进中央商务区老火车站区域征收拆迁，5家地方公产单位全部签订征收补偿协议，提前完成拆迁任务。启动金世界三期拆迁。完成解放大街拓宽、轨道交通2号线新世隆站等重点市政工程征迁。完善城区功能。完成115个老旧小区整治和620套棚户区改造任务，188个老旧小区引入“红色物业”管理服务。打通汇锦路等3条断头路。改造提升师范街等35条街道，建成5处星级游园、2处精品园林微景观，绿化美化近6万平方米。投入2.2亿元，对新火车站周边中华大街、解放大街沿线等重点部位以及城中村、老旧小区等重点区域实施市容环境专项整治，拆除违建17万平方米，提升改造市场18家，清理废品收购站136个，清理积存垃圾41.3万立方米。严格落实“以克论净”保洁模式，加强对城市道路的机械化清扫洗扫力度，市区环卫考评实现“七连冠”。

【社会民生】 社会保障能力持续增强。城镇居民人均可支配收入完成44126元，增长8.4%。全年城镇新增就业2.3万人，列全市第一；城镇登记失业率2.33%，远低于市下达的4%指标。启动老年公寓建设，建成老年大学和5家嵌入式养老照护中心。完成2333户保障房配租工作。建成28个生活垃圾分类样板小区、22个样板学校、15个样板单位，超额完成市下达垃圾分类硬件设施覆盖任务。设立退役军人关爱基金，建成全省首家智能化、自动化退役军人电子档案室，完成5216名退役士兵社会保险接续。提升公共服务水平，完成城镇配套幼儿园移交，实施小学生课后服务，推进小学生营养餐改革，满足学生及家长的刚性需求。与京津29所学校开展结对交流合作，与新西兰、芬兰等10所学校签署《教育合作项目框架协议》，加速中小学教育同国内外先进水平接轨。全区有社区卫生服务中心50个，开放床位70张，有卫生技术人员145人。与石家庄市中医院联合成立桥西医疗集团，完善分级诊疗服务模式，为居民提供一体化、连续性、高质量医疗服务。1月3日，桥西区获评2018年度“国家级慢性病综合防控示范区”。2月2日，桥西区被国家中医药管理局评为“全国基层中医药工作先进单位”。

（宋惠君）

新华区

【概况】 新华区位于石家庄市主城区西北部，总面积92.11平方千米。辖15个街道办事处，103个居委会、13个村委会，常住人口71.50万人。境内拥有赵佗先人墓、毗卢寺、解放纪念碑、大石桥、正太饭店、中国银行“小灰楼”等历史文化古迹。2019年新华区完成地区生产总值432.87亿元，同比增长8.8%。其中，第一产业增加值0.4亿元，下降2.6%；第二产业增加值50.4亿元，增长2.7%；第三产业增加值382.0亿元，增长9.5%。全部财政收入63.77亿元，同比增长1.6%，其中，公共财政预算收入34.35亿元，增长4.9%；财政支出27.0亿元，同比增长14.2%。农林牧渔业总产值6488万元，同比下降4.2%。规模以上工业总产值6.01亿元，规模以上工业营业收入5.86亿元；规模以上工业利润-3749万元。社会消费品零售总额268.45亿元，同比增长7.1%。城镇居民人均可支配收入43476元，同比增长8.3%。

中共新华区委书记：刘建芳
区人大常委会主任：韩新民
区　　　长：刘振乾
区政协主席：张彩珍（女）

【重点项目】 全年安排区级重点项目37个，总投资886.93亿元。其中，计划开工项目12个，总投资325.43亿元；续建项目13个，总投资224.5亿元；前期项目12个，总投资337亿元。11个项目列为市重点项目计划，总投资378.17亿元，年度投资计划21亿元，实际完成投资57亿元，占全年总投资271%。12个计划开工项目按期开工，包括中央商务区新华片区、省医院心脑血管综合楼等；13个续建项目均按计划推进，熙悦、华业商务广场2个项目竣工。开展精准招商，结合省会中央商务区建设、新华集贸市场转型升级、小清河产业新城、太平河特色经济带及特色楼宇产业集群等重点区域，谋划一批招商项目。利用招商引资活动月等契机，分赴北京、上海、重庆、杭州、九江、武汉等地多次开展外出对接洽谈，签约引进光大永明保险有限公司河北分公司、恒大高科农业开发有限公司河北分公司、洽道信息技术有限公司等一批优质总部企业，与中国科学院国家技术转移中心、北京科技大学机械工程学院、中外运长航集团等合作一批技术成果转化项目，新华区盛世广场、华牧牧业基地、嘉捷锅炉厂改造等一批产业类项目落地，引入青童荟儿童教育基地、唯品仓、上海艳域东方等一批优秀商业品牌。

【城区建设】 实施旧城改造提升“十大工程”，投资8000余万元，整治101个小区、958栋楼，涉及面积374万平方米，惠及居民4.94万户，通过对小区内空间的重新规划利用，施画部分停车位，缓解老旧小区停车难问题。开展居住建筑节能改造，投资3.546亿元改造小区38个，居民楼426栋，涉及居民22083户。全年新建改建新苑小区菜市场、北大街海鲜市场、柏林溢香菜市场三个标准化菜市场和永辉超市汇君城店、永辉超市东焦店两个超市。加大道路维护力度，完成25条道路日常维修，完成路面补修8380平方米，便道翻修3180平方米，更换道牙105米，完成沥青路面铣刨5200余平方米，便道维修1500余平方米，完成掘路修复67处。配合市城管委办理道路供水抢修30起，办理天然气抢修15起。全年完成供热管网及老旧小区供热设施改造104千米，涉及小区56个，其中对管路老化严重、影响供热效果的16个小区进行户内串改并改造；推进农村“气代煤”“电代煤”工作，共覆盖6个街道17个村（居）8219户居民，其中气代煤7928户，电代煤291户。推进城区精细化管理，对辖区内主次干道及出入市口的户外广告、门店牌匾进行全方位整治提升行动，共完成总任务量4853处，完成平改坡居民楼防水修复21栋，防水面积约19000平方米。投入资金1990余万元，购置垃圾分类桶9200余个、垃圾直运车辆80台，实现全区791个小区分类设施、居民知晓率的全覆盖，同时重点打造100个样板小区。高标准完成造林1300亩，全区建成区人均公园绿地面积达15.82平方米。全力推进环境综合治理，环境空气质量综合指数7.06，同比下降2.9%。民族路步行街作为全省唯一的步行街入围“全国示范步行街”评选，新华集贸中心市场获评“改革开放40年全国文明诚信经营示范市场”。

【社会民生】 2019年新华区城乡居民人均可支配收入47082元，同比增长8.3%。城镇企业参保总人数达到111996人，净增21429人，在职参保总人数93146人，离退休人数18850人，全年征缴养老金7.88亿元，支付养老保险待遇5.01亿元。城乡居民参保居民达到25065人，全年净增参保居民851人，缴费居民人数为11132人，全年共征缴养老金792万元，续保率95%。全年为13915名参保居民支付城乡居民养老保险待遇1950.8万元，机关事业单位在职参保人员6244人，累计征缴养老保险费2亿元，支付养老保险待遇2.18亿元。职工医疗保险全年新增参保单位2511家，参保人数新增43651人，居民医疗保险新参保居民11001人，终止2040人，全年参保缴费174497人；医保备案认定245例，异地就医备案143例，转诊转院备案115例，外出带药备案12例，年内对辖区内248家定点医药机构开展监督检查484家次。全年发现违规机构45家，追回医疗保障金42.3万元。全区在册享受低保家庭1425户、1669人，全年累计发放低保金1230.48万元。开展庆祝新中国成立70周年系列活动，组织开展新华区“歌唱祖国”群众性歌咏活动，打造了5条国旗示范街、15个国旗示范社区、6所国旗学校。文体中心举办豫剧、京剧、评剧等展演及文体中心培训班文艺汇演等文化惠民演出51场，承接会议65场，参加人员约5.8万人。全年争取到省、市各类科技项目52项，各类科技专项资金2501万元。深入推进“集团化、学区制”办学模式改革，优质教育资源占比提高到80%；投用弘石湾配建小学，改造北苑小学，开工明珠花苑和于底配建小学，7所配建幼儿园主体完工，新增普惠性幼儿园7所、学位655个。全区有社区卫生服务中心55个，乡镇卫生院4个，开放床位155张，医疗卫生技术人员978人。

(中共新华区委办公室)

裕　华　区

【概况】 裕华区位于石家庄市主城区东南部，总面积60.8平方千米。辖2个镇、11个街道办事处，119个居委会、22个村委会，常住人口57.61万人。2019年裕华区完成地区生产总值392.45亿元，同比增长8.3%。其中，第一产业增加值0.1亿元，增长24.9%；第二产业增加值41.5亿元，下降0.2%；第三产业增加值350.9亿元，增长9.4%。全部财政收入80.15亿元，同比下降7.8%，其中，公共财政预算收入40.38亿元，下降9.2%；财政支出23.72亿元，同比增长11.0%。农林牧渔业总产值1017万元，同比下降2.0%。规模以上工业总产值34.84亿元，规模以上工业营业收入34.69亿元；规模以上工业利润3.56亿元，同比下降28.0%。社会消费品零售总额219.20亿元，同比增长8.2%。城镇居民人均可支配收入44416元，同比增长8.3%。

中共裕华区委书记：管云天
区人大常委会主任：刘风清
区　　　长：张东凯
区政协主席：纪英超

【产业项目】 裕华区共安排千万元以上项目71个，总投资1430.9亿元。蓝山国际等14个项目实现开工，中冶城市广场13个项目竣工投用，开工竣工项目数量均创全年新纪录。鸿昇商务广场、燕园等13个项目被列为省、市重点项目，总投资249亿元。“4+4”产业在建项目总投资607.7亿元，投资总额排名全市第一。全年新认定科技型中小企业190家、科技小巨人6家，80家高新技术企业通过省专家评审。新增省级孵化器1家、省级众创空间1家、市级众创空间3家。在全省168个县（市、区）科技创新能力监测评价中，2018、2019连续两年被评为A类。联创壹号等6栋商务楼宇竣工投用，商务楼宇总面积达到344.5万平方米，新增入驻企业380家，宝翠商务等3座楼宇当年税收超千万元，亿元楼宇达到12座，千万元以上楼宇达到33座；大力实施精准招商、定向招商，成功引进河北新奥天然气销售有限公司、中国铁塔石家庄分公司、同方知网、大账房等一批区域总部和互联网企业。与新京报联合举办“城市向上·裕见美好”裕华峰会，和悦汇等60个现代产业项目签约落地，引资额达到125.9亿元。

【城区建设】 开展创卫综合整治攻坚行动，拆除各类私搭乱建5400余处、清理占道经营商户4500余户、关停取缔“七小”行业1500余家、改造提升农贸市场10家。4月23日，全市创卫网格化管理现场会在裕华区召开。推进路网建设，汇华路等3条道路实现通车，裕泰路等6条道路开工建设，完成塔北路地下综合管廊、地铁2号线和3号线征迁任务。持续改善人居环境，开展红色物业接管无物业老旧小区试点建设，63个小区引入“红色物业”管理，入选“市级金牌红色物业”企业数量全市最多。87个老旧小区完成基础设施改造，为气象嘉园等40个项目办理不动产首次登记（大证），一批历史遗留问题得到解决。狠抓城区精细化管理，大力推进数字城管、智能城管建设，管理效能不断提升。完成142台燃气锅炉低氮燃烧改造任务，27家印刷企业去污设备完成深度治理，62家餐饮单位实行油烟在线监控，降低污染物排放。组建无人机中队，实施全天候、无缝隙监管，首次实现全年秸秆禁烧零火点。大力开展燃煤排查整治工作，实现燃煤动态清零。新增绿地面积15.32万平方米，提升绿地面积9.56万平方米，完成34眼自备井关停任务，PM2.5平均浓度同比下降10.4%，达到60微克每立方米。

【社会民生】 全年用于民生事业支出17.85亿元，占公共预算支出的75.25%，同比增长15.67%。全年新增就业2.4万人，城镇登记失业率控制在2.72%以内，发放低保、特困、高龄、临时救助等各类民生保障资金3134万元。配租公共保障房1285套，发放租赁补贴53万元。发展教育事业，面向社会公开招聘330名教师，接收配套幼儿园49所，新增普惠性幼儿园4所。推动教育优质均衡发展。“智慧校园”建设加快推进，裕华区和44中被教育部评为全国网络学习空间应用优秀区域和优秀学校。提高医疗服务水平，与市第一医院联合成立裕华医疗集团，建立紧密型医联体，推行手机家庭医生签约系统，签约人数达到20万人。积极探索医养结合新模式，平安医院顺利通过省级医养结合优质服务单位验收。全年新增300张养老床位、4个星级养老机构，11家居家养老服务中心实现社会化运营。投入1019万元，为2293名困难老人提供政府购买服务2.6万人次。推动药品价格改革，实施首批25种药品带量采购，药品平均降价52%，单品最高降幅达96%。创建6所国家级、10所省级冰雪运动特色学校，全区50所学校全部实现冰雪运动进校园，作为唯一县区代表，在全省首届冰雪运动会开幕式上作典型发言。建成全省首家数字文化馆，举办各类文体活动120余场。2月14日，裕华区被国家中医药管理局评为“全国基层中医药工作先进单位”。

（赵春常）

井陉矿区

【概况】 井陉矿区位于石家庄市区西部，周边被井陉县环绕，属石家庄市辖区，距离石家庄市主城区50千米。总面积69.98平方千米，辖2个镇、1个乡、2个街道办事处，1个省级开发区，38个居委会，常住人口10.07万人。2019年井陉矿区完成地区生产总值54.51亿元，同比增长7.5%。其中，第一产业增加值0.4亿元，下降27.7%；第二产业增加值20.7亿元，增长5.2%；第三产业增加值33.5亿元，增长9.5%。全部财政收入8.13亿元，同比增长11.3%，其中，公共财政预算收入4.02亿元，增长10.2%；财政支出13.05亿元，同比增长66.2%。农林牧渔业总产值5991万元，同比下降28.2%。规模以上工业总产值103.96亿元，规模以上工业营业收入119.12亿元；规模以上工业利润5.10亿元，同比增长31.7%。社会消费品零售总额18.68亿元，同比增长9.3%。城镇居民人均可支配收入34863元，同比增长8.9%；农村居民人均可支配收入20556元，同比增长9.3%。

中共井陉矿区区委书记：
　　来广普（8月免）
　　李瑞峰（8月任）
区人大常委会主任：刘连一
区　　长：李瑞峰
区政协主席：李进朝

【产业项目】 三次产业比例为0.7∶37.9∶61.4。围绕全市构建"4+4"现代产业发展要求，确定构建"3+1"现代产业体系。编制《装备制造特色产业集群规划》，依托石钢项目，打造以石钢特钢为龙头的先进装备制造产业链，石钢特钢上游产业总投资8亿元的原材料供应总部基地项目完成签约、选址，下游产业中渥电气、庆晟棒材等项目建成投产，尖角方矩管等项目加快推进。健康养老产业破题起步。依托国家康复辅助器具综合创新试点平台优势，编制《井陉矿区康复辅助器具产业发展规划（2019~2025）》，康复辅助器具研发展示体验中心完成主体建设，河北国和集团医养结合项目加快建设。坚持优化营商环境，解决企业发展和项目建设问题61件，认真落实减税降费政策，涉企行政事业收费实现"清零"，减免税额4600万元。净增科技型中小企业14家，新认定高新技术企业3家，中关村天合石家庄井陉矿区科技成果转化工作站挂牌，全方位助力企业高质量发展。全年开工建设项目总投资218.47亿元，涵盖工业、旅游业、现代服务业及基础设施等24个重点项目，年度计划完成投资82.55亿元，实际完成投资85.16亿元。加大招商引资力度，全年引进签约项目14个，协议引资额72.2亿元，实际引进省外资金20.01亿元。大力开展"双问计"活动，全年争取各类资金10.75亿元，同比增长82.2%。承办省、市旅发大会，引进国内知名旅游开发团队，广泛植入汽车主题公园等旅游新业态，打造段家楼正丰矿文旅综合体、天户峪田园综合体、贾庄古镇等一系列地域文化特色鲜明的精品旅游项目，矿区"太行山旅游精品版"的知名度大幅提升。资源枯竭城市转型获得国家和省发展改革委肯定，在全国67个资源枯竭城市考核中排名第10位。

【城乡建设】 强力推进县城建设攻坚提质，坚持"双城"同创与县城建设统筹推进，谋划实施总投资34.6亿元的三大类、67个重点项目，城区6条主干道对标省级精品道路标准完成改造提升，南二环西延井矿快速路、平涉路大修竣工通车，北外环物流通道启动建设，新建道路停车位1200个、便民停车场3个，交通出行环境显著改善；高标准建设南、北入区口景观工程，滨河路水系景观带初步成型，全民健身中心建成投用，总投资8亿元的"锦绣横涧"商业综合体、商务综合体签约落地，城市承载力不断提高；建筑面积69万平方米3个棚户区改造项目全面开工，天护新城22万平方米棚改回迁房交付使用、有序回迁；完成3个老旧小区改造任务，居住环境有效改善。加大大气污染防治力度。提前谋划启动电代煤、散煤治理工作，3721户电代煤设备完成安装、调试，实现稳定运行。实施生态修复工程，积极开展植树造林行动，森林覆盖率达到58.2%。检查企业2600余次，立案查处环境违法行为76起，到位罚款173万余元。空气质量综合指数6.90，在17个县市区排名第4。

【社会民生】 全年民生支出7.96亿元，占一般公共预算支出的72%。搭建"矿区招工求职就业创业信息发布平台"和就业服务微信平台，全区新增就业3697人，城镇登记失业率2.6%。全区有县级医疗机构2家，社区卫生服务中心5个，乡镇卫生院4个，村卫生室3个，开放床位30张，有卫生技术人员602人，注册护士349人。在全市率先完成乡村卫生健康服务一体化管理改革工作，成功创建全国健康促进示范区，顺利通过国家慢性病防控示范区省级技术评估验收。坚持办人民满意教育，推动城乡教育均衡发展，2019年高考本科上线率70.63%，本一上线率五年连续提升，井陉矿区中学顺利通过省级示范性高中评估验收。学前教育普惠发展，创建市级普惠性幼儿园3所。"区管校聘"工作在义务教育阶段学校全面实施。加强退役军人基层基础设施建设，退役军人保险接续完成缴费857.4万元。深入实施乡村振兴战略，张家井村入选全国乡村治理示范村镇名单，贾庄村、杨家沟村被评为"全国民主法治示范村"，"台阳香椿"获批国家地理标志产品，"昊源"苹果、兆丰苹果在第二十三届中国（廊坊）农产品交易会上分获"果王""金奖"称号。

（井陉矿区档案馆）

藁 城 区

【概况】 藁城区位于石家庄市区东部，属太行山洪积山前倾斜平原，东与无极县、晋州市，西与正定县、长安区、裕华区、栾城区，南与赵县，北与新乐市相邻，距离石家庄市主城区31千米。1989年7月撤县建市，2014年9月撤市设区。总面积836平方千米，辖13个镇（丘头镇由高新区代管）、1个乡，1个国家级开发区（石家庄经济技术开发区），74个居委会、177个村委会，常住人口79.01万人，人口自然增长率5.11‰。2019年藁城区完成地区生产总值415.99亿元，同比增长4.0%。其中，第一产业增加值45.4亿元，增长2.3%；第二产业增加值201.7亿元，增长0.1%；第三产业增加值169.0亿元，增长8.9%。全部财政收入101.23亿元，同比增长16.9%，财政收入时隔7年再次达到百亿元，其中，公共财政预算收入34.32亿元，增长10.0%；财政支出58.69亿元，同比增长0.7%。农林牧渔业总产值72.97亿元，同比增长2.6%。粮食播种面积7.12万公顷，总产量48.37万吨。其中，小麦播种面积3.37万公顷，总产量24.62万吨；玉米播种面积2.59万公顷，总产量20.56万吨。规模以上工业总产值590.51亿元，规模以上工业营业收入641.94亿元；规模以上工业利润70.66亿元，同比增长98.5%。社会消费品零售总额222.36亿元，同比增长6.9%。城镇居民人均可支配收入38412元，同比增长8.2%；农村居民人均可支配收入20903元，同比增长9.1%。12月6日，根据中国社会科学院财经战略研究院发布《中国县域经济发展报告（2019）》，藁城区首次入选全国百强区，排名第83位。2019藁城区连续第三年入选全国综合实力百强区、全国工业百强区，连续第二年入选全国绿色发展百强区。

中共藁城区委书记：
　　高玉柱(11月免)
　　张聚华(11月任)
区人大常委会主任：李更顺
区　　　长：袁丽华(女)
区政协主席：张银侠

【产业项目】 三次产业比例为10.9∶48.5∶40.6。全年新增规模以上工业企业33家，技改投资增长28.4%；集中力量打造生物医药、先进装备制造两个特色产业集群，石药、华药、四药纷纷跻身中国医药工业百强榜，高新技术产业增加值占规模以上工业比重提高到45%。县域科技创新能力成功跃升至A类，高新技术、科技型中小企业分别达到93家和1100家。深入开展项目落地攻坚，全年完成土地组卷报批3151.6亩，97个项目开工建设，其中超亿元项目24个，29个省市重点项目完成投资占年度计划的178.2%。实际利用外资3.35亿美元，居全省前列。加快开发区改革发展，两个开发区主要指标增速明显高于全区平均水平。石家庄经开区被评为中国十佳优质营商环境产业园区和全省先进开发区、国际合作重点产业园、智能制造示范园，与河北职业技能实训基地合作建设的国家级孵化器挂牌成立；藁城经济开发区签约引进重点项目12个，开工建设9个。坚持把稳增长的着力点放在实体经济上，出台支持民营经济发展、扶持规上工业发展等若干措施，为企业减税降费7.73亿元，解决影响企业发展问题325个。

【农业生产】 全年农林牧渔业总产值72.97亿元，同比增长2.6%。其中，农业产值34.09亿元，林业产值6609万元，牧业产值33.68亿元，农林牧渔服务业产值4.53亿元。粮食播种面积7.12万公顷，总产量48.37万吨，平均亩产453.1千克。其中，小麦播种面积3.37万公顷，总产量24.62万吨，平均亩产487.2千克，播种面积、总产量、平均亩产均位列全市第二名；玉米播种面积2.59万公顷，总产量20.56万吨，平均亩产528.3千克。豆类（主要为大豆）播种面积1.04万公顷，总产量2.49万吨。油料作物播种面积992公顷，总产量4512吨。棉花播种面积1.73公顷，总产量2.14吨。蔬菜及食用菌种植面积7663公顷，总产量57.73万吨。瓜果种植面积155公顷，总产量5504吨。果园面积3515公顷，其中，苹果园175公顷、梨园3182公顷、桃园89公顷、葡萄园59公顷。水果总产量（不含果用瓜）21.95万吨，其中，苹果 3874 吨（红富士苹果 693 吨）、梨 21.20 万吨（雪花梨 3.25 万吨、鸭梨 9570 吨）、桃 1350 吨、葡萄 2081 吨、红枣 152 吨。至 2019 年底，牛、奶牛、马、驴、猪、羊、家禽、蛋鸡存栏数分别达到 3.85 万头、2.48 万头、807 匹、1715 头、29.98 万头、5.69 万只、1262.44 万只、975.84 万只。肉、奶、禽蛋、鸡蛋产量分别达到 5.60 万吨、4.06 万吨、9.90 万吨、8.11 万吨，其中，猪肉、牛肉、羊肉、家禽肉、驴肉产量分别达到 2.88 万吨、7185 吨、1787 吨、1.82 万吨、116 吨。创建蔬菜标准园7个，引进蔬菜新品种 200 个，设施蔬菜种植比重达到 53%。鼓励菜农由种菜转向育苗，建成集约化育苗场8个，育苗 1.3 亿株。农业机械化率达到98%。12月 5 日，藁城区被认定为全国主要农作物生产全程机械化示范县。新建高标准农田320 公顷。“藁城宫米”列为河北省区域公共品牌，获批国家地理标志产品。发展休闲观光农业，新认定区级农业园区2个，累计建成农业园区 36 个；亮昊、众生源 2 个园区入选市级重点园区。

【城乡建设】 以实施旧城改造提升“十大工程”为抓手，持续完善城市功能、改善城市形象，新建 2 个便民市场、2 个街头游园，完成 10 个老旧小区改造和 15.14 万平方米既有建筑节能改造，通安街等 4 条道路大修整治，廉州路西延等 5 条道路绿化完工，世纪大道、海南路创建成省级园林式街道，建成 12 个垃圾分类示范小区、10 个示范单位和 10 所示范学校，创卫工作顺利通过国家和省级暗访评估。依法拆除违法建筑2.3 万平方米、城中村临街超高违建 31 处。全域创建省级农村人居环境整治示范区，完成改厕2.9 万座，创建美丽庭院 4.4 万户、精品庭院 6230 户，城乡环卫一体化管理经验在全省推广，石井等 5 个村入选全省森林乡村，岗上入选全国乡村治理示范村。生态环境持续改善。PM2.5 平均浓度从 80 下降到 70 微克/立方米，藁城区被确定为全省 2019 年度县域节水型社会达标区。全年植树造林2.8 万亩，森林覆盖率达到 29.4%。全年查处环境违法案件198 件，强力推进大气污染综合防治，深度治理吉藁化纤等重点行业企业 4 家，取缔“散乱污”企业 10 家，对 148 台燃气锅炉、6 台生物质锅炉进行低氮燃烧改造，1673 家企业纳入预警清单，实现涉气企业减排管控全覆盖。全面加强露天焚烧、裸露地面和扬尘综合整治，严格落实河长制，排查整治河道问题 67 个，关停自备井 25 眼，累计实施农村生活污水治理村庄 68 个，两座污水处理厂出口水质稳定达标。

【社会民生】 2019 年藁城区城乡居民人均可支配收入分别增长 8.5%，连续五年跑赢 GDP。城镇新增就业 4661 人，1.4 万余名 80 周岁以上老人享受高龄补贴。完成通安小学等4 所学校综合楼、实验楼和全民健身中心建设，新建 1 个林荫停车场、10 座便民公厕，新增6 所市级普惠性幼儿园，全区民生支出占一般公共预算支出的 81.1%。优先发展教育事业，公开招聘教师492 人，完成学校项目建设 12 个，改造提升幼儿园 30 所，认定市级农村示范幼儿园 3 所。全区有县级医院2所，乡镇卫生院 3 所，村卫生室 226 所，开放床位 2074 张，医疗卫生技术人员 2267 人，执业医师 1505 人，注册护士 791 人。深化医疗卫生体制改革，积极推进分级诊疗和医联体、医共体建设，减轻看病负担；藁城区被评为河北省慢性病综合防控示范区，顺利通过全国基层中医药工作先进单位复审。大力推进文化惠民，全区有文化艺术表演团体7个，文化馆 1 个，公共图书馆 4 个。建成3座24 小时智慧图书馆，新增5 个农村体育健身工程，成功举办首届全民冰雪运动会，组织文化下乡等系列活动 130 余场。持续提升社会保障水平，城乡低保提高到每人每月 671 元和每人每年 4842 元，新增养老床位 1576 张，培育星级养老机构 13 家。

【石家庄经济技术开发区】 石家庄经济技术开发区于 1992 年成立，位于藁城区西部，隶属石家庄市藁城区。其西邻石家庄高新技术产业开发区，东面和北面与岗上镇接壤，南与丘头镇和石家庄炼油厂区相连。下辖良村、北邑、北席、西马村北街、西马村南街、南席、塔元庄、内族 8 个行政村。全区规划面积21.66 平方千米，总人口约 12 万。2012 年 10 月经国务院批准，升级为国家级经济技术开发区，是河北省唯一由县级管理的国家级经济开发区。2013 年成功入选河北骄傲“十大产业名片”之一。在2019 年全国国家级经开区综合考评排名提升 14 个位次。石家庄经济技术开发区是河北省委、省政府向外重点推介的国家级开发区，也是省委、省政府确定承接非首都功能疏解

"微中心"之一。2019年，全年新增高新技术企业5家、科技型中小企业32家、研发机构3家。新增入统规模以上企业20家，规模以上企业达到63家。全面落实石家庄市人才引进政策，挂牌成立合佳院士工作站，高标准完成石药、四药、华药3处人才公寓建设，全年共引进高精尖人才2人、急需人才30人，新增人才绿卡持有者560人。开工建设40个项目，总投资608亿元。完成14个项目涉及141户705.06亩占地补偿，完成联东U谷、环保科技园、石药等9个项目884亩土地的组卷收储工作。全力推进"不见面审批""一门办理"改革，优化审批流程，企业开办时间压缩至2.5个工作日。全面落实减税降费政策，实现减税降费4.32亿元；优化项目落地流程，规范自主招商程序，全年新签约项目6个，引进域外资金135.3亿元。全区注册企业达1473家，工业总投资约700亿元，建成较大规模项目218家，拥有世界500强参股企业11家、大型央企6家、上市公司21家、中外合资企业17家，形成以生物医药、智能制造、轻工食品、新材料四大优势产业集群和科技金融服务、现代信息技术、现代物流、文体休闲四大新兴产业集群为代表的"4+4"现代产业发展新格局的现代产业发展新格局。培育"华药""石药""欧意""石门""金龙鱼""青啤""同福""香满园""钻石""桃李""可口可乐"等一批知名品牌。2019年，完成地区生产总值351.8亿元，主营业务收入1889.3亿元，财政收入83.4亿元，税收收入74.9亿元，固定资产投入191.3亿元，利用外资3.2亿美元。

（于俊艳）

鹿泉区

【概况】 鹿泉区位于石家庄市区西部，东与正定县、新华区、桥西区、栾城区，西与平山县、井陉县，南与元氏县，北与灵寿县相邻，距离石家庄市主城区15千米。鹿泉区西倚太行山，东环省会主城区，地域内山区、丘陵、平原各占三分之一。境内拥有背水一战古战场土门关、秦皇古驿道、道教名观十方院、佛教圣地龙泉寺、文化遗迹封龙书院、名山抱犊寨等历史古迹。曾用名获鹿县、鹿泉市，1994年5月撤县建市，2014年9月撤市设区。总面积603平方千米，辖9个镇、3个乡，1个省级经济开发区，22个居委会、208个村委会，常住人口47.80万人，人口自然增长率9.1‰。2019年鹿泉区完成地区生产总值290.41亿元，同比增长6.5%。其中，第一产业增加值18.0亿元，下降5.1%；第二产业增加值105.1亿元，增长4.5%；第三产业增加值167.4亿元，增长9.0%。全部财政收入56.01亿元，同比增长13.1%，其中，公共财政预算收入30.77亿元，增长10.7%；财政支出49.67亿元，同比增长2.2%。农林牧渔业总产值27.89亿元，同比下降5.5%。粮食播种面积2.46万公顷，总产量13.74万吨。其中，小麦播种面积1.10万公顷，总产量6.66万吨；玉米播种面积1.07万公顷，总产量6.25万吨。规模以上工业总产值309.21亿元，规模以上工业营业收入377.47亿元；规模以上工业利润30.41亿元，同比增长46.7%。社会消费品零售总额178.07亿元，同比增长9.7%。城镇居民人均可支配收入37150元，同比增长8.3%；农村居民人均可支配收入20915元，同比增长9.1%。

中共鹿泉区委书记：杨国芳
区人大常委会主任：张旭午
区　　　　　长：李为军
区政协主席：李书海（2月免）

【产业项目】 三次产业比例为0.7∶37.9∶61.4。围绕"1+3"产业体系，多次赴全国各地精准招商和宣传推介，签约引进中国电子商会数字产业园、深圳电子科技产业基地、联东U谷等76个优质项目，总投资216亿元。全区亿元以上在建和前期项目达到139个，总投资1640亿元。其中中关村创新产业园等20个项目开工建设，科林高端装备制造基地等28个项目竣工投用。经济开发区被评为全省高新技术企业发展先进开发区，主营业务收入增长25%，税收增长32%。鹿北产业新区大力完善基础设施，故城路、纬二十六路、计三路建成通车，基本形成"四横一纵"路网体系，污水管网北延至核心区。签约引进中科院硅基探测器、京东亚洲一号等一批新兴产业项目，北部发展迈出坚实步伐。军民融合创新中心整合军民两用技术1.8万项，新增军民融合企业26家，总数达到62家，光谷科技园被评为全省军民融合产业示范园。新增省市技术创新中心13家、企业技术中心5家，市级以上研发平台达到149家，其中院士工作站达到9家，博士后创新实践基地达到3家，众创空间和孵化器、加速器达到14家，军鼎科技园被认定为国家级孵化器，立德电子荣获国家科学技术进步一等奖。创新群体进一步扩大，新增科技小巨人7家、高新技术企业65家、科技型中小企业110家，总数分别达到42家、175家、828家。高新技术产业增加值增长11.7%，科技创新贡献率达到63%，获批省级双创示范基地、全省知识产权示范区。全域旅游纵深推进。精心打造工贸旅游创新区，继续推进建设新项目，成功举办“京津冀美食文化节”“石家庄国际啤酒节”“国际半程马拉松”等大型节会赛事，承办第四届省旅发大会，全年接待游客突破2000万人次，旅游总收入突破20亿元。新兴产业潜力厚积。新增电子信息企业96家，总数达到398家，销售收入达到260亿元，创税3.15亿元，增长48%。

【农业生产】 全年农林牧渔业总产值27.89亿元，同比下降5.5%。其中，农业产值16.60亿元，林业产值1.28亿元，牧业产值6.81亿元，渔业产值8638万元，农林牧渔服务业产值2.34亿元。粮食播种面积2.46万公顷，总产量13.74万吨，平均亩产372.5千克。其中，小麦播种面积1.10万公顷，总产量6.66万吨，平均亩产405.4千克；玉米播种面积1.07万公顷，总产量6.25万吨，平均亩产390.8千克。豆类播种面积2365公顷，总产量5152吨，大豆播种面积2294公顷，总产量5040吨。油料作物播种面积828公顷，总产量2538吨。棉花播种面积22.90公顷，总产量20.79吨。蔬菜及食用菌种植面积5457公顷，总产量43.34万吨。瓜果种植面积77公顷，总产量2867吨。果园面积1562公顷，其中，苹果园563公顷、梨园115公顷、桃园276公顷、葡萄园175公顷。水果总产量（不含果用瓜）1.54万吨，其中，苹果2918吨（红富士苹果2698吨）、梨2268吨（雪花梨2037吨、鸭梨215吨）、桃1707吨、葡萄3356吨、红枣161吨。至2019年底，牛、奶牛、猪、羊、家禽、蛋鸡存栏数分别达到9982头、8079头、1.90万头、1.13万只、199.71万只、193.94万只。肉、奶、禽蛋、鸡蛋产量分别达到8271吨、4.62万吨、2.33万吨、2.20万吨，其中，猪肉、牛肉、羊肉、家禽肉产量分别达到3947吨、1191吨、215吨、2915吨。水产品养殖面积426公顷，总产量5115吨。设施蔬菜播种面积1180公顷，同比减少5.3%。建设高标准农田1.4万亩，流转土地16.7万亩，流转率达68%。农业产业化经营率78.07%。农业机械总动力49.75万千瓦。新增家庭农场15家，总数达到105家；培养市级以上示范家庭农场32家、示范合作社18家。拥有市级以上农业产业化重点龙头企业25家，其中，国家级2家、省级8家；发展省级示范农业产业化联合体3家。邓庄村入选第五批全国一村一品示范村。

【城乡建设】 按照“一核两带五片区”发展布局，启动区乡两级国土空间规划和村庄规划研究编制，完成主城区东、中、西等重点片区城市设计，功能分区更加清晰。二街、六街、七街和龙泉片区“四个片区”改造扎实推进，启动中央商务活力区建设，实施南太平河整治提升，改造提升21条小街巷，打造4条精品示范街，奇石街北延建成通车。城市功能更加完善。山前大道全线通车，完成翠屏大街、岭底支线（铜冶至山前大道）和郑村支线大修，实施京赞线、石闫线、南二环西延等8条道路绿化提升，全区公路通车里程1011.5千米，高等级公路230.8千米。新改建污水管网18.8千米、供水管网168.39千米、供热管网130千米，集中供热面积达到1398万平方米。新改建农村道路8.9千米，创建美丽庭院5.6万户，实施50个村污水治理，104个村实现污水集中治理，全省美丽庭院现场会、全市乡村振兴暨农村人居环境整治推进会在鹿泉区召开。优化城市管理。巩固全国文明城创建成果，创建国家卫生城集中攻坚，组织开展全区垃圾清零行动，排查清理城中村、城乡接合部积存垃圾3.3万立方米，国省干道、高速、铁路、绿化带及河道周边垃圾4.2万立方米，清理区域内积存垃圾2.4万立方米。新建便民市场6个，清理整改违法占地57宗，清理整治违建别墅49宗。解决房地产遗留问题30个，办理不动产登记1.2万余户。改善空气质量，实施150家涉VOCs企业治理，完成78台10蒸吨以下燃气锅炉低氮改造，全年压减燃煤22.5万吨，空气质量综合指数降至6.75，下降4.66%。查处违法违规项目19个、水事违法行为39起，治理水土流失面积11平方千米。全年植树300万株，人工造林2.6万亩，封山育林3万亩，林木覆盖率达到52%，5个村获评省级森林乡村。

【社会民生】 全年民生投入达到39.7亿元，三四街小学开工建设，2所中心幼儿园主体完工，4所小学综合楼建成投用，新增普惠性幼儿园6所，完成居民住宅项目配套幼儿园移交专项治理，公开招录教师150名。至2019年底，全区范围内完全小学88所，教学点30所，初中16所（含九年一贯制公办学校3所、民办学校2所），高中4所，中职9所（其中：职业高中4所、成人中专1所、普通中专4所），幼儿园73所（其中：教育部门5所、民办68所），特教1所。就业再就业稳步发展。全区城镇新增就业3973人，城镇失业人员实现再就业1089人，就业困难人员实现再就业264人，城镇登记失业率1.26%；农村劳动力向非农产业转移2147人。重视医药卫生事业，区人民医院永壁分院主体完工，上庄镇卫生院投入使用，实施乡镇卫生院与村卫生室一体化管理，铜冶镇中心卫生院入围“全国优质服务基层行”榜单。全区医院、卫生院17个，医院、卫生院床位925张，其中等级医院床位680张；8个乡镇卫生院建成“国医堂”、4个建设成标准化中医科，提供中医药服务比例达100%。人民医院综合服务能力不断增强，开展冠脉介入手术76例，其中急诊PCI介入治疗10例，此项技术填补鹿泉空白。组织“国际公路自行车赛”“君乐宝牛奶的行走”等大型体育活动，编纂乡（镇）志、村志46部，被评为河北省公共文化服务示范区，被列为全省首批青年发展规划实施试点区。水峪丝弦、百尺杆水饺制作技艺、邵营手把面条挂面制作技艺、形意拳（黄老庆支系）、班候传杨氏太极（鹿泉）5个项目被列入2019年鹿泉区第四批代表性非物质文化遗产项目名录。全区有体育场馆2所，影剧院1座，文化馆1个。区公共图书馆图书总藏量123千册，全区有县级以上文物保护单位67件，其中一级文物12件。广播电视综合覆盖率100%，数字电视用户3.84万户。全区参加职工基本养老保险57857人，基本养老保险金征缴50950万元；工伤保险参保75648人，工伤保险金征缴2584万元。完成老旧小区改造18个、农村危房改造31户。推进农村集体产权制度改革，208个村清产核资全部完成，获批全国首批乡村治理体系建设试点区。

（李晓伟）

栾 城 区

【概况】 栾城区位于石家庄市区南部，东北与藁城区，东南与赵县，西北与鹿泉区，西南与元氏县，北与裕华区相邻，距离石家庄市主城区12千米。2014年9月撤县设区。总面积345平方千米，辖5个镇（郄马镇由高新区代管）、3个乡，1个省级经济开发区，7个居委会、181个村委会，常住人口36.23万人。2019年栾城区完成地区生产总值172.64亿元，同比增长7.2%。其中，第一产业增加值15.2亿元，增长0.9%；第二产业增加值73.2亿元，增长6.1%；第三产业增加值84.3亿元，增长10.0%。全部财政收入26.08亿元，同比增长8.1%，其中，公共财政预算收入16.09亿元，增长18.1%；财政支出32.29亿元，同比增长19.4%。农林牧渔业总产值29.75亿元，同比下降1.6%。粮食播种面积3.17万公顷，总产量21.19万吨。其中，小麦播种面积1.64万公顷，总产量11.60万吨；玉米播种面积1.18万公顷，总产量8.59万吨。规模以上工业总产值184.02亿元，规模以上工业营业收入173.36亿元；规模以上工业利润14.56亿元，同比下降5.1%。社会消费品零售总额110.42亿元，同比增长8.0%。城镇居民人均可支配收入34470元，同比增长8.2%；农村居民人均可支配收入19096元，同比增长9.2%。

中共栾城区委书记：张旭

区人大常委会主任：张军廷

区　　　长：彭勇民
区政协主席：岳云霞（女）

【产业项目】 三次产业比例为8.8：42.4：48.8。2019年栾城区计划实施重点项目42项，总投资435.94亿元。其中，续建项目18个，总投资268.26亿元；计划开工项目24个，总投资167.68亿元；入选省市重点项目24个，总投资364.3亿元。以供给侧结构性改革为主线，推动工业企业转型升级，实施工业技改项目50项，石煤机改造升级二期等8个项目列入2019年省千项技改项目库。新增规模以上工业企业16家、省级技术创新中心3家、市级众创空间3家，新增马德里国际商标5件、驰名商标1件、地理标志证明商标1件。杰克化工被工信部评为绿色工厂，新增规模以上服务业企业7家。围绕“4+2+1”现代产业和园区发展，贯彻新发展理念，着力扩投资提质量，推动经济引擎聚力发力。持续推进“项目建设攻坚突破年”活动，谋划实施产业项目51个，总投资521亿元，其中24个项目列为省市重点。争取土地指标3794亩，收储土地2600亩，征地组卷5838亩、获批2764亩。东科高端装备产业园等4个项目实现开工，奇瑞新能源汽车等10个项目进展顺利。出台《投资促进实施办法》，精准开展招商选资，总投资179亿元31个项目实现签约，招商引资项目库储备达到103项，实际利用外资1.64亿美元。谋划实施21项总投资1.47亿元园区基础设施工程，规划街、科技街道路排水等8项工程竣工投用。开通“石家庄栾城—太原尧城”国内首条省会城市间短途运输航线，栾城通航机场被国家应急管理部列为全国应急救援点之一。举办2019中国国际通用航空博览会，近30个国家165家企业参展，获评“河北省优秀品牌展会”。装备制造产业园主营业务收入740亿元，同比增长36.6%，获评“国家外贸转型升级基地”“河北省外贸出口先进开发区”。举办“三苏祖籍”文化节、草莓采摘节、樱桃音乐节、农民丰收节等活动，建成农业精品旅游线路3条，吸引游客200余万人次。

【农业生产】 全年农林牧渔业总产值29.75亿元，同比下降1.6%。其中，农业产值11.06亿元，林业产值3941万元，牧业产值11.88亿元，农林牧渔服务业产值6.42亿元。粮食播种面积3.17万公顷，总产量21.19万吨，平均亩产446.1千克。其中，小麦播种面积1.64万公顷，总产量11.60万吨，平均亩产471.6千克；玉米播种面积1.18万公顷，总产量8.59万吨，平均亩产485.6千克；谷子播种面积419公顷，总产量1758吨，平均亩产280.0千克。豆类（主要是大豆）播种面积2974公顷，总产量7686吨。油料作物播种面积29公顷，总产量79吨。棉花播种面积3.53公顷，总产量2.10吨。蔬菜及食用菌种植面积965公顷，总产量7.80万吨。瓜果种植面积108公顷，总产量4673吨。果园面积411公顷，其中，苹果园84公顷、梨园5公顷、桃园203公顷、葡萄园27公顷。水果总产量（不含果用瓜）3900吨，其中，苹果125吨（红富士苹果68吨）、桃1509吨、葡萄158吨。至2019年底，牛、奶牛、马、猪、羊、家禽、蛋鸡存栏数分别达到1.33万头、5900头、266匹、1.88万头、1.59万只、713.06万只、692.86万只。肉、奶、禽蛋、鸡蛋产量分别达到1.58万吨、2.95万吨、7.18万吨、6.74万吨，其中，猪肉、牛肉、羊肉、家禽肉产量分别达到3594吨、1663吨、353吨、1.0万吨。推进农业结构调整，制定出台《调整优化农业种植结构补贴政策》。压减草皮种植面积6700余亩，推广优质强筋麦7.2万亩，发展大豆、黄桃、生姜等优质品种5.6万亩。天亮种植合作社被认定为省“十佳”农民合作社。农业产业化经营率达61.5%。

【城乡建设】 统筹城乡规划建设，45个重点城建项目实现竣工，太行大街（惠源路—栾武路）获评省级园林式街道，农村人居环境整治全域完成并通过省级验收。高标准规划打造“四大片区”，完成北部新城城市设计、高铁新城片区概念规划和现代服务经济示范区规划方案编制。谋划推进“六大工程”“九大项目”，实施47个重点城建项目，总投资13.4亿元，完成107国道大修、李冶街北延等8条道路工程，实施宏远路、栾武路等7项供排水管网工程，对惠源路、柴武大街等4条城区道路及3个高速口进行绿化提质，完成20个老旧小区提标改造，开通太行大街公交线路，10个机关单位“开墙透院”，建成栾武路林荫停车场，城市综合承载力明显提升。坚持“五化”并重，实施环境卫生、市容秩序、广告牌匾等系列整治行动，一批城市顽疾得到有效治理，顺利通过国家卫生城暗访。全力打造乡村振兴先行示范区。

编制完成乡村振兴战略发展规划和专项规划，争取省市资金1.7亿元，聚焦“六清三建一改”，扎实开展以垃圾治理、厕所改造、绿化美化、村容村貌提升为主要内容的农村人居环境整治三年行动，实施城乡环卫市场化，清理垃圾7.2万立方米，卫生厕所基本实现全覆盖，硬化农村街道巷道34.1万平方米，创建精品庭院9800个，种植乔灌木26万余棵（株），村庄绿化覆盖率达35%以上，5个村获评省级森林乡村。

【社会民生】 持续改善人民生活。民生支出占一般公共预算支出比重超过85%，10件惠民利民实事全部完成，基本建成棚户区改造住房570套，城镇新增就业3427人。城乡居民人均可支配收入分别达到34470元、19086元，分别增长8.2%、9.2%。全区有艺术表演团体3个、文化馆（1个）、公共图书馆1个。电视节目和广播节目综合覆盖率达到100%。全面提升教育发展水平，三苏小学、二幼分园等建成投用，新建农村幼儿园3所，栾城中学获评“河北省绿色学校”，教育领域荣获省级以上荣誉16项。全区有县级医院3个，社区卫生服务中心1个，乡镇卫生院7个，村卫生室173个，开放床位1235张，卫生技术人员815人，执业（助理）医师1477人，注册护士390人。深化县级公立医院综合改革，全面启动紧密型医联体建设，实现乡镇卫生院与村卫生室卫生健康服务一体化管理。区人民医院获评省级健康促进试点医院。扩大养老服务供给，3个居家养老综合服务中心实现社会化运营，长护险试点工作顺利启动。建成国民体质监测中心，成功举办首次冰雪运动会，组织彩色周末、文化下乡等文体惠民活动70余场次。

（栾城区党史研究中心）

井 陉 县

【概况】 井陉县位于石家庄市西部，地处太行山东麓，境内多山岭，东与鹿泉区、元氏县，东南与赞皇县，西及西南与山西省，西北与平山县相邻，距离石家庄市主城区40千米。境内拥有秦皇古驿道、于家石头村、大梁江村、苍岩山、仙台山等历史文化古迹、古村落及旅游景区，是韩信背水之战和百团大战的主战场。石灰石矿藏质好量多，井陉拉花闻名全国。总面积1381平方千米，辖10个镇、7个乡，1个省级经济开发区，321个村委会，常住人口31.67万人。2019年井陉县完成地区生产总值96.94亿元，同比增长3.1%。其中，第一产业增加值9.8亿元，下降27.3%；第二产业增加值30.7亿元，增长4.0%；第三产业增加值56.4亿元，增长8.9%。全部财政收入14.26亿元，同比增长9.3%，其中，公共财政预算收入8.20亿元，增长15.4%；财政支出23.35亿元，同比增长1.1%。农林牧渔业总产值15.80亿元，同比下降22.5%。粮食播种面积1.46万公顷，总产量4.87万吨。其中，小麦播种面积916公顷，总产量4230吨；玉米播种面积1.08万公顷，总产量4.08万吨。规模以上工业总产值85.25亿元，规模以上工业营业收入82.34亿元；规模以上工业利润3.88亿元，同比下降21.5%。社会消费品零售总额43.84亿元，同比增长10.2%。城镇居民人均可支配收入32031元，同比增长8.1%；农村居民人均可支配收入14506元，同比增长9.4%。

中共井陉县委书记：刘玉渭
县人大常委会主任：王永华
县　　长：李杰
县政协主席：毕元明

【产业项目】 三次产业比例为10.1∶31.7∶58.2。全年实施重点项目180个，列入市重点项目14个，完成投资66.8亿元，占全年任务133%。引进惠士鑫墙体材料等环保科技项目12个，均属“4+4”现代产业。再生金属加工等5个重点开工项目，总投资超过120亿元，单体规模大、带动能力强，成为高质量发展的基础。厦能炘环能发电、神力焊材等7个项目投产达效，竣工投产率同比翻一番。开发区建设全面提速，税收和主营业务收入分别增长27%和28%。创建省级众创空间1家，新增省级高新技术企业3家，规模以上工业企业达到50家。全面启动矿山行业治理整合，一、二区生产线安装进度过半，三、四区矿山完成关闭。碳酸钙企业自动化、智能化建设达到国内同行业先进水平，税收创历史新高。打造传统村落特色精品旅游片区，旅游综合收益和游客实现“井喷式”增长，分别达到23.6亿元和550万人次，同比增长6.5倍和3.5倍。新增市场主体2634户，电商服务覆盖所有行政村，服务业增加值占生产总值比重超过50%。

【农业生产】 全年农林牧渔业总产值15.80亿元，同比下降22.5%。其中，农业产值5.57亿元，林业产值2.20亿元，牧业产值6.25亿元，渔业产值824万元，农林牧渔服务业产值1.69亿元。粮食播种面积1.46万公顷，总产量4.87万吨，平均亩产221.6千克。其中，小麦播种面积916公顷，总产量4230吨，平均亩产307.8千克；玉米播种面积1.08万公顷，总产量4.08万吨，平均亩产251.2千克；谷子播种面积794公顷，总产量715吨，平均亩产60.1千克。豆类播种面积1272公顷，总产量966吨，大豆播种面积936公顷，总产量772吨。薯类播种面积832公顷，总产量9910吨。油料作物播种面积1212公顷，总产量2036吨。棉花播种面积84.37公顷，总产量50.58吨。蔬菜及食用菌种植面积1695公顷，总产量7.82万吨。果园面积871公顷，其中，苹果园598公顷、桃园100公顷、葡萄园13公顷。水果总产量（不含果用瓜）1.77万吨，其中，苹果（主要是红富士苹果）1.26万吨、桃1472吨、葡萄209吨、红枣1573吨。至2019年底，牛、驴、猪、羊、家禽、蛋鸡存栏数分别达到1.90万头、303头、5.05万头、6.03万只、214.46万只、206.64万只。肉、奶、禽蛋、鸡蛋产量分别达到1.29万吨、2650吨、2.0万吨、1.95万吨，其中，猪肉、牛肉、羊肉、家禽肉、驴肉产量分别达到6487吨、2941吨、915吨、2489吨、29吨。蜂蜜产量14吨。水产品养殖面积4公顷，总产量310吨。培育国家级健康养殖示范场2家、省级健康养殖示范场3家，建成省级现代农业园区1个。井陉花椒、井陉蓝莓、井陉黑豆获批国家地理标志商标。

【城乡建设】 实施总投资近20亿元的34项县城建设重点工程，迎宾大道完成改扩建，顺接井石快速路直达省会，成为井陉的融合发展路、对外形象路；微水电厂和长岗棚改稳步推进，3个老旧小区完成改造，居民生活品质进一步改善。完成绵蔓河整治和金良河拆违，形成水面27万平方米，“水系穿城两岸绿”的灵动县城尽显山水之美。井陉宾馆完成改造，成功实现市场化运营，服务能力和接待水平实现质的提升；140栋建筑亮化点缀靓丽夜景，7个游园绿地实现升级提档，城市颜值持续刷新。农村改厕2.1万座，改造危房181户，完成20个村饮水安全提升工程，新建垃圾深埋桶收集站150座，清理垃圾12万方。南绕城高速主线贯通，平赞高速、井矿快速路通车，井元路大修完工，37.2千米农村公路安防工程竣工，太行“天路”、元大线获评省级“美丽农村精品示范路”，井陉县南障城镇吕家村入选第七批中国历史文化名村。开展环境综合治理，推广洁净型煤3.63万吨，完成电代煤2184户，低氮改造燃气锅炉46台，累计整治“散乱污”企业497家，全县PM2.5平均浓度下降4.5%。造林绿化、封山育林11.8万亩，修复矿山迹地473亩，仙台山成为“森林养生国家重点建设基地”。

【社会民生】 加大民生支出力度，占到一般公共预算支出的85.5%。脱贫攻坚实施8大类、98项扶贫项目，覆盖所有贫困人口，人均收入稳定达标，“两不愁三保障”政策全面落实，提前完成脱贫任务。井陉县第一小学完成搬迁，改造提升学校58所，公开招聘教师224名，1.3万名农村小学生免费享受“营养餐”。乡村卫生健康服务一体化工作通过全省验收，中国工程院院士工作站在县医院挂牌成立。成立融媒体中心，新建广电发射塔，井陉拉花赴韩国开展对外交流，桃林坪花脸社火参加全国杂技类非遗项目会演，井陉县荣获首届“中国文化百强县”，顺利通过全省首批公共文化服务体系示范区验收。成立未成年人保护中心，新建居家养老服务中心2家，发放各类救助资金3436万元。新增就业岗位3150个，城镇登记失业率保持在4%以下。获评全省法治乡村建设试点县。

（许贺飞）

正定县

【概况】 正定县位于石家庄市北侧，与石家庄市主城区相接，距离石家庄市主城区13千米，东与藁城区，北与新乐市、行唐县，西与灵寿县、鹿泉区，南与长安区、新华区相邻。境内多寺庙，拥有隆兴寺、广惠寺、天宁寺、临济寺、开元寺、文庙、正定古城墙、国家乒乓球训练基地等历史古迹及旅游地。正定小商品博览会、板材、书法闻名周边，元曲杂剧作家白朴曾在正定生活和创作。历史上正定与保定、北京并称“北方三雄镇”，素有“三山不见，九桥不流”“九楼四塔八大寺，二十四座金牌坊”“古建筑宝库”的美誉。正定是国家历史文化名城、全国中小城市综合改革试点、国家智慧城市试点和中国最具投资潜力中小城市百强县。总面积468平方千米，辖3个镇、5个乡、2个街道办事处，1个省级高新技术产业开发区，42个居委会、154个村委会，常住人口49.98万人。2019年正定县完成地区生产总值280.39亿元，同比增长7.8%。其中，第一产业增加值39.4亿元，增长1.4%；第二产业增加值67.6亿元，增长3.8%；第三产业增加值173.4亿元，增长10.5%。全部财政收入51.94亿元，同比增长20.8%，其中，公共财政预算收入37.42亿元，增长28.8%；财政支出65.58亿元，同比下降26.2%。农林牧渔业总产值62.57亿元，同比增长2.1%。粮食播种面积4.14万公顷，总产量27.51万吨。其中，小麦播种面积2.08万公顷，总产量14.42万吨；玉米播种面积1.64万公顷，总产量11.66万吨。规模以上工业总产值142.06亿元，规模以上工业营业收入119.38亿元；规模以上工业利润4.86亿元，同比下降23.8%。社会消费品零售总额166.44亿元，同比增长9.5%。城镇居民人均可支配收入34862元，同比增长9.0%；农村居民人均可支配收入20310元，同比增长9.6%。8月2日，国务院批复设立中国（河北）自由贸易试验区正定片区；8月31日，中国（河北）自由贸易试验区正定片区挂牌。

市委常委、正定县委书记、河北正定高新区(现代服务区)党工委书记：
张业

县人大常委会主任：崔庆朝

县长、河北正定高新区(现代服务区)管委会主任：
孙鹏云(12月免)

县政协主席：钟亚辉(女)

正定新区党工委书记：
张业 (8月免)

正定新区管委会主任：
孙鹏云(8月免)

【产业项目】 三次产业比例为14.1∶24.1∶61.8。发展“4+4”现代产业，规模以上高新技术产业增加值增长45.6%。19项市重点项目完成投资63.4亿元，占比120.5%。35个“4+4”现代产业项目完成投资43.6亿元，占比100.1%。新增规模以上企业16家、总数达150家，民营经济增加值增长7.5%。拥有高新技术企业31家，省级技术创新中心4家、市级创新中心14家，院士工作站3家，省级实验室2家，省级创新型企业2家、市级创新型企业达到13家。拥有国家级众创空间2家，省级众创空间3家，市级4家。科技型中小企业656家，小巨人24家，跃升为全省县域科技创新能力监测评价A类县。成功举办第12届正博会，签约项目23个、总投资217.7亿元，荣获“辉煌70年·中国品牌展览会金奖”和“河北省优秀品牌展会”。正定县获评“2019年度中国十佳县域会展城市”。完善全域游规划，建成塔元庄、高平村等红色旅游示范点，提升1468家餐饮单位接待水平。推出正定特色、正定元素的旅游文创产品14个系列300多个品种，旅游带动产业深度融合。承办第四届省旅发大会，建设滹沱河生态走廊、3个乡村驿站、4家快捷酒店；实施东门里民宿、游客中心等文旅融合项目；打造大型水上实景演出《滹沱河畔》。全年接待游客1496.8万人，旅游收入78.3亿元。

【农业生产】 全年农林牧渔业总产值62.57亿元，同比增长2.1%。其中，农业产值27.20亿元（中药材8294万元），林业产值1.29亿元，牧业产值30.33亿元，农林牧渔服务业产值3.76亿元。粮食播种面积4.14万公顷，总产量27.51万吨，平均亩产443.5千克。其中，小麦播种面积2.08万公顷，总产量14.42万吨，平均亩产462.3千克；玉米播种面积1.64万公顷，总产量11.66万吨，平均亩产473.8千克。豆类（主要是大豆）播种面积3199公顷，总产量8040吨。薯类播种面积784公顷，总产量2.78万吨。油料作物播种面积2683公顷，总产量1.18万吨，花生播种面积2561公顷，总产量1.14万吨。棉花播种面积3.37公顷，总产量2.12吨。蔬菜及食用菌种植面积6710公顷，总产量58.85万吨。瓜果种植面积328公顷，总产量2.04万吨，西瓜种植面积253公顷，总产量1.75万吨。果园面积693公顷，其中，苹果园83公顷、梨园48公顷、桃园259公顷、葡萄园251公顷。水果总产量（不含果用瓜）8279吨，其中，苹果1007吨（红富士苹果312吨）、梨527吨（雪花梨45吨、鸭梨292吨）、桃5658吨、葡萄931吨。至2019年底，牛、奶牛、驴、猪、羊、家禽、蛋鸡存栏数分别达到4.36万头、1.15万头、460头、20.12万头、2.38万只、623.84万只、602.02万只。肉、奶、牛奶、禽蛋、鸡蛋产量分别达到5.99万吨、7.36万吨、7.30万吨、8.64万吨、7.82万吨，其中，猪肉、牛肉、羊肉、家禽肉、驴肉产量分别达到3.73万吨、8208吨、600吨、1.37万吨、74吨。

【中国(河北)自由贸易区正定片区】 8月26日，中国（河北）自由贸易试验区正定片区获批。8月31日，自贸区正定片区正式挂牌，围绕投资便利化、贸易自由化，激发创新发展新动能。研究制定生物医药产业、现代服务业等6个专项支持政策，与工商银行等10余家金融机构和荷兰同方仁寿等境外保险机构建立联系，农业银行已入驻。组织参加深圳、上海推介会，举办招商推介活动38场。已完成市场主体登记注册353家。2019年新区在建项目87个，完成投资128亿元。市青少年宫、安悦酒店、市职教园区二期建成投用，市城市馆、市图书馆完工。举办中国国际物流发展大会等展会107场，参展商8617家，客流量298万人次，成交额26亿元。加快数字经济产业园建设。新区实现全部财政收入23.1亿元，增长17.2%；一般公共预算收入完成18.9亿元，增长18.2%。综保区口岸功能不断完善，新合纤维等5个续建项目全部完工。注册企业198家，增长383%。新开8家进口商店。一般公共预算收入完成7500万元，增长10%。固定资产投资完成10.7亿元，增长25.8%。全年进出口贸易额突破100亿元（完成16.2亿美元），是总任务量的2.7倍，较2018年增长4倍。新元高速正定高新区互通口建成通车，精进电动全部完工，北摩高科、盛华集团高端装备制造一期投产试运营，常山北明云数据中心建成2000台机柜，阿里、腾讯等国内互联网巨头入驻。获批河北省新型工业化示范基地，被评为省级先进开发区，获省级奖励300万元。全年主营业务收入825亿元，增长31.9%。

【城乡建设】 编制完成《正定县国土空间总体规划（2019~2035年）》规划纲要，修订完善《历史文化名城保护规划》，实施城东街北延、河北大道等一批道路工程，打通成德北街“卡脖路”，完成育才街拓宽、中山东路（旺泉街-东城门）拓宽等道路建设工程。实施成德南街西侧居民区改造等5个片区征迁。莲池公园、城北带状公园等竣工投用，绿化覆盖率40.26%。改造完成城中村项目3个，棚户区住房改造开工300户，保障性住房开工220套，开工率均为100%。完成69个老旧小区改造，节能改造14.8万平方米。219个小区实现物业管理全覆盖。推进《正定县（正定新区）总体规划及古城风貌恢复提升规划与实施》，24项工程全部完工。《石家庄市正定古城保护条例》于2019年10月1日正式实施，古城保护有法可依。梁氏宗祠升为国保，国保达到10处。5家企业退城搬迁，5个机关单位疏解出古城。推进绿化美化等13项行动，启动实施正灵路、行贾线改造提升，农村人居环境不断改善，成功申报“省级乡村振兴示范区”。完成河北大道21.3千米生态长廊建设，造林3.1万亩，森林覆盖率达28.63%。完成70个农村公路改建工程，7条新增城乡公交线路正式运营。塔元庄村被农业农村部评为“全国乡村治理示范村镇”。整治“散乱污”企业27家，完成46座农村污水处理站市场化运营，关停自备井148眼，平均水位上升2.2米，全年空气质量综合指数7.05，优良天数174天。10月29日，全省县城建设品质提升暨停车设施建设现场观摩会在正定召开。

【社会民生】 提高社会保障水平，全年新增城镇就业5832人，城镇登记失业率在4.5%的控制计划内。发放农村低保1115.3万元、城镇保障金253.6万元、特困资金733.4万元。县城内集中供热1.1万户、农村清洁供暖7.9万户。投入1.47亿元推进薄弱学校改造，新改建项目67个。开元小学投入使用，新增小学学位2000个。新建县四幼等4所公办幼儿园，改扩建1所公办附属幼儿园，新增2所市级普惠性幼儿园，增加幼儿学位1560个。县一中本一上线率同比增长82%、达到403人，在全市各县高考综合排名第二。校园冰雪运动蓬勃发展，开展校园冰雪活动100余场。有县级医院3个，乡镇卫生院14个、村卫生室170个、开放床位2697张、卫生技术人员4524人，执业医师2231人、注册护士1312人。实施医疗改革，门诊入社区，村街卫生室刷卡就医，取消县医院普通门诊挂号费和一般诊疗费，全县152个村卫生室全部完成医保报销设备安装使用。完成县医院医技楼改造提升。依托乡镇卫生院建设5个医养结合体。正定县入选全省33家首批医养结合优质服务单位。全县有艺术表演团体10个、文化馆1个、博物馆2个、公共图书馆1个。举办县首届冰雪运动会，荣获河北省首届冰雪运动会“最佳赛区奖”。

（正定县档案馆）

行唐县

【概况】 行唐县位于石家庄市北部，东与新乐市，西与灵寿县，南与正定县相邻，北及东北与阜平县、曲阳县相接，属太行山东麓浅山丘陵区与华北平原交接地带，距离石家庄市主城区50千米。2012年行唐县批准成为国家扶贫开发工作重点县。总面积966平方千米，辖4个镇、11个乡，1个省级经济开发区，8个居委会、322个村委会，常住人口41.76万人，人口自然增长率5.75‰。2019年行唐县完成地区生产总值115.86亿元，同比增长8.0%。其中，第一产业增加值34.7亿元，增长4.1%；第二产业增加值19.8亿元，增长8.1%；第三产业增加值61.4亿元，增长9.7%。全部财政收入8.72亿元，同比增长8.8%，其中，公共财政预算收入6.12亿元，增长13.4%；财政支出35.04亿元，同比增长13.7%。农林牧渔业总产值57.89亿元，同比增长5.9%。粮食播种面积5.23万公顷，总产量33.21万吨。其中，小麦播种面积2.22万公顷，总产量13.79万吨；玉米播种面积2.77万公顷，总产量18.41万吨。规模以上工业总产值39.53亿元，规模以上工业营业收入39.41亿元；规模以上工业利润2.15亿元，同比增长8.8%。社会消费品零售总额82.49亿元，同比增长9.0%。城镇居民人均可支配收入32113元，同比增长8.1%；农村居民人均可支配收入9667元，同比增长11.2%。2019年5月5日，经河北省政府批准，行唐县退出贫困县序列。

中共行唐县委书记：杨立中
县人大常委会主任：高华树
县　　长：王彦芳
县政协主席：盖义江

【产业项目】 三次产业比例为29.9∶17.1∶53.0。全年在建重点项目24个，完成投资66亿元，占年度计划128%。中铁建建筑产业化、强大泵业等9个亿元以上项目竣工投产，巨弘新型建材、筑通科技等15个亿元以上项目顺利推进。行唐县君乐宝儿童配方奶粉获得“全球最佳儿童乳制品奖”，乳业产业集群入列省级重点产业集群。玉晶玻璃入选全市企业百强，“绿色建材产业名县”通过专家评审。新增规模以上工业企业4家、科技型中小企业18家，高新技术企业达到11家。引进签约京津冀服装产业园、中节能等亿元以上项目11个。争取专项资金23.6亿元，发行债券资金7.9亿元，帮助企业融资7500万元，减税降费1.3亿元。整合涉农资金2.3亿元，发放扶贫贷款4100万元，谋划实施大棚种植、光伏发电等产业项目69个，带动贫困人口增收1.2万人。

【农业生产】 全年农林牧渔业总产值57.89亿元，同比增长5.9%。其中，农业产值24.70亿元（中药材3.07亿元），林业产值1.05亿元，牧业产值26.98亿元，渔业产值246万元，农林牧渔服务业产值5.14亿元。粮食播种面积5.23万公顷，总产量33.21万吨，平均亩产423.2千克。其中，小麦播种面积2.22万公顷，总产量13.79万吨，平均亩产

414.6千克；玉米播种面积2.77万公顷，总产量18.41万吨，平均亩产442.4千克；谷子播种面积492公顷，总产量1230吨，平均亩产166.8千克。薯类播种面积1579公顷，总产量4.16万吨。油料作物播种面积4198公顷，总产量1.63万吨，花生播种面积3679公顷，总产量1.50万吨，花生产量位列全市第一。棉花播种面积15.36公顷，总产量10.76吨。蔬菜及食用菌种植面积4049公顷，总产量26.39万吨。瓜果种植面积462公顷，总产量1.60万吨。果园面积1.47万公顷，其中，苹果园489公顷、梨园59公顷、桃园218公顷、葡萄园10公顷。水果总产量（不含果用瓜）11.88万吨，其中，苹果2.28万吨（红富士苹果2.22万吨）、梨3872吨（雪花梨3743吨、鸭梨98吨）、桃5901吨、葡萄361吨、杏675.86吨、红枣8.49万吨，红枣产量位列全市第一。核桃产量2516.72吨。至2019年底，牛、奶牛、驴、骡、猪、羊、家禽、蛋鸡、兔存栏数分别达到6.61万头、4.92万头、3115头、102头、6.04万头、3.94万只、525.85万只、506.66万只、9343只。肉、奶、禽蛋、鸡蛋产量分别达到3.28万吨、21.95万吨、4.39万吨、3.82万吨，其中，猪肉、牛肉、羊肉、家禽肉、驴肉、兔肉产量分别达到1.24万吨、1.33万吨、975吨、5812吨、159吨、25吨。水产品养殖面积22公顷，总产量687吨。实施土地整理项目30个，新增耕地8000余亩。新增省级家庭农场4家、市级专业合作社10个。“行唐大枣”入选省级特色农产品优势区、中国枣业公用品牌20强，“行唐中药材”获得“河北道地药材精品奖”，“行唐苹果”获评省级区域公用品牌。龙州双创农业园区获批“省级四星休闲采摘园”，神树湾获评“省级五星休闲农业园”，多利庄园获评“国家级四星休闲农业园”。

【城乡建设】 推进县城建设，实施永昌路路面修复、南市场管网整治等54项重点市政工程，改造提升龙州大街、玉城大街等5条主干道路，打通复兴大街、富强路等4条“断头路”。10条280千米特色产业路全线贯通，团贯线北河段7千米大修工程开工建设，完成农村道路硬化115千米，全县公路通车总里程1469.3千米，公路密度达到每百平方千米152千米。综合改造老旧小区8个、建筑面积16.2万平方米。实施城市增绿百日攻坚、颍水河景观提升工程，许由大道获评“省级园林式街道”，神华公园被评为“省级三星级公园”，城区绿化面积达到3454.2万平方米。盘活闲置低效用地677亩，争取建设用地规模2190亩。实施城市精细化管理。集中开展“大洗城”行动，196条小街小巷全部纳入日常保洁，建成区道路机械化清扫全覆盖。新客运站投入运营，强力开展村庄清洁百日会战，创建“美丽庭院”19500个，改造厕所23342个，口头污水处理厂提前试水运行，打造上南庄、龙兴庄等5个村容村貌示范村，安太庄片区入列全市乡村振兴示范区。开展河湖专项整治，立案侦办环境类刑事案件17起、刑事拘留53人，依法拆除违法建筑272处、处置违建别墅42宗，取缔非法采砂采矿84起，查扣超限超载车辆1052台，清缴散煤5260吨，打击黑加油站点实现动态“清零”。空气质量综合指数下降2.9%，优良天数达到160天。完成县城饮用水源地规范化建设，城区54眼自备井全部关停。颍水河上游16.3千米河道整治基本完工，河库补水6000万立方米。治理水土流失30平方千米，矿山复绿8160亩；造林面积2456公顷，封山育林面积1867公顷，林木绿化率达42.5%。

【社会民生】 全年用于民生方面支出30.55亿元，同比增长13.8%，占财政支出的87.3%。组建行唐教育发展集团，完成30所中小学及幼儿园改造提升，高中教育跻身全市先进，上碑中学李军会被评为“全国优秀教师”“河北省特级教师”，顺利通过省政府对行唐县履行教育职责评估。县妇幼医院破土动工，乡村卫生健康服务一体化管理试点工作扎实推进，成功通过“河北省中医药强县”验收。历史文化博物馆主体封顶，清凉寺三菩萨壁画摹本全国巡展，故郡遗址考古两次走进央视《探索·发现》。承办全市首届龙舟文化节，央视新闻网等13家主流媒体全程直播。《行唐年鉴2019》及《周家庄村志》《李正保故事歌谣集》等地情书籍发行，清康熙旧志影印完成，县志办主任李蕙萍获评全国地方志先进工作者。大力扶持发展村级集体经济，在全省率先完成农村集体产权制度改革，集体收入5万元以上的村达到222个。医疗、养老保险精准扩面，报销医疗费4.5亿元，核发养老金4.6亿元。城镇新增就业3332人，农村劳动力转移就业6010人，官庄村被认定为“市级充分就业社区”。全面落实低保、特困、残疾人扶持救助政策，发放补助资金5268万元，儿童福利院护理员封娟获评“全国民政系统劳动模范”、荣登“中国好人”榜。

（陈然）

灵寿县

【概况】 灵寿县位于石家庄市西北部，距离石家庄市主城区30千米，东与行唐县，东南与正定县，西与平山县、五台县，南与鹿泉区，北与阜平县相邻。著名景区有五岳寨等。灵寿县是山区县、老区县、国家扶贫开发工作重点县，也是民政部、联合国地名考察组命名的“千年古县”。县内地形轮廓呈条状，地势自西北向东南倾斜，依次为山区50%、丘陵38%、平原12%，地貌格局大体为“七山二水一分田”。总面积1066平方千米，城区面积7.5平方千米，辖6个镇、9个乡，1个省级经济开发区，279个行政村，常住人口34.05万人。2019年灵寿县完成地区生产总值102.24亿元，同比增长7.1%。其中，第一产业增加值26.9亿元，增长4.6%；第二产业增加值18.1亿元，增长3.2%；第三产业增加值57.3亿元，增长9.0%。全部财政收入8.47亿元，同比增长7.3%，其中，公共财政预算收入5.91亿元，增长17.6%；财政支出27.25亿元，同比增长6.4%。农林牧渔业总产值39.99亿元，同比增长2.6%。粮食播种面积3.04万公顷，总产量15.38万吨。其中，小麦播种面积1.05万公顷，总产量5.09万吨；玉米播种面积1.81万公顷，总产量9.43万吨。规模以上工业总产值31.37亿元，规模以上工业营业收入26.16亿元；规模以上工业利润1628万元。社会消费品零售总额59.04亿元，同比增长9.8%。城镇居民人均可支配收入31405元，同比增长7.9%；农村居民人均可支配收入9313元，同比增长10.9%。5月5日，经河北省政府批准，灵寿县退出贫困县序列。6月27～28日，第四届石家庄市旅游产业发展大会在灵寿县举行。

中共灵寿县委书记：宋存汉
县人大常委会主任：刘振波
县　　　长：冯素伟
县政协主席：白东风

【产业项目】 三次产业比例为26.3∶17.7∶56.0。全年规模以上高新技术产业投资2.19亿元，同比增长36%，增速位于全市第三名。围绕石家庄市构建“4+4”现代产业格局，扎实开展“项目落地年”活动，年初确定的51个重点项目完成投资113亿元，其中，8个省市重点项目完成投资37.4亿元，占年度投资计划的235.2%。围绕“四大产业集群”开展精准招商，成功签约总投资160亿元，涵盖数字科技、智慧物流、电子商务、物联网等领域项目18个，特别是总投资70亿元的甲骨文产教融合数字科技基地项目开工建设，为灵寿打造县域经济融合发展典范奠定坚实基础；总投资6亿元的丰树物流产业园项目落地，消除外资企业和引进外资双空白。加强科技创新平台建设，认证省级农业星创天地2家、市级众创空间1家、创新技术中心1家。加快企业创新发展，认定科技型中小企业25家、工业科技小巨人2家、高新技术企业6家，新增规上企业5家。经济开发区能级水平不断提升，出台《关于支持开发区加快实现高质量发展的实施意见》，扎实推进开发区体制机制改革，完成科纺大街、经一路、纬十六路北段等道路配套设施建设，成功争列中国开发区协会会员单位，与中国最大的独角兽企业加速器——天九共享集团签署战略合作协议。开发区主营业务收入达480亿元，同比增长54.48%；实际利用外资1030万美元，同比增长44.13%。

【农业生产】 全年农林牧渔业总产值39.99亿元，同比增长2.6%。其中，农业产值21.44亿元（中药材4700万元），林业产值2.19亿元，牧业产值14.29亿元，渔业产值8693万元，农林牧渔服务业产值1.20亿元。粮食播种面积3.04万公顷，总产量15.38万吨，平均亩产336.9千克。其中，小麦播种面积1.05万公顷，总产量5.09万吨，平均亩产323.0千克；玉米播种面积1.81万公顷，总产量9.43万吨，平均亩产

347.0千克。薯类播种面积1445公顷，总产量3.92万吨。油料作物播种面积1605公顷，总产量3377吨。棉花播种面积31.63公顷，总产量17.34吨。蔬菜及食用菌种植面积2122公顷，总产量37.31万吨；设施蔬菜种植面积200公顷，总产量8750吨。食用菌种植面积7333.3公顷，总产量13.9万吨。花椒种植面积3公顷，总产量4.54吨。药材种植面积490.76公顷，总产量1900吨。果园面积898公顷，其中，苹果园189公顷、梨园35公顷、桃园247公顷、葡萄园219公顷。水果总产量（不含果用瓜）5663吨，其中，苹果487吨（主要是红富士苹果）、梨717吨（主要是雪花梨）、桃2492吨、葡萄725吨。核桃种植1.2万公顷，食用坚果产量1.10万吨。至2019年底，牛、猪、羊、家禽、蛋鸡存栏数分别达到3.25万头、21.20万头、3.19万只、183.73万只、114.17万只。肉、奶、禽蛋、鸡蛋产量分别达到3.71万吨、3.61万吨、1.63万吨、1.43万吨，其中，猪肉、牛肉、羊肉、家禽肉产量分别达到3.03万吨、3421吨、742吨、2617吨。蜂蜜产量123吨。水产品养殖面积284公顷，总产量5298吨。农村土地承包经营权确权登记通过农业农村部成果验收。5个村获评农村集体产权制度改革市级示范村。发展智慧农业，建成1个县级益农信息社、40个乡村级站点，实现乡镇农业信息全覆盖。拥有产业化龙头企业24家、农民专业合作社731家、示范农场32家、农业园区18家。获评“河北省农产品质量安全县”称号。

【城乡建设】 按照“细化规划、拉大框架、扩容增质、提升品位”县城发展总体思路，完成城乡总体规划（2017~2035）初步设计，编制完成县城近期建设规划、绿廊绿道专项规划等14个专项规划，为打造独具特色的现代化县城提供规划指引。启动《灵寿县国土空间总体规划（2020~2035）》编制工作，积极推进“多规合一”，为各类开发保护建设活动提供基本依据。以重点工程助力县城建设蝶变，总投资41.7亿元、占地面积1032公顷的松阳河新区棚户区改造工程全面加速，一期工程安置区提前交房，二期工程全面启动。高标准规划夜景游览线路，实施松阳河湿地修复及河道夜景亮化工程；按照五星级标准对松阳河湿地公园进行提质升级，打造滨水景观带，建成3D音乐喷泉；建设松阳河综合文化活动中心、悦城星级酒店等服务类项目和地标性建筑，城市公共服务能力大幅提升。聚焦创建国家园林县城，大力实施县城绿化工程，城区内新增公园绿地面积7.8万平方米，建成区绿地率36.85%，人均公园绿地面积14.37平方米。高标准打造县城路网体系，完成南大街西延、旧京赞线路网开通等工程。新建林荫式停车场4个、改造停车位5600余个，完成20个老旧小区改造、37个小区既有建筑节能改造。投资8700万元，完成宝平线大修、正南路中修、京赞线西北外环段中修等工程，全县交通动脉承载力不断提升。大力推进智慧城市建设，投资5700万元，与华为公司合作建设智慧城市指挥中心，对市容环境、道路交通、公共设施、园林绿化实时监控，做到问题及时发现、快速处理。加强散煤、锅炉燃煤、扬尘、机动车尾气治理，完成“气代煤”“电代煤”3136户、2230户，全县空气质量综合指数为7.02。在2019年度全市县城建设考核、省级文明县城测评中，均排名第三名。

【社会民生】 全年用于民生事业支出23.25亿元，占一般公共预算支出89%，同比增长12.16%。持续加大民生事业投入，扎实推进20项民心工程，年初确定的10件为民实事基本完成。大力推进卫生健康事业发展，建立疫苗流通和预防接种管理联席会议制度，有效保障疫苗安全。大力推进卫生健康事业发展，县医院妇儿科综合病房楼项目、县中医院综合病房楼建设项目主体均已完工，探索实施基层医疗卫生机构人才“县聘乡用”机制，推进县乡医联体建设，有效破解山区医疗技术人才“招不来”“留不住”“管不好”困境，彻底消除“医疗空白村”。全县拥有县级医院2个，社区卫生服务中心1个，乡镇卫生院15个，村卫生院235个，开放床位1597张，卫生技术人员1710名，执业医师665名，助理医师343名，注册护士702人。县医院被国家卫生健康委、国家中医药管理局确定为国家全面提升县级医院综合能力第二阶段县级医院。规范城乡低保申报程序和跟踪管理机制，发放社会救助金、特困保障金等合计4372万元。完善保险机制，参保人数169581人，发放养老金7384.05万元。工伤保险参保单位1420个，参保人数26267人，基金征缴989.5万元，工伤认定赔偿186起。统筹城乡教育发展。深入实施学前教育三年行动计划，启动松阳中学和第三初级中学建设，持续深化集团化办学，推动城乡教育资源均衡发展。全县共有各级各类学校216所，其中，教学点125个，小学72所，九年一贯制学校3所，初中9所，普通高中3所，中等职业学校2所，教师进修学校1所，特殊教育学校1所，幼儿园241所(含小学附设学前班)。有1个县文化馆，18个艺术表演团体，共创作出舞蹈、戏曲等多种形式的文艺作品12个。拓宽贫困群众就业渠道，征缴失业保险费629.3万元，参保人数11547人；为728人发放失业金671.63万元；技能提升补贴发放581人，发放金额80.04万元；全年实现城镇新增就业3235人，下岗失业人员再就业658人，就业困难对象再就业132人，农村劳动力向非农业转移3580人，城镇登记失业率3.01%。

(中共灵寿县委办公室)

高 邑 县

【概况】 高邑县位于石家庄市南部，属华北平原西部边缘，太行山脉东麓，距离石家庄市主城区50千米，东北与赵县，西与赞皇县，南与邢台市，北与元氏县相邻。境内拥有中山国房子郡遗址、刘秀登基台、南星书院等历史文化遗迹。京广高铁"高邑西站"是石家庄以南、河北省境内唯一县级站点，2012年12月建成投用。总面积230平方千米，城区面积12平方千米，辖4个镇、1个乡，1个省级经济开发区，107个村委会，常住人口19.14万人。2019年高邑县完成地区生产总值68.21亿元，同比增长5.1%。其中，第一产业增加值13.1亿元，下降0.1%；第二产业增加值21.1亿元，增长2.4%；第三产业增加值34.0亿元，增长8.8%。全部财政收入6.89亿元，同比下降2.0%，其中，公共财政预算收入5.51亿元，增长1.9%；财政支出16.70亿元，同比下降2.4%。农林牧渔业总产值18.96亿元，同比增长0.7%。粮食播种面积2.36万公顷，总产量15.80万吨。其中，小麦播种面积1.14万公顷，总产量7.90万吨；玉米播种面积1.17万公顷，总产量7.74万吨。规模以上工业总产值76.36亿元，规模以上工业营业收入56.29亿元；规模以上工业利润1.53亿元，同比下降35.4%。社会消费品零售总额47.40亿元，同比增长8.8%。城镇居民人均可支配收入29895元，同比增长8.4%；农村居民人均可支配收入15286元，同比增长9.5%。

国家卫生县城——高邑

中共高邑县委书记：
彭敬捷(女,12月免)
万树军(12月任)
县人大常委会主任：王惠武
县　　　长：陈宏锋
县政协主席：宋英华

【产业项目】 三次产业比例为19.2∶30.9∶49.9。全年建设重点项目10个，总投资175.7亿元，全部为亿元以上项目。鞋业小镇与中铁建投签订投资协议，一期10栋公租厂房部分主体封顶，恒华、实在人等自建企业达到试生产条件，获评"2019年最具潜力鞋业产区"。冀中南智能港二期公路港启动建设，京东、一汽大众、奥克斯空调等正式入驻，中欧、中亚、冀西欧和国内班列实现常态化运营，获"中国多式联运服务金牌企业"奖。金锐美、新莱曼等6个项目竣工投产，启宏新材料、早田食品等

6个项目开工建设。建陶产业列入全省102个特色产业集群，被授予全省“中小企业示范产业集群”和“中国陶瓷优秀产区”。得利达纺织获批省级院士工作站。建陶、氧化锌、纺织三大传统产业税收均增长10%以上，全年新增规模以上企业6家，成功申报高新技术企业4家，科技型中小企业达到261家，被评为全省工业转型升级示范县。创新“1+1+1”招商机制，累计洽谈项目230多个，总投资60亿元的昊泽装备、四站节能门窗等24个项目签约落户。电站街、建陶路建成通车，“新九通一平”服务平台建成投用。

【农业生产】 全年农林牧渔业总产值18.96亿元，同比增长0.7%。其中，农业产值14.19亿元（中药材3538万元），林业产值1425万元，牧业产值3.57亿元，农林牧渔服务业产值1.05亿元。粮食播种面积2.36万公顷，总产量15.80万吨，平均亩产445.9千克。其中，小麦播种面积1.14万公顷，总产量7.90万吨，平均亩产460.0千克；玉米播种面积1.17万公顷，总产量7.74万吨，平均亩产440.0千克；谷子播种面积338公顷，总产量1111吨，平均亩产218.9千克。油料作物播种面积528公顷，总产量1244吨。棉花播种面积3.35公顷，总产量3.76吨。蔬菜及食用菌种植面积4879公顷，总产量36.40万吨；设施蔬菜种植面积2087公顷，建成日光温室（大棚）1.6万余座。瓜果种植面积254公顷，总产量1.43万吨；西瓜种植面积232公顷，总产量1.37万吨。果园面积53公顷，其中，苹果园1公顷、梨园24公顷、桃园3公顷、葡萄园15公顷。水果总产量（不含果用瓜）2657吨，其中，苹果20吨、梨1087吨（雪花梨918吨、鸭梨169吨）、桃231吨、葡萄1132吨、红枣24吨。至2019年底，牛、猪、羊、家禽、蛋鸡存栏数分别达到1677头、1.17万头、6110只、75.41万只、74.10万只。肉、奶、禽蛋、鸡蛋产量分别达到6851吨、3588吨、1.15万吨、1.11万吨，其中，猪肉、牛肉、羊肉、家禽肉产量分别达到4460吨、396吨、243吨、1750吨。蜂蜜产量123吨。水产品养殖面积284公顷，总产量5298吨。土地流转面积11.33万亩，土地流转率达49.03%。实施万亩高标准农田核心区工程，入选全国农作物生产全程机械化示范县。拥有省级龙头企业1家、市级龙头企业7家、农业园区22家、合作社280家、家庭农场129家。建成市级高端蔬菜示范园4家，“高邑黄瓜”获得地理标志认定。

【城乡建设】 编制完成新区控制详细规划及城市设计，启动编制国土空间规划。完成凤中路、中兴大街路面工程和凤中路人行道提升工程，挖补城区道路路面6057平方米，整治、维修城区街道便道3500平方米，黄土裸露区域及小街小巷硬化10余万平方米。全县城区共建成10万平方米以上综合公园4座，街旁游园47处，省、市级园林式单位小区46个，建成区绿地率达到41.92%，人均公园绿地面积达到13.01平方米。全年空气综合指数、PM2.5浓度分别下降到7.02和68微克/立方米，优良天数达到183天。成立污染企业监控中队，全县25家建陶企业完成天然气切换，实现污染源精准管控，47台天然气锅炉全部安装低氮燃烧装置，汇力、鑫祥实现超低排放。取缔整治“散乱污”34家，实现动态清零。联合乡镇和村委会开展地毯式、全覆盖式摸底调查，完成全县40541户摸底调查，其中四类重点对象5113户，按照“发现一户、改造一户、撤销一户”的原则全部建档建册，2018~2020年度改造危房340户1500余间。全县集中供热总面积达60万平方米，基本实现集中供热全覆盖；完成全县气代煤16069户，电代煤225户。扎实推进农村人居环境整治，投资1650万元清理各类垃圾13万立方米，硬化街道75条，更换路灯5179盏，改造旱厕9510座。2019年高邑县成功创建国家级园林县城，顺利通过全国文明县城复查验收。

【社会民生】 全年民生支出13.8亿元，占一般公共预算收入的83%，新增城镇就业3548人，城镇登记失业率3.25%。城乡居民养老保险、医疗保险参保率分别达到99.6%和95.6%，无固定收入老年人生活补贴享受范围扩大至67周岁。新改扩建学校、幼儿园11所，推进职教中心一期工程，公开招聘教师93名，引进“双一流”学校教师7名，定向委培小学全科教师28名。推进紧密型医共体试点工作，探索家庭医生社区签约服务机制。县医院顺利晋升二甲医院，胸痛中心通过国家核查，获评“全国基层中医药工作先进单位”。社区健身中心主体竣工，公共体育场正式投用，全市VR冰雪体验现场会在高邑召开。推进殡葬综合改革工作，被评为全省“全国试点优秀案例”。全面落实各项扶贫措施，累计投入3929万元，实施产业扶贫项目11个，带动164户、505人稳定脱贫。创新实施基层矛盾纠纷化解“一网三融合”，成立关爱退役军人基金会，稳妥处置房地产领域风险隐患。完成蔬菜批发市场升级改造，年交易额突破50亿元。扎实推进农村改革，完成97个村土地确权及颁证工作。组建水务集团，实施长江水置换二期工程，96个村喝上“长江水”。

（中共高邑县委办公室）

深泽县

【概况】 深泽县位于石家庄市东北部，东与衡水市，南与辛集市、晋州市，西与无极县，北与保定市相邻，距离石家庄市主城区75千米。境内文物古迹有文庙、北极台、永济桥等。总面积296平方千米，辖3个镇、3个乡，1个省级经济开发区，125个村委会，常住人口25.40万人。2019年深泽县完成地区生产总值71.14亿元，同比增长5.7%。其中，第一产业增加值14.4亿元，增长2.4%；第二产业增加值22.1亿元，增长3.2%；第三产业增加值34.6亿元，增长8.9%。全部财政收入7.10亿元，同比增长7.1%，其中，公共财政预算收入5.17亿元，增长7.6%；财政支出16.82亿元，同比增长4.3%。农林牧渔业总产值24.95亿元，同比增长3.4%。粮食播种面积3.0万公顷，总产量20.65万吨。其中，小麦播种面积1.31万公顷，总产量8.97万吨；玉米播种面积1.61万公顷，总产量11.42万吨。规模以上工业总产值35.70亿元，规模以上工业营业收入33.74亿元；规模以上工业利润8628万元，同比增长35.0%。社会消费品零售总额59.0亿元，同比增长8.5%。城镇居民人均可支配收入30842元，同比增长8.5%；农村居民人均可支配收入14714元，同比增长9.3%。

中共深泽县委书记：李向阳
县人大常委会主任：袁国良
县　　长：卢明刚
县政协主席：郭立辉

【产业项目】 三次产业比例为20.2∶31.1∶48.7。连续7年谋划建设千万元以上项目保持200个以上。8个项目列入市重点建设项目计划，完成投资14.6亿元，占年度计划211.6%。“4+4”现代产业项目完成入库50个，总投资300亿元。举办集中开工活动3次，开工项目10个，总投资49亿元。全县规模以上工业企业达到54家，工业技改投资增长44.6%。日化、布艺两大特色产业营业收入分别增长17%和13%。新认定科技型中小企业86家，净增市场主体2273户、企业622户。“淘宝村”达到13个，白庄乡、留村乡、桥头乡、深泽镇获评“淘宝镇”。外贸进出口总额1.25亿美元，同比增长15%。成功举办“2019年河北电商月石家庄市产业集群电子商务产品设计大赛布艺

深泽县秀水公园

行业赛暨深泽县电子商务资源产业对接会”，深泽县7家企业获奖，其中，一等奖2家、二等奖2家、三等奖3家。实施国家重点研发计划项目“黄淮海北部小麦、玉米全程简化高新与智能播种机研制”。河北农哈哈机械集团有限公司获得国家科技进步奖二等奖。市欧深农业机械有限公司被认定为省级农业科技小巨人企业。

【农业生产】 全年农林牧渔业总产值24.95亿元，同比增长3.4%。其中，农业产值12.93亿元（中药材8753万元），林业产值1327万元，牧业产值8.47亿元，农林牧渔服务业产值3.76亿元。粮食播种面积3.0万公顷，总产量20.65万吨，平均亩产459.4千克。其中，小麦播种面积1.31万公顷，总产量8.97万吨，平均亩产455.9千克；玉米播种面积1.61万公顷，总产量11.42万吨，平均亩产472.2千克。油料作物播种面积978公顷，总产量3674吨。蔬菜及食用菌种植面积2823公顷，总产量20.90万吨。瓜果种植面积121公顷，总产量5405吨。果园面积3164公顷，其中，苹果园2100公顷、梨园491公顷、桃园44公顷、葡萄园439公顷。水果总产量（不含果用瓜）8.94万吨，其中，苹果5.22万吨（红富士苹果3.78万吨）、梨2.12万吨（雪花梨4368吨、鸭梨3756吨）、桃2288吨、葡萄1.28万吨、红枣112吨。至2019年底，牛、驴、猪、羊、家禽、蛋鸡、兔存栏数分别达到4440头、227头、3.44万头、4.10万只、149.33万只、130.92万只、6463只。肉、奶、禽蛋、鸡蛋产量分别达到1.53万吨、1.52万吨、1.82万吨、1.60万吨，其中，猪肉、牛肉、羊肉、家禽肉、驴肉、兔肉产量分别达到1.08万吨、1322吨、1254吨、1885吨、20吨、11吨。水产品养殖以池塘鳖为主，年存栏鳖22万只、出栏鳖78万只。中药材种植面积3.7万亩。强筋麦种植面积2万亩。新认定香椿、黄油蟠桃、特色蔬菜3个市级农业科技园区。创建市级示范性家庭农场1家。拥有县级以上现代农业园区12个，深泽县军创原野现代农业园区获评省级现代农业园区。

【城乡建设】 投资4600万元启动建设城区夜景亮化工程，投资2200万元启动石油大街北段、南苑路西段道路改造。实施城区污水处理厂提标工程，加快建设第三污水处理厂。农村饮水安全巩固提升和维修养护工程完工。投资214万元的100吨生活垃圾转运站投入使用，加快改造投资105万元的华丽菜市场正在，投资730万元的城区14处停车场建设完成。高标准完成东环路扫尾工程，侯枣线完成主体施工。津石高速深泽段主线全面开工，基本完成沿线清表、公共设施迁改以及2.3千米路基工程。完成“月季之城”一期工程，种植月季花2万余平方米。人民公园加快推进，四季公园创建为四星级公园，南苑路创建为省级园林街道。文庙广场环境进一步优化。县城区加强日常保洁，机械化清扫率达到95.6%；加大县城区环境卫生、占道经营、广告牌匾、交通秩序等清理整治，施划停车位2300余个。开展“清四乱”专项行动，清理河道垃圾0.5万方，河道管理范围内157处违建全部清理整治到位。深化燃气锅炉治理，加强“散乱污”企业整治，全年优良天数达到170天，PM2.5平均浓度同比下降6.25%。制定出台《深泽县全面推进农村人居环境整治工作方案》。建设小游园、小菜园、小果园770个，美丽庭院8088个、精品庭院1152个；改造农村厕所20090座。全年植树造林5284.5亩，森林覆盖率达到28.9%。

【社会民生】 完善教育基础设施，提高教学水平，全县市属重点中学上线164人，其中600分以上9人。城乡居民医疗保险参保率达到95%，城乡居民基本养老保险参保人数达到12.7万人，城镇新增就业3108人，失业人员再就业600人，困难人员实现再就业90人，城镇失业率控制在4%以内。提高城镇和农村低保和农村特困人员救助标准，累计救助城镇、农村低保对象和特困人员4261人，发放救助金1154.6万元。为新入伍、新退役军人家庭悬挂光荣牌9634块，发放优待证8755个。全面落实惠农保障资金，51个行政村实施一事一议项目，扶持发展壮大农村集体经济项目4个。完成地下水超采综合治理项目，新增节水灌溉面积8795亩，压减地下水开采量28.86万立方米。全县精准退出750户1482人，贫困人口全部脱贫出列。实施资产收益类扶贫项目，发放收益资金192.8万元。落实教育扶贫、健康扶贫政策，为115名贫困学生发放补助资金17.25万元，1035人次享受“先诊疗后付费”“一站式”服务。县医院完成“五大中心”建设，“脑卒中心”被国家卫健委授予第一批“示范防治卒中中心单位”。加强基层文化建设，启动深泽县全民健身中心建设，完成4个乡镇的体育工程，完成社会足球场建设选址，组织“六进”演出活动196场，放映公益电影1500场。

（陈殿立）

赞皇县

【概况】 赞皇县位于石家庄市西南部，属太行山中段东麓，东与高邑县，南与邢台市，西与昔阳县，北及西北与元氏县、井陉县相邻，距离石家庄市主城区33千米。赞皇县是山区县、老区县、国家扶贫开发工作重点县，也是联合国地名组织命名的“千年古县”。山场面积115万亩，地貌格局为“七山二滩一分田”。境内景区有嶂石岩、棋盘山等。总面积1210平方千米，辖4个镇、7个乡，1个省级经济开发区，212个村委会，常住人口25.28万人。2019年赞皇县完成地区生产总值77.54亿元，同比增长6.6%。其中，第一产业增加值18.8亿元，增长10.6%；第二产业增加值23.2亿元，与2018年持平；第三产业增加值35.6亿元，增长9.1%。全部财政收入7.72亿元，同比增长3.8%，其中，公共财政预算收入4.42亿元，增长9.5%；财政支出20.18亿元，同比增长3.6%。农林牧渔业总产值29.90亿元，同比增长8.4%。粮食播种面积1.69万公顷，总产量6.48万吨。其中，小麦播种面积4517公顷，总产量2.06万吨；玉米播种面积1.09万公顷，总产量3.93万吨。规模以上工业总产值40.75亿元，规模以上工业营业收入36.19亿元；规模以上工业利润4.04亿元，同比增长8.3%。社会消费品零售总额60.70亿元，同比增长10.1%。城镇居民人均可支配收入29300元，同比增长8.0%；农村居民人均可支配收入8980元，同比增长11.5%。2019年5月5日，经河北省政府批准，赞皇县退出贫困县序列。

中共赞皇县委书记：冯立业
县人大常委会主任：
　　刘忠才（4月免）
　　白彦平（4月代，6月免）
　　宫国恩（6月任）
县　　长：王涛
县政协主席：冯立业（1月免）
　　　　　　胡建忠（1月任）

【产业项目】 三次产业比例为24.2∶29.9∶45.9。乾罡生物、顺境环保等28个项目签约。项目建设首创“拿地即开工”改革，推行“容缺受理、容缺开工”机制，创出“赞皇速度”。市级重点项目建设超额完成年度投资计划。华博、昆仑两路管道天然气建成投用，结束赞皇县不通管道天然气的历史。大唐光伏、建鑫绿能等26个项目开工建设。以“4+4”现代产业为主导，总投资24亿元的深石智谷·石家庄冀商电子信息产业园项目开工。金隅水泥协同处置危险废物项目动工，县域危险废物处置难题得到解决。2019年赞皇经济技术开发区主营业务收入214亿元，实现税收4.9亿元。金隅水泥、新玻尔、鸿锐3家企业入选全市百强企业。获批国家地理证明商标5个，新增高新技术企业4家，新认定科技型中小企业30家。发展乡村经济和旅游，编制《赞皇县乡村振兴战略规划（2018~2022）》《赞皇县全域旅游发展规划》。举办河北赞皇第二届山花节、第八届“枣花·蜜·蜂”旅游文化节等特色活动，蕊源蜂业获评“全国蜂业优秀标准化基地”。

【农业生产】 全年农林牧渔业总产值29.90亿元，同比增长8.4%。其中，农业产值13.15亿元（中药材4225万元），林业产值2.28亿元，牧业产值11.79亿元，渔业产值439万元，农林牧渔服务业产值2.63亿元。粮食播种面积1.69万公顷，总产量6.48万吨，平均亩产255.8千克。其中，小麦播种面积4517公顷，总产量2.06万吨，平均亩产303.4千克；玉米播种面积1.09万公顷，总产量3.93万吨，平均亩产241.0千克。薯类播种面积751公顷，总产量1.79万吨。油料作物播种面积4507公顷，总产量9936吨，花生播种面积3564公顷，总产量7963吨。棉花播种面积10.04公顷，总产量7.01吨。蔬菜及食用菌种植面积1650公顷，总产量11.51万吨。果园面积1804公顷，其中，苹果园

913公顷、梨园506公顷、桃园347公顷、葡萄园40公顷。水果总产量(不含果用瓜)9.58万吨,其中,苹果3500吨(红富士苹果2800吨)、梨2000吨(主要是雪花梨)、桃400吨、葡萄150吨、红枣8.26万吨。食用坚果产量3.24万吨。至2019年底,牛、猪、羊、家禽、蛋鸡、兔存栏数分别达到2.91万头、3.35万头、4.33万只、140.94万只、130.61万只、2230只。肉、禽蛋、鸡蛋产量分别达到2.34万吨、2.42万吨、2.13万吨,其中,猪肉、牛肉、羊肉、家禽肉、兔肉产量分别达到8249吨、1.11万吨、742吨、3287吨、8吨。蜂蜜产量1918吨。新增耕地5000亩。土地确权颁证24.2万亩,确权颁证率95.3%。大枣、核桃、樱桃、板栗等经济林种植面积达到90万亩,赞皇福枣、冬枣分别获得2019中国北京世界园艺博览会银奖、铜奖。

【城乡建设】 编制完成《滨河新区城市规划》等4个重点区域城市设计,槐河县城段综合治理工程完成蓄水,成为新晋网红“打卡地”。水上公园、森林公园、西入城口绿化等工程建设初见成效,启动实施城中村集中供热改造工程。完成5个棚户区改造项目前期工作,推进垃圾分类处置。石臼山大桥、龙门大桥主体完工。完成21个村生活污水治理,改造农村厕所2.1万座,人居环境显著提升。赞严线等4条农村公路建成通车,渠库连通工程稳步实施,新改建农村供电线路62.5公里,县域路网、水网、电网结构进一步优化。强力实施清理农村集体经济合同专项行动,收欠资金1007万元,村集体收入大幅提升。举办河北赞皇第二届山花节、第八届“枣花·蜜·蜂”旅游文化节等特色活动,蕊源蜂业被评为“全国蜂业优秀标准化基地”,赞皇福枣、冬枣分别荣获2019中国北京世界园艺博览会银奖、铜奖,文化旅游实现融合发展。完成太行山绿化造林6万亩,封山育林4万亩,义务植树74万株。全面落实“河长制”,工业企业废水实现“零直排”。高标准整治“散乱污”企业18家,实现动态清零。完成陶瓷企业“煤改气”,扎实推进“双代”和农村清洁安全取暖工作,强力开展“千人进村散煤清零专项整治”,PM2.5平均浓度同比下降4.6%,全年优良天数176天。

【社会民生】 赞皇县公共预算支出20.2亿元,其中民生支出17.2亿元,占比85%。精心谋划总投资1.6亿元的扶贫项目,产业覆盖扩面提质,全县651户1331人稳定脱贫,贫困人口实现清零。全年新增创业孵化基地1家,农村劳动力转移2012人,城镇新增就业2904人,登记失业率3.14%。机关事业、企业退休养老金平均上涨5%,农村低保保障标准由每人每年4400元提高到4842元。赞皇县婚姻登记处获评“全国巾帼文明岗”,2所养老院被评为省“二星级养老服务机构”,新建居家养老服务中心1家。县医院、中医院和9个乡级卫生院建立帮扶联系,妇幼院投入使用,中医院病房大楼、嶂石岩医养医院具备开诊条件。全年改扩建中小学校4所,中高考上线人数创历史新高,教育教学质量显著提升。全市首家县级融媒体中心在赞皇正式启用,《掌上赞皇》成功入驻央视新闻移动网平台。举办第三届职工健身路跑活动、首届冰雪运动会等体育活动,通府街多功能运动场建成投用。在全市首推一窗受理、分类审批、受审分离,下放“就近办”事项132项,有效解决一批制约经济发展的堵点问题。212个村集体产权制度改革完成。

(冯建林　耿建彩)

无　极　县

【概况】 无极县位于石家庄市东北部,地处滹沱河北岸,东及东南与深泽县、晋州市,西及西南与藁城区,北及西北与保定市、新乐市相邻,距离石家庄市主城区52千米。无极县民间艺术门类繁多,地方特色浓郁,“无极剪纸”“七汲全羊宴技艺”“无极饸饹制作技艺”“无极刘琨的传说”列入河北省非物质文化遗产保护名录,“无极吹歌”“无极泥模”列入石家庄市非物质文化遗产保护名录。总面积524平方千米,辖6个镇、5个乡,1个省级经济开发区,4个居委会、213个村委会,常住人口51.85万人。2019年无极县完成地区生产总值129.91亿元，同比增长5.0%。其中，第一产业增加值29.1亿元，增长1.3%；第二产业增加值39.8亿元，增长0.3%；第三产业增加值61.0亿元，增长10.7%。全部财政收入11.88亿元，同比增长4.8%，其中，公共财政预算收入7.59亿元，增长10.9%；财政支出44.76亿元，同比增长56.7%。农林牧渔业总产值48.63亿元，同比增长2.9%。粮食播种面积5.41万公顷，总产量33.38万吨。其中，小麦播种面积2.67万公顷，总产量18.0万吨；玉米播种面积1.98万公顷，总产量13.58万吨。规模以上工业总产值140.16亿元，规模以上工业营业收入134.03亿元；规模以上工业利润6.24亿元，同比下降27.2%。社会消费品零售总额161.41亿元，同比增长7.0%。城镇居民人均可支配收入31697元，同比增长8.5%；农村居民人均可支配收入16569元，同比增长8.9%。

中共无极县委书记：吕智临
县人大常委会主任：刘全江
县　　　长：王勇军
县政协主席：马孟军

【产业项目】 三次产业比例为22.4∶30.6∶47.0。加快县域产业转型升级，承办全市产业转型升级现场会，并被推荐为省传统产业转型升级示范县。开展项目建设年活动，全年建设重点项目114个，总投资498亿元，其中，亿元以上项目49个，列入市"4+4"现代产业项目34个。实施重点投资项目9个，均为亿元以上项目，总投资224.8亿元，完成投资54.5亿元。其中，无极县鸿瑞装饰材板材产业园区4月开工建设，总投资33.8亿元；诺卫环境生态技术发展（无极县）有限公司中信·无极县皮革产业循环经济示范园区6月开工，总投资105.6亿元；石家庄嘉盛新能源有限公司垃圾发电为续建项目，总投资9.3亿元。新认定国家高新技术企业11家、省级科技型中小企业144家，新申报入统规模以上工业企业106家。皮革业企业连续7次参加上海国际皮革展。举办第三届全国皮革加工职业技能大赛。无极制革工程实验室落地。产业园区外224家企业全部关停取缔，园区内47家完成清洁化生产二级标准改造。制革业、装饰材料业入选省重点扶持产业集群序列企业107家。

【农业生产】 全年农林牧渔业总产值48.63亿元，同比增长2.9%。其中，农业产值22.29亿元（中药材7437万元），林业产值2376万元，牧业产值22.46亿元，农林牧渔服务业产值3.64亿元。粮食播种面积5.41万公顷，总产量33.38万吨，平均亩产411.3千克。其中，小麦播种面积2.67万公顷，总产量18.0万吨，平均亩产450.4千克；玉米播种面积1.98万公顷，总产量13.58万吨，平均亩产457.2千克；谷子播种面积399公顷，总产量1067吨，平均亩产178.2千克。豆类（主要是大豆）播种面积6965公顷，总产量1.55万吨。油料作物播种面积3115公顷，总产量8226吨，花生播种面积3061公顷，总产量8050吨。蔬菜及食用菌种植面积7295公顷，总产量52.57万吨。蔬菜种植以大葱、白菜为主，设施蔬菜播种面积1067公顷，总产量10.2万吨，种类以黄瓜、番茄为主。瓜果（主要是西瓜）播种面积318公顷，总产量2.32万吨。果园面积258公顷，其中，苹果园81公顷、梨园98公顷、桃园72公顷、葡萄园7公顷。水果总产量（不含果用瓜）5833吨，其中，苹果1768吨（红富士苹果1278吨）、梨3996吨（雪花梨2097吨、鸭梨1550吨）、葡萄69吨。至2019年底，牛、奶牛、猪、羊、家禽、蛋鸡存栏数分别达到6.54万头、6800头、10.51万头、7.11万只、667.22万只、501.37万只。肉、奶、禽蛋、鸡蛋产量分别达到3.83万吨、3.99万吨、7.08万吨、6.19万吨，其中，猪肉、牛肉、羊肉、家禽肉产量分别达到1.88万吨、8174吨、1776吨、9556吨。认定无公害蔬菜基地7个，发展形成葡萄、草莓、西红柿等特色采摘基地。无极县被命名为"河北省农产品质量安全县"，广源蔬菜合作社获评市级高端蔬菜示范园（精品园）、红鑫牛蔬菜合作社获评市级高端蔬菜示范园（样板园）。2019年12月，河北众润农业开发有限公司种植的葡萄获得国家绿色产品认证。拥有省市级农业产业化龙头企业、联合体23家，农民专业合作社、家庭农场612家。其中，市级以上农业产业化重点龙头企业19家、省级4家；市级农业产业化联合体3家、省级1家。农业产业化经营率达41.6%。

【城乡建设】 全年基础设施投资2.22亿元，改造道路长度24.3公里，提升改造道路面积约60万平方米，新增雨污分流排水管网长度7.5公里；启动大外环建设，西南外环项目顺利推进，津石高速部分路段开工，4条国省干线环境容貌整治即将竣工。全年共改造7个小区，涉及总户数528户，总建筑面积74822平方米。大力发展深层地热新型清洁供热方式，推进宝石花地热能供暖试点建设，完成60万平方米供热改造。开展环境综合治理，组织实施皮革园区6家重点涉水企业排水高架管道建设工程，建设污水厂检测房1座。完成农村“双代”6.38万户，收缴散煤6485吨，县域散煤基本清零。沿滹沱河新建30个生活污水防渗收集池，提升改造2个污水处理厂，保证出水稳定达标。森林覆盖率达到19.4%，大气环境质量六项指标全面下降，PM2.5平均浓度和综合指数分别下降10.71%和6.01%。城区加大环卫保洁力度，9台洗扫车、5台干扫车对全城区24小时不间断作业，机械化清扫率达到94.7%，213个村全部实现专业保洁公司市场化运作。新建林荫停车场4个，各类停车位达到3600个，完成4个出城口、3个公园升级改造，创建4个省级园林式街道、单位和小区，完成雨污分流改造工程6500米。投资2.9亿元，实施“厕所革命、垃圾治理、污水治理、村容村貌”等四大攻坚战，建成7座农村生活污水处理站，完善72个村污水收集系统，完成改厕23519座。农村主要街道硬化、美化基本完成，建成省级美丽乡村15个。

【社会民生】 全县城镇新增就业3130人，机关事业养老保险参保人数13044人，试点参保人数74人。城乡居民养老保险参保人员88125人，企业职工养老保险参保人数23750人，企业职工工伤保险参保人员22816人，机关事业工伤保险参保人数9390人。至2019年底，无极县有城乡特困人员1399人，其中城市特困3人，农村特困分散供养1141人，集中供养255人，发放救助资金954.42万元。石家庄市慈善总会联合深圳显帝厨房电器有限公司在无极县每个乡镇选一个村为捐赠受助村，村内五保户为受助户，每户免费安装一盏一体式人体感应太阳能落地灯。现已完成路灯安装共计32户。在东侯坊乡建立无极县第一所农村标准化居家养老服务中心，建筑面积200平方米，投资18万元，共计服务老人400人次。全县有直属医疗事业单位17个，民营医院17所、村卫生室211个、个体诊所91个。全县共有开放床位1739张，医师1318人，注册护士813人。全县达标的村综合文化中心达到213个，无极县综合文化展馆建设于12月底主体完工。全县共有各级各类学校152所，其中：小学130所、初中12所、九年一贯制学校2所、十二年一贯制学校1所、特教学校1所、完全中学1所、普通高中2所、职业高中2所、进修学校1所。在校生69813人，教职工3775人。统筹安排进城务工人员随迁子女平等接受义务教育，消除义务教育学校大班额，探索集团化办学模式，整合无极镇中资源，成立无极中学初中部。整合张村、里家庄、柴城三所小学，成立实验小学教学集团，集中财力、物力升级改造新校区，稳妥分流城区小学生源。

（任航仪）

平 山 县

【概况】 平山县位于石家庄市西北部，地处太行山中段东麓，地势自东向西北逐渐增高，海拔最低点东水碾村120米，最高点驼梁2281米，素有“八山一水一分田”之称，东北与灵寿县，东南与鹿泉区，南与井陉县，西与山西省相邻，距离石家庄市主城区30千米，是中国革命圣地——西柏坡所在地，也是河北省首批扩权县。总面积2648平方千米，辖12个镇、11个乡，1个省级经济开发区，717个村委会，常住人口44.47万人。2019年平山县完成地区生产总值240.0亿元，同比增长7.3%。其中，第一产业增加值15.1亿元，下降5.5%；第二产业增加值144.2亿元，增长8.2%；第三产业增加值80.7亿元，增长9.2%。全部财政收入47.66亿元，同比增长15.7%，其中，公共财政预算收入19.52亿元，增长13.4%；财政支出41.73亿元，同比下降5.1%。农林牧渔业总产值27.70亿元，同比增长0.8%。粮食播种面积2.25万公顷，总产量11.70万吨。其中，小麦播种面积4256公顷，总产量2.67万吨；玉米播种面积1.64万公顷，总产量

8.46 万吨。规模以上工业总产值 523.21 亿元，规模以上工业营业收入 691.11 亿元；规模以上工业利润 66.41 亿元，同比下降 23.1%。社会消费品零售总额79.33 亿元，同比增长 7.4%。城镇居民人均可支配收入 32771 元，同比增长 8.0%；农村居民人均可支配收入 10350 元，同比增长 11.0%。

中共平山县委书记：李旭阳

县人大常委会主任：焦习军

县　　长：董晓航

县政协主席：郭双全

【产业项目】 三次产业比例为6.3 : 60.1 :33.6。钢铁产业转型提质，压减炼铁产能52 万吨。河北敬业集团精密制管、卷板精整处理等项目竣工投产，形成军民融合、再生资源、增材制造三大板块；协议并购英国钢铁公司；增材制造产品通过“国家军用标准”质量管理体系认证，获得中国机械工业科学技术奖一等奖。新兴产业实施亿元以上项目 49个，争列省市重点项目 16 个，泽宏云大数据平台、CL 建筑总部基地二期等 10 个项目开工建设。新增市场主体1.6 万家、科技型中小企业 135 家、规模以上企业 10 家、高新技术企业 4 家，获评全省民营经济发展先进县。巩固脱贫攻坚成效，实施143 个产业扶贫项目，剩余 5 个贫困村、668 名贫困人口实现脱贫。发展全域旅游，提升西柏坡、中山国、李家庄等旅游片区影响，建成长 28 千米滹沱河生态走廊；纪录片《中山国》收看超过 6 亿人次，并参加法国国际阳光纪录片节展映；智慧旅游平台入选河北十大智慧旅游项目，西柏坡纪念馆入选河北不得不访精品博物馆，李家庄入选首批全国乡村旅游重点村、全国乡村旅游发展典型案例。2019 年平山县接待游客 1943 万人次，实现旅游收入 146.3 亿元。成功创建河北省首批全域旅游示范区，入选中国县域旅游竞争力百强县、中国文化百强县。

【农业生产】 全年农林牧渔业总产值 27.70 亿元，同比增长 0.8%。其中，农业产值8.63 亿元（中药材 7535 万元），林业产值 4.87 亿元，牧业产值 8.89 亿元，渔业产值 9296 万元，农林牧渔服务业产值 4.37 亿元。粮食播种面积2.25 万公顷，总产量 11.70 万吨，平均亩产 346.5 千克。其中，小麦播种面积4256 公顷，总产量 2.67 万吨，平均亩产 418.4 千克；玉米播种面积 1.64 万公顷，总产量 8.46 万吨，平均亩产 343.5 千克；谷子播种面积 599 公顷，总产量 1230 吨，平均亩产 136.9 千克。薯类播种面积845 公顷，总产量 1.95 万吨。油料作物播种面积 2843 公顷，总产量 6900 吨，花生播种面积 2205 公顷，总产量 5299 吨。棉花播种面积71.77 公顷，总产量 59.26 吨。蔬菜及食用菌种植面积 2365 公顷，总产量 13.36 万吨。果园面积1331 公顷，其中，苹果园 921 公顷、梨园 33 公顷、桃园 282 公顷、葡萄园 18 公顷。水果总产量（不含果用瓜）6354 吨，其中，苹果 4621 吨（红富士苹果 4297 吨）、梨 192 吨（雪花梨 68 吨、鸭梨 79 吨）、桃 117 吨、葡萄 61 吨。食用坚果产量 2175 吨。至2019 年底，牛、奶牛、猪、羊、家禽、蛋鸡、兔存栏数分别达到 1.78 万头、3099 头、7.37 万头、5.34 万只、177.76 万只、142.41 万只、1858 只。肉、奶、禽蛋、鸡蛋产量分别达到 1.74 万吨、6555 吨、1.17 万吨、1.01 万吨，其中，猪肉、牛肉、羊肉、家禽肉、兔肉产量分别达到 1.28 万吨、2084 吨、1063 吨、1431 吨、8 吨。蜂蜜产量 197 吨。水产品养殖面积143 公顷，总产量 5460 吨，水产品产量位列全市第一。新增耕地8279 亩，新建高标准农田 4 万亩。种植中药材6万亩、特色林果 26 万亩。拥有县级以上农业园区43家、家庭农场 279 家。入选国家农业绿色发展先行区。

【城乡建设】 启动“十四五”规划和国土空间规划编制，实施冶河县城段综合整治，完成重要节点和主街主路绿化亮化，城区绿地率达到 40.2%；改造老旧小区 7 个，建成便民超市 10 个，铺设供水管网 2.4 千米、供热管网 7.5 千米，新建改造换热站 9 座，新增集中供热面积 61 万平方米；建设 3 个停车场，交通秩序逐步好转。加强县城城区精细化管理。环卫保洁、渣土运输等管理纳入城管数字化平台，城区机械化清扫率达到 90%，成功创建省级“洁净城市”。西柏坡、温塘、岗南等重点乡（镇）持续扩容提质，全县常住人口城镇化率达到 42%。全县通车里程达到 3008 千米，被评为“四好农村路”省级示范县。大力开展农村人居环境整治，完成改厕 2.3 万座，建成美丽庭院 3.7 万个。完成敬业集团超低排放改造、西柏坡电厂深度治理减排，实施“电代煤”7973 户、农村集中供热改造 1267 户，配送洁净型煤 9 万吨；完成造林绿化 12.5 万亩、矿山复绿 5 处，全县林木绿化率达到 60.8%。PM2.5 平均浓度下降 15.1%，改善率全市第一。全面落实“河长制”，111 个重点村实现污水集中处理。

【社会民生】 全年平山县民生投入达到 34 亿元。落实就业优先政策，新增城镇就业 4875 人，转移农村劳动力 5100 人。实施城乡低保提标扩面，城乡居民养老保险参保率达到 100%，医疗保险参保率达到 98%。履行教育职责评价全省第一，教育质量位居全市第一方阵前列。至2019 年末，全县有县级医院 3 个，乡镇卫生院 23 个，村卫生室 712 个，开放床位 1881 张，有卫生技术人员 1160 人，执业医师 1437 人，注册护士 1184 人。京津 18 家知名医院列入县医保定点，享受省内同级医院待遇，县级医院（个）县医院成功创建“二级甲等”综合医院，平山县被评为全国基层中医药工作先进单位。发展文化事业。全县有文化表演团体21个，文化馆 1 个，博物馆 1 个，公共图书馆 1 个，电视节目和广播节目综合覆盖率达到 100%。创作《西柏坡故事》《梦回中山国》等一批文艺精品，河北梆子现代戏《没有共产党就没有新中国》荣获省精神文明建设“五个一工程”奖。11 月 28 日，平山县西柏坡派出所被命名为全国首批“枫桥式公安派出所”，11 月 21 日，该中心申请的伤残程度鉴定和血液酒精浓度鉴定 2 个项目获得国家级 CNAS 认可证书。

（曹军军）

元 氏 县

【概况】 元氏县位于石家庄市南部，西倚太行山，东临华北平原，境内自西向东山区、丘陵、平原梯次分布，东与栾城区、赵县，西与井陉县，南与高邑县、赞皇县，北与鹿泉区相邻，距离石家庄市主城区 30 千米。县内拥有常山郡遗址、封龙山石窟、开化寺塔、西张村西周遗址等国家重点文物。2010 年联合国地名专家组命名元氏县为“千年古县”。新元高速、石赞高速、107 国道、红旗大街纵贯南北，青银高速、赵赞公路、井元公路横贯东西。总面积676 平方千米，辖 8 个镇、7 个乡，1 个省级经济开发区，4 个居委会、208 个村委会，常住人口 43.58 万人。2019 年元氏县完成地区生产总值 159.54 亿元，同比增长 6.9%。其中，第一产业增加值19.9 亿元，增长 5.6%；第二产业增加值 46.7 亿元，增长 5.3%；第三产业增加值 92.9 亿元，增长 8.0%。全部财政收入19.24 亿元，同比增长 10.1%，其中，公共财政预算收入 10.13 亿元，增长 17.0%；财政支出 27.31 亿元，同比增长 6.4%。农林牧渔业总产值 31.97 亿元，同比增长 7.7%。粮食播种面积5.93 万公顷，总产量 35.49 万吨。其中，小麦播种面积2.56 万公顷，总产量 16.32 万吨；玉米播种面积 3.09 万公顷，总产量 18.08 万吨。规模以上工业总产值127.84 亿元，规模以上工业营业收入 119.46 亿元；规模以上工业利润 19.29 亿元，同比增长 18.3%。社会消费品零售总额 76.79 亿元，同比增长 9.9%。城镇居民人均可支配收入 30811 元，同比增长 8.6%；农村居民人均可支配收入 16214 元，同比增长 9.2%。

中共元氏县委书记：郑巍
县人大常委会主任：张庆志
县　　　长：许尽晖（女）
县政协主席：白兰怀

【产业项目】 三次产业比例为12.5∶29.3∶58.2。2019 年元氏县实施重点项目 126 个，总投资 1839 亿元。其中，省市重点项目15 个，总投资 259 亿元，完成投资 34 亿元，占年度投资计划 136%。全年引进总投资1082 亿元的新能源车控制器等优质项目 16 个。恒大温泉水世界、中交建龙湖新区、立邦新材料等 3 个世界 500 强项目落户元氏，立邦新材料项目填补元氏县全外资项目空白。诚信公司主营业务收入达到230 亿元，位居中国 500 强民营企业第 303 位，全市 100 强企业第 6 位；锂能科技、耐力压缩机产值分别增长 40% 和 21.8%。全县生物医药、先进装备制造类规模以上企业分别达到21 家和 27 家，完成产值 102.2 亿元和 17.9 亿元，占全县规模以上企业产值的比重达到 80.2% 和 14%，两大主导产业成功入选“河北省特色产业集群”。实施“旅游+”战略。无极山滑雪、滑草、滑翔“三滑”基地建成投运，北京金港F3赛车基地主体完工。封龙山、蟠龙湖、万花山、槐河人家、汉街等66项重点工程全面启动。全年旅游业收入达到8.7亿元，增长21.6%。实施总投资10.8亿元的技改项目42个，全年新增规模以上企业20家。冠卓检测成功登陆新三板，全县上市企业达到8家。中关村天合科技成果转化中心元氏分站正式开通，全年新增省级技术创新中心3家、省级孵化器和众创空间各1家，新增科技型中小企业85家、高新技术企业24家，总数分别达到717家和45家。

【农业生产】 全年农林牧渔业总产值31.97亿元，同比增长7.7%。其中，农业产值11.23亿元，林业产值1.49亿元，牧业产值18.22亿元，农林牧渔服务业产值1.01亿元。粮食播种面积5.93万公顷，总产量35.49万吨，平均亩产399.2千克。其中，小麦播种面积2.56万公顷，总产量16.32万吨，平均亩产424.3千克；玉米播种面积3.09万公顷，总产量18.08万吨，平均亩产390.7千克；谷子播种面积622公顷，总产量1482吨，平均亩产158.8千克。薯类播种面积1488公顷，总产量4.21万吨，产量位列全市第一。油料作物播种面积1576公顷，总产量4302吨，花生播种面积1237公顷，总产量3630吨。棉花播种面积81.43公顷，总产量80.88吨。蔬菜及食用菌种植面积1890公顷，总产量11.52万吨，设施蔬菜播种面积207公顷，总产量1.94万吨。果园面积256公顷，其中，苹果园31公顷、梨园10公顷、桃园14公顷、葡萄园26公顷。水果总产量（不含果用瓜）7316吨，其中，苹果1130吨（红富士苹果878吨）、梨255吨（雪花梨253吨）、桃171吨、葡萄593吨、红枣683吨。至2019年底，牛、驴、猪、羊、家禽、蛋鸡存栏数分别达到2.05万头、1490头、6.30万头、6.56万只、399.41万只、360.22万只。肉、奶、禽蛋、鸡蛋产量分别达到3.63万吨、2.47万吨、3.63万吨、3.25万吨，其中，猪肉、牛肉、羊肉、家禽肉、驴肉产量分别达到1.56万吨、8314吨、2163吨、1.01万吨、142吨。新增家庭农场30家。拥有市级以上农业产业化龙头企业19家、联合体7家。

【城乡建设】 元氏县县城“跨河发展”态势基本形成。完成19个老旧小区改造，盛元路取直启动拆迁，游客集散中心主体完工，新建便民市场1个、公厕4座，投资7600万元的城区立体停车场和智慧泊车工程启动实施。清风公园、兴元门公园建成开放，新增绿地22.2万平方米，建成区绿地率达到41.57%，常山广场、常山路沿线铺设彩色步行道1.15万平方米，华西路年代街等3条特色风景街区完成提标改造，建成全长3.5千米的汉文化街区，盛元路、嘉惠街被评为省级和市级园林街道。市民广场启动铺装，滨河公园完成绿化10万平方米。“龙山新城”全面启动故宫博物院封龙文化研究中心建设，投资100亿元的恒大高科农业小镇、投资20亿元的天普汇泽科技园等项目稳步推进，封龙山田园综合体完成林木、花卉种植600余亩。张掖新市镇，碧桂园三期开工建设，完成恒大温泉水世界土地收储。完善县域路网，投资2.1亿元完成全长24.4千米红旗大街改造提升，投资1.16亿元实施107国道、东环路、姬窦线等道路大修32千米，打造全长13.7千米的蟠苏景观路。投资1.5亿元新改建10千伏线路218千米、低压线路670千米。推进农村“厕所革命”，全年改厕2.3万座，垃圾清运市场化运作实现城乡全覆盖，建成美丽庭院3.72万户、精品庭院5563户，农村生活垃圾无害化处理率达到92%以上。关停取缔停车场276家、黑加油站点20家，清理拆除违法占地246亩。全年县域空气质量综合指数降至6.98。

【社会事业】 全年元氏县用于民生支出23.8亿元，占全部支出的87.2%。财政扶贫支出达到3463万元，全县建档立卡贫困人口全部脱贫。改造提升2所公办幼儿园。投资2512万元建成六中综合楼、宿舍楼。公开招聘教师277名。河北医科大学第一医院元氏分院正式开诊，填补元氏县“三甲”医院空白。元氏县姬村镇前营村高二学生李正阳的绘画作品《太空小卫士》获得2019年国际航联（FAL）青少年航空绘画大赛(中国区)选拔赛特等奖，作品代表中国参加国际航联在瑞士举行的世界总决赛，这也是元氏县学生第一次获得国际美术大奖。投资5000万元的常山养护院、投资4600万元的中医院康复中心建成投用。党校培训中心主体完工，元氏融媒体中心成功开通。喜马拉雅“书香元氏”项目扎实推进，设立有声图书馆100个、朗读亭11个。举办首届元氏朗读大赛、全民健身运动会、冰雪运动会等活动，丰富群众文体生活。优化营商环境，着力解决群众办事遇到的突出问题，制定《元氏县行政审批局优化营商环境服务企业发展工作措施三十条》，从市场准入、投资立项、工程建设、公共资源交易、政务服务等五个方面不断提升服务效能。深化“放管服”改革，362个政务服务事项实现“最多跑一次”，政务服务事项网上可办率达到90.03%，企业开办时间压缩至2.5个工作日。全年市场主体净增5700户。

（杨夕群）

赵　县

【概况】　赵县位于石家庄市东南部，东与晋州市，西与元氏县、高邑县，南与邢台市，北与藁城区、栾城区相邻，距离石家庄市主城区40千米。赵县古称赵州，2005年被联合国地名专家组中国分部命名为“千年古县”。境内拥有赵州桥、柏林禅寺、陀罗尼经幢等众多历史遗迹。其中，赵州桥有1400多年历史，是世界桥梁的鼻祖，被誉为天下第一桥；柏林禅寺有1700多年历史，始建于东汉末年，是中国禅宗史上重要祖庭，史称“畿内名刹”“古佛道场”，内设河北省佛学院、河北省禅学研究所；陀罗尼经幢坐落县城中央，被誉为“华夏第一塔”。赵县是国家林业局命名的中国雪花梨之乡、全国经济林示范县、中国优质梨果生产基地重点县，也是国家农业部命名的优质小麦生产基地县、全国粮食生产先进县。总面积675平方千米，城区面积15.50平方千米，辖7个镇、4个乡，1个省级经济开发区，281个村委会，常住人口59.23万人。2019年赵县完成地区生产总值141.13亿元，同比增长7.1%。其中，第一产业增加值24.4亿元，增长6.2%；第二产业增加值39.2亿元，增长4.0%；第三产业增加值77.6亿元，增长9.1%。全部财政收入11.51亿元，同比增长5.0%，其中，公共财政预算收入7.43亿元，增长10.8%；财政支出30.26亿元，同比增长26.0%。农林牧渔业总产值36.80亿元，同比增长3.9%。粮食播种面积7.45万公顷，总产量56.36万吨，均位列全市第一。其中，小麦播种面积3.86万公顷，总产量28.30万吨；玉米播种面积3.54万公顷，总产量27.82万吨。规模以上工业总产值91.69亿元，规模以上工业营业收入90.28亿元；规模以上工业利润4.21亿元，同比增长2.0%。社会消费品零售总额157.82亿元，同比增长7.6%。城镇居民人均可支配收入32801元，同比增长8.1%；农村居民人均可支配收入16787元，同比增长9.0%。

中共赵县县委书记：张敏周
县人大常委会主任：黄云锁
县　　　　长：高楠
县政协主席：张清华

【产业项目】　三次产业比例为17.3∶27.8∶54.9。全年赵县实施规模以上项目81个，总投资165.8亿元，其中42个亿元以上项目列入全市“4+4”现代产业项目库，数量排名全市第5。严格落实“六个一”协调推进机制，华药生物发酵基地青霉素V钾、维生素B_{12}，河北仁合益康药业等37个项目竣工投产。金怡化纤、中兴机械、维宝莱纺织等9个项目列入全省重点技术改造项目库。加大招商引资力度，完善相关政策，签约招引项目32个，协议引进资金107.6亿元。持续深化开发区改革，完成经济开发区总体规划编制，实施集中供热、管网路网改造、污水处理厂升级等一系列基础设施建设，园区承载能力得到提升。经过积极沟通协调，连接生物产业园和青银高速宁晋出入口的赵宁路实现贯通，为园区企业开辟高效、便捷的对外新通道。高标准编制生物医药、农机制造、纺织服装等特色产业发展规划。纺织服装产业列入省级重点支持的县域特色产业集群。生物医药、农机制造、文化旅游产业定位为全市区域经济重点发展产业。深入开展“百企转型”行动，欣港药业、巨力科技、山姆士药业等10家企业被评为省级行业龙头型、创新型、高成长型领军企业，中硕科技、鑫富达包装、锴盈新材料等7家企业被评为省级“专精特新”中小企业，兴柏药业、华泰纸业、金鱼油漆入选全市百强企业。大力推进创新驱动和“双倍增”计划，科技型中小企业达到315家、高新技术企业达到33

家、科技小巨人企业达到16家。易谷产业新城被认定为全市小微企业创业创新基地。现代商贸物流业提档升级，普洛斯智慧物流园项目成功签约，懒猫百货建成开业，金桥商业广场与天元名品、北国商城等品牌商场成功签约。赵县是中国雪花梨之乡，梨花景观被农业部认定为中国美丽田园。2019年赵县接待游客307.5万人次，实现旅游业收入18.5亿元。3月31日～4月15日，赵县第十九届梨花节举行。

【农业生产】 全年农林牧渔业总产值36.80亿元，同比增长3.9%。其中，农业产值27.16亿元，林业产值1424万元，牧业产值6.24亿元，农林牧渔服务业产值3.26亿元。粮食播种面积7.45万公顷，总产量56.36万吨，平均亩产504.2千克。其中，小麦播种面积3.86万公顷，总产量28.30万吨，平均亩产488.7千克，均位列全市第一；玉米播种面积3.54万公顷，总产量27.82万吨，平均亩产523.5千克，播种面积、产量位列全市第一。油料作物播种面积97公顷，总产量403吨。蔬菜及食用菌种植面积1237公顷，总产量7.76万吨。果园（主要是梨园）面积1.23万公顷。水果总产量（不含果用瓜）57.10万吨，其中，梨57.04万吨（雪花梨26.26万吨、鸭梨11.66万吨）、桃241吨、葡萄283吨，雪花梨产量全市第一，鸭梨产量全市第二。至2019年底，牛、马、驴、猪、羊、家禽、蛋鸡、兔存栏数分别达到5306头、326头、2166头、4.46万头、1.75万只、203.81万只、203.39万只、2255只。肉、奶、牛奶、禽蛋、鸡蛋产量分别达到1.31万吨、8260吨、8212吨、2.12万吨、2.0万吨，其中，猪肉、牛肉、羊肉、家禽肉、驴肉、兔肉产量分别达到8440吨、823吨、463吨、2665吨、336吨、5吨，驴肉产量全市第一。蜂蜜产量61吨。土地流转34.8万亩。种植优质麦10万亩，种植食用菌、小杂粮、生姜、麻山药等5万亩。黄冠梨获评国家地理标志保护产品。农业生产综合机械化率达95%。拥有县级以上现代农业示范园16个，创建市级以上农业产业化联合体5家。韩村镇入选全国农业产业强镇建设名单。

【城乡建设】 投资20多亿元实施33项重点基础建设工程。总投资6.2亿元的东晏头村改造进展顺利，完成拆迁任务。李春大道东段全线通车，打造又一条贯穿县城的高标准景观大道。实施永通路西延、西外环北延等9条道路、县城4个出入口改造提升，增设一批街心游园、微景观，县城形象品位不断提升。县城免费停车位超过13000个，公共停车场达到23个，有效缓解城区停车难问题，赵县被确定为全省县城停车设施建设试点县。常态化开展“洗城洗街”等环境容貌整治，硬化美化城区450余条小街小巷，县城建设工作考核提升到全市第7名，成功创建省级洁净城市。推进大气污染防治，健全完善科学分析、精准决策、统筹指挥、严格督导、量化问责工作机制，压实防治主体责任和监管监督责任。投资3.5亿元的城区空气源热泵分布式清洁供热系统投入使用，秋冬季可减少燃煤4.3万吨。推进农村地区散煤清零、清洁取暖，“气代煤”“电代煤”覆盖率达73.4%。全县PM2.5平均浓度下降到71微克/立方米，下降5.3%，优良天数达到173天。落实县、乡、村三级河长制，开展涉水企业专项执法检查，洨河、汪洋沟出境断面水质全年稳定达标。投资7.45亿元的生活垃圾资源化处置综合利用项目启动建设。投资3000万元的土壤治理与修复项目列为全国14个试点之一，完成“大棚房”和违法用地专项整治。改造农村厕所2.6万座。全年植树43万株，森林覆盖率达30.98%。西正村、赵刀寺村被认定为省级森林乡村。

【社会民生】 全年民生支出27亿元，同比增长29.8%。坚定落实“两不愁三保障”，贫困人口全部实现脱贫退出。投入4314万元实施36所学校基础设施建设，公开招聘223名中小学教师，组建县第七中学、赵州镇中学东校区、县第一幼儿园，全县办学条件、师资力量、教育质量和均衡程度不断提升，中高考成绩再创新高。赵县有县级医院3个、乡镇卫生院16个、村卫生室281个、开放床位2683张、执业医师1513人、注册护士870（人）医药卫生体制改革持续深化，赵县被评为全国基层中医药工作先进单位，县医院被确定为省级现代医院管理制度试点医院，县妇幼保健院被国家卫健委确定为全省唯一一家妇幼保健机构机制创新工作试点单位。大力实施文化惠民工程，至年末，赵县有文化艺术表演团体22个，文化馆1个，图书馆1个，社会体育指导员38人，广电和电视覆盖率达到100%。县融媒体中心挂牌运行。

（屈海平）

晋 州 市

【概况】 晋州市位于石家庄市正东部，东及东北与辛集市、深泽县，西及西北与藁城区、无极县，南及西南与宁晋县、赵县相邻，距离石家庄市主城区 45 千米。晋州市是唐朝丞相魏征的故乡，也是中国鸭梨之乡，所辖周家庄乡是中国唯一实行乡级集体核算管理体制乡镇。1991 年经国务院批准撤县设市。总面积619 平方千米，城区面积 14.83 平方千米，辖 9 个镇、1 个乡，1 个省级经济开发区，224 个行政村，常住人口 55.26 万人。2019 年晋州市完成地区生产总值 154.22 亿元，同比下降 3.0%。其中，第一产业增加值37.6 亿元，增长 6.0%；第二产业增加值 37.6 亿元，下降 25.3%；第三产业增加值 79.0 亿元，增长 8.8%。全部财政收入15.36 亿元，同比增长 4.4%，其中，公共财政预算收入 10.45 亿元，增长 1.8%；财政支出 36.10 亿元，同比增长 6.2%。农林牧渔业总产值 52.03 亿元，同比增长 1.9%。粮食播种面积5.36 万公顷，总产量 34.32 万吨。其中，小麦播种面积2.46 万公顷，总产量 16.49 万吨；玉米播种面积 2.45 万公顷，总产量 16.58 万吨。规模以上工业总产值279.34 亿元，规模以上工业营业收入 205.89 亿元；规模以上工业利润 6.13 亿元，同比下降 65.2%。社会消费品零售总额163.68 亿元，同比增长 7.2%。城镇居民人均可支配收入 36369 元，同比增长 8.0%；农村居民人均可支配收入 20815 元，同比增长 9.0%。

“晋州官伞”表演

中共晋州市委书记：
陈慧明 (11 月免)
张福杰(11 月任)
市人大常委会主任：马玉社
市　　长：袁永福
市政协主席：崔贞军(7 月免)

【产业项目】 三次产业比例为24.4：24.4：51.2。全年重点建设项目完成投资40.2 亿元，完成年度投资计划 187.8%；列入石家庄市重点项目 16 项，总投资 104.24 亿元。推进“4+4”现代产业发展，入库石家庄市发展改革委建设项目 35 项，总投资 218.02 亿元。垃圾焚烧发电项目和亿利、冀融、泛能网集中供热站基本竣工，全社会用电量、工业用电量分别增长 3.55%、2.84%。8条主干道路建成通车，工业路东延、东寺闾 110KV 变电站等加快实施，被评为河北省地区增加值先进开发区。出台重大产业项目招商引资、晋商回归发展总部经济等管理办法，签约引进世界 500 强普洛斯物流园、中国 500 强韵达快递电商总部基地、生物柴油等重点项目，诺安电力等 7 个项目竣工投产。石家庄高新区生物医药科技园晋州分园正式挂牌，纺织产业列入全省百个重点支持的特色产业集群，着力打造以伟宸服装等高端纺织服装产业基地。全市拥有规模以上工业企业 272 家，规模以上工业增加值 158.99 亿元，同比增长 8.0%，其中新增规模以上工业企业 44 家、规模以上服务业企业 7 家、限额以上商贸流通企业 3 家。新大东纺织、金力电缆、建业电缆 3 家公司入选石家庄百强企业；兰升生物、沈兴线缆公司获批新建“省级技术创新中心”，辰泰滤纸等3家公司荣获省“专精特新”中小企业称号，新增科技型中小企业105家、小巨人企业5家、高新技术企业14家。培育淘宝镇8个、淘宝村29个。

【农业生产】 全年农林牧渔业总产值52.03亿元，同比增长1.9%。其中，农业产值32.48亿元，林业产值3199万元，牧业产值16.21亿元，农林牧渔服务业产值3.01亿元。粮食播种面积5.36万公顷，总产量34.32万吨，平均亩产427.3千克。其中，小麦播种面积2.46万公顷，总产量16.49万吨，平均亩产447.9千克；玉米播种面积2.45万公顷，总产量16.58万吨，平均亩产452.0千克；谷子播种面积825公顷，总产量2008吨，平均亩产162.3千克，播种面积、产量位列石家庄市第一。豆类播种面积2661公顷，总产量4444吨。薯类播种面积1066公顷，总产量3.04万吨。油料作物播种面积1697公顷，总产量5488吨。蔬菜及食用菌种植面积4833公顷，总产量35.49万吨。果园面积1.42万公顷，其中，苹果园439公顷、梨园1.12万公顷、桃园214公顷、葡萄园1991公顷；葡萄种植面积全市第一。水果总产量（不含果用瓜）67.64万吨，其中，苹果1.63万吨（红富士苹果9021吨）、梨58.47万吨（雪花梨4.03万吨、鸭梨21.69万吨）、桃6659吨、葡萄6.05万吨；水果、梨、鸭梨、桃、葡萄产量均位列全市第一，雪花梨产量排名全市第二。至2019年底，牛、奶牛、猪、羊、家禽、蛋鸡、兔存栏数分别达到7766头、4199头、25.80万头、4.92万只、396.81万只、371.81万只、1720只。肉、奶、禽蛋、鸡蛋产量分别达到4.59万吨、1.49万吨、5.09万吨、4.46万吨，其中，猪肉、牛肉、羊肉、家禽肉、兔肉产量分别达到3.87万吨、1387吨、935吨、4895吨、7吨。培育市级以上农业产业化联合体11个，鹏达食品公司被认定为农业产业化国家重点龙头企业。鑫阳农贸公司、鲜鲜农产公司入选河北省服务业百强企业。晋州市（周家庄）现代农业园区被命名为省级现代农业园区。晋州鸭梨获评省十大地域公用品牌，晋州黄冠梨获批国家地理标志证明商标。晋州市获评省农业产业化工作先进市、省农产品质量安全县。

【城乡建设】 完成“四路八街”翻修盖被及15条街巷亮化硬化，新建改建镜湖、光明、富强等公园游园40个，城区绿地率、绿化覆盖率分别为36.57%、41.09%，人均公园绿地面积11.48平方米，成功创建国家园林城市。城区新建公厕6个，更换果皮箱及座椅2300个，整治牌匾1740块，施划停车位1.1万个。国道307改线南跨项目征拆工作基本完成。新建城区东部热源厂，同步完成老旧小区供热改造和新建小区供热拓展，城区供热面积446万平方米。国家城乡交通一体化示范县、省级公共交通示范县创建成效明显，完成15条90.8千米道路改造和2个公交换乘枢纽站、3个港湾式停靠站建设。农村人居环境整治扎实推进，改厕2.38万座，生活污水处理、垃圾清理、美丽庭院等年度建设任务全面完成。精准治污，完成电代煤3.6万户、气代煤3.3万户，取缔“散乱污”企业10家，完成龙头村生活污水处理示范项目，17个村基本完成精准型功能湿地建设，依法对庞村及周边村257个储酸池予以取缔清理并复垦，关停自备井34眼。全年大气综合指数为7.12。

【社会民生】 全年民生支出30.02亿元，占一般公共预算支出的83.15%。全市城镇职工和居民医疗参保50.90万人，城乡居民养老保险参保31.80万人。新增城镇就业3641人、农村劳动力转移5765人，完成职业培训854人，城镇登记失业率控制在1.36%以内。城乡低保标准分别增至每月671元、每年4920元。认真落实“两不愁、三保障”政策措施，精准退出733户1282人，建档立卡贫困人口实现历史性“清零”。完成常营综合居家养老服务中心和总十庄敬老院改造，培育5家民办星级养老机构。建成文体公园综合运动场，配发健身路径20套，举办足球、篮球、冰雪运动等体育赛事10项，免费放映电影2688场、送戏下乡活动80场。完成65个村级便民服务室建设，实现市、镇、村三级全覆盖，93%的业务实现网上申办、电子监察，“最多跑一次”政务服务事项366项。“放管服”改革不断深化，工程建设项目审批压减至70个工作日，企业开办时间缩短为2个工作日，新增市场主体7900户。组建公共资源交易中心，完成交易286宗、20.8亿元。至2019年末，晋州市有小学82所（不含教学点），初中16所（含民办1所），普通高中2所，职业高中3所。九年一贯制学校4所，其中民办3所，公办1所，特殊教育学校1所。公办幼儿园37所，幼儿10315人。改善办学条件，实验小学等5所学校改扩建完工。全市有医疗卫生机构314家，其中二级医院2家，一级医院7家，村级医疗机构224家。拥有床位1422张，平均每万人拥有床位24.63张。完成市人民医院电梯建设和二甲医院复审，营里、东里庄卫生院建成省级乡村卫生健康服务一体化试点。

（王春乔　苑运彩）

新　乐　市

【概况】 新乐市位于石家庄市东北部，地处太行山东麓，属太行山山前倾斜平原，东及北与定州市、曲阳县，南及东南与藁城区、无极县，西北及西南与行唐县、正定县相邻，境内有沙河、木刀沟2条季节性河流，京广铁路、107国道、京港澳高速公路纵贯南北，南距石家庄市主城区38千米、石家庄国际机场7千米。1992年10月撤县设市。相传人类始祖伏羲长于新乐，自古有“羲皇圣里”之称，新乐市区北2千米保存有国家级文物——伏羲台。新乐市拥有西瓜、花生、蔬菜、生猪、奶牛“三种两养”五大特色产业，“新乐西瓜”被列为国家地理标志产品。总面积525平方千米，城区面积23.48平方千米，辖8个镇、3个乡、1个街道办事处，1个省级经济开发区，18个居委会、160个行政村，常住人口51.20万人。2019年新乐市完成地区生产总值139.34亿元，同比增长5.4%。其中，第一产业增加值32.9亿元，增长1.4%；第二产业增加值35.3亿元，增长1.1%；第三产业增加值71.1亿元，增长9.3%。全部财政收入14.79亿元，同比增长7.0%，其中，公共财政预算收入10.17亿元，增长11.1%；财政支出32.35亿元，增长17.5%。农林牧渔业总产值54.63亿元，同比增长1.9%。粮食播种面积5.17万公顷，总产量35.11万吨。其中，小麦播种面积2.42万公顷，总产量16.13万吨；玉米播种面积2.61万公顷，总产量18.40万吨。规模以上工业总产值107.13亿元，规模以上工业营业收入89.69亿元；规模以上工业利润7548万元，同比下降64.5%。社会消费品零售总额151.64亿元，同比增长10.0%。城镇居民人均可支配收入30885元，同比增长8.7%；农村居民人均可支配收入18514元，同比增长9.2%。

中共新乐市委书记：
　李志勇(11月免)
　郭建亭(11月任)
市人大常委会主任:张智琦
市　　　长:郭建亭（11月免）
　　　　　李明政（11月代）
市政协主席:陶国田

【产业项目】 三次产业比例为23.6∶25.3∶51.1。全年实施重点项目61个，完成投资66亿元，占年度计划投资的110%。河北欧亚照明年产5万套智慧路灯等10个项目开工建设，河北旭力年产1000万立方米生物天然气等18个项目加速推进，河北凯佳医药等7个项目竣工投产。签约亿元以上项目13个，总投资41.5亿元，引进总投资1.7亿美元的荷兰夸特纳斯国际食材集采集配加工中心项目。产业升级步伐加快。推进“百企转型”工程，实施技改项目30个，新增规模以上工业企业46家；新认定科技型中小企业151家、科技小巨人企业10家、高新技术企业6家。新增规模以上服务业企业6家、限额以上批零企业1家，新乐塑料塑胶外贸转型示范基地被批准为省级示范基地。

【农业生产】 全年农林牧渔业总产值54.63亿元，同比增长1.9%。其中，农业产值22.92亿元，林业产值2305万元，牧业产值26.13亿元，农林牧渔服务业产值5.34亿元。粮食播种面积5.17万公顷，总产量35.12万吨，平均亩产452.5千克。其中，小麦播种面积2.42万公顷，总产量16.13万吨，平均亩产443.7千克；玉米播种面积2.61万公顷，总产量18.40万吨，平均亩产469.6千克。薯类播种面积880公顷，总产量2.62万吨。油料作物（主要是花生）播种面积4700公顷，总产量1.34万吨。蔬菜及食用菌种植面积5151公顷，总产量39.89万吨。瓜类种植面积1945公顷，总产量10.06万吨；西瓜种植面积1188公顷，总产量6.71万吨；西瓜种植面积、产量均位列全市第一。果园面积270公顷，其中，苹果园57公顷、梨园108公顷、桃园63公顷、葡萄园42公顷。水果总产量（不含果用瓜）9553吨，其中，苹果893吨（红富士苹果554吨）、梨7016吨（雪花梨5807吨、鸭梨788吨）、桃1334吨、葡萄285吨。至2019年底，牛、奶牛、马、驴、猪、羊、家禽、蛋鸡、兔存栏数分别达到3.83万头、2.83万头、241匹、1756头、22.50万头、3.47万只、626.03万只、468.35万只、23.97万只。肉、奶、牛奶、禽蛋、鸡蛋产量分别达到5.55万吨、11.67万吨、11.49万吨、6.66万吨、5.86万吨，其中，猪肉、牛肉、羊肉、家禽肉、驴肉、兔肉产量分别达到4.18万吨、3053吨、455吨、9432吨、235吨、452吨，猪肉、兔肉产量全市第一。土地流转面积17.2万亩，流转率45.5%。创建石家庄市现代农业精品园区1个，认定河北省五星级休闲农业采摘园1个、四星级休闲农业采摘园2个。新乐市现代农业园区（乳业、蔬菜）获批省级现代农业精品园区。“新乐西瓜”获批河北省农产品区域公用品牌，获得首届“中国品牌农业神农奖”；邯邰镇小流村（新乐西瓜）获评全国“一村一品”示范村。9家农民合作社入选2019年农民合作社500强。

【城乡建设】 全年新乐市实施总投资1.21亿元的8项园区基础设施建设工程，发展路（伏羲大街—机场路）建成通车，建新街南延主体完工。开发区入驻企业达到111家，主营业务收入增长26.4%。按照“四城同创”(创建全国文明城市、国家园林城市、国家卫生城市、“升级版”洁净城市)要求，推动城市建设高质量发展。编制国土空间总体规划，完成正莫镇车固村、协神乡闵镇村2个试点村村庄规划。完善城市功能。实施总投资13.88亿元的32个城市建设项目，新元高速互通区建成通车，打通民生街等5条关键道路，硬化小街巷15万平方米，新铺设雨污分流管网6公里，改造提升排水明渠3000米，完成既有居住建筑节能改造16.3万平方米，完成老旧小区改造17个。环城绿道绿廊一期工程和体育公园等3个公园建成投用，新建街头游园9座，高标准改造提升城市公园3个，伏羲公园成功创建为五星级公园，城市建成区绿地面积达到526万平方米，绿化覆盖率达到41.6%。市区18条背街小巷、11条开发区道路全部纳入环卫保洁范围，城市道路机械化清扫率达到92%。新建星级公厕5座、智能化垃圾压缩转运站7座。深入开展市容秩序整治，清理占道经营1.2万处，清理小广告1.9万处，拆除违规牌匾400多块、违规建筑540处。改善农村人居环境，清理各类垃圾16万立方米，整治高铁沿线安全隐患502处，打通断头路132条，拆除残垣断壁和路障9.6万平方米。扎实推进“厕所革命”，完成改厕任务12666座，改造提升11823座。硬化农村道路9.5万平方米，安装路灯923盏，建设美丽庭院5.2万个、精品庭院1.3万个。长寿街道东安家庄村获评“全国乡村治理示范村”。

【社会民生】 2019年，新乐市投入扶贫专项资金2344万元，建档立卡贫困人口1787户4308人全部实现稳定脱贫。全市城镇新增就业3910人，农村转移劳动力3988人，城镇登记失业率控制在2.99%。举办创业培训班29期，培训合格城乡创业者591人。提升社会保障水平，城乡居民医保参保率达到97.2%，城镇和农村最低生活保障标准分别提高到每人每月671元、每人每年4842元，发放各类救助资金3225万元。实施养老服务提升工程，1家养老机构和2家居家养老服务中心建成投用，3家养老机构被评为二星级示范性养老机构。投资7000余万元完成新乐一中、实验学校等9所中小学改扩建。投入专项资金800余万元，为全市115所农村小学2.6万名学生落实营养改善计划。全市有县级医疗机构4个，市区卫生服务中心（站）8个，乡镇卫生院18个，开放床位1410张，卫生技术人员2300人。新乐市中医院成为河北省首批三级管理县级中医医院，木村、正莫、化皮3所乡镇卫生院实现乡村卫生健康服务一体化管理。公共文化服务体系更加完善。组织举办国家级非物质文化遗产“新乐伏羲祭典”大型图片展等活动12次、“百姓大讲堂”活动22期、“彩色周末”演出38场、农村公益电影下乡1920场。建设文体广场8个，配发安装健身器材300余件。成功举办第二届全民运动会和新乐市首届冰雪运动会。

（吴静　孙飞）

人　物

Figures

最美奋斗者

2019年9月25日，中央宣传部、中央组织部、中央统战部、中央和国家机关工委、中央党史和文献研究院、教育部、人力资源和社会保障部、国务院国资委、中央军委政治工作部联合授予石家庄市公安干警吕建江庆祝中华人民共和国成立70周年"最美奋斗者"称号。

吕建江　河北省井陉县人，中共党员，石家庄市公安局桥西分局安建桥综合警务服务站原主任。1970年4月出生，1989年3月入伍。2004年吕建江从部队转业到公安系统工作，扎根基层13年，千方百计为群众排忧解难，用满腔赤诚践行对党忠诚的坚定信念，用无私付出书写人民公安为人民的壮丽篇章，被群众誉为"为民服务的好民警"。2017年12月1日，吕建江因积劳成疾，不幸病逝，时年47岁。吕建江去世后，中共中央宣传部追授"时代楷模"称号，国家公安部追授"全国公安系统二级英模"称号，河北省委组织部追授"全省优秀共产党员"称号，河北省委宣传部追授"燕赵楷模"称号。

全国五一劳动奖章获得者

2019年4月23日，石家庄市6人获授"全国五一劳动奖章"。

张力峰　1980年6月出生，河北翼辰实业集团股份有限公司销售经理。张力峰担任销售经理期间，大刀阔斧抓管理，锐意创新搞改革，公司销售收入、上缴税金分别由2005年的1.3亿元和552万元，提高到2018年的12.76亿元和1.33亿元。张力峰曾获得河北省职工道德模范、河北省"五一劳动奖章"等称号。

赵伟　女，1965年6月出生，工程硕士，中共党员，国网河北省电力有限公司石家庄供电分公司大客户经理二班班长，中国工会十七大、河北省工会十三大代表。曾获得河北省"五一劳动奖章"、河北省"金牌工人"、国网公司"劳动模范"、河北省电力公司先进生产工作者及"河北电力系统十大女杰""最美国网人""石家庄市文明公民标兵"等荣誉称号，所带团队曾获得全国"五一巾帼标兵岗"、河北省"工人先锋号"。赵伟担任擘达劳模创新工作室负责人，研发"掌上业扩工作室"等创新成果36项，获得"全国优秀质量管理小组""全国电力职工技术创新一等奖""国网公司青创赛金奖"。近年，赵伟主持编制完成《10千伏架空、电缆线路标准图集》《土建工程典型图集》，研究开发《外线设计图纸标准化》《供电方案管理流程化》等方案，参加石家庄配网规划编写，制定石家庄市区新建住宅小区建设标准等工作。2019年4月23日，赵伟获授"全国五一劳动奖章"。2019年6月28日，赵伟入选敬业奉献"中国好人榜"。事迹评语："金牌工人"创新36项电力成果。

周亚然　女，1987年12月出生，河北星星点点餐饮有限公司湘君府新华路店负责人。工作努力，认真负责，勇于奉献，关爱同事。周亚然调任湘君府新华路店负责人后，主持经营创新6项、菜品创新30余道。2018年饭店超额完成销售任务39万元，节约维修、水电等成本费用20万余元。多次参加社会帮扶活动，

2018 年周亚然为环卫工送热水、小米粥、热饭 200 余次；参加财贸工会劳模服务队，为农村贫困户捐款捐物价值 2000 元。关心员工疾苦，多次看望碰伤手指员工，送去 1000 元慰问金，并安排人员陪夜和送餐；亲自带烫烧员工到医院看病，垫付药费 1400 元。周亚然曾获得“河北省五一劳动奖章”、河北省商业服务业先进个人等荣誉称号。

王立君 女，1968 年 5 月出生，石家庄市第三医院心血管内一科主任。从医25年，王立君始终把患者的安危和健康放在第一位，为急性心肌梗死患者行急诊介入治疗 1500 余例；与 200 个乡镇卫生院建立远程会诊治疗模式，开展心血管疾病筛查；为市第三医院 1500 名不同岗位职工培训 30 余场。王立君曾获得河北省科技进步奖三等奖1项（主要完成人）、市科技进步奖二等奖 2 项、市科技进步奖三等奖 4 项，发表论文 20 篇、专著 1 部，并获得市管专业技术拔尖人才、市突出贡献中青年专家、“美丽河北·最美医生”、市劳动模范等荣誉称号。

董兰坤 女，1970 年 6 月出生，中共党员，石家庄洛杉奇食品有限公司肉食车间主任，河北省非物质文化遗产中华老字号金凤扒鸡手工技艺第五代传承人。董兰坤传承不守旧，创立“兰坤创新工作室”，获得“河北省工人先锋号”；发扬工匠精神，创新产品 80 余种，创收近 3000 万元，培养企业技术骨干 50 余人；承担省市课题及自立项目 20 余项，申请发明专利 7 项、实用新型专利 11 项，制定企业标准 1 项，在核心刊物发表论文 2 篇。董兰坤曾获得“河北省五一劳动奖章”和石家庄市能工巧匠、石家庄市先进女职工、鹿泉区人才绿卡等荣誉称号。

邵光毅 1959 年 12 月出生，中共党员，常山集团及常山北明科技股份有限公司工会主席。热爱工会工作，勤勉尽责，成绩显著。邵光毅负责公司党建工作，创新探索出把党员培养成先锋、把劳模骨干培养成党员的新路；创新工会工作方法，完善职工代表大会制度，公司民主管理具有特色；常年组织和举办劳动竞赛，培养一大批工匠和市级以上劳模；建立劳模工作室舰队，跨区域开展同行业、省内不同行业联手共建，中国财贸轻纺烟草工会在公司召开劳模创新工作室及班组建设工作现场会；关心困难职工，救助做到零遗漏；企业员工文化生活氛围和谐，多次在市、省、全国会议作工会工作典型发言和经验介绍。

第七届全国道德模范

2019 年 9 月 5 日，石家庄市吕保民获授第七届全国道德模范称号。

吕保民 石家庄市无极县无极镇东中铺村人。1969 年 10 月出生，1984 年 10 月入伍，1989 年 4 月退役。2018 年 9 月 8 日 7 时左右，无极县南汪村开小卖部的曹爱芳和儿子翟佳成到县城进货时突然遭遇歹徒张某抢包，母子二人与张某拉扯过程中，张某掏出匕首将翟佳成刺伤。正在市场经营的吕保民见义勇为，挺身而出，联手热心群众制服犯罪嫌疑人。吕保民在与歹徒搏斗过程中，身中5刀，后经抢救脱离生命危险。2018 年吕保民获授“中国好人”“河北省见义勇为英雄”“河北好人”“石家庄市文明公民标兵”“石家庄市见义勇为模范”“石家庄时代新人”称号。2019 年 2 月 18 日，吕保民获评 2018 年度“感动中国”十大人物。

中国好人

高瑞奎 1948 年 5 月出生，河北省正定县人。曾担任正定县“帮大哥、帮大姐”人民调解员协会会长、县巡回人民调解委员会主任、石家庄市巡回人民调解委员会副主任、河北广播电视台《非常帮助》栏目“帮大哥”。1976 年高瑞奎开始从事人民调解员岗位，43 年间，他调解矛盾纠纷近 1 万起，调解成功率 98.6%。高瑞奎曾获得“全国法治教育模范个人”“全国模范人民调解员”“全国标兵人民调解员”“全省十大法治人物”“全省特别致敬法治人物”“感动省城十大人物”“石家庄时代新人”等荣誉称号。2019年1月3日，高瑞奎突发心脏病去世。1月9日中共正定县委、1月11日中共石家庄市委分别印发《关于开展向高瑞奎同志学习活动的决定》。2019年1月，高瑞奎入选敬业奉献“中国好人榜”。事迹评语：“帮大哥”生命最后7小时一直在为群众调解。

段非　许利娜　两人都是1980年代出生，在求学路上均得到他人的帮助。2006年，段非、许利娜怀着一颗报恩的心，携手创办报恩网公益慈善网站，开始做慈善事业。他们结婚时，许利娜没要一分钱彩礼，两人协商举行慈善婚礼，礼金97311元全部捐助孤儿上学。2018年11月，段非组织志愿者进入太行山老区，开展关怀山里老人活动，并在平山县下口镇卷掌村筹备建立“60敬老餐厅”。2019年1月，“60敬老餐厅”正式运营，全村60岁以上74名老人每天早晨可在餐厅吃到免费早餐。至2019年3月，报恩网筹集善款500余万元，帮助弱势群体5000多人，拯救先天性心脏病患儿17人，带动志愿者参与志愿服务4000多人。段非曾被新华社授予“中国网事·感动2013”年度网络人物、省互联网信息办公室授予“河北首届网络公益达人”、省残疾人联合会授予“十大助残之星”、共青团省委授予“河北省标杆志愿者”，许利娜曾被共青团中央授予“第九届中国青年志愿者优秀个人奖”等荣誉。2019年3月，段非、许利娜入选助人为乐“中国好人榜”。事迹评语：受助夫妻反哺社会将9万余元结婚礼金捐资助学。

封娟　女，1976年出生，行唐县儿童福利院护理员。2010年4月，封娟开始到行唐县儿童福利院担任护理员工作。2011年秋，封娟得知九口子乡孤儿王书琪（女，时年5岁）独自到卫生院输液，经与院领导和乡镇沟通，将孩子接到福利院，白天一起吃饭，晚上睡一张床，与王书琪结下母女情缘，被王书琪认作妈妈。2012年，封娟抱回重度脑瘫儿党铛，孩子不会说话不会走路，封娟不放弃，自费学习按摩、康复训练。经过一年多贴心照顾，2013年9月8日奇迹发生，党铛竟然可以走路。为了让孩子们德、智、体、美、劳全面发展，封娟利用空闲时间教孩子们音乐和舞蹈。2014年封娟和同事们带领王书琪等6名孩子参加中央电视台军事农业频道“感恩中国，幸福一家”春节联欢晚会，感动亿万群众。自古忠孝难两全，封娟把女性特有的母爱，给予了这些孤残儿童，让孩子们享受到无微不至的呵护和不是母亲胜似母亲的关爱。2017年1月18日，封娟获评2016年度“感动省城十大人物”。2019年4月，封娟入选敬业奉献“中国好人榜”。事迹评语：福利院“好妈妈”为孤残儿童撑起一片天。

赵伟　女，1965年6月出生，工程硕士，中共党员，国网河北省电力有限公司石家庄供电分公司大客户经理二班班长，中国工会十七大、河北省工会十三大代表。2019年4月23日，赵伟获授全国五一劳动奖章。2019年6月28日，赵伟入选敬业奉献“中国好人榜”。事迹评语：“金牌工人”创新36项电力成果（参见《石家庄年鉴2020》“人物”下“全国五一劳动奖章获得者”）。

贾拴成　1976年出生，新乐市长寿街道办事处东名村人，新乐市新农红薯种植专业合作社理事长，河北省农村专业技术协会甘薯专业委员会主任委员。1996年贾拴成开始红薯种植研究推广，培育出红薯新品种新农1号、新农2号及食用型新农3号、新农4号多个新品种红薯，其中，淀粉型红薯新农1号、食用型新农4号在中国大面积推广。十几年来，贾拴成带领群众脱贫致富和发展甘薯种植，先进事迹被《中国青年报》《河北日报》《河北农民报》《石家庄日报》《河北科技报》及河北电视台等新闻媒体报道。因工作成绩突出，贾拴成获评“石家庄市农村科技致富优秀人才”“十大杰出青年农民”“河北省劳动模范”等荣誉称号；2015年1月，贾拴成被共青团中央评为“全国乡村好青年”；2015年4月底，获授“全国劳动模范”荣誉称号；2016年11月，当选中国共产党河北省第九次代表大会代表；2017年12月，被中国科协评为“科普中国最美乡村科技致富带头人”。2019年9月27日，贾拴成入选敬业奉献“中国好人榜”。事迹评语：“地瓜大王”免费指导乡亲种红薯 带领群众发展致富。

新时代好少年

2019年5月22日，中央精神文明办公室、教育部、共青团中央、全国妇联、中国关心下一代工作委员会在重庆市联合发布2019年第一批10名“新时代好少年”先进事迹，石家庄市小学生曹语粲先进事迹入选。

曹语粲 女，11岁，石家庄市维明路小学五年级学生。曹语粲从小喜欢传统戏曲艺术，5岁开始拜师学习京剧，踢腿、压腿、转睛、走虎跳、跑圆场等基本功练习又苦又累，但她凭借顽强的性格和韧劲坚持学艺，并获得第22届中国少儿戏曲小梅花荟萃活动“小梅花金花”称号。平时，曹语粲主动传播国粹艺术，经常到学校京剧课堂、电视台参加表演活动，在她带动下，周围许多同学对传统戏曲艺术产生了兴趣。曹语粲还参与戏曲进校园、送戏进社区等文化志愿服务活动，跟随河北省戏剧家协会梅花奖艺术团到省内各地开展公益演出，让更多人感受到戏曲艺术的魅力。她热心班级事务，主动帮助身边同学，力所能及参加扶贫捐助等公益项目活动，是一位热心多才的好少年。

河北省劳动模范

河北省特等劳动模范(1人)

王景峰 1978年9月出生，石家庄煤矿机械有限责任公司车工班组长

河北省劳动模范(98人)

付庆文 1965年6月出生，市轨道交通有限责任公司党委书记、董事长

苏学军 1968年3月出生，石家庄四药有限公司总经理

王玉立 女，1975年6月出生，河北白沙烟草有限责任公司党委书记、总经理

王建民 1962年7月出生，中国人民解放军第5721工厂厂长

邓志成 1960年1月出生，石家庄数英仪器有限公司董事长兼总经理

邱亚霞 女，1967年2月出生，国家电投集团东方新能源股份有限公司热力分公司党委书记

刘兵 1971年9月出生，河北博纳德能源科技有限公司总经理

贾玉昌 1962年9月出生，石家庄诚峰热电有限公司总经理

曾爱民 1970年4月出生，河北民海化工有限公司总经理

李建伟 1966年1月出生，河北金薰新能源有限公司董事长

吴晓军 1973年11月出生，河北冀联人力资源服务集团有限公司董事长

尹博晓 1965年10月出生，河北新化股份有限公司总经理

梁连忠 1969年1月出生，市京华电子实业有限公司董事长

武相艳 女，1981年2月出生，河北金隅鼎鑫水泥有限公司党委副书记、纪委书记

张彦利 女，1974年9月出生，河北东明国际家具博览有限公司副总经理

贺鹏 1963年7月出生，国网河北省电力有限公司石家庄供电分公司工会主席

吕海慧 女，1969年4月出生，中国农业银行股份有限公司石家庄分行副行长

王振梅 女，1976年10月出生，中国电信集团有限公司石家庄分公司副总经理

郭书芬 女，1965年5月出生，赞皇金隅水泥有限公司党委副书记、纪委书记

贾海林 1962年7月出生，中车石家庄车辆有限公司总经理助理

何建立 1964年7月出生，石家庄中石鑫达润滑油有限公司业务经理

李建恒 1977年4月出生，卓达物业服务股份有限公司副经理

田军旗 1975年10月出生，石药控股集团有限公司恩必普销售公司副总经理

毛锐 1976年6月出生，石家庄印钞有限公司科技设备部电工班班长

牛海利 1975年10月出生，中国邮政集团公司石家庄市分公司投

递员

刘书钢 1980年4月出生，冀中能源井陉矿业集团有限公司副总工程师

庄艳军 1971年4月出生，石家庄钢铁有限责任公司设备能源中心电工实验室段长

刘英军 1974年8月出生，华北制药集团先泰药业有限公司803车间主任

肖俊泉 1982年3月出生，中国石油化工股份有限公司石家庄炼化分公司炼油运行二部部长、党支部书记

高永民 1970年9月出生，河北威远生物化工有限公司技术环保部主任

贾振华 1975年12月出生，石家庄以岭药业股份有限公司研究院络病室主任

苏彦斌 1979年10月出生，石家庄科林电气股份有限公司创新工作室主任

宿增寿 1978年6月出生，河北航天信息技术有限公司技术研发中心职工

安月猛 1978年8月出生，河北丽华童装厂生产车间主任

孟称 女，1980年9月出生，中央储备粮新乐直属库有限公司质检员

白文举 1970年1月出生，河北常山生化药业股份有限公司研发人员

张龙海 1952年7月出生，平山县环境卫生管理处环卫工

刘四巧 女，1975年7月出生，井陉县苍岩山旅行社导游

王军坡 1977年10月出生，国网河北省电力有限公司无极县供电分公司营销部副主任

张学谦 1970年12月出生，河北农哈哈机械集团有限公司田园分公司经理

贾茹 女，1975年9月出生，行唐县昊腾残疾人双创园园长

李国强 1969年9月出生，赵县澄波园林绿化工程有限公司项目经理

刘建立 1981年2月出生，河北诚信集团有限公司813车间主任

陈增现 1969年8月出生，河北力马燃气有限责任公司技术员

霍会斌 1971年1月出生，神威药业集团有限公司基建部总监

张拥军 1967年9月出生，国网河北省电力有限公司石家庄市藁城区供电分公司党建工作部主任

邢亚周 1986年1月出生，河北顺丰速运有限公司收派员

任盼志 1957年8月出生，石家庄西拓商贸股份有限公司生产经营部经理

董旭 1975年12月出生，河北浩森不锈钢有限公司车间主任

蒋立敏 女，1964年2月出生，石家庄润泰纺织印染有限公司技术员

刘冬 女，1984年11月出生，石家庄常山北明科技股份有限公司恒盛纺织分公司织造车间布机挡车工

张辉 1975年10月出生，石家庄常山恒新纺织有限公司动力车间主任

刘巍 1970年1月出生，市液压有限责任公司综合检验组组长

李东晓 1984年2月出生，河北联拓汽车贸易有限公司汽车维修工

王小华 1977年1月出生，中航通飞华北飞机工业有限公司综合机加分厂工装工段工段长

信江隆 1963年11月出生，石家庄双剑工具有限公司创新工作室主任

宋静 女，1976年11月出生，太平养老保险股份有限公司河北分公司部门负责人

郭建立 1975年4月出生，河北远征药业有限公司车间主任

刘郁 1973年9月出生，河北华电石家庄热电有限公司运行分场党支部书记、生产准备办公室副主任

申报 1969年10月出生，河北西柏坡发电有限责任公司检修维护部营销办主任

林长海 1983年4月出生，国网河北省电力有限公司石家庄供电分公司变电检修室电气试验一班班长

底媛 女，1987年4月出生，北国商城股份有限公司超市益庄店收银员

杜建民 1960年5月出生，石家庄正大有限公司安全部长

孙文江 1963年10月出生，石家庄双鸽食品有限责任公司基建设备部部长

高攀 1981年6月出生，石家庄建设集团有限公司十分公司经理

索占雄 1985年12月出生，中建二局第三建筑工程有限公司石家庄正定新区综合管廊工程项目部项目经理

闫金红 女，1971年11月出生，河北厚正律师事务所律师

马国良 1961年10月出生，中铁三局集团第二工程有限公司项目经理

石晓棠 女，1974年10月出生，中国石油化工股份有限公司石家

庄炼化分公司化工系统首席技师

唐仕斌　1966年11月出生，中国人民解放军第6410工厂设备能源中心数控设备维修技术员

丁志军　1985年5月出生，石家庄钢铁有限责任公司安全生产管控中心高级主管

李强　1977年2月出生，中车石家庄车辆有限公司总装车间电焊工

康虎坡　1969年1月出生，河北恒山建设集团有限公司项目经理

周艳军　1966年2月出生，灵寿县供销合作社联合社科长

马力民　1970年1月出生，中国人民解放军第三三零二工厂第七分厂铣车班班长

刘森淼　1978年4月出生，石家庄君乐宝乳业有限公司事业部经理

张玉珍　女，1963年6月出生，河北港泰纺织有限公司技术部部长

蔡彦华　1974年5月出生，中农金瑞肥业有限公司复肥车间主任

吴丽伟　女，1981年8月出生，河北苹乐面粉机械集团有限公司精益管理推进员

冯景茹　女，1975年11月出生，石家庄盛华企业集团有限公司射蜡车间主任

李富春　1964年1月出生，井陉县大春建筑工程有限公司工程师

翟会彦　女，1968年8月出生，栾城区旭磊纺织有限公司维修班班长

王红广　1988年2月出生，石家庄天人化工设备集团有限公司铆工班组长

边昆　1980年10月出生，河北珠江啤酒有限公司酿造车间设备主管

陆建堂　1958年8月出生，新华区高基大自然花木场技师

姚龙山　1970年9月出生，藁城区岗上镇大同村党支部委员会村党支部书记

杨玉庆　1963年5月出生，行唐县只里乡习村村党支部书记

庞兵社　1956年3月出生，正定县西平乐乡大寨村村支部书记

魏一达　1988年7月出生，晋州金农龙农业种植服务专业合作社理事

牛建永　1973年3月出生，新乐市盛永种植专业合作社理事长

闫建军　1972年12月出生，井陉县育坤元肉牛专业合作社理事长

翟彦国　1959年3月出生，无极县里城道乡东大户村粮食瓜果蔬菜种植合作社理事长

任志江　1976年12月出生，灵寿县任志江大棚菜种植专业合作社理事长

郄建波　1970年7月出生，平山县建波食用菌专业合作社理事长

安青川　1976年1月出生，赵县冀华星果品专业合作社理事长

张海锋　1977年3月出生，元氏县殷村镇西郝村农民

冯俊杰　1963年11月出生，高邑县良丰农业种植专业合作社理事长

刘发喜　1963年10月出生，赞皇县西阳泽乡吕庄村农民

河北省先进工作者

河北省特等先进工作者(1人)

王素娟　女，1967年4月出生，市东风西路小学校长

河北省先进工作者(34人)

米志奇　1962年11月出生，市交通运输局党组书记、局长

李刚　1965年5月出生，市委宣传部副部长兼市文明办主任

任建钢　1965年4月出生，市退役军人事务局直属党委专职副书记、纪委书记

张翼　1969年8月出生，市公安局警务保障处处长

苏惠欣　女，1970年10月出生，市市场监督管理局产品质量安全监督管理处处长

雷宗奎　1970年12月出生，晋州市周家庄乡党委书记

强增杰　1966年12月出生，国家税务总局正定县税务局党委书记、局长

张锁成　1965年10月出生，平山县纪委监委纪委副书记、监委副主任

李翠玲　女，1966年8月出生，行唐县财政局党组书记、局长

李军平　1965年2月出生，藁城区总工会党组书记、常务副主席

范彦军　1967年11月出生，井陉县交通运输局局长

栾新华　1970年7月出生，中共裕华区裕华路街道工作委员会党工委书记

董毅　1975年8月出生，市农业农村局防疫监督处处长

窦志刚　1966年5月出生，市机

关事务管理局局长、党组书记

刘翠棉　女，1974 年 10 月出生，市环境监控中心副主任

贾浩　1978 年 4 月出生，市政府投资项目代建中心工程三处处长

刘峰涛　1976 年 6 月出生，市园林绿化管理处主任

张瑞刚　1959 年 8 月出生，石家庄二中实验学校校长

王强　1972 年 7 月出生，市中医院心病三科主任

赵玉华　女，1966 年 8 月出生，市京剧团党支部书记、副团长

胡永权　1963 年 4 月出生，市第二医院口腔科主任

刘向东　1966 年 6 月出生，市第八十一中学校长

周旋　1982 年 1 月出生，市新华区卫生队环卫垃圾运输装卸工

夏强　1962 年 1 月出生，市第四十四中学校长

林励　女，1971 年 4 月出生，石家庄高新区第一小学教师

刘增儒　1964 年 12 月出生，新乐市中心医院院长

陈栓群　1963 年 7 月出生，深泽县中学教师

刘军祥　1972 年 5 月出生，河北无极中学校长

许文亮　1978 年 10 月出生，灵寿县总工会职工俱乐部主任

吕彦辉　1974 年 10 月出生，高邑县机关事务管理局局长

冯国才　1962 年 1 月出生，河北赞皇中学教师

杨香珍　女，1973 年 2 月出生，井陉矿区中学教导处副主任

贾建文　1979 年 11 月出生，河北栾城中学政教处副主任

安子云　女，1979 年 9 月出生，鹿泉区大河镇第一中学教师

第七届河北省道德模范

2019 年 10 月 29 日，石家庄市 2 人获得“第七届河北省道德模范”称号。

敬业奉献类(1人)

杨普　女，1983 年 1 月出生，石家庄市栾城区人，石家庄常山北明股份恒盛纺织分公司技术员

孝老爱亲类(1人)

康静　女，1988 年 6 月出生，河北省正定县人，河北爱尔海泰制药有限公司职工

河北好人

2019 年石家庄市获得“时代新人·河北好人”称号 23 人，其中，见义勇为 3 人、助人为乐 8 人、敬业奉献 8 人、孝老爱亲 4 人。

见义勇为(3人)

崔永刚　1979 年 11 月出生，石家庄市鹿泉区人，中国建言献策研究院院长，表彰日期：2019 年 9 月 4 日

李彦平　1963 年 1 月出生，河北省平山县人，石家庄市长安区税务局科员，表彰日期：2019 年 10 月 30 日

赵金雷　1964 年 11 月出生，石家庄市长安区人，中车石家庄车辆有限公司职工，表彰日期：2019 年 11 月 30 日

助人为乐(8人)

崔峰　1987 年 6 月出生，河北省行唐县人，行唐县农村信用联社股有限公司上滋洋信用社主任，表彰日期：2019 年 1 月 23 日

杨军雷　1984 年 10 月出生，石家庄市鹿泉区人，河北凯福房地产有限公司职员，表彰日期：2019 年 4 月 4 日

李建宾　1990 年 3 月出生，河北省元氏县人，元氏县残创园超市负责人，表彰日期：2019 年 4 月 29 日

侯泽军　1978 年 6 月出生，河北省赞皇县人，石家庄昌鎏贸易集团董事长，表彰日期：2019 年 6 月 28 日

郝清辉　1972 年 10 月出生，石家庄市鹿泉区人，晋州市税务局副局长，表彰日期：2019 年 7 月 31 日

容士彦　1940 年 9 月出生，石家庄市长安区人，石家庄学院退休教师，表彰日期：2019 年 11 月 30 日

高拉锁　1958 年 3 月出生，石家庄市井陉矿区人，井陉矿区凤山镇荆蒲兰社区卫生室医生，表彰日期：

2019年12月30日

李志生 1963年5月出生，河北省井陉县人，井陉矿区横涧乡原副乡长，表彰日期：2019年12月30日

敬业奉献(8人)

高瑞奎 1948年5月出生，河北省正定县人，市巡回调解委员会原副主任，表彰日期：2019年1月23日

张雪峰 1975年2月出生，山东省济南市莱芜区人，石家庄市裕华区公安分局槐底派出所燕港社区民警，表彰日期：2019年2月21日

陈龙 1976年1月出生，河北省平山县人，平山县金融服务中心主任，表彰日期：2019年9月4日

贾拴成 1976年5月出生，河北省新乐市人，新乐市新农红薯种植专业合作社理事长，表彰日期：2019年9月4日

石晓棠 女，1974年10月出生，河北省衡水市冀州区人，中国石油化工股份有限公司石家庄炼化分公司化工首席技师，表彰日期：2019年9月26日

相进周 1943年7月出生，河北省新乐市人，新乐市农业农村局（原林业局）退休干部，表彰日期：2019年9月26日

马龙飞 1986年5月出生，石家庄市藁城区人，中车石家庄车辆有限公司新造车间高级技师，表彰日期：2019年10月30日

田宏生 1952年7月出生，辽宁省大洼县人，井陉矿区万人坑纪念馆馆长，表彰日期：2019年12月30日

孝老爱亲(4人)

李文娟 女，1955年5月出生，石家庄市鹿泉区人，鹿泉区铜冶镇南铜冶村村民，表彰日期：2019年4月4日

闫瑞英 女，1959年3月出生，石家庄市鹿泉区人，鹿泉区铜冶镇南铜冶村村民，表彰日期：2019年4月4日

张素霞 女，1963年11月出生，石家庄市鹿泉区人，鹿泉区山尹村镇底下园村村民，表彰日期：2019年4月4日

郜永利 女，1972年5月出生，河北省平山县人，平山县不动产登记中心耕地林地股股长，表彰日期：2019年6月28日

河北省五四青年奖章获得者

2019年4月29日，石家庄市1人获授河北省青年五四奖章。

白茹 女，39岁，市东风西路小学教师

石家庄市“三八红旗手”

王艳茹 1980年8月出生，晋州实验中学教师

张欣 1970年11月出生，晋州市人民检察院未检科长

赵娜 1977年10月出生，晋州市职教中心教师

纪英伟 1976年5月出生，晋州市经济开发区社会事务局科员

李书会 1975年11月出生，新乐市妇联科员

刘琦 1979年6月出生，新乐市法院承安法庭副庭长

郭灵芬 1978年12月出生，新乐市民生街小学教师

李亚利 1986年9月出生，新乐市融媒体中心播音员

王展慧 1981年1月出生，正定县镇阳幼儿园园长

韩妹琴 1974年11月出生，正定县正定镇北门里小学校长

王小磊 1975年4月出生，正定新区三里屯街道办事处文化站长

肖淑景 1973年5月出生，正定县聪明屋幼儿园园长

梁永平 1975年6月出生，井陉县宣传文化中心主任

王永兰 1966年6月出生，中共井陉县纪委副书记、监委副主任

马新燕 1976年4月出生，井陉县税务局第二税务分局副局长

张月改 1973年10月出生，无极县妇联副主席

李晓萍 1979年8月出生，无极

县实验初级中学副校长

刘婷　1982年2月出生，无极县巾帼创业创新指导协会理事

王珊　1982年4月出生，无极县税务局科员

宋秀　1988年10月出生，深泽县铁杆镇组宣委员

王荣英　1972年8月出生，深泽县农业农村局副主任科员

利静　1966年3月出生，深泽县留村乡大贾庄村村委委员

申卫霞　1976年9月出生，行唐县妇联副主席

康静　1988年6月出生，行唐县上方乡副乡长

李香立　1975年3月出生，行唐县第二中学教师

陈英芳　1978年5月出生，灵寿县科学技术协会科员

付小林　1968年11月出生，灵寿县安托小学教师

王玮　1974年4月出生，共青团灵寿县委员会科员

李慧　1986年9月出生，平山实验中心教师

甄开香　1980年8月出生，河北华耀农业科技股份有限公司董事长

戎荟霖　1980年7月出生，平山县东回舍镇初级中学（小学部）教师

薛彩　1988年4月出生，平山县河渠希望小学教师

董素军　1972年3月出生，赵县中医院妇产科护士长

王红　1979年5月出生，赵县赵州镇妇联主席

郑丽文　1976年2月出生，市生态环境局赵县分局副局长

张素辉　1969年3月出生，赵县特教学校教师

曲晓艳　1986年3月出生，元氏县妇联副主席

王江玲　1984年4月出生，元氏县自然资源和规划局科员

赵燕　1972年12月出生，元氏县中医院院长助理

何丽格　1977年8月出生，元氏县槐阳实验学校教师

张小翠　1985年11月出生，高邑县公安交警大队指挥中心主任

刘东华　1983年6月出生，高邑县万城镇人民代表大会副主席

赵慧霞　1975年7月出生，高邑县东塔影学校教师

董俊丽　1979年4月出生，赞皇县就业服务中心科员

田静　1991年1月出生，赞皇县教育局科员

安婧　1971年12月出生，赞皇县龙门中学教师

郄志平　1967年3月出生，井陉矿区妇联主席

郑希　1982年6月出生，井陉矿区文化广电体育和旅游局副局长

苏芳　1968年3月出生，井陉矿区疾控中心主任

郭炳慧　1977年9月出生，河北瀛冀律师事务所律师

梁硕　1982年12月出生，长安区建北街道办事处食安办主任

吕瑛　1969年11月出生，长安区教育局局长、党组书记

邱莉平　1977年10月出生，长安区行政审批局商事登记一科科长

范存娟　1971年5月出生，桥西区创卫办副主任、维明街道人大工委主任

刘惠萍　1972年11月出生，市东马路小学校长

赵静　1973年6月出生，桥西区人民法院刑庭审判员

刘璞　1968年9月出生，市三桥电力电器有限公司桥西分公司经营部主任

曹凤梅　1969年10月出生，新华区科学技术局党组书记、局长

孙向立　1969年5月出生，新华区革新街道天骄社区书记、主任

张娟　1969年4月出生，新华区泰街学校校长

张晓　1976年2月出生，新华区北苑街道党工委委员、书记

张玲雁　1973年3月出生，裕华区裕兴社区卫生服务中心主任

闫世娜　1988年5月出生，裕华区裕华路街道党工委组织委员

韩云巧　1974年9月出生，裕华区财政局党组书记、局长

郭朝霞　1976年3月出生，市石门小学校长

曹凯茹　1987年2月出生，藁城区广泰社区党支部书记、居委会主任

胡晓磊　1983年5月出生，藁城区南孟镇武装部长

李淑莉　1972年12月出生，藁城区贾市庄镇张名甫村两委委员

马晓蕾　1988年5月出生，藁城区岗上镇杜村蔬菜基地技术指导员

王志惠　1970年4月出生，鹿泉区妇联主席

解会霞　1978年9月出生，鹿泉区青少年校外活动中心主任

马然　1981年6月出生，鹿泉区山尹村镇党委书记

康永华　1977年12月出生，鹿泉区寺家庄镇南龙贵小学校长

付云飞　1980年10月出生，鹿泉区医疗保险管理中心职工生育科科长

焦杏言　1971年4月出生，栾城区妇联副主席

李君彦　1967年6月出生，栾城区第二幼儿园园长

冯闪闪　1984年10月出生，栾城区妇幼计生中心办公室副主任

刘新敏　1963年4月出生，栾城区青少年校外活动中心主任

王晖　1976年12月出生，市公安局科员

尚婷　1984年10月出生，华北地质勘查局五一七大队政工部主任助理

吴娜娜　1978年11月出生，市公路桥梁建设集团公路工程机械化施工处办公室科员

孙莉　1977年6月出生，市农业农村局渔政处副处长

庄建莎　1972年12月出生，石家庄交通运输学校副校长

周景慧　1972年11月出生，市国资委群工处科员兼妇委会主任

石瑞彩　1965年6月出生，河北土门旅游开发有限公司副总经理兼妇联主席

贾静怡　1976年4月出生，市妇女儿童活动中心副主任

李庄玉　1990年1月出生，河北经贸大学旅游学院会展会计党支部书记

田国欣　1977年2月出生，河北臻品时尚摄影集团有限公司董事长

徐敏　1979年10月出生，北方工程设计研究院有限公司工业院院长

耿娇　1990年1月出生，市直机关第三幼儿园副园长

耿静　1980年2月出生，市政府办公室副处长

董新艳　1976年9月出生，市东风西路小学教师

杨建华　1969年7月出生，市委党校学员处副处长

孟涵　1983年11月出生，市人民检察院三级检察官

林晓坤　1987年6月出生，石家庄高新区人民法院二级法官

李建红　1981年9月出生，河北恩为律师事务所专职律师

冯云　1974年12月出生，石家庄广播电视台制片人

李孟梅　1969年3月出生，国家税务总局市税务局党建工作科科长

崔梦仙　1973年7月出生，中国邮政集团石家庄分公司人力资源部主任

韩玮玮　1985年5月出生，石家庄广播电视台记者

张萍　1979年2月出生，市军队离休退休干部第六休养所科员

第六届石家庄市道德模范

助人为乐(3人)

郭德江　1934年11月出生，裕华区裕华路街道青园小区社区居民

韩白冰　1971年3月出生，市公交公司职工

温德军　1950年11月出生，石家庄一家人志愿者团队负责人

见义勇为(4人)

吕保民　1969年10月出生，无极县无极镇东中铺村村民

张德云　1964年12月出生，正定新区诸福屯社区居民

陆建楼　1970年12月出生，中国铁路北京局集团有限公司石家庄铁路疾病预防所副所长

习占强　1969年3月出生，新乐市长寿街道东明村村民

诚实守信(2人)

王景新　1972年3月出生，市赋生堂中医风湿骨病医院经营者

张春峰　1976年1月出生，赵县宋氏眼镜个体经营者

敬业奉献(5人)

杨普　女，1983年1月出生，石家庄常山北明股份恒盛纺织分公司技术员

王兰英　1960年6月出生，赞皇县土门乡寺峪村党支部书记

陈春芳　1970年2月出生，灵寿县南营乡车谷坨村党支部书记

赵海柱　1981年10月出生，河北华耀农业科技开发有限公司总经理

胡荣清　女，1974年1月出生，高邑县仓房村卫生室负责人

孝老爱亲(5人)

康静　女，1988年6月出生，河北爱尔海泰制药有限公司职工

樊江华　女，1974年10月出生，井陉县秀林镇袁峪村村民

倪荣　女，1950年3月出生，长安区南村镇南村村民

刘月格　女，1969年11月出生，国网赵县供电公司思凯分公司干部

盖秀英　女，1961年6月出生，行唐县市同乡西塔子庄村村民

石家庄市文明公民标兵

2019年，市文明办授予88人“石家庄市文明公民标兵”称号。

2019年第一季度，市文明办授予32人“石家庄市文明公民标兵”称号。

敬业奉献(15人)

侯树兵 1974年11月出生，市第三医院脊柱科副主任

张秀娟 女，1967年11月出生，晋州市人民医院外一科护士长

仝金平 女，1967年5月出生，晋州市魏征小学教师

陈倩 女，1982年8月出生，正定县行政审批局市场主体科科长

兰晓微 女，1983年10月出生，无极县实验初级中学教师

侯云飞 1985年9月出生，行唐县社会保险事业管理局科员

秦林霞 女，1988年5月出生，行唐县独羊岗乡副乡长

郑彦 女，1982年11月出生，行唐县委组织部干部

边明杰 女，1989年6月出生，赵县供电公司客服中心受理员

武翠伟 女，1982年9月出生，赵县大安中学教师

张西波 1973年3月出生，赵县城镇建设工程公司副经理

张艳彩 女，1979年10月出生，赵县职业中专学校教师

韩迎立 女，1982年12月出生，高邑县地方志办公室编辑

杜翠霞 女，1987年9月出生，赞皇县西龙门乡人民政府宣传委员

代夕彦 女，1978年6月出生，裕华区建通街道盛邦花园社区居委会公益岗位

助人为乐(13人)

陶亚芳 女，1976年1月出生，晋州市人民检察院案件管理办公室主任、公诉科副科长。

张军英 女，1971年2月出生，新乐市中医医院外一科护士长

胡敏英 女，1970年7月出生，新乐市邯邰镇邯邰村村民

于向阳 1970年12月出生，新乐市纪委第一监查组办公室主任

王志生 1954年1月出生，元氏县姬村镇前营村村民

李建宾 1990年3月出生，元氏县残创园超市负责人

宋俊安 1973年9月出生，赞皇县许亭乡政府办公室科员

张连富 1943年3月出生，裕华区尖岭小区居民

王立新 1975年12月出生，裕华区方村镇第二社区党支部书记

冯增云 1962年11月出生，栾城区供电公司栾北供电所职工

刘汹浩 1992年1月出生，栾城公益互助组织志愿者

李合 1963年9月出生，市出租车司机

刘志涛 女，1971年5月出生，石家庄中兴门窗有限公司总经理

诚实守信(1人)

彭奥硕 2008年8月出生，栾城区中心路小学学生

孝老爱亲(3人)

冯国中 1968年9月出生，新乐市协神乡笔头村村民

王小艳 女，1976年5月出生，正定县正定镇北贾村村民

郜永利 女，1972年5月出生，平山县不动产登记中心干部

2019年第二季度，市文明办授予26人“石家庄市文明公民标兵”称号。

敬业奉献(9人)

白茹 女，1980年8月出生，石家庄市东风西路小学教师

石晓棠 女，1974年10月出生，中国石油化工股份有限公司石家庄炼化分公司化工首席技师。

贾拴成 1976年5月出生，河北日上农业科技有限公司总经理

张婷 女，1984年2月出生，晋州市人民医院外一科主治医师

高永霞 女，1986年9月出生，新乐市邯邰学校教师

段亚云 女，1981年10月出生，高邑县第二中学教师

刘瑞玲 女，1981年10月出生，赞皇县医院内二科护士长

尚永义 1965年3月出生，栾城区市场监督管理局干部

陈龙 1976年1月出生，平山县地方金融监管局局长

助人为乐(9人)

崔永刚 1979年11月出生，中国建言献策研究院院长、现代管理大学政府管理学院院长

张俊吉 1978年12月出生，石家庄中博汽车有限公司职工

侯泽军 1978年6月出生，石家庄昌鎏贸易集团有限公司董事长

赵廷凯 1943年2月出生，石家庄市一家人志愿者协会志愿者

郝清辉 1972年10月出生，晋州市税务局党委委员、副局长

马谦 1975年8月出生，正定县曲阳桥中心卫生院副院长

刘胜 2005年10月出生，行唐县南桥中学学生

王铁岭 1937年5月出生，长安区广安街道棉四社区居民

李俊霞 女，1973年1月出生，藁城区增村镇大慈邑小学教师

诚实守信(2人)

曹福顺 1955年6月出生，正定县正安保安服务有限公司保安员

裴白光 1956年10月出生，正定县正安保安服务有限公司保安员

孝老爱亲(5人)

陈双芹 女，1963年2月出生，新乐市邯邰镇东岳村村民

郜永利 女，1972年5月出生，平山县不动产登记中心干部

方建军 1971年6月出生，元氏县南佐镇长村村民

吴素霞 女，1963年2月出生，长安区桃园镇柳辛庄社区居民

石兴须 1946年10月出生，高新区北郄马村原党支部书记

见义勇为(1人)

陆建楼 1970年12月出生，中国铁路北京局集团有限公司石家庄铁路疾病预防所副所长

2019年第三季度，市文明办授予14人“石家庄市文明公民标兵”称号。

敬业奉献(8人)

马龙飞 1986年5月出生，中车石家庄车辆有限公司新造车间高级技师

杜素乔 女，1973年1月出生，市第四十二中学教师

万茁 女，1972年7月出生，晋州市教育局教研室教研员

张志斌 1973年8月出生，新乐市中医医院急诊科主任

蔡彦虎 1990年11月出生，正定县公安交通警察大队城区中队辅警组长

范九霞 女，1980年8月出生，行唐县实验中学教师

傅壮 1993年9月出生，赞皇县农村信用联社柜员

赵洁 女，1986年1月出生，赞皇县西龙门乡政府党政办科员

助人为乐(5人)

容士彦 1940年9月出生，石家庄学院退休教师

赵金雷 1964年11月出生，石家庄市中车车辆有限公司职工

李彦平 1963年1月出生，长安区税务局科员

王玉广 1983年10月出生，藁城区公安局民警

白兵辉 1968年11月出生，藁城区税务局科员

孝老爱亲(1人)

于明明 1983年10月出生，中国邮政集团公司河北省正定县分公司农村投递员

2019年第四季度，市文明办授予16人“石家庄市文明公民标兵”称号。

敬业奉献(10人)

王颖 女，1980年9月出生，晋州镇西紫城小学校长

李争阳 女，1991年1月出生，河北新乐经济开发区管理委员会干部

董慧娴 女，1982年12月出生，市生态环境局赞皇县分局干部

田丽佳 女，1988年3月出生，赞皇县赞皇镇政府干部

闫会芬 女，1982年12月出生，元氏县第七中学职工

高拉锁 1958年3月出生，井陉矿区荆蒲兰村荆蒲兰卫生所医生

田宏生 1952年7月出生，井陉矿区万人坑纪念馆原馆长

张秀丽 女，1966年12月出生，鹿泉区教师进修学校教师

张延峰 1978年10月出生，石家庄信息工程职业学院计算机应用系教师

史立华 女，1980年4月出生，石家庄信息工程职业学院基础部教师

助人为乐(5人)

李志生 1963年5月出生，井陉县库隆峰村村民

杨培芳 1958年5月出生，高邑县千秋放歌合唱团副团长

王森亮 1993年7月出生，高邑县贾村村民

李国华 女，1978年3月出生，鹿泉人民医院检验科主管检验师

孙玉英 女，1951年10月出生，正定县城区街道办事处恒东社区居民

孝老爱亲(1人)

房朝辉 女，1975年2月出生，正定县第五中学教师

石家庄市加快建设新时代现代化强市先进个人

2019 年 2 月 25 日，中共石家庄市委、石家庄市人民政府印发《关于表彰石家庄市加快建设新时代现代化强市先进个人的决定》（石字〔2019〕4 号），授予 150 人“石家庄市加快建设新时代现代化强市先进个人”荣誉称号（享受市级劳动模范待遇）。

职工(120 人)

韩春素　市轨道交通有限责任公司总经理

冀新文　奇瑞新能源汽车技术有限公司石家庄分公司总经理

王玉立　女，河北白沙烟草有限责任公司党委书记、总经理

梁连忠　市京华电子实业有限公司董事长

常延辉　赞皇金隅水泥有限公司总经理

王强　中国邮政集团石家庄市分公司党委书记、总经理

张九龙　河北锦云建筑工程有限公司董事长兼总经理

于辉　世联汽车内饰（河北）有限公司总经理

张学勇　安能绿色建筑科技有限公司董事长

王仁平　石家庄长城中西医结合医院院长

吴晓军　河北冀联人力资源服务集团有限公司董事长

崔树旺　河北省红十字基金会石家庄中西医结合医院院长

聂素坤　女，市军粮供应有限责任公司董事长

郝瑞霞　女，华北制药股份有限公司北元分厂厂长、党委书记

李建国　石家庄汇融农村合作银行副行长

贾静雪　女，河北三元食品有限公司工会主席

王磊　河北自由港商业广场有限公司副经理

吕海慧　女，中国农业银行股份有限公司石家庄分行副行长

武相艳　女，河北金隅鼎鑫水泥有限公司党委副书记、纪委书记

李延辉　石家庄纺织机械有限责任公司党委副书记

王亚峰　河北常恒能源技术开发有限公司工会主席

李建恒　卓达物业服务股份有限公司副经理

赵丽芳　女，华北制药河北华民药业有限责任公司生产组长

武云峰　中国石化石家庄炼化分公司主管技师班长

张涛　格力电器（石家庄）有限公司钣金喷涂分厂副厂长

魏佳力　石家庄常山恒新纺织有限公司车间副主任

吕华　女，中车石家庄车辆有限公司技术中心研发一处设计师

张瑾　晋州市新干线公交客运有限公司安全员

李志敏　女，河北常山生化药业股份有限公司多糖研究组组长

何志　国网正定县供电分公司副总经理

史二文　河北敬业集团有限公司安全生产部部长

石朋霄　河北东明国际家具博览有限公司技工

刘利明　市和合化工化肥有限公司车间主任

张学谦　河北农哈哈机械集团有限公司田园分公司经理

侯金翠　女，国网行唐县供电分公司党建工作部主任

马殿龙　石家庄明旺乳业有限公司技术员

刘松　市华新药业有限责任公司化验员

冯超龙　赵县怡园绿化工程有限公司主任

宋书乔　元氏县槐阳锂能科技有限公司环保科长兼材料科长

刘英杰　国网赞皇县供电分公司营销部主任

高军利　石家庄科林电气股份有限公司变压器事业部车间主任

苑卫　石家庄君乐宝乳业有限公司体系法规部长

张拥军　国网石家庄市藁城区供电分公司党建工作部主任

卢永利　河北吉藁化纤有限责任公司环保处处长

李红路　石家庄杰克化工有限公司车间主任

李建强　井陉矿区丰旺机械有限公司技术员

赵永梅　女，河北盛淼安全技术工程有限公司技术员

孔晓慧　女，中国科技出版传媒股份有限公司石家庄分公司编辑

金彦刚　上海红星美凯龙石家庄和平分公司部门主管

闫金红　女，河北厚正律师事务所律师

林月敏　女，石家庄康普斯压缩机有限公司技术员

肖健　女，河北百年巧匠文化传播公司新产品研发小组副组长

段晓路　女，河北保龙仓家乐福商业有限公司专员

樊建英　女，市公共交通总公司四公司二路车队车长

韩春明　石家庄君乐美家具有限公司柜台经理

宋静　女，太平养老保险股份有限公司河北分公司养老金业务部经理

付贺然　女，国药河北乐仁堂医药连锁有限公司康宁店营业员

郐志华　石家庄白龙化工股份有限公司车间副主任

张建忠　际华三五零二职业装有限公司工会副主席

马育新　中航通飞华北飞机工业有限公司工段长

王彦忠　市交建高速公路建设管理有限公司平赞分公司经理

康子建　河北盛文汽车贸易有限公司维修工

郝鸿翔　河北广汇投资有限公司维修技术指导

时习宗　河北西柏坡发电有限责任公司汽机车间主任、党支部书记

刘涛　市第一棉麻总公司物业科长、综合办主任

刘秀刚　市牧工商开发总公司原种猪厂生产车间主任

郑利刚　石药集团中奇制药技术（石家庄）有限公司总经理助理

张荣荣　女，中移在线服务有限公司河北分公司客服代表

郭学涛　中国电信石家庄分公司网络优化工程师

赵永亮　冀中能源井陉矿业集团有限公司化工事业部新晶焦化分公司机电维修车间副主任

赵立峰　河北威远生物化工有限公司草胺磷车间主任

冉宝新　河北白沙烟草有限责任公司制丝车间维修组长

张庆辉　晋煤金石化工投资集团有限公司河北石家庄循环化工园区分公司生产技术处处长

高国强　石家庄煤矿机械有限责任公司班组长

王炳利　中石化工建设有限公司贵州分公司项目经理

邓娜　女，中国联通石家庄市分公司移动核心网主管

张越　石家庄印钞有限公司凹印机机长

康朝广　河北鹏达食品有限公司车间操作工

黄立斌　河北远大中正生物科技有限公司司炉工

张君江　石家庄诚峰热电有限公司安全专工

封彦军　河北泽宏科技股份有限公司安装工

李占飞　女，井陉县鑫益源酒店大堂经理

陈增现　河北力马燃气有限公司技术员

王红广　石家庄天人化工设备集团有限公司铆工班组长

翟会彦　女，栾城区旭磊纺织有限公司维修工

广同德　博深工具股份有限公司组长

杨占平　河北新源发国际商贸城有限公司消防主管

陆建堂　新华区高基大自然花木场技术员

申彦朝　河北顺丰速运有限公司收派员

孟志强　北国商城股份有限公司北国超市裕华店主管

李秋敏　国家税务总局晋州市税务局局长

尹忠禄　元氏县财政局党组书记、局长

张书清　藁城区张家庄镇党委书记

边庆敏　裕华区科学技术局局长

孙咏梅　女，长安区发展改革局局长

雷树刚　新华区城市管理综合行政执法局党组书记、局长

李茂生　桥西区环境卫生监察大队大队长

秘书明　平山县扶贫开发办公室主任

王京坤　女，新乐市城市管理综合行政执法局环境卫生管理中心主任

杜峰　正定县土地开发管理服务站科员

王桂如　女，深泽县中学教师

段海峰　赵县公路工程队队长

郭现良　高邑县殡葬管理所所长

郝亚茹　女，鹿泉区文化广电体育和旅游局规划科科长

张献民　栾城区殡仪馆车队队长

李树亮　高新区自然资源和规划住建局房屋征收管理办公室副主任

彭玉芬　女，市城市管理综合行政执法局直属单位党委专职副书记

雷爱锁　市纪委监委案件审理室

主任

田镜湘　市委组织部人才工作处处长

肖明华　市委市政府督促检查办公室副主任

于江　　市公安局交通管理局长安交警大队副大队长

来彦龙　市委机构编制委员会办公室机关机构编制处处长

穆景彦　女，市统计局国民经济核算处处长

储昱　　市职工服务中心主任、党支部书记

朱占胜　市机关事务管理局直属单位党委专职副书记、机关纪委书记

杜义敏　女，市第八医院精神科主任

王可　　市疾病预防控制中心毒物检测中心主任

吴俊海　市教育局职业教育与高等教育处处长

曹世炜　市群众艺术馆工会主席

胡永权　市第二医院口腔科主任

农民(30 名)

魏昭　　平山县西柏坡镇西沟村党支部书记

白健民　行唐县只里乡北高里村支部书记兼村主任

陈春芳　灵寿县南营乡车谷砣村党支部书记

赵桂林　正定县正定镇塔元庄村委会村主任

肖向升　赞皇县西龙门乡尹家庄村支部书记

梁喜堂　井陉县金柱村党支部书记

姚龙山　藁城区岗上镇大同村党支部书记

王振山　鹿泉区石井乡岸下村党支部书记

刘广身　栾城区窦妪镇南赵村党支部书记、村委会主任

任国强　河北省晋州市长城经贸有限公司董事长

王金瑞　新乐市长寿街道东安家庄村村民

焦占岐　河北天天乳业集团有限公司总经理

高建忠　井陉县假日梨园农业有限公司董事长

王毓鹏　河北亿邦农业开发有限公司董事长

康增才　深泽县赵八镇南赵八村村民

申艳花　女，行唐县上方乡羊柴村村民

马正剑　灵寿县鼎恒农业开发有限公司理事长

任志江　灵寿县任志江大棚菜种植专业合作社理事长

杨三妮　灵寿县民富种植专业合作社董事长

梁腊八　平山县下槐镇下刘家坪村村民

刘二狗　平山县营里乡石槽村村民

刘利强　平山县孟家庄镇木口村村民

姚风娟　女，赵县光辉农业机械服务专业合作社理事

张海锋　元氏县殷村镇西郝村村民

张景春　元氏县苏村乡南苏村村民

宋锈　　河北金庙岭农业科技有限公司董事长

刘和宾　藁城区丰可得农机种植专业合作社理事长

王增举　鹿泉喜谷农宅旅游专业合作社理事长

石军艳　女，栾城区绿之栾种植专业合作社社员

张现中　高邑县富村镇辛庄村党支部书记兼村委会主任

石家庄市五四青年奖章获得者

2019 年 4 月 30 日，共青团石家庄市委授予 18 人 2018 年度石家庄市五四青年奖章。

马亮　37岁，河北经贸大学工商管理学院党委委员、学生工作办公室主任、班级辅导员

冯红　女，39 岁，石家庄学院法学系主任

白茹　女，39 岁，市东风西路小学教师

任庆良　39 岁，市第一中学信息宣传处主任

刘士光　37 岁，石家庄保安服务集团有限公司国鑫护卫押运分公司高级保安员

孙晓伟　34 岁，石药集团研发事业部石家庄研发中心研究一院综合一所所长

祁晓峰 38 岁，河北生殖妇产医院院长

齐利沙 女，33 岁，平山县华鑫蔬菜专业合作社理事长

宋玲玲 女，39 岁，石家庄第二外国语学校初中部副主任兼语文老师

张新华 女，37 岁，河北医科大学教师

李林 35 岁，中国人民解放军第五七二一工厂机加中心钳工

李周彤 29 岁，新华区残联办公室主任

苏圆圆 女，35 岁，市第五医院结核一科护士长

贡艳霞 女，34 岁，市第二中学教育处副主任

陈伟 38 岁，河北医科大学第三医院，创伤急救中心副主任

武亚林 36 岁，河北白沙烟草有限责任公司所属卷烟材料公司副经理

赵连梅 女，37 岁，河北医科大学第四医院科研中心副主任

阎若思 女，31 岁，河北科技大学纺织服装学院针织系教师

石家庄市第一届最美红十字人

2019 年 4 月，市红十字会授予 9 名个人、1 个群体为石家庄市第一届“最美红十字人”。

宋过江 井陉矿区红十字会常务副会长

梁大伟 市红十字卫生救护培训中心培训部部长

韩巧菊 女，石家庄大正中医蜂疗医院院长

薛萍 女，桥西区市场监督管理局高教所综合管理室主任

董振海 市红十字无偿献血志愿服务大队副大队长

任贵军 河北医科大学第三医院肝胆外科副主任医师、副教授

武卫东 河北仁爱医养服务集团董事长、总经理

宋俊安 赞皇县红十字松枝绿志愿服务队队长

王富良 鹿泉区第二实验小学校长

盛世长安社区红十字会

感动省城十大人物

2020 年 1 月 10 日，由市委宣传部、石家庄广播电视台、石家庄日报社联合主办的 2019 年度“感动省城十大人物”颁奖盛典举行。2019 年度“感动省城十大人物”现场揭晓。

“天路”追梦人——井陉天路修建者(群体) 井陉县中西部有一条翻越太行崇山峻岭的旅游循环路，像飘动的玉带将 27 个中国传统村落紧紧串联在一起，形成“一带三舍串九景”格局，吸引大批游客慕名前往，被盛赞为“井陉太行天路”。这条“天路”修建中凝聚了全县机关干部、基层党员和村子里老百姓的辛苦和汗水。为修路，大梁江村党支部书记梁瑞锁几乎倾家荡产，时任小龙窝村党支部书记樊海忠积劳成疾献出了生命，核桃园村低保户王喜虎至死没向村里要过一分钱工资……全长 43.1 千米的井陉“天路”，从决策上马到竣工通车，前后仅用了 22 个月，比计划工期提前 14 个月；预计 9.3 亿元的工程造价，实际仅花 2.1 亿元，其中，乡村自筹和群众捐款 2000 余万元，企业主免费提供机械车辆、群众出义务工等折价 3000 余万元。自力更生、艰苦奋斗是井陉太行“天路”精神的灵魂根脉。在没有任何“外援”情况下，井陉县把不可能变成了现实。“井陉太行天路”是一条以人民为中心的“初心路”，一条以基层党建为引领的“连心路”，一条以自力更生为基调的“创业路”，一条以全面小康为目标的“扶贫路”。

雷锋奶奶——靳国芳 女，1937 年 5 月出生，中共党员，石家庄市裕华区建南社区学雷锋志愿者工作站站长，3302 厂退休职工，被人们亲切地称为“雷锋奶奶”。1992 年退休后，靳国芳一直在建南社区做公益活动，带领志愿者常年结对关怀空巢老

人，将一个破旧小区转变为省市先进小区。2004 年，靳国芳被小区居民选为业主委员会主任。她上任后第一件事，张罗联系协调多个部门，成功在小区铺设天然气管道；工程完工后，居民再也不用扛着罐子换气，小区居民纷纷为她竖起大拇指。2006 年大年初一下午，靳国芳正在家中为晚上的团圆饭忙碌。这时她接到一位居民的求助电话，说自己的老伴突然去世，两个儿子均有严重的智力残疾，现在慌了手脚，不知该怎么办。得知消息后，靳国芳马上摘下围裙，赶到死者家中，帮助料理后事，晚上 9 点多才回到家中，全家人的团圆饭也没吃成。多年来，靳国芳坚持接待业主来访，对业主的意见、建议和救助，详细地记录在小本子上，不惜跑腿、磨嘴皮子，给大家排忧解难；只要居民求助，不管是节假日，不管是白天黑夜，不管是严冬酷暑，她都有求必应。时间长了，她的电话号码变成了小区的“大靳热线”，她的家里变成了不挂牌的“群众来访接待室”。靳国芳曾获评第四届全国道德模范提名奖、河北省道德模范、河北省优秀志愿者、感动河北人物，并入选“中国好人榜”。

大阅兵中的铿锵玫瑰——陆军军医大学士官学校女兵方队（群体）

整齐划一的步伐，威武铿锵的步音，英武挺拔的军姿，端庄大方的气质，臂章上火红的玫瑰映衬着自信坚毅的容颜……在庆祝中华人民共和国成立 70 周年阅兵盛典上，倍受世人关注的女兵方队以独具特色的飒爽英姿，诠释了新时代中国女兵的柔情和刚毅、忠诚与担当。她们来自石家庄陆军军医大学士官学校。这所由白求恩参与创建的学校也是白求恩精神的发祥地，奋进担当中延续着红色基因。站军姿2小时不倒、练眼神 40 秒不眨，步幅 75 厘米，步速每分钟 112 步……阅兵训练标准严苛、男女兵一视同仁。与男兵相比，女兵柔韧性、协调性好，但体能和耐力较弱。为训练出排山倒海的气势、整齐划一的步伐，女兵方队付出常人难以想象的努力。炎炎烈日下，受阅女兵站军姿2小时不倒、练眼神 40 秒不眨，步幅 75 厘米，步速每分钟 112 步，平均踢坏 3 双作战靴，每天喝下 7.5 升水，洗 7~8 身汗水澡，千万次重复在水泥跑道上磨炼……无一人叫苦喊累，无一人退缩放弃。10月 1 日国庆阅兵现场，随着一声气贯长虹的口令“向右看——”，女兵方队整齐的队形如刀切一样，整齐划一的步伐似雷霆踏响，正步走过天安门接受党和人民检阅，受到习近平主席的通令嘉奖和阅兵联合指挥部的表彰。

扶贫先锋——张端树　1969 年 6 月出生，四川省苍溪县人，市工商联副主席，市工商联派驻平山县南文都村驻村扶贫干部。2016 年，刚过完春节，张端树带领两名组员住进南文都村，一住就是四年。为脱贫致富，张端树3人呕心沥血，抛家舍业，把全部心血和精力都用在脱贫攻坚上。如今南文都村铺设了供水管、排污管，修建了 3 座旅游公厕和上千立方米化粪池，街道全部完成硬化和绿化，建成 2 个总面积 6000 多平方米的文化广场和 1 个“精准扶贫”主题文化长廊，安装了 100 盏太阳能路灯，村庄实现昼夜常明。南文都村落地项目拉动投资资金超10亿元，2019 年全村人均收入突破 6000 元，所有贫困户脱贫出列。短短四年，南文都村发生了可喜巨变，受到社会各界广泛关注。全国政协原副主席王钦敏等多位领导来村考察调研，《人民日报》《农民日报》及中国中央电视台、河北电视台、新华网、人民网等媒体报道了村子取得的变化。因扶贫成绩突出，张端树工作组获评全省精准脱贫先进驻村工作队，张端树获得“全省脱贫攻坚工作贡献奖”“全国工商联系统先进工作者”等荣誉。2019 年 6 月 25 日，张端树作为第九届全国“人民满意的公务员”受表彰代表，在北京人民大会堂受到习近平总书记的接见。

雨夜暖心医护人——市第一医院救助外卖员医护者（群体）　2019 年 7 月 9 日雨夜，市第一医院神经内科三病区发生一幕感人故事引起网络关注，温暖了无数人的心。那天傍晚，石家庄市下着大雨，一位外卖小哥在前往医院送餐路上不小心摔了一跤，脚部受伤，他一瘸一拐地坚持赶到送餐地点，见到点餐医生后，因刚才摔倒打翻一份外卖，连声道歉，并主动提出赔偿。医护人员说：“不用赔，没事。”外卖员道谢后就往外走。在场的医护人员发现他一瘸一拐，地上还流淌着血渍，赶紧把他叫了回来。掀起裤腿一看，脚上竟然是一处长达 5厘米的皮外伤口，鲜血直流，如不及时处理，很可能感染。几名值班医护人员马上帮忙，用生理盐水反复冲洗，再用碘伏消毒，并用无菌纱布覆盖伤口，最后用绷带仔细缠绕包扎好伤口。根据受助外卖小哥回忆，当时脚上满是污渍，泥水混着血水，很脏，但是医生们直接抓起脚处理伤口，丝毫没有嫌弃。伤口包扎好后，他们还为脚套上了两个塑料袋，反复叮嘱不要进雨水。市第一医院神经内科三病区救治外卖小哥的监控视频经医院“微信公众号”“官方抖音”发布后，被央视网、新华社、《人民日报》、中国之声等国家级媒体和省市媒体竞相报道，并在“学习强国”“今日头条”等移动平台传播，总点击量逾千万人次，引发强烈反响，传播了社会正能量，网友们纷纷为白衣天使点赞。在现今医患关系备受关注的背景下，市第一医院医生以爱心温暖了这位外卖小哥的心，也将爱心传递给广大患者和社会公众。

环卫好夫妻——曹梅竹　温新河　妻子曹梅竹，43岁；丈夫温新河，46岁。曹梅竹从18岁开始到省城做环卫工人，至今25年。丈夫温新河受妻子影响，1998年也加入到环卫工行列。北小街地处石家庄市区最繁华商业地段，每天凌晨3点左右，曹梅竹就会在负责的北小街清扫区域开始作业，6点左右，她会稍作休息吃点早饭，7点左右开始第二轮清扫。曹梅竹说，北小街班组负责区域最繁忙，平时人流如织，垃圾很多，几乎每天的垃圾量在20车左右。年底最忙，上货人多，客流量大，垃圾最多。每天同时，紧挨着北小街的民族北路上，丈夫温新河也在清扫区域开始作业，平时民族北路停着的都是上货的车，垃圾不比北小街少。夫妻俩作业区域近在咫尺，凌晨清冽的扫地声，成为这对夫妻最默契的交流。进入冬季，天气寒冷，夫妻俩每人穿着两条棉裤，两件棉袄，一双厚厚的棉鞋，外面套着环卫服，开始各自的作业；凌晨的街道上一阵阵寒风刺骨，但夫妻俩的心是火热的。他们以自己的乐观和无私影响着环卫队员们，用坚守和奉献，相互陪伴，风雨前行。曹梅竹说，自从开始干环卫工作，最对不起的就是自己的儿子，她从来没管过孩子的学习，孩子原来也有抱怨，对父母做环卫工作也颇有微词，后来孩子越来越大，逐渐理解了父母的工作，有时间还会到环卫房去找她，让她觉得越来越欣慰。齐心协力把城市环境变得更加美好，这就是曹梅竹夫妻俩最大的幸福。

逆火英雄——罗志龙　25岁，市消防救援支队藁城区大队丰产路中队战斗一班副班长。2019年5月19日14时22分，罗志龙所在中队接到藁城区大队派警，位于良村开发区北席村村东一垃圾坑发生火灾，他和战友们当即奔赴火灾现场。摄氏37度高温下，罗志龙身着厚重的战斗服，历时50分钟将火彻底扑灭。在归队途经部队门口时，罗志龙晕倒在岗亭前，这一幕被监控记录下来，随后视频上传至网络，播放量瞬间突破百万人次，半天时间点赞量高达400多万次，留言评论近10万人次。罗志龙于2013年9月入伍，参加灭火救援战斗1200多次，营救遇险群众80余人；他参加历次消防比武大赛屡创佳绩，获评优秀士官3次，获得嘉奖3次。晕倒在岗亭前的当天，是罗志龙和战友们第四次出警，稍事休息以后，他就恢复了正常工作。罗志龙是中国千千万万消防员队伍中普通的一员，从橄榄绿到火焰蓝，变的是体制、着装、称谓，不变的是中国消防员的使命与担当。

“思政”园丁——白茹　女，1980年8月出生，市东风西路小学教师。2019年3月18日，白茹作为河北省教师代表参加在北京召开的学校思想政治理论课教师座谈会，受到习近平总书记的接见。白茹在教育教学中，遇见过父母离异后有心理创伤的孩子，她自学相关知识，抚平孩子内心的伤口；还有控制不住自己小便的孩子，她给这个孩子存放裤子，以便尿裤子后可以方便地换上。孩子们真诚地称呼她：“白妈妈”。作为一名思想政治课教师、班主任，白茹注重挖掘学生的潜能，遵循知行统一的教学原则，引导学生“在学中干，在干中学”，德智合一，形成独具特色的阶段式教学模式；主动建构与学生学习、生活全方位对接的德育工作思路，将做人、做事、爱国、爱党、爱家乡等融入到学生日常学习生活中，为学生扣好人生第一粒扣子，让爱国、爱党、爱家乡的种子在孩子们心中开花结果。白茹曾获得“全国优秀教师”“全国最具影响力班主任”“河北省五四青年奖章”“石家庄市五四青年奖章”“市级骨干教师”等荣誉称号。

书香兄弟——王雷东　刘超　王雷东，1970年代出生，汇祥社区党组织书记，曾开办“农村书屋”；刘超，1980年代出生，青年企业家。2016年10月，两人在参加一次公益活动中相识，互相交流想法后一拍即合，便成为公益上的伙伴。为在市内社区宣传推广精准扶贫活动，他们组织大学生志愿者在社区开展宣传和募集爱心物资，从一开始的5个社区扩展到10个社区，又由10个社区发展到40个社区。在募集爱心物资过程中，他们收到许多图书，两人考虑再三，发起“全民阅读——社区爱心书屋”公益活动，把图书集体存放，供大家阅读使用，并号召居民们也将家里的旧图书捐出来，用公益活动思维实现旧图书流转，以“共享阅读”方式让想看书、没有条件的人看到书。王雷东、刘超还联系爱心企业在各社区投放爱心书籍回收箱，方便大家随时把家中闲置书籍捐赠出来，经志愿者消毒分拣后，全部投放到每个爱心书屋。为将爱心书屋活动在全市推广，他们走访调研石家庄市很多居委会，并与多所大学合作。最终，第一个爱心书屋设在一间不到10平方米的屋内，一个书架，300册左右的图书，因场地原因读者只能借阅，不能现场阅读。2018年7月，随着居委会场地搬迁，爱心书屋面积变为60平方米左右，拥有图书上万册，达到一定规模。至2019年10月，王雷东、刘超先后在全市建立爱心书屋112个，覆盖市区大多数街道办事处，辐射人口200多万人，活动参与高校45所，参与人员1万多人。

缉毒刑警——高强 43岁，市公安局新华分局刑事警察大队大案中队中队长。从警14年，高强参与处置各类群体性事件10余起，办理侦破治安、刑事案件100余起。2018年5月4日，高强在侦破一起贩毒案件时，赴山西省实施抓捕，面对穷凶极恶的毒贩和自己双手被抓伤，他没有畏惧，成功缴获冰毒32千克、毒资408万元，缴获车辆3辆，抓获嫌疑人4人。2019年9月16日，云南省公安部门提供线索：境外人员指使1名云南省男子携带24千克毒品（14千克海洛因、10千克冰毒）到河北省，有人在河北省境内接收。在河北省公安厅禁毒总队指挥下，市禁毒支队联合新华分局大案中队立案侦查；因犯罪团伙交易地涉及云南、四川、河北、广东等省，组织决定由高强带领中队民警多次赶赴四川、广东等地侦办；2019年9月18日，在河北省涿州市将接收毒品犯罪嫌疑人李某、王某抓获，当场缴获毒品60块、24千克。高强自2012年从事禁毒工作以来，和战友破获毒品案件100余起，抓获犯罪嫌疑人200余人，每一次抓捕吸毒贩毒人员都面临生与死、血与火的考验。高强用自己的实际行动践行了为人民服务的宗旨和本色。

逝世人物

尚增福（1925～2019），河北省晋州市人，原石家庄市供水总公司党委副书记。1925年3月出生，1945年5月参加工作，1946年5月加入中国共产党，1989年1月离休，享受单项地市级待遇。2019年11月6日因病逝世，享年94岁。

王葆华（1927～2019），河北省玉田县人，石家庄市第七届人民代表大会常务委员会原主任、党组书记。1927年12月1日出生，1944年3月参加革命工作，1945年9月加入中国共产党。曾任秦皇岛市财政局副局长、局长，秦皇岛市计委副主任、主任，秦皇岛市副市长；唐山市计委主任，唐山地委常务副秘书长、经计委主任；河北省物价局副局长，河北省政府秘书长；石家庄市委常委、副书记，市长、市政府党组书记，石家庄市人大常委会主任、党组书记（享受副省级医疗待遇）。中共河北省第三届委员会委员，河北省第七届人民代表大会代表。1993年12月离职休养。2019年8月17日因病在石家庄市逝世，享年92岁。

曹鹤芳（1928～2019），河北省河间县人，中共石家庄市委原常委、纪委书记。1928年6月出生，1947年6月参加革命工作，1948年2月加入中国共产党。曾任华北纵队4旅12团战士、文化教员；65军193师579团7连副政治指导员、政治指导员，团政治处干事、协理员，教导队政治教导员，577团政治教导员，师政治部干部科干事、副科长，炮兵团政治处主任，579团政治处主任，师政治部组织科长，577团副政委，炮兵团政委，195师政治部副主任；沧州市计划生育办公室主任、建委副主任、纪委副书记；石家庄市委常委、纪委书记。1989年3月离职休养。2019年10月12日因病在石家庄市逝世，享年91岁。

林子刚（1930～2019），回族，河北省保定市清苑区人，原石家庄地区行署正局级调研员，初中文化。1930年3月28日出生，1947年11月参加工作任石家庄市一区七街政府户籍干事，1948年11月加入中国共产党。1958年3月至1964年10月，历任石家庄市公安局办公室副主任、市委党史编办室干事、市民族事务委员会副主任、地区民族宗教处副处长；1964年11月至1965年4月，任赵县检察院代检察长；1965年4月至1969年6月，任中共晋县委员会副书记、副主任；1975年8月至1980年3月，任石家庄市邮政局副书记、副局长；1981年12月至1983年9月，任石家庄地区民委、宗教事务处主任、处长、党组书记；1983年9月至1987年3月，任石家庄地区行署司法局党组书记、局长；1987年3月任石家庄地区行署司法局正局级调研员。1990年8月离休。2019年11月2日因病去世，享年89岁。

周世俊（1930～2019），河北省昌黎县人。1930年11月出生，1952年8月参加工作，1954年9月加入中国共产党。曾任石家庄棉纺一厂革命委员会主任、党委书记、厂长，石家庄市纺织工业局局长，石家庄市革命委员会副主任，石家庄市副市长，石家庄市第七届人民代表大会常务委员会副主任。1993年12月退休。2019年7月3日，因病在石家庄市逝世，享年89岁。

杜书堂（1932～2019），河北省任县人，市人大常委会原农村经济办公室主任。1932年5月出生，1956年3月参加工作，1956年7月加入中国共产党。1956年3月参加工作，1956年7月加入中国共产党。曾任石家庄市井陉矿区横涧公社主任，郊区区委常委、宣传部长、生产指挥部主任、区革命委员会办公室主任，中国科学院石家庄农业现代化所业务处负责人，市日用五金工业公司副经理，市人大常委会财经工委副主任、主任，市人大常委会农村经济工作办公室主任。1994年4月退休。2019年11月18日11时在石家庄市逝世，享年88岁。

杨继宏（1936～2019），河北省衡水市冀州区人，石家庄市公安局原党委书记、局长。1936年8月出生，1950年8月参加工作，1956年9月加入中国共产党。曾任石家庄市新华区公安分局副局长，区委常委、新华区公安分局党委书记、局长，石家庄市公安局党组副书记、副局长。1993年2月，任石家庄市人民检察院党组书记、检察长（副厅级）；1993年7月，任石家庄市公安局党委副书记、局长；1994年12月，任石家庄市公安局党委书记、局长；1996年2月，任石家庄市公安局党委书记。1996年9月退休。2019年7月28日因病逝世，享年83岁。

关庆（1936～2019），河北省平山县人，中共石家庄市委政法委原副书记。1936年10月出生，1954年9月在市公安局参加工作，1956年4月加入中国共产党。1983年9月任石家庄地委政法委委员兼办公室主任，1984年11月任石家庄地委政法委副书记，1988年8月任石家庄地委政法领导小组办公室主任（正处），1993年7月任石家庄市委政法委副书记（正县级）。1996年10月退休。2019年2月2日因病逝世，享年83岁。

徐增厚（1937～2019），河北省衡水市人，石家庄市第八届和第九届人大常委会原主任、党组书记。1937年1月21日出生，1954年8月参加工作，1956年9月加入中国共产党。历任峰峰四矿职工子弟学校教师，石家庄市革命委员会办公室秘书，石家庄市委办公厅秘书处副处长、市委副秘书长，市委副秘书长兼市委政研室主任、市体改办副主任，市委常委、宣传部长兼科教工委书记，市委常委、秘书长，石家庄市委副书记，石家庄市第八届和第九届人大常委会主任、党组书记。河北省第八届人民代表大会代表，河北省第九届人大常委会委员。2003年4月退休，任石家庄市关心下一代工作委员会主任。2019年8月22日因病在石家庄市逝世，享年82岁。

高瑞奎（1948～2019），河北省正定县民主街村人。曾担任正定县“帮大哥、帮大姐”人民调解员协会会长、县巡回人民调解委员会主任、石家庄市巡回人民调解委员会副主任、河北广播电视台“非常帮助”栏目“帮大哥”。1976年高瑞奎开始从事人民调解员岗位，43年间，他获得“全国法治教育模范个人”“全国模范人民调解员”“全国标兵人民调解员”“全省十大法治人物”“全省特别致敬法治人物”“感动省城十大人物”“石家庄时代新人”等荣誉称号。2019年1月3日因病逝世，享年71岁。

附　录

Appendix

条例法规

石家庄市城市管理综合执法条例

（2019 年 4 月 28 日石家庄市第十四届人民代表大会常务委员会第十九次会议通过
2019 年 5 月 30 日河北省第十三届人民代表大会常务委员会第十次会议批准）

河北省人民代表大会常务委员会关于批准《石家庄市城市管理综合执法条例》的决定

（2019 年 5 月 30 日河北省第十三届人民代表大会常务委员会第十次会议通过）

河北省第十三届人民代表大会常务委员会第十次会议审查了石家庄市人民代表大会常务委员会报请批准的《石家庄市城市管理综合执法条例》，该条例与宪法、法律、行政法规和本省的地方性法规不抵触，决定予以批准，由石家庄市人民代表大会常务委员会公布施行。

石家庄市人民代表大会常务委员会公告

《石家庄市城市管理综合执法条例》已经 2019 年 5 月 30 日河北省第十三届人民代表大会常务委员会第十次会议批准，现予以公布，自 2019 年 7 月 1 日起施行。

石家庄市人民代表大会常务委员会

2019 年 6 月 4 日

第一章　总则

第一条　为了提高城市管理水平，规范城市管理综合执法行为，促进依法行政，保护公民、法人和其他组织的合法权益，根据《中华人民共和国行政处罚法》《中华人民共和国行政强制法》等法律、法规，结合本市实际，制定本条例。

第二条　本市行政区域内县级以上人民政府所在地的城市管理综合执法及其监督管理，适用本条例。

第三条　本条例所称城市管理综合执法，是指城市管理综合行政执法部门在城市管理领域依法履行行政处罚、行政强制等行政执法职责的行为。

第四条　城市管理综合执法工作秉承以人民为中心的理念，遵循依法行政、源头管理、客观公正、教育与处罚相结合的原则。

第五条　市、县（市、区）人民政府统一领导本辖区的城市管理综合执法工作，制定城市管理目标，建立城市管理协调机制，研究解决城市管理中的重大事项。

乡（镇）人民政府、街道办事处、村（居）民委员会应当依据相关职责组织、引导、动员辖区居民参与城市管理。

第六条　市城市管理综合行政执法部门是本市城市管理综合执法工作的行政主管部门，负责本市城市管理综合执法工作的指导、监督、考核和协调，以及市人民政府确定的执法工作。

县（市、区）人民政府城市管理综合行政执法部门负责本辖区内的城市管理综合执法工作，并可以根据辖区工作需要，在乡（镇）、街道派驻综合执法机构，履行综合执法的具体职责。

第七条　公安、自然资源和规划、生态环境、住房和城乡建设、交通运输、水利、行政审批、园林绿化等城市管理相关行政主管部门，应当按照各自职责，共同做好城市管理工作。

第八条　市、县（市、区）人民政府应当积极构建全民共治共享的城市管理格局。

广播、电视、报刊和互联网站等媒体应当加强城市管理相关法律、法规的宣传，为城市管理工作营造良好的法治氛围。

第九条　公民、法人和其他组织应当积极参与城市管理，配合支持城市管理工作，发现违反城市管理相关规定的行为，有权劝阻、投诉和举报。

第二章　执法权限

第十条　城市管理综合行政执法部门依法集中行使市容环境卫生、市政公用设施、园林绿化、城乡规划、住房和城乡建设等方面法律法规规章规定的行政处罚权。

市人民政府可以根据城市管理需要，依法对城市管理综合执法事项进行调整。需要报批的，按照有关规定执行。

第十一条　城市管理综合行政执法部门依法集中行使本条例所规定行政处罚权的，可以实施法律、法规规定的与行政处罚权有关的行政强制措施。

第十二条　已由城市管理综合行政执法部门依法集中行使的行政处罚权及采取的相关行政强制措施，其他部门不得再行使。

第十三条　市城市管理综合行政执法部门和市内长安区、桥西区、新华区、裕华区、藁城区、鹿泉区、栾城区的城市管理综合行政执法部门在城市管理领域的执法事项由市人民政府确定。

其他县（市、区）的城市管理综合行政执法部门在城市管理领域的执法事项由所在地人民政府按照法定权限确定。

第十四条　城市管理综合行政执法部门与其他行政主管部门对执法职责发生争议的，由本级人民政府协调处理。

县（市、区）人民政府之间对城市管理综合行政执法地域管辖权发生争议的，由双方协商解决；经协商不能达成一致的，由市城市管理综合行政执法部门指定管辖。

第三章　执法协作

第十五条　城市管理综合行政执法部门和其他行政主管部门应当及时通报城市管理领域行政执法信息和相关行政管理信息。

行政执法信息和相关行政管理信息包括以下内容：

（一）相关行政主管部门实施的与城市管理综合行政执法有关的行政许可事项和监督管理信息；

（二）城市管理综合行政执法部门实施行政处罚的情况和在执法中发现应当告知相关行政主管部门的信息；

（三）与城市管理综合行政执法部门有关的专项管理信息；

（四）其他需要共享的重要信息。

第十六条　自然资源和规划、住房和城乡建设、园林绿化等行政主管部门应当加强日常巡查，强化源头监管，通过制定政策、指导监督等方式，预防和减少违法行为的发生，发现部门职责范围内违法行为的，应当及时劝阻、制止，并依法下达责令停止违法行为通知书；需要由城市管理综合行政执法部门进行行政处罚或者采取相关行政强制措施的，应当及时移送以下材料：

（一）违法行为实施主体的相关材料；

（二）违法行为的初步证据材料和依据的法律法规规章条款；

（三）在实施监督检查过程中形成的其他有关材料。

有关部门移送的材料，城市管理

综合行政执法部门可以作为实施行政处罚和采取行政强制措施的证据使用。

第十七条　城市管理综合行政执法部门收到其他行政主管部门移送的有关材料后，应当予以登记、复核，并对违法事实调查核实，相关行政主管部门应当予以配合。城市管理综合行政执法部门依法作出行政处罚或者不予行政处罚的决定后，于五日内将处理结果函告相关行政主管部门。

第十八条　城市管理综合行政执法部门查处违法行为需要查询有关资料的，相关行政主管部门应当自收到协助函件之日起七日内无偿提供。

属于相关行政主管部门职责范围的事项，需要提供专业认定意见的，相关行政主管部门应当自收到函件之日起十五日内出具专业认定意见并附相关依据；不能按时提供的，应当书面说明理由并明确答复期限。

对不属于自身行政管理职责范围内的事项，相关行政主管部门应当书面函告城市管理综合行政执法部门。

第十九条　公安机关应当安排专门警力配合城市管理综合行政执法部门开展执法活动，对阻碍国家机关工作人员依法执行职务的，应当及时依法处置。

第二十条　城市管理综合行政执法部门应当与检察机关、审判机关建立信息共享、案情通报、案件移送等制度，完善行政处罚与刑事处罚衔接机制。

第二十一条　对城市管理领域的重大案件或者专项行动，县级以上人民政府可以组织联合执法。

第二十二条　城市管理综合行政执法部门对正在施工的违法建设，采取行政强制措施的，在不影响居民基本生活情况下，可以函告供水、供电、供气、供热和商品混凝土供应单位停止对违法建设提供服务。

第四章　执法规范

第二十三条　城市管理综合行政执法部门在集中行使行政处罚权时，应当全面、客观、公正地进行调查、取证，遵照法定程序开展执法活动。

第二十四条　城市管理综合行政执法部门在调查或者进行检查时，执法人员不得少于两人，并应当向当事人或者有关人员出示执法证件。执法过程中，可以采取以下措施：

（一）进入涉嫌违法行为的场所现场检查；

（二）以勘验、拍照、录音、摄像等方式现场取证；

（三）询问当事人、证人等；

（四）查阅、调取、复制与涉嫌违法行为有关的资料；

（五）法律、法规规定的其他措施。

第二十五条　城市管理综合行政执法人员在执法过程中应当做到语言文明、举止庄重、着装统一，并按照要求佩戴标志标识。

城市管理综合行政执法应当使用统一制式执法文书，执法文书样式文本由市城市管理综合行政执法部门统一制定。

鼓励推行执法文书电子化。

第二十六条　城市管理综合行政执法部门对先行登记保存的工具或者有关物品应当填写登记表，并由执法人员、违法行为人或者见证人签字。违法行为人拒绝签字的，由执法人员注明。登记表一式三份，当场交付违法行为人一份。

第二十七条　城市管理综合行政执法部门对先行登记保存的工具或者有关物品应当在七日内作出处理决定。

依法对物品、设备等实施查封、扣押的，应当妥善保管，不得损毁、破坏。

第二十八条　解除登记保存或者查封、扣押后，城市管理综合行政执法部门应当通知当事人及时认领。当事人逾期不认领或者当事人无法查明的，城市管理综合行政执法部门应当在其门户网站上发布认领公告，当事人应当在公告发布之日起六十日内领回。因逾期未领回所造成的损失，由当事人自行承担。

第二十九条　对鲜活等不易保存的物品，应当通知当事人在二日内到指定地点接受处理。逾期不接受处理的，城市管理综合行政执法部门可以在登记后依法进行拍卖或者变卖；无法拍卖或者变卖的，按照有关规定，可以在留存证据后销毁。

第三十条　城市管理综合行政执法部门送达法律文书，应当直接送达当事人；当事人拒绝接收或者无法直接送达当事人的，应当依照民事诉讼法的有关规定送达。

对涉及违法建（构）筑物、设施的法律文书，采取直接送达、留置送达、邮寄送达、转交送达、委托送达方式无法送达的，可以将相关法律文书张贴在违法建（构）筑物、设施的显著位置，并采取拍照、录像等形式留存证据，七日后视为送达。

第三十一条　对不符合国家、省、市城市容貌标准和环境卫生标准的建（构）筑物或者设施，由城市管理综合行政执法部门责令有关单位和个人限期改造或者拆除；逾期未改造或者未拆除的，由城市管理综合执法部门组织强制拆除。

第五章　执法保障

第三十二条　县级以上人民政府应当根据区域面积、人口数量、执法任务等因素，合理配置城市管理综合执法力量。

第三十三条　城市管理综合行政执法部门应当加强执法队伍建设，根据需要按照行业设立专业执法队伍，搞好业务培训、考核，增强城市管理综合执法能力。

第三十四条　县级以上人民政府应当将城市管理综合执法经费列入同级财政预算，并与城市发展速度和规模相适应，按照规定为城市管理综合行政执法部门配置执法执勤用车以及调查取证设施、通信设施等装备。

第三十五条　县级以上人民政府应当建立数字化城市管理综合执法平台，健全城市管理综合执法数据库，实现数据互联、资源共享，提升城市管理和服务的信息化水平。

城市管理综合行政执法部门应当充分利用现代科技手段，提高执法效能。

第三十六条　城市管理综合行政执法部门根据具体情况，可以对违法行为人采取信息提醒、媒体曝光等方式进行处理；对情节严重的，纳入政府相关征信系统。

第三十七条　城市管理综合行政执法部门应当对违反城市管理法律、法规的行为建立健全举报制度。

城市管理综合行政执法部门收到举报后，应当及时核查处理，核查处理结果于五日内告知举报人；对不属于本单位职责范围的，应当向举报人说明情况，并在三日内移送有关部门处理。

城市管理综合行政执法部门对提供重要线索，协助查处重大违法行为的个人可以予以奖励。

第六章　执法监督

第三十八条　城市管理综合行政执法部门应当依法制定权力和责任清单，将职责范围、执法依据、执法程序、处罚标准、救济途径和监督电话等向社会公开，接受监督。

第三十九条　城市管理综合行政执法部门应当建立健全行政执法公示制度、执法全过程记录制度、重大执法决定法制审核制度，完善行政处罚自由裁量权基准制度和执法办案评议考核制度，加强执法过程监督、案卷审核，落实执法过错责任追究。

第四十条　公民、法人或者其他组织发现城市管理综合行政执法人员在执法过程中有违法或者不当行为的，有权控告和检举。

第四十一条　当事人对城市管理综合行政执法部门的行政处罚或者行政强制措施不服的，可以依法申请行政复议或者提起行政诉讼。

第七章　法律责任

第四十二条　城市管理综合行政执法部门和有关行政主管部门违反本条例规定，有下列情形之一的，由同级人民政府或者上级行政主管部门责令改正；情节严重的，予以通报批评，并对直接负责的主管人员和直接责任人员给予行政处分；构成犯罪的，依法追究刑事责任：

（一）有关行政主管部门继续行使城市管理综合行政执法部门已经集中行使的行政处罚权和相关行政强制措施的；

（二）拒绝或者拖延通报有关行政执法信息和行政管理信息的；

（三）拒不履行部门监管责任的；

（四）城市管理综合行政执法部门在执法过程中需要有关行政主管部门进行认定或者提供有关材料，有关行政主管部门拒绝或者推诿、拖延，造成严重后果的；

（五）对不属于本部门管辖的案件应当移送有权管辖的部门而不移送，或者推诿、拖延办理移送案件的；

（六）其他不履行执法协作职责的。

第四十三条　城市管理综合行政执法部门有下列情形之一的，对直接负责的主管人员和直接责任人员给予通报批评；情节严重的，给予行政处分；构成犯罪的，依法追究刑事责任：

(一)不履行或者不正当履行本条例规定职责的;

(二)无法定依据或者违反法定程

序改变已作出的行政处罚决定的;

(三)不具有行政执法资格或者不按照规定使用行政执法证件的;

(四)截留、私分或者变相私分查封、扣押、没收的非法财物、违法所得或者罚款的;

(五)包庇、纵容违法行为的;

(六)泄露国家秘密、商业秘密造成恶劣影响或者严重后果的;

(七)利用职务上的便利，故意损毁当事人财物或者索要、收受当事人财物的;

(八)刁难、辱骂、殴打或者唆使他人殴打当事人的;

(九)违反法律、法规规定的其他情形。

第四十四条　城市管理综合行政执法部门及其工作人员违法行使职权，对公民、法人或者其他组织合法权益造成损害的，应当依法承担赔偿责任。

因公民、法人或者其他组织自己的行为致使损害发生的，国家不承担赔偿责任。

第八章　附则

第四十五条　市人民政府应当依据本条例制定具体实施办法。

第四十六条　本条例中十五日以内期限的规定是指工作日，不含法定节假日。

第四十七条　县级以上人民政府所在地以外的建制镇的城区和省级以上人民政府批准设立的开发区、园区等区域的城市管理综合行政执法工作，参照本条例执行。

第四十八条　本条例自2019年7月1日施行。

石家庄市正定古城保护条例

(2019年8月28日石家庄市第十四届人民代表大会常务委员会第二十一次会议通过
2019年9月28日河北省第十三届人民代表大会常务委员会第十二次会议批准)

河北省人民代表大会常务委员会
关于批准《石家庄市正定古城保护条例》的决定

（2019年9月28日河北省第十三届人民代表大会常务委员会第十二次会议通过）

河北省第十三届人民代表大会常务委员会第十二次会议审查了石家庄市人民代表大会常务委员会报请批准的《石家庄市正定古城保护条例》，该条例与宪法、法律、行政法规和本省的地方性法规不抵触，决定予以批准，由石家庄市人民代表大会常务委员会公布施行。

石家庄市人民代表大会常务委员会公告

《石家庄市正定古城保护条例》已经2019年9月28日河北省第十三届人民代表大会常务委员会第十二次会议批准，现予以公布，自2019年10月1日起施行。

石家庄市人大常委会

2019年9月29日

第一章　总则

第一条　为了加强正定古城保护，继承和弘扬优秀历史文化，根据《中华人民共和国文物保护法》《中华人民共和国非物质文化遗产法》《历史文化名城名镇名村保护条例》等法律、法规，结合正定古城实际，制定本条例。

第二条　正定古城的规划、保护、管理、利用等活动，适用本条例。

第三条　本条例所称“正定古城”，是指《正定历史文化名城保护规划》确定的历史城区范围，包括古城护城河、城墙以内地区及城关地区（东关、西关、南关、北关）。

第四条　正定古城保护应当坚持以习近平新时代中国特色社会主义思想为指导，秉持正确的古城保护理念，切实保护好其历史文化价值，遵循保护优先、科学规划、严格管理、合理利用的原则，保持古城的历史真实性、风貌完整性、文化传承性和生活永续性。

第五条　石家庄市人民政府应当加强正定古城保护工作的领导。

正定县人民政府负责正定古城保护的具体工作。

石家庄市、正定县自然资源和规划、住建、文化旅游、城市管理综合行政执法等有关部门应当按照各自职责做好正定古城保护工作。

正定县人民政府应当健全古城保护专家咨询机制，对古城保护工作中的重要事项进行咨询论证。

第六条　石家庄市人民政府、正定县人民政府应当将正定古城保护工作纳入国民经济和社会发展规划。

正定县人民政府应当将所需经费列入财政预算,石家庄市人民政府可以给予资金补助。

第七条　鼓励公民、法人和其他组织，以捐赠、资助、投资、设立公益性基金、开展志愿服务、提出意见建议等方式，参与正定古城保护工作。

正定县人民政府对在古城保护工作中作出突出贡献的公民、法人和其他组织，给予表扬或者奖励。

第八条　任何公民、法人和其他组织都有依法保护正定古城的义务，有权对破坏正定古城的各类违法行为进行劝阻、举报。负有保护管理古城职责的部门，接到举报后，应当及时依法查处。

第九条　每年8月24日为“正定古城保护日”。

第二章　规划与保护

第十条　正定县人民政府应当依法编制《正定历史文化名城保护规划》，经市人民政府审查同意，报省人民政府审批。

正定县人民政府编制或者修改其他专项规划，涉及古城保护内容的，应当与《正定历史文化名城保护规划》相符合。

第十一条　依法批准的《正定历史文化名城保护规划》应当严格实施，不得擅自修改；确需修改的，应当依法重新报送审批。

第十二条　正定古城保护对象：

（一）古城墙、隆兴寺、开元寺、临济寺、广惠寺、天宁寺、府文庙、县文庙、风动碑、崇因寺藏经楼、蕉林书屋、荣国府等各级文物保护单位，以及尚未核定公布为文物保护单位的不可移动文物；

（二）隆兴寺历史文化街区、开元寺历史文化街区；

（三）南城门及周边历史风貌保护区、燕赵南大街历史风貌保护区、镇州南街历史风貌保护区、府前街历史风貌保护区、西门及王氏双节祠历史风貌保护区；

（四）正定古城内恢复建设的阳和楼、府城隍庙等重点建筑；

（五）历史建筑、传统民居、古碑石刻、壁画彩绘、古井桥梁、古树名木；

（六）历史地名、商业老字号、传统艺术、传统技艺、传统民俗等非物质文化遗产；

（七）红色文化遗产及纪念性设施；

（八）护城河、常山公园、莲池公园、云居湖公园等已形成景观的生态环境风貌；

（九）其他具有保护价值的对象。

第十三条　正定县人民政府应当加强正定古城传统格局、整体风貌和空间尺度的保护。

重点保护一环（正定城墙）、一河（护城河）、四关（东关、西关、南关、北关）、双十字(燕赵南大街、镇州街、中山路形成的古城轴线)的古城格局。

重点控制古城内建筑的高度、体量、色彩和形式，保护古塔、古寺之间的视觉通廊，突出大悲阁、凌霄塔、澄灵塔、须弥塔、华塔、南城门、阳和楼等标志性建筑在整体风貌中的统领地位，保持古塔、古寺、古城墙、历史街巷和传统民居形成的古城整体风貌。

第十四条　正定县人民政府应当按照保护对象分类建立正定古城保护名录制度。县文物、规划、住建、园林等主管部门负责编制、调整古城保护名录，报正定县人民政府批准后公布。

列入保护名录的保护对象，应当建立保护档案，并分类设置相应的保护标志。

任何公民、法人和其他组织不得损坏或者擅自设置、移动、遮挡、污损保护标志。

第十五条　文物行政主管部门应当加强正定古城文物本体及其周边人文与自然环境的保护，编制、完善文物保护规划，通过数字化保护等科技手段提高文物保护水平。

在文物保护单位建设控制地带从事建设活动，工程设计方案应当经相应的文物行政主管部门同意后，报规划建设行政审批部门批准。

第十六条　正定县人民政府应当按照《正定历史文化名城保护规划》对隆兴寺历史文化街区、开元寺历史文化街区进行保护，保持街区历史风貌和传统街巷特色，控制街区及周边的景观环境。除必要的基础设施和公共服务设施建设外，不得新建、扩建建（构）筑物或者其他设施。

历史文化街区内危旧房维修改造应当符合历史文化名城保护规划，并经自然资源和规划部门会同文物行政主管部门批准。

第十七条　正定县人民政府应当加强历史风貌保护区建（构）筑物的保护整治，注重完整保留尚存的历史遗迹，在保护外观风貌前提下改善尚存历史建筑的内部设施；改建和重建的一般建（构）筑物应当与历史风貌保护区的整体格局、特色相协调。

第十八条　正定古城历史建筑的修缮、迁移等，须经自然资源和规划主管部门会同文物主管部门依法批准后实施。国有历史建筑的修缮和维护由使用人负责，非国有历史建筑的修缮和维护由所有权人负责，石家庄市人民政府、正定县人民政府可以给予资金补助。所有权人不具备维护和修缮能力的，正定县人民政府应当采取措施进行保护。

对历史建筑无法实施原址保护、必须迁移保护或者拆除的，依据有关法律法规执行。

在历史建筑周边进行建设活动，其建设的高度、样式和色彩应当与历史建筑相协调。

第十九条　对不符合历史文化名城保护规划、影响古城风貌的建（构）筑物，应当依法逐步改造或者拆除。

第二十条　史料有记载且影响较大、已经消失的历史景观，在不影响古城历史风貌并依法履行审批程序的前提下，可以按照历史记载进行景观恢复。

第二十一条　正定县人民政府园林主管部门应当加强对古树名木的保护，制定古树名木保护办法。

任何公民、法人和其他组织不得损坏或者擅自迁移、砍伐古树名木。

第二十二条　正定县人民政府文化旅游主管部门应当制定非物质文化遗产保护传承扶持政策，鼓励对非物质文化遗产等传统文化产品的发掘、整理、研究和利用。

第二十三条　根据正定古城保护需要，可以有序疏解非古城功能。

外迁腾退的房屋和土地，优先用于古城的基础设施、公共服务设施建设。

第二十四条　正定古城保护范围内的建设项目，建设单位应当事先报请文物行政主管部门组织专业机构进行考古调查、勘探、发掘。

在施工过程中发现古墓葬、古遗址等历史文化遗存，建设单位应当立即停工，保护现场，并向文物行政主管部门和公安机关报告。

第二十五条　正定县人民政府应当加强古城生态环境保护，建立健全绿色低碳生态文明体系。加大公园、街巷、庭院等绿化力度，提高古城绿化覆盖率；完善古城雨污分流、污水处理等基础设施建设，保持古城水系水体洁净；全面推广使用清洁能源，改善古城生态环境，建设美丽古城。

第三章　管理与利用

第二十六条　正定县人民政府应当结合智慧城市建设，运用智能化、大数据、互联网等现代信息技术，提升古城保护的智能化、信息化管理水平，构建数字古城。

第二十七条　正定县人民政府应当加强古城民居管理，制定古城民居建设管理办法，编制古城传统民居风貌导则。自然资源和规划主管部门、住房城乡建设主管部门、城市管理综合行政执法主管部门按照工作职责负责古城民居建设监管，确保批建一致。

第二十八条　正定古城建（构）筑物安装遮阳篷、空调外机等户外设施，店铺招牌、门面装修、灯具款式、照明光色等，应当与正定古城风貌相协调。

第二十九条　严禁任何人在文物、名胜古迹、历史建筑、传统民居上进行刻划、污损或者擅自张贴悬挂等行为。

第三十条　严格按照消防技术标准和规范，完善公共消防设施，科学规划建立文物及历史街区消防站点。

政府有关职能部门和单位应当加强日常消防安全巡查，做好文物保护及人员密集区域安全应急预案。

禁止在正定古城非法经营、储存易燃易爆、有毒有害等物品；禁止私自燃放烟花爆竹、放飞孔明灯等。

第三十一条　正定古城部分区域或者路段倡导慢行交通，合理增加步行区和慢行道，构建适合非机动车和行人通行的街巷环境，根据需要可实行机动车辆禁行和限行措施。

古城应当完善停车及换乘设施建设，推广使用绿色环保公共交通工具，减少机动车穿行古城区。

第三十二条　正定县城市管理综合行政执法、市场监督管理、文化旅游等主管部门应当按照国家文明城、国家卫生城等标准要求，加强古城市容环境卫生、市场经营和景点景区管理。

第三十三条　在正定古城开展大型户外公益活动、群众文化活动、商业活动以及影视摄制等，应当依法报请相关部门批准。禁止私自使用热气球、无人机及其他飞行物。

第三十四条　正定县人民政府应当根据古城保护需要和古城特色，制定产业引导、控制和禁止目录以及业态调整政策，合理安排业态布局。

第三十五条　充分利用正定古城资源，加强文物保护成果创新性转化，推动文化旅游产业发展。

第三十六条　应当加强红色文化遗产及纪念性设施的保护，系统挖掘和丰富红色文化资源，培育爱国主义教育基地，发挥红色文化的宣传教育作用。

第三十七条　文物的利用应当坚持依法合规、合理适度，以确保文物安全为前提，不得破坏和损害文物、影响文物环境风貌。

扩大文物资源社会开放度，促进馆际交流提高藏品利用率，加大文化创意产品的开发力度，鼓励社会力量参与文物的保护利用，让文物活起来。

第三十八条　正定县人民政府可以确定正定古城标识、标志，加强标识、标志的保护和利用。

第三十九条　鼓励和支持历史建筑的所有权人或者使用权人，在符合保护规划的前提下，将历史建筑对公众开放，开展与旅游业、文化产业和传统手工业为主的经营活动。

第四十条　鼓励和引导公民、法人和其他组织对正定古城资源实施保护性利用，可依法开展以下活动：

（一）开设专题博物馆、传统文化展馆；

（二）开办图书馆、美术馆、纪念馆；

（三）生产销售传统手工艺品、民俗工艺品和旅游纪念品；

（四）组织民间艺术表演和优秀民俗文化展演活动；

（五）开展非物质文化遗产研究和文化创意、戏曲文学、影视剧、书画及摄影创作；

（六）开展民间工艺品和古玩字画的展示和交易；

（七）经营民俗特色客栈、现代与传统饮食、休闲旅游服务；

（八）进行其他有利于正定古城保护的活动。

第四章　法律责任

第四十一条　违反本条例规定的行为，法律、法规已有规定的，从其规定。

第四十二条　石家庄市、正定县人民政府有关主管部门的工作人员因玩忽职守、滥用职权、徇私舞弊而违反本条例规定的，由相关部门依法给予处分；构成犯罪的，依法追究刑事责任。

第四十三条　违反本条例第十六条规定，破坏历史街区风貌的新建、扩建活动，由正定县人民政府负责行使城乡规划处罚权的部门责令停止施工，限期恢复原状，处建设工程造价百分之五以上百分之十以下的罚款；无法采取改正措施消除影响的，限期拆除，不能拆除的，没收实物或者违法收入，可以并处建设工程造价百分之十以下的罚款。

第四十四条　违反本条例第十八条规定，损坏、迁移或者擅自拆除历史建筑的，由正定县人民政府负责行使城乡规划处罚权的部门会同文物主管部门责令停止违法行为，限期恢复原状或者采取其他补救措施；有违法所得的，没收违法所得；逾期不恢复原状或者不采取其他补救措施的，城市管理综合行政执法主管部门可以指定有能力的单位代为恢复原状或者采取其他补救措施，所需费用由违法者承担；造成严重后果的，对单位并处二十万元以上五十万元以下的罚款，对个人并处十万元以上二十万元以下的罚款；造成损失的，依法承担赔偿责任。

第四十五条　违反本条例第二十一条规定，擅自移植古树名木的，由正定县人民政府城市管理综合行政执法主管部门责令限期改正；非法购买古树名木的，没收树木或者其变卖所得，可以并处购买价一倍以上三倍以下的罚款；擅自砍伐古树名木或者擅自移植致使古树名木死亡的，处死亡古树名木价值三倍以上五倍以下的罚款。

第四十六条　违反本条例第二十九条规定，在文物、名胜古迹、历史建筑、传统民居上刻划、涂污或者擅自张贴悬挂的，由正定县人民政府相关部门责令其停止违法行为，采取补救措施恢复原状，处警告或者二百元以下的罚款；情节较重的，处二百元以上五百元以下的罚款；违反《中华人民共和国治安管理处罚法》的，依法进行处罚；构成犯罪的，依法追究刑事责任。

第四十七条　违反本条例第三十条第三款和第三十三条规定，未经批准放飞孔明灯、热气球、使用无人机及其他飞行物的，公安机关责令其停止违法行为，处警告或者二百元以下的罚款；情节严重的，处五百元以下的罚款；违反《中华人民共和国治安管理处罚法》的，依法进行处罚；构成犯罪的，依法追究刑事责任。

第四十八条　任何公民、法人和其他组织有本条例规定的违法行为并受到处罚的，相关信息依法纳入公共信用信息系统。

第五章　附则

第四十九条　在正定县行政辖区范围内与正定历史文化相关遗址、遗存的保护，参照本条例。

第五十条　本条例自2019年10月1日起施行。

石家庄市人民政府关于废止和修改部分市政府规章的决定

《石家庄市人民政府关于废止和修改部分市政府规章的决定》已经2019年12月17日市政府第59次常务会讨论通过，现予以公布，自公布之日起施行。

市长　邓沛然

2019年12月23日

为推进“放管服”改革，优化营商环境，推进法治政府建设，市政府对现行有效的市政府规章进行了清理，决定对2件市政府规章予以废止，对《石家庄市公园管理办法》予以修改。

一、石家庄市人民政府决定废止的市政府规章

（一）《石家庄市村镇规划建设管理办法》(2000年9月6日市政府令第118号发布）

（二）《石家庄市药品医疗器械使用监督管理办法》（2006年4月7日市政府令第147号发布）

二、石家庄市人民政府决定对《石家庄市公园管理办法》（市政府令第194号）予以修改

第十七条修改为“园林绿化行政主管部门应当加强对公园建设工程的质量监督。”

增加一款作为第二款“园林绿化工程质量监督可以由园林绿化行政主管部门委托园林绿化工程质量监督机构具体实施”。

第二十八条修改为“公园出入口两侧五十米范围内禁止设置影响交通、紧急疏散的商业、服务摊点”。

第五十三条第一款修改为“违反本办法第二十八条规定，在公园出入口设置影响交通、紧急疏散的商业、服务摊点的，责令停止经营，拒不停止经营的，每次处二十元以上一百元以下罚款。”

《石家庄市公园管理办法》根据本决定作修改后，重新公布。

石家庄市公园管理办法

（2018年2月12日石家庄市人民政府令第194号公布
2019年12月23日石家庄市人民政府令第197号修订）

石家庄市人民政府令第197号

《石家庄市公园管理办法》已经2019年12月17日市政府第59次常务会讨论通过，现予以公布，自公布之日起施行。

市长　邓沛然
2019年12月23日

第一章　总则

第一条　为加强公园的规划、建设、管理和保护，改善城市生态环境，增进公民身心健康，根据有关法律、法规，结合本市实际，制定本办法。

第二条　本市行政区域内已建成的各类公园(含绿化广场)和规划确定的公园预留用地适用本办法。

第三条　本办法所称的公园是指向公众开放，以游憩为主要功能，兼具生态、美化、防灾等作用的绿地，包括综合公园、社区公园、专类公园、带状公园以及其他具备公园功能的场所。

第四条　市园林绿化行政主管部门负责全市行政区域内公园管理工作。

县（市、区）园林绿化行政主管部门按照职责分工，负责本行政区域内的公园管理工作。

公园管理机构负责公园的日常管理工作。

城市管理综合执法部门负责实施公园管理过程中的行政处罚工作。

国土资源、规划、住建、公安等有关行政管理部门按各自职责，协同园林绿化行政主管部门做好公园管理工作。

第五条　本市公园实行分类、分级管理。公园的类别和等级由市园林绿化行政主管部门按照有关规定确定并公布。

第六条　市、县（市、区）人民政府应当将公园的建设和管理纳入本级财政预算，保障园林公益事业发展。

园林绿化行政主管部门应当通过市场化、社会化运作模式，多层次多渠道组织公园的建设和管理。

鼓励企业、事业单位、社会团体和个人通过自建、资助、捐赠、认养等方式参与公园的建设、管理和保护。

第七条　市、县（市、区）人民政府对在公园建设、保护和管理工作中成绩显著的单位和个人给予表彰和奖励。

第八条　任何单位和个人都有保护公园内绿地和设施的责任，有权对损害公园绿地和设施的行为进行劝阻、制止和举报。

第二章　规划和建设

第九条　园林绿化行政主管部门应当依据城市总体规划和绿地系统规划，编制公园发展规划，报市、县（市、区）人民政府批准后实施。

已建成公园和规划公园预留用地，应当向社会公布，实行城市绿线控制管理。

第十条　各级人民政府应当依托当地历史文化特色建设公园，并注重建设服务半径五百米以下的小型公园。

新建居住区、旧城区改造必须按照规定标准建设社区公园。

城市道路、河道两侧，有条件的应当结合周边环境建设公园。

鼓励利用荒滩、荒地、废弃地、垃圾填埋场等建设公园。

第十一条　规划、国土资源等行政主管部门应当对可能影响公园周边景观环境的建设项目，实行严格控制，并划定一定范围的景观控制区。

第十二条　公园景观控制区内新建、改建、扩建的建筑物、构筑物，其高度、体量、色调、风格应当与公园景观相协调。

第十三条　合理利用公园地下空间，按照城市地下空间规划建设地下停车设施等市政工程的，应当经园林绿化行政主管部门同意，不得影响公园的使用功能、整体景观及植物正常生长。

第十四条　园林绿化行政主管部门应当配合相关部门依据《城市绿地减灾避险规划》，按照国家标准《地震应急避难场所场址及配套设施》建设防灾避险公园。

新建、改建、扩建公园时，应当按照城市规划和防灾避险技术要求设置必要的基础设施。

第十五条　公园新建、改建和扩建项目由园林绿化行政主管部门依据公园发展规划制定计划书，报市、县（市、区）人民政府审批，并按规定办理规划、建设等相关手续。

第十六条　公园新建、改建、扩建项目应当通过招投标方式确定设计、施工、监理单位。

项目施工应当由信用良好的施工单位承担，严格按批准的设计方案实施，不得擅自变更。确需变更的，由建设单位提出，报经原批准部门审查同意。

第十七条　园林绿化行政主管部门应当加强对公园建设工程的质量监督。

园林绿化工程质量监督可以由园林绿化行政主管部门委托园林绿化工程质量监督机构具体实施。

第十八条　公园绿化应当体现植物多样性，植物配置注重生态和景观效应。公园绿地率应达到百分之七十以上，绿化广场的绿地率应达到百分之六十以上。

第十九条　新建公园设计时应当同步进行停车设施和出入口设计，妥善做好与周边道路的衔接。

公园内水、电、燃气、热力等各类市政设施应当隐蔽设置，避开游人密集区，不得破坏公园景观。

公厕、果皮箱、路椅、服务部等配套设施应当与公园功能相适应，与景观相协调。

第二十条　公园建设应当在确保公园排水防涝安全的前提下，采取自然途径与人工措施相结合的方式，消纳自身雨水，为蓄滞周边区域雨水提供空间，最大限度地实现雨水积存、渗透和净化，提高雨水资源利用，推进海绵型公园建设。

第三章　管理和保护

第二十一条　任何单位和个人不得擅自改变公园用地性质，不得在公园预留用地内进行任何可能改变和破坏预留用地现状、性质的行为。

因城市建设确需征用公园用地或预留用地的，应当制定调整方案，补偿经济损失并就近异地补偿相应的用地。调整方案需经规划、园林等部门论证提出意见，按城市绿地系统规划审批程序办理相关手续。

第二十二条　市政工程建设涉及已建成公园或预留用地的应当采取合理避让措施。除不占用公园用地或预留用地会严重影响城市功能发挥的市政工程外，其他建设项目不得占用公园用地或预留用地。

确需临时占用的，需经园林绿化行政主管部门论证提出意见，报市、县（市、区）人民政府批准。

第二十三条　公园内树木的砍伐、更新、移植和修剪按《石家庄市城市园林绿化管理条例》的规定办理手续，并在现场公示批准单位、原因和施工单位等基本信息。

第二十四条　公园管理机构应当依法保护公园内的古树名木。不得伐移古树名木，加强对古树名木的养护复壮。

第二十五条　动物园应当加强动物饲养、繁育和保护，积极开展科学研究，扩大珍稀、濒危动物种群，依法做好动物的引进、交换等工作。

植物园应当加强植物科学研究和引种驯化，积极开展科普活动。

第二十六条　公园的养护管理，应当通过市场化的方式，招标选择管护作业队伍。

第二十七条　公园管理机构应当按照公园设计规定的游人容量接待游客。在公园开放时，游客量超过游人容量、遇有紧急情况或者突发事件，应当按照应急预案采取疏散游人或临时关闭公园、景区、展馆等措施，同时在公园门口大屏幕公示信息，并及时向园林绿化行政主管部门和其他相关部门报告。

第二十八条　公园出入口两侧五十米范围内禁止设置影响交通、紧急疏散的商业、服务摊点。

第二十九条　游客应当文明游园，爱护公园绿化，保护公园设施，维护公园秩序，遵守游园守则。公园内禁止下列行为：

（一）在公园内躺卧，在绿地草坪内搭建帐篷、铺设防潮垫等，攀缘、撞击树木，在树木上悬挂吊床等物品；

（二）随地吐痰、便溺，乱丢果

皮、纸屑，倾倒垃圾、杂物等；

（三）在植物、文物、雕塑、建筑物、构筑物、服务设施和硬化路面上留言刻字、乱贴乱画；

（四）携带宠物（不含导盲犬）进入公园，恐吓、投打、捕捉、伤害动物或者在非投喂区投喂动物；

（五）翻越公园围栏（墙），静园后滞留和过夜，擅自采石取土，损坏花草树木，焚烧枝叶、垃圾或其他杂物；

（六）在非指定区域进行游泳、玩球、轮滑、抖空竹、放风筝等；甩鞭子、打陀螺等具有危险性的活动；

（七）在水体非指定地段、区域捕（钓）鱼，冬季在冰面上溜冰、玩耍、捕（钓）鱼；

（八）使用扩音器、乐器、音响等器材声音高于六十分贝；

（九）擅自设置经营项目和摊点，兜售物品，散发广告等宣传品；

（十）盗窃、损毁园林设施；

（十一）擅自引用水体，使用水体洗刷物品、车辆；

（十二）向公园水体内排放污水、倾倒有毒物质；

（十三）其他影响公园秩序、安全、环境和形象的不当行为。

第三十条　公园环境卫生应当符合下列标准和要求：

（一）环境整洁、美观；

（二）全天保洁，无积水、污物、痰迹及烟头，垃圾清运及时无外露；

（三）水面清洁无漂浮物，水质符合观赏标准；

（四）厕所专人负责，设施保持完好，卫生达标。

第三十一条　公园内供游览、休憩用的建筑物和设施，由公园管理机构负责维护和保养，不得擅自改变用途。

第三十二条　公园应当设置科普、法治、文明等内容的宣传栏，定期更换内容，维护良好。

提倡公园建立电子档案，设置含二维码的植物标牌，提供无线网络服务，开展相关内容宣传，方便公众利用现代信息技术查阅相关知识和资料。

第三十三条　公园内应当保持路椅、牌示等配套设施和各类建筑物、构筑物外观完好。牌示上的文字图形应规范，牌示内容中的文字应中外文对照，并保持准确齐全，洁净完好。

公园喷泉和灯饰应当按规定定时开关。

第三十四条　公园内施工必须现场公示，围挡作业，施工物料、设备放置整齐，设置警示标志，做到工完场清。

第三十五条　除老年人、残疾人、儿童等使用的手摇、手推、电动轮椅车外，其他车辆未经允许不得进入公园。电动轮椅车应当减速慢行，确保安全。

第三十六条　公园管理区域内应当设置安保视频监控系统，配备治安管理人员二十四小时监控，并按照国家和本省有关规定保存相关数据。

公园应当公示游客投诉电话，及时办理游客投诉。

第三十七条　公园应当配备消防和抢救器械，做好防风、防汛、防火和安全用电等工作。

第三十八条　公园管理机构应当设置安全警示标志，及时清理危树枯枝，定期检修湖堤、桥梁和山体等构筑物。

第三十九条　公园各种设备的操作人员必须经业务培训合格后持证上岗，定期对设备进行安全检查和维修保养，严格遵守操作规程。

第四十条　公园应当每日开放，按时开园、闭园。具体开放时间由市、县（市）园林绿化行政主管部门按照季节确定并及时向社会公布。

第四十一条　公园配套服务设施、游乐项目应当符合国家政策，依据城市规划和公园性质控制规模，并按照批准的设计方案设置。

第四十二条　公园配套服务设施、游乐项目应当满足公园服务功能，面向公众开放，符合公众消费水平，做到安全、无噪音、无污染。

禁止设立与公园服务功能无关的项目，禁止设立私人会所。

第四十三条　设置配套服务设施、游乐项目由公园管理机构进行综合分析论证，提出项目申请，报园林绿化行政主管部门审核通过后，办理相关手续，签订合同。

第四十四条　公园管理及服务人员应当定期培训，持证上岗，统一着装，执行岗位规范，礼貌待客，文明服务。

服务从业人员应当定期检查身体，持健康证上岗。

第四十五条　公园门票及其他收费项目的价格标准，应当报物价管理部门核定并公示。收费公园的门票依据有关规定对残疾人、老人、儿童、现役军人、学生实行优惠，优惠办法应当公示。

第四十六条　公园内举办展览、宣传、咨询、演出等活动，应当符合公园的性质和功能，坚持健康文明的原则，禁止各类商业性活动。

第四十七条　公园举办的各类活动，由公园管理机构根据申请单位的活动方案提出审查意见，报园林绿化行政主管部门批准。大型活动须经公安、园林绿化行政主管部门审核，报市、县（市、区）人民政府审批。

第四十八条　活动举办单位应当向公园管理机构提出申请，同时提交相关材料：

（一）活动性质、内容、时间和期限、使用面积、人员构成和人数等；

（二）活动涉及宣传、文艺、体育等内容的，需提交宣传、文化、体育等主管部门的审核意见；

（三）大型活动需提交公安部门的审核意见；

（四）其他需要提交的活动材料。

第四十九条　活动举办单位应当提前十个工作日向公园管理机构提出申请，公园管理机构应当在三个工作日内提出初步意见，上报所属园林绿化行政主管部门。园林绿化行政主管部门应当在五个工作日内提出审核或上报意见。

第五十条　在公园举办活动应当遵循谁主办谁负责的原则，按批准的期限、区域、内容从事活动，制定应急预案，保障游客安全。不得随意扩大场地、变更活动内容和延长活动时间。

活动举办者应当按照市、县（市、区）园林绿化行政主管部门核定的范围和标准交纳有关费用，损坏的设施应当照价赔偿。

活动举办者需用的水、电由公园专业人员负责接用，任何单位和个人不得擅自接用。

活动举办者应当防止噪音污染，不得使音响设备超过规定的噪声分贝，保持场地卫生整洁，做到人走场清。

第四章　法律责任

第五十一条　公园管理机构在管理过程中发现需要实施行政处罚的行为时，应当向城市管理综合执法部门报告，协助做好现场调查、证据收集和违法性质认定工作；城市管理综合执法部门应当及时到现场调查处理，实施处罚后十五个工作日内应当将处罚结果函告公园管理机构。

第五十二条　违反本办法第二十一条规定，擅自改变公园用地性质或进行可能改变和破坏公园预留用地现状、性质行为的，责令限期改正，并处一万元以上三万元以下罚款。

第五十三条　违反本办法第二十八条规定，在公园出入口设置影响交通、紧急疏散的商业、服务摊点的，责令停止经营，拒不停止经营的，每次处二十元以上一百元以下罚款。

在公园用地范围内，不符合规划要求的建筑物和构筑物及其他设施应当限期拆除。

第五十四条　违反本办法第二十九条规定的，责令停止侵害，恢复原状，赔偿损失，并视情节轻重按以下规定给予处罚：

有（一）、（二）项行为的，处十元以上五十元以下罚款；

有（三）、（四）项行为的，处五十元以上二百元以下罚款；

有（五）、（六）、（七）、（八）项行为的，处二百元以上五百元以下罚款；

有（九）、（十）、（十三）项行为的，处五百元以上一千元以下罚款；

有（十一）项行为的，按每立方米一百元的标准处以罚款，不易确定引水量的，处五百元以上五千元以下罚款；

有（十二）项行为的，处一千元以上二万元以下罚款。

第五十五条　违反本办法第三十五条规定，擅自驾车进入公园的，责令驶离，并处二百元以上五百元以下罚款。

第五十六条　违反本办法第四十六条、第五十条规定的，责令停止活动或限期改正，并赔偿损失。

第五十七条　园林绿化行政主管部门和公园管理机构的工作人员以及执法人员违反本办法规定，由其所在单位或上级主管机关给予批评教育；滥用职权、玩忽职守、徇私舞弊造成不良社会影响和财产损失的，依法追究行政责任和民事责任；涉嫌犯罪的，由司法机关依法追究刑事责任。

第五章　附则

第五十八条　本办法所称的绿化广场是指政府确定由园林绿化行政主管部门管辖的，经过绿化、亮化，具备一定公共设施和规模，供公众游憩、娱乐、健身的开放性场所。

本办法所称公园预留用地，是指依据城市规划确定用于公园建设的土地。

第五十九条　本办法自2018年4月1日起施行。2007年施行的《石家庄市公园管理办法》同时废止。

文件辑录

市委文件

表73　2019年中共石家庄市委石发〔2019〕1~23号文件目录一览表

序号	文件内容	文件编号	发文日期
1	市委、市政府关于落实省"三深化三提升"活动要求在全市开展机关"效能革命"的实施意见	石发〔2019〕1号	2月11日
2	市委、市政府关于全面加强生态环境保护坚决打好污染防治攻坚战的实施意见	石发〔2019〕2号	2月14日
3	市委关于贯彻落实《2018-2022年全省干部教育培训规划》的实施意见	石发〔2019〕3号	3月4日
4	市委、市政府关于支持农业农村优先发展扎实推进乡村振兴战略的实施意见	石发〔2019〕4号	3月5日
5	市委印发《关于开展统筹巡察工作的实施办法(试行)》的通知	石发〔2019〕7号	4月15日
6	市委、市政府关于全面落实预算绩效管理的实施意见	石发〔2019〕8号	4月15日
7	市委关于加强新时代市属高校党的建设和思想政治工作的实施意见	石发〔2019〕9号	4月15日
8	市委、市政府关于进一步推进高质量发展 奋力争当全省经济建设排头兵的实施意见	石发〔2019〕13号	5月11日
9	市委、市政府关于大力推进县域经济高质量发展的实施意见	石发〔2019〕14号	5月13日
10	市委、市政府印发《关于建立国土空间规划及监督体系的实施方案》的通知	石发〔2019〕17号	7月30日
11	市委、市政府印发《关于贯彻落实建立更加有效的区域协调发展新机制的实施方案》的通知	石发〔2019〕19号	8月15日
12	市委关于在全市开展"不忘初心、牢记使命"主题教育的实施意见	石发〔2019〕20号	9月12日
13	市委关于加强和改进市直机关党的建设的实施意见	石发〔2019〕21号	10月14日
14	市委贯彻落实《中共中央关于坚持和完善中国特色社会主义制度推进国家治理体系和治理能力现代化若干重大问题的决定》的实施意见	石发〔2019〕22号	11月15日

备注：不含秘密以上等级文件

表74　　2019年中共石家庄市委石字〔2019〕1~22号文件目录一览表

序号	文件内容	文件编号	发文日期
1	市委关于开展向高瑞奎同志学习活动的决定	石字〔2019〕1号	1月11日
2	市委、市政府、警备区关于表彰石家庄市优秀退役军人和退役军人管理服务工作先进单位先进个人的决定	石字〔2019〕3号	1月24日
3	市委、市政府关于表彰石家庄市加快建设新时代强市先进个人的决定	石字〔2019〕4号	2月27日
4	市委、市政府印发《关于2019年在全市深化开展“双创双服”活动的实施意见》等4个专件的通知	石字〔2019〕6号	3月1日
5	市委、市政府关于全面深化新时代教师队伍建设改革的实施意见	石字〔2019〕9号	4月20日
6	市委、市政府关于贯彻落实《河北教育现代化2035》的通知	石字〔2019〕10号	4月22日
7	市委关于繁荣发展文艺事业的实施意见	石字〔2019〕11号	4月24日
8	市委、市政府关于2018年度县(市、区)、市直部门领导班子和领导干部综合考核评价暨绩效管理考评结果的通报	石字〔2019〕12号	4月29日
9	市委、市政府关于支持石家庄高新区加快发展的若干意见	石字〔2019〕13号	4月30日
10	市委、市政府关于新时代弘扬艰苦奋斗作风例行勤俭节约的意见	石字〔2019〕14号	4月30日
11	市委、市政府关于印发《2019年县(市、区)、市直部门、市委市政府派出机构领导班子激励考核评价体系和绩效管理考评体系》的通知	石字〔2019〕15号	5月5日
12	市委、市政府关于印发《石市贯彻落实省委省政府环境保护督察“回头看”及大气污染污染防治专项督察反馈意见政改方案》的通知	石字〔2019〕17号	6月17日
13	市委关于学习弘扬井陉“天路”精神的决定	石字〔2019〕19号	9月12日
14	市委、市政府关于加快新三区与主城区一体化发展的意见	石字〔2019〕20号	10月25日
15	市委、市政府印发《关于支持中国(河北)自由贸易试验区正定片区高水平开放高质量建设的若干意见(试行)》的通知	石字〔2019〕22号	12月24日

备注：不含秘密以上等级文件

表75 2019年中共石家庄市委石办发〔2019〕1~23号文件目录一览表

序号	文件内容	文件编号	发文日期
1	市委办公厅、市政府办公厅关于印发分类推进人才评价机制改革工作六个实施办法的通知	石办发〔2019〕1号	1月18日
2	市委办公室、市政府办公室印发《关于进一步统筹规范督查检查考核工作的若干规定》的通知	石办发〔2019〕3号	2月2日
3	市委办公室、市政府办公室关于印发《石家庄市市属企业领导人员管理办法》和《石家庄市市属企业领导班子和领导人员综合考核评价办法》的通知	石办发〔2019〕4号	2月20日
4	市委办公室、市政府办公室印发《关于加快构建政策体系培育新型农业经营主体的实施意见》的通知	石办发〔2019〕6号	2月25日
5	市委办公室印发《关于认真学习宣传贯彻〈中国共产党政法工作条例〉的责任分工方案》的通知	石办发〔2019〕11号	4月20日
6	市委办公室印发《关于解决形式主义突出问题为基层减负的若干措施》的通知	石办发〔2019〕12号	4月23日
7	市委办公室关于印发《中共石家庄市委理论学习中心组学习规则》的通知	石办发〔2019〕13号	5月9日
8	市委办公室、市政府办公室印发《关于加强金融服务民营企业支持实体经济发展的若干措施》的通知	石办发〔2019〕14号	5月23日
9	市委办公室、市政府办公室印发《关于进一步深化文化市场综合行政执法改革的实施方案》的通知	石办发〔2019〕15号	7月18日
10	市委办公室、市政府办公室印发《关于深化生态环境保护综合执法改革工作方案》的通知	石办发〔2019〕16号	7月25日
11	市委办公室、市政府办公室印发《关于进一步深化国有企业改革的实施方案》的通知	石办发〔2019〕17号	8月2日
12	石家庄、保定、廊坊市委办公室关于印发《石保廊全面创新改革三市联动工作方案》的通知	石办发〔2019〕18号	8月23日
13	市委办公室、市政府办公室印发《关于深化农业综合行政执法改革的实施方案》的通知	石办发〔2019〕20号	12月19日
14	市委办公室、市政府办公室印发《关于进一步加强全市行政调解工作意见》的通知	石办发〔2019〕21号	12月23日
15	市委办公室、市政府办公室印发《关于深化市场监管综合行政执法改革的实施方案》的通知	石办发〔2019〕23号	12月26日

备注：不含秘密以上等级文件

表76　2019年中共石家庄市委石办字〔2019〕1~81号文件目录一览表

序号	文件内容	文件编号	发文日期
1	市委办公厅印发《关于开展村党组织书记“三比一争”活动的实施意见》和《关于开展社区党组织书记“三比一争”活动的实施意见》的通知	石办字〔2019〕1号	1月10日
2	市委办公厅关于印发《中共石家庄市委组织部职能配置、内设机构和人员编制规定》的通知	石办字〔2019〕3号	1月10日
3	市委办公厅关于印发《中共石家庄市委机构编制委员会办公室职能配置、内设机构和人员编制规定》的通知	石办字〔2019〕6号	1月10日
4	市委办公厅关于印发《中共石家庄市委市直机关工作委员会职能配置、内设机构和人员编制规定》的通知	石办字〔2019〕7号	1月10日
5	市委办公厅关于印发《中共石家庄市委老干部局职能配置、内设机构和人员编制规定》的通知	石办字〔2019〕9号	1月10日
6	市委办公厅关于印发《中共石家庄市委石家庄市人民政府督促检查办公室职能配置、内设机构和人员编制规定》的通知	石办字〔2019〕11号	1月10日
7	市委办公厅、市政府办公厅关于印发《中共石家庄市商务局职能配置、内设机构和人员编制规定》的通知	石办字〔2019〕13号	1月10日
8	市委办公厅、市政府办公厅关于印发《中共石家庄市投资促进局职能配置、内设机构和人员编制规定》的通知	石办字〔2019〕14号	1月10日
9	市委办公厅、市政府办公厅关于印发《中共石家庄市国有资产监督管理委员会职能配置、内设机构和人员编制规定》的通知	石办字〔2019〕17号	1月10日
10	市委办公厅、市政府办公厅关于印发《中共石家庄市体育局职能配置、内设机构和人员编制规定》的通知	石办字〔2019〕18号	1月10日
11	市委办公厅、市政府办公厅关于印发《中共石家庄市统计局职能配置、内设机构和人员编制规定》的通知	石办字〔2019〕19号	1月10日
12	市委办公厅、市政府办公厅关于印发《中共石家庄市人民政府研究室职能配置、内设机构和人员编制规定》的通知	石办字〔2019〕20号	1月10日
13	市委办公厅、市政府办公厅关于印发《中共石家庄市人民防空办公室职能配置、内设机构和人员编制规定》的通知	石办字〔2019〕21号	1月10日
14	市委办公厅、市政府办公厅关于印发《中共石家庄市扶贫开发办公室职能配置、内设机构和人员编制规定》的通知	石办字〔2019〕22号	1月10日
15	市委办公厅、市政府办公厅关于印发《中共石家庄市医疗保障局职能配置、内设机构和人员编制规定》的通知	石办字〔2019〕23号	1月10日
16	市委办公厅、市政府办公厅关于印发《中共石家庄市园林局职能配置、内设机构和人员编制规定》的通知	石办字〔2019〕24号	1月10日

续表

序号	文件内容	文件编号	发文日期
17	市委办公室关于印发《中共石家庄市委研究室职能配置、内设机构和人员编制规定》的通知	石办字〔2019〕28 号	1 月 20 日
18	市委办公室关于印发《中共石家庄市信访局职能配置、内设机构和人员编制规定》的通知	石办字〔2019〕29 号	1 月 20 日
19	市委办公室关于印发《中共石家庄市机关事务管理局职能配置、内设机构和人员编制规定》的通知	石办字〔2019〕30 号	1 月 20 日
20	市委办公室、市政府办公室关于印发《中共石家庄市科学技术局职能配置、内设机构和人员编制规定》的通知	石办字〔2019〕31 号	1 月 20 日
21	市委办公室、市政府办公室关于印发《中共石家庄市民政局职能配置、内设机构和人员编制规定》的通知	石办字〔2019〕33 号	1 月 20 日
22	市委办公室、市政府办公室关于印发《中共石家庄市自然资源和规划局职能配置、内设机构和人员编制规定》的通知	石办字〔2019〕34 号	1 月 20 日
23	市委办公室、市政府办公室关于印发《中共石家庄市住房和城乡建设局职能配置、内设机构和人员编制规定》的通知	石办字〔2019〕35 号	1 月 20 日
24	市委办公室、市政府办公室关于印发《中共石家庄市城市管理综合行政执法局职能配置、内设机构和人员编制规定》的通知	石办字〔2019〕36 号	1 月 20 日
25	市委办公室、市政府办公室关于印发《中共石家庄市水利局职能配置、内设机构和人员编制规定》的通知	石办字〔2019〕37 号	1 月 20 日
26	市委办公室、市政府办公室关于印发《中共石家庄市林业局职能配置、内设机构和人员编制规定》的通知	石办字〔2019〕38 号	1 月 20 日
27	市委办公室、市政府办公室关于印发《中共石家庄市文化广电和旅游局职能配置、内设机构和人员编制规定》的通知	石办字〔2019〕39 号	1 月 20 日
28	市委办公室、市政府办公室关于印发《中共石家庄市卫生健康委员会职能配置、内设机构和人员编制规定》的通知	石办字〔2019〕40 号	1 月 20 日
29	市委办公室、市政府办公室关于印发《中共石家庄市应急管理局职能配置、内设机构和人员编制规定》的通知	石办字〔2019〕41 号	1 月 20 日
30	市委办公室、市政府办公室关于印发《中共石家庄市市场监督管理局职能配置、内设机构和人员编制规定》的通知	石办字〔2019〕43 号	1 月 20 日
31	市委办公室、市政府办公室关于印发《中共石家庄市行政审批局职能配置、内设机构和人员编制规定》的通知	石办字〔2019〕44 号	1 月 20 日
32	市委办公室、市政府办公室关于印发《中共石家庄市数据资源管理局职能配置、内设机构和人员编制规定》的通知	石办字〔2019〕45 号	1 月 20 日

续表

序号	文件内容	文件编号	发文日期
33	市委办公室关于印发《石家庄市强化正向激励容错纠错实施办法》的通知	石办字〔2019〕46号	2月20日
34	市委办公室、市政府办公室关于开展排查整治破坏生态环境违法占地违法建设专项行动的紧急通知	石办字〔2019〕47号	2月20日
35	市委办公室、市政府办公室关于印发《石家庄市2019年重点工作责任分解》的通知	石办字〔2019〕48号	2月28日
36	市委办公室、市政府办公室关于印发《石家庄市人力资源和社会保障局职能配置、内设机构和人员编制规定》的通知	石办字〔2019〕50号	3月12日
37	市委办公室、市政府办公室关于印发《市政府办公室职能配置、内设机构和人员编制的规定》的通知	石办字〔2019〕54号	3月30日
38	市委办公室、市政府办公室关于印发《市发展改革委职能配置、内设机构和人员编制的规定》的通知	石办字〔2019〕55号	3月30日
39	市委办公室、市政府办公室关于印发《市教育局职能配置、内设机构和人员编制的规定》的通知	石办字〔2019〕56号	3月30日
40	市委办公室、市政府办公室关于印发《市财政局职能配置、内设机构和人员编制的规定》的通知	石办字〔2019〕59号	3月30日
41	市委办公室、市政府办公室关于印发《市生态环境局职能配置、内设机构和人员编制的规定》的通知	石办字〔2019〕60号	3月30日
42	市委办公室、市政府办公室关于印发《市交通运输局职能配置、内设机构和人员编制的规定》的通知	石办字〔2019〕61号	3月30日
43	市委办公室、市政府办公室关于印发《市农业农村局职能配置、内设机构和人员编制的规定》的通知	石办字〔2019〕62号	3月30日
44	市委办公室、市政府办公室印发《关于进一步建立健全首问负责制的若干规定(试行)》的通知	石办字〔2019〕64号	4月4日
45	市委办公室、市政府办公室关于印发《石家庄市中央环境保护督察"回头看"及大气污染问题专项督察反馈意见问题整改措施清单》的通知	石办字〔2019〕66号	4月15日
46	市委办公室、市政府办公室印发《关于支持高等教育发展的实施意见》的通知	石办字〔2019〕67号	4月15日
47	市委办公室、市政府办公室关于加快推进石家庄教育现代化工作的通知	石办字〔2019〕68号	4月19日
48	市委办公室、市政府办公室关于实施旧城改造提升"十大工程"的通知	石办字〔2019〕69号	4月23日

续表

序号	文件内容	文件编号	发文日期
49	市委办公室、市政府办公室关于印发《石家庄市党政机关办公用房管理实施办法》《石家庄市党政机关公务用车管理实施办法》的通知	石办字〔2019〕71号	5月17日
50	市委办公室、市政府办公室印发《关于市属从事生产经营活动事业单位改革方案》的通知	石办字〔2019〕73号	5月22日
51	市委办公室、市政府办公室印发《关于解决部分退役士兵社会保险问题的实施方案》的通知	石办字〔2019〕74号	5月24日
52	市委办公室、市政府办公室印发《关于进一步加强和推进"红色物业"工作的实施意见》的通知	石办字〔2019〕76号	10月17日
53	市委办公室关于调整巡察工作领导小组的通知	石办字〔2019〕78号	11月8日
54	市委办公室关于做好2020年度重点党报党刊发行工作严格规范报刊发行秩序的通知	石办字〔2019〕79号	11月22日
55	市委办公室、市政府办公室关于成立石家庄市国土空间规划委员会的通知	石办字〔2019〕80号	12月31日

备注：不含秘密以上等级文件

政府文件

表77 2019 年石家庄市人民政府石政发〔2019〕1 ~ 7 号文件目录一览表

序号	文件名称	文件编号	发文日期
1	石家庄市人民政府关于进一步健全市级储备制度的实施意见	石政发〔2019〕1 号	1 月 22 日
2	石家庄市人民政府印发《关于贯彻落实企业职工基本养老保险基金中央调剂制度的实施办法》的通知	石政发〔2019〕2 号	6 月 17 日
3	石家庄市人民政府关于印发《石家庄市 2019 年大气污染综合治理工作方案》的通知	石政发〔2019〕3 号	6 月 26 日
4	石家庄市人民政府关于印发《石家庄市轨道交通沿线土地综合开发利用实施办法》和《石家庄市轨道交通上盖物业预留工程前期审批指导办法》的通知	石政发〔2019〕5 号	10 月 16 日
5	石家庄市人民政府关于印发《石家庄市轨道交通项目资金筹措方案》的通知	石政发〔2019〕6 号	10 月 16 日
6	石家庄市人民政府关于市政府市长、副市长、市政府党组成员工作分工的通知	石政发〔2019〕7 号	12 月 3 日

备注：不含秘密以上等级文件

表78 2019 年石家庄市人民政府石政办发〔2019〕1 ~ 18 号文件目录一览表

序号	文件名称	文件编号	发文日期
1	石家庄市人民政府办公厅关于印发石家庄市进一步加强文物安全工作的实施意见	石政办发〔2019〕1 号	1 月 6 日
2	石家庄市人民政府办公厅转发《河北省人民政府办公室厅关于转发河北省调整机关事业单位工作人员基本工资标准和增加机关事业单位离休人员离休费三个实施办法的通知》的通知	石政办发〔2019〕2 号	1 月 7 日
3	石家庄市人民政府办公厅关于印发《县级政府耕地保护责任目标考核办法》的通知	石政办发〔2019〕3 号	1 月 9 日
4	石家庄市人民政府办公厅关于印发石家庄市市级财政专项资金管理办法的通知	石政办发〔2019〕4 号	1 月 10 日
5	石家庄市人民政府办公室关于在政务公开工作中进一步做好政务舆情回应的通知	石政办发〔2019〕5 号	3 月 8 日

续表

序号	文件名称	文件编号	发文日期
6	石家庄市人民政府办公室关于衔接落实省政府对应国务院取消和下放一批行政许可事项的通知	石政办发〔2019〕6号	4月15日
7	石家庄市人民政府办公室关于加强规模以上工业企业培育发展的实施意见	石政办发〔2019〕7号	4月18日
8	石家庄市人民政府办公室关于印发《石家庄市公共资源交易平台服务暂行办法》的通知	石政办发〔2019〕8号	4月22日
9	石家庄市人民政府办公室关于2018年度高新技术成果落地奖奖励的决定	石政办发〔2019〕9号	4月29日
10	石家庄市人民政府办公室关于印发《〈石家庄市乡村振兴战略规划(2018—2022年)及5个工作方案〉主要任务分工方案》的通知	石政办发〔2019〕10号	5月17日
11	石家庄市人民政府办公室关于印发《2019年法治政府建设工作要点》的通知	石政办发〔2019〕11号	5月31日
12	石家庄市人民政府办公室关于进一步推动科技企业孵化载体高质量健康发展的实施意见	石政办发〔2019〕12号	7月5日
13	石家庄市人民政府办公室关于印发《石家庄市信息化建设项目管理办法》的通知	石政办发〔2019〕13号	7月29日
14	石家庄市人民政府办公室关于印发石家庄市关于推进夜经济高质量发展的若干措施的通知	石政办发〔2019〕14号	8月16日
15	石家庄市人民政府办公室关于印发《石家庄市支持中小企业奖补贷政策管理办法(暂行)》的通知	石政办发〔2019〕15号	9月22日
16	石家庄市人民政府办公室关于印发《石家庄市学前教育管理办法》的通知	石政办发〔2019〕16号	12月16日
17	石家庄市人民政府办公室关于印发《石家庄市河流跨界断面水质生态补偿办法》的通知	石政办发〔2019〕17号	12月21日
18	石家庄市人民政府办公室关于印发《石家庄市物业消防安全管理办法》的通知	石政办发〔2019〕18号	12月27日

表79 2019年石家庄市人民政府石政规发〔2019〕1~7号文件目录一览表

序号	文件名称	文件编号	发文日期
1	石家庄市人民政府关于印发《石家庄市加快培育和发展战略性新兴产业十条政策》的通知	石政规发〔2019〕1号	2月3日
2	石家庄市人民政府关于印发《石家庄市企业退休人员社会化管理服务办法》的通知	石政规发〔2019〕2号	2月15日
3	石家庄市人民政府关于印发《石家庄市残疾儿童康复救助实施方案》的通知	石政规发〔2019〕3号	5月6日
4	石家庄市人民政府印发《关于加强主城区城市棚户区征收改造工作的意见》的通知	石政规发〔2019〕4号	6月6日
5	石家庄市人民政府关于印发石家庄市农村饮水工程运行管理办法的通知	石政规发〔2019〕5号	7月25日
6	石家庄市人民政府关于印发《石家庄市支持特色产业集群高质量发展的十条政策》的通知	石政规发〔2019〕6号	12月4日
7	石家庄市人民政府关于印发石家庄市城镇职工基本医疗保险实施办法的通知	石政规发〔2019〕7号	12月4日

光荣榜

石家庄市百强企业

2019年12月3日，2019年“石家庄市百强企业”名单公布。按照2018年企业营业收入排名，2019石家庄市百强企业营业收入达到10亿元（含）以上53家，20亿元（含）以上25家，30亿元（含）以上19家，40亿元（含）以上17家，50亿元（含）以上15家，100亿元（含）以上12家，200亿元（含）以上7家，300亿元（含）以上5家，500亿元（含）以上2家。

表80　　2019年石家庄市百强企业名单一览表

排名	企业名称	2018年营业收入(万元)
1	河北敬业集团有限公司	9011375
2	东旭集团有限公司	5186045
3	河北天山实业集团有限公司	4715830
4	中国石油化工股份有限公司石家庄炼化分公司	3516000
5	石药控股集团有限公司	3006759
6	河北诚信集团有限公司	2790977
7	石家庄北国人百集团有限公司	2016293
8	河钢集团石家庄钢铁有限责任公司	1848759
9	国药乐仁堂医药有限公司	1793325
10	石家庄常山纺织集团有限责任公司	1041647
11	华北制药集团有限责任公司	1039071
12	河北白沙烟草有限责任公司	1026956
13	石家庄君乐宝乳业有限公司	947840
14	格力电器(石家庄)有限公司	940804
15	石家庄以岭药业股份有限公司	596047
16	石家庄四药有限公司	489631
17	河北诺亚人力资源开发有限公司	423673

续表

排名	企业名称	2018年营业收入(万元)
18	神威药业集团有限公司	385435
19	冀中能源井陉矿业集团有限公司	330053
20	中车石家庄车辆有限公司	254798
21	石家庄一建建设集团有限公司	237223
22	河北西柏坡发电有限责任公司	235150
23	河北鑫跃焦化有限公司	227628
24	石家庄新奥燃气有限公司	218820
25	河北西柏坡第二发电有限责任公司	203847
26	河北金隅鼎鑫水泥有限公司	195224
27	石家庄印钞有限公司	186827
28	河北常山生化药业股份有限公司	165263
29	河北兴柏药业集团有限公司	162156
30	晋煤金石化工投资集团有限公司 石家庄循环化工园区分公司	161203
31	河北威远生物化工有限公司	160667
32	河北吉藁化纤有限公司	150496
33	河北华泰纸业有限公司	149407
34	石家庄良村热电有限公司	147587
35	石家庄中博汽车有限公司	140397
36	河北石焦化工有限公司	139341
37	金珂控股有限公司	138418
38	河北先河环保科技股份有限公司	137410
39	石家庄市油漆厂	133430
40	石家庄建工集团有限公司	132907
41	石家庄市曲寨水泥有限公司	128502
42	河北华电石家庄鹿华热电有限公司	125898

续表

排名	企业名称	2018年营业收入(万元)
43	河北三元食品有限公司	123326
44	石家庄科林电气股份有限公司	122065
45	河北华电石家庄裕华热电有限公司	120534
46	石家庄安瑞科气体机械有限公司	117982
47	河北常恒能源技术开发有限公司	116728
48	河北星宇化工有限公司	112245
49	石家庄苏宁易购商贸有限公司	110114
50	博深股份有限公司	105404
51	石家庄联合石化有限公司	104817
52	河北华电石家庄热电有限公司	104086
53	赞皇金隅水泥有限公司	100372
54	际华三五零二职业装有限公司	97244
55	河冶科技股份有限公司	94498
56	石家庄白龙化工股份有限公司	92502
57	河北普兴电子科技股份有限公司	92036
58	河北远征药业有限公司	88569
59	石家庄海山实业发展总公司	88215
60	河北宏昌天马专用车有限公司	81389
61	际华三五一四制革制鞋有限公司	80307
62	石家庄煤矿机械有限责任公司	80127
63	石家庄麦特达电子科技有限公司	79333
64	金环建设集团有限公司	72087
65	河北新波尔瓷业有限公司	70000
66	石家庄柏坡正元化肥有限公司	69428
67	石家庄玉晶玻璃有限公司	68293

续表

排名	企业名称	2018 年营业收入(万元)
68	河北新化股份有限公司	67453
69	石家庄保安服务集团有限公司	66805
70	同辉电子科技股份有限公司	66239
71	石家庄鼎盈化工股份有限公司	66166
72	河北鸿科碳素有限公司	64400
73	河北麦森钛白粉有限公司	61358
74	河北华宝塑机股份有限公司	60971
75	中国人民解放军第三三零二工厂	60599
76	石家庄工业泵厂有限公司	56673
77	河北电机股份有限公司	53878
78	石家庄市宏森熔炼铸造有限公司	53303
79	博信通信股份有限公司	51986
80	河北苹乐面粉机械集团有限公司	51782
81	高邑力马建陶有限公司	51363
82	河北金力电缆有限公司	50497
83	河北新大东纺织有限公司	47844
84	河北万方中天科技有限公司	46904
85	河北翼凌机械制造总厂	46405
86	石家庄华燕交通科技有限公司	45227
87	石家庄尚泰科技有限公司	44976
88	冀凯河北机电科技有限公司	44818
89	青岛啤酒(石家庄)有限公司	43525
90	石家庄诚志永华显示材料有限公司	42813
91	河北中瓷电子科技有限公司	42000
92	河北德容塑料包装制品股份有限公司	38854

续表

排名	企业名称	2018 年营业收入(万元)
93	石家庄鸿业塑胶制品有限公司	38167
94	河北太行机械工业有限公司	37700
95	河北博岳通信技术股份有限公司	37603
96	河北盛森安全技术工程有限公司	37016
97	河北圣雪大成制药有限责任公司	36666
98	建业电缆集团有限公司	35118
99	河北八维化工有限公司	33000
100	河北新大地机电制造有限公司	32217

石家庄市亿元纳税大户

2019 年石家庄市纳税额达到 1 亿元（含）以上企业 110 家，2 亿元（含）以上企业 47 家，3 亿元（含）以企业 25 家，4 亿元（含）以上企业 20 家，5 亿元（含）以上企业 15 家，10 亿元（含）以上企业 6 家，20 亿元（含）以上企业 2 家，50 亿元（含）以上企业 1 家。

表81　　2019 年石家庄市纳税亿元以上企业及单位一览表

序号	纳税企业或单位名称	纳税金额(万元)	同比增长(%)
1	中国石油化工股份有限公司石家庄炼化分公司	822918. 3	7. 7
2	河北白沙烟草有限责任公司	487213. 1	24. 1
3	河北省烟草公司石家庄市公司	191347. 2	46. 9
4	渤海国际信托股份有限公司	173596. 8	14. 5
5	敬业钢铁有限公司	165497	3. 6
6	石药集团恩必普药业有限公司	109448. 3	17. 6
7	大秦铁路股份有限公司	93538. 4	-20. 1
8	国家开发银行河北省分行	86379. 3	1. 3
9	平山县敬业冶炼有限公司	83792. 5	-5. 3
10	石家庄市巨邦房地产开发有限公司	83053. 8	129. 8

续表

序号	纳税企业或单位名称	纳税金额(万元)	同比增长(%)
11	河北中烟工业有限责任公司	70097	61.5
12	石药集团欧意药业有限公司	62587.9	30.6
13	石家庄以岭药业股份有限公司	55372	-7
14	河钢集团有限公司	50564.6	87.7
15	石家庄君乐宝乳业有限公司	50068.2	30.4
16	河北诚信有限责任公司	48717.1	21.5
17	格力电器(石家庄)有限公司	48589.2	41.1
18	京沪高速铁路股份有限公司	42884.1	54.5
19	平山县盛泓源商贸有限公司	41152.5	566.6
20	石家庄荣恩房地产开发有限公司	40430.8	759.2
21	河北银行股份有限公司	38545.8	34.6
22	中国移动通信集团河北有限公司	37721.4	121.1
23	中国平安财产保险股份有限公司石家庄中心支公司	34872.3	29.5
24	石家庄四药有限公司	31697.1	22.4
25	中国建设银行股份有限公司河北省分行营业部	31692.6	14.9
26	河北中冶名润房地产开发有限公司	29357.8	66.6
27	中国工商银行股份有限公司河北省分行营业部	29137	8.4
28	河北省金融租赁有限公司	27407.9	0.4
29	石家庄地益嘉房地产开发有限公司	25752.4	29.7
30	河北京石高速公路开发有限公司	24889.6	4.8
31	石家庄钢铁有限责任公司	24869.2	-22.2
32	河北省省直纪元房地产开发有限公司	24468.8	43.2
33	中国光大银行股份有限公司石家庄分行	24393.4	8.8
34	北国商城股份有限公司	24088.1	-22.7
35	河北金隅鼎鑫水泥有限公司	23933.2	46.2

续表

序号	纳税企业或单位名称	纳税金额(万元)	同比增长(%)
36	中信银行股份有限公司石家庄分行	23805	-3.1
37	中国人寿保险股份有限公司河北省分公司	23429.8	-18.5
38	石家庄市曲寨水泥有限公司	23213.3	101.1
39	冀银金融租赁股份有限公司	22777.1	78.4
40	华药国际医药有限公司	22454.2	159.2
41	神威药业集团有限公司	22071.8	-23.5
42	中国人民财产保险股份有限公司石家庄市分公司	21451	9
43	财达证券股份有限公司	21297.7	95.1
44	平安银行股份有限公司石家庄分行	20593.5	-3.7
45	中国农业银行股份有限公司石家庄分行	20519.5	7
46	石药集团中诚医药物流有限公司	20311.1	-39.3
47	石家庄印钞有限公司	20052.8	-22.8
48	石家庄元辉房地产开发有限公司	19989.3	620
49	河北保利联创房地产开发有限公司	19639.3	580.2
50	赞皇金隅水泥有限公司	19552.3	60.7
51	石家庄四药有限公司开发区分公司	19449.1	4.5
52	河北西柏坡第二发电有限责任公司	19269.5	48.4
53	中国平安人寿保险股份有限公司河北分公司	18942.1	-40.9
54	南水北调中线干线工程建设管理局	18440.6	156.3
55	河北西柏坡发电有限责任公司	18311.9	14.7
56	国网河北省电力有限公司石家庄供电分公司	18257.4	-38.9
57	河北荣商房地产开发有限公司	18184.4	-29.7
58	石家庄金石房地产开发有限公司	18179.7	63.1
59	河北欣绿房地产开发有限公司	17627	561.5
60	河北敬业中厚板有限公司	17444.1	78

续表

序号	纳税企业或单位名称	纳税金额(万元)	同比增长(%)
61	河北银行股份有限公司石家庄营业管理部	17351.1	18.8
62	华北制药股份有限公司	17293.7	-41.5
63	河北常山生化药业股份有限公司	17047.3	3.8
64	国药乐仁堂医药有限公司	16992.9	159
65	交通银行股份有限公司河北省分行	16882.2	-15.4
66	河钢集团财务有限公司	16675.5	36.1
67	华夏银行股份有限公司石家庄分行	15713.6	-23.5
68	天津银行股份有限公司石家庄分行	15590.8	56.6
69	河北申能房地产开发有限公司	15377.4	
70	河钢股份有限公司	15273.5	272.7
71	华能国际电力股份有限公司上安电厂	15245.7	-46.5
72	河北交投土地开发整理有限公司	15207.4	93
73	华北制药河北华民药业有限责任公司	15163.8	14.4
74	河北和坚房地产开发有限公司	15047.8	
75	石家庄市盛邦伟业房地产开发有限公司	14928.5	38.6
76	石家庄弘城房地产开发有限公司	14624.6	-30.1
77	石家庄华远尚隆房地产开发有限公司	14457.6	
78	河北正定农村商业银行股份有限公司	14391.3	-20.4
79	河北省天然气有限责任公司	14092.1	53.4
80	石药集团维生药业(石家庄)有限公司	13954.6	17.3
81	中国人民财产保险股份有限公司河北省分公司	13754.5	-39.9
82	中国民生银行股份有限公司石家庄分行	13731.1	-42
83	河北保合房地产开发有限公司	13539.5	-34.4
84	河北鑫界房地产开发有限责任公司	13521.5	624.9
85	中国电子科技集团公司第五十四研究所	13492	-0.8

续表

序号	纳税企业或单位名称	纳税金额(万元)	同比增长(%)
86	兴业银行股份有限公司石家庄分行	13416	-14.9
87	中国银行股份有限公司石家庄市裕华支行	13232.6	8.6
88	河北省保障住房投资有限公司	13176.6	-13.7
89	天山房地产开发集团有限公司	12942.5	-18.2
90	河北鑫跃焦化有限公司	12904.4	48
91	上海浦东发展银行股份有限公司石家庄分行	12555.7	-12.9
92	石家庄供水有限责任公司	12351.2	78.9
93	河北省体育彩票管理中心	12331.2	-0.1
94	石家庄富力房地产开发有限公司	12192.9	85.9
95	石药集团中诺药业(石家庄)有限公司	12022.1	-5.6
96	石家庄市鹿泉农村信用合作联社	12017.4	33.1
97	河北融创润江房地产开发有限公司	11920.3	332.5
98	中国电子科技集团公司第十三研究所	11877.4	23.2
99	河北先河环保科技股份有限公司	11818	20.6
100	河北九仓筑业房地产开发有限公司	11794.6	5794.4
101	石家庄德盛房地产开发有限公司	11136.1	-56
102	中石化工建设有限公司	11084.5	-17
103	河北远东通信系统工程有限公司	11008.2	9.4
104	中建路桥集团有限公司	10993.9	286.9
105	北京银行股份有限公司石家庄分行	10660.8	35.9
106	河北金麦加房地产开发有限公司	10632.5	45.1
107	石家庄良村热电有限公司	10386.6	7.2
108	石家庄高新区自然资源和规划住建局	10325.7	0
109	中移全通系统集成有限公司	10141.9	65.9
110	河北银湖房地产开发有限公司	10114.2	-71.7

石家庄市“三八红旗集体”

2019年，评选石家庄市“三八红旗集体”25个。

鹿泉区白鹿泉乡政府

藁城区第八中学小学部

裕华区第六幼儿园

晋州市医疗保险管理中心

中国人保财险灵寿支公司运营支持部

深泽县妇联

无极县妇联

石家庄市井陉矿区实验中学

栾城区栾城镇妇联

新乐市承安镇妇联

高邑县万城镇妇联

井陉县卫生计生监督所

元氏县市场监督管理局

国家税务总局行唐县税务局第一税务分局

赵县行政审批局

正定县教育局

赞皇县职教中心

平山县医疗保障服务大厅

新华区西苑街道办事处

桥西区长兴街道办事处

长安区疾病预防控制中心

石家庄常山恒新纺织有限公司前纺车间甲班

市城市排水监测站

市农产品质量检测中心

市第十五中学

统计资料

表82 行政组织机构及总面积

县(市、区)	镇政府(个)	乡政府(个)	街道办事处(个)	居民委员会(个)	村民委员会(个)	总面积(平方千米)
石家庄市	119	82	60	731	3943	13504
市区合计	35	8	57	655	620	2220
长安区	4	—	12	166	4	138.31
桥西区	—	—	17	126	15	75.28
新华区	—	—	15	103	13	92.11
裕华区	2	—	11	119	22	60.8
井陉矿区	2	1	2	38	—	69.98
藁城区	13	1	—	74	177	836
鹿泉区	9	3	—	22	208	603
栾城区	5	3	—	7	181	345
井陉县	10	7	—	—	321	1381
正定县	3	5	2	42	154	468
行唐县	4	11	—	8	322	966
灵寿县	6	9	—	0	279	1066
高邑县	4	1	—	0	107	230
深泽县	3	3	—	0	125	296
赞皇县	4	7	—	0	212	1210
无极县	6	5	—	4	213	524
平山县	12	11	—	0	717	2648
元氏县	8	7	—	4	208	676
赵　县	7	4	—	0	281	675
晋州市	9	1	—	0	224	619
新乐市	8	3	1	18	160	525

表83 户籍人口

行政单位	年末总户数		年末总人口	
	数量(户)	同比增长(%)	数量(人)	同比增长(%)
全市总计	2894258	1.1	9888382	0.74
市区合计	1234932	1.68	4268992	1.15
长安区	207749	3.2	668262	2.15
桥西区	198651	1.95	675874	0.14
新华区	155813	1.25	509462	0.9
裕华区	188677	2.7	650388	2.19
井陉矿区	26569	−0.76	87950	−0.79
藁城区	235540	0.18	866342	0.55
鹿泉区	124314	1.16	447120	1.33
栾城区	97619	1.69	363594	1.49
高新区	—	—	—	—
井陉县	107773	0.27	332299	0.29
正定县	127668	0.35	516905	0.66
行唐县	160046	1.15	463326	0.34
灵寿县	110465	2.27	352903	0.72
高邑县	57202	−0.3	204319	0.25
深泽县	97041	2.45	258761	0.27
赞皇县	97592	0.02	281343	0.63
无极县	158065	0.96	538966	0.28
平山县	167137	0.5	505084	0.42
元氏县	106776	1.65	446568	0.37
赵 县	176413	0.1	622990	0.56
晋州市	157181	0	577302	0.38
新乐市	135967	−0.24	518624	0.26

备注:户籍人口为市公安局户政部门数据

表84

地区生产总值

行政单位	地区生产		第一产业		第二产业		第三产业	
	总值（亿元）	同比增长（%）	增加值（亿元）	同比增长（%）	增加值（亿元）	同比增长（%）	增加值（亿元）	同比增长（%）
全市总计	5392.95	6.7	397.7	1.6	1561.8	1.7	3433.4	9.6
长安区	580.91	8.1	0.7	−3.1	107.2	2.2	473.0	9.3
桥西区	737.17	8.9	0.1	−23.1	73.7	1.3	663.4	9.6
新华区	432.87	8.8	0.4	−2.6	50.4	2.7	382.0	9.5
裕华区	392.45	8.3	0.1	24.9	41.5	−0.2	350.9	9.4
井陉矿区	54.51	7.5	0.4	−27.7	20.7	5.2	33.5	9.5
藁城区	415.99	4.0	45.4	2.3	201.7	0.1	169.0	8.9
鹿泉区	290.41	6.5	18.0	−5.1	105.1	4.5	167.4	9.0
栾城区	172.64	7.2	15.2	0.9	73.2	6.1	84.3	10.0
高新区	321.87	8.0	0.3	−17.2	154.4	6.3	167.2	9.8
井陉县	96.94	3.1	9.8	−27.3	30.7	4.0	56.4	8.9
正定县	280.39	7.8	39.4	1.4	67.6	3.8	173.4	10.5
行唐县	115.86	8.0	34.7	4.1	19.8	8.1	61.4	9.7
灵寿县	102.24	7.1	26.9	4.6	18.1	3.2	57.3	9.0
高邑县	68.21	5.1	13.1	−0.1	21.1	2.4	34.0	8.8
深泽县	71.14	5.7	14.4	2.4	22.1	3.2	34.6	8.9
赞皇县	77.54	6.6	18.8	10.6	23.2	0.0	35.6	9.1
无极县	129.91	5.0	29.1	1.3	39.8	0.3	61.0	10.7
平山县	240.00	7.3	15.1	−5.5	144.2	8.2	80.7	9.2
元氏县	159.54	6.9	19.9	5.6	46.7	5.3	92.9	8.0
赵　县	141.13	7.1	24.4	6.2	39.2	4.0	77.6	9.1
晋州市	154.22	−3.0	37.6	6.0	37.6	25.3	79.0	8.8
新乐市	139.34	5.4	32.9	1.4	35.3	1.1	71.1	9.3

表85 **财政收入**

行政单位	全部财政收入		公共财政预算收入	
	金额(亿元)	同比增长(%)	金额(亿元)	同比增长(%)
全市总计	1115.22	7.2	545.11	8.8
长安区	132.73	-6.6	59.93	-8.4
桥西区	193.67	6.0	80.34	4.3
新华区	63.77	1.6	34.35	4.9
裕华区	80.15	-7.8	40.38	-9.2
井陉矿区	8.13	11.3	4.02	10.2
藁城区	101.23	16.9	34.32	10.0
鹿泉区	56.01	13.1	30.77	10.7
栾城区	26.08	8.1	16.09	18.1
高新区	84.99	15.7	43.76	17.2
井陉县	14.26	9.3	8.20	15.4
正定县	51.94	20.8	37.42	28.8
行唐县	8.72	8.8	6.12	13.4
灵寿县	8.47	7.3	5.91	17.6
高邑县	6.89	-2.0	5.51	1.9
深泽县	7.10	7.1	5.17	7.6
赞皇县	7.72	3.8	4.42	9.5
无极县	11.88	4.8	7.59	10.9
平山县	47.66	15.7	19.52	13.4
元氏县	19.24	10.1	10.13	17.0
赵 县	11.51	5.0	7.43	10.8
晋州市	15.36	4.4	10.45	1.8
新乐市	14.79	7.0	10.17	11.1

表86

农产品总产量

行政单位	粮食		小麦		玉米		油料		棉花		蔬菜及食用菌		园林水果		肉类		禽蛋		水产品	
	总产量（吨）	同比增长（%）	总产量（吨）	同比增长（%）	总产量（吨）	同比增长（%）	总产量（吨）	同比增长（%）	总产量（吨）	同比增长（%）	总产量（吨）	同比增长（%）	总产量（吨）	同比增长（%）	总产量（吨）	同比增长（%）	总产量（吨）	同比增长（%）	总产量（吨）	同比增长（%）
全市总计	4198468	-1. 16	1970149	0. 59	2071814	-4. 53	94430	-5. 07	260	-20. 97	4720417	-6. 05	1860789	21. 71	477943	-12. 70	675540	-3. 50	17418	-3. 81
长安区	24464	53. 01	13080	887. 17	10854	-25. 37	79	113. 51	3	—	697	-94. 51	2591	-24. 31	557	-66. 57	440	72. 55	—	—
桥西区	313	-2. 80	166	7. 10	147	-11. 98	—	—	—	—	5413	-38. 31	—	-100	0	-100. 00	1	0. 00	—	—
新华区	4638	12. 33	2411	40. 34	2109	-8. 06	144	-13. 77	—	—	14934	-13. 19	1156	183. 33	10	11. 11	8	100. 00	—	—
裕华区	722	-14. 76	360	-22. 08	352	-6. 38	8	0. 00	—	—	1047	48. 30	—	—	27	-65. 38	45	9. 76	—	—
井陉矿区	642	-1. 23	—	—	642	-1. 23	—	—	—	—	2754	3. 38	2729	-38. 40	993	-28. 82	238	-70. 90	12	0. 00
藁城区	483719	-6. 70	246236	-0. 01	205578	-14. 26	4512	-4. 41	2	-50. 00	577257	-20. 49	219504	58. 84	56038	-26. 36	99007	-11. 39	5	-92. 86
鹿泉区	137431	-7. 31	66649	-6. 89	62495	-12. 55	2538	1. 04	21	-8. 70	433411	-4. 72	15442	1. 45	8271	-31. 30	23338	-14. 71	5115	0. 00
栾城区	211894	-2. 43	116017	4. 13	85875	-14. 76	79	-59. 28	2	0	78048	4. 30	3900	126. 09	15807	-32. 34	71785	-0. 72	—	—
高新区	6241	-45. 22	3751	-45. 76	1837	-58. 98	19	-99. 13	1	—	1717	-27. 49	762	-19. 54	230	13. 86	1007	62. 42	—	—
井陉县	48675	-18. 99	4230	2. 77	40777	-15. 00	2036	-89. 18	51	-3. 77	78221	-13. 74	17710	-51. 66	12862	-18. 74	20049	-18. 88	310	3. 33
正定县	275097	-2. 51	144155	0. 30	116619	-12. 23	11770	229. 97	2	-60. 00	588480	0. 17	8279	126. 45	59904	-9. 62	86444	2. 37	—	—

续表

行政单位	粮食		小麦		玉米		油料		棉花		蔬菜及食用菌		园林水果		肉类		禽蛋		水产品	
	总产量（吨）	同比增长（%）	总产量（吨）	同比增长（%）	总产量（吨）	同比增长（%）	总产量（吨）	同比增长（%）	总产量（吨）	同比增长（%）	总产量（吨）	同比增长（%）	总产量（吨）	同比增长（%）	总产量（吨）	同比增长（%）	总产量（吨）	同比增长（%）	总产量（吨）	同比增长（%）
行唐县	332116	2. 57	137871	-7. 26	184136	10. 85	16320	736. 07	11	0	63931	-8. 89	118768	-2. 17	32819	-8. 97	43875	17. 48	687	0. 29
灵寿县	153836	-2. 37	50889	-11. 57	94300	2. 39	3377	-12. 42	17	6. 25	373144	1. 06	5663	32. 47	37104	20. 68	16253	0. 08	5298	0. 00
高邑县	158031	2. 15	79000	5. 24	77356	-0. 99	1244	-87. 30	4	-92. 16	364021	-15. 01	2657	-24. 54	6851	-25. 17	11525	-9. 86	—	—
深泽县	206462	2. 17	89728	3. 68	114226	1. 09	3674	-50. 88	—	-100. 00	209046	0. 56	89386	4. 85	15340	-20. 42	18220	11. 10	121	-4. 72
赞皇县	64817	0. 05	20557	1. 34	39282	-0. 94	9936	47. 77	7	0	115103	7. 26	95760	6. 85	23413	3. 57	24171	18. 98	239	-71. 98
无极县	333831	-6. 57	180068	6. 40	135792	-26. 24	8226	74. 54	—	—	525741	2. 05	5833	49. 64	38320	-4. 95	70835	3. 11	1	-66. 67
平山县	117003	5. 91	26708	1. 16	84600	5. 79	6900	1288. 33	59	3. 51	133579	-6. 13	6354	6. 92	17360	-13. 16	11700	-13. 48	5460	0. 00
元氏县	354932	0. 29	163160	-1. 92	180805	2. 39	4302	215000	81	-7. 95	115162	-4. 24	7316	-3. 25	36315	-0. 13	36306	-12. 92	170	-8. 11
赵　县	563606	2. 23	282957	1. 83	278232	2. 69	403	—	—	-100. 00	77569	-1. 16	570995	82. 64	13122	-43. 43	21185	-8. 65	—	—
晋州市	343231	1. 06	164925	0. 55	165778	-2. 40	5488	-2. 31	—	—	354861	0. 23	676356	-0. 45	45924	-11. 12	50871	-12. 51	—	—
新乐市	351163	2. 40	161276	1. 45	183971	3. 33	13375	0. 07	—	—	398901	-5. 67	9553	-9. 34	55456	-7. 45	36625	-45. 27	—	—

表87 **农林牧渔业总产值**

行政单位	农林牧渔业总产值(万元)	同比增长(%)
石家庄市	6374919	1.6
长安区	14146	-11.3
桥西区	1507	-62.9
新华区	6488	-4.2
裕华区	1017	-2.0
井陉矿区	5991	-28.2
藁城区	729650	2.6
鹿泉区	278886	-5.5
栾城区	297531	-1.6
高新区	4254	-11.6
井陉县	158009	-22.5
正定县	625709	2.1
行唐县	578914	5.9
灵寿县	399867	2.6
高邑县	189608	0.7
深泽县	249497	3.4
赞皇县	298954	8.4
无极县	486331	2.9
平山县	276998	0.8
元氏县	319695	7.7
赵　县	367984	3.9
晋州市	520254	1.9
新乐市	546266	1.9

表88

规模以上工业企业情况

行政单位	工业总产值（万元）	营业收入（万元）	利润总额（万元）
全市总计	42195864	44494997	2989247
市区合计	24991785	27255277	1783973
长安区	1686540	2295747	9546
桥西区	104097	185692	1477
新华区	60110	58641	-3749
裕华区	348436	346921	35626
井陉矿区	1039585	1191166	50971
藁城区	5905073	6419449	706626
鹿泉区	3092059	3774658	304071
栾城区	1840225	1733616	145573
高新区	4307582	4587792	535510
井陉县	852549	823448	38848
正定县	1420603	1193785	48552
行唐县	395331	394054	21462
灵寿县	313746	261622	1628
高邑县	763644	562903	15306
深泽县	357021	337395	8628
赞皇县	407496	361919	40441
无极县	1401650	1340324	62430
平山县	5232109	6911069	664113
元氏县	1278396	1194608	192900
赵　县	916908	902791	42090
晋州市	2793375	2058859	61328
新乐市	1071251	896944	7548

备注：主营业务收入改为营业收入

表89

社会消费品零售额

行政单位	社会消费品零售额(万元)	同比增长(%)
全市总计	31736132	8.2
长安区	2292116	7.8
桥西区	4865965	8.1
新华区	2684513	7.1
裕华区	2191967	8.2
井陉矿区	186806	9.3
藁城区	2223617	6.9
鹿泉区	1780742	9.7
栾城区	1104213	8.0
高新区	1118811	7.3
井陉县	438405	10.2
正定县	1664352	9.5
行唐县	824871	9.0
灵寿县	590369	9.8
高邑县	473959	8.8
深泽县	589960	8.5
赞皇县	607022	10.1
无极县	1614143	7.0
平山县	793331	7.4
元氏县	767915	9.9
赵　县	1578185	7.6
晋州市	1636830	7.2
新乐市	1516395	10.0

索 引

Index

说 明

一、本索引采用主题分析法，按主题词首字汉语拼音字母顺序排列，第一个字相同，按照第二个字汉语拼音字母顺序排列，依此类推。数字开头主题词按照数字汉语读音排列。

二、类目采用黑体字，其他内容采用宋体字。主题词后的数字表示内容所在页码，数字后的英文字母 a、b、c 分别表示从左到右第一、二、三栏。同一主题词内容在文中多处出现，以不同页码标注。

三、本索引包含类目、分目、主要条目和部分内文，《特载》《大事记》内容未作索引。

A

B

C

D

E

F

G

H

J

K

L

M

N

P

Q

R

S

编　后　记

2020年9月,《石家庄年鉴2020》由河北人民出版社出版，在此谨向为本书提供支持和帮助的石家庄市党政军群、企事业单位及社会各界人士表示最衷心的感谢!

《石家庄年鉴》始终以为党立言、为国存史、为民编鉴为使命，坚持党委领导、市档案馆组织实施、社会各界广泛参与的工作体制，力争用通俗易懂的语言，真实记录石家庄地域的社会变迁和人文成就，努力为中外读者奉献出石家庄市最权威、最准确、最翔实的历史文献。“铁肩担道义，秉笔写春秋”，我们一直在奋斗、在追求，也期盼您提出宝贵的意见和建议。

信函地址：河北省石家庄市兴凯路219号4号楼530室

收 件 人：石家庄市档案馆年鉴编纂处

电子邮箱：sjznj@163. com

电　　话：0311-87851928